거 래 명 세 서

(출 고)

사입-(230만 한도)

일 자 : 2013년 01월 25일 (No.0009)

상 호 : 서울문고/물류센터
(Tel:031-950-1380~1)

합 계 : ₩178,500 원 PAGE: 1/1

사업자번호	101-98-61802
상 호	도서출판 홍문사
대 표	임 권 규
주 소	서울시 마포구 염리동 36-249 204호
전화번호	02)712-5311~3 F:716-5311

NO	구분	도 서 명	정 가	(%)	단 가	부 수	금 액	비 고
1	위탁	노동법강의(2판)	42,000	85	35,700	5	178,500	

잔 액	34,123,700	입 금 액		합 계	5	178,500
반 품 처	서울:출판물류, 지방:천일종로	계좌번호	국민:054902-04-028045(임권규)	인 수 자 :		(인)

※ 참고사항 : 신간

제 2 판

노동법강의

송 치 경 편저

弘 文 社

제 2 판 머리말

2012년 한해를 마감하고 2013년 새해를 준비하는 시점에서 새로운 교재를 출간하게 되었다. 그동안 정식교재 출간을 차일피일 미루다가 늦게나마 새 교재를 서둘러 준비하였다. 2012년은 개인적으로 공인노무사로서 진로에 대한 고민도 많았고 강사로서 변화의 필요성도 느끼던 시점이어서 교재작업이 계속 미뤄지고 있었다. 하지만 정식교재를 기다리는 수험생들과 보다 충실한 강의를 아쉬워하는 지인들의 권유로 조금 더 힘을 내어 졸저를 다시금 출간하게 되었다. 항상 원고작업의 마지막 순간까지도 부족한 부분이 눈에 들어와 교재출간이 망설여지기도 하지만 독자들의 좋은 의견을 기대하면서 졸저를 내놓는다.

이번 교재의 주요 개정내용을 소개한다.

첫째, 기존 교재체계의 문제점을 개선하여 보다 효율적인 구성을 갖추도록 하였다. 기존 교재에서는 법령을 제시하여 각 절의 내용을 체계적으로 제시하고자 하였으나, 오히려 사족이 되어 개선이 필요하였다. 한편으로 각 절의 구성목차를 제시해 달라는 수험생들의 요청에 따라 대목차, 중목차를 기존 법령부분에 배치하여 체계를 정비하였다.

둘째, 기존 교재의 내용 중 중복된 내용이나 수험적으로 부적합한 내용은 과감하게 삭제하여 효율적인 수험교재가 될 수 있도록 하였다. 또한 방대한 분량으로 인해 수험생들의 부담이 크다는 점을 고려하여 중요한 핵심 내용에 밑줄 표시로 가독성을 높이고자 하였다.

셋째, 금번 교재에서도 최근 노동법 이슈를 최대한 반영하고자 하였다. 최근 개정법과 제도적 개선에 대하여 제시하였고, 최신판례도 기존판례와 비교하여 수록하였다. 그리고 최근 판례평석 및 논의사항 등도 반영하고자 하였다.

교재출간에 도움 주셨던 많은 분들께 감사의 마음을 전하고자 한다. 대학원에서 지도교수님으로서 노동법의 연구방향을 제시해 주시고 이끌어 주시는 성균관대학교 법학전문대학원 김홍영 교수님께 감사말씀 드리고자 한다. 다음으로 언제나 묵묵히 지켜봐 주는 가족들에게 고마운 마음을 전하고 싶다. 그리고 바쁜 일정에 교재편집 및 출판을 도와주신 홍문사 관계자분들께 다시금 감사 드리고자 한다.

2013년 1월

편저자 송치경

머 리 말

한 해의 끝자락에서 지난 시간들의 공과를 돌아보게 된다. 노동법 전문가로서 공인노무사라는 직업을 충실히 수행해왔는지 평가해 보자면 그 부족함으로 낯이 뜨거워진다. 한편, 수험생들과 교감해왔던 노동법 강사로서 본인을 떠올려보면 한없이 부끄러운 것도 사실이다. 이렇게 부족하고 부끄러운 저자가 다시금 염치불구하고 노동법 교재를 새롭게 펴내게 되었다. 저자는 공인노무사 시험의 많은 변화와 수험생들의 높은 욕구 속에서 노동법 교재작업을 차일피일 미루면서 본인의 게으름과 나태함을 탓해왔다. 그러나 그동안 여러 수험생들의 요청과 질책으로 더 이상은 미룰 일이 아니라는 생각이 들었다. 또한 공인노무사로서 노동법 강사로서 다시 처음에서 새로운 마음으로 시작한다는 각오를 하면서 미력한 졸서를 출간하였다. 여전히 미흡한 부분이 너무 많아 두려운 마음이 앞서지만 여러분들의 질책과 격려를 통해 보다 알찬 교재로 거듭날 것을 믿고 졸저를 내놓고자 한다.

교재를 효율적으로 활용할 수 있도록 본서의 몇 가지 특징을 소개한다.

첫째, 본서는 통합 노동법 교재로서 개별적 근로관계법과 집단적 노사관계법의 쟁점을 망라하여 정리하였다. 공인노무사 시험제도의 변화와 노동법 과목의 통합에 발맞추어 수험준비에 가장 적합한 내용으로 구성하였다. 주요 기본서의 다양한 이론은 개별적 근로관계법과 집단적 노사관계법 각 파트별로 큰 틀을 정리하고 세부 쟁점과 상호비교가 필요한 부분을 별도로 정리하였다. 아울러 각 기본서, 참고자료 및 관련판례의 해당 부분을 각주에 표시하여 쉽게 찾아볼 수 있도록 하였다. 본서는 다음 시험에 대비하여 최근 서적 및 자료를 참고하여 수험생들의 고민과 불안감을 줄여주고자 하였다.

둘째, 본서는 노동법에 대한 법령, 이론, 판례를 체계적으로 구성하였다. 법학의 주요 학습은 '법령'의 취지, 법령에 대한 '이론'과 다양한 '판례'를 통해 이루어지는 것이 효과적이다. 그래서 각 쟁점에 대한 노동법 법령뿐만 아니라 헌법, 민법 등 관련법령을 제시하고, 쟁점에 대한 이론을 소개한 후 관련판례로 정리할 수 있도록 하였다. 또한 각 장별로 키워드, 기출문제 및 연습문제를 정리하여 학습효과를 극대화할 수 있도록 구성하였다. 이를 통해 수험생들은 노동법에 대해 전반적인 이해를 높일 수 있고, 체계적 학습을 통해 보다 효과적인 수험기간을 보낼 수 있을 것으로 기대한다.

셋째, 본서는 노동법의 최근 이슈를 충실히 정리하였다. 최근 개정된 노동법 법령과 주요 기본서의 최신판을 최대한 반영하였고, 주요 판례뿐만 아니라 최신판례도 그 요지와 사실관계를 보기 좋게 수록하였다. 또한 최신판례에 대한 교수님들의 판례평석, 다양한 쟁점에 대한 논문, 최근 논의된 입법방향 등 깊이 있는 견해도 상당부분 반영하고자 하였다. 이로써 수험생들이 다른 자료에 대한 학습부담을 최소화하고자 하였다.

주변의 많은 도움이 없었다면 이러한 졸저마저 출간하지 못하였을 것이다. 먼저, 저자의 노동법 학습 기틀을 마련해 주시고 지금까지도 스승으로서 조언을 아끼지 않으시는 성균관대학교의 김홍영 교수님께 감사의 말씀을 드리고자 한다. 그리고 항상 바쁘다는 핑계로 소홀했던 가족들에게 미안한 마음을 전하면서 고마움을 표하고 싶다. 또한 촉박한 일정에도 책의 편집을 위해 노고를 아끼지 않은 홍문사 관계자 여러분에게도 감사드리고자 한다.

2010년 12월

편저자 송치경

차 례

제1편 총 론

제2편 개별적 근로관계법

제 3 편　집단적 노동관계법

【인용약어 정리】

〈저　　서〉

권영성, 「헌법학원론」, 법문사, 2004. → 권영성

김유성, 「노동법Ⅰ」, 법문사, 2005. → 김유성Ⅰ

김유성, 「노동법Ⅱ」, 법문사, 2001. → 김유성Ⅱ

김철수, 「헌법학개론」, 박영사, 2004. → 김철수

김형배, 「노동법」, 제19판, 박영사, 2010. → 김형배

심태식, 「노동법개론」, 법문사, 1989. → 심태식

유성재, 「판례노동법」, 법문사, 2008. → 유성재

이병태, 「최신노동법」, 중앙경제사, 2009. → 이병태

이상윤, 「노동법」, 법문사, 2004. → 이상윤

임종률, 「노동법」, 제8판, 박영사, 2009. → 임종률

지원림, 「민법강의」, 홍문사, 2007. → 지원림

하경효, 「노동법사례연습」, 박영사, 2006. → 하경효

허　영, 「한국헌법론」, 박영사, 2005. → 허영

〈보고서 등〉

노동부, 「공무원노조법령 주요내용 및 쟁점해설」, 2006. 6. → 공무원노조법 해설

노동부, 「노사관계선진화입법설명자료」, 2007. 1. → 선진화입법 설명

노동부, 「노조법 개정 설명자료」, 2010. 1. → 개정노조법 설명

노동부, 「비정규직 보호법률해설」, 2006. 12. → 비정규직보호법 해설

노사관계제도선진화위원회, 「노사관계법·제도 선진화방안」, 2003. 11. → 선진화방안

한국노동법학회, 「근로기준법제의 중장기적 개선방안」, 2007. 11. → 근로기준법제 개선방안

〈법　　령〉

고용보험 및 산재보상보험법의 보험료 징수에 관한 법률 → 고용 · 산재보험료징수법

고용보험법 → 고보법

공무원 노동조합 설립 및 운영에 관한 법률 → 공무원노조법

교원 노동조합 설립 및 운영에 관한 법률 → 교원노조법

근로기준법 → 근기법

근로자참여및협력증진에 관한 법률 → 근참법

근로자퇴직급여보장법 → 근퇴법

기간제 및 단시간근로자 보호등에 관한 법률 → 기단법

남녀고용평등 및 일가정양립지원에 관한 법률 → 고평양립법

노동위원회법 → 노위법

노동조합 및 노동관계조정법 → 노조법

산업안전보건법 → 산안법

산업재해보상보험법 → 산재법

최저임금법 → 최임법

파견근로자보호등에 관한 법률 → 파견법

〈기 관〉

고용노동부 → 노동부

근로복지공단 → 공단

중앙노동위원회 → 중노위

지방노동위원회 → 지노위

【노동법 기출출제 분석】

(1) 공인노무사 노동법 기출문제

횟수(연도)	출제문제
1회 (1986년)	[근로기준법] 1. 근로기준법상의 임금채권의 보호를 논하라. 2. 다음문제를 약술하라 (1) 해고의 예고 (2) 근로기준법 제42조 제2항의 변형근로시간
	[산업재해보상보험법, 산업안전보건법] 1. 산재보험법상의 보험급여의 원리를 설명하고, 보험급여와 근로기준법상의 재해보상과의 차이 및 민법상의 손해배상책임과의 차이를 설명하라 2. 다음 문제를 약술하라 (1) 유해물질의 표시 (2) 개산보험료와 확정보험료
2회 (1989년)	[노동법1] 1. 근로기준법상 근로시간의 보호에 관하여 논하라. 2. 다음 사항을 약술하라 (1) 휴업지불 (2) 취업규칙의 효력과 변경
	[노동법2] 1. 노동조합의 내부통제권을 논하라(50점) 2. 다음 사항을 약술하라 (1) 직장폐쇄(25점) (2) 노동위원회의 판정적 권한(25점)
3회 (1991년)	[노동법1] 1. 근로기준법 및 산업재해보상보험법상의 보상제도와 민사상의 손해배상제도의 관계를 논하라 2. 다음 문제를 약술하라 (1) 취업규칙의 변경 (2) 평균임금과 통상임금의 상이점
	[노동법2] 1. 노동조합의 민주성 확보를 위한 노동조합법상의 규정을 논하시오(50점) 2. 다음 문제를 약술하라 (1) 평화의무(25점) (2) 임의중재(25점)
4회 (1993년)	[노동법1] 1. 정리해고의 요건에 대하여 논하라 2. 다음 문제를 약술하라 (1) 근로계약의 진실고지의무 (2) 최저임금의 결정기준
	[노동법2] 1. 단체협약의 규범적 부분과 그 효력에 대하여 논하라(50점) 2. 다음 문제를 약술하라 (1) 노사협의와 단체교섭의 이동(異同)(25점) (2) 노동쟁의조정법상의 긴급조정제도(25점)

5회 (1995년)	[노동법1] 1. 근로관계 종료 후의 근로자 보호에 대하여 논하라 2. 다음 문제를 약술하라 (1) 업무상 재해 인정기준 (2) 강제근로금지
	[노동법2] 1. 위법한 쟁의행위의 민사상 책임귀속에 대하여 논하라(50점) 2. 다음 문제를 약술하라 (1) 행정관청의 노동조합 재정에 관한 조사권(25점) (2) 노사협의회의 협의사항(25점)
6회 (1997년)	[노동법1] 1. 연차휴가에 관하여 논하라 2. 다음문제를 약술하라 (1) 단시간근로자 보호 (2) 산업안전보건법상 사업주의 유해, 위험방지조치 의무
	[노동법2] 1. 우리나라 노동법 질서에서 단체교섭과 노사협의를 비교, 설명하라(50점) 2. 다음 문제를 약술하라 (1) 이른바 "법외노조"의 법적 지위(25점) (2) 조정전치제도(25점)
7회 (1998년)	[노동법1] 1. 정리해고의 요건을 논하라 2. 다음 문제를 약술하라 (1) 중간착취배제와 근로자 파견제도 (2) 임금채권 우선변제
	[노동법2] 1. 부당노동행위 구제제도에 관하여 논하시오(50점) 2. 다음 문제를 약술하라 (1) 제3자 노동관계 지원제도(25점) (2) 노동조합전임자의 법적 지위(25점)
8회 (1999년)	[노동법1] 1. 근로시간의 유연화제도와 노사관계에 미치는 영향을 논하시오 (1) 고용보험제도의 체계, 기능, 취지, 내용 (2) 안전보건관리체계(가급적 도식화 포함)
	[노동법2] 1. 단체협약의 내용과 효력을 설명하시오(50점) 2. 다음 문제를 약술하라 (1) 필수공익사업의 중재제도(사적 중재 제외)(25점) (2) 정당한 노조활동의 범위(시설물 이용과 취업시간의 관계)(25점)
9회 (2000년)	[노동법1] 1. '갑' 회사는 노동자 '을'을 귀책사유에 근거하여 해고하였고 '을'은 정당한 사유 없는 해고라고 주장하였다. 해고의 정당한 사유에 대하여 유형별로 설명하고 그에 따른 구제절차를 논하라(다만, '갑' 회사에는 노동조합이 없으며 노동조합 결성시도 역시 없었다.) 2. 다음 문제를 약술하라 (1) 산업재해보상보험법상 근로자의 수급권 (2) 산업안전보건법상 근로자의 보건관리
	[노동법2] 1. 부당노동행위 구제에 있어서 행정적 구제 및 사법적 구제의 의미를 설명하고 그 차이점을 논하라(50점) 2. 다음 문제를 약술하라 (1) 노동조합의 유형별 특징을 설명하고 산업별 노동조합과 기업별 노동조합의 차이점을 비교하라(25점)

<table>
<tr><td></td><td>(2) 쟁의행위기간 중 사용자의 채용제한을 논하라(25점)</td></tr>
<tr><td rowspan="2">10회
(2001년)</td><td>[노동법1]
1. '갑' 회사는 경영악화로 인하여 상여금지급을 중단하고 해당 규정을 폐지하려 한다. 이를 둘러싼 법적 쟁점을 논하라. 다만, '갑' 회사에 노동조합은 없다
2. 다음 문제를 약술하라
(1) 근로기준법상 모성보호
(2) 고용보험법상 구직급여</td></tr>
<tr><td>[노동법2]
1. 노동조합의 설립요건에 대하여 논하고, 자유설립주의 및 신고제를 헌법상 단결권과 관련하여 논하라
2. 다음 문제를 약술하라
(1) 파업기간 중 임금청구권
(2) 단체협약의 유효기간과 종료 후의 근로계약</td></tr>
<tr><td rowspan="2">11회
(2002년)</td><td>[노동법1]
1. 사업양도(영업양도)에 따른 개별적 근로관계법상의 문제점에 관하여 논하시오
2. 다음 문제를 약술하라
(1) 고용보험사업 중 육아휴직급여와 산전후 휴가급여의 각각에 대하여 다음 사항을 중심으로 설명하시오(수급조건, 수준, 지급제한 등)
(2) 산업재해보상보험법상 급여체계(종류, 조건, 수준)에 대하여 설명하시오</td></tr>
<tr><td>[노동법2]
1. 甲 노동조합은 주5일근무제를 위한 사용자와 단체교섭이 결렬되어 노동위원회에 쟁의조정신청을 하였다. 그러나 노동위원회는 교섭미진을 이유로 교섭의 재개를 권고하였다. 그러나 甲 노동조합은 조정기간 이후 쟁의행위를 개시하였다. 이에 甲노동조합의 쟁의행위의 정당성(목적, 절차, 수단과 태양)을 논하시오
2. 다음 문제를 약술하라
(1) 조직강제와 부당노동행위제도에 관하여 약술하시오
(2) 단체교섭의 "당사자"와 "담당자"에 대하여 비교 약술하시오</td></tr>
<tr><td rowspan="2">12회
(2003년)</td><td>[노동법1]
1. 근로자 갑은 컴퓨터 회사 A와 근로계약을 맺으면서 퇴직 후 2년 이내에 경쟁기업에 전직을 하지 아니하며, 해외연수 후 1년 이내에 퇴사시 해외연수비를 반환한다는 취업규칙에 서명, 날인하였다. 그 후 갑은 6개월간의 해외연수를 마친 후 3개월 후에 경쟁기업인 B사로 전직하였다. 이에 컴퓨터 회사 A는 갑을 상대로 해당 연수비를 반환할 것과 비밀유지의무와 겸업금지의무 위반을 이유로 손해배상을 청구하였다. 이 사안에 대해 논하시오(50점)
2. 산업재해보상보험법상 재해보상에 대한 이의신청(불복) 및 구제방법(25점)
3. 사용자의 징계권(25점)</td></tr>
<tr><td>[노동법2]
1. 단체교섭의 대상에 대하여 논하라(50점)
2. 불이익취급에 있어서 불이익취급의 유형에 대하여 약술하라(25점)
3. 노동위원회의 심판위원회와 조정위원회를 비교하라(25점)</td></tr>
<tr><td rowspan="2">13회
(2004년)</td><td>[노동법1]
1. 근로조건 명시의무에 대해 논하라
2. 임금지급방법의 4대원칙과 비상시 지불에 대해 약술하라
3. 구직급여 지급제한사유에 대해 약술하라</td></tr>
<tr><td>[노동법2]
1. 노조법 제2조 제4호 라목에 대해 약술하라
2. 직장폐쇄요건 및 효과를 약술하라
3. 직권중재제도의 요건, 절차, 효과 및 근로3권과의 관계를 약술하라</td></tr>
<tr><td>14회
(2005년)</td><td>[노동법1]
1. 부당해고의 행정적 구제 및 사법적 구제에 관하여 논하시오(50점)
2. 근로시간제도의 적용제외(근로기준법 제61조)의 요건과 효과를 약술하시오(25점)
3. 산업재해보상보험법상의 적용범위 및 대상자에 관하여 약술하시오(25점)</td></tr>
</table>

	[노동법2] 1. "갑" 회사는 경영사정이 급속도로 악화되자 인력감축을 주요내용으로 하는 구조조정을 단행하기로 방침을 정하고 이를 공고하였다. 이에 "갑" 회사 내 "을" 노동조합은 구조조정방침 철회 및 노동조합과 사전합의 후 시행할 것과 임금 20% 인상(임금협약의 유효기간은 아직 6개월 남아 있는 상태임)을 내용으로 하는 단체교섭을 요구했다. 노사는 수차례 단체교섭을 진행했으나 구조조정 시행에 대한 현격한 입장차이로 교섭이 난항을 겪게 되자 최종적으로 "갑" 회사는 구조조정에 관한 사항은 단체교섭의 대상이 아니며 임금협정도 아직 유효기간 중이라는 이유로 더 이상의 교섭은 없다며 단체교섭을 중단하였다. 이에 "을" 노동조합은 교섭결렬을 선언하고 조합원 총회에서 조합원 87%의 찬성으로 쟁의행위를 결의한 후 노동위원회에 조정신청을 하였다. 노동위원회에서는 양 당사자의 현격한 입장차이로 조정이 성립될 가능성이 없다고 판단하여 조정중지결정을 내렸고 이후 "을" 노동조합은 전면적인 파업에 돌입하였다. "을" 노동조합의 파업에 대하여 "갑" 회사는 불법파업이라고 주장하고 있는데, 이 사례와 관련된 현행법상 쟁점을 도출하고 각각의 쟁점에 대하여 논하시오(50점) 2. 다음을 약술하시오 (1) 설립신고가 되어 있지 않은 산업별 노동조합의 기업지부에서 기업별 노동조합으로 조직형태를 변경하려고 하는 경우 그 절차와 효과(25점) (2) 조합비일괄공제제도(check-off)(25점)
15회 (2006년)	[노동법1] 1. 기간의 정함이 있는 근로계약의 성립 및 종료에 관한 법적 쟁점을 논하고, 그 계약을 체결한 근로자에 대한 법적 보호방안을 언급하시오(50점) 2. 도급사업에 있어서 산업안전보건법상 안전·보건조치 및 근로기준법상 재해보상책임(25점) 3. 고용보험법상 고용안정사업에 대해 약술하시오(25점)
	[노동법2] 1. 노조전임자의 법적지위에 대해 논하시오(50점) 2. 다음 사항을 설명하시오 (1) 근로3권의 자유권성과 생존권성(25점) (2) 단체협약의 효력확장(25점)
16회 (2007년)	[노동법1] 1. 근로기준법상 휴업수당에 관하여 논하시오(50점) 2. 다음 문제를 약술하시오 (1) 근로기준법상 부당해고에 대한 노동위원회의 구제명령의 이행 확보수단(25점) (2) 고용보험법상 실업급여의 종류(25점)
	[노동법2] 1. 단체교섭의 거부와 부당노동행위의 관계를 논하시오(50점) 2. 다음 문제를 약술하시오. (1) 조합원의 권리와 의무(25점) (2) 노사협의회의 운영(25점)
17회 (2008년)	[노동법1] 1. 경영상 이유에 의한 해고(정리해고)에 관하여 논하시오(50점) 2. 다음 문제를 약술하시오 (1) 근로기준법상 재해보상에 있어서 민법 및 산업재해보상보험법과의 관계(25점) (2) 근로기준법상 연장근로의 제한(제53조)(25점)
	[노동법2] 1. 갑 회사의 단체협약에는 "조합원이 담당하는 업무의 변경에 관한 사항은 노동조합의 동의를 요건으로 한다"는 규정이 있다. 갑 회사는 조합원이 담당하고 있는 전산업무를 외부에 도급하기로 하고, 전산전문업체인 을 회사와 도급계약을 체결하였다. 이에 갑 회사의 노동조합은 갑 회사의 위 결정에 대하여 단체교섭을 요구하였으나 갑 회사는 이를 거부하였다. 이 사안에 관한 노동법적 쟁점을 논하시오(50점) 2. 쟁의행위기간 중 사용자의 채용제한에 관하여 설명하시오(25점) 3. 노동위원회의 관장(관할)에 관하여 설명하시오(25점)
18회 (2009년)	[노동법1] 1. 근로기준법상 해고절차의 제한 가운데 「해고의 예고」 및 「해고의 서면통지」에 관하여 논하시오(50점)

	2. 다음 문제를 약술하시오. (1) 근로기준법상 위약 예정의 금지(제20조)(25점) (2) 고용보험법상 육아휴직 급여(25점)
	[노동법2] 1. A 회사는 종전까지는 직접 수행하던 업무의 일부를 B 회사와는 도급계약을 통해, C 회사와는 근로자파견계약을 통해 각각 외주화하였다. B 회사 근로자로 조직된 갑 노동조합과 C 회사 근로자로 조직된 을 노동조합이 각각 A 회사를 상대로 단체교섭을 요구하였으나, A 회사는 직접근로관계가 없다는 이유로 단체교섭을 거부하였다. 이에 갑·을 노동조합은 단체교섭거부를 이유로 한 부당노동행위 구제신청을 하였다. A 회사의 부당노동행위 책임에 대하여 논하시오(50점) 2. 노동조합이 정당하게 직장점거를 하던 도중, 사용자가 직장폐쇄를 한 경우의 법률효과에 대하여 설명하시오(25점) 3. 노동조합 규약상 노동조합 가입자격 제한에 대하여 설명하시오(25점)
19회 (2010년)	1. 갑은 A 회사에서 10년째 근로하던 중 회사의 해외연수프로그램에 응모, 선정되어 2년간 외국 대학에서 학위를 취득하고 귀국하였다. 유학 중 갑은 A 회사로부터 업무상 지휘, 명령은 받지 아니하였으며, 다만 '해외연수직원관리규정'에 따라 6개월에 한 번씩 회사에 연수상황을 보고하였다. 갑은 귀국 후 A 회사에 1년간 근로한 후 사직원을 제출하고 퇴직하였다. A 회사의 '해외연수직원관리규정'은 해외연수기간 중 정상급여 및 유학 중 소요되는 학교등록금, 생활비, 자녀교육비, 주택비, 왕복항공료 등의 유학비용은 A 회사가 부담하고, 해외연수직원은 해외연수 후 국내 귀임시 회사 또는 관계회사에 해외연수기간에 해당하는 2년 이상을 근무하여야 하며, 이를 위반할 때에는 정상급여를 제외한 유학비용 일체를 반환해야 한다고 규정하고 있다. 이러한 규정에 따라 A 회사는 갑의 사직원을 수리하면서 갑에게 지급해야 할 퇴직금을 유학비용과 상계하고 지급하였다. 이상의 사례를 읽고 노동법상 쟁점이 되는 문제에 관하여 논하시오(50점) 2. A 회사의 단체협약에는 "회사는 조합원에 대한 해고에 대하여는 노동조합과 사전에 합의하여야 한다"는 규정이 있으며, 이 단체협약의 유효기간은 2010년 6월 30일까지이다. A 회사는 조합원 갑의 행위가 해고사유에 해당된다고 인정하여 노동조합과의 사전합의 없이 2010년 7월 1일 조합원 갑을 해고하였다. A 회사와 노동조합은 새로운 단체협약을 체결하고자 단체교섭을 계속하였음에도 불구하고 2010년 7월 1일 현재 새로운 단체협약이 체결되지 아니하였고, 새로운 단체협약이 체결될 때까지 종전 단체협약의 효력을 존속시킨다는 취지의 별도의 약정이나 자동갱신 조항도 존재하지 아니한다. 이 사안에서 조합원 갑에 대한 A 회사의 해고의 효력을 논하시오(단, 부당노동행위에 관하여는 논하지 아니함)(50점) 3. 사용자의 전적명령의 유효요건에 관하여 설명하시오(25점) 4. 노동조합 및 노동관계조정법상 노동조합의 쟁의행위의 절차적 정당성에 관하여 설명하시오(25점)
20회 (2011년)	노동법(1교시) 1. 실제 근로시간 수 등에 상관없이 일정액을 시간외근로 등에 대한 법정수당으로 지급하기로 하는 내용의 임금지급계약의 유효요건에 대한 판례법리를 논하시오(50점) 2. 근로자 갑은 상시근로자 10인이 근무라는 A 회사와 2010년 8월 1일부터 2011년 7월 31일까지를 계약기간으로 하는 근로계약을 체결하고 근무해왔다. 2011년 6월 31일 갑은 대표이사로부터 "직장질서 문란으로 오늘자로 해고한다"라는 전화를 받았다. 갑은 2011년 7월 20일 관할 지방노동위원회에 (i) 2011년 6월 30일자 해고가 부당함을 인정할 것, (ii) 원직복직 및 해고기간 동안의 임금상당액을 지급할 것을 내용으로 하는 부당해고구제신청을 제기하였고, 이에 대해 관할 지방노동위원회는 2011년 8월 30일 심판회의를 개최할 예정이다. 이 사례에서 갑과 A 회사가 주장할 수 있는 노동법상 모든 쟁점들을 적시하고 간략하게 설명하시오(직장질서 문란으로 인한 해고의 정당한 이유는 인정되고, 근로계약 갱신에 대한 기대가능성은 없는 것으로 전제한다)(25점) 노동법(2교시) 1. A 회사는 전자제품의 주요부품을 생산, 판매하는 회사로서 2000년 8월 11일 설립된 이후 현재 반도체와 LCD 사업부문을 운영하고 있다. A 회사에는 설립 초기부터 소속 근로자들로 구성된 갑 노동조합이 조직되어 있었고, 갑 노동조합은 2010년 7월 1일 산업별 노동조합인 '전국전자산업노동조합'의 지회로 조직변경을 하였다. 한편 2011년 3월 1일 A 회사는 적자 누적으로 인해 반도체 사업부를 매각할 것을 결정하였다. 이에 갑 지회는 반도체사업부의 매각결정을 철회할 것을 주장하면서 단체교섭을 요구하였으나, A 회사는 (i) 갑 지회가 독자적인 교섭권이 없다는 점과 (ii) 매각조치는 회사의 고유한 결정사항이라

	는 점을 이유로 하여 단체교섭을 거부하였다. 이 사례와 관련된 노동법상의 쟁점에 대하여 논하시오(50점) 2. 준법투쟁에 대하여 설명하시오(25점)
21회 (2012년)	노동법(1교시) 1. 상시 근로자 100명을 사용하는 A 회사의 취업규칙 제33조 제1항에는 2009년 1월 1일부터 명절휴가비로 설날과 추석에 월 기본급의 50%를 각각 지급하도록 규정되어 있고, 제33조 제2항에는 명절휴가비가 통상임금의 범위에 포함되지 아니한다고 규정되어 있다. 또한 제34조에는 근로자가 1년간 개근할 경우 연말에 100만원을 지급하여 표창하도록 규정되어 있다. 이와 관련하여 다음 물음에 답하시오(50점) (1) 통상임금의 범위를 규정한 A 회사 취업규칙 제33조 제2항의 효력을 논하시오(30점) (2) A 회사의 근로자 甲은 부당해고로 인하여 2011년 1월 1일부터 1년간 근로를 제공할 수 없었다. 甲이 부당해고기간 중 지급받지 못한 취업규칙 제34조에 따른 표창의 지급을 구할 수 있는지 논하시오(20점) 2. 근로기준법상 중간착취의 배제에 관하여 설명하시오(25점) 노동법(2교시) 1. A회사와 A 회사의 노동조합(이하 'A노동조합'이라고 한다) 사이에 체결된 '2010년도 단체협약'(만료일: 2011.12.31.)에 따르면, 짝수 월(2월, 4월, 6월, 10월, 12월)의 25일에 월 기본급의 100%에 해당하는 고정상여금이 근로자에게 지급된다. 세계적인 금융위기 이후 계속된 경기불황으로 부도의 위기에 처하게 된 A 회사는 경영난의 타개와 근로자들의 잦은 결근의 방지를 위하여 A 노동조합과 5차례에 걸쳐 특별교섭을 행하였고, 그 결과 2010년 12월 28일에 '2010년도 특별노사합의'가 성립하였다. '2010년도 특별노사합의'의 내용은 다음과 같다. 제1조: 경영 정상화를 위하여 2010년도 12월 고정상여금과 2011년도 2월, 4월 및 6월 고정상여금은 이를 지급하지 않고, 이후 고정상여금의 지급 여부와 그 시기는 회사와 노동조합이 별도로 합의한다. 제2조: 상습적인 무단결근의 방지를 위하여 무단결근에 따른 면직기준을 '월 7일 이상'에서 '월 5일 이상'으로 한다. 제3조: 이 특별노사합의의 내용과 상충되는 2010년도 단체협약의 부분은 무효로 한다. 이와 관련하여 다음 물음에 답하시오(50점) (1) A 노동조합의 조합원인 근로자 甲은 '2010년도 특별노사합의' 제1조는 조합원들로부터 개별적인 동의를 받지 않은 것으로서 무효이므로, A 회사는 2010년도 12월 고정상여금과 2011년도 2월, 4월 및 6월 고정상여금을 자신에게 지급하여야 한다고 주장한다. 근로자 甲의 주장이 타당한지 여부를 논하시오(25점) (2) 2011년 5월에 총 6일을 무단결근한 A 노동조합의 조합원인 근로자 乙은 2011년 7월에 개최된 징계위원회에서 '2010년도 특별노사합의' 제2조는 그 내용이 현저히 불합리한 것으로서 무효이므로, 자신에게 적용되지 않는다고 주장한다. 근로자 乙의 주장이 타당한지 여부를 논하시오(25점) 2. 노동조합 및 노동관계조정법상 노동조합 참가가 금지되는 자로서 '그 사업의 근로자에 관한 사항에 대하여 사업주를 위하여 행동하는 자' 및 '항상 사용자의 이익을 대표하여 행동하는 자'에 관한 대법원 판례법리를 설명하시오(25점)

(2) 행정고시 노동법 기출문제

횟수(연도)	출제문제
46회 (2002년)	[사회법] 1. 갑은 A회사에 근무하는 근로자이다. 갑은 최근 2주간 계속되는 연장근로로 피곤한 상태였는데, 점심식사 후 동료근로자들과 족구시합을 하다가 가슴에 통증을 느끼며 졸도, 병원에 후송되던 중 사망하였다. (사인은 관상동맥경화 및 협착으로 인한 급사) 갑의 사실상 배우자인 을은 산재보상을 청구할 수 있는가?(50점) [노동법] 1. 근로자 200명이 종사하고 있는 A 기업의 사업장에서 근로자 150명이 근로조건의 개선을 위해서 노동조합을 설립하기로 결의하고, 창립총회를 개최하여 규약, 임원 등 조직을 갖추고, 사용자에 대하여 근로

	조건 개선을 위한 단체협상을 요구했다. 그러나 사용자는 위 근로자 단체가 행정관청에 조합설립신고를 하지 않았다는 이유로 단체협상을 거부하였다. 위 근로자단체는 규약에 정한 절차에 따라 파업을 결의하고 노동조합 및 노동관계조정법상의 소정의 절차를 거쳐서 파업에 돌입하였다. 이 경우 노동조합 및 노동관계조정법상의 법률관계를 논하시오(40점) 2. 다음을 약술하시오(총 60점) (1) A 회사의 강릉본사에 갑남과 을녀가 부부사원으로 근무해오던 중, 을녀는 노동조합의 위원장으로 피선되어 노조활동을 활발하게 하였다. A 회사는 을녀의 노조탈퇴를 강요하기 위해서 정당한 이유 없이 갑남을 목포공장으로 전근조치하였다. 이에 갑남이 불응하자, A 회사는 복무명령 불이행을 이유로 갑남을 해고하였다. 이 경우 누가 노동조합 및 노동관계 조정법상 어떤 구제를 신청할 수 있는가?(30점) (2) 해고의 예고(30점)
47회 (2003년)	1. 노동조합 전임자에 대한 급여지급에 관하여 논하라(50점) 2. A 사는 경영난으로 그동안 휴업, 조업단축 등의 조치를 취해왔으나, 객관적 사정에 비추어 더 이상 현재의 종업원 규모(남녀 각 50명)를 유지할 수 없게 되어 정리해고를 실시하기로 결정하고, 근속연수, 부양가족상황, 연령 등을 기준으로 해고대상자를 선정하여 20명을 정리해고하였다. 그런데 정리해고된 20명 중 18명이 여성이었다. 해고된 여성 B는 이러한 해고대상자 선정기준을 성별을 이유로 한 차별적 조치라고 주장하고 있다. B의 주장은 타당한가?(25점)
48회 (2004년)	1. 근로기준법 제23조의 취지를 고려하여 기간의 정함이 있는 근로계약과 관련한 다음의 경우를 논하시오(총 40점) (1) 1년을 초과하는 근로계약기간을 정한 경우(25점) (2) 근로계약기간의 정함이 형식에 불과한 경우(15점) 2. 단체협약 유효기간 경과 후 단체협약의 효력에 대해서 논하시오(40점) 3. A 회사에는 기업별 노동조합인 B 노동조합이 있다. B 노동조합 지도부는 A 회사와 단체교섭을 진행하였으나 결렬되자 조합원 다수가 참여할 것을 믿고 파업찬반투표를 실시함이 없이 전면파업을 결정하였다. 이에 따라 B 노동조합은 조합원 95%가 참가한 가운데 실제로 파업을 실시하였다. 이 파업에 대해 A 회사는 절차상 파업찬반투표를 거치지 않았으므로 위법이라고 주장하였다. A회사의 주장의 당부를 논하시오(20점)
49회 (2005년)	1. A 회사에 근무하는 갑과 을은 노동조합을 결성하기로 하고 준비에 들어갔다. 이 사실을 알게 된 회사측에서는 갑과 을을 불러 노동조합을 조직하지 말 것을 종용하고 회유하였다. 그러나 갑과 을이 이에 불응하고 계속 노동조합을 조직하려고 하자, A는 정기 승진시기가 아님에도 불구하고 갑을 승진시켜 타 사업장으로 전보하였고, 을에 대하여는 그가 5년 전 입사 당시에 제출한 이력상의 허위학력 기재를 이유로 해고하였다. 위 사안에서 A 회사의 조치는 정당한가?(25점) 2. 직장폐쇄의 정당성을 논하시오(10점) 3. 탄력적 근로시간제에 대하여 논하시오(단, 연장근로와의 관계는 제외한다)(15점)
50회 (2006년)	1. 노동조합 위원장인 갑은 근로조건에 관한 노조 측의 요구가 관철되지 않자, 임원회의를 소집하여 통상 1일 평균 2시간씩 행해져 오던 연장근로를 거부할 것을 주장하였고, 임원회의에서 이를 결의하였다. 이 결의에 따라 조합원들은 노동쟁의 신고 및 쟁의행위 찬반투표를 거치지 않고 연장근로를 거부하기에 이르렀고, 평소 관행화된 연장근로에 대해 비판적이던 평조합원인 을도 이에 동참하였다. 회사 측은 이를 이유로 갑과 을을 징계규정에 따라 징계해고하였다. 갑과 을의 징계해고의 정당성을 논하시오(25점) 2. 사용자가 일방적으로 취업규칙을 변경하더라도, 변경된 취업규칙이 유효한 경우에 대하여 서술하시오(15점) 3. 근로자 측의 단체교섭의 당사자와 담당자에 개념에 관하여 각각 서술하고, 그 차이점을 비교하시오(10점)
51회 (2007년)	1. 노동조합의 정당한 단체교섭 요구를 사용자가 거부하거나 불성실하게 대응하는 경우 노동조합이 취할 수 있는 행정구제, 가처분, 손해배상의 청구에 관하여 설명하시오(15점) 2. 노조전임자의 법적 지위에 관하여 서술하시오(10점) 3. 노동위원회의 부당해고구제명령의 내용과 효력에 관하여 설명하시오(15점) 4. 근로기준법상 사용자의 도산시 근로관계로 인한 채권의 보호에 관하여 약술하시오(10점)
52회 (2008년)	1. 갑은 근로자 500명이 근무하는 자동차 부품회사를 경영하고 있다. 2008년 6월 1일 근로자 100명이 노동조합을 설립하였다고 주장하면서 그 대표자 을이 사용자 갑에게 단체교섭을 요구하였으나 사용자 갑은 노동조합의 설립요건을 갖추지 못하였다는 이유로 단체교섭을 거부하였다. 다음 물음에 답하시오(25점) (1) 을이 대표자인 근로자단체가 사용자의 단체교섭 거부에 대해 노동위원회에 부당노동행위구제신청을

	한 경우 노동위원회가 부당노동행위로 인정하기 위한 전제로서 노동조합의 형식적 요건과 실질적 요건을 검토하시오(20점) (2) 을이 대표자인 근로자단체가 노동조합의 설립요건을 갖추지 못한 경우 그 법적 지위에 관해 설명하시오(5점) 2. 사용자 갑이 설립한 자동차부품 제조회사는 근로기준법의 적용을 받는 사업체이다. 임금 지급방법과 관련하여 사용자 갑이 준수하여야 하는 근로기준법상의 기본원칙과 그 내용을 약술하시오(15점) 3. 사용자가 취업규칙을 종전보다 불이익하게 변경하고자 하는 경우 그 효력요건으로서 근로자 측의 동의가 있어야 한다. 이 경우 동의의 주체에 대해 약술하시오(10점)
53회 (2009년)	1. 근로자 2,000명을 고용하여 자동차 부품을 제조, 판매하는 A 회사와 그 회사의 근로자를 조합원으로 하는 B 노동조합이 체결한 단체협약(유효기간: 2008.3.1.~2010.2.28.)에는 "노동조합의 임원을 해고하고자 할 때 사용자는 노동조합의 사전동의를 얻어야 한다"는 조항이 있다. B 노동조합은 2009년 1월 15일부터 '외주화 방침 철회' 등을 요구하며 무기한 파업에 돌입하였다. A 회사는 2009년 1월 15일 이후 5차례에 걸쳐 불법파업의 중지 및 업무복귀를 B 노동조합에 요구하였으나, B 노동조합은 이에 응하지 않고 파업을 계속하였다. 이에 A 회사는 2009년 3월 15일에 징계위원회를 열어 불법파업을 주도하였다는 이유로 B 노동조합의 대표자인 甲을 같은 해 4월 30일자로 해고하기로 결정하였다(총 20점) (1) A 회사가 B 노동조합의 동의를 얻지 못하고 甲을 해고한 경우, 그 해고의 효력을 논하시오(10점) (2) A 회사의 해고처분 이후 甲은 「노동조합 및 노동관계조정법」상 어떤 지위를 가지는지 논하시오(10점) 2. 「근로기준법」상 근로자 개념과 「노동조합 및 노동관계조정법」상 근로자 개념의 차이를 설명하시오(15점) 3. 「노동조합 및 노동관계조정법」 제30조 제1항은 "노동조합과 사용자 또는 사용자단체는 신의에 따라 성실히 교섭하고 단체협약을 체결하여야 하며 그 권한을 남용하여서는 아니 된다."라고 규정하고 있다. 이 규정의 의의와 그 위반의 법적 효력을 논하시오(15점)
55회 (2011년)	1. 사용자 을은 평소 회사 내 노동조합을 혐오해오던 중 노동조합 간부인 갑을 정당한 조합활동을 한 것을 이유로 해고하였다. 을의 갑에 대한 해고가 부당노동행위에 해당하는지 여부와 만일 부당노동행위에 해당한다면 그 구제수단에 관하여 논하시오(25점) 2. 근로기준법상 휴업수당의 지급요건에 관하여 설명하시오(15점) 3. 사용자 을은 입사 후 15년간 계속하여 부산지사에서 근무해온 근로자 갑을 서울 본사로 발령하는 인사조치를 취하였는데, 근로자 갑은 이 인사조치가 부당하다고 주장한다. 이러한 인사조치의 정당성 판단기준에 관하여 설명하시오(15점)
56회 (2012년)	1. B 회사는 전자제품을 생산하는 A 회사와 도급계약을 체결하고 A 회사 사업장 내에서 생산제품의 검사·수리 업무를 수행하여 왔다. A 회사는 B 회사가 모집한 근로자에 대해 기능시험을 실시하여 채용여부를 결정하였고, B 회사 소속 근로자들의 징계와 승진에 대해서도 실질적인 권한을 행사하였다. 나아가 A 회사는 B 회사 근로자들의 출근, 퇴근, 근무시간 등을 점검하고 작업방법에 대해서도 직접 지시하였다. A 회사는 작업량 단가로 산정된 금액을 B 회사에 도급비로 지급하였고, B 회사는 그 중 수수료를 제하고 남은 금액을 소속 근로자들에게 임금으로 지급하였다. 그러나 상여금과 각종 수당 및 퇴직금은 A 회사가 B 회사 근로자들에게 직접 지급하였다. 2012년 초 불경기가 계속되자 A 회사는 구조조정의 일환으로 B 회사와의 도급계약을 해지하고 B 회사 근로자들 중 일부를 계약직으로 신규 채용하였다. 도급계약 해지로 B 회사가 폐업하자 신규채용이 거부된 甲은 A 회사를 상대로 부당해고구제신청을 하였다. 이에 대하여 논하시오(25점) 2. C 회사 사장은 신입사원을 대상으로 한 연수회에서 "오늘날과 같이 무한 경쟁시대에 노동조합은 기업경영에 방해만 됩니다. 더구나 우리 회사 노동조합은 운영이 엉터리고 부정부패가 판을 치고 있습니다. 신입사원 여러분들은 가능하면 노조에 가입하지 마시기 바랍니다"라고 하였다. 이러한 사장의 발언이 부당노동행위에 해당하는지에 대하여 논하시오(15점) 3. 「노동조합 및 노동관계조정법」상의 필수유지업무협정에 대하여 설명하시오(10점)

제1편 총　　론

제1장 노동법의 의의

제1절 노동법의 의의

Ⅰ. 노동법의 정의

노동법이란 자본주의 사회에서 근로자가 인간다운 생활을 할 수 있도록 노동관계를 규율하는 법규범의 총체[1]를 말한다.

즉, 노동법은 i) 노동관계를(규율대상), ii) 최저기준의 설정 또는 단체자치의 보장 등의 방식으로 규율함으로써(규율방식), iii) 헌법상 규정된 근로자의 인권을 보장하고 근로자와 사용자 간의 실질적 대등성을 추구하는(규율목적 · 이념) 법규의 총체라고 정의할 수 있다[2]

Ⅱ. 노동법의 규율대상

1. 노동관계

근대사회 이후 근로자는 자유로운 계약에 의해 사용자의 임금지급에 대한 교환으로 근로를 제공하고 있다. 임금지급과 근로제공의 교환을 주된 내용으로 하는 근로자와 사용자 간의 법률관계를 노동관계라고 하는데, 노동법은 바로 노동관계를 규율대상[3]으로 한다.

2. 종속노동관계

(1) 의　　의

노동법은 노동관계, 즉 근로자의 노동력 제공에 관련된 생활관계를 규율하는 법이다. 이 경우 노동

1) 임종률 3.
2) 김유성Ⅰ 4.
3) 규율방식에 따라 ① 국가가 법률에 의해 최저기준을 설정하는 등의 방법으로 규율하는 '개별적 근로관계'와 ② 노사당사자의 집단적 자치를 보장하는 등의 방법으로 규율하는 '집단적 노사관계'의 두 가지로 구분된다.

은 독립적 노동(예컨대, 고객에 대한 자영업자의 노동)이 아니라 '종속노동'을 의미한다.

근로자는 노동력을 팔지 않고서는 살아갈 수 없기 때문에 임금이나 그 밖의 거래조건(근로조건)을 결정할 때 상대방과 평등한 입장에 설 수 없고(경제적 종속), 그 노동력을 자신의 신체·인격과 분리해서 제공할 수 없기 때문에 노동력 제공과정에서 사용자의 지시·감독을 받게 된다(인적 종속)는 의미에서 그러하다.

노동법은 바로 이러한 종속성을 극복함으로써 노사 간의 실질적 대등을 확보하고자 하는 법이다. 요컨대 종속노동관계는 노동법 규율의 출발점이면서 궁극적으로 지양하는 대상이기도 하다.[4]

(2) **종속노동의 본질**

1) 인격적 종속성설 '노동급부 과정'에서의 노동의 종속성을 종속노동의 본질로 이해하는 견해이다. 이는 i) 노동력은 인격과 분리될 수 없기 때문에 근로자는 사용자에게 노동력뿐만 아니라 인격적으로도 종속된다는 견해(협의의 인격적 종속성설)와 ii) 근로자는 사업장에 편입됨으로써 사업조직에서 요구되는 질서와 규율에 종속될 수밖에 없다는 견해(조직적 종속성설)로 나뉜다.

2) 경제적 종속성설 노무급부 과정 이전, 즉 '노동시장'에서의 종속을 종속노동의 본질로 본다. 즉 근로계약체결 이전의 근로자의 경제적·사회적 지위에서 파생하는 종속성을 종속노동의 본질로 이해한다. 따라서 근로자의 경제적 지위(이중의 지위: 신분과 생산수단으로부터의 자유)와 노동력 상품의 특수성으로 인해 근로자의 계약의 부자유 및 사용자에 대한 경제적 불평등 즉 종속노동이 발생한다고 한다.

(3) **검토의견**

종속노동은 노무급부과정과 노동시장에서의 종속성을 함께 고려하여 파악하는 것이 타당할 것이며, 현대 노동법은 양자를 모두 고려하고 있다. 우리나라 노동법도 종속노동 개념을 인격적 종속의 측면에서 뿐만 아니라 경제적 종속의 의미에서도 파악하고 있다. 근로기준법을 비롯한 개별적 근로관계법은 상대적으로 노무급부과정에서의 인격적 종속성에 보다 중점을 두고 있다. 반면 노동조합 및 노동관계조정법을 비롯한 집단적 노사관계법이나 노동시장법(직업안정법, 고용보험법 등)에서는 근로자의 경제적 종속성에 보다 중점을 두고 있다.[5]

Ⅲ. 노동법의 이념·목적·원리

1. 시민법 원리와 그 한계(시민법과 노동문제)

(1) **의 의**

근대 초기에 시민계급의 주도로 성립된 자본주의 사회는 그 시대적 요청에 걸맞은 시민법을 확립하였다. 시민법은 사적소유권의 보장, 계약의 자유, 과실책임주의를 그 기본원리로 하였다. 시민법 하에서의 노동관계는 독립대등한 양 당사자 사이의 자유로운 계약관계(고용관계)로 구성된다. 노동관계도 이러한 시민법의 기본원리가 적용되는 결과 다음과 같은 여러 가지 문제가 발생하였다.

(2) **열악한 근로조건**

계약자유원칙의 적용으로 근로자와 사용자 간의 경제적 실력차이(거래의 실질적 불평등)는 무시되고,

4) 김유성Ⅰ 8.
5) 김유성Ⅰ 9.

고용계약의 내용으로 성립한 근로조건이 어떠하더라도 자유의사에 기한 것으로 법적으로 승인되었다. 이에 따라 저임금·장시간노동 등 열악한 근로조건이 계약자유의 이름 하에 방치되었다.

(3) 재해보상의 어려움

근로자가 열악한 작업환경과 근로조건 등으로 산업재해를 당하더라도 과실책임주의 원칙이 적용되기 때문에 보상을 받기가 어려웠다.

(4) 해고의 자유와 실업

고용계약의 경우 해약의 자유는 사용자를 위한 해고의 자유가 되고, 근로자는 사용자의 자의나 경제상황에 따라 실업상태에 직면하게 되었다.

(5) 단결활동의 금지

근로자의 자구행위로서의 단결활동은 시민법상 기본원리에 반하는 것으로 엄격히 금지되었다. 즉, 노동조합의 결성, 단체교섭 요구는 계약자유의 원칙을 침해하는 것으로 형사상 범죄와 민사상 손해배상의 대상이 되었고, 파업 등 쟁의행위는 고용계약상의 근로제공의무 위반과 노동시장 거래질서 저해행위로서 위법하게 평가되었다.[6]

2. 노동법적 규율의 발전(노동법의 생성·발전)

(1) 노동법의 발전과 시민법 원리의 수정

노동법은 시민법 아래에서의 노동관계를 둘러싸고 제기되는 이러한 문제에 대처하도록 생성·발전해 왔다. 즉 노동법은 시민법 원리를 상당부분 수정하면서 등장한 것이다.[7]

(2) 노동보호법

열악한 근로조건에 대처하기 위하여 공장노동에 관한 근로조건의 최저기준을 정하고, 그 준수를 벌칙과 행정감독에 의해 강제하는 공장법이 노동보호법의 효시가 되었다. 초기에는 공장에 있는 여성·연소자의 근로시간의 제한을 중심적 내용으로 하던 것이었는데, 그 후 적용사업·적용대상 근로자 및 보호의 내용을 확대하여 일반적인 노동보호법으로 되었다.

(3) 산업재해보상제도

산업재해 문제에 대하여는 사용자의 고의·과실이 없더라도 당연히 일정액의 보상을 하도록 하는 산재보상제도가 노동보호법의 일환으로 도입되었다. 이것은 다시 사용자의 산업재해보상책임을 국영의 강제보험제도에 의해 대체하는 산업재해보상제도로 발전하였다.

(4) 취업지원과 해고제한

실업과 취업 영역에서는 원칙적으로 사용자의 채용의 자유를 보장하면서도 국가가 구직자에 대한 직업소개와 직업훈련 서비스를 제공하여 취업활동을 원조하는 제도와 실업자에 대한 보험급부(실업보험)를 행하였다. 그리고 영리직업소개업 등의 폐해에 대처하기 위해 근로자의 구직·취직에 관여하는 사업을 엄격하게 규제하는 입법도 성립하였다. 나아가 사용자의 해고권을 규제하는 입법도 성립하였다.

---

6) 임종률 5, 영국의 1800년 단결금지법, 독일의 1845년 프러시아 산업조례

7) 김형배 9, 노동법은 시민법 체계 내지 이론을 법기술적으로 수정하는 것이긴 하지만 이것을 정면으로 부정하는 것은 아니다. 따라서 노동관계 제 법규는 그 특색을 살리면서 전체로서의 법질서 속에서 조화를 이루며 구성되어야 한다

(5) 근로3권의 보장

근로3권 영역에서는 단결활동의 금지를 철폐하고 그 활동에 적용되었던 시민법상 위법성을 제거하는 입법이 각국에서 성립하였다.[8] 이를 통해서 노동조합으로 대표되는 단결체의 결성이 허용되고 쟁의행위에 대한 면책이 보장되게 되었다.[9]

노동조합과 그 활동을 자유롭게 하는 소극적 보호(근로3권에 대한 민 · 형사 면책)가 주를 이루었지만, 국가에 따라서는 단체협약에 특별한 효력(규범적 효력, 일반적 구속력)을 부여하거나 사용자의 반조합적 활동을 부당노동행위로서 금지하고 이에 대한 특별한 구제수단을 설정(미국의 부당노동행위제도)하는 등의 방법으로 단결활동을 적극적으로 조성하는 법제도를 만들기도 하였다.

3. 노동법의 이념 · 목적

노동법은 근로자의 인간다운 생활의 실현을 기본이념으로 하는 법이다. 즉 노동법은 ⅰ) 종속노동관계를 대상으로 하여, ⅱ) 개별관계에서의 국가 개입이라는 방법과 집단적 관계에서의 집단적 사적 자치의 보장이라는 방법을 통해 노동문제라고 하는 사회문제를 해결함으로써, ⅲ) 근로자의 경제적 · 사회적 지위향상 또는 생존권의 보장 등을 목적으로 하는 법이라고 할 수 있다.

4. 노동법의 원리(사회법 원리)

(1) 의 의

노동법은 노동관계에 대한 시민법 원리의 수정 또는 보완으로 등장했다. 다시 말해 노동법은 노동력거래에서 시상의 실패를 보완하기 위한 것으로 시민법과는 다른 법원리를 가지고 있는데, 이를 흔히 사회법 원리라고 한다.

노동법이 근거하고 있는 사회법 원리는 다음과 같은 점에서 시민법 원리와 차이가 난다.

(2) 배분적 정의와 실질적 평등의 중시

시민법에서 평균적 정의와 형식적 평등을 중시하는 것과 대비하여, 노동법은 배분적 정의와 실질적 평등을 중시한다. 노동법은 이러한 실질 중시를 통해 근로자의 생존권적 기본권의 보장에 역점을 둔다.

(3) 공법과 사법의 교차

노동법은 전통적인 법 분류에 따를 때 공법이나 사법 어느 일방에 속하지 않고, 양자의 특징이 혼합되어 있는 법영역이다. 그래서 노동법을 포함한 사회법을 제3의 법영역으로 파악한다.

(4) 집단적 자치와 자치규범 존중

노동법에서는 사적 자치의 형태라고 할 수 있는 집단적 자치를 존중한다. 이 점은 집단적노사관계법 영역에서 두드러지지만, 개별적 근로관계법 영역에서도 적지 않게 보인다(예컨대 근로조건의 결정에 있어서 근로자대표와의 서면합의를 요건으로 하는 경우).

이러한 집단적 자치 존중의 가장 좋은 예가 단체협약과 같은 노사자치규범이 법원으로서 인정될 뿐만 아니라 다른 법원(취업규칙, 근로계약)에 비해 우월성도 인정받고 있다는 점이다.

---

8) 임종률 6, 영국의 1895년 단결금지폐지법, 독일의 1869년 제국산업조례

9) 임종률 6. 영국의 1875년 공모 · 재산보호법은 파업에 대한 공모죄 처벌을 금지하였고, 1906년 노동쟁의법은 파업에 대한 민사상 불법행위 책임의 추급을 금지하였으며, 미국의 1932년 노리스 라가디아법은 파업에 대한 법원의 중지명력을 엄격히 제한하였다.

[표] 시민법원리와 사회법 원리의 비교

시민법 원리[10]	사회법 원리
평균적 정의와 형식적 평등 중시	배분적 정의와 실질적 평등 중시
사법 영역	사법과 공법의 혼합과 교차
개인의 자유 중시	집단적 자치와 자치규범 존중

Ⅳ. 노동법의 규율방식(노동법의 체계)

1. 개별적 근로관계법(근로계약법)

(1) 의　의

개별적 노동관계, 즉 근로자 개인과 사용자 사이의 노동관계의 성립 · 전개 · 종료를 둘러싼 관계를 규율하는 법이다. 근로자 개인과 사용자 사이의 근로조건 등에 대하여 그 최저한도를 정하여 규율하는 법을 말한다. 대표적으로 근로기준법, 최저임금법, 근로자퇴직급여보장법, 기간제 및 단시간근로자보호 등에 관한 법률 등이 있다.

(2) 규율목적 · 방식

19세기 공장법의 전통을 이어 받아 공법적 요소로서 사법적 관계에 국가가 간섭하여 사회적으로 건전한 노동력을 유지하려는 데 주된 목적이 있는 것으로 국가 입법에 의해 시민법 원리를 수정함으로써 노사대등성을 확보한다. 즉, 국가가 법률에 의해 최저기준을 설정하는 등의 방법으로 규율한다.

[그림] 최저근로조건의 규율

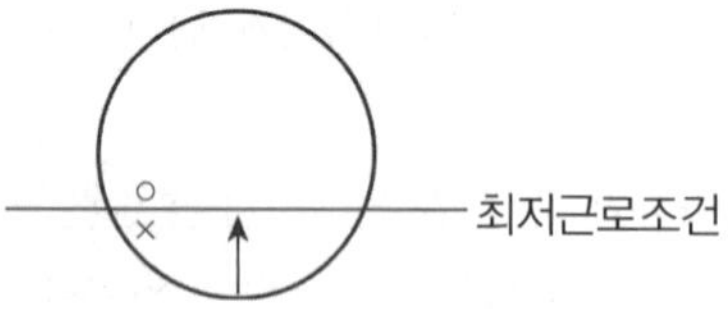

△ 2012년도에 적용되는 최저임금은 시간급 4,580원(8시간 기준)
△ **2013년도에 적용되는 최저임금은 시간급 4,860원**(8시간 기준)

2. 집단적 노사관계법(노동단체법)

(1) 의　의

근로자 측의 노동력의 집단적 거래를 위한 단결과 단체교섭 및 단체행동을 법적 권리로서 승인하고 이를 보장하는 법을 말한다. 대표적으로 노동조합 및 노동관계조정법 등이 있다.

(2) 규율목적 · 방식

기본적으로 사적 자치의 원리를 존중하면서 근로자 측에 이른바 근로3권이라고 하는 집단적 힘의 행사를 허용해 줌으로써 사법적 관계에 있어 대등성을 확보해 주려는 데 있다.[11] 근로자 측에 단결력을

10) 소유권 절대의 원칙, 계약자유의 원칙, 과실 책임의 원칙(시민법의 3대 원칙), 시민법 원리의 수정 혹은 제한으로서 ① 소유권 절대의 원칙은 사내근로복지기금의 조성이나 고용보험료 납부 등, ② 계약자유의 원칙은 근로기준법에 정한 기준에 미달하는 근로계약을 무효화하거나, 적법한 쟁의행위에 대한 민·형사상 책임을 면제하는 것 등, ③ 과실 책임의 원칙은 산업재해보상법에서 무과실책임 원칙이 채택되어 있는 점 등을 그 예로 들 수 있다.
11) 노동법의 독자성과 특수성을 잘 드러내는 영역은 집단적 노사관계법이다.

사용하도록 함으로써 시민법의 원리를 수정하여 노사대등성을 확보한다. 즉, 노사당사자의 집단적 자치를 보장하는 등의 방법으로 규율한다.

[그림] 집단적 노사자치

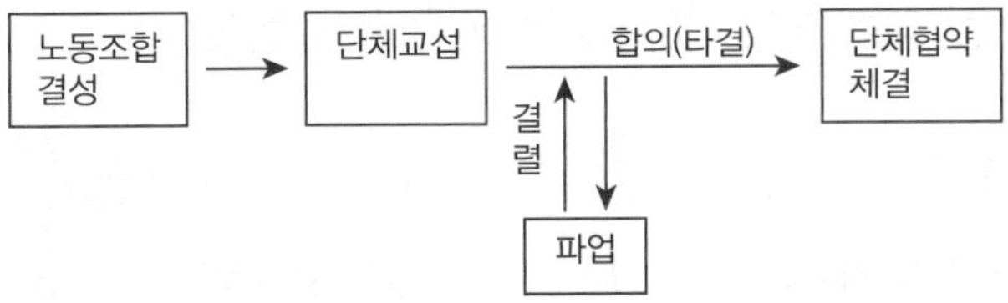

[표] 개별적 근로관계법과 집단적 노사관계법

구 분	개별적 근로관계법	집단적 노사관계법
특 징	– 법률에 의한 최저기준 설정으로 사용자의 행위규율과 근로자의 근로조건 보장 – 헌법 제32조(근로의 권리)를 구체화한 법률	– 노동조합, 단체협약, 쟁의행위 등 집단적 노사자치를 통한 근로조건 향상 – 헌법 제33조(근로3권)를 구체화한 법률
관련법률	근로기준법, 최저임금법, 임금채권보장법, 산업안전보건법, 파견근로자 보호 등에 관한 법률, 직업안정법, 근로자직업훈련촉진법, 남녀고용평등법, 고용보험법, 산업재해보상보험법	노동조합 및 노동관계조정법, 근로자참여 및 협력증진에 관한 법률, 노동위원회법, 교원의 노동조합설립 및 운영 등에 관한 법률, 공무원노동조합설립 및 운영 등에 관한 법률

3. 그 밖의 부문[12)]

(1) 협력적 노사관계법(노사협의제도)

근로자의 경영참가 내지 노사협의회를 둘러싼 근로자와 사용자 사이의 관계를 규율하는 법을 말한다. 대표적으로 근로자참여 및 협력증진에 관한 법률이 있다.

(2) 노동쟁송법(노동위원회제도)

개별근로자와 사용자 사이의 개별적 근로관계법상의 부당해고 등의 분쟁에 대한 구제절차와 노조와 사용자 사이의 집단적 노동관계법상의 노동쟁의 조정 · 중재나 부당노동행위에 대한 구제절차를 담당하는 법이다. 대표적으로 노동위원회법이 있다.

(3) 노동시장법(고용증진제도)

노동시장법 분야는 근로자와 사용자 간의 관계에 대한 개입의 모습을 뛰는 전통적 방식과 달리, 국가의 직접적이고 적극적인 행정작용(직업소개 · 직업훈련 · 고용보험사업 등)에 의해 국가의 노동시장정책을 실현한다.

이 분야에서는 근로자나 사용자 일방에 의무를 부과하는 방식이 아니라, 국가와 근로자, 국가와 사용자 간에 권리의무가 형성된다. 그리고 다른 분야에 비해 국가의 예산사정이나 경제사정에 민감하게

12) 노동법이 확충·발전되면서 개별적 근로관계법과 집단적 근로관계법의 어느 하나에 포섭되지 않은 새로운 영역이 등장하였다. ① 근로자의 경영참가 내지 노사협의회를 둘러싼 근로자와 사용자 간의 관계를 규율하는 법(노사협의회제도, 경영참가제도, 협동적 노사관계법), ② 노동시장에서의 근로자의 구직활동 등을 둘러싼 관계를 규율하는 법(고용증진제도, 노동시장에 관한 법), ③ 국가에 따라서는 노동위원회 제도, 노동법원 등을 통한 노동구제관련 법 등이 있다.

반응하기 때문에 노력의무가 많이 설정되는 특징이 있다.

Key Word

➡ 노동법, 노동관계, 종속노동, 시민법원리와 수정, 사회법원리

연습문제

(1) 노동법의 규율대상, 이념, 방식에 대하여 논하시오.

(2) 노동법과 시민법의 차이에 대하여 약술하시오.

제2절 노동법의 법원

Ⅰ. 법원의 의의

노동법의 법원이란 노동관계상의 법적 분쟁에서 법해석과 적용의 기준이 되는 규범의 존재형식을 말한다.[13] 즉, 근로자와 사용자에게 권리 · 의무를 발생시킬 수 있는 규범의 여러 가지 존재형식이라 할 수 있다.[14] 법원의 실천적 의의는 법률관계를 규율하는 권리 · 의무의 원천으로서의 규범의 존재형식이다. 그러므로 노동법에 있어서 근로관계를 규율하는 모든 규율근거들이 노동법의 법원이 된다.[15] 이런 차원에서 일반성을 요소로 하는 법만이 아니라 노동관계에 관한 모든 규율근거가 노동법의 법원이 된다고 이해된다. 따라서 노동관계법령은 물론이고 단체협약이나 근로계약과 같은 노사자치규범도 법원으로 인정된다.[16]

Ⅱ. 법원의 종류

1. 노동관계법령

국가가 제정한 실정 노동법을 흔히 노동관계법령이라고 한다. 노동관계법령은 헌법을 기본으로 하여 다양한 법령으로 구성되어 노동법의 법원이 된다. 노동관계법령은 최초 입법(1953년)으로 근로기준법, 노동조합법, 노동쟁의조정법, 노동위원회법 등 네 개의 법률로 출발하였지만, 현재에는 수십 개에 달한다.

노동관계법령은 헌법을 정점으로 하여 사법 · 형사법 · 행정법을 기초로 전법체계 속에서 편성되어 있기 때문에, 헌법 · 사법 · 행정법의 관련 법규들도 노동관계에 관한 기초적 또는 보충적 규정으로서 노동법의 법원이 된다. 특히 헌법의 노동조항은 노동관계법령에 타당성의 근거를 부여하는 것으로서 중요하고, 민법의 법리는 사인 간의 관계인 노동관계를 규율할 때에 노동법의 수정을 받으면서도 여전히 기초적 또는 보충적 규정으로서의 자리를 차지하고 있다.[17]

13) 김유성Ⅰ 13; 임종률 8; 김형배 94.
14) 김형배 95.
15) 김형배 96. 실정법의 자기완결성을 고집하는 개념법학적 실증주의에 의하면 실정법을 근거로 하지 않은 어떠한 법원도 인정하지 않으려고 하므로 노동법의 법원을 축소시키는 결과를 가져오며, 이에 따라 이러한 법원론은 역사적, 경제적, 사회적 변천에 적응하여야 할 노동법의 실천적 사명을 충족시키지 못하게 된다.
16) 임종률 8; 김형배 97.
17) 임종률 9; 김유성Ⅰ 13.

2. 국제협약 · 조약

헌법 제6조 제1항[18]에 의하여 체결 · 공포된 국제협약 및 조약은 국내법과 동일한 효력을 갖게 되므로 노동법위 법원이 된다. 우리나라가 비준 · 공포한 ILO협약 등이 대표적인 것이다.

3. 노사자치규범

단체협약, 취업규칙, 조합규약, 근로계약은 그 적용을 받는 당사자의 권리 · 의무를 규율하고 있으므로 노동법의 법원으로 인정된다. 이러한 점은 단체협약과 취업규칙의 규범적 효력을 인정한 노동관계법령에서도 확인(노조법 제33조, 근기법 제97조)하고 있는 것으로, 이 역시 노동법의 특징이라 하겠다. 다만, 노사자치규범은 노동관계법령의 최저기준을 위반하지 않는 한도에서만 법원으로 인정된다. 조합규약은 조합 내부의 기관이나 조합원을 구속하는 한도 내에서 법원성을 가진다고 보아야 할 것이다. 이 경우 조합규약이 사용자 등 조합원이 아닌 제3자를 구속하지 아니함은 물론이다.

4. 노동관행

노동관계에서 계속 · 반복적으로 행해짐으로써 노사 간의 행위준칙으로 인정되는 것을 흔히 노동관행이라 한다. 노동관행은 그 자체로서 특별한 법적 효력이 없기 때문에 법원으로 인정되지 않는다. 그러나 "노동관행이 기업사회에서 일반적으로 근로관계를 규율하는 규범적 사실로서 명확히 승인되거나, 기업의 구성원이 일반적으로 아무런 이의도 제기하지 아니한 채 기업 내에서 사실상의 제도로서 확립되어 있는 경우"[19]에는 근로계약 등 노사자치규범의 내용이 되고 그 효력을 인정받아 법원이 된다.

이와 같이 노동관행은 경우에 따라 근로계약 등 노사자치규범의 내용이 되거나 해석기준이 되기도 하지만, 종종 실정 노동관계법령 제정의 촉진제가 되기도 한다.

[관련판례] 노동관행의 법원성

1. 승인 또는 확립된 관행의 법원성(대판 1996.5.10, 95다42270)

근로자를 그가 고용된 기업으로부터 별개의 기업체인 다른 기업으로 적을 옮겨 그 다른 기업의 업무에 종사하게 하는 전적은 원칙적으로 근로자의 동의를 얻어야 효력이 생기는 것이고, 다만 다양한 업종과 업태를 가진 계열기업들이 자본 · 임원의 구성 · 영업활동 등에 있어서 어느 정도 밀접한 관련성을 갖고 경제활동을 전개하는 기업그룹 내의 계열기업 사이의 전적에 있어서는, 미리 전적할 계열기업을 특정하고 그 기업에서 종사하여야 할 업무에 관한 사항 등의 기본적인 근로조건을 명시하여 사전동의를 얻은 경우나, 기업그룹 내에서 근로자의 동의를 얻지 아니하고 다른 계열기업으로 근로자를 전적시키는 관행이 있어서 그와 같은 관행이 기업 내에서 일반적으로 근로관계를 규율하는 **규범적 사실로 명확하게 승인**되거나 기업의 구성원이 일반적으로 아무런 이의를 제기하지 아니한 채 당연한 것으로 받아들여 기업 내에서 **사실상의 제도로 확립**되어 있는 근로계약의 내용을 이루는 것으로 인정되는 경우처럼, 특별한 사정이 있는 경우에 한하여 근로자의 구체적인 동의를 얻지 아니하더라도 근로자를 다른 계열기업으로 유효하게 전적시킬 수 있다.

---

18) 헌법 제6조 ① 헌법에 의하여 체결·공포된 조약과 일반적으로 승인된 국제법규는 국내법과 동일한 효력을 갖는다.

19) 대판 2002.4.23, 2000다50701.

2. 의무로 형성된 관행의 법원성(대판 2001.10.23. 2001다53950)

평균임금산정의 기초가 되는 임금총액에는 사용자가 근로의 대상(對償)으로 근로자에게 지급하는 금품으로서, 근로자에게 **계속적 · 정기적으로 지급**되고 단체협약, 취업규칙, 급여규정, 근로계약, **노동관행 등에 의하여 사용자에게 그 지급의무가 지워져 있는 것**은 그 명칭여하를 불문하고 모두 포함된다.

5. 판례 및 행정해석

(1) 판　례

노동사건에 관한 판례는 원칙적으로 노동법의 법원으로 인정되지 않는다. 성문법주의를 취하는 우리나라에서는 법관이 선례에 구속되지 않고 해당 사건이 아니면 상급법원의 판례에 구속되지도 않기 때문이다.

그러나 노동관계법령의 공백을 메우거나 적용할 법규의 의미를 명확히 하는 의미의 상급법원 판례는 법관 스스로 이에 따르는 경향과 결합하여 법관법을 형성한다는 점에서 법원으로 인정해야 할 것이다.[20]

(2) 행정해석

노동부 또는 법무부가 노동행정의 지침이나 노동법에 관한 유권해석을 국민 또는 하부기관에 표명하는 행정해석은 노동법의 법원으로 인정되지 않는다.

이러한 행정해석은 예규의 형태로 하는 경우에도 그것은 노동부가 관계법령의 통일적 · 효율적 감독 · 시행을 위하여 그 소속기관 및 담당 공무원에 대한 내부적 업무처리지침에 불과하고 노동관계 당사자나 법관을 구속할 수 없기 때문이다.[21]

Ⅲ. 법원 상호간 충돌(법원의 경합)

1. 의　의

노동법 법원이 상호간에 충돌하는 경우 과연 어느 법원을 우선적으로 적용시켜야 할 것인지가 문제된다. 노동법은 법원적용의 일반원칙을 따르게 되지만 유리한 조건 우선의 원칙이라는 특유한 법원적용 방식이 있다.

2. 법원적용의 일반원칙

1) 상위법 우선의 원칙　　모든 법률은 상위법이 하위법에 우선하여 적용된다. 따라서 헌법은 법률에, 법률은 시행령에 우선하여 적용된다.[22]

2) 신법 우선의 원칙(질서의 원칙, 해소의 원칙)　　동위의 법원이라도 최근에 제정된 법은 그 이전에 제정된 법에 우선하여 적용한다는 원칙을 신법우선의 원칙 또는 질서의 원칙[23]이라고 한다. 예

20) 임종률 10; 김유성 14, 확립된 판례법리는 사실상 법원으로서의 기능을 수행한다.

21) 대판 1990.1.25, 89누3654; 대판 1990.9.25, 90누2727; 대판 1993.2.23, 92누7112; 임종률 10 다만 행정해석은 노동행정 내부에서는 구속력을 가지고 있고 특히 노동관계법령에 관하여 감독·수사의 권한을 가지는 근로감독관이 이에 따르기 때문에 노동관계 당사자에게 일반적으로 행위규범으로서 작용하고 있다.

22) 대판 1990.9.25, 90누2727.

컨대, 적용범위가 같은 두 개의 단체협약이 있는 경우 새롭게 성립된 단체협약이 우선 적용된다.[24]

3) 특별법 우선의 원칙(특별규정 우선의 원칙)　동위의 법이라도 일반법에 대해 특별법이 우선한다. 예컨대 선원인 근로자에게 근로기준법보다는 특별법인 선원법이 우선 적용된다.

3. 유리한 조건 우선의 원칙(유리의 원칙)

(1) 의　　의

유리한 조건 우선의 원칙은 상위규범보다 하위규범이 근로자에게 더 유리하면 하위규범이 우선 적용된다는 원칙을 말한다. 다른 법 영역에서는 찾아보기 어려운 노동법 특유의 원칙이다.[25]

(2) 단체협약과 근로계약 간의 관계

1) 문제의 소재　단체협약에 위반하는 근로계약이나 취업규칙은 무효로 되는데, 여기서 위반의 의미가 문제된다. 위반의 의미를 단체협약상 기준을 '최저기준'으로 보아 '미달'로 해석할 것인지, 그 기준을 '절대기준'으로 보아 '다른 경우'로 해석할 것인지에 따라 유리한 조건 우선의 원칙의 적용 여부가 달라질 수 있다.

2) 유리의 원칙 긍정설(편면적용설)　단체협약은 근로자들을 보호하기 위하여 근로조건의 '최저기준'을 정한 것이라는 견해로서 근로계약 기준이 단체협약기준보다 불리한 경우에는 무효이나, 사용자가 자발적으로 단체협약의 기준보다 유리한 급부를 하거나 또는 근로계약에 의하여 단체협약 기준 이상의 급부를 약속하는 것은 유효하다고 한다.[26]

3) 유리의 원칙 부정설(양면적용설)　단체협약에서 정한 기준을 '절대기준(정형적 · 표준적 기준)'으로 보는 견해로서 ⅰ) 기업별 협약이 지배적인 우리나라에서는 단체협약의 기준을 절대기준으로 보아야 하며, ⅱ) 노조에의 가입은 근로자 스스로 계약의 자유를 일정한 범위에서 제한하는 것이라 볼 수 있기 때문에 조합원인 한도에서는 원칙적으로 노조의 집단적 규제에 따라야 하며, ⅲ) 부당노동행위제도를 채택하고 있는 우리나라에서 유리의 원칙을 인정하면 불이익취급이나 지배개입의 부당노동행위로 연결될 가능성이 높다는 점을 들어, 유리의 원칙을 부정하는 입장이다.[27] 이 견해는 단체협약의 기준이 근로계약의 기준보다 유리한 경우는 물론 불리한 경우에도 단체협약의 기준만이 유효하게 적용된다고 보고 있다.

4) 검　토　기업별 협약이 지배적인 우리나라의 경우에는 단체협약의 기준을 절대기준으로 보아 유리의 원칙을 부정한다 해도 그것이 근로자의 근로계약자유의 원칙을 침해하는 것은 아닐 것이다. 오히려 근로자의 단결권과 단체교섭권 확보를 위해 유리의 원칙을 부정하는 것이 타당하다 할 것이다. 그러나 최근 산별노조의 산별교섭이 증대되고 있어 단체협약과 근로계약 사이에서도 유리의 원칙을 긍정할 수 있는 여지가 많아지고 있다.

---

23) 김형배 111.
24) 대판 1994.5.10, 93다30181.
25) 임종률 11; 김형배 113.
26) 김형배 851.
27) 김유성Ⅰ 169; 임종률 144.

[관련판례] 법원상호간의 관계

[1] 법령과 근로계약

1. 퇴직금분할약정의 효력(대판(전합) 2010.5.20. 2007다90760)

사용자와 근로자가 매월 지급하는 월급이나 매일 지급하는 일당과 함께 퇴직금으로 일정한 금원을 미리 지급하기로 약정(이하 **'퇴직금 분할 약정')하였다면,** 그 약정은 구 근로기준법 제34조 제3항(현행 근로자퇴직급여보장법 제8조 제2항) 전문 소정의 퇴직금 중간정산으로 인정되는 경우가 아닌 한 최종 퇴직 시 발생하는 **퇴직금청구권을 근로자가 사전에 포기하는 것으로서 강행법규인 같은 법 제34조에 위배되어 무효**이고, 그 결과 퇴직금 분할 약정에 따라 사용자가 근로자에게 퇴직금 명목의 금원을 지급하였다 하더라도 퇴직금 지급으로서의 효력이 없다.

2. 연수비 내지 교육훈련비 반환 약정의 효력(대판 2003.10.23. 2003다7388)

기업체에서 비용을 부담 지출하여 직원에 대하여 위탁교육훈련을 시키면서 일정 임금을 지급하고 이를 이수한 직원이 교육수료일자부터 일정한 의무재직기간 이상 근무하지 아니할 때에는 기업체가 지급한 임금이나 해당 교육비용의 전부 또는 일부를 상환하도록 하되 의무재직기간 동안 근무하는 경우에는 이를 면제하기로 약정한 경우, 교육비용의 전부 또는 일부를 근로자로 하여금 상환하도록 한 부분은 근로기준법 제27조 에서 금지된 위약금 또는 손해배상을 예정하는 계약이 아니므로 유효하지만, 임금반환을 약정한 부분은 기업체가 근로자에게 근로의 대상으로 지급한 **임금을 채무불이행을 이유로 반환하기로 하는 약정**으로서 실질적으로는 위약금 또는 손해배상을 예정하는 계약이므로 **근로기준법 제27조에 위반되어 무효**(대판 1996.12.6. 95다24944, 24951), … 라고 보아야 할 것이다.

[2] 취업규칙과 단체협약

1. 취업규칙보다 불리하게 변경한 단체협약의 효력(대판 2002.12.27. 2002두9063)[28)]

단체협약의 개정에도 불구하고 종전의 단체협약과 동일한 내용의 취업규칙이 그대로 적용된다면 단체협약의 개정은 그 목적을 달성할 수 없으므로 **개정된 단체협약에는 당연히 취업규칙상의 유리한 조건의 적용을 배제하고 개정된 단체협약이 우선적으로 적용된다는 내용의 합의가 포함**된 것이라고 봄이 당사자의 의사에 합치한다고 할 것이고, 따라서 **개정된 후의 단체협약에 의하여 취업규칙상의 면직기준에 관한 규정의 적용은 배제된다고 보아야 할 것**이다(대판 2001.1.19. 2000다30516, 30523, 30530, 30547(병합) 등 참조).

2. 단체협약과 취업규칙의 상호저촉되는 내용(대판 1995.2.14. 94누5069)

단체협약에서 "해고에 관하여는 단체협약에 의하여야 하고 취업규칙에 의하여 해고할 수 없다"는 취지로 규정하거나 "단체협약에 정한 사유 외의 사유로는 근로자를 해고할 수 없다"고 규정하는 등 근로자를 해고함에 있어, 해고사유 등을 단체협약에 의하도록 명시적으로 규정하고 있거나 동일한 징계사유에 관하여 **단체협약상의 규정과 취업규칙 등의 규정이 상호 저촉되는 경우**에는, 사용자는 **단체협약 소정의 징계사유에 의하여만 근로자를 징계할 수 있다.**

3. 단체협약에 반하는 내용의 취업규칙이 조합원과 비조합원과의 관계에서 갖는 효력(대판 1992.12.22. 92누13189)

참가인회사의 단체협약은 노동조합법 제37조(현행 제35조) 소정의 일반적 구속력을 가지지 아니하고 조합원에게만 적용되며, 이 경우 **단체협약에 반하는 내용의 취업규칙** 등은 단체협약의 적용대상자에 대하여는 효력이 없으나 **협약의 적용을 받지 아니하는 근로자에 대하여 적용**되므로 원고에게는 징계규정 제18조 제3호가 적용되고, 따라서 원고에 대한 무기정직은 위 징계규정에 따른 것으로서 유효하다는 취지로 판단하였는바, 기록에 비추어 보면 원심의 위와 같은 사실인정은 정당한 것으로 수긍된다.

[3] 법령과 단체협약

강행규정에 위반한 단체협약의 효력(대판 1993.4.9, 92누15765)

성별 작업구분이나 근로조건의 구분을 명확히 하지 아니한 채 남녀를 차별하여 정년을 규정한 것은 합리적인 이유없이 남녀의 차별적 대우를 하지 못하도록 한 근로기준법 제5조와 **근로자의 정년에 관하여 여성인 것을 이유로 남성과 차별해서는 아니 된다**고 한 남녀고용평등법 제8조 등 **강행법규에 위배되어 무효라고 판단**하였다. 기록과 관계 증거에 의하면, 위 업체의 단체협약과 취업규칙이 위 3개 부서에 관한 위 인정과 같이 남녀를 차별하여 정년을 규정하고 있는 것으로 본 원심의 조치는 정당하다.

Key Word

⇨ 법원, 노동관행의 법원성, 유리의 조건 우선의 원칙

연습문제

(1) 노동법의 법원에 대하여 약술하시오.

(2) 근로계약과 단체협약의 관계에 대하여 약술하시오

28) 단체협약보다 취업규칙의 효력을 인정하지 않고 있지만, 동 판결에도 불구하고 단체협약보다 유리한 취업규칙의 효력에 관하여 판례가 어떠한 입장을 취하고 있는지는 아직 명확하게 판단할 수 없다. 왜냐하면 근기법 제94조 제1항 단서에 의하면 취업규칙을 근로자에게 불이익하게 변경하는 방법으로 근로자의 과반수 동의와 함께 "근로자의 과반수로 조직된 노동조합"의 동의도 인정하고 있으므로 단체협약의 체결을 근로기준법 제94조 제1항에 의한 취업규칙의 불이익 변경에 대한 "근로자의 과반수로 조직된 노동조합"의 동의라고 해석한다면 취업규칙과 단체협약의 불일치가 존재하지 않아 근기법 제96조 및 노조법 제33조가 적용될 필요가 없어진다(유성재, 판례 노동법 61).

제 2 장 노동기본권

제 1 절 근로의 권리(이하 '근로권')

Ⅰ. 근로권의 의의

헌법 제32조 제1항에서는 "모든 국민은 근로의 권리를 가진다. 국가는 사회적 · 경제적 방법으로 근로자의 고용의 증진과 적정임금의 보장에 노력하여야 하며, 법률이 정하는 바에 의하여 최저임금제를 시행하여야 한다"라고 하여 근로의 권리를 비롯한 근로자의 고용증진 · 적정임금보장 · 최저임금제 시행 등을 규정하고 있다. 한편, 동조 제3항에서는 근로조건기준의 법정주의를 규정하고 있으며, 동조 제4항 및 제5항에서는 여자 및 연소근로자에 대한 특별 보호 및 근로관계에서의 여성에 대한 차별금지를 규정하고 있나.

헌법의 권리로서의 근로권의 개념이 1919년 독일 바이마르 헌법에서 최초로 등장한 이래 제2차 세계대전 이후에는 여러 자본주의 국가의 헌법에서도 근로권에 관한 규정을 두게 되었고, 1948년 세계인권선언에도 명시되고, 1966년 국제 인권규약, ILO조약에 있어서도 세계 공통의 권리로 확립되기에 이르렀다. 우리나라의 경우 1948년 제헌헌법에서부터 헌법상 명문으로 규정하여 근로권을 보장하고 있다.

Ⅱ. 근로권의 주체 및 법적 성격

1. 주 체

(1) 국 민

헌법은 "'모든 국민'은 근로의 권리를 가진다"고 규정하고 있다. 여기서 국민이란 근로의 의사와 능력을 가진 국민 즉, 실업자를 말한다.[1] 헌법상 근로권 보장의 의의에 대한 논의는 국민에게 취업청구권이 있는가, 취업청구권을 갈음하는 생계비청구권이 인정되는가 여부를 중심으로 전개되어왔다. 하지만 근로권은 널리 현대사회에서 근로를 통해 인간다운 생활을 보장받을 수 있는 보다 적극적 · 포괄적인 의

1) 임종률 12, 2차적으로는 취업 중인 근로자도 포함.

의를 갖는 권리로 이해해야 할 것이다. 따라서 근로권은 실업자뿐만 아니라 취업중인 근로자를 포함하는 모든 근로자가 근로를 통해 인간다운 생활을 누릴 수 있는 포괄적 기본권으로 파악해야 한다.[2)]

(2) 외국인의 근로권

외국인의 근로권에 대하여 헌법재판소는 "국가에 대하여 고용증진을 위한 사회적 · 경제적 정책을 요구할 수 있는 권리는 사회권적 기본권으로서 국민에 대하여만 인정해야 하지만, 근로자가 기본적 생활수단을 확보하고 인간의 존엄성을 보장받기 위하여 최소한의 근로조건을 요구할 수 있는 권리는 자유권적 기본권의 성격도 아울러 가지므로 이러한 경우 외국인 근로자에게도 그 기본권의 주체성을 인정함이 타당하다"고 판시[3)]한 바 있다.

[관련판례] 외국인산업기술연수생의 근로의 권리

외국인산업기술연수생에게 근로기준법 중 일부조항만을 적용하는 '외국인산업기술연수생의 보호 및 관리에 관한 지침'(노동부 예규) 제4조, 제8조 제1항 및 제17조가 평등권을 침해하는지 여부(헌재 2007.8.30. 2004헌마670 결정)

[1] 근로의 권리가 "일할 자리에 관한 권리"만이 아니라 "일할 환경에 관한 권리"도 함께 내포하고 있는바, 후자는 인간의 존엄성에 대한 침해를 방어하기 위한 자유권적 기본권의 성격도 갖고 있어 건강한 작업환경, 일에 대한 정당한 보수, 합리적인 근로조건의 보장 등을 요구할 수 있는 권리 등을 포함한다고 할 것이므로 외국인 근로자라고 하여 이 부분에까지 기본권 주체성을 부인할 수는 없다. 즉 근로의 권리의 구체적인 내용에 따라, 국가에 대하여 고용증진을 위한 사회적 · 경제적 정책을 요구할 수 있는 권리는 사회권적 기본권으로서 국민에 대하여만 인정해야 하지만, 자본주의 경제질서 하에서 근로자가 기본적 생활수단을 확보하고 인간의 존엄성을 보장받기 위하여 **최소한의 근로조건을** 요구할 수 있는 권리는 **자유권적 기본권의 성격**도 아울러 가지므로 이러한 경우 **외국인 근로자에게도 그 기본권 주체성을 인정**함이 타당하다.

[2] 산업연수생이 연수라는 명목 하에 사업주의 지시 · 감독을 받으면서 사실상 노무를 제공하고 수당 명목의 금품을 수령하는 등 실질적인 근로관계에 있는 경우에도, 근로기준법이 보장한 근로기준 중 주요사항을 외국인 산업연수생에 대하여만 적용되지 않도록 하는 것은 합리적인 근거를 찾기 어렵다. 특히 이 사건 중소기업청 고시에 의하여 사용자의 법 준수능력이나 국가의 근로감독능력 등 사업자의 근로기준법 준수와 관련된 제반 여건이 갖추어진 업체만이 연수업체로 선정될 수 있으므로, 이러한 사업장에서 실질적 근로자인 산업연수생에 대하여 일반 근로자와 달리 근로기준법의 일부 조항의 적용을 배제하는 것은 자의적인 차별이라 아니할 수 없다. 근로기준법 제5조(현행 제6조)와 '국제연합의 경제적 · 사회적 및 문화적 권리에 관한 국제규약' 제4조에 따라 '동등한 가치의 노동에 대하여 동등한 근로조건을 향유할 권리'를 제한하기 위하여는 법률에 의하여만 하는바, 이를 행정규칙에서 규정하고 있으므로 위 법률유보의 원칙에도 위배된다. 그렇다면, 이 사건 노동부 예규는 청구인의 평등권을 침해한다고 할 것이다.

2. 법적 성격

(1) 문제제기

근로권은 보장수준에 관해 오랜 기간 동안 논란이 되어 왔다. 국가는 근로권의 내용실현을 위해 어

2) 김유성 I 19~20, 김형배 116~117.

3) 헌재 2007.8.30, 2004헌마670; 헌법재판소는 외국인산업기술연수행에게 근로기준법 중 일부조항만을 적용하는 '외국인산업기술연수생의 보호 및 관리에 관한 지침(노동부 예규)이 평등권을 침해한다며 위헌결정을 한 바 있다.

떠한 법적 의무를 부담하는지 또는 근로자는 국가에 대하여 어떤 종류의 권리를 가지는지에 관한 문제이다.

(2) 추상적 권리설

근로권은 근로자의 법적권리를 보장한 것이지만 국가의 입법에 의하여 비로소 권리로서의 규범력이 인정되기 때문에 추상적 권리를 규정한 것에 지나지 않는다는 입장이다. 이 견해에 따르면 근로권은 실업근로자 개개인이 국가를 상대로 근로의 기회를 제공해 줄 것을 요구하거나 이를 갈음하여 생활비의 지급을 요구할 수 있는 구체적인 권리가 아니라, 국가가 실업근로자에게 적절한 근로의 기회를 제공할 수 있도록 입법 · 정책을 취하라고 요구할 수 있는 추상적 권리에 불과하다.[4)]

(3) 구체적 권리설

헌법상의 근로권 규정은 입법을 매개할 필요없이 국가를 구속하므로 근로의 기회를 제공하여 줄 것을 국가 또는 공공단체에 요구할 수 있는 구체적인 법적 권리를 국민에게 직접 보장한 것이라는 입장이다. 이 견해에 따르면 국가가 필요한 입법이나 시책을 강구하지 않을 경우에는 국가의 부작위에 의한 기본권 침해가 되며 이를 재판상 다툴 수 있다.[5)]

(4) 검 토

근로권의 내용을 완전히 실현하기가 불가능하다는 점을 고려하면 추상적 권리설이 일면 타당하나, 근로권을 추상적 권리설로 이해하면 국가의 입법이 없거나 미흡한 경우에도 재판상 다툴 수 없다는 점이나 근로권의 내용을 실현하려는 입법이 대부분 정비되어 있다는 점을 고려하면 구체적 권리로 이해해야 할 것이다.[6)]

3. 근로권의 법적성격과 청구권 인정 여부

(1) 근로기회제공청구권(직장존속보장청구권)

근로권을 추상적 권리로 이해하는 입장에서는 국가가 직접 일할 자리를 요구할 수 있는 청구권적인 권리는 아니라고 보고,[7)] 구체적 권리라는 입장에서는 실업자의 취업청구권이나 근로자의 취업권(부당해고로부터의 보호를 핵심 내용으로 하는 직업보유권 내지는 고용보장권)은 인정된다고 한다.[8)]

이에 대해 헌법재판소는 "헌법 제15조의 직업의 자유 또는 헌법 제32조의 근로의 권리, 사회국가원리 등에 근거하여 실업방지 및 부당한 해고로부터 근로자를 보호하여야 할 국가의 의무를 도출할 수는 있을 것이나, 국가에 대한 직접적인 직장존속보장청구권을 근로자에게 인정할 헌법상의 근거는 없다"고 판시하였다. 근로권을 구체적 권리로 이해하더라도 국가에 일자리를 요구할 수 있는 권리는 아니고, 실업근로자가 자기 능력과 적성에 맞는 근로의 기회를 받도록 국가에게 노동시장의 체제정비를 요구할 권리를 의미한다고 할 수 있다.[9)]

---

4) 김형배 122; 임종률 13.
5) 김유성 I 18.
6) 김유성 I 19, 임종률 13, 김형배 122; 근로권을 추상적 권리로 보는 임종률 교수는 실업근로자에게 근로의 기회를 받도록 노동시장의 체제를 정비할 의무와 생계비를 지급할 의무를 국가의 정책의무로 보고 있고, 김형배 교수는 구체적 권리성을 부여하는 것이 바람직하다는 입장을 취하고 있다는 점에서 견해의 차이는 적다고 할 수 있다.
7) 김형배 122.
8) 김유성 I 19.
9) 임종률 13.

[관련판례] 근로의 권리와 직장존속보장청구권

국가에 대한 직접적인 직장존속보장청구권이 근로자에게 인정되는지 여부(소극) / 법률로 국가보조 연구기관을 통폐합함에 있어 재산상의 권리 · 의무만 승계시키고, 근로관계의 당연승계 조항을 두지 아니한 것이 위헌인지 여부(소극)(헌재 2002.11.28, 2001헌바50)

헌법 제32조 제1항은 "모든 국민은 근로의 권리를 가진다. 국가는 사회적 · 경제적 방법으로 근로자의 고용의 증진과 적정임금의 보장에 노력하여야 하며 … "라고 규정하여 근로의 권리를 보장하고 있다. 근로의 권리의 보장은 생활의 기본적인 수요를 충족시킬 수 있는 생활수단을 확보해 주며, 나아가 인격의 자유로운 발현과 인간의 존엄성을 보장해 주는 의의를 지닌다.

근로의 권리는 사회적 기본권으로서, 국가에 대하여 직접 일자리(직장)를 청구하거나 일자리에 갈음하는 생계비의 지급청구권을 의미하는 것이 아니라, **고용증진을 위한 사회적 · 경제적 정책을 요구**할 수 있는 권리에 그친다. 근로의 권리를 직접적인 일자리 청구권으로 이해하는 것은 사회주의적 통제경제를 배제하고, 사기업 주체의 경제상의 자유를 보장하는 우리 헌법의 경제질서 내지 기본권규정들과 조화될 수 없다.

마찬가지 이유로 근로의 권리로부터 국가에 대한 직접적인 직장존속청구권을 도출할 수도 없다. 단지 위에서 본 직업의 자유에서 도출되는 보호의무와 마찬가지로 사용자의 처분에 따른 직장 상실에 대하여 최소한의 보호를 제공하여야 할 의무를 국가에 지우는 것으로 볼 수는 있을 것이나, 이 경우에도 입법자가 그 보호의무를 전혀 이행하지 않거나 사용자와 근로자의 상충하는 기본권적 지위나 이익을 현저히 부적절하게 형량한 경우에만 위헌 여부의 문제가 생길 것이다.

헌법 제15조의 직업의 자유 또는 헌법 제32조의 근로의 권리, 사회국가원리 등에 근거하여 실업방지 및 부당한 해고로부터 **근로자를 보호하여야 할 국가의 의무를 도출**할 수는 있을 것이나, **국가에 대한 직접적인 직장존속보장청구권을** 근로자에게 **인정할 헌법상의 근거는 없다.**

(2) 생계비지급청구권

근로권을 추상적 권리로 보는 입장에서는 현행 헌법이 바이마르 헌법과는 달리 근로의 권리와 관련하여 생계비 지급을 규정하고 있지 않다는 점, 생계비 지급에 관하여는 헌법 제34조의 인간다운 생활을 할 권리에 관한 규정이 근거가 된다는 점을 들어 생계비지급청구권을 인정하지 않는다.[10)]

이에 대해 구체적 권리로 보는 입장은 생계비지급청구권은 단순히 인간다운 생활을 할 권리의 의미와 달리 근로의 의사와 능력이 요구되는 생계 보장을 의미한다는 점에서 근로권의 내용으로 보는 입장이 있다.[11)]

Ⅲ. 근로권의 주요내용

1. 고용증진의무

국가는 근로자의 고용을 증진할 입법은 물론, 고용확대 · 실업대책 등에 관한 정책을 수립하고 추진해야 할 의무가 있다. 사회정책에 의한 고용의 증진과 경제정책에 의한 고용기회의 확대를 통해 일반근로자가 사기업 또는 공공기업에 취업하여 완전고용상태가 실현될 수 있도록 노력하여야 하는 것이다. 직업안정법, 고용정책기본법, 장애인고용촉진 및 직업재활법, 고령자고용촉진법 등은 국가의 고용증진

10) 김형배 124.
11) 김유성Ⅰ 19, 임종률 13; 임종률 교수는 이 점에서 추상적 권리설을 취하는 김형배 교수와 견해를 달리한다.

의무와 관련하여 제정된 법률에 해당된다.

2. 적정임금보장

헌법 제32조 제1항 제2문은 "국가는 … 적정임금의 보장에 노력하여야 하며, 법률이 정하는 바에 의하여 최저임금제를 시행하여야 한다"고 규정하고 있다.

적정임금은 근로자와 그 가족이 인간의 존엄성에 상응하는 건강하고 문화적인 생활을 영위하는 데 필요한 정도의 임금수준을 의미한다. 이에 따라 근기법은 임금의 개념, 지급방법 및 임금지급의 보장 등을 정하고 있으며, 최저임금법은 근로자의 생계비, 유사근로자의 임금 및 노동생산성을 고려하여 정해지는 최저임금이 개별적 근로관계에 강행적으로 적용되도록 보장하고 있다.

3. 근로조건의 법정주의

헌법 제32조 제3항은 "근로조건의 기준은 인간의 존엄성을 보장하도록 법률로 정한다"라고 규정하고 있다. 이에 따라 근로기준법에서는 "이 법에 정한 기준에 미치지 못하는 근로조건을 정한 근로계약은 그 부분에 한하여 무효로 한다. 무효로 된 부분은 이 법에 정한 기준에 의한다"고 규정(근기법 제15조)하고 있다.

4. 여자와 연소근로자의 특별보호

헌법 제32조 제4항과 제5항에 의하면, 여자와 연소자의 근로는 특별한 보호를 받는다. 이와 같이 여자와 연소자에 대해서 별개의 조항으로 특별히 규정한 이유는 여자와 연소자에 대한 비인도적인 학대 또는 혹사가 현저하였던 과거의 부정적 역사를 감안하여 그들의 생존과 보건 그리고 모성보호라는 사회정책적 배려가 반영된 것이라 할 수 있다.

Ⅳ. 근로의 의무

헌법 제32조 제2항에서는 "모든 국민은 근로의 의무를 진다. 국가는 근로의무의 내용과 조건을 민주주의 원칙에 따라 법률로 정한다"고 규정하고 있다. 이러한 국민의 근로에 대한 의무를 근로의 의무라고 한다.[12] 다만, 자본주의사회에서는 직업선택의 자유가 인정되어 국가가 국민의 근로를 직접 강제할 수 없다고 본다면 이는 추상적 도덕적 의무에 불과하다. 근로의 의무는 국가는 일하지 않는 자를 돌볼 의무가 없다는 입법상 지침을 표명한 것이다.

12) 권영성 707, 근로의 의무를 윤리적·도덕적 의무에 지나지 않는 것으로 보고 있다; 반면 김철수 844, 근로의 의무를 법적 의무로 보며, 법률로 근로의무를 강제하더라도 합헌이라고 한다.

제2절 근로3권(단결활동권)

Ⅰ. 근로3권의 의의

근로3권은 근로자들이 근로조건의 향상을 위하여 자주적으로 단결하고 교섭하며 단체행동을 할 수 있는 단결권, 단체교섭권, 단체행동권을 총칭한다.

이러한 근로3권은 개별 근로자가 노동조합으로 단결하여 사용자와 근로조건 향상을 위하여 집단적으로 교섭하며, 이를 실현하기 위한 단체행동을 보장하여 사용자와 실질적인 대등성을 확보하고 노사자치주의의 실현을 기본취지로 하는 것이다.

근로3권은 ⅰ) 헌법에서 기본권으로서 노동3권을 보장하여 개별 법률의 근거를 마련하고 타당성 검토의 기준을 제시하고 있다는 점에서 중요하고, ⅱ) 헌법의 내용을 시민법에 따른 형식적 평등에서 실질적 평등으로 수정하며, 시민법적 원리와 그 수정원리의 조화(재산권의 보장과 근로3권의 조화와 균형)를 위하여 중요하다.

Ⅱ. 근로3권의 법적 성격 및 주체

1. 법적 성격

(1) 자유권설[13)]

근로3권은 근로자의 자유로운 단결권, 단체교섭권 및 단체행동권의 행사에 대하여 국가 또는 타인으로부터 부당한 방해나 간섭을 받지 않는 소극적 자유권의 일종으로 보는 견해이다.[14)] 이 견해에 의하면 국가의 입법·행정을 제약하는 자유권적 효과에 의하여 노동조합의 결성 및 운용, 단체교섭과 단체행동을 정당한 이유 없이 제한·금지하는 입법과 행정조치는 위헌·무효로 된다. 이에 따라 노동조합이 근로3권을 정당하게 행사하면 형사상의 책임이 면제되는 것이다.

(2) 생존권(사회권)설

근로3권은 자본주의 사회에 있어서 생산수단을 소유하지 못한 경제적 약자인 근로자가 인간다운 생활을 확보하기 위하여 단체행동의 장애를 제거하고 이를 보장하도록 국가적 배려와 보호를 요구할 수

---

13) 강희원, 「부당노동행위제도-입법론적 연구」 동림사, 95~101, 유성재, "유니언 숍 협정과 소극적 단결권", 「중앙법학」, 제5집 제1호, 그동안 근로3권은 혼합권 내지 생존권적 성격으로 설명하는 것이 학계의 주된 입장이었으나, 최근에는 헌법 제33조의 입법내용에 대해 자유권적 성격을 강조하는 입장이 대두되고 있다.

14) 박홍규 88.

있는 생존권의 일종으로 보는 견해이다.

이 견해에 의하면 자유권에 대한 수정적 의의를 강조함으로써 사용자의 재산권을 제한하거나 노조의 단결강제권을 허용한다. 이러한 입장에 따라 노조법에서는 단체협약의 규범적 효력을 인정하고 있고 부당노동행위의 구제제도를 두고 있다.

(3) 혼합권설

근로자가 근로3권을 행사하는 것을 국가가 방해해서는 안 된다는 자유권적 측면과 이러한 권리가 사용자에 의해 침해된 경우에 국가에 대한 적극적인 개입과 보호를 요구할 수 있는 생존권적 측면이 동시에 있다고 보는 견해이다.

(4) 판례의 입장

1) 대 법 원 대법원은 "근로3권은 사용자와 근로자 간의 실질적인 대등성을 단체적 노사관계의 확립을 통하여 가능하도록 하기 위하여 시민법상의 자유주의적 법원칙을 수정하는 신시대적 시책으로서 등장된 생존권적 기본권"이라고 판시하여 생존권으로 보고 있다.[15)]

[관련판례] 헌법상 근로3권의 법적 성질(대판 1990.5.15, 90도357 [서울지하철공사 사건])

본래 헌법 제33조 제1항에 의하여 선명된 이른바 노동3권은 사용자와 근로자 간의 실질적인 대등성을 단체적 노사관계의 확립을 통하여 가능하도록 하기 위하여 **시민법상의 자유주의적 법원칙을 수정**하는 신시대적 시책으로서 등장된 생존권적 기본권들이므로 이 노동3권은 다 같이 존중 보호되어야 하고 그 사이에 비중의 차등을 둘 수 없는 권리들임에는 틀림없지만 근로조건의 향상을 위한다는 생존권의 존재 목적에 비추어 볼 때 위 노동3권 가운데에서도 **단체교섭권이 가장 중핵적 권리**임은 부정할 수 없다.

그 이유는 헌법 제119조 제1항의 규정에 의하여 분명한 것처럼 개인과 기업의 경제상의 자유와 창의를 존중함을 기본으로 삼고 있는 우리의 경제질서 아래에서는 노사 양측의 교섭을 통하지 아니한 일방적인 노동조건의 결정은 상상할 수 없는 것이기에 사용자에 비하여 열세일 수밖에 없는 근로자에게 열세성을 배제하고 사용자와의 대등성 확보를 위한 법적 수단으로 단체교섭권을 인정하는 것이야말로 근로조건의 향상을 위한 본질적 방편이라고 아니할 수 없으며 따라서 그것을 위하여 단체형성의 수단인 단결권이 있고 또한 교섭이 난항에 빠졌을 때 그것을 타결하기 위한 권리로서의 단체행동권이 있는 것으로 보아야 하기 때문이다. 이로써 본다면 근로자에게 단체교섭권이 정당하게 확보되어 있기만 하다면 그것을 보장하는 권리로서의 단체행동권은 그것이 제한된다 해도 필요한 최소한도 내에서, 어쩔 수 없는 것으로서 사회통념상 상당한 대상조치가 마련되어 있다고 보여질 때에는 위에서 본 권리의 본질적인 내용을 침해하는 것으로 볼 수 없다고 하겠다.

2) 헌법재판소 헌법재판소는 "노동기본권은 자유권적 기본권으로서의 성격보다는 생존권 또는 사회권적 기본권으로서의 측면이 강한 것으로 그 권리의 실질적 보장을 위해서는 국가의 적극적인 개입과 뒷받침이 요구되는 기본권"이라 하여 생존권적 입장[16)]을 취하였다.

최근에는 "근로자는 노동조합과 같은 근로자단체의 결성을 통하여 집단으로 사용자에 대항함으로써 사용자와 대등한 세력을 이루어 근로조건의 형성에 영향을 미칠 수 있는 기회를 가지게 되므로, 이러한 의미에서 근로3권은 '사회적 보호기능을 담당하는 자유권' 또는 '사회권적 성격을 띤 자유권'"이라고 판시[17)]하여 혼합권설과 유사한 입장을 취하고 있다.

---

15) 대판 1990.5.15, 90도357.

16) 헌재 1991.7.22, 89헌가106.

[관련판례] 근로3권의 법적 성질(헌재 1998.2.27. 94헌바13 · 26, 95헌바44(병합)[연합철강 사건])

[1] 헌법 제33조 제1항이 "근로자는 근로조건의 향상을 위하여 자주적인 단결권, 단체교섭권, 단체행동권을 가진다"고 규정하여 근로자에게 "단결권, 단체교섭권, 단체행동권"을 기본권으로 보장하는 뜻은 근로자가 사용자와 대등한 지위에서 단체교섭을 통하여 자율적으로 임금 등 근로조건에 관한 단체협약을 체결할 수 있도록 하기 위한 것이다. 헌법이 위 조항에서 '단체협약체결권'을 명시하여 규정하고 있지 않다고 하더라도 근로조건의 향상을 위한 근로자 및 그 단체의 본질적인 활동의 자유인 '단체교섭권'에는 단체협약체결권이 포함되어 있다고 보아야 한다.

[2] 근로3권은 국가공권력에 대하여 근로자의 단결권의 방어를 일차적인 목표로 하지만, 근로3권의 보다 큰 헌법적 의미는 근로자단체라는 사회적 반대세력의 창출을 가능하게 함으로써 노사관계의 형성에 있어서 사회적 균형을 이루어 근로조건에 관한 노사 간의 실질적인 자치를 보장하려는 데 있다. 근로자는 노동조합과 같은 근로자단체의 결성을 통하여 집단으로 사용자에 대항함으로써 사용자와 대등한 세력을 이루어 근로조건의 형성에 영향을 미칠 수 있는 기회를 가지게 되므로 이러한 의미에서 **근로3권은 '사회적 보호기능을 담당하는 자유권' 또는 '사회권적 성격을 띤 자유권'**이라고 말할 수 있다.

[3] 이러한 근로3권의 성격은 국가가 단지 근로자의 단결권을 존중하고 부당한 침해를 하지 아니함으로써 보장되는 **자유권적 측면**인 국가로부터의 자유뿐이 아니라, 근로자의 권리행사의 실질적 조건을 형성하고 유지해야 할 **국가의 적극적인 활동**을 필요로 한다. 이는 곧, 입법자가 근로자단체의 조직, 단체교섭, 단체협약, 노동쟁의 등에 관한 노동조합관련법의 제정을 통하여 노사 간의 세력균형이 이루어지고 근로자의 근로3권이 실질적으로 기능할 수 있도록 하기 위하여 필요한 법적 제도와 법규범을 마련하여야 할 의무가 있다는 것을 의미한다.

(5) 검 토

근로3권은 자유권적 성격과 함께 생존권적 성격도 아울러 가지고 있다고 판단된다. 즉, 근로3권은 그 행사를 국가가 적극적으로 보호 · 조장하여 주도록 요구할 수 있는 생존권으로서의 성질뿐만 아니라, 그 행사에 대하여 국가 또는 타인의 부당한 방해나 간섭을 받지 않을 자유권으로서 성질도 함께 가진 기본권이다.[18]

2. 주 체

(1) 근 로 자

근로3권의 주체인 근로자라 함은 "직업의 종류를 불문하고 임금, 급료, 기타 이에 준하는 수입에 의하여 생활하는 자(제2조 제1호)"를 말한다. 여기에서의 근로자에는 근기법상의 근로자인 취업 중에 있는 자만 국한되는 것이 아니라 실업 중에 있는 자도 포함되는 광의의 근로자라 할 것이다. 최근 법원에서도 여성노조판결[19]을 통해 이러한 입장을 확인해 주고 있다.

(2) 사용자의 근로3권 향유 여부

사용자(노조법 제2조 2호)도 근로3권의 주체가 될 수 있는지 여부가 문제될 수 있다. 노조법이 쟁의

---

17) 헌재 1998.2.27, 94헌바13; 이 판결은 "입법자가 근로자에게 근로삼권을 실질적으로 보장하기 위한 법적 제도와 법규범을 형성함에 있어서 단체협약제도의 기능확보라는 중요한 공공복리를 위하여 노동조합의 활동의 자유를 제한한 것"이라고 하여 근로3권의 생존권적 성격은 근로3권 제한법률의 합헌성을 추정하는 계기로 되었다. 이런 점에서 헌법재판소는 사실상 생존권설에 입각하고 있다는 입장도 있다(김유성Ⅱ 23).

18) 김형배 134, 임종률 16, 김유성Ⅱ 25.

19) 대판 2004.2.27, 2001두8568

행위로서 직장폐쇄를 인정(노조법 제46조)하고 있다고 하더라도 이는 사용자의 대항적인 권리로서 헌법 제23조 재산권보장을 근거하고 있다는 점에서 근로3권의 주체로서 사용자는 포함되지 않는다고 할 것이다. 아울러 사용자 또는 항상 그의 이익을 대표하여 행동하는 자는 노조에 가입할 수 없다(노조법 제2조 4호 가목).

Ⅲ. 근로3권의 주요내용

1. 단 결 권

(1) 의 의

근로자가 노조에 가입하거나 노동조합을 설립할 수 있는 권리를 말한다. 단결권의 내용으로서 단결하지 않을 자유를 인정하는 입장에서는 소극적 단결권이라는 개념을 사용한다. 이를 인정하지 않는 입장에서는 소극적 단결권은 단결권의 본질적 내용은 아니며, 일반적 행동의 자유 또는 결사의 자유로 보고 있다.[20]

(2) 단결권과 조합활동권

"조합활동"이란 근로자가 노동조합의 목적달성과 단결력의 유지 · 강화를 위해 행하는 일상적 제반활동으로 업무저해성이 없다는 점에서 단체행동권에 포함되는지 단결권에 포함되는지에 대한 견해대립이 있다. 단체행동에는 쟁의행위 이외에 단순한 집단적 행위 또는 조합활동이 포함되는 것으로 보는 견해[21]와 단결권은 근로자가 노동조합을 조직 · 가입할 권리뿐 아니라 노동조합을 운영할 권리도 포함하므로 조합활동권은 노동조합을 운영할 권리, 즉 단결권에 포함된다고 보는 견해[22]가 있다.

판례는 이에 대해 입장이 일관되지는 않지만, 이는 조합활동을 단체행동권의 내용으로 한정되는 것은 아니라고 할 것이고, 노동조합의 조직 · 가입 및 기타 제반활동은 근로3권의 향유 차원에서 발생하므로 이는 근로3권의 전 영역에 포괄적으로 인정되는 것으로 보아야 할 것이다.[23]

[관련판례] 단체행동으로서 조합활동권 vs 단결권으로서 조합활동권

1. 단체행동권에 포함하여 판시한 사례(대법 1990.5.15, 90도357 [서울지하철공사 사건])

근로자가 노동조합을 조직하거나 가입했을 때에는 **단체행동권으로서 쟁의권과 조합활동권이 있음**은 노동조합법 제2조가 "… 노동조합의 단체교섭 기타의 행위로 제1조에 게기한 목적을 달성하기 위하여 한 정당한 행위 …" 전반에 대하여 형사면책을 할 것을 확인하고 특별히 쟁의행위로서 정당한 것이라고 한정하지 않고 있음에 의해서도 분명할 뿐만 아니라 실제상으로도 쟁의권과 단체교섭 이외의 단결체의 행동(전형적으로는 삐라 첩부나 배포, 완장착용, 집회, 머리띠, 연설 등의 활동)을 일정한 범위 내에서 보장할 필요성이 있기 때문에도 이를 인정하여야 한다.

2. 단결권에 포함하여 판시한 사례(대판 2006.5.26, 2004다62597 [전교조사건])

전국교직원노동조합 소속 교원들이 '족벌재단 퇴진' 등과 같은 내용의 리본, 배지, 조끼를 패용 · 착용한 행

20) 김유성Ⅱ 29.
21) 김형배 773; 김유성Ⅱ 217.
22) 임종률 192.
23) 조합활동권의 법적 성격에 대해서 이론적 논의는 의미가 있을 수 있으나, 이러한 견해대립은 실제 노사관계에서 논의의 실익은 적다고 본다.

위는 단순히 노동조합의 내부적 단결을 위한 행위가 아니라 학교운영자들에게 유형적 위력을 보이는 외부적인 집단행동에 해당한다고 볼 수 있고, 설령 위와 같은 **리본 등의 패용·착용행위가 '단결권'에 관한 것**이라 하더라도 근로조건의 향상과 별다른 관계가 없는 내용이므로 이를 금지하는 것은 **근로자나 노동조합의 적법한 단결권행사**에 어떠한 제한을 부과하는 것이 아니다

2. 단체교섭권

(1) 의 의

근로자 단체가 근로조건의 향상을 위하여 자주적으로 사용자와 집단적으로 교섭할 수 있는 권리를 말한다. 사실행위로서 단체교섭 외에 타결된 내용을 단체협약으로서 체결할 권한도 포함된다. 근로자에게 사용자와 집단적으로 교섭할 권리를 보장하여 사용자가 정당한 이유 없이 교섭을 거부할 수 없는 의무를 부여하는 것이다. 헌법 제33조 제1항은 근로자가 사용자와 대등한 지위에서 단체교섭을 통하여 자율적으로 근로조건에 관한 단체협약을 체결할 수 있도록 하기 위한 것이므로 '단체협약체결권'을 명시하고 있지 않더라도 단체교섭권에 포함된다고 본다.[24)]

(2) 효 과

사용자는 노조의 단체교섭 요구에 대하여 단체교섭응낙의 의무와 성실교섭의무를 지며, 이를 위반할 경우에는 노조법 제81조 제3호에 의하여 단체교섭 거부·해태로 인한 부당노동행위가 성립한다. 아울러 정당한 단체교섭행위는 민·형사상 책임도 면제된다.

3. 단체행동권

(1) 의 의

단체행동권이란 근로자가 근로조건의 향상을 위해 집단적으로 행동할 수 있는 권리이다. 단결체의 존립과 목적달성을 실력으로 관철하려는 투쟁수단으로써 단체적 투쟁에 있어 가장 본질적인 권리이면서, 최후의 강제수단이다.

(2) 내 용

단체행동권은 헌법상 근로3권을 향유할 수 있는 노조법상 근로자의 권리이므로 노조법상 쟁의행위 중 파업·태업·직장폐쇄 기타 노동관계 당사자가 그 주장을 관철할 목적으로 행하는 행위(제2조 제6호 전문)만을 포함하고, 이에 대항하는 행위로서 업무의 정상적인 운영을 저해하는 행위는 헌법상 재산권 내지 경영권(헌법 제23조, 제119조)에서 인정되는 내용이다. 한편, 조합활동권이 단체행동권에 포함되는지, 단결권에 포함되는지에 대하여는 견해대립이 있다.

(3) 효 과

쟁의행위는 그 권리 행사가 정당한 경우에는 민·형사면책(노조법 제3, 4조)과 부당노동행위에 의한 불이익한 처우 금지와 이에 대한 구제절차(노조법 제81조 내지 제86조)가 보장되어 있다.

4. 근로3권의 상호관계

(1) 논의의 실익

근로3권의 내용을 일체적으로 볼 것인지, 아니면 각 권리를 병렬적으로 보아 하나의 권리를 중심으

24) 대판(전합) 1993.4.27, 91누12257.

로 우선 순위를 둘 것인지에 따라 단체교섭의 대상이나 쟁의행위의 목적을 인정하는 정당성 범위획정의 기준이 달라진다.

(2) **단체교섭권 중심설**

단체교섭권을 목적적인 권리로, 단결권과 단체행동권을 단체교섭을 위한 수단적 권리로 파악하는 입장이다.[25] 판례도 근로3권 중에서 단체교섭권을 가장 중핵적인 권리로 인정하고 있다.[26] 이에 따르면 단결권 및 단체행동권의 정당성 범위는 단체교섭권의 정당성 기준에 의하여 결정되게 된다. 즉, 단결활동 또는 단체행동이 정당하려면 사용자를 상대방으로 하여, 근로조건과 밀접하게 연관되고 사용자에게 처분권한이 있는 사항을 대상으로 하여야 한다. 이러한 입장에서는 사용자에게 처분권한이 없는 사항을 대상으로 한 정치파업이나 동정파업은 정당성이 부정된다.

(3) **단결권 중심설**

단결권을 목적적인 권리로, 단체교섭권과 단체행동권을 단결목적을 달성하기 위한 수단적인 권리로 파악하는 입장이다. 근로3권의 연혁을 볼 때 단결활동의 범위는 각 시대의 사회경제적 조건에 따라 역사적 · 탄력적으로 규정되었다는 점을 전제로 한다.

국가가 국민의 경제생활에 적극적으로 개입하고 있는 현대 국가에서의 실태를 고려할 때, 근로3권의 목적을 달성하기 위해서는 국가를 대상으로 하는 단결활동도 필수적인 것이라고 본다. 따라서 근로3권 행사의 정당성에 대해 사용자의 처분성 및 근로조건 관련성을 엄격하게 해석하지 않기 때문에 근로조건과 관련된 사항이면 근로3권의 활동대상을 넓게 허용한다.[27]

(4) **단체행동권 중심설**

단체행동권이 근로3권 중에서 가장 중핵적 권리로서 현행 헌법 하에서는 주요 방위산업체에 종사하는 근로자가 아닌 공익사업체에 종사하는 근로자에 대한 단체행동권을 박탈할 헌법적 근거가 소멸하였으므로 헌법의 개정취지를 존중하여 정당한 단체행동권에 대한 제한은 최후의 수단으로서의 성격을 가져야 하는 만큼 그 제한도 엄격해야 한다.[28]

Ⅳ. 효 력

1. 대국가적 효력

(1) **자유권적 효력**

근로3권은 자유권적 기본권으로 국가권력이 단결, 단체교섭 등의 활동을 입법으로 억압해서는 안 된다는 점과 근로자의 정당한 활동에 대한 민 · 형사책임을 면제하는 효과를 갖는다.

먼저, 자유권적 효과에 따라 노동조합의 조직 · 운영이나 단체교섭 또는 단체행동을 특별히 합리적인 이유 없이 제한 · 금지하는 입법이나 행정조치는 위헌 · 무효가 된다. 한편, 노동조합의 조직 · 운영이나 단체교섭 또는 단체행동은 일정한 한계(정당성)를 넘지 않으면 형사상의 위법성을 조각하고 민사상으로도 채무불이행이나 불법행위의 위법성을 조각한다. 그러므로 노동조합의 정당한 단체교섭 · 단체행동

25) 김형배 129.
26) 대판 1990.5.15, 90도357.
27) 김유성Ⅱ 34.
28) 헌재 1996.12.26, 90헌바19, 92헌바41, 94헌바49.

에 대하여 민 · 형면책(노조법 제3조 및 제4조)을 인정하는 것은 근로3권 보장의 효과를 확인한 것이다.[29]

(2) 생존권적 효력

근로3권은 국가가 그 정책목표인 집단적 노사자치의 허용 · 조성에 관하여 입법체제를 정비할 정책의무를 갖는다. 노조법에 단체협약의 규범적 효력(노조법 제33조)과 일반적 구속력(노조법 제35조), 부당노동행위 구제제도(노조법 제6장: 제81조 내지 제86조) 등을 규정한 것은 이러한 수권에 근거한 입법이라 할 수 있다.

2. 대사인적 효력

(1) 문제제기

헌법상의 기본권은 원래 국민과 국가의 관계에서 적용되는 것이고 제삼자인 사인 간에도 직접적으로 적용되는지 여부에 관하여 논란이 있다. 근로3권도 기본권으로서 사인 간의 관계에서 직접 적용되는 것인지, 아니면 간접적으로만 영향을 미치는 것인지가 문제된다.

(2) 학 설

근로3권을 보장하고 있는 헌법규정은 그 자체가 노사 간의 집단적 근로관계에 직접 효력이 미쳐 적용된다는 직접적용설[30]과 사법상 일반조항이나 기타 집단적 근로관계를 직접 규율하는 법률조항을 해석함에 있어서 근로3권을 보장하는 헌법규정의 취지를 충분히 반영함으로써 간접적으로 적용된다고 보는 견해[31]가 있다.

(3) 검 토

헌법상 기본권은 국가에 대한 효력이 전제가 된다. 그러나 한편으로 근로3권은 사용자나 그 밖의 관계자가 근로자의 근로3권을 존중해야 할 '사회질서'를 설정한 것이 된다. 따라서 근로3권의 보장은 사인 간의 관계에 직접 효력을 미친다고 보아야 할 것이다.

---

29) 임종률 18.

30) 임종률 18.

31) 김형배 136, 노동관계법 이외에 일반규정(예컨대, 민법 제2조: 신의칙, 권리남용 등)을 매개로 제33조 제1항이 보장하고 있는 객관적 가치질서를 실현할 수 있을 것이라고 한다.

제3절 단 결 권

Ⅰ. 서 설

근로3권은 개별 근로자가 노동조합으로 단결하여 사용자와 근로조건 향상을 위하여 집단적으로 교섭하며, 이를 실현하기 위한 단체행동을 보장하여 사용자와 실질적인 대등성을 확보하고 노사자치주의의 실현을 기본취지로 한다.

근로3권 중 단결권은 근로자들이 근로조건 향상을 위하여 자주적으로 단결할 수 있는 권리, 즉 자신들의 의사에 따라 자유로이 노동조합을 조직 · 운영할 수 있는 권리를 말한다. 단결권은 근로자 및 노조의 생존권적 기본권으로서 일반국민의 자유권적 기본권인 결사의 자유와는 구별된다.

단결권에 대하여 어느 범위까지 보장할 것인지에 대한 단결선택권 보장범위가 문제된다. 다음으로 단결하지 아니할 자유, 즉 소극적 단결권을 인정할 수 있는지가 문제된다. 이것은 노동조합의 단결권을 강화하기 위한 내부적 규제장치인 단결강제와 관련하여 살펴보아야 한다.

Ⅱ. 단결권의 보장범위

1. 단결할 권리(적극적 단결권)

(1) 의 의

소극적 단결권과 구분하여 단결권의 근원적인 내용인 단결할 권리를 말한다. 소극적 단결권을 인정하지 않는 입장에서는 단결권과 동일한 개념이다.

단결권에는 개별근로자가 어떠한 간섭도 없이 자유로이 노동조합으로 대표되는 근로자 단체를 조직하거나 그에 가입하여 활동한다는 의미의 개별적 단결권과 근로자단체는 기관이 구성·재정 등의 내부운영사항에 관하여 자유로이 결정할 수 있고 또한 상부단체를 결성하거나 가입할 수 있다는 의미의 집단적 단결권으로 구분된다.[32)]

(2) 단결권과 조합활동권

"조합활동"이란 근로자가 노동조합의 목적달성과 단결력의 유지 · 강화를 위해 행하는 일상적 제반 활동으로 업무저해성이 없다는 점에서 단체행동권에 포함되는지 단결권에 포함되는지에 대한 견해대립이 있다.

단체행동에는 쟁의행위 이외에 단순한 집단적 행위 또는 조합활동이 포함되는 것으로 보는 견해[33)]

32) 김유성Ⅱ 27～28; 김형배 145～148.
33) 김형배 773; 김유성Ⅱ 217.

와 단결권은 근로자가 노동조합을 조직 · 가입할 권리 뿐 아니라 노동조합을 운영할 권리도 포함하므로 조합활동권은 노동조합을 운영할 권리, 즉 단결권에 포함된다고 보는 견해[34]가 있다.

판례[35]는 이에 대해 입장이 일관되지는 않지만, 이는 조합활동을 단체행동권의 내용으로 한정하는 것을 아니라고 할 것이고, 노동조합의 조직 · 가입 및 기타 제반활동은 근로3권의 향유 차원에서 발생하므로 이는 근로3권의 전 영역에 포괄적으로 인정되는 것으로 보아야 할 것이다.[36]

2. 소극적 단결권의 인정 여부

(1) 문제제기

단결권의 내용으로서 단결하지 않을 자유를 인정하는 입장에서는 소극적 단결권이라는 개념을 사용한다. 이를 인정하지 않는 입장에서는 단결권의 내용은 아니며, 일반적 행동의 자유 또는 결사의 자유로 보고 있다.

소극적 단결권의 문제는 비조직 근로자에 대하여 조합원자격의 취득 및 유지를 강제할 수 있는 근로자 단체의 권리인 단결강제와 밀접한 관련이 있다. 단결권에 소극적 단결권이 포함되는지 여부에 따라 단결강제의 인정 여부가 달라지기 때문이다.

(2) 소극적 단결권의 인정 여부에 대한 견해대립

소극적 단결권 긍정설은 단결하지 않을 자유가 단결권에 포함되어 있다는 견해이다. 단결하지 않을 자유를 단결권의 내용으로 보는 견해는 단결강제는 근로자의 단결권을 침해하는 것으로 허용되지 않는다고 한다.[37] 이에 대하여 소극적 단결권 부정설은 단결하지 않을 자유는 단결권보장에 포함되지 않는다는 견해이다. 근로자의 단결하지 않을 자유는 일반적 행동의 자유 또는 결사의 자유로서 근로3권에서 인정되는 단결권의 내용이 아니라는 입장이다.[38]

Ⅲ. 단결강제와 유니온 숍 제도

1. 단결강제 허용 여부

(1) 문제제기

단결강제 조항은 조직의 확대 · 유지의 기능 때문에 노동조합에게는 유익하고 필요한 것이지만, 근로자 개인에게는 노동조합에 가입하지 않거나 노동조합에서 탈퇴할 자유(소극적 단결권) 또는 자기가 좋아하는 노동조합을 결성하거나 이에 가입할 자유(단결선택권)를 침해할 가능성이 있다. 이 때문에 단결강제 조항의 허용 여부가 문제된다.

(2) 허용 여부

단결강제의 허용 여부에 대하여 ⅰ) 노동조합에 가입하지 않거나 탈퇴할 자유를 인정하는 소극적

34) 임종률 192.

35) 조합활동권에 대해 대법 1990.5.15, 90도357은 단체행동권으로 파악하고 있는 듯하나, 대판 2006.5.26, 2004다62597은 단결권의 일환으로 설명하고 있다.

36) 조합활동권의 법적성격에 대해서 이론적 논의는 의미가 있을 수 있으나, 이러한 견해대립은 실제 노사관계에서 논의의 실익은 적다고 본다.

37) 허영 344; 독일의 통설.

38) 임종률 71; 김형배 154; 권영성 672; 김철수 720.

단결권을 단결권의 내용으로 보아 조직강제조항은 소극적 단결권을 침해하기 때문에 언제나 무효라는 견해(전면무효설)[39]와 ⅱ) 소극적 단결권을 부인하면서 조직강제 조항의 유효성은 단결권의 내용인 근로자의 조합선택권을 침해하느냐 여부에 달려 있다고 주장하는 견해가 있다(이분설)[40]이 제시된 바 있다. 그러나 ⅲ) 헌법이 보장한 근로자의 단결권은 노동조합을 결성하거나 이에 가입할 자유를 말하고 소극적 단결권까지 포함하는 것은 아니며, 유니언 숍 협정은 노조법이 정한 허용조건을 충족하고 또 근로자의 단결권 내지 조합선택권을 침해하지 않는 범위에서 유효로 보아야 할 것이다(한정유효설).[41]

(3) **단결강제의 유형**

일반적으로 단결강제는 숍 제도의 형태로 이루어지는데, 유니언 숍, 클로즈드 숍 등이 있다. 그 밖에 조합규약, 방침에 위반한 조합원에 대하여 노동조합의 제재처분인 조합통제권, 연대금을 지급하는 비조직근로자에게만 단협 혜택을 주는 연대금지급조항, 사용자가 조합원과 비조직근로자 간에 일정한 격차를 유지할 의무인 격차조항이 있다.

(4) **단결강제에 대한 최근 학계의 쟁점**[42]

1) 단결강제제도 개선론[43] 단결권 보장 차원에서 근로자의 단결선택권은 적극적으로 보장되어야 하며, 기업단위 복수노조의 허용을 전제로 할 때 사용자가 특정 노조에의 가입을 채용 또는 고용유지의 조건으로 삼는 것은 특정 노조를 우대하는 조합 간 차별행위가 될 수 있다는 입장이다. 이러한 입장에서는 유니언 숍 협정은 근로자의 이익옹호를 목적으로 하는 복수조합 간의 공정한 경쟁을 방해하는 것이므로 장차 기업단위에서 복수노조가 허용되는 경우에는 일정한 요건 하에서 유니언 숍 협정의 합법성을 인정하고 있는 현행법의 태도가 재고되어야 한다고 본다. 이러한 입장을 반영하여 선진화 입법에서 노조법 제81조 제2호 단서 규정이 개정되었다.

2) 노조법상 유니언 숍 제도의 위헌론[44] 일반적 행동의 자유로서 소극적 단결자유는 가치적으로 적극적 단결권 내지 단결강제에 우선하지는 않지만 양 기본권이 충돌할 경우에는 소극적 단결자유의 본질적 내용을 박탈하여서는 안 된다는 입장이다.

유니언 숍 협정은 해고를 수단으로 헌법상 소극적 단결자유를 제한하는 것으로 그 수단에 있어서 상당성을 인정하기 어려운 측면이 있고, 기업별 노조를 탈피하여 초기업별 노조를 지향하고 있는 오늘날의 변화된 노사관계의 현실과 부합하지 않는 측면이 있다고 주장한다.

3) 소극적 단결권의 전면보장론[45] 헌법 제33조에 보장된 단결권은 소극적 단결권을 포함한 권리이며, 이러한 소극적 단결권은 적극적 단결권과 대등한 지위에 있는 권리, 즉, 헌법 제33조의

39) 현재 독일의 통설이라고 한다(임종률 71 인용).

40) 박상필 103.

41) 김유성Ⅱ 339, 헌법이 보장한 근로자의 단결권은 노동조합을 결성하거나 이에 가입할 자유를 말하고 소극적 단결권까지 포함하는 것은 아니며, 단결선택권이 일부 제한된다고 하더라도 노동조합의 적극적 단결권과 개인근로자의 단결선택권의 권리조정에 따른 것이라면 위법한 침해에 해당되지는 않는다고 한다. 임종률 71.

42) 그동안 단결강제에 대해서는 단결권에는 소극적 단결권이 포함되지 않는다는 것을 전제로 논의가 되었으나, 최근에는 단결권에 소극적 단결권이 포함되어 있다거나 포함되지 않더라도 단결강제를 개선해야 한다는 견해가 대두되고 있다.

43) 조용만·문무기·이승욱·김홍영, 「국제노동기준과 한국의 노사관계-결사의 자유 및 노사자치 확립을 위한 법제도 개선방향」, 한국노동연구원, 2003.4.

44) 이승욱, '노조법상 유니온 숍(단결강제제도)의 위헌 여부', 헌법실무연구회 제37회 발표회(2003.4.4) 발표문 참조.

45) 유성재, "유니언 숍 협정과 소극적 단결권", 「중앙법학」, 제5집 제1호.

단결권을 노동조합의 결성과 노동조합에의 가입할 수 있는 권리는 물론 노동조합 선택의 자유와 소극적 단결권을 포함한 권리이므로 제한적 단결강제 뿐만 아니라 일반적 단결강제도 개별 근로자의 단결권을 침해하는 것으로 위법 · 무효라는 입장이다.

2. 현행 노조법상 유니온 숍 제도

(1) 의 의

노조법은 '노동조합이 당해 사업장에 종사하는 근로자 3분의 2 이상을 대표하고 있을 때에는 근로자가 그 노동조합의 조합원이 될 것을 고용조건으로 하는 단체협약의 체결'을 허용하고 있다(제81조 제2호 단서). 이는 근로자가 조합원이 될 것을 고용조건으로 하는 단체협약상의 유니언 숍 조항으로서 일정한 조건 하에서만 인정된다.

(2) 유니언 숍 조항의 허용조건

유니언 숍 조항은 '당해 사업장에 종사하는 근로자의 3분의 2 이상을 대표'하는 노동조합이 단체협약에 체결할 수 있다 다만, 근로자가 '노동조합에서 제명된 것을 이유로 신분상 불이익한 행위를 할 수 없다'. 또한 현행법에서는 '노조를 탈퇴하여 다른 노조를 조직하거나, 다른 노조에 가입하는 경우 해고 등 불이익을 줄 수 없도록' 개정하여 복수노조허용과 연계하여 2011.7.1부터 시행되고 있다(제81조 제2호).

(3) 유니언 숍과 해고

1) 사용자의 해고의무 유니언 숍 협정에 따라 사용자가 지게 되는 의무의 내용은 노사당사자간의 자율적 교섭의 결과 체결되는 유니언 숍 협정의 내용에 따르게 된다. 따라서 단체협약에 유니언 숍 협정이 있다하여 근로자가 노동조합에 가입하지 아니하거나 가입 후 스스로 탈퇴하는 경우에 사용자가 당연히 해고의무를 지는 것은 아니라 할 것이다.

협약조항에서 명백히 사용자의 해고의무를 규정하고 있거나 협약내용의 해석상 사용자의 해고의무를 설정한 합의가 있는 것으로 인정되면 취업 후 노동조합에 가입하지 않거나 가입 후 스스로 탈퇴한 근로자를 해고할 의무를 지게 된다.[46] 이에 대해 선언적 규정만 둘 뿐 가입하지 않거나 탈퇴한 자에 대한 사용자의 해고 의무를 명시하지 않은 경우에는 사용자에게 해고 의무를 발생시키지는 않는다는 입장이 있다.[47]

2) 사용자의 해고의무위반에 대한 부당노동행위 인정 여부 유니언 숍 협정에도 불구하고 자의로 노동조합을 탈퇴한 근로자를 사용자가 해고하지 아니하는 경우에 이것이 곧바로 부당노동행위로 되는 것은 아니다.[48] 왜냐하면 단체협약상의 유니언 숍 협정에 의하여 사용자가 노동조합을 탈퇴한 근로자를 해고할 의무는 단체협약상의 채무일 뿐이고, 이러한 채무의 불이행 자체가 바로 노동조합에 대한 지배 · 개입의 부당노동행위에 해당한다고 단정할 수는 없기 때문이다.

3) 탈퇴 후 재가입 제한 문제 법원에서는 "노조탈퇴의사를 철회하고 노조에 다시 가입하려는 근로자에 대하여 이를 거부하고 해고되게 한 것은 노조 자체가 단결권의 정신을 저버리고 실질상 제명과 같은 효과를 발생시킨 것으로서, 노동조합법 제39조(현행 제81조) 제2호 단서에 위반될 뿐만 아니라 유니언 숍 협정에 기한 해고의 목적범위를 일탈한 것이고, 또한 11명의 탈퇴자 중 3명에 대하여서

46) 대판 1998.3.24, 96누16070, 대판 1995.2.28, 94다15363.
47) 임종률 75.
48) 대판 1998.3.24, 96누16070.

만 탈퇴의사 철회를 거부하고 해고되게 한 것은 다른 탈퇴근로자들과의 형평에도 반하여 무효" 라고 판시하고 있다.[49]

4) (구)노조법상 유니언 숍 협정과 복수노조 판례에 의하면, 유니언 숍 협정에 의해 근로자의 헌법상 단결권이 침해되는 것은 아니며,[50] 복수노조를 금지하는 현행 제도 하에서 유니언 숍 협정이 체결된 노동조합을 탈퇴하여 조직대상을 같이 하면서 독립된 단체교섭권을 가지는 다른 노동조합에 가입하는 경우 유니언 숍 협정이 적용된다[51]고 판시한 바 있다. 이에 대해 유니언 숍 조항은 특정노조의 단결권을 강화하기 위한 것에 취지가 있는 것이지 특정노조의 단체교섭권 독점상태를 옹호하기 위한 제도는 아니다. 따라서 판례의 태도는 향후에 허용될 복수노조체제에 대한 준비에 역행하는 것이라는 비판이 제기되었다.[52]

5) 현행법상 단결선택권 보장 현행법에서는 종전과 같이 '유니언 숍 제도는 허용'하되, 그 '노조를 탈퇴하여 다른 노조를 조직하거나, 다른 노조에 가입하는 경우 해고 등 불이익을 줄 수 없도록' 하였다(제81조 제2호). 이는 종전의 유니언 숍을 통해 다수노조의 단결력 강화로 사업장 노사관계를 안정시키고 복수노조 하에서 단결선택권을 보호하기 위한 것이다.

Ⅳ. 결 론

헌법상 근로3권 중에서도 그 기초가 되는 노동조합을 설립할 수 있는 단결권이 중요한 권리이다. 단결권은 헌법상 결사의 자유와는 달리 생존권적 기본권으로서 적극적 단결권이 기본내용이다. 단결하지 않을 자유인 소극적 단결권은 일반적 행동의 자유로 볼 수 있으므로 일반적 단결강제는 허용된다고 할 것이고, 제한적 단결강제는 개인 근로자의 단결선택권을 침해하지 않는 범위에서만 인정할 수 있다고 판단된다.

[관련판례] 유니언 숍 규정의 위헌 여부

단결하지 아니할 자유와 노조의 적극적 단결권(헌재 2005.11.24, 2002헌바95 · 96, 2003헌바9)

〈심판대상조문〉

노조법 제81조 사용자는 다음 각 호의 어느 하나에 해당하는 행위(이하 "부당노동행위"라 한다)를 할 수 없다.

2. 근로자가 어느 노동조합에 가입하지 아니할 것 또는 탈퇴할 것을 고용조건으로 하거나 특정한 노동조합의 조합원이 될 것을 고용조건으로 하는 행위. 다만, 노동조합이 당해 노동조합이 당해 사업장에 종사하는 근로자의 3분의 2 이상을 대표하고 있을 때에는 근로자가 그 노동조합의 조합원이 될 것을 고용조건으로 하는 단체협약의 체결은 예외로 하며, 이 경우 사용자는 근로자가 당해 노동조합에서 제명된 것을 이유로 신분상 불이익한 행위를 할 수 없다.[53]

〈합헌의견 – 다수의견(7인)〉

(1) 이 사건 법률조항은 노동조합의 조직유지 · 강화를 위하여 당해 사업장에 종사하는 근로자의 3분의 2 이

49) 대판 1996.10.29, 96다28899, 대판 1995.2.28, 94다15363.
50) 대판 2002.10.25, 2000카기183.
51) 대판 2002.10.25, 2000다23815.
52) 김홍영, "유니온 숍 협정이 있는 경우 단결선택의 자유와 복수노조금지의 문제", 「노동법률」, 중앙경제사, 2003.4.

상을 대표하는 노동조합(이하 '지배적 노동조합'이라 한다)의 경우 단체협약을 매개로 한 조직강제[이른바 유니언 숍(Union Shop) 협정의 체결]를 용인하고 있다. 이 경우 근로자의 단결하지 아니할 자유와 노동조합의 적극적 단결권(조직강제권)이 충돌하게 되나, 근로자에게 보장되는 **적극적 단결권이 단결하지 아니할 자유보다 특별한 의미**를 갖고 있고, 노동조합의 조직강제권도 이른바 자유권을 수정하는 의미의 생존권(사회권)적 성격을 함께 가지는 만큼 근로자 개인의 자유권에 비하여 보다 특별한 가치로 보장되는 점 등을 고려하면, **노동조합의 적극적 단결권은 근로자 개인의 단결하지 않을 자유보다 중시**된다고 할 것이고, 또 노동조합에 위와 같은 조직강제권을 부여한다고 하여 이를 근로자의 단결하지 아니할 자유의 본질적인 내용을 침해하는 것으로 단정할 수는 없다.

(2) 또한 이 사건 법률조항은 **단체협약을 매개로** 하여 특정 노동조합에의 가입을 강제함으로써 근로자의 단결선택권과 노동조합의 집단적 단결권(조직강제권)이 충돌하는 측면이 있으나, 이러한 조직강제를 적법 · 유효하게 할 수 있는 **노동조합의 범위를 엄격하게 제한**하고 **지배적 노동조합의 권한남용으로부터 개별근로자를 보호하기 위한 규정을 두고 있는 등** 전체적으로 상충되는 두 기본권 사이에 합리적인 조화를 이루고 있고 그 제한에 있어서도 적정한 비례관계를 유지하고 있으며, 또 근로자의 **단결선택권의 본질적인 내용을 침해하는 것으로도 볼 수 없으므로**, 근로자의 단결권을 보장한 **헌법 제33조 제1항 등에 위반되지 않는다.**

(3) 노동조합의 조직강제는 조직의 유지 · 강화를 통하여 단일하고 결집된 교섭능력을 증진시킴으로써 궁극적으로는 근로자 전체의 지위향상에 기여하고, 특히 이 사건 법률조항은 지배적 노동조합에게만 단체협약을 매개로 한 조직강제를 제한적으로 허용하고 있는데다가 소수노조에게까지 이를 허용할 경우 자칫 반조합의사를 가진 사용자에 의하여 다수 근로자의 단결권을 탄압하는 도구로 악용될 우려가 있는 점 등을 고려할 때, 이 사건 법률조항이 지배적 노동조합 및 그 조합원에 비하여 소수노조 및 그에 가입하였거나 가입하려고 하는 근로자에 대하여 한 차별적 취급은 합리적인 이유가 있으므로 평등권을 침해하지 않는다.

〈위헌의견–소수의견(2인)〉

헌법 제33조 제1항이 근로3권을 보장한 취지는 근로자의 생존권을 확보하고 근로조건을 향상시켜 근로자의 경제적 지위를 향상시키기 위한 것이고, 또 개개 근로자에게는 단결하지 아니할 자유도 헌법상 보장되어 있다. 그런데 이 사건 법률조항은 근로자가 특정 노동조합에 가입하는 것을 고용조건으로 삼아서 특정 노동조합에 가입하지 않는 근로자를 해고할 수 있도록 허용하는 것이기 때문에 근로자의 단결하지 아니할 자유와 근로자의 생존권을 본질적으로 침해하고 있다. 특정의 노동조합에 가입하지 않거나 탈퇴하였다는 이유로 근로자를 해고하여 근로자의 지위를 근본적으로 부정하는 것은 근로자의 생존권 보장과 지위향상을 보장하고자 하는 헌법 제33조 제1항의 취지에 정면으로 반하고 자유민주주의가 지향하는 공존공영(共存共榮)의 원칙 및 소수자 보호의 원칙에도 어긋난다. 따라서 이 사건 법률조항은 근로자의 단결하지 아니할 자유를 헌법 제33조 제1항에 위반하는 방법으로 부당하게 침해한다.

53) 구 노조법이 2006.12.30. 개정되어 현행 노조법(법률 제8158호) 제81조 제2호 단서 규정은 "사용자는 근로자가 그 노동조합의 조합원이 될 것을 고용조건으로 하는 단체협약의 체결은 예외로 하며, 이 경우 사용자는 근로자가 그 노동조합에서 제명된 것 또는 그 노동조합을 탈퇴하여 새로 노동조합을 조직하거나 다른 노동조합에 가입한 것을 이유로 근로자에게 신분상 불이익한 행위를 할 수 없다"로 변경되어 2011.7.1.부터 시행됨.

제 4 절 근로3권의 제한

Ⅰ. 서 설

근로3권은 근로자들이 근로조건의 향상을 위하여 자주적으로 단결하고 교섭하며 단체행동을 할 수 있는 단결권, 단체교섭권, 단체행동권을 총칭한다. 이는 개별 근로자가 노동조합을 통해 단결하고 사용자와 근로조건 향상을 위하여 집단적으로 교섭하며, 단체행동을 할 수 있도록 보장하여 사용자와 실질적인 대등성을 확보하고 노사자치주의 실현을 기본취지로 하는 것이다.

이러한 헌법상의 근로3권도 무제한 행사될 수 있는 절대적 권리라 할 수는 없기 때문에 일정한 제한 및 한계가 있다. 우리 헌법 및 노조법은 근로3권의 보장에 있어서 내재적으로 근로조건 향상과 관계있는 사항에 대해서만 인정하면서 일정한 제한규정을 두고 있다. 한편, 지난 몇 해 동안 교원 및 공무원의 근로3권이 일정부분 보장되는 등 여러 가지 변천과정을 통해 근로3권의 보장범위는 더욱 확대되고 있다.

Ⅱ. 근로3권 제한의 근거

1. 근로3권의 내재적 한계(헌법 제33조)

헌법 제33조 제1항은 근로3권이 '근로조건의 향상을 위하여' 자주적으로 행사될 것을 규정하고 있다. 이는 근로3권에 내재하는 본질적인 한계라고 할 수 있다. 따라서 근로조건의 향상과는 관계없는 활동은 내재적 한계를 일탈한 것이다.

2. 일반적 법률유보 및 개별적 헌법유보를 통한 제한

헌법상 기본권 제한의 근거인 국가안전보장, 질서유지 또는 공공복리를 위하여 필요한 경우에 법률로써 국민의 자유와 권리를 제한할 수 있게 하는 일반적 법률유보조항(헌법 제37조 제2항), 긴급재정경제처분명령과 긴급명령(헌법 제76조), 비상계엄과 관련된 국가긴급권 조항(헌법 제77조, 계엄법 제9조) 등의 일반적 법률유보에 의하여 제한된다.

또한 헌법에서는 공무원과 법률로 정한 주요 방위산업체 종사자의 근로3권 제한을 예정(헌법 제33조 제2항)하고 있는 개별적 헌법유보에 따라 제한된다.

3. 법률상 구체적 제한

근로3권에 대해 노조법, 국가공무원법 등의 법률상 구체적 제한규정이 있다. 특히, 노조법은 쟁의행위에 대한 찬반투표 등의 제한(노조법 제37조 내지 제41조), 폭력행위 등의 금지(노조법 제42조), 중재, 긴급조정시의 쟁의행위 금지(노조법 제63조 및 제77조) 등이 있다. 또한 헌법의 법률유보조항에 따라 '방위사업법'에 의하여 지정된 주요방위산업체에 종사하는 근로자 중 전력, 용수 및 주로 방산물자를 생산하는 업무에 종사하는 자는 쟁의행위를 할 수 없다(노조법 제41조 제2항).[54]

Ⅲ. 근로의 성질에 따른 근로3권의 제한

1. 공무원의 근로3권

(1) 개 설

헌법 제33조 제2항은 "공무원인 근로자는 법률이 정하는 자에 한하여 단결권, 단체교섭권, 단체행동권을 가진다"고 규정하고 있다. 이에 따라 공무원의 근로3권의 보장범위는 법률에 의하여 구체적으로 정하도록 하고 있다.

종전에는 국가공무원법 제66조 제1항과 지방공무원법 제58조 제1항에 의해 사실상 노무에 종사하는 공무원에 대해서만 근로3권을 보장했는데, 공무원노조법이 제정되어 2006년부터 시행되고 있다.

(2) 공무원 근로3권 제한 근거

국가공무원법 제66조 제1항은 "공무원은 노동운동 기타공무 이외의 일을 위한 집단적 행위를 하여서는 아니 된다. 다만, 사실상 노무에 종사하는 공무원은 예외로 한다"라고 규정하여 사실상 노무에 종사하는 공무원에 대해서만 근로3권을 인정하고 있었다.

<u>헌법재판소는 공무원의 근로3권을 부인하는 국가공무원법 제66조에 대하여 국민전체의 봉사자, 직무의 공공성, 공무원처우개선을 위한 법률상, 예산상 제약을 근거로 합헌이라고 결정</u>하였다.[55]

이에 대하여 공무원의 근로조건은 법령, 예산에 의해 규제를 받고 있기 때문에 공무원노조와 국가 사이에 협약자치가 이루어질 수 없다는 점에서 긍정하는 견해가 있다. 하지만, 공무원이 직무의 중단이 국민생활에 미치는 불이익과 근로3권 제한으로 인하여 공무원이 입게 되는 불이익을 구체적으로 비교형량하여 그의 근로3권 제한범위를 결정하여야 함에도 불구하고 사실상 노무에 종사하는 자를 제외한 공무원 일반에 대하여 일률적 · 전면적으로 근로3권을 배제하는 국가공무원법은 타당하지 않다는 비판이 제기되었다.[56]

(3) 공무원노조법 제정

<u>공무원노조의 조직과 단체교섭을 인정하되 파업 등 쟁의행위를 금지하는 내용의 '공무원의 노동조합 설립 및 운영 등에 관한 법률'이 2004년 12월 31일 국회 본회의를 통과하여 2006년 1월 1일부터 시행되</u>

54) 방위산업에관한특별조치법은 '방위사업법'으로 2006.1.2.개정됨.
55) 헌재 1992.4.28. 90헌바27 내지 34, 36 내지 42, 44 내지 46, 92헌바15.
56) 김유성Ⅱ 40.

었다.

공무원노조법에서는 노조의 자유로운 설립을 허용하면서, 6급 이하 일반직, 기능직, 고용직, 별정직 및 계약직 공무원(5급 이상과 특정직, 정무직은 제외)만이 가입범위로 하고 있다. 이렇게 설립된 공무원노조는 보수, 복지 그 밖의 근무조건에 관한 사항에 대하여 교섭할 수 있지만, 근무조건과 관련 없는 정책결정사항, 임용권의 행사 등 기관의 관리운영에 관한 사항은 교섭대상에서 제외된다. 그래서 단체교섭을 통해서 체결된 단체협약의 내용 중 법령, 조례 및 예산에 의해 규정되는 내용과 법령 또는 조례에 의한 위임을 받아 규정되는 내용은 단체협약으로서의 효력을 가지지 않는다. 더욱이 파업 · 태업 기타 업무의 정상적 운영을 저해하는 일체의 행위는 금지된다.

2. 교원의 근로3권

(1) 개 설

교원노조법이 제정되기 이전에는 국공립학교 교원뿐만 아니라 사립학교 교원도 근로3권이 인정되지 않았다. 국공립학교 교원은 공무원으로서 국가공무원법 제66조에 의하여 근로3권을 향유할 수 없었지만, 사립학교 교원은 사립학교법 제55조에서 "사립학교 교원의 복무에 관하여는 국 · 공립학교 교원에 관한 규정을 준용한다"고 하여 근로3권이 허용되지 않았다.

(2) 교원의 근로3권 제한 근거

헌법재판소는 사립학교 교원의 근로3권과 관련한 사립학교법 제55조에 대해 헌법이 정하는 교원지위법정주의(헌법 제31조 제6항)는 근로3권에 우선하는 의의를 가진다는 점과 생존권적 기본권의 경우 일정한 대상조치가 부여되면 당해 기본권을 부인하더라도 권리의 본질적 내용을 침해하는 것은 아니라는 점을 들어 합헌 결정을 하였다.[57]

이에 대해 교원지위법정주의와 근로3권은 양립할 수 있는 것이고, 근로3권은 유기적 일체로서 기능하므로 삼권 중 어느 하나라도 완전히 배제되면 그 본질적 내용에 대한 침해를 구성한다는 비판이 있었다.[58]

(3) 교원노조법 제정

1999년 1월 교원노조법이 제정되고 시행되어 현재 교원은 근로3권 중 단체행동권을 제외한 단결권, 단체교섭권이 인정되고 있다.

교원노조법에서는 교원은 시, 도, 전국 단위에 한하여 노동조합을 설립할 수 있고 복수노조의 설립이 가능하다. 중 · 고등교원뿐만 아니라 유치원 교사도 가입범위에 포함되지만 대학교수에 대해서는 포함되지 않는다. 이렇게 설립된 교원 노조는 학교단위의 교섭은 허용하지 않고 통일교섭만이 허용되고 단체교섭의 위임은 허용되지 않는다. 교섭대상은 조합원의 임금, 근로시간, 후생복지 등 경제적 · 사회적 지위향상을 목적으로 하는 경우에 한정되기 때문에 체결된 단체협약의 내용 중 법령, 조례 및 예산에 의해 규정되는 내용과 법령 또는 조례에 의한 위임을 받아 규정되는 내용은 단체협약으로서의 효력을 가지지 않는다. 또한 노동조합과 그 조합원은 파업, 태업 기타 업무의 정상적인 운영을 저해하는 일체의 쟁의행위를 할 수 없다(교원노조법 제8조).

57) 헌재 1992.4.28. 90헌바27 내지 34, 36 내지 42, 44 내지 46, 92헌바15.
58) 김유성Ⅱ 42.

Ⅳ. 사업의 성질에 따른 근로3권의 제한

1. 주요방위산업체에 종사하는 근로자의 단체행동권 제한

(1) 주요방위산업체에 종사하는 자

방위산업체에 종사하는 근로자의 단체행동권은 헌법 제33조 제3항의 법률유보조항에 따라 노조법 제41조 제2항은 '방위사업법'에 의해 지정된 주요 방위산업체에 종사하는 근로자 중 전력, 용수 및 주로 방산 물자를 생산하는 업무에 종사하는 자는 쟁의행위를 할 수 없다.

(2) 취 지

우리나라 국방의 특수성을 고려하여 군대나 전시에 방산물자 공급이 쟁의행위로 인해 방해받지 않도록 하자는 것으로 방위산업체의 이익보호를 위한 것은 아니다.[59] 그래서 판례는 형식적으로 주요 방위산업체로 지정되어 있더라도 방산물자의 생산을 완전히 중단한 경우에는 노조법상의 쟁의제한을 받지 않는다고 본다.[60]

2. 공익사업 및 필수공익사업 종사자에 대한 단체행동권 제한

(1) 공익사업

'공익사업'이라 함은 공중의 일상생활과 밀접한 관련이 있거나 국민경제에 미치는 영향이 큰 사업으로서 ⅰ) 정기노선여객운수사업 및 항공운수사업, 수도 · 전기 · 가스 · 석유정제 및 석유공급사업, ⅱ) 공중위생, 의료사업 및 혈액공급사업, ⅲ) 은행 및 조폐사업, ⅳ) 방송 및 통신사업을 말한다.

(2) 필수공익사업

'필수공익사업'이라 함은 공익사업으로서 그 업무의 정지 또는 폐지가 공중의 일상생활을 현저히 위태롭게 하거나 국민경제를 현저히 저해하고 그 업무의 대체가 용이하지 않은 사업으로서 ⅰ) 철도(도시철도 포함) 및 항공운수사업, ⅱ) 수도 · 전기 · 가스 · 석유정제 및 석유공급사업, ⅲ) 병원사업 및 혈액공급사업, ⅳ) 한국은행, ⅴ) 통신사업을 말한다.

(3) 제한의 내용

공익사업의 조정은 일반사업과는 달리 15일 동안 진행되어, 이 기간 동안 쟁의행위를 할 수 없다. 한편, 필수공익사업의 경우 노조법의 개정 전에는 조정이 결렬된 이후에 직권중재에 회부되면 15일간 쟁의행위를 할 수 없었기 때문에 근로3권을 제약한다는 비판과 위헌여부가 논란이 되어왔다.

현행 노조법에서는 직권중재가 폐지되어 필수공익사업의 근로3권 제한이 일부 해소되었다. 그러나 필수유지업무의 정폐 · 방해를 금지하면서 파업시 파업참가자 50%에 대한 대체근로가 허용되었다. 한편, 노동부장관의 결정으로 긴급조정이 가능하며, 긴급조정시에는 공표한 날로부터 30일간 쟁의행위가 금지된다.

Ⅴ. 근로3권 제한의 한계

1. 헌법상 기본권 제한의 한계

헌법상 기본권 제한은 그 목적, 형식, 방법, 내용상 일정한 한계가 있다. ⅰ) 근로3권 제한은 헌법유

59) 임종률 200.
60) 대판 1991.1.15, 90도2278.

보 및 법률유보의 목적상 한계가 있다(목적상 한계). ii) 근로3권은 법률형식, 법률에 근거한 하위명령(법규명령), 국내법과 동일한 조약이나 승인된 국제법규로만 제한이 가능하다(형식상 한계). iii) 근로3권도 헌법상 기본권이므로 과잉금지의 원칙과 비례의 원칙이 적용된다(방법상 한계). iv) 헌법 제37조 제2항은 일반적 법률 유보를 규정하면서도 기본권 제한의 경우 그 본질적 내용을 침해할 수 없음을 명시하고 있다. 따라서 근로3권에 대하여 최소제한의 원칙과 본질적 내용침해 금지의 원칙이 적용된다(내용상 한계).

2. 공공복리에 따른 한계

근로3권의 행사에 있어서 '공공복리'와 조화를 이루는 한도 내에서 이루어져야 한다. 다만, 공공의 복리라는 개념이 공공의 편의로 잘못 대치되어 근로3권의 보장을 무의미하게 할 수 있다. 따라서 '공공복리'라는 개념은 근로자를 포함한 국민전체의 생존권 확보를 내용으로 하는 것이라고 엄격하게 해석해야 한다.

Ⅵ. 결 론

헌법 제33조 제1항은 근로자의 생존권 보장을 위하여 단결권, 단체교섭권 및 단체행동권을 보장하고 있다. 이 권리는 절대적인 것은 아니며 내재적 · 외재적으로 제한된다. 근로3권은 노동기본권 존중의 필요와 국민생활의 유지 · 증진의 요구를 비교 · 형량하여 일정한 제한을 받는 것이다. 그러나 근로3권은 근로자의 생존권 보장을 위한 기본적 권리이므로 전면적 · 본질적 내용을 침해할 수 없다. 이런 측면에서 공무원의 근로3권을 제한적으로 인정한 것은 중요한 의미를 갖는다고 할 것이다.

[관련판례] 공무원과 교원의 근로3권 제한

1. 공무원의 근로3권 제한(헌재 1992.4.28. 90헌바27 내지 34, 36 내지 42, 44 내지 46, 92헌바15)

〈심판대상조문〉

국가공무원법 제66조(집단행위의 금지) ① 공무원은 노동운동 기타공무 이외의 일을 위한 집단적 행위를 하여서는 아니된다. 다만, 사실상 노무에 종사하는 공무원은 예외로 한다.

②~④ 생략

〈합헌의견 – 다수의견(8인 / 1인 별개의견)〉

(1) 국가공무원법 제66조 제1항이 근로3권이 보장되는 공무원의 범위를 사실상 노무에 종사하는 공무원에 한정하고 있는 것은 근로3권의 향유주체가 될 수 있는 공무원의 범위를 정하도록 하기 위하여 헌법 제33조 제2항이 입법권자에게 부여하고 있는 형식적 재량권의 범위를 벗어난 것이라고는 볼 수 없다.

(2) 위 법률조항이 규정하고 있는 "노동운동"의 개념은 그 근거가 되는 헌법 제33조 제2항의 취지에 비추어 근로자의 근로조건의 향상을 위한 단결권 · 단체교섭권 · 단체행동권 등 이른바 노동3권을 기초로 하여 이에 직접 관련된 행위를 의미하는 것으로 좁게 해석하는 것이 상당하고, 한편 위 법률조항이 그 제정 이래 오랫동안 집행되어 오면서 법원도 위 법률조항을 해석 · 적용함에 있어서 위와 동일한 뜻으로 명백히 한정해석하고 있으므로, 법률에 대한 일반적인 명확성의 원칙은 물론 적법절차나 죄형법정주의의 원칙에서 요구되는 보다 엄격한 의미의 명확성의 원칙에 의한 판단기준에도 위배된다고 할 수 없다.

〈공무원에 대한 근로기본권 제한의 합헌성〉

(1) 공무원은 그 임용주체가 궁극에는 주권자인 국민 또는 주민이기 때문에 **국민전체에 대하여 봉사하고 책임을**

져야 하는 특별한 지위에 있고(국민의 봉사자), 그가 담당한 업무가 국가 또는 공공단체의 공공적인 일이어서 특히 그 **직무를 수행함에 있어서 공공성 · 공정성 · 성실성 및 중립성 등이 요구**되기 때문에 일반근로자와는 달리 특별한 근무관계에 있는 사람이다(직무의 공공성).

(2) 한편 공무원의 보수의 수준 등 근로조건의 향상을 위한 재정적 부담은 형식적으로는 국가 또는 지방자치단체가 부담하지만 궁극적으로는 조세 등을 통하여 실질적으로 국민전체의 부담이 되는 것이다. 그러므로 **공무원의 근로조건의 향상은** 그것이 전체국민의 복리의 증진을 부당히 침해하지 아니하고, 그 시대의 국가 또는 사회공동체의 경제수준 내지 담세능력과 조화될 수 있는 범위 내에서 합리적으로 정해져야 하기 때문에 그 결정은 주권자인 전체국민을 대표하는 국회에서 민주적인 절차에 따라 **입법과 예산의 심의 · 의결을 통하여 합목적적으로 이루어지는 것**이다(법률상 · 예산상 제한).

(3) 입법자가 고려하여야 할 위와 같은 여러 가지 입법상의 참작사유 등에 미루어 위 법률조항을 살펴볼 때, 위 법률조항이 근로3권이 보장되는 공무원의 범위를 사실상의 노무에 종사하는 공무원에 한정하고 있는 것은, 근로3권의 향유주체가 되는 공무원의 범위를 정함에 있어서 공무원이 일반적으로 담당하는 직무의 성질에 따른 공공성의 정도와 현실의 국가 · 사회적 사정 등을 아울러 고려하여 사실상의 노무에 종사하는 자와 그렇지 아니한 자를 기준으로 삼아 그 범위를 정한 것으로 보여진다. 이러한 입법내용은 앞서 본 바와 같이 헌법상 근로자에 대한 근로3권의 실질적 보장이 전제되고 있으면서도 헌법 제33조 제2항이 근로3권이 보장되는 공무원의 범위를 법률에 의하여 정하도록 유보함으로써 공무원의 국민 전체에 대한 봉사자로서의 지위 및 그 직무상의 공공성 등의 성질을 고려한 합리적인 공무원제도의 보장, 공무원제도와 관련한 주권자 등 이해관계인의 권익을 공공복리의 목적 아래 통합 조정하려는 의도와 어긋나는 것이라고는 볼 수 없다. 그러므로 위 법률조항은 입법권자가 근로3권의 향유주체가 될 수 있는 공무원의 범위를 정하도록 하기 위하여 헌법 제33조 제2항이 입법권자에게 부여하고 있는 형성적 재량권의 범위를 벗어난 것이 아니며, 따라서 헌법에 위반하는 것이라고 할 수는 없다.

2. 교원의 근로3권 제한(헌재 1991.7.22. 89헌가106)

〈심판대상조문〉

사립학교법 제55조(복무) 사립학교의 교원의 복무에 관하여는 국 · 공립학교의 교원에 관한 규정을 준용한다.

사립학교법 제58조(면직의 사유) ① 사립학교의 교원이 다음 각호의 1에 해당할 때에는 당해 교원의 임면권자는 이를 면직시킬 수 있다.

4. 정치운동 또는 노동운동을 하거나 집단적으로 수업을 거부하거나 또는 어느 정당을 지지, 또는 반대하기 위하여 학생을 지도 · 선동한 때

〈합헌의견-다수의견(6인)〉

(1) 헌법 제31조 제6항은 국민의 교육을 받을 기본적 권리를 보다 효과적으로 보장하기 위하여 교원의 보수 및 근무조건 등을 포함하는 개념인 "교원의 지위"에 관한 기본적인 사항을 법률로써 정하도록 한 것이므로 교원의 지위에 관련된 사항에 관한한 위 헌법조항이 근로기본권에 관한 헌법 제33조 제1항에 우선하여 적용된다.

(2) 사립학교 교원에게 헌법 제33조 제1항에 정한 근로3권의 행사를 제한 또는 금지하고 있다고 하더라도 이로써 사립학교교원이 가지는 근로기본권의 본질적 내용을 침해한 것으로 볼 수 없고, 그 제한은 입법자가 교원지위의 특수성과 우리의 역사적 현실을 종합하여 공공의 이익인 교육제도의 본질을 지키기 위하여 결정한 것으로 필요하고 적정한 범위 내의 것이다.

(3) 사립학교법 제55조 및 제58조 제1항 제4호는 헌법이 교원의 지위에 관한 사항을 국민적 합의를 배경으로 한 입법기관의 권한에 위임하고 있는 헌법조항에 따라 규정한 것으로서 사립학교 교원을 근로3권의 행사에 있어서 일반 근로자의 경우와 달리 취급하여야 할 합리적인 이유가 있다 할 것이고, 또한 공립학교 교원에게 적용되는 교육공

무원법 및 국가공무원법의 관계규정보다 반드시 불리한 것으로도 볼 수 없으므로 헌법 제11조 제1항에 정한 평등원칙에 위반되는 것이 아니다.

(4) 교육에 관한 국제법상의 선언, 규약 및 권고문 등은 우리의 현실에 적합한 교육제도의 실시를 제약하면서까지 교원에게 근로권이 제한 없이 보장되어야 한다든가 교원단체를 전문직으로서의 특수성을 살리는 교직단체로서 구성하는 것을 배제하고 반드시 일반근로조합으로서만 구성하여야 한다는 주장의 근거로 삼을 수 없다.

〈위헌의견–소수의견(3인)〉

(1) 사립학교법 각 조문에서 금지하는 노동운동은 오로지 단체교섭권 및 단체행동권의 행사를 뜻하는 것으로 볼 것이고 이를 넘어서 단결권의 행사까지 포함하여 금지하는 것이 된다면 기본권제한의 한계를 넘어선 본질적 내용의 침해가 되는 입법이 되어 헌법 제33조 제1항, 제37조 제2항에 위반된다. 여기서 합헌이 될 단결권행사의 노동운동은 헌법 제33조 제1항에서 규정한 바 근무조건의 향상을 목적으로 하는 노동조합의 결성이나 그러한 노동조합에의 가입에 그친다고 할 것이다(재판관 이시윤).

(2) 사립학교 교원은 근로자의 지위에서 영위하는 생활영역에서 일반근로자와 원칙적으로 똑같은 근로3권이 보장되어야 하며 일반근로자와 정당한 이유없이 차별하여 그의 근로3권을 전부 부정하고 있는 사립학교법 각 조문은 헌법상의 법치주의원리와 위 헌법 제11조 제1항, 제33조 제1항, 제37조 제2항에 정면으로 위배되고 아울러 제10조, 제6조 제1항과도 조화될 수 없으므로 위헌이다(재판관 김양균).

(3) 헌법 제31조 제6항을 내세워 헌법 제33조 제1항에 의하여 사립학교 교원에게도 당연히 그 향유자격이 부여된 단결권, 단체교섭권, 단체행동권을 제한하거나 박탈해도 된다는 논리는 근로3권을 향유할 수 없는 근로자를 공무원에 한정한 헌법 제33조 제2항의 규정에 명백히 저촉되며, 헌법 제37조 제2항에 의한 제한이라 하더라도 사립학교 교원에 대하여 노동운동을 전면적으로 금지하고 있는 위 사립학교법 각조문은 헌법 제33조, 제37조 제2항에 위반되어 위헌이다(재판관 변정수).

[표] 근로3권 보장에 대한 규정 및 범위

<table>
<tr><th colspan="2" rowspan="2">근로의 성질에 따른 분류</th><th rowspan="2">관련법령 및 규정</th><th colspan="3">근로3권 보장 범위</th></tr>
<tr><th>단결</th><th>교섭</th><th>행동</th></tr>
<tr><td colspan="2">일반근로자</td><td>헌법 제33조 ① 근로자는 근로조건의 향상을 위하여 자주적인 단결권·단체교섭권 및 단체행동권을 가진다.</td><td>○</td><td>○</td><td>○</td></tr>
<tr><td rowspan="3">공무원</td><td>일반공무원</td><td rowspan="2">헌법 제33조 ② 공무원인 근로자는 법률이 정하는 자에 한하여 단결권·단체교섭권 및 단체행동권을 가진다.
국가공무원법 제66조 ① 공무원은 노동운동 기타 공무 이외의 일을 위한 집단적 행위를 하여서는 아니 된다. 다만, 사실상 노무에 종사하는 공무원은 예외로 한다.
지방공무원법 제58조 ① 공무원은 노동운동 기타 공무 이외의 일을 위한 집단행위를 하여서는 아니 된다. 다만, 사실상 노무에 종사하는 공무원은 그러하지 아니하다.
공무원노조법(제정 2005.1.27. 법률 제7380호)</td><td>○</td><td>△</td><td>×</td></tr>
<tr><td>사실상노무종사자</td><td>○</td><td>○</td><td>○</td></tr>
<tr><td>특정직공무원</td><td>경찰공무원법 제1조, 제30조, 소방공무원법 제1조, 제19조, 군인사법 제47조의2 및 군인복무규정 제13조 제1항 등</td><td>×</td><td>×</td><td>×</td></tr>
<tr><td colspan="2">교원</td><td>교원노조법 제8조(쟁의행위의 금지) 노동조합과 그 조합원은 파업·태업 기타 업무의 정상적인 운영을 저해하는 일체의 쟁의행위를 하여서는 아니 된다.</td><td>○</td><td>△</td><td>×</td></tr>
</table>

사업의 성질에 따른 분류				
일반사업체	헌법 제33조 ① 근로자는 근로조건의 향상을 위하여 자주적인 단결권 · 단체교섭권 및 단체행동권을 가진다.	○	○	○
방위산업체	헌법 제33조 ③ 법률이 정하는 주요방위산업체에 종사하는 근로자의 단체행동권은 법률이 정하는 바에 의하여 이를 제한하거나 인정하지 아니할 수 있다. 노조법 제41조 ② '방위사업법'에 의하여 지정된 주요방위산업체에 종사하는 근로자중 전력, 용수 및 주로 방산물자를 생산하는 업무에 종사하는 자는 쟁의행위를 할 수 없으며 주로 방산물자를 생산하는 업무에 종사하는 자의 범위는 대통령령으로 정한다.	○	○	×
공익사업체	노조법 제42조의2 ② 필수유지업무의 정당한 유지 · 운영을 정지 · 폐지 또는 방해하는 행위는 쟁의행위로서 이를 행할 수 없다. 노조법 제74조, 제76조(직권중재) –2008.1.1.삭제	○	○	△

[표] 근로3권 제한의 근거

근로3권의 내재적인 제한	
헌법 제33조 제1항(내재적 제한)	근로자는 근로조건의 향상을 위하여 자주적인 단결권 · 단체교섭권 및 단체행동권을 가진다.
근로 3권의 기본권 및 일반적인 법률유보	
헌법 제37조 제2항 (일반적 법률 유보)	② 국민의 모든 자유와 권리는 국가안전보장 · 질서유지 또는 공공복리를 위하여 필요한 경우에 한하여 법률로써 제한할 수 있으며, 제한하는 경우에도 자유와 권리의 본질적인 내용을 침해할 수 없다.
헌법 제76조 제1, 2항 (긴급명령)	제76조 ① 대통령은 내우 · 외환 · 천재 · 지변 또는 중대한 재정 · 경제상의 위기에 있어서 국가의 안전보장 또는 공공의 안녕질서를 유지하기 위하여 긴급한 조치가 필요하고 국회의 집회를 기다릴 여유가 없을 때에 한하여 최소한으로 필요한 재정 · 경제상의 처분을 하거나 이에 관하여 법률의 효력을 가지는 명령을 발할 수 있다. ② 대통령은 국가의 안위에 관계되는 중대한 교전상태에 있어서 국가를 보위하기 위하여 긴급한 조치가 필요하고 국회의 집회가 불가능한 때에 한하여 법률의 효력을 가지는 명령을 발할 수 있다.
헌법 제77조 제1, 2, 3항 (비상계엄)	제77조 ① 대통령은 전시 · 사변 또는 이에 준하는 국가비상사태에 있어서 병력으로써 군사상의 필요에 응하거나 공공의 안녕질서를 유지할 필요가 있을 때에는 법률이 정하는 바에 의하여 계엄을 선포할 수 있다. ② 계엄은 비상계엄과 경비계엄으로 한다. ③ 비상계엄이 선포된 때에는 법률이 정하는 바에 의하여 영장제도, 언론 · 출판 · 집회 · 결사의 자유, 정부나 법원의 권한에 관하여 특별한 조치를 할 수 있다.
계엄법 제9조 제1항 (비상계엄)	제9조(계엄사령관의 특별조치권) ① 비상계엄지역안에서 계엄사령관은 군사상 필요한 때에는 체포 · 구금 · 압수 · 수색 · 거주 · 이전 · 언론 · 출판 · 집회 · 결사 또는 단체행동에 대하여 특별한 조치를 할 수 있다. 이 경우에 계엄사령관은 그 조치내용을 미리 공고하여야 한다.
헌법 제33조 제2, 3항	② 공무원인 근로자는 법률이 정하는 자에 한하여 단결권 · 단체교섭권 및 단체행동권을 가진다. ③ 법률이 정하는 주요방위산업체에 종사하는 근로자의 단체행동권은 법률이 정하는 바에 의하여 이를 제한하거나 인정하지 아니할 수 있다.

법률상 구체적 제한	
노조법 제41조 (쟁의행위의 제한과 금지)	① 노동조합의 쟁의행위는 그 조합원의 직접 · 비밀 · 무기명투표에 의한 조합원 과반수의 찬성으로 결정하지 아니하면 이를 행할 수 없다. ② 「방위사업법」에 의하여 지정된 주요방위산업체에 종사하는 근로자중 전력, 용수 및 주로 방산물자를 생산하는 업무에 종사하는 자는 쟁의행위를 할 수 없으며 주로 방산물자를 생산하는 업무에 종사하는 자의 범위는 대통령령으로 정한다.〈개정 2006.1.2〉
노조법 제42조 제1, 2항 (폭력행위 등의 금지)	① 쟁의행위는 폭력이나 파괴행위 또는 생산 기타 주요업무에 관련되는 시설과 이에 준하는 시설로서 대통령령이 정하는 시설을 점거하는 형태로 이를 행할 수 없다. ② 사업장의 안전보호시설에 대하여 정상적인 유지 · 운영을 정지 · 폐지 또는 방해하는 행위는 쟁의행위로서 이를 행할 수 없다.
노조법 제63조 (중재시의 쟁의행위금지)	노동쟁의가 중재에 회부된 때에는 그날부터 15일간은 쟁의행위를 할 수 없다.
노조법 제77조 (긴급조정시의 쟁의행위중지)	관계 당사자는 제76조 제3항의 규정에 의한 긴급조정의 결정이 공표된 때에는 즉시 쟁의행위를 중지하여야 하며, 공표일부터 30일이 경과하지 아니하면 쟁의행위를 재개할 수 없다(삭제)
노조법 제42조의2 (필수유지업무에 대한 쟁의행위의 제한)	① 이 법에서 "필수유지업무"라 함은 제71조 제2항의 규정에 따른 필수공익사업의 업무 중 그 업무가 정지되거나 폐지되는 경우 공중의 생명 · 건강 또는 신체의 안전이나 공중의 일상생활을 현저히 위태롭게 하는 업무로서 대통령령이 정하는 업무를 말한다. ② 필수유지업무의 정당한 유지 · 운영을 정지 · 폐지 또는 방해하는 행위는 쟁의행위로서 이를 행할 수 없다.
노조법 제43조 (사용자의 채용제한)	③ 제1항 및 제2항의 규정은 필수공익사업의 사용자가 쟁의행위 기간 중에 한하여 당해 사업과 관계없는 자를 채용 또는 대체하거나 그 업무를 도급 또는 하도급 주는 경우에는 적용하지 아니한다. ④ 제3항의 경우 사용자는 당해 사업 또는 사업장 파업참가자의 100분의 50을 초과하지 않는 범위 안에서 채용 또는 대체하거나 도급 또는 하도급 줄 수 있다. 이 경우 파업참가자 수의 산정 방법 등은 대통령령으로 정한다.

Key Word

⇨ 근로권, 근로삼권, 헌법상 기본권, 생존권, 자유권, 기본권의 제한

기출문제

(1) 근로3권의 자유권성과 생존권성과 자유권성에 대하여 약술하시오. (15회, 06년, 25점)

연습문제

(1) 헌법상 노동기본권에 대하여 논하시오.

(2) 근로권에 대하여 약술하시오.

(3) 근로삼권에 대하여 논하시오.

제3장 노동법상 권리 · 의무의 주체

제1절 근로기준법상 근로자

Ⅰ. 서 설

근로기준법 제2조 제1항 제1호는 "직업의 종류와 관계없이 임금을 목적으로 사업이나 사업장에 근로를 제공하는 자"를 근로자로 정의하고 있다. 이 규정은 근로기준법상 보호의 대상인 근로자의 개념 내지 범위를 명확히 하기 위한 것이다.

현실에서 노동력을 제공하거나 활용하고 타인으로부터 그 대가를 받아 생활을 영위하는 자는 다양하다. 이러한 자를 가리켜 이른바 노무공급자라고 한다.[1] 그러나 근로기준법은 모든 노무공급자를 그 적용대상으로 삼고 있지 않다. 사용종속관계 하에서 노무를 제공하는 자만이 근로기준법상의 보호 내지 권리를 인정받을 수 있다. 근로자 개념은 근로기준법의 적용 여부를 결정하는 핵심적인 기준이 된다.[2] 또한 근로기준법상의 근로자 개념은 최저임금법, 임금채권보장법, 산업안전보건법, 산업재해보상보험법, 근로자참여 및 협력증진에 관한 법률 등에서 준용되고 있어, 근로기준법상의 근로자에 해당하여야 이러한 노동법상의 보호를 받을 수 있다.

한편, 고용형태의 다양화 등으로 학습지 교사, 보험설계사, 골프장 캐디, 레미콘차량 기사 등(이하 특수형태근로종사자) 해당 노무제공자의 근로자성은 부인되지만, 실제 처지는 근로자와 유사하여 사회적 보호 필요성의 관점에서는 근로자와 유사한 요소를 지니고 있는 직업군이 늘고 있는바, 이들에 대한 보호방안에 대해서도 간략히 검토할 필요가 있다.

1) 민법상 도급계약의 당사자인 수급인이나 위임계약의 당사자인 수임인 등도 노무공급자에 해당한다.
2) 김유성Ⅰ 22.

Ⅱ. 근로기준법상 근로자의 개념

1. 직업의 종류와 관계없이

근로기준법상의 근로자는 "직업의 종류를 불문"하고, 즉 근로의 내용이 정신노동 · 육체노동 · 사무노동인가를 불문하며, 공무원 · 공기업 · 사기업체 근로자인가를 가리지 않는다.[3] 또한 근로형태가 상용직 · 임시직인가, 일용직 · 단시간 근로자인가를 묻지 않는다. 한편, 일반 외국인은 물론 불법체류외국인도 내국인과 마찬가지로 근로기준법상의 근로자에 해당된다.[4]

2. 사업 또는 사업장

근로기준법상의 근로자는 '사업 또는 사업장'에서 근로를 제공하여야 한다. 근로기준법상의 근로자는 '사업 또는 사업장'에서 근로를 제공하여야 하므로 사용자에게 현실적으로 고용되어 있는 취업자만이 근로자에 해당되며, 실업자 및 해고자는 해당되지 아니한다.

3. 임금을 목적으로 근로를 제공

근로기준법상의 근로자는 '임금을 목적으로' 근로를 제공하는 자이어야 한다. '임금'이라 함은 근로기준법에 규정된 '임금'을 말한다(근기법 제2조 제5호). 따라서 지급의 명목에 관계없이 근로의 대가로 지급되는 것은 모두 포함한다. 한편, 현재 임금을 받고 있지 아니하더라도 근로계약관계를 유지하고 있는 근로자는 근로기준법이 적용된다. 예컨대, 무급으로 휴직 · 정직중인 자, 파업참가근로자 또는 무급의 노조전임자 등이 이에 해당될 것이다.

Ⅲ. 노조법상 근로자개념과의 구별

1. 의　　의

근로기준법상 근로자는 근로기준법에서 정한 근로조건의 보호를 받을 사람이 누구인가를 확정하기 위한 개념이라는 점에서 근로3권을 행사할 수 있는 사람의 범위를 설정하려는 노조법상의 근로자개념[5]과 구별된다.

2. 입법목적의 차이

근기법은 "현실적으로 근로를 제공하는 자에 대하여 국가의 관리 · 감독에 의한 직접적인 보호의 필요성이 있는가"라는 관점에서 개별적 근로관계를 규율할 목적으로 제정된 것인 반면, 노조법은 "노무공급자들 사이의 단결권 등을 보장해 줄 필요성이 있는가"라는 관점에서 집단적 노사관계를 규율할 목적으로 제정된 것이다.[6] 이러한 입법목적의 차이에 따라 근로자 개념이 구별된다.

---

3) 대판 1992.4.14, 91다45653.
4) 대판 1997.8.26, 97다18875.
5) 직업의 종류를 불문하고 임금·급료 기타 이에 준하는 수입에 의하여 생활하는 자(노조법 제2조 제2호).
6) 대판 2004.2.27, 2001두8568.

3. 구직자의 근로자성 판례

그러므로 근로기준법상의 근로자는 '사업 또는 사업장에' 현실적으로 '근로를 제공하는 자', 즉 특정 사용자에게 고용되어 현실적으로 근로를 제공하는 취업자임에 반하여, 노조법상의 근로자는 취업자 외에도 실직자나 구직자 등 장차 근로를 제공하고자 하는 자도 포함된다. 최근 대법원은 '구직 중인 여성노동자'를 노조법상의 근로자라고 인정한 바 있다.[7)]

Ⅳ. 근로자성의 판단기준: 사용종속관계

1. 문제의 소재

근로자 개념에 관한 근로기준법상의 정의에도 불구하고 현실에서 근로자 여부를 판단하기란 쉽지 않다. 최근 서비스업의 발달, 고용형태의 다양화, 업무수행의 특수성, 기업에서의 노무관리의 특성 등으로 특수한 고용관계의 모습이 다양하게 나타나고 있다. 예컨대 보험모집인, 골프장 캐디, 교향악단 악단원, 신문판매 확장요원 등의 경우에는 고용형식, 직무내용, 근무형태, 보수지급방법 등이 일반 근로자와 현저하게 다른 것이 보통이기 때문에 이들이 근로기준법상의 근로자인지의 여부가 문제되는 경우가 많다.

이에 학설과 판례는 근로기준법상의 근로자를 판단하는 표지로 실질적인 종속관계에서 근로를 제공하는지 여부로 판단하며 사용종속관계의 구체적 판단기준을 제시하고 있다.

2. 종전 판례의 판단기준

(1) 판단기준

판례는 "근로기준법상의 근로자에 해당하기 위하여는 그 계약이 민법상의 고용계약이든 또는 도급계약이든 그 계약의 형식에 관계없이 그 실질에 있어 근로자가 사업 또는 사업장에 임금을 목적으로 종속적인 관계에서 사용자에게 근로를 제공하여야 한다"[8)]고 판단하고 있다.

여기서 종속적인 관계가 있는지 여부는 ⅰ) 업무의 내용이 사용자에 의하여 정하여지고 취업규칙·복무규정·인사규정 등의 적용을 받으며 업무수행 과정에 있어서도 사용자로부터 구체적이고 직접적인 지휘·감독을 받는지 여부, ii) 사용자에 의하여 근무시간과 근무장소가 지정되고 이에 구속을 받는지 여부, iii) 근로자 스스로가 제3자를 고용하여 업무를 대행케 하는 등 업무의 대체성 유무, iv) 비품·원자재·작업도구 등의 소유관계, v) 보수가 근로 자체의 대상적(對償的) 성격을 갖고 있는지 여부와 기본급이나 고정급이 정하여져 있는지 여부 및 근로소득세의 원천징수 여부 등 보수에 관한 사항, vi) 근로제공관계의 계속성과 사용자에의 전속성의 유무와 정도, vii) 사회보장제도에 관한 법령 등 다른 법령에 의하여 근로자로서의 지위를 인정받는지 여부, viii) 양 당사자의 경제·사회적 조건 등을 종합적으로 고려하여 판단하여야 한다.[9)]

---

7) 대판 2004.2.27, 2001두8568.
8) 대판 1996.4.26, 95다20348.
9) 대판 1996.4.26, 95다20348.

(2) 문 제 점

판례가 제시하고 있는 근로자 판단기준은 계약당사자의 주관적 의사(계약의 명칭이나 형식)보다는 계약관계의 객관적 실체(종속관계의 유무)를 중시하고 있다는 점에서 의의가 있다. 그러나 종속관계 유무의 판단기준을 위한 제 요소를 나열하고 있을 뿐 어떤 요소가 핵심적이고 본질적인 것인지, 어떤 요소가 부차적인 것인지 구분하지 않고 있다. 그 결과 구체적인 사건에서 판단자가 어떤 요소에 가중치를 두는가에 따라 판단결과가 달라지는 문제점을 안고 있다.

이러한 문제점 및 한계를 극복하기 위해서는 근로자 여부를 판단함에 있어서 계약당사자(특히 경제적으로 우월한 지위에 있는 사용자)의 주관적 의사에 좌우될 수 있는 요소 등(취업규칙 등의 적용여부, 기본급 · 고정급의 유무, 사회보장제도의 적용 여부, 근로소득세 원천징수 여부)을 이차적 내지 부차적으로 고려하는 해석이 필요하다고 본다.[10)]

3. 최근 판례의 판단기준

(1) 최근 판례의 입장

그리하여 최근 판례는 근로자성 판단기준에 관하여 기존의 원칙적인 입장을 취하면서 "다만, 기본급이나 고정급이 정해졌는지, 근로소득세를 원천징수했는지, 사회보장제도에 관하여 근로자로 인정받는지 등의 사정은 사용자가 경제적으로 우월한 지위를 이용하여 임의로 정할 여지가 크다는 점에서 그러한 점들이 인정되지 않는다는 것만으로 근로자성을 쉽게 부정해서는 안 된다"[11)]는 단서를 더하여, 사용자에 의하여 형식적으로 제거 또는 위장되었던 근로자성의 징표를 실질적인 노무제공 실태와 부합하는 방향에서 판단하였다.

(2) 판단기준의 변화

최근 판례는 사용종속관계의 판단징표 중 사용자의 지휘 · 감독 여부에 대하여 '구체적 · 개별적 지휘 · 감독'이 아닌 '상당한 지휘 · 감독'이라고 판시하고 있다. 최근 근로제공의 다양화, 업무내용의 변화에 따라 사용자의 지휘 · 감독은 '구체적 · 개별적'인 수준에서 '상당한' 수준으로 완화된 판단기준이 적용될 수 있는 것이다.[12)] 한편 '노무 제공을 통한 이윤의 창출과 손실의 초래 등 위험을 스스로 안고 있는지'를 판단기준에 추가하는 입장도 나타나고 있다.[13)]

[관련판례] 근기법상 근로자 판단기준

종전 대법원의 사용종속관계 판단기준(대판 1994.12.9, 94다22859)

근로기준법상의 근로자에 해당하는지 여부를 판단함에 있어서는 그 계약의형식이 민법상의 고용계약인지 또는 도급계약인지에 관계없이 그 **실질에 있어** 근로자가 사업 또는 사업장에 임금을 목적으로 **종속적인 관계**에서 사용자에게 근로를 제공하였는지 여부에 따라 판단하여야 할 것이고, 위에서 말하는 종속적인 관계가 있는지 여부를 판단함에 있어서는, 업무의 내용이 사용자에 의하여 정하여지고 취업규칙 또는 복무(인사)규정 등의 적용을 받으며 업무수행과정에 있어서도 사용자로부터 구체적, 개별적인 지휘 · 감독을 받는지 여부, 사용자에 의하여 근무시간

10) 김유성 I 24, 임종률 33.
11) 대판 2006.12.7, 2004다29736; 대판 2007.3.29, 2005두13018 · 13025; 대판 2007.9.7, 2006도777.
12) 대판 2007.1.25, 2005두8436.
13) 대판 2007.9.6, 2007다37165.

과 근무장소가 지정되고 이에 구속을 받는지 여부, 근로자 스스로가 제3자를 고용하여 업무를 대행케 하는 등 업무의 대체성 유무, 비품, 원자재나 작업도구 등의 소유관계, 보수의 성격이 근로 자체의 대상적 성격이 있는지 여부와 기본급이나 고정급이 정하여져 있는지 여부 및 근로소득세의 원천징수 여부 등 보수에 관한 사항, 근로제공관계의 계속성과 사용자에의 전속성의 유무와 정도, 사회보장제도에 관한 법령 등 다른 법령에 의하여 근로자로서의 지위를 인정받는지 여부, 양 당사자의 경제·사회적 조건 등을 종합적으로 고려하여 판단하여야 할 것이다.

최근 대법원의 사용종속관계 판단기준(대판 2006.12.7, 2004다29736[대입학원종합반강사]; 대판 2007.3.29, 2005두13018,13025[대학교시간강사 등])

근로기준법상의 근로자에 해당하는지 여부는 계약의 형식이 고용계약인지 도급계약인지보다 그 실질에 있어 근로자가 사업 또는 사업장에 임금을 목적으로 종속적인 관계에서 사용자에게 근로를 제공하였는지 여부에 따라 판단하여야 하고, 위에서 말하는 종속적인 관계가 있는지 여부는, 업무 내용을 사용자가 정하고 취업규칙 또는 복무(인사)규정 등의 적용을 받으며 업무 수행 과정에서 사용자가 **상당한 지휘·감독**을 하는지, 사용자가 근무시간과 근무장소를 지정하고 근로자가 이에 구속을 받는지, 노무제공자가 스스로 비품·원자재나 작업도구 등을 소유하거나 제3자를 고용하여 업무를 대행하게 하는 등 독립하여 자신의 계산으로 사업을 영위할 수 있는지, **노무제공을 통한 이윤의 창출과 손실의 초래 등 위험을 스스로 안고 있는지**와, 보수의 성격이 근로 자체의 대상적(대상적) 성격인지, 기본급이나 고정급이 정하여졌는지 및 근로소득세의 원천징수 여부 등 보수에 관한 사항, 근로 제공 관계의 계속성과 사용자에 대한 전속성의 유무와 그 정도, 사회보장제도에 관한 법령에서 근로자로서 지위를 인정받는지 등의 경제적·사회적 여러 조건을 종합하여 판단하여야 한다. 다만, 기본급이나 고정급이 정하여졌는지, 근로소득세를 원천징수하였는지, 사회보장제도에 관하여 근로자로 인정받는지 등의 사정은 **사용자가 경제적으로 우월한 지위를 이용하여 임의로 정할 여지**가 크다는 점에서, 그러한 점들이 인정되지 않는다는 것만으로 **근로자성을 쉽게 부정하여서는 안 된다**.

V. 특수형태근로종사자의 보호 문제[14)]

1. 문제의 소재

현재 대법원은 레미콘 차량 운전기사, 학습지 교육상담교사, 보험회사의 외무원, 골프장 캐디 등의 고용관계에 대하여 사용종속관계가 없다 하여 근로자성을 부인하고 있어, 노동법상의 보호를 받지 못하고 있다. 그러나 이들은 직접 자신이 노무를 제공하고 사업주에게 경제적으로 의존되어 있어 사실상 근로자의 처지와 다를 바 없다고 할 수 있다.

그러므로 경제적 종속성이 인정되는 경우 노동법적 보호를 받을 수 있는 방안을 새로이 입법화할 필요가 있을 것이다. 구체적으로는 i) 원칙적으로 근로자성을 인정하고 노동법을 원칙적으로 적용하는 방법과 ii) '준근로자' 또는 '유사근로자'와 같은 개념을 도입해 일반 근로자와는 다르지만 노동법의 일부 규정을 적용하는 방법도 있을 것이다.

14) 특수형태근로종사자에 대한 사회적 보호의 필요성에 따라 2007.6.14. 특수형태근로종사자 보호 등에 관한 법률(안)이 국회에 제출되기도 했다. 이 보호법은 '근로자와 자영인의 중간영역'으로 특고종사자라는 새로운 영역을 만들어 이들에게 노동관계법상 일정 수준의 보호를 하는 것을 내용으로 하고 있다. 하지만 결국 국회에서 입법화되지는 못했다. 하지만 여전히 특수형태근로종사자의 보호 필요성이 있다는 점에서 향후 제도적, 입법적 해결이 요구된다.

2. 산재보험 적용

2006년 10월 정부는 특수형태근로종사자의 보호를 위하여 '유사근로자' 개념을 도입하여, '산재보험 적용, 직업능력개발기회(근로자수강지원금) 확대' 등의 대책을 내세운 바 있다. 이에 최근(2007.12.14) 산업재해보상보험법이 개정되어 특고종사자도 산재보험의 적용을 받게 되었다.

그간 특고종사자는 근로자와 유사하게 노무를 제공함에도 불구하고 근로기준법상 근로자로 인정되지 않아 산재보험법의 보호를 받지 못하고 있었는데, 최근 산재보험법 개정으로 ⅰ) 주로 하나의 사업 또는 사업장에 그 운영에 필요한 노무를 상시적으로 제공하고 보수를 받아 생활하며(경제적 종속성), ⅱ) 노무를 제공함에 있어 타인을 사용하지 아니할 것(비대체성) 등의 요건을 충족하는 자 중에서 일정 직종에 종사하는 자는 산재보험법의 적용 대상이 되도록 하였다(산재보험법 제125조). 특고종사자는 원칙적으로 근로기준법상의 근로자는 아니지만, 산재보험법 적용에 있어서는 특별히 근로자로 간주하는 것이다.

[표] 근기법상 근로자 여부 판단기준[15]

기본원칙 : 계약의 형식보다 그 실질에 있어 종속관계 여부 판단	
종속노동성	사용자의 업무내용 정함 여부
	취업규칙 적용 여부
	업무수행과정에서의 사용자의 상당한 지휘감독 여부
	사용자의 근무시간 · 장소 지정 및 근로자의 이에 구속 여부
독립사업자성 (기술적 · 조직적 · 경제적 독립성)	비품 · 원자재나 작업도구 등 소유 여부
	제3자의 고용에 의한 업무대행 여부
	이윤창출과 손실초래 등 위험부담 여부
보수의 근로대가성	보수의 성격이 근로 자체의 대상적 성격인지
계약관계의 계속성과 전속성	근로제공관계의 계속성 및 사용자에의 전속성 유무와 그 정도
기타 요소	사회보장제도상 근로자 지위인정 여부 등 경제 · 사회적 제 조건
신중판단요소 (부차적 요소)	기본(고정)급 정함 여부
	근로소득세원천징수 여부
	사회보장제도상 근로자로 인정 여부

15) 로스쿨 노동법 해설, 23.

제2절 노조법상 근로자

Ⅰ. 서　　설

근로3권은 개별 근로자가 노동조합으로 단결하여 사용자와 근로조건 향상을 위하여 집단적으로 교섭하며, 이를 실현하기 위한 단체행동을 보장하여 사용자와 실질적인 대등성을 확보하고 노사자치주의의 실현을 기본취지로 하는 것이다.

헌법상 근로3권의 보장취지를 구체화하여 이를 보장하기 위한 대표적인 법이 노조법이다. 이러한 노조법상 근로자라 함은 '직업의 종류를 불문하고 임금, 급료 기타 이에 준하는 수입에 의하여 생활하는 자'이다. 노조법은 근로3권의 보장을 목적으로 하므로 노조법상 근로자는 근로3권을 향유할 수 있는 주체라고 할 수 있다.

아래에서는 노조법상 근로자의 판단기준에 대한 관련 쟁점을 검토하도록 하겠다.

Ⅱ. 노조법상 근로자 개념

1. 적극적 요건으로서 개념표지

(1) 직업의 종류를 불문하고

근로자는 직업의 종류가 한정되지 않는다. 정신노동, 육체노동의 구별도 문제가 되지 아니하며, 상용, 일용, 임시직, 촉탁직 등 근무형태나 직종, 직급 등은 근로자 여부를 판단하는 기준이 되지 않는다.

(2) 임금, 급료 기타 이에 준하는 수입

근로자는 임금, 급료 기타 이에 준하는 수입에 의해 생활하는 자를 말한다. 여기서 임금이란 근기법에 따라 사용자가 근로의 대상으로 근로자에게 지급하는 일체의 금품(근기법 제2조 제5호)을 말한다. 판례는 근로의 대상을 사용종속관계 하의 노무제공에 대해 사용자가 지급하는 금품을 임금으로 파악하며, 사용종속관계 하의 노무제공인지 여부의 판단에 대해서는 계약의 형식을 불문하고 그 실질을 파악하고 있다.[16] 한편, 급료 기타 이에 준하는 수입, 즉 임금에 준하는 수입은 근기법상의 현실적인 근로제공에 따른 임금과 별개의 독자적 의미를 부여하여 근로의사가 있는 자까지도 포함할 수 있다.

(3) '그에 의하여 생활하는 자'의 의미

근로자는 임금 등의 수입에 의해 생활하는 자이다. '그에 의해 생활하는 자'는 임금 등이 유일한 수

16) 대판 1993.5.25, 90누1731.

입이어야 한다는 것은 아니며, 기타 급여 등에 의해 현실적으로 생활하거나 그에 의해 생활할 수밖에 없는 경우도 포함된다. 그러므로 노조법상 근로자는 현실적으로 취업하고 있는 근로자뿐 아니라 구직 중인 실업자도 포함된다는 것이 일반적인 견해이다. 대법원은 구직 중인자의 근로자성을 인정하는 판결을 내려 주목받은 바 있다.[17]

(4) 소극적 요건으로서 개념표지

노조법 제2조 제1호의 근로자 개념에 해당하는 경우에도 노조법 제2조 제2호 및 제2조 제4호 가목의 사용자 개념에 해당하는 자는 근로자라 할 수 없다. 헌법상 단결권의 보장은 상대적으로 열악한 지위에 있는 근로자의 지위를 향상시켜 사용자와 동등한 지위를 확보함이 그 목적이므로 사용자 개념에 해당하는 근로자들에게 단결권을 인정하는 것은 노조의 자주성 또는 민주성을 해치게 될 우려가 있기 때문이다.[18]

2. 근로기준법상 근로자와 비교

(1) 문제의 소재

판례는 노조법상 근로자 판단기준과 근기법상 근로자 판단기준을 '사용종속성'으로 동일하게 보고 있어서 이에 대한 비판이 있으며, 특수형태 근로종사자의 근로3권 보장에 대하여 노 · 사 · 정의 입장차이가 있어서 논란이 계속되고 있다.

(2) 판례의 경향

노조법 제2조 제1호는 근로자에 대하여 "직업의 종류를 불문하고 임금 · 급료 기타 이에 준하는 수입에 의하여 생활하는 자"라고 정의하여 근기법상 근로자와 그 개념상 명확히 구분된다. 하지만 대법원은 근기법상 근로자와 노조법상 근로자를 동일하게 '사용종속성'을 기준으로 판단해왔다. 특히, 특수형태 근로종사자들의 노조법상 근로자성 판단에 대하여도 '사용종속성'의 인정 여부를 기준으로 판단하고 있다. 대법원은 "노동조합의 구성원인 근로자와 사용사 사이에는 고용에 따른 종속관계가 있어야 하고, 이러한 관계가 없는 자는 노조법이 정하는 적법한 노동조합을 조직할 수 없다"고 판시하였다.[19]

(3) 학계의 비판

집단적 노사관계법의 적용에 있어서는 단결권의 보호 등 집단적 노사관계법상 보호가 필요한가라는 관점에서 파악되어야 하므로 반드시 근로기준법상의 판단표지에 의하여 판단할 필요는 없다는 것이 학계의 일반적인 견해이다.

근로기준법은 현실적으로 근로관계를 제공하는 자에 대하여 국가의 관리 · 감독에 의한 직접적 보호의 필요성이라는 관점에서 개별적 노사관계를 규율하기 위한 목적으로 제정된 것이고, 노조법은 '노무공급자들 사이의 단결권 등을 보장해줄 필요성이라는 관점에서 집단적 노사관계를 규율할 목적으로 제정된 것이기 때문에 그 입법목적에 따라 근로자의 개념을 상이하게 정의하고 있는 것이다. 그래서 판례의 경향에 대하여 비판하고, 노조법상 근로자의 판단기준을 제시하거나 특수형태 근로종사자의 근로3

---

17) 대판 2004.2.27, 2001두8568.

18) 노조법 제2조 제2호는 사용자의 범주로서 '사업주', '사업의 경영담당자', '근로자에 관한 사항에 대해서 사업주를 위하여 행동하는 자', 동조 제4호 가목은 '항상 사용자의 이익을 대표하여 행동하는 자'로 규정하고 있다. 이러한 사용자에 해당하는지는 형식적인 명칭 또는 직책에 구애될 것이 아니라 실제로 그가 가진 권한 및 책임에 따라 결정된다.

19) 대판 1992.5.26, 90누9438[서울건해산물노조 사건].

권에 대해 입법적 해결이 필요하다고 강조한다.[20)]

Ⅲ. 노조법 제2조 제4호 라목의 해석

1. 제2조 제4호 라목의 근로자

(1) 문제의 소재

노조법 제2조 제4호 라목 본문에서 '근로자가 아닌 자의 가입을 허용하는 경우'를 노조설립의 소극적 요건으로 규정하고 있다. 동호에서 말하는 '근로자'에 대해서는 단서의 취지를 어떻게 볼 것인지가 문제된다.

(2) 판례의 견해

판례는 "노조법 제2조 제4호 라목 단서는 '기업별 노동조합'의 조합원이 사용자로부터 해고됨으로서 근로자성이 부인될 경우에 대비하여 마련된 규정으로서, 이 경우에만 한정적으로 적용되고, 원래부터 일정한 사용종속관계를 필요로 하지 않는 산업별 · 직종별 · 지역별 노동조합까지 적용되는 것은 아니므로 노조법 제2조 제1호 및 제4호 라목 본문에서 말하는 '근로자'는 특정한 사용자에게 고용되어 현실적으로 취업하고 있는 자뿐만 아니라, 일시적으로 실업상태에 있는 자, 구직중인 자도 노동3권을 보장할 필요성이 있는 한 그 범위에 포함된다"고 판시[21)]한 바 있다.

(3) 검 토

동 단서 마련의 취지가 해고권의 남용으로부터 근로자 및 노조의 단결권을 보호하려는 것임을 고려하면 노조조직형태가 제한되어 단결권을 제약하는 취지는 아니므로 단서로서의 취지를 살리면서도 단결권(조직형태결정의 자유)을 저해하지 않는 해석이 타당하다. 이런 점에서 제4호 라목 단서는 노조가 그 자주적 의사에 따라 기업별 노조조직형태로 조직될 경우에만 적용된다고 할 것이다.[22)]

[관련판례] 실업자의 노조법상 근로자성(근기법상 근로자 VS 노조법상 근로자)

실업자와 구직중인 노동자도 노조에 가입할 수 있다(대판 2004.2.27, 2001두8568[여성노조사건])

근로기준법은 '현실적으로 근로를 제공하는 자에 대하여 국가의 관리 · 감독에 의한 직접적인 보호의 필요성이 있는가'라는 관점에서 개별적 노사관계를 규율할 목적으로 제정된 것인 반면에, **노동조합 및 노동조합관계조정법**(이하 '노조법'이라 한다)은 **'노무공급자들 사이의 단결권 등을 보장해 줄 필요성**이 있는가'라는 관점에서 집단적 노사관계를 규율할 목적으로 제정된 것으로 그 입법목적에 따라 근로자의 개념을 상이하게 정의하고 있는 점, 일정한 사용자에의 종속관계를 조합원의 자격요건으로 하는 기업별 노동조합의 경우와는 달리 산업별 · 직종별 · 지역별 노동조합 등의 경우에는 원래부터 일정한 사용자에의 종속관계를 조합원의 자격요건으로 하는 것이 아닌 점에 비추어, 노조법 제2조 제4호 라목 단서는 '기업별 노동조합'의 조합원이 사용자로부터 해고됨으로서 근로자성이 부인될 경우에 대비하여 마련된 규정으로서, 이와 같은 경우에만 한정적으로 적용되고, 원래부터 일정한 사용자에의 종속관계를 필요로 하지 않는 산업별 · 직종별 · 지역별 노동조합 등의 경우에까지 적용되는 것은 아닌 점 등을 근거로, **노조법 제2조 제1호 및 제4호 라목 본문에서 말하는 '근로자'**에는 특정한 사용자에게 고용되어 현실적으로 취업하고

---

20) 이광택, "레미콘 운송기사의 근로자성", 「노동법률」, 2006년 7월호.

21) 대판 2004.2.27, 2001두8568.

22) 김유성 63; 강성태, "실업자의 조합원 자격", 「노동법률」, 2004년 4월호.

있는 자뿐만 아니라, **일시적으로 실업상태에 있는 자나 구직중인 자도 노동3권을 보장할 필요성이 있는 한 그 범위에 포함**되고, 따라서 지역별 노동조합의 성격을 가진 원고가 그 구성원 '구직중인 여성 노동자'를 포함시키고 있다 하더라도, '구직중인 여성노동자' 역시 노조법상의 근로자에 해당하므로, 구직중인 여성 노동자는 근로자가 아니라는 이유로 원고의 이 사건 노동조합설립신고를 반려한 이 사건 처분을 위법하다고 판단하였는바, 이러한 원심의 판단은 정당하고, 거기에 노조법에 정한 근로자의 개념에 관한 법리를 오해한 위법이 있다고 할 수 없다. 그러므로 상고를 기각하고 상고비용은 패소자가 부담하도록 하여 관여 법관의 일치된 의견으로 주문과 같이 판결한다.

2. 해고의 효력을 다투는 자의 노조법상 지위

(1) 의 의

노조법 제2조 제4호 라목 단서는 '해고된 자가 노동위원회에 부당노동행위의 구제신청을 한 경우, 중앙노동위원회의 재심판정이 있을 때까지는 근로자가 아닌 자로 해석되어서는 안 된다'고 명시되어 있다.

(2) 해고자 노조법상 근로자(조합원) 자격 유지 요건

1) 노동위원회에 부당노동행위 구제신청 해고자가 노조법상 근로자(조합원)의 자격을 유지하기 위해서는 '노동위원회에 부당노동행위 구제신청'을 해야 한다. 따라서 해고자가 노동위원회에 부당해고 구제신청을 하거나 법원에 해고무효소송 등의 민사소송을 제기한 것만으로는 조합원의 자격을 유지할 수 없다. 구제신청은 해고자 본인, 소속 노동조합이 한 경우도 포함된다.

2) 중앙노동위원회의 재심판정시까지 부당노동행위 구제신청을 한 자가 노조법상 근로자(조합원) 자격을 유지할 수 있는 기간은 '중앙노동위원회의 재심판정이 있을 때까지'이다. 이때까지는 초심의 판정결과와 관계없이 조합원자격이 유지된다. 재심에서 부당노동행위가 성립하지 않는다는 취지로 판정된 경우에는 근로자 측이 행정소송을 제기하더라도 법원의 판결에 의해 취소될 때까지는 조합원자격을 유지할 수 없다.

(3) 노조법상의 지위(근로자로서 지위를 유지한다는 것의 의미)

'근로자로서의 지위를 유지한다'는 의미가 노조의 설립에 한정된다는 견해[23]와 사업장 출입, 조합임원출마, 단체교섭 또는 쟁의행위에의 참가 등을 행할 권리까지 보장한다는 견해가 있다.[24] 판례는 쟁의행위에 개입한 경우도 포함한다고 해석하여 해고의 효력을 다투는 근로자는 (구)노조법 제40조에 정한 제3자에 해당하지 않는다고 판시[25]하고 있다. 조합활동에 열성적인 자가 주로 해고대상이 되고 이러한 자의 조합원 지위를 보장해 주지 않으면 노조의 설립, 존속도 어렵다는 점에서 판례입장이 타당하다고 본다.

(4) 근기법상의 지위

'근로자가 아닌 자로 해석하여서는 안 된다'의 의미와 관련하여 동 규정이 근로자의 근로관계법상의 지위, 즉 종업원인 지위 또는 공법상의 지위까지 인정하는 것은 아니라는 것이 학설과 판례[26]의 일

23) 김형배 673; 서울고판 1991.7.4, 90구3685.
24) 임종률 47.
25) 대판(전합) 1990.11.27, 89도1579.
26) 대판 1993.6.8, 92다42354; 대판 1990.3.13, 89도2399.

반적인 견해이다.

(5) 근참법상의 지위

근참법상 근로자위원은 사용자와의 근로계약관계를 맺고 있는 근로자에 한정하기 때문에 해고의 효력을 다투는 자는 노사협의제도의 근로자위원이 될 수 없다.[27)]

Ⅳ. 노조법상 근로자의 보호효과

1. 근로3권 보장

노조법상 근로자는 헌법상 근로3권, 즉 단결권 · 단체교섭권 · 단체행동권이 보장된다.

2. 민 · 형사면책 및 보호

정당한 근로3권 행사에 대하여 민 · 형사책임의 면책, 불이익 취급 금지, 구속제한, 대체근로 제한 등 보호규정이 적용된다.

3. 부당노동행위 구제신청

사용자의 근로3권 침해행위인 부당노동행위에 대해 노조법상 근로자는 노동위원회에 구제신청을 할 수 있다.

Ⅴ. 결 론

노조법상 근로자의 지위는 근로3권의 보장과 관련된 것으로 근기법상 근로자와 다른 개념으로 헌법상 근로3권 보장의 취지에 따라 폭넓게 인정해야 할 필요가 있다. 최근 실업자의 근로자성을 인정한 판례는 노조법상 근로자의 근로3권 보장을 확인한 것이다.

[표] 근기법상 근로자 VS 노조법상 근로자

	비교점	근기법상 근로자	노조법상 근로자
1	법률규정(개념표지) 의의(입법취지)	근기법 제2조 제1항 제1호 근로계약의 주체	노조법 제2조 제1호 근로3권 향유
2	판단기준	사용종속관계	기업별노조 : 사용종속관계 +근로3권 향유 초기업 노조 : 근로3권 향유
3	법적 지위	근로계약의 상대방 법정근로조건 보장	근로3권 향유 민형사 면책 대상자

27) 노사 68107-5, 98.1.6

제 3 절 근기법상 사용자

Ⅰ. 서 설

1. 의 의

사용자는 근로기준법이 정하고 있는 근로조건에 관한 사항을 준수할 의무를 지고, 그 위반에 따른 법적 책임을 부담하는 자를 말한다. 근로기준법이 사용자의 개념을 규정한 것은 근로계약관계에 있는 근로자의 보호를 위하여 동법에 정한 최저 근로조건을 준수할 사용자의 범위를 명확하게 하기 위한 것이다.

근로기준법 제2조 제1항 제2호는 그 적용 대상이 되는 사용자를 "사업주 또는 사업경영담당자, 그 밖에 근로자에 관한 사항에 대하여 사업주를 위하여 행위하는 자"로 정의하고 있다. 이는 근로계약을 체결하는 당사자인 사업주 외에도 근로관계에서 근로자에 대한 실질적 권한을 행사하는 자까지 넓게 사용자로 파악함으로써 근로기준법의 실효성을 제고하고자 하는 취지이다.

2. 노조법상 사용자와의 구별

노조법 제2조 제2호의 사용자 규정도 문언상 근로기준법상의 규정과 같다. 그러나 근로기준법상 사용자는 동법의 준수의무자로서 파악되는 것이지만, 노조법상의 사용자 개념은 노동조합의 상대방(노조법 제2조 제4호 가목), 단체교섭의 상대방(노조법 제29조) 및 부당노동행위금지의 수규자(노조법 제81조)로서 의미를 가진다.

3. 사용자 개념의 확장

근로계약 체결의 당사자가 아닌 사업주가 실질적인 업무지휘감독권을 행사하는 경우 그 사업주가 근로기준법상의 사용자로서의 의무를 부담하는 경우가 있는데, 이러한 사용자 개념의 확장 문제에 대해서 살펴볼 필요가 있다.

Ⅱ. 사용자의 개념

1. 사 업 주

'사업주'라 함은 경영의 주체를 말한다. 개인기업의 경우에는 경영주 개인을 의미하고 법인기업인 경우에는 법인 그 자체를 말한다. 비영리단체일지라도 '아파트자치회' 같이 근로자를 직접 고용하고 지휘 · 명령한다면 당해 단체 자체가 사업주가 된다. 하도급의 경우 하도급회사에 고용된 근로자는 ⅰ) 하도급회사의 사업주가 사용자로 되는 것이 원칙이지만, ⅱ) 하도급회사 전체가 원기업의 지휘 · 명령에 따르는 경우에는 그 원기업의 사업주가 사용자로 된다.[28]

2. 사업경영담당자

'사업경영담당자'라 함은 사업주로부터 사업경영의 전부 또는 일부에 대하여 포괄적 위임을 받고 권한을 행사하거나 책임을 부담하는 자를 말한다.[29]

구체적으로는 주식회사의 대표이사, 합명회사 · 합자회사의 업무집행사원, 유한회사의 이사 · 지배인 및 회사정리절차의 개시 이후의 관리인[30] 등이 이에 해당된다. 다만, 실질적으로 권한을 행사할 수 없었던 명목상의 대표이사는 사업경영담당자라고 볼 수 없다.[31]

3. 근로자에 관한 사항에 대하여 사업주를 위하여 행위하는 자

'근로자에 관한 사항에 대하여 사업주를 위하여 행위하는 자'는 채용 · 인사 · 급여 · 후생 · 노무관리 및 재해방지 등의 근로조건의 결정 또는 근로의 제공에 관하여 지휘 · 명령 내지 감독을 할 수 있는 일정한 책임과 권한이 사업주에 의하여 주어진 자를 말한다. 이와 같은 책임과 권한의 유무는 부장 또는 과장이라는 형식적인 직명에 따를 것이 아니라 구체적인 책임과 권한에 의하여 판단되어야 할 것이다.[32]

Ⅲ. 사용자 개념의 상대성 및 양벌규정

1. 사용자 개념의 상대성

사용자의 개념은 근로자에 대하여 지휘 · 명령 권한을 가지고 근로자의 노동력을 사용하면서 근로기준법상의 여러 가지 사용자의 의무를 준수해야 할 지위에 있는 자를 말하므로, 일개 사업장에 사용자의 지위에 있는 자가 1인 이상인 것이 보통이다.

또한 사용자의 개념은 상대적이므로 사업주가 아닌 사용자, 즉 '사업경영담당자' 및 '사업주를 위하여 행위하는 자'는 근로기준법상 사용자이면서 동시에 사업주에 대하여는 근로자이다.

2. 양벌 규정

사용자 개념은 유동적이고 상대적이므로 사용자의 지위에 있는 자가 근기법을 위반하면 벌칙의 적용

28) 대판 1986.8.19, 83다카657; 대판 1990.10.30, 90다카23592.
29) 대판 1988.11.22, 88도1162.
30) 대판 1989.8.8, 89도426.
31) 대판 1988.11.22, 88도1162; 대판 2000.1.18, 99도2910.
32) 대판 1978.2.14, 77다3673; 대판 1983.6.28, 83도1090; 대판 1989.11.14, 88누6924.

을 받게 된다. 이와 관련하여 근기법에서는 사업주의 대리인, 사용인, 그 밖의 종업원이 해당 사업의 근로자에 관한 사항에 대하여 일부 벌칙을 위반하는 행위를 하면 그 행위자를 벌하는 외에 그 사업주에게도 해당 조문의 벌금형을 과(科)하도록 하고 있다. 다만, 사업주가 그 위반행위를 방지하기 위하여 해당 업무에 관하여 상당한 주의와 감독을 게을리하지 아니한 경우에는 예외로 규정하고 있다(근기법 제115조).

Ⅳ. 사용자 개념의 확장

1. 문제제기

근로기준법상 법적 의무를 부담하는 사용자는 근로계약상의 사용자, 즉 근로자가 계약을 체결한 사업장의 사업주가 되는 것이 원칙이다. 그러나 도급, 위탁, 사업분리 등에 의해 근로계약의 체결 당사자인 사업주와 실질적인 업무지휘감독권한을 행사하는 사업주가 서로 다른 경우 누가 근로기준법상의 사업주로서 의무를 부담하는 지가 논란이 된다.

어떤 경우에는 명목상의 사용자가 아니라 실질적인 사용자에게 근로기준법상의 책임을 물을 수 있는 경우가 있는데, 이는 사용자 개념의 확장문제라고 할 수 있다.

2. 묵시적 근로계약관계론

(1) 판단기준

판례는 "원고용주(수급인)에게 고용되어 제3자(도급인)의 사업장에서 제3자의 업무에 종사하는 자를 제3자의 근로자라고 할 수 있으려면 원고용주는 사업주로서의 독자성이 없거나 독립성을 결하여 제3자의 노무대행기관과 동일시 할 수 있는 등 그 존재가 형식적 · 명목적인 것에 지나지 아니하고, 사실상 당해 피고용인은 제3자와 종속적인 관계에 있으며, 실질적으로 임금을 지급하는 자도 제3자이고, 또 근로제공의 상대방도 제3자이어서 당해 피고용인과 제3자 간에 묵시적 근로계약관계가 성립되어 있다고 평가될 수 있어야"[33]한다고 설명하고 있다. 즉 판례는 사용자로 인정되기 위해서는 '명시적 또는 묵시적 근로계약관계'가 존재해야만 하고, 그러한 관계에 있는 자만을 사용자로 보고 있다.[34]

위와 같이 판례는 수급인 회사가 기업으로서 '인적 · 물적 실체(독립성)을 가지지 않아서', 즉 사업주로서의 실체가 없어서 '수급인의 근로자'와 더불어 그 기업 자체도 도급인 회사의 조직에 편입되어 그 일부에 불과한 것으로 인정되는 경우[35]에는 도급인 회사와 '수급인의 근로자' 사이에 묵시적인 근로관계가 성립한 것으로 보고 있다.

(2) 구체적 사례

1) 자회사 근로자 모기업이 자회사에 대하여 주식소유, 임원파견, 업무도급 등의 방법에 의하여 자회사의 경영을 지배하는 경우에는 자회사의 근로자에 대하여 모기업 사업주가 사용자로서의 지위를 갖는다.[36]

2) SK-인사이트코리아 사건 위장도급의 형식으로 근로자를 사용하기 위하여 하청회사의

33) 대판 1999.11.12, 97누19946.
34) 대판 1995.12.22, 95누3565; 대판 1999.2.5, 97다48388; 대판 1999.11.12, 97누19946.
35) 즉 수급인 회사가 '유령회사'와 같이 사업주로서 실체가 없는 경우를 의미한다.
36) 대판 2002.11.26, 2002도649.

법인격을 이용한 것에 불과하고, 실질적으로는 원청회사가 근로자들을 직접 채용한 것과 마찬가지이므로, 이 경우 원청회사가 하청회사의 근로자를 직접고용한 것으로 보았다.[37)]

3) 현대미포조선 사건 최근 대법원에서는 "수급인이 도급인과 도급계약을 체결하고 자신의 근로자들로부터 노무를 제공받아 자신의 사업을 수행한 것과 같은 외관을 갖추었다고 하더라도, 실질적으로는 '업무수행의 독립성', '사업경영의 독립성'을 갖추지 못한 채 도급인의 노무대행기관의 역할을 수행하였을 뿐이고, 오히려 도급인이 근로자들로부터 종속적인 관계에서 근로를 제공받고, 임금을 포함한 제반 근로조건을 정하였다고 봄이 상당하므로, 도급인이 수급인의 근로자들을 채용한 것과 같은 묵시적인 근로계약관계가 성립된다"고 판시한 바 있다.[38)]

(2) 문 제 점

묵시적 근로계약관계가 성립하려면 원하청 관계에서 수급인에게 '사업경영의 독립성'이 없어야 하는데, 묵시적 근로계약관계에 대한 일련의 판례에서는 '약간의 독립성'만으로 그 관계를 인정하고 있다. 이는 수급인에게 약간의 독립성만 있으면 하도급 근로자와 도급인 사이에 종속관계가 인정되더라도 근로계약관계가 부정될 수 있다는 문제가 있다. 이는 기존 판례에서 사용종속관계를 계약의 형식에 관계없이 실질적으로 종속적인 관계인지를 판단해온 기준에 어긋날 수 있다.

3. 불법파견과 직접고용간주

구 파견근로자보호등에관한법률에서는 사용사업주가 2년을 초과하여 계속적으로 파견근로자를 사용하는 경우에는 2년의 기간이 만료한 날의 다음날부터 파견근로자를 고용한 것으로 간주하였다.

이와 관련하여 최근 대법원에서는 "구 파견법상의 직접고용간주 규정은 사용사업주와 파견근로자 사이의 사법관계에서 직접고용관계 성립을 의제함으로써 근로자파견의 상용화, 장기화를 방지하고 그에 따른 파견근로자의 고용안정을 도모하는 데 그 입법취지가 있다"고 판시하면서 불법파견으로 2년을 초과하면 직접고용간주가 적용된다고 보았다.[39)]

4. 법령상 특례규정

(1) 파견법상의 사용자 책임

근로자파견의 경우에는 '근로계약을 체결한 파견사업주'는 물론 '사용사업주'에게도 근로기준법상의 공동의 사용자로서 파견근로자에 대해 일정한 법적 책임을 부담하고 있다(파견법 제34조).

(2) 도급사업에서의 사용자책임(제2권 제3장 제7절 참조)

도급사업에서의 임금지급 특례규정(근기법 제44조 내지 제44조의3), 재해보상시 원수급인 책임(근기법 제90조), 도급인의 산업안전보건조치(산안법 제18조 및 제29조).

---

37) 대판 2003.9.23, 2003두3420.

38) 대판 2008.7.10, 2005다75088.

39) 대판(전합) 2008.9.18, 2007두22320.

제 4 절 노조법상 사용자

Ⅰ. 서 설

근로자 개념과 달리 사용자 개념에 관하여는 노동관계법령의 정의규정이 통일되어 있다. 노조법은 사용자를 "사업주, 사업의 경영담당자 또는 그 사업의 근로자에 관한 사항에 대하여 사업주를 위하여 행동하는 자(노조법 제2조 제2호)"라고 정의하고 있다. 이러한 정의에 따르면 사용자에는 협의의 사용자(사업주)뿐만 아니라 광의의 사용자(사업경영담당자 등)까지 포함한다.

근로기준법상 사용자는 근로기준법의 준수의무자로서 파악되는 것에 비해, 노조법상의 사용자 개념은 노동조합의 상대방(동법 제2조 제4호 가목), 단체교섭의 상대방(동법 제29조) 및 부당노동행위금지의 수규자(동법 제81조)로서 의미를 가진다.

근로자와 근로계약을 맺고 있는 사업주(근로계약체결의 당사자)가 아닌 외부의 기업을 그 근로자가 소속한 노동조합에 대하여 단체교섭상의 사용자 또는 부당노동행위의 주체로서의 사용자로 보아야 할 경우가 있는데, 어떠한 경우에 이러한 사용자 개념의 확대를 인정할 수 있는지가 문제된다.

Ⅱ. 사용자 개념

1. 사업주(협의의 사용자)

'사업주'라 함은 경영의 주체를 말한다. 개인기업의 경우에는 경영주 개인을 의미하고 법인기업인 경우에는 법인 그 자체를 말한다. 비영리단체일지라도 '아파트자치회' 같이 근로자를 직접 고용하고 지휘 · 명령한다면 당해 단체가 사업주가 된다. 하도급의 경우 하도급회사에 고용된 근로자는 ⅰ) 하도급회사의 사업주가 사용자로 되는 것이 원칙이지만, ⅱ) 하도급회사 전체가 원기업의 지휘 · 명령에 따르는 경우에는 그 원기업의 사업주가 사용자로 된다.[40)]

2. 사업경영담당자

'사업경영담당자'라 함은 사업주로부터 사업경영의 전부 또는 일부에 대하여 포괄적 위임을 받고

40) 대판 1986.8.19, 83다카657; 대판 1990.10.30, 다카23592.

권할을 행사하거나 책임을 부담하는 자를 말한다.[41] 구체적으로는 주식회사의 대표이사, 합명회사 · 합자회사의 업무집행사원, 유한회사의 이사, 지배인 및 회사정리절차의 개시 이후의 관리인[42] 등이 이에 해당된다. 다만, 실질적으로 권할을 행사할 수 없었던 명목상의 대표이사는 사업경영담당자라고 볼 수 없다.[43]

3. 근로자에 관한 사항에 대하여 사업주를 위하여 행위하는 자

'근로자에 관한 사항에 대하여 사업주를 위하여 행위하는 자'는 채용 · 인사 · 급여 · 후생 · 노무관리 및 재해방지 등의 근로조건의 결정 또는 근로의 제공에 관하여 지휘 · 명령 내지 감독을 할 수 있는 일정한 책임과 권한이 사업주에 의하여 주어진 자를 말한다. 이와 같은 책임과 권한의 유무는 부장 또는 과장이라는 형식적인 직명에 따를 것이 아니라 구체적인 책임과 권한에 의하여 판단되어야 할 것이다.[44]

Ⅲ. 단체교섭 당사자로서의 사용자

1. 문제의 소재

교섭당사자로서의 사용자는 원칙적으로 사업주, 즉 근로계약의 당사자를 의미한다. 그러므로 단체교섭을 요구하는 노동조합의 조합원에 대한 근로계약상의 사용자는 단체교섭상의 사용자로서 교섭의무를 가진다. 그러나 근로계약상의 사용자가 아니더라도 이와 근접 또는 유사한 지위에 있는 자에 대하여는 일정한 범위 안에서 단체교섭상의 당사자로 보아야 할 필요가 있다. 사회 · 경제의 변화에 따른 복잡다양한 취업형태에 대응하여 노사문제를 합리적으로 해결하기 위하여는 단체교섭상의 사용자 개념을 확대하여 인정할 필요가 있기 때문이다.

2. 대법원 판례의 태도

판례는 노조법상 사용자 개념에 대하여, "노동조합법 제33조 제1항(현행 노조법 제29조 제1항)과 법 제39조 제3호(현행 노조법 제81조 제3호)의 규정에 의하면 사용자를 노동조합에 대응하는 교섭당사자로 규정하고 있는바, 위 법 규정에서 소정의 사용자라 함은 근로자와의 사이에 사용종속관계가 있는 자, 즉 근로자와의 사이에 그를 지휘 · 감독하면서 그로부터 근로를 제공받고 그 대가로서 임금을 지급하는 것을 목적으로 하는 '명시적이거나 묵시적인 근로계약관계를 맺고 있는 자'"라고 하여, 단체교섭상의 사용자를 근로계약상의 사용자로 한정하고 있다.[45]

예컨대 항만하역회사는 항운노조 조합원들과 근로계약관계를 맺고 있지 않으므로 그 노동조합에 대하여 단체교섭의무를 부담하는 사용자에 해당하지 않는다고 하고 있다.[46]

---

41) 대판 1988.11.22, 88도1162.
42) 대판 1989.8.8, 89도426.
43) 대판 1988.11.22, 88도1162; 대판 2000.1.18, 99도2910.
44) 대판 1978.2.14, 77다3673; 대판 1983.6.28, 83도1090; 대판 1989.11. 4, 88누6924.
45) 대판 1995.12.22, 95누3565; 대판 1986.12. 3, 85누856.
46) 대판 1995.12.22, 95누3565; 대판 1986.12.23, 85누856.

3. 사용자개념의 확대 필요성

단체교섭이 노사 간 주장이 대립하는 사항에 관하여 합의를 형성하려는 사실행위라는 점을 감안한다면 단체교섭의 상대방이 되는 사용자를 엄밀한 의미에서의 근로계약 당사자에 한정할 필요는 없을 것이다.

노사관계의 실태에서 볼 때, 하도급기업에 대한 대기업의 영향력 증가 등으로 인해 상호 밀접한 제휴 · 결합관계가 이루어지고 있다. 그 결과 근로계약상의 사용자가 노사 간의 교섭에서 독자적인 결정능력을 상실하는 경우도 등장하고 있다. 고용형태의 측면에서 볼 때도 업무의 하도급화나 근로자파견사업의 확대 등으로 인하여, 타인(하청근로자)의 근로를 사실상 자기의 지배하에 둔 자(원청)를 근로계약관계가 없다고 하여 단체교섭상의 사용자로 인정하지 않으면 근로자의 이익을 충분히 보호할 수 없는 경우가 점점 증가하고 있다.

4. 사용자개념 확대의 인정 판례

최근 하급심에서는 "근로계약상 사용자 이외의 사업주도 근로계약상의 사용자와 직접 근로계약관계를 맺고 있는 근로자를 자기의 업무에 종사시키고 그 근로자의 기본적인 노동조건 등에 관하여 부분적이기는 하더라도 근로계약상의 사용자와 같이 볼 수 있을 정도로 현실적이고 구체적으로 지배 · 결정할 수 있는 지위에 있는 경우에는 그 한도 내에서 노조법 제1조에서 정하는 '사용자'에 해당한다"고 하여 단체교섭 의무를 부담하기 때문에 노조가 교섭을 요구하기 위하여 사옥에 출입하는 것은 허용된다고 판시한 바 있다.[47)]

5. 사용자개념 확대의 예시

(1) 업무도급계약

수급인(하청기업)이 업무도급계약에 근거하여 자기가 고용하고 있는 근로자(하청근로자)를 도급인(원청기업)의 사업장에 보내 그 업무에 종사하게 하는 경우, 원청기업이 하청근로자의 근로조건에 대하여 현실 · 구체적으로 지배력을 행사하여 왔다면 원청기업도 하청근로자에 대하여 단체교섭상의 사용자로 인정되어야 할 것이다.

(2) 근로자파견사업

파견근로자 노동조합의 단체교섭 요구에 사용사업주가 단체교섭에 응할 의무가 있는지 여부에 대해서는, 사용사업주가 파견근로자와 근로계약관계에 있지 않으므로 논란의 여지가 있다.

그러나 사용사업주도 근로자들의 일부 근로조건에 대해서는 사용자로서의 지위가 인정되기 때문에(파견근로자보호 등에 관한 법률 제34조 제1항 단서 및 제35조 제1항), 파견근로자 노조의 단체교섭 요구시 사용사업주가 사용자책임을 지는 사항, 즉 근로시간과 휴일 · 휴가 등에 관한 사항에 대해서는 단체교섭에 응할 의무가 있다고 보는 것이 타당할 것이다.

(3) 모자기업

모회사가 주식소유, 임원파견, 업무도급관계 등에 의하여 자회사의 경영을 지배하는 경우, 모회사가 자회사 근로자의 임금 · 인사 등 근로조건에 대하여도 현실적 · 구체적으로 지배력을 행사하여 왔다

47) 서울남부지판 2007.12.20, 2007카합731[코스콤 사건].

면, 모회사는 근로자의 근로계약상 사용자인 자회사와 유사한 지위에 있기 때문에 자회사와 함께 단체교섭상의 사용자로 인정된다고 보아야 할 것이다.[48)]

Ⅳ. 부당노동행위 주체로서의 사용자

1. 부당노동행위의 주체

부당노동행위의 주체는 사용자로 규정되어 있다(노조법 제81조). 여기서 사용자란 사업주(협의의 사용자)는 물론 '사업경영담당자'와 '근로자에 관한 사항에 대하여 사업주를 위하여 행동하는 자'까지 포함하는 광의의 사용자(제2조 제2호)를 의미한다.

부당노동행위의 주체로서의 사용자를 사업주에 한정할지 광의의 사용자까지 널리 인정할지는 부당노동행위의 유형에 따라 달라질 것이다.

2. 사용자개념 확대의 필요성

부당노동행위제도는 단결활동권의 침해와 관련하여 일정한 행위를 부당노동행위로서 배제 · 시정하면서 정상적인 노사관계를 회복할 것을 목적으로 한다.

그러므로 부당노동행위를 금지하는 노조법 제81조 규정의 취지에 비추어 사용자는 근로자의 자주적 단결활동에 영향을 미침으로써 근로3권 보장질서를 침해할 수 있는 지위에 있는 자라고 널리 이해하는 것이 적절할 것이다.

따라서 사용자의 범위를 근로계약상의 사용자로 한정할 필요는 없을 것이며, 근로조건에 관하여 현실적이고 구체적으로 지배 · 결정할 수 있는 자에게도 사용자개념을 확대할 필요가 있다.

3. 지배 · 개입 주체로서의 사용자 개념 확대

(1) 부당노동행위금지 수규자로서의 사용자의 의미

노동조합 및 노동관계조정법 제81조 제4호는 '근로자가 노동조합을 조직 또는 운영하는 것을 지배하거나 이에 개입하는 행위' 등을 부당노동행위로 규정하고 있고, 이는 단결권을 침해하는 행위를 부당노동행위로서 배제 · 시정하여 정상적인 노사관계를 회복하는 것을 목적으로 하고 있으므로, 그 지배 · 개입 주체로서의 사용자인지 여부도 당해 구제신청의 내용, 그 사용자가 근로관계에 관여하고 있는 구체적 형태, 근로관계에 미치는 실질적인 영향력 내지 지배력의 유무 및 행사의 정도 등을 종합하여 결정하여야 할 것이다.

따라서 근로자의 기본적인 노동조건 등에 관하여 그 근로자를 고용한 사업주로서의 권한과 책임을 일정 부분 담당하고 있다고 볼 정도로 실질적이고 구체적으로 지배 · 결정할 수 있는 지위에 있는 자가, 노동조합을 조직 또는 운영하는 것을 지배하거나 이에 개입하는 등으로 법 제81조 제4호 소정의 행위를 하였다면, 그 시정을 명하는 구제명령을 이행하여야 할 사용자에 해당한다.[49)]

---

48) 임종률, 325.

49) 대판 2010.3.25, 2007두8881[현대중공업 사건]. 현대중공업의 하청근로자들이 현대중공업(원청)을 상대로 부당노동행위구제신청을 하였다. 이에 대해 중앙노동위원회는 '불이익취급(노조법 제81조 제1호)'에 대해서는 근로계약 당사자가 아니라는 이유로 부당노동행위를 인정하지 않은 반면, '지배 · 개입(제81조 제4호)'에 대해서는 부당

(2) **구제명령이행 의무자로서의 사용자의 의미**

부당노동행위제도는 사용자의 일정한 행위로 근로자가 받은 불이익을 시정하는 것을 목적으로 하고 있기 때문에, '근로계약상의 사용자 이외의 사업주'는 구제명령을 이행할 수 있는 법률적 또는 사실적 권한이나 능력을 갖은 한도 내에서만 '부분적으로' 구제명령의 이행의무자로서의 사용자의 지위에 있다고 할 것이다. 그러므로 이러한 '부분적 사용자'는 간접적인 근로계약관계에서도 이행이 가능한(스스로 결정하는 것이 가능한 근로조건에 관한) 지배개입 금지명령 등과 같은 구제명령의 이행의무자로서의 부당노동행위의 주체가 될 수 있을 뿐이다.[50)]

(3) **소 결**

최근 사내하도급 사안에서 서울행정법원은 '근로계약 당사자가 아닌 도급인(원청)'이 '수급인(하청)의 근로자'에 대하여 부분적으로 부당노동행위상의 사용자의 지위에 있음을 인정하였다. 그러나 업무도급관계에 있는 도급인과 '수급인의 근로자' 사이에는 근로계약관계 또는 법률상의 근로관계가 존재할 수 없으므로 이를 전제로 하는 불이익취급 문제는 성립할 수 없다고 하였다. 위 사례는 당사자 간의 실질적인 근로계약관계가 없는 제3자도 일정한 조건하에서는 노조법 제81조 소정의 부당노동행위의 행위자로서의 사용자 범주에 해당할 수 있다는 것을 확인해 주고 있는 것이다.

따라서 계열회사 관계에서 우월적 지위에 있는 회사나 사내도급에 있어서의 원청회사, 파견근로자를 사용하고 있는 사용사업주, 기타 직접적인 근로계약관계에 있지 않은 경우에도 제반사정을 종합적으로 고려해 보았을 때 해당 근로관계 및 조합 활동에 지배력 · 영향력을 행사할 수 있는 지위에 있는 기업(또는 사용자의 범주에 해당하는 자)은 경우에 따라 부당노동행위의 행위자로서의 사용자에 해당할 수 있을 것이다.

V. 결 론

근로기준법상 사용자는 근로기준법의 준수의무자로서 파악되는 것에 비해, 노조법상의 사용자 개념은 노동조합의 상대방(제2조 제4호 가목), 단체교섭의 상대방(제29조) 및 부당노동행위금지의 수규자(제81조)로서 의미를 가진다. 근로자와 근로계약을 맺고 있는 사업주가 아닌 외부의 기업을 그 근로자가 소속한 노동조합에 대하여 단체교섭상의 사용자 또는 부당노동행위의 주체로서의 사용자로 보아야 할 것인지 여부가 사용자 개념의 확대이다. 앞으로 근로조건이 열악한 근로자 및 노조의 실질적 교섭을 촉진하기 위해 사용자 개념에 대한 면밀한 해석이 요구된다.

[관련판례] 근로법상 사용자 개념 확대 사례

1. 위장도급과 사용자 개념 확대(대판 2003.9.23, 2003두3420[SK-인사이트코리아 사건])

인사이트코리아는 피고보조참가인 회사(이하 '참가인', 원도급인 SK)의 자회사로서 형식상으로는 독립된 법인으

노동행위를 인정하고 구제명령을 내렸다. 이러한 중앙노동위원회의 재심판정에 대해 불복한 현대중공업의 청구에 대해 서울행정법원, 고등법원에서 기각하였다. 최근 대법원도 같은 판단을 하였다.

50) 서울행정법원 2006.5.18, 2005구합11951; 반면 이러한 '부분적 사용자'는 직접적인 근로계약상의 법률관계를 전제로 하는 원직복귀명령, 소급임금지급명령 등과 같은 구제명령의 이행의무자로서 부당노동행위의 주체가 될 수는 없다.

로 운영되어 왔으나 실질적으로는 참가인 회사의 한 부서와 같이 사실상 경영에 관한 결정권을 참가인이 행사하여 왔고, 참가인이 물류센터에서 근로할 인원이 필요한 때에는 채용광고 등의 방법으로 대상자를 모집한 뒤 그 면접과정에서부터 참가인의 물류센터 소장과 관리과장 등이 인사이트코리아의 이사와 함께 참석한 가운데 실시하였으며, 원고들을 비롯한 인사이트코리아가 보낸 근로자들에 대하여 참가인의 정식 직원과 구별하지 않고 업무지시, 직무교육실시, 표창, 휴가사용 승인 등 제반 인사관리를 참가인이 직접 시행하고, 조직도나 안전환경점검팀 구성표 등의 편성과 경조회의 운영에 있어서 아무런 차이를 두지 아니하였으며, 그 근로자들의 업무수행능력을 참가인이 직접 평가하고 임금인상 수준도 참가인의 정식 직원들에 대한 임금인상과 연동하여 결정하였음을 알 수 있는바, 이러한 사정을 종합하여 보면 참가인은 '위장도급'의 형식으로 근로자를 사용하기 위하여 인사이트코리아라는 **법인격을 이용한 것에 불과**하고, 실질적으로는 참가인이 원고들을 비롯한 **근로자들을 직접 채용한 것과 마찬가지**로서 참가인과 원고들 사이에 **근로계약관계가 존재**한다고 보아야 할 것이다.

2. 원청 사용자의 하청 근로자에 대한 사용자성(대판 2008.7.10, 2005다75088[현대미포조선 사건])

용인기업(고용사업주)은 형식적으로는 피고 회사(사용사업주인 현대미포조선)와 도급계약을 체결하고 소속 근로자들인 원고들(고용사업주의 근로자)로부터 노무를 제공받아 자신의 사업을 수행한 것과 같은 외관을 갖추었다고 하더라도, **실질적으로는 업무수행의 독자성이나, 사업경영의 독립성을 갖추지 못한 채, 피고 회사의 일개 사업부로서 기능하거나, 노무대행기관의 역할을 수행**하였을 뿐이고, 오히려 피고 **회사가 원고들로부터 종속적인 관계에서 근로를 제공받고, 임금을 포함한 제반 근로조건을 정하였다고 봄이 상당**하므로, 원고들과 피고 회사 사이에는 직접 피고 회사가 원고들을 채용한 것과 같은 **묵시적인 근로계약관계가 성립**되어 있었다고 보는 것이 옳다.

3. 지배개입의 부당노동행위 구제명령을 이행할 사용자(대법(전합) 2010.3.25.2007두8881[현대중공업사건])

노동조합 및 노동관계조정법 제81조 제4호는 '근로자가 노동조합을 조직 또는 운영하는 것을 지배하거나 이에 개입하는 행위' 등을 부당노동행위로 규정하고 있고, 이는 단결권을 침해하는 행위를 부당노동행위로서 배제 · 시정하여 정상적인 노사관계를 회복하는 것을 목적으로 하고 있으므로, 그 지배 · 개입 주체로서의 사용자인지 여부도 당해 구제신청의 내용, 그 사용자가 근로관계에 관여하고 있는 구체적 형태, 근로관계에 미치는 실질적인 영향력 내지 지배력의 유무 및 행사의 정도 등을 종합하여 결정하여야 할 것이다. 따라서 근로자의 기본적인 노동조건 등에 관하여 그 근로자를 고용한 **사업주로서의 권한과 책임을 일정 부분 담당**하고 있다고 볼 정도로 **실질적이고 구체적으로 지배 · 결정할 수 있는 지위**에 있는 자가, 노동조합을 조직 또는 운영하는 것을 지배하거나 이에 개입하는 등으로 법 **제81조 제4호 소정의 행위를** 하였다면, 그 **시정을 명하는 구제명령을 이행하여야 할 사용자에 해당**한다.

[표] 근기법상 사용자 VS 노조법상 사용자

	비교점	근기법상 사용자	노조법상 사용자
1	개념표지 및 취지	근기법 제2조 제1항 제2호 근로계약상 상대방 근로조건기준 준수 의무자	노조법 제2조 제2호 노동조합의 상대방 단체교섭의 당사자 부당노동행위금지 수규자
2	개념확장	묵시적 근로계약론	실질적 · 구체적 지배 · 영향력설
3	위반의 효과	근로조건기준 준수 의무자 벌칙 제재 경제적 부담(수당지급 등)	부당노동행위구제명령 이행자 벌칙 제재

Key Word

⇨ 근로자, 사용자, 사용자 단체, 사용종속관계, 특수고용직종사자

기출 문제

(1) 노조법 2조 4호 라목에 대해서 논하라. (13회, 04년, 50점)

연습문제

(1) 노동법상 근로자와 사용자에 대하여 논하시오.

(2) 근로기준법상 근로자와 사용자에 대해서 논하시오.

(3) 노조법상 근로자와 사용자에 대해서 논하시오.

(4) 구직중인자의 노동법상 지위에 대해서 약술하시오.

(5) 특수고용직종사자의 노동법상 지위에 대하여 약술하시오.

제 2 편 개별적 근로관계법

제1장 근로기준법 총칙

제1절 근기법상 근로조건에 대한 기본원칙

Ⅰ. 서 설	Ⅲ. 근로조건 대등결정의 원칙
Ⅱ. 근로조건의 최저보장 원칙 [최저기준의 설정 및 강제]	Ⅳ. 근로조건의 성실준수 원칙
	Ⅴ. 위반의 효과

Ⅰ. 서 설

근로기준법은 헌법에 따라 근로조건의 기준을 정함으로써 근로자의 기본적 생활을 보장, 향상시키며 균형 있는 국민경제의 발전을 꾀하는 것을 목적으로 한다(근기법 제1조).

형식적 의미의 근로기준법은 1953년 5월 10일 법률 제286호로 제정된 이후 수차례의 개정을 거쳐서 오늘에 이르고 있는 법률을 말하고, 실질적으로 의미의 근로기준법은 근로계약의 성립·이행·종료를 둘러싼 개별적 근로관계를 규율대상으로 하는 체계적이고 통일적 노동보호법으로서 일반법의 지위를 갖는다.

결국 근로기준법은 근로자의 근로조건에 관한 보호를 헌법적 차원(헌법 제32조 제3항)에서 그리고 인간의 존엄성확보(헌법 제10조)라는 관점에서 보장하고, 헌법을 바탕으로 근로기준법을 통하여 근로자의 근로조건의 최저기준을 정하여 감독관청으로 하여금 근로감독을 실시(근로기준법의 실효성 확보방안)케 함으로써 근로자를 보호하려는 법이다. 이러한 근로기준법은 근로자와 사용자 사이에 근로조건 결정에 대한 기본원칙을 정하고 있다.

Ⅱ. 근로조건의 최저보장 원칙[최저기준의 설정 및 강제]

근로기준법이 정하고 있는 근로조건은 최저기준이다(근기법 제3조). 따라서 이러한 최저기준에 미달하는 근로조건을 정한 근로계약은 그 부분에 한하여 무효이고(근기법 제15조 제1항), 무효로 된 부분은 근로기준법이 정한 기준에 따른다(근기법 제15조 제2항). 근로자가 법정 최저기준에 미달하는 근로조건에 동의하더라도 이러한 동의는 무효이다.[1] 이러한 의미에서 민법상 계약자유의 원칙(계약내용결정의 자유)

---

1) 대판 1990.12.21, 90다카24496, "근로기준법에 정한 기준에 달하지 못하는 근로조건을 정한 근로계약은 그 부분에 한하여 무효이므로, 그것이 단체협약에 의한 것이라거나 근로자들의 승인을 받은 것이라고 하여도 유효로 볼 수 없다".

은 제한된다. 반면 법정 최저기준을 상회하는 내용의 근로계약, 취업규칙, 단체협약 등은 유효하며, 이 경우 계약자유의 원칙이 적용된다.[2)]

근로기준법에서 정하는 근로조건은 최저기준이므로 근로관계 당사자는 이 기준을 이유로 근로조건을 낮출 수 없다(근기법 제3조). 다시 말해, 근로기준법의 제정 또는 개정을 통해 법정 근로조건이 변경되더라도 이것을 이유로 기존의 근로조건을 저하시킬 수는 없다. 그러나 경영사정의 변화를 이유로 기준의 근로조건을 저하시킬 수는 있다[3)] 이 경우 당사자 간의 합의 또는 취업규칙의 불이익변경 절차를 거쳐야 한다. 사용자가 일방적으로 기존의 근로조건을 불이익하게 변경하는 것은 원칙적으로 허용되지 않는다.[4)]

Ⅲ. 근로조건 대등결정의 원칙

근로조건은 근로자와 사용자가 동등한 지위에서 자유의사에 따라 결정하여야 한다(근기법 제4조). 이는 인격과 인간의 존엄을 존중하는 근대 시민법의 원리에 따른 '계약자유의 원칙'을 확인한 것이자 '노사대등결정의 원칙'을 선언하는 것이다.[5)] 집단적 노사관계에서는 근로자들이 단결체를 통하여 사용자와 근로조건에 관하여 교섭을 하므로 노사대등결정의 원칙이 관철되지만, 개별적 근로관계에서는 노사대등결정 원칙이 관철되기 어렵기 때문에 이러한 규정을 둔 것이다. 이러한 노사대등결정의 원칙은 취업규칙 변경 절차에 관철된다. 즉, 취업규칙을 불이익하게 변경하는 경우에는 근로자의 집단적 동의를 얻어야 한다(근기법 제94조 제1항 단서). 또한 근로기준법 제5장의 근로자대표와의 서면합의, 연장근로에 대한 당사자 간의 합의 등에 관한 규정도 노사대등 결정 원칙을 실현한 것이라 할 수 있다.

Ⅳ. 근로조건의 성실준수 원칙

근로자와 사용자는 각자가 단체협약, 취업규칙과 근로계약을 지키고 성실하게 이행할 의무가 있다(근기법 제5조). 이 규정은 근로조건을 단체협약, 취업규칙 또는 근로계약의 어느 방식으로 결정하였는 상관없이 성실하게 이행하라는 점을 밝힌 것이다.[6)]

Ⅴ. 위반의 효과

근로기준법 제3조 내지 제5조 위반에 대한 벌칙은 없다. 이들 규정은 당사자에 대한 기본적인 훈시규정에 그치지만 근로기준법 전반에 적용되는 원칙으로 작용한다.

2) 김유성 Ⅰ 32.
3) 임종률 356.
4) 김유성 Ⅰ 32.
5) 김유성 Ⅰ 33.
6) 임종률 356.

제 2 절 노동법상 차별금지

Ⅰ. 서 설

근로기준법 제6조를 비롯하여 노동관계법상에서 차별금지에 관하여 규정하고 있는데, 이와 같은 차별대우금지는 헌법상의 평등원칙을 근로관계에서 구체화하여 실현하고자 하는 취지에서 마련된 것이다. 그러나 헌법상의 평등원칙은 일체의 차별적 대우를 부정하는 절대적 평등을 의미하는 것이 아니라 입법과 법의 적용에 있어서 합리적인 근거가 없는 차별을 금지하는 상대적 평등을 뜻하는 것으로, 합리적 근거가 있는 차별 또는 불평등은 평등원칙에 반하지 않는다.[7]

노동관계법상의 차별금지 규정도 경력 · 자격 · 책임 · 근속년수 등에 따른 근로조건의 합리적 차이가 아닌, 특정한 사유(성별 등)에 따른 '불합리한 차별'을 금지하고 있다.[8]

한편, 근로기준법 외에도 남녀고용평등과 일 · 가정 양립지원에 관한 법률(이하 '고평양립법')에서도 차별금지에 관하여 규정하고 있으며, 특히 최근 비정규직 근로자(기간제, 단시간, 파견근로자)에 대한 불합리한 차별금지 법안이 마련되었다.[9]

Ⅱ. 근로기준법상의 차별금지

1. 차별금지사유

(1) 차별사유의 범위

근로기준법에서 금지하고 있는 차별적 대우는 성별, 국적, 신앙 또는 사회적 신분을 이유로 하는

7) 헌재 1998.9.30, 98헌가7.

8) "(근로기준법 제6조에서의) 남녀의 차별적 대우란 '합리적인 이유 없이' 남성 또는 여성이라는 이유만으로 부당하게 차별대우하는 것이다(대판 1996.8.23, 94누13589)".

9) 근로기준법 제6조 또는 고평양립법에서는 '인격적 요소(본성적 사유)'를 이유로 하는 차별을 금지하고 있을 뿐, 고용형태(기간제 · 단시간 · 파견근로자)를 이유로 한 차별처우를 금지하는 규정은 없었다. 최근 비정규직 관련 법령(기간제 및 단시간근로자보호 등에 관한 법률, 파견근로자보호 등에 관한 법률)에 비정규직 근로자에 대한 불합리한 차별 처우 금지를 명문화하고, 그 실효성 확보를 위하여 '노동위원회'를 통한 차별 시정 절차를 마련하고 차별 여부에 관한 입증책임을 사용자에게 부여하고 있다.

것인데, 동 규정을 단순 예시규정으로 볼 여지도 있으나, 근기법은 강행법규로서 성격을 갖고 있고, 이를 위반하는 경우 형벌이 부과되므로 죄형법정주의 원칙상 제한 열거 규정으로 엄격한 한정 해석이 요구된다.[10)]

(2) 성 별

1) 의 의 성별은 남성 또는 여성이라는 성적인 구별 외에도 혼인, 임신, 출산, 성적 성향 등 특정의 성과 연관된 특성까지도 포함하는 것으로 해석되어야 한다.

2) 모성특별보호의 문제 근로기준법 제5장[여성과 소년]에서는 여성근로자에 대한 특별보호 조항을 두고 있는데, 이는 여성의 신체적 특성을 감안해 모성을 보호하고자 하는 것으로 근로기준법 제6조의 차별대우에 포함되지 않는다.

3) 차별정년제 합리적인 이유 없이 여성이라는 이유로 남성보다 낮은 정년제를 설정하는 것, 예컨대 동일부서 내 남자 55세, 여자 43세로 정년을 달리하는 경우는 성별에 의한 차별대우에 해당한다.[11)]

(3) 국 적

국적법상의 국민으로서의 지위를 말하는 것으로 국적에 의한 근로조건상의 차별대우는 금지된다. 따라서 외국인근로자의 차별금지뿐만 아니라 이중국적자, 또는 무국적자에 대한 차별적 대우도 본조의 위반이 된다.[12)] 또한 출입국관리법을 위반한 불법취업외국인도 근로기준법이 원칙적으로 적용된다.

(4) 신 앙

1) 정치적 신조의 포함 여부 신앙이라 함은 종교적 신념을 말하는 것으로 종교적인 것 이외에 정치적 신념 등은 개념상 포함되지 않는다는 견해가 있으나 규정의 취지상 포함된다고 보아야 할 것이다.[13)]

2) 경향사업체 종교 또는 정치적 목적활동 등을 주된 내용으로 하는 경향사업체의 경우 해당 종교나 정당의 목적에 반하는 행위를 한 근로자에 대하여 해고 등의 차별대우를 하더라도 근로기준법 위반에 해당되지 아니한다.

예컨대, 기독교 교리를 연구 · 전파하기 위하여 설립된 신학교에서 직원 또는 교사가 기독교 교리에 반하는 내용의 행위나 강의를 하는 경우 당해 직원 또는 교사에 대한 해고 등의 차별대우는 정당하다고 할 것이다.[14)] 또한 공기업에서 용지보상업무를 담당하던 근로자의 부동산 투기행위를 '공기업 사업의 경향성을 고려하여' 해고 사유로 삼은 것은 정당하다 할 것이다.[15)]

(5) 사회적 신분

사용자는 근로자의 사회적 신분을 이유로 하여 차별대우를 하여서는 아니 된다. 사회적 신분은 "사회에서 장기간 점하는 지위로서 일정한 사회적 평가를 수반하는 것"[16)]을 의미하므로, 사람이 태어나면서 선천적으로 갖는 지위뿐만 아니라 후천적인 지위까지도 포함시키는 것이 타당하다.

---

10) 김유성 I 35.
11) 대판 1988.12.27, 85다카657; 1993.4.9, 92누15765.
12) 대판 1995.9.15, 94누12067.
13) 임종률 361, 김형배 232.
14) 대판 1991.12.13, 93누23276.
15) 대판 1994.12.23, 93누23275.
16) 헌재 1995.2.23, 93헌바43.

다만, 후천적 지위는 전과자, 파산자 등 사람이 자신의 의사로서 그러한 지위를 피할 수 없는 것을 가리키므로, 노동조합 임원과 같은 일시적 지위는 사회적 신분에 해당되지 않는다.[17)]

2. 차별금지의 영역

(1) 근로조건에 대한 차별대우의 금지

차별이 금지되는 내용은 근로조건이다. 이 경우 근로조건에는 근로기준법에서 정한 근로조건에 한정되지 않는다. 임금과 근로시간은 물론 승진 · 배치 · 정년 · 해고 · 복지 · 후생 등 근로관계에서 근로자가 사용자로부터 받아야 할 모든 대우가 포함된다.

(2) 모집 · 채용의 차별대우 포함 여부

모집 · 채용을 근로조건에 포함시켜야 한다는 견해가 있으나,[18)] 모집 · 채용은 근로관계 이전의 사항이므로 근로조건에 포함되지 않는다고 보는 것이 타당할 것이다.[19)] 따라서 외국인은 모집 · 채용하지 않는다던가, 기독교단체에서 기독교인만을 모집 · 채용한다던가 하는 등의 차별대우는 근로기준법 제6조에 위반되지 않는다.[20)]

반면에 고평양립법에서는 "사업주는 근로자의 모집 및 채용에 있어서 남녀를 차별해서는 아니 된다(제7조)"고 규정함으로써 근로관계 성립 이전 단계인 모집 · 채용에 있어서까지도 차별대우를 금지하고 있다.

3. 입증책임

차별대우에 대한 입증책임은 그 법률효과의 발생을 주장하는 근로자에게 일차적으로 있다. 그러나 차별사건에 대한 자료 내지 증거는 대부분 차별을 행한 사용자의 수중에 있기 때문에 차별피해자가 차별을 입증하는 것은 쉽지 않다. 기단법 및 파견법과 고평양립법에서는 차별대우에 대한 사용자의 입증책임을 명문으로 규정(기단법 제9조 제4항, 파견법 제21조 제3항, 고평양립법 제30조[21)])하고 있으나, 근로기준법에는 그러한 규정을 두고 있지 않다.

4. 구제절차

근로기준법은 벌칙(제114조) 외에 특별한 차별구제절차를 두고 있지 않다. 차별적 해고 · 휴직 · 정직 등은 근로기준법 제23조 제1항 위반이므로 노동위원회에 구제 신청을 할 수 있다(근기법 제28조). 해고 등 외에 근로조건상의 차별에 대해서는 법원에 민사소송을 제기하거나 국가인권위원회에 사건을 진정함으로써 구제를 받을 수 있다.

---

17) 서울지판 1994.9.16. 94가합40258, 또한 임시직, 파트타이머 등도 사회적 신분에 해당되지 않는다.

18) 임종률 364; 임종률 교수는 종전에는 모집 · 채용에 대한 차별은 고평양립법상 성차별로 한정된다는 의견이었으나 근기법상 성차별 규정은 헌법상 여성이 '고용', 임금 및 근로조건에 관하여 부당한 차별을 받지 않는다는 요청에 부응한 입법이라는 점, '남녀의 성을 이유로 차별'하지 못한다고 하여 국적 등을 이유로 '근로조건에 대한 차별'을 하지 못한다는 규정과 구별되어 있다는 점에서 모집, 채용의 분야까지 근기법상 성차별 금지에 포함된다는 입장이다.

19) 대판 1992.8.14, 92다1995; 김유성 36; 김형배 231.

20) 대판 1992.8.14, 92다1995.

21) 고평양립법 제30조(입증책임) 이 법과 관련한 분쟁해결에서 입증책임은 사업주가 부담한다.

그러나 법원에의 소 제기는 시간과 비용 부담이 크고, 국가인권위원회의 차별구제조치는 법적 구속력 없는 권고적 사항에 불과하다는 점에서 근로자 권리구제에 한계가 있다.

Ⅲ. 남녀고용평등과 일·가정 양립지원에 관한 법률상의 차별금지

1. 의 의

(1) 차별의 개념

고평양립법에서 차별이라 함은 사업주가 근로자에게 성별, 혼인 또는 가족상의 지위, 임신, 출산 등의 사유로 합리적인 이유없이 채용 또는 근로의 조건을 달리하거나 기타 불이익한 조치를 취하는 경우를 말한다.

또한 사업주가 채용 또는 근로의 조건은 동일하게 적용하더라도 그 조건을 충족시킬 수 있는 남성 또는 여성이 다른 한 성에 비하여 현저히 적고 그로 인하여 특정성에게 불리한 결과를 초래하여 그 기준이 정당한 것임을 입증할 수 없는 경우에도 이를 차별로 본다(고평양립법 제2조 제1항).

(2) 근로기준법 제6조와의 차이

근로기준법 제6조의 위반문제는 근로자가 채용된 후의 문제이므로 채용전 · 채용시에는 적용되지 않는다. 그러나 고평양립법 제2조 제1항에서는 차별을 "채용 또는 근로의 조건을 달리하는 것"이라 하여 채용시의 차별도 금지하고 있다.

2. 남녀차별 금지의 내용

(1) 동일가치노동 동일임금지급 원칙

사업주는 동일한 사업 내의 동일가치의 노동에 대하여는 동일한 임금을 지급하여야 한다. 동일가치노동 여부의 판단기준은 직무수행에서 요구되는 기술, 노력, 책임, 작업조건 등이다(고평양립법 제8조). 그 밖에 학력, 경력, 근속연수 등이 종합적으로 고려될 수 있다.

이러한 기준에 비추어 서로 비교되는 남녀 간의 노동이 동일하거나 실질적으로 거의 같은 성질인 노동 또는 그 직무가 다소 다르더라도 객관적인 직무평가 등의 방법에 의해 본질적으로 동일한 가치가 있다고 인정되는 노동이 동일가치의 노동이다.[22)]

(2) 임금 외의 근로조건 차별 금지

사업주는 근로자의 모집 · 채용(동법 제7조), 임금 외의 금품(동법 제9조), 교육 · 배치 · 승진(동법 제10조), 정년 · 퇴직 · 해고(제11조) 등에 있어서 남녀를 차별해서는 아니 된다.

3. 입증책임

일반적으로 입증책임은 법률효과의 발생을 주장하는 자에게 있다. 따라서 차별사건에서의 입증책임은 차별피해를 주장하는 자에게 있으며, 차별의 입증에 실패한다면 차별이 아니라는 위험을 부담하게 된다.

그러나 차별사건에서 입증의 자료 내지 증거는 대부분의 경우 차별을 행한 자의 수중에 있기 때문

22) 대판 2003.3.14, 2002도3883.

에 차별피해자가 차별을 입증하는 것은 쉽지 않다. 따라서 차별피해자가 차별을 추정케 하는 사실을 제시하면 상대방이 차별이 아니라는 점에 대한 입증책임을 부담하도록 제도화할 필요가 있다. 이를 '입증책임의 전환'이라고 한다.

근로기준법에서는 이에 관한 명문규정을 두고 있지 않아 차별에 대한 입증책임을 근로자가 부담하나, 고평양립법에서는 사용자의 입증책임을 명문으로 규정하고 있다(고평양립법 제30조).

4. 구제절차

(구)남녀고용평등법에서는 '고용평등위원회'를 설치하며 조정을 받을 수 있도록 규정하고 있었으나, 2005년 12월 30일 법개정으로 동 규정들은 삭제되었다. 따라서 고평양립법 각 규정위반에 따르는 처벌 이외에 법원에 민사소송을 제기하거나 국가인권위원회를 통해 구제받을 수 있을 뿐이다.

Ⅳ. 합리적 차별

1. 제도적 차별

근로기준법 제6조는 본성적 사유에 기인하는 차별만을 금지하는 것으로, 근로형태 · 직급 · 업무성적 · 근무능력의 평가 등에 대한 제도적 차별은 동조 위반이 아니다.

2. 적극적 고용개선조치 등

하나의 사업장에서 특정성이 많거나 특정성을 우대하더라도 ⅰ) 직무의 성질상 특정성이 불가피하게 요구되는 경우, ⅱ) 근로여성의 임신, 출산, 수유 등 모성보호를 위한 조치를 취하는 경우, ⅲ) 현존하는 차별을 해소하기 위하여 국가, 지방자치단체 또는 사업주가 잠정적으로 특정성을 우대하는 조치를 취하는 경우에는 남녀차별에 해당하지 않는다(고용양립법 제2조 제1항 각호).

3. 모성보호

여성의 신체적 · 생리적 특성과 모성보호를 위하여 근로기준법 제5장[여성과 소년]과 고평양립법 제3장[모성보호] 및 제3장의2[일 · 가정의 양립지원]에서 여성근로자에게 우대조치를 하는 것은 차별에 해당하지 않는다.

4. 경향사업체

종교 또는 정치적 목적활동 등을 주된 내용으로 하는 경향사업체의 경우 해당 종교나 정당의 목적에 반하는 행위를 한 근로자에 대하여 해고 등의 차별대우를 하더라도 근로기준법 위반에 해당되지 아니한다.

Ⅴ. 비정규직 근로자에 대한 불합리한 차별금지

1. 의 의

최근 정규직근로자와 비정규직근로자 간의 임금 등 근로조건의 격차가 커지고 있는데도, 종전까지는 비정규직 근로자에 대한 차별금지 규정이 없어 문제가 돼왔다. 이에 비정규직 근로자에 대한 불합리한 차별을 금지하고자 「기간제 및 단시간근로자보호 등에 관한 법률(이하 '기단법')」에 차별금지에 관한 규정을 마련하고, 「파견근로자보호 등에 관한 법률(이하 '파견법')」에서도 그 시정절차를 준용하도록 하였다.

2. 차별적 처우의 금지

(1) 차별적 처우의 개념

"차별적 처우"란 임금 그 밖의 근로조건 등에 있어서 합리적인 이유 없이 불리하게 처우하는 것을 말한다(기단법 제2조 3호 및 파견법 제2조 제7호).

(2) 차별적 처우의 금지

1) 기간제 및 단시간근로자 　사용자는 '기간제근로자(또는 단시간근로자)'임을 이유로 당해 사업 또는 사업장의 동종 또는 유사한 업무에 종사하는 '기간의 정함이 없는 근로계약을 체결한 근로자(또는 통상근로자)'에 비하여 차별적 처우를 하여서는 아니 된다(기단법 제8조).

2) 파견근로자 　파견사업주와 사용사업주는 파견근로자임을 이유로 사용사업주의 사업 내의 동종 또는 유사한 업무에 종사하는 근로자에 비하여 파견근로자에게 차별적 처우를 하여서는 아니된다(파견법 제21조).

3. 노동위원회를 통한 시정절차

(1) 입증책임

차별여부의 입증책임은 사용자가 부담한다(기단법 제9조 4항 및 파견법 제21조).

(2) 조정을 통한 분쟁 해결

심판 외에도 조정을 통해 분쟁이 해결될 수 있도록 하고, 조정 성립시 재판상 화해의 효력을 부여하여 실효성을 제고하였다(기단법 제11조 및 파견법 제21조).

(3) 과태료 부과

확정된 시정명령 불이행시 1억원 이하 과태료를 부과한다(기단법 제24조, 파견법 제46조).

(4) 시정 방식의 다양화

시정 방식도 차별적 행위의 중지, 근로조건 개선 명령, 적절한 금전보상 등 다양화하였다.

Ⅵ. 결 론

근로기준법 제6조의 균등처우 원칙은 성별, 국적, 신앙, 사회적신분 등 본성적 사유에 의한 차별만을 금지하고 있고, 사용자 입증책임이나 특별한 구제절차를 규정하고 있지 않다.

이에 반해 고평양립법과 비정규직관련 법안에서는 사용자의 입증책임을 명문화하거나, 특별한 구제절차(비정규직 차별시 노동위원회에 의한 시정절차)를 두고 있다. 또한 고평양립법에서는 '동일가치노동 동일임금' 원칙을 명문화하고 있으며, 비정규직관련 법안에서는 확정된 시정명령 불이행시 1억원 이하의 과태료를 부과하고 있어 실효성을 확보하고 있다.

근로기준법 제6조의 균등처우 원칙은 차별금지의 실효성에서는 좀 떨어지는 측면이 있으나 우리 노동법상의 차별금지에 관한 하나의 대원칙이라 할 수 있을 것이다. 한편 차별금지에 관해서는 각 분야와 관련한 다양한 법률을 통해 구체적인 보호가 이뤄지고 있다.

[판례] 노동법상 균등처우 및 차별금지

1. 헌법상 평등 원칙의 의미(헌재 1998.9.30. 98헌가7,96헌바93)

헌법 제11조 제1항은 "모든 국민은 법 앞에 평등하다. 누구든지 성별 · 종교 또는 사회적 신분에 의하여 정치적 · 경제적 · 사회적 · 문화적 생활의 모든 영역에 있어서 차별을 받지 아니한다"라고 규정하고 있다. 이러한 평등의 원칙은 일체의 차별적 대우를 부정하는 절대적 평등을 의미하는 것이 아니라 입법과 법의 적용에 있어서 합리적인 근거가 없는 차별을 하여서는 아니된다는 상대적 평등을 뜻하고 따라서 **합리적인 근거가 있는 차별 또는 불평등은 평등의 원칙에 반하는 것이 아니다.**

2. 근기법상 남녀차별대우의 의미(대판 1988.12.27, 85다카657, 대판 1996.8.23, 94누13589)

근로기준법 제5조(현행 제6조)에서 말하는 남녀의 차별적 대우란 **합리적인 이유 없이** 남성 또는 여성이라는 이유만으로 **부당하게 차별**대우하는 것을 의미한다.

3. 근기법상 차별금지의 범위(근로조건의 의미)(대법 1992.8.14, 92다1995)

[1] **근로기준법** 제98조(현행 **제6조**) 소정의 기준에는 **채용에 관한 기준은 포함되지 아니한다.**

[2] 입사 전의 경력에 대응한 등급 부여를 정하고 있는 인사규정은 사용자가 부여할 등급에 속할 근로자를 채용함에 있어 입사 전의 경력으로 어느 정도를 요구한다는 취지의 채용에 관한 기준인 것으로서, 근로기준법 제98조 소정의 기준에 해당되지 않는다.

4. 사생활 비행과 경향사업(대판 1994.12.13. 93누23275)

[1] 사용자가 근로자에 대하여 징계권을 행사할 수 있는 것은 사업활동을 원활하게 수행하는데 필요한 범위 내에서 규율과 질서를 유지하기 위한 데에 그 근거가 있으므로, 근로자의 사생활에서의 비행은 **사업활동에 직접 관련**이 있거나 **기업의 사회적 평가를 훼손할 염려가 있는 것**에 한하여 **정당한 징계사유**가 될 수 있다.

[2] 근로자에 대한 징계사유인 부동산투기행위가 근로자의 사생활에서의 비행에 불과하다고 볼 여지가 없지 아니하다 하더라도, 택지의 개발과 공급, 주택의 건설, 개량, 공급 및 관리 등을 통하여 시민의 주거생활의 안정과 복지향상에 이바지함을 목적으로 지방공기업법 제49조에 의하여 특별시가 전액 출자하여 설립한 도시개발공사의 설립목적, 그 업무의 종류와 태양, 부동산보상 관련업무를 담당하는 근로자의 업무내용 등의 여러 사정을 종합적으로 고려하면, 도시개발공사 소속 근로자의 부동산투기행위는 객관적으로 그 공사의 사회적 평가에 심히 중대한 악영향을 미치는 것으로 평가될 수 있는 경우라고 할 것이므로, 이는 그 공사의 인사규정 소정의 "공익을 저해하는 중대한 행위를 하였을 때"에 해당한다고 본 것은 정당하다고 한 사례.

5. 사회적 신분의 의미(헌재 1995.2.23, 93헌바43)

헌법 제11조 제1항은 "모든 국민은 법 앞에 평등하다. 누구든지 성별 · 종교 또는 사회적 신분에 의하여 정치적 · 경제적 · 사회적 · 문화적 생활의 모든 영역에 있어서 차별을 받지 아니한다"라고 규정하고 있는바 여기서 **사회적 신분**이란 **사회에서 장기간 점하는 지위로서 일정한 사회적 평가를 수반하는 것**을 의미한다 할 것이므로 전과자도 사회적 신분에 해당된다고 할 것이다.

6. 남녀고용평등법상의 '동일가치의 노동' 및 '기술, 노력, 책임 및 작업조건'의 의미(대판 2003.3.14, 2002도3883)

[1] 구 남녀고용평등법(2001.8.14. 법률 제6508호로 전문개정되기 전의 것) 제6조의2(현행 고평양립법 제8조) 제1항 소정의 '동일가치의 노동'이라 함은 당해 사업장 내의 서로 비교되는 남녀 간의 노동이 동일하거나 실질적으로 거의 같은 성질의 노동 또는 그 직무가 다소 다르더라도 객관적인 직무평가 등에 의하여 본질적으로 동일한 가치가 있다고 인정되는 노동에 해당하는 것을 말하고, 동일가치의 노동인지 여부는 같은 조 제2항 소정의, **직무수행에서 요구되는 기술, 노력, 책임 및 작업조건을 비롯하여 근로자의 학력·경력·근속연수 등의 기준을 종합적으로 고려하여 판단**하여야 한다.

[2] 구 남녀고용평등법(2001.8.14. 법률 제6508호로 전문개정되기 전의 것) 제6조의2(현행 고평양립법 제8조) 제2항 소정의 '기술, 노력, 책임 및 작업조건'은 당해 직무가 요구하는 내용에 관한 것으로서, '기술'은 자격증, 학위, 습득된 경험 등에 의한 직무수행능력 또는 솜씨의 객관적 수준을, '노력'은 육체적 및 정신적 노력, 작업수행에 필요한 물리적 및 정신적 긴장 즉, 노동 강도를, '책임'은 업무에 내재한 의무의 성격·범위·복잡성, 사업주가 당해 직무에 의존하는 정도를, '작업조건'은 소음, 열, 물리적 · 화학적 위험, 고립, 추위 또는 더위의 정도 등 당해 업무에 종사하는 근로자가 통상적으로 처하는 물리적 작업환경을 말한다(남녀근로자가 하는 작업이 작업의 성격이나 기계 작동 유무의 면에서 다소의 차이가 있고, 작업공정에 따라서는 남자근로자가 무거운 물건을 운반하고 취급하는 등 여자근로자에 비하여 더 많은 체력을 소모하는 노동에 종사한 것이 사실이지만, 그렇다고 하여 남자근로자의 작업이 일반적인 생산직 근로자에 비하여 특별히 고도의 노동 강도를 요하는 것이었다든가 신규채용되는 남자근로자에게 기계 작동을 위한 특별한 기술이나 경험이 요구되었던 것은 아닌 것으로 보이므로, 원심 인정과 같은 정도의 차이만으로 남녀 간 임금의 차별 지급을 정당화할 정도로 '기술'과 '노력'상의 차이가 있다고 볼 수는 없다고 한 사례).

[표] 노동관계법상의 차별금지 규정 비교

구 분	근로기준법 제6조	고평양립법	비정규직법
차별의 사유	성별·국적·신앙·사회적 신분 등의 인격적 요소(본성적 사유)	성별·혼인·임신·출산 등의 인격적 요소	고용형태(기간제·단시간·파견근로자)
차별의 영역	근로조건	채용+근로조건	임금 그 밖의 근로조건
입증책임	근로자	사용자 (고평양립법 제30조)	사용자 (기간제법 제9조 제4항)
구제절차	법원, 국가인권위원회	법원, 국가인권위원회	법원, 국가인권위원회, 노동위원회

제 3 절 강제근로의 금지

Ⅰ. 서 설

사용자는 폭행, 협박, 감금, 그 밖에 정신상 또는 신체상의 자유를 부당하게 구속하는 수단으로써 근로자의 자유의사에 어긋나는 근로를 강요하지 못한다(근기법 제7조).

헌법 제12조의 강제노역금지규정을 구체적으로 실현하고자 하는 취지이고, 봉건적 관행이던 강제근로 근절과 근로자의 노동인격의 존중과 실현이 목적이라 할 수 있다.

Ⅱ. 강제근로의 수단

1. 폭행, 협박, 감금

강제근로의 수단으로서 폭행, 협박, 감금 등은 형법상의 폭행, 협박, 감금의 개념에 한정할 것은 아니므로 노동을 강제하는 수단의 하나로서 예시한 데 불과하고 형법의 구성요건보다는 신축성을 가지고 해석하여야 할 것이다.[23)]

2. 정신 또는 신체의 자유를 구속하는 수단

정신의 작용 또는 신체의 활동이 어떠한 형태로든지 방해받는 상태를 가져오게 하는 방법을 말하는 것으로, 예컨대, 주민등록증이나 외출복 소지품 등을 빼앗거나 감추어 도망가지 못하게 하는 경우, 장기근로계약, 사표수리 거부 행위 또는 기숙사 강제 수용 등이 해당될 것이다.

"부당하게 구속하는 수단"이란 근로기준법 제7조의 취지에 비추어 구체적으로 여러 가지 사정을 고려하여 사회통념상 인정하기 어려울 정도의 수단을 말한다. 반드시 불법적인 것에 한정되지 않고 가령 합법적인 것일지라도 부당한 경우, 예컨대 임금의 상계가 따르지 않는 전차금이 주위의 구체적 사정에 따라 근로자를 명시적 또는 묵시적으로 억압하는 경우에는 부당한 구속으로 본다.

23) 김유성Ⅰ 42.

Ⅲ. 의사에 반하는 근로강제

1. 강제와 근로의 인과관계

'의사에 반하는 근로의 강요'는 사용자가 부당한 수단을 이용하여 근로자의 의사를 억압함으로써 근로자의 자유로운 판단에 따르지 않는 근로를 하게 하는 것을 말한다. 그 수단 자체로서는 근로자가 주관적으로 정신 또는 신체의 자유를 상실하고 있는가 여부에 관계없이, 객관적으로 보아 정상적인 사람이 그 자유를 상실할 정도의 억압으로 근로를 강요당하였다고 볼 경우 강제근로에 해당한다. 연소자나 심신이 박약한 사람의 경우, 당사자의 자유의사에 따라 근로하였을지라도 그것이 객관적으로 보아 억압으로 인정된다면 강제근로로 보아야 한다.

강제되는 '근로의 범위'는 취업을 강제하거나 퇴직을 방해하는 것은 물론 근로의 의사가 없는 근로자에게 부당한 근로를 강요하는 것도 포함된다. 예컨대 덤프트럭 운전기사를 잡부근로에 종사시킨 경우 등이 해당된다.[24]

2. 강제근로 성립 여부

근로기준법 제7조 위반이 성립하기 위하여는 ⅰ) 강제적인 근로가 실제로 행하여지는 것이 필요하다는 견해와 ⅱ) 강제근로의 준비단계 등 강제근로가 실제로 이루어지지 아니한 경우에도 동조 위반이 된다는 견해[25]로 나뉘고 있다. 생각건대, 근로의 강요 그 자체가 금지되어야 하며, 법문에서 "강요하지 못한다"고 정하여 강요를 금지하고 있으므로 강요를 한 이상 무조건 처벌의 대상이 된다고 보면 불요설이 타당하다고 본다.

Ⅳ. 강제근로 금지 관련 문제

1. 퇴직제한과 근로기준법 제7조

취업규칙 또는 근로계약에서 근로자의 자유로운 퇴직을 제한하는 경우 근로기준법 제7조에 위배된다. 다만, 사용자가 근로자에게 연수비를 지급하는 조건으로 후일 일정한 기간 취로할 것을 약정하는 경우, 반드시 일정 기간 이상의 근무를 의무지우는 것은 강제근로에 해당될지라도, 순수한 소비대차계약으로 오직 일정한 기간의 취로에 의해 연수비반환 의무가 면제된다고 정하는 것은 무방하다고 본다.[26]

2. 위약금 예정, 전차금 상계, 강제저축

위약금 · 손해배상액의 예정(근기법 제20조), 전차금 상계(근기법 제21조), 강제저축(근기법 제22조) 등도 제도 그 자체만으로는 부당한 구속 수단에 해당하지는 않지만 그것이 근로자의 자유의사에 반하여 근로할 것을 강요함으로써 실행되고 있다면 부당한 구속수단에 해당할 것이다.

---

24) 서울민지판 1979.7.12, 79가합373.
25) 김유성 42.
26) 대판 1992.2.25, 91다26232.

3. 미성년자의 강제근로금지

미성년자에 대한 강제근로를 방지하기 위하여 친권자 또는 후견인은 미성년자의 근로계약을 대리할 수 없다. 또한 친권자, 후견인 또는 노동부장관은 근로계약이 미성년자에게 불리하다고 인정하는 경우 향후 이를 해지할 수 있다(근기법 제67조 제1항 및 제2항).

Ⅴ. 위반의 효과

사용자가 근로기준법 제7조에 위반하여 강제근로를 시킨 경우에는 5년 이하 징역 또는 3천만원 이하의 벌금에 처한다(근기법 제107조).

제4절 폭행의 금지

Ⅰ. 서 설

사용자는 사고의 발생이나 그 밖의 어떠한 이유로도 근로자에게 폭행을 하지 못한다(근기법 제8조). 동 규정은 근로관계에서의 폭행을 금지함으로써 근로자의 인격권을 보호하고 동시에 근로관계의 전근대성을 타파하려는 데 목적이 있다.

근로기준법은 봉건적인 근로관계 아래서 근로자가 업무와 관련하여 사용자에게 보복적인 또는 징계적인 가혹행위를 당하는 것을 방지하고자 형법과 별도로 사고발생 기타 어떠한 이유에서든 폭행 및 구타를 금지하는 것이다.

Ⅱ. 폭행의 이유

사용자는 어떠한 이유로도 근로자를 폭행할 수 없다. 법문의 "사고발생 그 밖의 어떠한 이유라도"에서 "사고발생"은 하나의 예시에 지나지 않으며, 근로관계에서 사용자의 지위에 있는 이상 그 사유와 관계없이 또 업무와의 관련성 여부를 묻지 않고, 일체의 폭행이 금지된다. 이 경우 사용자는 반드시 근로계약상 당사자만이 아니고 근로관계에 지배력 내지 영향력을 행사할 수 있는 지위에 있는 자는 모두 사용자로 보아야 한다.

Ⅲ. 폭행의 내용

1. 폭행의 의미

'폭행'이란 일반적으로 사람의 신체에 대하여 직접·간접적인 유형력의 행사로 보아야 한다. 사람에 대한 유형력의 행사를 뜻하지만 반드시 사람의 신체에 대하여 유형력이 가해질 것을 요하지 않고 물건에 대한 것이라 할지라도 간접적으로 사람에 대한 것이라고 볼 수 있으면 폭행으로 보아야 한다. 또한 '폭행'은 그 성질상 반드시 신체상 가해의 결과를 야기하는 완력행위임을 요하지 아니하고 육체상 고통을 수반하는 것도 아니므로 폭언을 수차 반복하는 것도 폭행이라고 보아야 할 것이다.[27]

27) 대판 1956.12.21, 4289형상297.

2. 근로자 상호간의 폭행

근로자 상호간에 폭행이 발생한 경우 근로기준법 제8조 위반이 아니더라도 사용자에게 그 책임을 물을 수 있는지 문제된다. 이와 관련하여 법원은 민법 제756조[28)]의 사용자의 배상책임 규정을 근거로 근로자 상호간의 폭행은 사무집행행위 자체는 아니더라도 그와 관련된 행위로 인정할 수 있으므로 회사에 사용자 책임을 인정하였다.[29)]

Ⅳ. 기타 법과의 관계

1. 형법과의 관계

사용자가 근로자에게 폭행을 한 경우에도 근로관계와 상관없이 사적인 문제로 행한 폭행은 일반형사 문제가 되어 형법이 적용되나, 근로관계에서 발생한 폭행은 근로기준법 제8조 위반이 된다. 따라서 업무수행시간 중이라 하더라도 업무와 관계없이 발생한 폭행은 형법 위반이며, 반면에 업무시간 외에 사업장 밖에서 발생한 폭행이라 하더라도 업무와 관련되어 발생하였다면 근로기준법 제8조 위반이다.

형법상의 폭행죄는 피해자가 원하는 경우에 한하여 처벌되는 반의사불벌죄에 해당되나, 동조 위반의 죄는 피해자가 원하지 아니하더라도 처벌되는 일반범죄이다.

2. 근로기준법 제7조와의 관계

근로기준법 제7조는 폭행으로 인하여 근로자의 자유의사가 구속되면서 행하여지는 '강제근로'를 금하려는 데 목적이 있으나, 이에 반하여 제8조는 근로자에 대한 '폭행이나 구타행위' 자체를 금지하려는 데 그 목적이 있다.

Ⅴ. 위반의 효과

근로기준법 제8조에 위반하여 근로자에게 폭행을 가한 경우에는 5년 이하 징역 또는 3000만원 이하의 벌금에 처한다(근기법 제107조).

---

28) 민법 제756조(사용자의 배상책임) ① 타인을 사용하여 어느 사무에 종사하게 한 자는 피용자가 그 사무집행에 관하여 제삼자에게 가한 손해를 배상할 책임이 있다. 그러나 사용자가 피용자의 선임 및 그 사무 감독에 상당한 주의를 한 때 또는 상당한 주의를 하여도 손해가 있을 경우에는 그러하지 아니하다.

29) 대판 1992.3.31, 90다8763.

제5절 중간착취의 배제

Ⅰ. 서 설

누구든지 법률에 따르지 아니하고는 영리로 타인의 취업에 개입하거나 중간인으로서 이익을 취득하지 못한다(근기법 제9조).

동 규정은 다른 사람의 취업에 개입하거나 근로제공과 관련하여 부당하게 소개비 · 수수료 등을 받는 악습을 제거하려는 것이다. 근로자에 대한 사용자의 의무가 아니라 모든 사람에 대한 금지규범이다.

Ⅱ. 중간착취의 요건

1. 의 의

근로기준법은 취업시 또는 취업 중에 노 · 사의 중간에 개입하여 이익을 얻는 중간착취를 배제하고 있다. 중간착취라 함은 타인의 취업을 소개하거나 알선을 조건으로 소개료 · 수수료 등을 수령하거나, 취업 후에 중개인 · 사용자 등이 그 지위를 이용하여 근로자의 임금의 일부를 착취하는 것을 말한다.

2. 주체 및 대상

중간착취는 누구든지 이를 하여서는 아니 된다. '누구든지'라 함은 근로기준법의 적용을 받는 사업주 또는 사용자는 물론이고, 기타 사인 · 단체 등을 묻지 아니하며 공무원도 이에 포함될 수 있다. 중간착취의 대상의 대상은 구직 또는 구인활동을 하는 자로 구직자는 성질상 자연인에 한하며 내국인이나 외국인도 포함된다.[30] 구인자는 자연일 필요는 없고 외국인도 포함된다.

3. 영리로 타인의 취업에 개입

근로기준법 제9조에서 '영리로' 이득을 취하는 것은 이익을 받을 의사로 하는 것을 말하고, 반드시 계속할 것 또는 계속할 의사로 할 것을 요하지 않는다.[31]

판례에서는 "'영리로 타인의 취업에 개입'하는 행위, 즉 제3자가 영리로 타인의 취업을 소개 또는 알선하는 등 근로관계의 성립 또는 갱신에 영향을 주는 행위에는 취업을 원하는 사람에게 취업을 알선

30) 대판 1995.7.11, 94도1814.

31) 임종률 369; 김유성 46; 김형배 204, 김형배 교수는 중개행위를 반복한 경우만 해당된다고 하면서 이익을 취할 목적으로 중개행위가 반복적으로 행하여지지 않았더라도 그것이 근로자보호관념에 반할 때에는 동조 위반행위로서 엄격하게 해석하는 것이 바람직하다고 한다.

해 주기로 하면서 그 대가로 금품을 수령하는 정도의 행위도 포함된다고 볼 것이고, 반드시 근로관계 성립 또는 갱신에 직접적인 영향을 미칠 정도로 구체적인 소개 또는 알선행위에까지 나아가야만 한다고 볼 것은 아니다"라고 판시하고 있다.

4. 이익의 취득

이익이라 함은 보상금 · 수수료 · 소개료 · 중개 및 수고비 등 형식적 명칭에 상관없이 일체의 금품 및 경제적 가치가 있는 것을 포함하며, 유형 · 무형 모두가 해당된다. 또한 그 이익이 취업에의 개입이나 중간인으로서의 지위와 인과관계가 있다면 반드시 사용자로부터 얻는 경우에 한정되지 않고 근로자 또는 제3자로부터 이익을 얻는 경우도 포함된다.

Ⅲ. 법률에 의한 적용 제외

1. 의 의

근로기준법 제9조에서 정한 중간착취금지는 "법률에 의하지 아니하고" 타인의 취업에 개입하거나 중간인으로서 이익을 취득하는 것을 금지한 규정이다. 따라서 법률이 허용하는 경우 그 금지규정이 적용되지 않는다. 직업안정법에서는 유료직업소개사업의 경우 동법 시행령 제21조에서 정한 자가 국내직업소개사업에서는 시 · 도지사, 국외직업소개사업의 경우에는 노동부장관의 허가를 얻어, 노동부장관이 결정 고시한 금액의 보수를 받을 수 있음을 정하고 있다.

2. 법률의 내용

개입 또는 중개행위가 다음과 같이 법률에 근거하는 경우에는 동조 위반이 아니다. ⅰ) 직업안정법에 규정된 직업소개사업, 근로자모집사업 및 근로자공급사업의 경우에는 중간착취에 해당되지 아니한다. 또한 ⅱ) 파견근로자보호등에관한법률에 의한 근로자파견사업도 중간착취에 해당되지 아니한다.[32)]

Ⅳ. 위반의 효과

근로기준법 제9조에 위반하여 중간착취를 한 자에 대하여는 5년 이하의 징역 또는 3000만원 이하의 벌금에 처한다. 또 노동부장관의 허가를 받지 아니하고 직업소개사업, 근로자위탁모집사업 및 근로자공급사업 등을 유상으로 한 경우에는 근로기준법 제9조에 위반됨과 동시에 직업안정법 제19조 제1항, 동법 제29조 및 제33조 제1항에 위반하게 되어 처벌을 받는다.

[관련판례] 중간착취배제 규정의 요건

1. '영리로 타인의 취업에 개입'하는 행위의 의미(대판 2008.9.25. 2006도7660)

'영리로 타인의 취업에 개입'하는 행위, 즉 제3자가 영리로 타인의 취업을 소개 또는 알선하는 등 근로관계의 성립 또는 갱신에 영향을 주는 행위에는 **취업을 원하는 사람에게 취업을 알선해 주기로 하면서 그 대가로 금품**

32) 1976.9.26, 법무 811-12329.

을 수령하는 정도의 행위도 포함되고, 반드시 근로관계 성립 또는 갱신에 직접적인 영향을 미칠 정도로 구체적인 소개 또는 알선행위에까지 나아가야만 하는 것은 아니다

2. '중간인으로서 이익을 취득'하는 행위(대판 2007.8.23. 2007도3192)

'중간인으로서 이익을 취득'하는 행위는 근로계약관계의 존속 중에 사용자와 근로자 사이의 중간에서 근로자의 노무제공과 관련하여 사용자 또는 근로자로부터 법률에 의하지 아니하는 이익을 취득하는 것을 말한다.

제 6 절 공민권행사의 보장

Ⅰ. 서 설

사용자는 근로자가 근로시간 중에 선거권, 그 밖의 공민권 행사 또는 공의 직무를 집행하기 위하여 필요한 시간을 청구하면 거부하지 못한다. 다만, 그 권리 행사나 공의 직무를 수행하는 데에 지장이 없으면 청구한 시간을 변경할 수 있다(근기법 제10조).

근로자는 근로계약에 따른 근로제공의무를 지는 동시에 국민의 한 사람으로서 헌법상의 참정권과 국민투표권 등의 권리를 갖는다. 근로관계로 인해 이러한 권리행사를 방해받지 않도록 하여, 근로자의 공민권 보장 및 참여민주주의에 적극 동참을 보장하기 위한 취지이다. 따라서 이러한 이유로 직장을 이탈하는 것은 근로계약 위반이 되지 않는다.

Ⅱ. 공민권 행사와 공의 직무의 범위

1. 선거권, 그 밖의 공민권

(1) 의 의

선거권 기타 공민권이라 함은 국민투표권, 선거권 및 피선거권 등의 정치적 참정권을 의미한다. 즉 공민권은 대통령 · 국회의원 · 지방자치단체의 장 · 지방의회의원의 선거권 등을 비롯하여 기타 법령에서 국민 일반에게 보장하고 있는 공민으로서의 권리를 말하는 것이다.

(2) 선거운동

선거운동 자체는 선거권 또는 피선거권과 직접적으로 관계가 없는 별개의 행위로서 타인을 위한 선거운동은 공민권에 해당되지 않는다 할 것이다. 물론 입후보자 자신의 선거운동은 본조의 공민권 행사 내에 포함시켜야 할 것이다.

(3) 선거소송과 사법상의 소권 행사

공법상의 소권, 예컨대 공직선거법상의 선거 또는 당선에 관한 소송은 공민권의 행사라고 보아야 할 것이다. 공민권의 행사 대상인지 여부는 국민으로서 참정권의 일환으로 행사하는 권리인가를 기준으로 판단하여야 할 것이다. 따라서 사법상의 채권 · 채무에 관한 소송은 공민권의 행사라고 볼 수 없다.

2. 공의 직무

(1) 의 의

법령에 근거가 있고, 직무 자체가 공적인 성질을 띠는 것으로서 i) 대통령, 국회의원, 노동위원회 위원으로 직무를 수행하는 경우, ii) 민사소송법 · 노동위원회법 등 법령에 의한 증인 · 감정인의 직무, iii) 향토예비군설치법, 민방위기본법에 근거를 둔 소집훈련, iv) 공직선거 및 선거부정방지법에 의한 입회인의 직무, v) 전국적인 주민등록갱신이나 군입대를 위한 신체검사참여 등이 해당된다.

(2) 지방의회의원 활동

최근에 지방자치제가 실시됨에 따라 근로자 중에서 지방의회의원으로 선출되어 활동하는 경우가 있는데, 지방의회의원으로 당선된 이후 관계법령에 의해 정기회의나 임시회의에 참석하는 시간, 기타 상임위원회 위원으로 활동하는 시간 등은 공의 직무범위에 포함될 것이다.[33)]

(3) 노동위원회 출석조사

부당노동행위 구제절차의 당사자로서 사건조사를 위하여 노동위원회의 요구에 따라 출석하는 것은 사권의 성질이 강하다는 점을 들어 공의 직무로 볼 수 없다.[34)] 그러나 공법상의 규정에 의하여 수행하여야 할 활동은 모두 공의 직무로 보아야 할 것이다.[35)]

(4) 기 타

그 밖에 노동조합활동[36)]이나 정당활동[37)]은 공의 직무가 아니다.

Ⅲ. 필요한 시간의 부여

1. 원 칙

사용자는 근로자가 공민권행사에 필요한 시간을 청구한 경우 이를 거부하지 못한다. 사용자는 근로시간 중에는 근로자에 대해 근로제공채무의 이행을 청구할 권리를 갖고 있지만, 공민권 행사와 공의 직무 집행에 필요한 시간에 대해서만은 근로자의 청구권을 원용하여 근로를 시킬 수는 없다. 그러므로 사용자는 근로자가 공민권 행사에 필요한 시간을 청구한 경우 이를 부여하여야 한다.

2. 필요한 시간의 범위

필요한 시간의 범위는 당해 공민권의 행사 또는 공의 직무성질에 따라 판단되어져야 하지만, 공민권 행사 또는 공의 직무수행에 필요한 충분한 시간이면 족하다고 할 것이다. 일반적으로 당해 공민권의 행사 또는 공의 직무 집행에 필요한 최소한의 시간뿐 아니라 왕복시간 등 부수적인 시간 및 사전준비나 사후정리가 필요할 경우 이를 포함한 충분한 시간을 의미한다.

3. 시간의 변경

사용자는 근로자의 청구를 거부할 수는 없으나, 공민권의 행사 또는 공의 직무를 집행하는 데 지장

33) 1991.6.28, 근기01254-9404.
34) 1991.7.12, 근기01254-10093.
35) 김형배 305.
36) 1991.7.12, 근기01254-10093.
37) 1971.1.13, 근기1455-323.

이 없는 한 근로자가 청구한 시간을 변경할 수 있다. 공민권행사 또는 공의 직무의 집행에 지장을 주지 않는 한 날짜의 변경도 가능할 것이다.

Ⅳ. 공민권 행사와 근로관계

1. 공민권 행사와 임금

(1) 원칙: 무급

근기법 제10조에서는 근로자에게 공민권 행사와 공의 직무집행에 필요한 시간을 보장할 뿐 그 시간의 급여에 관해서는 아무런 정함이 없다. 따라서 단체협약 취업규칙, 관행 또는 근로계약의 정하는 바에 따라 급여의 지급 여부가 정하여진다. 그러므로 특별한 약정이 없는 경우에는 사용자는 임금지급의무가 면제된다고 할 것이다.

(2) 다른 법령에 의한 임급지급의무

근로기준법 이외의 다른 법에서 이를 정한 때에는 이에 따른다. 공직선거 및 선거부정방지법 제6조 제2항에서는 "공무원·학생 또는 다른 사람에게 고용된 자가 선거인 명부를 열람하거나 투표하기 위하여 필요한 시간은 보장되어야 하며, 이를 휴무 또는 휴업으로 보지 아니한다"고 정하고 있으므로 당연히 급여가 지급되어야 한다. 또 향토예비군설치법 제10조와 민방위기본법 제27조에서는 "동원되거나 훈련을 받는 때에는 그 기간을 휴무로 하거나 그 동원이나 훈련을 이유로 불이익한 처우를 할 수 없다"고 정하고 있으므로 마땅히 급여가 지급되어야 한다.[38]

2. 공직취임과 해고·휴직

근로자가 사용자의 승인을 얻지 않고, 공직에 취임한 때는 해고한다고 정한 취업규칙은 근로자의 공민권 행사를 중대하게 제한하는 것으로 무효이다.[39] 다만, 공직 취임으로 인하여 정상적인 근로관계의 유지가 객관적으로 불가능한 때는 해고 또는 휴직이 가능할 것이나 이 경우에도 배치전환 등을 통한 해고회피 노력이 필요할 것이다.

3. 평균임금 및 연차휴가

평균임금의 산정시 병역법, 향토예비군설치법 또는 민방위기본법에 의한 의무이행을 위해서 휴직하거나 근로하지 못한 기간 중에 임금을 지급받지 못했을 때 그 기간은 평균임금 산정기간에서 제외하고 (근기법 시행령 제2조 제7호), 연차휴가를 위한 개근 여부 산정시 공민권 행사를 위한 시간은 근로한 것으로 본다.

Ⅴ. 위반의 효과

동 규정의 위반은 사용자의 거부만으로 족하며 거부의 결과 당해 근로자가 그 권리를 행사했는지

38) 1983.3.24, 근기1455-8213.

39) 서울민지판 1993.1.19, 91가합19495; 헌재 1995.5.25, 91헌마67.

여부는 문제되지 않는다. 단체협약 또는 취업규칙에서 공민권은 근로시간 외에 행사하여야 한다고 정한 때에도 이를 이유로 근로자가 청구하는 시간을 주지 않은 경우에는 본 조 위반이 된다. 근로기준법 제10조를 위반하여 근로자에게 공민권행사와 공의 직무 집행에 필요한 시간을 주지 않을 때에는 2년 이하의 징역 또는 1000만원 이하의 벌금이 부과된다.

Key Word

➪ 근로조건 대등결정의 원칙, 평등대우(차별금지)원칙, 동일가치동일임금, 강제근로, 중간착취

기출문제

(1) 강제근로의 금지 (5회, 95년, 25점)

(2) 중간착취의 배제와 근로자파견 (7회, 98년, 25점)

연습문제

(1) 노동법상의 차별금지에 대하여 논하시오.

(2) 공민권행사의 보장에 대하여 약술하시오.

제 7 절 근로기준법의 적용범위

Ⅰ. 서 설

근로기준법의 적용범위란 실정법으로서의 근로기준법이 적용되는 한계를 말하는 것으로, 근로기준법 제11조는 근로기준법의 적용을 받는 사업의 범위를 명시한 규정이다. 일반적으로 노동보호법의 적용대상은 공장, 광산에서 시작되어 상업, 사무소, 농업, 어업으로 점차 확대해 온 역사를 가지고 있다.

우리나라의 근로기준법은 직종이나 산업의 구별을 두지 않고 모든 사업 또는 사업장에 적용하려는 입법의지를 갖고 있다. 그러나 아직까지 4인 이하의 영세사업장에서는 일부 규정만이 적용되는 한계를 갖고 있다.

따라서 근로기준법 제11조는 근로기준법의 적용대상을 명확히 함으로써 적용사업장의 근로자 보호(권리측면)와 사용자의 법준수(의무측면)를 담보하려는 규정이다.

Ⅱ. 근로기준법 적용 원칙

1. 상시 5명 이상 사용하는 사업 또는 사업장

(1) 의 의

근로기준법은 상시 5명 이상의 근로자를 사용하는 모든 사업 또는 사업장에 적용함을 원칙으로 한다(근기법 제11조 제1항).

(2) 상시의 기준

"상시"라 함은 상태적이란 의미로서 일정 기간 계속되는 시기를 말하는바, "상시 5명 이상의 근로자를 사용하는 사업 또는 사업장"이라 함은 상시 '근무하는' 근로자의 수를 의미하는 것이 아니라 상시 '사용하는' 근로자의 수를 뜻하는 것이다. 따라서 근로자수가 때때로 5명 미만이 되더라도 일정기간 중에 고용된 근로자수의 평균이 상태적으로 5명 이상이면 상시 5명 이상으로 보아야 한다.[40] 최근 상시근로자수 산정방법이 근기법 시행령에 명시되어 법적용여부를 명확하게 판단할 수 있게 되었다.[41]

---

40) 대판 1987.4.14, 87도153.

41) '상태적으로' 5인 이상의 근로자를 산정하는 것은 사안별 상황을 고려하여 사회통념에 따라 합목적적으로 유연하게 판단할 수 있지만, 죄형법정주의에 따른 명확성 원칙에 부합하지 않는 결과를 초해할 우려가 있다. 이런 점을 고려하여 근기법 시행령에 상시근로자수의 산정방법을 명시하고 있다(조용만, 김홍영, 로스쿨노동법 해설, 10)

이 경우 '근로자'라 함은 근로기준법 제2조 제1항 제1호에 의한 근로자로서 당해 사업장에 계속 근무하는 정규직 근로자뿐만 아니라 임시적으로 사용하는 일용근로자 등 비정규직도 포함된다.[42)]

불법체류 외국인의 경우 국내 사업장의 사업주가 형사처벌을 받는 것은 별론으로 하고 그 근로계약은 유효한 것이고 따라서 근로기준법상의 근로자에 해당하는 것이며, 퇴직금규정 등 제규정은 불법체류 근로자에게도 적용되는 것이다.[43)] 따라서 사업장 규모 판단시 불법취업 외국인을 포함하여 총 5인 이상이 되는 사업장에 대해서는 근로기준법이 적용된다.[44)]

(3) 사업 또는 사업장의 의미

1) 사업 또는 사업장의 의미 '사업'이란 사업주가 단독으로 또는 근로자와 공동으로 물적·비물질적 수단을 사용하여 일정한 노동기술적 목적을 계속적으로 추구하는 조직적 통일체를 말한다. 이렇게 일정한 노동기술적 목적을 달성하기 위하여, 즉 '업'으로 계속성을 가지고 행해지는 것이면, 그것이 달성하려는 노동기술적 목적이 반드시 영리가 아니라도 상관이 없다.[45)] '사업장'이란 본사·공장 등 사업이 수행되는 단위 장소 또는 장소적으로 구획된 사업체의 일부분을 말한다. '업'으로서 행하는 경우 그 사업이 1회적이거나 일시적이라도 적용대상이 된다.[46)] 다만, 계속적으로 행하여야 한다는 반대견해가 있다.[47)] 그러나 개인이 고용한 정원사나 목공은 업으로서 하는 것이 아니므로 적용되지 않는다.[48)]

2) 사업의 종류 등 '모든 사업 또는 사업장에 적용된다'는 것은 사업의 종류, 영리추구 여부 및 국내·외임을 묻지 않고 예외없이 근로기준법이 적용된다는 것을 말한다.[49)] 국가·지방자치단체가 행하는 사업(근기법 제12조), 국영기업체·공익사업체·정부투자기관, 사회사업단체,[50)] 종교단체가 행하는 사업,[51)] 학교육성회,[52)] 비영리단체,[53)] 국가 및 지방자치단체에 고용된 공무원이 아닌 근로자[54)]에 대해서는 근기법이 적용된다. 허가를 받지 않은 사업에 근로자를 고용한 경우이거나 행정상 금지되어 있는 사업에 근로자를 고용한 경우라도 근기법상의 적용사업에 해당된다. 그러나 형사상의 범죄행위를 위한 사업체에 근로자를 고용한 경우에는 그러하지 아니하다.

(4) 상시 5명 이상의 사업 또는 사업장 판단

1) 판단기준 5명 이상의 사업장에는 근로기준법이 '전면 적용'된다. '5명' 이상의 구체적인 판단은 '장소' 및 '독립성'을 기준으로 하는 것이 일반적이다.[55)]

2) 구체적인 판단기준

① 여러 개의 사업장이 동일한 장소에 있는 경우 본사·지점·출장소 및 공장 등

---

42) 대판 1987.7.21, 87다카831; 대판 1997.11.28, 97다28971; 대판 2000.3.14, 99도1243.
43) 대판 1997.8.26, 97다18875.
44) 1994.6.13, 근기68208-948.
45) 김유성Ⅰ 48.
46) 대판 1994.10.25, 94다21979.
47) 김형배 339.
48) 1980.9.4 법무 811-22540.
49) 대판 1992.2.14, 91누8098.
50) 대판 1990.3.13, 89다카24780.
51) 대판 1978.7.11, 78다591; 대판 1992.2.14, 91누8098.
52) 서울지법 1996.9.10, 96가단90373.
53) 1983.11.26, 근기1451-29211.
54) 대판 1979.10.30, 79다1561.
55) 1990.9.26, 근기 01254-13555.

여러 개의 사업장이 동일한 장소에 있는 것이면 원칙적으로 이를 분리하지 아니하고 하나의 사업으로 본다. 다만, 동일한 장소에 있는 경우라도 현저하게 근로의 형태가 다른 부문이 존재하고, 다른 단체협약의 적용을 받거나 인사관리 및 회계처리 등이 독립적으로 운영되는 경우 등은 서로 다른 사업장으로 볼 것이다.

② 여러 개의 사업장이 서로 다른 장소에 있는 경우 본사 · 지점 · 출장소 및 공장 등 여러 개의 사업장이 서로 다른 장소에 있는 경우에는 원칙적으로 각각 독립된 사업으로 본다. 다만, 장소적으로 분산되어 있더라도 조직 · 규모 및 지휘체계 등을 감안할 때 하나의 사업으로서 독립성을 갖추고 있지 아니한 경우에는 별개의 사업으로 볼 수 없을 것이다.

2. 국가 · 지자체 등의 적용

근로기준법과 동법에 의하여 발하는 대통령령은 국가, 특별시 · 광역시 · 도, 시 · 군 · 구, 읍 · 면 · 동 기타 이에 준하는 것에 대하여도 적용된다(근기법 제12조). 그러므로 국가나 지자체가 공무원이 아닌 근로자를 사용하는 경우에는 그 인원수에 관계없이 근로기준법이 적용된다.[56]

3. 장소적 범위

(1) 원 칙

근로기준법은 국내법으로서 국내의 통치력이 미치는 범위에만 적용된다 할 것이므로 속지주의가 원칙이다. 근기법도 국내법으로서 국가의 통치권이 미치지 못하는 국외의 사업에 대하여는 당연히 적용되지 않는 것이 원칙이다. 우리나라 기업이 해외에서 현지법인을 설립하여 우리나라의 근로자를 고용하고 있는 독립된 해외진출사업체의 경우에는 근기법은 적용되지 않는다.

(2) 국외사업의 경우

근로기준법은 국외사업에 대하여는 당연히 적용되지 않는 것이 원칙이다. 따라서 우리나라 기업이 해외 현지법인을 설립한 경우에는 적용되지 아니한다.[57] 다만, 국내에 본사가 있고 해외에 지점, 출장소 등이 있는 경우에는 그 지점 출장소 등은 본사와 함께 근기법이 적용된다고 보아야 할 것이므로 본사에서 파견된 근로자뿐만 아니라 현지에서 채용한 우리나라 근로자에 대해서도 근기법이 적용된다.[58]

(3) 외국기업의 국내사업

국내의 외국기업에 고용되어 있는 한국인 근로자에 대하여는 근로기준법이 적용되므로 외국기업이 사용자로서 근로기준법상의 규정 및 의무를 준수 · 이행하여야 한다. 따라서 주한미군부대의 한국인 근로자에 대해서도 원칙적으로 근로기준법은 적용된다. 다만, 외교특권이 있는 대사관에 고용된 자에게는 적용되지 않는다.

Ⅲ. 영세사업장의 부분적 적용(4명 이하의 사업 또는 사업장의 일부 적용)

1. 의 의

상시 4명 이하의 근로자를 사용하는 사업 또는 사업장에 대하여는 대통령령에 의해 근로기준법의

56) 대판 1987.6.9, 85다카2473.
57) 1968.5.4, 법무810-7975.
58) 1994.9.14, 근기68207-1996; 대판 1970.5.26, 70다523.

일부 조항만이 적용된다(근기법 제11조 제2항). 4명 이하의 영세사업장에까지 근기법을 전면 적용하게 되면 근기법상 사용자의 의무에 따른 사용자의 부담이 커지게 되므로, 4명 이하 사업장에는 일부규정만을 적용하고 있는 것이다.

2. 적용제외 규정

법령요지 등의 게시(제14조), 노동위원회에의 손해배상청구(제19조 제2항), 해고 등의 제한(제23조 제1항, 제24조), 퇴직급여제도(제34조), 휴업수당(제46조), 근로시간제도(제50~53조), 연차유급휴가(제60조), 생리휴가(제73조), 취업규칙(제9장) 등은 적용되지 않는다.

3. 4인 이하 사업장 적용되는 규정

근기법은 4인 이하 사업장에 ⅰ) 근로관계의 성립 관련 규정(근기법 제15조 내지 제22조)은 대부분 적용된다. 다만 4명 이하 사업장에서 사용자의 근로조건 명시의무 위반시 근로자는 손해배상을 청구하고 근로계약을 즉시 해제할 수는 있으나(제19조 제1항), '노동위원회'에의 손해배상 청구 및 귀향여비 지급청구는 할 수 없다(제19조 제2항). ⅱ) 해고와 관련하여 사용자는 정당한 이유 없이도 근로자를 해고할 수는 있으나, 해고시기제한(제23조 제2항) 및 해고예고(제26조)의 의무는 부담한다. ⅲ) 임금 관련 규정 중 휴업수당(제46조) 외에는 모두 적용되고, ⅳ) 근로시간과 휴식과 관련한 근기법 제4장[근로시간과 휴식]의 규정은 대부분 적용되지 않는다. 그러나 휴게(제54조) 및 주휴일(제55조) 규정은 적용된다. 그리고 제63조(적용의 제외)의 규정은 4명 이하 사업장에 적용된다. ⅴ) 사업장 규모와 상관없이 여성의 출산에 따른 모성은 보호되어야 하기 때문에 산전후휴가(제74조), 산부의 시간외 근로 제한(제71조), 임산부의 야간 휴일 근로 제한(제70조 제2항, 제3항), 임산부의 유해위험사업 사용 금지(제65조 제1항) 등은 4명 이하 사업장에도 적용된다. 반면 임산부가 아닌 일반 여성근로자 보호 규정(생리휴가, 일반여성의 야업휴일 근로 제한 등)은 4명 이하에 적용되지 않는다. ⅵ) 연소자 관련한 규정은 4명 이하 사업장에도 대부분 적용되고, 근기법상 재해보상 규정(제8장)은 산업재해보상보험법(1인 이상 사업장에 적용)상의 규정과 미친가지로 4명 이하 사업장에도 모두 적용된다.

[표] 영세사업장의 부분적 적용규정과 적용제외규정[59)]

구 분	적용규정	적용제외규정
제1장 총 칙	제1조부터 제13조까지의 규정	① 법령요지 등의 게시(제14조)
제2장 근로계약	제15조, 제17조, 제18조, 제19조 제1항, 제20조부터 제22조까지의 규정, 제23조 제2항, 제26조, 제35조부터 제42조까지의 규정	① 계약기간 (제16조, 2007. 6. 30.삭제) ② 근로조건의 위반(손해배상 청구 및 귀향여지 지급, 제19조 제2항) ③ 해고 등의 제한 (제23조 제1항) ④ 경영상 이유에 의한 해고의 제한 (제24조) ⑤ 우선 재고용 등(제25조) ⑥ 해고사유 등의 서면 통지(제27조) ⑦ 정당한 이유 없는 해고 등의 구제신청, 조사 등, 구제명령, 구제명령 등의 확정, 구제명령 등의 효력, 이행강제금(제28조 내지 제33조) ⑧ 퇴직급여제도 (제34조)

제3장 임금	제43조부터 제45조까지, 제47조부터 제49조까지	① 휴업수당 (제46조)
제4장 근로시간과 휴식	제54조, 제55조, 제63조	① 근로시간 (제50조) ② 탄력적 근로시간제 (제51조) ③ 선택적 근로시간제 (제52조) ④ 연장근로의 제한 (제53조) ⑤ 연장 · 야간 및 휴일근로 (제56조) ⑥ 보상휴가제 (제57조) ⑦ 근로시간 계산의 특례 (제58조) ⑧ 근로시간 및 휴게시간의 특례 (제59조) ⑨ 연차유급휴가 (제60조) ⑩ 연차 유급휴가의 사용촉진 (제61조) ⑪ 유급휴가의 대체 (제62조)
제5장 여성과 소년	제64조, 제65조 제1항 · 제3항(임산부와 18세 미만인자로 한정한다), 제66조부터 제69조까지의 규정, 제70조 제2항 · 제3항, 제71조, 제72조, 제74조	① 임신부가 아닌 18세 이상의 여성근로자 사용금지 (제65조 2항) ② 18세 이상의 여성근로자의 야업 및 휴일근로의 제한(제70조 1항) ③ 생리휴가(제73조) ④ 태아검진시간의 허용 (제74조의2) ⑤ 육아시간 (제75조)
제6장 안전과 보건	제76조	
제7장 기능습득		제77조
제8장 재해보상	제78조부터 제92조까지의 규정	
제9장 취업규칙		제93조부터 제97조까지
제10장 기숙사		제98조부터 제100조까지
제11장 근로감독관 등	제101조부터 제106조까지의 규정	
제12장 벌 칙	제107조부터 제116조까지의 규정(제1장부터 제6장까지, 제8장, 제11장의 규정 중 상시 4명 이하 근로자를 사용하는 사업 또는 사업장에 적용되는 규정을 위반한 경우로 한정한다)	

Ⅳ. 근로기준법 적용의 예외

1. 근기법상 예외

(1) 동거의 친족만을 사용하는 사업 또는 사업장

동거의 친족만을 사용하는 사업 또는 사업장에는 근기법이 적용되지 않는다(제11조 제1항 단서). '친족'이란 8촌 이내의 혈족, 4촌 이내의 인척 및 배우자를 말하며(민법 제777조), '동거'란 세대를 같이하고 일상생활을 공동으로 한다는 것을 말한다. 따라서 근로자 가운데 친족 아닌 자가 한 사람이라도 있거나, 친족인 근로자 가운데 한사람이라도 동거한다면 근기법이 적용된다.[60]

59) 근로기준법 시행령 제7조[별표1] 상시 4명 이하의 근로자를 사용하는 사업 또는 사업장에 적용하는 법 규정.
60) 1978.9.7, 법무811-19400.

(2) 가사사용인

가사사용인에 대해서는 근기법이 적용되지 않는다(제11조 제1항 단서). 가사사용인의 근로제공은 주로 개인의 사생활과 밀접한 관련을 맺고 있어 이에 대하여 국가가 개입하여 지도 · 감독하는 것은 적합하지 아니하므로 이를 적용대상에서 배제하는 것이다.

2. 특별법상의 예외[61)]

(1) 국가공무원법 등의 적용을 받는 공무원

공무원은 국가공무원법, 지방공무원법, 교육공무원법, 공무원복무규정 및 공무원보수규정 등의 적용을 받으며 이러한 법령은 근로기준법의 특별법으로서 근로기준법에 우선하여 적용되므로 근로기준법은 그 한도 내에서 적용되지 아니한다.[62)] 그러므로 국가나 지자체가 공무원이 아닌 근로자를 사용하는 경우에는 그 인원수에 관계없이 근로기준법이 적용된다.[63)]

(2) 선 원

선원의 직무 · 근로조건 · 직업안정 및 직업훈련 등에 대해서는 '선원법'이 적용되며, 근로기준법의 적용이 배제된다.[64)] 해상노동의 특이성을 고려하여 선원에 대해서는 원칙적으로 선원법이 적용된다. 다만 근로기준법은 선원법에서 규정하지 아니한 사항에 대하여 보충적으로만 적용된다.

(3) 사립학교교원

사립학교법은 교원의 자격 · 임면 · 복무 · 신분보장 및 징계 등에 대해 근로기준법과 별도로 규정하고 있다. 따라서 사립학교법에서 규정하고 있는 근로조건에 대하여는 근로기준법의 적용이 배제된다.

(4) 청원경찰

청원경찰에 대한 근로조건의 기준에 관하여는 근기법에 우선하여 청원경찰법이 적용된다.

[관련판례] 4명 이하 사업장의 근기법 일부 적용과 평등원칙(헌재 1999.9.16, 98헌마310)

[1] '상시 사용 근로자수 5인'이라는 기준을 분수령으로 하여 근로기준법의 전면적용 여부를 달리한 것은, 근로기준법의 확대적용을 위한 지속적인 노력을 기울이는 과정에서, 한편으로 **영세사업장의 열악한 현실을 고려**하고, 다른 한편으로 **국가의 근로감독능력의 한계**를 아울러 고려하면서 근로기준법의 법규범성을 실질적으로 관철하기 위한 **입법정책적 결정**으로서 거기에는 나름대로의 **합리적 이유가 있다**고 할 것이므로 평등원칙에 위배된다고 할 수 없다.

[2] 헌법 제32조 제3항은 "근로조건의 기준은 인간의 존엄성을 보장하도록 법률로 정한다"고 규정하고 있는바, 인간의 존엄에 상응하는 근로조건의 기준이 무엇인지를 구체적으로 정하는 것은 일차적으로 입법자의 형성의 자유에 속한다고 할 것이고, '상시 사용 근로자수 5인'이라는 기준에 따라 근로기준법의 전면적용 여부를 달리한 것에는 합리적 이유가 있다고 인정되고, 그 기준이 인간의 존엄성을 전혀 보장할 수 없을 정도라고 볼 수 없으므로 위 헌법조항에 위반된다고 할 수 없다.

---

61) 대판 1990.3.13, 89다카24780; 어떠한 법이 근로기준법의 특별법으로 인정되기 위해서는 입법목적 및 규제대상 등이 근로자의 근로조건결정에 관한 것이어야 한다.

62) 대판 1996.4.23, 94다446.

63) 대판 1987.6.9, 85다카2473.

64) 1993.3.30, 근기55112-504.

제8절 근로기준법의 실효성 확보

Ⅰ. 서 설

근로기준법은 최저근로조건을 법률로 규정함으로써 근로자의 기본적 생활을 보장 · 향상시키는 것을 목적으로 하고 있다. 근로기준법상의 최저근로기준은 강행법규로서 반드시 준수되어 실효성이 확보되어야 한다.

근로기준법은 이러한 실효성의 확보를 위하여 민사 · 형사 및 행정의 세 가지 측면에서 근로기준법의 사법적 효력의 인정(근기법 제15조), 벌칙 적용(동법 제12장), 근로감독관 제도(동법 제11장)를 규정하고 있다.

첫째, 당사자가 자유로이 근로계약을 체결하였을지라도, 근로계약의 내용이 근로기준법상의 최저기준에 미달하는 경우에는 그 부분에 한해 민사상 효력은 무효가 되고, 무효가 된 부분에는 근로기준법상의 근로조건이 적용된다(근기법 제15조).

둘째, 사용자가 근로기준법상의 최저근로조건을 근로자에게 적용하지 아니하는 등 근로기준법을 위반하는 경우에는 형사상의 벌칙이 적용된다(동법 제12장).

셋째, 근로기준법이 입법취지에 부합되게 제대로 시행되고 있는지를 사전에 점검 · 감독하고, 근로자의 사후적 권리구제를 효율적으로 보장하기 위하여 노동부산하에 근로감독관을 설치하고 있다(동법 제11장). 또한 기타 사용자의 서류비치 · 보관의무(동법 제14조, 제42조), 근로자의 권리의식을 통한 실효성 확보(동법 제104조 등)에 관한 규정을 두고 있다.

Ⅱ. 근로기준법의 사법적 효력

1. 의 의

근로기준법의 사법적 효력이란 근로기준법에서 정한 근로조건의 기준이 직접 근로계약의 내용이 되는 법적 효력을 말한다. 근로기준법 제15조에서는 근로기준법에 정하는 기준에 미달하는 근로조건을 정한 근로계약을 그 부분에 한하여 무효로 하고(강행적 효력), 그 무효로 된 부분은 근로기준법에 정한 기준에 따른다(보충적 효력)고 규정하고 있다.

2. 효　　과

이 효력에 따라 근로기준법에서 근로조건의 기준이 직접 근로계약의 내용이 되므로 근로자는 근로기준법 위반의 근로계약을 체결하였을지라도 그 계약과 관계없이 근로기준법에서 정한 기준의 이행을 요구할 수 있다.[65)]

Ⅲ. 근로감독관제도

1. 근로감독관의 설치

근로조건의 기준을 확보하기 위하여 고용노동부와 그 소속 기관에 근로감독관을 설치하며, 근로감독관의 자격 · 임면 · 직무배치 등에 관하여는 대통령령으로 정한다(근기법 제101조). 근로기준법 제101조의 규정에 따라 근로감독관의 자격과 임면에 관해서는 「근로감독관규정」에 규정되어 있다.

2. 근로감독관의 권한

근로감독관의 핵심적 권한은 근로조건의 기준을 정한 여러 법률에 규정된 사용자의 근로조건준수의무가 제대로 이행되는지의 여부를 감독하는 것이다. 즉 법령에서 정한 최저근로기준이 준수되도록 행정지도를 하고, 위반사항을 적발하여 이를 시정 또는 제재를 하는 것이 근로감독관의 주요역할이다.

(1) 행정적 권한

1) 임검 · 서류의 제출요구 및 심문

① 임　　검　　임검이란 노동법령 위반 여부를 조사할 행정상의 목적으로 사업장에 들어가 검사하는 것을 의미한다. 따라서 이는 범죄수사를 위한 사법상의 수색과는 구별되므로, 임검을 하는 경우 형사소송법상의 수색영장은 필요로 하지 아니한다. 그러나 임검시에는 신분증명서와 임검시일 · 장소 및 범위를 명기한 노동부장관의 임검지령서를 제시하여야 한다(근기법 제102조 제3항 및 제4항).

② 장부 및 서류의 제출　　근로감독관은 필요한 장부 및 서류의 제출을 요구할 수 있다. 이 경우 제출을 요구할 수 있는 자료는 노동법령위반 여부를 조사하기 위하여 필요한 것에 국한된다.

③ 심　　문　　근로감독관은 사용자 또는 근로자에 대하여 심문할 수 있다. 이러한 심문은 노동법령의 위반 여부에 대하여 질문하고 진술을 구하는 행정처분의 일종이므로 일반범죄수사를 위하여 행하는 형사소송법상의 신문과는 구별되어야 한다.

2) 근로자에 대한 검진　　의사인 근로감독관 또는 근로감독관으로부터 위촉을 받은 의사는 취업을 금지시켜야 할 질병에 걸렸다고 의심이 되는 근로자의 검진을 행할 수 있다(근기법 제102조 제2항). 이와 같은 검진의 경우에도 신분증명서 및 검진의 시일 · 장소 및 범위를 명기한 노동부장관의 검진지령서를 제시하여야 한다(근기법 제102조 제2항, 제3항, 제4항).

---

65) 대판 1992.2.11, 91다12202.

(2) 사법적 권한

근로감독관은 근로기준법 기타 노동관계법령 위반사항에 대해서는 '사법경찰관리의직무를행할자와그직무범위에관한법률'이 정하는 바에 의하여 사법경찰관의 직무권한을 행사할 수 있다(근기법 제102조 제5항).

근로감독관은 노동관계법령 위반에 국한하여 사법경찰관으로서의 권한을 행사할 수 있으며 이와 관련이 없는 일반범죄사건에 대해서는 권한을 행사할 수 없다. 또한 사업장에 대한 임검 · 서류의 제출 및 심문 등의 수사는 검사와 근로감독관만이 전담하며, 일반사법경찰관은 이에 관하여 수사권이 없다(근기법 제105조 본문). 그러나 근로감독관의 직무에 관한 범죄의 수사에 한하여는 일반사법경찰관도 권한을 행사할 수 있다(동법 제105조 단서).

3. 근로감독관의 의무

근로감독관은 직무상 알게 된 비밀을 엄수하여야 한다(근기법 제103조 전단). 이러한 비밀엄수의무는 근로감독관으로서 재직하는 기간은 물론 퇴직한 경우에도 준수되어야 한다(근기법 제103조 후단).

4. 검토 의견

현행 근로감독관제도는 임금체불사건 등 근로자의 사후적 구제 측면에 치우쳐 있으나, 앞으로는 사후구제보다는 사업장에 대한 사전 점검 및 감독을 강화하여 미리 노사 간의 다툼을 예방할 수 있는 역할이 중요하다 할 것이다.

Ⅳ. 벌칙의 적용

1. 의　　의

근로기준법은 그 실효성 확보를 위한 수단으로 그 위반자에 대한 벌칙규정을 두고 있다. 근로기준법을 위반한 자에 대하여 벌칙을 적용함으로써 그의 책임을 추궁하고 동시에 그 위반을 예방하려는 데 그 취지가 있다. 이런 뜻에서 근로기준법은 형사법적인 성격을 가진다.

다만, 근로기준법의 실효성 확보 측면에서 ⅰ) 사후조치에 불과하다는 점 ⅱ) 적용에 있어 위반입증의 어려움 ⅲ) 징역형에서의 운용상의 문제 ⅳ) 벌금형 금액이 대기업에 있어 그 영향이 미비하다는 점 등의 문제가 지적된다.

2. 주요내용

근로기준법 제12장 제107조에서 제114조까지에서는 위반행위와 처벌에 관한 벌칙의 종류를 정하고 있다. 한편 근로기준법상 벌칙의 특징으로는 양벌규정을 들 수 있는데, 현실적으로 행위를 한 사람이 사업주가 아니고 그 대리인인 경우에도 사업주에 대하여 각 규정의 벌금형이 과해진다(근기법 제115조).

3. 책임의 주체

벌칙의 적용을 받는 주체는 근로기준법 제2조 제1항 제2호의 사용자이다. 즉 "사업주 또는 사업경영담당자 기타 근로자에 관한 사항에 대하여 사업주를 위하여 행위하는 자" 모두를 말한다. 다만, 구체적인 의무위반은 사용자의 실질적인 권한에 따라 적용하게 되는 데 그 사업에서 손익을 부담하는 사업주에 국한되며, 실질적으로 임금지급의무를 부담하지 않는 사업경영담당자가 처벌을 받지는 않는다.[66] 또 탈법적인 목적에서 명목상 대표이사로 등기만 하고 실질적으로 아무런 권한을 위임하지 않아 대내외 활동을 하지 않은 경우 사업경영담당자로서 책임을 지지 않는다.[67]

4. 양벌주의

근로기준법에서 벌칙은 실질적으로 그 의무를 위반한 행위자가 책임을 진다. 그러나 근로기준법 제115조에서는 행위자 이외에 사업주에 대한 양벌규정을 두고 있다.[68] 즉, 사업주의 대리인, 사용인, 그 밖의 종업원이 해당 사업의 근로자에 관한 사항에 대하여 제107조, 제109조부터 제111조까지, 제113조 또는 제114조의 위반행위를 하면 그 행위자를 벌하는 외에 그 사업주에게도 해당 조문의 벌금형을 과(科)한다. 다만, 사업주가 그 위반행위를 방지하기 위하여 해당 업무에 관하여 상당한 주의와 감독을 게을리 하지 아니한 경우에는 예외를 인정하도록 하고 있다.

5. 반의사불벌죄 도입

반의사불벌죄[69]란 원칙적으로 공소제기가 가능하나, 피해자가 가해자에 대해 처벌을 원치 않는다는 의사를 명백히 한 경우에는 소추가 불가능한 범죄로서, 2005년 3월 31일 근로기준법 개정시 신설된 규정이다. 이는 근로기준법상 제36조(금품청산), 제43조(임금지급), 제44조(도급사업에 대한 임금지급), 제46조(휴업수당), 제56조(연장, 휴일, 야간 근로) 등 주로 "임금지급"과 관련된 규정을 위반한 자에 대하여 적용된다(동법 제109조 제2항).

Ⅴ. 근로자의 권리의식을 통한 실효성의 확보 등

1. 근로감독관에 대한 신고

사업 또는 사업장에서 근로기준법 또는 동법 시행령에 위반한 사실이 있는 경우에는 근로자는 그 사실을 노동부장관 또는 근로감독관에게 통고할 수 있다(동법 제104조 제1항).

한편, 근로기준법은 법위반 사실을 통고한 근로자에 대하여 사용자가 해고 기타 불리한 처우를 할 수 없도록 규정하고 있으며 이에 위반한 경우에는 벌칙을 적용한다(동법 제104조 제2항).

66) 대판 1989.11.22, 88도1162.

67) 대판 2001.1.12, 99동2910.

68) 최근 각종 법령의 양벌규정에 대하여 비례의 원칙위반을 이유로 헌법재판소의 위헌결정이 내려지고 있다(헌재 2009.7.30, 2008헌가24; 헌재 2007.11.29, 2005헌가10). 이러한 추세를 고려하여 종전 근기법에 포괄적으로 규정되어 있던 양벌 규정 적용대상을 명확히 하는 등 벌칙 및 과태료 규정을 합리적으로 개선하였다.

69) 반의사불벌죄는 피해자의 처벌을 원하지 않는다는 의사표시로 인하여 공소제기가 부적합하게 되는 해제조건부 범죄로 현행 형법에서는 제260조의 폭행죄가 대표적이고, 근로기준법에서는 제109조에 따라 임금지급 관련 규정 위반시 적용된다.

2. 근로자와의 합의 · 동의 · 협의

근로기준법은 근로자 또는 근로자대표와의 합의(동법 제22조 제2항, 제36조, 제43조 제1항, 제51조 제2항, 제52조, 제53조 제1항 및 제2항, 제58조 제2항 및 제3항, 제59조, 제62조, 제69조 단서), 동의(동법 제53조 제3항, 제70조 제1항 및 제2항), 협의(동법 제24조 제3항, 제70조 제3항), 요구(제74조 제4항 후단)를 기준으로 법정기준의 완화를 인정하는 규정을 비롯하여, 취업규칙의 작성 · 변경에 있어서 근로자의 의견 또는 동의를 구하는 규정(동법 제94조)과 기숙사규칙의 작성 · 변경에 있어서 기숙하는 근로자의 과반수를 대표하는 자의 동의를 얻어야 한다는 규정(동법 제99조 제2항)을 두고 있다.

이와 같은 규정은 근로자의 의견을 존중함으로써 근로자의 근로조건 · 기숙사규칙 · 취업규칙 등이 타당성과 객관성을 확보하고자 하는 취지에서 설정한 것이다.

3. 사용자의 주지의무, 명시의무

근로기준법은 사용자에 대하여 법령 등의 게시 · 비치 및 주지의무(동법 제14조)와 근로조건의 명시의무(동법 제17조, 제18조)를 부과함으로써 공정한 근로조건의 실현을 확보하고자 한다.

Ⅵ. 구제제도를 통한 실효성 확보

1. 민사법원에 의한 구제(법원을 통한 구제)

근로자는 사용자로부터 부당하게 해고된 경우 법원에 해고무효확인 및 해고기간의 임금지급을 청구하는 민사소송을 제기할 수 있다. 보통 소송은 기간이 오래 걸리기 때문에 판결전의 지위 및 생계문제 해결을 위하여 근로자의 지위를 임시로 정하고 임금의 가지급을 구하는 가처분신청 절차를 함께 이용할 수 있다.

2. 노동위원회에 의한 구제(부당해고 구제신청에 의한 구제)

사용자가 근로자를 부당해고를 한 때에는 당해 근로자는 노동위원회에 구제신청을 할 수 있다. 사용자의 부당한 해고에 대한 민사소송에는 시간과 비용이 소요되고 절차가 복잡하여 근로자가 이용하거나 접근하기에 어려움이 있기 때문에 보다 간이 · 신속하고 저렴한 비용으로 부당한 해고에 대한 구제를 받을 수 있도록 하는 데 취지가 있다.

3. 노동법원의 도입

근로자의 권리구제 내지 노동분쟁사건에 대한 현재의 처리절차 및 기관의 문제점을 해결할 대안의 하나로서 노동법원제도의 도입을 제안할 수 있다.

노동법원제도는 실체적 및 절차적인 측면에서 시민법원리에 따르는 일반법원으로부터 분리된 독립적인 노동법원을 설치하고 노동법원이 노동분쟁사건을 전속적으로 관할하도록 하는 제도를 말한다. 노동법원의 법관으로는 일반 법관 이외에 노사대표법관(또는 참심원)을 추가하여 3자로 구성된 참심제를 도입하여 전문성 · 공정성을 제고해야한다는 제안도 나왔다.

Key Word

➪ 근로기준법의 적용범위, 상시근로자, 실효성 확보

연습문제

(1) 근로기준법의 적용범위를 논하시오.

(2) 4인 미만 사업장의 근로기준법 적용범위에 대하여 약술하시오.

(3) 근로기준법이 실효성 확보 수단에 대하여 약술하시오.

제 2 장 근로관계의 성립

제 1 절 근로계약의 의의

Ⅰ. 서 설

민법에서는 '고용은 당사자 일방이 상대방에 대하여 노무를 제공할 것을 약정하고 상대방이 이에 대하여 보수를 지급할 것을 약정함으로써 그 효력이 생긴다(제655조)'라고 규정하고 있다. 근기법에서는 '근로계약이란 근로자가 사용자에게 근로를 제공하고 사용자는 이에 대하여 임금을 지급하는 것을 목적으로 체결된 계약'이라고 정의하고 있다(근기법 제2조 제1항 제4호).

민법은 노무제공(노무자의 채무의 내용)과 보수지급(사용자의 채무의 내용(반대급부))이라는 쌍무적 관계를 중심으로 하면서 노무자를 고용계약의 '채무자'로 규정하고 있다. 이에 반해서 근로기준법은 기본적으로 사용자에 대한 근로자의 권리 및 이익을 보호하기 위하여 마련된 것이므로 법률의 특별보호를 받는 '근로자'와 사용자 사이의 법률관계를 규정한 것이다.

즉, 민법상의 고용계약은 대등한 당사자 간의 사적 자치를 전제로 한 것이나, 근로기준법상의 근로계약은 노사 간의 불평등관계를 전제로 대두된 법개념으로서 근로자의 지위를 법적으로 보호하고자 당사자가 실질적으로 자유롭고 대등한 관계를 유지시킬 수 있도록 일정한 법적 제한이 가해지게 된다.

Ⅱ. 근로계약의 성질

1. 의 의

근로계약은 근로의 제공과 임금의 지급이라는 경제적 교환을 목적으로 하는 계속적 채권관계임을 부정할 수는 없다. 다만, 더 나아가 근로관계가 새로운 하나의 신분관계를 형성하는 관계, 인적으로 결합된 공동체관계의 성질을 인정할 수 있는 것인가에 관하여 견해가 대립된다.

2. 학 설

(1) 채권계약설

채권계약설은 근로관계를 근로자와 사용자 간의 근로제공 및 임금지급에 관한 순수한 쌍무적 채권·채무관계로 파악하고 있다.[1] 동 견해에 의하면 근로관계의 성립으로 인하여 발생하는 근로제공 및 임금지급 등의 주된 의무는 물론 충실의무 및 배려의무 등의 부수적인 의무도 채권·채무관계에서 도출되는 의무로 파악하고 있다.[2]

(2) 신분계약설

신분관계설은 근로관계가 근로자와 사용자 간의 채권·채무관계를 규율하고 있음은 물론 나아가 하나의 신분관계를 형성하는 것으로 파악하고 있다. 근로자는 기업이라는 하나의 조직에 편입되고 이에 따라 양 당사자가 인적으로 결합된 하나의 공동체관계를 설정하게 되는 관계를 말한다. 동 견해에 의하면 충실의무 및 배려의무 등의 의무는 신분관계의 설정에 따른 당사자 간의 신분관계에서도 도출될 수 있는 의무라고 한다.

3. 판 례

판례입장은 분명하지는 않으나 기본적으로 채권계약적 성질을 전제하면서, 신분관계 설정행위[3] 또는 인간관계의 형성 등 인격실현행위[4]라는 점을 긍정하고 있다. 따라서 신분관계설을 받아들인 듯하다.

4. 검 토

근로관계는 다른 재산거래관계와는 달리 노무제공을 매개로 하는 계속적인 인격적 결합관계이기 때문에 그에 부수하는 여러 가지 권리·의무가 따르게 된다. 대표적인 것으로는 근로자가 지는 사업장질서의 준수의무, 비밀유지의무, 경업금지의무 등과 사용자가 지는 노무수령의무, 인격배려의무, 안전배려의무 등이 있다.

근로계약은 근로자의 근로제공에 대하여 사용자가 그 대가로서 임금을 지급하는 채권계약으로서의 성격과 함께 근로자라는 사회적 지위의 설정을 목적으로 하는 근로자와 사용자 간에 체결된 일종의 지위설정계약, 즉 인격적 결합계약으로서의 성격도 함께 가진다 할 것이다.

---

1) 김형배 201.
2) 김형배 258.
3) 대판 1997.12.23, 97다25477.
4) 대판 1996.4.23, 95다6823.

Ⅲ. 근로계약과 고용계약

1. 문제의 소재

근로기준법상 근로계약의 정의는 외견상 민법 제655조상의 고용계약의 정의와 매우 흡사하다. 민법 제655조는 "고용은 당사자 일방이 상대방에 대하여 노무를 제공할 것을 약정하고, 상대방이 이에 대해 보수를 지급할 것을 약정함으로써 그 효력이 생긴다"고 규정하고 있다. 여기서 말하는 '노무제공 및 보수지급'을 '근로제공 및 임금지급'으로 이해하게 되면, 근로계약과 고용계약은 적어도 그 규율대상이라는 측면에서는 전혀 다르지 않게 되는바 이에 대하여 양자의 구별을 부정하는 견해와 긍정하는 견해의 대립이 있다.

2. 학 설

(1) 구별부정설(동일설)

민법상의 고용계약에는 사용종속성이라는 개념이 포함되어 있어 사용종속관계를 본질적 내용으로 하는 근로계약과 고용계약은 구별할 수 없다고 한다. 이 견해는 종속성의 존재는 고용계약을 민법상의 다른 노무계약인 위임[5] 및 도급계약[6]과 구별하는 기준으로 사용되고 있다고 한다.[7]

(2) 구별긍정설(준별설)

구별긍정설은 근로계약을 민법상의 고용계약과 구별하여 파악하는 견해이다. 근로계약은 민법상의 고용계약에 해당하는 경우가 대부분이지만 도급이나 위임의 형식을 취하는 노무공급계약일 수도 있고 민법상의 고용 · 도급 또는 위임과 같은 전형계약의 형식을 취하지 않는 비전형 노무공급계약인 경우도 있다고 한다.[8]

3. 검 토

현대사회에서 근로계약과 고용계약은 규율대상의 측면에서 보면 구별할 실익은 없어 보인다. 왜냐하면 민법상 고용계약의 표지와 근로계약의 표지는 기본적으로 모두 사용종속관계의 존재이다. 하지만 사용종속관계가 있다 하여 고용계약과 근로계약을 모든 면에서 완전히 동일하게 볼 수는 없다. 이 점은 양자를 규율하는 법규, 즉 민법과 노동법의 시각이 다르다는 점에서 확연히 드러난다.

고용계약을 규율하는 민법은 원칙적으로 양 당사자의 대등성을 전제로 고용관계의 전개도 양자가 자유로이 정함을 원칙으로 한다. 그에 비해 근로계약을 규율하는 노동법은 원칙적으로 양 당사자의 불평등성을 전제로 근로관계의 전개도 양자에게 자유로이 방임하지 않고, 많은 규제를 하고 있다. 다시 말해 노동법을 사적자치에 방임하지 않고 국가법의 규제 하에 있는 계약관계로 파악해야 할 것이다. 요컨대 고용계약과 근로계약은 규제방법과 이념에서 차이가 있다.

---

5) 위임계약은 위임자가 수임자에게 '사무의 처리'를 위탁하고 수임자가 이를 승낙함으로써 그 효력이 생기는 계약이다(민법 제680조).

6) 도급계약은 수급인이 어떤 일을 '완성'할 것을 약정하고 도급인이 그 '결과'에 대하여 보수를 지급할 것을 약정함으로써 그 효력이 생기는 계약이다(민법 제664조).

7) 이병태 573.

8) 임종률 333; 김형배 48.

Ⅳ. 근로계약과 근로관계

1. 의 의

근로관계의 성립을 위하여 근로계약만으로 충분한 것인가, 아니면 작업개시 또는 경영체계로의 편입이라는 사실적 요소가 필요한 것인가에 대하여 논란이 있다.

2. 학 설

유효한 근로계약이 체결된 경우 이와 동시에 근로관계도 성립된다는 계약설이 있다. 이 견해에 의하면 근로관계의 성립에는 근로계약의 유효한 체결이 필요하고 또 그것으로 충분하다고 한다.[9] 이에 대해 근로관계가 성립하기 위해서는 유효한 근로계약의 체결 이외에 근로자의 작업개시 또는 경영체계로의 편입이라는 사실적 요소가 필요하다는 편입설이 있다.

3. 검 토

근로관계의 개시는 양 당사자의 의사의 합치에 의해서 이루어진다고 보는 계약설이 타당하다고 본다. 법률관계는 당사자의 의사에 의해 기초지워지는 것이 오늘날 전체 사법질서와 부합한다는 것이 가장 큰 이유이다.[10]

편입설에서 주장한 사실적 근로관계론이나 근로계약상의 기본적 의무는 취로(근로자가 사업장 조직에 사실상으로도 편입되어 근무를 개시한 점) 이후에 비로소 발생한다는 주장은 유용한 시사점을 던져 주고 있다.

Ⅴ. 근로계약의 효력

1. 근로조건규율에서 근로계약의 기능

근로계약은 근로조건의 규율을 목적으로 근로자와 사용자 간에 체결된 계약이다. 근대사법의 원리에 의한다면 근로조건의 대부분에 대해서는 사적 자치, 즉 근로자와 사용자 간의 자유로운 의사의 합치로서 정하면 족하다. 그러나 현대국가에서는 근로조건에 관한 많은 규율법령과 자치규범이 존재하여, 근로계약에 우선하여 적용되는 경우가 많다. 그런 점에서 근로조건규율이라는 측면에서 근로계약은 많은 한계를 가지고 있다. 즉 근로조건의 규율에서는 근로계약보다는 근로기준법이나 취업규칙 또는 단체협약이 더욱 큰 기능을 담당하고 있는 것이 현실이다.

그럼에도 불구하고, 근로계약은 근로조건 결정의 가장 근본적인 원천이다. 법령이나 자치규범의 근로조건을 상회하는 근로계약이 있는 경우에 원칙적으로는 그것이 근로계약의 내용이 되도록 하고 있으므로(유리한 조건 우선의 원칙), 이 점에서 보면 근로계약은 여전히 근로조건 결정의 가장 중요한 규범이라고 할 수 있다.

---

9) 김형배 212.
10) 김유성 I 56.

2. 근로기준법과의 관계

(1) 근로기준법의 강행적 · 보충적 효력

근로기준법에 정한 기준에 미치지 못하는 근로조건을 정한 근로계약은 그 부분에 한하여 무효로 된다(근기법 제15조 제1항: 강행적 효력). 근로기준법에서 정한 근로조건은 법정 최저기준이기 때문에 그에 미달하는 당사자 간의 합의는 당연히 무효가 된다. 이 한도에서 당사자 간의 계약내용형성의 자유는 제한된다.

그러나 무효로 된 부분을 그대로 방치하는 것은 근로자에게 도리어 불리하게 되므로, 이 경우 무효로 된 부분은 근로기준법에 정한 기준에 의한다(동법 제15조 제2항: 보충적 효력). 그리고 근로계약에서 근로기준법에서 정한 기준에 대해 침묵하고 있는 경우에도 근로기준법의 보충적 효력이 인정된다고 보아야 할 것이다.

(2) 유리한 조건 우선의 원칙

근로기준법에서 정한 기준을 상회하는 근로조건을 정한 근로계약은 유효하며, 근로기준법에 우선하여 그 근로자의 근로조건의 규율규범이 된다. 그러므로 법정기준을 상회하는 한도에서 당사자 간의 계약내용형성의 자유는 다시 적용된다.

3. 취업규칙과의 관계

(1) 취업규칙의 의의

현대 산업사회에서 대부분의 사업은 다수의 근로자를 사용하여 운영되고, 또한 근로자에 대한 대우는 원칙적으로 동일한 기준에 따라 행해져야 한다(평등대우의 원칙). 이에 따라 많은 사업에서는 전체 근로자의 근로조건과 복무규율을 정한 사용자의 규칙(취업규칙)에 근거하여 개별적 근로조건을 통일적으로 규율하고 있다.

(2) 취업규칙의 강행적 · 보충적 효력

취업규칙에서 정한 근로조건의 기준과 근로계약에서 정한 그것이 서로 다른 경우에는 어떻게 되는가. 취업규칙에 정한 기준에 미달하는 근로조건을 정한 근로계약은 그 부분에 한하여 무효로 된다. 이 경우에 있어서 무효로 된 부분은 취업규칙에 정한 기준에 의한다(근로기준법 제97조). 한편 취업규칙은 법령 또는 당해 사업 또는 사업장에 대하여 적용되는 단체협약에 반할 수 없다(근로기준법 제96조 제1항).

(3) 유리한 조건 우선의 원칙

취업규칙에 정한 기준을 상회하는 근로조건을 정한 근로계약은 그 부분에 한하여 유효하고, 근로조건의 규율에 있어 취업규칙에 우선하여 적용된다.

4. 단체협약과의 관계

(1) 단체협약의 의의

단체협약은 노동조합과 사용자 간에 단체교섭의 결과로서 근로조건 기타 노사관계의 제반문제에 대해 합의된 문서를 말한다. 단체협약은 단체교섭이라는 집단적 거래를 통하여 합의한 사항이기 때문에 실체적인 면에서 볼 때 개별근로계약보다 근로자에게 유리한 경우가 많고, 또한 절차적인 면에서도 사용자의 일방적 결정이 아닌 노사공동결정의 형태를 띠기 때문에 노사 간의 실질적 대등성과 노사관계의 민주성 확보라는 면에서 타당한 방식이다. 이 때문에 노조법에서는 단체협약에 대해 근로계약이나 취업규칙에 대한 우월성을 명문으로 인정하고 있다(노조법 제33조).

(2) **단체협약의 강행적 · 보충적 효력**

단체협약에 정한 근로조건 기타 근로자의 대우에 관한 기준에 위반하는 취업규칙 또는 근로계약은 무효가 되며(노조법 제33조 제1항: 강행적 효력), 무효로 된 부분이나 근로계약에 규정되지 아니한 사항은 단체협약에 정한 기준에 의한다(노조법 제33조 제2항: 보충적 효력).

(3) **유리한 조건 우선의 원칙 적용 여부**

1) 적용 긍정설 단체협약에서 정한 기준을 '최저기준'으로 보는 견해로서 ⅰ) 근로계약 기준이 단체협약 기준보다 불리한 경우에는 무효이나, ⅱ) 사용자가 자발적으로 단체협약의 기준보다 유리한 급부를 하거나 또는 근로계약에 의하여 단체협약 기준 이상의 급부를 약속하는 것은 유효하다고 한다(편면 적용설).[11)]

2) 적용 부정설 단체협약에서 정한 기준을 '절대기준(정형적 · 표준적 기준)'으로 보는 견해로서 ⅰ) 기업별 협약이 지배적인 우리나라에서는 단체협약의 기준을 절대기준으로 보아야 하며, ⅱ) 노조에의 가입은 근로자 스스로 계약의 자유를 일정한 범위에서 제한하는 것이라 볼 수 있기 때문에 조합원인 한도에서는 원칙적으로 노조의 집단적 규제에 따라야 하며(그렇지 않을 경우 단결권과 단체교섭권이 침해될 위험이 있음), ⅲ) 부당노동행위제도를 채택하고 있는 우리나라에서 유리성 원칙을 인정하면 불이익취급이나 지배개입의 부당노동행위로 연결될 가능성이 높다는 점을 들어, 유리성 원칙을 부정하고 있다. 이 견해는 단체협약의 기준이 근로계약의 기준보다 유리한 경우는 물론 불리한 경우에도 단체협약의 기준만이 유효하게 적용된다고 보고 있다(양면 적용설).[12)]

5. 근로계약의 실효와 근로기준법의 적용

근로관계가 개시된 이후에 근로계약이 실효하게 되는 경우가 있다. 예를 들어, 원칙적으로 취업이 금지된 15세 미만자를 사용한 경우나 근로계약의 내용이 강행법규나 공서양속위반(민법 제103조) 등으로 인해 무효로 되는 경우가 그것이다.

이러한 경우에도 현실적으로 근로의 제공이 있었던 경우, 즉 사실상의 근로관계가 있었던 경우에는 사용자의 임금지급의무를 비롯한 근로기준법상의 보호 규정은 그대로 적용되며, 그 한도에서 계약실효의 소급효는 부정된다.

Ⅵ. 근로계약의 특색

1. 근로계약의 종속성

근로자는 사용자의 지시권에 복종하면서 근로를 제공하는바 이를 '종속노동의 관계'라 하며, 노동법의 독자적 규율대상을 강조하는 입장은 근로계약의 종속성 또는 근로계약에 의하여 공급하는 노동의 종속적 현상을 노동법의 독자적 규율대상으로 삼고자 하였다. 따라서 근로계약의 특질과 관련하여 경제적

11) 김형배 851.
12) 김유성 Ⅰ 169, 임종률 144.

종속성설, 인격적 종속성설, 법적 종속성설, 조직적 종속성설, 타인 결정설 같은 학설이 주장되었다.

2. 신분계약적 성질

근로자는 사용자의 지시 아래 일정한 계약기간 동안 계약에 정하여진 노무를 제공하는 관계에 서게 되며 사용자와의 관계에 있어서 이른바 종속적 법률관계에 서게 된다.

따라서 근로계약을 민법상의 전형계약의 특질과 구별하는 입장에서는 근로계약은 근로의 제공을 목적으로 하지만 그 효력에는 근로자로서의 지위에 수반되는 여러 가지 권리 · 의무가 포함하게 되어 단순한 채권계약이 아니라 어느 사용자 또는 기업에 있어서 신분을 취득하는 신분계약의 일종으로 파악하게 된다.

3. 부합계약화의 경향

근로자는 경제적 약자의 입장에서 사용자가 일방적으로 제공하는 근로조건을 거부하거나 이와 대등한 입장에서 사용자와 거래할 수 없게 되어 사용자가 정한 취업규칙에 따라 근로계약이 체결하는 것이 일반화 되어 있으며 계약내용의 정형화는 사적 자치에 기초하는 계약의 성립을 저해하는 이른바 부합 또는 부종계약의 성격을 갖게 된다.

4. 근로계약의 백지성(포괄성)

근로관계는 노동조합을 배경으로 하는 경우 근로조건의 내용이 노사 간의 단체협약에 의하여 정해지고, 노동조합이 없는 경우 보통계약약관의 성질을 갖는 취업규칙에 의하여 그 내용이 결정되므로, 근로계약은 단체협약과 취업규칙에 대하여 그 내용결정이 맡겨진 백지성 · 포괄성을 갖는다.

5. 계약 자유의 원칙에 대한 제한

고용계약은 당사자의 자유로운 합의에 의하여 성립하게 될 것을 예정하고 있으나, 근로계약에서는 근로자의 약자적 입장과 사용자의 경영상의 요청으로 자유로운 합의를 제약하게 된다. 근로기준법도 근로조건은 당사자가 동등한 지위에서 자유의사에 의하여 결정될 것을 규정하고 있으나(근기법 제4조) 역시 많은 제약을 받고 있다.

또한 근로기준법은 근로기준의 최저한을 결정하여 최저근로조건을 강행하고 있으며(동법 제3조), 집단적 관계에 있어서는 노동조합의 활동을 보호하여 단체협약에 의한 근로조건의 향상을 도모한다.

따라서 오늘날 근로기준법 등 근로자보호법에 정해진 최저기준을 하회하는 근로계약이나 취업규칙은 그 효력이 부정되기 때문에(동법 제15조, 제97조) 근로계약의 내용은 계약당사자의 합의에 의하여 또는 사용자가 일방적으로 정한 사유는 그 범위 내에서 제약을 받게 된다.

Ⅶ. 근로계약의 기능

1. 의 의

근로계약의 체결로서 근로관계가 성립되고 계약내용에 따라 근로자의 근로관계의 내용이 규정되며 특별한 사정이 없는 한 사용자는 근로계약의 내용을 임의로 변경할 수 없다. 즉 근로조건은 근로자와 사용자가 근로계약의 자유로운 체결에 의하여 결정하는 것이 원칙이다.

그러나 구체적인 근로조건은 법령 · 단체협약 및 취업규칙 등에 의하여 이미 결정되어 있고, 근로계약은 결정된 근로조건을 근로자가 수용할지의 여부만을 결정하는 계약이 되어 '근로계약의 공동화현상'을 초래하고 있는 것이다.

2. 근로계약의 기능감소의 원인

근로계약의 기능이 쇠퇴한 이유는 다음과 같다. 첫째, 근로계약은 근로관계의 다양성과 정년제에 따른 계속성으로 인해 그 내용이 포괄적이고 백지위임식 계약으로 전락하게 되었다. 둘째, 취업규칙에 의한 근로조건의 정형화가 근로계약을 부합계약화 하였다. 셋째, 단체협약에 의한 집단자치로 의해 근로자 개인의 사적자치가 제약을 받게 되었다. 넷째, 근로자의 근로계약에 대한 몰가치적 현상이 사적자치를 더욱 악화시키게 되었다.

3. 근로계약의 기능활성화 방안

근로계약은 ① 근로관계 성립의 전제이며, ② 기본적인 권리의무 발생의 근거가 되며, ③ 취업장소나 종사할 업무와 같은 개별적 근로조건의 결정규범이 된다는 점에서 여전히 근로계약의 중요성은 크다고 볼 수 있으므로 기본적인 기능이 유지되도록 활성화 하여야 한다. 특히 우리나라의 경우 단체협약의 효력을 받는 근로자가 극히 적고, 취업규칙도 10인 이상의 사업장에만 작성 의무가 있어 근로계약의 중요성은 여전히 크다고 할 것이다.

첫째, 근로자의 고충이나 노사분규 방지차원에서 근로계약 체결시 근로자가 계약내용을 충분히 이해하고 근로제공이 될 수 있도록 사적자치가 활성화되어야 한다.

둘째, 근로계약에 관한 중요한 서류 보존(근기법 제42조), 법령 요지 등의 게시(동법 제14조), 근로조건의 명시(동법 제17조), 단시간근로계약서의 작성 · 교부(동법 시행령 제9조 [별표 2] 제1호 가목), 시용기간부 근로계약체결시 시용기간 명시[13] 등의 규정이 제대로 지켜질 수 있도록 근로감독을 강화하는 것이다

13) 대판 1999.11.12, 99다30473.

제 2 절 근로자와 사용자의 근로계약상의 의무

Ⅰ. 서 설

근로계약이라 함은 근로자가 사용자에게 근로를 제공하고, 사용자는 이에 대하여 임금을 지급함을 목적으로 체결된 계약을 말한다. 근로계약이 체결되는 경우 당사자 간의 대표적인 권리, 의무는 i) 근로제공에 대한 근로자의 근로제공의무 및 사용자의 근로수령권리와 ii) 임금지급에 대한 근로자의 임금수령권리 및 사용자의 임금지급의무로 볼 수 있다. 또한 근로자는 충실의무를, 사용자는 배려의무를 부담하고 있다.

Ⅱ. 근로자의 의무

1. 근로제공의무

(1) 의 의

근로자는 근로계약에 따라 주된 의무로서 근로제공의무를 진다. 근로제공의무에 따라 근로자는 사용자에게 자신의 근로를 제공해야하며 제삼자의 노동력을 제공해서는 안 된다(민법 제657조 제2항). 근로제공에 대한 구체적인 근로의 내용, 장소, 수행방법 등은 근로계약의 취지와 당사자의 약정에 따르는 것이 원칙이다.

(2) 근로제공의무의 이행과 사용자의 지휘명령권

근로제공의무는 근로자가 노동력을 사용자의 처분에 맡기고 근로의 내용 · 장소 · 수행방법 등에 관한 사용자의 구체적인 지휘명령에 따른 근로를 제공할 의무를 말하는 것이다. 이와 같이 근로제공의무는 사용자의 지휘명령권을 예정하고 있고, 이 권한의 행사로 근로계약의 내용이 구체적으로 확정, 실현되는 것이다. 또한 근로제공의무를 원활하게 수행하기 위해서 사용자는 규율 및 질서를 설정하고 근로자는 이에 따라 근로제공을 하여야 한다.

(3) 근로제공의무 위반의 효과

근로자가 그의 책임 있는 사유로 근로제공의무를 이행하지 않은 경우에는 민법상 채무불이행으로 되고 사용자는 근로자에게 그 이행에 갈음하여 손해배상을 청구하거나 계약을 해지할 수 있다. 근로계약의 해지(해고)는 근로자에게 실직과 수입상실을 의미하므로 근로기준법은 이에 대한 제한규정(근기법 제23조 제1항)을 두고 있다. 근로제공은 근로자의 인격과 불가분의 관계에서 이루어지므로 그 의무의 불이행에 대하여는 직접강제이든 간접강제이든 강제이행은 허용되지 않는다.

2. 충실의무

(1) 의 의

충실의무라 함은 사용자 또는 경영상의 이익이 침해되지 아니하도록 특정행위를 하여야 하는 작위의무와 특정행위를 하여서는 아니 되는 부작위의무를 말한다. 근로자의 충실의무에는 대체로 i) 사용자의 지휘, 명령에 따라야 하는 명령이행의무, ii) 근로자가 사용자의 이익을 보호하고 이를 침해해서는 아니 되는 성실의무, iii) 최선을 다하여 근로를 제공해야 하는 직무전념의무, iv) 근로자가 업무상 지득한 기업비밀을 외부에 누설하지 아니할 비밀유지의무, v) 근로자가 사업주와 경쟁이 될 수 있는 동종 또는 유사한 사업을 하여서는 아니 된다는 경업금지(피지)의무 및 기타 vi) 회사의 사회적 신용을 훼손하지 아니할 의무 등이 이에 해당된다.

(2) 비밀유지의무

비밀유지의무란 근로자가 근로제공과 관련하여 알게 된 경영상의 비밀(즉 불특정 다수인에게 알려져 있지 않은 정보로서 타인에게 알려지는 것이 사용자에게 불이익으로 되는 것)을 타인에게 누설하지 않을 의무를 말한다. 그러나 경영비밀을 타인에게 알릴 정당한 이익이 있고, 그 이익이 사용자가 침해받을 이익과 비교하여 더 클 경우에는 비밀유지의무를 면한다고 해석된다.

이 의무는 근로계약 존속 중에만 미치지만, 특약이 있고 또 근로자의 직업선택의 자유를 침해하지 않는 범위 안에서 근로계약 종료 후에도 미칠 수 있다. 그러나 '부정경쟁방지 및 영업비밀보호에 관한 법률'은 근로자가 취득한 비밀이 영업비밀에 해당하고 이를 부정하게 사용·공개하는 행위는 근로계약의 종료 후에도 금지청구 및 손해배상청구 등의 대상으로 규정하고 있으므로(동법 제2조, 제10조 참조), 비밀유지의무는 이 범위 안에서 특약이 없더라도 근로계약의 종료 후에도 미친다고 할 것이다.

(3) 경업피지의무

경업피지의무란 근로자가 사용자의 이익에 현저히 반하여 경쟁사업체에 취직하거나 경쟁사업체를 경영하지 않을 의무를 말한다. 상법은 상업사용인[14]은 영업주의 허락 없이 자기 또는 제3자의 계산으로 영업주의 영업부류에 속한 거래를 할 수 없다고 규정하고 있다(상법 제17조 제1항). 그러나 근로자에게 경업피지의무는 법률의 규정에 의하여 발생하는 것이 아니라 근로계약의 의하여 부수적으로 발생하는 신의칙상의 의무이므로, 상업사용인이 아닌 근로자도 당연히 경업피지의무를 가진다고 보아야 할 것이다.

이 의무는 근로계약의 존속 중에만 미치지만, 당사자 사이의 특약이 있고 또 제한의 필요성과 범위에 비추어 근로자의 직업선택의 자유를 부당하게 침해하지 않는 범위 안에서 근로계약 종료 후에도 미친다고 볼 수 있다.

(4) 충실의무 위반의 효과

근로자가 그 책임 있는 사유로 충실의무를 위반한 경우에도 근로제공의무 위반의 경우처럼 사용자는 근로자에 대하여 손해배상을 청구하거나 계약을 해지할 수 있다. 또 비밀유지의무나 경업피지의무

14) 상업사용인이란 특정한 상인에 종속되어 대리권을 수여받아 영업상의 업무에 종사하는 자를 말한다. 상법은 상업사용인의 종류를 지배인(지점장, 영업부장 등), 부분적·포괄적 대리권을 가진 사용인(부장, 차장, 계장, 주임 등), 그리고 기타의 사용인(물건판매점포의 사용인)으로 구분하고 있다.

위반에 대하여는 비밀누설 또는 경업행위의 금지를 청구할 수 있다. 그리고 충실의무 위반으로 근로자가 경영질서를 침해하는 경우에는 취업규칙이 정하는 바에 따라 징계할 수도 있다.

Ⅲ. 사용자의 의무

1. 임금지급의무

(1) 의 의

사용자는 근로계약에 따라 근로자에게 임금을 지급하여야 할 의무를 부담한다. 임금은 근로자가 제공한 근로에 대한 반대급부로서 지급되는 것이므로 근로자가 근로를 제공하지 아니하는 경우 사용자 역시 임금을 지급하지 아니하는 것이 원칙이다.

임금지급의무의 구체적 태양은 관련법령 · 단체협약 · 취업규칙 · 근로계약 · 경영관행 및 사회통념에 의하여 결정된다. 임금지급의 구체적인 산정방법 및 임금지급의 시기, 장소 등에 대해서는 당사자가 관련법령에 위배되지 않는 한 자유로이 약정할 수 있으며, 이러한 약정이 없는 경우에는 근로계약의 취지 · 경영관행 및 사회통념에 의하여 결정되는 것이 원칙이다.

(2) 근로계약 당사자의 귀책사유에 의한 근로제공 불이행

임금은 제공된 근로에 대한 반대급부이므로, 근로자가 결근 · 조퇴 등 책임 있는 사유로 근로제공을 하지 못한 부분에 대하여는 임금지급 의무가 발생하지 않고, 단위기간에 대하여 약정된 임금에서 근로제공의무를 이행하지 못한 부분에 대하여 임금을 삭감할 수 있다.

반면에 사용자가 근로제공의 수령을 거부하거나, 부당해고 등 유책한 행위로 인하여 근로자가 근로제공을 할 수 없었던 경우에는 임금을 지급해야 한다.

(3) 임금지급의무 위반의 효과

사용자가 근로자의 근로제공에 대하여 임금을 지급하지 않으면 벌칙이 적용(근기법 제109조 제1항 및 제2항)되고, 채무불이행에 따라 지연이자가 부과된다(민법 제379조).

2. 배려의무

(1) 의 의

근로관계의 내용에 따라 구체적 · 개별적으로 판단되어야 하는 것이 원칙이나, 대체로 근로자를 전반적으로 보호하고, 근로자의 이익을 침해하지 아니할 의무를 의미한다고 할 것이다. 예컨대, ⅰ) 근로자의 생명 및 신체를 업무상의 위험 · 위해로부터 보호하여야 하는 안전배려의무, ⅱ) 사용자는 신의칙에 근거하여 위법한 해고의 의사표시를 하여서는 아니 된다는 위법해고회피의무, ⅲ) 사업장 내에서 근로자의 소지품이 도난 · 훼손되지 아니하도록 하는 보관의무 등이 해당된다.

(2) 배려의무 위반의 효과

사용자가 그 책임 있는 사유로 배려의무를 위반한 경우에는 근로자는 사용자에 대하여 채무불이행으로 인한 손해배상을 청구할 수 있고, 또 사용자에게 적절한 조치를 강구할 것을 청구하거나 배려의무에 위반되는 행위를 중지할 것을 청구할 수 있다.

(3) 산업재해에 대한 손해배상책임

산업재해예방을 위하여 필요한 주의의무를 다하지 못한 사용자로서는 근로자가 업무상 질환에 대하여 근로기준법이나 산업재해보상보험법 등에 의하여 보상을 받을 수 있음은 별론으로 하고, 사용자는 근로자에 대하여 사업주로서의 불법행위법상의 책임을 면할 수 없다.[15]

[관련판례] 사용자의 안전배려의무(대판 1989.8.8, 88다카33190)

사업주로서는 근로자의 생명 및 건강 등을 업무상 질병 등 산업재해의 위험으로부터 안전하게 보호하여야 할 주의의무를 부담하는바, 소음성난청은 업무상 질병의 하나로 법정되어 있고 실제로도 그 발병률이 높았던 점에 비추어 굴진광부들이 청력손실의 인신장해를 입을 위험의 개연성이 상당히 높았다면 사업주로서는 이러한 위험발생의 예견가능성이 있었고, 산업안전보건법령 소정의 조치를 취함으로써 그 위험의 회피가능성도 있었다 할 것이므로 그와 같은 **산업재해예방을 위하여 필요한 주의의무를 다하지 못한 사용자**는 근로자의 질환에 대하여 근로기준법이나 산업재해보상보험법 등에 의하여 보상을 받을 수 있음은 별론으로 하고 사업주로서의 **불법행위법상의 책임**을 면할 수 없다.

Ⅳ. 사용자의 근로수령의무(근로자의 취업청구권)

1. 문제제기

근로자가 근로를 제공하려 하였으나 사용자가 취업을 거부한 경우에 민법상 채권자지체로서 사용자는 근로자에게 임금을 지급해야 한다(민법 제538조 제1항). 이와 관련하여 근로제공의무가 있는 근로자가 근로제공 의사와 능력을 가지고 있음에도 불구하고 사용자가 근로자에게 업무를 주지 않거나 근로자가 근로를 제공하려고 하는데도 근로수령을 거부한 경우 근로자가 사용자에게 업무수행을 위한 권리를 취업청구권이라고 한다. 이 문제는 실제로는 취업을 거부당한 근로자가 사용자에 대하여 손해배상을 청구할 수 있는가의 형태로 제기된다.

2. 학 설

(1) 부정설(제한긍정설)

근로제공의무는 의무일 뿐 권리는 아니라는 사고, 즉 사용자는 임금을 지급하기만 하면 그 근로자의 노동력을 사용할 것인가의 여부는 자유이고 근로수령 의무 자체를 가지는 것은 아니라는 사고에 근거하여 취업청구권은 원칙적으로 인정할 수 없다고 한다. 다만, ⅰ) 특별히 명확한 법적 근거가 있는 경우(부당노동행위나 부당해고에 대한 원직복귀명령), ⅱ) 당사자 사이의 특약이 있는 것으로 인정되는 경우(취업규칙에서 취업금지사유를 명확하게 한정적으로 열거하고 있는 경우), ⅲ) 특수한 기능자의 경우(연수생, 기술자, 의사, 연구원, 배우 등)에 한해 취업청구권을 인정하자는 견해이다[16].

(2) 긍 정 설

근로제공은 임금획득만을 위한 수단적 활동으로 그치는 것이 아니라 근로자의 노동을 통한 인격의 실현을 목적으로 하기 때문에, 사용자가 정당한 이유 없이 취업을 거부하는 것은 채무불이행 또는 인격

15) 대판 1989.8.8, 88다카33190.

16) 임종률 338.

권의 침해가 된다고 하여 취업청구권을 인정한다. 다만, 이 견해도 근로자의 업무수행의 가능성이 없거나(구속, 질병 등), 경영질서 유지를 위해 부득이한 경우, 해고예고기간 중에는 취업청구권이 인정되지 않는다고 한다.[17)]

3. 판 례

판례는 사용자는 근로제공을 통해 근로자의 인격을 실현시킬 신의칙상 의무를 부담하므로, 사용자가 정당한 이유 없이 근로자의 근로제공을 계속적으로 거부하는 것은 근로자의 인격적 법익을 침해하는 것으로 이로 인한 정신적 고통에 대하여 배상할 의무가 있다고 판시하였다.[18)]

[관련판례] 근로계약상 의무와 취업청구권(대판 1996.4.23, 95다6823)

근로계약에 따라 계속적으로 근로를 제공하는 근로자는 인간으로서의 존엄과 가치를 지닌 인격체이고 근로자는 자신의 전인격을 사용자의 사업장에 투입하고 있는 점에서 근로관계에 있어서 근로자의 근로제공은 자신의 인격과 분리될 수 없는 것이고 한편 근로계약에 따른 근로자의 근로제공은 단순히 임금획득만을 목적으로 하는 것은 아니고 근로자는 근로를 통하여 자아를 실현하고 나아가 기술을 습득하고 능력을 유지 · 향상시키며 원만한 인간관계를 형성하는 등으로 참다운 인격의 발전을 도모함으로써 자신의 인격을 실현시키고 있다는 점도 부인할 수 없다(위 1993.12.21. 선고 93다11463 판결 참조). 그러므로 사용자는 특별한 사정이 없는 한 근로자와 사이에 근로계약의 체결을 통하여 자신의 업무지휘권 · 업무명령권의 행사와 조화를 이루는 범위 내에서 **근로자가 근로제공**을 통하여 이와 같이 참다운 인격의 발전을 도모함으로써 **자신의 인격을 실현시킬 수 있도록 배려**하여야 할 **신의칙상의 의무를 부담**한다고 할 것이다. 따라서 사용자가 근로자의 의사에 반하여 정당한 이유 없이 근로자의 근로제공을 계속적으로 거부하는 것은 이와 같은 **근로자의 인격적 법익을 침해**하는 것이 되어 사용자는 이로 인하여 근로자가 입게 되는 **정신적 고통에 대하여 배상할 의무**가 있다고 할 것이다.

4. 검 토

근로계약상 사용자가 근로자에게 부담하는 의무는 임금지급의무에 한하지 않고 자신의 지배 하에서 계속적으로 근로를 제공하는 근로자의 이익을 보호하여야 할 부수적 의무로서의 배려의무를 부담한다고 보아야 한다. 또한 근로자의 인격실현의 요청은 헌법상으로도 보호되어야 할 가치가 있다는 점에서 취업청구권을 적극적으로 인정하는 것이 타당하다.[19)]

17) 김형배 276~277; 이병태 602.
18) 대판 1996.4.23, 95다6823.
19) 김유성Ⅰ 324.

제 3 절 근로계약과 진실고지의무

Ⅰ. 서 설

근로계약의 체결시 근로자는 자진하여 자기의 노동력의 질, 예컨대 기능 · 학력 등에 관하여 구체적으로 사용자에게 알려서 사용자가 근로자를 선택하는 데 협력할 의무가 있느냐 하는 문제가 있다. 일반적으로 계약체결교섭의 사실적인 개시와 더불어 근로자와 사용자는 각각 상대방에 대하여 신의칙상 배려 · 조사 · 고지와 주의 등을 해야 할 행태의무를 진다고 본다.

근로기준법상 근로계약도 민법상 고용계약과 같이 근로의 제공과 임금의 지급이라는 쌍무계약에 기초를 두고 있으나 근로자와 사용자 간의 사용종속관계를 전제로 하고 있다는 점에서 고용계약과 본질적인 차이가 있다. 따라서 근로기준법은 종속적인 관계에서 근로를 제공하는 근로자를 보호하기 위하여 고용계약에서는 볼 수 없는 많은 규제를 사용자에게 가하고 있다.

Ⅱ. 근로계약의 성립과 당사자의 의무

1. 근로관계의 성립

근로관계는 근로자가 사용자에게 근로를 제공하고 사용자는 이에 대하여 임금을 지급함을 목적으로 하는 계약에 의하여 성립하는 근로자와 사용자의 법률관계이다(근기법 제2조 제1항 제4호). 근로관계가 성립하기 위하여는 근로자의 경영체 내로의 편입이라는 사실적 요소가 필요하다는 편입설도 있지만 계약에 의하여 근로관계가 성립한다는 계약설의 입장이 타당하다고 본다.[20] 이때 계약의 형식은 반드시 서면계약이어야 할 필요는 없고 구두합의도 계약으로서 유효하다.

2. 근로관계 당사자의 의무

근로계약이 성립되면 근로자와 사용자는 근로계약상의 주된 의무인 근로제공의무와 임금지급의무를 부담하며 부수적 주의의무인 신의칙상의 충실의무와 안전 · 배려의무를 부담하게 된다. 이 경우 충실의무와 배려의무는 당사자의 약정이 없더라도 당연히 발생하는 의무이다.

Ⅲ. 근로자의 진실고지의무

1. 진실고지의무 위반의 효과

근로계약과 관련한 근로자의 의무 중에서 특히 문제되는 것이 근로자의 충실의무 중 진실고지의무

20) 김유성 I 56; 김형배 212.

이다. 근로계약의 체결시에 근로자는 자신의 기능, 경력, 학력 등 노동력의 질과 양에 따라서 근로자가 계약체결의 전제가 되어 있는 특정한 기능이 없음에도 사용자가 이를 믿게 함으로써 사용자가 손해를 본 경우에는 근로자가 그 손해를 배상하여야 한다. 이때 근로자의 배상책임은 사용자가 그 계약을 오신하였기 때문에 입은 손해, 즉 신뢰이익(소극적 계약이익)에 국한된다.

2. 학력 · 경력 사칭의 문제

(1) 의 의

진실고지의무와 관련하여 가장 문제되는 것이 학력이나 경력의 허위기재 등으로 인한 것이다. 즉 대부분의 기업들은 근로자를 채용하는 과정에서 학력이나 경력 등을 신뢰하여 근로자를 채용하게 되는데 채용 이후에 그 기재된 사항이 사실과 다르다는 것이 발각되는 경우가 있다. 이 경우 경력 · 학력사칭에 대하여 징계해고를 할 수 있는가가 문제된다.

(2) 학 설

1) 가정적 인과관계설 이력서에 허위의 경력을 기재한다는 것은 그 근로자의 정직성에 대한 중요한 부정적인 요소가 됨은 물론 기업이 고용하려고 하는 근로자들에 대한 전인격적인 판단을 그르치게 하는 것이므로 그 자체가 해고의 사유가 된다는 입장이다.[21]

2) 현실적 인과관계설 경력사칭이 진실고지의무에 위반된다고는 할 수 있으나 기업질서 위반에 대한 추상적 위험성을 보유한다고 하는 것은 부당하며, 따라서 근로자가 중요한 경력을 사칭하고 그 결과 근로계약이 체결된 경우에는 사용자가 이로 인해서 직장의 규율유지와 관련하여 구체적 피해를 본 경우에 한하여만 징계사유가 인정되어야 할 것이라는 견해이다.[22]

(3) 판 례

대법원은 "사용자가 근로자를 고용함에 있어서 경력을 기재한 이력서를 요구하는 것은 노동력평가의 조사자료뿐만 아니라 직장에 대한 정착성, 기업질서에 대한 적응성 기타 인격의 조사자료로 삼고자 함에 있으므로 근로자가 허위기재 또는 은폐한 이력, 이 두 가지 중 어느 것에 관계되든 간에 그 허위 또는 은폐한 내용이 사전에 발각되었다면 고용계약을 체결하지 않았을 것으로 인정될 때에는 징계해고의 사유가 된다"고 한다.[23]

다만, 최근 판례는 경력사칭에 대한 징계해고는 고용 당시 및 그 이후의 제반사정에 비추어 사회통념상 현저히 부당하지 않은 경우에 그 정당성이 인정된다고 판시하였다.[24]

(4) 검 토

경력사칭 문제와 관련하여 우리나라의 특수한 상황으로 인하여 대졸자나 대학생들이 공장에 들어가 노동조합 활동을 하기 위하여 그 이하의 학력을 기재하여 문제되는 일이 많았다. 이러한 경우의 학력허위기재는 대부분 해고사유라 하겠으나 사용자가 이 사실을 알고도 오랜 기간 묵인하다가 어떤 시점에서 새로이 그 사유를 이유로 해고한다면 신의칙위반이 될 수 있고 더욱이 노동조합간부가 되었다거나 하는

---

21) 대판 1985.4.9, 83다카2202.

22) 김유성 I 282.

23) 대판 1985.4.9, 83다카2202. 이러한 판례의 입장은 이후에도 일관되게 나타난다. 대판 1986.10.28, 85누851; 대판1989.1.31, 87다카2410; 대판1990.10.30, 89다카30846; 대판1990.12.7, 90다카23912; 대판 1991.4.9, 90다카27402; 대판1994.8.12, 93누21521; 대판 1995.8.22, 95누5943 등.

24) 대법 2012.7.5, 2009두16763.

시점에서 갑자기 해고를 한다면 부당노동행위 여부가 문제될 수 있다. 또한 경력사칭은 기업질서 위반에 따른 기업의 손해가 발생된 경우에만 해고사유가 될 수 있다고 보아야 할 것이다.

Ⅳ. 사용자의 진실고지의무

근로자가 진실을 고지하여야 할 의무가 있듯이 사용자도 근로자에게 계약체결과 관련하여 중요한 사항을 고지하고 설명할 의무를 부담한다. 예컨대, 기업이 파산직전에 있기 때문에 지급능력에 위협을 받고 있다는 사실을 근로자에게 알리지 않았기 때문에 근로자가 입은 손해에 대하여 사용자는 배상책임을 져야 한다.

또한 사용자는 근로계약 체결시 근로자에 대하여 임금, 근로시간 기타의 근로조건을 모르거나 근로조건의 미확정 상태에서 불리한 근로를 강제당하는 일이 없도록 하여야 한다.

[관련판례] 근로자의 진실고지의무

1. 근로자의 진실고지의무(기존판례)(대판 1986.10.28, 85누851)

근대적 기업에 있어서 사용자가 근로자를 고용함에 있어서 학력을 요구하는 이유는 근로자에 대한 노동력의 평가, 노동조건의 결정, 노무의 관리, 배치의 적정화 등의 판단자료와 근로자의 직장에 대한 정착성, 기업질서, 기업규범등에 대한 적응성등 인격조사자료로 함으로써 노사 간의 신뢰관계의 설정이나 기업질서의 유지, 안정을 도모하고자 함에 그 목적이 있다고 할 것이므로 근로자가 학력을 은폐하거나 사칭하여 입사한 경우라도 그와 같은 학력의 은폐나 사칭이 사용사의 근로자에 대한 신뢰관계나 기업질서 유지 등에 영향을 주는 것으로서 사용자가 그 학력사칭을 사전에 알았더라면 사용자가 고용계약을 체결하지 아니하였거나 적어도 동일조건으로는 계약을 체결하지 아니하였을 것으로 인정되지 아니하는 경우에는 이를 근로자에 대한 징계해고사유로 삼을 수는 없다 할 것이고, 취업규칙에 근로자가 학력을 사칭하여 입사하였을 경우 이를 징계해고사유로 규정하고 있는 경우에 그 규정내용 역시 위와 같은 취지로 풀이하여야 할 것이다.

2. 근로자의 진실고지의무(최근판례)(대법 2012.07.05, 2009두16763)

[1] 근로자가 입사 당시 제출한 이력서 등에 학력 등을 허위로 기재한 행위를 이유로 징계해고를 하는 경우 사회통념상 고용관계를 계속할 수 없을 정도인지는 사용자가 사전에 그 허위 기재 사실을 알았더라면 근로계약을 체결하지 아니하였거나 적어도 동일 조건으로는 계약을 체결하지 않았으리라는 등 고용 당시의 사정뿐 아니라, 고용 이후 해고에 이르기까지 그 근로자가 종사한 근로의 내용과 기간, 허위기재를 한 학력 등이 종사한 근로의 정상적인 제공에 지장을 초래하는지 여부, 사용자가 학력 등의 허위 기재 사실을 알게 된 경위, 알고 난 이후 당해 근로자의 태도 및 사용자의 조치 내용, 학력 등이 종전에 알고 있던 것과 다르다는 사정이 드러남으로써 노사간 및 근로자 상호간 신뢰관계의 유지와 안정적인 기업경영과 질서유지에 미치는 영향 기타 여러 사정을 종합적으로 고려하여 판단할 것이다.

[2] 다만 사용자가 이력서에 근로자의 학력 등의 기재를 요구하는 것은 근로능력의 평가 외에 근로자의 진정성과 정직성, 당해 기업의 근로환경에 대한 적응성 등을 판단하기 위한 자료를 확보하고 나아가 노사간 신뢰관계의 형성과 안정적인 경영환경의 유지등을 도모하고자 하는 데에도 그 목적이 있는 것으로, 이는 고용계약의 체결뿐 아니라 고용관계의 유지에 있어서도 중요한 고려요소가 된다고 볼 수 있다. 따라서 취업규칙에서 근로

자가 고용 당시 제출한 **이력서 등에 학력 등을 허위로 기재한 행위를 징계해고사유로 특히 명시하고 있는 경우에는 이를 이유로 해고하는 것은**, 고용 당시 및 그 이후의 **제반사정에 비추어 보더라도 사회통념상 현저히 부당하지 않다면 그 정당성이 인정**된다 할 것이다.

제4절 근로기준법을 위반한 근로계약

Ⅰ. 서 설

근로기준법 제15조는 근로계약 중 동법의 기준에 달하지 못하는 근로조건을 정한 부분을 무효로 하고, 그 무효로 된 부분을 법정 기준으로 보충할 것을 정한 규정이다. 이러한 조항의 입법 취지는 근로기준법이 최저 근로조건의 확보를 목적으로 하는 근로자보호법규(근기법 제3조)이기 때문에 그 성질상 강행법규라는 데에서 유래된다.

근로자보호법규가 강행법규로서의 효력을 가지는 것은 그 성질상 당연하며, 구태여 명문규정을 요하지 않는다고 생각된다. 그럼에도 불구하고 제15조와 같이 명문규정을 둔 데에는 민법상의 무효이론과 관련이 있다.

근로기준법상의 이 규정은 임금소득을 얻기 위한 근로제공을 유일한 원천으로 하는 근로계약의 특성과 근로자 보호를 위한 근로기준법의 보충적 효력을 규정했다는 점에서 민법상 원칙과 차이점이 있고, 이러한 차이점이 제15조를 명문화한 이유라 할 것이다.

Ⅱ. 근로기준법의 강행적 효력

1. 근로조건 결정의 원칙

근로계약은 노사가 대등한 입장에서 자율적으로 체결하는 것이므로 원칙적으로 그 내용의 결정도 자유이며, 체결된 내용은 당사자가 신의성실로 이행하여야 한다(근기법 제4조, 제5조).

그러나 근로계약의 내용에 대하여서는 근로자를 실질적으로 보호하기 위하여 근로기준법에서 정하고 있는 기준에 미달하는 조건을 정할 수 없다는 제약이 규정되어 있다(근기법 제3조).

2. 강행적 효력의 의의

만약 근로계약의 내용이 되는 근로조건이 근로기준법에 미달하는 경우에는 근로기준법 제15조의 규정에 의해 그 부분은 무효가 된다.

즉 아무리 근로자의 자유로운 의사에 의해 정해진 근로조건이라 하더라도 그 효력이 인정되지 않는다. 이것을 근로기준법의 "강행적 효력"이라 한다.

3. 단체협약, 취업규칙에서 정한 근로조건

근로계약의 내용은 근로계약서 자체뿐만 아니라 단체협약이나 취업규칙에 의해서도 정해지는 것이므로, 단체협약이나 취업규칙에 정해진 근로조건이 근로기준법에 위반하는 경우에도 그 부분은 당연히 무효가 된다.

판례는 "근로기준법에 정한 기준에 달하지 못하는 근로조건을 정한 근로계약은 그 부분에 한하여 무효이므로 그것이 단체협약에 의한 것이라거나 근로자들의 승인을 받은 것이라고 하여 유효로 볼 수 없다"[25]고 하고 있다.

또한 판례는 "보수규정이 근로기준법상의 기준에 미달될 때에는 그 한도 내에서 무효인 것은 당연하며, 재직시에 근로기준법상의 기준에 미달하는 보수를 아무런 이의 없이 수령하고서 퇴직 후에 이르러 비로소 그 부족한 보수를 구함이 신의칙에 반한다고 할 수 없다"[26]고 하여, 취업규칙인 보수규정에 의하여 정해진 근로조건이 근로기준법에 위반인 경우 무효임을 확실히 하고 있다.

Ⅲ. 근로계약의 일부무효와 보충적 효력

1. 일부무효의 법리

민법상의 일반원칙에 의하면 계약의 일부분이 무효인 때에는 그 전부를 무효로 하지만, 그 무효부분이 없더라도 법률행위를 하였을 것이라고 인정될 때에는 나머지 부분은 무효가 되지 않는다(민법 제137조).

근로자는 유일한 생활의 원천인 임금소득을 얻기 위하여 근로를 제공하고자 하는 것이므로, 그 무효부분이 없더라도 근로계약을 체결하기를 바랄 것이므로 근로계약 전체를 무효로 할 것은 아니다. 그러므로 근로계약에 있어서는 근로자의 보호를 위해, 근로기준법에 미달한 근로조건이 일부 있을 때에는, 근로계약 전부가 아닌 그 부분만이 무효가 된다(근기법 제15조 제1항).

2. 보충적 효력

근로계약의 일부분이 무효이면 법률관계가 복잡해지고 근로자 보호에도 문제가 발생할 수 있기 때문에 무효인 부분에 대하여는 근로조건의 최저기준인 근로기준법에 정한 내용을 보완하도록 규정하고 있다(근기법 제15조 제2항). 이러한 근로기준법의 효력을 "보충적 효력"이라고 하며, 이 효력에 의해 근로계약의 내용은 전부 유효한 것이 된다. 이에 따라 근로자는 사용자와 근로기준법을 위반한 근로계약을 체결하였더라도 동 규정에 근거하여 근로기준법상의 근로조건을 요구할 수 있다.

25) 대판 1990.12.21, 90다카24496.
26) 대판 1992.2.11, 91다12202.

제 5 절 근로조건의 명시의무

Ⅰ. 서 설

1. 의 의

근로기준법 제17조는 근로계약에 포함되어 반드시 명시되어야 하는 근로조건을 규정하고 있다. 근로기준법에서 근로조건을 명시하도록 규정하고 있는 이유는 사용자가 자신의 우월한 지위를 남용하여 구체적인 근로조건을 제시하지 아니한 채 근로조건의 불확정상태 하에서 근로자의 근로를 수령하는 것을 방지하기 위한 것이다.

즉 근로조건의 명시의무는 i) 계약자유의 원칙 하에서 계약당사자인 근로자로 하여금 자신이 체결하고자 하는 근로계약의 내용을 충분히 알고서 근로계약을 체결하도록 함과 동시에, ii) 계약보호의 원칙 하에서 근로자가 보호받아야 할 최소한도의 근로조건을 계약으로 명시하도록 하는 역할을 하고 있다.

2. 서면명시의무 강화

종전까지 근기법에서는 근로조건 서면명시 사항으로 임금 외에 '근로기준법상의 소정근로시간, 휴일, 휴가'를 추가하고 근로자의 요구가 있을 경우 교부 의무를 부과하였다. 2012.1.1.부터는 근로계약 체결 이후 근로조건을 변경하는 경우에도 명시해야 하고, 명시된 서면을 교부하도록 하였다.

Ⅱ. 근로조건의 의무적 명시사항

1. 서면명시 사항

사용자는 근로계약 체결시 근로자에 대하여 근로조건을 명시할 경우에는 i) 임금의 구성항목 · 계산방법 · 지급방법, ii) 소정근로시간, iii) 제55조에 따른 휴일, iv) 제60조에 따른 연차유급휴가에 관한 사항에 대하여는 서면으로 하여야 한다(근기법 제17조).[27)]

27) 근로시간과 휴가에 관하여는 상시근로자 5인 이상인 사업 또는 사업장에만 명시의무가 적용된다(근기법 시행령 별표1).

2. 그 밖의 근로조건

서면명시 이외에 명시해야 할 근로조건은 i) 취업의 장소와 종사하여야 할 업무에 관한 사항, ii) 근로기준법 제93조에 규정된 사항 및 iii) 사업장의 부속기숙사에 근로자를 기숙하게 하는 경우에는 기숙사규칙에 정한 사항을 말한다(근기법 시행령 제8조).

Ⅲ. 서면명시의 방법 및 교부의무

1. 서면명시 방법

서면명시의 방법은 i) 근로계약서에 명시하거나 ii) 주요 근로조건이 취업규칙에 명시되어 있을 경우 근로계약서는 개별 근로자에 해당하는 것만 기재하고, 그 외 사항은 취업규칙의 내용을 주지시키는 방법 등이 있을 것이다.

2. 교부의무

(1) 일반 근로자

사용자는 임금, 소정근로시간, 휴일, 연차유급휴가에 관한 사항을 서면으로 명시해야 하나 반드시 근로계약서나 취업규칙을 교부할 필요는 없다. 그러나 사용자는 명시된 서면을 교부해야 하고, 다만 이들 사항이 단체협약 또는 취업규칙의 변경 등의 경우에는 근로자의 요구가 있으면 그 근로자에게 교부해야 한다(근기법 제17조).

(2) 연 소 자

사용자는 18세 미만인 자와 근로계약을 체결한 경우에는 임금, 소정근로시간, 휴일, 연차 유급휴가 등의 근로조건을 '서면으로 명시하여 교부하여야' 한다(근기법 제67조 제3항). 즉 연소자에게는 별도의 요구가 없더라도 반드시 교부하여야 한다.

Ⅳ. 근로조건의 명시시기

사용자가 근로자에 대하여 근로조건을 명시하여야 할 시기는 '근로계약의 체결시'이다(근로기준법 제17조). 근로계약의 체결시라 함은 반드시 근로자와 사용자 간에 근로계약이 유효하게 성립되는 시기에 국한되는 것은 아니며, 근로계약의 체결 이전일지라도 근로자와 사용자 간에 계약에 관한 교섭이 진행되는 시기를 포함하는 것으로 넓게 해석하여야 할 것이다.

Ⅴ. 위반의 효과

1. 벌 칙

사용자가 근로계약 체결시에 명시하여야 할 근로조건을 명시하지 아니하거나, 서면명시사항에 대하여 근로자의 요구시 교부하지 않는 경우에는 500만원 이하의 벌금이 적용된다(근기법 제114조 제1호).

2. 근로계약의 효력

근기법 제17조의 근로조건 명시의무규정은 동법 제14조의 주지의무와 동일한 취지에서 설정된 것으로 단속규정으로 본다. 그러므로 근로계약의 체결에 있어서 근로조건이 명시되지 않았다 하더라도 처벌의 대상이 될 뿐이며 그 계약 자체는 유효하게 성립한다.

Ⅵ. 기간제 · 단시간근로자의 근로조건명시

1. 의 의

일반근로자보다 근로조건이 취약한 기간제 · 단시간근로자에 대하여는 권리구제의 실효성을 높이기 위하여 근로기준법과는 별도로 「기간제 및 단시간근로자 보호 등에 관한 법률」(이하 '기단법')에서 근로조건 서면명시의무를 규정하고 있으며, 근로기준법에 비해 서면명시해야 하는 근로조건 사항이 더 많다는 특징이 있다.

2. 서면명시의 내용

사용자는 기간제 · 단시간근로자와 근로계약을 체결하는 때에는 ⅰ) 근로계약기간에 관한 사항, ⅱ) 근로시간 · 휴게에 관한 사항, ⅲ) 임금의 구성항목 · 계산방법 및 지불방법에 관한 사항, ⅳ) 휴일 · 휴가에 관한 사항, ⅴ) 취업의 장소와 종사하여야 할 업무에 관한 사항, ⅵ) 근로일 및 근로일별 근로시간[28] 등을 서면으로 명시하여야 한다(기단법 제17조).

3. 서면명시의 방법

서면명시의 방법은 ⅰ) 근로계약서에 명시하거나 ⅱ) 주요 근로조건이 취업규칙에 명시되어 있을 경우 근로계약서는 개별 근로자에 해당하는 것만 기재하고 그 외 사항은 취업규칙의 내용을 주지시키는 방법 등이 있다.

그러나 단시간근로자에 대하여는 근로조건을 명확히 기재한 근로계약서를 작성하여 근로자에게 교부하여야 하므로(근기법 시행령 제9조 제1항 및 [별표 2] 제1호 가목), 단시간근로자의 근로조건은 근로계약서에 명시하여 교부해야 할 것이다.[29]

4. 위반의 효과

사용자가 기간제 및 단시간근로자에 대하여 기단법 제17조의 규정을 위반하여 근로조건을 서면으로 명시하지 않는 경우에는 500만원 이하의 과태료에 처한다(기단법 제24조 제2항 제2호).

---

28) 근로일 및 근로일별 근로시간의 명시는 단시간 근로자에 한한다.

29) 임종률 592, 일반법인 근로기준법에 따라 서면을 교부하는 것이 기간제 근로자를 더 두텁게 보호하는 것이고 기간제법의 규정이 근로기준법의 두터운 보호를 배제하려는 취지라고 볼 수 없다는 점에서 근로기준법의 서면 교부 규정은 기간제 근로자에게도 적용된다고 한다.

제 6 절 명시된 근로조건 위반시 근로자 보호

Ⅰ. 서 설

사용자는 근로계약 체결시에 근로자에 대하여 임금, 근로시간 기타의 근로조건을 명시해야 한다. 이때 임금의 구성항목 · 계산방법 · 지급방법, 소정근로시간 · 주휴일 · 연차유급휴가에 관한 사항은 서면으로 명시해야 하고, 근로자의 요구가 있으면 그 근로자에게 교부해야 한다(근기법 제17조).

사용자가 명시된 근로조건을 위반하는 등 명시된 근로조건이 사실과 다른 경우, 근로기준법은 '근로자의 신속한 권리구제'를 위하여 손해배상청구, 근로계약의 즉시해제, 귀향여비 지급 등을 규정하고 있다(근기법 제19조).

이는 근로계약 체결시에 사용자가 명시한 근로조건이 근로계약 체결 후에 사실과 다른 것을 알게 되었음에도 근로계약관계의 구속에서 벗어나기 어려운 근로자의 입장을 고려하여, 취업 초기에 근로자가 원하지 않는 근로를 강제당하는 폐단을 방지하고 근로자를 신속히 구제하기 위해서이다.

Ⅱ. 손해배상청구

1. 의 의

명시된 근로조건이 사실과 다를 경우에 근로자는 근로조건 위반을 이유로 손해배상을 청구할 수 있으며(근기법 제19조 제1항), 그 청구를 노동위원회에 신청할 수 있다(제19조 제2항).[30]

근로조건 위반을 이유로 손해배상을 청구할 수 있다는 것은 민법상 채무불이행의 법리를 확인한 것에 불과하지만, 이 규정은 그 손해배상 청구를 법원 이외에 노동위원회에도 할 수 있도록 한 것에 의미가 있다.

2. 손해배상청구의 대상

노동위원회에 대한 손해배상신청은 근로계약체결시 명시된 근로조건(임금, 근로시간 기타의 근로조건)을 위반한 경우에만 할 수 있다. 따라서 부당해고로 입은 손해배상은 노동위원회에 신청할 수 없다.[31]

30) 이 규정은 1953년 근로기준법 제정시부터 존치되어 왔다.

31) 1989년 부당해고에 대한 구제를 노동위원회에 신청할 수 있도록 하는 규정이 신설되었다. 그리하여 노동위원회는 '명시된 근로조건 위반에 대한 손해배상청구의 신청'과 '부당해고에 대한 구제신청'을 받을 수 있는 관할권을 갖게 되었다. 그러나 부당해고에 대한 구제신청은 근로기준법 제28조 내지 제33조 규정에 따라 행하여지기 때문에, 부당해고로 인한 손해배상청구를 노동위원회에 신청할 수는 없다는 것이 타당하다.

'명시된 근로조건이 사실과 다를 경우(즉, 사용자가 명시된 근로조건을 위반하는 경우)'란 사용자가 명시한 근로조건을 실제로 이행하지 않는 경우를 말한다. 예컨대, 근로자를 유인하기 위하여 이행할 의사도 없이 유리한 근로조건을 제시한 경우이다.

3. 손해배상의 내용

손해배상의 내용은 일반적으로 사용자가 명시된 근로조건을 이행하였더라면 근로자가 받게 될 이익과 그 조건을 이행하지 않음으로써 발생된 상태와의 차액이다.

4. 손해배상청구권의 소멸시효

근로자를 신속히 구제하려는 취지에 비추어 손해배상청구권의 소멸시효는 임금채권에 준하여 3년이라고 해석된다.[32)]

Ⅲ. 근로계약의 즉시해제 및 귀향여비 지급

1. 근로계약의 즉시해제

(1) 의 의

근로계약 체결시 명시된 근로조건이 사실과 다를 경우 근로자는 즉시 근로계약을 해제할 수 있다(근기법 제19조 제1항). 사용자가 근로자를 유인하기 위해 근로자에게 유리한 근로조건을 제시하였지만 실제로는 이행하지 않아 위반하는 경우, 근로자를 근로계약의 구속에서 벗어날 수 있게 하기 위해서이다.

(2) 근로계약 해제의 의미

근로계약의 '해제'라는 용어를 사용하고 있으나, 이 경우 근로계약관계를 장래에 향하여 소멸시키는 것이므로 근로계약의 '해지(사직)'를 의미한다. 그리고 '즉시' 해지한다는 것은 사전에 통보나 예고하지 않고 해지하는 것을 말한다.

(3) 즉시해제권의 행사기간

즉시해제권은 취업 초기에 근로자가 원하지 않는 근로를 강제당하는 폐단을 방지하고 근로자를 신속히 구제하려는 데 취지가 있으므로 취업 후 상당기간이 지나면 행사할 수 없다.[33)] 이 경우 당초에 명시된 근로조건을 변경하는 데 묵시적인 합의가 이루어진 것으로 해석되기 때문이다.

2. 귀향여비의 지급

근로계약이 해제되었을 경우에는 사용자는 취업을 목적으로 거주를 변경하는 근로자에게 귀향여비를 지급하여야 한다(근기법 제19조 제2항). 근로조건 위반을 이유로 즉시 계약을 해제할 수 있다는 것은 민법상 채무불이행의 법리를 확인한 것에 불과하지만, 여기에 더해 귀향여비를 지급하도록 한 것에 의미가 있다. 사용자가 지급해야 할 귀향여비는 근로의 대가가 아니므로 임금에는 해당되지 않지만, 퇴직시 청산해야 할 금품(근기법 제36조)에는 포함된다.

---

32) 대판1997.10.10, 97누5732.

33) 대판1997.10.10, 97누5732.

Ⅳ. 문제점 및 개선방안[34)]

1. 명시된 근로조건의 이행 요구

계약체결시 명시된 근로조건의 이행을 요구하는 것은 계약법리상 당연한 것으로 볼 수도 있을 것이다. 그러나 현행 근로기준법 규정의 해석으로는, 계약체결시 명시는 일응 계약 내용의 예정에 불과하고 계약내용으로 되는 것은 아니며 단지 손해배상청구나 계약해제가 가능할 뿐이라는 반대해석도 가능해질 수 있는 우려가 존재한다.

근로계약을 체결할 때에 명시된 근로조건은 근로계약의 내용이 되므로, 명시된 근로조건의 위반의 효과로서, 근로자가 명시된 근로조건의 이행을 사용자에게 요구하는 것이, 손해배상청구나 즉시해제보다 우선되므로, 근로자가 명시된 근로조건의 이행을 요구할 수 있다고 규정하는 것이 바람직할 것이다.[35)]

2. 노동위원회에의 손해배상청구 신청 제도 폐지

근로조건의 위반, 즉 채무불이행으로 인한 손해배상청구를 민사소송뿐만이 아니라 노동위원회를 통하여 할 수도 있도록 한 것에 이 규정의 특별한 의미가 있다고 설명된다. 그러나 노동위원회에 손해배상청구는 매우 적으며, 실제로 청구가 인정되는 사례는 거의 없는 실정이다.

손해배상청구는 일반 법원에 의한 민사적 해결이 원칙이므로, 인정 실익이 의문시되는 '노동위원회에의 손해배상청구 신청 제도'는 폐지하는 것이 바람직할 것이다.

[관련판례] 명시된 근로조건 위반(대판 1997.10.10, 97누5732)

구 근로기준법(1996.12.31. 법률 제5245호로 개정되기 전의 것) 제23조(현행 제19조)의 규정 취지는 근로계약 체결시에 **사용자가 명시한 근로조건**이 근로계약 체결 후에 **사실과 다른 것을 알게 되었음에도** 근로계약관계의 구속에서 벗어나기 어려운 근로자의 입장을 고려하여 취업 초기에 **근로자가 원하지 않는 근로를 강제당하는 폐단을 방지**하고 근로자를 신속히 구제하려는 데에 있는 것이라 할 것이므로 같은 법 제23조에 정한 계약의 즉시해제권은 취업 후 상당한 기간이 지나면 행사할 수 없다고 해석되며, 같은 **손해배상청구권의 소멸시효** 기간은 위와 같은 법 규정의 취지와 규정 내용 등에 비추어 근로조건의 내용 여부를 묻지 않고 같은 법 제41조(현행 제49조)에 정한 **임금채권에 준하여 3년**이라고 보아야 한다.

---

34) 근로기준법제 개선방안, 26.

35) 임종률 373, 명시한 근로조건을 위반하여 피해를 입은 근로자에게는 벌칙을 통하여 이행이 강제되지 않는 손해배상 명령을 구하는 것보다, 예컨대 사용자가 명시된 임금을 체불하였다는 것을 근로감독관에게 신고하는 것이 더 효과적이기 때문에 이 규정은 실제로는 거의 활용되지 않고 있다. 손해배상을 청구할 수 있다는 규정은 당연한 법리를 확인한 것에 불과하고, 노동위원회에 손해배상을 신청할 수 있다는 것은 사실상 무의미하므로 이들 규정은 삭제하는 것이 바람직할 것이라고 한다.

제7절 근로계약 체결시 제한규정

Ⅰ. 서 설

근로자와 사용자는 일반계약원리에 따라 자유롭게 근로계약을 체결할 수 있다. 그러나 실질적으로 대등한 거래관계를 이루지 못하는 근로계약관계에서 근로자들의 지위가 약화될 수 있다. 따라서 이러한 근로계약관계에서 근로자가 받게 될 불이익을 해소하고 사용자와의 대등한 지위의 확보를 위하여는 근로계약에 대한 일정한 제한이 필요할 것이다.

근로기준법은 ⅰ) 위약예정의 금지, ⅱ) 전차금상계의 금지, ⅲ) 강제저금의 금지 등의 세 가지 형태로 근로계약 체결시 일정한 제한을 두고 있다.

Ⅱ. 위약예정의 금지

1. 의 의

사용자는 근로계약 불이행에 대한 위약금 또는 손해배상액을 예정하는 계약을 체결하지 못한다(근기법 제20조). 이러한 위약금 또는 손해배상액예정제도는 민법상으로는 인정되고 있으나, 실질적으로 대등한 거래관계를 이루지 못하는 근로계약관계에서는 인정되어서는 안 될 것이다. 왜냐하면 위약예정을 인정하게 되면 근로자가 직장을 얻기 위하여 어쩔 수 없이 불리한 근로계약을 체결하고서도 위약금 또는 손해배상액 등의 부담으로 '퇴직의 자유가 부당하게 제약'되고 '강제근로할 위험'이 있기 때문이다. 이러한 점을 감안하여 근로기준법은 근로자의 '퇴직자유제약'과 '강제근로의 위험'으로부터 근로자를 보호하기 위하여 동 제도를 마련한 것이다.

2. 주요내용

(1) 위약금을 예정하는 계약의 금지

위약금이란 근로자의 채무불이행의 경우 근로자가 사용자에게 지급할 것을 미리 약정하는 금액이다. 이는 실제 손해의 발생 여부 및 손해액수와 상관없이 당사자 간의 계약내용에 따라 위약금이 부과되므로 일종의 벌금부과적 성격을 갖는다.

(2) 손해배상액을 예정하는 계약의 금지

1) 손해배상액의 예정 채무불이행의 경우 채무자가 지급해야 할 손해배상의 액을 당사자 사이에서 미리 계약으로 정하는 것을 말하는데, 근로자의 채무불이행의 경우 실제 발생된 손해액과 관계없이 손해배상액을 미리 정하는 것을 말한다.

2) 불법행위로 인한 손해배상액의 예정 위약금예정은 그 법적 성질상 채무불이행의 경우에만 해당되나 손해배상은 채무불이행뿐 아니라 불법행위의 경우에도 발생할 수 있다. 그러나 근로기준법 제20조는 문언상 '채무불이행'으로 인한 손해배상액의 예정만 금지하도록 규정하고 있으므로, 과연 '불법행위'로 인한 경우에도 손해배상액의 예정이 금지되는 것인지에 관하여 의문이 제기될 수 있다. 동조의 취지가 손해배상의 사유 및 액수를 불문하고 손해배상액의 예정을 통한 근로자의 강제노동을 금지하고 있는 것이므로 불법행위로 인한 손해배상액의 예정도 금지된다고 해석해야 할 것이다.

(3) 실제 손해가 발생한 경우

손해배상액의 '예정'이 금지되는 것이지 손해배상의 청구 자체가 금지되는 것은 아니다. 따라서 근로자로 인하여 실제로 손해가 발생하였다면 그 손해배상은 청구할 수 있다. 근로자가 지각, 조퇴, 결석 등을 하는 경우에 임금을 삭감하는 것이나, 사용자와 신원보증인이 실손해에 대한 배상의 보증을 목적으로 하는 신원보증계약 등의 체결 등이 이에 해당된다.

(4) 위약금 부담 대상자의 범위

위약금의 지급책임을 부담할 대상자의 범위에 대하여는 구체적인 규정이 없으나, 친권자 · 신원보증인 · 보증인 · 연대보증인 또는 제3자가 될 수도 있는바, 이들과의 위약금예정계약도 모두 근로기준법 제20조의 위반이 된다.

3. 연수비반환과 의무재직기간

(1) 문제의 소재

사용자가 근로자에게 상당한 기간과 비용이 소요되는 연수나 위탁교육을 받게 한 후 일정한 의무재직기간을 정하고 근로자가 이를 위반하는 경우 교육비용 등의 연수비 반환을 약정하는 것이 일반화되어 있다. 이 경우 의무재직기간이 근로계약기간에 해당되는지 여부 및 연수비 반환이 위약금 예정에 해당되는지의 여부가 문제된다.

(2) 연수비 채무의 면제기간

판례는 이러한 약정을 위약금 예정으로 보지 아니하며 의무재직기간을 연수비 채무의 면제기간으로 해석한다. 즉 근로자의 기술습득을 위하여 필요한 해외파견훈련비를 대여하고 의무근무기간 이내에 퇴직하면 그 비용을 반환하도록 한 약정,[36] 항공사가 조종사의 훈련을 위하여 해외위탁교육비용을 부담하고 의무기간 내에 전직하면 그 비용을 상환하도록 한 약정[37] 등은 근로기준법 제20조에서 금지하고 있는 위약금예정에 해당하지 않는다.

(3) 연수비 반환의 범위

이러한 경우 의무재직기간 도중 근로자가 사직하는 경우에는 연수비반환의무가 발생한다. 그러나

36) 대판 1974.1.29, 72다2565.
37) 대판 1992.2.25, 91다26232.

상환의 범위는 어디까지나 연수에 소요된 비용이므로, 타회사로의 파견근무 형식으로 교육훈련이 행해지면서 파견된 타회사로부터 파견근무에 대한 대가로 수령한 금품이나 연수기간 동안에도 정상급여를 지급하도록 되어 있어 수령한 정상급여는 상환해야 할 범위에 속하지 않는다.[38] 따라서 이런 성격의 금원까지 상환하도록 약정하는 경우에는 위약금예정으로 무효가 된다.

그러나 근무의 주된 실질이 연수나 교육훈련이 아니라 기업체의 업무상 명령에 따른 근로장소의 변경에 불과한 경우, 이러한 해외근무기간 동안 임금 이외에 지급 또는 지출한 금품은 특수한 근로에 대한 대가이거나 또는 업무수행에 있어서의 필요불가결하게 지출할 것이 예정되어 있는 경비에 해당하여 재직기간 의무근무 위반을 이유로 반환하기로 하는 약정도 무효라고 보아야 할 것이다.[39]

4. 위반의 효과

근로기준법 제20조를 위반하여 위약금을 약정하고 또는 손해배상을 예정하는 계약을 체결한 사용자는 500만원 이하의 벌금에 처해진다. 그 계약을 체결하면 곧 위반이 성립하고, 이 계약은 무효이므로 이에 따른 위약금이나 손해배상액을 징수할 수 없다.

Ⅲ. 전차금상계의 금지

1. 의 의

사용자는 전차금이나 그 밖에 근로할 것을 조건으로 하는 전대채권과 임금을 상계하지 못한다(근기법 제21조). 근로기준법은 근로자의 강제노동을 금지하고 불리한 근로조건을 감수하게 하는 것을 방지하기 위하여 전차금 또는 전대채권과 임금을 상쇄하지 못하도록 규정하고 있다.

2. 상계금지의 내용

(1) 금지의 범위

근로기준법 제21조가 금지하고 있는 것은 전차금 등의 대여 자체가 아니라, 전차금 등과 임금과의 상계이다. 따라서 사용자가 근로자에게 임금과의 상계를 전제로 하지 아니하고 전차금을 대여하는 것은 허용된다고 할 것이다. 예컨대, 임금을 지급일 전에 지급하는 가불, 학자금대여 또는 주택구입자금의 대부 등은 근로자의 편의를 위하여 임금의 일부를 미리 지급한 것으로 근로기준법 제21조에 위배되지 아니한다.

(2) 임금채권을 자동채권으로 하는 상계

동 조항이 금지하고 있는 것은 사용자가 그의 전대채권을 자동채권으로 하여 근로자의 임금채권을 수동채권으로 하는 경우이다. 따라서 근로자가 그의 임금채권을 자동채권으로 하고 사용자의 전대채권을 수동채권으로 하는 상계는 금지의 대상이 되지 않는다. 그러나 이때에도 근로자의 상계의 의사표시는 그의 자유로운 의사결정에 의한 것이어야 한다.

---

38) 대판 1996.12.20, 95다52222 · 52239.

39) 대판 2003.10.23. 2003다7388.

3. '전차금 그 밖에 근로할 것을 조건으로 하는 전대채권'의 해당 여부

(1) 근로자의 자발적인 상계 허용 여부

근로자의 입장에서는 사용자로부터 금전을 차용하는 것이 용이하면서 경제적이고 그 변제의 불편을 피하기 위해 임금과 상계하도록 정할 필요성이 인정되는 경우도 있다.

그러므로 본 조에서 상계가 금지되는 '전차금 기타 근로할 것을 조건으로 하는 전대채권'에 해당되는지 여부는 금전대여의 원인, 기간, 금액, 금리의 유무 등을 종합적으로 검토하여 근로자에게 퇴직의 자유를 구속하는 강제근로의 위험성이 있는가에 따라 판단되어야 할 것이다.

(2) 초과 지급된 임금의 상계

사용자가 계산의 착오 등으로 근로자에게 임금을 초과 지급하였을 때 상계할 금액과 방법이 미리 고지되는 등 근로자의 경제생활의 안정을 해할 염려가 없는 경우에는, 사용자가 초과 지급된 임금의 반환청구권을 자동채권으로 하여 근로자의 임금채권과 상계하는 것은 전차금상계 금지에 해당되지 않는다.[40]

4. 위반의 효과

근로기준법 제21조에 위반한 사용자는 500만원 이하의 벌금에 처해진다. 또한, 본조에 위반되는 상계의 의사표시는 무효가 되어 근로자의 임금채권은 그대로 남게 되므로 근로기준법 제43조에 의하여 사용자는 임금채권 전액을 지급해야 할 의무를 부담한다. 따라서 사용자는 그 전차금에 대하여 임금상계 이외의 방법으로 반환받아야 할 것이다.

Ⅳ. 강제저금의 금지와 저축금관리

1. 의 의

사용자는 근로계약에 덧붙여 강제저축 또는 저축금의 관리를 규정하는 계약을 체결하지 못한다(근기법 제22조 제1항). 사용자가 근로자 임금의 일정액을 강제로 저축하게 하고 그 반환을 어렵게 하는 경우 근로자는 자신의 의사에 반하여 회사에 구속되는 결과를 가져올 우려가 있다. 또한 저축금이 기업의 경영자금으로 이용되는 경우 경영이 악화된다면 그 반환이 어렵게 되므로 이런 폐단을 방지하기 위하여 근로기준법은 강제저축 및 저축금관리를 금지하고 있다.

2. 강제저축 또는 저축금관리의 금지

(1) 강제저축의 금지

근로기준법 제22조의 "근로계약에 덧붙여"라 함은 근로계약의 체결 또는 존속조건으로서 근로계약에 명문으로 또는 묵시적으로 강제저축을 강요하는 것을 말한다.

강제저축의 범위에는 사용자 자신이 저축의 명의자가 되는 것은 물론 사용자가 지정하는 제3자, 즉 특정 은행, 우체국 및 공제조합 등의 금융기관과 저축계약을 하도록 하는 것도 포함된다.

(2) 강제저축금관리의 금지

사용자 자신이 직접 근로자의 예금을 받아 스스로 관리하는 '사내예금'은 물론 사용자가 개개 근로

---

40) 대판 1998.6.26, 97다14200.

자 명의로 은행 기타 금융기관에 예금한 후 그 통장과 인감을 보관하거나 예금의 인출을 금지, 제한하는 경우도 이에 포함한다.

3. 근로자의 위탁에 의한 저축금관리

근로자의 자유의사에 의하여 저축금을 사용자에게 관리하여 줄 것을 위탁하는 경우 사용자는 저축금을 관리할 수 있다. 다만, 이러한 경우라도 사실상 강제저금으로 작용할 우려가 있으므로, 사용자는 ⅰ) 저축의 종류, 기간 및 금융기간을 근로자가 결정하고, 근로자 본인의 이름으로 저축할 것, ⅱ) 근로자가 저축증서 등 관련자료의 열람 또는 반환을 요구할 때에는 즉시 이에 따를 것 등을 준수해야 한다(제22조 제2항).

임의저축으로서 강제근로의 위험성이 없다 하더라도 근로자의 저축재산을 보호하기 위해 사용자가 이를 임의로 처분·유용하지 못하도록 하려는 취지이다.[41]

4. 위반의 효과

사용자가 제22조 제1항의 강제저축금지규정에 위반한 경우에는 2년 이하의 징역 또는 1000만원 이하의 벌금을 받는다. 또한, 사법상으로 강제저축 또는 저축금 관리에 관한 계약은 당연히 무효이며, 사용자는 근로자에게 즉시 그 금액을 반환해야 한다.

[관련판례] 위약예정금지와 연수비반환약정

1. 위약예정금지의 취지와 판단기준(대판 2008.10.23. 2006다37274)

구 **근로기준법** 제27조(현행 **제20조**)가 "사용자는 근로계약 불이행에 대한 위약금 또는 손해배상액을 예정하는 계약을 체결하지 못한다"고 정하고 이를 위반하는 행위를 형사처벌 대상으로 삼은 취지는, 근로자의 근로계약 불이행을 이유로 사용자에게 어떤 손해가 어느 정도 발생하였는지를 묻지 않고 바로 일정 금액을 배상하도록 하는 약정을 미리 함으로써, **근로자의 의사에 반하는 계속 근로를 강제하는 것을 방지하기 위한 것**이다(대판 2004.4.28. 2001다53875 등 참조).

따라서 근로자가 일정기간 동안 근무하기로 하면서 이를 위반할 경우 소정 금원을 사용자에게 지급하기로 약정하는 경우, 그 약정의 취지가 **약정한 근무기간 이전에 퇴직**하면 그로 인하여 사용자에게 어떤 **손해**가 어느 **정도** 발생하였는지 **묻지 않고 바로 소정 금액을** 사용자에게 **지급하기로 하는 것**이라면 이는 명백히 위 조항에 반하는 것이어서 효력을 인정할 수 없다. 또, 그 **약정**이 미리 정한 **근무기간 이전에 퇴직**하였다는 이유로 마땅히 근로자에게 지급되어야 할 **임금을 반환**하기로 하는 취지일 때에도, 결과적으로 위 조항의 **입법목적에 반하는 것**이어서 역시 그 **효력을 인정할 수 없다.**

다만, 그 **약정이** 사용자가 근로자의 **교육훈련 또는 연수를 위한 비용**을 우선 지출하고 근로자는 실제 지출된 비용의 전부 또는 일부를 상환하는 의무를 부담하기로 하되 장차 일정 기간 동안 근무하는 경우에는 그 상**환의무를 면제**해 주기로 하는 **취지인 경우**에는, 그러한 약정의 필요성이 인정되고, 주로 사용자의 업무상 필요와 이익을 위하여 원래 사용자가 부담하여야 할 성질의 비용을 지출한 것에 불과한 정도가 아니라 근로자의 자발적 희망과 이익까지 고려하여 근로자가 전적으로 또는 공동으로 부담하여야 할 비용을 사용자가 대신 지

41) 종전에는 근로자의 위탁에 의한 사용자의 저축금 관리에 노동부장관의 인가를 필요로 하였으나, 1999년 법 개정시 삭제되었다.

출한 것으로 평가되며, 약정 근무기간 및 상환해야 할 비용이 합리적이고 타당한 범위 내에서 정해져 있는 등 위와 같은 약정으로 인하여 근로자의 **의사에 반하는 계속 근로를 부당하게 강제하는 것으로 평가되지 않는다면**, 그러한 약정까지 구 근로기준법 제27조(**현행 제20조)에 위반되는 것은 아니다.**

2. 연수비 내지 교육훈련비반환약정의 효력(대판 2003.10.23. 2003다7388)

기업체에서 비용을 부담 지출하여 직원에 대하여 위탁교육훈련을 시키면서 일정 임금을 지급하고 이를 이수한 직원이 교육수료일자부터 일정한 의무재직기간 이상 근무하지 아니할 때에는 기업체가 지급한 임금이나 해당 교육비용의 전부 또는 일부를 상환하도록 하되 의무재직기간 동안 근무하는 경우에는 이를 면제하기로 약정한 경우, **교육비용**의 전부 또는 일부를 근로자로 하여금 **상환**하도록 한 부분은 근로기준법 제27조에서 금지된 위약금 또는 손해배상을 예정하는 계약이 아니므로 **유효**하지만, **임금반환**을 약정한 부분은 기업체가 근로자에게 근로의 대상으로 지급한 임금을 채무불이행을 이유로 반환하기로 하는 약정으로서 실질적으로는 위약금 또는 손해배상을 예정하는 계약이므로 근로기준법 제27조에 위반되어 **무효**이고(대판 1996.12.6. 95다24944, 24951), 직원의 해외파견근무의 주된 실질이 연수나 교육훈련이 아니라 기업체의 업무상 명령에 따른 **근로장소의 변경**에 불과한 경우, 이러한 해외근무기간 동안 임금 이외에 지급 또는 지출한 금품은 장기간 해외근무라는 특수한 **근로에 대한 대가**이거나 또는 업무수행에 있어서의 **필요불가결하게 지출할 것이 예정되어 있는 경비에 해당**하여 재직기간 의무근무 위반을 이유로 이를 **반환**하기로 하는 약정또한 마찬가지로 무효라고 보아야 할 것이다.

3. 연수비 내지 교육훈련비반환약정이 근로기준법상의 '계약기간' 및 '위약 예정의 금지' 규정에 위반되는지 여부 (대판 1980.7.8, 80다590)

1년 이상 해외 파견된 피용자가 귀국일로부터 5년 이상 근무하지 아니할 때에는 파견에 소요된 경비 및 기타 손해를 배상한다는 구정은 피용자가 해외에서 교육받는데 사용자가 필요한 모든 경비를 지급하고 피용자가 귀국 후에 약정기간을 근무하지 아니하고 퇴직하는 경우에는 실제로 소요된 비용을 사용자에게 반환하되 약정기간 동안 근무하는 경우에는 이를 면제한다는 약정으로 보아야 하고 이러한 약정은 근로기준법 제24조(현행 제20조)에서 금지된 위약금 또는 손해배상예정의 약정은 아니라고 할 것이고 따라서 위에서 본 5년 이상의 근무기간은 근로기준법 제21조(현행 제16조)에서 말하는 근로계약기간이 아니라 경비반환채무의 면제기간을 정한 것으로 보아야 한다.

제 8 절 채용내정

Ⅰ. 서 설

채용내정이란 정식채용(본채용)의 상당기간 전에 채용할 자를 미리 결정하여 두는 것을 말한다. 예를 들면 사용자가 학교졸업예정자에 대해 졸업 후 채용하기로 미리 결정하는 것이 채용내정이다. 채용내정은 사용자가 필요로 하는 노동력을 미리 확보하기 위하여 활용되며 내정자는 졸업 전에 직장을 미리 확보해 두는 이점이 있다.

그러나 사용자가 채용을 지연하거나 뒤늦게 채용내정을 취소(즉 정식채용을 거부)하는 경우 내정자는 다른 회사에 취업할 수 없는 등의 불이익을 당하므로 채용내정의 법률관계가 문제된다.

Ⅱ. 채용내정의 법적 성질

1. 문제의 소재

채용내정은 통상적인 근로계약과는 달리 사용자의 채용결정과 근로제공 · 임금지급이 분리되었다는 점에서 그 법적 성질을 어떻게 이해할 것인가가 문제된다.

2. 학설 및 판례

(1) 근로계약불성립설

전통적인 계약이론은 채용내정을 '근로계약 체결과정의 일부' 또는 '근로계약 체결의 예약'에 불과하다고 보았다. 이에 따르면 채용내정의 취소는 손해배상책임(신뢰이익침해 또는 예약불이행)만을 발생시킬 뿐 종업원 지위의 존재를 주장할 수는 없게 된다. 즉 채용내정자는 손해배상을 청구할 수 있을 뿐 근로계약의 체결 자체를 요구할 수는 없는 것이다.

(2) 근로계약성립설

그러나 통설은 회사의 모집공고를 사용자에 의한 청약의 유인으로, 응모자의 응모를 근로자의 청약으로, 채용내정을 사용자의 승낙으로 간주함으로써 근로계약의 성립을 인정한다. 즉 채용내정자는 채용내정 취소시 종업원 지위 존재를 주장할 수 있게 된다.

(3) 판 례

판례 또한 채용내정 때 근로계약이 성립한다고 보고 있으며, 다만 "채용내정시부터 정식발령일까지 사이에는 사용자에게 근로계약의 해약권이 유보되어 있다"[42]고 판시하고 있다.

[관련판례] 채용내정의 법적 성질(서울고법 2000.4.28. 선고 99나41468)

근로계약이란 근로자가 사용자에게 근로를 제공하고 사용자는 이에 대하여 임금을 지급함을 목적으로 체결된 계약으로써 기본적으로 낙성, 불요식의 계약이라고 할 것이다. 그런데 위에서 본 바와 같이 이 사건의 경우처럼 대기업인 피고회사가 대학졸업예정자들을 상대로 신입사원을 **모집하는 것은 근로계약의 청약의 유인**이라 볼 것이고, 피고회사가 신입사원 **채용절차로써 정하고 요구하는 서류전형 및 면접절차에 원고가 응하는 것은 근로계약의 청약**에 해당한다고 보아야 하며, 이에 따라 피고회사가 서류전형과 면접 및 신체검사를 거친 후 1997.11월경 원고에게 최종 합격통지를 한 이른바 **채용내정통지는 이로써 근로계약의 승낙의 의사표시**를 한 것으로 보아야 할 것이다.

3. 검토의견

채용내정을 근로계약 체결과정상의 일부 또는 예약으로 이해한다면 내정자는 종업원으로서의 지위를 인정받지 못하면서 사실상 다른 직장을 찾아볼 기회를 박탈당하기 때문에 채용내정에 의해 근로계약은 성립되었다고 보는 것이 타당할 것이다.

Ⅲ. 채용내정과 근로관계

1. 근로계약의 성립시기

채용내정을 근로계약의 성립으로 보는 경우 사용자가 채용내정을 승낙함으로써 근로계약이 성립되기 때문에, 근로계약의 성립시기는 채용내정 통지를 발송한 때라고 해석해야 할 것이다.

2. 근로관계의 효력발생시기

근로관계는 근로계약에서 약정된 주된 채무, 즉 노무제공의무와 임금지급의무가 이행상태에 들어갈 때에 실현되는 것이므로 채용내정시부터 취업개시 전까지는 고유한 의미의 근로관계가 존재한다고 볼 수는 없을 것이다. 따라서 근로관계의 효력발생시기는 채용내정에 의하여 정해진 취업개시일이라고 할 수 있다.

3. 근로기준법의 적용범위

채용내정기간에는 현실적으로 근로를 제공하지 않기 때문에 근로제공과 관련된 규정(임금지급의무, 안전배려의무 등)은 적용되지 않을 것이고, 근로제공을 전제로 하지 않는 규정(균등처우, 계약기간, 근로조건 명시, 위약예정금지 등)만 적용될 것이다.

여기서 문제가 되는 것은 채용내정의 취소와 관련하여, 사용자가 채용내정에 의해 성립된 계약관계를 단순히 민법상 채권계약의 해지 또는 해제에 의하여 소멸시킬 수 있는 것인가, 아니면 근로기준법

42) 대판 2000.11.28, 2000다51476.

제23조와 제24조의 적용대상이라고 해야 할 것인가이다.

Ⅳ. 채용내정의 취소

1. 해고제한 규정 적용

채용내정자의 정식채용을 거부하거나 채용내정을 취소하는 것은 사실상 해고에 해당하기 때문에, 사용자가 채용내정을 취소하기 위해서는 근로기준법 제23조 제1항의 정당한 이유 또는 제24조의 경영상 이유에 의한 해고의 정당성 요건을 갖추어야 한다.[43]

2. 정당한 해지권 행사의 사례

해지권의 정당한 사유란 채용내정 제도의 취지 · 목적에 비추어 객관적으로 '합리적인 사유'가 존재하는 경우로서 구체적으로 졸업의 연기, 요양을 요하는 질병의 발생, 내정 후 노동력의 현저한 질적 저하, 경력서나 신상명세서에서 중요한 부분의 허위기재 등을 들 수 있다.

3. 정리해고의 요건 완화 적용

판례에서는 채용내정자들에 대한 경영상 이유에 의한 해고시에는 ⅰ) 근로자대표와의 협의의무와 관련하여 채용내정시부터 정식발령일까지 사이에는 사용자에게 근로계약의 해약권이 유보되어 있기 때문에 채용내정자들에게는 근로기준법 제24조 제3항이 적용되지 않는다고 하고,[44] ⅱ) 채용내정자들은 현실적으로 노무를 제공하지 않은 상태로써 근로관계에의 밀접도가 통상의 근로자에 비하여 떨어진다는 이유로 기존의 근로자들에 비하여 우선적인 정리해고 대상자로 선정한 것은 합리적인 이유가 있다 하여[45] 채용내정자들에 대해서는 경영상 이유에 의한 해고의 요건을 다소 완화하여 적용하고 있다.

[관련판례] 채용내정과 정리해고의 요건

1. 채용내정자들은 근로관계에의 밀접도가 떨어지기 때문에 우선적인 정리해고 대상자로 선정한 것은 합리적인 이유가 있다(서울고법 2000.4.28, 99나41468)

기존 직원들에 대하여 명예퇴직, 의원사직 유도 등을 통하여 상당한 인원을 감축한 후에도 인원감축의 필요성은 계속되었으나, '고용안정에 관한 협약'에 의하여 기존 직원들에 대한 추가적인 정리해고가 불가능하였을 뿐만 아니라, 원고 등은 비록 피고회사와 사이에 근로계약이 성립되어 종업원의 지위를 가지고 있었지만 당시까지 현실적으로 노무를 제공하지 않은 상태로써 **근로관계에의 밀접도가 통상의 근로자에 비하여 떨어진다고 할 것**이어서 기존의 근로자들에 비하여 **우선적인 정리해고 대상**에 속할 수 있다고 할 것이므로 피고회사가 위와 같이 원고를 비롯한 채용내정자들을 정리해고 대상자로 선정한 것은 합리적인 이유가 있는 것으로 판단할 수 있다.

2. 채용내정자들에게는 '정리해고시 근로자대표와의 협의 의무' 규정이 적용되지 않는다(대판 2000.11.28, 2000다51476)

원심에 의하면 피고의 정리해고는 여러 인정사실에 비추어 ① 긴박한 경영상의 필요에 의하여, ② 해고 회

43) 대판 2000.11.28, 2000다51476.
44) 대판 2000.11.28, 2000다51476.
45) 서울고법 2000.4.28, 99나41468.

피를 위한 사용자의 노력이 병행되면서, ③ 객관적 · 합리적 기준에 의하여 해고대상자를 선정하여, ④ 근로자 측과의 성실한 협의를 거쳐서 행하여진 것이고, 한편 피고회사의 취업규칙에 비추어 신규채용된 자들의 채용내정시부터 정식발령일까지 사이에는 사용자에게 **근로계약의 해약권이 유보**된다고 할 것이어서 원고들에 대하여는 근로기준법 제31조(**현행 제24조) 제3항이 적용되지 않는다**고 보아야 한다고 하여, 결국 피고의 원고들에 대한 정리해고가 정당하다고 판단한 것은 모두 정당하고 정리해고의 유효요건에 관한 법리를 오해한 위법이 있다고 할 수 없다.

4. 채용내정취소와 임금지급

채용내정자가 취업예정일 이후에 사용자가 정당한 이유 없이 노무수령을 거부하는 경우에는 사용자는 반대급부의무(민법 제538조 제1항)[46]를 면할 수 없게 되어 임금 전액을 지급해야 한다.

취업예정일이 지나서 채용내정이 취소된 경우에는 취업예정일부터 채용내정 취소(해고)시까지는 임금이 지급되어야 한다.[47]

5. 정당한 해지권의 행사가 아닌 경우

(1) 노동위원회에의 구제신청

채용내정에 있어서 해지권이 유보되어 있을지라도 그 취소는 법률상 해고에 해당한다. 따라서 내정취소에서 정당한 해지권의 행사가 아닌 경우 이는 무효인 해고로서(근로기준법 제23조 제1항) 노동위원회에 구제신청을 할 수 있다(동법 제28조).

(2) 손해배상책임

사용자가 채용내정을 통지한 후 정당한 사유 없이 내정을 취소한 때에는 '불법행위'가 성립하여 사용자는 근로자가 직원으로 채용되기를 기대하고 다른 취직의 기회를 포기함으로써 입은 손해배상책임을 부담해야 할 것이다.[48]

Ⅴ. 결 론

현행 노동법에는 채용내정과 같은 과도기적 근로관계를 규제할 수 있는 명확한 기준이 존재하지 않고, 또한 이들에 대한 법적 성격이 모호한 상태로 남아 있어, 채용내정의 취소로 사실상 부당해고에 가까운 분쟁이 발생하더라도 명확한 적용법규가 없기 때문에 근로자들의 권리보호가 취약한 실정이다.

채용내정의 경우 현행 근로기준법에 '채용내정의 개념', '채용내정의 취소사유 및 효과' 등에 대하여 규정함으로써, 채용내정 부분에 대한 법적 공백을 메움과 동시에, 특히 채용내정 취소와 관련된 분쟁을 해결할 수 있도록 판단기준을 제시할 필요가 있을 것이다.[49]

---

46) 민법 제538조(채권자귀책사유로 인한 이행불능) ① 쌍무계약의 당사자 일방의 채무가 채권자의 책임있는 사유로 이행할 수 없게 된 때에는 채무자는 상대방의 이행을 청구할 수 있다. 채권자의 수령지체중에 당사자 쌍방의 책임없는 사유로 이행할 수 없게 된 때에도 같다.

47) 서울고법 2000.4.28, 99나41468; 대판 2002.12.10, 2000다25910.

48) 대판 1993.9.10, 92다42897.

49) 근로기준법제 개선방안 30~31.

제9절 시 용

Ⅰ. 서 설

시용이란 사용자가 근로자를 정식으로 채용(본채용)하기 직전에 정규종업원으로서의 직무수행능력이나 적성 등을 평가하기 위하여 일정기간 동안 시험적으로 사용하는 것을 말한다. 근로자에게도 향후 본인이 담당하게 될 업무가 자신에게 적합한지 여부를 검토하는 기회를 부여하는 등 근로자를 위해서 설정되는 경우도 있다.

이 제도는 ⅰ) 근로자의 기초적 교육 및 연수의 실시, ⅱ) 자질 및 적성의 평가에 따른 적재적소배치, ⅲ) 종업원으로서의 적격성 판단 등을 위해 널리 활용되고 있다. 근로자의 현실적 근로제공이 있다는 점에서 채용내정과 구별되고, 업무수행능력을 습득하기 위해 일정한 연수기간을 설정하는 수습과도 구별된다.

시용은 대개 취업규칙이나 당사자의 합의로 정해지나, 그 합의의 내용이 불명확한 경우에 시용기간의 법적 성질을 어떻게 이해해야 하는가가 문제이다. 또한 시용기간 중의 근로자의 지위와 관련해서 해고의 기준이 정규채용된 근로자와 어떻게 다른가가 문제이다.

Ⅱ. 법적 성질

시용의 법적 성질에 관하여는 시용기간 중에는 근로제공 및 임금수령이 수반되는 근로관계가 존재하므로 근로계약이 이미 체결되었다는 점에서는 거의 이론이 없으며,[50] 판례도 시용기간을 당해 근로자의 자질·성격 및 능력 등 그 일에 대한 적격성 여부를 판단하여 후일의 조사나 관찰에 기한 최종적 결정을 유보하는 것이라고 하여, 해약권이 유보된 근로계약이라고 보고 있다.[51]

따라서 시용기간 중의 근로자라고 할지라도 근로계약이 체결되어 있다는 점에서는 일반 근로자와

50) 근로계약이 성립됐다는 점에서는 이론이 없으나, 구체적으로 다음과 같은 견해가 있다. 정식 근로자로서 적격하다는 평가를 근로계약의 효력발생조건으로 하여 정식채용된다는 견해(정지조건부 근로계약설), 정식 근로자로서 적절하지 못하다는 평가를 근로계약의 해제조건으로 하여 정식채용된다는 견해(해제조건부 근로계약설), 사용자는 정식근로자로서 적절하지 못하다는 평가를 이유로 근로관계를 해지할 수 있는 권리를 유보한다는 견해(해지권유보근로계약설) 등이다.

51) 대판 1991.5.31, 90가합18673.

다름이 없으나, 사용자의 해약권이 유보되어 있다는 점에서 차이가 있는 것이다.

Ⅲ. 시용과 근로관계

1. 근로조건 명시

시용은 근로자와 사용자 간의 근로계약이 체결되어 있는 고용형태이다. 사용자는 근로자를 시용으로 채용하는 경우 이를 근로계약에 명시하여야 한다. 시용은 임금의 계산 및 상여금 지급여부 등과 관련하여 근로조건의 중요한 사항이기 때문이다. 이를 명시하지 아니하는 경우 일반 근로자로 채용된 것으로 보아야 한다.[52]

2. 시용시 판단대상

시용은 근로자가 구체적으로 수행할 직무에 요구되는 객관적 능력 및 자격 등을 판단하는 것뿐 아니라 성실성 및 인품 등의 주관적 요소를 판단대상에 포함 가능하다.

3. 시용의 기간

(1) 의 의

시용기간은 당사자 간의 합의에 의하여 정하는 것이 원칙이다. 그런데 시용기간에는 근로자의 지위가 불안하므로, 이러한 불안한 지위로부터 벗어나게 해 줄 필요성에 따라 적정한 기간이 요구되고 있다. 대부분의 취업규칙이나 단체협약에서 시용기간을 3개월로 정하고 있는바, 일반적으로 시용기간은 3개월로 보는 것이 타당할 것이다.

(2) 시용기간의 연장

시용기간의 연장은 근로자 일방에게만 불이익한 것이므로 특별한 사정이 없는 한 사용자의 일방적인 연장은 허용되지 않는다. 그러나 연장기간 중에 근로자의 근무태도가 개선될 것을 기대하여 가능한 한 정식사원으로 채용할 것을 배려한 나머지 그 기간을 연장하는 것은 근로자에게 크게 불리한 것이 아니므로 근로자를 위해 특별한 사정이 있는 그 기간을 연장할 수 있다고 본다.

Ⅳ. 본채용거부와 정당한 이유

1. 문제의 소재

시용에서 가장 중요한 것은 적격성 평가의 기준이다. 왜냐하면 사용자에 의한 부적격 평가는 곧 근로자의 직장의 상실을 의미하기 때문이다. 그러므로 부적격 평가의 기준이 사용자의 주관적 기준에 의할 것인가, 아니면 근로기준법 제23조의 '정당한 이유'로서 법률이 요구하는 객관적 기준에 합당해야 하느냐가 문제가 된다.

2. 정당한 이유에 의한 본채용 거부

시용은 정식 근로계약 체결 후의 근로관계이기 때문에 사용자가 시용기간 중 근로자를 해고하거나

52) 대판 1991.11.26, 90다4914; 대판 1999.11.12, 99다30473.

본채용을 거부하는 것은 근로기준법 제23조의 해고에 해당된다. 그러므로 사용자는 정당한 이유가 있는 경우에만 해고 또는 본채용 거부를 할 수 있다.

3. 정당한 이유의 범위

시용의 취지는 당해 근로자의 업무능력 · 자질 · 인품 · 성실성 · 업무적격성 등을 판단하는 것이므로 통상의 해고보다는 넓게 정당사유가 인정되어야 할 것이다. 그러나 이 경우에도 객관적으로 합리적인 이유가 존재하여 사회통념상 상당하다고 인정되어야 한다.[53]

구체적으로 판례는 시용기간 중의 운전사가 시내버스를 운전하다 앞차를 충돌하여 승객들이 부상당하고 앞차가 파손되는 사고가 발생하여 운전면허정지처분까지 받은 경우에 운전사로서의 부적격성을 이유로 해고한 것을 정당한 이유로 판시한 바 있다.[54]

또한 최근 판례는 직원의 본채용을 거부한 사안에서 "근무성적평정표만으로는 직원들의 업무수행능력이 얼마나 부족했는지, 그로 인해 업무수행에 어떠한 차질이 있었는지를 알 수 없다"[55]고 하여 부당한 해고라고 판시하였다.[56]

Ⅴ. 시용기간 만료 후의 효과

1. 정규근로자로의 전환

시용기간이 만료되었음에도 사용자가 부적격 사유를 제시하지 않고 근로자를 사실상 계속 취업시키는 경우에는 해약권의 유보가 없는 근로관계, 즉 정규근로자로 전환되었다고 보아야 할 것이다.

2. 근속기간의 산입

시용기간 만료 후 사용자가 근로자를 정식근로자로 채용한 경우에는 기존의 시용기간은 퇴직금, 연차휴가 등의 계산시 계속근로년수에 산입된다. 시용기간 후 사용자가 근로자를 정규근로자로 채용하여 정규근로관계가 성립하면 기존 시용기간은 정규근로관계의 존속기간으로 산입된다.

Ⅵ. 결 론

현행 노동법에는 시용과 같은 소위 '과도기적 근로관계'를 규제할 수 있는 명확한 기준이 존재하지 않고, 또한 이들에 대한 법적 성격이 모호한 상태로 남아 있어, 본채용의 거부로 사실상 부당해고에 가까운 분쟁이 발생하더라도 명확한 적용법규가 없기 때문에 근로자들의 권리보호가 취약한 실정이다.

시용의 경우 '시용의 개념', '시용의 기간', '본채용의 거부사유' 등에 대하여 명확하게 법으로 규정함으로써, 시용기간이 불필요하게 장기화되거나 부당하게 갱신되는 것을 방지함과 동시에, 본채용거부가 남용되지 않도록 입법적 배려를 할 필요가 있을 것이다.[57]

53) 대판 2001.2.23, 99두10889; 대판 1994.1.11, 92다44695.
54) 대판 1987.9.8, 87다카555.
55) 대판 2006.2.24, 2002다62432.
56) 대판 2006.2.24, 2002다62432[씨티은행사건].

[관련판례] 시용과 본 채용거부(대판 2006.2.24, 2002다62432[씨티은행 사건])

[1] 시용기간 중에 있는 근로자를 해고하거나 시용기간 만료시 본계약의 체결을 거부하는 것은 **사용자에게 유보된 해약권의 행사**로서, 당해 근로자의 업무능력, 자질, 인품, 성실성 등 업무적격성을 관찰·판단하려는 시용제도의 취지·목적에 비추어 볼 때 **보통의 해고보다는 넓게 인정**되나, 이 경우에도 객관적으로 **합리적인 이유가 존재하여 사회통념상 상당하다고 인정**되어야 한다.

[2] 피고 은행이 각 지점별로 C 또는 D의 평정등급 해당자 수를 할당한 점, 피고 은행이 근무성적평정표가 작성·제출된 후 일부 지점장들에게 재작성을 요구하였고, 이에 따라 일부 지점장들이 평정자 및 확인자를 달리하도록 정한 피고 은행의 근무성적평정요령에 어긋나게 혼자서 근무성적평정표를 재작성하기도 한 점, 평정대상자마다 평정자가 상이한 점, 시용조건부 근로계약 해지의 성격상 당해 근로자의 업무적격성 등을 절대적으로 평가하여야 함에도 상당수의 평정자가 다른 직원들과의 비교를 통하여 상대적으로 평가한 점, 원고들에 대한 근무성적평정표 및 평정의견서만으로 원고들의 업무수행능력이 어느 정도, 어떻게 부족하였는지 또 그로 인하여 업무수행에 어떠한 차질이 있었는지를 알 수 없는 점 등에 비추어 보면, 피고 은행이 원고들과의 이 사건 **근로계약을 해지한 데에는 정당한 이유가 있다고 보기 어렵고** 달리 이를 인정할 증거가 없으므로, 결국 피고 은행이 이 사건 근로계약에서 유보된 해지권을 행사하여 원고들을 해고한 것은 무효이다.

Key Word

➾ 근로계약, 고용계약, 근로자와 사용자의 권리 · 의무, 진실고지의무, 근로계약기간, 위약예정의 금지, 근로조건 명시, 채용내정, 수습, 시용

기출문제

(1) 근로조건 명시의무에 대해 논하라. (13회, 04년, 50점)

(2) 근로기준법상 위약 예정의 금지. (18회, 09년, 25조)

연습문제

(1) 비정형계약(채용내정, 시용)에 대하여 논하시오.

(2) 근로기준법을 위반한 근로계약에 대하여 약술하시오.

57) 한국노동법학회, 「근로기준법제의 중장기적 개선방안」, 2007. 11, 노동부 연구용역, 30~31.

제 3 장　취업규칙

제 1 절　취업규칙의 의의와 법적 규제

Ⅰ. 서　　설

1. 취업규칙의 의의

사업장에서 근로자에게 적용되는 근로조건 또는 당사자가 준수하여야 할 경영규범에 관하여 사용자가 일방적으로 정한 통일적이고 획일적인 규칙을 총칭하여 취업규칙이라고 한다.

사용자가 정한 규칙의 실질적인 내용이 근로자의 복무규율과 임금 등 당해 사업의 근로자 전체에 적용될 근로조건에 관한 준칙을 정한 것이라면 그 명칭이 무엇인가는 상관이 없다.[1)]

노사자치에 의한 단체협약으로 근로조건을 설정하는 것이 이념적인 면에서 가장 좋은 방법이 될 것이지만, 노동조합이 결성되어 있지 않으면 단체협약을 체결할 수 없을뿐더러 노동조합이 존재하여 단체협약을 체결한 경우에도 모든 근로자가 그것에 의해 근로조건 등이 정해지는 것은 아니다. 이런 이유로 현실적으로 우리나라에서 근로조건 등은 취업규칙에 의해 설정되는 경우가 대부분이다.

2. 취업규칙의 법적 규제

취업규칙은 근로계약이나 단체협약과 달리 사용자에 의해 일방적으로 정해진다는 점에서 근본적인 문제점을 가지고 있다. 근로기준법은 이러한 취업규칙의 현실적 기능과 문제점을 고려하여 ⅰ) 10인 이상 사업장의 취업규칙의 작성 의무(근기법 제93조), ⅱ) 취업규칙 작성 · 변경시 근로자집단의 의견청취 및 동의(제94조 제1항), ⅲ) 단체협약의 우선 효력(제96조) 및 감급 제한(제95조), ⅳ) 사용자의 취업규칙

1) 김유성 197; 대판 1994.5.10, 93다30181, 근로조건을 내부기안으로서 관행화시킨 경우 그 내부기안도 넓은 의미의 취업규칙에 해당한다.

신고(제93조) 및 주지 의무(제14조), ⅴ) 취업규칙에 미달하는 근로계약의 효력(제97조) 등의 법적 규제를 마련하고 있다.

즉 근로조건 등의 집단적 · 통일적 처리라는 사용자측의 필요성을 인정하면서 동시에 사용자의 일방적 작성에 따른 근로자보호의 필요성을 반영하는 규정을 두고 있는 것이다.

Ⅱ. 취업규칙의 효력과 법적 성격

1. 취업규칙의 효력

근로기준법은 "취업규칙에서 정한 기준에 미달하는 근로조건을 정한 근로계약은 그 부분에 관하여는 무효로 한다. 이 경우 무효로 된 부분은 취업규칙에 정한 기준에 따른다(근기법 제97조)"고 하여 취업규칙의 강행적 · 보충적 효력을 인정하고 있다.

근로기준법은 취업규칙의 개별적 근로계약에 대한 우월적 지위는 인정하지만, 법령이나 단체협약에 대한 관계에서는 그렇지 않다. 취업규칙은 법령 또는 당해 사업 또는 사업장에 대하여 적용되는 단체협약에 반할 수 없고(제96조 제1항),[2] 노동부장관은 법령 또는 단체협약에 저촉되는 취업규칙의 변경을 명할 수 있다(제96조 제2항).

2. 법적 성질

(1) 문제의 소재

취업규칙은 사용자가 일방적으로 정한 것인데도 당사자 사이의 합의로 성립된 근로계약을 무효로 하고 우선 적용되는 규범적 효력(근기법 제97조), 즉 근로계약 당사자에 대하여 구속력을 가지는 근거가 무엇인가, 취업규칙의 법적 성질이 무엇인가가 문제된다.

(2) 학 설

1) 법규범설 법규범설은 취업규칙은 그 자체가 법률상으로도 근로계약 당사자를 구속하는 법규범이라는 견해로 법규범성의 근거를 어디에서 찾느냐에 따라 경영권설,[3] 관습법설,[4] 수권설 등이 있다.

이 중 주목되는 것은 수권설로 취업규칙은 원래 단순한 사회규범에 불과하지만 국가가 사용자의 지배력을 억지하고 근로자를 보호하기 위하여 근로기준법 제97조를 통하여 법규범적 효력을 가지는 취업규칙 제정권한을 수권한 것이고 이 수권에 근거하여 취업규칙은 근로계약 당사자에 대한 구속력을 가진다는 입장이다.[5]

2) 계 약 설 계약설은 취업규칙은 그 자체로서는 법규범은 아니지만 취업규칙에 대하여 근로자가 동의하였기 때문에 근로계약의 내용이 됨으로써 당사자를 구속한다는 견해로 순수계약설,[6]

---

2) 한편 노조법 제33조 제1항도 "단체협약에 정한 근로조건 기타 근로자의 대우에 관한 기준에 위반하는 취업규칙 또는 근로계약의 부분은 무효로 한다"고 하여 취업규칙에 대한 단체협약의 우위를 명문으로 규정하고 있다.

3) 경영권설은 사용자는 경영권에 기하여 경영 내지 법규범인 취업규칙을 제정할 수 있다는 견해.

4) 관습법설은 사업장이라는 부분사회의 관습법 내지 이에 준하는 것이라는 견해.

5) 임종률 342~343, 김유성Ⅰ 200; 대판 1977.12.27, 77다1378; 대판 1977.7.26, 77다355.

6) 순수계약설은 근로자가 채용시에 취업규칙을 포괄적으로 수락하거나 취업규칙에 따라 사실상 노동관계를 전개함으로써 취업규칙에 동의한 것이라는 견해이다.

사실관습설, 정형계약설[7] 등이 있다.

이 중 주목되는 견해는 사실관습설로 사용자와 근로자 사이에는 근로조건은 취업규칙에 따른다는 사실인 관습(민법 제106조)이 존재하기 때문에, 근로자가 취업규칙에 대하여 반대의 의사를 표명하지 않는 이상 취업규칙의 규정이 근로계약의 내용이 된다는 입장이다.

(3) 판 례

판례는 "근로기준법이 종속적 노동관계의 현실에 입각하여 실질적으로 불평등한 근로자의 입장을 보호 · 강화하여 그의 기본적 생활을 보호 · 향상시키려는 목적의 일환으로 그 작성을 강제하고 이에 법규범성을 부여한 것"이라고 판시하여 수권설에 기초하고 있다.[8]

(4) 검 토

취업규칙은 사용자가 자신이 운영하는 사업 또는 사업장에 통일적으로 적용될 사항에 대한 자신의 입장 내지 지침을 정한 것에 불과하다. 그러나 근로기준법은 근로자보호를 위해 제반의무를 사용자에 부과하는 한편, 취업규칙에 법규범적 효력을 부여하고 있다. 이를 근거로 취업규칙이 근로관계 당사자를 구속한 다는 점에서 수권설이 타당하다고 본다.[9]

[관련판례] 취업규칙의 법적 성질과 불이익변경 요건(대판 1977.7.26, 77다355)

취업규칙은 사용자가 기업경영권에 기하여 사업장에 있어서의 근로자의 복무규율이나 근로 조건의 기준을 획일적 통일적으로 정립하기 위하여 작성하는 것으로서 이는 근로기준법이 종속적 노동관계의 현실에 입각하여 실질적으로 불평등한 근로자의 입장을 보호강화하여 그들의 기본적 생활을 보호향상시키려는 목적의 일환으로 그 작성을 강제하고 이에 **법규범성을 부여**한 것이라고 볼 것이므로 원칙적으로 취업규칙의 작성변경권은 사용자에게 있다 할 것이나 취업규칙의 변경에 의하여 기존 근로조건의 내용을 일방적으로 근로자에게 불이익하게 변경하려면 종전 취업규칙의 적용을 받고있던 **근로자 집단의 집단의사결정 방법에 의한 동의를 요한다고 할 것**이며 그 동의의 방법은 **근로자 과반수로 조직된 노동조합이 있는 경우에는 그 조합의, 그와 같은 조합이 없는 경우에는 근로자들의 회의방식에 의한 과반수의 동의가 없는 한 취업규칙의 변경으로서의 효력을 가질 수 없고** 따라서 그러한 취업규칙 변경에 대하여 개인적으로 동의한 근로자에 대하여도 효력이 없는 것이라고 할 것이다.

Ⅲ. 취업규칙의 작성 · 변경

1. 작성 · 변경 절차

근로기준법은 취업규칙의 일방적 작성 · 변경에 따른 문제점을 보완하기 위해 몇 가지 법적 규제를 두고 있다.

---

7) 정형계약설은 취업규칙은 보통거래약관과 같은 정형계약으로서 사용자와 근로자 사이에는 근로조건은 취업규칙에 따른다는 사실인 관습이 성립하고 있기 때문에 그 내용에 합리성이 있고 내용이 제시되어 있는 이상, 또 반대의 의사를 표명하지 않는 이상, 그 취업규칙에 대하여는 법규범성이 인정된다는 견해이다.

8) 대판 1977.7.26, 77다355.

9) 김유성 I 200; 임종률 343, 임종률 교수는 취업규칙은 민 · 상사상의 보통거래약관과 달리 해당 사업 내 근로자에게만 적용되고 근로자 측의 의견을 들어 작성 · 변경된다는 점, 사실관습설이나 정형계약설로 보면 취업규칙에 반대의 의사를 표명한 근로자에 대하여 구속력을 가지지 못함으로써 취업규칙의 근로조건 획일화 기능이 상실되게 된다는 점에서 수권설을 지지한다.

(1) 10인 이상 사업장에서의 작성의무

상시 10인 이상의 근로자를 사용하는 사용자는 법정사항을 기재한 취업규칙을 작성하여야 한다(근기법 제93조). 상시 10명 미만의 근로자를 사용하는 사용자는 취업규칙의 작성의무가 없지만 사용자가 취업규칙을 작성한 경우 규범적 효력에 관한 규정(제97조)은 적용된다.[10]

(2) 근로자집단의 의견청취 및 동의

사용자는 취업규칙의 작성 또는 변경에 관하여 당해 사업 또는 사업장에 근로자의 과반수로 조직된 노동조합이 있는 경우에는 그 노동조합, 근로자의 과반수로 조직된 노동조합이 없는 경우에는 근로자의 과반수의 의견을 들어야 한다. 다만, 취업규칙을 근로자에게 불이익하게 변경하는 경우에는 그 동의를 받아야 한다(제94조 제1항).

(3) 노동부장관에의 신고 등

사용자는 작성된 또는 변경된 취업규칙에 근로자집단의 의견을 기입한 서면을 첨부하여 노동부장관에게 신고하여야 한다(제93조 및 제94조 제2항). 노동부장관은 신고된 취업규칙을 검토하여 그것이 법령 또는 단체협약에 저촉되는 경우에는 그 취업규칙의 변경을 명할 수 있다(제96조 제2항). 한편, 사용자는 취업규칙을 상시 각 사업장에 게시 또는 비치하여 근로자에게 주지시켜야 한다(제14조).

2. 작성의무

(1) 작성의무자

취업규칙의 작성의무를 지는 사용자는 "상시 10인 이상의 근로자를 사용하는 사용자"이다. 작성의무가 있는 사용자가 취업규칙을 작성하지 않는 경우에는 500만원 이하의 과태료에 처한다(제116조 제1항 제2호).

(2) 내 용[11]

1) 필요기재사항(법정기재사항) 취업규칙에는 아래와 같이 근로기준법 제93조에서 정하고 있는 사항을 모두 기재하여야 한다. 필요기재사항이 누락하게 되면 작성의무위반이 된다.[12]

① 시업 · 종업의 시각, 휴게시간, 휴일, 휴가 및 교대근로에 관한 사항
② 임금의 결정 · 계산 · 지급방법, 임금의 산정기간 · 지급시기 및 승급에 관한 사항
③ 가족수당의 계산 · 지급방법에 관한 사항
④ 퇴직에 관한 사항
⑤ 퇴직금, 상여 및 최저임금에 관한 사항
⑥ 근로자의 식비, 작업용품 등 부담에 관한 사항

---

10) 임종률 342, 근로기준법의 규정은 별도의 정함이 없는 경우를 제외하고는 상시 5명 이상의 근로자를 사용하는 모든 사업 또는 사업장에 적용되기 때문이다. 하지만, 상시 4인 이하의 근로자를 사용하는 사업(장)은 근로기준법 제9장의 취업규칙에 관한 규정이 적용되지 않으므로 사용자가 임의로 취업규칙을 작성·운영하더라도 제97조의 효력을 인정하기 어렵다(2005. 12. 28, 근로기준팀-2046).

11) 근로기준법제 개선방안 154, 취업규칙 기재사항을 각 사업의 다양성을 감안하여 필수기재사항과 임의기재사항으로 구분하여 정비하고 현행 기재사항 중 변화된 환경에 부응하지 않는 불필요한 규정은 삭제하며, 현재의 변화된 모습을 반영하여야 함.

12) 김유성 I 203; 임종률 344; 필요적 기재사항 중 임금, 근로시간, 휴게신간, 휴일 등 법정 근로조건에 관한 사항은 취업규칙에 기재해야 하지만(절대적 필요기재사항), 교대근로, 가족수당, 근로자의 식비 등 임의적 근로조건은 해당 사업 또는 사업장에서 이를 시행하는 경우에만 기재할 의무가 생긴다(상대적 필요기재사항).

⑦ 근로자를 위한 교육시설에 관한 사항
⑧ 산전후휴가 · 육아휴직 등 여성근로자의 모성보호에 관한 사항
⑨ 안전과 보건에 관한 사항
⑩ 업무상과 업무외의 재해부조에 관한 사항
⑪ 표창과 제재에 관한 사항
⑫ 기타 당해 사업 또는 사업장의 근로자 전체에 적용될 사항

2) 임의기재사항 필요기재사항 이외의 사항을 기재할 것인가 여부는 사용자의 자유에 맡겨지지만 일단 기재하면 취업규칙에 관한 근로기준법상의 모든 규제가 적용된다.

3) 작성의 방법 필요기재사항을 망라하여 하나의 규칙에 포함시키는 것을 원칙으로 하지만, 특정 사항에 관하여 별도의 규칙을 작성하는 것도 무방하다.[13] 또 근무형태나 직종에 따라 별도의 취업규칙을 작성하는 것도 허용된다.[14]

4) 작성의무를 위반한 취업규칙의 효력 사용자가 작성의무를 위반하면 해당 과태료(제116조 제1항 제2호)가 부과되지만, 그 취업규칙의 사법적 효력발생에 영향을 주지 않는다.

3. 작성 · 변경과 의견청취의무

사용자는 취업규칙의 작성 또는 변경에 관하여 당해 사업 또는 사업장에 근로자의 과반수로 조직된 노동조합이 있는 경우에는 그 노동조합, 근로자의 과반수로 조직된 노동조합이 없는 경우에는 근로자의 과반수의 의견을 들어야 한다(제94조 제1항).

이 규정의 취지는 취업규칙의 작성 또는 변경에 근로자 측의 의견을 참고하도록 함으로써 사용자에 의한 일방적 작성 · 변경의 문제점을 보완하려는 것이다.[15]

4. 불이익변경

일반적인 취업규칙의 작성 · 변경의 경우에는 근로자 측의 의견을 청취하면 된다. 그러나 취업규칙을 근로자에게 불이익하게 변경하는 경우에는 근로자 측의 동의를 얻어야 한다(제94조 제1항 단서). 근로기준법은 원칙적으로는 사용자가 자유롭게 근로조건을 설정하거나 변경하는 것을 인정하면서도, 근로조건의 저하에 있어서는 근로자 측의 동의를 받도록 함으로써 사용자에 의한 일방적 변경의 문제점을 보완하고 근로자를 보호하려고 하고 있다.

5. 신고 및 주지의무

취업규칙을 작성 또는 변경한 사용자는 이를 노동부장관에게 신고하여야 한다(제93조). 취업규칙을 신고할 때에는 근로자 측의 의견서(불이익변경시에는 동의서)를 첨부하여야 한다(제94조 제2항). 취업규칙의 신고의무는 취업규칙의 내용에 대한 행정감독을 위한 것이다.

취업규칙 신고의무에 위반한 사용자에게는 벌칙(제116조)이 적용되지만, 취업규칙 자체의 효력이 부인되는 것은 아니다.[16]

13) 대판 2000.2.25, 98다11628.
14) 대판 1992.2.28, 91다30828.
15) 김유성 I 203.

사용자는 취업규칙을 상시 각 사업장에 게시 또는 비치하여 근로자에게 주지시켜야 한다(제14조). 이 규정은 취업규칙의 법규범적 효력을 부여하기 위한 전제로서 근로조건의 내용을 근로자가 명확히 알도록 하기 위한 취지이다.

Ⅳ. 취업규칙의 제한

1. 법령 · 단체협약에 위반한 취업규칙

취업규칙은 법령이나 해당 사업 또는 사업장에 대하여 적용되는 단체협약에 어긋나서는 안 되며(제96조 제1항), 노동부장관은 법령 또는 단체협약에 저촉되는 취업규칙의 변경을 명할 수 있다(제96조 제2항). 사용자가 일방적으로 정하는 취업규칙에 대하여 법령과 단체협약이 우월하다는 것을 밝히고 감독권한으로 그 우월성을 확보하려는 것이다.

2. 감급의 제한

취업규칙의 내용은 법령이나 단체협약에 반하지 않는 한, 사용자가 법정 절차를 거쳐 자유로이 정할 수 있다. 다만 징계의 한 종류인 감급에 있어서는 임금이 가지는 중요한 의의, 즉 근로자의 생계수단이라는 점을 감안하여 그 내용에 특별한 제한을 설정하고 있다.

취업규칙에서 근로자에 대하여 감급의 제재를 정할 경우에는 그 감액은 1회의 액이 평균임금의 1일분의 2분의 1을, 총액이 1임금지급기에 있어서의 임금총액의 10분의 1을 초과하지 못한다(제95조).

16) 김유성 I 213, 임종률 353, 김형배 249; 반대견해 이병태 941.

제 2 절 취업규칙의 변경과 그 효력

Ⅰ. 서 설

취업규칙은 사업장에서 근로자에게 적용되는 근로조건 또는 당사자가 준수하여야 할 경영규범에 관하여 사용자가 일방적으로 정한 통일적이고 획일적인 규칙을 총칭한다. 이에 근로기준법은 근로자의 기본적 생활을 보호 · 향상시키기 위하여 취업규칙의 작성을 강제하고 법규범적 효력을 부여하는 한편 취업규칙에 대한 사용자의 일방적인 작성 권한을 인정하면서도, 취업규칙의 작성 · 변경시 근로자의 의견청취 또는 동의 등의 절차적 규정을 마련하고 있다.

즉 사용자는 취업규칙의 작성 또는 변경에 관해서 해당 사업 또는 사업장에 근로자의 과반수로 조직된 노동조합이 있는 경우에는 그 노동조합, 근로자의 과반수로 조직된 노동조합의 없는 경우에는 근로자의 과반수의 의견을 들어야 한다. 다만, 취업규칙을 근로자에게 불리하게 변경하는 경우에는 그 동의를 받아야 한다(근기법 제94조 제1항).

특히 불이익한 취업규칙의 변경은 근로자들의 기존 근로조건을 저하시키는 것이기 때문에, 사용자가 취업규칙을 불이익하게 변경하는 경우에는 근로자집단(과반수노조 또는 근로자 과반수)의 동의를 얻을 것을 요건으로 규정하고 있다. 이러한 동의를 얻지 않은 경우 사용자가 벌칙을 받는 것은 별론으로 하고, 중요한 것은 동의를 얻지 않고 변경된 취업규칙의 효력이 문제가 된다.

Ⅱ. 불이익하지 아니한 취업규칙의 변경

1. 의 의

취업규칙의 작성 · 변경에 관한 권한은 원칙적으로 사용자에게 있으므로 사용자는 그 의사에 따라 취업규칙을 작성, 변경할 수 있다.[17] 다만, 근로기준법은 취업규칙이 근로자의 근로조건에 직접 영향을 미치므로 그 작성 · 변경에 있어서 근로자집단의 의견청취 또는 그 동의를 요구하고 있다.

취업규칙의 변경이 근로자에게 불리하지 아니한 경우 사용자는 근로자집단, 즉 당해 사업장에 근로

17) 대판 1994.9.30, 94다21337.

자의 과반수로 조직된 노동조합이 있는 경우에는 그 노동조합, 그러한 노동조합이 없는 경우에는 근로자의 과반수의 의견을 들어야 한다(근기법 제94조 제1항).

2. 의견청취의무

(1) 의견청취의 의미

의견청취는 협의나 합의할 의무가 있는 것은 아니므로, 사용자의 일방적인 작성 · 변경권한을 절차적으로 제한하는 것은 아니다. 사용자가 근로자의 의견을 들은 경우라면 근로자의 반대의견을 반영하지 않더라도 의견청취의무에 위반되지 않는다. 따라서 근로자집단이 취업규칙의 변경에 반대하는 경우에도 사용자가 의견청취를 했다면 취업규칙을 변경할 수 있다.[18)]

(2) 의견청취의무 위반의 효력

사용자가 의견청취 의무에 위반하면 벌칙이 적용된다(제114조). 문제는 이 경우에 취업규칙의 효력발생이 저지되는가, 즉 의견청취는 취업규칙의 효력발생요건으로 볼 것인가에 있다.

의견청취가 근로자보호를 위한 절차라는 점, 불이익변경시의 동의취득 의무는 효력발생요건으로 보면서 같은 법조의 의견청취 의무는 단속규정으로 보는 것은 모순이라는 점에서 의견청취 없는 취업규칙의 작성 · 변경은 무효라는 견해가 있으나,[19)] 의견청취 없이 근로자에 불리하지 않게 취업규칙을 작성 · 변경한 경우에 이를 무효로 보는 것은 불합리하다는 점에서 효력발생요건은 아니라고 할 것이다.[20)]

Ⅲ. 불이익변경의 판단기준

1. 의 의

취업규칙의 작성 · 변경의 경우에는 근로자 측의 의견을 청취하면 된다. 그러나 취업규칙을 근로자에게 불이익하게 변경하는 경우에는 근로자 측의 동의를 얻어야 한다(제94조 제1항 단서). 근기법은 원칙적으로는 사용자가 자유롭게 근로조건을 설정하거나 변경하는 것을 인정하면서도, 불이익변경에 있어서는 근로자 측의 동의를 받도록 함으로써 사용자에 의한 일방적 변경의 문제점을 보완하고 근로자를 보호하려고 하고 있다. 여기서 불이익변경의 판단기준이 중요하다.

불이익변경이란 기존의 근로조건을 근로자에게 불이익하게 변경하는 것을 말한다. 기존 취업규칙을 불이익하게 변경하여 근로조건을 저하시키는 경우뿐만 아니라, 종전의 근로조건보다 불리한 근로조건을 신설하는 것도 포함된다.[21)]

2. 2개 이상의 근로조건을 변경하는 경우

취업규칙에서 2개 이상의 근로조건을 동시에 변경하는 경우 어느 근로조건은 불이익하게 변경되는 반면, 다른 근로조건은 이익이 되게 변경된다면 변경되는 근로조건 전체를 '종합적'으로 고려하여 불이익변경의 여부를 판단하여야 할 것이다.[22)]

---

18) 대판 1989.5.9, 88다카4277; 대판 1991.4.9, 90다16245.
19) 이병태 940.
20) 임종률 346; 김유성Ⅰ 204; 대판 1994.12.23, 94누3001; 대판 1999.6.22, 98두6647.
21) 대판 1997.5.16, 96다2507.

3. 일부근로자에게 유리하고 일부근로자에게 불리한 경우

취업규칙의 변경이 일부 근로자에게는 유리하고, 다른 근로자에게는 불리한 경우에는 전체 근로자 입장에서 판단하기가 객관적으로 곤란하므로 유·불리를 달리하는 근로자집단 규모를 비교할 필요 없이 불이익한 변경으로 보아야 한다.[23)]

[관련판례] 취업규칙상 근로조건의 불이익변경 여건

1. 불리한 근로조건의 신설(대판 1997.5.16, 96다2507)

취업규칙에 정년규정이 없던 운수회사에서 55세 정년규정을 신설한 경우, 그 운수회사의 근로자들은 정년제 규정이 신설되기 이전에는 만 55세를 넘더라도 아무런 제한 없이 계속 근무할 수 있었으나, 그 정년규정의 신설로 인하여 만 55세로 정년에 이르고, 회사의 심사에 의하여 일정한 경우에만 만 55세를 넘어서 근무할 수 있도록 되었다면 이와 같은 정년제 **규정의 신설**은 근로자가 가지고 있는 기득의 권리나 이익을 박탈하는 **불이익한 근로조건**을 부과하는 것에 해당한다.

2. 2개 이상의 근로조건을 변경하는 경우(대판 1984.11.13, 84다카414)

누진제퇴직금지급규정이 비누진제로 변경되었으나 동 취업규칙 변경에 임금인상, 근로시간의 단축 등 근로자에게 유리한 부분도 포함되어 있어 근로조건의 내용이 근로자에게 일방으로 불이익하게 변경되었다고 단정할 수 없다.

3. 연계성이 있는 근로조건의 변경

취업규칙 중 퇴직금 관련 조항의 개정이 불리한지 여부를 판단하는 기준 및 그 변경이 근로자에게는 불리한 경우, 근로자집단의 동의 없이 효력을 가질 수 있는지 여부(대판 1995.3.10, 94다18072)

취업규칙의 일부를 이루고 있는 급여규정 개정이 유·무효를 판단함에 있어서 우선 퇴직금 지급률이 전반적으로 인하되어 그 자체가 불리한 것이라고 하더라도 그 지급률의 인하와 함께 다른 요소가 유리하게 변경된 경우에는 **그 대가관계나 연계성이 있는 제반 상황**(유리하게 변경된 부분 포함)을 **종합 고려**하여 과연 그 퇴직금에 관련한 개정 조항이 유리한 개정인지 불리한 개정인지를 밝혀서 그 **유·불리를 함께 판단**하여야 할 것이고, 그 종합 판단의 결과 불리한 개정으로 밝혀진 경우(일부 근로자에게는 유리하고 일부 근로자에게는 불리하여 근로자 상호간에 유·불리에 따른 이익이 충돌되는 경우도 이와 같다)에는 종전의 급여규정을 적용받고 있던 근로자 집단의 집단적 의사결정에 의한 동의를 받을 것을 요하고 그러한 동의가 없는 경우에는 그 변경은 효력을 가질 수 없다.

4. 일부근로자에게는 유리, 일부근로자에게는 불리한 경우(대판 1993.5.14, 93다1893)

취업규칙의 일부를 이루는 급여규정의 변경이 일부의 근로자에게는 유리하고 일부의 근로자에게는 불리한 경우 그러한 변경에 근로자집단의 동의를 요하는지를 판단하는 것은 근로자 전체에 대하여 획일적으로 결정되어야 할 것이고, 또 이러한 경우 취업규칙의 변경이 근로자에게 전체적으로 유리한지 불리한지를 객관적으로 평가

22) 대판 1992.2.28, 91다30828; 대판 1984.11.13, 84다카414; 이에 대해 임종률 교수님은 특정한 근로조건이 불리하게 변경되고 다른 근로조건이 유리하게 변경되는 경우에는 불이익변경으로 보아야 한다는 입장이다(임종률 349). 다만, 여러 가지 요소로 이루어진 근로조건은 그 대가관계나 연계성이 있는 제반 상황을 종합하여 판단해야 한다고 본다(대판 1995.3.10, 94다18072).

23) 대판 1993.5.14, 93다1893; 대판 1993.12.28, 92다50416.

하기가 어려우며, 같은 개정에 의하여 **근로자 상호간의 이, 불리에 따른 이익이 충돌**되는 경우에는 그러한 개정은 **근로자에게 불이익한 것으로 취급**하여 근로자들 전체의 의사에 따라 결정하게 하는 것이 타당하다.

Ⅳ. 불이익한 변경시 동의의 주체 · 방법

1. 의 의

사용자가 취업규칙을 불이익하게 변경하는 경우에는 당해 사업 또는 사업장에 근로자의 과반수로 조직된 노동조합이 있는 경우에는 그 노동조합, 근로자의 과반수로 조직된 노동조합이 없는 경우에는 근로자의 과반수의 동의를 받아야 한다(제94조 제1항 단서).

이는 근로조건의 저하 등의 불이익 변경은 근로자 측의 동의를 받도록 함으로써 사용자에 의한 일방적 변경의 문제점을 보완하여 근로자를 보호하려는 것이고 한편으로는 모든 근로자의 동의가 아니라 근로자 측 과반수의 동의만으로 근로조건을 저하할 수 있도록 하여 사용자 측의 사정도 고려한 제도라고 할 수 있다.

[관련판례] 취업규칙 변경과 동의의 주체 ① [과반수 노조 또는 근로자 과반수의 의미]

1. 과반수 노조의 동의(대판 1997.5.16, 96다2507)

근로자 과반수로 조직된 노동조합이 있는 회사에서 취업규칙에 근로자에게 불리한 정년제 규정을 신설하는 경우, 그에 대한 노동조합의 동의를 얻어야 하는데, 이 경우에 있어서도 노동조합의 동의는 법령이나, 단체협약 또는 노동조합의 규약 등에 의하여 **조합장의 대표권이 제한되었다고 볼 만한 특별한 사정이 없는 한** 조합장이 **노동조합을 대표하여 하면 되는 것**이지 노동조합 소속 근로자의 과반수의 동의를 얻어서 하여야 하는 것은 아니다.

2. 근로자 과반수의 동의(대판 2008.2.29, 2007다85997)

취업규칙의 작성 · 변경에 관한 권한은 원칙적으로 사용자에게 있으므로 사용자는 그 의사에 따라서 취업규칙을 작성 · 변경할 수 있고, 다만 취업규칙의 변경에 의하여 기존 근로조건의 내용을 일방적으로 근로자에게 불이익하게 변경하려면 종전 취업규칙의 적용을 받고 있던 근로자 집단의 집단적 의사결정방법에 의한 동의를 요한다고 할 것인바, 그 동의방법은 근로자 과반수로 조직된 노동조합이 있는 경우에는 그 노동조합의, 그와 같은 노동조합이 없는 경우에는 근로자들의 회의방식에 의한 과반수의 동의가 있어야 하고, 여기서 말하는 근로자의 과반수라 함은 기존 **취업규칙의 적용을 받는 근로자 집단의 과반수**를 뜻한다.

2. 과반수 노동조합의 동의

(1) 과반수 노동조합

당해 사업 또는 사업장에 근로자의 과반수로 조직된 노동조합은 노조법상 노조로서 기업별 단위노조이든 산업별 단위노조이든 관계없다. 초기업 노조라도 당해 사업 또는 사업장의 근로자의 과반수가 가입하고 있는 경우라면 과반수노조에 해당된다.[24)]

24) 김유성Ⅰ 209; 임종률 347, 김유성 교수님은 과반수노조가 초기업적 노조이고 당해 사업 또는 사업장에 그 지부 · 분회가 결성되어 있는 경우에는 지부 · 분회가 동의의 주체가 된다는 입장이지만 임종률 교수님은 이를

(2) 동의의 방식

과반수 노동조합의 동의는 노조위원장의 대표권이 제한되었다고 볼 만한 특별한 사정이 없는 한 노조대표자인 노조위원장의 동의로 족하고 조합원 과반수의 동의를 받을 필요는 없다.[25]

3. 근로자 과반수의 동의

(1) 근로자 과반수

1) 모든 근로자에게 적용되는 경우　　취업규칙 불이익변경을 위한 근로자 과반수라 함은 기존 취업규칙의 적용을 받는 근로자 집단의 과반수를 말한다.[26] 따라서 해당 사업 또는 사업장의 모든 근로자에게 공통적으로 적용되는 취업규칙의 경우에는 과반수 노조가 없는 한 전체근로자 과반수의 동의를 얻어야 한다.

2) 일부 근로자에게만 적용되는 경우

① 문제의 소재　　취업규칙 중 특정한 규정(또는 다수의 규칙 중 하나의 규칙)이 일부 직종 또는 직급에만 적용되는 경우가 있다. 이러한 경우에 사용자가 그 규정 또는 규칙을 불이익 변경할 경우, 동의를 받아야 하는 근로자는 전체 근로자인지 아니면 당해 규정 또는 규칙의 적용을 받는 근로자인지가 문제된다.

② 일부 직종에게만 적용되는 경우　　취업규칙 불이익변경시 동의규정의 취지는 자신의 이익이나 기득권에 직접 영향을 미치는 문제에 대해 이해관계인의 동의를 얻도록 하는 데 있으므로, 직종에 따라 취업규칙이 이원화되어 있는 경우에는 당해 취업규칙 규정의 적용을 받는 근로자의 동의로 족하다고 보아야 할 것이다. 따라서 취업규칙의 불이익변경에 의하여 영향을 받지 않는 근로자의 동의를 얻지 않아도 된다.

판례도 취업규칙이 사무직과 생산직으로 이원화되어 있는 경우, 사무직에게만 적용되는 취업규칙의 불이익변경은 전체 근로자의 과반수가 아니라 사무직 근로자의 과반수의 동의를 얻어야 한다고 판시하고 있다.[27]

③ 일부 직급에게 적용되는 경우　　일부 직급에게만 적용되는 특정 규정이나 규칙이 향후 승진 등으로 다른 근로자에게도 적용이 예상되는 경우에는 그 규정이나 규칙의 불이익 변경은 일정 직급뿐만 아니라 향후 적용이 예상되는 근로자 과반수의 동의를 얻어야 할 것이다.

판례는 특정 직급만이 직접적인 불이익을 받더라도 다른 하위 직급에게도 변경된 취업규칙의 적용이 예상되는 경우에는 특정 직급은 물론 장래 변경된 규정의 적용이 예상되는 근로자 집단을 포함한 근로자 과반수의 동의를 얻어야 한다고 판시하였다.[28]

부정한다.

25) 임종률 347; 대판 2000.9.29, 99두10902 등.
26) 대판 2008.2.29, 2007다85997.
27) 대판 1990.12.7, 90다카19647.
28) 대판 2009.5.28, 2009두2238.

[관련판례] 취업규칙 변경과 동의의 주체 ② [이원화된 취업규칙의 불이익변경]

1. 직종별로 이원화된 취업규칙의 불이익변경

사원과 노무원으로 이원화되어 있는 직장의 퇴직금규정의 개정안에 노무원만 동의하고 사원의 동의가 없는 경우 개정 규정의 사원에 대한 효력 유무(소극)(대판 1990.12.7, 90다카19647)

사원과 노무원으로 이원화된 개정 퇴직금규정이 개정 전의 그것보다도 퇴직금 지급일수의 계산 및 퇴직금 산정 기초임금의 범위에 있어 근로자에게 불리하게 변경된 경우에는 이에 관하여 종전 취업규칙의 적용을 받고 있던 근로자집단의 동의가 있어야 유효하다고 할 것인바, 노동조합원인 총근로자 중 85%가 넘는 수를 차지하는 노무원이 퇴직금개정안에 완전히 동의하였다 하더라도 개정 퇴직금규정이 노무원에 대한 부분에 국한하여 효력이 있는 것일 뿐, 개정에 동의한 바 없는 사원에 대한 부분은 효력이 없다.

2. 직급별로 이원화된 취업규칙의 불이익변경

여러 근로자집단이 하나의 근로조건 체계 내에 있는 경우와 근로조건이 이원화되어 있는 경우, 취업규칙의 불이익변경시 동의 주체가 되는 근로자의 범위(대판 2009.5.28, 2009두2238)

여러 근로자집단이 하나의 근로조건 체계 내에 있어 비록 취업규칙의 불이익변경 시점에는 어느 근로자 집단만이 직접적인 불이익을 받더라도 다른 근로자 집단에게도 변경된 취업규칙의 적용이 예상되는 경우에는 **일부 근로자 집단은 물론** 장래 변경된 취업규칙 **규정의 적용이 예상되는 근로자집단을 포함**한 근로자 집단이 동의주체가 되고, 그렇지 않고 **근로조건이 이원화되어 있어** 변경된 취업규칙이 적용되어 직접적으로 불이익을 받게 되는 근로자 집단 이외에 변경된 취업규칙의 적용이 예상되는 근로자 집단이 없는 경우에는 **변경된 취업규칙이 적용되어 불이익을 받는 근로자집단만이 동의 주체**가 된다.

(2) 동의의 방식

1) 집단적 의사결정 방식 ‘근로자 과반수로 구성된 노동조합이 없는 경우’, 취업규칙의 변경이 근로자에게 불이익한 경우, 사용자는 근로자 과반수의 ‘집단의사결정방식’ 또는 ‘회의방식’에 의한 ‘동의’를 얻어야 한다. 즉 근로자가 동일 장소에 집합한 회의에서 근로자 개개인의 의견표명을 자유롭게 할 수 있는 적절한 방법으로 의결한 결과 근로자 과반수가 찬성하는 방식이어야 한다.[29)]

따라서 개별적 회람 · 서명을 통하여 과반수의 찬성을 얻었더라도 근로자집단의 동의를 얻은 것으로 볼 수 없고,[30)] 노사협의회의 의결,[31)] 근로자대표 개인의 동의도 인정되지 않는다.[32)]

2) 허용되는 동의의 방식 판례는 취업규칙 변경의 구체적 동의의 방법은 “노동조합이 없는 경우에는 근로자들의 회의방식에 의한 과반수의 동의를 요하고, 회의방식에 의한 동의라 함은 사업 또는 한 사업장의 기구별 또는 단위 부서별로 사용자 측의 개입이나 간섭이 배제된 상태에서 근로자 간에 의견을 교환하여 찬반을 집약한 후 이를 전체적으로 취합하는 방식도 허용된다”고 한다.

여기서 “사용자 측의 개입이나 간섭이라 함은 사용자 측이 근로자들의 자율적이고 집단적인 의사결정을 저해할 정도로 명시 또는 묵시적인 방법으로 동의를 강요하는 경우를 의미하고 사용자 측이 단지 변경될 취업규칙의 내용을 근로자들에게 설명하고 홍보하는 데 그친 경우에는 사용자 측의 부당한

29) 대판 1977. 7. 26, 77다355.
30) 대판 1991.3.27, 90도3031; 대판 1994.6.24, 92다28556.
31) 대판 1990.3.2, 89나27081.
32) 대판 2000.12.22, 99다10806.

개입이나 간섭이 있었다고 볼 수 없다"고 판시하고 있다.[33]

그러나 노사협의회의 근로자위원들이 취업규칙의 불이익변경에 동의한 경우는 그 근로자위원들이 자기가 소속한 각 부서 근로자들의 의견을 집약, 취합하여 동의권을 행사한 것이 아닌 한 동의의 효력을 인정할 수 없다.[34]

[관련판례] 취업규칙 불이익 변경방식(대판 2003.11.14. 2001다18322)

취업규칙에 규정된 근로조건의 내용을 근로자에게 **불이익하게 변경**하는 경우에 근로자 과반수로 구성된 노동조합이 없는 때에는 **근로자들의 회의 방식에 의한 과반수 동의가 필요**하다고 하더라도, 그 **회의 방식은** 반드시 한 사업 또는 사업장의 전 **근로자가 일시에 한자리에 집합하여 회의를 개최하는 방식**만이 아니라 한 사업 또는 사업장의 **기구별 또는 단위 부서별로 사용자 측의 개입이나 간섭이 배제된 상태에서 근로자 상호간에 의견을 교환하여 찬반의견을 집약한 후 이를 전체적으로 취합하는 방식**도 허용된다고 할 것인데(대법원 1992.2.25. 선고 91다25055 판결 등), 여기서 **사용자 측의 개입이나 간섭**이라 함은 사용자 측이 근로자들의 자율적이고 집단적인 의사결정을 저해할 정도로 **명시 또는 묵시적인 방법으로 동의를 강요하는 경우**를 의미하고 사용자 측이 단지 변경될 취업규칙의 내용을 근로자들에게 설명하고 홍보하는 데 그친 경우에는 사용자 측의 부당한 개입이나 간섭이 있었다고 볼 수 없다.

V. 동의를 받지 못한 불이익변경의 효력

1. 원칙적 무효

근로자에게 불이익하게 취업규칙을 변경하면서 근로자집단의 동의를 받지 못한 경우, 변경된 부분은 근로자 전체는 물론 변경에 동의한 근로자 개인에게도 취업규칙 변경의 효력이 발생하지 아니한다.[35][36]

2. 신규입사자에 대한 적용 여부

(1) 문제의 소재

취업규칙의 불이익변경에 있어 사용자가 기존 근로자집단의 동의를 받지 못하여 취업규칙의 변경이 무효가 되었음에도 이를 신규근로자에게 따로 적용할 수 있는가가 문제된다.

(2) 판례 및 학설

1) 절대적 무효설 절대적 무효설은 취업규칙은 그 자체가 법규범으로서 그 효력발생요건을 결한 이상 변경 후 신규입사자에 대해서도 무효로 보아야 하며, 그렇지 않으면 종전 근로자와 변경 후 입사자의 근로조건이 달라짐으로써 취업규칙의 근로조건 획일화의 기능이 상실된다는 입장이다.[37]

---

33) 대판 2010.1.28. 2009다32362, 대판 2004.5.14. 2002다23185, 23192, 대판 2005.3. 11. 2004다54909 등.

34) 대판 1994.6.24, 92다28556.

35) 대판 1977.7.26, 77다355; 대판 1991.3.27, 91다3031.

36) 근로기준법 제94조 제1항 단서의 '불이익변경시 근로자집단의 동의' 규정은 1989년 법개정시에 신설된 규정이다. 종전에는 '근로자집단의 의견청취' 규정만 있었으나, 1977년 대법원 판결에서 취업규칙의 불이익변경시 근로자집단의 동의를 받을 것을 요건으로 제시하면서 법리를 형성하였고, 이후 1989년에 입법화한 것이다.

37) 이병태 942, 대판 1990.7.10, 89다카31443(종전판례).

2) 상대적 무효설 상대적 무효설은 변경된 취업규칙만이 현행 취업규칙이지만 기득이익의 침해 문제로 그 효력이 종전 근로자에게 미치지 않을 뿐 이 때문에 신 · 구 취업규칙이 병존한다고 볼 수 없고, 취업규칙의 근로조건 획일화의 기능이 상실되는 것은 아니며, 경영상의 사정 변화에 대응하여 부득이 불리하게 변경한 취업규칙을 신규 채용자에게 적용하는 것은 계약자유의 원칙에 합치된다는 입장이다.[38)]

(3) 상대적 무효설의 법리구성 문제

상대적 무효설을 취하는 최근 판례나 학설은 취업규칙의 법적 성질이 법규범이라는 전제 하에 현행의 법규범적 효력을 가진 취업규칙은 변경된 취업규칙이고 다만 기존 근로자의 기득권이 침해되지 아니하도록 이들에게만 종전의 취업규칙이 적용될 뿐이므로 하나의 사업 내에 복수의 취업규칙을 둔 것은 아니라고 한다.[39)]

이에 대해 취업규칙의 법적 성질에 관해 판례가 채택하고 있는 법규범설 하에서는 하나의 사업장에 변경된 취업규칙만이 법적 구속력을 가지고 해당 사업장 내의 모든 근로자들을 구속해야 하지만, 상대적 무효설을 채택하는 경우에는 하나의 사업장에 복수의 취업규칙이 존재하게 되므로, 법규범설과 상대적 무효설의 입장을 동시에 취하는 것은 상호 모순된다는 비판이 있다.[40)]

[관련판례] 취업규칙 변경과 그 효력 [신규입사자의 경우: 상대적 무효설]

[다수의견] : 상대적 무효설

취업규칙의 작성 · 변경에 관한 권한은 원칙적으로 사용자에게 있으므로 사용자는 그 의사에 따라 취업규칙을 작성 · 변경할 수 있으나, 다만 근로기준법 제95조(현행 제94조)의 규정에 의하여 노동조합 또는 근로자 과반수의 의견을 들어야 하고 특히 근로자에게 불이익하게 변경하는 경우에는 그 동의를 얻어야 하는 제약을 받는 바, 기존의 근로조건을 근로자에게 불리하게 변경하는 경우에 필요한 근로자의 동의는 근로자의 집단적 의사결정방법에 의한 동의임을 요하고 이러한 동의를 얻지 못한 취업규칙의 변경은 효력이 없다는 것이 당원의 일관된 견해이다(당원 1977.7.26, 77다355 등 참조).

그러므로 사용자가 취업규칙에서 정한 근로조건을 근로자에게 불리하게 변경함에 있어서 근로자의 동의를 얻지 않은 경우에 그 변경으로 기득이익이 침해되는 기존의 근로자에 대한 관계에서는 그 변경의 효력이 미치지 않게 되어 종전 취업규칙의 효력이 그대로 유지 되지만, 그 변경 후에 변경된 취업규칙에 따른 근로조건을 수용하고 근로관계를 갖게 된 근로자에 대한 관계에서는 당연히 변경된 취업규칙이 적용되어야 하고, 기득이익의 침해라는 효력배제사유가 없는 변경 후의 취업근로자에 대해서까지 그 변경의 효력을 부인하여 종전 취업규칙이 적용되어야 한다고 볼 근거가 없다.

위와 같은 경우에 취업규칙변경 후에 취업한 근로자에게 적용되는 취업규칙과 기존근로자에게 적용되는 취업규칙이 병존하는 것처럼 보이지만, 현행의 법규적 **효력을 가진 취업규칙은 변경된 취업규칙**이고 다만 기존근로자에 대한 관계에서 기득이익침해로 그 효력이 미치지 않는 범위 내에서 종전 취업규칙이 적용될 뿐이므로, 하나의 사업 내에 둘 이상의 취업규칙을 둔 것과 같이 볼 수는 없다.

38) 임종률 351, 김형배 244, 대판(전합) 1992.12.22, 91다45165.

39) 대판 1992.12.22, 91다45165; 대판 1993.6.11, 93다11876.

40) 김형배 243, 김형배 교수님은 기존의 취업규칙과 병존해서 변경된 취업규칙의 유효한 성립을 인정하는 것은 원칙적으로 계약자유의 원칙에 따르는 것이며, 근기법 제94조 제1항 단서에도 위배되지 않는다고 하면서, 대법원의 판결은 결과적으로 계약설을 수용하는 태도라고 한다.

[반대의견] : 절대적 무효설
취업규칙의 변경이 근로자에게 불이익한 것이고 이에 관하여 근로자집단의 동의를 받지 못하였다면 취업규칙의 변경은 효력이 없고, 따라서 종전의 취업규칙이 계속 유효하다고 볼 것이지 그 변경으로 기득이익이 침해되는 기존의 근로자들에 대한 관계에서만 종전 취업규칙의 효력이 유지되고 변경 후에 근로관계를 갖게 된 근로자에 대한 관계에서는 당연히 변경된 취업규칙이 적용되어야 한다고 할 수 없다.

(4) 퇴직금차등금지 위반 문제

기존 근로자에게는 구 취업규칙상의 퇴직금누진제가, 신규근로자에게는 신 취업규칙상의 퇴직금단수제가 적용되는 경우 하나의 사업장에 2개의 취업규칙이 존재하게 되는데, 이것이 퇴직금차등금지원칙 위반에 해당하는지가 문제된다.

법원은 "변경된 퇴직금제도와 별개의 퇴직금제도를 적용하는 결과가 되었다 해도 이는 근로기준법 제34조 2항(현행 근퇴법 제4조 제2항)에 위반되는 퇴직금차등제도를 설정한 경우에 해당되지 아니한다"고 한다.[41]

3. 사회통념상 합리성이 있는 경우

(1) 의 의

근로기준법에 취업규칙 불이익변경에 대해 근로자 과반수의 동의를 얻도록 규정된 이후, 판례는 사회통념상 합리성이 있는 경우에는 취업규칙의 불이익 변경이 아니라고 하거나 불이익변경에 대해 동의를 얻지 않아도 유효하다는 입장을 취하고 있다.

초기 판례는 사회통념상 합리성이 있으면 불이익변경이 아니라는 입장을 취했으나,[42] 1989년 근기법 개정 이후에는 취업규칙 불이익변경이라도 예외적으로 사회통념상 합리성이 있으면 근로자집단의 동의가 없더라도 유효하다고 판시하고 있다.[43] 즉, 판례는 "취업규칙의 작성 또는 변경이 그 필요성 및 내용의 양면에서 보아 그에 의하여 근로자가 입게 될 불이익의 정도를 고려하더라도 당해 조항의 법적 규범성을 시인할 수 있을 정도로 사회통념상 합리성이 있으면 근로자의 집단적 의사결정방법에 의한 동의가 없다는 이유만으로 그 적용을 부정할 수는 없다"고 한다.[44]

(2) 판단기준

판례는 "사회통념상 합리성의 유무는 근로자 측의 불이익의 정도, 사용자 측의 변경 필요성의 내용과 정도, 변경 후의 취업규칙 내용의 상당성, 대상조치를 포함한 다른 근로조건의 개선상황, 근로자대표와의 교섭경위 및 근로자의 대응, 동종 사항에 관한 국내의 일반적인 상황 등을 종합적으로 고려하여 판단"하여야 한다고 판시[45]하고 있다. 다만, 취업규칙을 근로자에게 불리하게 변경하는 경우에는 그 동의를 받도록 한 근로기준법을 사실상 배제하는 것이므로 제한적으로 엄격하게 해석하여야 한다.[46]

---

41) 대판 1993.6.11, 93다11876.
42) 대판 1988.5.10, 87다카2853.
43) 대판 1989.5.9, 88다카4277.
44) 대판 1989.5.9, 99다카4277; 대판 2001.1.15, 99다70846.
45) 대판 2001.1.15, 99다70846.
46) 대판 2010.1.28. 2009다32362.

(3) 문 제 점

근기법에 취업규칙 불이익변경시 근로자 집단의 동의요건이 규정되면서 사용자가 기업운영상의 필요로 인해 근로조건을 저하시키는 것이 어렵게 되었다. 이에 판례는 엄격한 제한을 완화하기 위해 일본 판례의 '사회통념상 합리성 이론'을 받아들이게 된 것이다.

그러나 이러한 판례의 입장은 근기법이 불이익변경의 요건으로 규정한 근로자집단의 동의를 해석을 통하여 배제한 것으로 사법해석의 한계를 넘는 것이라는 견해가 있다.[47] 이러한 논란을 해결하기 위해 취업규칙의 불이익변경이지만 근로자 과반수의 동의를 얻지 않아도 되는 예외적인 경우로 사회통념상 합리성이 인정되는 경우를 명문화하자는 입장이 제시되고 있다.[48]

[관련판례] 취업규칙 변경과 사회통념상 합리성(대판 2010.1.28. 2009다32362)

사용자가 일방적으로 새로운 취업규칙의 작성·변경을 통하여 근로자가 가지고 있는 기득의 권리나 이익을 박탈하여 불이익한 근로조건을 부과하는 것은 원칙적으로 허용되지 아니하지만, 당해 취업규칙의 작성 또는 변경이 그 필요성 및 내용의 양면에서 보아 그에 의하여 근로자가 입게 될 불이익의 정도를 고려하더라도 여전히 당해 조항의 **법적 규범성을 시인할 수 있을 정도로 사회통념상 합리성이 있다고 인정되는 경우**에는 종전 근로조건 또는 취업규칙의 적용을 받고 있던 근로자의 **집단적 의사결정방법에 의한 동의가 없다는 이유만으로 그의 적용을 부정할 수는 없다.** 한편, 여기에서 말하는 **사회통념상 합리성의 유무**는 취업규칙의 변경에 의하여 근로자가 입게 되는 **불이익의 정도,** 사용자측의 **변경 필요성**의 내용과 정도, 변경 후의 취업규칙 **내용의 상당성, 대상조치** 등을 포함한 다른 근로조건의 개선상황, **노동조합 등과의 교섭 경위** 및 노동조합이나 다른 근로자의 대응, **동종 사항에 관한 국내의 일반적인 상황** 등을 **종합적으로 고려하여 판단**하여야 한다. 다만, 취업규칙을 근로자에게 불리하게 변경하는 경우에는 그 동의를 받도록 한 근로기준법을 사실상 배제하는 것이므로 **제한적으로 엄격하게 해석**하여야 한다.

4. 단체협약에 의한 소급승인

근로자집단의 동의 없이 불이익하게 변경된 취업규칙을 사후에 노동조합이 단체협약으로 소급승인하는 것을 인정할 수 있는지 문제된다.

판례는 근로자들의 동의를 받지 않고 불이익하게 변경된 무효의 취업규칙을 노동조합이 사후에 소급적으로 동의하는 것을 인정하고 있다. 다만, 이러한 소급승인의 효력은 노동조합이 단체협약을 체결할 당시 재직근로자에게만 한정되고, 동의 이전에 퇴직 근로자에게는 적용되지 않는다고 판시하고 있다.[49]

이에 대해 단체협약을 통해서 개별 근로자의 기득이익을 침해할 수는 없다는 점에서 노동조합이 근로자에게 불리한 취업규칙을 소급해서 동의할 수는 없으며, 그러한 취지의 단체협약은 효력이 없다는 입장이 제기되기도 하였다.[50] 이런 면에서 단체협약에 의한 소급적 동의도 예외적으로 허용될 수 있다고 보아야 할 것이다. 즉, 근로자 측이 대상 취업규칙이 무효라는 상황에서 한 것이어야 하고, 이를 알지 못한 경우에는 그 취업규칙은 동의한 날 이후부터 효력을 가진다고 보아야할 것이다.[51]

---

47) 임종률 350; 김유성Ⅰ, 사회통념상 합리성 기준에 의해 근로자 측의 동의를 배제할 수 있는 상황은 극히 제한적으로 해석하여야 한다는 입장이다.

48) 근로기준법제 개선방안 153.

49) 대판 1992.7.24, 91다34073.

50) 김형배 302.

[관련판례] 취업규칙 변경과 노동조합의 소급적 동의의 효력

1. 취업규칙의 소급적 동의의 유효성(적극)(대법 1997.8.22, 96다6967)

단체협약은 노동조합이 사용자 또는 사용자 단체와 근로조건 기타 노사관계에서 발생하는 사항에 관하여 체결하는 협정으로서, 노동조합이 사용자측과 기존의 임금, 근로시간, 퇴직금 등 근로조건을 결정하는 기준에 관하여 **소급적으로 동의하거나 이를 승인하는 내용의 단체협약을 체결한 경우**에 그 동의나 승인의 효력은 단체협약이 시행된 이후에 그 **사업체에 종사하며 그 협약의 적용을 받게 될 노동조합원이나 근로자들에 대하여 생기므로**, 취업규칙 중 퇴직금 지급률에 관한 규정의 변경이 근로자에게 불이익함에도 불구하고 사용자가 근로자의 집단적 의사결정방법에 의한 동의를 얻지 아니한 채 변경을 함으로써 기득이익을 침해하게 되는 기존의 근로자에 대하여는 종전의 퇴직금 지급률이 적용되어야 하는 경우에도 노동조합이 사용자측과 변경된 퇴직금 지급률은 따르기로 하는 내용의 단체협약을 체결한 경우에는, 기득이익을 침해하게 되는 기존의 근로자에 대하여 종전의 퇴직금 지급률이 **적용되어야 함을 알았는지 여부에 관계없이** 원칙적으로 그 **협약의 적용을 받게 되는 기존의 근로자에 대하여도** 변경된 퇴직금 지급률이 **적용**되어야 한다.

2. 취업규칙의 소급적 동의의 유효성(소극)(대판 1992.9.14. 91다46922)

피고 공사나 노동조합 모두 1988.9.14. 단체협약을 체결할 당시에는 위 1981.1.27.자 **보수규정의 개정이 무효라는 사실자체를 모르고 있었기 때문에** 위 규정의 추인이 거론될 여지가 없다가, 1980년대말에 한국도로공사나 대한주택공사 등 정부투자기관이 1981년 경에 한 취업규칙의 개정이 무효라는 판결이 나오자 비로소 피고 공사나 근로자들이 피고공사의 1981.1.27.자 보수규정이 무효인 사실을 알게 되어 1989.12.에 단체교섭을 하면서 이를 거론하게 된 사실을 인정할 수 있다.

또한 노동조합이나 근로자들이 위 단체협약체결당시 그때 시행중이던 보수규정이 유효하다고 여기고 있었던 사실만으로써 위 **무효인 1981.1.27.자 보수규정의 개정을 추인하였다고 볼 수는 없는 바**이다(당원 1992.2.25. 선고 91다25055 판결 참조).

그럼에도 불구하고 원심이, 노동조합은 1988.9.14. 단체협약을 체결할 당시 위 1981.1.27.자 보수규정의 개정이 무효라는 사실을 알고서도 이를 소급적으로 적용시키기로 추인하였다고 인정하였음은 단체협약에 대한 해석을 잘못하고 채증법칙에 위배되어 사실을 오인함으로써 원심판결의 결과에 영향을 미친 위법이 있다고 할 것이다. 이를 지적하는 논지 역시 이유 있다.

Ⅵ. 결 론

취업규칙 불이익변경시 근로자집단의 동의 요건에 대하여 1977년 판례가 그 법리를 형성한 이후 1989년 근로기준법 개정시 명문으로 그 요건을 규정하였다. 취업규칙 불이익변경시의 요건에 관한 명문의 규정이 없는 일본과 달리, 우리 근로기준법은 근로자 과반수의 동의를 요건으로 하기 때문에 사용자가 기업운영상의 필요로 인해 근로조건을 저하시키는 것(즉, 취업규칙의 불이익 변경)이 매우 어렵다. 이에 우리 판례는 일본 판례의 '사회통념상 합리성 이론'을 수용하여, 근로자집단의 동의 없이도 취업규칙의 불이익변경이 가능하다는 법리를 형성하게 되었다. 그러나 이러한 판례에 대해서는 '근로기준법이 불이익변경의 요건으로 규정한 근로자집단의 동의'를 판례의 해석을 통하여 배제한 것으로 사법해석의

51) 대판 2004.8.16, 2003두13526, 임종률 352, 김유성Ⅰ 201.

한계를 넘는 것이라는 비판이 있다.[52)]

이러한 문제점을 극복하기 위하여, 취업규칙의 불이익변경이지만 근로자집단의 동의를 얻지 않아도 되는 예외적인 경우로써 사회통념상 합리성이 인정되는 경우를 명문화할 필요가 있을 것이다. 취업규칙 불이익변경이 엄격하게 제한되는 현행 법체계에서도 기업운영상 불가피하게 취업규칙을 불이익하게 변경해야 할 필요성이 있기 때문이다.[53)]

Key Word

➯ 취업규칙, 불이익변경, 집단적 동의, 사회통념상 합리성

기출문제

(1) 취업규칙의 변경과 그 효력(2회, 89년, 25점)

(2) 취업규칙의 변경(3회, 91년, 25점)

(3) '갑' 회사는 분기별로 100%씩 상여금을 400% 지급하고 있었는데 최근 경영악화로 인하여 1/4분기 상여금을 지급하지 못하였다. 그런데 갑 회사는 상여금 지급규정을 삭제하기 위하여 4월초에 종업원들에 대하여 개별적으로 동의서 양식을 발송하였고 과반수의 찬성을 얻어 4월 말에 상여금 지급규정을 삭제하였다. 이에 대하여 갑 회사 근로자들은 1/4분기와 2/4분기의 상여금의 지급을 청구하고 있다. 여기에서 발생할 수 있는 법적 쟁점에 관하여 논하시오 (10회, 01년, 50점)

연습문제

(1) 취업규칙의 작성 · 신고의무에 대하여 약술하시오

(2) 취업규칙의 불이익변경의 의미와 효력에 대하여 논하시오

(3) 근로조건의 불이익변경에 대하여 논하시오

(4) 취업규칙과 근로계약 · 법령 · 단체협약의 관계에 대하여 약술하시오

52) 임종률 350.

53) 근로기준법제 개선방안 152

제4장 임　금

제1절 임금의 의의

Ⅰ. 임금의 의의

임금은 근로자의 기본적 생계보장과 인간다운 생활을 영위하기 위한 가장 기초적인 근로조건으로 임금을 중심으로 한 근로조건 향상이 바로 노동법의 역사라고 할 수 있다.

임금은 근로자가 생활을 유지하기 위한 중요한 수단이기 때문에 근로기준법은 임금의 의의(제2조 제1항 제5호, 제2조 제1항 제6호), 임금의 지급방법(제43조, 제45조), 임금수준의 보호(제46조, 제47조), 임금채권의 보장(제38조, 제44조, 제49조) 등과 관련한 규정을 두고 있다. 이외에도 최저임금법, 임금채권보장법 등의 특별법을 통하여 임금의 최저수준 확보와 임금채권의 이행보장을 도모하고 있다.

임금은 근로기준법을 통해 보호하려는 대상을 정하는 의미뿐만 아니라, 퇴직금 · 가산임금 등 여러 임금제도의 산정기초가 되는 평균임금 및 통상임금 개념 및 그 범위를 정하는 전제가 된다. 아울러 산업재해보상보험법, 고용보험법 등의 사회보장법 영역에서도 근로기준법상의 임금을 준용하고 있기 때문에 임금의 범위를 정하는 것은 중요한 의미가 있다.[1)]

Ⅱ. 임금의 개념요소

1. 의　의

근로기준법은 임금을 "사용자가 근로의 대가로 근로자에게 임금, 봉급, 그 밖에 어떠한 명칭으로든지 지급하는 일체의 금품"이라고 정의하고 있다(제2조 제1항 제5호). 임금의 개념요소는 ⅰ) 사용자가 지급하는 금품, ⅱ) 근로의 대가, ⅲ) 명칭 여하를 불문한 금품으로 분설할 수 있다.

1) 김유성Ⅰ 75.

2. 사용자가 근로자에게 지급하는 금품

(1) 지급주체

임금은 사용자가 근로자에게 지급하는 것이어야 한다. 즉 사용자가 지급의 주체가 되어야 근로기준법상의 임금에 해당한다.

(2) 봉사료(팁)

고객이 직접 종업원에게 주는 봉사료(팁)는 원칙적으로 임금이 아니다.[2] 다만 봉사료를 사용자가 고객으로부터 일괄 납부받아 종업원에게 다시 분배하는 경우[3] 또는 근로제공의 대가로 사용자로부터 현금대신 일정한 영업설비를 사용할 수 있는 이익을 제공받는 관계로 평가될 경우[4]에는 예외적으로 임금에 해당될 수 있다.

(3) 보험료 및 근로소득세

근로자가 부담하는 건강 · 국민 · 고용 보험료 및 근로소득세는 원래의 임금 중에서 사용자가 원천징수한 것에 불과하므로 임금에 포함된다. 그러나 4대보험 등 사용자의 부담분이나 산재보험법상 근로자가 받는 보험급여는 근로의 대가인 임금이 아니다.

3. 근로의 대가

임금에 해당하는지 여부의 판단에 있어 가장 중요한 기준이 바로 '근로의 대가성'이다. 임금의 법적 성격을 어떻게 이해하는가에 따라 그 해석이 달라질 수 있지만, "사용자가 근로자에게 지급하는 금품 중 사용종속관계 하에서 행하는 근로에 대하여 그 대가로서 지급되는 것"으로 정의할 수 있다.

4. 명칭 여하를 불문한 일체의 금품

급료, 봉급, 보수, 수당, 장려금 등의 명칭에 구애됨이 없이 사용종속관계에서 근로의 대상으로 지급되는 것이면 임금에 해당된다.

Ⅲ. 임금의 법적 성격

1. 학 설

(1) 노동대가설

근로계약을 근로와 임금의 등가적 교환계약으로 파악하고 근로자가 현실적으로 제공한 근로에 대한 대가가 임금이라고 한다.

(2) 노동력대가설

종속노동의 특질에서 그 근거를 구하는 이론으로 근로계약의 성질을 일정한 조건 하에 노동력의 처분권한을 사용자에게 부여하는 계약으로 파악하고 임금을 구체적 근로의 대가가 아니라 자신의 노동력을 일정시간 사용자의 처분에 맡기는 것에 대한 대가로 보는 견해이다.

---

2) 대판 1999.1.19, 98다46198; 대판 1973.11.27, 73다498.
3) 대판 1992.4.28, 91다8104.
4) 대판 1993.12.24, 91다36192; 대판 2000.4.25, 98두15269; 택시기사가 사납금 외의 초과수입금을 회사에 납부하지 않고 운전기사의 자유로운 처분에 맡기는 경우에도 판례는 임금으로 보고 있다.

(3) 임금이분설

근로계약에는 종업원 지위를 취득하게 하는 신분계약의 성격과 근로의 제공에 대한 대가로서 일정한 보수의 지급을 약정하는 교환계약의 성격을 동시에 지니고 있기 때문에, 임금은 이원적으로 파악되어야 한다고 하는 입장이다.[5)]

2. 판 례

과거 판례는 임금이분설을 취하기도 하였지만[6)] 대법원(전합) 판결[7)]은 "모든 임금은 근로의 대가로서 '근로자가 사용자의 지휘를 받으며 근로를 제공하는 것에 대한 보수'를 의미하므로 현실의 근로 제공을 전제로 하지 않고 단순히 근로자로서의 지위에 기하여 발생한다는 이른바 생활보장적 임금이란 있을 수 없고"고 판시하여 근로자의 지위에서 발생하는 생활보장적 임금은 없다고 하여 노동대가설(임금일원설)의 입장을 취하고 있다.

[관련판례] 임금의 법적 성질(대판(전합) 1995.12.21, 94다26721)

임금의 법적 성질(노동대가설) / 임금을 교환적 부분과 생활보장적 부분으로 구분(임금이분설)할 수 있는지 여부(소극)

[다수의견] : 임금일원설

근로기준법 제17조,[8)] 제18조,[9)] 민법 제656조 제2항, 의료보험법 제3조 등 현행 실정법 하에서는, 모든 **임금은 근로의 대가**로서 **'근로자가 사용자의 지휘를 받으며 근로를 제공하는 것에 대한 보수'를 의미**하므로 현실의 근로 제공을 전제로 하지 않고 단순히 근로자로서의 지위에 기하여 발생한다는 이른바 생활보장적 임금이란 있을 수 없고, 또한 우리 현행법상 임금을 사실상 근로를 제공한 데 대하여 지급받는 교환적 부분과 근로자로서의 지위에 기하여 받는 생활보장적 부분으로 2분할 아무런 법적 근거도 없다. 뿐만 아니라 임금의 지급 실태를 보더라도 임금은 기본적으로 근로자가 생활하는 데 필요한 생계비와 기업의 지불능력과의 상관관계에 따라 형성되는데 임금을 지불항목이나 성질에 따라 사실상 근로를 제공한 데 대하여 지급받는 교환적 부분과 현실의 근로 제공과는 무관하게 단순히 근로자로서의 지위에 기하여 받는 생활보장적 부분으로 나누고(이른바 임금2분설) 이에 따라 법적 취급을 달리하는 것이 반드시 타당하다고 할 수도 없고, 실제로 현실의 임금항목 모두를 교환적 부분과 생활보장적 부분으로 준별(峻別)하는 것은 경우에 따라 불가능할 수 있으며, 임금이분설에서 전형적으로 생활보장적 임금이라고 설명하는 가족수당, 주택수당 등도 그 지급 내용을 보면 그것이 근로시간에 직접 또는 비례적으로 대응하지 않는다는 의미에서 근로 제공과의 밀접도(密接度)가 약하기는 하지만 실질적으로는 근로자가 사용자가 의도하는 근로를 제공한 것에 대하여 그 대가로서 지급되는 것이지 단순히 근로자로서의 지위를 보유하고 있다는 점에 근거하여 지급한다고 할 수 없으며, 이러한 수당 등을 지급하게 된 것이 현실의 근로 제공과는 무관하게 단순히 근로자의 생활이나 지위를 보장하기 위한 것이라고 할 수도 없으므로, 이러한 수당 등을 현실적인 근로 제공의 대가가 아닌 것으로 보는 것은 임금의 지급 현실을 외면한 단순한 의제(擬制)에 불과하다.

[반대의견] : 임금이분설

근로계약에 의하여 근로자가 제공하는 노동은 근로자가 보유하고 있는 '육체적 및 정신적 모든 능력의 총집

---

5) 근로계약에는 종업원 지위를 취득하게 하는 신분계약의 성격과, 근로의 제공에 대한 대가로서 일정한 보수의 지급을 약정하는 교환계약의 성격을 동시에 지니고 있기 때문에, 임금은 이원적으로 파악되어야 한다고 하는 입장이다. 즉 임금은 종업원의 지위에 대한 대가로서 지급되는 부분(보장적 임금)과 구체적 근로에 대한 대가로서 지급되는 부분(교환적 부분)으로 구성되어 있다는 것이다.

6) 대판 1992.3.27, 91다36307.

7) 대판(전합) 1995.12.21, 94다26721.

> 합'으로서의 노동력의 사용 또는 처분에 관한 권한을 사용자에게 맡겨 놓고 사용자의 지휘명령에 따라 구체적인 노동을 제공하는 이른바 종속노동의 성격을 갖고 있으므로, 근로자에게 지급되는 임금은 구체적인 노동의 제공에 대한 대가로서의 의미를 갖기 이전에 기본적으로 근로자가 전인격적인 노동력의 처분 등에 관한 권한을 사용자에게 맡겨 놓은 것에 대한 대가로서의 성격을 갖는 것이고, 따라서 근로계약은 이를 체결한 근로자가 사용자의 기업조직에 편입되어 근로자로서의 지위와 직무를 맡게 되는 제1차적 의무와 근로자가 매일매일 사용자의 지시에 따라 구체적인 근로를 제공하여야 할 제2차적인 의무를 부담하는 이중적 구조를 갖게 되고, 근로자의 임금도 이러한 이중구조에 대응하여 전자처럼 근로자로서의 지위를 취득함에 따라 발생하는 부분과 후자처럼 구체적인 근로의 제공에 따라 발생하는 부분의 통합적 형태로 구성되어 있다

3. 검 토

현행법상 유급주휴일 또는 휴업수당 등과 같이 근로제공 없이 보장되는 임금 규정이 마련되어 있을 뿐만 아니라 기본급 외에 가족수당 · 자녀학자금보조비 등의 각종 생활보장적 임금이 일반화되어 있는 현실을 감안하여 보면, 전통적인 노동대가설로서는 설명할 수 없는 영역이 존재하기 때문에 노동력대가설이나 임금이분설이 제시되었다고 볼 수 있다.

판례는 1995년 전원합의체 판결에 의해 기본적으로 노동대가설의 입장을 취하고 있으나, 그간 근로의 대상의 외연을 꾸준히 확대해 온 판례의 궤적을 살펴보면 노동력대가설이나 임금이분설적 사고가 많은 영향을 끼쳐 왔음을 부인할 수는 없을 것이다.

Ⅳ. 임금성 판단기준

1. 근로의 대가성(임금성)의 판단

(1) 문제제기

우리나라의 임금체계와 구성항목의 실태는 복잡하고 다양하기 때문에 사용자에게 지급받는 금품 중 어떤 것이 근로의 대가성이 있는지를 판단하는 것은 쉽지 않다.

임금성 판단에 대해 판례는 "사용자가 지급하는 금품이 근로의 대상인가의 여부는 형식적인 계약내용뿐만 아니라 임금실태, 지급관행 등의 실태적 측면을 고려하여 종합적으로 판단"할 것을 기본전제로 삼고 있다.[10]

(2) 사용자의 지급의무

사용자의 지급의무가 있다는 것은 지급 여부를 사용자가 임의적으로 결정할 수 없다는 것을 의미한다. 지급의무의 발생근거는 단체협약 · 취업규칙 · 근로계약에 의한 것이든 또는 그 금품의 지급이 사용자의 방침이나 관행에 따라 계속적으로 이루어져 노사 간에 그 지급이 당연한 것으로 여겨질 정도의 관례가 형성된 경우처럼 노동관행에 의한 것이든 이를 묻지 않는다.[11]

(3) 지급형태의 계속성 · 정기성

지급형태에 있어 계속성과 정기성이 있으면 지급의무가 있는 것으로 추정하고 그에 따라 근로의 대

8) 현행 제2조 제1항 제4호.
9) 현행 제2조 제1항 제5호.
10) 김유성 I 78.
11) 대판 1997.5.28, 96누15084; 대판 2002.5.31, 2000다18127.

상성을 인정한다고 할 수 있다. 그 결과 일시적으로 지급되거나 지급사유의 발생이 불확실한 경우를 제외하고는 사용자가 계속적 · 정기적으로 지급하는 금품은 임금으로 보고 있다.

(4) 명칭불문한 일체의 금품

근로의 대가로 계속적 · 정기적으로 지급되고 그 지급에 관하여 사용자에게 지급의무가 지워져 있다면, 명칭 여하를 불문하고 모두 임금에 포함된다. 또한 현물로 지급되었다 하더라도 근로의 대가로 지급하는 금품이라면 임금에 포함된다.[12)]

2. 임금성의 구체적 판단

(1) 의례적 · 호의적 성격의 금품

결혼축의금, 조위금, 상병위로금 등은 원칙적으로 근로의 대상으로 볼 수 없어 임금이 아니다. 또한 사택 · 통근차 · 목욕시설 등의 제공, 주택자금 · 학자금의 대여 등은 근로자에게 이익이 발생하지만 원칙적으로 임금이 아니다.

(2) 실비변상적 성격의 금품

작업용품 구입비, 출장비, 일 · 숙직 당일의 식비, 업무추진비, 정보활동비, 판공비, 접대비, 해외주재수당 등 근로제공에 실제로 소요된 비용을 변상하는 성격의 금품인 경우 근로의 대상성이 문제될 수 있다.

(3) 복리후생적 성격의 금품

복리후생비의 경우 과거에는 임금에 해당하지 않는 것으로 해석하는 경향이 강했지만, 최근에 와서는 대부분이 임금에 해당하는 것으로 해석된다. 판례는 가족수당, 통근수당, 식비, 체력단련비, 하계휴가비, 차량유지비 등도 널리 임금에 포함된다고 보고 있다.

이에 반해 행정해석은 전체 근로자에게 일률적 · 계속적으로 지급되는 경우에는 임금(평균임금)에 해당되지만, 일부 근로자에게만 지급되거나 또는 일시적으로 지급되는 경우에는 임금이 아니라고 하여 판례보다 그 인정범위를 좁게 해석하고 있다.

(4) 상 여 금

취업규칙 등에 지급조건 · 금액 · 시기가 정해져 있거나 관행상 전체 종업원에게 일정 금액을 지급한 경우에는 임금으로 인정되지만,[13)] 구체적인 지급기준을 정함이 없이 그 지급이 사용자의 재량에 맡겨져 있거나 경영의 성과에 따라 일시적 · 불확정적으로 지급되는 경우에는 임금으로 인정되지 않는다.[14)]

(5) 기 타

해고예고수당, 재해보상금과 같은 법정수당은 물론 전임자급여에 대해서도 판례는 임금으로 보지 않는다.[15)]

---

12) 대판 1990.12.7, 90다카19647.
13) 대판 2002.5.31, 2000다18127.
14) 대판 1999.9.3, 98다34393.
15) 대판 1998.4.24, 97다54727.

제 2 절 평균임금

Ⅰ. 서 설

1. 의 의

평균임금이란 이를 산정하여야 할 사유가 발생한 날 이전의 3개월 동안에 그 근로자에게 지급된 임금의 총액을 그 기간의 총일수로 나눈 금액이다(근기법 제2조 제1항 제6호).

평균임금은 근로자의 정상적인 생활을 보장하기 위하여 지급되는 통상적인 생활 임금의 기준액을 말한다.[16] 근로자의 임금은 실제 근로를 제공하는 근로시간이나 실적에 따라 상당한 차이가 있으므로 산정하는 시기가 어느 때인가에 따라 생길 수 있는 우연적인 불균형을 피하여 통상적인 근로를 할 수 없을 때에도 가능한 한 실제로 받았던 통상적인 생활임금에 따른 근로자의 생활을 보장하려는 데 이 제도의 취지가 있다.[17]

2. 산정사유

평균임금을 '산정하여야 하는 사유'로는 ⅰ) 퇴직금(근로자퇴직급여보장법 제8조), ⅱ) 휴업수당(근기법 제46조), ⅲ) 연차유급휴가수당(동법 제60조 제3항), ⅳ) 재해보상금(동법 제79조, 제80조, 제82조, 제83조, 제84조, 제85조), ⅴ) 감급의 제한액(동법 제95조)이 있다.

3. 통상임금과의 비교

평균임금은 근로자의 통상의 생활임금을 사실대로 있는 그대로 산정하는 것을 기본원리로 하여, 3개월간 지급된 임금총액을 그 기간으로 나누는 사후적 · 산술적 개념이다. 반면 통상임금은 노동력의 통상적인 가격에 착안한 사전적 · 평가적 개념이다.

16) 대판 1999.5.12, 97다5015.
17) 대판 1995.2.28, 94다8631.

Ⅱ. 평균임금의 범위

1. 평균임금의 산정기초가 되는 임금

(1) 의 의

평균임금의 산정기초가 되는 임금은 산정사유가 발생한 날 이전 3월간에 지급된 "임금" 총액이다(근기법 제2조 제1항 제6호). 여기서의 "임금"이란 근로기준법 제2조 제1항 제5호의 임금을 의미하므로 산정기간에 근로의 대가로서 지급된 모든 것을 포함한다.[18)]

(2) 임금 해당성 여부

우리나라의 임금체계와 구성항목의 실태는 복잡하고 다양하기 때문에 사용자에게 지급받는 금품 중 어떤 것이 '근로의 대가성'이 있는 임금에 해당하는지를 판단하는 것은 쉽지 않은 일이다. 임금에 해당하는지 여부의 판단에 있어 가장 중요한 기준이 바로 '근로의 대가성'이다. 판례는 사용자가 지급하는 금품이 근로의 대가인가의 여부는 형식적인 계약내용뿐만 아니라 임금실태, 지급관행 등의 실태적 측면을 고려하여 종합적으로 판단할 것을 기본전제로 삼고 있다. 즉, 기본적으로 '지급의무가 예정되어 있는지 여부' 및 '지급형태의 고정성 · 정기성'에 따라 근로의 대가성 유무를 판단하고 있다.

(3) 성과금의 임금 해당성 여부

임금 해당성 여부와 관련하여 가장 문제되는 것이 성과금(또는 상여금)이다. 성과금의 임금 해당성 판단기준을 보면, 취업규칙 등에 지급조건 · 금액 · 시기가 정해져 있거나 관행상 전체 종업원에게 일정금액을 지급한 경우에는 임금으로 인정되지만,[19)] 구체적인 지급기준을 정함이 없이 그 지급이 사용자의 재량에 맡겨져 있거나 경영의 성과에 따라 일시적 · 불확정적으로 지급되는 경우에는 임금으로 인정되지 않는다.[20)]

[관련판례] 성과금의 임금성

1. 경영실적 등에 따라 지급되는 성과금의 임금성(소극)(대판 2006.2.23, 2005다54029)

피고회사의 성과금은 근로의 대가가 아닌 경영성과의 분배목적으로 처음 도입되었고, 현재까지 성과금지급률의 상한은 경영성과에 따라 정해지고 있는 점, 성과금지급률은 회사의 매출신장률, 공수능률향상률, 안전활동, 제안활동을 통한 생산성향상률에 따라 원칙적으로 정해지며, 무쟁의도 지급 여부 및 지급률 하한선의 조건이 되는데, 이들 요소들은 구체적인 근로제공과는 직접적인 관련성이 없는 점, 피고회사에서는 근로의 대가에 해당하는 기본급과 여러 수당들을 꾸준히 인상하여 지급해온 점, 1996년 이전에는 실제 경영실적이나 파업 여부에 따라 성과금지급률이 변동되거나 차등지급되었고, 1997년 이후에는 200%의 성과금이 일정하게 지급되었으나, 이는 위 기간 동아 무분규 조건이 달성됨에 따라 피고회사가 최저지급률 보장약속을 지켰기 때문일 뿐, 불황이나 분규발생 등으로 인한 경영실적 악화시에도 피고회사가 일정률의 성과금을 계속 지급할 의사가 있다거나 그와 같은 관행이 성립되었다고 보기는 어려운 점, 피고회사 노동조합도 성과금이 임시적인 것임을 인정하고 고정급으로 지급해 줄 것을 피고회사에 계속 요구하여 왔으나 합의에 이르지 못한 점 등에 비추어 보면, 피고회사가 원고들에게 지급한 **성과금은 경영실적이나 무쟁의 달성 여부에 따라 그 지급 여부나 지급금액이**

18) 근로의 대가로 지급된 모든 금품은 기간 중 실제로 지급한 임금뿐만 아니라 아직 지급하지 않았더라도 임금채권으로 확정된 금액을 포함한다.

19) 대판 2002.5.31, 2000다18127.

20) 대판 1999.9.3, 98다34393.

달라지는 경영성과의 일부 분배로 볼 수 있을 뿐, 근로의 대상으로서의 임금이라 할 수 없으므로, 퇴직금 산정의 기초가 되는 **평균임금에 포함되지 않는다**고 판단하였다.

2. 지급의무가 지워져 있는 특별생산 격려금(성과급)의 임금성 여부(대판 2001.10.23. 2001다53950)

회사가 특별생산격려금을 지급하게 된 경위가 노동쟁의의 조정결과 생산격려금을 지급하기로 합의가 된 데 따른 것이고 당시 조정안에서 위 생산격려금은 전년도의 경영성과를 감안한 특별상여금으로서 1회에 한하기로 약정하였다고 하더라도 이후 회사의 경영실적의 변동이나 근로자들의 업무성적과 관계없이 근로자들에게 정기적·계속적·일률적으로 특별생산 격려금을 지급하여 왔다면 이는 근로계약이나 노동관행 등에 의하여 사용자에게 그 지급의무가 지워져 있는 것으로서 평균임금산정의 기초가 되는 임금에 해당한다.

3. 개인의 실적에 따라 결정되는 포상금(성과금)의 임금성 여부[적극](대판 2004.5.31. 2000다18127)

이 사건 **포상금은** 피고가 매년 같은 시기에 같은 비율에 따라 지급하는 것이 아니라 피고가 일방적으로 정한 지급시기와 지급액수, 지급기준에 따라 지급하는 것이기는 하지만, 상품권판매는 구두류 제품판매를 주업으로 하는 피고가 역점을 두는 사업이므로 직원들이 상품권판매를 위하여 하는 영업활동은 결국 피고에 대하여 제공하는 **근로의 일부라고 볼 수 있어 포상금은 근로의 대가로 지급되는 것**이라고 보아야 하고, 기록에 나타난 자료에 의하면 포상금 지급은 해마다 그 지급시기는 다르나 매년 한두 차례 시행되는 것이 관례화되어 있음을 알 수 있으므로 이를 우발적, 일시적 급여라고 할 수 없으며, 피고가 해마다 미리 지급기준과 지급비율을 정하고 그에 따라 계산된 포상금을 지급하는 것인 이상 직원들이 그 요건에 맞는 실적을 달성하였다면 피고로서도 그 실적에 따른 포상금의 지급을 거절할 수 없을 것이므로 이를 은혜적인 급부라고 할 수도 없고, 또한 직원 대다수가 포상금을 업무와 관련된 용도로 사용하였다고 하더라도 피고가 포상금을 업무와 관련된 용도에만 사용하도록 하였다고 볼 자료가 없는 이상 그 용도는 직원들의 의사에 맡겨져 있어 그와 같은 사정이 있다고 하여 평균임금적 성격이 부정되는 것은 아니므로, 피고가 지급하는 포상금 중 부서포상금이나 일정 수의 직원만 선발하여 여행이나 상품을 포상하는 것은 개인적으로 지급되는 것이 아니거나 은혜적인 급부에 불과하여 평균임금에 포함될 수 없다고 하더라도, 개인포상금은 평균임금에 포함된다고 하여야 할 것이다.

4. 개인의 실적에 따라 결정되는 성과급 상여금의 임금성 여부[소극](대판 2004.5.14. 2001다76328)

근로자 개인의 실적에 따라 결정되는 성과급은 지급조건과 지급시기가 단체협약 등에 정하여져 있다고 하더라도 지급조건의 충족 여부는 근로자 개인의 실적에 따라 달라지는 것으로서 근로자의 근로제공 자체의 대상이라고 볼 수 없으므로 **임금에 해당된다고 할 수 없다.**

2. 임시수당 및 통화 이외의 것

(1) 의 의

평균임금 산정시 임금의 총액을 계산할 때에는 임시로 지급된 임금 및 수당과 통화 외의 것으로 지급된 임금을 포함하지 아니한다. 다만, 노동부장관이 정하는 것은 그러하지 아니하다(근기법 시행령 제2조 제2항).

(2) 임시로 지급된 금품의 성격

'임시로 지급된 금품'이 평균임금에 포함되지 않는 이유는 그 자체가 근로기준법 제2조 제1항 제5호의 임금에 해당될 수 없는 성질의 것이기 때문이다. 행정해석 등을 통해 볼 때 결혼수당이나 사상병수당 등을 예정하고 있는 것처럼 보이는데 이러한 수당은 특별한 경우가 아니면 임금에 포함되지 않는 것들이다.

또한 판례는 해외근무 등 특수한 근로조건에 따라 임시로 추가적 금품(해외근무수당)을 받는 경우, 이는 해외근무와 관련한 초과급여 부분이 현지의 세금, 생계비, 물가지수, 환율의 변동지수 등으로 인해 특별히 늘어나게 될 비용에 대한 실비변상적인 성질의 것이기 때문에 임금에 포함되지 않고 평균임금에 산입할 수 없다고 보고 있다.[21)]

(3) **개선방안**

근기법 시행령 규정(제2조 제2항)의 '임시로 지급된 임금'이라는 문구는 임금 중에서 평균임금에 포함되지 않는 항목이 있는 것처럼 표현하고 있어, 형용 모순의 오류를 범하고 있고 현물급여에 대해서 임금 해당성을 부정하고 있어 위임입법의 한계를 벗어났다는 비판이 제기되었다. 따라서 근로기준법 시행령 제2조 제2항을 개정해야 한다는 지적이 있다.[22)]

3. 사용자의 관리 · 지배가능성

(1) **문제의 소재**

택시기사의 사납금 초과 수입금은 사용자가 근로자에게 지급하는 것이 아니고 근로자의 자유로운 처분에 맡긴 것이긴 하지만 그 성격상 근로의 대가이므로 임금에 해당한다.[23)] 그러나 이러한 초과 수입금이 퇴직금 산정의 기초가 되는 평균임금에 포함되는 지 여부가 문제된다.

(2) **판례의 태도**

사납금 초과 수입금은 특별한 사정이 없는 한 퇴직금 산정의 기초가 되는 평균임금에 포함된다 할 것이다. 다만, 사용자의 퇴직금 출연에 대한 예측가능성을 기할 수 있게 해야 하므로, 근로자들이 사납금 초과 수입금을 개인 수입으로 자신에게 직접 귀속시킨 경우, 이에 대한 사용자의 관리가능성이나 지배가능성도 없어서 퇴직금 산정의 기초인 평균임금에 포함되지 않는다.[24)]

그러나 근로자들이 총 운송수입금을 전부 운송회사에 납부하는 경우에는 운송회사로서는 사납금 초과 수입금의 범위를 명확히 확인 · 특정할 수 있어 사납금 초과 수입금을 관리하고 지배할 수 있으므로, 운송회사가 근로자들로부터 납부 받은 사납금 초과 수입금은 퇴직금 산정의 기초가 되는 평균임금에 포함되는 것으로 보아야 할 것이다.[25)]

(3) **검토의견**

판례의 입장은 평균임금이 근로자에게 지급된 임금총액을 기준으로 산정되는 점에서 볼 때 근거가 미흡한 것으로 보인다. 한편, 여객자동차운수사업법의 개정(1997.12.23)으로 택시운송수입금에 대한 '전

---

21) 대판 1990.11.9, 90다카4683.

22) 근로기준법제 개선방안 42.

23) 대판 2002.8.23, 2002다4399.

24) 대판 2002.8.23, 2002다4399; 한편 사납금 초과 수입금을 운전사 개인의 수입으로 하여 자유로운 처분에 맡겨 온 경우, 산업재해보상보험법상의 보험급여 산정을 위한 평균임금 산정시에는 포함된다는 판례가 있다(대판 2000.4.25, 98두15269; 대판 2002.3.26, 2000두9496). 그러나 판례는 사납금 초과 수입금을 운전사가 직접 개인의 수입으로 하는 경우, 퇴직금 산정시에는 제외하고 산재법상 보험급여 산정시에는 포함하는 지에 대하여 합리적인 이유를 적극적으로 설시하지 않고 있다.

25) 대판 2002.8.23, 2002다4399.

액관리제'가 시행되어 사납금 초과 수입금에 대한 관리가능성이나 지배가능성이 없기 때문에 퇴직금 산정의 기초가 평균임금에 해당되지 않는다는 판례는 적용할 수 없을 것이다.

4. 복리후생적 금품

(1) 판례의 경향과 노동부 예규

판례는 "일률적으로 지급되는 것이라 함은 '모든 근로자에게' 지급되는 것 뿐 아니라 '일정한 조건 또는 기준에 달한 모든 근로자에게' 지급되는 것이 포함된다"라고 판시[26]하고 있다. 그러나 노동부 예규[27]에서는 복리후생적 · 생활보조적 금품에 대하여 전 근로자에게 일률적으로 지급하는 경우에만 평균임금에 포함시키고, 일정한 조건에 해당하는 일부 근로자에게 지급되는 경우에는 평균임금에서 제외시키고 있다.

특히, 판례는 "근로자에게 지급하는 가족수당이 단체협약 등에 의하여 그 지급의무가 지워져 있고 일정한 요건에 해당하는 근로자에게 일률적으로 지급하게 되어 있다면 이는 근로자에게 지급되는 근로의 대가의 성질을 가지는 것으로서 임금에 해당한다 할 것이고 가족수당이 부양가족이 있는 근로자에게만 지급되는 것이라 하여 임금이 아니라고 할 수는 없다 할 것이다"고 판시[28]하고 있지만, 노동부 예규는 가족수당의 경우 독신자를 포함하여 전 근로자에게 일률적으로 지급되는 경우에 한하여 평균임금에 포함시키고 가족이 있는 경우, 가족 수 등에 따라 지급되는 가족수당은 평균임금에서 제외시켜야 한다고 하고 있다.

(2) 개선방안

노동부 예규에서는 복리후생비의 경우 전체 근로자에게 지급될 것을 조건으로 평균임금에 포함시키고 있는바, 복리후생비를 임금에 해당되는 것으로 판단하는 최근의 대법원의 경향과는 일치하지 않고 있다.

따라서 판례에 의한 일률성 개념의 변화, 임금이분설의 폐기[29]에 따라 일반적 임금과 복리후생비를 차별적으로 취급할 이론적 근거를 상실했다는 점을 반영하여, 평균임금의 범위에 대한 노동부 예규의 개정이 요구된다.[30]

Ⅲ. 평균임금의 산정방법

1. 원 칙

평균임금의 산정은 원칙적으로 '산정하여야 할 사유가 발생한 날 이전 3월간에 그 근로자에 대하여 지급된 임금의 총액을 그 기간의 총일수로 나눈 금액'으로 한다. 근로자가 취업한 후 3개월 미만인 경우도 이에 준한다(근기법 제2조 제1항 제6호).

여기서 '산정하여야 할 사유가 발생한 날'이란 퇴직금에 관해서는 퇴직하는 날, 휴업수당에 관해서

26) 대판 1994.5.24, 93다31979.
27) 노동부 예규 제551호「통상임금 산정지침」, 2007.11.
28) 대판 1987.2.24, 84다카1409.
29) 대판(전합) 1995.12.21, 94다26721.
30) 근로기준법제 개선방안 46.

는 휴업기간의 초일, 재해보상에 관해서는 사상의 원인인 사고발생일 또는 진단에 의하여 질병의 발생이 확인된 날, 감급의 제한액에 관해서는 제재의 의사표시가 상대방에게 도달한 날이다.

2. 제외되는 기간 및 임금

(1) 의 의

근로기준법 시행령 제2조 제1항은 평균임금 산정시 제외되는 기간을 열거하고 있는데, 대체로 근로자의 귀책사유 없이 근로를 제대로 제공하지 못한 경우를 상정하고 있다. 이는 이러한 기간을 포함시키면 근로자의 통상의 생활임금을 사실대로 반영하려는 평균임금의 취지에 어긋나고, 평균임금이 저액이 되어 근로자에게 불이익이 발생하기 때문이다.

(2) 근로자의 귀책사유에 의한 직위해제 · 휴직기간

근로자의 귀책사유에 의한 직위해제, 휴직 등의 기간에 대하여 판례는 "개인적인 범죄로 구속기소되어 직위해제되었던 기간은 근로기준법 시행령 제2조 제1항 소정의 어느 기간에도 해당하지 않으므로 그 기간의 일수와 그 기간 중에 지급받은 임금액은 근로기준법 제19조 제1항(현행 제2조 제1항 제6호) 본문에 따른 평균임금 산정기초에서 제외될 수 없다"고 하였다.[31)]

(3) 평균임금의 최저보장

근로자의 귀책사유로 인한 직위해제 · 휴직기간의 임금을 평균임금의 산정기간에 포함시킴으로 인하여 평균임금액수가 낮아져 평균임금이 통상임금을 하회하게 되는 경우에는, 그 통상임금을 평균임금으로 한다(근기법 제2조 제2항).

3. 평균임금을 산정할 수 없는 경우

(1) 의 의

일반적인 평균임금의 산정방법(근기법 제2조 제1항 제6호, 시행령 제2조 및 제3조)에 의하여 평균임금을 산정할 수 없는 경우에는 노동부장관이 정하는 바에 따른다(동법 시행령 제4조). 평균임금을 산정할 수 없는 경우란 ⅰ) 그 산정이 기술상 불가능한 경우는 물론 ⅱ) 근로기준법의 관계규정에 의하여 그 평균임금을 산정하는 것이 현저하게 부적당한 경우까지도 포함된다.[32)]

(2) 기술상 불가능한 경우

'평균임금의 계산에서 제외되는 기간이 3월 이상인 경우', '근로제공의 초일에 평균임금 산정사유가 발생한 경우' 등과 같이 일반적인 평균임금 산정방법(근기법 제2조 제1항 제6호, 시행령 제2조 및 제3조)에 의하여 평균임금을 산정할 수 없는 경우에는 노동부장관이 정한 「평균임금 산정 특례 고시」에 따른다.[33)]

(3) 평균임금 산정이 현저하게 부적당한 경우

1) 의 의 근로기준법 시행령 제4조에서 관계법령에 따라 평균임금을 산정할 수 없는 경우 노동부장관이 정하는 바에 따르도록 규정하고 있는바, 판례는 이를 목적론적 확대 해석을 통해 그

31) 대판 1994.4.12, 92다20309.

32) 대판 1995.2.28, 94다8631; 대판 1999.11.12, 98다49357.

33) 노동부장관이 고시하지 않은 행정입법 부작위에 대해 헌법재판소가 위헌(헌재 2002.7.18, 2000헌마707)으로 함으로써, 2004.7.26에 「평균임금 산정 특례 고시(노동부 고시 2004-22호)」가 공표되었다.

산정이 "기술상 불가능한 경우"에만 한정하지 않고 "현저하게 부적당한 경우"도 포함하는 것으로 해석하고 있다.[34)]

그리하여 평균임금 산정사유 발생일 이전 3월간의 임금이 특별한 사유로 인하여 통상의 경우보다 '현저하게' 적거나 많은 경우 이를 그대로 평균임금 산정의 기초로 삼을 것인 지에 대하여, 판례는 "그 사유가 발생한 날 이전 3월간에 그 근로자에 대하여 지급된 임금이 특별한 사유로 인하여 통상의 경우보다 현저하게 적거나 많을 경우에도 이를 그대로 평균임금 산정의 기초로 삼는다면, 이는 근로자의 통상의 생활을 종전과 같이 보장하려는 제도의 근본취지에 어긋난다"고 하여 부정하고 있다.[35)] 즉 판례는 이러한 기간을 제외하고 그 직전 3월간의 임금총액을 기초로 평균임금을 산정하고 있다.

2) 3월간의 임금총액이 현저히 적은 경우 판례는 근로자가 구속되어 3개월 이상 휴직하였다가 퇴직함으로써 퇴직 전 3개월간 지급된 임금을 기초로 산정한 평균임금이 통상의 경우보다 현저하게 적은 경우, 휴직 전 3개월간의 임금을 기준으로 평균임금을 산정해야 한다고 판시하였다.[36)]

3) 3월간의 임금총액 현저히 많은 경우 택시기사의 임금이 기본급과 운송수입금액에 따라 지급되는 업적금으로 구성되어 있는 경우, 근로자가 퇴직을 예상하고 퇴직금산정의 기초가 되는 평균임금을 높이기 위하여 의도적으로 퇴직 전 3개월 동안 평소에 비하여 월등히 많은 운송수입금을 회사에 입금하여, 그 결과 퇴직 전 3개월간의 임금이 그 이전 5개월간의 월평균임금에 비하여 약 70% 가량 증가(업적금만 비교하면 4배 정도 증가)한 경우에, 판례는 이를 기초로 평균임금과 퇴직금을 산정하는 것은 현저하게 부당하다고 판단하여, 그 기간을 제외하고 평균임금을 산정하였다.[37)]

4. 평균임금의 조정

업무상의 상병으로 재해보상이 장기화되는 경우가 있고 이에 따라 다른 근로자의 임금이 변동되었음에도 불구하고, 그 산정기초인 평균임금이 재해발생 당시의 것으로 고정되어 있는 것은 불합리하다.

이 점을 고려하여 '재해보상금(요양보상은 제외)을 산정'하거나 '업무상의 상병을 입은 자의 퇴직금을 산정'하는 데 적용될 평균임금은 그 사업 또는 사업장의 동종 근로자의 임금변동에 따라 조정하도록 되어 있다(근기법 시행령 제5조).

Ⅳ. 평균임금의 문제점과 개선방향[38)]

1. 문 제 점

평균임금의 경우 산정기간이 3개월로 정해져 있기 때문에 임금의 급격한 변동이 있는 경우 기준임금으로서의 합리성이 없어 노사양측이 의도적으로 악용할 수 있고, 사용자는 산정사유가 발생하기 전에 평균임금을 줄이려 하고 근로자는 평균임금을 늘이기 위한 노력을 하게 되어 분쟁이 발생하고 있다.

34) 대판 1995.2.28, 94다8631; 대판 1999.11.12, 98다49357.
35) 대판 1995.2.28, 94다8631; 대판 1999.11.12, 98다49357.
36) 대판 1999.11.12, 98다49357.
37) 대판 1995.2.28, 94다8631.
38) 근로기준법제 개선방안 46.

2. 개선방향

평균임금의 산정기준이 3월로 정해져 있어 산정시점에 따른 변동이 발생한다는 한계를 없애기 위해 평균임금 산정기간을 1년으로 연장하는 방안을 고려할 수 있을 것이다. 한편, 현행 근로기준법 시행령 제2조 제1항은 근로자의 귀책사유 등으로 평균임금액이 급격하게 적어지는 경우 합리적으로 대응하는 데에는 한계가 있다. 또한 판례는 시행령 제4조의 목적론적 확대 해석(합목적적 유추)를 통해 이러한 문제를 해결하려고 시도하고 있지만, 해석재량을 벗어난 것인가에 대해 논란이 있을 수도 있기 때문에 입법론상의 정비가 필요하다.

[관련판례] 평균임금

1. 평균임금의 의의(대판 1999.5.12, 97다5015)

평균임금은 근로자의 **통상의 생활임금을 사실대로 산정하는 것**을 그 기본원리로 하는 것으로서 … 근로자의 통상의 생활을 종전과 같이 보장하려는 데 그 취지가 있다.

2. 택시기사의 사납금 초과 수입금의 평균임금 해당 여부(대판 2002.8.23, 2002다4399)

[1] 운송회사가 그 소속 운전사들에게 매월 실제 근로일수에 따른 일정액을 지급하는 이외에 그 근로형태의 특수성과 계산의 편의 등을 고려하여 하루의 운송수입금 중 회사에 납입하는 일정액의 사납금을 공제한 잔액을 그 운전사 개인의 수입으로 하여 자유로운 처분에 맡겨 왔다면 위와 같은 운전사 개인의 수입으로 되는 부분 또한, 그 성격으로 보아 근로의 대가인 임금에 해당한다 할 것이므로, 사납금 초과 수입금은 특별한 사정이 없는 한 퇴직금 산정의 기초가 되는 평균임금에 포함된다.

[2] 평균임금 산정기간 내에 지급된 임금이라 하더라도, 퇴직금 산정의 기초가 되는 평균임금을 산출함에 있어서는, 사용자의 퇴직금 출연에 예측가능성을 기할 수 있게 하기 위하여 사용자가 관리가능하거나 지배가능한 부분이 아니면 그 범위에서 제외하여야 하므로 근로자들이 사납금 초과 수입금을 개인 수입으로 자신에게 직접 귀속시킨 경우, 그 개인 수입 부분의 발생 여부나 그 금액 범위 또한 일정하지 않으므로 운송회사로서는 근로자들의 개인 수입 부분이 얼마가 되는지 알 수도 없고 이에 대한 관리가능성이나 지배가능성도 없다고 할 것이어서 근로자들의 개인 수입 부분은 퇴직금 산정의 기초인 평균임금에 포함되지 않는다.

[3] 운송회사의 근로자들이 총운송수입금을 전부 운송회사에 납부하는 경우에는 근로자들이 사납금 초과 수입금을 개인 자신에게 직접 귀속시킨 경우와 달리, 운송회사로서는 사납금 초과 수입금의 발생 여부와 금액 범위를 명확히 확인·특정할 수 있어 사납금 초과 수입금을 관리하고 지배할 수 있다고 보아야 할 것이고, 운송회사가 추후에 근로자들로부터 납부받은 사납금 초과 수입금 상당의 금원을 근로자들에게 지급하였다고 하여 달리 볼 것이 아니라 할 것이므로 운송회사가 근로자들로부터 납부받은 사납금 초과 수입금은 퇴직금 산정의 기초가 되는 평균임금에 포함되는 것으로 보아야 한다.

3. 구속기간과 평균임금 산정기간(근기법 시행령 제2조 제1항 적용 문제) ①

개인적인 범죄로 구속기소되어 직위해제되었던 기간은 '평균임금의 계산에서 제외되는 기간'에 해당되지 않는다(대판 1994.4.12, 92다20309)

개인적인 범죄로 구속기소되어 직위해제되었던 기간은 근로기준법시행령 제2조(현행 제2조 제1항) 소정의 어느 기간에도 해당하지 않으므로 그 기간의 일수와 그 기간 중에 지급받은 임금액은 근로기준법 제19조 제1항(현행 제2조 제1항 제6호) 본문에 따른 평균임금 산정기초에서 제외될 수 없고, 만일 그 기간과 임금을 포함시킴으로 인하여 평균임금 액수가 낮아져 평균임금이 통상임금을 하회하게 되는 경우에는 같은 법 제19조 제2항(현행 제2조 제2항)에 따라 통상임금을 평균임금으로 하여 퇴직금을 계산하여야 한다.

4. 구속기간과 평균임금 산정기간(근기법 시행령 제4조 적용 문제) ②

퇴직금 산정의 기초인 평균임금이 특별한 사유로 인하여 통상의 경우보다 현저하게 적거나 많은 경우, 그 산정 방법 / 퇴직 전 3개월간의 임금총액이 현저히 적은 경우(대판 1999.11.12, 98다49357)

[1] 평균임금은 근로자의 통상의 생활임금을 사실대로 산정하는 것을 그 기본원리로 하는 것으로서 평균임금의 계산에 산입되는 '그 사유가 발생한 날 이전 3월간에 그 근로자에 대하여 지급된 임금의 총액'이 특별한 사유로 인하여 통상의 경우보다 현저하게 적거나 많을 경우에는 이를 그대로 평균임금 산정의 기초로 삼을 수 없고, 이러한 평균임금을 그 산정의 기초로 하는 퇴직금제도는 직급, 호봉 등에 따른 근로자의 통상의 생활을 종전과 같이 보장하려는 데 그 취지가 있다고 할 것이므로, 퇴직급여가 특수하고 우연한 사정에 의하여 통상의 경우보다 현저하게 많거나 적은 금액으로 되는 것은 그 제도의 근본취지에 어긋난다 할 것이고, 따라서 퇴직금 산정의 기초인 평균임금이 특별한 사유로 인하여 통상의 경우보다 현저하게 적거나 많을 경우에는 구 근로기준법시행령 제5조(현행 제4조)에 의하여 노동부장관이 정하는 바에 따라 평균임금을 산정하여야 할 것인데, 아직까지 그 기준이나 방법 등을 정한 바가 없으므로, 평균임금의 기본원리와 퇴직금 제도의 취지에 비추어 근로자의 통상의 생활임금을 사실대로 반영하는 방법으로 그 평균임금을 산정하여야 한다(그러므로 통상의 경우보다 현저하게 적거나 많은 기간을 뺀 그 직전 3개월 간의 임금을 기준으로 하여 근로기준법이 정하는 방식에 따라 산정한 금액 상당이라고 할 것이다).

[2] 근로자가 구속되어 3개월 이상 휴직하였다가 퇴직함으로써 퇴직 전 3개월간 지급된 임금을 기초로 산정한 평균임금이 통상의 경우보다 현저하게 적은 경우, 휴직 전 3개월간의 임금을 기준으로 평균임금을 산정하여야 한다.

제 3 절 통상임금

Ⅰ. 서 설

1. 의 의

통상임금이란 근로자에게 정기적 · 일률적으로 소정근로 또는 총근로에 대하여 지급하기로 정하여진 시간급금액 · 일급금액 · 주급금액 · 월급금액 또는 도급금액을 말한다(근기법 시행령 제6조 제1항). 어떤 임금이 통상임금에 해당하려면 그것이 정기적 · 일률적으로 지급되는 고정적인 임금에 속하여야 하므로, 정기적 · 일률적으로 지급되는 것이 아니거나 실제의 근무성적에 따라 지급 여부 및 지급액이 달라지는 것과 같이 고정적인 임금이 아닌 것은 통상 임금에 해당하지 않는다.[39]

통상임금의 범위에 대하여 사용자는 그 범위를 좁게 보려 하고, 근로자는 넓게 보려 하고 있어 노사 간에 많은 다툼이 일어나고 있어 그 범위를 명확히 하는 것은 중요한 의미를 지니고 있다.

2. 산정사유

통상임금을 산정하여야 하는 경우로는 ① 해고예고수당(근로기준법 제26조), ② 연장 · 야간 및 휴일근로에 대한 가산임금(동법 제56조), ③ 연차유급휴가수당(동법 제60조 제5항), ④ 산전후 · 유사산휴가 기간 중 사용자가 지급하는 급여, ⑤ 생리휴가근로수당[40] 등이 있다.[41]

Ⅱ. 통상임금의 범위

1. 문제의 소재

통상임금에 산입되는 임금의 범위와 관련하여 노동부 행정해석과 판례가 다르게 보고 있어 문제가 된다.

---

39) 대판 2007.6.15, 2006다13070.

40) 서울고판 2007.5.4, 2006나60054[씨티은행 사건].

41) 이러한 산정사유 중 ① ~ ③은 근로기준법에 통상임금을 기준으로 지급하라고 명시적으로 규정한 것이고, ④, ⑤ 등은 법에 명시적 규정은 없지만 관련 규정의 해석에 의한 것이다.

2. 노동부 행정해석(통상임금 산정지침)

노동부예규 제551호 「통상임금 산정지침」에서는 통상임금에 대하여 소정근로시간 또는 법정근로시간에 대하여 근로자에게 지급하기로 정하여진 '기본급 임금'과 '정기적 · 일률적으로 1임금산정기간에 지급하기로 정하여진 고정급 임금'으로 규정하고, 기본급 · 직책수당 · 위험수당 · 면허수당 · 자격수당 등을 통상임금의 항목으로 예시하고 있다.

3. 판례법리

판례는 노동부예규와 다르게 통상임금의 범위를 넓게 보는 경향으로 변화했으며, 이로 인해 통상임금과 평균임금의 격차가 줄어들고 있다.[42)]

(1) '일률성'의 탄력화

통상임금에서의 '일률성'을 노동부 행정해석과 같이 모든 근로자를 대상으로 하는 의미로 좁게 해석하는 것과 달리, 판례는 '일률적'으로 지급되는 것이라 함은 '모든 근로자'에게 지급되는 것뿐만 아니라 '일정한 조건 또는 기준에 달한 모든 근로자'에게 지급되는 것으로 보고 있어,[43)] 그 적용을 탄력화하고 있다.

따라서 '근속수당'의 경우 일정근로연수에 달한 자에게 근무성적과 상관없이 고정적으로 지급되는 것이라면 통상임금에 속하며,[44)] '고열작업수당'의 경우 일정한 공정에 종사하는 근로자에 대하여 일정한 조건이 충족되면 지급하는 것이라면 통상임금에 속한다.

(2) '정기성'의 탄력화(1임금지급기를 초과한 임금)

통상임금에서의 '정기성'을 좁은 의미로 파악하면 1월을 초과하여 지급하는 수당 내지 급여는 통상임금의 범위에서 제외되게 된다.

기존 판례도 1개월 넘는 기간으로 정해진 임금에 대해서는 통상임금의 범위에 포함시키지 않는 경향이 강하였으나, 최근에는 1임금지급기(월급근로자의 경우 1개월)를 초과하는 임금이더라도 그것이 정기적 · 일률적으로 지급되는 것이라면 통상임금의 범위에 포함될 수 있다고 하여 탄력화된 결론을 내리고 있다.[45)] 따라서 정기적 · 일률적으로 지급되는 체력단련비 · 월동보조비,[46)] 고정상여금 등도 통상임금에 포함될 수 있다.

(3) 복리후생비

노동부예규는 복리후생비를 통상임금에 포함시키지 않고 있다. 그러나 현행 실정법 하에서의 모든 임금은 근로의 대가로서 '근로자가 사용자의 지휘를 받으며 근로를 제공하는 것에 대한 보수'를 의미하므로 현실의 근로 제공을 전제로 하지 않고 단순히 근로자로서의 지위에 기하여 발생한다는 이른바 생활보장적 임금이란 있을 수 없기 때문에,[47)] 복리후생비 명목이라 하더라도 그 지급이 정기적 · 일률적이라면 통상임금에 해당한다 할 것이다. 또한 복리후생비를 근로시간에 직접적 또는 비례적으로 대응하

42) 이러한 판례법리의 변화는 1995년 대법원 전원합의체 판결(대판 1995.12.21, 94다26721)에 의해 종전의 임금이분설을 폐기한 것과 관련이 있다.
43) 대판 2003.4.22, 2003다10650; 대판 2005.9.9, 2004다41217.
44) 대판 1996.5.10, 95다22270; 대판 2002.7.23, 2000다29370.
45) 대판 1996.2.9, 95다19501.
46) 대판 1996.2.9, 94다19501.
47) 대판(전합) 1995.12.21, 94다26721.

여 지급되는 임금이 아니라는 사유만으로 통상임금에서 제외할 수는 없을 것이다.[48] 따라서 판례는 최근 들어 지급형태상의 일률성과 정기성이 인정되면 통상임금에 포함시키는 것이 일반적 경향이다. 그리하여 판례는 교통비, 식사대 등도 통상임금에 포함시키고 있다.[49]

4. 통상임금 범위 제외에 대한 노사 간 합의의 효력

통상임금에 산입되어야 할 각종 수당을 통상임금에서 제외하기로 하는 노사 간의 합의는 근로기준법에서 정한 기준에 미치지 못하는 근로조건을 정한 계약으로서 '무효'이다. 이러한 합의를 인정하게 되면 연장 · 야간 · 휴일근로에 대하여 가산임금을 지급하고, 해고근로자에게 일정한 수당을 지급하도록 규정한 취지가 몰각될 것이기 때문이다.[50][51]

Ⅲ. 산정방법

1. 원 칙

통상임금은 시간급으로 산정함이 원칙이다. 통상임금을 기초로 산정하는 수당(연장 · 야간 · 휴일근로 수당)이 주로 시간단위로 계산되기 때문이다.

2. 시간급으로의 환산

임금 지급형태는 일급 · 주급 · 월급 등이 일반적이므로 시간급 이외의 임금을 시간급으로 환산하는 것이 필요하다.

(1) 일급의 환산

일급 금액으로 정한 임금은 그 금액을 1일의 소정근로시간(일반적으로 8시간) 수로 나눈 금액을 시간급 통상임금으로 한다(근기법 시행령 제6조 제2항 제2호).

(2) 월급의 환산

월급 금액으로 정한 임금은 주휴임금을 포함하고 있기 때문에 그 금액을 월의 통상임금 산정기준시간수(월의 소정근로시간과 유급처리된 시간을 합산한 수)[52]로 나눈 금액을 시간급 통상임금으로 한다(근기법 시행령 제6조 제2항 제4호).

---

48) 대판 1996.2.9, 94다19501, "소정 근로시간의 근로에 직접적으로 또는 비례적으로 대응하여 지급되는 임금이 아니라 하더라도 그것이 소정 근로 또는 총 근로에 대하여 지급되는 임금이 아니라고 할 수 없으므로 그런 사유만으로 그 임금을 통상임금에서 제외할 수는 없다 할 것이다".

49) 대판 1992.5.12, 91나9335.

50) 대판 2007.6.15, 2006다13070; 대판 1994.5.24, 93다5697.

51) 이는 통상임금이 사전적·평가적 개념이라는 것을 고려한 결과라고 판단된다. 비교되는 것이 퇴직금 산정시 평균임금의 경우인데, 판례는 단체협약이나 취업규칙에서 평균임금에 포함되어야 할 일부 임금항목을 제외한 경우에도 이를 기초로 산출한 퇴직금액(총액)이 법상의 최저기준인 법정퇴직금보다 상회하는 경우에는 유효하다고 판시하고 있다(대판 1987.2.10, 85다카187; 대판 1991.12.23, 91다32657). 이는 지급된 각종 수당이 혼재되어 계산되는, 사후적 도구개념인 평균임금의 성격과 법정퇴직금제도의 제도보장적인 성격을 감안한 결과라고 보인다.

52) 주 40시간제 사업장의 경우 월의 통상임금 산정기준시간은 208. 56시간[= (40시간 + 8시간) × 52. 14주 ÷ 12개월]이다.

Ⅳ. 통상임금의 문제점과 개선방향

1. 통상임금 범위의 혼란

노동부예규에 의하면 복리후생비나 고정적 상여금은 통상임금에 포함되어 있지 않으나, 판례는 1990년대 중반 들어 복리후생비나 고정적 상여금이라 하더라도 정기적 · 일률적으로 지급되는 것으로 볼 수 있는 경우에 통상임금에 포함시키고 있어, 실무상 많은 혼란을 초래하고 있다. 이러한 혼란을 없애고 판례법리와의 정합을 위해서 노동부예규의 개정이 필요하다 할 것이다.

2. 임금체계의 단순화 · 유연화

우리나라 기업은 통상임금의 증가를 회피하기 위하여 각종 수당이 신설되어 임금체계가 매우 복잡하게 되었고, 고정적 상여금의 비중이 기형적으로 증가하였다. 결과적으로 통상임금이 근로자의 소정근로시간에 대한 임률을 결정하는 기준으로서 정상적인 역할을 수행하지 못하면서 임금체계의 단순화 · 유연화에도 장애가 되고 있다.

3. 평균임금과 통상임금의 일치

가산임금을 제외한 모든 임금은 통상임금에 포함되는 방향으로 정비하여, 평균임금과 통상임금의 항목을 가급적 일치시켜야 할 것이다.[53)]

원리적으로나 판례의 입장을 볼 때 복리후생비를 통상임금에서 제외시킬 이유를 찾기 힘들다. 또한 일률성 개념의 변화, 임금이분설의 폐기, 1임금지급기를 초과하여 지급되는 임금의 통상임금 인정 등과 같은 일련의 판례의 변화도 이러한 점을 고려한 것이라 할 수 있기 때문이다.

[관련판례] 통상임금

1. 통상임금의 의의(대판 2007.6.15, 2006다13070)

소정 근로 또는 총 근로의 대상(對償)으로 근로자에게 지급되는 금품으로서 그것이 정기적 · 일률적으로 지급되는 것이면 원칙적으로 모두 통상임금에 속하는 임금이라 할 것이나, 근로기준법의 입법 취지와 통상임금의 기능 및 필요성에 비추어 볼 때 어떤 임금이 통상임금에 해당하려면 그것이 정기적·일률적으로 지급되는 고정적인 임금에 속하여야 하므로, 정기적·일률적으로 지급되는 것이 아니거나 실제의 근무성적에 따라 지급 여부 및 지급액이 달라지는 것과 같이 고정적인 임금이 아닌 것은 통상임금에 해당하지 아니한다고 할 것인데, 여기서 '일률적'으로 지급되는 것이라 함은 '모든 근로자'에게 지급되는 것뿐만 아니라 '일정한 조건 또는 기준에 달한 모든 근로자'에게 지급되는 것도 포함되고, 여기서 말하는 '일정한 조건'이란 '고정적이고 평균적인 임금'을 산출하려는 통상임금의 개념에 비추어 볼 때 '고정적인 조건'이어야 한다.

2. 일률성: 고열작업수당의 통상임금 해당 여부(대판 2005.9.9, 2004다41217)

고열작업수당이 일정한 공정에 종사하는 모든 근로자들에 대해서 일정한 조건이 충족되면 일정한 금액이 매년 정기적 · 일률적으로 지급된 것으로서 통상임금에 포함된다.

53) 근로기준법제 개선방안 49.

3. 정기성: 1개월을 초과하여 지급하는 수당의 통상임금 해당 여부(대판 1996.2.9, 94다19501)

원칙적으로 근로자에게 소정 근로 또는 총 근로의 대상으로 지급되는 금품으로서 그것이 정기적, 일률적으로 지급되는 것은 통상임금에 속하는 임금이다. 따라서 근로자에 대한 임금이 1개월을 초과하는 기간마다 지급되는 것이라도 그것이 정기적, 일률적으로 지급되는 것이면 통상임금에 포함될 수 있는 것이고, 소정 근로시간의 근로에 직접적으로 또는 비례적으로 대응하여 지급되는 임금이 아니라 하더라도 그것이 소정 근로 또는 총 근로에 대하여 지급되는 임금이 아니라고 할 수 없으므로 그런 사유만으로 그 임금을 통상임금에서 제외할 수는 없다.

4. 정기상여금의 통상임금 여부[소극](대판 1996.2.9, 94다19501)

조합이 일정기간 실제로 근무한 근로자에게 **연 4회 지급하는 상여금**은 그 지급 여부 및 지급액이 조합 소속 임·직원들의 실제의 **근무성적에 따라 좌우되게 되어** 그것이 고정적인 임금이라고 할 수 없으므로 **통상임금에 속하지 않는다.**

5. 정기상여금의 통상임금 여부[적극](대판 2012.3.29. 2010다91046)

통상임금은 근로자에게 소정근로 또는 총 근로의 대상으로서 정기적·일률적으로 지급하기로 정해진 고정적 임금을 말하므로, 근로자의 실제 근무성적에 따라 지급 여부 및 지급액이 달라지는 항목의 임금은 고정적인 임금이라 할 수 없어 통상임금에 해당하지 아니하나, 근로자에 대한 임금이 1개월을 초과하는 기간마다 지급되는 것이라도 그것이 정기적·일률적으로 지급되는 것이면 통상임금에 포함될 수 있다.

이 사건 상여금은 피고가 6개월을 초과하여 계속 근무한 근로자에게 근속연수의 증가에 따라 미리 정해놓은 각 비율을 적용하여 산정한 금액을 분기별로 지급하는 것으로서, 매월 월급 형태로 지급되는 근속수당과 달리 분기별로 지급되기는 하지만 그러한 사정만으로 통상임금이 아니라고 단정할 수 없다. 나아가 이 사건 단체협약 제27조에 '상여금 지급은 매 분기 말까지 재직한 자로 하고'라고 규정하면서도 곧이어 '퇴직자에 대해서는 월별로 계산 지급한다'고 추가로 규정함으로써 상여금 지급 대상에서 중도퇴직자를 제외한 것으로 볼 수 없으며, 또한 상여금 지급대상에 관한 위 규정의 의미가 기본급 등과 마찬가지로 비록 근로자가 상여금 지급대상 기간 중에 퇴직하더라도 퇴직 이후 기간에 대하여는 상여금을 지급할 수 없지만 **재직기간에 비례하여 상여금을 지급하겠다는 것**이라면, 이 사건 상여금은 그 지급 여부 및 지급액이 근로자의 **실제 근무성적 등에 따라 좌우되는 것이라 할 수 없고**, 오히려 그 금액이 **확정된 것이어서 정기적·일률적으로 지급되는 고정적인 임금**인 통상임금에 해당한다고 볼 여지가 있다.

6. 통상임금 범위 제외에 대한 노사합의(대판 1996. 5. 10, 95다2227)

통상임금은 평균임금의 최저한을 보장함과 아울러 근로기준법 소정의 시간외, 야간 및 휴일근로에 대한 가산수당이나 해고예고수당 등의 산정근거가 되는 것인바, 위 각 수당에는 가산율 또는 지급일수 외의 별도의 최저기준이 규정된 바 없으므로 **노사 간의 합의에 따라** 성질상 **통상임금에 산입되어야 할 각종 수당을 통상임금에서 제외하기로 하는 합의의 효력**을 인정한다면, 위 각 조항이 시간 외, 야간 및 휴일근로에 대하여 가산수당을 지급하고, 해고근로자에게 일정기간 통상적으로 지급받을 급료를 지급하도록 규정한 취지는 몰각될 것이므로, 성질상 근로기준법 소정의 통상임금에 산입될 수당을 통상임금에서 제외하기로 하는 노사 간의 합의는 같은 법 제22조(현행 제15조) 제1항 소정의 같은 법이 정한 기준에 달하지 못하는 근로조건을 정한 계약으로서 **무효**이다.

[표] 평균임금 vs 통상임금

	개념 / 취지	산정사유	산정기초범위	산정방법	개선방안
평균임금	–근기법 2조 –임금총액 –사후적 · 산술적	–퇴직금 –휴업수당 –연차수당 –재해보상금 –감급제한액	–근로의 대가 ⇒지급근거 ⇒정기, 일률적 지급 ⇒관리 · 지배가능성	지급된임금총액 /기간의 총일수	–산정기간 연장 –법문(시행령) 개선
통상임금	–근기법령 6조 –정기 · 일률성 –사전적 · 평가적	–해고예고수당 –가산수당 –연차수당 –산전후휴가수당	–정기적/일률적 –판례 vs 행정해석 ⇒정기성 ▲판 : 일정기일 ▲행 : 1월 임금지급기 ⇒일률성 ▲판 : 일정기준 근로자 ▲행 : 모든 근로자	– 시급기준 – 주, 월단위는 시급환산	–행정해석 해선 –임금체계의 단순, 유연화 –기준임금제 도입

제 4 절 임금지급의 원칙

Ⅰ. 서 설

근기법 제43조는 "임금은 통화로 직접 근로자에게 그 전액을 지급하여야 한다. 다만, 법령 또는 단체협약에 특별한 규정이 있는 경우에는 임금의 일부를 공제하거나 또는 통화 이외의 것으로 지급할 수 있다"고 하여 임금의 통화지급, 직접지급, 전액지급 명시하는 한편, "임금은 매월 1회 이상 일정한 기일을 정하여 지급하여야 한다. 다만, 임시로 지급하는 임금, 수당, 그 밖에 이에 준하는 것 또는 대통령령으로서 정하는 임금에 대하여는 그러하지 아니하다"고 하여 정기지급을 명시하고 있다. 이와 같이 근기법에서는 사용자의 근로자에 대한 임금지급방법에 관한 4가지 원칙을 규정하고 있다. 이는 근로의 대가인 임금이 확실하게 근로자의 수중에 들어가게 하고 완전히고 신속하게 정기적으로 지급함으로서 근로자이 생존수단인 임금을 확보하기 위한 취지이다.

Ⅱ. 통화지급 원칙

1. 의 의

임금은 통화로 근로자에게 지급되어야 하는 것이 원칙이다. 다만 법령 또는 단체협약에 특별한 규정이 있는 경우에는 통화 이외의 것으로 지급할 수 있다(제43조 1항). 통화지급의 원칙은 근로자가 임금을 안전하게 수령하여 편리하게 처분할 수 있도록 하려는 데 그 취지가 있다.

2. 통화의 의미

통화란 국내에서 강제통용력이 있는 화폐를 의미하므로 외국통화는 포함되지 않는다. 따라서 회사주식 · 어음 · 당좌수표 · 상품교환권 등은 허용되지 않는다. 다만, 은행발행 자기압수표는 현금과 같이 통용되므로 허용된다.

3. 예 외

법령 또는 단체협약에 특별한 규정이 있는 경우에는 통화이외의 것으로 지급할 수 있다.

ⅰ) 단체협약을 체결하여 근로자에게 현물, 주식, 상품교환권 등으로 지급하는 것,[54] ⅱ) 자기압수표(보증수표)로 임금을 지급하는 것, ⅲ) 선원의 경우 기항지에서 통용되는 통화로 지급하는 경우(선원법 제48조 제4항) 등은 통화지급의 원칙에 위배되지 아니한다고 할 것이다.

Ⅲ. 직접지급 원칙

1. 의 의

임금은 반드시 근로자 본인에게 지급되어야 한다. 임금직접불의 원칙은 임금을 확실하게 근로자 본인이 직접 수령함으로써 근로자의 생활을 보호하고자 하는데 그 취지가 있다.

2. 직접지급의 방법

근로자가 제3자에게 임금수령을 위임 또는 대리하게 하는 법률행위는 무효이다.[55] 따라서 근로자의 친권자 · 후견인 또는 임의대리인에게 임금을 지급하거나, 노동조합에 임금을 지급하는 것은 모두 직접지급의 원칙에 위배된다. 그러나 ⅰ) 근로자의 희망에 의하여 지정된 은행의 본인의 명의로 개설된 예금구좌에 입금하는 것, ⅱ) 근로자에게 불가피한 사정이 있어 배우자가 인감을 가지고 임금을 수령하는 경우와 같이 使者(심부름꾼)에게 임금을 지급하는 것 등은 직접불의 원칙에 위배되지 아니한다.

3. 예 외

직접지급의 원칙은 근로기준법상 예외가 없다. 다만, ⅰ) 선원의 청구에 의하여 가족 등 다른 제3자에게 지급하는 경우(선원법 제48조 제3항), ⅱ) 임금채권이 압류(임금액의 1/2)된 경우(민사집행법 제246조 제1항) 등은 직접지급의 원칙에 위배되지 아니한다.

4. 임금채권의 양도

근로자의 임금채권은 그 양도를 금지하는 법률의 규정이 없으므로 이를 양도할 수 있다. 그러나 근로자가 임금채권을 타인에게 양도한 경우에도 양수인에게 임금을 지급할 수 없고 직접 근로자에게 지급해야 한다.[56] 근로자가 임금에서 제삼자에 대한 채무를 변제할 것을 사용자에게 위임한 경우에도 채권자에게 지급하는 것은 허용되지 않는다.

Ⅳ. 전액지급 원칙

1. 의 의

임금은 전액이 근로자에게 지급되어야 하는 것이 원칙이다. 이는 위약예정, 전차금상쇄 및 강제저

---

54) 임종률 397, 근로자의 동의를 받은 경우 허용된다는 입장이지만; 김유성Ⅰ 92, 김형배 383은 근로자의 동의가 없더라도 허용된다고 한다.

55) 서울민지판 1991.1.17, 90가합27899.

56) 대판(전합) 1988.12.13, 87다카2803; 대판 1996.3.22, 95다2630; 대판 1998.12.13, 87다카2803 등.

축 등을 통하여 임금의 일부만을 지급함으로써 야기될 수 있는 강제노동을 방지함과 동시에 공제조합 등에 대한 근로자의 채무를 사용자가 임의로 공제하는 것을 방지함으로써 근로자의 유일한 생존수단인 임금을 충분히 확보 · 지급하기 위한 취지이다.

2. 임금채권의 상계금지

사용자는 임금 전액을 근로자에게 지급하여야 하므로 사용자는 근로자에 대한 채권 또는 불법행위나 채무불이행으로 인한 손해배상청구권을 가지고 일방적으로 근로자의 임금채권을 상계하는 것은 원칙적으로 할 수 없다.[57] 근로자의 임금채권이 상계자의 일방적 의사표시인 상계로 소멸될 수 있는 위험이 크기 때문이다.

그러나 사용자가 근로자의 동의를 얻어 근로자의 임금채권에 대하여 상계하는 경우에 그 동의가 근로자의 자유로운 의사에 터잡아 이루어진 것이라고 인정할 만한 합리적인 이유가 객관적으로 존재하는 때에는 근로기준법 제43조 제1항 본문의 취지에 위반하지 아니한다고 보아야 할 것이다.[58] 다만 임금 전액지급의 원칙의 취지에 비추어 볼 때 그 동의가 근로자의 자유로운 의사에 기한 것이라는 판단은 엄격하고 신중하게 이루어져야 한다.

3. 초과지급된 임금의 상계

임금이 잘못 지급되거나 계산착오로 과다 지급된 경우 초과임금의 반환, 공제의 방법 및 시기 등이 합리적이고, 근로자의 경제생활에 안정을 해칠 염려가 없는 경우 근로자의 차기 임금액에서 이를 공제하여도 전액지급의 원칙에 위배되지 아니한다.[59] 초과지급된 임금의 정산은 임금 그 자체의 계산에 관한 것이므로 전액지급 원칙의 위반으로 볼 수 없기 때문이다.

4. 임금채권의 포기

(1) 과거의 임금채권

이미 지급청구권이 발생한 임금(상여금, 퇴직금 포함)은 근로자의 사적 재산영역으로 옮겨져 근로자의 처분에 맡겨진 것이기 때문에 근로자의 자유의사에 의하여 임금채권을 포기할 수 있다. 이 경우 근로자의 명백한 의사표시를 요한다.[60]

(2) 장래의 임금채권

구체적으로 지급청구권이 발생하기 이전에 임금채권을 포기하는 약정은 효력이 없다.[61] 최종 퇴직시 발생하는 퇴직금청구권을 사전에 포기하거나 사전에 그에 관한 민사소송을 제기하지 않겠다는 부제소특약을 하는 것은 강행법규에 위반되어 무효이다.[62]

---

57) 대판 1989.11.24, 88다카25038.
58) 대판 2001.10.23, 2001다25184; 서울고판 1993.9.28, 92나16333.
59) 대판 1999.7.13, 99도2168; 대판 1996.10.25, 96다5346.
60) 대판 1999.6.11, 98다22185.
61) 대판 1976.9.28, 75다801.
62) 대판 1998.3.27, 97다49732.

5. 예　　외

(1) 법령상 예외

법령에 의하여 임금 일부의 공제가 인정되는 경우에는 근로소득세, 주민세, 국민연금기여금, 고용보험료 및 국민건강보험료 등이 있다. 한편, ⅰ) 민사집행법 제246조 제1항에 따라 임금채권이 압류(임금액의 1/2)된 경우, ⅱ) 정당한 감급의 제재가 있은 경우(근기법 제95조), ⅲ) 쟁의행위 참가자에 대한 임금지급의무가 면제(노조법 제44조)되는 경우에도 동 원칙의 적용을 받지 아니한다.

(2) 단체협약상 예외

단체협약을 통해 공제가 인정되는 경우는 노동조합의 조합비를 조합원의 임금에서 사용자로 하여금 사전공제하게 하고, 사용자가 이를 노동조합에 일괄납입하게 하는 조합비 사전공제제도(Check-off System) 및 대부금 반환 등이 있다. 이 경우 단체협약 내의 Check-off 조항이 효력을 가지려면 개별조합원의 동의가 있거나 조합규약 내의 조합비공제항목에 대한 조합원의 승인이 있어야 한다.[63] 근로기준법 제43조에 의해 법령, 단체협약에 의한 예외만을 규정하고 있으므로, 취업규칙 및 근로계약 등에 의하여는 임금의 일부를 공제할 수 없다고 보아야 한다.

Ⅴ. 정기지급의 원칙

1. 의　　의

임금은 매월 1회 이상 일정한 기일을 정하여 지급되어야 한다. 동 규정은 사용자가 임금지급을 부정기적으로 하거나 장기간 동안 하지 아니하는 경우 근로자가 생활영위에 필요한 임금을 충분히 확보할 수 없기 때문에 이를 방지하기 위한 것이다.

여기서 매월이라 함은 매월 1일부터 말일까지, 즉 역일상의 1월을 의미하는 것이 아니라 1개월의 기간을 말하며, 매월 1회 이상 정해진 기일을 정하여 임금지급을 강제하는 것이므로, 사용자가 임금의 지급기일에 임금을 지급하지 아니하면 동 원칙 위반이 되어 근로기준법 제43조 제2항 및 제109조 위반의 죄가 성립한다.[64] 또한 취업규칙에는 반드시 임금지급시기를 명시하여야 한다(근기법 제93조).

2. 예　　외

임시로 지급되는 임금·수당 기타 이에 준하는 것과 대통령령으로 정하는 임금(근로기준법 제43조 제2항 단서) 등은 정기불원칙의 적용을 받지 아니한다. 구체적으로 ⅰ) 1월을 초과하는 기간의 출근성적에 의하여 지급하는 정근수당, ⅱ) 1월을 초과하는 일정 기간의 계속근로에 대하여 지급되는 근속수당, ⅲ) 1월을 초과하는 기간에 걸친 사유에 의하여 산정되는 장려금 · 능률수당 또는 상여금, ⅳ) 기타 부정기적으로 지급되는 제수당 등이 이에 해당된다(근기법시행령 제23조).

---

63) 김형배 318, 김유성Ⅱ 114; 임종률 399은 조합비공제 조항이 있는 경우에는 조합원 본인의 동의를 받지 않더라도 조합비를 공제할 수 있다고 한다.

64) 대판 2003.4.11, 2002도4323.

Ⅵ. 위반의 효과

1. 벌칙적용

임금지급기일에 임금을 지급하지 않으면 벌칙이 적용된다(근기법 제109조 제1항). 다만, 사용자가 최선의 노력을 다하였는데도 불가피한 자금 사정의 악화 등으로 임금체불을 방지할 수 없는 사정이 인정되면 적법행위의 기대가능성이 없다하여 처벌되지 않는다.[65] 한편, 임금체불은 피해자가 처벌을 희망하지 않는다는 의사를 명백히 한 때에는 처벌할 수 없는 반의사불벌죄에 해당한다(근기법 제109조 제2항).

2. 지연이자

기업의 경영난 또는 기타의 이유로 임금이 체불되는 경우에는 사용자의 채무불이행이 되므로 별도의 합의가 없는 한 근로자는 지연이자 연 5분(민법 제379조)을 추가로 요구할 수 있다.

[관련판례] 임금지급의 원칙

1. 직접지급원칙과 임금채권 양도

임금채권의 양도성의 유무/근로자가 그 임금채권을 양도한 경우 양수인이 스스로 사용자에 대하여 임금의 지급을 청구할 수 있는지 여부(소극)(대판(전) 1988.12.13. 87다카2803)

[다수의견] 근로기준법 제36조(현행 제43조) 제1항에서 임금직접지급의 원칙을 규정하는 한편 동법 제109조에서 그에 위반하는 자는 처벌을 하도록 하는 규정을 두어 그 이행을 강제하고 있는 취지가 임금이 확실하게 근로자 본인의 수중에 들어가게 하여 그의 자유로운 처분에 맡기고 나아가 근로자의 생활을 보호하고자 하는데 있는 점에 비추어 보면 근로자가 그 **임금채권을 양도한 경우라 할지라도** 그 임금의 지급에 관하여는 같은 원칙이 적용되어 사용자는 **직접 근로자에게 임금을 지급**하지 아니하면 안되는 것이고 그 결과 비록 양수인이라고 할지라도 스스로 사용자에 대하여 임금의 지급을 청구할 수는 없다.

[소수의견] 근로자의 임금채권이 자유롭게 양도할 수 있는 성질의 것이라면 그 임금채권의 양도에 의하여 임금채권의 채권자는 바로 근로자로부터 제3자로 변경되고 이때 그 임금채권은 사용자와 근로자와의 관계를 떠나서 사용자와 그 양수인과의 관계로 옮겨지게 됨으로써 양수인은 사용자에게 직접 그 지급을 구할 수 있다.

2. 전액지급원칙과 임금채권상계(소극) ① (대판 1976.9.28, 75다1768, 대판 1990.5.8, 88다카26413)

근로자가 받을 퇴직금도 임금의 성질을 가진 것이므로 그 지급에 관하여서는 근로기준법 제36조(현행 제43조)에 따른 직접 전액지급의 원칙이 적용될 것이니 사용자는 근로자의 퇴직금채권에 대하여 그가 근로자에 대하여 가지고 있는 불법행위를 원인으로 하는 채권으로 상계할 수는 없다.

3. 전액지급원칙과 임금채권상계(적극) ② (대판 1993.12.28, 93다38529)

일반적으로 임금은 직접 근로자에게 전액을 지급하여야 하는 것이므로 **사용자가 근로자에 대하여 가지는 채권으로서 근로자의 임금채권과 상계를 하지 못하는 것이 원칙**이나, 계산의 착오 등으로 **임금이 초과지급**되었을 때 그 행사의 시기가 초과지급된 시기와 임금의 정산, 조정의 실질을 잃지 않을 만큼 합리적으로 밀접되어 있고 금액과 방법이 미리 예고되는 등 **근로자의 경제생활의 안정을 해할 염려가 없는 경우나 근로자가 퇴직한 후에 그 재직**

65) 대판 1988. 5. 10, 87도2098.

중 지급되지 아니한 임금이나 퇴직금을 청구할 경우에는 사용자가 초과지급된 임금의 부당이득반환청구권을 자동채권으로 하여 상계할 수 있다.

4. 임금체불과 벌칙 ① (대판 1988.5.10, 87도2098)

근로기준법 제36조(현행 제43조) 제2항, 제109조에서 규정하는 일정기일 임금지급의 원칙은 사용자로 하여금 매월 일정하게 정해진 기일에 근로의 대가를 근로자에게 어김 없이 지급하도록 강제함으로써 근로자의 생활안정을 도모하고자 하는 데에 그 입법 취지가 있으므로 사용자가 임금지급을 위하여 최선의 노력을 다하였으나 경영부진으로 인한 자금사정의 악화 등으로 **도저히 임금지급기일을 지킬 수 없었던 불가피한 사정**이 인정되는 경우에는 위와 같은 **임금체불의 죄책을 물을 수 없다.**

5. 임금체불과 벌칙 ② (대판 1988.2.9, 87도2509)

근로기준법 제36조(현행 제43조), 제109조의 규정을 종합하여 보면 사용자는 근로자와의 사이에 일단 근로관계가 성립되면 동법 제36조에 따른 임금을 지급하여야 한다는 것은 당연한 의무라 할 것이므로 기업이 불황이라는 사유만을 이유로 하여 임금을 지급하지 않거나 체불하는 것은 법이 용인하지 않는 바라 할 것이고 다만 사용자가 모든 성의와 전력을 다했어도 임금의 체불이나 미불을 방지할 수 없었다는 것이 사회통념상으로 긍정될 정도가 되어 더 이상의 적법행위를 기대할 수 없는 특수한 사정이 있는 때에 한하여 동법 제36조 위반범죄의 책임조각사유가 된다.

제 5 절 임금의 비상시 지급

Ⅰ. 의 의

사용자는 근로자가 출산, 질병, 재해, 그 밖에 대통령령으로 정하는 비상한 경우의 비용에 충당하기 위하여 임금 지급을 청구하면 지급기일 전이라도 이미 제공한 근로에 대한 임금을 지급하여야 한다(근기법 제45조).

이는 근로자가 긴급히 자금을 필요로 하는 경우에 임금을 미리 지급하게 함으로써 근로자의 생활안정을 도모하고자 하는 것이다.

Ⅱ. 요 건

1. 비상(非常)한 경우의 발생

'비상한 경우'란 근로자나 그의 수입에 의하여 생계를 유지하는 자가 출산 · 질병 · 재해 · 혼인 · 사망한 경우, 그리고 부득이한 사유로 일주일 이상 귀향하게 되는 경우 등을 말한다(근기법 시행령 제25조). 근로자의 수입에 의하여 생계를 유지하는 자란 근로자가 부양의무를 지고 있는 친족뿐만 아니라 동거인도 포함된다.

2. 근로자의 청구

비상시 지급은 근로자의 청구가 있는 때에 비로소 사용자의 의무가 발생한다. 청구가 있었던 때로부터 며칠 이내에 지급하여야 하는지에 대해서는 명문의 규정이 없으나, 비상시 지급이라고 하는 성질상 그 청구의 취지에 따라서 지체없이 지급하여야 하는 것으로 해석된다.

Ⅲ. 효 과

비상시 지급이 인정되는 경우에는 사용자는 임금의 지급기일 전이라도 이를 지급해야 한다. 따라서 이는 정기지급 원칙의 예외라고 할 수 있다.

단체협약 및 취업규칙 등에 별도로 정하여 있지 아니하는 한 사용자는 이미 제공된 '기왕'의 근로에 대한 대가만 지급하는 것이 원칙이다. 장래의 근로에 대한 임금은 포함되지 않는다. 동조의 규정에 위반한 자에 대하여는 1,000만원 이하의 벌금에 처한다(근기법 제113조).

제 6 절 도급사업 및 건설업(공사도급)에서의 임금지급 특례규정

Ⅰ. 서 설

근로자에 대한 임금지급의 책임은 해당 근로자와 근로계약을 체결한 사용자가 지는 것이 원칙이므로, 특별한 사정이 없는 한 임금지급 책임을 제3자에게 전가할 수는 없다.

그러나 여러 차례의 도급사업에서 하수급인은 대체로 자본이 영세하고, 지불능력이 도급계약의 상대방인 직상수급인에게 의존하여 종속성을 지니는 특수성이 있다. 이러한 특수성을 고려하여 근로기준법은 하수급인에게 고용된 근로자의 임금채권의 실효성을 확보하기 위하여, 근로계약 체결 당사자가 아닌 직상수급인에게도 일정한 범위에서의 임금지급책임을 부과하고 있다.

또한 최근에는 '건설산업기본법'을 위반한 불법 하도급으로 인한 건설일용근로자에 대한 임금체불을 방지하고자, 건설업에서의 임금지급 특례 규정이 신설되었다.[66)]

Ⅱ. 도급사업에서의 임금지급 연대책임(제44조)

1. 의 의

사업이 여러 차례의 도급에 따라 행하여지는 경우에 하수급인(下受給人)이 직상(直上) 수급인의 귀책사유로 근로자에게 임금을 지급하지 못한 경우에는 그 직상 수급인은 그 하수급인과 연대하여 책임을 진다(근기법 제44조 제1항).

이는 자본이 영세하고 종속성이 있는 하수급인에게 고용된 근로자의 임금채권의 실효성을 확보하기 위한 것이다.

2. 요 건

(1) 사업이 여러 차례의 도급에 의할 것

1) 개 념 "도급"이란 당사자 일방이 어떤 일을 완성할 것을 약정하고 상대방이 그 일의 결과에 대하여 보수를 지급할 것을 약정함으로써 성립하는 계약이다. "여러 차례의 도급"이란 수급인이 다시 도급인으로서 타인(하수급인)과 도급계약을 맺는 경우를 말한다.

66) 근로기준법 제44조의2 및 제44조의3 신설. 〈일부개정 2007.7.27 법률 제8561호〉.

"직상수급인"이란 수차의 도급이 있는 경우에 바로 위의 수급인을 말하는 것이며 차상수급인은 제외된다. "하수급인"이란 그 직상수급인으로부터 도급을 받은 자를 말한다.

2) 1차의 도급의 경우 동 규정은 어디까지나 예외규정이며 위반시에는 벌칙이 적용되므로 확대 · 유추해석이 죄형법정주의에 반한다는 견지에서 수급인과 도급인만이 있는 1차 도급관계에서는 동 규정이 적용되지 않는다는 견해가 있다.[67] 그러나 이러한 경우에도 수급인의 임금지불능력이 도급인에게 의존하고 있으므로, 도급인을 직상수급인으로 해석하는 것[68]이 타당하다.

(2) 직상수급인의 귀책사유가 있을 것

연대책임을 지는 직상수급인의 귀책사유의 범위는 i) 정당한 사유 없이 도급계약에서 정한 도급금액 지급일에 도급 금액을 지급하지 아니한 경우, ii) 정당한 사유 없이 도급계약에서 정한 원자재 공급을 늦게 하거나 공급을 하지 아니한 경우, iii) 정당한 사유 없이 도급계약의 조건을 이행하지 아니하여 하수급인이 도급사업을 정상적으로 수행하지 못한 경우이다(근기법 제44조 제2항 및 시행령 제24조).

(3) 직상수급인의 귀책사유로 하수급인이 임금을 지급하지 못하였을 것

직상수급인의 귀책사유와 하수급인의 근로자들에 대한 임금체불 사이에 인과관계가 있어야 한다. 다만, 직상수급인의 귀책사유가 그 상위수급인의 귀책사유에 의하여 발생한 경우에는 그 상위수급인도 연대하여 책임을 지도록 2012.2.1에 개정되었다.

3. 효과: 직상수급인의 연대책임

귀책사유가 있는 직상수급인은 하수급인의 근로자에 대한 임금채무 불이행에 대해서, 그 사용자인 하수급인과 연대하여 책임을 진다. 따라서 근로자는 하수급인에게는 물론 직상수급인에게도 임금지급을 청구할 수 있다.

이러한 연대책임은 사용자가 아닌 직상수급인에 대해 이 규정에 의해 인정되는 특별한 책임일 뿐이며, 직상수급인이 하수급인의 근로자에 대하여 사용자에 해당되는 것은 아니다. 따라서 직상수급인의 재산에 대한 임금채권의 우선변제는 인정되지 않는다.[69]

Ⅲ. 건설업에서의 임금지급 연대책임(제44조의2)

1. 의 의

건설업에서 사업이 2차례 이상 도급이 이루어진 경우에 '건설산업기본법'에 따른 건설업자가 아닌 하수급인이 그가 사용한 근로자에게 임금을 지급하지 못한 경우에는, 그 직상 수급인은 하수급인과 연대하여 임금을 지급할 책임을 진다(근기법 제44조의2 제1항).

'건설산업기본법'을 위반한 불법 하도급으로 건설일용근로자에 대한 임금체불이 많이 발생하고 있어, 특히 건설업자가 아닌 하수급인(이른바 십장, 오야지, 반장 등)에게 고용된 건설일용근로자의 임금지급

67) 임종율 403.

68) 대판 1999.2.5, 97다48388; 대판 1990.10.12, 90도1794, 판례는 도급인(신발제조회사)이 수급인(임가공업자)에게 도급금액을 지급하지 않아, 수급인이 고용한 근로자들에게 임금을 지급하지 못한 것에 대하여 이 규정 위반의 성립을 인정하였다.

69) 대판 1999.2.5, 97다48388.

을 확보하기 위한 특례를 정한 것이다.

2. 요　　건

동 규정은 i) 건설업에서 사업이 2차례 이상 '건설산업기본법' 제2조 제8호에 따른 도급[70]이 이루어질 것, ii) 하수급인이 '건설산업기본법'에 따른 건설업자[71]가 아닐 것, iii) 하수급인이 근로자에게 임금을 지급하지 못하였을 것이라는 요건을 갖추어야 한다.

[그림] 2차례 이상 도급이 이루어진 경우 예시

발주자 ⇒ 원수급인(일반건설) ⇒ 하수급인(전문건설) ⇒ 비건설업자(십장, 오야지 등)

(1차)　　(2차)　　(3차)

3. 효과: 직상수급인의 연대책임

'건설산업기본법'에 따른 건설업자가 아닌(이하 '비건설업자') 하수급인과 도급계약을 맺은 직상수급인은 하수급인의 근로자에 대한 임금채무 불이행에 대해서, 그 사용자인 하수급인과 연대하여 책임을 진다. 따라서 근로자는 하수급인에게는 물론 직상수급인에게도 임금지급을 청구할 수 있다. 직상수급인이 연대책임을 부담하는 임금은 '해당 건설공사에서 발생한 임금'에 한정된다.

4. 직상수급인이 비건설업자인 경우

직상수급인이 비건설업자인 때에는 그 상위 수급인 중에서 최하위의 건설업자를 직상수급인으로 본다(근기법 제44조의2 제2항). 임금 지급의 연대책임을 지는 직상수급인이 비건설업자여서 지불능력이 없는 경우에 대처하기 위하여 그 상위의 건설업자까지 연대책임을 확장하려는 것이다.

[그림] 직상수급인이 비건설업자인 경우

발주자 ⇒ 일반건설 ⇒ 전문건설 ⇒ 비건설업자 ① ⇒ 비건설업자 ②

(원수급인)　(직상수급인)

* 비건설업자② 소속근로자의 임금체불에 대한 연대책임을 비건설업자①이 아닌 전문건설업자(직상수급인)가 지게 됨.

70) "도급"이라 함은 원도급·하도급·위탁 기타 명칭의 여하에 불구하고 건설공사를 완성할 것을 약정하고, 상대방이 그 일의 결과에 대하여 대가를 지급할 것을 약정하는 계약을 말한다(건설산업기본법 제2조 제8호).

71) "건설업자"라 함은 이 법 또는 다른 법률에 의하여 등록 등을 하고 건설업을 영위하는 자를 말한다(건설산업기본법 제2조 제5호).

Ⅳ. 건설업에서 직상수급인의 임금 직접 지급(제44조의3)

1. 의 의

건설업에서 사업이 두 차례 이상 도급(공사도급)이 이루어진 경우에, 하수급인의 근로자에게 하수급인에 대하여 임금채권이 있음을 증명하는 집행증서 · 이행권고결정 · 그 밖의 집행권원 등이 있는 경우에, 직상 수급인은 하수급인에게 지급하여야 하는 하도급 대금 채무의 부담 범위에서, 그 하수급인이 사용한 근로자가 청구하면 그 하수급인이 지급하여야 하는 임금에 해당하는 금액을 근로자에게 직접 지급해야 한다(근기법 제44조의3).

공사도급이 이루어진 경우에 하수급인이 임금을 지급하지 못한 경우가 아니더라도, 일정한 조건 아래서 하수급인 근로자가 받을 임금을 직접 직상수급인이 지급할 수 있도록 한 것이다.

2. 요 건

(1) 건설업에서 사업이 2차례 이상 '건설산업기본법' 제2조 제8호에 따른 도급이 이루어질 것

(2) 다음 중 어느 하나에 해당될 것

1) 직상 수급인이 하수급인을 대신하여 하수급인이 사용한 근로자에게 지급하여야 하는 임금을 직접 지급할 수 있다는 뜻과 그 지급방법 및 절차에 관하여 직상 수급인과 하수급인이 합의한 경우

2) '민사집행법' 제56조 제3호에 따른 확정된 지급명령, 하수급인의 근로자에게 하수급인에 대하여 임금채권이 있음을 증명하는 같은 법 제56조 제4호에 따른 집행증서, '소액사건심판법' 제5조의7에 따라 확정된 이행권고결정, 그 밖에 이에 준하는 집행권원이 있는 경우

3) 하수급인이 그가 사용한 근로자에 대하여 지급하여야 할 임금채무가 있음을 직장 수급인에게 알려주고, 직상 수급인이 파산 등의 사유로 하수급인이 임금을 지급할 수 없는 명백한 사유가 있다고 인정하는 경우

(3) 하도급 대금 채무의 부담 범위에서 하수급인의 근로자가 직상수급인에세 임금을 칭구헐 깃

3. 효 과

(1) 직상수급인의 직접 지급

위와 같은 조건에서 하수급인의 근로자가 직상수급인에게 임금을 청구하면, 직상수급인은 하수급인이 지급하여야 하는 임금(해당 건설공사에서 발생한 임금에 한정된다)에 해당하는 금액을 근로자에게 직접 지급하여야 한다.

(2) 하도급 대금 채무의 소멸

위와 같은 방식으로 직상 수급인이 하수급인이 사용한 근로자에게 임금에 해당하는 금액을 지급한 경우에는, 하수급인에 대한 하도급 대금 채무는 그 범위에서 소멸한 것으로 본다(근기법 제44조의3 제3항).

제 7 절 임금수준(임금액)의 보호

Ⅰ. 서 설

임금은 근로시간과 더불어 근로기준법에서 보호되어야 할 가장 기본이 되는 근로조건이다. 임금은 근로자가 생활을 유지하는 유일한 수단으로 헌법과 근로기준법에서 이념으로 들고 있는 "인간다운 생활"을 보장받기 위한 기본적인 물질적 기초가 된다.

또한 임금은 기업의 이윤과도 직결되고, 근로자의 기본적 생활보장 및 국가경쟁력 강화 등에 있어서도 매우 중요하다 할 것이다. 그러나 수많은 기업에서 서로 다르게 정하고 있는 임금액을 근로기준법에서 획일적으로 정하기 어려우므로 단체교섭 또는 근로계약을 통해 노사 간 자치적으로 결정케 하고, 오직 최저임금법[72)]을 통해서 최저임금만을 정하여 근로자의 최저생활을 보장하고 있다.

또한 최저임금법 외에 근로기준법에서는 임금수준의 보호를 위 휴업시 근로자의 생활보호를 위한 휴업수당 규정과 도급근로자의 임금 보호 규정을 두고 있다.

Ⅱ. 최저임금제도

1. 의 의

최저임금제도라 함은 국가가 임금의 결정에 직접 개입하여 임금의 최저수준을 정하고 사용자에게 최저수준 이상의 임금지급을 법적으로 강제하는 제도이다. 임금의 수준은 근로계약 당사자 간에 자유로이 정하는 것이 원칙이나, 근로자와 사용자 간에 임금결정에서의 교섭력의 차이로 지나치게 낮은 수준으로 결정될 수도 있다. 이는 근로자의 생활안정과 노동력의 질적 향상을 저해하므로(최저임금법 제1조) 국가가 결정 · 고시하는 최저임금액 이상을 지급하도록 하고 있다.

최저임금은 사용자가 근로자에게 지급하여야 할 임금의 최저수준을 정한 것일 뿐이지 임금인상률이나 인상방법을 정하는 기준은 아니다.

72) 임금의 최저기준을 정하고 있었던 종전의 근로기준법 제34조 및 제35조는 1986.12.31.에 삭제되고, 최저임금법에 의하여 대체되었다.

2. 최저임금법의 적용범위

(1) 적용범위

최저임금법은 근로자를 사용하는 모든 사업 또는 사업장에 적용되나, 다만 동거의 친족만을 사용하는 사업과 가사사용인에 대하여는 적용이 제외된다. 또 최저임금법은 선원법의 적용을 받는 선원 및 선원을 사용하는 선박의 소유자에 대하여는 적용되지 아니한다(최저임금법 제3조).

(2) 적용제외 근로자

최저임금법이 적용되는 사업장이라 하더라도 근로자의 정신 또는 신체의 장애가 당해 근로자를 종사시키고자 하는 업무의 수행에 직접적으로 현저한 지장을 주는 것이 명백하다고 인정되는 자에게는 적용되지 않는다(동법 제7조).

3. 최저임금의 결정절차

노동부장관은 매년 8월 5일까지 최저임금을 결정해야 한다. 노동부장관이 최저임금을 결정할 경우에는 최저임금위원회의 심의를 요청하고, 최저임금위원회가 심의·의결한 최저임금안에 따라 최저임금을 결정하여야 한다(동법 제8조 제1항).[73] 고시된 최저임금의 효력발생은 다음해 1월 1일부터 12월 31일까지 효력을 갖는다.[74]

4. 최저임금의 결정기준

(1) 최저임금제의 형태

최저임금법 제4조에 최저임금을 '사업의 종류별'로 구분함으로써 법문(法文)상 '산업별 최저임금제'를 채택하고 있으나, 실제로는 모든 산업에 적용함으로써 '일반적 최저임금제'로 운용되고 있다.

(2) 최저임금제의 결정기준

근로자의 생계비, 유사근로자의 임금, 노동생산성 및 소득분배율을 고려하여 사업의 종류별로 구분하여 정한다. 이외에도 일반적인 근로수준, 다른 사회집단의 생활수준, 기업의 지불능력, 취업상황 및 경제상황 등이 고려의 대상이 될 수 있다.

5. 최저임금액의 결정

(1) 최저임금액의 결정단위

시간, 일, 주 또는 월 단위로 정하며 일, 주 또는 월 단위로 정한 경우 시간급으로도 이를 표시하여야 한다.

(2) 감액적용 근로자

근로기준법 제63조 제3호의 규정에 의하여 감시 또는 단속적으로 근로에 종사하는 자로서 사용자가 노동부장관의 승인을 얻은 자에 대하여는 시간급 최저임금액의 20%를 감한 80%의 금액을 최저임금

73) 현재 고시된 2013년 최저임금은 시간급 4,860원으로 모든 산업에 동일하게 적용되어 일급(8시간)이 38,880원, 월급(주40시간, 월 209시간 기준)이 1,015,740원이다.

74) 종전에는 고시된 임금이 9월 1일부터 효력이 발생했다. 그러나 2005년 5월 31일 개정으로 2005년 9월 1일부터 효력을 발생하는 최저임금은 2006년 12월 31일까지 효력을 갖고, 이후(2007년)에는 1월 1일부터 12월 31일까지 효력을 갖는다.

액으로 한다(동법 제5조 제2항 및 동법시행령 제3조 제2항).

수습사용 중에 있는 자로서 수습사용한 날로부터 3월 이내인 자에 대하여는 시간급 최저임금액의 10%를 감한 90%의 금액을 최저임금액으로 한다(동법 제5조 제2항 및 동법시행령 제3조 제1항).

6. 최저임금에 포함되는 임금의 범위

(1) 원 칙

미리 정해진 지급조건과 지급률에 따라 소정근로에 대하여 매월 1회 이상 정기적 · 일률적으로 지급되는 임금 및 수당을 말한다.

(2) 예 외

ⅰ) 매월 1회 이상 정기적으로 지급되는 임금 외의 임금(상여금, 체력단련비, 정근수당, 근속수당 등), ⅱ) 소정의 근로시간 또는 소정의 근로일에 대하여 지급하는 임금 외의 임금(연차수당, 연장 · 야간 · 휴일근로수당, 일 · 숙직수당 등) ⅲ) 기타 최저임금액에 산입하는 것이 적당하지 아니한 임금(가족수당, 통근수당, 급식수당 등)은 최저임금에 포함되지 않는다.

7. 최저임금의 효력

(1) 최저임금 이상의 임금 지급

사용자는 최저임금의 적용을 받는 자에 대하여 최저임금액 이상의 임금을 지급하여야 한다. 다만, ⅰ) 근로자가 자기의 사정으로 인해 소정의 근로시간 또는 소정의 근로일의 근로를 하지 아니한 경우나, ⅱ) 사용자가 정당한 이유로 근로자에게 소정의 근로시간 또는 소정의 근로일의 근로를 시키지 아니한 경우에도 최저임금을 상회하는 임금의 지급을 강제하는 것은 아니다.

(2) 최저임금을 이유로 한 임금수준 저하의 금지

사용자는 최저임금을 이유로 종전의 임금수준을 저하시켜서는 아니 된다. 이 경우 비교가 되는 종전의 임금은 최저임금에 산입하는 임금뿐 아니라 산입되지 아니하는 임금까지 합한 임금총액을 기준으로 하여야 할 것이다.

(3) 최저임금에 미달하는 근로계약의 효력

최저임금액에 미달하는 임금을 정한 근로계약은 그 부분에 한하여 무효로 하며, 무효로 된 부분은 최저임금법에 의하여 정한 최저임금액과 동일한 임금을 지급하기로 정한 것으로 본다.

Ⅲ. 휴업수당

1. 의 의

사용자의 귀책사유로 인하여 휴업하는 경우에는 사용자는 휴업기간 중 당해 근로자에 대하여 평균임금의 100분의 70 이상의 수당을 지급하여야 한다(근기법 제46조 제1항).

근로기준법은 근로자의 귀책사유가 아닌 사유로 인하여 근로자가 일을 할 수 없게 된 경우에도 임금상실이라는 위험으로부터 근로자를 보호하기 위하여 민법의 원리와는 다른 휴업지불제도를 두고 있다. 동 규정은 근로자의 생존권의 확보를 목적으로 하여 임금상실의 위험으로부터 근로자를 보호하기 위한 것이며, 휴업으로 인한 위험을 사용자가 최저 70%의 비율로 부담할 것을 내용으로 하고 있다.

2. 성립요건

(1) 사용자의 귀책사유가 있을 것

휴업수당은 근로자의 생활을 보장하기 위한 것이므로, 여기서 사용자의 귀책사유는 민법상의 고의·과실은 물론, 천재지변 등 불가항력에 해당되지 않는 한 '경영상의 장애'도 널리 포함된다는 것이 일반적인 해석이다.[75)]

(2) 휴업을 할 것

휴업은 사업의 전부가 휴업하는 경우는 물론 일부가 휴업하는 경우와 특정한 근로자에 대해 개별적으로 근로제공을 거부하는 경우에도 해당한다. 또한 휴업은 반드시 1일 단위로 볼 것이 아니고 1일의 근로시간 중 일부만 휴업을 한 경우에도 적용된다.

3. 휴업수당의 수준

(1) 평균임금의 70% 지급

근기법 제45조의 규정에 의한 휴업수당액은 평균임금의 70% 이상이다(동법 제46조 제1항).

(2) 통상임금 지급

다만, 평균임금의 100분의 70에 상당하는 금액이 통상임금을 초과하는 경우에는 통상임금을 휴업수당으로 지급할 수 있다(동법 제46조 제1항 단서). 이는 휴업근로자에게 지급되는 임금이 정상근로자에게 지급되는 통상임금보다 상회하는 것은 형평성에 어긋나는 등 임금관리체계상의 모순을 가져오고 기업경영을 더욱 악화시킬 우려가 있기 때문에 이를 방지하기 위한 것이다.

4. 휴업수당의 감액

(1) 의 의

사용자가 귀책사유가 있다 하더라도 부득이한 사유로 사업계속이 불가능하여 노동위원회의 승인을 얻은 경우, 사용자는 평균임금의 100분의 70 이하의 휴업수당을 지급할 수 있다(제46조 제2항).

(2) 요 건

천재지변, 전쟁 등과 같은 불가항력적인 사유 또는 사용자로서 최대의 주의를 기울였으나 사회통념에 비추어 피할 수 없는 '부득이한 사유'가 있어야 하며, '노동위원회의 승인'을 받아야 한다.

(3) 감액의 정도

근로기준법 제46조 제2항은 평균임금의 100분의 70에 못 미치는 휴업수당을 지급할 수 있다고 규정하고 있다. '미달'의 개념에 대하여 ⅰ) 휴업수당제도의 취지, 즉 근로자의 생존권보장을 감안하여 '감액'은 하되 적정수준의 휴업수당은 반드시 지급하여야 한다는 견해[76)]와, ⅱ) 근로기준법 제46조 제2항은 사용자의 휴업수당지급의무의 경감 내지 면제를 정한 것으로서 휴업수당 전체의 부지급도 가능하다는 견해로 나뉘어 있다.[77)] 판례는 전액 면제할 수 있다는 입장을 취하고 있다.[78)]

75) 임종률 393; 김유성 103; 김형배 381.
76) 이병태 718.
77) 김형배 380; 임종률 395.

Ⅳ. 도급근로자[79] 임금 보호

1. 의 의

근로기준법 제47조(도급근로자) 사용자는 도급이나 그 밖에 이에 준하는 제도로 사용하는 근로자에 대하여는 근로시간에 따라 일정액의 임금을 보장하여야 한다.

도급제 기타 성과급제 등에 의하여 근로자를 사용하는 경우에 원자재의 부족 기타 근로자의 책임으로 볼 수 없는 사정으로 인하여 그 성과가 적어서 임금이 극단적으로 저액이 될 경우를 예상하여, 실적 · 성과 여하에 불구하고 그 제공한 '근로시간에 따라' 일정액의 임금을 보장하도록 한 것이다.

2. 도급 그 밖에 이에 준하는 제도

"도급 기타 이에 준하는 제도"라 함은 성과급, 판매수당 등 임금의 전부 또는 일부가 근로의 실적 · 성과 · 능률 등에 따라 결정되는 것을 말한다.

3. 보장액의 수준

근로기준법은 도급근로자의 임금수준을 보장해야 한다고 규정하고 있을 뿐 구체적인 보장액의 수준에 관하여는 아무런 규정도 두고 있지 않으므로 해석에 의존할 수밖에 없다.

도급근로자 등의 보장임금액이 근로계약 · 취업규칙 또는 단체협약 등에 규정되어 있는 경우 이에 따를 것이나, 근로계약 · 취업규칙 또는 단체협약 등에 아무런 규정이 없는 경우 도급근로자에게 보장되는 임금액은 ⅰ) 일반근로자에게 보장되는 임금수준이라는 견해와 ⅱ) 최저임금수준 이상이라는 견해 ⅲ) 근로기준법 제45조에서 규정하고 있는 휴업수당에 상당하는 평균임금의 70% 이상의 임금수준이라는 견해(다수설), ⅳ) 근로자가 책임질 성질의 것이 아닌 사유가 발생하지 않았다면 지급받을 수 있었던 액수를 지급해야 한다는 견해 등이 있다.

78) 대판 2000.11.24, 99두4280.

79) 여기서 도급근로자란 민법상 도급계약과는 전혀 무관한 것이며, 임금을 실적·성과 등에 의해 받는 근로자를 의미한다. 그런 의미에서 '성과급근로자'(김유성, 노동법Ⅰ 108)라는 의미로 이해하는 것이 바람직한 것이다.

제 8 절 휴업수당

Ⅰ. 서　　설

사용자의 귀책사유로 휴업하는 경우에 사용자는 휴업기간 동안 그 근로자에게 평균임금의 100분의 70 이상의 수당을 지급하여야 한다. 다만, 평균임금의 100분의 70에 해당하는 금액이 통상임금을 초과하는 경우에는 통상임금을 휴업수당으로 지급할 수 있다(근기법 제46조 제1항).

근로자가 그의 귀책사유로 인하여 노무를 제공하지 못하는 경우에는 채무불이행에 기한 손해배상책임(민법 제390조)을 져야 한다. 그러나 사용자의 귀책사유로 인하여 사용자가 근로자의 이행을 받을 수 없거나 받지 아니한 경우 근로자의 이행의 제공이 있는 때로부터 사용자는 채권자지체책임(민법 제400조 이하)을 지게 되고, 또한 사용자의 책임 있는 사유로 근로자가 이행할 수 없게 된 경우에는 근로자는 사용자에 대하여 임금을 청구할 수 있다(민법 제538조 제1항).[80] 그러나 이러한 민법의 규정들은 사용자의 귀책사유를 전제로 할 뿐 아니라 지급강제 수단이 마련되어 있지 않으므로 소송법상 절차에 의하지 않으면 안 되는 한계가 있다.

따라서 근로기준법에서는 근로자의 귀책사유가 아닌 사유로 인하여 근로자가 일을 할 수 없게 된 경우에도 임금상실이라는 위험으로부터 근로자를 보호하기 위하여 민법의 원리와는 다른 휴업지불제도를 두게 된 것이다. 동 규정은 근로자의 생존권의 확보를 목적으로 하여 임금상실의 위험으로부터 근로자를 보호하기 위한 것이며, 휴업으로 인한 위험을 사용자가 최저 70%의 비율로 부담할 것을 내용으로 하고 있다.

Ⅱ. 성립요건

1. 사용자의 귀책사유

(1) 귀책사유의 범위

휴업수당은 근로자의 생활을 보장하기 위한 것이므로, 여기서 사용자의 귀책사유는 민법상의 고의 ·

80) 대판 1981.12.22, 81다626; 대판 1989.5.23, 87다카2132.

과실은 물론, 천재지변 등 불가항력에 해당되지 않는 한 '경영상의 장애'도 널리 포함된다는 것이 일반적인 해석이다.[81)]

근로기준법 제46조의 귀책사유를 민법의 경우와 달리 더 넓게 해석하는 근거는 일반적으로 기업경영상의 이윤이 사용자에게 귀속하는 것에 대응하여 경영상의 이유에서 발생하는 위험도 기업주가 부담하는 것이 타당하다는 형평의 관념과 임금을 유일한 생활수단으로 하는 근로자의 최저생활의 보장에서 찾을 수 있을 것이다. 귀책사유의 유무에 대한 입증책임은 사용자에게 있다.[82)]

(2) 구체적 사례

판례와 행정해석에서 사용자에게 귀책사유가 있다고 본 사례로는 i) 판매부진, 자금난,[83)] ii) 원자재 부족,[84)] iii) 공장 화재, 파괴[85)] 및 이전,[86)] iv) 주문량 감소,[87)] v) 시장불황과 생산량 감축, vi) 갱내 붕괴사고,[88)] vii) 하급업체의 부도 및 조업중단, viii) 위법한 직장폐쇄,[89)] ix) 사용자의 지시에 의한 정원초과 위반으로 인한 운전면허정지기간,[90)] x) 차량정비 불량으로 인한 면허정지기간[91)] 등은 비록 사용자의 고의 · 과실 또는 이와 동등시되는 사유에 의하여 발생된 것이 아닐지라도 사용자의 세력범위에 속하는 경영장애라고 보아야 할 것이다.

2. 휴 업

휴업이란 근로자에게 근로계약상 근로를 제공할 의사가 있음에도 불구하고 그 의사에 반하여 취업이 거부되거나 또는 불가능하게 된 경우를 말한다.[92)] i) 휴업은 사업의 전부가 휴업하는 경우는 물론 일부가 휴업하는 경우와 특정한 근로자에 대해 개별적으로 근로제공을 거부하는 경우에도 해당한다. ii) 또한 휴업은 반드시 1일 단위로 볼 것이 아니고 1일의 근로시간 중 일부만 휴업을 한 경우에도 적용된다.

따라서 사용자의 부당한 해고나 대기조치, 출근정지처분 또는 직장폐쇄로 인하여 근로자의 취로가 거부된 경우도 이에 해당된다.[93)] 또, 특정근로자에 대한 취업거부 및 취업불능도 이에 포함될 것이다.

---

81) 임종률 393; 김유성 103; 김형배 381, 근로기준법 제46조의 귀책사유를 민법의 경우와 달리 해석하는 근거로서, 일반적으로 기업경영상의 이윤이 사용자에게 귀속하는 것에 대응하여 경영상의 이유에서 발생하는 위험도 기업주가 부담하는 것이 타당하다는 형평의 관념과, 임금을 유일한 생활수단으로 하는 근로자의 최저생활의 보장이 제시되고 있다.

82) 대판 1970.2.24, 69다 1568.

83) 1968.9.7, 기준1455. 9-8444.

84) 1957.7.4, 보노537; 1970.12.5, 근기1455-11502.

85) 1980.2.13, 법무811-3396.

86) 1982.10.18, 근기1455-28040.

87) 대판 1969.3.4, 68다1972.

88) 1970.12.14, 기준1455-1480.

89) 1972.2.2, 법무811-2001.

90) 1968.11.30, 기준1455. 9-11203.

91) 1973.5.31, 근기1455-5468.

92) 대판 1991.12.13, 90다18999.

93) 대판 1991.12.13, 90다18099.

Ⅲ. 휴업수당의 수준

1. 휴업수당의 수준

(1) 평균임금의 70% 지급

근로기준법상 휴업수당액은 평균임금의 70% 이상이다(근기법 제46조 제1항).

(2) 통상임금 지급

다만, 평균임금의 100분의 70에 상당하는 금액이 통상임금을 초과하는 경우에는 통상임금을 휴업수당으로 지급할 수 있다(동법 제46조 제1항 단서). 이는 휴업근로자에게 지급되는 임금이 정상근로자에게 지급되는 통상임금보다 상회하는 것은 형평성에 어긋나는 등 임금관리체계상의 모순을 가져오고 기업경영을 더욱 악화시킬 우려가 있기 때문에 이를 방지하기 위한 것이다.

2. 휴업기간 중 임금 일부를 지급받은 경우

(1) 평균임금으로 지급하는 경우

사용자의 귀책사유로 인한 휴업기간 중 근로자가 임금의 일부를 받은 경우에는 휴업기간 중에 해당하는 평균임금에서 이미 지급된 임금을 뺀 나머지 금액에 100분의 70을 곱하여 휴업수당액을 산정한다(동법 시행령 제26조).

(2) 통상임금으로 지급하는 경우

통상임금을 휴업수당으로 지급하는 경우에는 통상임금과 휴업기간 중에 지급받은 임금과의 차액을 지급하여야 한다(동법 시행령 제26조 단서).

3. 지급시기

휴업수당의 지급시기에 관해서는 특별한 정함이 없으나 휴업수당은 일반임금에 대신하는 급여이므로 휴업기간에 속하는 일반임금의 지급일에 지급하여야 한다.

Ⅳ. 휴업수당액의 감액

1. 의 의

사용자가 귀책사유가 있다 하더라도 부득이한 사유로 사업을 계속하는 것이 불가능하여 노동위원회의 승인을 받은 경우, 사용자는 평균임금의 100분의 70에 못 미치는 휴업수당을 지급할 수 있다(제46조 제2항).

2. 요 건

(1) 부득이한 사유로 사업계속이 불가능 할 것

'부득이한 사유'에 대하여 ⅰ) 천재지변이나 이에 준하는 정도의 불가항력적이고 돌발적인 사유로 보는 견해[94]와 ⅱ) 사용자의 귀책사유로 휴업한 경우를 전제로 하고 있는 점, 천재지변이나 그 밖에 불

94) 이병태 718.

가항력적 사유라면 원래부터 지급사유에 해당하지 않아 감액지급의 필요성도 없다는 점에서 해당 사업 외부의 사정에 기인한 사유로 보는 견해[95]가 있다.

'부득이한 사유'에 해당하는가 여부는 일률적으로 논할 수 있는 문제가 아니며 경영 영역에서 발생하여 사용자에게 휴업수당의 부담을 부과하는 것이 타당한지 여부 및 근로자에게 최저한도의 생활을 보장할 필요성을 고려하여 구체적으로 판단할 수밖에 없다.[96]

이와 관련하여 판례는 정당성이 상실한 파업으로 인하여 정상조업이 불가능한 경우 이를 부득이한 사유로 보아 휴업수당지급의 예외 신청을 인정하였다.[97]

(2) 노동위원회의 승인

1) 의 의 부득이한 사유로 사업계속이 불가능하다고 하더라도 노동위원회의 승인을 받지 못하면 휴업수당의 감액을 할 수 없다.[98] 그리고 불가항력 등 부득이한 사유로 사업계속이 불가능한 것에 대한 입증책임은 휴업수당지급 책임을 면제받고자 하는 사용자에게 있다.[99]

2) 노동위원회 승인에 대한 불복 여부 지방노동위원회의 승인이나 또는 그 승인을 취소하는 중앙노동위원회의 재심처분은 '행정처분'으로 보는 것이 상당하므로,[100] 근로자는 재심 청구 또는 행정소송을 제기할 수 있다.

3) 불복절차의 신청권자 노동위원회의 승인처분은 근로자들의 수당 지급채권의 발생 여부에 직접 영향을 미친다는 점에서 근로자들은 그 처분에 대하여 이해관계를 가진 자로서 중앙노동위원회에 재심을 신청할 수 있는 법률상 이익이 있는 자이므로,[101] 개개의 근로자들이 재심이나 행정소송을 제기할 수 있다. 반면에 노동조합이나 그 지부는 노동위원회의 승인처분에 대하여 재심신청자격이나 재심판정취소의 소의 원고적격이 인정되지 않는다.[102]

3. 감액의 정도

(1) 학 설

근로기준법 제46조 제2항은 평균임금의 100분의 70에 못 미치는 휴업수당을 지급할 수 있다고 규정하고 있다. '미달'의 개념에 대하여 ⅰ) 휴업수당제도의 취지, 즉 근로자의 생존권보장을 감안하여 '감액'은 하되 적정수준의 휴업수당은 반드시 지급하여야 한다는 견해[103]와, ⅱ) 근로기준법 제46조 제2항은 사용자의 휴업수당지급의무의 경감 내지 면제를 정한 것으로서 휴업수당 전체의 부지급도 가능하다는 견해로 나뉘어 있다.[104]

---

95) 김형배 379, 임종률 395.
96) 김유성Ⅰ 106, 이러한 문제점 때문에 근로기준법제 개선방안(179)에서는 근기법 제46조 제2항을 삭제할 것을 제안하고 있다. 제46조 제1항의 '귀책사유'에 대한 판단으로 휴업수당 지급·부지급을 결정하면 될 것이므로 동조 제2항의 '부득이한 사유'까지 판단할 필요는 없다는 것이다.
97) 대판 2000.11.24, 99두4280[현대자동차 사건].
98) 대판 1968.9.17, 68누151.
99) 대판 1970.2.24, 69다1568.
100) 대판 1968.9.17, 68누151.
101) 대판 1995.6.30, 94누9955.
102) 대판 1993.11.9, 93누1671.
103) 이병태 718.
104) 김형배 380; 임종률 395.

(2) 판 례

판례는 "근로기준법 제46조 제2항은 사용자의 휴업지불의무의 예외를 정한 것이고, 그러한 예외의 경우에 휴업지불의 하한이 별도로 정해져 있지 않은 이상, 사정에 따라서는 사용자가 휴업지불을 전혀 하지 않는 것도 가능하다"[105]고 하여, 전액 면제도 가능하다는 입장을 취하고 있다.

Ⅴ. 쟁의행위와 휴업수당

1. 파업으로 조업이 불가능한 경우

(1) 문제의 소재

노동조합이 전면적으로 파업에 참가한 경우에는 근로자의 근로제공의무와 사용자의 임금지급의무가 사실관계에 따라 정지하게 되고, 당해 근로자에 대한 휴업수당의 지급도 문제되지 않는다.[106] 그러나 노동조합의 부분파업으로 조업이 불가능하게 된 경우(이 경우 사용자에게 수령지체에 해당하는 근로계약상의 고의·과실은 인정될 수 없을 것이다)에도 이를 사용자의 귀책사유로 보아 휴업수당을 지급하여야 하는가 여부가 문제가 된다.

(2) 학 설

1) 휴업수당을 인정하는 견해 쟁의행위로 인한 조업중단을 노동조합과의 근로조건을 둘러싼 단체교섭에서 사용자가 내린 결정에서 기인한 것으로 보아 사용자의 귀책사유에 해당하므로 휴업수당 지급의무가 있다고 보는 견해이다.[107]

2) 휴업수당을 부정하는 견해 '투쟁평등의 원칙' 및 '근로자 전체의 연대적 관점'에 비추어 쟁의행위로 인한 조업중단을 휴업수당의 지급의무가 발생하는 사용자의 귀책사유에 해당되지 않는다는 견해이다.[108]

(3) 판 례

쟁의행위로 정상조업이 불가능했던 사안에서, 사용자는 근기법 제46조 제2항에 따라 노동위원회에 휴업수당 감액(전액 면제)을 신청하여 승인받아 휴업수당을 지급하지 않았다. 이에 대해 휴업수당을 받지 못한 근로자들이 노동위원회의 승인판정에 대해 다투었으나, 최종적으로 대법원은 노동위원회의 승인이 정당하다고 판시하였다[109]

(4) 검 토[110]

1) 조합원의 경우 조합원의 일부만 참여하는 부분파업의 경우, '파업불참 조합원'도 파업의 결과 개선된 근로조건의 이익을 향유할 수 있으므로 '근로자 전체의 연대적 관점'에서 파업불참 조합원에 대해서는 휴업수당 지급의무가 없다고 할 것이다.

---

105) 대판 2000.11.24, 99두4280.

106) 대판 1995.12.21, 94다26721.

107) 이병태 717; 김유성 104. 김유성 교수는 근기법상의 휴업수당제도가 사용자에게 근로계약상의 채권자지체의 책임이 인정되지 않는 경우에도 근로자에게 임금전액의 상실로부터 일정한 한도를 설정하여 최저한도의 생활을 보장하는데 그 취지가 있으므로 쟁의행위로 인한 조업중단 시에도 이러한 취지에 따라 파업에 참가하지 않은 조합원에 대해서는 휴업수당 지급의무가 있다고 해석하고 있다.

108) 김형배 383.

109) 대판 2000.11.24, 99두4280(현대자동차 사건).

110) 임종률 247.

2) 비조합원의 경우 종업원 일부만 가입한 노동조합이 주도한 파업의 경우, 이 파업 때문에 근로제공을 거절당한 비조합원에게는 파업의 결과 개선된 근로조건의 이익을 향유할 수 없기 때문에 그 파업으로 인한 손해도 감수할 이유가 없다. 그러므로 임금생활을 보호하려는 휴업수당제도의 취지에 비추어 비조합원에게는 휴업수당을 지급할 의무가 있다고 보아야 한다.

2. 직장폐쇄와 휴업수당

(1) 정당한 직장폐쇄

직장폐쇄가 합법적인 경우 사용자는 임금지급의무나 휴업수당지급의무를 부담하지 아니한다.

(2) 위법한 직장폐쇄

직장폐쇄가 위법한 경우에는 근로기준법 제46조의 규정에 의한 휴업수당을 지급해야 할 것인지가 문제된다. 이에 대하여 i) 사용자의 귀책사유를 인정하여 휴업수당을 지급해야 한다는 견해가 있으나,[111] ii) 위법한 직장폐쇄는 근로기준법 제45조의 '휴업'에 포함되는 개념이 아니기 때문에 사용자는 휴업수당지급의무를 부담하는 것이 아니라 근로계약상의 채무불이행책임에 따라 사용자는 임금 전액의 지급의무를 부담한다고 보아야 할 것이다.[112]

Ⅵ. 휴업수당청구권과 민법상 임금청구권과의 관계

1. 문제의 소재

민법 제538조 제1항에 의하면 사용자의 귀책사유로 인한 이행불능의 경우에는 근로자에게 임금 전액에 대한 청구권이 발생한다. 따라서 사용자의 귀책사유에 의한 근로기준법상의 휴업수당과 민법상의 근로자의 임금전액청구권의 관계가 문제된다.

2. 사용자의 고의 · 과실이 없는 경우

근로기준법상의 휴업수당에 있어서의 사용자의 귀책사유는 사용자의 고의 · 과실을 요건으로 하는 민법상의 귀책사유보다 범위가 넓기 때문에 민법상의 책임을 물을 수 없는 경우라도 근로자는 휴업수당청구권을 가질 수 있다.

3. 사용자의 고의 · 과실이 있는 경우

사용자에게 고의 · 과실이 있는 경우에는 양 청구권은 경합하게 되고 근로자는 민법상의 임금전액청구권과 근로기준법상의 휴업수당청구권을 선택적으로 행사할 수 있다. 다만 휴업수당이 지급된 경우 민법상의 청구 가능한 금액이 그만큼 감액된다.

Ⅶ. 중간공제시 휴업수당액의 보장

사용자의 귀책사유로 인하여 해고된 근로자에게는 사용자가 해고기간 중의 임금을 지급하여야 한

111) 1994.11.9, 근기68207-1770.
112) 김유성Ⅰ 104; 임종률 394; 김형배 384.

다. 다만, 해고기간 중에 다른 직장에서 근무하여 지급받은 임금(이른바 중간수입)에 대해 근로자(채무자)는 자기의 채무를 면함으로써 이익을 얻은 것이므로 사용자(채권자)가 공제할 수 있다. 하지만, 근로자의 최저생활을 보장하려는 취지에서 근로자가 지급받을 수 있는 임금액 중 근로기준법의 휴업수당의 범위 내의 금액은 중간수입으로 공제할 수 없고, 휴업수당을 초과하는 금액만을 중간수입으로 공제하여야 한다.[113)]

[관련판례] 휴업수당

1. 부당해고와 휴업수당(대판 1991.12.13, 90다18999)

휴업에는 개개의 근로자가 근로계약에 따라 근로를 제공할 의사가 있음에도 불구하고 그 의사에 반하여 취업이 거부되거나 또는 불가능하게 된 경우도 포함되므로 근로자가 사용자의 귀책사유로 인하여 해고된 경우에도 위 휴업수당에 관한 근로기준법 제38조(현행 제46조)가 적용될 수 있다.

2. 휴업수당과 중간수입 공제의 기준(대판 1991.6.28, 90다카25277)

[1] 사용자의 귀책사유로 인하여 해고된 근로자가 해고기간 중에 다른 직장에 종사하여 얻은 이익(이른바 중간수입)은 민법 제538조 제2항에서 말하는 채무를 면함으로써 얻은 이익에 해당하므로, 사용자는 위 근로자에게 해고기간 중의 임금을 지급함에 있어 위의 이익의 금액을 임금액에서 공제할 수 있다.

[2] 근로기준법 제38조(현행 제46조)는 근로자의 최저생활을 보장하려는 취지에서 사용자의 귀책사유로 인하여 휴업하는 경우에는 사용자는 휴업기간 중 당해 근로자에게 그 평균임금의 100분의 70(1989.3.29. 법률 제4099호로 개정되기 전에는 100분의 60) 이상의 수당을 지급하여야 한다고 규정하고 있고, 여기서의 휴업이란 개개의 근로자가 근로계약에 따라 근로를 제공할 의사가 있음에도 불구하고 그 의사에 반하여 취업이 거부되거나 또는 불가능하게 된 경우도 포함된다고 할 것이므로, 위의 공제에 있어서 근로자가 지급받을 수 있는 임금액 중 **근로기준법** 제38조(**현행 제46조**) 소정의 휴업수당의 한도에서는 이를 이익공제의 대상으로 삼을 수 없고, 그 **휴업수당을 초과하는 금액에서 중간수입을 공제**하여야 한다.

3. 휴업수당의 감액과 '부득이한 사유'의 범위(대판 2000.11.24, 99두4280[현대자동차 사건])

노동조합 및 조합원들의 파업행위가 사용자측과 단체교섭을 통해 개선될 수 없는 사항을 목적으로 하여 쟁의행위로서의 정당성을 갖추지 않았고, 회사가 수차례 여러 방법으로 불법파업의 중지 및 정상조업을 설득했으나 파업의 실행을 막지 못했으며, 그 후 부분 조업이 이루어졌으나 높은 불량률로 사실상 정상적인 조업이라 하기 어려웠다. 또 본격적인 전체파업이 예정돼 있었으며 자동차 생산에는 일련의 공정에 의해 이루어지는 특수성이 있고, 울산공장 파업으로 울산공장에서 부품을 공급받는 아산공장도 정상조업이 불가능했다면 이는 휴업지불 예외사유인 '부득이한 사유로 사업계속이 불가능한 경우'에 해당한다고 볼 것이다. **사용자가 부득이한 사유로 사업계속이 불가능하여 노동위원회의 승인**을 얻어 휴업을 하게 되는 경우에 **휴업수당의 일부뿐만 아니라 전액을 지급하지 않는 것도 포함**된다. 이에 경상남도 지방노동위원회가 원고들을 포함한 근로자 30,206명에 대한 피고보조참가인의 휴업지불 예외신청을 승인한 조치는 정당하고, 따라서 원고들의 재심신청을 기각한 피고의 재심판정도 적법하다.

113) 대판 1993.11.9, 93다37915; 1996.4.23, 94다446.

제 9 절 임금채권 우선변제

Ⅰ. 서 설

근로기준법과 근로자퇴직급여보장법은 근로관계로 인한 근로자의 채권 변제순위에 특별한 규정을 두고 있다. 근로자에게 임금채권이 발생하였다고 하더라도 근로자가 이를 실질적으로 지급받지 못한다면 근로자의 실질적인 생활이 보장되지 않기 때문이다.

특히 사용자는 기업활동을 하면서 다양한 채무를 부담하게 마련이고 사용자가 도산, 파산하거나 사용자의 재산이 제3채권자에 의해서 압류 등 채권보전절차의 대상이 되는 경우에는 근로자에게 실질적으로 임금채권의 변제순위를 확보할 필요가 있다.

이 제도는 근로자의 임금채권을 질권 또는 저당권에 의하여 담보된 채권, 조세 · 공과금 또는 다른 채권자의 채권보다 우선하여 변제받도록 함으로써 근로자의 최저생활보장을 확보하기 위한 사회정책적 제도라 할 수 있다.[114)]

Ⅱ. 우선변제의 순위

1. 임금채권 우선변제(일반적 우선변제)

사용자의 총재산에 대한 일반적인 변제의 순위는 ⅰ) 질권 또는 저당권에 우선하는 조세 · 공과금

114) 〈연 혁〉

	연 도	내 용
1	1974.1.14.	대통령긴급조치 제3호 제19조
2	1974.12.24.	근기법에 임금, 퇴직금, 재해보상금 기타 근로관계로 인한 채권(일반적 우선변제)은 사용자의 총재산에 대하여 질권, 저당권, 조세·공과금을 제외하고는 다른 채권에 우선변제 규정
3	1980.12.31.	근기법에 임금채권을 조세·공과금 보다 우선변제하도록 개정
4	1987.11.28.	근기법에 최종 3월분 임금을 질권, 저당권에 의하여 담보된 채권보다 최우선 변제 신설
5	1989.3.29.	근기법에 최우선변제의 대상에 최종 3월분의 임금 이외에 퇴직금, 재해보상금 추가
6	1997.8.21.	헌법재판소는 퇴직금 부분에 대한 최우선 변제에 대하여 헌법불합치 결정(94헌바19)
7	1997.12.24.	근기법에 최종 3년간의 퇴직금에 한정하여 최우선변제 대상 개정

(관련 내용은 국세기본법과 지방세법에 규정), ⅱ) 질권 또는 저당권에 의하여 담보된 채권, ⅲ) 임금, 퇴직금, 재해보상금 기타 근로관계로 인한 채권, ⅳ) 조세 · 공과금 ⅴ) 일반 채권이다(근기법 제38조 제1항, 근퇴법 제11조 제1항).

임금채권이 일반적인 조세 · 공과금 및 다른 채권(예컨대, 사용자에게 물품을 납품한 대금채권)에 우선하여 변제된다는 점에서 '일반적 우선변제'라 할 수 있다. 하지만 일반적 우선변제는 질권 또는 저당권에 우선하는 조세 · 공과금, 질권 또는 저당권에 담보된 채권(예컨대, 저당권이 설정된 은행 대출금채권)에 우선할 수 없다는 한계를 갖는다.

2. 최우선변제

최종 3월분의 임금, 최종 3년간의 퇴직금, 재해보상금은 다른 모든 채권에 대해서 최우선변제된다. 일반적 우선변제와는 달리 질권 · 저당권에 우선하는 조세 · 공과금 그리고 질권 · 저당권에 의하여 담보된 채권보다도 우선한다는 점에서 임금채권의 우선변제가 강력하게 보장되어 있다. 이는 사용자가 도산 · 파산한 경우 청산절차에 따라 다른 채권에 대하여 우선변제를 하고 나면 근로자의 일반임금채권에 대한 우선변제적 효력이 유명무실할 수 있다는 점을 반영하여 최우선변제를 인정한 것이다(근기법 제38조 제2항, 근로자퇴직급여보장법 제11조 제2항).

Ⅲ. 임금채권

1. 일반직 임금채권

임금채권이라 함은 "임금 · 퇴직금 · 재해보상금 기타 근로관계로 인한 채권"을 말한다. "임금 · 퇴직금 및 재해보상금"은 근로기준법상의 임금 · 퇴직금 및 재해보상금을 말한다. "근로관계로 인한 채권"이라 함은 각종 수당 · 상여금 · 귀향여비 및 해고예고수당 등 근로자가 근로관계를 원인으로 하여 사용자로부터 수령할 수 있는 모든 금품에 대한 채권을 말한다.

2. 최우선변제 임금채권

(1) 최종 3월분의 임금

'최종 3월분의 임금'이라 함은 사용자가 지급하지 못한 임금 중 최종 3개월에 대한 임금을 말하며, 기타 근로관계로 인한 채권은 임금에 포함되지 아니한다.

최종 3월분의 임금에 각종 수당이나 상여금을 제외한 정기임금 내지 기본급만을 의미한다고 보는 견해가 있으나,[115] 그렇게 해석할 근거가 없으므로 최종 3월분 임금 전체로 보아야 할 것이다.[116] 다만, 최종 3월의 기간 동안 지급시기가 도래한 임금채권 전체가 아니라 최종 3월분의 근로에 대응하는 임금으로 한정된다.[117] 임금 등에 대한 지연손해금 채권에 대하여는 최우선 변제권이 인정되지 않는다.[118]

115) 김형배 383.
116) 김유성Ⅰ 125; 임종률 567.
117) 대판 2002.3.29, 2001다83838.
118) 대판 2000.1.28, 99마5143.

(2) **최종 3년간의 퇴직금**

1) 30일분의 평균임금 최우선변제되는 3년간의 퇴직금은 계속근로연수 1년에 대해 30일분의 평균임금으로 계산한 금액으로 한다(근자퇴법 제11조 제3항). 즉 최종 3년간의 퇴직금은 단체협약 등에서 산정되는 약정퇴직금 전액이 아니라 최종 3년간의 대응하는 법정퇴직금을 한도로 한다.

2) 최우선변제 퇴직금의 범위(헌법불합치 결정) 최우선 변제되는 퇴직금은 1997년 12월 24일 이후에 발생한 '최종 3년간의 퇴직금'이다. 종전의 근로기준법은 "퇴직금 전액"을 최우선변제의 대상으로 보았으나, 이는 담보물권제도의 본질적 내용을 침해할 소지가 있다는 헌법재판소의 헌법불합치 결정에 따라 현행법은 "최종 3년간"으로 그 기간을 한정한 것이다.[119]

3) 기득권 보호를 위한 유예조치 헌법재판소의 헌법불합치 결정에 따라 1997년 12월 24일 법 개정이 있었고, 이 법 개정 이전에 채용된 자에 대하여는 종전 규정에 따른 기대권을 존중하기 위한 경과조치가 적용된다.[120] 다만, 최우선변제 퇴직금은 평균임금의 250일분을 초과할 수 없다.

(3) **재해보상금**

재해보상금은 사용자의 재산을 청산하여야 할 당시의 사용자가 지급하여야 할 각종 보상으로, 1989년 3월 29일 이후 발생한 재해보상금 전액이 해당된다.

그러나 재해보상금 지급채무는 실질적으로 산업재해보상보험법에 의한 보험급여에 의해서 면제되므로 실질적으로 최우선변제의 대상으로 문제될 여지는 거의 없다.

Ⅳ. 사용자의 총재산

1. 근로계약 당사자로서의 사용자

사용자란 근로계약 당사자로서 임금채무를 일차적으로 부담하는 사업주를 의미한다. 그러므로 직상수급인의 귀책사유로 하수급인과 임금채무에 대해서 연대책임(근기법 제44조)을 진다고 하더라도 직상수급인의 총재산은 임금채권우선변제의 대상이 아니다.[121]

2. 사용자가 법인인 경우

사용자가 법인인 경우에는 사용자의 총재산은 법인 자체의 재산에 대해서만 한정된다. 따라서 법인의 대표자 등의 개인 재산에 대해서는 미치지 않는다.

다만, 법인인 경우에도 그 실체가 개인기업과 동일한 경우에는 상법상의 법인격부인의 법리에 따라 개인재산으로 법인의 임금채무를 변제해야 한다.[122]

---

119) 헌재 1997.8.21. 94헌바19.

120) 1. 1997년 12월 24일 이전 퇴직한 근로자: 1997년 12월 24일 이전 퇴직한 근로자의 경우에는 1989년 3월 29일 이후의 계속근로기간에 대한 퇴직금을 우선변제의 대상으로 한다.
2. 1997년 12월 24일 이전 채용되어 그 이후에 퇴직한 근로자: 1997년 12월 24일 이전에 채용된 근로자로서 1997년 12월 24일 이후에 퇴직하는 근로자의 경우에는, ⅰ) 1989년 3월 29일 이후부터 1997년 12월 23일까지의 계속근로기간에 대한 퇴직금과 ⅱ) 1997년 12월 24일 이후의 계속근로기간에 대하여 발생하는 최종 3년간의 퇴직금을 합산한 금액을 우선변제의 대상으로 한다.

121) 대판 1997.12.12, 95다56798.

122) 대판 1988.11.22, 87다카1671.

3. 사용자 총재산의 범위

사용자의 총재산은 사용자가 소유하는 동산, 부동산은 물론 각종 유형 · 무형의 재산 모두를 포함한다. 다만 판례는 근로기준법상의 우선변제란 사용자의 재산에 대한 강제집행 또는 경매시 그 환가금에서 임금채권을 우선하여 변제 또는 배당받을 수 있음을 의미한다는 것을 전제로, 사용자가 이미 제3자에게 처분한 재산[123] 또는 사용자가 재산을 취득하기 전에 설정된 담보권[124] 등에 대해서는 우선변제의 효력이 미치지 못한다고 보고 있다.

Ⅴ. 임금채권 우선변제의 방법

1. 강제집행을 통한 변제

근로자가 임금채권을 우선변제받기 위해서는 먼저 임금채권을 확인받아 사용자의 재산에 대해 강제집행을 신청한 뒤 그 재산을 가압류하여 경매를 통해 환가한 경락금에서 임금채권을 우선변제받을 수 있다. ⅰ) 임금채권의 확인은 사용자를 피진정인 또는 피고소인으로 하여 관할 지방노동관서에 진정서 또는 고소장과 개인별 체불임금내역서를 제출하여 체불임금에 대한 임금채권을 확인받고, ⅱ) 사업 또는 사업장 소재지를 관할하는 법원에 위 노동사무소가 발행한 임금채권 확인서와 관련서류를 제출하여 사용자의 재산을 가압류하고 채무명의를 확보한 다음, ⅲ) 강제집행절차에 따라 경매절차가 끝난 뒤 우선변제순위에 따라 임금채권을 우선변제 받을 수 있다.

2. 배당요구종기까지 배당청구

사용자의 다른 채권자가 담보물권을 행사하여 경매절차가 개시된 경우 실체법(근로기준법)상의 우선변제청구권이 있는 채권자(근로자)라 하더라도 배당청구를 하지 않으면 배당을 받을 수 없으며 후순위채권자에게 부당이득의 반환을 청구할 수 없다. 그러므로 우선변제청구권이있는 근로자가 배당을 받기 위해서는 '배당요구종기'까지 배당을 청구하여야 한다(민사집행법 제88조).

Ⅵ. 임금채권 우선변제위반의 효과

1. 벌칙의 적용

근로기준법 제38조에서 정한 임금채권의 우선변제 규정에 위반한 자에 대해서는 근로기준법에서 정한 다른 규정과는 달리 별도의 벌칙규정이 없다. 따라서 사용자가 이 규정에 위반하여 근로자에게 임금을 지급하지 않은 때에는 임금 미지급을 이유로 ⅰ) 근로관계 종료시에는 근로기준법 제36조(금품청산) 위반에 따라 ⅱ) 또는 근로관계 존속 중에는 동법 제43조(임금지급) 위반에 따라 각각 3년 이하의 징역 또는 2000만원 이하의 벌금이 과해진다(동법 제109조).

123) 대판 2000.5.26, 2000두1270; 대판 1994.12.27, 94다19242 등.
124) 대판 2004.5.27, 2002다65905; 대판 1994.1.11, 93다30938.

2. 사법상 효력

임금채권의 우선변제규정에 위반하여 다른 채권을 먼저 변제한 경우 그 변제에 대한 사법상의 효력이 문제된다.

근로기준법 제38조에서 정한 규정에 위반하여 다른 채권을 변제하였을 때는 민법상 채권자 취소권 행사의 요건에 해당하는 경우(민법 제406조), 그 채권변제는 무효이고 근로자들은 사용자가 변제한 금액을 환수할 수 있고 후순위 채권자에 대해 부당이득반환청구를 할 수 있다.[125] 또 사용자가 파산한 경우에는 근로자는 파산법상의 부인권(파산법 제64조 내지 제74조)을 행사하여 임금채권을 우선변제 받을 수 있다.

[관련판례] 임금채권우선변제

1. 최종 3월분의 임금의 의미(대판 2002.3.29, 2001다83838)

근로기준법 제37조(현행 제38조) 제2항은 근로자의 최종 3월분의 임금 채권, 최종 3년간의 퇴직금 채권, 재해보상금 채권은 사용자의 총재산에 대하여 질권 또는 저당권에 의하여 담보된 채권, 조세, 공과금 및 다른 채권에 우선하여 변제되어야 한다고 규정하고 있는바, 위 규정상의 최종 3월분의 임금 채권이란 최종 3개월 사이에 지급사유가 발생한 임금 채권을 의미하는 것이 아니라, 최종 3개월간 근무한 부분의 임금 채권을 말한다.

2. 최우선변제 퇴직금의 범위(대판 1995.7.25, 94다54474)

근로기준법 제30조의2 제2항(현행 근퇴법 제11조)의 입법 과정이나 목적 및 취지에 비추어 위 조항에서의 '최종 3월분의'라는 문구가 퇴직금을 수식하지 않는다고 보여지므로, 위 법 조항상의 우선변제의 대상이 되는 퇴직금이 최종 3개월간 근무한 부분에 대한 퇴직금이나 그 지급사유가 사업 폐지 3개월 이내에 발생한 퇴직금만으로 한정되는 것이라고는 볼 수 없고 원칙적으로 퇴직금 전액이 그 대상이 된다.

* '퇴직금 전액'에 대한 최우선변제 규정은 헌법재판소의 헌법불합치 결정(헌재 1997.8.21. 94헌바19, 95헌바34)을 받았고, 현행법에는 '최종 3년간의 퇴직금'으로 개정

3. 퇴직금 최우선변제 조항의 헌법불합치 결정(헌재 1997.8.21. 94헌바19, 95헌바34)

[1] 이 사건 법률조항이 근로자에게 그 퇴직금 전액에 대하여 질권자나 저당권자에 우선하는 변제수령권을 인정함으로써 결과적으로 질권자나 저당권자가 그 권리를 목적물로부터 거의 또는 전혀 변제를 받지 못하게 되는 경우에는, 그 질권이나 저당권의 본질적 내용을 이루는 우선변제수령권이 형해화하게 되므로 이 사건 법률조항 중 퇴직금 부분은 질권이나 저당권의 본질적 내용을 침해할 소지가 생기게 되는 것이다.

[2] 이 사건 법률조항은 임금과는 달리 퇴직금에 관하여는 아무런 범위나 한도의 제한 없이 질권이나 저당권에 우선하여 그 변제를 받을 수 있다고 규정하고 있으므로, 도산 위기에 있는 기업일수록 즉, 자금의 융통이 꼭 필요한 기업일수록 금융기관 등 자금주는 자금회수의 예측불가능성으로 말미암아 그 기업에 자금을 제공하는 것을 꺼리게 된다. 그 결과 이러한 기업은 담보할 목적물이 있다고 하더라도 자금의 융통을 받지 못하여 그 경영위기를 넘기지 못하고 도산을 하게 되며 그로 인하여 결국 근로자는 직장을 잃게 되므로 궁극적으로는 근로자의 생활보장이나 복지에도 좋은 결과를 낳지 못한다. 또한 근로자의 퇴직 후의 생활보장 내지 사회보장을 위하여서는, 기업금융제도를 훼손하지 아니하고 기업금융을 훨씬 원활하게 할 수 있으며 오히려 어떤 의미에서는 새로운 기업금융제도를 창

125) 대판 2000.6.9, 2000다15869.

출할 수 있는, 종업원 퇴직보장제도의 개선, 기업연금제도의 도입 등 사회보장제도를 도입 개선, 활용하는 것이 적절할 것이다. 그럼에도 불구하고 이 사건 법률조항은 근로자의 생활보장이라는 입법목적의 정당성만을 앞세워 담보물권제도의 근간을 흔들고 기업금융의 길을 폐쇄하면서까지 퇴직금이 우선변제를 확보하자는 것으로서 부당하다고 아니할 수 없다. 그렇다면 이 사건 법률조항은 근로자의 생활보장 내지 복지증진이라는 공공복리를 위하여 담보권자의 담보권을 제한함에 있어서 그 방법의 정당성을 그르친 것이며 침해의 최소성 및 법익의 균형성 요청에도 저촉되는 것이므로 과잉금지의 원칙에도 위배된다고 할 것이다.

4. 사용자의 총재산(대판 1996.2.9, 95다719)

[1] 근로기준법 제30조의2 제2항(현행 근로기준법 제38조 제2항 및 근로자퇴직급여보장법 제11조 제2항)의 규정은 근로자의 최저생활을 보장하고자 하는 공익적 요청에서 예외적으로 일반 담보물권의 효력을 일부 제한하고 임금채권의 우선변제권을 규정한 것으로서, 그 입법취지에 비추어 보면 여기서 임금 우선변제권의 적용 대상이 되는 '사용자의 총재산'이라 함은 근로계약의 당사자로서 임금채무를 1차적으로 부담하는 사업주인 사용자의 총재산을 의미하고, 따라서 사용자가 법인인 경우에는 법인 자체의 재산만을 가리키며 법인의 대표자 등 사업경영 담당자의 개인 재산은 이에 포함되지 않는다고 봄이 상당하다.

[2] 합자회사가 회사 재산으로 채무를 완제할 수 없거나 또는 회사 재산에 대한 강제집행이 주효하지 못하여 결국 합자회사의 무한책임사원이 근로자들에 대한 회사의 임금채무를 변제할 책임을 지게 되었다 하더라도, 보충적인 위 책임의 성질이나 일반 담보권자의 신뢰보호 및 거래질서에 미치는 영향 등을 고려할 때 이를 회사가 사업주로서 임금채무를 부담하는 경우와 동일하다고 보아 무한책임사원 개인 소유의 재산까지 임금 우선변제권의 대상이 되는 '사용자의 총재산'에 포함된다고 해석할 수는 없다.

5. 우선변제청구권과 배당요구(대판 1997.2.25, 96다10263)

민사소송법 제728조에 의하여 담보권의 실행을 위한 경매절차에 준용되는 같은 법 제605조 제1항에서 규정하는 배당요구 채권자는 경락기일까지 배당요구를 한 경우에 한하여 비로소 배당을 받을 수 있고, 적법한 배당요구를 하지 아니한 경우에는 실체법상 우선변제청구권이 있는 채권자라 하더라도 배당을 받을 수 없으므로, 이러한 배당요구 채권자가 적법한 배당요구를 하지 아니하여 그를 배당에서 제외하는 것으로 배당표가 작성·확정되고 그 확정된 배당표에 따라 배당이 실시되었다면, 그가 적법한 배당요구를 한 경우에 배당받을 수 있었던 금액 상당의 금원이 후순위 채권자에게 배당되었다 하여 이를 법률상 원인이 없는 것이라고 볼 수 없다.

* 민사집행법은 '경락기일'에서 '배당요구종기'로 개정.

제10절 임금채권보장제도

Ⅰ. 서 설

기업의 도산으로 퇴직한 근로자가 임금 · 휴업수당 및 퇴직금을 지급받지 못한 경우 국가가 임금채권보장기금에서 사업주를 대신하여 일정범위의 체불임금 · 휴업수당 및 퇴직금을 지급함으로써 근로자와 가족의 기본적인 생활안정을 도모하는 제도이다.

임금채권을 보장하는 방법은 시민법적 사고에 기초한 임금채권우선변제제도와 사회보장원리에 기초한 임금보장제도의 두 가지로 나눌 수 있다.

우리나라의 경우 근로기준법 제38조에 근로자의 임금채권 우선변제 규정을 두고 있으나, ⅰ) 기업의 도산 등으로 사업주의 변제능력이 없는 경우에는 그 실효성이 없고, ⅱ) 우선변제권을 행사하기 위해서는 경매절차를 거쳐야 하므로 적기에 임금확보 곤란으로 근로자들의 생계가 위협받게 된다.

특히 97년 말부터 불어 닥친 경제위기와 기업 구조조정으로 중소기업과 한계기업의 도산이 급증하고 이러한 도산기업에서 퇴직한 근로자들의 생활안정을 위해 체불임금의 지급을 보장하는 대책이 필요하게 됨에 따라 1998년 7월 1일부터 임금채권보장제도를 도입 · 시행하게 되었다.

Ⅱ. 임금채권보장제도의 법률관계

1. 임금채권 체당지급의 법리

(1) 민법상 제3자의 변제 불가

일반적으로 채권의 제3자에 의한 변제는 민법 제469조의 적용을 받게 되므로, 동 규정에 따라 채무의 성질상 제3자의 변제가 허용되지 않거나 또는 당사자의 반대의사가 있는 경우에는 제3자가 이를 변제할 수 없다.

(2) 사업주의 의사와 관계없이 근로자 청구에 따른 체당금 지급

그러나 임금채권보장기금에서 근로자에게 사업주를 대신하여 미지급 임금 · 휴업수당 및 퇴직금을 지급하는 것은 근로자의 생계보장이라는 정책적인 목적에 의한 것으로, 임금채권보장법 제6조에서 사업주의 의사에 관계없이 근로자가 체당금 지급을 청구하는 경우에는 일정범위의 임금채권에 대해서는 임금채권보장기금에서 대신 지급할 수 있도록 하여, 민법 제469조의 적용을 배제하고 있다. 따라서 사업주의 반대의사의 표시가 있어도 근로자의 청구가 있으면 체당금 지급이 가능하다.

2. 정부, 근로복지공단, 사업주, 근로자와의 관계

(1) 정부의 위탁 · 위임

임금채권보장사업은 정부(고용노동부장관)가 행하는 것으로 규정되어 있으나, 구체적인 업무처리는 지방노동관서와 근로복지공단에 위임 · 위탁하여 운영하도록 하고 있다.

(2) 지방노동관서

지방노동관서는 일정규모 이하의 사업주에 대하여 사실상의 도산판정(도산 등 사실인정)을 행하며, 체불임금의 확인 등 구체적인 지급요건에 대한 확인을 하고 사업주로부터 필요한 보고 등을 받아 해당 사업장을 관리한다.

(3) 근로복지공단

근로복지공단은 사업주의 부담금을 징수하고, 근로자가 지방노동관서를 경유하여 체당금 지급을 청구하는 경우 이를 지급하며, 근로자에게 지급된 체당금의 범위 내에서 사업주에게 근로자의 임금 · 휴업수당 및 퇴직금 청구권을 대위행사하며, 부정수급에 대해서는 반환요구를 통하여 징수를 하게 된다.

Ⅲ. 지급대상 요건

1. 적용범위

임금채권보장법은 산업재해보상보험법 제5조의 규정에 의한 사업에 적용된다(임채법 제3조). 즉 근로자를 사용하는 모든 사업장이 적용되지만 산재법시행령이 정하는 일정한 사업에 대해서는 적용되지 않는다.

2. 6월 이상 사업을 하였을 것

퇴직 당시의 사업이 임금채권보장법의 적용대상이 된 후 6월 이상 기간 동안 당해 사업을 행하다가 도산하여야 한다.

3. 사업주의 파산 등(지급사유)

임금채권은 사업주가 파산 등 대통령령이 정하는 사유에 해당하는 경우에 퇴직한 근로자에게 지급된다(임채법 제6조 제1항). 이 경우 대통령령이 정하는 사유라 함은 ⅰ) 「채무자회생 및 파산에 관한 법률」에 의한 파산의 선고 및, ⅱ) 회생절차 개시의 결정, ⅲ) 노동부장관의 도산 등 사실인정을 말한다(동법 시행령 제4조).

4. 지급대상 근로자

다음에 해당하는 날의 1년 전이 되는 날 이후 3년 이내에 당해 사업 또는 사업장에서 퇴직한 근로자에게 지급된다(동법 시행령 제7조).

① 파산선고 · 회생절차개시결정이 있는 경우에는 그 신청일

② 도산 등 사실인정이 있는 경우에는 그 신청일(2 이상의 신청이 있는 경우에는 최초의 신청일).

Ⅳ. 지급대상임금 및 수급권의 보호

1. 지급대상임금

임금채권의 지급대상은 ⅰ) 근로기준법 제38조 제2항 제1호 및 근로자퇴직급여보장법 제11조 제2항의 규정에 따라 임금채권의 최우선변제가 인정되는 임금과 퇴직금 및 ⅱ) 근로기준법 제46조에 의한 최종 3월분의 휴업수당이다(임채법 제6조 제2항).

다만, 체당금은 근로자의 퇴직 당시의 연령 등을 고려하여 그 상한액을 제한할 수 있으며, 체당금이 적은 경우에는 지급하지 아니할 수 있다(동법 제6조 제2항 단서).[126]

2. 수급권의 보호

체당금을 지급받을 권리는 양도하거나 담보로 제공할 수 없다(제10조 제1항). 미성년자인 근로자도 독자적으로 체당금의 지급을 청구할 수 있다(제10조 3항).

Ⅴ. 지급주체

체당금은 민법 제469조의 규정에 불구하고 노동부장관이 체당금의 지급을 청구한 근로자에게 사업주를 대신하여 직접 지급한다(동법 제6조 제1항). 노동부장관이 체당금을 지급한 경우에는 그 지급한 금액의 한도 안에서 당해 사업주에 대한 당해 근로자의 미지급 임금 등의 청구권을 대위한다(동법 제7조 제1항).

Ⅵ. 부담금의 징수

노동부장관은 미지급임금과 퇴직금을 대신 지급하는 데 소요되는 비용에 충당하기 위하여 사업주로부터 부담금을 징수한다(동법 제8조 제1항). 부담금은 당해 사업에 종사하는 근로자의 임금총액에 1천분의 2의 범위 내에서 임금채권보장기금심의위원회의 심의를 거쳐 노동부장관이 정하는 부담금 비율을 곱하여 산정한 금액으로 한다(동법 제8조 제2항).

126) [표] 임금채권보장법상 체당금의 월정 상한액

퇴직당시연령 / 체당금 종류	30세 미만	30세 이상 40세 미만	40세 이상 50세 미만	50세 이상
임 금	150만원	240만원	260만원	210만원
퇴 직 금	150만원	240만원	260만원	210만원
휴업수당	105만원	168만원	182만원	147만원

* 비고: 임금과 휴업수당은 1월분, 퇴직금은 1년분 기준.

Key Word

➭ 임금, 평균임금, 통상임금, 최저임금, 휴업수당, 도급, 연대책임, 소멸시효

기출문제

(1) 근로기준법상의 임금채권의 보호를 논하라. (1회, 86년, 50점)

(2) 평균임금과 통상임금의 상이점 (3회, 91년, 25점)

(3) 최저임금의 결정기준 (4회, 93년, 25점)

(4) 임금채권 우선변제 (7회, 98년, 25점)

(5) 임금지급방법의 4대원칙과 비상시 지불 (13회, 04년, 25점)

(6) 근로기준법상 휴업수당 (16회, 04년, 50점)

연습문제

(1) 평균임금과 통상임금의 문제점과 개선방향에 대하여 논하시오.

(2) 도급사업에서의 임금채권의 보호에 대하여 약술하시오.

제 5 장 근로시간과 휴식

제 1 절 근로시간의 의의

Ⅰ. 근로시간 규율의 의의

근로시간은 전통적으로 임금과 더불어 가장 중요한 근로조건에 속한다. 이점은 많은 국가의 노동운동이 근로시간 단축을 주된 과제의 하나로 삼아 왔다는 점이나, 국제 노동기구의 최초 협약[1]이 근로시간단축을 위한 것이었다는 점을 보아도 알 수 있다.

근로시간 규율의 일차적 목표는 장시간 근로로부터 근로자를 보호함으로써 근로자의 인간다운 생활을 확보하는데 있기 때문에 근로자나 노동조합이 여기에 관심을 보여 온 것은 지극히 당연한 일일 것이다. 사용자 역시 근로시간은 일정한 시기 당해 사업의 생산력 또는 경쟁력을 좌우하는 중요한 요소이기 때문에 근로시간 규율에 대해 민감하게 반응할 수밖에 없다.

한편, 국민의 삶의 질 향상과 함께 국가의 경제적 경쟁력을 확보하기 위해서 적정한 수준에서의 근로시간 관리가 필요하기 때문에, 근로관계 당사자뿐만 아니라 국가적 차원에서도 중요하다. 특히 고용정책적 이유(실업의 감소, 일자리 나누기 등)에서 근로시간에 대한 관심이 커지고 있다. 근로시간의 규율은 주로 근로시간의 길이를 중심으로 하였는데, 그 방향은 근로시간의 단축이었다. 근로기준법도 2003년 9월 15일 개정하여 1일 8시간, 1주 40시간으로 근로시간을 축소하였다.

Ⅱ. 근로시간 개념 및 계산

1. 근로시간의 개념

근로시간이란 일반적으로 근로자가 사용자의 지휘, 감독 아래 근로계약상의 근로를 제공하는 시간을 말한다.[2] 다만, 근로시간의 개념에 관해 근로기준법에서는 '휴게시간을 제하고'라고 정하고 있을 뿐

1) ILO가 1919년 최초로 채택한 협약이 '공익적 사업장에서 1일 8시간, 1주 48시간으로 근로시간을 제한하는 데 관한 협약'이라는 사실은 근로조건 중 근로시간이 갖는 중요성을 상징적으로 보여준다(김유성 I 133).

2) 대판 1992.10.9, 91다14406.

(근기법 제50조), 그 개념에 관하여 더 이상 규정하지 않아서 근로자가 어떤 상태에 있는 시간을 근로시간으로 볼 수 있는지 문제된다.

일반적으로 근로시간의 개념은 '근로자가 사용자의 작업상의 지휘감독 아래 있는 시간' 또는 '근로자가 그의 노동력을 사용자의 작업상의 지휘감독 아래 있는 시간'이라고 정의해 왔다(지휘감독설). 이에 대해 근로시간인지 여부는 사용자의 지휘감독뿐만 아니라 해당 활동의 '업무성'도 '지휘감독'을 보충하는 중요한 기준이 된다는 입장이 제시되고 있다(업무성보충설). 즉, 근로시간은 '사용자의 작업상의 지휘감독 아래 있는 시간 또는 사용자의 명시 또는 묵시의 지시에 따라 그 업무에 종사하는 시간'이라고 정의할 수 있다.[3)]

2. 근로시간의 계산

(1) 본래업무에 부수된 활동시간

1) 판단기준 근로계약 등에서 근로자의 본래 업무가 특정된 경우에 본래의 업무가 아니더라도 '사용자의 지휘명령 하'에 있었다고 보여지는 시간이라면 근로시간에 해당한다. 이러한 활동이 근로자의 의무로 되어 있었는지, 당해 활동과 업무의 관련성의 정도 등이 중요한 판단기준이 될 것이다.[4)]

2) 시업 이전 업무준비행위 시업시각 이전의 작업지시의 수령, 작업조의 편성, 작업의 인수, 기계 · 기구의 점검 · 정리 등은 원칙적으로 업무에 종사한 것이므로 근로시간에 산입된다.[5)] 그러나 출근카드의 입력, 작업복 착용, 안전화 · 안전모의 착용 등은 업무에 종사하기 위한 준비에 불과하므로 그 자체가 의무화되어 있고, 조심스러운 작업을 요하는 경우를 제외하고는 근로시간에 포함될 수 없다.[6)]

3) 종업 이후 업무정리행위 종업시각 이후의 기계 · 기구의 점검 · 청소 · 정리, 작업의 인계 등 차후의 작업에 필요한 마무리작업은 업무활동의 최종부분으로서 근로시간에 포함된다.[7)] 그러나 목욕, 직업복 탈의 등은 특별한 사정이 없는 이상 업무에 종사하는 것이라고 볼 수 없다.

4) 지하작업의 입출갱시간[8)] 입출갱에 소요되는 시간은 근로시간으로 보아야 할 것이다. 판례도 입출갱시간이 원칙적으로 근로시간에 포함된다고 본다.[9)]

5) 근로시간 외, 사업장 밖의 기타 활동시간 근로시간 외, 사업장 밖에서 행해지는 연수교육이나 회사행사에 참가하는 것도 그 참가가 의무적이고 회사의 업무로서의 성격을 가진 것이면 근로

3) 임종률 428, 김형배 414, 이병태 754.
4) 김유성 I 141.
5) 대판 1993.5.27, 93다3363; 대판 1993.5.27, 92다24509.
6) 임종률 429; 김형배 415, 이에 대해 김형배 교수님은 안전보호구의 착용은 재해방지 · 직무질서유지 등을 위해 작업개시에 필수불가결한 업무관련행위이므로 근로시간에 해당한다는 입장이다; 이병태 757.
7) 대판 1993.3.9, 92다2270.
8) 근로기준법은 한동안 지하작업에 대한 1일 법정근로시간을 6시간으로 정하고, 시행령은 이 점을 고려하여 입출갱시간은 근로시간에 포함되지 않는다고 규정했었다. 그러다가 1990년 근로기준법 및 산업안전보건법의 개정으로 지하작업종사자의 1일 법정근로시간이 8시간으로 되고, 이에 따라 시행령의 위 규정도 삭제되기에 이르렀다.
9) 임종률 430; 김유성 142; 김형배 414; 대판 1992.2.25 91다18125, 이 판결은 현행법상 입 · 출갱시간은 원칙적으로 근로시간에 포함되지만, 단체협약이 1990년의 법 개정에 관계없이 1일 근로시간을 종전과 같이 6시간으로 규정한 경우에는 그 단체협약은 입 · 출갱시간이 종전과 같이 근로시간에서 제외된다는 것을 전제로 한 것이므로 그 단체협약 아래서는 입 · 출갱시간이 근로시간에서 제외된다고 보아야 한다고 판시하였다. 그러면서도 갱내 대기소와 막장 사이의 왕래 시간은 근로시간에 포함된다고 보았다; 대판 1994.12.23, 93다53276.

시간에 산입된다.[10)]

(2) **대기시간**

대기시간은 외형상으로는 휴게시간과 유사하게 근로자가 휴식 등을 취하고 있지만 실질적으로는 다음의 작업을 위해 기다리면서 사용자의 지휘명령권이 배제되지 않는 시간이므로 원칙적으로 근로시간에 포함된다. 대기시간은 근로자가 사용자의 지휘명령권에서 완전히 배제되어 그 시간을 자유롭게 이용할 수 있는지 여부에 따라 휴게시간과 구별된다.

버스 운전기사가 승차시간 사이에 배차를 기다리는 시간,[11)] 작업 도중에 정전 · 기계 고장 · 원료 공급 중단 등에 따른 대기시간, 식당 · 호텔 등의 접객원이 근무장소에서 고객을 기다리는 시간 등은 근로시간에 포함된다. 또한 휴게시간으로 규정된 시간대에 점포 안에서 휴식을 취하되 손님이 오면 즉시 응대하도록 되어 있는 경우에는 휴게시간이 아니라 대기시간으로 보아야 할 것이다.

(3) **일 · 숙직근무**

일 · 숙직근무는 주기적 순찰, 전화 · 문서의 접수, 비상사태 대응 등 임무를 가지고 사업장 안에서 대기하는 특수한 근무로서 노동 강도가 약하고 감시 · 단속적 성격도 갖는다. 따라서 그 근무의 내용 및 방법 등이 통상적인 업무와 동일하다고 인정되는 경우에 한하여 근로시간으로 인정된다.[12)]

Ⅲ. 법정(기준)근로시간과 소정근로시간

1. 법정(기준)근로시간

현행법은 1일 및 1주의 법정(기준)근로시간을 정하고 있다. 이러한 법정근로시간은 1일 및 1주의 근로시간의 원칙적인 최장한도가 됨과 동시에 변형근로시간제와 연장근로의 기준이 된다. 법정(기준)근로시간은 근로자의 연령과 종사하는 업무에 따라 일반근로자, 연소자, 유해 · 위험작업 종사자로 나누어 각각 달리 규정하고 있다.

(1) **일반근로자의 경우**

근로시간은 휴게시간은 제외하고 1주 40시간을 초과할 수 없고, 1일에 8시간을 초과할 수 없다(근기법 제50조). 여기서 '1주'란 취업규칙 등에서 별도로 정하지 않았으면 일요일부터 토요일까지 달력상의 1주를 말한다. '1일'이란 오전 0시부터 오후 12시까지의 달력상의 하루를 말하고, 다만 달력상 2일에 걸쳐 연속근무가 이루어진 경우에는 그것은 하나의 근무로서 연속근무 전체가 시업시각이 속하는 날의 근로로 취급된다.

현행법은 법정근로시간의 유연화제도나 일정한 요건 아래에서의 연장근로 등 법정 근로시간에 대한 광범한 예외를 허용하고 있다.

(2) **연소자의 경우**

15세 이상 18세 미만인 자의 근로시간은 1일에 7시간, 1주일에 40시간을 초과하지 못한다. 다만,

10) 임종률 430; 김형배 416; 김유성 142; 1988.9.28, 근기01254-14835 등.

11) 대판 1992.4.14, 91다20548.

12) 대판 1990.12.26, 90다카13465, 일숙직 근무는 주된 근로계약에 부수하여 체결되는 별도의 계약에 의한 근로제공으로 보아야 하기 때문에 특히 연장근로에 대한 가산임금 지급의 대상이 되는 근로시간으로 보기는 어렵지만, 다만 일숙직 근무가 주된 근로계약에 따라 제공하는 근로와 실질적으로 동일하다면 가산임금지급의 대상이 되는 근로시간에 포함된다; 대판 1995.1.20, 93다46254; 대판 1996.6.28, 94다14742.

당사자 사이의 합의에 따라 1일에 1시간, 1주일에 6시간을 한도로 연장할 수 있다(근기법 제69조). 연소자는 정신 · 신체적으로 근로를 감당할 능력이 아직 부족하고 교육시간을 확보할 필요도 있다는 점을 고려하여 그 법정근로시간을 성인근로자보다 짧게 규정한 것이다.

보호대상을 15세 이상 18세 미만인 자로 규정하고 있으나, 15세 미만인 자에 대하여도 취직인허증을 발급받은 경우에는 연소자의 법정근로시간이 적용된다.

(3) 유해위험작업 종사자의 경우

사업주는 유해하거나 위험한 작업으로서 대통령령으로 정하는 작업에 종사하는 근로자에게는 1일 6시간, 1주 34시간을 초과하여 근로하게 하여서는 아니 된다(산안법 제46조). 여기서 '유해 또는 위험한 작업'은 잠함 · 잠수작업 등 고기압 아래서 하는 작업을 말하고, 근기법의 보건상 · 도덕상 유해 · 위험한 사업(근기법 제65조)은 임산부, 연소자 등에 대한 사용금지직종으로 그 취지가 전혀 다르다.

2. 소정근로시간

법정근로시간의 범위 내에서 근로자와 사용자 간에 근로하기로 정한 시간을 의미하고, 소정근로시간을 초과하여 근무하더라도 총 근로시간이 법정근로시간 범위 이내이면 연장근로에 해당하지 않는다(근기법 제2조 제1항 제7호).

[관련판례] 근로시간의 의의와 범위

1. 근로시간의 의미(대판 1992.10.9, 91다14406)

근로기준법 제42조 제1항(현행 제50조)에서 근로시간은 휴게시간을 제하고 1일에 8시간, 1주일에 44시간을 초과할 수 없다고 규정하고 … 여기서 말하는 **근로시간**이란 근로자가 **사용자의 지휘감독 아래 근로계약상의 근로를 제공하는 시간, 즉 실근로시간**을 말한다고 할 것이다.

2. 운전사의 대기시간(대판 1992.4.14, 91다20548)

대기시간이 근로기준법 소정의 근로시간에 해당하는지, 아니면 휴게시간에 해당하는지에 따라 위 기준근로시간의 초과 여부가 가려지게 되는바, 근로기준법상의 휴게시간이란 근로자가 근로시간의 도중에 사용자의 지휘명령으로부터 완전히 해방되고 또한 자유로운 이용이 보장된 시간을 의미하므로, 만일 위 대기시간이 위와 같은 휴게시간에 해당한다면 원고의 위 운행시간은 기준근로시간을 초과하지 않으나, 그렇지 않고 위 대기시간이 근로시간에 해당한다면 기준근로시간을 초과한 것이 되고 이러한 기준근로시간을 초과하는 운행시간의 배차지시는 법령에 위반한 것으로서 정당한 작업지시라고 볼 수 없을 것이다.

그러므로 원심으로서는 위 대기시간이 근로시간에 해당하는지의 여부를 심리하여 원고에 대한 피고 회사의 위와 같은 배차지시의 적법여부를 가린 다음 이를 거부한 원고의 행위가 피고 회사 취업규칙 소정의 징계해고 사유에 해당되는지의 여부를 판단하였어야 함에도 불구하고, 이에 이르지 아니한 채 위와 같이 판단하고 만 것은 심리미진으로 판결에 영향을 미친 위법을 저지른 것으로서 이 점에 관한 상고논지는 이유 있다.

3. 작업시간 중 휴식 · 수면시간(대판 1993.5.27, 92다24509)

근로기준법상의 근로시간이라 함은 근로자가 사용자의 지휘, 감독 아래 근로계약상의 근로를 제공하는 시간을 말하는바, 근로자가 작업시간의 중도에 현실로 작업에 종사하지 않은 대기시간이나 휴식, 수면시간 등이라 하더라도 그것이 휴게시간으로서 근로자에게 자유로운 이용이 보장된 것이 아니고 실질적으로 사용자의 지휘, 감독 하에 놓여 있는 시간이라면 이를 당연히 근로시간에 포함시켜야 할 것이다.

4. 작업시작 전 회의시간(대판 1993.9.28, 93다3363)

작업시작 전에 갖는 취업회의 내용인 갱내 근무자에 대한 보안교육이나 작업지시 및 작업조의 편성은 갱내 교대근무를 위한 필요불가결한 것으로서 사용자의 지휘 · 감독에 의한 구속 하에 행해질 수밖에 없으므로 실근로시간에 포함시키는 것이 타당하다.

5. 입 · 출갱시간(대판 1992.2.25, 91다18125)

일반적으로 석탄채굴과 같은 지하작업에 있어서 입갱 및 출갱에 요하는 시간은 근로시간에 포함된다고 보는 것이 원칙이나, 구 근로기준법 제43조(1990.1.13. 법률 제4220호로 삭제)가 지하작업의 1일 근로시간을 일반근로의 경우보다 2시간을 단축하여 6시간으로 규정한 것은 지하작업 자체의 유해 위험성과 더불어 각 지하작업장마다 입갱 및 출갱 소요시간이 상이할 수밖에 없는 점을 감안한 것이라고 해석되므로, 같은 법 시행령 제27조 제2항(1990.7.14. 대통령령 제13053호로 삭제)이 지하작업에 있어서 입갱과 출갱에 요하는 시간을 근로시간에서 제외한다고 규정한 것은 위와 같은 모법 규정의 취지에 따른 것으로서 위 각 규정 하에서는 입갱 및 출갱에 요하는 시간은 지하작업의 근로시간에서 제외되는 것으로 볼 수밖에 없다.

6. 일 · 숙직 근무시간(대판 1990.12.26, 90다카13465)

대학병원의 약사의 일 · 숙직근무의 내용이 통상의 근로에 해당한다고 인정하기 위하여는 일 · 숙직시의 근무가 통상의 근무시간의 구속으로부터 완전히 벗어난 것인가, 또는 통상의 근무의 태양이 그대로 계속되는 것인가의 여부, 일 · 숙직근무 중 입원환자 또는 응급환자에 대한 투약을 위한 조제 등의 본래의 업무에 종사하게 되는 빈도 내지 시간의 장단, 숙직근무시 충분한 수면시간이 보장되는지의 여부 등을 충분히 심리하여 **일 · 숙직근무**의 태양이 그 내용과 질에 있어서 **통상근무의 태양과 마찬가지라고 인정될 때에 한하여** 일 · 숙직근무를 통상의 근로로 보아 이에 대하여 **통상임금 및 근로기준법 제46조(현행 제56조) 소정의 가산임금을 지급**하도록 하여야 하고, 일 · 숙직근무가 전체적으로 보아 근로의 밀도가 낮은 대기성의 단속적 업무에 해당할 경우에는 일 · 숙직근무 중 실제로 조제 등의 업무에 종사한 시간에 한하여 위 법 소정의 가산임금을 지급하도록 하여야 할 것이다.

제 2 절 법정근로시간의 유연화제도(변형근로시간제)

Ⅰ. 서 설

근로시간은 휴게시간을 제외하고 1주 40시간을, 1일 8시간을 초과할 수 없다(근기법 제50조). 근로기준법은 근로시간의 길이를 법적으로 제한하는 것을 원칙으로 하는 한편, 예외적으로 그것을 초과하는 근로(연장근로 등)에 대해 별도의 법적 요건(당사자 간 합의 등)을 요구하고 그에 대한 보상으로 가산임금을 지급하는 방식으로 근로시간을 규율하고 있다.

근로시간을 1주 및 1일 단위로 규제하는 법정근로시간은 근로자의 규칙적인 근로형태를 전제로 하고 있다. 그러나 산업의 서비스화, 업무의 번한 등 여건 변화와 근로자 개인의 다양한 필요에 대응하여 집중적으로 근로하고 집중적으로 쉬는 불규칙한 근로형태가 확산되고 있다.

이러한 근로형태에 대하여는 근로시간을 1주 및 1일 단위로 규제하는 대신, 일정한 기간 동안의 평균적인 근로시간으로 유연하게 규제할 필요성이 있다. 이에 근로기준법도 1997년에 '근로시간의 유연한 적용'을 위하여 탄력적 근로시간제와 선택적 근로시간제를 도입하였다.

Ⅱ. 탄력적 근로시간제

1. 의 의

탄력적 근로시간제란 일정한 기간(단위기간)을 평균하여 1주당 근로시간이 법정근로시간(40시간)을 초과하지 않는 한도에서 특정일 또는 특정주의 근로시간이 법정근로시간(1주 40시간, 1일 8시간)을 초과하도록 배치하는 제도를 말한다.

이 제도는 연속조업이나 장시간 조업을 위한 교대제근무를 할 경우, 시기적으로 업무량의 차이가 심하여 업무량에 따라 소정근로시간을 배분한 경우, 연간 실 근로시간을 줄이고 휴일을 늘리려는 경우 등에 유용하게 활용하기 위한 것이다.

2. 2주단위 탄력적 근로시간제

(1) 요 건

1) 사용자가 취업규칙 또는 취업규칙에 준하는 것으로 정할 것 취업규칙의 작성의무가 있는 10명 이상의 근로자를 사용하고 있는 사용자는 취업규칙의 작성 및 변경(근기법 제93조, 제94조)을 통

하여 정하고, 10명 미만의 근로자를 사용하고 있는 사용자는 취업규칙의 작성의무가 없으므로 '취업규칙에 준하는 것'으로 정할 수 있다. '취업규칙에 준하는 것'이라 함은 특정한 명칭, 형식 등에 구애됨이 없이 당사자 간의 서면합의에 의한 것이면 충분하다(동법 제51조 제1항).

2) 단위기간 중 평균근로시간 및 최장근로시간의 제한 2주 이내의 단위기간을 평균하여 1주의 평균근로시간이 40시간을 초과하지 아니하고, 어느 주라도 1주의 최장근로시간이 48시간을 초과할 수 없다(동법 제51조 제1항).[13)]

(2) 취업규칙의 불이익 변경 여부

규칙적인 근로형태를 취하던 사업장에서 이 규정에 따라 2주 이내 탄력적 근로시간제를 시행하려는 경우에는 취업규칙의 변경이 수반되어야 한다. 이때 그 취업규칙의 변경이 불이익변경에 해당하여 근로자 집단의 동의를 요하는지 문제된다.

이 제도가 시행되면 특정 주 또는 특정일에 법정근로시간을 초과하는 부분에 대해 연장근로수당을 지급받지 못한다는 점[14)] 또는 근로자의 생활을 불규칙하게 만드는 점을 이유로 불이익변경으로 보는 견해가 있다. 이에 대해 2주 이내 탄력적 근로시간제는 일반적으로 근로자의 생활규칙을 불안하게 만드는 정도가 심하지 않고, 근로시간이 특정한 주 또는 날에 많아진 만큼 다른 주 또는 날에 출퇴근 및 근로의 구속에서 해방되는 이익도 수반되는 점에서 불이익변경에 해당하지 아니한다는 견해[15)]가 대립되고 있다.

그러나 이 제도의 도입에 따른 취업규칙의 변경이 불이익변경인지 여부는 동제도의 도입취지와 배경, 해당 사업체의 업무의 성질, 취업규칙 여타 규정과의 관계, 그간의 근무형태 등 제반사정을 종합적으로 고려하여야 할 것이다.

3. 3월단위 탄력적 근로시간제

(1) 요 건

1) 근로자대표와의 서면합의 사용자는 근로자대표와의 서면 합의에 따라 ⅰ) 대상근로자의 범위,[16)] ⅱ) 3개월 이내의 단위기간, ⅲ) 단위기간의 근로일과 그 근로일별 근로시간, ⅳ) 서면합의의 유효기간 등을 정해야 한다(근기법 제51조 제2항).

---

13) 2주 이내 탄력적 근로시간제의 1일 최장근로시간에 대해 김형배 교수는 근기법 제51조 2항과의 유기적 관련하에서 동조 1항의 경우에도 1주 48시간의 범위 내에서 1일의 근로시간이 12시간 이내이면 시간외 근로수당이 지급되지 않는 것이라는 취지로 넓게 해석되어야 한다는 입장이다(김형배 423); 그러나 임종률 교수는 탄력적 근로시간제는 근로시간의 탄력적 배분을 허용하는 제도이고 특정한 주 또는 날의 근로시간에 상한선을 두지 않는 입법례도 많기 때문에 이를 법률규정의 흠결로 볼 수 없으며, 3개월 이내 탄력적 근로시간제는 2주 이내 탄력적 근로시간제에 비하여 근로자의 생활규칙을 위협하는 정도가 더 심하기 때문에 특별히 특정한 날의 근로시간에 상한선을 둔 것으로 본다. 따라서 특정한 날의 근로시간에 대한 법률상 한도는 없다는 입장이다(임종률 411 각주 1)); 김유성 교수도 명문의 규정이 없는 상황에서 해석론으로 상한선을 설정하기는 어렵기 때문에 입법적인 보완이 필요하다고 본다(김유성 I 152).

14) 김형배 422.

15) 임종률 412.

16) 대상근로자에 대해 단위기간의 개시일부터 종료일까지 재직하고 있는 근로자이어야 하고, 개시일 이후 고용된 근로자나 단위기간 중 퇴직이 확실한 근로자 등은 적용대상이 되지 않는다는 입장(이병태 790)이 있다. 그러나 대상근로자의 범위란 부서나 업무 또는 직위나 직급 등에 의해 정해지는 것이므로 단위기간이 시작되는 날 이후에 입사한 근로자나 단위기간 내에 퇴직할 근로자에게도 적용(임종률 413; 김유성153)된다고 보아야 할 것이다.

2주단위 탄력적 근로시간제가 취업규칙에 정하는 반면, 3월단위 탄력적 근로시간제는 근로자대표와의 서면합의에 따라 정해야 한다. 3월단위 탄력적 근로시간제는 근로자의 생활규칙을 위협하는 정도가 2주단위 탄력적 근로시간제에 비하여 심하기 때문에, 사용자가 취업규칙에 따라 일방적으로 시행하는 것을 방지하자는 데 그 취지가 있다.

2) 단위기간 중 평균근로시간 및 최장근로시간의 제한 3개월 이내의 단위기간을 평균하여 1주의 평균근로시간이 40시간을 초과하지 아니하고, 어느 주라도 1주의 최장근로시간이 52시간을, 1일의 근로시간은 12시간을 초과할 수 없다(동법 제51조 제2항).

4. 탄력적 근로시간제의 효과

2주단위는 취업규칙, 3개월단위는 근로자대표와의 서면합의에서 정하는 바에 따라 특정한 주에 40시간, 특정한 날에 8시간을 초과하여 근로하더라도, 단위기간을 평균하여 1주간의 근로시간이 40시간을 초과하지 않고 특정한 주 또는 날의 근로시간이 소정의 상한(2주단위는 1주에 48시간, 3개월단위는 1주에 52시간 및 1일에 12시간)을 초과하지 않는 이상, 법정근로시간 위반의 벌칙(근기법 제110조)을 받지 않고 법정근로시간을 초과한 시간은 연장근로에 해당하지 않아 사용자는 연장근로에 대한 가산임금 지급을 지급하지 않아도 된다.

5. 적용 제외와 임금보전방안 강구

(1) 적용 제외

탄력적 근로시간제는 생활규칙의 불안이 크기 때문에 15세 이상 18세 미만의 근로자와 임신 중인 여성 근로자에 대하여는 적용하지 아니한다(근기법 제51조 제3항). 또한 이 제도는 일반근로자의 법정근로시간을 전제하므로 산안법상 유해 · 위험작업 종사자에게도 적용되지 않는다.

(2) 임금보전방안 강구

탄력적근로제를 시행하는 경우 연장근로수당 감소에 따른 임금이 저하될 우려가 있으므로, 사용자는 기존의 임금 수준이 낮아지지 아니하도록 임금보전방안을 강구하여야 한다(동법 제51조 제4항).

Ⅲ. 선택적 근로시간제

1. 의 의

선택적 근로시간제도(flexible-time제)라 함은 근로자가 일정한 정산기간 동안의 총근로시간을 결정한 다음, 근로자가 자신의 근로제공시간을 일정한 시간대에서 자유로이 선택할 수 있는 근로시간제도이다.

최근 급격한 산업화, 전문화, 도시화에 수반하여 통근문제 및 교통문제 등이 대두되었고, 전문직, 연구직 근로자, 주부 등 직무의 성질상 근무시간을 고정할 필요가 없는 업무가 증가함에 따라 대두된 제도라 할 것이다.

탄력적 근로시간제가 주로 업무의 번한이라는 사용자측의 사정 · 필요에 따라 근로시간을 획일적으로 배분하는 것인 데 대하여, 선택적 근로시간제는 대상 근로자의 개성과 편의에 따라 자유롭게 출퇴근하도록 허용한다는 점에서 양자는 구별된다.

2. 요 건

① 취업규칙에 의하여 시업 및 종업시간을 근로자의 결정에 맡기기로 할 것, ② 근로자대표와의 서면합의에 의하여 i) 대상근로자의 범위, ii) 1개월 이내의 정산기간, iii) 정산기간 내 총근로시간, iv) 의무근로시간대, v) 선택적 근로시간대, vi) 표준근로시간대 등을 정할 것, ③ 1개월 이내의 정산기간을 평균하여 1주의 평균근로시간이 40시간을 초과하지 아니할 것을 요건으로 한다(근기법 제52조).

3. 선택적 근로시간제의 효과

선택적 근로시간제의 요건을 모두 갖추고 사용자가 근로자의 선택에 따라 '1주간에 40시간을, 1일에 8시간을 초과'하여 아무리 많이 근로하더라도,[17] 정산기간을 평균하여 1주간의 근로시간이 40시간을 초과하지 않으면, 법정근로시간 위반의 벌칙(동법 제110조)을 받지 않고 법정근로시간을 초과한 시간은 연장근로에 해당하지 않아 사용자는 연장근로에 대한 가산임금 지급을 지급하지 않아도 된다.

4. 적용 제외

선택적 근로시간제는 15세 이상 18세 미만의 근로자 대하여는 적용하지 아니한다(동법 제52조 제1호). 또한 이 제도는 일반근로자의 법정근로시간을 전제하므로 산안법상 유해 · 위험작업 종사자에게도 적용되지 않는다. 다만, 탄력적 근로시간제와 달리 근로자의 건강상의 불안정성이 크지 않고 자신이 업무시간을 조절할 수 있다는 점에서 임신 중인 여자근로자는 적용된다.

[표] 탄력적 근로시간제 VS 선택적 근로시간제

	비교점	탄력적 근로시간제	선택적 근로시간제
1	공통점	i) 근로시간의 유연화 방안(일종의 변형근로시간제) ii) 단위(정산)기간 평균하여 법정근로시간 이내 연장근로수당 지급의무 없음 iii) 야간, 휴일근로의 가산임금 지급	
2	입법취지	사용자측 필요에 따른 근로시간의 획일적 배분 제도	근로자의 생활상의 필요에 따라 근로시간의 탄력적 조정
3	상한기준	1주 : 2주단위 48시간, 3월단위 52시간 1일 : 3월단위 12시간	상한 규정이 없음
4	적용범위	연소근로자와 임신 중인 여성근로자에게는 적용이 제외	연소근로자에게만 적용이 제외
5	임금보전방안	사용자 의무 명시	의무 규정 없음

17) 김형배 교수는 선택적 근로시간제에 있어서도 근기법 제52조 제2항의 '1일 12시간'을 초과할 수 없다고 한다(김형배 430); 이에 대해 임종률 교수님은 선택적 근로시간제의 요건을 갖추면 법정근로시간을 초과하는 최장근로시간의 제한이 없다(임종률 417)는 입장이다.

제 3 절 연장근로

Ⅰ. 서 설

근로기준법 등 노동관계법령은 근로자의 최장근로시간을 제한(법정근로시간)하고 있다. 그 이유는 근로시간의 상한을 설정하여 신체적 · 정신적 피로를 회복함과 동시에 생산성을 향상시키고 나아가 근로자에게 근로시간 이외의 여가를 확보함으로써 인간다운 생활을 영위하게 하는데 있다.

규칙적인 근무형태에 대하여는 1주 및 1일 단위로 법정근로시간을 초과할 수 없도록 규정하고(근기법 제50조 및 제69조 본문, 산안법 제46조), 탄력적 · 선택적 근로시간제에 대하여는 일정한 기간을 평균하여 1주 또는 1일에 대한 소정의 상한 근로시간을 초과할 수 없도록 규제하고 있다(근기법 제51조 및 제52조). 근로시간에 대하여 이와 같이 법률로 정한 한도 내지 기준을 초과하여 근로하는 것을 연장근로(시간외근로)라 한다.

연장근로는 구체적인 사정에 대응하여 하는 것으로 이를 완전히 금지하는 것은 실효성도 없고 현명하지도 않다. 그러나 이를 방치하거나 무제한 허용하는 것은 근로자의 건강과 문화적 생활을 위협하게 되므로 근로기준법은 연장근로를 일정한 요건아래서 제한적으로 허용하고 있다.[18)]

Ⅱ. 통상(합의)연장근로

1. 법정근로시간제에서의 연장근로

당사자 간에 합의하면 1주간에 12시간을 한도로 1주 40시간, 1일 8시간의 근로시간을 연장할 수 있다(근기법 제53조 제1항).

(1) 합의의 주체

연장근로의 합의를 할 수 있는 근로자 측의 당사자가 근로자 개인인지, 아니면 노동조합 또는 근로자대표를 의미하는 것인지에 대해 근로자 개인의 개별적인 합의는 근로자에게 불리하게 적용될 가능성이 있으므로, 원칙적으로 사용자와 대등한 교섭력을 보유하고 있는 노동조합 또는 근로자대표가 당사자가 되는 것으로 보아야 한다는 견해[19)]가 있었으나, '근로자 개인'의 개별적인 합의가 원칙이고 단체협약

18) 임종률 417.
19) 김형배 431, 김형배 교수는 종전까지 노조 또는 근로자대표가 당사자가 된다고 하였으나, 제19판에서 견해를

등 '근로자 단체'의 집단적 합의가 허용되는 경우에도 '근로자 개인'의 합의권을 제한하지 아니하는 범위 내에서만 인정된다는 것이 일반적인 입장[20]이다.

기업운영을 위해 연장근로를 당사자 간의 합의로 손쉽게 허용하고 연장근로시 가산임금을 지급하도록 한 점, 다른 규정에서는 근로자대표와의 서면합의를 요건으로 하고 있어 동 규정과는 명백히 차이가 있는 점을 보았을 때, 당사자란 근로자 개인으로 보는 것이 타당할 것이다.[21]

(2) 합의의 방법

연장근로에 대한 합의의 방법과 관련하여 연장근로에 대한 합의는 반드시 서면으로 해야 한다는 견해[22]가 있으나, 당사자 간의 합의는 서면에 의하든 구두에 의하든 불문하고, 연장근로의 사유, 기간 및 시간, 대상업무의 범위나 종류, 합의의 유효기간 및 대상근로자 등을 당사자 간에 구체적으로 정할 수 있고 포괄적으로 사용자의 결정에 맡길 수도 있을 것이다.[23]

판례도 연장근로가 관행화되어 있어도 당사자 간에 합의가 성립된 것으로는 볼 수 없다고 하면서도,[24] 연장근로시마다 당사자가 일일이 합의를 하는 것은 번거로운 일이므로, 단체협약 및 취업규칙 등에 구체적인 사유를 정하고 사유 발생시마다 별도의 합의 없이 연장근로를 하도록 하는 것은 무방하다고 보고 있다.[25]

(3) 최고한도

통상연장근로는 당사자 간 합의가 있어도 1주간에 12시간을 초과할 수 없다. 연장근로의 최고한도인 12시간은 1주간 단위로만 정해져 있고, 1일에 대한 제한은 없으므로 해석상 1일에 12시간의 연장근로를 하는 것도 가능할 것이다.

2. 변형근로시간제에서의 연장근로

(1) 의 의

당사자 간의 합의가 있으면 1주 12시간을 한도로 ⅰ) 탄력적 근로시간제에서는 단위기간을 평균한 1주 40시간, 특정한 주 또는 일의 상한 근로시간을 연장할 수 있고, ⅱ) 선택적 근로시간제에서는 정산기간을 평균한 1주 40시간을 연장할 수 있다(근기법 제53조 제2항).

(2) 연장근로의 상한의 적용문제

변형근로시간제에서 정하고 있는 특정주 또는 특정일에 있어서의 최장근로시간과 별도로 근기법 제53조에 따라 당사자 간의 합의로 12시간의 연장근로를 할 수 있는 것인지 문제된다.[26]

연장근로는 어떠한 경우에도 1주 40시간의 법정근로시간을 기준으로 12시간(총근로시간 52시간)을 초과할 수 없으므로 탄력적 근로시간제에서도 특정 주의 근로시간은 총 52시간을 초과할 수 없다는 견

변경하여 근로자의 개별적 합의가 원칙이고 개별 근로자의 연장근로에 관한 합의권을 박탈하거나 제한하지 아니하는 범위내에서 단체협약에 의한 합의도 가능하다고 한다.

20) 대판1993.12.21 93누5796.

21) 김유성 I 161; 임종률 418; 이병태 775.

22) 김형배 432; 이병태 775.

23) 김유성 I 162; 임종률 419.

24) 대판 1979.3.13 76도3657.

25) 대판 1995.2.10 94다19228.

26) 3개월 단위의 탄력적 근로시간제에서 특정주의 상한 근로시간이 52시간인 경우에 당사자 간의 합의로 12시간의 연장근로를 더해 64시간까지 허용될 수 있는지가 문제된다.

해[27]가 있다. 하지만, 근기법 제53조 제2항에서 명시적으로 '제51조의 근로시간' 또는 '제52조의 근로시간'을 연장할 수 있다고 규정하고 있으므로 원칙적으로 변형근로시간제의 특정주 또는 특정일의 상한과 별개로 당사자 간 합의에 따라 12시간의 연장근로를 할 수 있다고 보아야 할 것이다. 단, 이 경우 1일 상한시간(12시간)은 준수되어야 할 것이다.[28]

3. 효 과

위와 같은 요건을 갖추어 적법하게 통상연장근로가 행해진 경우에는 사용자는 법정근로시간 위반의 벌칙을 면한다. 그러나 이러한 요건을 갖추지 못하면(당사자 간 합의가 없거나 1주 12시간을 초과한 경우) 법정근로시간 위반의 벌칙을 적용받게 된다.

한편 통상연장근로가 행해진 때에는 그것이 적법한 경우는 물론이고 위법한 경우에도 사용자는 연장근로시간에 대응하는 가산임금을 지급해야 한다(근기법 제56조).

4. 법내초과근로의 경우

법내초과근로란 소정근로시간을 초과하는 근로시간이 법정근로시간 이내인 경우를 의미한다. 연장근로란 법정근로시간을 초과한 근로를 말하므로, 법정근로시간 범위 내에서 사용자와 근로사가 약정한 근로시간(소정근로시간)을 초과하여 근로를 하더라도 이는 가산임금의 지급대상이 되는 연장근로에 해당되지 않는다.[29]

Ⅲ. 특별(응급, 인가)연장근로

1. 의 의

사용자는 '특별한 사정'이 있는 경우에는 노동부장관의 인가와 근로자의 동의를 얻어 1주에 12시간 연장된 근로시간을 추가로 연장할 수 있다(근기법 제53조 제3항). 이는 특별한 사정이 있는 경우에 대처하기 위하여 통상연장근로의 예외를 인정한 것이다. 특별연장근로는 통상연장근로에 대한 예외 규정이므로, 연소근로자 및 임산부인 여성근로자에게는 적용되지 않는다.

2. 요 건

(1) 특별한 사정의 존재(실체적 요건)

특별연장근로는 '특별한 사정'이 존재하는 경우에 한정된다. '특별한 사정'이란 당해 사업(또는 사업장)에서 자연재해, 재난 및 안전관리 기본법상의 재난[30] 또는 이에 준하는 사고가 발생하여 이의 수습

27) 김형배 433, 김형배 교수는 그 근거로 i) 1주 40시간에서 24시간을 초과하여 근로하는 것은 1주 근로시간을 40시간으로 단축한 법률의 취지에 반하고, ii) 1주 64시간까지 근로하게 되면 주5일 근무를 전제했을 때 1일 근로시간이 12.8시간(64시간 ÷ 5일)이 되어 1일 상한인 12시간(근기법 제51조 제1항 단서)을 초과한다는 점을 들고 있다.

28) 대판 1997.10.10, 97누4951; 임종률 420.

29) 대판 1991.6.28, 90다카14758.

30) 근로기준법 시행규칙 제9조 제2항에는 '특별한 사정'을 재난관리법상 재난이라고 규정하고 있으나 최근 재난관리법이 폐지되고 재난 및 안전관리 기본법[법률 제10347호, 시행 2010.6.8]이 제정되어 재난의 의미를 정하고 있다.

을 위하여 연장근로가 불가피한 경우에 한한다(근기법 시행규칙 제9조 제2항). 이는 자연재해, 화재, 폭발, 국가기반체계의 마비와 전염병 확산 등 국민의 생명 · 신체 · 재산과 국가에 피해를 주거나 줄 수 있는 것이나 이에 준하는 사고로 인명이나 재산 또는 공공질서 등에 중대한 침해를 가져올 위험한 사태 등이 포함된다.

(2) 노동부 장관의 인가와 근로자의 동의(절차적 요건)

특별한 사유가 존재하여 연장근로를 하기 위하여는 '노동부 장관의 인가'와 '근로자의 동의'를 얻어야 한다. 다만, 사태가 급박하여 노동부장관의 인가를 받을 시간이 없는 경우에는 근로시간의 연장 이후 지체없이 승인을 얻어야 한다(근기법 제53조 제3항 단서).

3. 효 과

위의 요건을 충족하는 경우 통상연장근로의 최고한도인 1주 12시간을 초과하여 근로를 시키더라도 벌칙의 적용은 없지만 근로자에게 연장근로에 상응하는 가산임금(연장근로수당)을 지급해야 한다. 요건을 갖추지 못한 특별연장근로에 대해서는 벌칙이 적용되며, 이 경우에도 사용자가 가산임금을 지급해야 함은 당연하다.

4. 대휴명령

노동부장관은 특별연장근로가 부적당하다고 인정하면 그 후 연장시간에 상당하는 휴게시간이나 휴일을 줄 것을 명할 수 있다(근기법 제53조 제4항). 사용자가 이를 위반하면 벌칙(제110조)가 적용된다.

Ⅳ. 특례사업연장근로

1. 의 의

운수업 등의 사업에 있어서 사용자가 근로자대표와의 서면합의를 한 때에는 근로기준법 제53조 제1항에 의한 1주 12시간을 초과하여 연장근로를 하게 할 수 있다(근기법 제59조). 이는 다수의 국민이 자주 이용하는 사업에서 '공중의 편의' 등을 도모하기 위해 허용된 제도이다.[31)]

재난 및 안전관리 기본법 제3조(정의) 이 법에서 사용하는 용어의 뜻은 다음과 같다.

1. "재난"이란 국민의 생명·신체·재산과 국가에 피해를 주거나 줄 수 있는 것으로서 다음 각 목의 것을 말한다.
   가. 태풍, 홍수, 호우(豪雨), 강풍, 풍랑, 해일(海溢), 대설, 낙뢰, 가뭄, 지진, 황사(黃砂), 적조(赤潮), 그 밖에 이에 준하는 자연현상으로 인하여 발생하는 재해
   나. 화재, 붕괴, 폭발, 교통사고, 화생방사고, 환경오염사고, 그 밖에 이와 유사한 사고로 발생하는 대통령령으로 정하는 규모 이상의 피해
   다. 에너지, 통신, 교통, 금융, 의료, 수도 등 국가기반체계의 마비와 전염병 확산 등으로 인한 피해

31) 이 제도에 대하여 공중의 편의와 근로자의 보호는 조정되어야 하는 것이지 일방이 우선할 수 없고, 더구나 변형근로시간제가 허용되는 현행법 하에서 계속하여 이러한 연장근로를 허용하는 것이 타당한지 의문이라는 점에서 입법론적으로 비판이 제기되고 있다(김유성 166) 또한 특례규정의 적용대상이 광범위하고 근로시간에 대한 한도가 설정되어 있지 않다는 문제를 개선하기 위해서 ① 적용규모에 대한 명시적으로 규정하여야 하고, ② 업종의 특수성만이 아니라 직종의 특수성을 반영하여 범위 설정을 하여야 하며, ③ 대상업종에 대한 재검토 필요하고, ④ 연장근로의 상한선 설정이 필요하다는 지적이 있었다. 김재훈, "근로시간 및 휴게제도의 특례규정 개선방안에 관한 연구", 한국노사관계학회, 2007. 6.

2. 요　　건

(1) 법정된 특례사업(실체적 요건)

근로시간 및 휴게의 특례가 인정되기 위해서는 다음 사업에 해당되어야 한다. ⅰ) 운수업, 물품판매 및 보관업, 금융보험업, ⅱ) 영화제작 및 흥행업, 통신업, 교육연구 및 조사사업, 광고업, ⅲ) 의료 및 위생사업, 접객업, 소각 및 청소업, 이용업, ⅳ) 기타 공중의 편의 또는 업무의 특성상 필요한 경우로서 대통령령이 정하는 사업(사회복지사업)

(2) 근로자대표와 서면합의(절차적 요건)

위의 사업에 해당하더라도 근로자대표와의 서명합의가 있어야 한다. 근로자대표와의 서면합의로 족하고 이와 별도로 개별 근로자의 동의를 요하지는 않는다. 이 규정의 취지는 근로자 대표와의 서면합의로 개별 근로자의 동의를 대체하려는 취지이기 때문이다.[32)]

3. 효　　과

이상의 요건을 갖추는 경우 사용자는 1주 12시간을 초과하여 근로하게 할 수 있다. 그러나 탄력적·선택적 근로시간제에서는 적용되지 않는다. 요건을 갖추지 않으면 벌칙이 적용되고, 특례사업연장근로가 행해지면 사용자는 그 연장근로에 상응하는 가산임금을 지급해야 한다.

동 규정은 ⅰ) 기준근로시간의 1주 12시간 연장근로를 초과하여 연장근로하거나, ⅱ) 제54조의 규정에 의한 휴게시간을 변경할 수 있다. 휴게시간의 변경이라 함은 휴게시간은 부여하되 그 시각을 변경하는 것을 의미하며, 휴게시간을 단축하거나 부여하지 아니하는 것으로 해석되어서는 아니된다.

Ⅴ. 연소근로자 및 여성근로자의 연장근로

1. 연소근로자의 연장근로

15세 이상 18세 미만인 자의 근로시간은 1일에 7시간, 1주에 40시간을 초과하지 못한다. 다만, 당사자 간의 합의에 의하여 1일 1시간, 1주일에 6시간을 한도로 연장할 수 있다(근기법 제69조). 연소근로자에 대한 근로시간을 제한하는 취지는 이들이 신체적으로 정신적으로 성인 근로자보다 미숙하므로 이들 연소자의 심신 및 성장을 보호하기 위한 것이다.

2. 여성근로자의 연장근로

사용자는 임신 중의 여성근로자에 대하여 시간외근로를 하게 하여서는 아니된다(근기법 제74조 제4항). 그리고 산후 1년이 경과되지 아니한 여성에 대하여는 단체협약이 있는 경우라도 1일에 2시간, 1주일에 6시간, 1년에 150시간을 초과하는 시간외근로를 시키지 못한다(동법 제71조). 그러나 임산부 또는 연소자가 아닌 일반여성근로자는 근기법 제53조 및 제59조의 적용을 받는다.

---

32) 김유성Ⅰ 167; 임종률 423; 이에 대해 김형배 교수님은 근로자대표와 사용자 사이의 서면합의가 모든 개별근로자들에게 규범적 효력(개별근로자에 대한 사용자의 청구권의 발생)을 가지기 위해서는 적어도 근로자대표가 전체근로자의 의사형성을 기초로 한 대표성을 가져야 하기 때문에 의사형성에의 참여가 처음부터 배제된 또는 주어지지 않은 근로자들에 대해서는 서면합의의 내용에 대한 동의를 얻어야 한다는 입장이다(김형배 424).

[관련판례] 연장근로 및 가산임금

1. 연장근로에 관한 "당사자 간의 합의"의 의미(대판 1993.12.21, 93누5796)

근로기준법 제42조(현행 제53조) 제1항은 8시간근로제에 따른 기준근로시간을 규정하면서 아울러 8시간근로제에 대한 예외의 하나로 당사자의 합의에 의한 연장근로를 허용하고 있는바, 여기서 당사자 간의 합의라 함은 원칙적으로 사용자와 근로자와의 개별적 합의를 의미하고, 개별근로자의 연장근로에 관한 합의권을 박탈하거나 제한하지 아니하는 범위에서는 단체협약에 의한 합의도 가능하다.

2. 연장근로에 관한 "당사자 간의 합의"의 방식(대판 1995.2.10, 94다19228)

근로기준법 제42조(현행 제53조) 제1항의 규정은 8시간 근로제에 따른 기준근로시간을 정하면서 아울러 그 예외의 하나로 당사자 간의 합의에 의한 연장근로(시간외근로)를 허용하고 있는바, 여기서 당사자 간의 합의라 함은 원칙적으로 사용자와 근로자와의 개별적 합의를 의미한다 할 것이고, 이와 같은 개별 근로자와의 연장근로에 관한 합의는 연장근로를 할 때마다 그때그때 할 필요는 없고 근로계약 등으로 미리 이를 약정하는 것도 가능하다.

3. 법내 초과근로에 대한 가산임금 지급 여부(대판 1991.6.28, 90다카14758; 대판 1995.6.29. 94다18553)

근로기준법 소정의 기준근로시간 범위 내에서 사용자와 근로자 사이의 약정 근로시간을 초과하는 근로(소위 법내 초과근로)는 근로기준법 제46조(현행 제56조) 소정의 시간외 근로(연장근로)에 해당하지 않는다.

4. 휴일근로의 의미(대판 1991.5.14, 90다14089)

근로기준법 제46조(현행 제56조)에 따라 휴일근로수당으로 통상임금의 100분의 50 이상을 가산하여 지급하여야 하는 "휴일근로"는, 동조가 "제45조(현행 제55조)의 규정에 의한 휴일근로"라고 규정하지 아니하고 "휴일근로"라고만 규정하고 있는 점, 연장시간근로 및 야간근로와 함께 휴일근로를 규정하고 있는 점 등의 취지로 미루어 볼 때, 단순히 제45조 소정의 주휴일제도의 원칙을 유지하기 위한 것만이 아니라, 주휴일이 아닌 법정공휴일이라도 사용자의 필요에 따라 부득이 근로를 하게 된 경우에는, 근로자가 근로할 의무가 있는 날에 근로를 한 경우보다는 더 큰 대가가 지급되어야 보상된다는 점을 고려한 것이라고 해석되므로, 제45조 소정의 주휴일근로(법정휴일) 뿐만 아니라 단체협약이나 취업규칙에 의하여 휴일로 정하여진 법정공휴일 등(약정휴일)의 근로도 가리키는 것이라고 보는 것이 상당하다.

5. 가산임금 사유의 중복시 산정방법(대판 1991.3.22, 90다6545)

휴일 근로와 시간외 근로(연장근로)가 중복되는 경우에는 휴일 근로에 대한 가산임금과 시간외 근로에 대한 가산임금을 각각 가산하여 산정하여야 한다.

제 4 절 근로시간 및 휴게시간의 특례

Ⅰ. 서 설 Ⅱ. 요 건 1. 법정된 특례사업(실체적 요건) 2. 근로자대표와 서면합의(절차적 요건)	Ⅲ. 효 과 1. 12시간 이상 연장근로와 휴게시간의 변경 2. 휴게시간의 변경 3. 위반의 효력

Ⅰ. 서 설

운수업 등의 사업에 있어서 사용자는 근로자대표와의 서면합의를 한 경우 주 12시간을 초과하여 연장근로하게 하거나 휴게시간을 변경할 수 있다(근기법 제59조). 이는 다수의 국민이 자주 이용하는 사업에서 공중의 편의 등을 도모하기 위해 허용된 제도이다.[33)]

Ⅱ. 요 건

다음 요건에 해당하는 경우 제53조의 제1항의 규정에 의한 1주 12시간을 초과하여 연장근로하게 하거나, 제54조 규정에 의한 휴게시간을 변경할 수 있다.

1. 법정된 특례사업(실체적 요건)

근로시간 및 휴게시간의 특례가 인정되기 위하여는 다음의 사업에 해당되어야 한다.

(1) 운수업 · 물품판매 및 보관업 · 금융보험업

(2) 영화제작 및 흥행업 · 통신업 · 교육연구 및 조사사업 · 광고업

(3) 의료 및 위생사업 · 접객업 · 소각 및 청소업 · 이용업

(4) 기타 공중의 편의 또는 업무의 특성상 필요한 경우로서 대통령령이 정하는 사업. 이 경우 "대통령령이 정하는 사업"이라 함은 사회복지사업을 말한다.

2. 근로자대표와 서면합의(절차적 요건)

근로시간 및 휴게시간의 특례가 인정되기 위하여는 근로자대표와의 서면합의가 필요하다. 여기서 서면합의 외에 개별 근로자의 동의가 필요한 지가 문제가 된다. 다른 연장근로 규정에서 당사자의 합의나 근로자의 동의를 명시하고 있는 것과 달리 근로자대표와의 서면합의만을 정하고 있는 것을 보면, 근로자대표와의 서면합의로서 개별 근로자의 동의를 대체하려는 것이 이 규정의 취지라고 보는 것이 타당

33) 이 제도에 대하여 공중의 편의와 근로자의 보호는 조정되어야 하는 것이지 일방이 우선할 수 없고, 더구나 변형근로시간제가 허용되는 현행법 하에서 계속하여 이러한 연장근로를 허용하는 것이 타당한지 의문이라는 점에서 입법론적으로 비판이 제기되고 있다(김유성 166) 또한 특례규정의 적용대상이 광범위하고 근로시간에 대한 한도가 설정되어 있지 않다는 문제를 개선하기 위해서 ① 적용규모에 대한 명시적으로 규정하여야 하고, ② 업종의 특수성만이 아니라 직종의 특수성을 반영하여 범위 설정을 하여야 하며, ③ 대상업종에 대한 재검토 필요하고, ④ 연장근로의 상한선 설정이 필요하다는 지적이 있었다. 김재훈, "근로시간 및 휴게제도의 특례규정 개선방안에 관한 연구", 한국노사관계학회, 2007. 6.

할 것이다.[34)]

Ⅲ. 효 과[35)]

1. 12시간 이상 연장근로와 휴게시간의 변경

이상의 요건을 갖춘 경우에 법정근로시간(근기법 제53조 제1항)의 1주 12시간을 초과하여 연장근로를 할 수 있다. 그러나 탄력적 · 선택적 근로시간제에서는 이러한 연장근로가 적용되지 않는다. 12시간을 초과하는 연장근로를 행한 경우에 사용자는 가산임금을 지급해야 한다.

2. 휴게시간의 변경

요건을 갖춘 경우에 제54조의 규정에 의한 휴게시간을 변경할 수 있다. 휴게시간의 변경이란 휴게시간은 부여하되 그 시각을 변경하는 것을 의미하며, 휴게시간을 단축하거나 부여하지 않는 것으로 해석되어서는 안 된다.

3. 위반의 효력

위의 요건을 갖추지 않고 사용자가 12시간을 초과하여 연장근로를 시키거나 휴게시간을 변경한 경우에는 근기법상 벌칙의 적용을 받는다. 사용자는 이러한 위법한 연장근로에 대하여도 가산임금은 지급해야 한다.

---

34) 김유성Ⅰ 167, 임종률 423 ; 이에 대해 김형배 교수는 근로자대표와 사용자사이의 서면합의가 모든 개별근로자들에게 규범적 효력(개별근로자에 대한 사용자의 청구권 발생)을 가지기 위해서는 적어도 근로자대표가 처음부터 배제된 또는 주어지지 않는 근로자들에 대해서는 서면합의의 내용에 대한 동의를 얻어야 한다는 입장이다(김형배 424)

35) “휴게시간의 변경이란 ① 휴게시간의 배치를 근로시간의 도중에 하지 아니한다든지, ② 휴게시간의 자유로운 이용에 예외를 인정하다든지, ③ 휴게시간을 휴게시간으로서 인정할 수 있는 범위 내에서 기준 휴게시간보다 어느 정도 단축한다든지 하는 범위 내에서 휴게시간의 내용을 변경할 수 있다는 뜻으로 해석해야 할 것이다. 그리하여 ① 휴게시간을 전면적으로 인정하지 않는다거나 ② 휴게시간이라고 볼 수 없을 정도의 매우 짧은 시간으로 휴게시간을 단축하는 경우 등과 같이 휴게시간 적용배제와 동일시 할 수 있을 정도로 휴게 시간 제도의 본질적인 내용을 무의미하게 하는 것까지 포함하지 않는다”. 김재훈, “근로시간관련규정 적용특례·배제조항에 대한 법적 고찰”, 「노동법의 쟁점과 과제」, 김유성교수 화갑기념논문집 간행위원회.

제5절 휴 게

Ⅰ. 서 설

사용자는 근로시간이 4시간인 경우에는 30분 이상, 8시간인 경우에는 1시간 이상의 휴게시간을 근로시간 도중에 주어야 한다(근기법 제54조 제1항). 휴게시간은 근로자가 자유롭게 이용할 수 있다(동조 제2항).

휴게란 근로일의 근로시간 도중에 사용자의 지휘명령으로부터 완전히 벗어나 근로자가 자유로이 이용할 수 있는 시간이다.[36] 즉 휴게가 되기 위해서는 무엇보다 먼저 사용자의 지휘명령이 완전히 배제되어야 한다. 그러므로 외형상으로는 업무로부터 해방되어 있다고 하더라도 사용자의 지휘명령이 완전히 배제되지 않는 대기시간은 휴게가 아니다.

Ⅱ. 휴게시간의 길이와 부여방법

1. 휴게시간의 길이

휴게시간은 근로시간이 4시간인 경우에는 30분 이상, 8시간인 경우에는 1시간 이상이어야 한다. 만약 근로시간이 8시간을 초과한 경우에는 이 규정에서 명문으로 정한 바가 없지만 이 규정의 취지를 고려하면 초과하는 4시간마다 30분 이상의 휴게시간을 주어야 한다고 보는 것이 타당할 것이다.[37]

그리고 휴게시간은 반드시 한꺼번에 부여할 필요는 없을 것이다. 다만 휴게제도의 본래 취지를 살리지 못할 정도로 휴게시간을 분할하여서는 안 될 것이다.

2. 근로시간 도중 부여의 원칙

휴게시간은 근로시간의 도중에 부여되어야 한다. 따라서 휴게시간을 시업시각 이전이나 종업시각 이후에 부여할 수 없다.

근로시간의 도중이기만 하면 어느 시간대에 휴게를 배치하는가는 원칙적으로 사용자의 재량에 속한다. 다만 근로계약이나 관행 등에 의해 휴게시간이 특정되어 있는 경우에는 사용자는 그 시간에 휴게를 주어야 하고, 이를 일방적으로 변경할 수는 없다.

36) 대판 1992.4.14, 91다20548.

37) 김유성Ⅰ 177; 임종률 교수님은 근로시간이 8시간을 초과하는 경우에 대하여는 명문의 규정은 없으므로 1시간 이상의 휴게시간을 주면 되고, 8시간을 초과하는 4시간마다 30분 이상의 휴게시간을 추가로 주어야 하는 것은 아니라는 입장이다(임종률 424).

Ⅲ. 휴게시간의 이용

1. 의 의

휴게시간은 자유이용의 원칙이 적용된다. 즉, 지휘명령으로부터의 해방은 소극적으로 업무에 종사하지 않는 것뿐만 아니라, 적극적으로 근로자의 자유이용이 보장되어야 한다.

2. 자유이용의 제한 가능 여부

사용자가 취업규칙 등에서 휴게시간의 자유로운 이용에 대한 일정한 제한을 두고 있는 경우에 문제가 된다.

휴게는 피로회복을 목적으로 하므로 피로회복과 관계없는 다른 활동은 제한할 수 있다는 것이다. 하지만 휴게제도란 본래 피로의 회복뿐만 아니라 직장에서 근로자의 사회적, 문화적 생활을 영위하기 위한 시간을 확보하기 위한 것이므로, 자유이용이란 원칙적으로 근로자가 스스로 선택한 제반행위를 자유롭게 할 수 있음을 의미한다고 본다. 따라서 취업규칙 등에 의한 휴게시간 중의 활동제한은 원칙적으로 허용되지 않으며, 그러한 활동을 제한할 때에는 명백하고 합리적인 사유가 있어야 할 것이다.

자유이용이라고 해도 위법행위나 타인의 권리 이익을 침해할 수는 없기 때문에, 다른 근로자의 자유로운 휴식의 확보나 사용자의 시설관리권 보호 등을 위한 제한은 가능할 것이다. 다만 이러한 제한은 엄격하게 해석되어야 한다.[38)]

3. 휴게시간 중의 조합활동

휴게시간의 자유이용원칙에 비추어 근로자의 정치활동이나 조합활동이 다른 활동에 비해서 더욱 제한을 받을 필요는 없을 것이다. 그리고 그러한 활동을 이유로 하는 징계도 정치활동이나 조합활동에 의해 실제로 사용자나 다른 근로자의 권리를 침해한 경우에만 가능하다고 보아야 할 것이다.

판례도 "휴게시간 중 조합활동의 일환으로서 유인물배포 등을 하는 것은 다른 근로자의 휴게를 방해하거나 구체적으로 직장질서를 문란케 하는 등 시설관리상의 목적에 반하지 않는 한 인정되어야 할 것이다"라고 판시[39)]하였다.

Ⅳ. 휴게시간의 특례와 구별개념

1. 휴게시간의 특례

사용자는 운수업 등 소정의 특례사업에 있어서는 근로자대표와의 서면합의를 한 경우에는 휴게시간을 변경할 수 있다(근기법 제59조). 휴게시간의 변경은 휴게시간은 부여하되 그 시각을 변경하는 것을 의미하며, 휴게시간을 단축하거나 부여하지 아니하는 것으로 해석되어서는 아니 된다.

2. 육아시간 및 태아검진 시간

유아를 가진 여성근로자가 청구하는 경우에 주도록 되어 있는 소정의 유급 육아시간(근기법 제75조)과 임신 중의 여성근로자에게 부여하는 태아검진 시간(근기법 제74조의2)는 유급으로 인정되는 시간으로 휴게시간이라 볼 수 없다.

---

38) 김유성Ⅰ 175.

39) 대판 1991.11.12 91누4164.

제6절 휴 일

Ⅰ. 서 설

1. 의 의

휴일은 근로자가 사용자의 지휘·명령으로부터 완전히 벗어나 근로를 제공하지 아니하는 날을 말한다. 근로기준법상의 휴일제도는 근로자의 심신보호 및 여가의 활용을 통한 인간으로서의 사회적·문화적 생활의 향유를 위한 취지에서 규정된 것이다.

2. 휴일과 휴가의 구별

휴일과 휴가는 모두 근로자가 사용자의 지휘·명령으로부터 완전히 벗어나는 날이라는 점에서 공통된다. 그러나 휴일은 처음부터 근로의 의무가 없는 날로서 소정근로일에서 제외되는 데 반하여, 휴가는 본래 근로의무가 있는 날이나 근로자의 청구 또는 특별한 법정사유의 충족에 따라 근로의무가 면제된다는 점에 차이가 있다.

3. 휴일의 유형

휴일은 일반적으로 법정휴일과 약정휴일로 나눌 수 있다. 법정휴일은 주휴일, 근로자의 날 등 법률 규정에 의하여 반드시 의무적으로 부여하여야 하는 휴일을 말하며, 약정휴일은 공휴일, 회사창립일 등 부여여부·부여조건 및 부여일수에 대하여 단체협약 및 취업규칙 등을 통하여 당사자가 임의로 결정하는 휴일을 말한다. 법정휴일은 유급을 부여하여야 하나, 약정휴일은 유·무급 여부를 노·사가 단체협약 및 취업규칙 등에 의하여 임의로 정할 사항이다.

근기법은 주휴제 원칙을 규정하면서 외국과 달리 이를 유급으로 규정하고 있다. 즉 사용자는 근로자에 대하여 1주일에 평균 1회 이상의 유급휴일을 부여하여야 한다(근기법 제55조).

Ⅱ. 유급 주휴일 제도

1. 의 의

사용자는 근로자에게 1주일에 평균 1회 이상의 유급휴일을 주어야 한다(근기법 제55조). 이러한 유급휴일은 1주 동안의 소정근로일수를 개근한 자에게 주어야 한다(동법 시행령 제30조). 주휴일 제도는 연속적 근로로 인한 피로를 회복하려는 취지에서 출발하였지만, 오늘날은 근로자의 문화적 생활을 보장하기 위한 취지로 변모되었다.

2. 주휴일 부여 요건

사용자는 1주간의 소정근로일수를 개근한 근로자에 대하여 1주일에 평균 1회 이상의 유급휴일을 부여하여야 한다(근기법 제55조 및 동법 시행령 제30조). 여기서 '소정근로일수'라 함은 법정근로일 내에서 당사자가 근로하기로 정한 날을 말하므로 근로의무가 없는 날은 소정근로일수에서 제외되어야 한다. '개근'이란 결근을 하지 않고 출근을 하여 노무제공을 한 것을 말하고 조퇴나 지각 등으로 소정근로일의 근로시간 전부를 근로하지 못하였더라도 상관없다.

3. 주휴일 부여 대상자

(1) 원 칙

근로기준법은 주휴일을 부여받을 수 있는 근로자에 대하여 아무런 제한을 두고 있지 않다. 따라서 정규직이나 비정규직(계약직, 임시직, 일용직이든 격일제 근무, 교대제 근무, 단시간 근로 등) 등 계약형태나 근로형태를 불문하고 주휴일부여의 요건이 충족되면 당연히 부여되어야 한다.

(2) 주휴일 부여 제외자

1주간의 소정근로시간이 15시간 미만으로 '현저히 짧은 단시간근로자(근기법 제18조 제3항, 동법 시행령 제9조)'와 근로기준법 제63조의 근로시간 · 휴식규정의 적용제외자에게는 주휴일 규정이 적용되지 않는다.

4. 휴일 부여 방법

1회의 휴일이라 함은 원칙적으로 오전 0시부터 오후 12시까지의 역일을 의미하나, 교대제 작업 등의 경우 2일간에 걸쳐 계속 24시간의 휴식을 보장하면 휴일을 부여한 것으로 간주된다.[40] 주휴일은 반드시 일요일일 필요는 없으나, 단체협약, 취업규칙 및 근로계약 등에 의하여 정하여지는 것이 원칙이다.

Ⅲ. 휴일과 근로관계

1. 휴일근로와 임금지급

근로기준법 제55조는 사용자는 근로자에 대하여 유급휴일을 주어야 한다고 규정하고, 또한 제56조에서 휴일근로에 대하여는 통상임금의 100분의 50을 가산하여 지급하도록 규정하고 있다.

그러나 당사자 간의 합의 또는 단체협약에 의하여 통상의 근로일과 휴일을 대체하는 경우 원래의 휴일은 통상의 근로일이 되고 그날의 근로는 휴일근로가 아닌 통상근로가 되므로 휴일근로수당이 지급되지 아니하는 것이 원칙이다.[41]

40) 근기01254-3068, 1987.2.25; 근기01254-3665, 1987.3.6.
41) 대판 2000.9.22 99다7367.

2. 휴일의 적용제외

근로기준법 제63조는 농림수산업종사자, 감시 또는 단속적으로 근로에 종사하는 자로서 노동부장관의 승인을 얻은 자 및 관리 · 감독업무 또는 기밀을 취급하는 업무에 해당하는 근로자에 대하여는 휴일에 관한 규정을 적용하지 아니한다고 규정하고 있다.

사업의 성질 또는 업무의 특수성으로 인하여 출 · 퇴근시간을 엄격하게 정할 수 없다거나 근로시간 · 휴일 · 휴게의 적용이 적절하지 아니한 업종 · 직종 · 근로형태에 대해서는 그 적용을 배제하고 있는 것이다.

3. 휴일근로의 제한

사용자는 18세 이상의 여성을 오후 10시부터 오전 6시까지의 사이 및 휴일에 근로시키고자 하는 경우 당해 근로자의 동의를 얻어야 하고, 임산부와 18세 미만자를 오후 10시부터 오전 6시까지의 사이에 원칙적으로 근로시키지 못한다. 다만 18세 미만자의 동의가 있는 경우, 산후 1년이 경과되지 아니한 여성의 동의가 있는 경우, 임신 중의 여성이 명시적으로 청구하는 경우로서 근로자대표와 성실한 협의를 거쳐 노동부장관의 인가를 얻은 경우에만 예외적으로 휴일근로가 허용된다(근기법 제70조).

이는 야간근로는 인간의 생체주기를 깨뜨려서 특히 신체적으로 약한 여성과 연소자에 대하여 부정적 영향을 가져온다는 점을 고려하여 이를 제한하고 있는 것이다.

제 7 절 가산임금

Ⅰ. 서 설

가산임금이란 연장근로, 야간근로 또는 휴일근로에 대하여 통상임금의 50% 이상을 가산하여 지급하는 임금을 말한다(근기법 제56조). 이는 법정(기준)근로시간제와 주휴제의 원칙을 유지하고 사용자의 편의 지양과 연장근로의 합리적 제한으로 '법정근로시간 준수를 촉구'하고 더불어 근로자에 대하여 '과중한 근로에 대한 정당한 보상'을 하려는 데 그 취지가 있다 할 것이다.

가산임금은 근로자가 실제로 연장근로 등을 한 경우에 비로소 지급받을 수 있는 것이므로, 구체적인 수당지급액은 근로제공 이후 월급날 등 일정한 시점에 산정하는 것이 일반적일 것이다.

그러나 운전기사, 간호사 등과 같은 근무형태의 특수성으로 시간외근로를 제공할 것이 당연히 예상되는 경우 단체협약·취업규칙·근로계약 등에 의해 이러한 시간외근로수당의 예상액을 미리 정하여 급여 속에 포함시키는 사례(이른바 포괄임금산정제도)를 흔히 볼 수 있는바, 이에 대한 검토도 필요할 것이다.

Ⅱ. 가산임금 지급사유

1. 의 의

근로기준법에서는 1주 40시간, 1일 8시간의 범위에서 주간에 근로하고 휴일에는 근로하지 아니하는 것을 원칙으로 한다. 이 경우 ⅰ) 1주 40시간, 1일 8시간을 초과하여 근로하는 것을 연장근로, ⅱ) 오후 10시부터 오전 6시까지 사이의 근로인 야간근로, ⅲ) 휴일에 근로하는 것을 휴일근로라고 한다.

2. 연장근로

(1) 지급되는 경우

근로기준법은 ⅰ) 당사자의 합의에 의하여 1주일에 12시간 한도 내에서 근로시간을 연장한 경우(근기법 제53조 제1항 및 제2항), ⅱ) 특별한 사정이 있는 경우에 노동부장관의 인가와 본인의 동의를 얻어 근로시간을 연장한 경우(동법 제53조 제3항), ⅲ) 특별한 사업에 대하여 근로자대표와의 서면합의를 통하여 근로시간을 연장한 경우(동법 제59조) 및 ⅳ) 연소근로자의 연장근로(동법 제69조 단서)의 경우에는 모두 연장된 근로시간에 대하여 연장근로수당을 지급하여야 한다. 또한 적법한 요건을 갖추지 못한 경우라도 일정한 시간한도를 초과하는 근로는 가산임금이 지급되어야 한다.

(2) **지급되지 아니하는 경우**

탄력적 근로시간제도 및 선택적 근로시간제도의 소정 요건을 갖추는 경우에는 1주 40시간, 1일 8시간을 초과하여 근무하여도 연장근로수당이 지급되지 아니한다(동법 제51조, 제52조).

근로기준법 소정의 법정근로시간 범위 내에서 소정근로시간을 초과하는 근로는 연장근로에 해당하지 않으므로 사용자는 연장근로수당을 지급할 의무가 없다.[42)]

3. 야간근로

(1) **의 의**

근로자가 오후 10시부터 오전 6시까지 사이의 근로인 야간근로를 한 경우, 야간근로수당을 지급해야 한다(근기법 제56조). 야간근로는 주간근로에 비해 근로자의 정신적, 육체적 피로가 가중되고 생리적 주기에도 역행하므로 이에 대한 보상으로서 야간근로수당을 지급하는 것이다.

(2) **임산부 및 연소근로자**

임산부와 18세 미만의 자에게는 원칙적으로 야간근로가 제한 · 금지되나, 근로자 본인의 동의 또는 노동부장관의 인가를 얻어 예외적으로 야간근로를 시킬 수 있다.

(3) **특수근로자**

근로기준법 제63조에서 열거하는 사업에 종사하는 근로자에 대해서는 연장근로, 휴일근로에 대한 시간외근로수당의 지급문제가 발생하지 않지만, 야간근로를 하는 경우 이에 대해서는 야간근로수당을 지급하여야 한다.

(4) **일 · 숙직의 경우**

일 · 숙직근무는 주기적 순찰, 전화 · 문서의 접수, 비상사태 대응 등 임무를 가지고 사업장 안에서 대기하는 특수한 근무로서 노동 강도가 약하고 감시 · 단속적 성격도 갖는다. 따라서 그 근무의 내용 및 방법 등이 통상적인 업무와 동일하다고 인정되는 경우에 한하여 근로시간으로 인정된다.[43)] 일 · 숙직의 경우에도 그 업무의 내용이 본래의 정상적인 업무가 연장된 경우는 물론 그 내용과 질이 통상근로와 같이 평가되는 때에도 야간, 휴일 수당을 지급하여야 한다.[44)]

4. 휴일근로

(1) **휴일의 유형**

근로기준법 제56조의 휴일근로에서의 휴일이란 i) 근로기준법 제55조의 주휴일, ii) 근로자의 날 및 iii) 단체협약이나 취업규칙에 의하여 휴일로 정하여져 있어서 근로자가 근로할 의무가 없는 약정휴일을 말한다.[45)]

---

42) 대판 1991.6.28 90다카14758.

43) 대판 1990.12.26, 90다카13465. 일숙직 근무는 주된 근로계약에 부수하여 체결되는 별도의 계약에 의한 근로제공으로 보아야 하기 때문에 특히 연장근로에 대한 가산임금 지급의 대상이 되는 근로시간으로 보기는 어렵지만, 다만 일숙직 근무가 주된 근로계약에 따라 제공하는 근로와 실질적으로 동일하다면 가산임금지급의 대상이 되는 근로시간에 포함된다; 대판 1995.1.20, 93다46254; 대판 1996.6.28, 94다14742.

44) 대판 2000.9.22, 99다7367.

(2) 근로일과 휴일의 대체

당사자 간의 합의 또는 단체협약에 의하여 통상의 근로일과 휴일을 대체하는 경우 원래의 휴일은 통상의 근로일이 되고 그날의 근로는 휴일근로가 아닌 통상근로가 되므로 휴일근로수당이 지급되지 아니하는 것이 원칙이다.[46]

(3) 휴일 등의 중복

근로기준법에서 정한 유급휴일과 기타의 유급휴일 등이 중복되었을 경우에는 단체협약, 취업규칙 등에 다른 규정이 없는 한 하나의 휴일로 인정하여도 무방하다.[47] 다만, 휴일과 휴가가 중복되는 경우에는 양자의 성질이 다르므로 휴가일수의 계산에서는 휴일을 제외하고 계산한다.[48]

Ⅲ. 지 급 액

1. 원 칙

사용자는 연장근로, 야간근로, 휴일근로에 대하여 통상임금의 50% 이상을 가산하여 지급하여야 한다(근기법 제56조).

2. 가산사유의 중복

가산금 지급사유인 연장근로 · 휴일근로 및 야간근로 등이 서로 중복되는 경우 이를 가산사유의 중복이라 한다. 가산사유가 중복되는 경우 각각 가산하여 지급하여야 한다.[49] 따라서 연장근로나 휴일근로가 야간근로에 해당하는 경우 연장근로나 휴일근로에 대한 가산금 50%와 야간근로에 대한 가산금 50%를 합산하여 100%의 가산금을 지급하여야 한다.[50]

Ⅳ. 보상휴가제

1. 의 의

사용자는 근로자대표와의 서면합의에 따라 근로기준법 제56조에 따른 연장근로, 야간근로, 휴일근로에 대하여 임금을 지급하는 것에 갈음하여 휴가를 부여할 수 있다(근기법 제57조). 이렇게 가산임금에 갈음하여 지급되는 휴가를 (선택적) 보상휴가라 한다. 보상휴가제는 노사 간의 임금과 휴가에 대한 선택의 폭을 확대하는데 목적이 있다.

2. 요 건

보상휴가제를 도입하기 위해서는 사용자와 근로자대표와의 서면합의가 있어야 한다. 여기서 근로자대표란 근로기준법 제24조 제3항에서 말하는 근로자대표이고, 서면합의에는 특별한 형식이 요구되지

45) 대판 1991.5.14, 90다14089.
46) 대판 2000.9.22, 99다7367; 대판 2008.11.13, 2007다590.
47) 1981.4.30. 근기1455-13413.
48) 1989.3.8. 근기1254-3488.
49) 대판 1991.3.22 90다6545.
50) 1993.5.31, 근기01254-1099.

않지만, 적어도 사용자와 근로자대표가 서명한 문서의 형태를 가지고 있어야 할 것이다.

3. 보상휴가의 일수

휴가일수는 가산임금제도의 취지를 고려하여 정해야 할 것이다. 예를 들어 12시간의 연장근로에 대한 보상휴가의 일수는 18시간(12시간 × 1.5)으로 해야 할 것이다. 다만, 서면합의에서 연장근로에 대해 일부를 임금으로 지급하고 일부에 대해서만 보상휴가를 부여하는 것도 가능하다.

Ⅴ. 포괄임금산정제도

1. 의 의

근로형태 및 업무의 성질 등에 따라 시간외근로수당을 명확하게 확정하기 어려운 경우가 있고, 또한 계산의 편의와 직원의 근무의욕을 고취하는 뜻에서 매월 일정액의 시간외근로수당을 지급하는 경우가 있는데, 이러한 임금지급방법을 포괄임금산정제도라고 한다.

2. 요 건

기존판례에 의하면 "사용자는 근로계약을 체결함에 있어서 근로자에 대하여 기본임금을 결정하고 이를 기초로 제 수당을 가산하여 지급함이 원칙이라 할 것이나 근로시간, 근로형태와 업무의 성질 등을 참작하여 계산의 편의와 직원의 근무의욕을 고취하는 뜻에서 기본임금을 미리 산정하지 아니한 채 제 수당을 합한 금액을 월급여액이나 일당임금으로 정하거나 매월 일정액을 제 수당으로 지급하는 내용의 이른바 포괄임금제에 의한 임금지급계약을 체결한 경우 그것이 근로자에게 불이익이 없고 제반 사정에 비추어 정당하다고 인정될 때에는 이를 무효라고 할 수 없다"고 판시하고 있다.[51)]

최근 판례는 "근로시간, 근로형태와 업무의 성질을 고려할 때 근로시간의 산정이 어려운 것으로 인정되는 경우가 있을 수 있고, 이러한 경우에는 사용자와 근로자 사이에 기본임금을 미리 산정하지 아니한 채 법정수당까지 포함된 금액을 월급여액이나 일당임금으로 정하거나 기본임금을 미리 산정하면서도 법정 제 수당을 구분하지 아니한 채 일정액을 법정 제 수당으로 정하여 이를 근로시간 수에 상관없이 지급하기로 약정하는 내용의 이른바 포괄임금제에 의한 임금 지급계약을 체결하더라도 그것이 달리 근로자에게 불이익이 없고 여러 사정에 비추어 정당하다고 인정될 때에는 유효"하다고 판시하였다.[52)].

51) 대판 1999. 5. 28 99다2881.

52) 대판 1997.4.25. 95다4056, 대판 1997.7.22. 96다38995, 대판 1999.5.28. 99다2881, 대판 2002.6.14. 2002다16958, 대판 2005.8.19. 2003다66523 등 참조

제 8 절 포괄임금제(포괄임금계약)

Ⅰ. 서 설

근로기준법(이하 '근기법'이라 함)은 '기본임금을 정하고 이를 기초로 연장, 휴일, 야간근로 등에 대한 임금 또는 가산수당을 별도로 지급토록 하는 구조'를 가지고 있다. 근기법이 노동시장에서 현실적합적인 룰로 작용하기 위해서는 산업구조, 고용형태, 고용관습, 경제상황, 법집행실태 등에 따라 탄력성을 가지고 유연하게 변화할 것을 요청받는다. 그러나 근기법은 1953년에 제정된 이후 수많은 개정을 거치면서 구조적인 변화 없이 근로조건의 안전망을 강화하는 데에 초점을 맞추어 왔다. 이에 대응하여, 사업장에서는 근기법의 임금산정방법을 탄력적으로 운용하려는 관행이 형성되었다. 이에 대해 판례가 '통상임금과 이에 가산할 각종 수당의 산출이 사실상 불가능할 경우, 제 수당을 미리 합산한 일정금액을 월급여로 지급하는 것도 허용된다'는 취지의 판결을 통해 1970년대부터 사업장의 관행을 인정하게 되었다. 이후 판례는 이를 포괄임금제라는 개념으로 발전시켰다.[53)]

근기법은 근로시간의 유연화에 대한 노동시장의 요구에 부응하여, 1997년에 제정의 형태로 다시 태어났다. 이 법에는 간주근로시간제, 재량근로시간제, 탄력근로시간제, 선택근로시간제, 공익사업에 있어서의 근로시간 특례 등 근로시간에 대해 유연성을 부여하는 유연적근로시간제도가 반영되었으며, 이러한 제도들은 유연성의 범위를 확대하면서 점차적으로 자리를 잡아가고 있다. 그럼에도 불구하고 '기본임금을 기초로 가산수당을 산정하는 구조'에 대해 예외를 인정하려는 포괄임금제는 판례법리로서 독자적인 생명을 가지고 계속 발전하면서 그 적용대상, 요건, 효력 등을 보완하여 노동시장에 널리 정착해 오고 있다. 아래에서는 포괄임금제의 유효요건을 중심으로 판례법리를 살펴보도록 한다.

Ⅱ. 포괄임금제(내지 포괄임금계약)의 유효 요건

1. 문제제기

근기법에서는 사용자가 근로계약을 체결함에 있어서 기본임금을 결정하고 이를 기초로 하여 근로자가 실제로 근무한 근로시간에 따라 시간외근로 · 야간근로 · 휴일근로 등이 있으면 그에 상응하는 시간외근로수당 · 야간근로수당 · 휴일근로수당 등의 법정수당을 산정하여 지급함을 원칙으로 하고 있다. 이

53) 하갑래, 노동법학, 한국노동법학회, 2009.3(29호), 325~326.

러한 원칙적인 임금지급방법은 근로시간 수의 산정을 전제로 한 것인데, 근로시간, 근로형태와 업무의 성질을 고려할 때 근로시간의 산정이 어려운 것으로 인정되는 경우가 있을 수 있고, 이러한 경우에는 일정액을 법정 제 수당으로 정하여 이를 근로시간 수에 상관없이 지급하기로 약정하는 내용의 이른바 포괄임금제에 의한 임금 지급계약을 체결하더라도 유효한지 문제된다.

2. 포괄임금제의 요건

(1) 유효가 되기 위한 요건

대법원에서는 판례법리를 통해 "감시단속적 근로 등과 같이 근로시간, 근로형태와 업무의 성질을 고려할 때 근로시간의 산정이 어려운 것으로 인정되는 경우가 있을 수 있고, 이러한 경우에는 사용자와 근로자 사이에 기본임금을 미리 산정하지 아니한 채 법정수당까지 포함된 금액을 월급여액이나 일당임금으로 정하거나 기본임금을 미리 산정하면서도 법정 제 수당을 구분하지 아니한 채 일정액을 법정 제 수당으로 정하여 이를 근로시간 수에 상관없이 지급하기로 약정하는 내용의 이른바 포괄임금제에 의한 임금 지급계약을 체결하더라도 그것이 달리 근로자에게 불이익이 없고 여러 사정에 비추어 정당하다고 인정될 때에는 유효"하다고 판시해 왔다.[54]

(2) 무효로 볼 수 있는 경우

최근 대법원에서는 "근로시간의 산정이 어려운 경우가 아니라면 달리 근로기준법상의 근로시간에 관한 규정을 그대로 적용할 수 없다고 볼 만한 특별한 사정이 없는 한 앞서 본 바와 같은 근로기준법상의 근로시간에 따른 임금지급의 원칙이 적용되어야 할 것이므로, 이러한 경우에도 근로시간 수에 상관없이 일정액을 법정수당으로 지급하는 내용의 포괄임금제 방식의 임금 지급계약을 체결하는 것은 그것이 근로기준법이 정한 근로시간에 관한 규제를 위반하는 이상 허용될 수 없다"고 판시[55]하여 기존 판례보다 그 유효요건을 엄격하게 적용하고 있다.

3. 포괄임금계약 무효부분과 그 효과

(1) 근기법을 위반한 근로계약

근로기준법 제15조에서는 1항에 "이 법에서 정하는 기준에 미치지 못하는 근로조건을 정한 근로계약은 그 부분에 한하여 무효로 한다"(근기법의 강행성)고 하면서 2항에 "무효로 된 부분은 이 법에서 정한 기준에 따른다"(근기법의 보충성)고 규정하고 있다. 따라서 근기법에 위반한 근로계약은 법률의 강행성과 보충성이 적용된다.

(2) 근기법에 위반한 포괄임금계약

최근 대법원 판례는 근기법의 강행성과 보충성을 적용하여 "근로시간의 산정이 어려운 등의 사정이 없음에도 포괄임금제 방식으로 약정된 경우 그 포괄임금에 포함된 정액의 법정수당이 근로기준법이 정한 기준에 따라 산정된 법정수당에 미달하는 때에는 그에 해당하는 포괄임금제에 의한 임금지급계약 부분은 근로자에게 불이익하여 무효라 할 것이고, 사용자는 근로기준법의 강행성과 보충성 원칙에 의해 근로자에게 그 미달되는 법정수당을 지급할 의무가 있다"고 판시하고 있다.[56]

54) 대판 1997.4.25. 95다4056; 대판 1997.7.22. 96다38995; 대판 1999.5.28. 99다2881; 대판 2002.6.14. 2002다16958; 대판 2005.8.19. 2003다66523 등 참조.

55) 대판 2010.5.13, 2008다6052.

4. 판례법리의 평가

포괄임금제 내지 포괄임금계약에 관한 종래의 판례 법리는 어떤 요건 하에서 그 유효성이 인정될 수 있는가에 초점을 둔 것이고, 포괄임금계약이 유효하면 근로자는 포괄임금에 포함되어 지급된 일정액의 제 수당과 근기법 소정의 기준에 따른 법정수당과의 차액을 청구할 수 없게 된다. 최근 판례도 이를 부정하고 있지는 않지만 포괄임금계약의 무효를 인정할 수 있는 법리를 제시한 것에 의의가 있다. 또한 근로시간의 산정이 어려운 경우가 아님에도 불구하고 체결된 포괄임금계약이 모두 무효로 되는 것은 아니고 근기법의 강행성과 보충성이 적용된다는 점도 유의해야 할 것이다.[57]

Ⅲ. 포괄임금제의 도입절차

1. 문제제기

사업장에서 포괄임금제의 도입과 관련하여 그 제도의 특성상 근로자의 승낙을 절차적 요건으로 요구되는지 문제된다. 아울러 포괄임금제를 정한 근로계약과 취업규칙(또는 단체협약)의 관계를 어떻게 보아야 하는지도 문제된다.

2. 포괄임금제 도입시 근로자의 승낙

포괄임금제에 대해 1990년대 초기 판례는 대부분이 "근로자의 승낙 하에"라는 표현을 사용하기도 하고, "수년간 이의 없이 포괄임금제에 따라 임금을 수령하였다면 이는 유효하다"고 함으로써 묵시적인 동의를 인정하였다.[58] 1990년대 초반 이후의 판례에서는 "계산의 편의와 직원의 근무의욕을 고취하는 뜻에서"라는 표현을 추가하면서 "근로자의 승낙 하에"라는 표현을 사용하고 않는 경향을 보여주고 있는데, 이는 근로자의 동의에 묵시적인 동의까지 포함한다는 의미라고 평가된다.[59] 그러나 일부 판례에서는 연장 · 야간 · 휴일근로 등이 예정되어 있는 업무에 대해서는 근로자의 동의가 있는지 살피지 않고 포괄임금제를 인정[60]하였다.

3. 포괄임금계약과 상위규범의 관계

일부 판례는 포괄임금제의 성립을 취업규칙(또는 단체협약)에 근거하여 포괄임금계약의 효력 여부를 판시한 경우가 있다. 즉, 판례에서는 "근로계약에 의하여 기본임금을 결정하고 이에 따르는 제 수당을 계산하여 합산하여야 함이 원칙이나, 근로시간 및 근로형태와 그 업무의 성질 등을 참작하여 근로자의 승낙 하에 제 수당을 미리 기본임금에 합산한 일정액을 월급여액으로 지급하는 내용의 계약을 체결하였다고 하더라도 단체협약이나 취업규칙에 비추어 근로자에게 불이익이 없고, 제반 사정에 비추어 정당하다고 인정될 때에는 그 계약은 유효하다"고 판시하거나,[61] "포괄임금제에 의한 임금지급계약이 근로자

56) 대판 2008다6052, 2010.5.13.

57) 로스쿨 노동법 해설, 193.

58) 대판 1982.3.9. 80다2384; 대판 1982.12.28. 80다3120; 대판 1983.9.13. 83다카49; 대판 1984.1.24. 83도2068; 대판 1987.8.18. 87다카474; 1992.2.28. 91다30828; 대판 1992.7.14. 91다37256 등.

59) 하갑례, 노동법학, 한국노동법학회, 2009.3(29호), 351.

60) 대판 1983.9.13. 82다카49; 대판1983.10.25. 83도1050; 대판1991.4.9. 90나22624 등.

61) 대판 1992.2.28. 91다30828 이에 따라 취업규칙 소정의 종업원에 해당되지 않는 것으로 보고 포괄임금제를 내

에게 불이익이 없어야 한다는 것은 단체협약이나 취업규칙에 구체적인 임금지급 기준 등이 규정되어 있는 경우에 그러한 규정상의 기준에 비추어 보아 불이익하지 않아야 한다는 것을 의미한다"고 판시한 사례가 있다.[62)]

Ⅳ. 포괄임금에 포함되는 임금항목

1. 문제제기

포괄임금에 포함될 수 있는 임금항목에 대해 대부분의 판례들은 제 수당이라는 포괄적인 표현을사용하면서, 구체적으로 수당의 이름을 열거하지 않거나, 연장 · 야간 · 휴일근로수당 등이라고 열거하고 있다. 그렇다면 연장 · 야간 · 휴일근로수당 이외의 임금항목도 포괄임금에 포함되는 것인지 문제될 수 있다. 이와 관련한 판례법리를 살펴보도록 한다.

2. 연장 · 야간 · 휴일근로수당의 경우

(1) 연장 · 야간 · 휴일근로수당의 포함 여부

연장근로수당 등에 대해 판례는 "사용자와 근로자 사이에 기준 근로시간을 초과한 근로 등에 대하여 매월 일정액을 제 수당으로 지급한다는 내용의 포괄임금제에 의한 임금지급계약이 체결된 경우, 근로자가 포괄임금으로 지급받은 연장근로수당 또는 이에 갈음한 시간외수당, 야간수당, 휴일수당 등에는 근로기준법의 규정에 의한 시간외근로수당, 야간근로수당, 휴일근로수당이 모두 포함되어 있다고 볼 것"이라고 판시하여 기본적으로 대부분의 판례는 연장 · 야간 · 휴일근로수당은 포함될 수 있다고 보고 있다.

(2) 한도를 정한 포괄임금

다만, 판례는 단체협약 등에서 1일 연장근로 및 월 소정근로일수의 한도를 정하고 그 한도 내에서 연장근로수당 등이 포함된 포괄임금을 지급하는 취지로 규정이 있는 경우에 대하여 "임금협정이나 단체협약에 근거하여 근로자들에게 지급한 일당에는 근로기준법상 기준근로시간인 1일 8시간과 2시간의 연장근로를 합한 10시간씩 월 25일 근로하는 것을 만근으로 삼아 그 한도 내에서의 연장근로수당과 주휴근로수당만이 포함되어 있다고 보는 것이 타당하고, 거기에 제한 없는 연장근로수당 일체가 포함되어 있다고 보기는 어렵다"고 판시하였다.[63)]

3. 주휴수당, 연월차수당의 경우

주휴수당이나 연월차수당과 관련하여 판례는 "당사자 사이에 미리 그러한 소정기간의 근로를 전제로 하여 주휴수당이나 연월차휴가수당을 일당임금이나 매월 일정액에 포함하여 지급하는 것이 불가능한 것이 아니며, 포괄임금제란 각종 수당의 지급방법에 관한 것으로서 근로자의 연월차휴가권의 행사 여부와는 관계가 없으므로 포괄임금제가 근로자의 연월차휴가권을 박탈하는 것이라고 할 수 없다"고 하여 포함될 수 있다고 보고 있다.[64)]

용으로 하는 이른바 조작노역계약서의 적용을 긍정하였다.

62) 대판 1998.3.24. 96다24699.

63) 대판 1992.7.14. 91다37256.

4. 퇴직금의 경우

포괄임금에 퇴직금이 포함되는지에 대해 판례는 "퇴직금이란 퇴직이라는 근로관계의 종료를 요건으로 하여 비로소 발생하는 것으로 근로계약이 존속하는 한 퇴직금 지급의무는 발생할 여지가 없는 것이므로, 매일 지급받는 일당임금 속에 퇴직금이란 명목으로 일정한 금원을 지급하였다고 하여도 그것은 구 근로기준법 제28조에서 정하는 퇴직금 지급으로서의 효력은 없다"고 하여 포함될 수 없다고 보고 있다.[65)]

V. 결

근로형태 및 업무의 성질 등에 따라 시간외근로수당을 명확하게 확정하기 어려운 경우가 있고, 또한 계산의 편의와 직원의 근무의욕을 고취하는 뜻에서 매월 일정액의 시간외근로수당을 지급하는 경우가 있는데, 이러한 임금지급방법을 포괄임금산정제도라고 한다. 이러한 제도는 사업장에서는 근기법의 임금산정방법을 탄력적으로 운용하려는 관행이 형성되었고 판례법리를 통하여 정립되었다. 법률에 근거 없이 판례법리를 통하여 인정되면서 그 요건 및 효과에 대한 논란이 계속되어 왔다. 앞으로 이러한 제도의 한계를 보완하는 논의가 필요하다고 생각된다.

[관련판례] 포괄임금제의 유효요건 및 효과(대판 2010.5.13. 2008다6052)

근로시간의 산정이 어려운 경우가 아니라면 달리 근로기준법상의 근로시간에 관한 규정을 그대로 적용할 수 없다고 볼 만한 특별한 사정이 없는 한 앞서 본 바와 같은 **근로기준법상의 근로시간에 따른 임금지급의 원칙이 적용**되어야 할 것이므로, 이러한 경우에도 근로시간 수에 상관없이 일정액을 법정수당으로 지급하는 내용의 **포괄임금제 방식의 임금 지급계약을 체결하는 것**은 그것이 **근로기준법이 정한 근로시간에 관한 규제를 위반**하는 이상 허용될 수 없다.

한편 구 근로기준법(2007.4.11. 법률 제8372호로 전부 개정되기 전의 것) 제22조(현행 법 제15조)에서는 근로기준법에 정한 기준에 미치지 못하는 근로조건을 정한 근로계약은 그 부분에 한하여 무효로 하면서(근로기준법의 강행성) 그 무효로 된 부분은 근로기준법이 정한 기준에 의하도록 정하고 있으므로(근로기준법의 보충성), 근로시간의 산정이 어려운 등의 사정이 없음에도 포괄임금제 방식으로 약정된 경우 그 포괄임금에 포함된 정액의 법정수당이 근로기준법이 정한 기준에 따라 산정된 법정수당에 미달하는 때에는 그에 해당하는 포괄임금제에 의한 임금지급계약 부분은 근로자에게 불이익하여 무효라 할 것이고, 사용자는 근로기준법의 강행성과 보충성 원칙에 의해 근로자에게 그 미달되는 법정수당을 지급할 의무가 있다.

64) 대판 1998.3.24. 96다24699; 한편, 다른 판례(대판 1995.7.28 94다54542)에서는 정근수당으로 연·월차휴가근로수당을 갈음하도록 한 규정의 효력과 관련하여 "지급목적이나 성격, 그 지급요건이 근로기준법상의 연·월차휴가 근로수당과는 전혀 상이한 것이고 따라서 근로자가 근로기준법 소정의 연 · 월차휴가권을 취득하였음에도 법정기간 내에 이를 사용하지 아니한 채 계속 근로를 하였다면 위 운영규정 소정의 정근수당을 지급받았는지 여부에 상관없이 피고 조합은 근로기준법에 따른 연·월차휴가근로수당을 지급하여야 할 것"이라고 판시하여 제외하는 사례도 했다.

65) 대판 1998.3.24. 96다24699.

제 9 절 근로시간 계산의 특례(간주근로시간제도)

Ⅰ. 서 설

근로시간이란 일반적으로 근로자가 사용자의 지휘 · 감독 아래 근로계약에 따라 실제로 근로를 제공하는 시간을 말하며, 근로시간은 객관적 관점에서 파악된 실근로시간으로 계산된다. 그러나 통상의 방법으로는 근로시간을 계산하기가 곤란한 경우가 적지 않다. 특히 근로장소가 사업장 밖이거나 업무의 성질상 근로자에게 상당한 재량이 허용되는 경우와 같이 업무수행에 있어 사용자의 구체적인 지휘 · 감독이 미치지 않는 경우 근로시간의 길이를 객관적으로 계산하기가 어렵다.

'간주근로시간제도'란 통상의 방법으로 근로시간을 계산하기 어려운 경우에 실제의 근로시간과 상관없이 노사 간에 미리 합의한 시간 등 일정한 시간을 근로한 것으로 간주하는 제도로서, 현행법상 외근과 재량근로에 적용된다(근기법 제58조). 이러한 제도를 둠으로써 근로시간의 관리를 용이하게 하는 한편 업무의 효율성을 제고하고자 하고 있다.

Ⅱ. 근로시간 계산의 기본원칙

1. 근로시간의 의의

근로시간이란 일반적으로 근로자가 사용자의 지휘 · 감독 아래 근로계약상의 근로를 제공하는 시간을 말한다.[66] 다만, 근로시간의 개념에 관해 근로기준법에서는 '휴게시간을 제하고'라고 정하고 있을 뿐(근기법 제50조), 그 개념에 관하여 더 이상 규정하지 않아서 근로자가 어떤 상태에 있는 시간을 근로시간으로 볼 수 있는지 문제된다.

일반적으로 근로시간의 개념은 '근로자가 사용자의 작업상의 지휘감독 아래 있는 시간' 또는 '근로자가 그의 노동력을 사용자의 작업상의 지휘감독 아래 있는 시간'이라고 정의해 왔다(지휘감독설). 이에 대해 근로시간인지 여부는 사용자의 지휘감독뿐만 아니라 해당 활동의 '업무성'도 '지휘감독'을 보충하는 중요한 기준이 된다는 입장이 제시되고 있다(업무성보충설). 즉, 근로시간은 '사용자의 작업상의 지휘감독 아래 있는 시간 또는 사용자의 명시 또는 묵시의 지시에 따라 그 업무에 종사하는 시간'이라고 정의할 수 있다.[67]

66) 대판 1992. 10. 9, 91다14406.
67) 임종률 428; 김형배 414; 이병태 754.

2. 근로시간의 계산

(1) 본래업무에 부수된 활동시간

1) 판단기준 근로계약 등에서 근로자의 본래 업무가 특정된 경우에 본래의 업무가 아니더라도 '사용자의 지휘명령 하'에 있었다고 보여지는 시간이라면 근로시간에 해당한다. 이러한 활동이 근로자의 의무로 되어 있었는지, 당해 활동과 업무의 관련성의 정도 등이 중요한 판단기준이 될 것이다.[68)]

2) 시업 이전 업무준비행위 시업시각 이전의 작업지시의 수령, 작업조의 편성, 작업의 인수, 기계 · 기구의 점검 · 정리 등은 원칙적으로 업무에 종사한 것이므로 근로시간에 산입된다.[69)] 그러나 출근카드의 입력, 작업복 착용, 안전화안전모의 착용 등은 업무에 종사하기 위한 준비에 불과하므로 그 자체가 의무화되어 있고, 조심스러운 작업을 요하는 경우를 제외하고는 근로시간에 포함될 수 없다.[70)]

3) 종업 이후 업무정리행위 종업시각 이후의 기계 · 기구의 점검 · 청소 · 정리, 작업의 인계 등 차후의 작업에 필요한 마무리작업은 업무활동의 최종부분으로서 근로시간에 포함된다.[71)] 그러나 목욕, 작업복 탈의 등은 특별한 사정이 없는 이상 업무에 종사하는 것이라고 볼 수 없다.

4) 지하작업의 입출갱시간[72)] 입출갱에 소요되는 시간은 근로시간으로 보아야 할 것이다. 판례도 입출갱시간이 원칙적으로 근로시간에 포함된다고 본다.[73)]

5) 근로시간 외, 사업장 밖의 기타 활동시간 근로시간외, 사업장 밖에서 행해지는 연수교육이나 회사행사에 참가하는 것도 그 참가가 의무적이고 회사의 업무로서의 성격을 가진 것이면 근로시간에 산입된다.[74)]

(2) 대기시간

대기시간은 외형상으로는 휴게시간과 유사하게 근로자가 휴식 등을 취하고 있지만 실질적으로는 다음의 작업을 위해 기다리면서 사용자의 지휘명령권이 배제되지 않는 시간이므로 원칙적으로 근로시간에 포함된다. 대기시간은 근로자가 사용자의 지휘명령권에 완전히 배제되어 그 시간을 자유롭게 이용할 수 있는지 여부에 따라 휴게시간과 구별된다.

버스 운전기사가 승차시간 사이에 배차를 기다리는 시간,[75)] 작업 도중에 정전 · 기계 고장 · 원료

---

68) 김유성 I 141.

69) 대판 1993.5.27, 93다3363; 대판 1993.5.27, 92다24509.

70) 임종률 429 / 김형배 415, 이에 대해 김형배 교수님은 안전보호구의 착용은 재해방지 · 직무질서유지 등을 위해 작업개시에 필수불가결한 업무관련행위이므로 근로시간에 해당한다는 입장이다; 이병태 757.

71) 대판 1993.3.9, 92다2270.

72) 근로기준법은 한동안 지하작업에 대한 1일 법정근로시간을 6시간으로 정하고, 시행령은 이 점을 고려하여 입출갱시간은 근로시간에 포함되지 않는다고 규정했었다. 그러다가 1990년 근로기준법 및 산업안전보건법의 개정으로 지하작업종사자의 1일 법정근로시간이 8시간으로 되고, 이에 따라 시행령의 위 규정도 삭제되기에 이르렀다.

73) 임종률 430; 김유성 142; 김형배 415; 대판1992.2.25, 91다18125, 이 판결은 현행법상 입 · 출갱시간은 원칙적으로 근로시간에 포함되지만, 단체협약이 1990년의 법 개정에 관계없이 1일 근로시간을 종전과 같이 6시간으로 규정한 경우에는 그 단체협약은 입 · 출갱시간이 종전과 같이 근로시간에서 제외된다는 것을 전제로 한 것이므로 그 단체협약 아래서는 입 · 출갱시간이 근로시간에서 제외된다고 보아야 한다고 판시하였다. 그러면서도 갱내 대기소와 막장 사이의 왕래 시간은 근로시간에 포함된다고 보았다; 대판 1994.12.23, 93다53276.

74) 임종률 430; 김형배 371; 김유성 142; 1988.9.28, 근기01254-14835 등.

75) 대판 1992.4.14, 91다20548.

공급 중단 등에 따른 대기시간, 식당 · 호텔 등의 접객원이 근무장소에서 고객을 기다리는 시간 등은 근로시간에 포함된다. 또한 휴게시간으로 규정된 시간대에 점포 안에서 휴식을 취하되 손님이 오면 즉시 응대하도록 되어 있는 경우에는 휴게시간이 아니라 대기시간으로 보아야 할 것이다.

(3) 일 · 숙직근무

일 · 숙직근무는 주기적 순찰, 전화 · 문서의 접수, 비상사태 대응 등 임무를 가지고 사업장 안에서 대기하는 특수한 근무로서 노동 강도가 약하고 감시 · 단속적 성격도 갖는다. 따라서 그 근무의 내용 및 방법 등이 통상적인 업무와 동일하다고 인정되는 경우에 한하여 근로시간으로 인정된다.[76]

Ⅲ. 외근간주 근로시간제 근로

1. 의 의

근로자가 외근으로 인하여 근로시간 산정이 어려운 경우에는 소정근로시간이나 업무수행에 통상 필요한 시간 또는 노사 간 합의한 근로시간을 근로한 것으로 본다(근기법 제58조 제1, 2항). 이 규정은 근로자가 사업장 밖에서 근로하여 보통의 방법으로 근로시간을 산정하기 어려운 경우에 실근로시간과 임금의 계산 등에 관하여 당사자 간에 분쟁발생의 소지가 있으므로, 근로시간의 계산을 합리적으로 또는 명확하게 하기 위하여 실제의 근로시간에 관계없이 일정한 시간을 근로한 것으로 간주하는 특례 규정이다.

2. 요 건

외근간주 근로시간제가 적용되기 위해서는 ⅰ) 근로자가 출장 기타의 사유로 근로시간의 전부 또는 일부를 사업장 밖에서 근로하여야 하며, ⅱ) 근로시간을 산정하기 어려운 때여야 한다.

외근은 취재기자, 외근판매사원 등의 경우처럼 상태적인 것이든 출장의 경우처럼 임시적인 것이든 불문한다.

3. 근로시간 간주의 방법

(1) 원칙: 소정근로시간

근로자가 출장 기타의 사유로 근로시간의 전부 일부를 사업장 밖에서 근로하여 근로시간을 산정하기 어려운 때에는 소정근로시간을 근로한 것으로 본다(근기법 제58조 제1항).

(2) 업무수행에 통상 필요한 시간

당해 업무를 수행하기 위하여 통상적으로 소요되는 실제 근로시간이 소정근로시간을 초과하는 경우에는 그 업무의 수행에 통상 필요한 시간을 근로한 것으로 본다(동법 제58조 제1항 단서). 이러한 경우에도 소정 근로시간만큼 근로한 것으로 보는 것은 불합리하기 때문에 설정한 제도이다. '업무수행에 통상 필요한 시간'이란 그 업무의 수행을 위하여 그 근로자가 사용한 시간이 아니라 '평균인'이 통상의 상태

---

76) 대판 1990.12.26, 90다카13465 일숙직 근무는 주된 근로계약에 부수하여 체결되는 별도의 계약에 의한 근로제공으로 보아야 하기 때문에 특히 연장근로에 대한 가산임금 지급의 대상이 되는 근로시간으로 보기는 어렵지만, 다만 일숙직 근무가 주된 근로계약에 따라 제공하는 근로와 실질적으로 동일하다면 가산임금지급의 대상이 되는 근로시간에 포함된다; 대판 1995.1.20, 93다46254; 대판 1996.6.28, 94다14742.

에서 객관적으로 필요로 하는 시간을 말한다.

간주된 시간이 법정근로시간을 초과한 경우에는 연장근로수당을 지급하여야 하고, 휴일 · 야간근로에 대해서도 가산임금을 지급해야 한다.

(3) 근로자대표와 서면합의로 정한 시간

당해 업무에 관하여 근로자대표와 서면합의가 있는 때에는 그 합의에서 정한 시간을 그 업무 수행에 통상 필요한 근로시간으로 본다(동법 제58조 제2항). 업무 수행에 통상 필요한 시간을 그때그때 산정하는 것이 번거로울 뿐만 아니라 그 산정방법에 관하여 당사자 간에 다툼이 생길 여지가 많기 때문에 설정한 제도이다.

Ⅳ. 재량근로 간주근로시간제

1. 의 의

업무의 성질에 비추어 업무 수행방법을 근로자의 재량에 위임할 필요가 있는 업무는 사용자가 근로자대표와의 서면합의로 정한 시간을 근로한 것으로 본다(근기법 제58조 제3항).

정보화 · 기술혁신 · 서비스경제화 등의 새로운 경향에 따라 업무수행방법에 대한 근로자의 재량이 넓어지는 전문적 업무가 증가하고 이 경우 근로시간을 일일이 계산하는 것이 적절하지 않기 때문에 일정한 시간을 근로한 것으로 간주하는 특례를 설정한 것이다. 이 제도는 연구개발업무, 디자인 등 전문적 업무종사자의 업무수행을 재량에 맡김으로써 창의성 발휘에 도움이 된다 할 것이다. 재량적 근로시간제는 전문직 근로자에게만 주로 인정된다는 점에서 주부 등 비전문직 근로자에게도 인정되는 선택적 근로시간제도(근기법 제52조)와는 구분된다.

2. 요 건

(1) 재량 근로시간제의 대상 업무

업무의 성질에 비추어 업무수행방법을 근로자의 재량에 위임할 필요가 있는 업무로서 i) 연구 · 개발, ii) 설계 · 분석, iii) 취재 · 편성 · 편집, iv) 디자인 · 고안, v) 프로듀서 · 감독업무, vi) 기타 노동부장관이 정하는 업무에 해당하여야 한다(동법 시행령 제31조).

(2) 근로자대표와의 서면합의

사용자는 근로자대표와의 서면합의에 의하여 i) 대상업무, ii) 사용자가 업무의 수행수단 및 시간배분 등에 관하여 구체적인 지시를 하지 아니한다는 내용, iii) 근로시간의 산정은 당해 서면합의로 정하는 바에 따른다는 내용을 명시하여야 한다.

3. 근로시간의 간주

상기 요건을 충족시키는 경우에는 사용자와 근로자 당사자가 합의한 시간을 근로시간으로 본다. 그러므로 간주근로시간수가 법정근로시간의 범위에 머무는 한, 특정일이나 특정주의 실 근로시간수가 법정근로시간수를 초과하더라도 사용자는 연장근로수당을 지급할 필요가 없다.

제10절 연차유급휴가

Ⅰ. 서 설

연차휴가제도는 근로자의 건강하고 문화적인 생활을 실현하기 위하여 일정한 요건 아래 매년 일정한 기간의 휴가를 유급으로 보장하는 제도이다. 연차유급휴가는 일정한 법적 요건을 갖추면 법률상 당연히 발생하는 권리로 근로기준법 제60조 제5항의 연차유급휴가의 청구는 이미 발생한 연차유급휴가권에 대하여 구체적인 시기를 특정하기 위한 시기지정권을 정한 것으로 이해해야 할 것이다.

2003년 개정 근로기준법은 일반근로자의 1주 법정근로시간을 44시간에서 40시간으로 단축함과 동시에 국제기준에 따라 ⅰ) 종전의 월차휴가제도를 폐지하고 연차휴가제도록 일원화하면서, ⅱ) 연차휴가권 취득의 요건을 완화(1년간 8할 출근)하고 연차휴가일수의 상한(25일)을 확대하였으며, ⅲ) 근로자의 연차휴가 이용을 촉진하기 위한 조치를 도입하는 등 대폭 개편하였다.

Ⅱ. 연차휴가권의 발생요건 및 일수

1. 연차휴가의 발생요건

(1) 의 의

연차휴가는 일정한 출근율에 따라 발생 여부가 결정된다. 즉, 1년간의 소정 근로일수 중에서 8할 이상을 출근해야 부여된다(근기법 제60조 제1항).

(2) 1년간 계속근로의 기산일

1년간의 계속근로의 기산일은 당해 근로자의 채용일이 되는 것이 원칙이다. 이 경우 근로자 개인의 채용일은 각기 다른 것이 일반적이므로 동일한 사업장 내에서 기산일의 통일을 기하기 위하여, 근로자에게 불리하지 않는 한 모든 근로자에게 획일적으로 적용되는 기산일을 정하여 시행해도 무방하다.[77] 이 경우 계속근로가 1년 미만이 되는 근로자에 대하여도 근무일수에 비례하여 연차유급휴가를 주어야 한다.[78]

77) 1989.1.28, 근기01254-1448 등.
78) 1987.6.15, 근기01254-9631.

(3) 소정 근로일에서 제외되는 기간

주휴일 · 근로자의 날 기타 단체협약이나 취업규칙상의 약정휴일 등은 모두 유 · 무급을 불문하고 근로일에서 제외된다.[79] 또한 사용자의 귀책사유에 의한 휴업기간, 적법한 쟁의행위기간, 육아휴직기간 등 근로제공의무가 정지되는 날 또는 기간은 소정근로일수에서 제외된다.[80] 이 경우 연차휴가일수는 이들 기간을 제외한 '나머지 소정 근로일수'에 대한 출근율에 따라 산출된 휴가일수에, 해당 사업장의 '연간 총 소정 근로일수'에 대한 위 '나머지 소정 근로일수' 비율을 곱하여 산정한다.

(4) 출근으로 간주되는 기간

그러나 업무상 부상 또는 질병으로 휴업한 기간과 산전후휴가와 유산 · 사산휴가 기간은 출근한 것으로 본다(근기법 제60조 제6항). 이외에도 예비군훈련기간, 민방위훈련 또는 동원기간, 공민권행사를 위한 휴무일, 연월차유급휴가, 생리휴가 등도 출근한 것으로 간주한다.[81]

(5) 결근으로 간주되는 기간

판례는 "정직 또는 직위해제 기간을 소정 근로일수에 포함시키되 그 기간 중 근로의무가 면제되었다는 점을 참작하여 연차유급휴가 부여에 필요한 출근일수에는 포함되지 않는 것으로 규정할 수도 있고, 이러한 취업규칙은 유효하다"고 판시하였다.[82]

2. 연차휴가의 발생일수

(1) 기본원칙

1년간 80퍼센트 이상 출근한 근로자에게 부여되는 연차휴가일수는 15일이다(제60조 제1항).

(2) 1년 미만인 근로자

계속하여 근로한 기간이 1년 미만인 근로자 또는 1년간 80퍼센트 미만 출근한 근로자에게 1개월간 개근시 1일의 연차유급휴가를 주어야 한다(제60조 제2항, 2012.8.2 시행). 이 경우 근로자의 최초 1년간의 근로에 대하여 유급휴가를 주는 경우에는 제2항의 규정에 의한 휴가를 포함하여 15일로 하고, 근로자가 제2항의 규정에 의한 휴가를 이미 사용한 경우에는 그 사용한 휴가일수를 15일에서 공제하도록 규정되어 있다(제60조 제3항).

(3) 가산휴가제

1) 의 의 근로기준법은 공로보상적 차원에서 3년 이상 계속근로한 근로자에 대하여는 제1항의 규정에 의한 휴가에 최초 1년을 초과하는 계속근로연수 매 2년에 대하여 1일을 가산한다는 체증방식에 의하여 연차유급휴가일수를 가산하도록 하고 있다(제60조 제4항).

2) 적용요건 근로기준법 제60조 제4항은 3년 이상 계속 근로한 자에 대하여 '제1항의 휴가에 1일을 가산'하도록 규정하고 있다. 근로자가 가산휴가를 받기 위해서는 (ⅰ) 3년 이상 계속근로하여야 하며, (ⅱ) 휴가산정 대상기간 중에 8할 이상 출근하여야 한다. 가산휴가는 8할 미만 출근자의 경우에는 가산의 전제가 되는 휴가 자체가 발생하지 아니하는 것이므로 가산휴가도 발생하지 아니한다.[83] 다

79) 1997.5.3, 근기68207-709; 1987. 7. 20, 근기01254-11683 등.
80) 1997.5.3 근기68207-709.
81) 1997.5.3, 근기68297-709.
82) 대판 2008.10.9, 2008다41666.
83) 1989.1.28, 근기01254-1488.

만, 가산휴가청구권은 산정대상기간 중의 출근율을 기준으로 하여 발생하며 산정대상기간 전년도 이전의 출근율은 고려하지 아니한다.

3) **휴가의 최대한도** 가산휴가를 포함한 총 휴가일수는 25일을 한도로 한다(제60조 제4항 단서).

Ⅲ. 연차유급휴가의 사용

1. 부여시기(시기지정권과 시기변경권)

(1) 의 의

사용자는 연차유급휴가를 근로자의 청구가 있는 시기에 주어야 한다. 다만, 근로자가 청구한 시기에 휴가를 주는 것이 사업운영에 막대한 지장이 있는 경우에는 그 시기를 변경할 수 있다(근기법 제60조 제5항).

휴가는 휴일의 경우와 달리 미리 시기가 특정되어 있지 않기 때문에 법적요건이 충족되어 휴가권이 발생하더라도 근로자가 휴가권을 행사하려면 휴가의 구체적 시기가 특정되어야 한다.

(2) 근로자의 시기지정권

사용자는 근로자가 청구하는 시기에 연차유급휴가를 부여하여야 한다(근기법 제60조 제5항). 이를 근로자의 시기지정권이라고 한다.

시기지정권의 행사방법에 대해서는 근로기준법에 규정된 바 없다. 따라서 단체협약 및 취업규칙 등에 구체적인 방법 및 절차 등을 규정하는 것이 원칙이다. 이러한 규정이 없을지라도 서면 또는 구두의 방법으로 시기지정의 의사가 전달되었다면 시기지정권의 행사로 보아야 할 것이다.[84)]

(3) 사용자의 시기변경권

사용자는 근로자의 청구가 있는 시기에 연차유급휴가를 부여하여야 하나 '사업운영에 막대한 지장'이 있는 경우에는 그 시기를 변경할 수 있다(근기법 제60조 제5항). 이를 사용자의 시기변경권이라고 한다.

'사업운영의 막대한 지장'이 있는지의 여부는 기업의 규모, 업무의 양 · 성질, 업무수행의 긴박성, 대행자의 배치난이도 및 동일한 시기에 휴가를 청구하는 자의 수 등을 고려하여 합리적 · 구체적으로 판단하되, 근로자가 받게 되는 불이익이 최소한에 그치도록 합리적인 기간 내에서 시기변경권을 행사하여야 할 것이다.[85)]

시기변경권의 행사방법에 대해서는 근로기준법에 명문으로 규정된 바 없다. 따라서 단체협약 및 취업규칙 등에 구체적인 방법 및 절차 등을 규정하는 것이 원칙이다. 이러한 규정이 없을지라도 구두 또는 서면의 방법으로 시기변경의 의사표시가 전달되었다면 정당한 시기변경권의 행사로 볼 수 있을 것이다.[86)]

따라서 취업규칙에 연차유급휴가를 청구하는 경우 사전에 기관장에 신청하여 승인을 얻도록 규정하고 있다면, 이는 근로자의 시기지정권을 박탈하는 것이 아니라 사용자의 시기변경권의 적절한 행사를 위한 것이므로 유효하다고 본다.[87)] 사용자가 시기변경권을 행사하였음에도 불구하고 근로자가 일방적

84) 대판 1992.4.10, 92누404.
85) 1990.3.8, 근기01254-3454.
86) 대판 1992.6.23, 92다7542.

으로 연차휴가를 사용한 경우에 사용자는 그 근로자에 대해 무단결근으로 처리할 수 있다.[88]

2. 연차유급휴가의 사용

(1) 연차유급휴가와 임금

연차휴가는 유급휴가로 사용자는 연차휴가 기간에 대하여 취업규칙 등에서 정하는 통상임금 또는 평균임금을 지급해야 한다(근기법 제60조 제5항). 이 경우 연차휴가임금은 휴가를 주기 전 또는 직후의 임금지불일에 지급하여야 한다(동법 시행령 제33조)

(2) 분할사용 여부

연차유급휴가권의 분할사용 여부에 대해서 명문의 규정을 두고 있지 아니하므로 연차휴가를 분할하여 주는 것이 법령에 위배되느냐 하는 문제가 발생한다.

연차유급휴가는 계속하여 부여하는 것이 원칙이다. 다만 근로자가 분할하여 청구한 때에는 분할하여 부여할 수 있을 것이다.

(3) 사용용도

연차휴가의 사용목적에 관해서는 명문의 규정을 두고 있지 아니하므로 근로자가 자유로이 결정할 수 있는 것이 원칙이다. 휴가기간 중 타 기업에 종사하는 것은 휴가제도의 목적에 반하는 것이라고 단정할 수는 없다. 한편, 근로자의 다수가 일제히 연차유급휴가를 사용하여 출근하지 아니한 경우가 있다. 이는 본래적 의미의 연차유급휴가가 아니라 일종의 쟁의행위에 해당되므로 쟁의행위의 요건을 충족시키는 경우에 한하여 정당성이 인정된다고 할 것이다.[89]

3. 연차유급휴가의 사용촉진

(1) 의 의

우리나라의 휴가사용률이 크게 저조한 상황이고, 휴가제도가 본래의 취지보다는 금전보전의 수단으로 이용되고 있는 실태를 개선하여 휴가사용률을 제고할 필요가 있었다. 따라서 사용자의 적극적인 사용권유에도 불구하고 근로자가 휴가를 사용하지 않는 경우 사용자의 금전보상의무를 면제하고자 개정법에서 도입하였다.

(2) 요 건

사용자의 금전보상의무를 면제하기 위한 위하여는 일정한 법적 요건을 구비하여야 한다. 즉 사용자가 연차유급휴가의 사용을 촉진하기 위하여 ⅰ) 연차유급휴가권의 소멸시효 기간이 끝나기 6월 전[90]을 기준으로 10일 이내에 사용자가 근로자별로 미사용휴가일수를 알려 주고, 근로자가 그 사용시기를 정하여 사용자에게 통보하도록 서면으로 촉구할 것, ⅱ) 사용자의 촉구에도 불구하고 근로자가 촉구를 받은 때부터 10일 이내에 미사용휴가의 전부 또는 일부의 사용시기를 정하여 사용자에게 통보하지 아니한 경우에는 연차유급휴가권의 소멸시효 기간이 끝나기 2월 전까지 사용자가 미사용휴가의 사용시기를 정하여 근로자에게 서면으로 통보할 것의 조치를 하였음에도 불구하고, 근로자가 휴가를 사용하지 아니하여

87) 대판 1992.6.23, 92다7542.
88) 1968.8.14, 기준1455. 9-7666.
89) 대판 1993.4.23, 92다34940.
90) 근기법이 기존 3개월 전에서 6개월 전으로 2012.2.1 개정되어 활용도를 높이도록 하였다.

연차유급휴가권이 소멸되어야 한다(동법 제61조).

(3) 효　과

이 경우 사용자는 그 미사용휴가에 대하여 보상할 의무가 없으며, 소멸시효를 중단시키는 사유로서 사용자의 귀책사유에 해당하지도 아니하는 것으로 본다(동법 제61조). 즉 i) 근로자에게 연차휴가근로수당청구권은 발생하지 않으며, ii) 사용자의 귀책사유에 해당하지 않기 때문에 연차휴가청구권도 이월되지 않고 소멸된다.

4. 연차유급휴가의 대체

(1) 의　의

사용자는 근로자대표와의 서면합의에 따라 연차 유급휴가일에 갈음하여 특정한 근로일에 근로자를 휴무시킬 수 있다(근기법 제62조). 이 제도는 사용자와 근로자대표 간의 서면합의라는 집단적 합의를 통해 개별 근로자의 시기지정권을 배제하고, 서면합의에서 정하는 바에 따라 휴가를 실시하는 제도이다.[91]

(2) 요　건

연차유급휴가를 대체하기 위하여는 근로자대표와의 서면합의를 필요로 한다. 휴가일의 대체는 근로자의 시기지정권을 제약하는 측면이 있으므로 사용자가 이를 일방적 의사로 할 수 없도록 한 것이다. 연차휴가의 대체는 근로자의 시기지정권을 배제하는 것이기 때문에 서면합의시 대체일이 특정되어야 할 것이다.[92]

(3) 효　과

근로자대표와 서면합의를 체결하는 경우에는 근로자의 휴가에 대한 시기지정권은 그 범위에서 배제되므로, 근로자는 그 날에 근로하는 대신 다른 날을 휴가일로 지정할 수는 없다고 보아야 할 것이다. 따라서 근로자가 서면합의에 따른 휴가 실시일에 휴가를 취득하는 것을 거부하더라도 휴가는 유효하게 성립하고 당해 휴가일수에 해당하는 휴가권이 소멸한다.

Ⅳ. 연차유급휴가의 소멸과 수당

1. 연차휴가의 소멸

연차유급휴가는 1년간 행사하지 아니한 때에는 소멸된다. 다만, 사용자의 귀책사유로 사용하지 못한 경우에는 그러하지 아니하다(근기법 제60조 제7항).

근로자가 1년간 연차유급휴가를 행사하지 아니한 경우 연차유급휴가는 소멸되지만 사용자의 귀책사유로 근로자가 휴가를 사용하지 못한 경우에는 휴가청구권 발생일로부터 1년이 지나더라도 휴가청구권은 소멸되지 아니하고 이월된다.

91) 일시적으로 업무량이 현저히 부족한 날 또는 징검다리 근로일이나 명절 전후의 근로일 등 특정 근로일에 상당수 근로자를 휴무하게 하는 대신 그 날을 연차휴가일로 처리할 수 있도록 특례를 인정한 것이다. 그렇게 처리함으로써 낮은 조업 성과에도 불구하고 미사용휴가수당(연차휴가근로수당) 등의 임금을 지급하는 사용자의 부담을 줄이고, 연속되는 휴일을 즐기려는 근로자의 편의를 도모하며, 근로자가 미사용휴가수당을 받을 목적으로 휴가 사용을 기피하는 폐단도 완화하려는 취지의 제도이다.

92) 1998.3.31. 근기 68207-609.

2. 연차유급휴가근로수당(미사용휴가수당)

(1) 의 의

현행법은 근로자가 휴가를 사용하지 않은 경우 그 미사용한 휴가에 대하여 휴가수당으로 보상(휴가근로수당)해야 한다는 규정은 없다. 그러나 대법원은 휴가사용기간(1년)이 경과한 경우 연차휴가청구권은 소멸하지만, 이때 연차휴가근로수당 청구권이 발생한다는 입장을 일관되게 유지해 오고 있다.[93)]

즉 연차유급휴가를 사용하지 아니하고 근로자가 근로한 경우에는 사용자는 이에 대한 임금을 별도로 지급하여야 한다. 연차유급휴가를 1년간 사용하지 아니하여 휴가청구권이 소멸하였다 할지라도, 휴가기간 중의 근로제공에 대한 임금청구권은 휴가소멸일 이후부터 3년간 소멸하지 아니한다.

(2) 퇴직과 연차유급휴가근로수당

근로자가 연차휴가권을 취득한 후에 연차휴가를 사용하기 전에 퇴직하더라도 연차유급휴가근로수당을 청구할 권리가 존재하기 때문에 근로자는 퇴직시까지 사용하지 못한 휴가일수 전부에 대한 수당을 청구할 수 있다.[94)]

(3) 연차유급휴가와 가산수당 지급 여부

연차유급휴가를 사용하지 아니하고 근로를 제공하여 연차휴가근로수당을 지급하는 경우에 i) 연차휴가제도는 주휴일제도나 시간외근로제도와는 그 취지가 다르다는 점, ii) 근로기준법의 규정에서도 휴일과 휴가를 명백히 구분하고 있다는 점, iii) 근로기준법 제56조의 시간외근로수당지급대상에서 휴가를 규정하고 있지 아니하다는 점 등을 고려하여 볼 때에 가산수당을 지급할 사용자의 법적 의무는 없다.[95)]

3. 연차유급휴가근로수당의 선지급(연차휴가의 환가 · 매수)

사용자가 연차유급휴가를 부여하지 않고 연차휴가근로수당(연차수당, 휴가보상금)을 주고 근로하게 하는 것(휴가의 환가 · 매수)은 휴가 사용을 저지하는 것으로서 허용되지 않는다.[96)] 다만, 판례는 연차휴가수당을 일당임금이나 매월 일정액에 포함하여 지급하는 것이 불가능한 것이 아니라고 판시한바 있다.[97)]

V. 결 론

지금까지 근로기준법 제60조의 연차휴가제도에 대하여 살펴보았다. 현행 근로기준법에서 연차휴가제도는 근로자의 선택에 따라 실제 휴가 사용보다는 금전보상의 수단으로 활용되어 제도의 취지와 다르게 사용되어 왔다. 이러한 문제점을 보완하기 위해 연차유급휴가의 집단적 사용방안을 강구할 필요가 있다.[98)]

한편, 휴가발생을 위한 출근율에 미달하는 근로자의 연차유급휴가는 어떻게 되는지에 대하여 명문

---

93) 대판 1991.6.28, 90다카14758; 대판 1971.12.28, 71다1713.

94) 대판 2005.5.7, 2003다48549,48556.

95) 대판 1990.10.26, 90다카12493; 대판 1991.6.28, 90다카14758.

96) 대판 1995.6.29, 94다18553.

97) 대판 1998.3.24, 1996다24699.

98) 근로기준법제 개선방안 78, 일정 휴가일수 초과분에 대해 근로자대표와의 서면합의로 휴가시기 지정이 가능하도록 규정하는 방안을 제시하고 있다.

의 규정이 없고, 최근 근로자의 이동의 증가에 따른 근속연수의 단기화, ILO 기준 및 선진국에서의 입법례와 비교하여 연차유급휴가 부여요건을 완화할 필요성이 제기되고 있다.[99)]

현행 연차휴가제도의 취지를 살리면서 제도상의 한계 및 문제점을 보완할 수 있는 개선이 필요하다고 본다.

[관련판례] 연차휴가

1. 연차유급휴가권의 소멸시효의 기산점(대판 1972.11.28, 72다1758)

연차유급휴가에 관한 권리는 근로자가 근로를 개시한 날로부터 1년간의 근로에 의하여 당연히 발생되며 그 권리의 소멸시효는 개근한 1년간의 근로를 따진 다음날부터 진행된다.

2. 취업규칙의 규정에 따라 정직 및 직위해제 기간을 연차유급휴가기간 산정시 출근일수에 산입하지 않을 수 있는지 여부(적극)(대법 2008.10.9, 2008다41666)

(구)근로기준법 제59조는 '사용자는 1년간 개근한 근로자에 대하여는 10일, 9할 이상 출근한 자에 대하여는 8일의 유급휴가를 주어야 한다'고 규정하면서 '개근'이나 '9할 이상 출근한 자'에 관하여 아무런 정의 규정을 두고 있지 않으나, 위 규정에 의한 **연차유급휴가**는 근로자에게 **일정기간 근로의무를 면제**함으로써 **정신적·육체적 휴양의 기회를 제공하고 문화적 생활의 향상**을 기하려하는 데에 그 의의가 있다. 그런데 정직이나 직위해제 등의 징계를 받은 근로자는 징계기간 중 근로자의 신분을 보유하면서도 근로의무가 면제되므로, 사용자는 취업규칙에서 근로자의 **정직 또는 직위해제 기간을 소정근로일수에 포함시키되 그 기간 중 근로의무가 면제**되었다는 점을 참작하여 연차유급휴가 부여에 필요한 **출근일수에는 포함되지 않는 것으로 규정할 수도 있고**, 이러한 취업규칙의 규정이 구 근로기준법 제59조에 반하여 근로자에게 불리한 것이라고 보기는 어렵다.

3. 연차휴가에 대한 근로자의 시기지정권 행사(대판 1997.3.25, 96다4930)

연·월차휴가권이 근로기준법상의 성립요건을 충족하는 경우에 당연히 발생하는 것이라고 하여도 이와 같이 발생한 휴가권을 구체화하려면 근로자가 자신에게 맡겨진 시기지정권(時期指定權)을 행사하여 어떤 휴가를, 언제부터 언제까지 사용할 것인지에 관하여 특정하여야 할 것이고, 근로자가 이와 같은 특정을 하지 아니한 채 시기지정을 하더라도 이는 적법한 시기지정이라고 할 수 없어 그 효력이 발생할 수 없다 할 것이다.

원고의 위에서 본 연·월차휴가신청은 원고가 월차휴가와 연차휴가를 각 언제부터 언제까지 사용할 것인지를 특정하지 아니한 것으로서 적법한 시기지정이라고 할 수 없어 그 효력이 발생할 수 없는 것이고, 따라서 원고가 부적법한 연·월차휴가신청을 한 다음 피고의 승인도 없이 출근하지 아니한 것은 무단결근이라고 할 것이다.

4. 연차휴가에 대한 사용자의 시기변경권 행사(대판 1992.6.23, 92다7542)

취업규칙에 휴가를 받고자 하는 자는 사전에 소속장에게 신청하여 대표이사의 승인을 득하여야 한다고 규정하고 있는 경우 이는 근로기준법 제48조 제3항(현행 제60조 제5항)이 규정하는 근로자의 휴가시기지정권을 박탈하기 위한 것이 아니라 단지 사용자에게 유보된 휴가시기 변경권의 적절한 행사를 위한 규정이라고 해석되므로 위 규정을

99) 근로기준법제 개선방안 76, 연차휴가의 부여요건 기준을 1년이 아니라 6개월로 개선할 필요성이 있다는 점과 연차유급휴가가 일정기간의 계속근로에 대한 보상이라는 점을 고려하여 그 요건을 완화하여 8할 출근 미만인 자에 대해서도 연차유급휴가를 부여하는 방안을 제시하였다.

위 근로기준법 규정에 위반되는 무효의 규정이라고 할 수 없고, 더구나 불특정다수인을 상대로 정기여객운송사업을 경영하는 운수회사의 경우 정기적이고 계속적인 여객운송계획이 확정되어 있고 정해진 시각에 예정된 차량운행이 순조롭게 이루어져야 하며, 만일 그 운행에 차질이 생길 때에는 운송사업 운영에 막대한 지장을 초래하게 되는 것이므로, 운행차량 운전사로 하여금 미리 유급휴가신청을 하여 대표이사의 승인을 받아 휴가를 실시하도록 한 것은 사용자의 휴가시기변경권을 적절하게 행사하기 위한 필요한 조치라고 할 것이다.

5. 연차휴가권의 행사 방법(대판 1992.4.10, 92누404)

취업규칙에 근로자가 연차휴가를 청구하는 절차에 관한 정함이 없는 회사에서 근로자가 동료운전사와의 상호 폭행으로 입은 상해 때문에 출근하지 아니하면서 회사 차량계장 및 총무계장에게 전화상으로 치료기간 중 계속 연차휴가를 실시한 것으로 처리하여 달라고 하였다면 이는 적법하게 연차휴가를 청구한 것이고, 이에 대하여 회사가 근로기준법 제48조 제3항(현행 제60조 제5항) 단서에 의한 시기변경권을 행사하였다고 볼 만한 자료가 전혀 없으므로, 위 근로자가 출근하지 아니한 기간은 연차휴가권을 행사한 것이어서 결근한 것이라고는 볼 수 없다.

6. 근로자의 퇴직시 미사용휴가수당의 지급의무(대판 1990.12.26, 90다카13465)

연차유급휴가를 이용하지 아니하고 계속 근로한 근로자들은 사용자에 대하여 그 휴가일수에 해당하는 임금(연차휴가근로수당)을 더 청구할 수 있고 이러한 **임금의 지급청구권**은 근로자가 **퇴직하였다 하여 소멸하는 것이 아님**은 물론 퇴직하기 전에 연·월차휴가청구권을 행사하지 아니하였다 하여 발생하지 아니하는 것이라고 할 수도 없고, 사용자의 이러한 연·월차휴가수당 지급의무는 연·월차휴가에 대한 금전보상을 규정하고 있는 사용자인 병원의 보수규정이 무효인지의 여부와 관련 없이 발생한다.

7. 연차휴가수당과 평균임금 산정(대판 2011.10.13, 2009다86246)

퇴직금 산정의 기준이 되는 평균임금은 퇴직하는 근로자에 대하여 퇴직한 날 이전 3개월간에 그 근로의 대상으로 지급된 임금의 총액을 그 기간의 총일수로 나눈 금액을 말하고, 퇴직하는 해의 전 해에 개근하거나 9할 이상 출근함으로써 구 근기법 제59조에 의하여 연차유급휴가를 받을 수 있었는데도 이를 사용하지 아니하여 그 기간에 대한 연차휴가수당 청구권이 발생하였다고 하더라도 그 연차휴가수당은 퇴직하는 해의 전 해 1년간의 근로에 대한 대가이지 퇴직하는 그 해의 근로에 대한 대가가 아니므로, **연차휴가권의 기초가 된 개근 또는 9할 이상 근로한 1년간의 일부가 퇴직한 날 이전 3개월간 내에 포함되는 경우**에 그 **포함된 부분에 해당하는 연차휴가수당만이 평균임금 산정의 기준이 되는 임금 총액**에 산입된다.

8. 미사용휴가수당에 대한 가산임금 지급 여부(대판 1991.7.26, 90다카11636)

근로기준법 제46조(현행 제56조)가 정하는 할증임금지급제도와 동법 제47조, 제48조(현행 제60조) 소정의 연, 월차휴가제도는 그 취지가 상이한 제도이고, 각 법조문도 휴일과 휴가를 구별하여 규정하고 있는 점에 비추어, 동법 제46조 소정의 "휴일"에는 동법 제47조, 제48조 소정의 연, 월차휴가는 포함되지 않는다고 봄이 상당하고, … 연, 월차휴가근로수당에 대하여는 동법 제46조 소정의 가산임금(수당)이 포함될 수 없다.

제11절 근로시간제도의 적용의 제외

Ⅰ. 서 설

근로기준법은 모든 사업 또는 사업장의 근로자에게 적용되는 것이 원칙이다. 그러나 사업의 성질 또는 업무의 특수성으로 인하여 출 · 퇴근시간을 엄격하게 정할 수 없다거나 근로시간 · 휴게 · 휴일의 적용이 적절하지 아니한 업종 · 직종 · 근로형태에 대해서는 그 적용을 배제하고 있다(근기법 제63조).

Ⅱ. 근로시간제도의 적용제외의 요건

1. 적용제외 대상 근로자

근로시간 · 휴게 및 휴일에 관한 규정이 적용되지 아니하기 위한 요건은 다음과 같은 특수한 사업에 종사하는 근로자에 한한다(동법 제63조).

ⅰ) 토지의 경작 · 개간, 식물의 재식 · 재배 · 채취사업 · 기타의 농림사업, ⅱ) 동물의 사육, 수산동식물의 채포 · 양식사업, 기타의 축산 · 양잠 · 수산사업, ⅲ) 감시 또는 단속적으로 근로에 종사하는 자로서 사용자가 노동부장관의 승인을 얻은 자, ⅳ) 대통령령으로써 정한 사업에 종사하는 근로자. 이 경우 '대통령령이 정한 업무'라 함은 사업의 종류에 불구하고 관리 · 감독업무 또는 기밀을 취급하는 업무를 말한다(동법 시행령 제34조).

2. 감시 또는 단속적 근로

'감시적 근로'란 수위업무, 화재감시, 물품감시, 계수기 감시 등과 같이 신체적 정신적인 업무의 과중이 없이 감시하는 것을 주된 업무로 하는 것을 말하며, '단속적' 근로라 함은 근로형태가 간헐적 단속적인 것으로 휴게시간과 대기시간이 많은 것을 말한다. 예컨대, 평소 업무는 한가하지만 기계고장수리 등 돌발적인 사고발생에 대비하여 대기하는 업무, 대기시간에 비교적 자유롭게 이용할 수 있는 수면시설 또는 휴게시설 등이 확보된 경우를 말한다.

3. 관리 · 감독 또는 기밀 업무

'관리감독업무'란 실국장, 부장, 공장장, 팀장 등 근로조건의 결정이나 노무관리상의 일정한 권한과 책임이 있는 자를 의미하며, '기밀을 취급하는 업무'라 함은 비서, 경호원 등과 같이 그 직무가 사업주 또는 사업경영담당자의 활동과 불가분의 관계가 있으며 출퇴근 등에 있어서 엄격한 제한을 받지 않는 자를 말한다.

Ⅲ. 근로시간제도의 적용 제외의 효과

1. 적용이 제외되는 규정

근로기준법 제4장(근로시간과 휴게)과 제5장(여자와 소년) 중 근로시간 · 휴게 · 휴일에 관한 규정은 특수근로자에게 적용되지 아니한다.

2. 적용되는 규정

근로기준법 제4장과 제5장에 있는 조항이라도 다음과 같이 근로시간 · 휴일 및 휴게와 관련이 없는 조항은 특수근로자에게 적용된다.

(1) 야간근로

제56조의 규정 중 야간근로에 대한 야간근로수당, 제70조의 여성과 연소자의 야간근로금지에 관한 규정은 특수근로자에게 적용된다.

(2) 휴　가

제60조의 연차유급휴가, 제73조의 생리휴가 및 제74조의 출산전후 · 유사산 휴가는 적용된다.

Key Word

➾ 법정(기준)근로시간, 근로시간 유연화 제도, 가산임금, 휴게, 휴일, 휴가, 근로자대표와 서면합의

기출문제

(1) 근로기준법 제42조(현 제53조 제2항)의 변형근로시간제 (1회, 86년, 25점)

(2) 근로기준법상의 근로시간보호에 관하여 논하라. (2회, 89년, 50점)

(3) 단시간근로자 보호 (6회, 97년, 25점)

(4) 연차휴가에 관하여 논하시오. (6회, 97년, 50점)

(5) 근로시간의 유연화제도와 노사관계에 미치는 영향을 논하시오. (8회, 99년, 50점)

(6) 근로시간제도의 적용제외(근로기준법 제61조)의 요건과 효과를 약술하시오. (14회, 05년, 25점)

(7) 근로기준법상 연장근로의 제한(제53조) (17회, 08년, 25점)

연습문제

(1) 가산수당에 대하여 약술하시오.

(2) 근로기준법상 휴게, 휴일, 휴가제도에 대하여 비교하시오.

제 6 장 여성과 소년

제 1 절 미성년자의 노동법상 보호

Ⅰ. 서 설

미성년자(20세 미만자)의 채용 자체에 대하여는 연소자(18세 미만자)와 달리 특별한 제한은 없으나 미성년자와의 근로계약에 관하여는 근로기준법상 규제가 있다. 이는 민법상 미성년자의 법률행위에 대한 특칙 규정이라 할 수 있다.

민법에 의하면 미성년자는 스스로 친권자 또는 후견인의 동의를 얻어 계약을 체결하는 외에 친권자 또는 후견인이 미성년자의 동의를 얻어 미성년자를 대리해서 계약을 체결하는 것을 인정하고 있다.

그러나 법정대리인의 경제적 급박과 도의적 무지로 미성년자에 불리한 친권남용의 가능성이 있기 때문에 근로기준법은 미성년자를 보호하기 위해 민법에 대한 특칙을 두어 친권자 또는 후견인이 미성년자를 대리해서 근로계약을 체결하는 것을 금지시켜 미성년근로자를 보호하고 있다.

또한 친권자 · 후견인 외에 노동부장관에게도 근로계약의 해지권을 부여하여 근로계약 체결과정에서 미성년자를 보호하고 있으며, 미성년자로 하여금 독자적으로 임금을 청구할 수 있게 하고 있다.

Ⅱ. 근로계약 대리체결 금지

1. 의 의

친권자나 후견인은 미성년자의 근로계약을 대리할 수 없다(근기법 제67조 제1항). 근로계약 체결시 법정대리인의 친권남용을 방지하고 미성년자의 인신구속의 가능성을 방지하고자, 민법규정과 달리 대리에 의한 근로계약의 체결을 금지하고 있다.

따라서 사용자가 미성년자를 고용할 때에는 본인과 직접 근로계약을 체결해야 한다. 사용자가 법정대리인과 체결한 근로계약은 무효이다.

2. 법정대리인의 동의 여부

미성년자인 근로자가 근로계약을 체결하기 위하여 법정대리인의 동의를 요하는가가 문제되는데(민법 제5조 제1항 참조) ⅰ) 법정대리인의 동의를 필요로 하지 않는다는 견해[1]도 있으나 ⅱ) 특별규정이 없는 한 민법의 일반원리가 적용되어야 한다는 점과, 친권자 또는 후견인의 동의서의 비치를 의무화 하고 있는 연소자증명서 규정(동법 제66조)을 고려한다면 법정대리인의 동의를 필요로 한다고 보는 것이 일반적이다.[2]

Ⅲ. 근로계약의 해지

1. 의 의

친권자, 후견인 또는 노동부장관은 근로계약이 미성년자에게 불리하다고 인정하는 경우에는 이를 해지할 수 있다(동법 제67조 제2항). 근로자는 근로계약을 체결한 이상 불리하다 하여 계약 기간 도중에에는 이를 해지할 수 없지만, 미성년자의 경우에는 예외적으로 법정대리인 또는 노동부장관이 미성년자 보호를 위하여 해지할 수 있도록 한 것이다.

또한 법정대리인 외에 노동부장관도 해지할 수 있도록 한 점이 특징이다. 이는 법정대리인이 없거나 또는 있다고 하더라도 해지권을 행사하지 않는 경우에 대비하여 공익적 견지에서 마련된 것 이다.

2. 불리의 판단기준

불리의 판단기준이 별도로 제시되고 있지는 않으나 미성년자 보호라는 법의 취지를 고려할 때 넓게 해석하는 것이 바람직할 것이다. 즉 법정대리인 또는 노동부장관이 불리하다고 인정하면 그것이 기준이 된다고 본다.

Ⅳ. 미성년자의 임금청구

1. 의 의

근로기준법은 미성년자는 독자적으로 임금을 청구할 수 있다고 규정하고 있다(동법 제68조). 민법상 미성년자는 법정대리인의 동의를 얻지 않고는 단독으로 임금을 청구하거나 수령할 수 없고, 법정대리인이 미성년자를 대신해서 임금청구 · 수령의 권한을 가지게 된다. 그러나 근로기준법은 법정대리인이 미성년자의 임금을 착취하고 혹사시키는 폐단을 방지하고자 미성년자의 독자적 임금청구권을 인정하고 있다.

2. 주요내용

근로기준법은 친권자 등이 미성년자를 대리해서 근로계약을 체결하는 것을 금지하고, 동법 제21조 전차금과 임금과의 상계를 금지하고 있으며, 동법 제43조의 규정에 의한 임금의 직접불원칙이 적용되어

1) 임종률 262.
2) 김형배 212; 김유성Ⅰ 361.

야 한다. 또한 이것과 병행해서 법정대리인이 미성년자를 대리해서 임금을 받는 것을 금지하고 있다. 그 결과 임금수령의 대리권이 없고, 사용자는 법정대리인으로부터의 청구를 거부할 수 있고, 만약 사용자가 법정대리인에게 임금을 지불하였다면 미성년자에 대해 효력을 주장할 수 없다. 한편, 미성년자는 독립해서 임금을 청구할 수 있고, 사용자가 미성년자에게 임금을 지불함은 유효하다. 미성년자는 임금의 수령에 대해서 당연히 법정대리인의 동의를 얻은 것과 마찬가지로 해석된다.

3. 미성년자의 소송능력

미성년자가 독립해서 임금을 청구할 수 있다는 것과 관련하여 미성년자가 독립해서 임금청구의 소송을 제기할 수 있는지가 문제된다.

민사소송법에서 미성년자는 법정대리인에 의해서만 소송행위를 할 수 있는 것을 원칙으로 하고, 미성년자가 독립해서 법률행위를 할 수 있는 경우에는 예외로 하고 있다. 따라서 미성년자에게도 근로계약에 관련된 법률행위, 예를 들면 사택·기숙사 등의 사용계약, 임금청구, 노동조합의 가입 등은 친권자의 동의를 얻지 않더라도 단독으로 할 수 있다고 보며, 미성년자에게도 해당 근로계약의 체결, 임금청구에 관련된 소송을 수행할 능력이 인정된다.[3)]

3) 대판 1981.8.25, 80다3149.

제 2 절 연소자의 노동법상 보호

Ⅰ. 서 설

연소근로자(18세 미만)는 성인근로자에 비하여 신체적으로 열악하다. 또한 연소근로자는 신체적, 정신적으로 성장과정에 있으므로 장시간의 노동은 이들의 건강과 신체적 성장을 방해하게 되고, 연소자의 교육기회를 박탈하는 결과를 가져오게 된다. 따라서 연소근로자의 신체적 · 정신적 성장을 보호하고, 원숙한 인간으로 성장할 수 있도록 특별한 법적 보호규정을 두고 있다.

헌법 제32조 제5항은 연소근로자의 근로에 대한 특별보호를, 근로기준법 제5장은 이를 구체화하기 위하여 연소근로자의 근로에 대한 특별보호를 규정하고 있다.

Ⅱ. 최저취업연령의 보호

15세 미만인 자(「초 · 중등교육법」에 의한 중학교에 재학 중인 18세 미만인 자를 포함한다)는 근로자로 사용하지 못한다. 다만, 대통령령이 정하는 기준에 따라 노동부장관이 발급한 취직인허증을 지닌 자는 근로자로 사용할 수 있다(근기법 제64조 제1항). 취직인허증은 본인의 신청에 따라 의무교육에 지장이 없는 경우에는 직종을 지정하여서만 발행할 수 있다(근기법 제64조 제2항).

최저취업연령의 설정은 성장과정에 있는 연소자의 신체 및 건강의 보호는 물론, 정신적 성숙을 위한 중학교 수준의 의무교육의 기회를 부여하기 위하여 마련된 제도이다.

Ⅲ. 근로조건 서면명시 및 교부

사용자는 18세 미만인 자와 근로계약을 체결한 경우에는 임금, 소정근로시간, 휴일, 연차 유급휴가 등의 근로조건을 서면으로 명시하여 교부하여야 한다(근기법 제67조 제3항). 이를 위반한 자에 대하여는 500만원 이하의 벌금에 처한다(동법 제114조 제1호).

18세 미만인 자와 근로계약을 체결하는 경우에는 근로기준법 제17조에 따른 근로조건을 서면으로 명시하여 '교부'하도록 함으로써 연소근로자의 노동기본권을 보호하고 사업주의 합법적 고용을 권장하려는 것이다.

Ⅳ. 근로시간 보호

1. 근로시간 제한

15세 이상 18세 미만자의 근로시간은 1일 7시간, 1주 40시간을 초과할 수 없다. 다만, 당사자 간의 합의에 의하여 1일 1시간, 1주 6시간을 한도로 연장할 수 있다(근기법 제69조).

2. 탄력적 · 선택적 근로시간제의 금지

탄력적 근로시간제는 15세 이상 18세 미만의 근로자와 임신 중인 여성 근로자에 대하여는 이를 적용하지 아니하고(근기법 제51조 제3항), 선택적 근로시간제는 15세 이상 18세 미만의 근로자에게만 적용되지 아니한다(동법 제52조 제1호).

3. 야간 및 휴일근로의 제한

사용자는 임산부와 18세 미만자를 야간(오후 10시부터 오전 6시까지) 및 휴일에 근로시키지 못함을 원칙으로 하고, 다만, 18세 미만자의 동의가 있는 경우로서 노동부장관의 인가를 얻은 경우에는 예외적으로 근로가 가능하도록 하고 있다(근기법 제70조).

야간근로를 금지하는 이유는 인간은 주행성 동물이므로 야간근로는 인간의 생체주기를 깨뜨려서 특히 신체적으로 약한 연소자에 대하여 부정적 영향을 가져오고, 또한 우리나라 사회는 연소자의 야간활동을 바람직하게 보지 아니하기 때문이다.

또한 휴일근로를 제한하는 이유는 성장기에 있는 연소자에게 피로가 누적되지 않도록 연소자에게 휴식을 통하여 신체적 · 정신적으로 성장할 기회를 부여하기 위한 것이다.

Ⅴ. 사용금지

1. 유해 · 위험사업에의 사용금지

사용자는 18세 미만자를 도덕상 또는 보건상 유해 · 위험한 사업에 사용하지 못한다(근기법 제65조 제1항). 위반시에는 벌칙이 적용된다.

또한 ILO 138호 협약 제3조 제1항은 업무의 성질에 따라 또는 업무가 행해지는 상황에 따라 연소자의 건강 · 안전 또는 도덕을 해할 우려가 있는 업무에 취업할 수 있는 최저연령이 원칙적으로 18세를 하회하여서는 아니 된다고 규정하고 있다.

신체적으로 저항력이 약하고, 육체적 · 정신적으로 미성숙하며, 유해 · 위험을 충분히 자각하지 못하는 연소자를 도덕 · 보건상 유해 · 위험하다고 인정되는 업무에 종사시키는 것을 금지하여 이들의 신체 · 건강상의 안전 · 보건 및 도덕성을 보호하기 위한 것이다.

2. 갱내근로 금지

사용자는 18세 미만인 자를 갱내에서 근로시키지 못하며 다만, 보건 · 의료, 보도 · 취재 등 대통령령이 정하는 업무를 수행하기 위하여 일시적으로 필요한 경우에는 그러하지 아니하다(근기법 제72조). 위반 시에는 벌칙이 적용된다고 규정하고 있다.

갱내근로는 미진으로 인한 호흡기 질환 및 갱내 붕괴사고 가능성 등이 존재하는 등 작업환경이 극히 열악 · 위험한 특수한 작업환경이므로 그 보호를 위해 신체적으로 약하고 성장기에 있는 연소자의 근로를 금지하고 있는 것이다.

Ⅵ. 연소자 증명서 비치

1. 의 의

사용자는 18세 미만인 자에 대하여는 그 연령을 증명하는 가족관계기록사항에 관한 증명서와 친권자 또는 후견인의 동의서를 사업장에 갖추어 두어야 한다(근기법 제66조).

근기법은 18세 미만의 근로자에 대한 여러 가지 특별보호를 규정하고 있는데, 이러한 보호의 실효성을 확보하기 위하여 연령증명서 등을 비치할 의무를 사용자에게 부과하고 있으며 그 위반에 대해서는 벌칙이 적용된다.

2. 가족관계기록사항에 관한 증명서

종전에는 연령을 증명하는 서류로써 호적증명서를 비치하여야 했으나, 「민법」개정(법률 제7427호 2005.3.31. 공포 · 시행)으로 2008년 1월 1일부터 「민법」상 호주제가 폐지됨에 따라 호적제도를 대체할 새로운 가족관계 등록제도를 마련하게 되었다.

즉, 15세 미만자의 경우는 취직인허증으로 가족관계기록사항에 관한 증명서 및 동의서를 대신할 수 있다(동법 시행령 제38조 제1항).

3. 친권자 또는 후견인의 동의서의 비치

사용자는 18세 미만 근로자의 친권자 또는 후견인의 동의서를 비치하여야 한다(근기법 제66조). 이 경우 동의서라 함은 미성년자의 근로계약체결에 관한 동의서를 말한다. 즉 미성년자의 근로계약체결에 대하여 친권자 또는 후견인이 이를 대리할 수 없으나(동법 제67조 제1항), 이에 대한 동의는 필요한 것을 의미한다.

제 3 절 여성근로자의 노동법상 보호

Ⅰ. 서 설 Ⅱ. 근로기준법상의 여성근로자 보호 1. 일반 여성근로자의 보호 2. 임산부에 대한 특별보호	Ⅲ. 고평양립법상의 여성근로자 보호 1. 의 의 2. 여성근로자에 대한 차별대우금지 3. 직장 내 성희롱의 금지 및 예방 4. 여성근로자의 모성보호

Ⅰ. 서 설

여성근로자는 여성의 신체적 · 생리적 특성과 모성보호라는 관점에서 남성근로자와 구별되고, 전통적으로 채용 및 근로조건 등에서 남성근로자에 비하여 차별대우를 받아 왔으므로 이에 대한 평등대우의 확보가 필요할 것이다.

다만, 최근의 여성근로자에 대한 보호는 신체적 약함의 보호라는 측면으로부터 모성의 보호 및 남녀평등의 보호라는 측면으로 점차 그 중점이 변화하고 있는 추세이다.

헌법 제32조 제4항 여자근로자에 대한 특별보호를, 헌법 제36조 제2항은 모성의 보호를 규정하고 있다.

여성근로자의 보호에 관한 법률로는 근로기준법, 고평양립법이 있다. 근로기준법은 제6조에서 "남녀의 차별적 대우금지"를 규정하고 있고, 제5장에서는 "여성근로자의 근로보호"를 규정하고 있다. 고평양립법은 제2장에서 "남녀의 차별적 대우금지", 제3장에서 "여성근로자의 모성보호"를 각각 규정하고 있다.

Ⅱ. 근로기준법상의 여성근로자 보호

1. 일반 여성근로자의 보호

(1) 야간 및 휴일근로의 제한

사용자는 18세 이상의 여성을 야간 및 휴일에 근로시키고자 할 경우에는 당해 근로자의 동의를 얻어야 한다(근기법 제70조 제1항).

(2) 갱내근로금지

사용자는 여성을 갱내에서 근로시키지 못한다. 다만, 보건 · 의료, 보도 · 취재 등 대통령령이 정하는 업무를 수행하기 위하여 일시적으로 필요한 경우에는 그러하지 아니하다(동법 제72조).

(3) 생리휴가

사용자는 여성인 근로자가 청구하는 경우에는 월 1일의 생리휴가를 주어야 한다(동법 제73조).

2. 임산부에 대한 특별보호

(1) 유해 · 위험사업에의 사용금지

사용자는 임신 중이거나 출산 후 1년이 경과되지 아니한 여성을 도덕상 또는 보건상 유해 · 위험한 사업에 사용하지 못한다. 또한 사용자는 임산부가 아닌 18세 이상의 여성을 보건상 유해 · 위험한 사업 중 임신 또는 출산에 관한 기능에 유해 · 위험한 사업에 사용하지 못한다(근기법 제65조).

(2) 근로시간 규제상의 특칙

1) 탄력적 시간제의 적용금지 탄력적 근로시간제는 임신 중인 여성 근로자에 대하여는 이를 적용하지 아니한다(동법 제51조 제3항).

2) 시간외근로(연장근로)의 제한

① 임신 중인 여성 사용자는 임신 중의 여성근로자에 대하여 시간외근로를 하게 하여서는 아니된다(동법 제74조 제4항).

② 출산 후 1년이 경과되지 않은 여성 사용자는 출산 후 1년이 경과되지 아니한 여성에 대하여는 단체협약이 있는 경우라도 1일에 2시간, 1주일에 6시간, 1년에 150시간을 초과하는 시간외근로를 시키지 못한다(동법 제71조).

3) 야간 및 휴일근로의 제한 사용자는 임산부를 야간 및 휴일에 근로시키고자 할 경우에는 노동부장관의 인가와 당해 근로자의 동의 또는 명시적인 청구가 있어야 한다(동법 제70조).

(3) 출산전후휴가 또는 유산 · 사산휴가

사용자는 임신 중의 여성에 대하여 출산전후를 통하여 90일의 보호휴가를 주어야 하며, 사업주는 유산·사산휴가를 청구한 근로자에 대하여 유산 또는 사산한 근로자의 임신기간에 따라 5일 내지 90일의 보호휴가 일수를 주어야 한다(근기법 제74조 제1항, 제2항 및 동법 시행령 제43조 제2항).[4)]

종전에는 임신 중인 여성이 임신 16주 이후 유산 또는 사산한 경우에 임신기간에 따라 30~90일의 보호휴가를 주도록 한 것을 개선하였다.

(4) 쉬운 근로로의 전환

사용자는 임신 중의 여성근로자 요구가 있는 경우에는 쉬운 종류의 근로로 전환하여야 한다(동법 제74조 제4항).

(5) 태아검진 시간의 허용

사용자는 임신한 여성근로자가 임산부 정기건강진단을 받는 데 필요한 시간을 청구하는 경우 이를 허용해 주어야 한다. 이 경우 사용자는 건강진단 시간을 이유로 그 근로자의 임금을 삭감해서는 아니된다(동법 제74조의2).[5)]

(6) 육아시간(수유시간)

생후 1년 미만의 유아를 가진 여성근로자의 청구가 있는 경우에는 1일 2회 각각 30분 이상의 유급 수유시간을 주어야 한다(동법 제75조).

---

4) 1. 유산 또는 사산한 근로자의 임신기간(이하 "임신기간"이라 한다)이 11주 이내인 경우: 유산 또는 사산한 날부터 5일까지
2. 임신기간이 12주 이상 15주 이내인 경우: 유산 또는 사산한 날부터 10일까지
3. 임신기간이 16주 이상 21주 이내인 경우: 유산 또는 사산한 날부터 30일까지
4. 임신기간이 22주 이상 27주 이내인 경우: 유산 또는 사산한 날부터 60일까지
5. 임신기간이 28주 이상인 경우: 유산 또는 사산한 날부터 90일까지.

5) 2008.3.21. 법률 제8960호 / 시행일 2008.7.1.

Ⅲ. 고평양립법상의 여성근로자 보호

1. 의 의

고평양립법은 '여성근로자의 차별대우금지'와 '여성근로자의 모성보호'를 가장 중요한 목적으로 규정하고 있다(고평양립법 제1조).

2. 여성근로자에 대한 차별대우금지

(1) 모집 · 채용에 있어서의 남녀균등대우

사업주는 근로자의 모집 및 채용에 있어서 남녀를 차별해서는 아니 된다(고평양립법 제7조 제1항). 사업주는 여성근로자를 모집 · 채용함에 있어서 모집 · 채용하고자 하는 직무의 수행에 필요하지 않은 용모 · 키 · 체중 등의 신체적 조건 또는 미혼조건 등을 제시하거나 요구하여서는 아니 된다(동법 제7조 제2항).

(2) 임금에 있어서의 평등

사업주는 동일한 사업 내의 동일가치의 노동에 대하여는 동일한 임금을 지급하여야 한다(동법 제8조).

(3) 임금 외의 금품에 있어서의 평등

사업주는 임금 외에 근로자의 생활을 보조하기 위한 금품의 지급 또는 자금의 융자 등 복리후생에 있어서 남녀를 차별해서는 아니 된다(동법 제9조).

(4) 교육 · 배치 및 승진에 있어서의 평등

사업주는 근로자의 교육 · 배치 및 승진에 있어서 남녀를 차별해서는 아니 된다(동법 제10조).

(5) 정년 · 퇴직 및 해고에 있어서의 평등

사업주는 근로자의 정년 · 퇴직 및 해고에 있어서 남녀를 차별해서는 아니 된다(동법 제11조 제1항). 사업주는 근로여성의 혼인, 임신 또는 출산을 퇴직사유로 예정하는 근로계약을 체결하여서는 아니 된다(동법 제11조 제2항).

3. 직장 내 성희롱의 금지 및 예방

(1) 직장 내 성희롱의 개념

직장 내 성희롱이라 함은 사업주 · 상급자 또는 근로자가 직장 내의 지위를 이용하거나 업무와 관련하여 다른 근로자에게 성적 언동 등으로 성적 굴욕감 또는 혐오감을 느끼게 하거나 성적 언동 그 밖의 요구 등에 대한 불응을 이유로 고용에 있어서 불이익을 주는 것을 말한다(고평양립법 제2조 제2항).

(2) 직장 내 성희롱의 금지 및 예방교육

사업주, 상급자 또는 근로자는 직장 내 성희롱을 하여서는 아니 된다(동법 제12조). 사업주는 직장 내 성희롱을 예방하고 근로자가 안전한 근로환경에서 일할 수 있는 여건 조성을 위하여 직장 내 성희롱의 예방을 위한 교육을 실시하여야 하며(동법 제13조), 사업주는 직장 내 성희롱 발생이 확인된 경우 지체없이 행위자에 대하여 징계, 기타 이에 준하는 조치를 취하여야 한다(동법 제14조 제1항).

(3) 피해근로자에 대한 불이익조치 금지

사업주는 직장 내 성희롱과 관련하여 피해주장을 제기한 근로자 또는 피해를 입은 근로자에게 해고 기타 불이익한 조치를 취하여서는 아니 된다(동법 제14조 제3항).

4. 여성근로자의 모성보호

(1) 육아휴직제도

1) 의 의 사업주는 근로자가 만 6세 이하의 초등학교 취학 전 자녀(입양한 자녀 포함)를 양육하기 위하여 휴직(이하 '육아휴직')을 신청하는 경우에 이를 허용하여야 한다(고평양립법 제19조 제1항).[6] 육아휴직기간은 1년 이내로 한다(동법 제19조 제2항).

2) 불리한 처우의 금지 사업주는 근로여성에게 육아휴직을 이유로 해고 기타 불리한 처우를 하여서는 아니 되며, 육아휴직기간 동안은 당해 근로자를 해고하지 못한다. 다만 사업을 계속할 수 없는 경우에는 그러하지 아니하다(동법 제19조 제3항).

3) 육아휴직 종료 후 복직 사업주는 육아휴직 종료 후에는 휴직 전과 동일한 업무 또는 동등한 수준의 임금을 지급하는 직무에 복귀시켜야 한다. 또한 육아휴직기간은 근속기간에 포함된다(동법 제19조 제4항).

4) 직장과 가정생활의 양립지원 국가는 사업주가 근로자에게 육아휴직을 부여한 경우 당해 근로자의 생계비용과 사업주의 고용유지비용의 일부를 지원할 수 있다(동법 제20조). 이에 따라 고용보험법은 근로자에게는 육아휴직급여를, 사업주에게는 육아휴직지원금을 지급한다.

(2) 직장보육시설의 설치

사업주는 근로자가 육아의 양육 등에 신경을 쓰지 아니하고 편안한 상태에서 계속 취업을 할 수 있도록 수유 · 탁아 등 육아에 필요한 직장보육시설을 설치하여야 한다(동법 제21조 제1항). 직장보육시설의 기준과 운영에 관하여는 영유아보육법이 정하는 바에 따른다(동법 제21조 제2항).

(3) 출산전후휴가에 대한 지원

국가는 근로기준법 제74조의 규정에 의한 출산전후휴가 또는 유사산휴가를 사용한 근로자 중 일정한 요건에 해당하는 자에게 당해 휴가기간에 대하여 통상임금에 상당하는 금액(출산전후휴가급여 등)을 지급할 수 있다(동법 제18조 제1항).

---

6) 생후 1년 미만의 영아를 가진 근로자에게만 육아휴직을 부여하였다가, 2005.12.30. 개정으로 생후 3년 미만의 영유아를 가진 근로자로 확대되어 2008.1.1. 이후 출생한 영유아부터 적용되다가 2010.2.4.개정되었다.

제 4 절 노동관계법령상의 모성보호제도

Ⅰ. 서 설

1. 의 의

모성보호(母性保護)란 임신 · 출산이라는 여성 고유의 특성을 감안하여 근로장소에서 여성을 특별히 보호하는 사회적 조치를 의미한다. 건강한 아이를 낳아 모체를 보호하고, 다음 세대의 사회 성원을 재생산할 수 있도록 보장하여 주는 모성보호조치는 매우 중요하다.

여성근로자는 여성의 신체적 · 생리적 특성과 모성보호라는 관점에서 남성근로자와 구별되고, 전통적으로 채용 및 근로조건 등에서 남성근로자에 비하여 차별대우를 받아 왔으므로 여성근로자에 대한 특별보호가 요청되었다.

그러나 최근의 여성근로자에 대한 보호는 신체적 약함의 보호라는 측면으로부터 모성의 보호 및 남녀평등의 보호라는 측면으로 점차 그 중점이 변화하고 있는 추세이며, 또한 UN 여성차별 철폐조약(1979년)에서도 근로관계에 있어서 모성보호는 강화하되 여성 일반에 대한 보호는 남녀 기회균등이라는 견지에서 철폐되어야 한다고 방향을 제시하고 있다.

2. 입법체계

헌법 제36조 제2항에서는 "국가는 모성의 보호를 위하여 노력하여야 한다"고 규정하고 있으며, 근로관계에서의 모성보호를 위하여 법령으로서는 '근로기준법', '남녀고용평등과 일 · 가정 양립 지원에 관한 법률(이하 '고평양립법'이라 함)',[7] '고용보험법' 등이 있다.

근로기준법 제5장에서는 모성보호를 위한 여성의 특별보호를, 고평양립법에서는 산전후휴가 등에 대한 국가의 지원, 육아휴직 등의 제도를 두고 있으며, 고용보험법에서는 출산전후휴가급여 등 · 육아휴직급여의 구체적인 수급요건과 급여수준에 대해서 규정하고 있다.

7) '일 중심'에서 '가정과의 균형'을 중시하는 근로자들의 의식변화에 대응하고, 저출산 · 고령화 시대에 여성 인력의 경제활동 참여를 늘리기 위하여 일 · 가정의 양립을 위한 정책을 강화하고, 이에 따라 법 제명을 「남녀고용평등법」에서 「남녀고용평등과 일 · 가정 양립 지원에 관한 법률」로 변경하였다(개정 2007.12.21. 법률 제8781호 / 시행일 2008.6.22).

Ⅱ. 근로기준법상의 모성보호제도

1. 유해 · 위험사업에의 사용금지

사용자는 임신 중이거나 출산 후 1년이 경과되지 아니한 여성(이하 '임산부'라 함)을 도덕상 또는 보건상 유해 · 위험한 사업에 사용하지 못한다(근기법 제65조 제1항).

또한 사용자는 임산부가 아닌 18세 이상의 여성을 보건상 유해 · 위험한 사업 중 임신 또는 출산에 관한 기능에 유해 · 위험한 사업에 사용하지 못한다(동법 제65조 제2항).

2. 근로시간규제상의 특칙

(1) 탄력적 시간제의 적용금지

탄력적 근로시간제는 임신 중인 여성 근로자에 대하여는 이를 적용하지 아니한다(동법 제51조 제3항).

(2) 시간외근로(연장근로) 제한

1) 임신 중인 여성 　사용자는 임신 중의 여성근로자에 대하여 시간외근로를 시키지 못한다(제74조 제4항).

2) 출산 후 1년이 경과되지 않은 여성 　사용자는 출산 후 1년이 경과되지 아니한 여성에 대하여는 단체협약이 있는 경우라도 1일에 2시간, 1주일에 6시간, 1년에 150시간을 초과하는 시간외근로를 시키지 못한다(동법 제71조).

(3) 야간 및 휴일근로의 제한

사용자는 임산부를 야간 및 휴일에 근로시키고자 할 경우에는 노동부장관의 인가와 출산 후 1년이 경과되지 않은 여성의 동의 또는 임신 중인 여성의 명시적인 청구가 있어야 한다(동법 제70조 제2항). 이 경우 사용자는 노동부장관의 인가를 받기 전에 근로자의 건강 및 모성보호를 위하여 그 시행 여부와 방법 등에 관하여 그 사업 또는 사업장의 근로자대표와 성실하게 협의하여야 한다(동법 제70조 제3항).

3. 출산전후 · 유사산휴가

(1) 의　　의

근로기준법은 여성근로자의 모성을 보호하고 임신 · 출산 중의 심신을 보호하고자 출산전후 · 유사산휴가를 부여하고 있다.

최근 모성보호관련 법의 개정으로 출산전후휴가급여 지원 확대로 사업주의 부담이 줄어들었고, 유 · 사산 보호휴가제도가 법제화되었다.

(2) 출산전후휴가

사용자는 임신 중의 여성에게 출산 전과 출산 후를 통하여 90일의 보호휴가를 주어야 한다. 이 경우 휴가기간의 배정은 출산 후에 45일 이상이 되어야 한다(근로기준법 제74조 제1항).

(3) 유사산휴가

사용자는 임신 중인 여성이 유산 또는 사산한 경우로서 그 근로자가 청구하면, 임신기간에 따라 5일~90일의 보호휴가를 주어야 한다(동법 제74조 제2항 및 시행령 제43조).

(4) 휴가기간 중의 급여

출산전후휴가 및 유사산휴가 중 최초 60일은 유급으로 한다. 다만, 고평양립법 제18조에 따라 산전후휴가급여 등이 지급된 경우에는 그 금액의 한도에서 지급의 책임을 면한다(동법 제74조 제3항).

(5) 출산전후휴가 종료 후 직무 복귀

사업주는 제1항에 따른 보호휴가(산전후휴가) 종료 후에는 휴가 전과 동일한 업무 또는 동등한 수준의 임금을 지급하는 직무에 복귀시켜야 한다(동법 제74조 제5항).[8]

4. 기　　타

(1) 쉬운 근로로의 전환

사용자는 임신 중의 여성근로자 요구가 있는 경우에는 쉬운 종류의 근로로 전환하여야 한다(제74조 제4항).

(2) 태아검진 시간의 허용

사용자는 임신한 여성근로자가 임산부 정기건강진단을 받는 데 필요한 시간을 청구하는 경우 이를 허용해 주어야 한다. 이 경우 사용자는 건강진단 시간을 이유로 그 근로자의 임금을 삭감해서는 아니 된다(동법 제74조의2).[9]

(3) 육아시간(수유시간)

생후 1년 미만의 유아를 가진 여성근로자의 청구가 있는 경우에는 1일 2회 각각 30분 이상의 유급 수유시간을 주어야 한다(동법 제75조).

Ⅲ. 고평양립법[10] 및 고용보험법상의 모성보호제도

1. 출산전후 · 유사산휴가에 대한 지원

(1) 의　　의

국가는 근로기준법 제74조에 따른 출산전후휴가 또는 유산 · 사산 휴가를 사용한 근로자 중 일정한 요건에 해당하는 자에게 그 휴가기간에 대하여 통상임금에 상당하는 금액(이하 "산전후휴가급여 등"이라 한다)을 지급할 수 있다(고평양립법 제18조 제1항).

출산전후휴가급여 등의 지급요건, 지급기간 및 절차 등에 관하여 필요한 사항은 따로 법률로 정한

8) 2008.3.28. 법률 제9038호 / 시행일 2008.3.28.

9) 2008.3.21. 법률 제8960호 / 시행일 2008.7.1.

10) 제3장 모성 보호
　제18조 (산전후휴가에 대한 지원)
　제18조의2 (배우자 출산휴가)
제3장의2 일 · 가정의 양립 지원
　제19조 (육아휴직)
　제19조의2 (육아기 근로시간 단축)
　　– 생략 –
　제20조 (일 · 가정의 양립을 위한 지원)
　제21조 (직장보육시설 설치 및 지원 등)
　　– 생략 –

다(동법 제18조 제5항).

(2) 지급요건

근로기준법 제74조 규정에 의한 출산전후휴가 또는 유사산휴가를 부여받은 여성근로자 중 ⅰ) 휴가가 끝난 날 이전에 피보험 단위기간이 통산하여 180일 이상일 이고, ⅱ) 휴가를 시작한 날 이후 1개월(우선지원대상기업이 아닌 경우는 휴가 종료일)부터 휴가가 끝난 날 이후 12개월 이내에 신청하여야 한다(고용보험법 제75조).

(3) 지급기간

1) 우선지원대상기업 근로기준법 제74조에 의한 출산전후휴가기간(90일) 또는 유사산휴가 기간(30~90일)에 전체에 대하여 지급한다.

2) 우선지원대상기업이 아닌 경우 출산전후휴가 또는 유사산휴가 기간 중 60일을 초과한 일수, 즉 30일을 한도로 지급한다.

(4) 수 준

1) 통상임금액에 상당하는 금액 출산전후휴가급여 등은 휴가개시일을 기준으로 산정한 근로기준법상 통상임금에 상당하는 금액으로 지급한다.

2) 상한액과 하한액 출산전후휴가급여 등의 상한액은 휴가기간 90일에 대한 통상임금에 상당하는 금액이 405만원을 초과하는 경우에는 405만원이며, 하한액은 최저임금법에 의한 최저임금액을 기준으로 한다.

3) 통상임금이 상한액을 초과하는 경우 우선지원대상기업에서도 사업주는 최초 60일에 대하여는 급여지급 의무가 있는 것이며, 다만 고용보험에서 출산전후휴가급여 등을 받은 경우 그 금액의 한도에서 지급의 책임을 면하는 것이므로(근기법 제74조 제3항), 상한액을 초과하는 차액에 대한 지급 의무는 남아 있게 된다.

2. 배우자 출산휴가

사업주는 근로자가 배우자의 출산을 이유로 휴가를 청구하는 경우에 5일의 범위에서 3일 이상의 휴가를 주어야 한다(고평양립법 제18조의2 제1항, 2012.2.1 개정). 배우자 출산휴가는 근로자의 배우자가 출산한 날부터 30일이 지나면 청구할 수 없다(동법 제18조의2 제1항).

3. 육아휴직 및 급여지원

(1) 육아휴직제도

사업주는 근로자가 만 6세 이하의 초등학교 취학 전 자녀(입양한 자녀 포함)를 양육하기 위하여 휴직(이하 '육아휴직')을 신청하는 경우에 이를 허용하여야 한다(고평양립법 제19조 제1항).[11] 육아휴직기간은 1년 이내로 한다(동법 제19조 제2항).

(2) 육아휴직급여

1) 의 의 육아휴직급여는 고평양립법 제19조에 의해 사업주가 근로자가 만6세 이하의

11) 생후 1년 미만의 영아를 가진 근로자에게만 육아휴직을 부여하였다가, 2005.12.30. 개정으로 생후 3년 미만의 영유아를 가진 근로자로 확대되어 2008.1.1. 이후 출생한 영유아부터 적용되다가 2010.2.4. 개정되었다.

초등학교 취학 전 자녀를 양육하기 위하여 육아휴직을 30일 이상 부여한 경우, 그 육아휴직을 부여받은 피보험자에게 일정요건이 구비된 경우 급여를 지급하는 제도이다(고용보험법 제70조).

2) 수급요건 육아휴직을 30일 이상 부여받은 근로자 중 ⅰ) 육아휴직을 시작한 날 이전 피보험 단위기간이 통산하여 180일 이상이고, ⅱ) 같은 자녀에 대하여 피보험자인 배우자가 육아휴직(30일 미만은 제외)을 부여받지 않고 있어야 하며, ⅲ) 육아휴직을 개시한 날 이후 1개월부터 끝난 날 이후 12개월 이내에 신청해야 한다(동법 제70조).

(3) 육아휴직급여액

그동안 육아휴직급여액은 월 50만원 정액으로 지급되었다. 이제 육아휴직 급여는 최대 100만원까지 휴직 전 임금의 40%의 정률로 지급된다. 이는 취업여성의 출산여건 개선을 위한 것으로 저출산 대책과 모성보호를 위한 것이다.

4. 육아기 근로시간 단축

사업주는 근로자가 전일제 육아휴직 대신 주 15시간부터 30시간까지의 범위에서 근무하는 육아기 근로시간 단축을 신청할 경우에 이를 허용할 수 있다. 사업주가 이를 허용하지 않는 경우에는 서면으로 그 사유를 해당 근로자에게 알려주어야 한다. 그리고 육아기 근로시간 단축을 하는 근로자의 근로조건은 근로관계 당사자 간에 서면으로 정한다(고평양립법 제19조의2 및 제19조의3).

5. 일 · 가정의 양립 지원

국가는 사업주가 근로자에게 육아휴직이나 육아기 근로시간 단축을 허용한 경우 그 근로자의 생계비용과 사업주의 고용유지비용의 일부를 지원할 수 있다(고평양립법 제20조 제1항). 이에 따라 고용보험법은 근로자에게는 육아휴직급여를, 사업주에게는 육아휴직지원금을 지원하고 있다.

국가는 소속 근로자의 일 · 가정의 양립을 지원하기 위한 조치를 도입하는 사업주에게 세제 및 재정을 통한 지원을 할 수 있다(동법 제20조 제2항).

제 5 절 생리휴가

Ⅰ. 서 설

사용자는 여성 근로자가 청구하면 월 1일의 생리휴가를 주어야 한다(근기법 제73조). 생리는 취업에 지장을 초래하므로 여성근로자의 청구가 있는 경우 휴가의 형식으로 근로의무의 면제를 인정하고 있는 것이다.

출산전후휴가확대(60일에서 90일로), 출산전후휴가 및 육아휴직시 급여 지원(고용보험) 등 모성보호 입법이 완료됨에 따라 근로시간제도 개선과 연계하여 생리휴가제도를 개선하기로 하였다. UN 여성차별 철폐조약(1979년)도 근로관계에 있어서 모성보호는 강화하되 여성 일반에 대한 보호는 남녀 기회균등이라는 견지에서 철폐되어야 한다고 방향을 제시하고 있으며, 생리휴가는 ILO기준에도 없으며 세계적으로 일본과 인도네시아에서만 무급으로 하고 있다. 그리하여 2003년 근로기준법 개정시 생리휴가를 무급화하고, 생리휴가 사용시 근로자의 임금이 저하될 수 있으므로 근로자의 청구에 따라 부여하도록 개정한 것이다.

Ⅱ. 행사요건

1. 생리의 발생

생리휴가제도는 여성근로자의 특수한 신체적 · 생리적 사정을 보호하기 위하여 설정된 제도이므로 직종, 근로시간 및 개근 여부 등에 상관없이 임시직 근로자, 시간제 근로자 등을 포함한 모든 여성근로자에게 생리 여부 사실에 따라 부여되어야 한다.[12)]

생리휴가는 그 성질이 여성의 생리를 전제로 하는 휴가이므로 임신 · 폐경 등 생리현상이 없는 여성근로자에게는 생리휴가를 부여하지 아니하여도 무방하다.[13)] 지정한 휴가일이 생리휴가일에 해당한다는 사실과 생리 유무 자체의 입증책임은 구법에서는 사용자에게 있었다.[14)] 그러나 구법에서 근로자의 청구 유무와 상관없이 사용자가 의무적으로 휴가를 부여해야 했던 것과는 다르게 개정법에서는 근로자의 청구를 요건으로 하고 있어, 누구에게 입증책임이 있는 지가 문제가 된다.

ⅰ) 생리휴가권은 청구에 의하여 취득되는 권리이므로 그 발생요건은 생리휴가권을 주장하는 근로자가 증명해야 한다는 견해[15)]가 있으나 ⅱ) 여성근로자 본인의 증명을 기대할 수밖에 없으나 이를 엄격히 해석하면 제도의 취지가 상실되고 성적 프라이버시와 충돌하므로 사용자가 입증해야 한다는 견해[16)]

12) 1980.12.4, 법무811-31778; 1970.11.7, 근기11455-10531.
13) 서울지판 1993.5.7, 92나27668; 1989.11.1, 근기01254-1553; 1993.6.15, 근기01254-1245.
14) 1989.11.7, 근기01254-15552; 1991.1.23, 근기01254-986.
15) 김형배 480.

가 타당하다.

2. 여성근로자의 청구

생리휴가는 여성인 근로자가 '청구하는 때'에 부여되는 것이므로 생리를 가진 여성이라도 청구하지 않으면 생리휴가를 받을 수 없다. 생리휴가의 청구는 본인의 생리기간 중의 특정일에 근로의무를 면하는 청구이므로, 월 1일의 범위 안에서 소정근로일 중에서 휴가를 받고자 하는 날을 지정하여야 한다. 청구는 그 성질상 '휴가일 이전'이어야 할 것이다.

단체협약에 월 1일 결근은 생리휴가로 대체한다는 약정이 있더라도 i) 월 1일의 결근이 근로자의 요청 없이 자동적으로 생리휴가로 대체되지는 않으며, ii) 사후에 생리휴가 대체의 취지를 통지 또는 요청해야 대체의 효과가 발생하여 결근으로 처리되지 않는다.[17]

Ⅲ. 무급휴가의 부여

여성근로자가 위의 요건을 갖추어 생리휴가를 청구한 경우 사용자는 휴가를 부여해야 하며, 업무지장 등의 이유로 근로자가 지정한 휴가일을 변경할 수는 없다. 유급휴가일 필요는 없으나 휴가를 부여하지 않을 경우 벌칙(근기법 제114조)이 적용된다.

생리휴가가 유급에서 무급으로 개정됨에 따라 단체협약, 취업규칙, 근로계약 등에 노사가 달리 약정한 바가 없다면 휴가사용일에 대하여 임금을 지급할 의무는 없다.

Ⅳ. 근로관계

i) 주휴일 또는 연차휴가 등을 부여하기 위한 소정근로일수 및 출근율 산정시 소정근로일수에 포함하고 그날은 출근한 것으로 보아야 하며, ii) 생리휴가권은 그달이 지나면 소멸한다. iii) 생리휴가를 청구한 날에 근로자가 출근하여 근로를 하더라도 할증임금이 가산되지 않는다고 해석된다.[18]

16) 김유성 I 366, 임종률 581.
17) 대판 1991.3.27, 90다15631.
18) 대판 1989.2.28, 86다카2567; 대판 1990.12.26, 90다카12493; 대판 1991.6.28, 90다카14758.

제 6 절 임산부의 보호휴가(산전 · 후 및 유 · 사산휴가)

Ⅰ. 서 설

근로기준법은 여성근로자의 모성을 보호하고 임신 · 출산 중의 심신을 보호하고자 산전 · 후 휴가를 부여하고 있다.[19)]

최근 출산전후휴가급여 지원 확대 및 유산 · 사산시 보호휴가를 사용하도록 하는 내용의 모성보호 관련 3법(근로기준법, 고평양립법, 고용보험법)에 대한 개정법률이 2005년 공포되어 2006년 1월 1일부터 고용보험법상 우선지원대상기업 여성근로자가 출산전후휴가를 사용할 경우 고용보험에서 90일분 급여를 지급함으로써 사업주의 부담이 완화되었고 최근 개정법에서는 임신한 여성근로자에 대한 유산 · 사산 휴가제도가 확대되었다.

종전에는 출산전후휴가기간 90일 중 30일만 고용보험에서 급여를 지급하고 60일은 사업주가 직접 부담함으로서 여성고용 확대에 장애물이 된다거나 중소기업 여성 근로자들의 임신 · 출산으로 인한 퇴직 사례가 많다는 지적이 있어 왔다.

또한 그간 임신기간을 정하여 보장되었던 유산 · 사산휴가제도가 임신기간이 12주 미만인 경우에도 차등적으로 확대되었다.

Ⅱ. 출산전후휴가 및 유산 · 사산휴가

1. 휴가 부여 대상

근로기준법상 1인 이상 사업장의 여성근로자는 임시직 · 일용직 · 정규직 · 비정규직 등 근로계약의 형태와 관계없이 누구든지 사용할 수 있다. 유사산휴가의 사용도 마찬가지이다. 휴가의 성질상 여성근로자가 직접 출산한 경우에만 해당되므로 입양은 출산전후휴가 및 출산전후휴가급여의 지급대상이 아니다.

2. 출산전후휴가

사용자는 여성근로자가 임신한 경우 출산전후를 통하여 90일의 보호휴가를 부여하여야 하며, 이 경우 휴가는 출산 후에 45일 이상 주어야 한다(근기법 제74조 제1항). 출산 전에 45일 이상을 휴가로 사용하였을 경우에도 출산 후에 45일 이상의 보호휴가는 반드시 주어야 한다.

19) 1979.3.21, 법무811-6870; 1991.4.9, 근기01254-4937.

3. 유사산휴가

(1) 의 의

사용자는 임신 중인 여성이 유산 또는 사산한 경우로서 그 근로자가 청구하면 대통령령이 정하는 바에 따라 보호휴가를 주어야 한다. 다만, 인공임신 중절수술(「모자보건법」제14조 제1항에 따른 경우는 제외한다)에 의한 유산의 경우는 그러하지 아니하다(근기법 제74조 제2항).

(2) 근로자의 청구

법 제74조 제2항의 규정에 따라 임신 16주 이후 유산 또는 사산한 근로자로서 보호휴가(유산 · 사산휴가)를 청구하는 근로자는 휴가청구사유, 유산 · 사산 발생일 및 임신기간 등이 기재된 유산 · 사산에 따른 보호휴가신청서에 의료기관의 진단서를 첨부하여 당해 사업주에게 제출하여야 한다(근기법 시행령 제43조 제1항).

(3) 유사산휴가 일수

사업주는 유산 · 사산휴가를 청구한 근로자에 대하여 유산 또는 사산한 근로자의 임신기간에 따라 5일 내지 90일의 보호휴가 일수를 주어야 한다(근로기준법 시행령 제43조 제2항).[20]

(4) 유산 · 사산 휴가와 인공임신중절수술

자연 유산 · 사산인 경우에만 보호휴가를 부여하고 인공임신중절수술의 경우는 보호휴가를 부여할 의무가 없는 것이 원칙이나, 모자보건법 제14조에서 허용하는 인공임신중절수술의 경우에는 예외적으로 보호휴가를 부여할 수 있다.[21]

Ⅲ. 출산전후휴가 등 기간 중 임금

1. 기본원칙

출산전후휴가 또는 유산 · 사산휴가 기간 중 최초 60일은 유급으로 한다(근기법 제74조 제3항). 즉, 휴가기간 중 최초 60일은 사용자에게 지급의무가 있다.

2. 출산전후휴가급여 등의 지급

'고평양립법' 제18조의 규정에 따라 산전후휴가급여 등이 지급된 경우 사용자는 그 금액의 한도 안에서 지급의 책임을 면한다(동법 제74조 제3항).

'고평양립법' 제18조에 의하면 국가는 '근로기준법' 제74조의 규정에 의한 출산전후휴가 또는 유산 · 사산 휴가를 사용한 근로자 중 일정한 요건에 해당하는 자에게 당해 휴가기간에 대하여 통상임금에

---

20) 1. 유산 또는 사산한 근로자의 임신기간(이하 "임신기간"이라 한다)이 11주 이내인 경우: 유산 또는 사산한 날부터 5일까지
2. 임신기간이 12주 이상 15주 이내인 경우: 유산 또는 사산한 날부터 10일까지
3. 임신기간이 16주 이상 21주 이내인 경우: 유산 또는 사산한 날부터 30일까지
4. 임신기간이 22주 이상 27주 이내인 경우: 유산 또는 사산한 날부터 60일까지
5. 임신기간이 28주 이상인 경우: 유산 또는 사산한 날부터 90일까지.

21) 모자보건법 제14조에서 허용되는 인공임신중절수술은 ⅰ) 본인 또는 배우자가 대통령령이 정하는 우생학적 또는 유전학적 정신장애나 신체질환이 있는 경우, ⅱ) 본인 또는 배우자가 대통령령이 정하는 전염성 질환이 있는 경우, ⅲ) 강간 또는 준강간에 의하여 임신된 경우, ⅳ) 법률상 혼인할 수 없는 혈족 또는 인척 간에 임신된 경우, ⅴ) 임신의 지속이 보건의학적 이유로 모체의 건강을 심히 해하고 있거나 우려가 있는 경우 등이다.

상당하는 금액 즉 "출산전후휴가급여 등"을 지급할 수 있도록 하였으며, 이에 따라 지급된 출산전후휴가급여 등은 그 금액의 한도 안에서 '근로기준법' 제74조 제3항의 규정에 의하여 사업주가 지급한 것으로 간주하도록 규정하고 있다.

3. 출산전후휴가급여 등의 수준

출산전후휴가급여 등은 출산전후휴가 또는 유산 · 사산휴가 기간에 대하여 30일에 135만원 범위 내에서 근로기준법상 통상임금(휴가개시일 기준)에 상당하는 금액으로 고용보험에서 지급된다(고용보험법 제76조 제1항 본문). 다만, '우선지원대상기업'이 아닌 경우는 휴가기간 중 60일을 초과한 일수, 즉 30일을 한도로 지급한다(고용보험법 제76조 제1항 단서).

4. 우선지원대상기업에서 차액 지급 여부

따라서 사업주는 60일에 대하여는 급여지급 의무가 있으나, 다만 고용보험에서 출산전후휴가급여를 받은 경우 그 금액의 한도에서 지급의 책임을 면하는 것이므로, 차액에 대한 지급의무는 남아 있게 된다. 따라서 근로자가 차액지급을 요청하였으나 사업주가 이를 지급하지 않는 경우 법위반으로 벌칙이 적용된다.

Ⅳ. 위반의 효과

사용자가 근로기준법 제74조 제1항 내지 제4항을 위반하여 i) 출산전후휴가 또는 유산 · 사산 휴가를 부여하지 않거나, ii) 최초 60일에 대한 급여를 지급하지 않거나, iii) 우선지원대상기업의 경우 근로자의 통상임금과 고용보험 상한액과의 차액을 지급하지 않았을 때에는 2년 이하의 징역 또는 1,000만원 이하의 벌금에 처한다(근기법 제110조). 또한 동조 제5항을 위반하여 출산전후휴가 및 유사산 휴가 종료 후에 휴가 전과 동일한 업무 또는 동등한 수준의 임금을 지급하는 직무에 복귀시키지 아니하는 경우에는 500만원 이하의 벌금에 처한다(근기법 제114조 제1호).

Key Word

⇨ 연소자, 임산부, 모성보호, 고용평등, 출산전후휴가, 육아휴직

기출문제

(1) 근로기준법상 모성보호 (10회, 01년, 25점)
(2) 고용보험사업 중 육아휴직급여와 출산전후휴가급여(수급조건, 수준, 지급제한 등) (11회, 02년, 25점)
(3) 고용보험법상 육아휴직 급여 (18회, 09년, 25점)

연습문제

(1) 노동법상 연소자 보호 규정에 대하여 약술하시오.

(2) 노동법상 임산부 보호 규정에 대하여 약술하시오.

제7장 인사 및 징계

제1절 전직(기업 내 인사이동)

Ⅰ. 서 설

전직(轉職)이라 함은 근로자의 직무내용 또는 근무장소가 상당히 장기간에 걸쳐 변경되는 것을 말한다.[1)] 전직은 적재적소에 노동력을 배치하여 근로의욕과 경영능률을 증진시키고, 부서 간의 인사교류를 통해서 업무운영의 원활화를 기하기 위해 기업사회에 넓게 채용되어 왔다. 그러나 기업의 확장이나 경영의 합리화조치와 관련하여 추진되는 기업합병, 신사업부서의 설립, 사무자동화 등은 필연적으로 기업 내 노동력의 유동을 촉진시켰다.

따라서 종래에는 대부분 관리직사원의 양성수단으로서 기능하던 전직이 기업활동규모의 확대와 더불어 고용조정을 위한 효과적인 수단으로 활용되면서 근로관계의 중요한 문제로 떠오르고 있다.

기업환경의 변화에 대한 탄력적 대응, 징계 또는 구조조정의 방편으로 활용되는 것에 대한 사용자의 인사권의 한계와 제한문제를 해결해야 할 것이다. 즉 근로자 측이 전직으로 인한 생활상의 곤란을 이유로 사용자의 전직명령에 불응하는 경우가 적지 않으며, 뿐만 아니라 이를 이유로 하는 해고 또는 징계처분의 무효 및 전직명령 자체의 효력 여부가 다투어지는 경우도 드물지 않게 발생하고 있다.

Ⅱ. 전직의 법적 근거

1. 문제제기

근로자의 취업장소와 종사하여야 할 업무의 내용은 근로계약 체결시에 사용자가 근로자에게 명시하

---

1) 김유성Ⅰ 245; 임종률 484; 김형배 523, '배치전환'이라는 용어를 사용하는 경우도 있지만, 기업 내의 인사이동이라는 점에서 차이는 없다.

여야 할 사항이다(근기법 제17조 및 동법 시행령 제8조 제1호). 근로계약에서 근로의 내용이나 근무장소를 '특별히 약정한 경우'에는 근로자의 동의 없이 사용자가 이를 일방적으로 변경할 수 없다.[2]

문제는 근로계약에서 구체적으로 근로의 내용과 근무장소를 '특정한 바가 없는 경우'이다. 이러한 경우에 사용자가 어떠한 범위 내에서 전직명령권을 행사할 수 있으며, 전직명령권의 근거와 한계는 어떻게 설정하여야 하는지에 대해 살펴볼 필요가 있다.

2. 학 설

(1) 포괄적 합의설

근로계약은 근로자가 그의 노동력의 사용을 사용자에게 맡기는 포괄적 합의를 포함하고 있으므로, 사용자는 이 합의에 근거하여 근로의 장소를 일방적으로 결정할 노무지휘권을 갖는다. 따라서 이러한 노무지휘권에 기하여 발하여지는 전직명령은 사용자의 일방적 의사표시에 의해 효력이 생기는 법률행위라는 입장이다. 전직명령은 사용자의 권리행사인 이상 권리남용이론의 제한을 받게 된다.[3]

(2) 계 약 설

근로자와 사용자는 근로계약에 의하여 근로조건에 합의하게 되며, 이 경우 인사권의 행사 역시 하나의 근로조건으로서 근로계약의 합의사항에 포함되므로, 이러한 계약에 근거하여 사용자는 인사권을 행사할 수 있다고 한다. 따라서 사용자의 인사권은 "근로계약상 합의된 범위" 내에서만 유효하고, 이러한 범위를 벗어난 인사권의 행사는 계약내용의 변경에 해당되므로 당사자 간의 새로운 합의가 필요하다고 한다.

3. 판 례

판례는 "전직이나 전보는 피용자에게 불이익한 처분이 될 수 있으나 원칙적으로 사용자의 권한에 속하여 업무상 필요한 범위 내에서는 상당한 재량을 인정해야 하고, 다만 이것이 근로기준법 제23조 제1항 또는 제104조에 위반하거나 권리남용에 해당하는 등 특별한 사정이 없는 한 당연무효라고 볼 수는 없다[4]"고 하여 사용자의 일방적 의사표시에 의한 전직명령은 법위반이나 권리남용에 해당하지 않는 한 그 유효성이 인정된다는 것으로 포괄적 합의설의 입장이다.

4. 검 토

사용자가 근로자에게 전직명령을 하기 위해서는 이에 대한 법적 근거가 있어야 한다. 이러한 법적 근거는 근로계약상 명시적 · 묵시적 합의에 한정되지 않고, 취업규칙 등에 포괄적 규정에 근거하여 이뤄질 수 있다고 보아야 할 것이다. 다만, 사용자의 전직명령은 근로기준법 제23조 제1항의 정당한 이유가 있는 경우에만 인정되고, 권리남용금지의 원칙 및 신의칙 등에 의하여 상당한 제한을 받는다 할 것이다.

---

2) 대판 1997.7.22, 97다18165.

3) 김형배 525, 업무상의 필요성이 충분히 인정되지 않거나 근로자의 생활에 중대한 불이익을 주는 경우에는 권리남용에 해당한다고 한다.

4) 대판 1998.12.22, 97누5435.

Ⅲ. 전직명령의 제한

1. 문제의 소재

사용자는 근로자에게 정당한 이유 없이 전직을 하지 못한다(근기법 제23조 제1항). 어떠한 경우에 전직의 '정당한 이유'가 있다고 볼 수 있는지 문제된다. 이는 사용자의 전직명령권이 있는 경우 이것이 권리남용에 해당하는지와 전직명령권이 없는 경우 등으로 나눠서 살펴볼 수 있다.

2. 직무내용 · 근무지의 한정이 없는 경우(사용자의 전직명령권의 존재)

(1) 전직명령의 권리남용 판단

근로계약 당사자 사이에 직무내용 · 근무지를 한정하지 않는 등의 사유에 근거하여 사용자가 전직명령권을 가지는 경우에도 사용자는 전직명령권을 남용할 수 없다. 전직이 권리남용에 해당하는지 여부에 대하여 판례는 "인사권행사의 업무상 필요성과 그로 인해 근로자가 입게 될 생활상 불이익을 비교형량하고, 근로자와의 사전협의 등 인사권 행사에 신의칙상 요구되는 절차[5)]"를 고려하여 판단하고 있다.

(2) 업무상 필요성

업무상 필요성은 노동력의 적정배치, 업무의 능률증진, 근로자의 능력개발, 기술혁신이나 기업재편에 따른 인력조정,[6)] 직장질서의 유지 · 회복 내지 근로자 간 인화[7)] 등에 의해 판단해야 한다. 즉 업무상 필요성의 존부는 객관적으로 보아 기업의 합리적인 운영에 기여하는 것인지 여부에 따라 판단하면 될 것이다.

또한 해당 근로자를 선택할 수밖에 없는 합리성도 요구될 것이다. 그러나 노조활동에 대한 혐오 등 부당노동행위에 해당하는 전직은 그 정당성이 인정되지 않는다.[8)]

(3) 근로자가 입게 될 생활상의 불이익과의 비교형량

전직에 따른 생활상의 불이익은 근로자가 통상적으로 감수하여야 할 정도를 현저히 벗어나지 않아야 한다. 그리고 생활상의 불이익은 경제적인 것에 국한되지 않으며 육체적인 불이익, 가족 · 사회생활상의 불이익이나 조합활동상의 불이익을 포함한다.[9)] 다른 한편 전직명령의 경영상 필요성이 근로자가 입는 생활상 불이익보다 큰 경우 전직명령은 유효하다.[10)]

(4) 신의칙상 요구되는 절차

전직을 함에 있어서 근로자 본인과 성실한 협의 등 신의칙상 요구되는 절차를 거쳤는지도 정당한 인사권의 행사 여부를 판단하는 하나의 요소가 된다. 그러나 그러한 절차를 거치지 아니하였다는 사정만으로 전직명령이 권리남용에 해당하여 당연히 무효가 되는 것은 아니다.[11)]

---

5) 대판 1994.5.10, 93다47677.
6) 대판 1991.7.12, 91다12752; 대판 1996.4.12, 95누7130.
7) 대판 1991.9.24, 90다12366; 대판 1994.5.10, 93다47677.
8) 대판 1995.11.7, 95누9792.
9) 좌측대퇴부가 절단된 장애인인 근로자를 인천에서 서울로 근무지를 변경한 경우(대판 1995.5.9, 93다51623), 근무지를 서울에서 제주로 변경해 교통, 자녀교육, 부부생활 등의 점에서 상당한 생활상의 불이익을 경우(대판 1997.12.12, 97다36316) 등은 근무지를 변경해야 할 구체적인 업무상의 필요성이 인정되지 않아 그 배치전환은 무효로 판단되었다.
10) 대판 1995.8.11, 95다10778.
11) 대판 1997.7.22, 97다18165 · 18172.

[관련판례] 전직의 효력 및 정당성 판단

1. 사용자의 근로자에 대한 전직처분의 효력 / 전직처분의 정당성 결정 기준(대판 1994.5.10, 93다47677)

[1] 근로자에 대한 전직이나 전보는 피용자가 제공하여야 할 근로의 종류와 내용 또는 장소 등에 변경을 가져온다는 점에서 피용자에게 불이익한 처분이 될 수 있으나 원칙적으로 **사용자(인사권자)의 권한**에 속하므로 업무상 필요한 범위 안에서는 **상당한 재량을 인정**하여야 하고 이것이 근로기준법 제27조(현행 제23조). 제1항 또는 제105조(현행 제104조)에 위반하거나 권리남용에 해당하는 등 특별한 사정이 없는 한 무효라고 할 수는 없다.

[2] 전직처분이 **정당한 인사권의 범위** 내에 속하는지 여부는 전직명령의 **업무상의 필요**성과 전직에 따른 **근로자의 생활상 불이익과의 비교교량**, 근로자 본인과의 협의 등 그 전직처분을 하는 과정에서 **신의칙상 요구되는 절차**를 거쳤는지의 여부에 의하여 결정되어야 한다.

2. 사용자의 근로자에 대한 전직 · 전보권의 성질과 그 한계 / 근로자 본인과 협의절차를 거치지 아니한 전보처분이 그 점만으로 당연히 권리남용에 해당하는지 여부(소극)(대판 1997.7.22, 97다18165, 18172)

[1] 근로자에 대한 전보나 전직은 원칙적으로 인사권자인 사용자의 권한에 속하므로 업무상 필요한 범위 내에서는 사용자는 상당한 재량을 가지며 그것이 근로기준법에 위반되거나 권리남용에 해당되는 등의 특별한 사정이 없는 한 유효하고, 전보처분 등이 권리남용에 해당하는지의 여부는 전보처분 등의 업무상의 필요성과 전보 등에 따른 근로자의 생활상의 불이익을 비교 · 교량하여 결정되어야 할 것이고, 업무상의 필요에 의한 전보 등에 따른 **생활상의 불이익**이 **근로자가 통상 감수하여야 할 정도**를 현저하게 벗어난 것이 아니라면 이는 정당한 인사권의 범위 내에 속하는 것으로서 권리남용에 해당하지 않는다.

[2] 전보처분 등을 함에 있어서 근로자 본인과 성실한 협의절차를 거쳤는지의 여부는 정당한 인사권의 행사인지의 여부를 판단하는 하나의 요소라고는 할 수 있으나, 그러한 절차를 거치지 아니하였다는 사정만으로 전보처분 등이 권리남용에 해당하여 당연히 무효가 된다고는 볼 수 없다(기업체가 업무상의 필요에 따라 근로자에게 전보발령을 함으로 말미암아 근로자가 입게 되는 생활상의 불이익이 근로자로서 통상 감수하여야 할 정도를 현저하게 벗어난 것이라고는 볼 수 없으므로, 그 전보발령은 정당한 인사권의 범위 내에 속하는 것으로서 권리남용에 해당하지 않는다고 한 사례).

3. 직무내용 · 근무지의 한정이 있는 경우

(1) 직무내용의 한정

근로계약을 체결할 때 또는 그 이행 과정에서 근로의 내용이나 종류가 특정된 경우라면 그 일방적인 변경은 허용되지 않으며 근로자의 동의가 있어야 한다. 명시적으로 특정되어 있지 않더라도 예컨대 의사, 간호사, 속기사, 보일러기사[12] 등과 같이 특별한 기술 · 기능이나 자격을 요하는 직종에 종사하고 있는 경우에는 업무의 내용이 특정되어 있다고 볼 수 있다.

(2) 근무장소의 한정

근로계약상 근무장소가 특정되어 있는 경우에도 사용자의 일방적인 전직명령은 정당하지 않고, 근로자의 동의를 요한다.[13] 근로계약에 근무장소에 관한 명시적인 특정이 없다고 하더라도 업무의 특성상 묵시적 약정이 있는 경우에는 근로자의 동의가 필요하다. 예컨대, 현지 채용된 자로서 관행상 다른 근무장소로의 이전이 없었던 경우, 파트타임으로 근무하는 주부나 아르바이트생 등의 경우에는 주거지

12) 대판 1994.2.8, 92다893.
13) 대판 1992.1.21, 91누5204.

의 통근 범위 내로 근무장소가 정해져 있다는 묵시적 약정이 있는 것으로 해석할 수 있다.

[관련판례] 근무장소가 특정되어 있는 경우 전직명령권의 한계

근로계약상 근로의 장소가 특정되어 있는 경우 사용자의 근로자에 대한 전직이나 전보명령권의 한계(대판 1992.1.21, 91누5204)

근로자에 대한 전직이나 전보는 원칙적으로 사용자(인사권자)의 권한에 속하므로 업무상 필요한 범위 안에서는 상당한 재량을 사용자에게 인정하여야 할 것이나, 그것이 근로기준법 제27조(현행 제23조), 제1항 또는 제105조(현행 제104조)에 위반하거나 권리남용에 해당하는 등 특별한 사정이 있는 경우에는 허용되지 않는다고 할 것이고 또 근로계약상 근로의 장소가 특정되어 있는 경우에 이를 변경하는 전직이나 전보명령을 하려면 근로자의 동의가 있어야 한다.

(근로계약상 근로의 장소가 국회현장으로 되어 있는 미화원인 근로자를 다른 곳으로 전직명령한 것은 비록 승진이기는 하나 근로자의 의사에 반하여 이루어진 것으로서 인사권의 남용에 해당하는 점, 전직명령이 이루어진 시기와 그 경과 등에 비추어 그 전직명령은 정당한 인사권의 행사라기보다는 근로자의 노동조합 활동을 이유로 그에 대하여 한 불이익처분으로서 부당노동행위에 해당한다고 보아야 하며 따라서 이를 거부한 것을 이유로 한 해고도 정당성을 갖지 못한다고 한 사례)

4. 기타 법령에 의한 한계

(1) 근기법에 의한 한계

근기법상 성별 · 국적 · 신앙 · 사회적 신분(제6조) 또는 근기법 위반 사실에 대한 신고(제40조) 등을 이유로 하는 전직은 정당성이 인정되지 않는다.

(2) 노조법에 의한 제한

노조법상 근로자의 노동조합 활동을 방해할 목적으로 노동조합 활동이 불가능한 다른 부서로 전보발령 한 것은 부당노동행위에 해당(제81조)되므로,[14] 그 전보발령의 정당성은 인정되지 않는다.

(3) 고평양립법에 의한 제한

사용자는 배치에 있어 남녀를 차별해서는 아니 된다(제10조).

Ⅳ. 제한 위반의 효과

1. 부당전직에 대한 구제

사용자가 근로자에게 정당한 이유 없이 전직을 한 경우에 대한 벌칙은 없다. 그러나 해당 근로자는 노동위원회에 신청하여 구제를 받을 수 있고(제28조 제1항), 법원에 제소하여 사법적 구제를 받을 수도 있다. 또 부당전직은 사법상 무효가 된다.

2. 전직과 징계

근로자가 전직에 불응하여 출근 또는 근로제공을 거부하면 징계 또는 해고의 사유가 될 수 있다. 그러나 전직이 객관적으로 부당한 것으로 인정되는 경우에는 근로자가 그 전직에 불응하였다는 이유로 징계하거나 해고할 수 없다.

14) 대판 1995.4.28, 94누11583.

제2절 전 출

Ⅰ. 서 설

전출(轉出)이란 근로자가 사용자(원기업)와의 기본적인 근로계약관계는 유지하면서 상당히 장기간에 걸쳐 다른 기업(전출기업)의 업무에 종사하도록 하는 인사처분을 말한다. 기업 외부로의 인사이동이지만, 전출은 사용자의 사업에 재적한다는 점에서 전적과 구별된다. 또 사용자의 업무에 종사하던 근로자를 전출기업에 보내고 복귀도 예정되어 있다는 점에서 처음부터 전출기업에 보낼 것을 전제로 하는 근로자파견과도 구별된다.

전출은 모자기업 등 상호 밀접한 관련 아래 사업을 하는 복수의 기업 사이에 경영 · 기술을 지도 · 전수하거나 근로자의 능력 · 경력을 개발하기 위한 수단으로 활용되지만, 때로는 정리해고 회피 등의 고용조정의 목적으로 이용되기도 한다.

Ⅱ. 전출명령의 법적근거(유효요건)

1. 원기업과 전출기업의 합의(전출계약)

전출은 기업 외부로의 인사이동이므로, 원기업의 사용자가 근로자에 대하여 전출명령권을 가지려면 원기업과 전출기업 사이에 근로자를 보내고 받는다는 합의(전출계약)가 필요하다.

전출계약에서는 근로자의 이익을 배려하여 근로자의 직무, 근무조건, 전출 기간, 복귀 방법 등을 정해야 한다. 고용조정의 목적으로 하는 전출의 경우에도 긴박한 경영상의 필요가 있다는 것만으로 전출명령권이 발생하는 것은 아니고 전출을 거부한 근로자에 대하여 사용자가 해고 회피 노력을 다한 것으로 인정될 뿐이다.

2. 전출명령권의 존재(전출근로자의 동의 또는 포괄적 합의)

사용자는 근로자의 동의 없이 그 권리를 제삼자에게 양도할 수 없다(민법 제657조 제1항).[15] 따라서

15) 민법 제657조 (권리의무의 전속성) ① 사용자는 노무자의 동의없이 그 권리를 제삼자에게 양도하지 못한다.
② 노무자는 사용자의 동의없이 제삼자로 하여금 자기에 가름하여 노무를 제공하게 하지 못한다.
③ 당사자 일방이 전2항의 규정에 위반한 때에는 상대방은 계약을 해지할 수 있다.

전출은 사용자가 근로자의 노무제공 상대방을 제삼자로 변경하는 것이므로 근로자의 동의가 필요하다. 다만, 사용자가 근로자에 대하여 취업규칙 등에 전출을 명할 수 있다는 취지의 포괄적인 근거규정 또는 사용자와 전출근로자 사이에 전출을 명할 수 있다는 취지의 합의 등 명확한 근거가 있는 경우에는 가능하다.[16)]

Ⅲ. 전출의 제한

전출명령은 근로기준법 제23조 제1항에 규정된 "정당한 사유"가 있는 경우에 한하여 인정된다. 정당한 사유에 관하여는 단체협약 및 취업규칙 등에 이를 구체적으로 정하는 것이 일반적이나, 규정되지 않은 경우에도 ⅰ) 전출명령의 업무상 필요성과 근로자의 생활상 불이익의 비교형량, ⅱ) 근로자와의 사전협의 등 인사권 행사에 신의칙상 요구되는 절차를 거쳐야 할 것이다.

Ⅳ. 전출 후의 근로관계

1. 기본원칙

(1) 원기업과 전출기업과의 관계

원기업과 전출기업 간에 전출기간, 임금 지급, 사회보험 취득, 기타 근로조건 · 대우 등에 대한 전출계약을 체결함으로써 실시하므로 전출근로자의 근로조건 및 원기업 내지 전출기업과의 법률관계는 전출계약의 내용에 따라 정해진다.

(2) 근로자와 원기업과의 관계

원기업과 근로자 간의 근로계약관계는 계속 존속하고 근로제공관계만 정지될 뿐이므로 원기업의 취업규칙 중 근로제공을 전제로 하지 않는 부분은 계속 적용된다.

(3) 근로자와 전출기업과의 관계

전출기업과 근로자 간에는 근로제공관계가 발생하므로 전출기업의 근무관리와 복무규율에 따라야 함이 원칙이다.

2. 노동법상의 사용자책임

(1) 근로기준법상의 사용자책임

근로기준법은 사업주만이 아니라 근로자를 지휘감독하는 입장에 있는 자에게도 각각 사용권한에 따라 사용자로서 근로기준법 준수의무를 부과하고 있다(근기법 제2조 제1항 제2호). 따라서 원기업 및 전출기업과 이중의 근로관계를 갖는 전출근로자에 대해서는 근로실태와 적용되는 구체적 조항에 따라 당해 사항에 대해 실질적 권한을 갖고 있는 자가 사용자로서의 책임을 부담한다고 보아야 할 것이다.

예컨대, 퇴직금은 양 기업에서의 근무기간을 통산하여 양 기업 간에 분담하는 경우가 보통이다. 해고의 권한은 원기업이 보유하고 기타 징계권한은 전출기업이 가지는 경우가 많지만, 이러한 권한을 양자가 함께 가지는 경우도 있다.

16) 임종률 488; 김유성Ⅰ 250, 김유성 교수님은 "포괄적 동의의 유효성을 전면적으로 부인하기는 어렵지만, 최소한 그 유효성이 인정되기 위해서는 당해 전출이 통상 예상되는 범위 내이어야 하고, 전출대상자에게 불이익한 근로조건을 부과하는 결과가 초래되지 않아야 한다는 조건이 부가되어야 할 것이다"라고 한다.

(2) 산업안전보건법상의 사용자 책임

산업안전보건법상의 사용자책임은 현실적으로 근로를 제공받는 전출기업이 됨이 원칙이다.

(3) 산재보험 및 고용보험법상의 사용자 책임

산재보험법상의 사용자는 원칙적으로 전출기업이지만 협정에서 달리 정할 수 있다. 고용보험법상의 사용자는 원기업과 전출기업 중 주된 임금지급자(통상임금이 많은 사업)로 인정되는 자이다(고용보험법 제18조 및 동법 시행규칙 제14조).[17)]

3. 원기업과의 근로관계 단절 및 전출기업과의 근로관계

원기업과의 근로관계가 단절되면 전출기업과의 근로관계도 단절된다. 또한 전출기업에 도산 등의 사정변경이 생겨 더 이상 고용관계를 지속할 수 없는 경우에는 원칙적으로 원기업에 복귀하게 된다.

4. 전출명령거부와 해고

전출명령 자체가 포괄적 동의하에 이루어진 것으로 볼 수 없거나, 정당한 이유없이 행해지거나 절차규정 위배의 위법이 있는 경우에는 무효가 된다. 따라서 그러한 전출명령을 거부하는 것은 유효하고, 이를 이유로 한 해고는 무효이다.

Ⅴ. 제한 위반의 효과(부당전출에 대한 구제)

사용자가 근로자에게 정당한 이유 없이 전출을 한 경우에 대한 벌칙은 없다. 그러나 해당 근로자는 노동위원회에 신청하여 구제를 받을 수 있고(근기법 제28조 제1항), 법원에 제소하여 사법적 구제를 받을 수도 있다. 또 부당전출은 사법상 무효가 된다.

---

17) 고용보험법 제18조 (피보험자격 이중 취득의 제한) 근로자가 보험관계가 성립되어 있는 둘 이상의 사업에 동시에 고용되어 있는 경우에는 노동부령으로 정하는 바에 따라 그 중 한 사업의 근로자로서의 피보험자격을 취득한다.

고용보험법 시행규칙 제14조 (둘 이상의 사업에 고용된 자의 피보험자격) 법 제18조에 따라 보험관계가 성립되어 있는 둘 이상의 사업에 동시에 고용되어 있는 근로자는 다음 각 호의 순서에 따라 피보험자격을 취득한다. 다만, 일용근로자와 일용근로자가 아닌 자로 동시에 고용되어 있는 경우에는 일용근로자가 아닌 자로 고용된 사업에서 우선적으로 피보험자격을 취득한다.

1. 통상임금이 많은 사업
2. 월 소정근로시간이 많은 사업
3. 근로자가 선택한 사업

제3절 전 적

Ⅰ. 서 설

전적(轉籍)은 원래의 소속기업(원기업)과의 근로계약관계를 종료하고 다른 기업(전적기업)과 새로이 근로계약을 체결하여 그 기업의 업무에 종사하는 것을 말한다. 원기업과의 근로계약관계를 종료시키고 다른 기업과 근로계약관계를 성립시킨다는 점에서 원기업과의 근로계약관계가 유지되고 다른 기업과는 부분적인 근로관계가 성립되는 전출과는 다르다. 통상적으로 전적은 기업집단을 구성하는 계열기업 사이에서 이루어지는 경우가 많다.

인사이동은 적재적소에 노동력을 배치하여 근로의욕과 경영능률을 증진시킨다는 측면에서 종래에는 단순히 관리직 사원의 양성수단으로 기능하였으나, 최근에는 기업활동 규모의 확대와 더불어 구조조정을 위한 효과적인 수단으로 활용되면서 노동법상의 중요한 문제로 떠오르고 있다.

Ⅱ. 전적의 법적근거(유효요건)

1. 근로자의 동의

전적은 근로제공의 상대방의 변경이 뒤따르기 때문에 기업 내 전직의 정당성의 요건(업무상 필요성과 그로 인해 근로자가 입게 될 생활상 불이익을 비교형량 등)과는 별도로 민법 제657조와 관련하여 근로자의 동의여부가 중요한 문제가 된다. 민법 제657조 제1항의 규정에서는 "사용자는 노무자의 동의 없이 그 권리를 제3자에게 양도하지 못 한다"고 규정하고 있는데, 이는 흔히 노무제공의무의 전속성에 관한 조항으로 해석되고 있다.

따라서 사용자가 고용계약상 노무제공청구권 내지 노무처분권을 제3자에게 양도하여야 할 경우에는 당해 근로자의 개별적 · 구체적 동의가 필요하게 된다.

2. 동의의 방식

(1) 근로자의 개별적 · 구체적 동의

전적은 이적하게 될 회사와 새로운 근로계약을 체결하는 것이거나 근로계약상의 사용자의 지위를 양도하는 것이므로 동일 기업 내의 인사이동인 전직이나 전근과는 달리 특별한 사정이 없는 한 근로자의 동의를 받아야 효력이 생기는 것이다"[18)]

18) 대판 1993.1.26, 92다11695; 대판 1996.12.23, 96다9970.

(2) 근로자의 포괄적 동의 여부

근로자의 동의가 해당 전적처분에 대한 구체적인 동의이어야 하는지 아니면 포괄적 동의도 무방한지 문제될 수 있는데, 판례는 "미리 전적할 계약기업을 특정(복수라도 관계 없음)하고 그 기업에서 종사하여야 할 업무에 관한 사항 등 기본적인 근로조건을 명시하여 사전 동의를 얻은 경우"라고 하여 제한적으로 포괄적 동의를 인정하고 있다.[19]

(3) 관행에 의한 포괄적 동의

기업그룹 내의 다른 계열회사로의 전적에 관한 근로자의 포괄적 동의는 관행에 의해서도 성립할 수 있다. 판례는 "그와 같은 관행이 해당 기업에서 일반적으로 근로관계를 규율하는 규범적인 사실로서 명확히 승인되거나 기업 구성원이 이에 대한 이의를 제기함이 없이 당연한 것으로 받아들여 사실상의 제도로서 확립되어 있지 않으면 아니된다"[20]고 하여 일반적으로 상당히 엄격한 입장을 취하고 있다.

Ⅲ. 전적의 제한

사용자는 근로자를 정당한 이유 없이 전적할 수 없다(근기법 제23조 제1항).[21] 여기서 정당한 이유는 "인사권행사의 업무상 필요성과 그로 인해 근로자가 입게 될 생활상 불이익을 비교형량하고, 근로자와의 사전협의 등 인사권 행사에 신의칙상 요구되는 절차"[22]에 의해 그 인사권이 행사됐는지 여부에 따라 판단한다.

Ⅳ. 전적 후의 근로관계

전적은 원기업과의 근로계약이 종료되고 전적기업과의 근로계약관계가 개시되므로, 전출과 달리 근로기준법상의 사용자는 원칙적으로 전적기업이 되고 근로관계는 승계되지 않는다.

판례도 "양 기업 사이에 근로관계를 승계하기로 하는 특약이 있거나 이적하게 될 기업의 취업규칙 등에 근속기간을 통산하도록 하는 규정이 있는 등의 특별한 사정이 없는 한 종전 기업과의 근로관계는 단절되는 것이고 이적하게 될 기업이 당해 근로자의 종전 기업과의 근로관계를 승계하는 것은 아니다"라고 보고 있다.[23] 따라서 전적 근로자의 퇴직금이나 연차휴가에 관한 계속근로기간에 종전 기업에서의 근무기간은 포함되지 않는다.

---

19) 대판 1993.1.26, 92누8200; 대판 1993.1.26, 92다11695; 임종률 492, 임종률 교수도 전적은 전출과 달리 근로자가 사용자와의 근로계약관계를 해소하고 전적기업과 새로이 근로계약관계를 설정하는 것이므로 근로자의 동의는 단순히 전적을 명할 수 있다는 취지의 포괄적 동의가 아니라 전적할 기업을 특정하고 그 기업에서 종사할 업무에 관한 사항 등 기본적인 근로조건을 명시하여 한 구체적인 동의이어야 한다고 보고 있다.

20) 대판 1993.1.26, 92다11695; 대판 1996.12.23, 95다29970.

21) 임종률 491, 법문상 '해고, 휴직, 정직, 전직, 감봉 그 밖의 징벌'은 예시에 불과한 것이므로 예시되지 않은 '전직'이나 그 밖의 인사처분에도 이 규정이 적용된다고 해석된다.

22) 대판 1994.5.10, 93다47677.

23) 대판 1996.12.23, 95다29970.

Ⅴ. 제한 위반의 효과

1. 부당전적에 대한 구제

사용자가 근로자에게 정당한 이유 없이 전적을 한 경우에 대한 벌칙은 없다. 그러나 해당 근로자는 노동위원회에 신청하여 구제를 받을 수 있고(제28조 제1항), 법원에 제소하여 사법적 구제를 받을 수 있다. 또 부당전적은 사법상 무효로 해석된다.

2. 원기업의 사용자책임

원기업의 전적명령이 정당하지 않은 경우에는 전적에 따른 법률적 효과가 발생하지 않는다. 이 경우 원기업은 사용자로서의 책임을 져야 한다. 판례에서도 회사의 일방적인 경영방침에 의해 계열사 간 전적이 이루어졌거나 복귀가 예정되고 원기업이 임금차액을 계속 보전하고 퇴직금도 통산되는 특별한 경우에 있어서는 원기업에서의 재직기간도 계속근로연수에 포함되어야 하는 등 원기업도 근로기준법상의 사용자책임을 질 수 있다고 판시[24]하였다.

[관련판례] 전적

1. 전적의 의미와 근로자의 동의 방법(대판 1993.1.26, 92다11695)

[1] 근로자를 그가 **고용된 기업으로부터 다른 기업으로 적을 옮겨 다른 기업의 업무에 종사**하게 하는 이른바 **전적**은 종래에 종사하던 기업과 사이의 근로계약을 합의해지하고 이적하게 될 기업과 사이에 새로운 근로계약을 체결하는 것이거나 근로계약상의 사용자의 지위를 양도하는 것이므로, 동일기업 내의 인사이동인 전근이나 전보와 달라 특별한 사정이 없는 한 **근로자의 동의를 얻어야 효력이 생기는 것**인바, 사용자가 근로자의 동의를 얻지 아니하고 기업그룹 내의 다른 계열회사로 근로자를 전적시키는 관행이 있어서 그 관행이 근로계약의 내용을 이루고 있다고 인정하기 위하여는 그와 같은 **관행이** 기업사회에서 일반적으로 근로관계를 규율하는 **규범적인 사실로서 명확히 승인**되거나, 기업의 구성원이 일반적으로 아무런 이의도 제기하지 아니한 채 당연한 것으로 받아들여 기업 내에서 **사실상의 제도로서 확립**되어 있지 않으면 안된다.

[2] 근로자의 동의를 전적의 요건으로 하는 이유는 근로관계에 있어서 업무지휘권의 주체가 변경됨으로 인하여 근로자가 받을 불이익을 방지하려는 데에 있다고 할 것인바, 그룹 내의 기업에 고용된 근로자를 다른 계열기업으로 전적시키는 것은 형식적으로는 사용자의 법인격이 달라지게 된다 하더라도 실질적으로 업무지휘권의 주체가 변동된 것으로 보기 어려운 면이 있으므로, 사용자가 기업그룹 내부의 전적에 관하여 미리(근로자가 입사할 때 또는 근무하는 동안에) **근로자의 포괄적인 동의**를 얻어 두면 그때마다 근로자의 동의를 얻지 아니하더라도 근로자를 다른 계열기업으로 유효하게 전적시킬 수 있다.

[3] 근로기준법 제22조(현행 제17조)와 같은법 시행령 제7조(현행 제8조) 제1호의 규정취지에 비추어볼 때, 사용자가 기업그룹 내의 전적에 관하여 근로자의 포괄적인 사전동의를 받는 경우에는 **전적할 기업을 특정**하고(복수기업이라도 좋다) 그 기업에서 종사하여야 할 업무에 관한 사항 등의 **기본적인 근로조건을 명시하여 근로자의 동의를 얻어야** 된다.

2. 전적 후의 근로관계: 단절

24) 대판 2003.4.11, 2001다71528.

유효한 전적이 이루어진 경우 종전 기업과의 근로관계 단절 여부(적극)(대판 1996.12.23, 95다29970)

전적은 종전 기업과의 근로관계를 합의해지하고 이적하게 될 기업과 사이에 새로운 근로계약을 체결하는 것이므로, **유효한 전적**이 이루어진 경우에 있어서는 당사자 사이에 종전 기업과의 근로관계를 승계하기로 하는 특약이 있거나 이적하게 될 기업의 취업규칙 등에 종전 기업에서의 근속기간을 통산하도록 하는 규정이 있는 등의 특별한 사정이 없는 한 당해 근로자의 종전 기업과의 **근로관계는 단절**되는 것이고 이적하게 될 기업이 당해 근로자의 종전 기업과의 근로관계를 승계하는 것은 아니다.

3. 일방적인 전적과 근로관계: 승계

전적한 근로자가 전 회사에서 퇴직금을 지급 받았더라도 근무가 그 계속성이 유지되는 단일기간의 근로라면 전근무기간을 통산한 퇴직금이 지급돼야 한다(대판 2003.4.11, 2001다71528)

비록 전적 당시 원고가 소외 회사에 사직서를, 피고회사에 입사서류를 각각 제출하는 형식을 거쳐 퇴직금을 지급받았다 하더라도 원고에게 근로관계를 단절할 의사가 있었다고 할 수는 없고, 따라서 소외 회사와의 계속 근로관계도 단절되지 않는다고 할 것이며, 또한 피고회사가 비록 독립한 법인이기는 하나 소외 회사의 대주주들에 의하여 설립된 특수관계에 있는 회사인 점, 전적 전후에 걸쳐 원고의 업무내용 및 업무처리 장소에 변동이 없었던 점, 또 호봉, 근속수당 등에 대하여도 소외 회사에 최초 입사일을 결정기준으로 삼아온 점과 함께 원고의 퇴직금 산정의 기초가 될 근속기간에 대하여는 소외 회사의 근속기간을 통산하지 아니하고 전적 이후 피고회사의 근속기간만을 산정한다는 별도의 약정이 있었음을 인정할 아무런 자료가 없는 점에 비추어 보더라도, 위 전적에도 불구하고 소외 회사와 피고회사에서의 근무는 그 계속성이 유지되는 단일기간의 근로라고 보아야 할 것이다.

제4절 휴 직

Ⅰ. 서 설

휴직은 근로자를 직무에 종사하게 하는 것이 곤란하거나 또는 적당하지 아니한 사유가 발생한 때에 근로계약관계를 유지하면서 일정한 기간 동안 근로제공을 면제 또는 금지시키는 사용자의 처분을 말한다.[25)]

휴직의 사유나 목적은 다양하지만, 그 방식에 따라 사용자의 일방적 의사표시에 따른 '직권휴직(명령휴직)'과 근로자와의 합의(근로자의 신청과 사용자의 승낙)에 따른 '의원휴직'으로 나누어진다.[26)]

Ⅱ. 휴직의 법적근거(유효요건)

휴직은 ⅰ) 사용자의 일방적 의사표시 ⅱ) 또는 근로자의 신청에 대해서 사용자가 승낙의 의사표시를 함으로써 이루어진다.[27)] 일반적으로 휴직사유는 취업규칙 또는 단체협약에 규정되어 있다. 명시적인 휴직사유에 해당하지 않더라도 사회통념상 합리성이 인정되는 경우에는 사용자의 휴직명령이 가능하다.

Ⅲ. 휴직의 제한

1. 직권휴직의 경우(휴직명령의 정당성)

사용자의 근로자에게 정당한 이유없이 휴직을 할 수 없다(제23조 제1항).[28)] 사용자가 휴직명령권을 가지는 경우에도 그 휴직명령이 '정당한 이유'를 가지려면 취업규칙 등으로 정한 휴직사유에 해당하는 것만으로는 부족하고 그 규정의 목적, 그 실제의 기능, 휴직명령의 합리성 여부 및 휴직에 따라 근로자가 받게 될 불이익 등 제반 사정에 비추어 근로자가 상당한 기간에 걸쳐 근로제공을 할 수 없거나 근로제공이 매우 부적당하다고 인정되어야 한다.[29)]

---

25) 대판 1992.11.13, 92다16690.

26) 임종률 493, 전염병 등 상병, 전출, 병역복무, 형사사건의 기소 등을 이유로 하는 휴직 또는 징계절차의 진행, 정리해고 회피의 목적으로 하는 휴직은 직권휴직에 속하고, 상병, 가사, 그 밖에 일신상의 사정을 이유로 하는 휴직 또는 노동조합 전임, 공직수행, 육아, 학업을 목적으로 하는 휴직은 의원휴직에 속한다.

27) 서울고법 2002.4.25, 2001누12156, 그러므로 근로자가 청원휴직 허가 통보를 받지 않은 상태에서 허가 여부도 확인하지 않은 채 장기 결근하게 되면 해고사유에 해당하게 된다.

28) 근기법 제23조 제1항의 정당한 이유는 직권휴직에만 적용되고, 의원휴직은 휴직승인거부 이후 결근을 이유로 한 해고처분의 정당성을 중심으로 그 유효성이 다투어진다.

2. 의원휴직의 경우(휴직승인 거부의 정당성)

근로자가 휴직을 희망하는 경우에는 근로자의 불이익이 적어 문제되지 않는데, 이 경우 사용자가 휴직을 거부하는 것이 정당한지 여부가 다툼이 될 수 있다. 근로자의 휴직신청에 상당한 이유가 있음에도 불구하고 휴직승인을 거부하는 것은 부당하다.[30)]

Ⅳ. 휴직과 근로관계

1. 휴직 중 근로조건

(1) 휴직과 임금

휴직기간 중인 근로자에 대한 임금지급은 원칙적으로 단체협약이나 취업규칙 등에 정한 바에 따른다.[31)] 만약 근로자의 휴직이 사용자측의 경영상의 귀책사유로 인하여 발생하는 것이면 근로기준법 제46조의 휴업수당을 지급하여야 한다.

(2) 휴직과 계속근로기간의 산정

휴직기간도 계속근로연수에 산입된다. 다만 군복무로 인한 휴직의 경우 퇴직금산정의 기준이 되는 계속근로연수에는 산입할 수 없으나 승진기간에는 산입한다.[32)]

2. 휴직사유의 소멸과 근로관계

(1) 사용자의 복직 의무

휴직에 의해 일정 기간 근로계약상의 권리의무관계는 정지되는 것에 불과하기 때문에 휴직기간이 만료되거나 휴직사유가 소멸하는 경우 사용자는 근로자를 복직시켜야 한다. 취업규칙이나 단체협약에 복직절차(예컨대, 소정 기간의 복직신청)를 규정하고 있는 경우에는 그에 따라야 한다.

(2) 복직원 미제출과 당연퇴직 규정의 효력

취업규칙 등에서 휴직기간의 만료에 따른 복직신청의 불이행을 해고사유로 정할 수 있다. 취업규칙에 복직원의 미제출을 자진퇴직으로 간주하는 규정을 두고 있는 경우에 근로관계의 당연종료사유(자동퇴직)가 되는 것은 아니고, 퇴직처리의 여부는 사용자의 재량에 맡겨져 있기 때문에 이런 규정은 해고사유를 정한 것으로 해석되는 것이다.[33)]

이 경우 해고의 정당성은 휴직의 원인(근로자의 귀책사유 여부), 휴직사유의 소멸 여부, 회사업무에

---

29) 대판 1992.11.13, 92다16690.

30) 서울행법 2003.2.4, 2002구합29197, 근로자가 상사·동료의 폭행·협박으로 직장생활을 감당할 수 없음을 이유로 휴직신청을 했으나 회사가 이를 승인하지 않자 계속 그 승인을 요구하면서 무단결근한 경우 그에 대한 징계면직처분이 징계권의 남용이나 형평의 원칙에 반하여 무효이다.

31) 대판 1992.3.31, 90다8763.

32) 대판 1993.1.15, 92다41986, "구 병역법(1962.10.1. 법률 제1163호) 제76조 제2항은 군인이 실역복무를 마치고 종전에 근무하던 직장에 복직한 경우에는 실역에 복무한 기간을 실무에 종사한 기간으로 본다고 규정하고 있었는데, 개정된 구 병역법(1970.12.31. 법률 제2259호) 제69조 제2항, 제3항에는 현역 또는 실역에 복무하게 되어 휴직된 자는 복무 후 직장에의 복직을 보장하고, 군복무로 인하여 휴직된 때에는 승진에 있어서는 복무기간을 실무의 종사기간으로 보아야 한다고 규정하고 있으므로, 위 개정된 병역법이 시행된 이후에는 휴직기간을 승진의 경우 이외에 퇴직금의 지급기간에까지 가산할 수는 없다".

33) 대판 1993.11.9, 93다7464.

지장을 초래하는 정도 등을 종합적으로 고려하여 판단해야 한다.

Ⅴ. 제한 위반의 효과(부당휴직에 대한 구제)

사용자가 근로자에게 정당한 이유 없이 휴직을 한 경우에 대한 벌칙은 없다. 그러나 해당 근로자는 노동위원회에 신청하여 구제를 받을 수 있고(제28조 제1항), 법원에 제소하여 사법적 구제를 받을 수 있다. 또 부당휴직은 사법상 무효로 해석된다.

[관련판례] 휴직

1. 직권휴직의 정당성(대판 1992.11.13, 92다16690)

근로기준법 제30조 제1항에서 사용자는 근로자에 대하여 정당한 이유 없이 휴직하지 못한다고 제한하고 있는 취지에 비추어 볼 때, 위와 같은 휴직근거규정에 의하여 사용자에게 일정한 휴직사유의 발생에 따른 휴직명령권을 부여하고 있다 하더라도 그 정해진 사유가 있는 경우, 당해 휴직규정의 설정 목적과 그 실제 기능, 휴직명령권 발동의 합리성 여부 및 그로 인하여 근로자가 받게 될 신분상·경제상의 불이익 등 구체적인 사정을 모두 참작하여 근로자가 상당한 기간에 걸쳐 근로의 제공을 할 수 없다거나, 근로제공을 함이 매우 부적당하다고 인정되는 경우에만 정당한 이유가 있다고 보아야 할 것이다.

2. 복직원 미제출과 자진(당연)퇴직규정(대판 1993.11.9, 93다7464)

회사의 취업규칙이 휴직한 직원이 휴직기간 만료일 또는 휴직사유 소멸일 5일 전까지 복직원을 제출하지 아니하여 복직되지 아니한 때에는 자진퇴직으로 간주한다고 규정하고 있다고 하더라도 취업규칙이 법령과 같은 효력을 가지는 것은 아니므로, 회사가 취업규칙에 따라 위와 같은 퇴직사유를 근거로 직원이 퇴직한 것으로 처리할 것인지의 여부는 원칙적으로 회사의 재량에 맡겨져 있는 것일 뿐만 아니라, 회사의 인사규정도 직원이 취업규칙 소정의 복직절차를 이행하지 아니한 때에는 면직을 명할 수 있다고 규정하여 소정의 기간 내에 복직원을 제출하지 아니한 휴직자를 면직시킬 것인지의 여부를 회사의 재량에 맡기고 있다면, 회사의 취업규칙과 인사규정이 "복직원을 제출하지 아니한 때에는 자진퇴직으로 간주하고 면직시킬 수 있다"고 규정한 취지는, 휴직한 직원이 복직원을 제출하지 아니하면 회사가 퇴직처분을 할 수 있고 퇴직처분을 하였을 때 회사와 직원 사이의 근로계약관계가 종료된다는 의미로 해석하여야 할 것이지, 이와 달리 "자진퇴직으로 간주한다"는 문구에 구애되어 근로관계의 당연종료사유를 규정한 것으로 보아서는 안된다.

3. 기소휴직과 당연퇴직규정의 효력(대판 1992.11.13, 92누6082)

[1] 취업규칙에 기소휴직에 따른 퇴직사유로 규정된 "구속기소로 인한 휴직에 있어서 유죄판결을 받았을 때"라는 것은, 구속기소로 인하여 휴직처리된 종업원이 취업규칙과 단체협약에서 정한 그 휴직기간이 만료되는 제1심판결 선고시까지도 현실적인 근로제공이 불가능한 신체구속이라는 당초의 실질적인 휴직사유가 해소되지 아니하는 내용의 유죄판결 즉 실형의 판결을 선고받는 것을 의미한다.

[2] **사용자의 일방적인 의사표시로 취업규칙 규정에 의하여 종업원과의 근로계약관계를 종료**시키는 경우 그것이 정당한 것으로 인정되기 위하여는 종국적으로 **근로기준법** 제27조(**현행 제23조**) 제1항에서 말하는 **"정당한 사유"가 있어야 할 것**이고, 또 그 정당성 유무는 결국 휴직기간만료시에 있어서의 조기 석방가능성의 유무, 구속이 직장에 미치는 영향, 당해 형사사건의 성질 등 제반 사정을 종합적으로 고려하여 합리적으로 판단하여야 할 것이다.

제5절 징 계

Ⅰ. 서 설

1. 징계의 의의

징계는 기업의 질서와 규율을 유지하기 위하여 직장의 규율을 위반한 근로자에게 일정한 불이익을 주는 권리를 말하는 것으로 견책 · 경고, 감봉, 출근정지 · 정직 및 해고 등이 해당한다. 그러나 기업의 질서와 규율을 유지하기 위하여 사용자의 징계행위가 필요하다 하더라도 징계행위는 근로자에게 불이익을 강제적으로 부과하는 것이며, 경우에 따라서는 근로자의 생존권을 침해할 수 있으므로 무제한 허용될 수 있는 것은 아니다.

사용자가 징계권을 남용할 경우 근로자에게 불이익의 우려가 있고, 근로자의 생존권을 박탈할 위험이 있다. 따라서 근로기준법 제23조의 정당한 사유, 제95조의 취업규칙에 기재 또는 감급의 제한, 제28조의 부당해고 등에 대한 근로자 구제규정을 둠으로써 사용자의 징계권을 제한하고 있다.

2. 징계권의 법적 근거

(1) 문제의 소재

사용자가 평등한 계약당사자인 근로자에게 징계의 제재를 할 수 있는 법적 근거가 무엇인지에 관하여 다툼이 있어왔다.

(2) 학 설

ⅰ) 고유권설은 징계는 단체협약이나 취업규칙에 근거규정이 없더라도 기업질서유지를 위하여 사용자의 인사 · 경영권으로부터 도출되는 당연한 권리이고, 권리남용에 따른 제한이 있게 된다는 입장이다. ⅱ) 공동규범설은 기업공동질서 유지를 위해 징계제도는 사용자에 의하여 전단적으로 제정 · 운영되어서는 안되고, 단체협약과 같은 노사의 공동규범에 의하여 명확히 규정되어야 한다는 입장이다.[34] ⅲ) 법규범설(취업규칙설)은 근로관계를 규율하는 법규범에 근거하여 사용자의 징계권을 인정하는데, 사용자는 근로관계를 규율하는 법규범인 취업규칙에 징계의 사유와 수단을 명확히 규정하여 근로계약 당사자에 대하여 구속력을 갖게 됨으로써 징계권을 가진다고 한다.[35]

34) 김형배 541, 징계제도의 설정은 그 기업공동체의 구성원들이 스스로 그들의 행위를 규율하는 규약의 정립행위와 유사한 것이다. 그러므로 징계제도를 정립할 때에는 단체협약이나 노사협정 등 노사의 공동규범에 의하여 징계사유와 징계의 방법, 징계의 집행주체와 징계절차 등을 명확히 규정하여야 한다.

35) 김유성Ⅰ 261; 임종률 497, 이는 취업규칙의 법적성질을 법규범으로 이해하는 것과 관련된다.

(3) 판 례

판례는 징계권이 "기업질서를 유지하기 위한 사용자 고유의 권한"[36]이라고 판시하여 원칙적으로 사용자의 권한에 속한다고 보면서, "근로기준법 등의 관련 법령에 반하지 않는 범위 내에서 징계할 수 있다"[37]고 하여 고유권설을 취하고 있다.

(4) 검 토

고유권설은 징계권의 근거를 지나치게 확대함으로써 근로자보호라고 하는 노동보호법의 이념에 반하고, 공동규범설은 징계권의 근거를 지나치게 축소함으로써 합리적인 기업질서의 확립 · 유지의 필요성을 충족시키지 못하고 있다. 제재에 관한 사항은 취업규칙의 필요적 기재사항(근기법 제93조)이고, 취업규칙의 작성과 변경에 대해서는 일정한 법적 제한이 가해지고 있는 점(동법 제97조)에 비추어 볼 때, 징계권의 근거를 취업규칙에서 찾는 법규범설이 타당하다.[38]

Ⅱ. 징계권의 제한

1. 징계사유의 정당성

(1) 정당한 이유의 존재

근로기준법은 사용자가 근로자에 대하여 '정당한 이유' 없이 해고, 휴직, 정직, 전직, 감봉 기타 징벌을 하지 못하도록 규정하고 있다(제23조 제1항). 징계에 있어 '정당한 이유'란 일반적으로 기업의 공동질서의 위반행위로 인하여 사회통념상 근로관계를 더 이상 존속시킬 수 없을 정도의 사유를 말한다.

(2) 취업규칙 등의 징계사유의 정당성

1) 정당성 판단 기준 징계사유에 대하여는 취업규칙 등에 규정되어 있는 경우에도 그 사유가 반드시 정당한 것은 아니며, 근기법 제23조 제1항에 따라 사회통념에 비추어 구체적으로 판단되어야 할 것이다.[39]

이러한 징계사유는 기업질서를 유지하기 위하여 필요하고도 합리적인 범위 내에서 인정된다. 따라서 기업질서의 유지와 무관한 목적에서 행하는 징계는 정당한 이유가 없는 것으로 보아야 한다. 근로자의 사생활 영역에서 발생하는 비행이나 범법행위는 기업의 사회적 평가 또는 신용에 중대한 영향을 미치는 등 기업질서에 대한 침해에 해당하는 경우에 비로소 정당한 징계사유로 인정될 수 있다.[40]

2) 징계규정의 해석 취업규칙 등에 정한 징계사유에 관한 규정이 추상적 · 포괄적인 경우에는 이를 그대로 받아들일 것이 아니고 근로자보호의 견지에서 한정적으로 해석해야 한다.[41] 취업규칙에서 규정한 징계사유는 사용자의 징계권의 근거가 되는 것이므로, 그 내용이 구체적이든 포괄적이든 제한적 열거로 보아야 하고, 열거되지 않은 사유로 징계할 수 없다.[42]

36) 대판 1994.8.12, 93누21521; 대판 1994.12.23, 93누3001.

37) 대판 1994.6.14, 93다16151.

38) 김유성 I 261; 임종률 497, 징계는 직장질서 위반자에 대하여 사용자가 근로계약상 할 수 있는 보통의 수단과는 별개의 특별한 제재벌이므로 특별한 근거를 필요로 한다고 보아야 할 것이다. 즉, 사용자는 이러한 특별한 제재벌로서의 징계를 하려면 죄형법정주의에 준하여 그 사유와 수단을 취업규칙이나 단체협약에 미리 규정하고 있어야 징계권을 가지는 것이다.

39) 대판 1992.5.12, 91다27518.

40) 대판 1994.12.13, 93누23275.

41) 대판 1992.7.14, 92다3230.

(3) 징계사유의 구체적 정당성 판단

1) 근로계약상 채무불이행(근무태만, 업무명령 위반 등) 무단결근, 지각, 조퇴, 근무성적불량, 직장이탈 등 근무태만이나 연장근로명령, 출장명령, 전직명령 등의 위반, 경위서 제출거부 등 업무명령 위반은 그 자체로서는 단순한 채무불이행이지만 그것이 다른 근로자의 근무태도에 악영향을 주는 등 근무규율 내지 직장질서에 반한다고 인정되어야 비로소 정당한 징계사유가 된다고 보아야 할 것이다.[43]

2) 근무규율 · 직장질서 위반 사용자는 직장질서를 유지하기 위하여 사업장 내 음주 · 흡연 · 수면 · 도박 · 횡령 · 배임, 회사물품의 절도 · 손괴, 동료 · 상사에 대한 폭행 등 근로자가 근무규율 내지 직장질서를 위반한 경우 징계할 수 있다. 다만, 사용자가 종업원의 사업장 내 정치활동이나 유인물배포를 포괄적으로 제한하는 것은 헌법에서 보장된 언론의 자유를 제한하는 것이 되므로 허용될 수 없으나 다른 근로자의 작업이나 시설물 관리에 현실적으로 지장을 가져오거나 위협이 큰 경우 제한이 가능할 것이다.[44]

3) 경력사칭 경력사칭이란 고의로 채용 시에 제출하는 이력서 등에 학력 · 직업경력 · 학생운동 경력 · 노동운동 경력 · 전과사실 등을 허위기재하는 것을 말한다.

판례는 경력사칭은 사용자의 근로자에 대한 신뢰관계나 기업질서 유지 등에 영향을 주는 것으로서 사용자가 이를 사전에 알았더라면 그 근로자를 채용하지 않았거나 적어도 같은 조건으로는 채용하지 않았을 것으로 인정되는 중요한 경력사칭은 정당한 징계사유가 된다고 한다.[45] 이에 대해 경력사칭은 채용 후의 근무규율이나 직장질서에 위반한 행위가 아니므로 징계의 대상은 될 수 없지만,[46] 근로자가 중요한 경력을 사칭하고 그 결과 사용자가 이로 인해 직장규율유지와 관련하여 구체적 피해를 본 경우에 한하여 징계사유가 인정된다는 입장이 있다.[47]

4) 직장 외 비행 근로자가 사용자나 기업의 명예와 신용을 실추시키거나 종업원으로서의 품위를 해치는 행위를 한 경우 징계사유가 되는지 문제된다. 징계권은 기업활동을 원활하게 수행하는 데 필요한 범위에서 인정되는데 불과하고 근로자의 사생활에 대한 사용자의 일반적 지배까지 허용되는 것은 아니다. 근로자의 사생활상의 언동은 기업활동에 직접 관련되고 기업의 사회적 평가에 훼손을 초래하는 경우에만 정당한 징계사유로 인정된다.[40]

2. 징계수단의 정당성

(1) 상당성의 원칙(과잉금지의 원칙)

근로자의 비위사실에 대하여 적절한 징계수단을 확정하는 것을 징계양정이라고 한다. 징계를 어떠

---

42) 대판 1992.5.12, 91다27518, 취업규칙이나 단체협약에 징계해고 사유가 제한적으로 열거되어 있는 경우에는 그 열거된 사유 이외의 사유로 징계해고를 할 수 없다고 한다.

43) 임종률 498～499; 김형배 637, 이는 채무불이행에 해당하는 것이므로 징계처분의 대상이 된다고 할 수 없다고 한다.

44) 대판 1991.11.12, 91누4146.

45) 대판 1896.10.28, 85누851; 대판 1990.12.7, 90다카23912; 다만, 대판 1994.1.28, 92다45230은 사용자가 경력사칭을 알았음에도 근로자가 이를 이유로 징계하지 않을 것으로 신뢰할 만한 상당한 기간이 지난 때에는 징계할 수 없다는 취지의 판시가 있다.

46) 이러한 입장에서 경력사칭은 착오나 사기에 따른 의사표시로서 근로계약의 무효 또는 취소를 야기하거나 신의칙상의 진실고지 의무 위반으로서 일반해고를 할 수 있을 뿐이다(김형배, 546).

47) 김형배 546.

48) 대판 1994.12.13, 93누23275.

한 수단으로 할 것인가는 징계권자의 재량에 맡겨진 것이나, 징계권자가 행한 징계수단이 사회통념상 현저하게 타당성을 잃어 징계권자의 재량을 남용한 것으로 인정되는 경우에는 그 수단은 위법한 것이라고 할 수 있다.49) 즉, 징계양정은 징계사유에 해당하는 비위행위의 종류, 정도, 반복성, 직장질서에의 영향 등에 비추어 상당한 것이어야 하고 과잉징계가 아니어야 한다.50)

(2) 형평성의 원칙

같은 비위행위에 대하여 종전에 또는 다른 근로자에게 과한 징계수단과 동등하거나 비슷한 수단이어야 한다. 같은 비위행위에 대해서 다른 근로자보다 현저히 무거운 징계를 결정하는 것은 유효하지 않지만 종전 상벌경력, 비위행위에 대한 반성의 정도를 종합적으로 징계수단을 달리할 수 있다.51)

(3) 징계수단의 종류

1) 견책, 경고 견책이란 사용자가 근로자에게 시말서를 제출하도록 하여 징계하는 방법을 말하고, 경고는 시말서 제출까지는 아니지만 구두 · 문서로 훈계하는 징계방법을 말한다. 이는 현실적으로 불이익을 과하지는 않지만, 향후 승급 및 승진 등에 불이익한 영향을 미치는 경우를 말한다.

2) 감봉(감급) 근로제공에 대응하여 산정된 임금액에서 일정액을 삭감하는 징계수단이다. 임금은 근로자의 생활원천이 되는 수입이므로 근로자에게 징계사유가 있더라도 감급의 정도가 지나치면 근로자의 생활을 위협하게 된다는 점을 고려하여 근로기준법에 감급의 액을 제한하고 있다. 감봉시 1회의 감급액은 평균임금 1일분의 2분의 1을, 총액이 1임금 지급기에 있어서의 임금총액의 10분의 1 이상을 초과하지 못한다(근기법 제95조).

3) 정 직 근로계약을 존속시키면서 근로자의 노무제공을 일정기간 금지하는 것으로 징계처분으로서의 정직, 해고 등의 사전절차로서 출근정지 또는 자택대기 및 근로자에게 보직을 주지 아니하는 직위해제 등이 있다. 정직 중의 임금지급 여부 및 정직기간을 근속연수에 산입할 것인지의 여부는 단체협약 · 취업규칙 · 근로계약 및 경영관행 등에 따라야 할 것이다.

4) 징계해고 징계처분 중에서 가장 커다란 제재효과를 갖는 것으로 사용자의 일방적 의사표시에 의하여 근로자와의 근로관계를 종료시키는 징계처분을 말한다.

(4) 이중징계 금지

노동위원회에서 정직처분이 정당하다고 판정한 경우 사용자가 재차 높은 수준 또는 다른 형태의 징계처분을 하는 것은 이중처벌금지의 원칙에 위배되어 무효가 된다.

그러나 종전의 징계가 절차상의 흠 또는 징계수단의 상당성 결여를 이유로 노동위원회의 구제절차 또는 소송절차에서 부당한 것으로 판명된 경우에 사용자가 같은 사유에 대하여 적정절차를 밟거나 징계의 수준을 낮추어 다시 징계하거나52) 사용자 스스로 종전의 징계를 취소하고 새로이 징계하는 것53)은 이중징계에 해당하지 않는다. 또한 징계사유가 된 비위행위에 대하여 종전에 징계를 받았던 점을 징계 여부 및 징계수단의 결정에 참고하는 것도 이중징계는 아니다.54)

49) 대판 1999.9.3, 97누2528.
50) 대판 2001.9.18, 2001두5128; 대판 1998.11.10, 97누18189; 대판 1996.9.24, 95다11504.
51) 임종률 503.
52) 대판 1981.5.26, 80다2945.
53) 대판 1994.9.30, 93다26494.
54) 임종률 504~505.

3. 징계절차의 정당성

(1) 징계절차가 있는 경우

징계는 권한 있는 기관에 의해 공정하게 행사되어야 한다. 징계절차에 관하여 근로기준법은 해고절차 이외에는 어떠한 규정도 두고 있지 아니하고, 단체협약 및 취업규칙에 정하는 것이 일반적이다. 단체협약 및 취업규칙에 규정된 징계절차를 위반하는 경우 당해 징계는 원칙적으로 무효가 된다.[55)]

(2) 징계절차가 없는 경우

판례는 징계절차가 규정되어 있지 않은 경우 징계절차를 거치지 아니한 경우에도 징계가 당연히 무효로 되는 것은 아니라고 판시하고 있다.[56)] 이에 대해 판례가 취업규칙에 징계규정이 없으면 절차적 정의라는 일반 법원리를 반영하기 위한 해석론적 고민을 결여하고 있다는 비판이 있다.[57)]

Ⅲ. 제한 위반의 효과

사용자가 근로자에게 부당하게 징계를 한 경우에 대한 벌칙은 없다. 그러나 해당 근로자는 노동위원회에 신청하여 구제를 받을 수 있고(근기법 제28조), 법원에 제소하여 사법적 구제를 받을 수 있다. 또한 부당징계는 사법상으로 무효가 된다.

[관련판례] 징계의 정당성 판단

1. 징계사유규정의 정당성(대판 1998.11.10, 97누18189)

취업규칙 등의 징계해고사유에 해당하는 경우, 이에 따라 이루어진 해고처분이 당연히 정당한 것으로 되는 것이 아니라 **사회통념상 고용관계를 계속할 수 없을 정도로 근로자에게 책임 있는 사유가 있는 경우에 행하여져야 정당성이 인정**되는 것이고, 사회통념상 당해 근로자와의 고용관계를 계속할 수 없을 정도인지는 당해 사용자의 사업의 목적과 성격, 사업장의 여건, 당해 근로자의 지위 및 담당직무의 내용, 비위행위의 동기와 경위, 이로 인하여 기업의 위계질서가 문란하게 될 위험성 등 기업질서에 미칠 영향, 과거의 근무태도 등 여러 가지 사정을 종합적으로 검토하여 판단하여야 한다.

2. 징계사유의 제한적 열거(대판 1994.12.27, 93다52525)

단체협약이나 취업규칙 등에서 근로자에 대한 **징계사유가 제한적으로 열거되어 있는 경우에는 그와 같이 열거되어 있는 사유 이외의 사유로는 징계할 수 없다.**

3. 허위 경력 기재와 징계사유(대판 1990.12.7, 90다카23912)

기업이 근로자를 고용함에 있어서 학력이나 경력 등을 기재한 이력서의 제출을 요구하는 것은 단순히 근로자의 근로능력을 평가하기 위하여서만이 아니라, 노사 간의 신뢰의 형성과 기업질서의 유지를 위하여는 근로자의 지능과 상식, 경험, 기능, 교육 정도, 정직성 및 직장에 대한 정착성과 적응성 등을 모두 고려한 전인격적인 판

55) 대판 1991.7.9, 90다8077.
56) 대판 1994.6.14, 93다26151.
57) 김유성 I 265.

단을 거쳐 고용 여부를 결정할 필요가 있기 때문에 그와 같은 판단의 자료로 삼기 위한 것이라고 할 터인데 이와 같은 목적으로 제출이 요구되는 이력서에 허위의 경력을 기재한다는 것은 그 자체가 그 근로자의 정직성에 대한 중요한 부정적인 요소가 됨은 물론, 기업이 고용하려고 하는 근로자들에 대한 전인격적인 판단을 그르치게 하는 것이므로 근로자가 채용될 때 제출한 이력서에 허위의 경력 등을 기재한 행위를 징계해고사유의 하나로 삼은 취업규칙은 그와 같은 허위사항의 기재가 작성자의 착오로 인한 것이라거나 그 내용이 극히 사소하여 그것을 징계해고사유로 삼는 것이 사회통념상 타당하지 않다는 등의 특별한 사정이 있는 경우까지 적용하지 않는 한 정당한 해고사유를 규정한 것으로 유효하다.

4. 사생활의 비행과 징계사유(대판 1994.12.13, 93누23275)

[1] 사용자가 근로자에 대하여 징계권을 행사할 수 있는 것은 사업활동을 원활하게 수행하는데 필요한 범위 내에서 규율과 질서를 유지하기 위한 데에 그 근거가 있으므로, 근로자의 **사생활에서의 비행**은 **사업활동에 직접 관련이 있거나 기업의 사회적 평가를 훼손할 염려가 있는 것에 한하여 정당한 징계사유**가 될 수 있다.

[2] 근로자에 대한 징계사유인 부동산투기행위가 근로자의 사생활에서의 비행에 불과하다고 볼 여지가 없지 아니하다 하더라도, 택지의 개발과 공급, 주택의 건설, 개량, 공급 및 관리 등을 통하여 시민의 주거생활의 안정과 복지향상에 이바지함을 목적으로 지방공기업법 제49조에 의하여 특별시가 전액 출자하여 설립한 도시개발공사의 설립목적, 그 업무의 종류와 태양, 부동산보상 관련업무를 담당하는 근로자의 업무내용 등의 여러 사정을 종합적으로 고려하면, 도시개발공사 소속 근로자의 부동산투기행위는 객관적으로 그 공사의 사회적 평가에 심히 중대한 악영향을 미치는 것으로 평가될 수 있는 경우라고 할 것이므로, 이는 그 공사의 인사규정 소정의 "공익을 저해하는 중대한 행위를 하였을 때"에 해당한다고 본 것은 정당하다고 한 사례.

6. 징계절차 규정이 없는 경우(대판 1992.4.14, 91다4775)

회사의 단체협약이나 취업규칙 등에 징계절차에서 피징계자에게 사전에 통고하거나 변명의 기회를 부여할 것을 명한 **규정이 없는 이상**, 회사의 피징계자에 대한 징계절차에서 그와 같은 절차를 거치지 않았다고 하더라도 **징계처분을 무효라고 할 수 없다.**

7. 징계절차 규정이 있는 경우(대판 1991.7.9, 90다8077)

단체협약이나 취업규칙 또는 이에 근거를 둔 징계규정에서 징계위원회의 구성에 노동조합의 대표자를 참여시키도록 되어 있고 또 징계대상자에게 징계위원회에 출석하여 변명과 소명자료를 제출할 기회를 부여하도록 되어 있음에도 불구하고 이러한 **징계절차를 위배**하여 징계해고를 하였다면 이러한 징계권의 행사는 징계사유가 인정되는 여부에 관계없이 **절차에 있어서의 정의에 반하는 처사로서 무효**라고 보아야 한다.

8. 이중징계 해당 여부(대판 1994.9.30, 93다26496)

징계해고처분이 취소되면 해고무효확인판결이 확정된 것과 마찬가지로 소급하여 해고되지 아니한 것으로 보게 되므로, 그 후 새로이 같은 사유 또는 새로운 사유를 추가하여 다시 징계처분을 한다고 하여 일사부재리의 원칙이나 신의칙에 위배된다고 볼 수는 없고, 징계무효확인판결이 선고된 뒤에 징계처분을 취소한다고 하여 법원의 판결을 잠탈하는 것이라고 할 수도 없다.

제 6 절 영업(사업)양도

Ⅰ. 서 설

경영과정에서 영업(사업)양도 및 합병, 회사분할 등 다양한 '기업변동'은 그 주된 목적, 법적 형태가 어떠하든 간에 근로관계를 둘러싸고 다양한 노동법상의 문제가 제기된다. 가장 기본적인 문제는 근로관계가 승계되는지 여부이다. 이를 부정한다면 그 밖의 노동법적 문제가 제기될 소지가 적지만, 이를 긍정한다면 이에 수반하는 다양한 법적 문제가 제기된다.

이러한 기업변동 중에서 영업양도는 현행 법규정의 미비로 인해 이러한 노동법상의 문제들은 학설과 판례에 의해서만 해석되어 혼란의 상태가 지속되어 법적 안정성이 문제되고 있다. 아래에서는 영업양도의 개념 및 요건, 법적효과로서 근로관계의 승계여부, 구체적인 승계범위에 대하여 살펴보도록 한다.

Ⅱ. 영업양도와 근로관계 승계

1. 영업양도의 의의

(1) 영업양도의 개념

영업(사업)양도란 "일정한 영업목적에 의하여 조직화된 업체, 즉 인적 · 물적 조직을 그 동일성은 유지하면서 일체로서 이전하는 것"을 의미한다[58]. 여기서 근로관계 승계와 관련되는 '영업'의 의미는 '영업목적에 의하여 조직된 업체', 즉 '인적 · 물적 조직체'로 이해하고 있다. 이러한 이해를 바탕으로 할 때 물적 수단만의 이전으로는 영업양도라고 할 수 없다.

(2) 인적 · 물적 조직의 동일성 판단기준

영업양도가 이루어지기 위해서는 인적 · 물적 조직이 동일성을 유지하면서 이전되어야 한다. 이에 대해 판례는 "영업양도가 이루어졌는가의 여부는 단지 어떠한 영업재산이 어느 정도로 이전되어 있는가에 의하여 결정되어야 하는 것이 아니고 거기에 종래의 영업조직이 유지되어 그 조직이 전부 또는 중요한 일부로서 기능할 수 있는가에 의하여 결정되어져야 하는 것"이라 하고 있다. 그러므로 "영업재산의 일부를 유보한 채 영업시설을 양도했어도 그 양도한 부분만으로도 종래의 조직이 유지되어 있다고 사회관념상 인정되면 그것을 영업의 양도라 볼 것이지만, 반면에 영업재산의 전부를 양도했어도 그 조직을

58) 대판 1991.8.9, 91다15225; 대판 2001.7.27, 99두2680; 대판 2003.5.30, 2002다23826.

해체하여 양도했다면 영업의 양도로 볼 수 없는 것"이라고 한다.[59] 즉 인적 · 물적 조직체가 해체됨이 없이 유지 · 이전되면 사업의 동일성이 있어 영업양도인 것이다. 반면 물적 · 인적 조직체가 해체되었다면 동일성이 없는 것으로 영업양도가 아닌 것이다.[60]

2. 영업양도시 근로관계 승계 여부

(1) 문제의 소재

합병의 경우에는 "합병 후 존속한 회사 또는 합병으로 인하여 신설된 회사는 합병으로 인하여 소멸된 회사의 권리의무를 승계한다(상법 제235조)"라는 규정이나 판례의 태도를 근거로 대부분 근로관계의 승계를 인정하고 있다. 그러나 상법에서 영업양도의 효과로서 합병의 경우와 달리 권리 · 의무의 포괄적 승계를 인정하지 않고 있어, 영업양도시 근로관계의 승계 여부에 대해 많은 논란이 제기되었다.

(2) 학 설

ⅰ) 특약필요설은 당사자 간에 근로관계의 승계에 관한 명시적 · 묵시적 합의가 있는 경우에 한하여 근로관계가 승계된다는 견해이다.[61] ⅱ) 이에 대해 원칙승계설은 당사자 사이에 영업양도에 관한 합의만 있을 뿐이고, 근로관계의 승계에 관한 약정이 없더라도 영업의 양도에 관한 합의 속에는 원칙적으로 근로관계를 포괄적으로 승계하기로 하는 내용의 합의가 포함된 것으로 해석하는 견해이다.[62] ⅲ) 이와 유사한 견해로 당연승계설은 양도인, 양수인 사이에 영업양도에 관한 법률행위가 있으면, 그것으로 종래의 근로관계는 그 전체가 포괄적으로 법률상 당연히 양수인에게 이전된다는 견해이다.[63]

(3) 판 례

판례는 "영업양도가 이루어진 경우에는 원칙적으로 해당 근로자들의 근로관계가 양수하는 기업에 포괄적으로 승계되는 것"이라고 하여 원칙승계설의 입장에서, "영업양도당사자 사이에 근로관계의 일부를 승계의 대상에서 제외하기로 하는 특약이 있는 경우에는 그에 따라 근로관계의 승계가 이루어지지 않을 수 있으나, 그러한 특약은 실질적으로 해고나 다름이 없다 할 것이므로 근로기준법 제23조 제1항(또는 제24조)의 소정의 정당한 이유가 있어야 유효할 것이다"라고 판시하고 있다.[64]

(4) 검 토

영업양도와 같은 기업변동시 근로관계의 승계에 관한 명문의 규정이 없지만 근로관계의 포괄승계를 인정하는 것은 근로기준법상의 해고제한을 부당하게 회피하는 것을 방지하여야 할 필요성에 근거하고 있다는 점에서 판례의 입장이 타당하다고 본다. 이러한 근로관계 승계의 법리는 새로운 해고제한 사유를 설정한 것이 아니라 기존의 해고제한제도를 보완하는 법리라고 할 수 있다.

---

59) 대판 1991.8.9, 91다15225; 대판 2001.7.27, 99두2680; 대판 2003.5.30, 2002다23826.

60) 영업양도는, 이전되는 것이 영업의 전부냐 일부냐 하는 '양'적인 문제가 아니라, 그 조직의 동일성을 유지하느냐 하는 '질'적인 문제라 할 수 있을 것이다.

61) 임홍근, 상법총칙, 1986, 478(그러나 2001년판에서는 그 내용을 삭제하여 종전 견해 수정한 것으로 보임).

62) 김형배, 노동법, 568.

63) 임종률, 노동법, 491.

64) 대판 1994.6.28, 93다33173.

3. 근로관계 승계시 근로자의 동의 여부

(1) 문제의 소재

민법에 따르면 사용자는 근로자의 권리를 제3자에게 양도할 때에는 근로자의 동의를 받아야 한다(민법 제657조).[65] 사업양도의 경우 근로자의 근로관계가 양수인에게 승계되기 위하여 근로자의 동의가 필요한지가 문제된다.

(2) 사업의 일부 양도

판례는 사업의 '일부'가 양도되었음에도 불구하고 근로관계의 승계를 거부하는 근로자의 근로관계는 양수하는 기업에 승계되지 아니하고 그대로 양도기업과의 사이에 존속한다고 하여,[66] 근로관계의 승계를 위해서는 근로자의 동의가 필요하다고 보고 있다.

따라서 근로자는 반대의 의사를 표시함으로써 양수기업에 승계되는 대신 양도기업에 잔류하거나, 양도기업과 양수기업 모두에서 퇴직할 수 있다.[67] 양도기업에 잔류하는 경우에는 양도 기업에 인원과잉이 발생하게 되어 양도기업에 감원이 불가피하게 되는 사정이 발생하여 경영상해고로서의 정당한 요건을 갖춘다면 승계를 거부한 근로자를 해고할 수 있을 것이다.[68]

(3) 사업의 전부 양도

사업의 '전부' 양도의 경우에는, 근로자가 승계에 동의하지 않아 양수인에의 승계가 저지된다는 것 또는 동의하지 않은 근로자가 민법의 규정에 따라 근로계약을 해지한다는 것은 곧 실직을 의미한다. 근로관계 승계에 관하여 근로자는 반대할 이유가 없고, 실직의 위험을 무릅쓰고 승계를 반대하는 근로자는 양도 후에 스스로 사직할 수도 있기 때문에 근로자의 동의 유무에 관계없이 근로관계는 양수인에게 승계된다고 보아야 할 것이다.[69]

(4) 검 토

근로관계는 일신전속적이라는 점에서 그 권리를 제삼자에게 양도하지 못한다(민법 제657조)고 보아야 할 것이고, 영업양도의 근로관계 승계를 위해 근로자의 동의가 요구된다고 볼 수 있다. 그러나 근로관계 승계에 대하여 근로자의 동의를 요건으로 하는 것인지가 명확하지 않아 논란이 있을 수 있다. 이런 문제를 해결하고 영업양도에 따른 근로관계를 명확히 하기 위해 근로관계 승계 거부권을 명문화하자는 의견도 제시되고 있다.[70]

Ⅲ. 영업양도와 개별적 근로관계

1. 근로관계 승계의 조건과 범위

영업이 포괄적으로 양도됨으로써 근로관계를 승계하는 경우, 그 영업의 양수인은 근로자에 대하여

65) 민법 제657조(권리의무의 전속성) ① 사용자는 노무자의 동의없이 그 권리를 제삼자에게 양도하지 못한다.
② 노무자는 사용자의 동의없이 제삼자로 하여금 자기에 갈음하여 노무를 제공하게 하지 못한다.
③ 당사자일방이 전2항의 규정에 위반한 때에는 상대방은 계약을 해지할 수 있다.

66) 대판 2000.10.13, 98다11437.

67) 대판 2002.3.29, 2000두8455.

68) 대판 2000.10.13, 98다11437.

69) 임종률 510.

70) 근로기준법제 개선방안 125.

종전과 동일한 조건으로 승계하여야 한다.

판례도 영업양도나 합병에 의해 근로계약관계가 포괄적으로 승계된 경우에 근로자의 종전 근로계약상의 지위가 그대로 승계되는 것이므로, 취업규칙 불이익 변경 등에 대한 근로자의 동의가 없는 한 종전의 퇴직금 규정이 적용된다고 하여, 근로관계의 내용을 구성하는 임금 · 근로시간 등 근로조건도 그대로 유지된다고 판단하고 있다.[71)]

영업양도시 승계되는 근로관계의 범위는, 사업양도계약체결일 현재 해당 사업부문에 근무하고 있던 근로자의 근로관계로 한정되므로, 계약체결일 이전에 해고된 자로서 해고의 효력을 다투고 있는 근로자와의 근로관계까지 승계되는 것은 아니다.[72)]

그러나 양수인이 사업 양수 당시에 해고가 무효임을 알았던 경우에는 원칙적으로 그 해고된 근로자의 근로관계도 양수인에게 승계된다.[73)]

2. 영업양도 이전 발생한 채무에 대한 책임

영업양도 이후 발생한 채무에 대해서는 당연히 양수인 혼자 책임을 부담한다. 그러나 영업양도 이전에 발생한 채무 중 양도인이 이행하지 않은 채무에 대해서까지 양수인이 책임을 승계하는 것인지가 문제된다.

양수인의 책임을 부정하게 되면 근로자의 지위가 불안해지므로, 영업양도 이전에 성립한 채무 중 일정기간 내에 이행기가 도래하는 채무에 대해서는 양도인과 양수의이 연대책임을 지도록 해야 할 것이다.[74)]

3. 계속근속기간

퇴직금이나 연차휴가 산정을 위한 계속근로기간은 영업양도 전후를 통산해야 한다. 근로관계의 포괄적 합의에서 퇴직금 산정기간에 한하여 종전의 근속기간은 양수인 회사의 근속연수에 산입하지 않기로 하였다 하더라도 근로자의 동의가 없으면 무효이다.[75)] 다만 근로관계의 승계에 수반하여 근로자의 요구에 따라 퇴직금 중간정산을 한 경우에는 그 이후의 퇴직금 산정에 관련된 계속근로기간은 승계 시점부터 새로이 기산한다.

4. 취업규칙의 승계

(1) 학　　설

승계긍정설은 영업양도에서 취업규칙은 양수인에게 승계되므로 양도 이후에도 취업규칙의 규범적 효력을 갖는다고 본다. 이 견해에 의하면 양수인이 승계받은 근로자에 대해 기존의 근로조건을 변경하기 위해서는 취업규칙의 변경절차가 요구된다.[76)]

이에 비해 승계부정설은 영업양도시 취업규칙 그 자체가 승계되는 것이 아니라, 취업규칙에 의해

71) 대판 1995.12.26, 95다41659.
72) 대판 1993.5.25, 91다41750.
73) 대판 1996.5.31, 95다33238.
74) 근로기준법제 개선방안 120.
75) 대판 1991.11.12, 91다12806.
76) 김유성 I 354; 임종률 511.

형성된 근로관계의 내용이 이전된다는 입장이다. 이에 따르면 기존의 취업규칙은 규범적 효력이 없기 때문에 승계받은 근로자의 근로계약을 변경하여 근로조건을 바꿀 수 있다.[77)]

(2) 판 례

1) 복수의 취업규칙 영업양도로 인해 기존의 양도인 회사의 취업규칙 등이 그대로 승계되므로,[78)] 그 결과 양수인의 사업에는 복수의 취업규칙이 존재하게 된다.

2) 퇴직금차등금지원칙 위배 여부 양도인과 양수인의 퇴직금 규정이 다른 경우(예컨대, 양도인 회사는 누진제, 양수인 회사는 단수제), 이것이 퇴직금차등금지 원칙[79)]에 위배되는지가 문제된다. 이에 대해 판례는 영업양도라는 기업변동의 결과로 인해 발생한 것이므로 퇴직금차등금지원칙에 위배되지 않는다고 보고 있다.[80)]

3) 취업규칙 통합의 요건 하나의 사업에 상이한 취업규칙, 상이한 근로조건의 병존은 사용자에게나 근로자에게나 바람직하지 않기 때문에 이를 통합할 필요가 있을 것이다. 양수인이 '근로자에게 더 유리한 양도인의 취업규칙'을 폐기하고 자신의 취업규칙을 획일적으로 적용하는 것은, 승계된 근로자에게는 취업규칙의 불이익변경에 해당하므로 그 '근로자 집단의 동의'를 받지 않으면 양수인의 취업규칙을 적용할 수가 없다.[81)]

(3) 검 토(사회통념상 합리성과 취업규칙의 변경)

복수의 취업규칙이 병존하는 경우 현행의 법리에 의하면 특정 취업규칙의 적용을 받던 근로자의 과반수의 동의 없이는 불이익변경을 할 수 없어 취업규칙의 통합이 현실적으로 어렵게 되어 있다. 이러한 현실에서 판례는 취업규칙의 변경이 근로자에게 불이익하더라도 당해 규정의 법적 규범성을 시인할 수 있을 정도로 사회통념상 합리성이 인정되는 경우에는 근로자집단이 집단의사결정 방법에 의한 동의가 없다는 이유만으로 그 적용을 부정할 수 없다고 한다.

영업양도의 경우, 양도인은 단일 근로조건 내지 사업장 질서형성을 도모하기 위해 취업규칙의 내용을 두 근로조건의 범주 내에서 조정 변경하는 경우에는 근로자 과반수의 동의 없이도 가능할 수 있도록 불이익변경의 예외로 설정하는 것이 필요할 것이다. 즉 이러한 경우를 '사회통념상 합리성'이 인정되는 경우로 입법적으로 예시하는 방안이 필요할 것이다.[82)]

5. 영업양도와 경영상 해고

(1) 경영상해고의 요건

영업양도의 경우에도 경영상 해고의 요건을 충족하여 "해고의 정당한 이유"가 있다면 당연히 근로관계승계의 배제가 가능하다. 즉 영업이 포괄적으로 승계된 경우 근로자를 승계대상에서 배제하기 위해서는 경영상 해고 요건이 요구된다. 경영상 이유에 의한 해고(경영상 해고)가 정당하기 위해서는 ⅰ) 긴박한 경영상의 필요가 있어야 하며, ⅱ) 사용자는 해고를 피하기 위한 노력을 다하여야 하며, ⅲ) 합리

77) 김형배 597.

78) 대판 1994.3.8, 93다1589.

79) 근로자퇴직급여보장법 제4조[퇴직급여제도의 설정] ② 제1항의 규정에 의한 퇴직급여제도를 설정함에 있어서 하나의 사업 안에 차등을 두어서는 아니된다.

80) 대판 1995.12.26, 95다41659.

81) 대판 1995.12.26, 95다41659; 대판 1997.12.26, 97다17575.

82) 근로기준법제 개선방안 139.

적이고 공정한 해고의 기준을 정하고 이에 따라 그 대상자를 선정하여야 하며, iv) 근로자대표에 해고를 하려는 날의 50일 전까지 통보하고 성실하게 협의하여야 한다(근기법 제24조).

(2) 경영악화 방지를 위한 사업 양도

경영 악화를 방지하기 위한 사업의 양도 · 인수 · 합병도 긴박한 경영상의 필요가 있는 것으로 본다(근기법 제24조 제1항 2문). 사업의 양도는 "경영악화를 방지하기 위한" 것이어야 경영상 해고를 할 수 있게 된다. 단순한 사업의 확장 등을 위한 사업 양도는 경영상 해고의 요건이 아니라고 보아야 할 것이다.

(3) 영업양도시 경영상 해고의 주체

사업양도 당사자 중에 어느 쪽에 경영악화 방지의 목적이 있어야 하는지, 즉 어느 쪽이 경영상 해고의 주체가 되는지가 문제된다.

경영상 해고의 해고권자는 영업양도시 해당 사업의 조직 · 운영에 관해서는 양수인이 그 결정권을 행사하는 것이 타당하므로, 원칙적으로 양수인이 해고권자라는 견해가 있지만,[83] 경영악화 방지의 목적은 양도인에게 존재해야 하므로 양도인이 경영상 해고의 주체가 된다고 보아야 할 것이다. 경영악화의 우려에 직면한 기업이 영업양도 전에 근로자를 경영상 해고함으로써, 영업양도 후의 경영악화를 방지하고 경쟁력을 가지도록 하려는 취지의 규정이기 때문이다.[84]

Ⅳ. 영업양도와 집단적 노사관계

1. 기업별 노동조합의 지위

영업양도로 인해 양수인에게 인수된 근로자들은 양수인의 종업원으로서 그 지위가 승계 · 변경되면서 그 근로자가 귀속되어 있는 사업 자체도 변경되었으므로, 종전 양도인 사업장에 있던 노동조합은 더 이상 양수인 사업장의 노동조합이 아니라는 입장이 있다.[85] 하지만 양수인에게 승계되는 근로관계는 개별적 근로관계뿐만 아니라 양도인과의 관계에서 형성된 집단적 근로관계도 포함되므로, 이미 설립된 노동조합은 양수인 사업장의 노동조합으로 존속한다고 보아야 할 것이다.[86]

2. 초기업 노동조합의 지위

산업별 노동조합과 같은 초기업적 노동조합으로 조직되어 있는 경우에는 그 조직대상이 되는 특정한 기업이 다른 기업으로 양도되더라도 노동조합의 조직에는 영향을 미치지 않는다. 따라서 근로자는 여전히 그 산업별 노동조합의 조합원으로 남아 있게 되며, 산업별 노동조합은 양수인에 대하여 조합원을 위하여 노동조합으로서의 모든 권리를 주장할 수 있다.[87]

---

83) 김형배 577.

84) 임종률 521, 양수인이 승계받은 근로자를 경영상 해고하기 위해서는 '긴박한 경영상의 필요'가 있음(제24조 제1항 제1문)으로써 족하지, 양수인에게 '경영악화를 방지하기 위한 사업 양도'인 것(제24조 제1항 제2문)을 요하지는 않는다. 즉, 양수인은 근로기준법 제24조 제1항 제2문을 근거로 경영상 해고를 할 수 없을 것이다. 따라서 경영악화 방지의 목적은 양도인에게 존재해야 하고, 양도인이 경영상 해고의 주체가 된다고 보아야 할 것이다.

85) 김형배 521.

86) 김유성 I 356; 임종률 512.

87) 김유성 I 355.

3. 단체협약 승계

당사자 간의 별단의 특약이 없는 한 양도회사의 채권 · 채무관계가 양수회사로 승계되므로 단체협약의 효력도 그대로 이전되므로,[88] 양수인은 사용자로서 단체협약을 이행할 의무가 있다.

Ⅴ. 결 론

영업양도에 대하여는 현행 법규정의 미비로 인해 이러한 노동법상의 문제들이 해석론으로 해결되고 있다. 이러한 혼란의 상태가 지속되고 법적 안정성에 문제될 수 있으므로 영업양도의 의미, 이에 따르는 근로관계를 입법적으로 해결해야 할 것이다. 특히, 사업의 전부 또는 일부가 그 동일성을 유지하면서 유기적 일체로서 이전된 경우에는 고용승계 원칙을 입법적으로 명문화할 필요가 있을 것이다. 현재 독일, 프랑스, 유럽연합 등에서는 이러한 문제들을 입법적으로 해결하고 있다. 아울러 영업양도시 승계되는 근로자의 법률관계를 조기에 명확히 하기 위해 근로관계 승계 거부권도 명문화 할 필요가 있다.[89]

[관련판례] 사업(사업)양도

1. 영업양도의 의미와 판단기준 ①(대판 2001.7.27, 99두2680[삼미특수강 사건])

영업의 양도라 함은 일정한 영업목적에 의하여 조직화된 업체, 즉 **인적 · 물적 조직을 그 동일성은 유지하면서 일체로서 이전**하는 것으로서 영업의 일부만의 양도도 가능하고, 이러한 영업양도가 이루어진 경우에는 원칙적으로 해당 근로자들의 근로관계가 양수하는 기업에 포괄적으로 승계되는바, 여기서 영업의 동일성 여부는 일반 사회관념에 의하여 결정되어져야 할 사실인정의 문제이기는 하지만, 문제의 행위(양도계약관계)가 영업의 양도로 인정되느냐 안되느냐는 단지 어떠한 영업재산이 어느 정도로 이전되어 있는가에 의하여 결정되어져야 하는 것이 아니고 거기에 종래의 영업조직이 유지되어 그 **조직이 전부 또는 중요한 일부로서 기능할 수 있는가에 의하여 결정**되어져야 하는 것이므로, 예컨대 영업재산의 전부를 양도했어도 그 조직을 해체하여 양도했다면 영업의 양도는 되지 않는 반면에 그 일부를 유보한 채 영업시설을 양도했어도 그 양도한 부분만으로도 **종래의 조직이 유지되어 있다고 사회관념상 인정되면 그것을 영업의 양도**라 볼 것이다.

(포항종합제철의 자회사가 삼미종합특수강으로부터 봉강 및 강관 사업부문을 매수하였으나 실질적으로 그 사업부문의 영업상 인적 · 물적 조직을 그 동일성을 유지하면서 일체로서 포괄적으로 이전 받음으로써 영업을 양도받은 것으로 보기에는 부족하다고 한 사례)

2. 영업양도의 의미와 판단기준 ②(대판 2003.5.30, 2002다23826 [한미(씨티)은행 사건])

[1] 영업의 양도라 함은 일정한 영업목적에 의하여 조직화된 업체, 즉 인적 · 물적 조직을 그 동일성은 유지하면서 일체로서 이전하는 것으로서, 이러한 영업양도가 이루어진 경우에는 원칙적으로 해당 근로자들의 근로관계가 양수하는 기업에 포괄적으로 승계된다.

[2] 금융감독위원회가 구 금융산업의구조개선에관한법률(1998.9.14. 법률 제5549호로 개정되기 전의 것) 제14조 제2항에 의하여 내린 **계약이전결정**은 금융감독위원회의 일방적인 결정에 의하여 금융거래상의 계약상의 지위가 이전되는 **사법상의 법률효과를 가져오는 행정처분**으로서 부실금융기관의 자산 및 부채 중 일부만을 선택적으로

88) 대판 1989.5.23, 88누4508.

89) 근로기준법제 개선방안 139.

제3자인 인수금융기관에게 양도 및 인수하게 함으로써 부실금융기관을 정리하는 방법이다.

[3] 부실금융기관의 정리와 예금자보호를 위하여 그 부실금융기관의 일부 우량자산만을 다른 금융기관에게 이전시킨 구 금융산업의구조개선에관한법률(1998.9.14. 법률 제5549호로 개정되기 전의 것) 제14조 제2항에 의한 계약이전결정에 의하여 고용승계를 수반하는 **영업양도의 효과가 발생하였다고 볼 수 없다.**

3. 영업양도의 의미와 판단기준 ③(대판 2002.3.29, 2000두8455 [오므론 전장 사건])

참가인 회사가 동해로부터 승계한 물적 · 인적 조직을 이용하여 동해가 영위하던 전장사업부문의 기본 골격을 그대로 유지한 채 이를 토대로 그 사업을 수행하고 있는 점을 더하여 보면, 참가인 회사는 동해로부터 전장사업부문을 영업목적으로 하여 **일체화된 물적 · 인적 조직을 그 동일성을 유지한 채 포괄적으로 이전**받음으로써 **영업을 양수**하였다 할 것이며, 참가인 회사가 동해로부터 이 사건 계약을 체결하면서 자산만을 인수할 뿐 인적 조직을 인수하지 아니할 것을 명시적으로 밝혔다거나, 직원을 채용함에 있어 사직 및 신규채용의 절차를 밟았고, 채권의 전부와 채무의 일부를 인수하지 않았으며, 조직의 일부가 영업양도 이후에 달라진 사실이 있다 하더라도, 그러한 점만으로는 이와 달리 보기에 부족하다.

4. 사업의 일부 양도시 근로자의 승계 거부(대판 2000.10.13, 98다11437)

근로관계의 승계를 거부하는 근로자에 대하여는 그 근로관계가 양수하는 기업에 **승계되지 않고 여전히 양도하는 기업과 사이에 존속**되는 것이며, 이러한 경우 원래의 사용자는 영업일부의 양도로 인한 경영상의 필요에 따라 감원이 불가피하게 되는 사정이 있어 정리해고로서의 정당한 요건이 갖추어졌다면 그 절차를 갖춰 승계를 거부한 근로자를 해고할 수 있다. 이 사건 피고는 정부의 공기업 민영화 계획에 따라 콘도를 매각하게 됐고, 해고 이전에 신규직원을 다소 채용하기는 했으나, 매각을 전후하여 노조나 근로자들과 노사협의회나 간담회를 갖고 해고될 인원이 최소화 되도록 했으므로 해고대상자 선정기준을 콘도부서에 근무하는 근로자를 대상으로 삼은 것은 부당하다고 할 수 없다. 또 예외적으로 일부 근로자를 해고 대상에서 제외하기 위해 피고회사의 결원직책에 배치전환하여 잔류시킬 근로자를 선정하기 위해 피고가 마련한 기준은 산재환자 등 보호 필요성과 결원직책에 적정인사를 배치해야 할 필요성에 따른 것으로 여기에서 제외된 원고들의 해고는 정리해고로서의 객관적 합리성과 사회적 정당성을 지닌 것으로 정당하다.

5. 해고의 효력을 다투는 자의 승계 여부 ①(대판 1993.5.25, 91다41750)

다른 기업의 사업부문의 일부를 양수하는 계약을 체결하면서 그 물적 시설과 함께 그 사업부문에 근무하는 근로자들에 대한 권리의무도 함께 포괄승계받기로 약정한 경우에는 원칙적으로 해당 근로자와의 근로관계는 영업양수인에게 승계되는 것이지만 이때 승계되는 근로관계는 계약체결일 현재 실제로 그 영업부문에서 근무하고 있는 근로자와의 근로관계만을 의미하고 계약체결일 이전에 해당 영업부문에서 근무하다가 해고 또는 면직된 근로자로서 **해고** 및 면직처분의 **효력을 다투는 근로자와의 근로관계까지 승계하는 것은 아니다.**

6. 해고의 효력을 다투는 자의 승계 여부 ②(대판 1996.5.31, 95다33238)

영업양도에 의하여 승계되는 근로관계는 계약체결일 현재 실제로 그 영업부문에서 근무하고 있는 근로자와의 근로관계만을 의미하고 계약체결일 이전에 해당 영업부문에서 근무하다가 해고된 근로자로서 해고의 효력을 다투는 근로자와의 근로관계까지 승계되는 것은 아니라고 할 것이지만, 기록에 의하면, 원고들이 감천여객의 전적명령에 동의하지 아니함으로써 전적명령 자체가 아무런 효력이 없음이 객관적으로 명확하게 되었을 뿐만 아니라, 감천여객의 대표이사인 소외 박문호는 피고 회사의 이사이고, 피고 회사의 대표이사인 소외 김창회는 위 박문호와 함께 감천여객의 대표이사로 있다가 이 사건 전적명령 이후 영업양도 직전인 1993.9.23. 감천여객의 대표이사직만 사임하였을 뿐이어서 피고 회사가 이 사건 영업양수를 할 당시 원고들에 대한 **전적명령이 아무런 효력이 없게 된 사실을 알고 있었음이 명백**한바, 사실관계가 이와 같다면, **특별한 사정이 없는 한 원고들의 근로관계가 피고 회사에게 그대로 승계**되는 것으로 봄이 상당하다 할 것이다.

7. 영업양도와 퇴직금규정(취업규칙)의 승계(대판 1995.12.26, 95다41659)

[1] **영업양도**나 기업합병 등에 의하여 **근로계약 관계가 포괄적으로 승계**된 경우에 근로자의 종전 **근로계약상의 지위도 그대로 승계**되는 것이므로, 승계 후의 퇴직금규정이 승계 전의 퇴직금규정보다 근로자에게 불리하다면 근로기준법 제95조(현행 제94조) 제1항 소정의 당해 근로자집단의 집단적인 의사결정 방법에 의한 동의 없이는 승계 후의 퇴직금규정을 적용할 수 없다.

[2] 근로기준법 제28조 제2항, 부칙(1980.12.31.) 제2항(현행 근퇴법 제4조 제2항)이 하나의 사업 내에 차등 있는 퇴직금제도의 설정을 금하고 있지만, 이는 하나의 사업 내에서 직종, 직위, 업종별로 퇴직금에 관하여 차별하는 것을 금하고자 하는 데 그 목적이 있으므로, 근로관계가 포괄적으로 승계된 후의 새로운 퇴직금제도가 기존 근로자의 기득이익을 침해하는 것이어서 그들에게는 그 효력이 미치지 않고 부득이 종전의 퇴직금규정을 적용하지 않을 수 없어서 결과적으로 하나의 사업 내에 별개의 퇴직금제도를 운용하는 것으로 되었다고 하더라도, 이러한 경우까지 근로기준법 제28조 제2항, 부칙 제2항이 금하는 차등 있는 퇴직금제도를 설정한 경우에 해당한다고는 볼 수 없다.

8. 영업양도와 계속근로기간의 합산(대판 1991.11.12, 91다12806)

[1] 근로관계에 대한 포괄승계 합의시에 종업원의 퇴직금 산정기간에 한하여 종전의 근속기간은 승계회사의 근속연수에 산입하지 않기로 하는 단서 조항을 삽입하였다 하여도, 이는 종전의 근로계약관계를 포괄적으로 승계하면서 근속기간에 관한 근로자의 기득권을 제한하는 예외 조항을 설정한 것이므로, 근로자의 동의가 없는 한 근로자에게 구속력이 미치지 않는다.

[2] 근로계약관계가 포괄승계됨에 있어 근로자가 자의에 의하여 사직서를 제출하고 퇴직금을 지급받았다면 계속근로의 단절에 동의한 것으로 볼 여지가 있지만, 이와 달리 피승계회사가 근로자에게 퇴직금을 지급하기 위한 방편으로 내부적으로 퇴사와 재입사의 형식을 취한 것에 불과하다면, 이러한 형식을 거쳐 퇴직금을 지급받았다고 하여 근로자가 계속근로의 단절에 동의하였다고 볼 수 없다.

9. 노동조합의 지위(서울지법 1998.11.24, 98가단28156)

피고 조합(노동조합)은 동해(주)(양도인)의 사업장에서 설립된 것이고 동해(주)가 여전히 별개의 법인으로서 존속하고 있기는 하나 동해(주)가 영위하던 2개의 영업부문 중 전자사업부의 생산라인을 중국으로 점차 이전하고 1996.8월 이후에는 전자사업부 소속 근로자 전부를 이 사건 양도된 전장사업부에 배치하여 전자사업부의 국내생산이 중단된 결과, 피고 조합은 전장사업주에 근무하는 근로자들을 그 조합원으로 하여 전장사업부 소속 근로자들의 근로조건을 유지 · 개선하기 위한 노동조합으로 남게 되었는바, 사정이 이러하다면 동해(주)가 원고 회사(양수인)에게 전장사업부문의 영업을 양도함으로써 피고조합 역시 원고 회사에 입사한 전장사업부 근로자들을 위한 노동조합으로 원고 회사에 존속하고 있다고 봄이 상당하고 따라서 원고 회사는 동해(주)와 피고 조합 간의 단체협약상의 권리 · 의무도 승계하였다고 할 것이다.

10. 단체협약의 승계(대판 2004.5.14, 2002다23185,23192)

복수의 회사가 합병되더라도 피합병회사와 그 근로자 사이의 집단적인 근로관계나 근로조건 등은 합병회사와 합병 후 전체 근로자들을 대표하는 노동조합과 사이에 단체협약의 체결 등을 통하여 합병 후 근로자들의 근로관계 내용을 단일화하기로 변경 · 조정하는 새로운 합의가 있을 때까지는 피합병회사의 근로자들과 합병회사 사이에 그대로 승계되는 것이고, 합병회사의 노동조합이 유니언 숍의 조직형태를 취하고 있었다고 하더라도 위에서 본 바와 같은 피합병회사의 근로자들까지 아우른 노동조합과 합병회사 사이의 새로운 합의나 단체협약이 있을 때까지는 피합병회사의 근로자들이 자동적으로 합병회사의 노동조합의 조합원으로 되는 것은 아니다.

Key Word

⇒ 전직, 전근, 배치전환, 전출, 전적, 휴직, 징계, 영업양도

기출문제

(1) 사용자의 징계권 (12회, 03년, 25점)

(2) 영업양도에 따른 개별적근로관계법상의 문제점에 관하여 논하시오. (11회, 02년, 50점)

연습문제

(1) 전직, 전출, 전적을 비교하시오.

(2) 징계권 행사의 정당성 기준을 약술하시오.

(3) 휴직명령의 정당성에 대하여 약술하시오.

제 8 장 근로관계의 종료

제 1 절 해고제한의 의의와 정당한 이유

Ⅰ. 서 설

1. 해고의 의의

해고란 실제 사업장에서 불리는 명칭이나 그 절차에 관계없이 근로자의 의사에 반하여 사용자의 일방적 의사에 의하여 이루어지는 일체의 근로계약관계의 종료를 의미한다.[1] 해고는 '근로자의 사유에 의한 해고'와 '사용자의 경영상 이유에 의한 해고'(경영상 해고)로 구분되고, 전자는 '징계해고'와 '통상해고'로 나누어진다.

2. 해고제한의 필요성

시민법체계 하에서 사용자는 근로자와 자유로이 근로계약을 체결하고, 또한 이를 자유로이 해지할 수 있는 것이 원칙이다. 그러나 사용자에 의한 해지의 자유는 근로의 제공을 유일한 생활수단으로 삼고 있는 근로자에게 취업의 기회를 박탈하여 생존에 커다란 위협을 주게 된다.

따라서 사용자의 근로계약 해지의 자유에 대한 법적 제한이 요구되었으며, 이것이 바로 시민법상 원리를 극복하고 노동법상 "해고제한의 법리"가 대두된 이유이다.

민법 제659조 또는 근로기준법상 근로자의 임의퇴직은 가능하나 사용자가 근로자를 해고함에 있어서는 근로기준법 제23조 제1항에 의거 정당한 사유가 있어야 한다.

3. 해고제한의 입법체계

(1) 해고에 대한 일반적인 제한(정당한 이유)

사용자는 정당한 이유 없이 근로자를 해고하여서는 아니 된다. 그러나 근로기준법은 무엇이 정당한

1) 대판 1993.10.26, 92다54210.

이유인가에 관하여 동법 제24조에 규정된 경영해고 이외에 구체적으로 규정하지 아니하고 있다. 따라서 정당한 이유의 내용은 개별적 사안에 따라 구체적으로 판단되어야 할 것이지만, 대체로 "사회통념상 근로관계를 계속시킬 수 없을 정도로 근로자에게 귀책사유가 있다든가 또는 부득이한 경영상의 필요가 있는 경우"[2)]가 이에 해당된다고 할 것이다.

(2) **개별목적에 따른 제한**

근로기준법은 ⅰ) 성별, 종교, 사회적 신분으로 인한 차별적 대우의 금지(근기법 제6조), ⅱ) 근로자가 감독기관에 사용자를 신고한 것을 이유로 한 해고의 금지(근기법 제104조 제2항), ⅲ) 노조법은 근로자의 근로3권 행사를 이유로 한 해고 및 불이익처분의 금지(노조법 제81조 제1호 및 제5호), ⅳ) 고평양립법은 근로자의 정년 및 해고에 관하여 여성인 것을 이유로 한 남성과의 차별금지(고평양립법 제8조), ⅴ) 산업안전보건법은 산업재해발생위험으로 인하여 근로자가 작업중지, 대피한 것을 이유로 한 해고 및 불이익처분의 금지(산안법 제26조 제3항), ⅵ) 사용자의 동법 위반행위를 근로자가 신고한 것을 이유로 한 해고 및 불이익처분의 금지(산안법 제52조 제2항)를 규정하고 있다.[3)]

Ⅱ. 해고의 실체적 제한

1. 해고의 정당한 이유

해고의 '정당한 이유'란 사회통념상 고용계약을 계속시킬 수 없을 정도로 근로자에게 책임이 있는 사유가 있는 경우와 경영상 필요가 있는 경우를 말한다.[4)]

2. 근로자의 사유에 의한 해고

(1) **통상해고(일신상의 사유)**

1) 의 의 통상해고로서의 근로자의 일신상의 사유라 함은 계약상 급부의무의 이행에 필요한 정신적·육체적 또는 기타의 적격성을 현저하게 저해하는 사정이 근로자에게 발생하여 그 결과 근로자가 사업장 내에서 자신의 지위에 상응하여 정당하게 요구되는 업무를 충분히 감당할 수 없게 된 경우를 말한다.

2) 구체적 사례 일신상의 사유에는 ⅰ) 업무에 대한 적성에 흠이 있거나 직무능력이 부족한 경우, ⅱ) 근로자의 성격상의 사유에서 비롯된 개인적 부적격성, ⅲ) 계약상의 노무급부를 곤란하게 하는 질병, ⅳ) 기업경영상 비밀유지가 요구되는 지위에 있는 근로자가 경쟁기업주와 인척관계에 있는 경우가 해당될 것이다.

일신상의 사유의 구체적 사례를 보면 다음과 같은 것들이 있다. ⅰ) 전염성이 있는 위험한 질병, ⅱ) 음주 또는 마약중독, ⅲ) 고령, ⅳ) 노동허가의 불취득, ⅴ) 사업기밀 유출가능성, ⅵ) 동료근로자의 해고에 대한 사용자에의 압박, ⅶ) 종교의 신조에 어긋나는 이혼으로 인한 해당 단체의 중대한 신교의 침해, ⅷ) 능력, 적성부족, ⅸ) 양심 및 신조에 반한다는 이유로 해당 노무를 거부하는 경우, ⅹ) 업무계

---

2) 대판 1990.11.23, 90다카21589; 대판 1992.5.22, 91누5884.

3) 근로기준법 제23조 제1항에 위반하는 해고에 대한 벌칙(5년 이하 징역 또는 3천만원 이하의 벌금)은 법 개정(2007.7.1 시행)으로 삭제되었으나, '개별목적에 따른 제한'을 위반하는 해고에 대해서는 여전히 벌칙이 있다.

4) 대판 1990.11.23, 90다카21589.

속이 불가능한 질병, xi) 운전기사의 음주운전으로 인한 운전면허박탈이 이에 해당한다.

3) 사용자의 배려의무 근로자의 일신상의 사유가 일정기간의 훈련이나 합리적인 기회의 부여 또는 적절한 치료행위 기타 작업환경의 개선 등으로 극복할 수 있는 것이라고 하면, 사용자는 근로계약상의 배려의무에 따라 근로자를 해고할 수 없다고 보아야 한다. 특히 근로자의 건강악화가 직업상 원인에 기인하거나 작업환경 기타 근로조건의 영향에 의해 발생한 경우에는 사용자는 이를 이유로 근로자를 해고해서는 아니 되며, 근로자의 능력에 상응하는 다른 직무로 배치전환해야 할 것이다.

(2) **징계해고(행태상의 사유)**

1) 의 의 징계해고로서의 행태상의 사유라 함은 근로자가 유책하게 근로계약상의 의무위반행위를 한 경우를 비롯하여 다른 동료근로자와의 관계나 기타 경영내적 또는 경영외적인 제도 및 조직과의 관계 등에서 발생하는 사유를 의미한다.

특히 근로자는 사용자에 대해서 근로제공이라는 주된 의무 이외에 계속적 채권관계에 기하여 신의칙상 요구되는 부수적 의무로서 충실의무를 부담한다. 따라서 주된 업무 이외의 행태라 하더라도 그로 인해 근로관계가 구체적 · 계속적으로 침해받는 경우에는 부수적 의무의 위반으로 인한 행태상의 사유가 문제된다.

2) 구체적 사례 행태상의 사유에 대한 구체적 사례에는 다음과 같은 것들이 있다. i) 무단결근 · 조퇴 · 지각의 반복,[5] ii) 근로계약상의 근로제공의 거부,[6] iii) 하자있는 급부 내지 불완전한 급부제공,[7] iv) 위법한 쟁의행위 및 조합활동으로 인한 근로제공 불이행 및 업무능력 저하행위,[8] v) 근로자의 범법행위, 형사소추, 유죄,[9] vi) 회사명예의 훼손,[10] vii) 부정행위 · 비윤리적 행위 등이 있다.

3) 사용자의 사선 경고 등 행태상의 사유에 기하여 해당 근로자를 해고할 경우에는 근로자의 위반행위가 특별히 심각하지 않거나 사용자의 피해가 크지 않는 한 사용자는 통상 적절한 시기에, 그리고 그 내용을 분명히 지적하여 사전에 이를 경고하여야 한다.[11] 또한 근로자의 행태상의 사유를 판단함에 있어서는 전체 경영질서와 관련하여 행태의 적격성과 당사자의 정황을 참작하여 판단해야 한다.

(3) **단체협약 · 취업규칙상의 해고사유**

해고의 정당한 이유의 구체적 기준 및 사유에 관하여는 당사자가 단체협약 및 취업규칙 등에서 이를 정하고 있는 것이 일반적이다. 그러나 취업규칙이나 단체협약 내에 규정된 이유라고 해서 그 사유가 반드시 정당한 것은 아니므로, 해고의 이유에 관한 실질적 정당성에 대해서는 근로기준법 제23조 제1항에 따른 법적 평가가 행해져야 한다.[12]

3. 경영상 이유에 의한 해고

사용자가 경영상의 이유에 의하여 근로자를 해고하고자 하는 경우에는 i) 긴박한 경영상의 필요가

5) 대판 1987.4.14, 86다카1875.
6) 대판 1995.8.11, 95다10778.
7) 대판 1987.4.14, 86다카1875.
8) 대판 1995.8.11, 95다10778.
9) 대판 1993.5.25, 92누12452.
10) 대판 1992.2.14, 91누4904.
11) 서울고판 1983.12.7, 82나3003.
12) 대판 1992.9.8, 91다27556.

있어야 하고, ii) 해고를 피하기 위한 노력을 다하여야 하며, iii) 합리적이고 공정한 기준에 따라 그 대상자를 선정하여야 하고, iv) 해고를 피하기 위한 방법과 해고의 기준 등을 근로자의 과반수로 조직된 노동조합 또는 근로자 과반수를 대표하는 자에게 해고실시일 50일 전까지 통보하고 성실하게 협의하여야 한다.

이러한 각 요건의 구체적 내용은 확정적 · 고정적인 것이 아니라 구체적 사건에서 다른 요건의 충족 정도와 관련하여 유동적으로 정해지는 것이므로 구체적 사건에서 경영상 이유에 의한 당해 해고가 위 각 요건을 모두 갖추어 정당한지 여부는 위 각 요건을 구성하는 개별사정들을 종합적으로 고려하여 판단하여야 한다.[13)]

Ⅲ. 해고의 절차적 제한

1. 의 의

근로기준법 제23조 제1항의 "정당한 이유"에는 실체적 정당성뿐만 아니라 절차적 정당성도 포함된다고 보는 것이 타당하므로, 해고가 정당하기 위해서는 실체적 요건으로서 정당한 이유뿐만 아니라, 근로기준법 및 노사자치규범에서 정한 절차적 규정도 준수하여야 한다.

2. 해고사유 · 시기의 서면통지

(1) 의 의

사용자는 근로자를 해고하려면 해고사유와 해고시기를 서면으로 통지하여야 한다(근기법 제27조 제1항). 이 규정은 사용자가 해고 여부를 더 신중하고 명확하게 결정하도록 하려는 것이고, 다른 한편으로는 해고와 관련된 법률관계를 명확하게 함으로써 후일의 분쟁을 해결하는 데 도움을 주게 하려는 것이다.

(2) 위반의 효과

사용자가 이 규정을 위반하여 근로자를 해고한 것에 대하여 벌칙은 없다. 그러나 근로자에 대한 해고는 해고사유와 해고시기를 서면으로 통지하여야 효력이 있다(근기법 제27조 제2항). 즉, 해고사유와 해고시기를 서면으로 통지하지 않으면 해고의 효력이 발생하지 않는다.

3. 경영상 해고와 근로자대표와 협의의무

사용자가 경영상 이유에 의하여 해고를 하고자 하는 경우에는, 해고를 회피하기 위한 방법 및 해고의 기준 등에 관하여 당해 사업장의 과반수 노동조합 또는 근로자 과반수를 대표하는 자(근로자대표)에 대하여 해고를 하고자 하는 날의 50일 전까지 통보하고 성실하게 협의하여야 한다(근기법 제24조 제3항). 그러나 판례는 근로자대표와의 협의를 경영상해고의 효력 요건으로 인정하지 않아 논란이 되고 있다.[14)]

---

13) 대판 2002.7.9, 2001다29452.
14) 대판 2000.6.28, 2000두4606.

4. 단체협약 · 취업규칙상의 해고절차

단체협약이나 취업규칙에서 해고를 할 때에는 해당 근로자에게 사전통지를 하여 변명의 기회를 제공한다는 등 해고의 절차에 대한 규정을 두는 예가 많다. 이러한 절차적 규정이 있다면 이러한 절차적 제한규정에 위반하여 사전통지절차에 흠결이 있거나 실질적인 변명의 기회가 부여되지 않는다면 그 해고의 정당성은 부정된다.[15)]

그러나 이러한 절차적 제한규정이 없는 경우에는 해당 근로자에게 이를 사전에 통지하거나 변명의 기회를 부여하는 등 절차적 제한을 따르지 아니하고 해고하더라도 그 해고는 유효하다.[16)]

15) 대판 1988.11.8, 87다카683; 대판 1994.10.25, 94다25889.
16) 대판 1979.1.30, 78다304; 대판 1996.2.27, 95누15698 및 다수 판례.

제 2 절 경영상 이유에 의한 해고

Ⅰ. 서 설

1. 의 의

정리해고는 긴급한 경영상의 필요에 의하여 기업에 종사하는 인원을 줄이기 위하여 일정한 요건 아래 근로자를 해고하는 것을 말한다.[17] 정리해고는 일반해고와는 달리 '근로자의 귀책사유와 무관'한 경영상의 필요성하에서 이루어지며, 근로자의 '대량적 감원조치'를 수반한다는 특징이 있다. 이러한 특징으로 근로자의 직장보호의 필요성이 가중되고 '보다 엄격한 해고제한의 필요성이 요구'된다.

정리해고에 대하여 1997년 이전에는 노동관계법령에서 경영상 해고에 관한 별도의 규정을 둔 바 없었으나, 현행 근로기준법에서는 해고제한에 관한 일반규정(근기법 제23조 제1항)과는 별도로 경영상 해고에 관해 규정하게 되었다(동법 제24조).

2. 정리해고의 정당성 요건

사용자가 경영상의 이유에 의하여 근로자를 해고하고자 하는 경우에는 i) 긴박한 경영상의 필요가 있어야 하고, ii) 해고를 피하기 위한 노력을 다하여야 하며, iii) 합리적이고 공정한 기준에 따라 그 대상자를 선정하여야 하고, iv) 해고를 피하기 위한 방법과 해고의 기준 등을 근로자의 과반수로 조직된 노동조합 또는 근로자 과반수를 대표하는 자에게 해고실시일 50일 전까지 통보하고 성실하게 협의하여야 한다.

이러한 각 요건의 구체적 내용은 확정적 · 고정적인 것이 아니라 구체적 사건에서 다른 요건의 충족 정도와 관련하여 유동적으로 정해지는 것이므로 구체적 사건에서 경영상 이유에 의한 당해 해고가 위 각 요건을 모두 갖추어 정당한지 여부는 위 각 요건을 구성하는 개별사정들을 종합적으로 고려하여 판단하여야 한다.[18]

3. 입법체계

1997년 이전에는 경영상 해고에 관한 별도의 규정을 둔 바 없었으나, 현행 근로기준법에서는 해고제

17) 대판 1991.9.24, 91다13533.
18) 대판 2002.7.9, 2001다29452.

한에 관한 일반규정(근기법 제23조 제1항)과는 별도로 경영상 해고에 관해 규정하게 되었다(동법 제24조).

Ⅱ. 정리해고의 정당성 요건(이른바 '4요건')

1. 긴박한 경영상의 필요성(제24조 제1항)

(1) 긴박한 경영상의 정도

1) 의 의 정리해고를 하기 위해서는 우선 해고를 하지 않으면 안 될 정도의 긴박한 경영상의 필요가 인정되어야 한다(근기법 제24조 제1항). '긴박한 경영상의 필요'의 의미에 관련하여 판례는 변용과정을 거쳐왔다.

2) 도산회피설 초기에는 '긴박한 경영상의 필요'를 기업이 일정수의 근로자를 정리해고하지 않으면 경영악화로 사업을 계속할 수 없거나 적어도 기업재정상 심히 곤란한 처지에 놓일 개연성이 있을 긴박한 경영상의 필요성이 있어야 하는 것이라고 하여 이른바 도산회피설의 입장에 서 있었다.[19]

3) 합리적 필요설 초기의 판례[20]가 취하던 엄격한 해석은 점차 완화되어, 이후에는 반드시 기업의 도산을 회피하기 위한 것에 한정할 필요는 없고, '인원삭감이 객관적으로 보아 합리성이 있다고 인정될 때'에는 긴박한 경영상의 필요성이 있는 것으로 보아야 한다는 것으로 바뀌었다.[21]

기업의 인원삭감 조치가 영업성적의 악화라는 기업의 경제적인 이유뿐만 아니라, 생산성의 향상 · 경쟁력의 회복 내지 증강에 대처하기 위한 작업형태의 변경 · 신기술의 도입이라는 기술적인 이유와 그러한 기술혁신에 따라 생기는 산업의 구조적 변화도 이유로 하여 실제 이루어져 있고 또한 그럴 필요성이 충분히 있다는 섬에 비추어 보면 빈드시 기업의 도산을 회피하기 위한 것으로 한정할 필요는 없다는 것이다.

(2) 긴박성의 판단시점

1) 원 칙 긴박한 경영상의 필요성의 판단시점은 정리해고가 행해질 시점을 기준으로 하여야 한다.[22] 정리해고로 인해 인원이 감축된 결과에 의해 경영상태가 호전될 수 있기 때문이다.

2) 장래의 경영위기 긴박한 경영상의 필요성과 관련하여, 최근 판례는 "장래에 올 수도 있는 위기"에 미리 대처하기 위한 인원삭감이 객관적으로 보아 합리성이 있다고 인정되는 경우까지 긴박한 경영상의 필요성을 인정하고 있다.[23]

긴박한 경영상의 필요성과 관련하여 인원삭감이 객관적으로 보아 합리성이 있는 경우라는 표현은 이미 1991년 판례부터 사용되었던 바이지만, 최근 판례는 장래에 올 수도 있는 위기에 대처하기 위한

---

19) 대판 1989.5.23, 87다카2132, 1989년 판례는 정리해고의 요건을 지금의 4요건론으로 정립함과 동시에 긴박한 경영상의 필요성을 도산직전의 경우로 엄격하게 해석 · 적용하였다.

20) 대판 1989.5.23, 87다카2132.

21) 대판 1991.12.10, 91다8647.

22) 대판 1992.11.10, 91다19463, "사용자가 부득이한 경영상의 필요성을 이유로 근로자에 대한 정리해고를 한 경우에 그 타당성 여부의 판단은 정리해고를 한 당시를 기준으로 하여야 하며 그 후 경영상태의 호전 여부는 고려될 것이 아니다".

23) 대판 2002.7.9, 2001다29452, "긴박한 경영상의 필요라 함은 반드시 기업의 도산을 회피하기 위한 경우에 한정되지 아니하고, 장래에 올 수도 있는 위기에 미리 대처하기 위하여 인원삭감이 객관적으로 보아 합리성이 있다고 인정되는 경우도 포함되는 것으로 보아야 한다"; 대판 2002.8.27, 2000두6756; 대판 2003.9.26, 2001두10776, 10783.

경우도 인정하였다. 실제 1991년 이후 판례는 '객관적으로 보아 인원감축의 필요성이 인정되는 경우'에 관한 구체적인 판단은 경영상태를 기준으로 판단하였다.

다시 말하면 다년간 경영적자상태일 때에는 인원감축의 객관적인 합리성이 인정되는 경우로 보아 긴박한 경영상의 필요성을 갖춘 것으로 판단하였던 것이다. 그러므로 종래에는 기업이 경영적자 상태가 아닌 경우에는 긴박한 경영상 필요성을 이유로 정리해고를 실시할 수 없었던 것이었다. 그런데 최근 판례는 정리해고 시점 당시 경영상태를 가지고 긴박한 경영상의 필요성을 판단하지 않고 장래에 올 수 있는 위기에 대처하기 위한 경우까지 이를 인정하였다.

(3) 긴박성 판단의 범위

판례는 "정리해고가 정당하다고 하기 위한 요건으로서 '긴박한 경영상의 필요'가 있는지 여부는 원칙적으로 정리해고를 하는 법인별로 판단"하여야 한다고 보고 있다. 다만, "한 법인의 사업부문이 다른 사업부문과 인적 · 물적 · 장소적으로 분리 · 독립되어 있고 재무와 회계도 분리되어 있을 뿐만 아니라 노동조합도 각 사업부문별로 조직되어 있고 경영여건도 서로 달리하고 있다면 그 사업부문만을 따로 떼어 긴박한 경영상의 필요 여부를 판단"할 수 있다고 판시하고 있다.[24]

(4) 사업의 양도 · 인수 · 합병

경영악화를 방지하기 위한 사업의 양도 · 인수 · 합병은 긴박한 경영상의 필요가 있는 것으로 본다(제24조 제1항 후문).

2. 해고회피노력(제24조 제2항)

(1) 의 의

정리해고를 하기 위해서는 사용자는 정리해고를 행하기 전에 해고회피를 위한 노력을 다하여야 한다(근기법 제24조 제2항). 구체적으로 사용자가 근로자의 해고 범위를 최소화하기 위하여 경영방침이나 작업방식의 합리화, 신규채용의 금지, 일시휴직 및 희망퇴직의 활용, 유 · 무급 휴직 실시, 직업훈련, 교대제근로로의 전환, 전근 등 가능한 모든 조치를 취하는 것을 의미한다.[25]

근로자에게 귀책사유가 없는 정리해고의 특수성을 고려할 때 정리해고에 있어서는 '최후수단'으로서의 성격이 특히 요청된다.

(2) 해고회피노력의 판단

사용자의 해고회피노력의 여부는 일률적으로 판단할 수는 없고, 사업의 성격이나 규모, 경영상 필요성의 정도, 직급별 인원상황 등을 고려하여 구체적 · 개별적으로 판단할 수밖에 없다.

판례도 "사용자가 정리해고를 실시하기 전에 다하여야 할 해고회피노력의 방법과 정도는 확정적 · 고정적인 것이 아니라 당해 사용자의 경영위기의 정도, 정리해고를 실시하여야 하는 경영상의 이유, 사업의 내용과 규모, 직급별 인원상황 등에 따라 달라지는 것이고, 사용자가 해고를 회피하기 위한 방법에 관하여 노동조합 또는 근로자대표와 성실하게 협의하여 정리해고 실시에 관한 합의에 도달하였다면 이러한 사정도 해고회피노력의 판단에 참작되어야 한다"[26]고 보고 있다. 해고회피를 위한 조치는 근로자와 사용자 모두의 양보와 희생이 없이는 불가능하기 때문에 근로자의 이해와 협력을 얻는 것이 불가

24) 대판 2006.9.22. 2005다30580.
25) 대판 1992.12.22, 92다14779.
26) 대판 2002.7.9, 2001다29452.

피하다. 근로자대표와의 협의는 이 단계에서 오히려 더 필요하다는 점을 고려하면 판례의 태도는 타당하다고 할 수 있다.

(3) 해고회피노력의 시점

해고회피노력을 다하였는지 여부는 정리해고가 이루어지기 이전의 시점을 기준으로 판단되어야 한다. 따라서 정리해고가 이루어진 이후의 조업단축, 희망퇴직 등은 고려대상이 아니다.[27)]

3. 합리적이고 공정한 해고기준의 설정(제24조 제2항)

(1) 의 의

정리해고를 하기 위해서는 합리적이고 공정한 기준을 정하고 이에 따라 해고대상자를 선정하여야 한다(근기법 제24조 제2항).

정리해고의 요건으로서 합리적이고 공정한 해고기준을 요구하는 것은 무엇보다 정리해고가 근로자의 귀책사유 없이 행해진다는 점을 근거로 하고 있다. 해고기준의 합리성 · 공정성은 일정한 정도 근로자 상호간의 이익조정의 기준으로서의 의미도 갖게 되며, 기본적으로는 근로자에 대한 사회적 보호의 필요성이 주된 고려대상이 될 것이다.

(2) 합리적이고 공정한 해고기준의 판단

판례에 따르면 "합리적이고 공정한 해고의 기준은 확정적 · 고정적인 것은 아니고 당해 사용자가 직면한 경영위기의 강도와 정리해고를 실시하여야 하는 경영상의 이유, 정리해고를 실시한 사업 부문의 내용과 근로자의 구성, 정리해고 실시 당시의 사회경제상황 등에 따라 달라진다"[28)]고 하여, 해고기준의 합리성 · 공정성에 대한 일반적인 기준을 제시하지 않고, 구체적 · 개별적 상황을 고려하여 판단하고 있다.

예컨대 해고대상자 선정기준이 근무성적 · 업무능력 · 근무태도 · 입사시기(사용자 측 사정) 등을 종합적으로 고려하고, 구체적으로 해고대상자들을 선정함에 있어서 대상자들의 가족사정 · 재산상태(근로자 측 사정) 등을 폭넓게 조사하여 감안한 경우에는 합리성 및 공정성이 있다고 할 것이다.[29)]

(3) 근로자대표와의 합의

또한 "사용자가 해고의 기준에 관하여 노동조합 또는 근로자대표와 성실하게 협의하여 해고의 기준에 관한 합의에 도달하였다면 이러한 사정도 해고의 기준이 합리적이고 공정한 기준인지의 판단에 참작되어야 한다"[30)]는 것이 판례의 입장이다.

합리적이고 공정한 해고기준을 설정함에 있어서 근로자대표와의 협의 정도에 따라 정당성이 인정되는 해고기준의 범위가 달라질 수 있다는 판례의 입장은 기본적으로 타당하다. 근로자대표와의 협의는 정리해고 전단계에서 관철되어야 하는 불가피한 요청이고 근로자 간의 이익상충을 해결하기 위해서는 근로자측과의 협의가 필수적이기 때문이다.

4. 근로자대표와의 사전협의(제24조 제3항)

사용자는 해고를 회피하기 위한 방법 및 해고의 기준 등에 관하여 당해 사업장에 근로자의 과반수

27) 대판 2002.6.28, 2000두4606.
28) 대판 2002.7.9, 2001다29452.
29) 대판 2002.7.26, 2000두4910.
30) 대판 2002.7.9, 2001다29452.

로 조직된 노동조합이 있는 경우에는 당해 노동조합과, 이러한 노동조합이 없는 경우에는 근로자의 과반수를 대표하는 근로자대표에 대하여 해고를 하고자 하는 날의 50일 전까지 통보하고 성실하게 협의하여야 한다(동법 제24조 제3항).

5. 경영상 이유에 의한 해고와 정당한 이유

사용자가 제1항 내지 제3항의 규정에 의한 요건을 갖추어 근로자를 해고한 때에는 제23조 제1항의 규정에 의한 정당한 이유가 있는 해고를 한 것으로 본다(근기법 제24조 제5항).

Ⅲ. 정리해고의 신고

1. 의 의

사용자는 일정한 규모 이상의 인원을 정리해고하려면 노동부장관에게 신고하여야 한다(근기법 제24조 제4항). 그러나 이러한 신고는 대량해고에 대한 행정적 지도 등을 위한 것으로 해고의 효력에는 영향을 끼치지 않는다.

2. 신고 내용

사용자는 다음과 같은 규모의 인원을 해고하고자 할 때에는 노동부장관에게 신고를 하여야 한다(근로기준법 시행령 제10조 제1항).

① 상시 근로자 수가 99인 이하인 사업 또는 사업장: 10인 이상

② 상시 근로자 수가 100인 이상 999인 이하인 사업 또는 사업장: 상시 근로자 수의 10% 이상

③ 상시 근로자 수가 1,000인 이상 사업 또는 사업장: 100인 이상

신고서에는 i) 해고사유, ii) 해고예정인원, iii) 근로자대표와의 협의내용, iv) 해고일정 등을 기재하여야 한다.

Ⅳ. 정리해고의 후의 조치

1. 사용자의 우선 재고용 의무

(1) 의 의

종전의 재고용 '노력' 의무는 정리해고된 자를 그 기업에 재고용하는 데 있어 실효성이 낮다는 의견이 있어, 현행법에서는 정리해고 후 3년 이내에 해고된 근로자가 담당하던 동일업무에 근로자를 채용할 경우에는 해고된 근로자를 우선적으로 고용하도록 사용자에게 의무를 부담하였다.

(2) 내 용

경영상 이유에 의해 근로자를 해고한 사용자는 근로자를 해고한 날부터 3년 이내에 해고된 근로자가 해고 당시 담당하였던 업무와 동일한 업무에 근로자를 채용하고자 하는 때에는, 경영상 이유에 의해 해고된 근로자가 원하는 경우 그 근로자를 우선적으로 고용하여야 한다(근기법 제25조 제1항). 재고용 의무 위반시 형사처벌로 이행을 강제하지는 않고 민사상의 권리의무만을 확정시켜, 사용자가 재고용 의무

불이행시 근로자에게는 민사상 청구권이 발생하게 하였다.[31)]

(3) 기대효과

우선고용 의무에 관한 규정을 둠으로써 경영상 이유로 해고된 근로자가 해고 전 기업에 우선적으로 재고용될 수 있는 기회가 넓어져 고용 안정성이 도모될 것을 기대된다.

2. 정부의 조치

정부는 경영상 이유에 의하여 해고된 근로자에 대하여 생계안정, 재취업, 직업훈련 등 필요한 조치를 우선적으로 취하여야 한다(제25조 제2항).

[관련판례] 정리해고의 요건

1. 정리해고의 요건 ① - 도산회피설(대판 1989.5.23, 87다카2132)

기업이 경영상의 사정에 의하여 근로자를 해고하는 이른바 정리해고에 있어서는 첫째로 해고를 하지 않으면 **기업경영이 위태로울 정도의 급박한 경영상의 필요**성이 존재하여야 하고, 둘째로 경영방침이나 작업방식의 합리화, 신규채용의 금지, 일시휴직 및 희망퇴직의 활용 등 해고회피를 위한 노력을 다하였어야 하며, 셋째로 합리적이고 공정한 정리기준을 설정하여 이에 따라 해고대상자를 선별하여야 하고, 이 밖에도 해고에 앞서 노동조합이나 근로자측과 성실한 협의를 거칠 것이 요구된다.

2. 정리해고의 요건 ② - 합리적 필요설(대판 1991.12.10, 91다8647)

정리해고의 한 요건인 '긴박한 기업경영상의 필요성'이라는 것은 기업의 인원삭감 조치가 영업성적의 악화라는 기업의 경제적인 이유뿐만 아니라 생산성의 향상, 경쟁력의 회복 내지 증강에 대처하기 위한 작업형태의 변경, 신기술의 도입이라는 기술적인 이유와 그러한 기술혁신에 따라 생기는 산업의 구조적 변화도 이유로 하여 실제 이루어지고 있고 또한 그럴 필요성이 충분히 있다는 점에 비추어 보면 반드시 기업의 도산을 회피하기 위한 것에 한정될 필요는 없고, **인원삭감이 객관적으로 보아 합리성이 있다고 인정될 때에는 '긴박한 경영상의 필요성'이 있는 것**으로 넓게 보아야 한다.

3. 정리해고의 요건 ③ - 긴박한 경영상의 필요성의 판단범위(대판 2006.9.22. 2005다30580)

동종의 사업을 하는 두 개의 법인이 동시에 정리해고를 하거나 한 법인의 특정사업부문에 한하여 정리해고를 하는 경우, 정리해고가 정당하다고 하기 위한 요건으로서 **'긴박한 경영상의 필요'가 있는지 여부**는 원칙적으로 정리해고를 하는 **법인별로 판단**하여야 하나, **한 법인의 사업부문**이 다른 사업부문과 인적·물적·장소적으로 **분리·독립**되어 있고 재무와 회계도 분리되어 있을 뿐만 아니라 노동조합도 각 사업부문별로 조직되어 있고 경영여건도 서로 달리하고 있다면 그 **사업부문만을 따로 떼어 긴박한 경영상의 필요 여부를 판단**할 수 있고, 한편 양 법인 또는 한 법인과 다른 법인의 특정사업부문이 동종의 사업을 경영하여 그 업종이 처한 경기상황에 동시에 반응하며, 상호 인적·물적 설비가 엄격하게 분리되어 있지 않고, 노동조합도 각각이 아닌 단일노조로 구성되어 양 법인과 통일적으로 교섭하고 있는 등 **사실상 하나의 법인으로 운영**되어 그 경영상황이 하나의 기업으로 볼 수 있을 정도로 상호 밀접한 관련이 있는 경우에는 **양 법인 또는 한 법인과 다른 법인의 특정사업부문의 긴박한 경영상의 필요에 관하여 종합적으로 판단**할 수 있다.

31) 조용만, "개정 근로기준법상 우선재고용제의 법적 평가 및 쟁점 검토", 「노동법 연구」, 제22호, 서울대노동법연구회, 2007.

4. 정리해고의 요건 ④(대판 2002.7.9, 2001다29452[우리은행 사건])

[1] 근로기준법 제31조[32] 제1항 내지 제3항에 의하면, 사용자가 경영상의 이유에 의하여 근로자를 해고하고자 하는 경우에는 긴박한 경영상의 필요가 있어야 하고, 해고를 피하기 위한 노력을 다하여야 하며, 합리적이고 공정한 기준에 따라 그 대상자를 선정하여야 하고, 해고를 피하기 위한 방법과 해고의 기준 등을 근로자의 과반수로 조직된 노동조합 또는 근로자대표에게 해고실시일 60일 전까지 통보하고 성실하게 협의하여야 한다. 여기서 긴박한 경영상의 필요라 함은 반드시 기업의 도산을 회피하기 위한 경우에 한정되지 아니하고, **장래에 올 수도 있는 위기에 미리 대처하기 위하여 인원삭감이 객관적으로 보아 합리성이 있다고 인정되는 경우도 포함**되는 것으로 보아야 하고, 위 **각 요건의 구체적 내용**은 확정적 · 고정적인 것이 아니라 구체적 사건에서 다른 요건의 충족 정도와 관련하여 **유동적으로 정해지는 것**이므로 구체적 사건에서 경영상 이유에 의한 당해 해고가 위 각 요건을 모두 갖추어 정당한지 여부는 위 각 요건을 구성하는 **개별사정들을 종합적으로 고려**하여 판단하여야 한다.

[2] 사용자가 정리해고를 실시하기 전에 다하여야 할 해고회피노력의 방법과 정도는 확정적 · 고정적인 것이 아니라 당해 사용자의 경영위기의 정도, 정리해고를 실시하여야 하는 경영상의 이유, 사업의 내용과 규모, 직급별 인원상황 등에 따라 달라지는 것이고, 사용자가 **해고를 회피하기 위한 방법**에 관하여 노동조합 또는 근로자대표와 성실하게 **협의하여 정리해고 실시에 관한 합의에 도달**하였다면 이러한 사정도 **해고회피노력의 판단에 참작**되어야 한다.

[3] 합리적이고 공정한 해고의 기준 역시 확정적 · 고정적인 것은 아니고 당해 사용자가 직면한 경영위기의 강도와 정리해고를 실시하여야 하는 경영상의 이유, 정리해고를 실시한 사업 부문의 내용과 근로자의 구성, 정리해고 실시 당시의 사회경제상황 등에 따라 달라지는 것이고, 사용자가 해고의 기준에 관하여 노동조합 또는 근로자대표와 성실하게 **협의하여 해고의 기준에 관한 합의에 도달**하였다면 이러한 사정도 **해고의 기준이 합리적이고 공정한 기준인지의 판단에 참작**되어야 한다.

[4] 근로기준법 제31조 제3항이 사용자는 해고를 피하기 위한 방법 및 해고의 기준 등에 관하여 당해 사업 또는 사업장에 근로자의 과반수로 조직된 노동조합이 있는 경우에는 그 노동조합, 근로자의 과반수로 조직된 노동조합이 없는 경우에는 근로자의 과반수를 대표하는 자(근로자대표)에 대하여 미리 통보하고 성실하게 협의하여야 한다고 하여 정리해고의 절차적 요건을 규정한 것은 같은 조 제1, 2항이 규정하고 있는 정리해고의 실질적 요건의 충족을 담보함과 아울러 비록 불가피한 정리해고라 하더라도 협의과정을 통한 쌍방의 이해 속에서 실시되는 것이 바람직하다는 이유에서이다.

[5] 정리해고가 실시되는 사업장에 근로자의 과반수로 조직된 노동조합이 있는 경우 사용자가 그 노동조합과의 협의 외에 정리해고의 대상인 일정 급수 이상 직원들만의 대표를 새로이 선출케 하여 그 대표와 별도로 협의를 하지 않았다고 하여 그 정리해고를 협의절차의 흠결로 무효라 할 수는 없다

[6] 인사발령과 휴직명령이 근로자를 정리해고하는 과정에서 그 근로자에게 퇴직을 강요하기 위하여 인사재량권을 남용하여 한 인사처분이므로 무효라고 판단한 원심판결을 위법하다

5. 해고회피노력

정리해고의 요건 중 해고회피를 위한 노력을 다하여야 한다는 것의 의미(대판 1992.12.22, 92다14779)

정리해고에 정당한 이유가 있기 위하여 필요한 요건 중 해고회피를 위한 노력을 다하여야 한다는 것은 사용자가 근로자의 해고범위를 최소화하기 위하여 경영방침이나 작업방식의 합리화, 신규채용의 금지, 일시휴직 및 희망퇴직의 활용 및 전근 등의 가능한 조치를 취하는 것을 의미한다.

32) 현행 제24조.

제 3 절 경영상 해고시 근로자대표와의 사전협의의무

Ⅰ. 서 설

1. 경영상 해고의 의의

경영상 해고(정리해고)는 긴급한 경영상의 필요에 의하여 기업에 종사하는 인원을 줄이기 위하여 일정한 요건 아래 근로자를 해고하는 것을 말한다.[33]

경영상 해고는 일반해고와는 달리 ⅰ) '근로자의 귀책사유와 무관'한 경영상의 필요성하에서 이루어지고, ⅱ) 근로자의 '대량적 감원조치'를 수반한다는 특징이 있다. 이러한 특징으로 근로자의 직장보호의 필요성이 가중되고 '보다 엄격한 해고제한의 필요성이 요구'되어진다고 하겠다.

1997년 이전에는 경영상 해고에 관한 별도의 규정을 둔 바 없었으나, 현행 근로기준법에서는 해고제한에 관한 일반규정(근기법 제23조 제1항)과는 별도로 경영상 해고에 관해 규정하게 되었다(동법 제24조).

2. 근로자대표와의 사전협의의무

사용자는 경영상 해고를 하고자하는 경우 해고를 회피하기 위한 방법 및 해고의 기준 등에 관하여 당해 사업 또는 사업장에 근로자의 과반수로 조직된 노동조합이 있는 경우에는 그 노동조합과 이러한 노동조합이 없는 경우에는 근로자의 과반수를 대표하는 자(이하 '근로자대표'라 한다)에 대하여 해고를 하고자 하는 날의 50일 전까지 통보하고 성실하게 협의하여야 한다(근기법 제24조 제3항).

이처럼 경영상 해고의 절차적 요건을 규정한 것은 근로기준법 제24조 제1항 및 제2항이 규정하고 있는 경영상 해고의 실질적 요건의 충족을 담보함과 아울러 비록 불가피한 경영상 해고라 하더라도 협의과정을 통한 쌍방의 이해 속에서 실시되는 것이 바람직하다는 이유에서이다.[34]

그러므로 근로자대표와의 협의는 '집단적 협의를 통하여 경영상 해고에 대한 절차적 정당성을 확보하기 위한 것'이기 때문에 경영상 해고의 각 단계에서 관철되어야 하는 핵심적 요건이라 할 수 있다.

3. 문제의 제기

근로자대표와의 사전협의의무 관련하여 판례는 효력요건이 아니라고 하는 등 근로기준법 제24조

33) 대판 1991.9.24, 91다13533.
34) 대판 2002.7.9, 2001다29452.

제3항의 규정을 넓게 해석하여, 사실상 경영상 해고의 요건을 완화하는 결과를 가져오고 있다. 근로자의 귀책사유와는 전혀 무관하게 진행되는 경영상 해고에 대해 판례와 같이 요건을 완화해서 해석하는 것은 신중한 판단을 요하는 문제이므로, 이에 대한 검토가 필요하다.

Ⅱ. 근로자대표의 의미

1. 근로자대표

근로자대표라 함은 당해 사업장에 근로자의 과반수로 조직된 노동조합이 있는 경우에는 당해 노동조합, 이러한 노동조합이 없는 경우에는 근로자의 과반수를 대표하는 자를 의미한다.

2. 채용내정자의 경우

근로기준법 제24조에서의 근로자라 함은 정식의 근로계약이 이미 체결되어 확정된 근로자를 의미한다. 따라서 사용자에게 근로계약의 해약권이 유보되어 있는 채용내정자는 이에 해당되지 아니하므로 근로기준법 제24조 제3항이 적용되지 않는다. 그러므로 이들을 경영해고하고자 하는 경우 별도의 협의를 거칠 필요가 없다는 것이 판례의 입장이다.[35)]

3. 노조가입자격 없는 근로자들과의 별도 협의 여부

과반수로 조직된 노동조합과 사용자가 '노동조합의 가입대상이 아닌 근로자'에 대한 경영상 해고의 기준을 협의하고 이에 따라 경영상 해고하였다고 하더라도, 과반수노동조합이 있는 이상 노조가입자격이 없는 근로자집단과 별도로 협의하여야 하는 것은 아니라는 것이 판례의 입장이다.[36)]

4. 검토의견

근로기준법이 일반적인 해고와 달리 근로자대표와의 집단적 협의를 요건으로 한 취지는 경영상 해고가 귀책사유가 없는 근로자 간의 이익충돌을 유발하기 때문에, 근로자대표와의 집단적 협의를 통해 근로자의 협조와 이해를 구하도록 함과 동시에 경영상 해고의 기회를 틈타 사용자가 자의적인 해고대상자의 선별을 하는 것을 방지하는 데 있다.

그러므로 과반수노동조합이 있는 경우라도 노조가입자격이 없는 근로자집단에 대한 경영상 해고 기준은 그 불이익을 받는 근로자집단의 대표와 협의하여야 한다고 해석하는 것이 타당할 것이다. 나아가 사용자는 근로계약에 기한 신의칙상 배려의무에 의해 해고대상이 되는 당해 근로자와 협의할 의무를 부담한다고 하여야 할 것이다.

35) 대판 2000.11.28, 2000다51478.
36) 대판 2002.7.9, 2001다29452.

Ⅲ. 협의의무 위반의 효력

1. 협의자체 위반에 대한 효력

(1) 근로기준법 제24조 제5항의 의미

1997년 경영상 해고 규정이 입법화되기 이전에, 대체로 사전협의절차에 관하여 단체협약이나 취업규칙 등에 규정해 놓은 바 있다면 이러한 절차요건을 인정하였으나, 그러한 규정이 없는 경우에도 신의칙상의 부수적 의무로서 사전협의의무를 인정할 것인가가 문제되었다.[37)]

이러한 논란은 1997년 근로기준법 개정시 "근로기준법 제1항 내지 제3항의 요건을 갖추어 근로자를 해고한 때에는 정당한 이유 있는 해고를 한 것으로 본다(현행 근기법 제24조 제5항)"라고 규정하여, 사용자의 사전협의의무가 경영상의 이유에 의한 해고의 유효요건임을 명백히 하여 입법적으로 해결하였다. 이에 따라 사전협의를 거치지 않고 행한 해고는 무효라고 해석될 수밖에 없을 것이다.

(2) 판례의 태도

그러나 판례는 경영상 해고의 실질적 요건이 충족되어 해고의 실행이 시급하게 요청되고 있는 경우에 사용자가 근로자측과 사전협의절차를 거치지 아니하였다 하여 그것만으로 경영상 해고를 무효라고 할 수는 없다고 하여, 사전협의의무를 효력요건으로 보지 않았다. 또 판례는 1997년 경영상 해고 규정 입법화 이후에도 여전히 협의의무에 대하여 효력요건으로 인정하지 않고 있다.[38)]

2. 통보 · 협의기간 위반에 대한 효력

(1) 사전통보기간의 단축

사용자는 경영해고를 하고자 하는 날 50일 전에 경영상 해고계획을 근로자대표에게 통보하고 협의하여야 한다. 경영상 해고시 근로자대표에 대한 사전통보 및 협의기간과 관련하여 종전의 60일은 '기간이 길어 환경변화에 대처하는 데 어려움이 있다'고 하여 근기법의 기간을 50일로 단축하였다.

(2) 사전통보 · 협의기간의 의미

사용자는 경영 해고를 하고자 하는 날 이전에 경영상 해고계획을 근로자대표에게 통보하고 협의하여야 한다. 판례는 이 통보 · 협의기간의 의미를 통보의 대상인 소속근로자의 인원수와 그의 소재지의 원근 등 구체적 사정에 따라 그 통보를 전달하는 데 소요되는 시간, 그 통보를 받은 각 근로자들이 통보 내용에 따른 대처를 하는 데 소요되는 시간, 근로자대표가 성실한 협의를 할 수 있는 기간으로서 모자라지 않게 허용하기 위하여 모든 경우에 통용될 기간을 규정한 것으로 보고 있다.[39)] 따라서 판례는

37) 하경효 174, 경영상 해고에 관한 요건을 명문으로 규정하기 이전시기에서도 학설의 입장은 대체적으로 사전협의절차 의무를 독자적 유효요건으로 보았다(효력규정설, 김유성). 이는 경영상 해고가 통상해고와 달리 해고의 사유가 근로자에게 있지 않고 사용자측 영역에서의 사유에 기하는 것이라는 점에 주목하여 보다 강화된 제한원리를 관철하려는 목적에서 비롯된 것이라 할 것이다. 이에 대해 사전협의의 절차 흠결이 당연히 당해 경영상 해고를 무효로 할 것은 아니라는 입장이었다(단속규정설, 김형배). 이에 따르면 비록 근로자 측과의 사전협의 의무가 신의칙에 기해 사용자의 부수적 의무로 인정된다 할 것이나 그러한 의무위반이 곧 긴박한 경영상의 필요에 의한 해고의 효력을 무효로 할 정도는 아니라고 한다.

38) 대판 2000.6.28, 2000두4606, "감량경영이 충분히 예상될 수 있고 해고 외에는 마땅한 대안이 없는 상태에서 다른 요건들을 충분히 충족시키고 있으며 협의를 거치더라도 별다른 효과를 기대할 수 없는 상황이라면 협의를 거치지 않은 사유만으로 경영상해고를 당연히 위법시할 수 없다.

39) 대판 2003.11.13, 2003두4119.

이러한 통보 · 협의기간의 준수는 경영상 해고의 효력요건이 아니라고 판단한다. 즉 구체적 사안에서 통보 후 경영상 해고 실시까지의 기간이 그와 같은 행위를 하는 데 소요되는 시간으로 부족하였다는 등의 특별한 사정이 없다면 경영상 해고의 그 밖의 요건은 충족된 것으로 경영상 해고는 유효하다는 입장이다.[40)]

(3) 판례의 문제점

1997년 근로기준법 개정으로 경영상 해고의 요건이 입법적으로 마련되었다. 근로기준법에서는 기존 판례법리의 네 가지 요건들을 그대로 도입하여 명문화하였으며, 덧붙여 각각의 요건들을 모두 갖추었을 때만 정당한 해고로 인정한다는 문구까지 추가하였다(근기법 제24조 제5항).

그럼에도 판례는 경영상 해고의 요건에 대해 "각각의 요건 자체가 확정적이고 고정적인 것이 아니라 구체적 사건에서 다른 요건의 충족 정도와 관련하여 유동적으로 정해지는 것이므로 각각의 요건을 독립적으로 판단하기보다는 종합적으로 해석해야 한다"고 보고 있다.[41)]

즉, 특정 요건의 충족 여부를 판단함에 있어서는 판례와 같이 다른 요건과의 관련 하에서 평가하는 것이 타당하지만, 특정한 요건이 완전히 결여되어 있는 경우에는 경영상 해고의 정당성은 상실한다고 해석해야 할 것이다.

3. 검토의견(개선방안)

(1) '근로자대표와의 50일간 협의'가 효력조항으로 인식될 수 있도록 조문 정리

근로자대표와의 50일간 협의를 효력 요건으로 보지 않는 판례의 태도는 징계해고에 있어 해고 협의조항을 효력 요건으로 보지 않고 있는 입장과 같다[42)] 그러나 경영상 해고는 징계해고와 달리 ① 근로자 보호의 필요성이 더 크고, ② '근로자 대표와 50일 전에 협의'가 다른 절차와 함께 법에 직접 명시되어 있어 따로 취급할 이유가 없으며, ③ 해고회피노력이나 해고대상자 선정 기준 관련하여 근로자 다수의 의견이 중요한 판단기준이 되므로, '근로자대표와의 50일간 협의'는 효력요건으로 보아야 할 것이다. 그러므로 현행 조문이 더 확실하게 효력 요건으로 해석할 수 있도록 조문을 정비해야 할 것이다.[43)]

(2) 통보기간의 차등설정

선진화입법(2007.1.26)으로 경영상 해고시 통보기간이 60일에서 50일로 단축되었으나 외국의 입법례에 비해 여전히 긴 상황이고, 해고 규모에 관계없이 일률적으로 같은 기간을 부여하고 있어 문제가 되고 있다. 그러므로 근로자대표에의 사전 통보기간을 기업규모나 해고인원에 따라 차등 설정해야 할 것이다.[44)]

Ⅳ. 사전통보기간과 해고예고기간과의 관계

근로자대표에 대한 통보 및 협의의 50일은 집단적 노사관계와 관련된 것이고, 해고예고에 있어 30

40) 대판 2003.11.13, 2003두4119.
41) 대판 2002.7.9, 2000두9373; 대판 2002.7.9, 2001다29452.
42) 대판 1995.7.14, 95다1767.
43) 한국노동법학회, 「근로기준법제의 중장기적 개선방안」, 2007.11, 노동부 연구용역, 100~101.
44) 한국노동법학회, 「근로기준법제의 중장기적 개선방안」, 2007.11, 노동부 연구용역, 102~103.

일의 예고기간(근기법 제26조)은 개별적 근로관계에 있어서 해고의 효력에 관한 절차규정으로서 각각 별개의 사안이다. 그러므로 제26조 규정에 의한 30일의 해고예고기간은 강행규정으로서 '경영상 해고 대상자가 확정'된 이후에는 절대적으로 확보되어야 할 것이다.

예컨대, 근로자대표와의 협의가 통보 후 40일이 소요된 시점에서 경영상 해고 대상자가 '확정'되었다면, 이때부터 다시 30일의 해고예고기간이 확보되어야 할 것이다. 반면, 근로자대표와의 협의가 통보 후 10일만에 이루어졌다면, 별도의 해고예고기간을 확보할 필요는 없다 할 것이다.

[관련판례] 정리해고의 요건과 정당성 판단(근로자대표와 협의 및 사전통보 위반의 효과)

1. 근로자대표와의 협의 흠결의 효력(대판 1992.11.10, 91다19463)

정리해고에 있어서 사용자가 해고에 앞서 노동조합이나 근로자 측과 성실한 협의를 거쳐야 한다는 것은 정리해고의 실질적 요건을 모두 갖춘 경우라도 사용자는 노동조합의 단체교섭권보장이나 근로계약의 상대방 보호의 관점에서 근로자 측에 대하여 정리해고의 내용을 설명하는 등 성실한 협의를 거칠 것을 요구한다는 의미이나, 정리해고의 실질적 요건이 충족되어 해고의 실행이 시급하게 요청되고 한편 근로자들을 대표할 만한 노동조합 기타 근로자 집단도 없고 취업규칙에도 그러한 협의조항이 없으며 또 해고 대상 근로자에 대하여는 해고조치 외에 마땅한 대안이 없어서 그 근로자와의 협의절차를 거친다고 하여도 별다른 효과를 기대할 수 없는 등 특별한 사정이 있는 때에는 사용자가 근로자 측과 사전협의절차를 거치지 아니하였다 하여 그것만으로 정리해고를 무효라고 할 수는 없다.

2. 사전 통보 · 협의기간 위반의 효력(대판 2003.11.13, 2003두4119)

근로기준법 제31조 제3항이 해고를 피하기 위한 방법과 해고의 기준을 해고실시 60일[45] 이전까지 근로자대표에게 통보하게 한 취지는, 소속근로자의 소재와 숫자에 따라 그 통보를 전달하는 데 소요되는 시간, 그 통보를 받은 각 근로자들이 통보 내용에 따른 대처를 하는 데 소요되는 시간, 근로자대표가 성실한 협의를 할 수 있는 기간을 최대한으로 상정 · 허여하자는 데 있는 것이고, 60일 기간의 준수는 정리해고의 효력요건은 아니어서, 구체적 사안에서 통보 후 정리해고 실시까지의 기간이 그와 같은 행위를 하는 데 소요되는 시간으로 부족하였다는 등의 특별한 사정이 없으며, 정리해고의 그 밖의 요건은 충족되었다면 그 정리해고는 유효하다.

45) 근로기준법 개정(2007.7.1 시행)으로 '50일'로 단축되었다.

제 4 절 해고시기의 제한

Ⅰ. 서 설

근로자를 해고할 만한 사유가 있다 하더라도 부상 · 질병자 및 산전 · 후 휴가중인 자와 같이 노동력이 상실되어 구직활동을 할 수 없거나 채용이 곤란한 시기에 해고하는 것은 너무 가혹하므로, 심신이 허약한 기간 동안 근로자를 실직의 위험으로부터 보호함과 동시에 안정적인 생활관계를 보장하도록 하려는 취지에서 근로기준법과 고평양립법에서 해고시기를 제한하고 있다. 동 규정은 4인 이하 사업장에도 적용된다.

Ⅱ. 해고금지기간

1. 근로기준법상의 해고금지기간

(1) 원 칙

사용자는 ⅰ) 근로자의 업무상 부상 또는 질병의 요양을 위한 휴업기간과 그 후 30일간 및 ⅱ) 산전후 · 유사산 휴가기간과 그 후 30일간은 근로자를 해고하지 못한다(근기법 제23조 제2항). 근로자의 사후승인이 있다 하여도 그 해고는 무효이다.[46] 상당기간 계속하여 병원에 입원하여 치료를 받는 기간은 물론, 집에서 통원치료하면서 취업하지 못한 기간도 요양을 위한 휴업기간에 해당한다. 문제는 틈틈이 출근 · 취업하면서 요양을 위한 통원치료를 계속하는 기간도 요양을 위한 휴업기간에 해당하여 해고가 금지된다고 볼 것인가에 있다. 부분적으로는 취업상태에 있더라도 '요양을 위하여 휴업'을 하고 있다는 점에서 긍정적으로 해석하여야 할 것이다.[47]

(2) 예 외

사용자가 ⅰ) 동법 제84조에 규정된 일시보상을 지급하였을 경우 또는 ⅱ) 사업을 계속할 수 없게 된 경우에는 해고금지기간 중에도 근로자를 해고할 수 있다(근기법 제23조 제2항 단서).

1) 일시보상을 한 경우 업무상 부상 또는 질병기간이라 하더라도 근로기준법 제84조에 규정된 일시보상을 한 경우에는 해고를 할 수 있다(근기법 제23조 제2항 단서). 근로기준법 제84조는 요양보상을 받고 있는 자가 2년을 경과하여도 부상 또는 질병이 완치되지 아니하는 경우에는 평균임금의 1,340일분의 일시보상을 행하여 근로기준법상의 모든 보상책임을 면할 수 있다고 규정하고 있다. 한편, 산업재해보상보험법상의 요양급여를 받는 자가 요양개시 후 3년이 경과한 날 이후에 상병연금을 받

46) 대판 1984.4.10, 84도387.
47) 판례는 트럭운전수가 통원치료기간 중 회사에 나와 파업농성을 주도했다는 것만으로는 부상의 요양을 위하여 휴업을 할 필요가 없는 경우라고 단정할 수는 없다고 판시하고 있다(대판 1991.8.27, 91누3321).

고 있는 경우에는 근로기준법 제23조 제2항 단서의 일시보상을 지급한 것이 되므로(산재법 제48조 제4항), 이 경우에도 해고를 할 수 있다.

2) 사업을 계속할 수 없게 된 경우[48] 사업을 계속할 수 없게 된 경우에는 업무상 부상 또는 질병기간과 그 후 30일간이나 산전 · 산후 휴가기간과 그 후 30일간이라 하더라도 정당한 사유가 있으면 해고할 수 있다(근기법 제23조 제2항). 사업을 계속할 수 없게 된 경우라 함은 i) 천재 · 사변 기타 부득이한 사유 등으로 인하여 사업이 중단되는 일시적 사유는 물론 ii) 회사의 파산 · 소멸 등 사업이 종료되는 영구적 사유가 모두 해당되는 것으로 보아야 할 것이다.[49]

2. 고평양립법상의 해고금지기간

사업주는 육아휴직 기간에는 그 근로자를 해고하지 못한다(고평양립법 제19조 제3항 본문). 육아휴직 중인 근로자의 해고를 제한함으로써 모성보호를 강화하고자 한 것이다. 다만, 사업을 계속할 수 없는 경우는 그러하지 아니하다(동법 제19조 제3항 단서).

Ⅲ. 해고예고기간과 해고금지기간과의 관계

1. 해고금지기간 중의 해고예고

근로기준법상의 해고금지기간에는 해고를 예고하는 것도 금지된다고 보는 견해가 있다.[50] 그러나 근기법은 해고와 해고의 예고를 명확히 구분하고 있고, 해당 휴업기간만이 아니라 정상상태가 회복된 그 후의 30일 동안도 해고금지기간으로 규정하고 있는 점에 비추어 보면, 이 기간에 금지하는 것은 해당 기간에 효력이 발생하는 해고로 한정되고 해고의 예고까지 포함하는 것은 아니라고 보아야 한다.[51]

2. 해고예고기간 중의 해고금지사유 발생

해고금지기간의 설정은 해고 통지의 효력 발생을 그 기간이 지난 이후로 유예시키려는 데 있다. 그렇다면 금지기간에 해고의 통지를 하더라도 그 기간에는 해고의 효력이 발생하지 않는 것이고, 다시 해고의 통지를 하지 않더라도 기간이 지난 후에는 효력을 발생한다고 보아야 할 것이다.[52]

Ⅳ. 위반의 효과

해고시기의 제한을 위반한 사용자는 해당 벌칙이 적용(근기법 제107조 및 고평양립법 제37조 제2항)되고, 사법상 무효가 된다.

---

48) 김유성Ⅰ 310~311, "사업을 계속할 수 없게 된 경우"라 함은 사업의 전부 또는 대부분의 계속이 실제로 불가능하게 된 경우를 말한다. 여기서 '사업'을 해당근로자가 소속한 사업장 또는 부서의 조업으로 축소해석하여 조업중지의 사유가 불경기나 관리소홀로 인한 경우까지 "사업을 계속할 수 없게 된 경우"에 포함하는 입장(임종률 529)도 있으나, 사업의 의미를 축소해석할 특별한 이유가 없고, 해고금지의 취지와 상반되므로 사업의 계속 불능 상태는 근기법 적용대상으로서의 사업 그 자체를 계속 운영하는 것이 불가능한 경우에 한정하는 것이 타당하다.

49) 1991.12.6, 근기01254-17779.

50) 김형배 542.

51) 김유성Ⅰ 311; 임종률 528.

52) 임종률 528; 김유성Ⅰ 311.

제 5 절 해고예고제도

Ⅰ. 서 설

사용자는 근로자를 해고하려면 적어도 30일 전에 예고를 하여야 하고, 30일 전에 예고를 하지 아니하였을 때에는 30일분 이상의 통상임금을 지급하여야 한다(근기법 제26조).

해고예고제도는 해고가 근로자가 갑자기 생활기반을 상실하는 것으로 일정기간 동안 예고를 하도록 하여 근로자에게 재취업에 필요한 충분한 시간적 여유를 부여하거나 이에 갈음한 수당을 지급하도록 하여 최소한의 경제적 여건을 마련해 주기 위한 제도이다. 동 규정은 4인 이하 사업장에도 적용된다.

Ⅱ. 해고예고의무

1. 의 의

사용자는 해고예고의무와 해고예고수당지급의무 중에서 어느 하나를 선택적으로 이행할 수 있다.[53)] 사용자가 근로자를 해고(경영상 이유에 의한 해고 포함)하고자 할 때에는 ⅰ) 적어도 30일 전에 예고를 하거나 또는 ⅱ) 이에 대신하여 30일분 이상의 통상임금을 해고예고수당으로서 지급하여야 한다(근기법 제26조).

해고의 예고 또는 해고예고수당의 지급은 근로기준법 제23조 제1항의 규정에 의한 정당한 이유에 한하여 인정되는 것이므로 해고의 정당한 이유가 없는 경우에는 해고의 예고를 하였다 할지라도 유효한 해고가 되는 것은 아니다.[54)]

2. 해고의 예고

해고의 예고는 적어도 30일 이전에 하여야 한다. '적어도 30일 전'으로 규정되어 있으므로 사용자와 근로자의 개별적 합의 · 취업규칙 및 단체협약 등에 의하여 해고예고기간을 단축할 수는 없으나 이를

53) 법무 1967.12.4, 810-20213.
54) 대판 1971.8.31, 71다1400 등; 그러므로 해고수당과 함께 퇴직금을 수령했다 하더라도 해고에 대한 이의를 보류하는 한 그것이 해고처분을 승인했다거나 그에 대한 불복을 포기한 것으로 볼 수는 없다(대판 1991.5.14, 91다2663).

연장할 수 있음은 물론이다.

해고예고는 특별한 형식을 요하지 아니하며 당해 근로자에게 전달할 수 있는 적절한 방법으로 예고할 수 있으나, 해고될 근로자와 해고될 날을 명시하여야 한다. 불확정 기한이나 조건이 붙은 예고는 무효이다.[55)]

한편, 해고예고기간 중에도 근로관계는 계속되며 근로자와 사용자는 근로관계에 기한 임금 또는 근로를 청구할 수 있다. 다만, 근로자가 새로운 직장을 구하기 위하여 결근한 경우라도 사용자는 신의칙에 따라 임금을 지급해야 할 것이다.

3. 해고예고수당의 지급

사용자가 해고예고를 원하지 아니하는 경우에는 이에 대신하여 30일분 이상의 통상임금을 해고예고수당으로서 지급해야 한다. 해고예고수당은 근로제공에 대한 반대급부가 아니므로 근로기준법상의 임금에 해당되지 아니한다.[56)]

Ⅲ. 해고예고의 적용제외

1. 즉시해고(특별한 사유에 따른 예외)

(1) 의 의

근로자를 해고하고자 하는 경우 해고의 예고를 하는 것이 원칙이다. 그러나 사용자는 ⅰ) 천재 · 사변 기타 부득이한 사유로 사업계속이 불가능한 경우 또는 ⅱ) 근로자가 고의로 사업에 막대한 지장을 초래하거나 재산상 손해를 끼친 경우로서 노동부령이 정하는 사유에 해당하는 경우에는 해고의 예고를 하지 아니하여도 무방하다(근기법 제26조 단서).

근로자가 노사의 신뢰관계를 저해하여 근로관계를 유지할 수 없는 이유로 해고하는 경우에도 해고예고를 하여야 한다는 것은 사회통념상 타당하지 않기 때문이다.

(2) 부득이한 사유로 사업계속이 불가능한 경우

'부득이한 사유'란 천재 · 지변은 물론 중요한 건물, 설비, 기재 등의 소실과 같은 돌발적이고 불가항력적인 경우를 말하며 불황이나 경영난은 포함되지 않는다. '사업계속이 불가능한 경우'라 함은 기업의 부도 · 도산 등을 예로 들 수 있으며 그 밖에 사업의 전부 또는 대부분의 계속이 불가능한 경우로 사회통념상 사업경영자로서 취할 수 있는 조치를 다한 경우가 이에 해당되는데, 그 입증책임은 사용자에게 있다.[57)]

(3) 근로자의 귀책사유

당사자 간에 근로계약을 유지하기 어려울 정도의 근로자의 귀책사유가 있는 경우까지 사용자에게 해고예고의무를 강요하는 것 역시 형평에 어긋난다. 따라서 이러한 경우에도 사용자의 해고의 예고 의무가 면제된다. 즉 근로자가 고의로 사업에 막대한 지장을 초래하거나 재산상의 손해를 끼친 경우에는 해고예고를 하지 않을 수 있다(근기법 시행규칙 제4조 참조).[58)]

55) 법무 1979.6.22, 811-14939.
56) 대판 1962.3.22, 4294민상1301.
57) 대판 1970.2.24, 69다1568.

2. 단기취업자에 대한 예외

근로기준법 제26조에 규정된 해고예고에 관한 규정은 i) 일용근로자로서 3월을 근속하지 아니한 자, ii) 2월 이내의 기간을 정하여 사용된 자, iii) 월급근로자로서 6월이 되지 아니한 자, iv) 계절적 업무에 6월 이내의 기간을 정하여 사용된 자 및 v) 수습사용된 지 3월 이내의 근로자에게는 적용되지 아니한다(근로기준법 제35조 및 동법시행령 제16조). 취업의 단기성에 비추어 이들에게까지 재취직을 위한 시간적 · 경제적 여유를 주도록 강제하지 않으려는 것이다.

3. 근로관계의 성질상 적용제외

(1) 사 직

해고예고제도는 근로자의 의사에 반하여 사용자가 일방적으로 근로관계를 종료시키는 해고에 적용되는 제도이므로, 근로자의 의사에 따른 사직, 합의퇴직 등에는 적용되지 않는다.

(2) 근로관계의 자동종료

계약기간의 만료, 정년의 도달, 당사자의 소멸 등은 근로관계의 자동종료 사유이므로, 이러한 경우는 해고에 해당되지 않기 때문에 당연히 해고예고도 적용되지 않는다.

Ⅳ. 해고예고기간과 해고금지기간과의 관계

1. 해고금지기간 중의 해고예고

근로기준법상의 해고금지기간에는 해고를 예고하는 것도 금지된다고 보는 견해가 있다.[59] 그러나 근기법은 해고와 해고의 예고를 명확히 구분하고 있고, 해당 휴업기간만이 아니라 정상상태가 회복된 그 후의 30일 동안도 해고금지기간으로 규정하고 있는 점에 비추어 보면, 이 기간에 금지하는 것은 해당 기간에 효력이 발생하는 해고로 한정되고 해고의 예고까지 포함하는 것은 아니라고 보아야 한다.[60]

2. 해고예고기간 중의 해고금지사유 발생

해고금지기간의 설정은 해고통지의 효력 발생을 그 기간이 지난 이후로 유예시키려는 데 있다. 그렇다면 금지기간에 해고의 통지를 하더라도 그 기간에는 해고의 효력이 발생하지 않는 것이고, 다시 해

58) 해고예고의 예외가 되는 근로자의 귀책사유(근기법 시행규칙 제4조)
1. 납품업체로부터 금품이나 향응을 제공받고 불량품을 납품받아 생산에 차질을 가져온 경우
2. 영업용 차량을 임의로 타인에게 대리운전하게 하여 교통사고를 일으킨 경우
3. 사업의 기밀이나 그 밖의 정보를 경쟁관계에 있는 다른 사업자 등에게 제공하여 사업에 지장을 가져온 경우
4. 허위 사실을 날조하여 유포하거나 불법 집단행동을 주도하여 사업에 막대한 지장을 가져온 경우
5. 영업용 차량 운송 수입금을 부당하게 착복하는 등 직책을 이용하여 공금을 착복, 장기유용, 횡령 또는 배임한 경우
6. 제품 또는 원료 등을 몰래 훔치거나 불법 반출한 경우
7. 인사·경리·회계담당 직원이 근로자의 근무상황 실적을 조작하거나 허위 서류 등을 작성하여 사업에 손해를 끼친 경우
8. 사업장의 기물을 고의로 파손하여 생산에 막대한 지장을 가져온 경우
9. 그 밖에 사회통념상 고의로 사업에 막대한 지장을 가져오거나 재산상 손해를 끼쳤다고 인정되는 경우.

59) 김형배 542.

60) 김유성 I 311; 임종률 528.

고의 통지를 하지 않더라도 기간이 지난 후에는 효력을 발생한다고 보아야 할 것이다.[61)]

Ⅴ. 해고예고제도의 위반과 해고의 효력

1. 문제의 소재

사용자가 해고예고의무에 위반하여 예고도 하지 않고 수당도 지급하지 않고 해고를 하면 벌칙이 적용된다. 문제는 사용자가 근로자를 해고함에 있어 해고의 정당한 사유가 있으나 해고예고의무를 위반한 경우 그 해고의 효력을 어떻게 볼 수 있는지에 있다.

2. 학 설

(1) 무효설은 해고예고제도는 해고의 효력발생을 위한 강행적 요건이므로 이에 위반하는 해고는 언제나 무효라는 입장이다.[62)]

(2) 선택권설은 해고예고도 없고 예고수당의 지급도 없이 한 해고의 통지에 대해 근로자가 무효임을 주장하거나 유효임을 전제로 예고수당의 지급을 청구하거나 어느 쪽이든 선택할 수 있다는 견해로 근로자가 상당한 기간 내에 선택권을 행사하지 않으면 무효임을 주장할 수 없다고 한다.[63)]

(3) 상대적 무효설은 해고예고도 없고 예고수당의 지급도 없이 한 해고의 통지는 즉시해고로서는 효력을 발생하지 않지만, 사용자가 즉시해고를 고집하는 취지가 아닌 이상 통지 후 30일의 기간이 지나거나 예고수당을 지급하면 그때부터 해고의 효력이 발생한다고 한다.

(4) 유효설은 해고제한제도(근기법 제23조 제1항)와 해고예고제도(근기법 제26조)는 그 제도적 취지를 달리하기 때문에, 사용자는 해고예고의무를 위반하는 경우 벌칙을 적용받고 해고예고수당을 지급하여야 하는 채무를 부담하기는 하지만 해고의 정당성에는 영향을 미치지 않는다.[64)]

3. 검 토

선택권설은 근로자가 해고 무효를 주장할 수 있다는 점에서 무효설에 가까우며, 상대적 무효설은 결국 해고의 효력이 발생한다는 점에서 유효설에 가깝다. 해고예고제도는 해고된 근로자의 재취업을 위한 시간적 · 경제적 기회를 부여하기 위한 것이지 해고를 제한하기 위한 제도가 아니므로, 해고예고의무를 위반했다고 하여 해고를 무효로 볼 것은 아니라고 할 것이다.

4. 벌 칙

사용자가 근로기준법 제26조에 위반하여 근로자를 해고한 경우에는 2년 이하의 징역 또는 1,000만원 이하의 벌금형이 부과된다(근기법 제110조 제1호).

61) 임종률 528; 김유성 I 311.
62) 김형배 547.
63) 임종률 531.
64) 김유성 I 316; 대판 1998.11.27, 97누14132.

[관련판례] 해고예고

1. 해고 예고의 방법과 시기(대판 2010.4.15. 2009도13833)

[1] 근로기준법 제26조에서 사용자가 근로자를 해고하는 경우 적어도 30일 전에 예고를 하여야 하고, 30일 전에 예고를 하지 아니하였을 때에는 30일분 이상의 통상임금을 지급하도록 규정한 취지는 근로자로 하여금 해고에 대비하여 새로운 직장을 구할 수 있는 시간적 또는 경제적 여유를 주려는 것이므로, **사용자의 해고예고는 일정 시점을 특정하여 하거나 언제 해고되는지를 근로자가 알 수 있는 방법**으로 하여야 한다.

[2] 사용자인 피고인이 근로자 갑에게 "후임으로 발령받은 을이 근무하여야 하니 업무 인수인계를 해 달라", "당분간 근무를 계속하며 을에게 업무 인수인계를 해주라"고만 말하고 갑을 해고한 사안에서, 피고인의 위와 같은 말만으로는 갑의 해고일자를 특정하거나 이를 알 수 있는 방법으로 예고한 것이라고 볼 수 없어 적법하게 해고예고를 하였다고 할 수 없으므로, 이를 적법한 해고예고로 본 원심판결에 법리오해의 위법이 있다.

2. 해고예고의무와 해고의 정당성(대판 1994.6.14. 93누20115)

해고 예고의무를 위반한 해고라 하더라도 해고의 정당한 이유를 갖추고 있는 한 해고의 **사법상 효력에는 영향이 없다.**

제 6 절 해고서면통지

Ⅰ. 의 의

사용자는 근로자를 해고하려면 해고사유와 해고시기를 서면으로 통지하여야 한다(근기법 제27조 제1항). 이 규정은 사용자가 해고 여부를 더 신중하고 명확하게 결정하도록 하려는 것이고, 다른 한편으로는 해고와 관련된 법률관계를 명확하게 함으로써 후일의 분쟁을 해결하는 데 도움을 주게 하려는 것이다.

Ⅱ. 입법 배경

1. 해고통보규정의 부재

해고절차와 관련하여 종전에는 해고사유 명시, 소명기회 부여 등에 대해 근로기준법에 별도 규정을 두고 있지 않았다. 그러므로 근로자에게 해고사유를 명시하지 않거나 소명기회를 주지 않았다고 하더라도 해고 효력에는 영향이 없었다.[65] 이렇듯 종전에는 해고통보 규정이 없어서, 해고사유 등이 불명확하여 부당해고 및 퇴직금 관련 분쟁해결에 어려움을 겪는 경우가 많았으며, 사용자의 일시적인 감정에 의하여 해고를 하는 경우도 발생하였다.

2. 해고서면통보 의무

사용자가 근로자를 해고할 경우 서면으로 그 사유 및 시기 등을 통지하고, 서면통지를 효력규정화할 필요성이 제기되었고, 법 개정(근기법 제27조 신설)으로 해고와 관련된 법률관계를 명확하게 하고 사용자에 의한 무분별한 해고의 남용을 방지할 수 있게 되었다.

Ⅲ. 위반의 효과

사용자가 이 규정을 위반하여 근로자를 해고한 것에 대하여 벌칙은 없다. 그러나 근로자에 대한 해고는 해고사유와 해고시기를 서면으로 통지하여야 효력이 있다(근기법 제27조 제2항). 즉, 해고사유와 해고시기를 서면으로 통지하지 않으면 그 해고는 무효가 된다.

65) 다만, 단체협약·취업규칙 등에 해고절차를 규정하고 있는 경우에는 이를 거치지 않으면 해고처분은 무효가 되는 것이 원칙이다(대판 1986.7.8, 85다375).

제 7 절 단체협약 · 취업규칙상의 해고의 사유 및 절차적 제한

Ⅰ. 서 설

해고는 근로자의 의사와 무관하게 사용자의 일방적인 근로관계 종료에 의해 이루어지기 때문에 근로자에게 취업의 기회를 박탈하여 생존에 커다란 위협을 주게 된다. 시민법상 해지자유의 원칙에 의해 사용자의 무분별한 해고를 용인하면 '인간의 존엄성을 보장하도록' 근로조건의 기준을 법률로써 정하여야 하는 헌법상의 요청(헌법 제32조 제3항)을 충족시키지 못하는 결과가 발생하므로, 우리 노동법은 해고의 제한을 원칙으로 하고 해고가 정당성이 있는 경우에만 이를 허용하고 있다(근기법 제23조 제1항).

근로기준법에서는 해고의 정당한 이유(동법 제23조 제1항), 해고시기의 제한(동법 제23조 제2항), 해고의 예고(동법 제26조), 해고사유 등의 서면통지(동법 제27조), 정리해고시 근로자대표와의 사전협의(동법 제24조 제3항) 등 외에는 특별한 제한규정을 두고 있지 않다. 세부적인 해고의 사유 및 절차적 제한규정에 대하여는 노사자치규범이라 할 수 있는 단체협약 · 취업규칙 · 근로계약 등에서 정하는 경우가 대부분이다. 실제로 해고의 사유와 절차 관련하여 이러한 자치규범상의 규정에 대하여 노사 간의 다툼이 많이 벌어지고 있기 때문에 중요한 의미를 갖는다 할 것이다.

Ⅱ. 단체협약 · 취업규칙상의 해고의 사유

1. 단체협약 · 취업규칙상 해고사유의 정당성

단체협약 또는 취업규칙에 해고사유를 규정하고 있고 근로자가 여기에 해당하여 해고된 경우 그러한 사유만으로 그 해고가 정당성이 인정되는 것은 아니다. 그 사유 자체가 근로기준법상 해고의 정당한 이유에 해당되어야 하고, 다음으로 사실관계의 구체적 사정이 그 사유에 해당하는 경우에 비로소 정당한 이유가 있다고 할 수 있다.[66]

해고의 정당한 이유란 사회통념상 근로계약을 계속할 수 없을 정도로 근로자에게 책임이 있는 사유가 객관적으로 인정되어야 하기 때문에, 설령 취업규칙 등에 해고사유를 규정하고 있다고 하더라도 그 사유가 근로계약을 계속할 수 없을 정도의 것이 아니라면 이에 기하여 행한 해고는 정당성이 없다.[67]

---

66) 대판 1992.5.12, 91다27518; 대판 1991.10.11, 91다20173.
67) 대판 1989.9.26, 89다카5475; 대판 1990.11.23, 90다카21589.

2. 해고사유의 제한적 열거

일반적으로 단체협약이나 취업규칙에 해고사유를 정할 때에는 사용자가 해고권을 스스로 자제하겠다는 취지이기 때문에 그 사유는 한정열거로 해석하는 것이 타당하다. 판례도 단체협약이나 취업규칙 등에서 근로자에 대한 징계사유가 제한적으로 열거되어 있는 경우에는 그와 같이 열거되어 있는 사유 이외의 사유로는 징계할 수 없다고 한다.[68]

그러나 실제로는 취업규칙 등에서 해고사유를 정할 때 "기타 이에 준하는 사유", "기타 사업장질서를 문란하게 하는 경우"와 같이 포괄규정이 포함되어 있는 경우가 많기 때문에, 취업규칙 등에 기한 해고의 정당성은 결국 해고의 정당한 이유가 있는지 여부에 의하여 판단하여야 하는 경우가 많다.

3. 단체협약상 해고사유와 취업규칙상 해고사유의 관계

(1) 단체협약의 우선 적용

단체협약과 취업규칙에서 각각 해고 사유를 규정하고 있는 경우 양자의 관계가 문제될 수 있다. 취업규칙은 단체협약에 위반할 수 없기 때문에(노조법 제33조), 동일하거나 유사한 해고사유가 동시에 규정되어 있는 경우에는 원칙적으로 단체협약에서 정한 기준이 적용된다.

판례도 해고사유 및 해고절차를 단체협약에 의하도록 명시적으로 규정하고 있거나 동일한 징계사유나 징계절차에 관하여 단체협약상의 규정과 취업규칙 등의 규정이 '상호 저촉되는 경우'에는 단체협약에서 정한 사유 이외의 것으로 취업규칙의 정한 사유를 이유로 해고하는 것은 허용되지 않는다고 하고 있다.[69]

(2) 단체협약 이외의 취업규칙의 해고사유

문제는 단체협약에서 정한 해고사유 이외의 사유가 취업규칙에서 규정되어 있는 경우 취업규칙에 근거하여 해고를 할 수 있는가이다.

1) 취업규칙의 사유로 해고가 가능한 경우 판례는 사용자가 취업규칙에서 단체협약 소정의 해고사유와는 관련이 없는 새로운 해고사유를 정하여 이에 기하여 근로자를 해고하는 것은 단체협약에 반하는 것으로서 곧바로 무효가 되는 것은 아니라고 판단하고 있다.

단체협약에서 "이 협약은 취업규칙보다 우선한다", "본 협약에 명시되지 않은 사항은 취업규칙에 따르되 근로조건을 저하시킬 수 없다"고 규정하더라도, 사용자가 취업규칙에 새로운 해고사유를 정할 수 없다는 취지로는 해석되지 않는다.[70] 따라서 단체협약에 반하지 않는 한 사용자는 취업규칙에서 새로운 징계사유를 정할 수 있고, 그 징계사유에 기하여 징계할 수 있다.

2) 취업규칙 사유로 해고가 안 되는 경우 단체협약에서 "해고에 관하여는 단체협약에 의하여야 하고 취업규칙에 의하여 해고할 수 없다"는 취지로 규정하거나, "단체협약에 정한 사유 외의 사유로는 근로자를 해고할 수 없다"고 규정하고 있는 경우에는 단체협약에서 정한 사유와 달리 정한 취업규칙을 근거로 해고하는 것은 허용되지 않는다.[71]

---

68) 대판 1994.12.27, 93다52525.
69) 대판 1992.9.8, 91다27556; 대판 1995.2.14, 94누5069.
70) 대판 1995.1.20, 94다37851.
71) 대판 1992.9.8, 91다27556; 대판 1995.2.14, 94누5069.

4. 당연퇴직규정

(1) 문제의 소재

취업규칙 등에 일정한 사유의 발생만으로 그 사유발생일 또는 소정 기간 내에 당연히 근로관계가 종료된다고 규정하고 있는 경우에 그러한 규정의 효력을 일반적으로 인정할 것인지 문제가 된다. 왜냐하면 사용자가 이러한 당연퇴직규정을 통해 근로기준법의 해고제한규정을 회피할 우려가 있기 때문이다.

(2) 당연퇴직과 해고제한법리

사용자가 어떤 사유의 발생을 취업규칙 등에 당연퇴직 사유로 규정하고 그 절차를 통상해고나 징계해고와는 달리 정하고 있다 할지라도, 그 당연퇴직사유가 근로자의 사망 · 정년 · 계약기간 만료 등 근로관계의 자동소멸 사유로 보여지는 경우가 아니라, 근로자의 일신상 · 행태상에 의한 사유인 경우에는, 이에 따른 당연퇴직은 근로기준법 제23조의 제한을 받는 해고로 보아야 할 것이다.[72)]

따라서 단체협약이나 취업규칙 등에 정하여진 사유가 발생하였음을 이유로 근로관계가 자동소멸하는 것으로 이해하는 것은 타당하지 않으며, 그러한 사유의 발생으로 인하여 사회통념상 근로계약을 계속할 수 없을 정도의 사정이 객관적으로 인정될 정도에 이르러야 퇴직처분의 정당성이 인정될 것이다. 즉 근로기준법 제23조의 정당한 이유가 있는지 여부가 엄격히 판단되어야 할 것이다.[73)]

Ⅲ. 단체협약 · 취업규칙상의 해고의 절차적 제한

1. 의 의

단체협약이나 취업규칙에서 해고를 할 때에는 해당 근로자에게 사전통지를 하여 변명의 기회를 제공한다든지, 노동조합과 또는 본인과 협의나 동의를 하여야 한다는 등 해고의 절차에 대한 규정을 두는 예가 많다.

근기법 제23조 제1항에서 말하는 "정당한 이유"에는 실체적 정당성뿐만 아니라 절차적 정당성도 포함된다고 보는 것이 헌법상의 적법절차와 자연적 정의의 정신에 부합하기 때문에, 해고에 관한 절차적 제한을 규정한 단체협약이나 취업규칙 조항은 이와 같은 절차적 정당성의 요청을 확인한 것으로 이해하여야 한다.

따라서 이러한 조항을 위반한 해고는 취업규칙이나 단체협약에 반하여 무효가 될 뿐만 아니라(근기법 제97조, 노조법 제33조 참조), 근로기준법 제23조 제1항 위반으로 무효가 된다.[74)]

2. 별도의 절차적 제한규정이 없는 경우

단체협약이나 취업규칙에 해고에 대한 절차적 제한규정이 없는 경우에는 해당 근로자에게 이를 사전에 통지하거나 변명의 기회를 부여하는 등 절차적 제한을 따르지 아니하고 해고하더라도 그 해고는

---

72) 대판 1993.10.26. 92다54210.

73) 하경효 236, '형사상의 범죄로 유죄판결을 받았을 경우'를 취업규칙 등에 당연퇴직사유로 정하고 있는 경우 당해 근로관계의 특성과 그 규정 취지 및 당연퇴직 성격에 비추어 합리적으로 판단해야 할 것이다. 즉 학교교사가 강도로 유죄판결을 받은 경우와 과실로 교통사고를 유발하여 유죄판결을 받은 경우 양자를 동일하게 평가할 수는 없을 것이다. 전자의 경우는 교사라는 근로관계 특수성에 비추어 당연퇴직사유의 정당성(즉 해고의 정당성)이 긍정될 수 있는 반면 후자의 경우는 그렇지 않을 수 있기 때문이다.

74) 김유성 I 301.

유효하다는 것이 판례의 확립된 입장이다.[75)]

그러나 단체협약이나 취업규칙상 해고의 절차적 제한규정은 단체협약이나 취업규칙으로 명문화하기 이전에 존재하는 해고의 절차적 정당성의 요청을 확인한 것으로 본다면, 절차적 제한 규정이 없는 경우 거의 예외 없이 해고의 사법상 효력을 유효하다고 해석하는 판례의 입장은 근본적인 재검토가 필요하다고 본다.[76)]

그러므로 해고의 절차적 제한이 명시적으로 규정되어 있지 않더라도 당연히 적정한 절차 속에서 해고가 행해져야 하기 때문에 최소한 당사자의 소명기회는 주어져야 할 것이다.

3. 별도의 절차적 제한규정이 있는 경우

단체협약이나 취업규칙에 해고에 대한 절차적 규정이 있다면 이러한 절차적 제한규정에 위반하여 사전통지절차에 흠결이 있거나 실질적인 변명의 기회가 부여되지 않는다면 그 해고의 정당성은 부정된다.[77)]

4. 징계해고와 통상해고 사유에 모두 해당하는 경우

어떠한 해고 사유가 징계해고와 통상해고 사유에 모두 해당하는 경우 사용자는 징계해고 대신 통상해고를 할 수 있는데, 이때 통상해고를 한다고 해서 징계해고시 요구되는 절차적 규정을 생략할 수 있는 지가 문제된다.

이에 대해 판례는 절차적 제한 규정의 취지가 회피됨으로써 근로자의 지위가 불안정해질 수 있기 때문에 통상해고를 하더라도 소정의 징계절차를 생략할 수 없다고 보고 있다.[78)]

5. 단체협약상 해고협의 · 동의조항

(1) 해고협의 · 동의조항의 취지

단체협약상 해고협의 · 동의조항 등이 규정되어 있는 경우 판례는 인사권이 원칙적으로 사용자의 권한에 속한다고 하더라도 사용자는 스스로의 의사에 따라 그 권한에 세약을 기할 수 있는 것이므로, 사용자가 노동조합과의 사이에 체결한 단체협약에 의하여 조합원의 인사에 대한 조합의 관여를 인정하였다면 그 효력은 협약규정의 취지에 따라 결정된다고 하고 있다.[79)]

(2) 노동조합과의 사전'협의' 조항

노동조합과 사전협의하도록 규정하고 있는 경우, 단체협약상의 '사전협의'는 노동조합의 임원 등에 대한 회사의 자의적인 인사권 행사로 인하여 노동조합의 정상적인 활동이 저해되는 것을 방지하려는 취지에서, 회사로 하여금 노동조합의 임원 등에 대한 인사의 내용을 노동조합에 미리 통지하도록 하여 노동조합에게 징계를 포함한 인사의 공정을 기하기 위하여 필요한 노동조합 측의 의견을 제시할 기회를 주고 노동조합으로부터 제시된 의견을 참고자료로 고려하게 하는 정도에 지나지 않는 규정이라 할 수 있다.

---

75) 대판 1979.1.30, 78다304; 대판 1996.2.27, 95누15698.
76) 김유성 I 302.
77) 대판 1988.11.8, 87다카683; 대판 1994.10.25, 94다25889.
78) 대판 1994.10.25, 94다25889.
79) 대판 1992.9.25, 95다18542; 대판1993.9.28, 91다30620.

그러므로 노동조합 임원 등에 대한 징계해고가 위와 같은 사전협의를 거치지 아니한 채 행하여졌다고 하여 바로 정당성을 상실하는 것은 아니라는 것이 판례의 입장이다.[80)]

(3) **노동조합과의 사전'동의(합의)' 조항**

1) 동의를 거치지 않은 인사처분의 효력 노동조합과 합의하도록 규정하고 있는 경우에는, 사용자가 인사처분을 함에 있어 노동조합의 사전 동의나 승낙을 얻어야 한다거나 노동조합과 인사처분에 관한 논의를 하여 의견의 합치를 보아 인사처분을 하도록 한 취지이기 때문에, 그 절차를 거치지 않은 인사처분은 무효이다.[81)]

2) 노동조합의 동의권 남용 그러나 해고동의조항이 단체협약에 포함되어 있는 경우에도 노동조합이 합의권을 포기하거나 남용하였다고 인정되는 때에는 동의를 거치지 않고 행한 해고가 정당하다는 것이 판례의 일관적인 입장이다.[82)]

노동조합의 동의권 남용은 i) 노동조합 측에 중대한 배신행위가 있고 이로 인하여 사용자측의 절차적 흠결이 초래된 경우 또는 ii) 피징계자가 회사에 대하여 중대한 위법행위를 하여 직접적으로 막대한 손해를 입히고 비위사실이 징계사유에 해당함이 객관적으로 명백하며 회사가 노동조합 측과 사전 합의를 위하여 성실하고 진지한 노력을 다하였음에도 불구하고 노동조합측이 합리적인 근거나 이유제시도 없이 무작정 징계에 반대함으로써 사전 합의에 이르지 못하였다는 사정이 있는 경우에 인정된다.[83)]

---

80) 대판 1992.4.14, 91다4775.

81) 대판 1993.7.13, 92다45735.

82) 대판 1993.7.13, 92다45735; 대판 1993.7.13, 92다50263.

83) 대판 1993.9.28, 91다30620.

제 8 절 해고 이외의 근로관계의 종료 사유

Ⅰ. 서 설

근로관계의 종료 사유는 근로계약 당사자의 의사표시에 의한 것과 자동적인 것으로 대별될 수 있다. ⅰ) 당사자의 의사표시에 의한 종료사유로는 사직, 해고, 합의퇴직(합의해지)이 있다. ⅱ) 근로관계의 자동적 종료 사유는 근로자나 사용자의 의사와 관계없이 근로관계가 종료하는 것으로써 계약기간의 만료, 근로자의 사망, 사업의 완료 또는 소멸, 정년의 도달 등이 있다.

근로관계 종료사유 중에서 근로기준법은 사용자에 의한 근로관계의 일방적 종료, 즉 해고에 대해서만 명문의 규정을 두고 있을 뿐, 그 밖의 종료사유에 대해서는 특별한 규정을 두고 있지 않기 때문에, 노동법의 기본원칙이나 민법 등 일반적인 법질서의 따른 해석에 맡겨져 있다.[84]

엄격한 규제가 이루어지는 해고에 비하여 '해고 이외의 종료사유'는 자유롭게 행할 수 있기 때문에 외관상 '해고 이외의 종료사유' 모습을 띠고 있으나 실제로는 해고에 해당하는 경우가 종종 발생하고, 양자의 구별이 문제되는 경우가 많다.

Ⅱ. 당사자의 의사표시에 의한 종료 사유

1. 사 직

(1) 의 의

사직은 근로관계를 종료하겠다는 근로자의 일방적인 의사표시로서, 상대방 있는 단독행위이다. 근로자가 사직서를 제출한 후 사용자가 이를 수리하면 합의에 의한 근로관계의 종료, 즉 합의퇴직과 동일한 효과가 발생한다.

그러나 근로자의 사직서 제출에도 불구하고 사용자가 이를 수리하지 않는 경우에는 사직에 관한 법리

84) 해고와 그 밖의 사유에 의한 근로관계의 종료는 형식적으로는 구별되지만 항상 명확하게 구별되는 것은 아니다. 예컨대 당연퇴직사유와 같이 당사자의 의사와 관계없이 일정한 사유 발생으로 근로관계가 당연히 종료하는 것처럼 보이는 경우에도 실질적으로는 사용자의 일방적 의사에 의한 근로관계의 종료, 즉 해고에 해당하는 경우가 있을 수 있기 때문이다. 따라서 양자의 구별은 형식적으로 판단되어서는 안 되고, 근로자의 의사에 반하여 사용자가 일방적으로 근로관계를 종국적으로 종료하였는지 여부에 따라서 실질적으로 판단되어야 한다. 왜냐하면 "해고란 실제 사업장에서 불리우는 명칭이나 그 절차에 관계없이 근로자의 의사에 반하여 사용자의 일방적 의사에 의하여 이루어지는 일체의 근로계약관계의 종료"를 의미하기 때문이다.

에 따라 처리된다. 사직에 대해서는 근로기준법에 규정을 두고 있지 않기 때문에 민법의 적용을 받는다.

(2) 사직의 효력 발생 시기

1) 기간의 정함이 없는 근로계약 기간의 정함이 없는 근로계약의 경우에는 근로자는 언제든지 해지의 통고, 즉 사직의 의사표시를 할 수 있고(민법 제660조 제1항), 사용자가 이를 승낙하면 근로관계는 승낙한 날부터 합의에 의해 종료하게 된다.

근로자의 사직의사에도 불구하고 사용자가 특별한 의사표시를 하지 않는 경우에는 사용자가 사직의 통고를 받은 날로부터 1월이 경과하면 사직의 효과가 자동적으로 발생한다(민법 제660조 제2항). 그러나 주급, 월급 등 기간으로 보수를 정한 때에는 사용자가 사직의 통고를 받은 '당기 후 1기'가 경과함으로써 사직의 효과가 발생한다(민법 제660조 제3항).

2) 기간의 정함이 있는 근로계약 기간의 정함이 있는 근로계약을 체결한 경우에는 근로계약기간의 도중에 근로자가 사직하는 경우에는 '부득이한 사유가 있는 때'에 근로계약을 종료시킬 수 있다(민법 제661조).

(3) 사직 의사표시의 철회

근로자의 사직의 의사표시는 특별한 사정이 없는 한 당해 근로계약을 종료시키는 취지의 해약고지로 볼 것인바, 사직의 의사표시가 사용자에게 도달한 이상(민법 제660조 제2항 및 제3항 소정의 기간이 경과하기 전이라 하여도) 근로자는 사용자의 동의 없이 사직의 의사표시를 철회할 수 없다.[85)]

[관련판례] 사직의 의사표시

1. 사직(해약고지)의 의사표시의 철회

사직의 의사표시는 특별한 사정이 없는 한 근로계약의 해지 통고로 볼 것인지 여부(적극) 및 근로계약의 해지를 통고하는 사직의 의사표시가 사용자에게 도달한 경우, 그 의사표시를 철회할 수 있는지 여부(소극)(대판 2000.9.5, 99두8657)

사직의 의사표시는 특별한 사정이 없는 한 당해 근로계약을 종료시키는 취지의 해약고지로 볼 것이고, 근로**계약의 해지를 통고**하는 사직의 의사표시가 사용자에게 도달한 이상 근로자로서는 **사용자의 동의 없이는** 비록 민법 제660조 제3항 소정의 기간이 경과하기 이전이라 하여도 사직의 **의사표시를 철회할 수 없다.**

2. 비진의 의사표시에 의한 사직

사직의 의사 없는 근로자로 하여금 어쩔 수 없이 사직서를 작성·제출하게 하여 근로계약관계를 종료시킨 경우, 해고에 해당하는지 여부(적극)(대판 2003.10.10, 2001다76229)

사용자가 근로자로부터 사직서를 제출받고 이를 수리하는 의원면직의 형식을 취하여 근로계약관계를 종료시킨 경우, 사직의 의사 없는 근로자로 하여금 어쩔 수 없이 사직서를 작성·제출하게 하였다면 실질적으로 사용자의 일방적인 의사에 의하여 근로계약관계를 종료시키는 것이어서 해고에 해당한다 할 것이다.

2. 합의퇴직(근로관계의 합의해지)

합의퇴직은 근로계약의 당사자인 근로자와 사용자의 계속적 채권관계인 근로계약관계를 쌍방의 합의에 의하여 장래를 향하여 종료시키는 것으로서, 근로관계의 합의해지이다. 이에 대해서는 근로기준법

85) 대판 2000.9.5, 99두8657.

은 특별한 규제를 하지 않고 있으므로, 의사표시와 관련한 민법의 규정이 적용된다.

합의퇴직은 근로자가 사용자에 대해 사직서를 제출하고 사용자가 이를 승낙하는 형태로 이루어지는 것이 일반적이다.

3. 해 고

해고는 근로관계를 종국적으로 종료시키는 사용자의 일방적이고 확정적인 의사표시이다. 법적 규율의 대상이 되는 해고는 실제 사업장에서 불리는 명칭이나 절차에 관계없이 근로자의 의사에 반하여 사용자의 일방적 의사에 의하여 이루어지는 일체의 근로계약관계의 종료를 의미한다.

Ⅲ. 자동적 종료 사유

1. 근로계약기간의 만료

(1) 기간만료의 효과

기간의 정함이 있는 근로계약은 기간의 만료로써 근로관계가 자동적으로 종료된다. 따라서 기간의 만료에 의한 근로관계의 종료는 해고나 사직이 아니기 때문에 당사자의 의사표시를 요하지 않으며 해고예고도 요하지 않는다.[86)]

(2) 기간의 정함이 형식에 불과한 경우

기간의 정함이 있는 근로계약이라 하더라도 근로계약이 수차례 반복 갱신되어, 기간의 정함이 단지 형식에 불과하다는 사정이 인정되는 경우에는, 기간의 정함이 없는 근로계약이 되고 그 경우에 계약갱신을 거부하는 것은 해고에 해당한다.[87)]

기간의 정함이 형식에 불과하다는 것의 의미에 대해 판례는 "근로계약이 계약서의 문언에 반하여 기간의 정함이 없는 근로계약이라고 하기 위해서는 계약서의 내용과 근로계약이 이루어지게 된 동기 및 경위, 기간을 정한 목적과 당사자의 진정한 의사, 동종의 근로계약체결방식에 관한 관행, 그리고 근로자보호법규 등을 종합적으로 고려하여 그 기간의 정함이 단지 형식에 불과하다는 사정이 인정되어야 한다"[88)]는 태도를 취하고 있다. 즉 기간의 정함이 있는 근로계약이 기간의 정함이 없는 근로계약으로 되기 위해서는 근로자에게 당해 계약이 갱신되어 계속 근무할 수 있다는 기대관계가 형성되어 있어야 한다는 것을 의미한다. 그러나 이러한 기대는 반드시 근로계약이 반복갱신된 사실에 의해 사후적으로만 인정되는 것은 아니다.

(3) 계속 고용이 기대되는 경우(갱신기대권)

기간의 정함이 형식에 불과한 것으로 볼 수 없더라도 제반 사정으로 보아 계속적 고용이 기대되는 경우에는 계약 갱신 거절에는 합리적 이유가 있어야 한다. 판례는 "계속 근무할 수 있다는 기대관계가 존속되어 왔다면 1년의 근로계약기간은 형식에 불과하게 되어 사실상 기간의 정함이 없는 근로자이다"[89)]라고 하여, '최초 재계약거부'도 해고에 해당한다고 인정하였다.

86) 대판 1997.7.25, 96누10331.
87) 대판 1998.5.29, 98두625.
88) 대판 1994.1.11, 93다17843; 대판 1995.7.11, 95다9280; 대판 1998.1.23, 97다42489; 대판 2002.2.28, 2001다46365 등.
89) 대판 2003.11.28, 2003두9336.

[관련판례] 갱신기대권

1. 갱신기대권 ①(서울행판 2004.4.8, 2003구합32275, 서울고판 2005.5.19, 2004누8110, 서울행판 2004.9.14, 2004구합 8484, 서울행판 2005.7.7, 2004구합33756)

기간을 정한 근로계약이 반복 갱신되었더라도 그 기간의 정함이 형식에 불과하다고 볼 수 없지만, **계속적인 고용이 기대되는 경우**에는 **해고제한의 법리가 유추 적용**되어 사회통념상 상당하다고 인정되는 **합리적인 이유 없이** 근로**계약의 갱신을 거절**하는 것은 신의칙상 허용될 수 없다

2. 갱신기대권 ②(대판 2005.7.8. 2002두8640)

임용의 근거가 된 법령 등의 규정이나 계약 등에서 임용권자에게 임용기간이 만료된 근로자를 재임용할 의무를 지우거나 재임용절차 및 요건 등에 관한 근거규정을 두고 있어 근로자에게 소정의 절차에 따라 재임용될 수 있으리라는 정당한 기대권이 인정되는 경우에는 사용자가 그 절차에 위반하여 부당하게 근로자를 재임용에서 제외하는 것은 실질적으로 부당해고와 동일시할 수 있는 것이므로 근로자로서는 임용기간이 만료된 후에도 재임용에서 제외한 조치의 유효 여부를 다툴 법률상 이익을 가진다.

3. 갱신기대권 ③(대판 2011.4.14. 2007두1729[서울시 장애인콜택시 사건])

근로계약, 취업규칙, 단체협약 등에서 기간만료에도 불구하고 일정한 요건이 충족되면 당해 근로계약이 갱신된다는 취지의 규정을 두고 있거나, 그러한 규정이 없더라도 근로계약의 내용과 근로계약이 이루어지게 된 동기 및 경위, 계약갱신의 기준 등 갱신에 관한 요건이나 절차의 설정 여부 및 그 실태, 근로자가 수행하는 업무의 내용 등 당해 근로관계를 둘러싼 여러 사정을 종합하여 볼 때 근로계약 당사자 사이에 일정한 요건이 충족되면 근로계약이 **갱신된다는 신뢰관계가 형성**되어 있어 근로자에게 그에 따라 근로계약이 **갱신될 수 있으리라는 정당한 기대권이 인정**되는 경우에는 사용자가 이에 위반하여 부당하게 근로계약의 **갱신을 거절하는 것은 부당해고와 마찬가지로 아무런 효력이 없고** 이 경우 기간만료 후의 근로관계는 종전의 근로계약이 갱신된 것과 동일하다고 할 것이다.

(4) 기간제근로자 보호법률

1) 의 의 기간제 근로계약의 남용을 방지하고자 기간제 및 단시간근로자보호 등에 관한 법률이 제정되어 2007.7.1. 시행되고 있다.

2) 기간제법의 내용

① 사용기간 2년 제한 사용자는 근로자를 사용함에 있어 2년을 초과하지 아니하는 범위 내에서(기간제근로계약의 반복갱신 등의 경우에는 그 계속근로한 기간이 2년을 초과하지 아니하는 범위 내에서) 기간제근로자를 사용할 수 있다.

② 2년을 초과할 수 있는 예외 사유 ⅰ) 유기사업 및 특정 프로젝트 완성, ⅱ) 결원 근로자의 대체, ⅲ) 근로자의 학업 · 직업훈련 이수, ⅳ) 55세 이상 근로자, ⅴ) 전문직종 등의 경우에는 2년을 초과하여 기간제근로자를 사용할 수 있다.

③ 2년 초과시 무기계약 간주 사용자가 '예외 사유'가 없거나 소멸하였음에도 불구하고 2년을 초과하여 기간제근로자로 사용하는 경우에는 그 기간제근로자는 기간의 정함이 없는 근로계약을 체결한 것으로 본다.

2. 정년의 도달

(1) 의 의

정년제는 근로자가 일정한 연령에 도달한 경우에 근로의 의사나 능력을 묻지 아니하고 근로계약을 종료시키는 제도이다. 정년제는 근로자의 귀책사유에 기하여 근로관계를 종료시키는 것이 아니므로, 근로자가 노동능력이나 적격성을 가지고 있음에도 불구하고 일정한 연령 도달만을 이유로 근로관계를 종료시킨다는 점에서 근로기준법상 해고제한 규정에 반하고 무효가 아닌가 의문을 가질 수 있다.

(2) 정년제의 법적 성격

정년의 법적 성격에 대해서 정년해고제라는 입장도 있을 수 있으나, 정년은 사용자의 의사표시 없이 근로자가 정년에 도달하였다는 사실만으로 근로관계가 종료하기 때문에 정년은 '종기(終期)를 정한 근로계약'[90] 또는 '근로계약기간의 약정이 아닌 근로계약의 종료사유에 관한 특약(임종률)'으로 보는 것이 타당할 것이다.[91]

따라서 정년에 도달한 자에 대한 퇴직의 통지는 해고가 아니라 근로계약 종료의 확인에 불과할 뿐이다.[92]

(3) 정년제의 합법성

정년제가 합법성이 있다는 입장에서는 현실적으로 기업이 고용할 수 있는 인원에 한계가 있다는 점, 고령자를 일정 기준에 의해 배제하지 않으면 과다한 고령자가 근로하여 기업의 운영에 장애가 발생할 수 있다는 점, 고령자에 대한 개별적인 평가에 기한 고용종료보다는 사전에 획일적 기준에 의해 기업 외로 퇴출시키는 것이 오히려 합리성이 있다는 점, 일정한 고용보장 기능을 한다는 점 등을 근거로 하고 있다.[93]

정년제는 원칙적으로 연령에 의한 고용차별이기 때문에 헌법상 평등원칙(헌법 제11조) 등에 비추어 규범적 관점에서는 정당성을 인정하기가 곤란하기는 하지만, 현실적인 측면에서 일정한 긍정적인 기능을 수행하여 온 것은 사실이다.

(4) 차등 정년제

동일 기업 내에 정년에 차등을 두는 것이 적법한지가 문제된다. 성별 · 국적 · 신앙 · 사회적 신분에 따른 차등정년제는 허용되지 않는다(근기법 제5조, 고평양립법 제11조 제1항).

그러나 근로자가 제공하는 근로의 성질 · 내용 · 근무형태 등 제반 여건에 따라 '합리적인 기준'을 둔다면 같은 사업장 내에서도 '직책 또는 직급'에 따라 정년을 달리 하는 것은 허용된다.[94] 또 해당 직종에서도 인력의 정도, 연령별 인원구성, 정년 차이의 정도, 근로자의 의견 등을 종합하여 '직종'에 따라 정년을 달리하는 것도 허용된다.[95]

90) 김유성 I 338.
91) 노사의 별도의 의사표시 없이 근로관계가 종료한다는 점에서 양설은 차이가 없다.
92) 대판 1994.12.27, 91누9244.
93) 헌재 2002.10.31, 2001헌마557 결정은 '법관 정년제의 합헌성'을 긍정하고 있다.
94) 대판 1991.4.9, 90다16245.
95) 대판 1996.8.23, 94누13589; 대판 1996.2.27, 95누15698.

3. 당사자의 소멸

(1) 당사자의 사망

근로자가 사망한 경우에는 근로관계가 종료된다는 것에는 의문이 없다. 그러나 사용자(법인이 아닌 개인사업체의 경우)의 사망이 근로계약의 종료사유가 될 수 있는지 여부가 문제된다. 사용자가 사망하는 경우에도 근로관계는 그대로 존속되고 당연종료사유가 아니라는 견해도 있었으나 원칙적으로 사용자의 사망을 근로관계의 종료로 보면서 상속시에는 종료되지 않는다는 견해가 일반적이다.[96]

(2) 회사의 청산

회사가 해산되어 '청산이 종료된 경우'에는 근로관계는 당연히 종료한다. 그러나 해산절차에 들어갔다 하더라도 청산이 완료되지 않은 이상 청산의 목적 범위 내에서 회사는 존속하기 때문에 해산에 의해 근로관계가 당연히 종료하는 것은 아니다.

문제는 해산절차에서 파산관재인 등이 행한 근로관계의 종료행위가 해고에 해당하는지 여부이다. 판례는 파산자에 대한 청산업무의 일환으로 근로자를 전부 해고한 경우에는 정리해고나 징계해고가 아닌 통상해고로서 정당한 이유가 있다고 보고 있다.[97]

(3) 사업의 양도 · 합병

사업의 양도나 합병의 경우에는 근로관계가 당연 종료되는 것은 아니고 원칙적으로 양수인이나 합병인에게 포괄 승계된다.[98]

Ⅳ. 근로관계 종료의 효과

1. 임금채권 등의 청산

근로관계가 종료하면, 그 사유를 불문하고, 사용자는 14일 이내에 임금, 보상금 기타 근로관계로 인한 일체의 금품을 청산하여야 한다(근기법 제36조). 따라서 사용자는 임금이나 재해보상금만이 아니라 저축금(동법 제22조), 귀향여비(동법 제19조), 해고수당(동법 제26조) 등 임금이 아닌 금품도 지급하여야 한다.

금품의 청산은 퇴직한 날로부터 14일 이내에 사용자가 행하여야 한다. 근로자가 요구할 필요도 없이 근로관계 종료와 함께 사용자는 당연히 금품청산 의무가 발생하고, 14일 이내에 금품청산을 하지 않을 경우에는 그 다음날부터 연 20%의 지연이자를 지급해야 하며(동법 제37조), 근로자가 처벌을 원할 경우에 한해 벌칙(동법 제109조 제1항 및 제2항)이 적용된다.

다만, 특별한 사정이 있는 경우로서 당사자가 합의한 경우에는 그 기일을 연장할 수 있다(동법 제36조 단서).

2. 사용증명서의 발급 및 취업방해의 금지

사용자는 근로자가 퇴직후라도 사용기간, 업무종류, 지위와 임금 기타 필요한 사항에 관한 증명서

96) 임종률 551; 김형배 612; 이병태 661.
97) 대판 2001.11.13, 2001다27975.
98) 대판 2001.7.27, 99두2680.

를 청구한 때에는 사실대로 기입하여 "즉시" 교부하여야 한다(근기법 제39조 제1항). 이때 사용자는 근로자가 요구한 사항만을 기재해야 하며(동법 제39조 제2항), 누구든지 근로자의 취업을 방해할 목적으로 비밀기호 또는 명부, 즉 이른바 '블랙리스트' 등을 작성 · 사용하거나 통신을 하여서는 아니 된다(동법 제40조). 이상에 위반될 때에는 벌칙이 적용된다(동법 제114조).

제 9 절 합의해지

Ⅰ. 서 설

합의퇴직은 근로계약의 당사자인 근로자와 사용자의 계속적 채권관계인 근로계약관계를 쌍방의 합의에 의하여 장래를 향하여 종료시키는 것으로서, 근로관계의 합의해지이다. 이에 대해서는 근로기준법은 특별한 규제를 하지 않고 있으므로, 해고의 정당한 이유(근기법 제23조 제1항)나 해고예고(동법 제26조)는 적용되지 않으나, 의사표시와 관련한 민법의 규정이 적용된다.

해고와 합의퇴직은 형식적으로는 명확하게 구별된다. 그러나 엄격한 규제가 이루어지는 해고에 비하여 합의해지는 자유롭게 행할 수 있기 때문에 외관상 합의해지의 모습을 띠고 있으나 실제로는 해고에 해당하는 경우가 종종 발생하고, 양자의 구별이 문제되는 경우가 많다.

합의퇴직은 근로자의 진지하고 확정적인 퇴직의사가 있어야 하는데, 근로자의 퇴직의사의 형성이 사용자의 주도에 의한 것이라면, 다시 말해 사용자의 지배적 영향 하에서 형성되었다면 이로 인하여 성립한 합의해지의 실질은 해고라고 평가될 수 있다. 변화부침하고 이해가 상반되는 근로관계의 속성상 해고와 합의해지의 실질을 구별하기 어려운 측면이 있기 때문이다.[99]

Ⅱ. 합의퇴직의 종류

1. 의원면직과 권고사직

합의퇴직은 근로자가 사용자에 대해 사직서를 제출하고 사용자가 이를 승낙하는 이른바 의원면직(依願免職)의 형태로 이루어지는 것이 일반적이다. 그 밖에 사용자가 먼저 근로자에 대해 합의퇴직의 청약의 의사표시를 하고 근로자가 이에 대하여 승낙의 의사표시를 하여 성립하는 이른바 권고사직(勸告辭職)의 형태로 이루어지는 경우도 있다.

2. 조건부 해고

조건부 해고는 사용자가 일정한 기한을 정하여 근로자가 이때까지 사직원을 제출하면 이에 따라 의원면직 처리를 하지만 사직서를 제출하지 않을 경우에는 그 기간의 경과로써 해고한다는 의사표시를 하

99) ILO는 근로관계 종료에 관한 제158호 협약(1982년)에서 해고(dismissal)라는 개념 대신에 "사용자의 주도에 의한 근로관계의 종료"라는 광의의 개념을 사용하여 근로관계의 종료가 어느 측의 주도하에서 이루어졌는지 여부에 따라 적용대상을 결정하고 있다.

는 것이다.

조건부 해고는 '해고의 의사표시'와 동시에 '근로계약의 합의해지의 청약'으로 구성되어 있고, '합의해지의 청약' 부분은 '해고의 압력'을 전제로 한 것으로서 양자는 밀접한 관계에 있다. 따라서 양자는 일체로 취급하여 '해고의 의사표시'가 정당한 이유 없는 무효의 것이라면 사직서 제출이라는 '합의해지의 승낙' 역시 무효라 할 것이다.[100)]

3. 일괄사직서 제출

(1) 비진의 의사표시에 의한 사직

일괄사직서 제출에서 문제가 되는 것은 근로자들의 사직의 의사표시(청약)를 진의(眞意)의 의사표시로 볼 것인지 비진의 의사표시(非眞意 意思表示)로 볼 것인가 하는 점이다.

비진의 의사표시란 의사표시의 행위자가 자신의 표시행위가 眞意와 다른 의미로 이해된다는 것을 알면서도 그러한 의사표시를 하는 것을 뜻한다. 비진의 의사표시가 성립하기 위해서는, 그 表示와 眞意가 일치하지 않아야 한다.

판례에 의하면 비진의 의사표시인지의 여부는 내심의 효과의사에 따라 결정되므로, 근로자가 사용자의 지시에 따라 일괄 사직서를 제출할 당시 그 사직서에 의해 퇴직처리될 것이라는 것을 알았다고 해서, 그 근로자에게 사직의 의사가 있다고 할 수는 없다.[101)]

(2) 비진의 의사표시의 효과

비진의 의사표시는 원칙적으로 법률행위의 효력에 영향을 미치지 않는다. 즉 당사자의 진의가 어떠한 것이든 표시된 대로의 효력이 생긴다. 다만 "상대방이 표의자의 진의 아님을 알았거나 이를 알 수 있었을 경우"에는 그 비진의 의사표시는 무효이다(민법 제107조 제1항).[102)]

그러므로 비진의 의사표시에 의한 근로자의 사직서 제출은 무효가 되고, 이에 기한 사용자의 사표수리 행위는 실제로는 해고에 해당하게 된다.

예컨대, 사용자가 일괄사직서의 제출을 요구하고 이를 선별수리하는 행위는 형식적으로는 근로자가 '사직서를 제출함으로써 합의퇴직의 청약의 의사표시'를 하고 사용자가 이를 '승낙함으로써 합의해지가 성립'하여 근로관계가 종료한 것이지만, 여기에서는 근로자에게 객관적으로 확정적인 퇴직의사가 있다고 인정할 수 없기 때문에, 이는 합의에 의한 근로관계의 종료가 아니라 해고로 보아야 한다.[103)]

4. 명예퇴직

(1) 문 제 점

명예퇴직이란 근로자가 사직원에 의해 명예퇴직의 신청(청약)을 하면 사용자가 요건을 심사한 후 이

100) 대판 1988.4.25, 87다카1280; 대판 1995.11.14, 95누1422.

101) 대판 1991.7.12, 90다11554, "진의 아닌 의사표시인지의 여부는 효과의사에 대응하는 내심의 의사가 있는지 여부에 따라 결정되는 것인바, 근로자가 사용자의 지시에 좇아 일괄하여 사직서를 작성 제출할 당시 그 사직서에 기하여 의원면직 처리될지 모른다는 점을 인식하였다고 하더라도 이것만으로 그의 내심에 사직의 의사가 있는 것이라고 할 수 없다".

102) 민법 제107조(진의 아닌 의사표시) ① 의사표시는 표의자가 진의 아님을 알고 한 것이라도 그 효력이 있다. 그러나 상대방이 표의자의 진의 아님을 알았거나 알 수 있었을 경우에는 무효로 한다.

103) 대판 1991.7.12. 90다11554.

를 승인(승낙)함으로써 합의에 의하여 근로관계를 종료시키는 것을 말한다.[104)]

명예퇴직의 문제는 주로 정리해고에 앞서 희망퇴직자를 모집하는 과정에서 발생하는데, 당해 근로자에게 진정한 퇴직의사가 있는지 여부, 즉 근로자의 사직원 제출이 진의의 의사표시인지 여부에 따라 근로관계의 합의해지인지 해고인지를 판단해야 한다.

(2) **비진의 의사표시의 의미**

명예퇴직에 있어서도 마찬가지로 근로자의 사직의 의사표시가 비진의 의사표시에 해당한다면 그 사직의 의사표시는 무효가 된다.

여기서 문제는 '진의'의 의미인데, 이에 대하여 판례는 "진의 아닌 의사표시에 있어서의 진의란 특정한 내용의 의사표시를 하고자 하는 표의자의 생각을 말하는 것이지 표의자가 진정으로 마음에서 바라는 사항을 뜻하는 것이 아니므로, 표의자가 의사표시의 내용을 진정으로 마음속에서 바라지 아니하였다고 하더라도 당시의 상황에서 그것을 최선이라고 판단하여 그 의사표시를 하였을 경우에는 이를 내심의 효과의사가 결여된 진의 아닌 의사표시라고 할 수 없다"[105)]고 판시하였다. 예컨대, 회사 측이 구조조정의 필요성이나 징계 회부의 가능성을 거론하며 근로자에게 사직을 권고할 때, 당해 근로자는 진정으로 바라는 것은 그 회사에 계속 근무하기를 희망하는 것이지만, 실제 여러 가지 사정들을 고려해서 나름의 최선이라고 생각하여 사직을 결정하는 경우가 있다. 이때 그 근로자의 진의는 전자가 아니라 후자, 즉 '현재 상황에서는 내가 사직서를 제출하는 것이 좋을 듯하다'는 의사이다. 따라서 이때 근로자가 사직서를 작성, 제출하는 것은 진의에 부합하는 의사표시라고 평가된다.

(3) **구체적 사례**

1) 합의해지가 해고에 해당하는 경우 설령 사직에 관한 내심의 효과의사가 있다 하더라도 근로자가 사직서를 제출하지 않을 수 없도록 부당한 영향력을 행사하여 희망퇴직을 신청하도록 한 경우,[106)] 회사 중간관리자들이 계속적 · 반복적으로 퇴직을 권유하거나 종용하여 사직서를 제출한 경우[107)]의 사직서 제출행위는 비진의 의사표시에 불과하고 실질적으로는 해고라고 판단하고 있다.

2) 합의해지의 성립을 인정한 경우 희망퇴직제를 실시하는 과정에서 당시 또는 앞으로 다가올 피고 회사의 어려운 상황을 다소 과장하거나 퇴직 권유에 응하지 않을 경우 어떤 불이익을 입을 수도 있다는 취지의 설명을 하는 데 그친 경우,[108)] 근로자가 주관적으로 판단하여 사직서 제출 당시의 상황에서는 그것을 최선이라고 판단하여 그 의사표시를 하였을 경우,[109)] 누군가는 감원대상자로 선정되지 않을 수 없는 상황에서 객관적으로 타당한 심사기준에 의하여 자신이 감원대상자로 선정될 경우에는 직권면직을 당하기보다는 강임되는 것이 더 좋다고 판단하여 강임 동의의 의사표시를 한 경우,[110)] 희망퇴직의 권고를 선뜻 받아들일 수는 없었다고 하더라도 당시의 제반 사항을 종합적으로 고려하여 심사숙고한 결과 사직서를 제출하였다고 인정되는 경우[111)]에는 사직서 제출을 진의에 의한 의사표시로 보아,

104) 대판 2003.4.25, 2002다11458.
105) 대판 2000.4.25, 99다34475.
106) 대판 2002.10.25, 2002두6552.
107) 대판 2002.7.26, 2002다19292.
108) 대판 2001.1.19, 2000다51919, 51926.
109) 대판 2000.4.25, 99다34475.
110) 대판 1996.12.20, 95누16059.
111) 대판 2003.4.11, 2002다60528.

해고가 아니라 합의해지에 해당한다고 판단하고 있다.

Ⅲ. 합의퇴직 청약의 철회

1. 의 의

사용자가 근로자의 합의퇴직의 청약에 대하여 이미 승낙의 의사표시를 한 경우에는 합의해지가 성립하기 때문에, 근로자의 의사표시에 하자가 있는 경우(비진의 의사표시, 사기 · 강박 또는 착오에 의한 의사표시)를 제외하고는, 이미 성립한 합의해지의 효력을 부정할 수는 없다.

그러나 근로자의 합의퇴직의 신청에 대해 사용자가 승낙의 의사표시를 하지 않는 경우에 근로자가 이를 철회할 수 있는지가 문제될 수 있다.

2. 청약의 철회

민법상 원칙에 의하면 계약의 청약은 이를 철회할 수 없다(민법 제527조). 그러므로 합의해지도 일종의 계약인 이상 근로자가 행한 합의퇴직의 청약은 이를 취소하지 못한다고 볼 여지가 있다. 그러나 재산의 매매를 주된 목적으로 하는 민법과는 달리 근로계약관계는 계속적 채권관계이고 그 관계의 목적이 종속적 노동을 대상으로 하는 것이기 때문에 철회부자유가 근로계약관계에 무조건적으로 적용된다고는 볼 수 없고, 따라서 사용자가 승낙의 의사표시를 하기 전에는 근로자는 이를 철회할 수 있다고 보아야 할 것이다.

3. 판례의 태도

판례는 명예퇴직에 의한 합의퇴직과 관련하여 "근로자가 사직원의 제출방법에 의하여 근로계약관계의 합의해지를 청약하고 이에 대하여 사용자가 승낙함으로써 당해 근로관계를 종료시키게 되는 경우에, 근로자는 사직원의 제출에 따른 i) 사용자의 승낙의사가 형성되어 확정적으로 근로계약종료의 효과가 발생하기 전에는 그 사직의 의사를 자유로이 철회할 수 있다고 보아야 할 것이고, ii) 다만 근로자가 사직의 의사표시를 철회하는 것이 사용자에게 불측의 손해를 주는 등 신의칙에 반한다고 인정되는 특별한 사정이 있는 경우에 한하여 철회가 인정되지 않는다"[112]고 하여 원칙적으로 합의퇴직의사의 철회를 인정하고 있다.

Ⅳ. 사직의 철회기간 제도

근로자가 사용자의 집요한 권고에 의하거나 일시적으로 흥분한 생태에서 감정적으로 사직의 의사표시를 한 후에 사직의사를 철회하고자 하는 경우에는 이를 둘러싼 분쟁이 종종 발생하고 있다. 또한 사직의사의 철회가 허용되지 않는 사직과 그 철회가 허용되는 합의해지의 청약과 구별이 어려워 각종 분쟁이 발생하고 있다.

이러한 분쟁을 해결하기 위하여, 근로자가 '사직'이나 '합의해지의 청약'의 의사표시를 한 다음, 일

112) 대판 2003.4.25, 2002다11458.

정기간 동안 그 효력이 발생하지 않는 것으로 하여, 그 기간 동안에는 근로자가 철회할 수 있도록 하는 쿨링오프제도를 도입할 필요가 있다.[113)]

[관련판례] 합의해지

1. 근로관계의 합의해지 – 일괄사직서 제출(대판 1991.7.12, 90다11554)

[1] 진의 아닌 의사표시인지의 여부는 효과의사에 대응하는 내심의 의사가 있는지 여부에 따라 결정되는 것인바, 근로자가 사용자의 지시에 좇아 일괄하여 사직서를 작성 제출할 당시 그 사직서에 기하여 의원면직처리될 지 모른다는 점을 인식하였다고 하더라도 이것만으로 그의 내심에 사직의 의사가 있는 것이라고 할 수 없다.

[2] 사용자가 근로자로부터 사직서를 제출받고 이를 수리하는 의원면직의 형식을 취하여 근로계약관계를 종료시킨다고 할지라도, 사직의 의사없는 근로자로 하여금 어쩔 수 없이 사직서를 작성 제출하게 한 경우에는 실질적으로는 사용자의 일방적 의사에 의하여 근로계약관계를 종료시키는 것이어서 해고에 해당하고, 정당한 이유 없는 해고조치는 부당해고에 다름없는 것이다.

2. 근로관계의 합의해지 – 비진의 의사표시에서 '진의'의 의미(대판 2000.4.25, 99다34475)

[1] 사용자가 사직의 의사 없는 근로자로 하여금 어쩔 수 없이 사직서를 작성·제출하게 한 후 이를 수리하는 이른바 의원면직의 형식을 취하여 근로계약관계를 종료시키는 경우처럼 근로자의 사직서 제출이 진의 아닌 의사표시에 해당하는 등으로 무효이어서 사용자의 그 수리행위를 실질적으로 사용자의 일방적 의사에 의하여 근로계약관계를 종료시키는 해고라고 볼 수 있는 경우가 아닌 한, 사용자가 사직서 제출에 따른 사직의 의사표시를 수락함으로써 사용자와 근로자 사이의 근로계약관계는 합의해지에 의하여 종료되는 것이므로 사용자의 의원면직처분을 해고라고 볼 수 없다.

[2] 진의 아닌 의사표시에 있어서의 진의란 특정한 내용의 의사표시를 하고자 하는 표의자의 생각을 말하는 것이지 표의자가 진정으로 마음속에서 바라는 사항을 뜻하는 것은 아니므로, 표의자가 의사표시의 내용을 진정으로 마음속에서 바라지는 아니하였다고 하더라도 당시의 상황에서는 그것을 최선이라고 판단하여 그 의사표시를 하였을 경우에는 이를 내심의 효과의사가 결여된 진의 아닌 의사표시라고 할 수 없다.

(근로자가 징계면직처분을 받은 후 당시 상황에서는 징계면직처분의 무효를 다투어 복직하기는 어렵다고 판단하여 퇴직금 수령 및 장래를 위하여 사직원을 제출하고 재심을 청구하여 종전의 징계면직처분이 취소되고 의원면직처리된 경우, 그 사직의 의사표시는 비진의 의사표시에 해당하지 않는다고 한 사례)

3. 근로관계의 합의해지 – 명예(희망)퇴직 ①(대판 2002. 10. 25, 2002두6552)

사직의 의사 없는 근로자로 하여금 어쩔 수 없이 사직서를 작성, 제출하게 하였다면 실질적으로 사용자의 일방적인 의사에 의하여 근로계약관계를 종료시키는 것이어서 해고에 해당하며, 원고 회사의 희망퇴직신청 수리에 따라 참가인이 일시적인 혜택을 부여받았다 하여 달리 볼 것은 아니며, 참가인을 해고시킬 만한 정당한 이유가 인정되지 아니하는 이상 참가인에 대한 해고는 부당해고이다.

4. 근로관계의 합의해지 – 명예(희망)퇴직 ②(대판 2003.4.11, 2002다60528)

사용자가 근로자로부터 사직서를 제출 받고 이를 수리하는 의원면직의 형식을 취하여 근로계약관계를 종료

113) 근로기준법제 개선방안 38.

시킨 경우, 사직의 의사 없는 근로자로 하여금 어쩔 수 없이 사직서를 작성, 제출케 하였다면 실질적으로 사용자의 일방적인 의사에 의하여 근로계약관계를 종료시키는 것이어서 해고에 해당한다고 할 것이나, 그렇지 않은 경우에는 사용자가 사직서 제출에 따른 사직의 의사표시를 수락함으로써 사용자와 근로자의 근로계약관계는 합의해지에 의하여 종료되는 것이므로 사용자의 의원면직처분을 해고라고 볼 수 없다. (희망퇴직제 실시에 따라 근로자가 회사에 대하여 사직서를 제출하고 회사가 이를 수리하여 면직한 것이 근로기준법상의 해고가 아니라고 본 사례)

5. 합의해지 청약(사직의 의사표시)의 철회(대판 1992.4.10, 91다43138)

근로자가 일방적으로 근로계약관계를 종료시키는 해약의 고지방법에 의하여 임의사직하는 경우가 아니라, 근로자가 사직원의 제출방법에 의하여 근로계약관계의 합의해지를 청약하고 이에 대하여 사용자가 승낙함으로써 당해 근로관계를 종료시키게 되는 경우에 있어서는, 근로자는 위 사직원의 제출에 따른 사용자의 승낙의사가 형성되어 확정적으로 근로계약 종료의 효과가 발생하기 전에는 그 사직의 의사표시를 자유로이 철회할 수 있다고 보아야 할 것이며, 다만 근로계약 종료의 효과발생 전이라고 하더라도 근로자가 사직의 의사표시를 철회하는 것이 사용자에게 불측의 손해를 주는 등 신의칙에 반한다고 인정되는 특별한 사정이 있는 경우에 한하여 그 철회가 허용되지 않는다고 해석함이 상당하다.

제10절 부당해고 등의 구제절차

Ⅰ. 서 설

1. 이원주의: 행정적 구제와 사법적 구제

근로자는 사용자의 부당한 해고처분 등을 다투고자 하는 경우 법원에 의한 사법적 구제와 노동위원회를 통한 행정적 구제를 받을 수 있다. 근로자는 2가지 중 하나를 선택할 수도 있고, 노동위원회에 부당해고 구제신청을 함과 동시에 법원에 해고무효 확인의 소도 동시에 제기할 수도 있다. 다만, 법해석의 최종적 권한은 법원에 있으므로 일단 법원에서 부당해고가 아니라는 판결이 확정된 때에는 행정적 구제는 할 수 없다.

2. 원상회복주의[114]와 형벌주의

(1) 원상회복주의

노동위원회의 원상회복주의에 근거한 구제는 구제명령을 통하여 부당해고 등이 행하여지기 이전의 상태로 원상복직시킴으로써 침해된 근로자의 권리를 회복하는 데 근본취지를 두고 있다.

(2) 형벌주의의 삭제

근로기준법은 종래 부당노동행위에 준하여 원상회복주의와 형벌주의를 병과하여 양자의 장점을 취하고 단점을 극복하고자하는 입법주의를 취하였으나, 노사관계선진화입법(07.7.1. 시행)을 통하여 부당해고 등에 대한 벌칙규정을 삭제하게 되었다.[115]

114) 형벌주의는 사용자의 부당해고를 범죄행위로 간주하고 형사처벌을 함으로써 사전에 예방 억제하고, 이에 대한 응보를 하는 데 근본취지가 있다. 형벌주의에 의하면 부당해고를 사전에 예방하고, 부당해고를 행한 사용자를 응징하는 데는 적합하지만 근로의 권리가 침해된 근로자의 피해를 회복하는 데는 적합하지 아니하다는 문제가 있다. 이에 노사관계선진화입법은 부당해고 등에 대한 벌칙규정을 삭제하는 대신, 부당해고 등에 대한 노동위원회의 구제명령 불이행자에 대하여 이행강제금을 부과하도록 하고, 확정된 구제명령을 이행하지 아니하는 자에 대하여만 벌칙(1년 이하의 징역 또는 1천만원 이하의 벌금)을 부과하는 것으로 규정하였다.

115) 부당노동행위(노조법 제81조)에 대하여는 여전히 '원상회복주의'와 '형벌주의'를 취하고 있다.

부당해고 등에 대하여 형사처벌을 할 수 있도록 벌칙규정을 둔 것은 실질적으로 타당성이 없을 뿐만 아니라, 근로자와 사용자 간의 근로관계라는 민사상의 법률분쟁을 형사사건화하여, 사건의 본질과 당사자의 의사를 왜곡시킬 위험성이 크다는 점이 지적되어 왔었고, 비교법적 관점에서도 그 예를 찾을 수 없는 제도라는 이유에서이다.[116]

3. 노사관계선진화입법

노동위원회에 의한 행정적 구제는 법원에 의한 구제에 비해 신속하고 저렴한 비용으로 근로자의 구제를 도모하기 위한 제도라 할 수 있다. 그러나 중앙노동위원회의 재심판정 이후 행정소송을 거쳐 대판까지 가는 경우에 사실상 5심제를 취하는 결과가 되어, '신속하고 간이한 구제절차'라는 본래의 취지가 무색해지는 문제가 있고, 또한 구제의 내용에 있어서도 종래 '원직복직과 임금지급'으로 획일화되어 있어 구제내용의 현실적합성이 부족한 측면이 지적되었다. 이에 대하여 2003년 「노사관계 선진화 연구위원회」가 연구 · 발표한 노사관계 법 · 제도의 개선에 관한 논의가 2006년 마무리되어 12월 22일 노사관계선진화입법이 국회를 통과하여 2007년 7월 1일부터 시행되기에 이르렀다.

노사관계선진화입법에 의한 개정 근로기준법은 i) 부당해고 등의 구제신청과 절차 등에 대하여 동법에 직접 규정하였으며(근기법 제28조 내지 제33조), ii) 부당해고에 대한 구제방식의 다양화라는 측면에서 정당한 이유 없는 해고에 대한 금전보상제를 도입하였으며(동법 제30조 제4항), iii) 정당한 이유 없는 해고 등에 대한 처벌규정을 삭제하는 대신, 구제명령의 실효성을 제고하고 근로자의 권익보호에 기여하고자 부당해고 등에 대한 구제명령 불이행자에 대하여 이행강제금제를 도입하고(동법 제33조) 벌칙을 부과하도록 개정되었다(동법 제111조).

Ⅱ. 노동위원회에 의한 구제절차(행정적 구제)

1. 의 의

사용자가 근로자에 대하여 부당해고 등을 한 경우에 그 근로자는 노동위원회에 구제를 신청할 수 있다(근기법 제28조 제1항). 노동위원회에 의한 부당해고의 구제는 사용자의 부당한 해고처분으로부터 근로자를 보호하기 위하여 국가가 마련한 공법상의 제도로서 근로자의 신속한 권리구제를 주된 목적으로 한다 할 것이다. 사법관계(私法關係)인 근로계약관계에서 발생되는 권리분쟁은 원칙적으로 법원의 관할대상이다. 그러나 법원에 의한 구제가 절차가 복잡하고, 소송기간이 길며, 비용부담이 큰 반면 노동위원회를 통한 구제방법은 간단하고, 신속하게 또한 저렴한 비용으로 탄력적인 권리구제를 받을 수 있도록 하는데 노동위원회 구제제도의 취지가 있다 할 것이다.[117]

2. 당 사 자

(1) 신 청 인

사용자의 부당해고 등으로 권리를 침해당한 '근로자'는 노동위원회에 그 구제를 신청할 수 있다(근

116) 선진화방안 140.
117) 대판 1997.2.14, 96누5926.

기법 제28조 제1항). 부당노동행위구제의 신청인이 부당노동행위를 당한 근로자 또는 노동조합인 점과 다르다.

(2) 피신청인

피신청인은 원칙적으로 사용자이다. 근로기준법 제2조 제1항 2호의 사용자 중 '사업주'만이 피신청인이 되는 것이다. 근로계약체결 당사자로서의 사업주와 현실적으로 부당해고 등을 행한 자는 이를 구별하여 이 중 사업주만이 부당해고구제의 피신청인이 될 수 있다고 본다.

3. 초심절차

(1) 구제의 신청

초심절차는 부당해고 등이 발생한 사업장의 소재지를 관할하는 지방노동위원회에 부당해고 등이 있은 날부터 '3개월 이내'에 그 구제를 신청함으로써 개시된다(동법 제28조 제2항).

이와 같은 제척기간을 설정한 이유는 상당한 기간이 경과되면 증거수집 및 실정파악 등 사실관계의 입증이 곤란하고, 근로관계가 상당기간 이미 형성 · 안정되므로 이를 피하여 구제명령의 실효성을 확보하기 위한 것이다.

(2) 심 사

심사절차는 '조사'와 '심문'의 두 부분으로 나뉘어진다. 노동위원회는 부당해고 등의 구제신청을 받은 때에는 지체 없이 필요한 조사를 하여야 하며, 조사가 종료된 후에는 부당해고 등에 대한 판정을 내리기 이전에 반드시 관계당사자에 대하여 필요한 심문을 하여야 한다(동법 제29조 제1항).

(3) 판 정

심판위원회(심판담당 공익위원 3인으로 구성)가 심문을 종결하였을 때에는 판정회의를 개최하여야 한다(노동위원회규칙 제59조 제1항). 심판위원회위원장은 판정하기 전에 심문회의에 참석한 사용자위원 및 근로자위원에게 당해 사건에 대하여 의견을 진술할 기회를 주어야 한다(노동위원회규칙 제59조 제2항).

(4) 화 해

노동위원회규칙에 따라 부당해고 사건은 당사자 합의를 통한 화해제도가 운영되어 왔으나 별도의 법적 근거가 없어 화해의 성립시 그 효력에 관하여 논란이 있었다. 이에 노사관계선진화입법은 그 법적 근거를 마련하게 되었고, 관계 당사자 쌍방의 합의를 통한 자율적인 분쟁해결이 촉진되어 신속한 권리구제가 이루어질 것으로 보인다.

즉 노동위원회는 부당해고 등의 구제신청에 따른 '판정 · 명령 또는 결정이 있기 전'까지 관계 당사자의 신청 또는 직권에 의하여 화해를 권고하거나 화해안을 제시할 수 있다(노동위원회법 제16조의3 제1항). 관계 당사자가 화해안을 수락한 때에는 화해조서를 작성하여야 하고(동법 제16조의3 제3항), 화해조서에는 관계 당사자와 화해에 관여한 위원 전원이 서명 또는 날인하여야 한다(동법 제16조의3 제4항). 이렇게 작성된 화해조서는 「민사소송법」에 따른 재판상 화해의 효력을 갖게 된다(동법 제16조의3 제5항).

(5) 구제명령

노동위원회는 심문을 종료하고 부당해고 등이 성립한다고 판정한 경우에는 사용자에 대하여 구제명령을 하여야 하며, 부당해고 등이 성립하지 아니한다고 판정한 경우에는 구제신청을 기각하는 결정을 하여야 한다(근기법 제30조 제1항).

1) 원상회복명령　　구제명령은 원칙적으로 부당해고 등이 행하여지지 아니하였던 것과 동일한 상태로의 회복, 즉 원상회복을 목적으로 하므로 원상회복명령을 하여야 한다. 사용자는 이 명령에 따라 근로자를 원직에 복직시키고 해고기간 동안의 임금상당액을 지급해야 한다.

2) 금전보상명령　　노동위원회는 구제명령(해고에 대한 구제명령만을 말한다)을 할 때에 근로자가 원직복직(原職復職)을 원하지 아니하면 원직복직을 명하는 대신 근로자가 해고기간 동안 근로를 제공하였더라면 지급받을 수 있었던 임금상당액 이상의 금품을 근로자에게 지급하도록 명할 수 있다(동법 제30조 제3항).

(6) 구제명령 등의 확정 및 효력

1) 구제명령 등의 확정　　지방노동위원회의 구제명령이나 기각결정에 불복하는 사용자나 근로자는 구제명령서나 기각결정서를 통지받은 날부터 10일 이내에 중앙노동위원회에 재심을 신청할 수 있으며(동법 제31조 제1항), 중앙노동위원회의 재심판정에 대하여 사용자 또는 근로자는 재심판정서를 송달받은 날부터 15일 이내에 「행정소송법」의 규정에 따라 소(訴)를 제기할 수 있다(동법 제31조 제2항).

위에서 정한 기간 이내에 재심을 신청하지 아니하거나 행정소송을 제기하지 아니하는 때에는 그 구제명령 · 기각결정 또는 재심판정은 확정된다(동법 제31조 제3항).

2) 구제명령 등의 효력　　노동위원회의 구제명령 · 기각결정 또는 재심판정은 중앙노동위원회에 대한 재심신청이나 행정소송 제기에 의하여 그 효력이 정지되지 않는다(동법 제32조).

(7) 구제명령 불이행과 제재

1) 이행강제금　　노동위원회는 구제명령(구제명령을 내용으로 하는 재심판정을 포함한다)을 받은 후 이행기한까지 구제명령을 이행하지 아니한 사용자에 대하여 2천만원 이하의 이행강제금을 부과한다(동법 제33조 제1항). 이행강제금은 구제명령이 이행될 때까지 1년에 2회의 범위에서 최대 2년까지 부과할 수 있다.

2) 벌　　칙　　노동위원회의 구제명령이 확정되거나 행정소송을 제기하여 확정된 구제명령 또는 구제명령을 내용으로 하는 재심판정을 이행하지 아니한 자에 대하여 벌칙을 부과한다. 즉 '확정된 구제명령'을 이행하지 아니한 자에 대하여는 1년 이하의 징역 또는 1천만원 이하의 벌금에 처하도록 한 것이다(동법 제111조).

3) 구제명령의 사법상의 효력　　노동위원회의 구제명령은 사용자에게 원직복직에 대한 공법상 이행의무를 부과하는 것일 뿐 사법상의 효력(해고무효)은 없다. 따라서 사용자가 이러한 구제명령을 따르지 아니하는 경우에는 이행강제금 또는 벌칙에 의하여 이를 간접강제를 할 수밖에 없으며, 근로자는 부당해고 등에 대하여 사법상의 권리구제를 받기 위하여는 사용자를 상대로 해고무효확인의 소 또는 종업원지위확인의 소 등을 민사법원에 제기하여야 한다.

4. 재심절차

(1) 재심신청

지방노동위원회 또는 특별노동위원회 구제명령 또는 기각결정에 불복이 있는 관계당사자는 그 명령서 또는 결정서의 송달을 받은 날부터 10일 이내에 중앙노동위원회에 그 심사를 신청할 수 있다(동법 제31조 제1항). 동 기간 내에 재심을 신청하지 아니하는 때에는 그 구제명령 · 기각결정은 확정된다(동법 제

31조 제3항).

(2) 재심범위

재심사는 신청한 불복의 범위 내에서 행하여지므로 불복신청은 초심에서 청구한 범위를 벗어나지 아니하는 한도 내에서만 재심할 수 있다(노동위원회규칙 제89조). 다시 말하면 초심에서 신청한 것일지라도 재심신청인이 재심청구를 하지 아니하였다면 초심의 결정 또는 명령의 타당성 여부는 재심의 대상이 되지 아니하며, 따라서 이를 취소 · 변경할 수 없다. 한편, 재심신청의 대상은 초심에서 구제를 신청한 것에 국한되며, 그 범위 내에서 구제의 내용을 변경 · 취소할 수 있다.

(3) 재심절차

초심절차에 관한 규정은 그 성질에 반하지 아니하는 한 재심절차에도 그대로 준용된다. 즉 초심절차에 적용되었던 신청 · 심사 · 판정 · 명령 등의 절차가 재심절차에서도 그대로 행하여진다.

(4) 재심의 구제명령

중앙노동위원회는 재심사의 결과 i) 그 신청이 이유 없다고 인정하는 경우에는 이를 기각하고, ii) 이유 있다고 인정할 때에는 지방노동위원회의 처분을 취소 · 변경하여야 한다(노동위원회규칙 제94조 제1항). 다만, 초심의 명령을 변경하는 때에는 '불복의 범위 내에서'만 할 수 있다(노동위원회규칙 제89조).

5. 행정소송

(1) 행정소송의 제기

중앙노동위원회의 재심판정에 대하여 관계당사자는 재심판정서를 송달 받은 날부터 15일 이내에 행정소송법이 정하는 바에 의하여 행정소송을 제기할 수 있다(동법 제31조 제2항). 이 기간 내에 행정소송을 제기하지 아니한 때에는 그 재심판정은 확정된다(동법 제31조 제3항).

(2) 당 사 자

사용자 측이 취소소송을 제기한 경우에는 사업주가, 근로자 측이 제소하는 경우에는 해당 근로자에게 원고적격이 인정된다.

취소소송에 있어서의 피고는 당해 명령 또는 결정을 내린 중앙노동위원회이다(행정소송법 제13조 참조). 그러나 중노위의 처분에 대한 소송은 노동위원회법에 따라 중노위위원장이 피고가 된다(노동위원회법 제27조). 사용자가 취소소송을 제기한 경우에는 그 상대방인 근로자가, 근로자가 소송을 제기한 경우에는 그 상대방인 사업주가 그 소송에 보조참가를 할 수 있다(동법 제12조 및 제13조).

(3) 판결의 내용

1) 취소판결의 경우 중앙노동위원회의 재심판정에 대하여 행정소송에서 이를 취소한 경우, 중앙노동위원회는 취소판결의 취지에 따라 다시 이전의 신청에 대한 처분을 하여야 한다(행정소송법 제30조 제2항).

중앙노동위원회의 구제명령에 대하여 법원이 이를 취소한 경우에는 취소판결의 확정에 의하여 중앙노동위원회의 구제명령의 효력은 상실된다.

2) 기각판결의 경우 중앙노동위원회의 구제명령에 대하여 행정법원이 청구기각의 판결을 하게 되면 구제명령은 확정된다.

Ⅲ. 부당해고에 대한 노동위원회 구제명령의 내용

1. 의의: 구제명령의 다양화

노동위원회는 심문을 끝내고 부당해고가 성립한다고 판정하면 사용자에게 구제명령을 하고, 부당해고가 성립하지 않는다고 판정하면 구제신청을 기각하는 결정을 해야 한다(근기법 제30조 제1항).

노동위원회에 의한 행정적 구제는 법원에 의한 구제에 비해 신속하고 저렴한 비용으로 근로자의 구제를 도모하기 위한 제도라 할 수 있다. 그러나 종전에는 근로관계의 지속을 객관적으로 기대하기 어려운 경우에도 일률적인 원직복직 명령으로 근로관계의 존속을 인정하는 경직된 결과를 초래하고 있어 문제가 되었다. 이에 근로기준법 개정으로 원직복직에 대신하는 구제명령으로 금전보상제를 도입하게 되었다.

2. 원직복직 및 임금상당액의 지급

(1) 의 의

부당해고에 대한 구제명령의 내용에 대하여는 특별한 규정이 없어 노동위원회의 합리적 재량에 맡겨진다. 그러므로 노동위원회는 신청인(근로자)의 신청취지에 반하지 않는 한 그 재량으로 적절한 내용의 구제명령을 할 수 있다.

노동위원회의 구제제도는 원상회복주의에 근거하는 구제명령을 통하여 부당해고가 행하여지기 이전의 상태로 원상회복시킴으로써 침해된 근로자의 권리를 구제하는 데 근본취지를 두고 있다. 그리하여 노동위원회는 부당해고에 대하여 일반적으로 원직복직의 구제명령을 하며, 이에 덧붙여 해고가 없었더라면 지급받을 수 있었던 임금상당액을 지급하라는 구제명령을 한다.

(2) 원직복직

1) 의 의 부당해고구제명령이 내려지면 사용자는 해고된 근로자가 종사하였던 원직에 복직시켜야 한다. 판례는 운전기사직에서 해고된 근로자를 영업직 사원으로 복직시킨 경우, 전직의 효력을 다투는 것은 별론으로 하고 해고무효확인을 구할 소의 이익은 없다고 보거나,[118] 복직된 일이 다소 다르더라도 원직에 복직된 것으로 보고 있다.[119]

2) 원직이 없어진 경우 그러나 직제개편 등으로 원직이 없어진 경우에는 동일하거나 실질적으로 유사한 책임과 권한이 있고 유사한 보수를 지급받는 직책으로 복귀시켜야 한다. 이러한 직책도 없는 경우에는 최대한 유사한 직책으로 복귀시킬 수밖에 없으나, 그 경우 당해 근로자의 입장에서는 사실상 근로조건의 변경을 수반하는 전직에 해당하기 때문에 직제개편에 따른 전직의 정당성을 다툴 수 있다고 해석해야 할 것이다.[120]

(3) 임금상당액 지급

1) 의 의 부당해고 기간은 사용자의 귀책사유로 근로자가 근로제공을 이행할 수 없었던 것에 해당하므로 근로자는 해고되지 않았더라면 받을 수 있었던 임금 전액을 청구할 수 있다(민법 제538조 제1항).[121] 그러나 해고기간 중 근로자가 구속되어 근로제공이 사실상 불가능한 상태에 있었던 경

118) 대판 1991.2.22, 90다카27389.
119) 대판 1994.7.29, 94다4259.
120) 대판 2002.5.31, 2000다18127.

우에는 임금을 청구할 수 없다.[122)]

2) 임금상당액의 범위 부당해고인 경우 근로자가 청구할 수 있는 임금은 평균임금 산정의 기초가 되는 임금총액에 포함되는 모든 임금이다.[123)] 그러므로 시간외근로수당이나 상여금 등도 당해 근로자가 해고되지 않았더라면 받을 수 있었을 것이라고 기대되면 모두 포함된다.[124)]

3) 중간수입 공제 근로자가 해고 기간에 다른 직업에 종사하여 얻은 수입(중간수입)을 사용자가 지급해야 할 임금액에서 공제할 수 있는지가 문제된다.

판례는 원칙적으로 중간수입 공제를 인정하면서도 한계를 정하여 근로기준법상 휴업수당(평균임금의 70%)을 초과하는 범위에서만 공제할 수 있다고 하고 있다.[125)] 판례는 근로기준법 제46조의 휴업에는 개개의 근로자가 근로계약에 따라 근로를 제공할 의사가 있음에도 불구하고 그 의사에 반하여 취업이 거부되거나 또는 불가능하게 된 경우도 포함하므로, 근로자가 사용자의 귀책사유로 인하여 해고된 경우도 이러한 휴업에 해당된다는 것을 근거로 하고 있다.[126)]

3. 금전보상제

(1) 의 의

노동위원회는 사용자에 대하여 '부당해고에 대한 구제명령'을 하는 때에 근로자가 원직복직을 원하지 아니하는 경우에는 원직복직(原職復職)을 명하는 대신 근로자가 해고기간 동안 근로를 제공하였더라면 지급받을 수 있었던 임금상당액 이상의 금품을 그 근로자에게 지급하도록 명할 수 있다(근기법 제30조 제4항).

종전에는 노동위원회가 부당해고를 판정하면 일률적으로 "원직복직과 해고기간 동안 근로를 제공하였더라면 지급받을 수 있었던 임금상당액 지급"을 명하고 있었다. 그러나 원직복직은 근로자가 이를 원하지 않는 경우 효과적인 구제방법이 되지 못하므로, 원직복직을 대신하여 금전보상금을 지급하고 근로관계를 종료할 필요성이 제기됨에 따라 금전보상제가 도입되었다.

(2) 주요내용

노동위원회는 부당해고에 대한 구제방법으로 근로자가 원직복직을 희망하지 않는 경우에는 '원직복직' 이외에 구제명령으로 '임금상당액 이상의 금품'을 지급하고 근로관계를 종료할 수 있는 명령을 할 수 있다.

임금상당액 이상의 금품은 해고기간 동안의 '임금상당액'과 '위로금'을 포함하여 원직복직을 대신하여 지급되는 것으로, 노동위원회가 근로자의 귀책사유 및 해고의 부당성 정도 등을 고려하여 결정한다.

(3) 근로자 요구시에만 제한적 운영

외국에서는 사용자의 신청 또는 사회통념상 근로관계의 유지가 객관적으로 어려운 경우 폭넓게 금전보상제를 운영하고 있으나, 우리나라의 노사관계 여건상 사용자에 의한 해고의 남용이 우려된다는 지적이 있어 "근로자가 원직복직을 희망하지 않는 경우"에만 제한적으로 운영된다.

---

121) 대판 1992.12.8, 92다39860.
122) 대판 1995.1.24, 94다40987.
123) 대판 1993.12.21, 93다11463.
124) 대판 1992.12.8, 92다39860.
125) 대판 1991.6.28, 90다카25277; 대판 1991.12.13, 90다카18999.
126) 대판 1991.12.13, 90다카18999.

Ⅳ. 부당해고 등에 대한 노동위원회 구제명령의 이행 확보수단

1. 의 의

노동위원회의 구제명령에 대해 판례는 원직복직에 대한 공법상 이행의무를 부과한 것으로 사법상의 효력(해고무효)은 없다고 한다. 그러므로 사용자가 해고기간 동안의 임금지급을 하지 않는 경우 별도의 민사소송을 통해 관철할 수밖에 없는 한계를 갖고 있다.

또한 부당해고에 대한 구제명령을 사용자가 이행하지 않는 경우 이에 대한 이행강제 수단 및 제재조치가 없어,[127] 근로자의 권리구제에 많은 한계가 있었다. 이에 최근 근로기준법 개정(시행일 2007. 7. 1)을 통하여 노동위원회 구제명령의 이행을 확보하기 위한 수단으로 '이행강제금'과 '벌칙'이 도입되었다.

2. 이행강제금

(1) 의 의

부당해고 등(해고, 휴직, 정직, 전직, 감봉 등)에 대한 노동위원회의 구제명령을 사용자가 정당한 이유 없이 이행하지 않는 경우, 종전에는 이에 대한 제재수단이 없어 구제명령의 실효성이 낮아 근로자의 권리구제에 한계를 지니고 있었다. 그리하여 법 개정시 노동위원회의 구제명령을 이행기한까지 이행하지 않은 사용자에 대하여 2천만원 이하의 이행강제금을 부과하도록 하였다(근기법 제33조 제1항).

(2) 이행강제금의 대상이 되는 구제명령

이행강제금의 대상은 지방노동위원회와 중앙노동위원회의 구제명령이다. 이행강제금은 "확정된" 구제명령이라는 요건이 없기 때문에, 당사자가 이의를 제기하여 중노위 재심신청 또는 행정소송을 제기한 경우라도 노동위원회의 구제명령을 이행하지 않으면 이행강제금을 부과할 수 있다.

(3) 이행강제금 부과권자

이행강제금은 노동위원회가 부과한다.

(4) 이행강제금 부과금액 및 횟수

노동위원회는 2천만원을 한도로 하여 1년에 2회의 범위 안에서 구제명령이 이행될 때까지 부과할 수 있으며, 부과기간은 2년을 초과할 수 없다(제33조 제1항, 제5항)

(5) 위반행위의 종류 등

이행강제금을 부과하는 위반행위의 종류[128] 및 위반정도에 따른 금액,[129] 부과 · 징수된 이행강제금의 반환절차,[130] 그 밖에 필요한 사항은 대통령령으로 정한다(제33조 제4항).

(6) 이행강제금 부과절차

구제명령 ⟶ 구제명령이행기간 ⟶ (당사자 통보) ⟶ 이행강제금 부과예고(30일 전) ⟶ 이행강제금 부과 ⟶ 납부기한 경과 ⟶ 독촉 ⟶ 강제징수[131]

---

127) 반면 노조법에서는 부당노동행위에 대한 노동위원회 구제명령의 이행을 위해 '긴급이행명령'과 '확정된 구제명령 위반시 벌칙'을 두고 있다.

128) 해고, 휴직, 정직, 전직, 감봉 기타 징벌.

129) 사용자의 귀책사유의 정도에 따른 이행강제금액.

130) 구제명령이 취소된 경우의 반환절차.

131) 사용자가 이행강제금을 미납하는 경우에는 국세체납처분의 예(압류 ⟶ 매각 ⟶ 청산)에 의해 강제 징수한다.

3. 확정된 구제명령 불이행시 벌칙

(1) 의 의

종전에는 노동위원회의 '확정된 부당노동행위 구제명령' 위반시에만 벌칙(노조법 제89조)이 부과될 뿐, '확정된 부당해고 구제명령'을 사용자가 이행하지 않는 경우에 이에 대한 벌칙 등의 제재조치가 없었다. 그러나 근로기준법 개정으로 노동위원회의 '확정된 부당해고 구제명령' 불이행시에도 벌칙을 부과하여 실효성을 확보하였다.

(2) 벌 칙

노동위원회의 확정된 구제명령 또는 구제명령을 내용으로 하는 재심판정을 이행하지 않는 자는 1년 이하의 징역 또는 1천만원 이하의 벌금에 처한다(근기법 제111조).

(3) 고 발 권

확정된 구제명령 불이행에 대한 처벌은 노동위원회의 고발이 있어야 공소를 제기할 수 있다(동법 제112조 제1항). 고발권한을 노동위원회에서만 갖도록 한 것은 원직복직을 이행하지 않는 경우 이행강제금 제도와 연계하여 운영하기 위해서이다. 한편 검사가 위반행위가 있음을 노동위원회에 통보하여 고발을 요청할 수 있다(동법 제112조 제2항).

(4) 이행강제금과 벌칙의 관계

벌칙과 이행강제금은 '구제명령의 실효성 확보'를 목적으로 도입된다는 공통점이 있다. 그러나 벌칙은 확정된 구제명령을 이행하지 않은 자에게 부과가 가능한 반면 이행강제금은 구제명령이 확정되거나 확정되지 않은 단계에서 모두 부과가 가능하다.

따라서 확정된 구제명령을 이행하지 않은 자에게는 벌칙과 이행강제금의 부과가 모두 가능할 것이다. 그러므로 제도 운영시 확정된 구제명령을 이행하지 않는 자에게는 우선적으로 이행강제금을 부과하고 부과 이후에도 이행하지 않는 경우에는 벌칙을 부과해야 할 것이다.

4. 관련문제 – 부당해고 등에 대한 벌칙 삭제

종전에는 사용자의 부당해고 등에 대하여 5년 이하의 징역 또는 3천만원 이하의 벌금에 처했었다(구 근기법 제110조). 그러나 이는 근로자의 진의와는 달리 민사상 법률분쟁이 형사사건화되고, 국제적으로 입법례가 없고, 사용자의 정당한 해고권이 제약된다는 비판이 있어, 법 개정시 벌칙 조항이 삭제되었다.

구법 하에서 헌법재판소는 부당해고 처벌규정을 합헌으로 보기는 하였으나, 부당해고에 대해 실제 징역형이 되는 예가 드물고 소액의 벌금형에 그쳐 효과가 매우 낮은 실정이고, 오히려 이행강제금 등 실질적으로 근로자의 복직에 도움이 되는 제도로 전환하는 것이 좋다는 견해가 있어 처벌규정을 삭제한 것이다.

반면 구제명령 불이행에 대해 이행강제금을 부과하고, 이행강제금을 부과하여도 구제명령이 이행되지 않는 경우에 처벌을 할 수 있도록 함으로써 부당해고 구제제도의 실효성을 강화하였다. 따라서 부당해고 자체에 대한 벌칙 삭제가 부당해고 남용으로 이어지지는 않을 것이라고 생각된다.[132]

132) 노동부는 "형사처벌제도를 폐지하고 이행강제금을 부과하는 것은 노사합의사항"이라고 설명하고 있다; 선진화 입법 설명 87.

V. 법원에 의한 구제

1. 의 의

사용자의 부당해고 등에 대하여는 노동위원회에 의한 부당해고 등 구제신청 외에도, 법원에 해고무효확인의 소·종업원지위확인의 소 또는 손해배상청구 등을 제기할 수 있다. 두 청구권은 근로자가 선택적으로 행사할 수 있다.

2. 사법적 구제의 내용

(1) 사법상의 효력

노동위원회에 의한 부당해고 등의 구제는 노사 당사자 간의 권리·의무관계의 확정 및 손해의 전보 등을 위하여 적합하지 아니하므로 이를 위하여 민사소송제도를 별도로 필요로 한다. 즉 사용자의 해고가 부당한 경우 근로자는 법원에 해고등무효확인의 소를 제기하여 구제받을 수 있고, 또한 상기 소송을 본안으로 하여 종업원 지위 보전의 가처분 신청이나 임금지급의 가처분 신청을 할 수도 있다. 해고무효확인소송에서 해고사유의 정당성과 절차의 적법성에 관한 입증책임은 이를 주장하는 사용자가 부담한다.[133)]

(2) 부당해고 기간 중 임금지급

근로자는 계속 근로하였을 경우 받을 수 있는 임금 전액을 청구할 수 있다. 또한 부당해고기간 중 근로자가 다른 직장에서 근무하여 얻은 이른바 중간수익이 있는 경우에는 근로기준법 제46조에서 정한 휴업수당을 초과하는 금액의 범위 내에서만 공제할 수 있다.[134)] 근로자가 부당해고로 퇴직금을 받은 경우에는 부당이득이므로 부당해고판결확정 후 이를 반환하여야 하며, 이 경우 이자나 그 밖의 손해를 배상할 책임은 없다.[135)]

(3) 불법행위에 따른 손해배상

일반적으로 해고 등의 처분이 정당하지 못하여 무효로 판단되더라도 그러한 사유만에 의하여 곧바로 그 해고 등이 처분이 불법행위를 구성하지는 않는다[136)] 그러나 사용자가 징계해고 등을 할 만한 사유가 전혀 없는데도 오로지 근로자를 사업장에서 몰아내려는 의도 하에 고의로 어떤 명목상의 해고사유 등을 내세워 징계라는 수단을 동원하여 해고 등의 불이익처분을 한 경우나, 해고 등의 이유로 된 어느 사실이 취업규칙 등 소정의 징계사유에 해당되지 아니하거나 징계사유로 삼을 수 없는 것임이 객관적으로 명백하고 또 조금만 주의를 기울였더라면 이와 같은 사정을 쉽게 알아 볼 수 있는데도 그것을 이유로 징계해고 등의 불이익처분을 한 경우처럼, 사용자에게 부당해고 등에 대한 고의·과실이 인정되는 경우에는 그 해고가 정당성을 갖지 못하여 무효가 되는 데 그치는 것이 아니라 불법행위가 성립되어 그에 따라 입게 된 근로자의 정신적 고통에 대하여도 이를 배상할 의무가 있다.[137)]

3. 제소기간

(1) 소 제기가 부정되는 경우

부당해고 후 상당한 기간이 경과하도록 권리를 행사하지 아니하여 의무자인 사용자가 이제는 근로

133) 대판 1999.4.27, 99두202.
134) 대판 1991.12.13, 90다18999.
135) 대판 1995.11.21, 94다45753.
136) 대판 1996.4.23, 95다6823.
137) 대판 1996.4.23, 95다6823.

자가 권리를 행사하지 아니할 것으로 신뢰할 만한 정당한 기대를 가지게 된 다음에 새삼스럽게 그 권리를 행사하는 것이 신의칙에 반하는 경우 실효의 원칙에 따라 그 구제를 받을 수 없다.[138)]

(2) 소 제기가 인정되는 경우

퇴직금을 수령한 경우에도 근로자가 해고의 효력을 다투고 있는 객관적인 상황이 있다거나 그 밖에 상당한 이유가 있는 경우에는 일률적으로 해고의 효력을 인정해서는 아니 될 것이다.[139)]

Ⅵ. 결 론

해고제한법리에 따라 부당해고에 대한 구제절차가 마련되어 있지만 아직도 많은 한계가 지적되고 있다. 그 중에 몇 가지 개선사항을 정리하면 다음과 같다.

첫째, 부당해고시 근로자가 원직복귀를 원하지 않을 경우 노동위원회의 금전보상명령을 할 수 있는데, 금전보상액의 지급기준이 전혀 없어서 이에 대한 기준마련이 요구된다. 둘째, 해고무효확인소송 등 법원에 대한 제소기간이 명확하지 않아 법적 안정성을 침해할 소지가 있으므로 해고소송에 대한 제소기간을 명시할 필요가 있다. 셋째, 부당해고에 대한 벌칙이 삭제되었으나, 해고금지기간 위반 등에 대한 벌칙을 그대로 존치하여 근로관계에 형사처벌을 두는 것은 법리적 일관성이 없다는 지적이 있다. 즉 부당해고와 관련한 형사처벌 규정을 삭제하고 별도의 대안조치가 요구된다.[140)]

[관련판례] 부당해고 등의 구제

1. 부당해고 등 구제신청의 취지 및 신청인 적격(대판 1992.11.13, 92누11114)

[1] 근로기준법 제27조의3 제1항(현행 제28조)에서 사용자가 근로자에 대하여 정당한 이유 없이 해고, 휴직, 정직, 감봉 기타 징벌을 한 때에는 당해 근로자는 노동위원회에 그 구제를 신청할 수 있다고 규정한 것은 사용자의 정당한 이유 없는 해고 등에 대하여 일반 법원에 의한 사법적인 구제방법 외에 노동위원회에 의한 행정적인 구제제도를 따로 마련하여 불이익처분을 받은 "당해 근로자"가 보다 간이, 신속하고 저렴한 비용으로 정당한 이유 없는 해고 등에 대한 구제를 받을 수 있도록 하는 데 그 취지가 있다.

[2] 같은 조 제2항이 정당한 이유 없는 해고 등의 구제신청과 심사절차 등에 관하여 노동조합법 제40조 내지 제44조(현행 노조법 제82조 내지 86조)의 규정을 준용하도록 규정하고 있으나 그 준용의 범위는 노동위원회에 구제를 신청하고 노동위원회가 이를 심사하는"절차"에 국한된다고 보아야 하므로 부당해고 등에 대한 구제신청에 있어, 신청인이 될 수 있는 자는 바로 해고 등의 불이익처분을 받은 "당해 근로자"뿐이고, 노동조합은 이에 포함되지 않는다.

2. 해고가 무효인 경우의 임금청구권의 범위 ①(대판 1995.11.21, 94다45753,45760)

사용자의 근로자에 대한 퇴직처분이 무효인 경우에는 그동안 근로계약 관계가 유효하게 계속되고 있었는데도 불구하고 근로자가 사용자의 귀책사유로 말미암아 근로를 제공하지 못한 것이므로, 근로자는 계속 근로하였을 경우에 받을 수 있는 임금 전부의 지급을 청구할 수 있다.

138) 대판 1991.4.12, 90다8084.
139) 대판 1993.9.24, 93다21736.
140) 근로기준법제 개선방안 88~95.

3. 해고가 무효인 경우의 임금청구권의 범위 ②(대판 1993.12.21, 93다11463)

해고처분이 무효인 경우 근로자가 지급을 청구할 수 있는 임금은 근로기준법 제18조(현행 제2조 제1항 제5호)에서 규정하는 임금을 의미하므로 같은 법 제19조(현행 제2조 제1항 제6호)에서 말하는 평균임금산정의 기초가 되는 임금의 총액에 포섭될 임금이 전부 포함되고 통상임금으로 반드시 국한되는 것은 아니다.

4. 중간수입 공제 여부와 그 범위(대판 1991.6.28, 90다카25277)

[1] 사용자의 귀책사유로 인하여 해고된 근로자가 해고기간 중에 다른 직장에 종사하여 얻은 이익(이른바 중간수입)은 민법 제538조 제2항에서 말하는 채무를 면함으로써 얻은 이익에 해당하므로, 사용자는 위 근로자에게 해고기간 중의 임금을 지급함에 있어 위의 이익의 금액을 임금액에서 공제할 수 있다.

[2] 근로기준법 제38조(현행 제46조)는 근로자의 최저생활을 보장하려는 취지에서 사용자의 귀책사유로 인하여 휴업하는 경우에는 사용자는 휴업기간 중 당해 근로자에게 그 평균임금의 100분의 70 이상의 수당을 지급하여야 한다고 규정하고 있고, 여기서의 휴업이란 개개의 근로자가 근로계약에 따라 근로를 제공할 의사가 있음에도 불구하고 그 의사에 반하여 취업이 거부되거나 또는 불가능하게 된 경우도 포함된다고 할 것이므로, 위의 공제에 있어서 근로자가 지급받을 수 있는 임금액 중 **근로기준법** 제38조(**현행 제46조**) 소정의 **휴업수당의 한도에서는 이를 이익공제의 대상**으로 삼을 수 없고, 그 휴업수당을 초과하는 금액에서 중간수입을 공제하여야 한다.

5. 해고의 정당한 이유의 입증책임(=사용자)(대판 1992.8.14, 91다29811)

사용자의 근로자에 대한 해고는 정당한 이유가 없으면 무효이고, 그러한 **정당한 이유가 있다는 점은 사용자가 주장 입증**하여야한다.

6. 해고절차 적법성의 입증책임(=사용자)(대판 1991.7.12, 90다9353)

해고무효확인소송에서 **해고절차의 적법성에 관한 주장 입증책임은 사용자가 부담**하므로 법원이 해고절차의 적법성에 대한 사용자의 주장을 증거에 의하여 배척하면서 그 과정에서 근로자가 구제적으로 주장하지 아니한 절차상의 하자를 인정하였다 하여 변론주의에 반하는 위법이 있다고 할 수 없다.

7. 퇴직금 수령과 해고 효력의 인정 여부(대판 1993.9.24, 93다21736)

사용자로부터 **해고된 근로자**가 퇴직금 등을 수령하면서 아무런 **이의의 유보나 조건을 제기하지 않았다면** 특별한 사정이 없는 한 그 해고의 효력을 인정하였다고 할 것이고, 따라서 그로부터 **오랜 기간이 지난 후에 그 해고의 효력을 다투는 소를 제기하는 것은 신의칙이나 금반언의 원칙에 위배**되어 허용될 수 없으나, 다만 이와 같은 경우라도 해고의 효력을 인정하지 아니하고 이를 다투고 있었다고 볼 수 있는 객관적인 사정이 있다거나 그 외에 상당한 이유가 있는 상황하에서 이를 수령하는 등 반대의 사정이 있음이 엿보이는 때에는 명시적인 이의를 유보함이 없이 퇴직금을 수령한 경우라고 하여도 일률적으로 해고의 효력을 인정하였다고 보아서는 안된다.

8. 해고분쟁에서의 실효의 원칙(대판 1992.1.21, 91다30118)

[1] 사용자와 근로자 사이의 고용관계(근로자의 지위)의 존부를 둘러싼 노동분쟁은, 그 당시의 경제적 정세에 대처하여 최선의 설비와 조직으로 기업활동을 전개하여야 하는 사용자의 입장에서는 물론, 임금 수입에 의하여 자신과 가족의 생계를 유지하고 있는 근로자의 입장에서도 신속히 해결되는 것이 바람직하므로 실효의 원칙이

다른 법률관계에 있어서보다 더욱 적극적으로 적용되어야 할 필요가 있다.

[2] 실효의 원칙이 적용되기 위하여 필요한 요건으로서의 실효기간(권리를 행사하지 아니한 기간)의 길이와 의무자인 상대방이 권리가 행사되지 아니하리라고 신뢰할 만한 정당한 사유가 있었는지의 여부는 일률적으로 판단할 수 있는 것이 아니라, 구체적인 경우마다 권리를 행사하지 아니한 기간의 장단과 함께 권리자측과 상대방측 쌍방의 사정 및 객관적으로 존재하는 사정 등을 모두 고려하여 사회통념에 따라 합리적으로 판단하여야 할 것이고, 징계해임처분의 효력을 다투는 분쟁에 있어서는 징계 사유와 그 징계해임처분의 무효 사유 및 징계 해임된 근로자가 그 처분이 무효인 것을 알게 된 경위는 물론, 그 근로자가 그 처분의 효력을 다투지 아니할 것으로 사용자가 신뢰할 만한 다른 사정(예를 들면, 근로자가 퇴직금이나 해고수당 등을 수령하고 오랫동안 해고에 대하여 이의를 하지 않았다든지 해고된 후 곧 다른 직장을 얻어 근무하였다는 등의 사정), 사용자가 다른 근로자를 대신 채용하는 등 새로운 인사체제를 구축하여 기업을 경영하고 있는지의 여부 등을 모두 참작하여 그 근로자가 새삼스럽게 징계해임처분의 효력을 다투는 것이 신의성실의 원칙에 위반하는 결과가 되는지의 여부를 가려야 할 것이다.

9. 부당해고와 불법행위책임 ①(대판 1996.4.23, 95다6823)

일반적으로 사용자의 근로자에 대한 해고 등의 불이익처분이 정당하지 못하여 무효로 판단되는 경우에 그러한 사유만에 의하여 곧바로 그 해고 등의 불이익처분이 불법행위를 구성하게 된다고 할 수는 없으나, 사용자가 근로자에 대하여 징계해고 등을 할 만한 사유가 전혀 없는데도 오로지 근로자를 사업장에서 몰아내려는 의도하에 **고의로** 어떤 명목상의 해고사유 등을 내세워 징계라는 수단을 동원하여 해고 등의 **불이익처분을 한 경우**나, 해고 등의 이유로 된 어느 사실이 취업규칙 등 소정의 징계사유에 해당되지 아니하거나 징계사유로 삼을 수 없는 것임이 객관적으로 명백하고 또 **조금만 주의를 기울였더라면** 이와 같은 사정을 **쉽게 알아 볼 수 있는데도** 그것을 이유로 징계해고 등의 **불이익처분을 한 경우**처럼, 사용자에게 **부당해고 등에 대한 고의·과실이 인정되는 경우에 있어서는 불법행위가 성립**되어 그에 따라 입게 된 근로자의 정신적 고통에 대하여도 이를 배상할 의무가 있다.

10. 부당해고와 불법행위책임 ②(대판 1993.12.21, 93다11463)

[1] 노동조합법 제39조의 부당노동행위금지규정은 헌법이 규정하는 근로3권을 구체적으로 확보하기 위한 것으로 이에 위반하는 행위에 대하여 처벌규정을 두고 있는 한편 부당노동행위에 대하여 신속한 권리구제를 받을 수 있도록 같은 법 제42조(현행 노조법 제84조), 제43조(현행 노조법 제85조)에서 행정상의 구제절차까지 규정하고 있는 점에 비추어 이는 효력규정인 강행법규라고 풀이되므로 위 규정에 위반된 법률행위는 사법상으로도 그 효력이 없고, 근로자에 대한 불이익취급행위로서의 법률행위가 부당노동행위로서 무효인 이상 그것이 근로기준법 제27조(현행 제23조)소정의 정당한 이유가 있는지 여부는 더 나아가 판단할 필요가 없다.

[2] 사용자가 강행규정인 노동조합법 제39조 소정의 불이익취급금지규정을 위반하여 근로자를 부당하게 해고하거나 불이익처분을 함으로써 당해 해고 등이 무효인 경우에 있어서 사용자가 그러한 불이익처분을 함에 있어서 내세우는 사유가 표면상의 사유에 불과하고 **실질적으로는 근로자가 정당한 노동조합활동을 한 것을 이유로 근로자를 사업장에서 배제하려는 의도**하에 일부러 어떤 표면상의 해고사유 등을 내세워 징계라는 수단을 동원하여 해고 등의 불이익처분이 이루어진 경우처럼 그러한 징계권의 남용이 우리의 건전한 **사회통념이나 사회상규상 도저히 용인될 수 없음이 분명한 경우**에 있어서는 그 **해고 등 불이익처분의 효력이 부정**되는 데 그치는 것이 아니라 **위법하게 상대방에게 정신적 고통을 가하는 것**이 되어 근로자에 대한 관계에서 **불법행위를 구성**할 수 있다.

[그림] 노동위원회 구제신청처리 흐름도

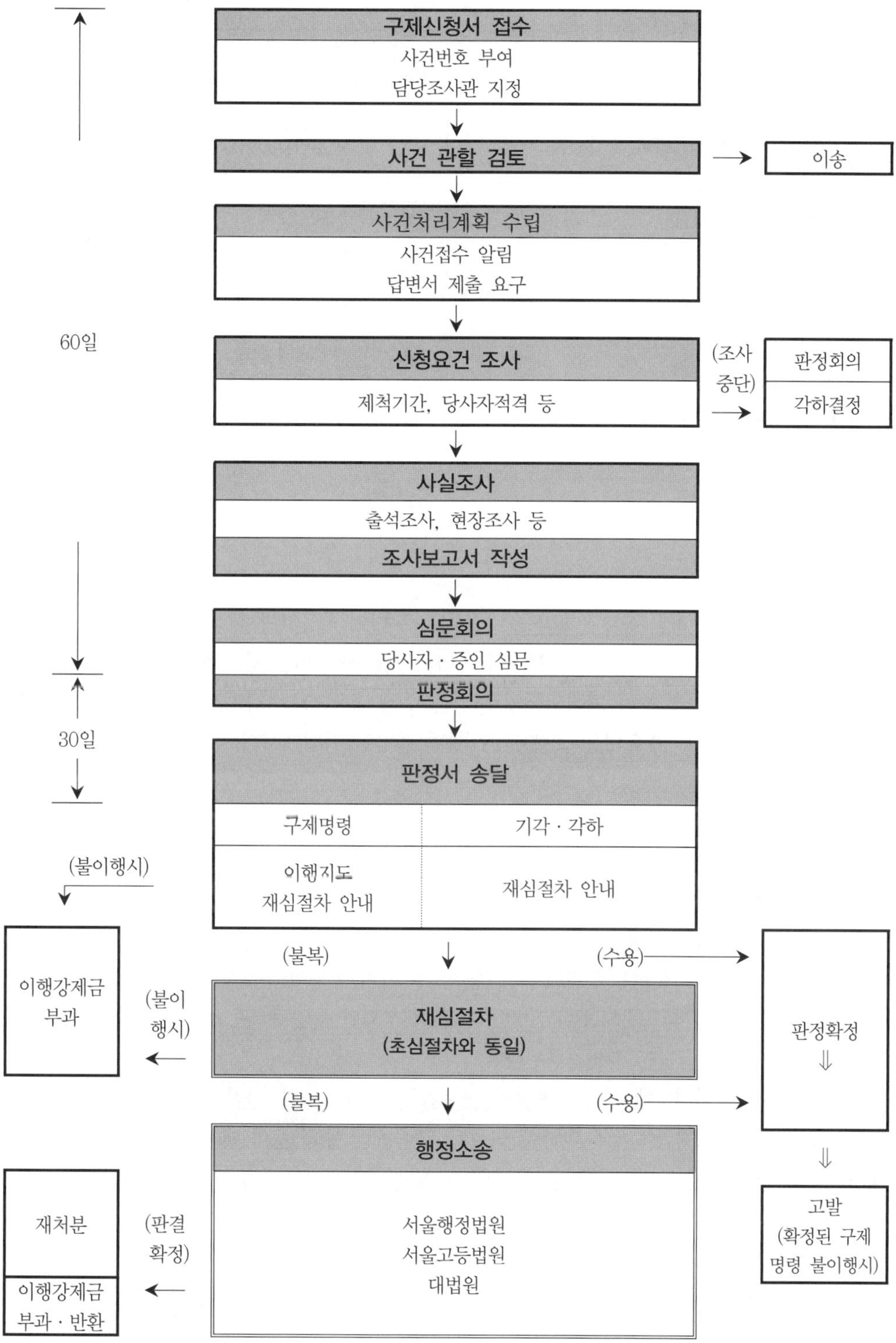

제11절 퇴직급여제도

Ⅰ. 서 설

1. 의 의

퇴직급여라 함은 계속적인 근로관계의 종료를 사유로 하여 사용자가 퇴직근로자에게 지급하는 금전급부를 말한다. 2005년 12월 1일부터 시행된 근로자퇴직급여보장법은 종전의 퇴직금제도가 가지는 단점과 사회경제구조의 변화에 따라 퇴직연금의 도입을 주된 내용으로 하고 있다. 최근 근퇴법의 보완점이 전면적으로 개정되었다. 주요내용으로는 ⅰ) 새로 설립된 사업에서의 퇴직연금제도 우선설정, ⅱ) 퇴직금 중간정산 지급요건 신설, ⅲ) 퇴직연금제도 설계의 유연성 강화, ⅳ) 개인형퇴직연금제도 확대적용 등이 있다.

2. 퇴직급여제도의 법적체계

종래의 퇴직급여제도는 근로기준법 제34조에서 규정하는 바에 따라 ⅰ) 퇴직금제도(근기법 제34조 제1항) 및 ⅱ) 퇴직보험 등 제도(동법 제34조 제4항)의 두 가지 유형이 인정되어 왔으나, 2005년 1월 27일 근로자퇴직급여보장법(이하 "근퇴법"이라 한다)[141]이 제정되면서 근로기준법상의 퇴직금제도는 대체되어, 퇴직급여법상의 퇴직급여제도가 적용된다.

근퇴법상의 퇴직급여제도에는 ⅰ) 종전의 근로기준법 제34조의 퇴직금제도와 동일한 "퇴직금제도"(근퇴법 제2장), ⅱ) 퇴직급여법에 의하여 신설된 "퇴직연금제도"(동법 제3장)가 있고, ⅲ) 종전 근로기준법 제34조 제4항 "퇴직보험 등 제도"는 2010년에 폐지되었다.

3. 퇴직급여제도의 적용범위

근퇴법은 근로자를 사용하는 모든 사업 또는 사업장(이하 "사업"이라 한다)에 적용한다. 다만, 동거의

141) 2005.1.27, 법률 제7379호. 동법은 2005년 12월 1일부터 시행되었다.

친족만을 사용하는 사업 및 가사사용인에 대하여는 적용하지 아니한다. 5인 이상 사업장은 2005년 12월 1일부터 시행(동법 부칙 제1조 본문)되고 있다. 한편, 최근 국무회의에서 퇴직급여법 시행령에 상시 4인 이하 사업장에도 2010년 12월 1일부터 적용되는 것으로 의결되었다. 그동안 퇴직급여제도가 강제되지 않았던 4인 이하 사업장의 영세성 및 사업주의 부담 등을 고려하여 4인 이하 사업장에 대한 퇴직급여(확정급여형 퇴직연금, 퇴직금) 및 부담금(확정기여형 퇴직연금) 수준은 2010년 12월 1일부터 2012년 12월 31일 기간에 대해서는 5인 이상 사업장의 100분의 50을 적용하되, 2013년부터는 100분의 100을 적용하도록 하였다(동법 시행령 제8조의2).

Ⅱ. 퇴직급여제도의 설정

1. 퇴직급여제도의 설정

(1) 기본원칙

사용자는 퇴직하는 근로자에게 급여를 지급하기 위하여 퇴직급여제도(퇴직금제도, 확정급여형 퇴직연금제도, 확정기여형 퇴직연금제도) 중 하나 이상의 제도를 설정하여야 한다. 다만, 계속근로기간이 1년 미만인 근로자, 4주간을 평균하여 1주간의 소정근로시간이 15시간 미만인 근로자에 대하여는 그러하지 아니하다(근퇴법 제4조 제1항).

이 경우 종전의 근로기준법에 설정된 ⅰ) 퇴직금제도는 퇴직급여법 제2장의 퇴직금제도를 설정한 것으로 보며(동법 부칙 제5조), ⅱ) 퇴직보험 등은 2010년 12월 31일까지 퇴직급여법 제2장의 퇴직금제도를 설정한 것으로 본다(동법 부칙 제2조). 한편, 상시근로자 10인 미만을 사용하는 사업에서 개인퇴직계좌를 설정한 경우 퇴직급여제도를 설정한 것으로 본다(동법 제26조).

(2) 퇴직급여제도를 미설정의 경우

사용자가 퇴직급여제도나 개인형 퇴직연금제도를 설정하지 아니한 경우에는 제8조의 규정에 의한 퇴직금제도를 설정한 것으로 본다(동법 제11조).

2. 퇴직급여제도의 설정절차

(1) 새로 성립된 사업에서의 퇴직연급제도 우선설정

개정 근퇴법 시행일(2012.7.26.) 이후 새로 성립된 사업의 사용자는 근로자대표의 의견을 들어 사업의 성립 후 1년 이내에 확정급여형퇴직연금제도나 확정기여형 퇴직연금제도를 설정하여야 한다(동법 제5조).

(2) 퇴직급여제도 선택 또는 변경

사용자가 퇴직급여제도의 종류를 ⅰ) 최초로 선택하는 경우, ⅱ) 이미 선택한 제도를 다른 종류로 변경하는 경우에는 '근로자대표의 동의'를 받아야 한다. '근로자대표'라 함은 당해 사업에 근로자의 과반수로 조직된 노동조합이 있는 경우에는 그 노동조합, 근로자의 과반수로 조직된 노동조합이 없는 경우에는 근로자의 과반수를 말한다(동법 제4조 제3항).

(3) 퇴직급여제도의 내용 변경

사용자가 제3항의 규정에 따라 선택되거나 변경된 퇴직급여제도의 내용을 변경하고자 하는 경우에는 근로자대표의 의견을 들어야 한다. 다만, 근로자에게 불이익하게 변경하고자 하는 경우에는 근로자대표의 동의를 받아야 한다(동법 제4조 제4항).

3. 퇴직급여 차등금지원칙

퇴직급여제도를 설정에 있어서 하나의 사업 안에 차등을 두어서는 아니 된다(동법 제4조 제2항).

Ⅲ. 퇴직금제도

퇴직금이라 함은 계속적인 근로관계의 종료를 사유로 하여 사용자가 퇴직 근로자에게 지급하는 금전급부를 말하는 것으로 해고, 사직 등 퇴직의 외형적인 명칭 또는 종류와 관계없이 근로계약이 종료되면 계속근로연수를 판단하여 의무적으로 지급해야 한다. 퇴직금은 계속근로연수가 1년에 대하여 평균임금 30일분을 지급하여야 한다.

Ⅳ. 퇴직연금제도

1. 확정급여형 퇴직연금제도

(1) 개 념

확정급여형 퇴직연금이란 근로자가 지급받을 급여의 수준이 사전에 결정되어 있는 퇴직연금을 말한다(동법 제2조 제7호). 동 제도는 적립금의 운영실적에 상관없이 근로자가 일정한 액수의 퇴직급여를 수령하게 되므로 안정적이라는 장점이 있다.

(2) 설정절차

확정급여형 퇴직연금제도를 설정하고자 하는 사용자는 근로자대표의 동의를 얻어 확정급여형퇴직연금규약을 작성하여 노동부장관에게 신고하여야 한다(동법 제12조).

(3) 확정급여형퇴직연금규약

급여수준, 재정건전성 확보, 급여의 종류 및 수급요건에 관한 사항 등(동법 제12조 각호).

(4) 급여의 종류 및 수급요건

연금은 55세 이상으로 가입기간이 10년 이상인 가입자에게 지급되며, 이 경우 연금의 지급기간은 5년 이상이어야 한다. 일시금은 연금수급 요건을 갖추지 못하거나 일시금 수급을 원하는 가입자에게 지급된다.

(5) 급여수준

가입자의 퇴직일을 기준으로 산정한 일시금의 금액이 계속근로기간 1년에 대하여 30일분의 평균임금에 상당하는 금액 이상이어야 한다.

2. 확정기여형 퇴직연금제도

(1) 개 념

확정기여형 퇴직연금제도라 함은 사용자의 부담금이 사전에 확정되고(동법 제2조 제8호), 근로자의 연금 급여는 적립금 운용결과에 따라 변동하는 퇴직연금제도를 말한다. 동 제도는 적립금의 운용실적에 따라 근로자의 연금급여가 결정되므로 실적이 좋은 경우 연금급여가 많아지나, 실적이 나쁜 경우 연금급여가 적어질 우려가 있다.

(2) **설정절차**

확정기여형 퇴직연금제도를 설정하고자 하는 사용자는 근로자대표의 동의를 얻어 확정기여형 퇴직연금규약을 작성하여 노동부장관에게 신고하여 한다(동법 제13조).

(3) **확정기여형 퇴직연금규약**

부담금의 부담 · 납무, 적립금 운용의 방법 및 정보제공, 중도인출에 관한 사항 등(동법 제13조 각호).

(4) **부담금의 수준 및 납부 방법**

사용자는 최소한 가입자의 연간 임금총액의 12분의 1에 해당하는 금액을, 매년 1회 이상 정기적으로 현금으로 납부하여야 한다.

(5) **운용과정에의 근로자 참여**

확정기여형 퇴직연금의 경우 근로자의 연금 급여가 적립금 운용결과에 따라 달라질 수 있으므로, 운용과정에 근로자가 직접 참여할 수 있도록 보장하고 있다.

3. 개인형 퇴직연금제도

(1) **개 념**

이 제도는 가입자의 선택에 따라 가입자가 납입한 일시금이나 사용자 또는 가입자가 납입한 부담금을 적립 · 운용하기 위하여 설정한 퇴직연금제도로서 급여의 수준이나 부담금의 수준이 확정되지 아니한 퇴직연금제도를 말한다.

(2) **취 지**

퇴직연금제도의 보완점으로 추가적인 노후재원 마련을 원하는 근로자나 소득기반이 고르지 못한 자영업자 등도 안정적인 노후재원을 마련할 수 있도록 제도적으로 지원할 필요가 지적되었다. 이에 따라 확정급여형 퇴직연금제도나 확정기여형 퇴직연금제도에 가입한 근로자와 자영업자 등도 개인형 퇴직연금제도를 설정하여 스스로의 부담으로 부담금을 납입할 수 있도록 하여 추가적으로 노후재원을 축적할 수 있게 되었다.

Ⅴ. 퇴직연금사업자 및 업무의 수행

1. 퇴직연금사업자의 등록

자산운용의 전문성과 효율성을 고려하면서 근로자의 선택의 폭을 넓히기 위하여 다양한 금융기관이 참여할 수 있도록 하였다. 금융기관 중 퇴직연금사업자가 되고자 하는 자는 재무건전성 및 인적 · 물적 요건 등을 갖추어 노동부장관에게 등록하여야 한다(근퇴법 제14조).

2. 퇴직연금사업자의 수행업무

퇴직연금사업자가 수행할 업무는 운용관리업무와 자산관리업무로 나뉜다. 퇴직연금제도를 설정한 사용자는 퇴직연금사업자와 운용관리 및 자산관리 업무에 관한 계약과 자산관리업무에 관한 계약을 체결하여야 한다.

3. 적립금의 운용방법

퇴직연금사업자는 선량한 관리자로서 주의의무를 다하여야 하며(동법 제17조 제1항), 퇴직연금사업자는 적립금의 운용방법을 제시함에 있어서 다음 요건을 갖춘 운용방법을 제시하여야 한다(동법 제17조 제2항).

① 운용방법에 관한 정보의 취득과 이해가 쉬울 것

② 운용방법 간의 변경이 쉬울 것

③ 적립금 운용결과의 평가방법과 절차가 투명할 것

④ 확정기여형 퇴직연금과 개인퇴직계좌의 경우에는 대통령령이 정하는 원리금보장 운용방법이 하나 이상 포함될 것

⑤ 적립금의 안정적 운용을 위하여 분산투자 등 대통령령이 정하는 운용방법 및 기준 등에 따를 것

Ⅵ. 책무 및 감독

1. 퇴직연금사업자의 책무

퇴직연금제도의 건전한 운영과 계약체결 회피 또는 강요를 방지하기 위하여 퇴직연금사업자에게 법령 준수 및 계약 준수의무, 충실의무를 부여하고 있다(동법 제20조).

2. 정부의 감독

사용자 및 퇴직연금사업자의 법 위반에 대한 노동부장관의 감독을 규정하고 있다(동법 제22조, 제23조).

Ⅶ. 기타 관련사항

1. 수급권의 보호

퇴직연금의 급여를 받을 권리는 양도하거나 담보로 제공할 수 없다(근퇴법 제7조 본문). 다만, 주택구입 등 대통령령이 정하는 사유와 요건을 갖춘 경우에는 노동부령이 정하는 한도 안에서 담보로 제공할 수 있다(동법 제7조 단서).

2. 퇴직연금제도의 폐지 · 중단시의 처리

퇴직연금제도가 폐지되거나 운영이 중단된 경우에는 폐지된 이후 또는 중단된 기간에 대하여는 제 2 장의 규정에 의한 퇴직금제도를 적용한다(근퇴법 제27조 제1항). 퇴직연금제도의 폐지 또는 운영의 중단으로 인하여 가입자가 급여를 지급받은 경우에는 제8조 제2항의 규정에 따라 중간정산으로 지급받은 것으로 본다. 이 경우 중간정산 대상기간의 산정 등에 관해서는 대통령령으로 정한다(동법 제27조 제2항).

제12절 퇴직금제도

Ⅰ. 서 설

1. 퇴직금의 의의

퇴직금이라 함은 계속적인 근로관계의 종료를 사유로 하여 사용자가 퇴직 근로자에게 지급하는 금전급부를 말하는 것으로 해고, 사직 등 퇴직의 외형적인 명칭 또는 종류와 관계없이 근로계약이 종료되면 계속근로연수를 판단하여 의무적으로 지급해야 한다. 따라서 자진퇴직하거나,[142] 범법행위 등으로 징계해고되었을지라도 퇴직금은 지급되어야 한다.[143] 또한 근로계약을 체결한 때에 퇴직금을 지급한다는 약정이 없거나 단체협약 또는 취업규칙에 퇴직금을 규정하고 있지 아니한 경우에도 퇴직금은 근로기준법 규정에 따라 반드시 지급되어야 한다.[144] 퇴직금 청구권을 포기하거나 이를 지급하지 아니하더라도 민사소송을 제기하지 않겠다는 부제소특약은 근로기준법 위반으로 무효이다.[145]

2. 법적 성질

퇴직금의 법적 성질에 대하여 근로자가 기업에서 장기간 근로한 공로에 대한 보상(공로보상설), 근로자가 퇴직한 후에는 임금을 수령하지 못하므로 이에 따라 근로자의 생활이 보장되도록 기업이 지급하는 급부(생활보장설) 등의 견해가 제시되어 왔는데, 근로자에게 재직 중 적립하여 두었던 임금을 사후적으로 지급하는 근로조건으로서 후불임금이라는 견해가 타당하다. 판례도 같은 입장을 취하고 있다.[146] 다만, 누진제 퇴직금의 경우에는 공로보상의 성격과 사회보장적 급여로서의 성격도 아울러 가진다고 할 수 있다.[147]

142) 1991.5.24, 임금 32240-7481.
143) 1981.4.2, 법무81110-418.
144) 대판 1991.11.8, 91다27730; 대판 1987.2.24, 86다카1355.
145) 대판 2002.8.23, 2001다41568.
146) 대판 1969.1.21, 68다2130.
147) 대판 1995.10.12, 94다36186.

3. 퇴직급여보장법의 시행

근로기준법 제34조의 퇴직금제도에 대한 재평가의 필요성을 배경으로 2005년 1월 27일 법률 제7379호로 근로자퇴직급여보장법이 제정되어, 2005년 12월 1일부터 단계적으로 시행되고 있다. 근로자퇴직급여보장법은 근로기준법 제34조의 법정퇴직금제도를 흡수하면서 동시에 퇴직연금제도를 규정하고 있다.

Ⅱ. 퇴직금의 지급요건

1. 근로기준법상의 근로자일 것

퇴직금을 지급받을 수 있는 근로자는 근로기준법 제2조 제1항 제1호 규정에 의한 근로자로서 1년 이상 계속 근로한 자이다. 1년 이상 계속 근로한 이상 형사처벌 · 범법행위 · 중대한 과실 등을 이유로 해고하는 경우에도 최소한의 법정퇴직금은 지급되어야 한다. 계속근로연수가 1년 미만인 경우에는 퇴직금이 지급되지 아니한다.

근로기준법상 퇴직금을 청구할 수 있는 근로자는 사용자와의 사이에 적법 · 유효한 근로관계가 성립되어 근무하다가 퇴직한 근로자이어야 한다. 예컨대, 임시직,[148] 일용직,[149] 근로기준법상 도급계약 근로자,[150] 수련의 등 전문직[151] 및 외국인[152] 등은 모두 근로기준법상의 퇴직금을 지급받는 근로자에 해당된다.

근로기준법상 근로자가 아닌 경우에는 퇴직금을 지급받을 수 없다. 예컨대 회사의 대표이사 및 주식회사 임원 등은 상법 제388조에 따라 정관 또는 주주총회의 결의로 그 보수가 결정되므로 근로기준법상 퇴직금 지급대상자가 아니다.[153]

2. 계속근로연수 1년 이상일 것

(1) 계속근로연수의 의미

퇴직금을 지급받기 위해서는 계속근로연수가 1년 이상이어야 한다. '계속근로연수'라는 개념은 '근로계약을 체결한 후 근로계약이 해지될 때까지의 기간'을 의미하는 것이 원칙이다. 즉 계속근로연수는 근로기준법이 적용되는 근로계약체결일을 기산일로,[154] 근로계약종료일을 마감일로 하는 것이 기본 원칙이다.

계속근로연수라 함은 반드시 '계속하여 근로를 제공한 기간'을 의미하는 것은 아니다. 즉 근로자가 월 평균 25일 이상을 반드시 근무하여야만 퇴직금지급의 전제가 되는 계속근로연수의 요건을 충족시키는 것이 아니라 최소한 1개월의 4, 5일 내지 15일 정도 계속하여 근무하였다면 그 요건이 충족된다.[155]

148) 대판 1973.9.25, 71다1078.
149) 1979.3.21, 법무811-6870.
150) 대판 1991.10.25, 91도1685.
151) 대판 1991.11.8, 91다27730.
152) 1987.7.28, 근기01254-12062.
153) 대판 1998.6.14, 87다카2268; 대판 2001.2.23, 2000다61312.
154) 대판 1996.12.10, 96다42024.
155) 대판 1995.7.11, 93다26168.

(2) **휴직기간**

계속근로연수는 재직연수를 의미하므로 휴직기간도 계속근로연수에 포함된다.[156]

(3) **군복무기간**

판례는 근속연수에 통산되어 승진의 경우에는 반영되나 퇴직금의 지급기간까지 가산하는 것은 아니라하여 부정한다.[157]

(4) **기업의 조직변동(합병 · 분할 · 양도)**

기업의 동일성이 유지되면서 근로관계가 포괄 승계되어 근로관계의 계속성이 유지되는 한 계속근로로 통산된다.[158] 예컨대 영업양도의 경우,[159] 폐업회사와 신설회사가 실질적으로 동일한 경우,[160] 계열기업 간의 이동[161] 등이다.

(5) **고용형태가 변경된 경우**

일용직 · 임시직 근로자, 시용기간 · 수습기간의 근로자가 정식직원으로 계속근무한 경우 계속근로로 인정한다.[162]

3. 퇴직할 것

(1) **퇴직사유 불문**

자진퇴직이든 징계해고이든 퇴직의 사유를 불문한다.

(2) **퇴직금의 지급의무 발생시기**

근로계약이 존속하는 동안에는 원칙적으로 퇴직금 지급의무가 발생할 여지가 없으므로, 퇴직금은 퇴직이라는 근로관계의 종료를 요건으로 하여 비로소 발생한다. 그러므로 매월의 급여 속에 퇴직금 명목으로 일정 금원을 지급했다고 하더라도 그것은 퇴직금으로서의 효력이 없다.[163]

(3) **예외 – 퇴직금의 중간정산**

퇴직금은 근로자가 퇴직할 때 지급함이 원칙이나, 근로자가 요구하는 경우 퇴직 전이라도 계속 근로한 기간에 대한 퇴직금을 미리 정산하여 지급할 수 있다.

Ⅲ. 퇴직금의 산정방법 및 지급방법

1. 기본원칙: 법정퇴직금

사용자는 근로자에게 계속근로 1년에 대해 30일분의 평균임금을 지급하여야 한다. 이 경우 평균임금의 계산은 근로기준법 제2조 제1항 제6호에 따라 산정한다. 계속근로연수가 1년 이상인 경우 1년에 미달하는 기간에 대하여는 그 기간에 비례하여 퇴직금을 지급하여야 한다.[164]

156) 대판 1976.3.9, 75다872.
157) 대판 1993.1.15, 92다41986.
158) 대판 1991.11.12, 91다12806.
159) 대판 1990.11.27, 90다5429; 대판 2001.7.24, 2001다24662.
160) 대판 1987.2.24, 84다카1409.
161) 서울지판 1991.3.31, 90가합3682.
162) 대판 1980.5.27, 80다617; 대판 1986.10.28, 86다카1347.
163) 대판 2005.3.11, 2005도467; 대판 2002.7.12, 2002도2211.
164) 대판 1987.9.22, 86다카1651.

퇴직금은 퇴직 당시의 평균임금을 기준으로 하여 산정하며,[165] 매년도의 평균임금을 기준으로 산정하지 아니한다.

2. 약정퇴직금

(1) 의 의

당사자간 노사자치규범 등으로 약정퇴직금제도를 두고 있는 경우 그에 따른다. 다만 약정퇴직금액은 법정퇴직금액을 상회하는 경우에만 유효하다.

(2) 법정퇴직금과 산정방법이 다른 경우

약정퇴직금 제도에 의한 산정방법이 법정퇴직금 제도와 다른 경우(예컨대, 평균임금의 일부 항목이 누락된 누진제), 법정퇴직금 제도에서 규정한 최저기준을 상회하는 것이라면 산정방법의 일부가 법규정과 다르다 할지라도 이를 무효라고 볼 수는 없다.[166]

3. 특별한 사정으로 평균임금이 현저히 적거나 많은 경우

퇴직일 이전 3월간의 임금이 특별한 사유로 인하여 통상의 경우보다 '현저하게' 적거나 많은 경우, 이를 그대로 평균임금 산정의 기초로 삼을 것인지가 문제가 된다. 이에 대해 판례는 "그 사유가 발생한 날 이전 3월간에 그 근로자에 대하여 지급된 임금이 특별한 사유로 인하여 통상의 경우보다 현저하게 적거나 많을 경우에도 이를 그대로 평균임금 산정의 기초로 삼는다면, 이는 근로자의 통상의 생활을 종전과 같이 보장하려는 제도의 근본취지에 어긋난다"[167]고 하여 부정하고 있다.

4. 지급방법

퇴직금도 임금의 성격을 가지고 있다. 따라서 근로기준법상 임금에 대한 법적 보호를 받을 수 있음은 물론이다. 예컨대, 균등처우의 원칙, 위약예정의 금지, 전차금상쇄의 금지, 직접불·통화불의 원칙, 임금채권의 압류제한·소멸시효 및 임금채권우선변제 금품청산 등에 관한 규정이 적용된다.[168] 다만, 매월 1회 이상 정기불의 원칙은 퇴직금의 성질상, 전액불의 원칙은 퇴직보험제도의 연금수령인정에 따라 적용되지 아니한다.

그리고 사용자는 퇴직일로부터 14일 이내에 퇴직금을 지급하여야 한다. 그렇지 않을 경우 체불일부터 실제지불일까지 지연된 일수만큼 연 20%의 지연이자가 부과된다(근기법 제36조 및 제37조, 동법 시행령 제17조).

Ⅳ. 퇴직금차등제도의 금지

1. 기본원칙

(1) 의 의

퇴직금제도를 설정함에 있어서 하나의 사업 내에 차등제도를 두어서는 아니 된다. 하나의 사업장에

165) 대판 1991.6.28, 90다14560.
166) 대판 1992.5.9, 92다6716.
167) 대판 1995.2.28, 94다8631.
168) 대판 1996.4.26, 95다2562; 대판 1996.9.10, 96다6141.

서 직종별 또는 직위별로 그 지급방법을 달리하는 퇴직금제도는 금지된다. 즉 퇴직근로자의 임금이 당해 근로자의 직종 · 직위로 인하여 다른 근로자의 임금과 다르기 때문에 결과적으로 퇴직금액에 차이가 발생하는 것은 무방하나, 다른 근로자와의 퇴직금산정방법이 다르기 때문에 퇴직금액에 차이가 나는 것은 금지되는 것이다.

(2) 차별의 내용

금지되는 차별의 내용으로는 퇴직금산정에서 기초임금의 범위, 근속연수의 산정 및 누진율의 적용 등 일체의 차별이 포함된다.

(3) 구체적 예

하나의 사업 내에서 퇴직금의 누진제를 채택하고 있는 경우 ⅰ) 직위별 및 직종별로 누진율을 달리하거나, ⅱ) 누진율을 동일하게 하되 일정한 근속연한을 가산하여 주는 것 또는 ⅲ) 입사시기에 따라 퇴직금 지급률을 달리하는 것[169]은 퇴직금차등금지의 원칙에 위배된다.

2. 예 외

(1) 기존근로자와 신규근로자

취업규칙에서 정하고 있는 퇴직금제도의 불리한 변경에 대하여 근로자대표가 동의하지 아니하는 경우 ⅰ) 기존 근로자에게는 변경 전의 퇴직금제도를 그대로 적용하고, ⅱ) 신규근로자에게는 변경된 새로운 취업규칙을 적용하는 것은 근로기준법 제34조의 퇴직금차등금지의 원칙에 위배되지 않는다.[170]

(2) 단체협약의 적용 여부

단체협약의 적용을 받는 자와 받지 않은 자의 차별은 퇴직금차등제도 금지에 위배되지 않는다.[171]

(3) 기업변동

기업의 합병 · 양도 등 조직변경으로 인해 근로관계가 포괄승계된 근로자와 기존근로자의 퇴직금제도가 다른 경우에도 차등제도로 보지 않는다.[172]

Ⅴ. 퇴직금의 중간정산제

1. 의 의

사용자는 근로자의 요구가 있는 경우에는 근로자가 퇴직하기 전에 당해 근로자가 계속 근로한 기간에 대한 퇴직금을 미리 정산하여 지급할 수 있다. 이 경우 미리 정산하여 지급한 후의 퇴직금 산정을 위한 계속근로연수는 정산시점부터 새로이 기산한다.

퇴직금의 중간정산제도는 근로자가 원하는 경우 퇴직금이라는 목돈을 수령할 수 있게 하는 동시에 사용자의 퇴직금적립의무를 경감시킬 수 있다는 취지하에서 인정되었는데, 제도가 퇴직금 지급의무 회피의수단으로 악용되어 최근 중간정산 사유를 정하여 요건을 강화하였다.

169) 대판 2002.6.28, 2001다77970.
170) 대판 1992.12.22, 91다45165.
171) 대판 1987.4.28, 86다카2507.
172) 대판 1995.12.26, 95다41695.

2. 요 건

최근 근로자퇴직급여보장법이 개정되어 2012년 7월 26일부터 무주택자의 주택구입 등의 특별한 사유에 대해서만 중간정산을 허용된다.[173)]

이러한 중간정산요건을 갖춘 근로자의 요구와 사용자의 승낙이 있어야 퇴직금의 중간정산이 유효하게 성립한다. 이 경우 사용자가 근로자의 중간정산 요구에 반드시 응할 의무가 있는 것은 아니고, 또한 근로자 개인의 개별적 요구가 없는 한 사용자는 중간정산을 강제할 수도 없다.

3. 효 과

(1) 퇴직전 중간정산액 지급

근로자의 요구가 있는 경우에는 근로자가 퇴직하기 이전 일지라도 근무한 기간에 해당하는 퇴직금을 미리 지급할 수 있다.

(2) 계속근로연수의 단절

퇴직금 중간정산이 유효하게 이뤄지면, 정산된 시점부터 새로운 퇴직금 산정을 위한 계속근로연수가 시작된다. 다만, 퇴직금이외의 승진 · 승급 및 연차유급휴가 등의 산정시에는 계속근로연수가 지속적으로 합산된다.

4. 적법하지 아니한 중간정산

(1) 사 례

1) 퇴직 · 재입사의 형식을 취하는 경우 또는 영업양도 · 전직의 경우 근로자에게 퇴직 및 재입사의 형식을 취하게 하는 경우, 또는 영업양도 · 합병 · 계열회사로의 전직 등의 경우에 ⅰ) 근로자의 자의적 의사에 따라 퇴직금을 중간정산하는 경우에는 그 중간정산이 유효하나, ⅱ) 사용자의 강요에 의한 것일 때에는 그 중간정산은 무효이며 계속근로연수가 그대로 인정되는 것이 원칙이다.[174)]

2) 사전에 중간정산 규정을 둔 경우 퇴직금을 정기적 · 반복적으로 중간정산할 수 있도록 근로계약 · 취업규칙 · 단체협약 등에 규정했더라도 근로자 개인의 별도 요구가 없는 한 적법한 중간정산이라고 볼 수 없다.[175)] 이러한 경우 유효한 중간정산이 되기 위해서는 ⅰ) 퇴직금 중간정산에 관한 약정이라고 볼 수 있는 명백한 자료(예컨대, 서면에 의한 근로조건의 명시)와 ⅱ) 근로자의 요구가 있어야 할 것이다.

(2) 적법하지 아니한 중간정산의 효과

개별근로자의 구체적 요구 없이 사용자가 일방적으로 실시하는 중간정산은 무효가 되므로, 근로자는 최종 퇴직 당시의 평균임금을 기초로 산정한 퇴직금액에서 중간에 정산하여 지급받은 금액을 뺀 나머지를 추가로 지급받을 수 있다.

---

173) 중간정산의 사유는 ⅰ) 무주택자인 가입자가 본인의 명의로 주택을 구입하는 경우, ⅱ) 가입자 또는 그 부양가족이 질병·부상에 따라 6개월 이상 요양을 하는 경우, ⅲ) 최근 5년 이내에 가입자가 파산선고를 받은 경우, ⅳ) 최근 5년 이내에 가입자가 개인회생절차 개시의 결정을 받은 경우, ⅴ)무주택자인 근로자가 주거를 목적으로 전세금 또는 주택임차에 따른 보증금을 부담하는 경우(해당 사업에 근로하는 기간 중 1회에 한함), ⅵ) 고용보험법 시행령에 따른 임금피크제를 실시하는 경우, ⅶ) 천재지변 등 고용노동부령으로 정하는 사유와 요건을 갖춘 경우.

174) 대판 2001.9.18, 2000다60630.

175) 대판 2002.7.12, 2002도2211.

[관련판례] 퇴직금

1. 퇴직금의 법적 성질 ①(대판 1969.1.21, 68다2130)

일반적으로 근로 계약에 있어 노동 조건으로 퇴직금에 관한 사항이 포함됨을 원칙으로 할 뿐 아니라 퇴직금은 근로계약이 얼마간 계속되다가 그 근로 계약이 종료될 때에 근로자에게 지급되는 **후불적 임금의 성질**을 띤 것으로 근로기준법 제18조(현행 제2조 제1항 제5호)에서 말하는 임금에 해당한다 할 것이고 따라서 퇴직금 청구권은 같은 법 제41조(현행 제49조)의 2년(근퇴법 제8조)의 단기 소멸 시효에 걸린다 할 것이다.

2. 퇴직금의 법적 성질 ②(대판 1995.10.12, 94다36186)

[1] 한국수자원공사의 퇴직금감액 규정은 정부투자기관인 한국수자원공사의 직원으로 하여금 재직 중 성실하고 청렴하게 근무하도록 유도하기 위한 것으로서 그 목적의 정당성이 인정될 뿐 아니라, 제한의 사유를 업무와 관련한 범죄행위로 인하여 금고 이상의 형을 선고받거나 징계처분에 의한 파면이라는 중대한 사유가 발생한 경우로 한정하고, 제한의 범위도 근로기준법 제28조(현행 근퇴법 제8조) 소정의 최저 퇴직금 제도에 위배되지 아니함으로써 그 수단의 상당성과 법익의 균형성도 갖춘 것으로서 사유재산권을 보장한 헌법 규정에 위배된다고 볼 수 없고 또한 헌법상의 이중처벌금지 규정이나 평등권 규정에 위배된다고도 볼 수 없다.

[2] 퇴직금은 **후불 임금으로서의 성격** 이외에도 **사회보장적 급여로서의 성격과 공로보상으로서의 성격**을 아울러 가지는 것인 점에 비추어, 한국수자원공사의 퇴직금감액 규정이 퇴직금의 본질에 어긋나는 것이라고 볼 수 없다.

3. 퇴직금 청구권의 사전 포기 약정 및 부제소특약의 효력(무효)(대판 1998.3.27, 97다49732)

퇴직금은 사용자가 일정기간을 계속근로하고 퇴직하는 근로자에게 그 계속근로에 대한 대가로서 지급하는 후불적 임금의 성질을 띤 금원으로서 구체적인 퇴직금청구권은 계속근로가 끝나는 퇴직이라는 사실을 요건으로 하여 발생되는 것인바, 최종 퇴직시 발생하는 퇴직금청구권을 사전에 포기하거나 사전에 그에 관한 민사상 소송을 제기하지 않겠다는 부제소특약을 하는 것은 강행법규인 근로기준법에 위반되어 무효이다.

4. 퇴직 후의 퇴직금 관련 부제소 합의(대판 1999.11.23, 99다52329; 대판 2006.12.8, 2005다36762)

회사와의 근로관계를 장차 일정한 시점에서 종료시키기로 하고 그 퇴직을 전제로 하여 퇴직금 또는 퇴직위로금 등을 수령하면서 향후 퇴직 또는 퇴직금과 관련하여 회사에 대하여 어떠한 청구나 이의도 하지 않겠다는 내용의 부제소 합의를 하는 것은 퇴직금의 사전포기에 해당하지 않고 따라서 근로기준법에 위반되지 않는다고 할 것이다.

5. 매월 분할지급 받은 퇴직금 명목 금품의 의미(대판(전합) 2010.5.20, 2007다90760)

[1] 사용자와 근로자가 매월 지급하는 월급이나 매일 지급하는 일당과 함께 퇴직금으로 일정한 금원을 미리 지급하기로 약정(이하 '퇴직금 분할 약정')하였다면, 그 약정은 구 근로기준법 제34조 제3항(현행 근로자퇴직급여보장법 제8조 제2항) 전문 소정의 퇴직금 중간정산으로 인정되는 경우가 아닌 한 최종 퇴직 시 발생하는 퇴직금청구권을 근로자가 사전에 포기하는 것으로서 강행법규인 같은 법 제34조에 위배되어 무효이고, 그 결과 퇴직금 분할 약정에 따라 사용자가 근로자에게 퇴직금 명목의 금원을 지급하였다 하더라도 **퇴직금 지급으로서의 효력이 없다.** 그런데 근로관계의 계속 중에 퇴직금 분할 약정에 의하여 월급이나 일당과는 별도로 실질적으로 퇴직금을 미리 지급하기로 한 경우 이는 어디까지나 위 약정이 유효함을 전제로 한 것인바, 그것이 위와 같은 이유로 퇴

직금 지급으로서의 효력이 없다면, 사용자는 본래 퇴직금 명목에 해당하는 금원을 지급할 의무가 있었던 것이 아니므로, 위 약정에 의하여 이미 지급한 퇴직금 명목의 금원은 같은 법 제18조 소정의 '근로의 대가로 지급하는 임금'에 해당한다고 할 수 없다. 이처럼 사용자가 근로자에게 퇴직금 명목의 금원을 실질적으로 지급하였음에도 불구하고 정작 퇴직금 지급으로서의 효력이 인정되지 아니할 뿐만 아니라 같은 법 제18조 소정의 임금 지급으로서의 효력도 인정되지 않는다면, 사용자는 법률상 원인 없이 근로자에게 퇴직금 명목의 금원을 지급함으로써 위 금원 상당의 손해를 입은 반면 근로자는 같은 금액 상당의 이익을 얻은 셈이 되므로, 근로자는 수령한 퇴직금 명목의 금원을 부당이득으로 사용자에게 반환하여야 한다고 보는 것이 공평의 견지에서 합당하다.

[2] 구 근로기준법 제42조(현행 제43조) 제1항 본문에 의하면 임금은 통화로 직접 근로자에게 그 전액을 지급하여야 하므로 사용자가 근로자에 대하여 가지는 채권으로써 근로자의 임금채권과 상계를 하지 못하는 것이 원칙이고, 이는 경제적 · 사회적 종속관계에 있는 근로자를 보호하기 위한 것인바, 근로자가 받을 퇴직금도 임금의 성질을 가지므로 역시 마찬가지이다. 다만 계산의 착오 등으로 임금을 초과 지급한 경우에, 근로자가 퇴직 후 그 재직 중 받지 못한 임금이나 퇴직금을 청구하거나, 근로자가 비록 재직 중에 임금을 청구하더라도 위 초과 지급한 시기와 상계권 행사의 시기가 임금의 정산, 조정의 실질을 잃지 않을 만큼 근접하여 있고 나아가 사용자가 상계의 금액과 방법을 미리 예고하는 등으로 근로자의 경제생활의 안정을 해할 염려가 없는 때에는, 사용자는 위 초과 지급한 임금의 반환청구권을 자동채권으로 하여 근로자의 임금채권이나 퇴직금채권과 상계할 수 있다. 그리고 이러한 법리는 사용자가 근로자에게 이미 퇴직금 명목의 금원을 지급하였으나 그것이 퇴직금 지급으로서의 효력이 없어 사용자가 같은 금원 상당의 **부당이득반환채권을 갖게 된 경우에 이를 자동채권으로 하여 근로자의 퇴직금채권과 상계**하는 때에도 적용된다. 한편 민사집행법 제246조 제1항 제5호는 근로자인 채무자의 생활보장이라는 공익적, 사회 정책적 이유에서 '퇴직금 그 밖에 이와 비슷한 성질을 가진 급여채권의 2분의 1에 해당하는 금액'을 압류금지채권으로 규정하고 있고, 민법 제497조는 압류금지채권의 채무자는 상계로 채권자에게 대항하지 못한다고 규정하고 있으므로, 사용자가 근로자에게 퇴직금 명목으로 지급한 금원 상당의 부당이득반환채권을 자동채권으로 하여 근로자의 퇴직금채권을 상계하는 것은 퇴직금채권의 2분의 1을 초과하는 부분에 해당하는 금액에 관하여만 허용된다고 봄이 상당하다.

6. 계속근로년수의 산정 ①(대판 1982.4.13, 81다카137)

일용노동자로서 근무하다가 정규사원으로 임명되어 계속 근무한 경우 각 그 근무기간을 통산한 기간이 퇴직금 산정의 기초가 되는 계속근무기간에 해당하고 일용노동자로서의 근무기간과 정규사원으로서의 근무기간의 퇴직금 지급율을 각기 달리할 것이 아니다.

7. 계속근로년수의 산정 ②(대판 1995.7.11, 93다26168)

근로계약이 만료됨과 동시에 근로계약기간을 갱신하거나 동일한 조건의 근로계약을 반복하여 체결한 경우에는 갱신 또는 반복한 계약기간을 모두 합산하여 계속근로년수를 계산하여야 한다.

8. 공백기간과 계속근로연수(대판 2006.12.7, 2004다29736)

근로계약기간이 만료하면서 다시 근로계약을 맺어 그 근로계약기간을 갱신하거나 동일한 조건의 근로계약을 반복하여 체결한 경우에는 갱신 또는 반복된 계약기간을 합산하여 계속 근로 여부와 계속 근로 연수를 판단하여야 하고, 갱신되거나 반복 체결된 근로계약 사이에 일부 **공백기간**이 있다 하더라도 그 기간이 전체 근로계약기간에 비하여 길지 아니하고 계절적 요인이나 방학 기간 등 당해 업무의 성격에 기인하거나 대기 기간 · 재충전을 위한 휴식 기간 등의 사정이 있어 그 기간 중 근로를 제공하지 않거나 임금을 지급하지 않을 상당한 이유가 있다고 인정되는 경우에는 **근로관계의 계속성은 그 기간 중에도 유지**된다.

9. 회사의 경영방침에 따른 사직 · 재입사와 계속근로연수(대판 1988.5.10, 87다카2578)

근로자가 회사의 경영방침에 따라 사직원을 제출하고 회사가 이를 받아들여 퇴직처리를 하였다가 즉시 재입사하는 형식을 취함으로써 근로자가 그 퇴직전후에 걸쳐 실질적인 근로관계의 단절이 없이 계속 근무하였다면 그 사직원제출은 근로자가 퇴직을 할 의사 없이 퇴직의사를 표시한 것으로서 비진의의사표시에 해당하고 재입사를 전제로 사직원을 제출케 한 회사 또한 그와 같은 진의 아님을 알고 있었다고 봄이 상당하다 할 것이므로 위 사직원제출과 퇴직처리에 따른 퇴직의 효과는 생기지 아니한다.

10. 약정퇴직금의 효력(대판 1991.12.13, 91다32657)

근로기준법 제28조 제1항은 사용자가 퇴직하는 근로자에게 지급할 퇴직금의 하한선을 규정한 것으로 보아야 할 것이므로, 회사가 직원의 퇴직금 산정을 위한 **평균임금 계산에 있어서** 위 **근로기준법의 규정과는 달리 일부 임금을 제외하여 평균임금을 산정**하고 있더라도 퇴직금액이 회사가 정한 누진적 지급률을 채택한 결과 위 **법조에서 보장한 하한선을 결과적으로 상회한다면 위 회사의 퇴직금 지급을 위법이라고 할 수 없다.**

제13절 금품청산

Ⅰ. 서 설

근로관계가 종료된 후에도 근로자가 당연히 받아야 할 임금 등의 금품이 조속히 지급되지 않는다면, 근로자는 금품을 받기 위하여 사업장에 남아 있는 등 부당하게 사용자에게 예속되기 쉽고 또한 근로자 및 근로자가족의 생활이 위협 받을 우려가 있다. 또한 기일이 경과함으로써 금품의 반환에 따르는 불편과 시비가 야기될 수 있다.

이를 방지하기 위해 근로기준법은 근로자가 사망 또는 퇴직한 경우에는 사용자가 14일 이내에 임금 · 보상금 기타 일체의 금품을 지급하도록 의무화하고 있다(근기법 제36조).

그러나 이러한 규정에도 불구하고 법위반시 사용자에게 형사처벌만이 부과되어 실제로는 임금체불이 지속되어 근로자의 권리구제에 많은 문제를 야기시키고 있다. 그리하여 최근 근로기준법 개정을 통하여 지연이자제, 반의사불벌죄 등을 '신설'하여 근로자의 체불임금 보호를 위한 실효성을 확보하였다.

Ⅱ. 금품청산의 내용

1. 금품청산의 요건

(1) 근로자의 사망 또는 퇴직

근로자가 사망 또는 퇴직한 경우에 사용자는 14일 이내에 일체의 금품을 지급해야 한다. 여기서 '퇴직'은 사직만이 아니라 해고, 합의해지, 정년도달 등 근로관계가 종료되는 모든 사유를 포함한다. 즉 근로관계가 종료하면, 그 사유를 불문하고, 사용자에게 금품 지급의무가 발생하는 것이다.

(2) 지급사유가 발생한 때

구법에서는 "그 권리자가 청산을 요구한 때"로 되어 있었으나, 현행법에서는 "그 지급사유가 발생한 때"로 개정되었다. 그러므로 근로자가 요구할 필요도 없이 근로관계의 종료와 함께 사용자에게는 당연히 금품청산의 의무가 발생하는 것이다.

2. 금품청산의 대상

청산되어야 할 금품은 임금 · 퇴직금, 재해보상금 및 근로관계의 존재로 인하여 사용자에게 지급 의무가 있는 일체의 '모든 금품'이다. 따라서 임금이나 재해보상금만이 아니라 사용자가 관리하고 있던 저축금(동법 제22조), 근로계약 해지시의 귀향여비(동법 제19조), 해고로 인한 종료의 경우에는 해고예고수당(동법 제26조) 등도 지급하여야 한다.

3. 금품청산의 시기

(1) 원 칙

금품청산은 그 지급사유가 발생한 때로부터 14일 이내에 이루어져야 함이 원칙이다. 금품청산의 기산점은 근로자의 퇴직, 해고 및 사망 등 근로관계 종료로 지급사유가 발생한 시점이다. 퇴직의 경우 사용자가 사직서를 수리한 날이 기산점이 되며, 만일 사용자가 사직서를 수리하지 않은 때는 사직서를 제출한 날로부터 30일이 경과한 날이다. 금품청산의 기일을 법으로 정한 취지는 사용자로 하여금 기일 내에 퇴직금 등을 근로자에게 어김없이 지급하도록 강제함으로써 근로자의 생활안정을 도모하고자 하는 데에 있다.[176)]

(2) 예 외

다만, 특별한 사정이 있는 경우에는 당사자 간의 '합의'에 의하여 기일을 연장할 수 있다(동법 제36조 단서). 사용자가 사업의 부진 등으로 자금압박을 받아 이를 지급할 수 없었다는 것만으로는 특별한 사정이 있는 경우에 해당하지 않는다.[177)]

여기서 "특별한 사정이 있는 경우"란 천재, 사변 기타 이에 준하는 부득이한 사정이 있는 경우 또는 최소한 사용자가 모든 성의와 전력을 다했어도 임금의 체불이나 미불을 방지할 수 없었다는 것이 사회통념상으로 긍정될 정도를 말한다.[178)]

Ⅲ. 체불임금보호의 실효성 확보

1. 입법취지

IMF 이후 경제상황의 악화로 임금체불사건이 증가하고 있음에도 그간 근로기준법에서는 체불사업주에 대한 형사처벌만을 규정하고 있어, ⅰ) 고의적인 임금체불이 아닌 경우에도 경제적인 채무불이행에 대한 형벌을 과하게 부과함으로써 전과자를 양산하는 부작용을 발생했고, ⅱ) 근로자의 경우에도 임금체불이 계속될 경우 많은 시간과 경비가 소요되는 민사구제절차에 따라야 하므로 실질적인 권리구제(임금확보)에 한계를 지니고 있었다. 이에 근로기준법 및 동법 시행령을 개정하여 '미지급 임금 · 퇴직금에 대한 지연이자제'와 '체불사업주에 대한 반의사불벌죄'를 신설하였고, 또한 '무료법률구조서비스'도 함께 제공하여 근로자의 체불임금 보호에 대한 실효성을 확보하였다.

2. 지연이자제 도입

(1) 지연이자제의 개념

퇴직 또는 사망으로 인하여 근로관계가 종료된 근로자에 대하여 사업주가 임금 · 퇴직금을 지급사유가 발생한 날부터 14일 이내에 지급하지 않았을 경우, 사용자는 체불일부터 실제지불일까지 지연된 일수만큼 연 20%의 지연이자를 지급해야 한다(근기법 제37조 제1항, 동법 시행령 제17조). 다만, 임금 · 퇴

176) 대판 1993.7.13, 92도2089.
177) 대판 1997.9.30, 97도1490; 대판 2002.11.26, 2002도649.
178) 대판 1988.5.10, 87도2098; 대판 1988.2.9, 87도2509.

직금의 지급 지연 사유가 천재 · 사변, 법원의 파산선고 · 화의개시결정 · 노동부장관의 도산 등 사실인정, 파산법 · 예산회계법 등 법령상 제약 등에 해당하는 경우에는 지연이자율(20%)의 적용이 배제된다(동법 제37조 제2항, 동법 시행령 18조).

(2) **도입취지**

근로자가 체불 임금 · 퇴직금을 확보하기 위해 민사소송을 제기한 경우 '소송촉진 등에 관한 특례법(제3조)'에 따라 채무자에게 소장 부본 송달 그 다음날부터 완제시까지 연 20%의 이자가 부과된다. 그러나 이러한 제도는 잘 알려져 있지 않아 근로자는 민사소송을 제기하기 어려울 뿐만 아니라 사용자는 지불능력이 있어도 고의로 그 지급을 미루는 사례가 많다. 따라서 지불능력이 있음에도 불구하고 그 지급을 지연 · 회피하는 사용자에게 체불시부터 연 20%의 지급의무를 부과하여, i) 체불임금의 발생을 예방하고 ii) 조기청산을 유도하여 근로자의 실질적 권리구제를 강화하기 위하여 동 제도를 도입한 것이다.

3. 반의사불벌죄 시행

(1) **반의사불벌죄의 개념**

반의사불벌죄란 피해자가 처벌을 희망하지 않는다는 의사를 명백히 한 때에는 처벌할 수 없는 죄를 말한다. 이는 근로기준법상 제36조(금품청산), 제43조(임금지불), 제44조(도급사업에 대한 임금지급), 제46조(휴업수당), 제56조(연장, 휴일, 야간 근로) 등 주로 임금지급과 관련된 규정을 위반한 자에 대하여 적용된다(동법 제109조 제2항).

(2) **도입취지**

반의사불벌죄 시행 이전에는, 사용자의 입장에서는 고의적인 임금체불이 아닌 경우에도 형벌이 부과되어 전과자를 양산하게 되고, 근로자의 입장에서도 체불사업주가 벌금형을 받아 벌금을 납부하여 임금체불이 계속되는 등의 부작용이 발생한다.

체불사업주에 대한 처벌 여부를 피해근로자의 의사에 맡김으로써 체불사건의 원만한 해결을 촉진하고 형사처벌제도의 합리적 · 효과적 운영을 위해 도입한 것이다.

(3) **적용 요건**

반의사불벌죄를 적용하기 위해서는 피해근로자가 '처벌을 희망하지 않는다' 또는 '처벌의 의사표시를 철회한다'는 내용의 '명시적인' 의사표시가 있어야 한다.

이러한 의사표시가 있으면 근로감독관은 수사를 종결하고 체불사업주에 대하여 처벌을 하지 않으며, 근로자는 '처벌을 희망하지 않는다'는 의사표시를 한 후에는 이를 번복할 수 없으므로 추후 재진정 또는 재고소를 할 수 없다. 따라서 근로자가 이러한 법적 효과를 제대로 알지 못해 피해를 입는 일이 발생하지 않도록 근로감독관의 충분한 설명과 함께, 취하서에 근로자 본인의 서명을 받는 등의 과정이 필요할 것이다.

4. 체불사업주 명단 공개 및 체불자료 제공

최근 근로기준법이 개정되어 체불사업주 명단 공개와 체불자료를 제공하도록 하였다. 이는 악의적이고 상습적인 체불사업주와 고액 체불사업주에 대한 임금지급의 실효성을 강화하기 위한 것이다. 아울러 체불사업주의 재산파악을 위해 신용정보집중기관에 체불사업주에 관한 정보제공도 제도화 하였다(근기법 제43조의2 및 제43조의3).

5. 무료법률구조서비스 제공

(1) 무료법률구조서비스의 개념

체불근로자가 임금 · 퇴직금과 지연이자를 확실히 받을 수 있도록 2005년 7월 1일부터 소장작성, 보전처분, 강제집행 등 일체의 소송서비스를 대한법률구조공단을 통해 무료로 지원한다. 이에 소요되는 비용은 노동부가 '임금채권보장기금'을 통해 지원한다.

(2) 도입취지

사업주가 근로감독관의 지도에도 불구하고 체불임금을 지급하지 않을 경우 근로자는 임금채권 확보를 위해 별도의 민사소송을 제기해야 하는 어려움이 있다. 민사소송 제기를 어려워하는 근로자에게 무료로 일체의 법률서비스를 제공해줌으로써 근로자의 권익보호에 실질적인 도움을 주기 위해 도입한 것이다.

(3) 신청절차

근로자가 무료법률구조서비스를 신청하려면 ⅰ) 지방노동관서에 임금체불에 대한 사건을 접수하고, ⅱ) 근로감독관의 조사 후 '체불금품확인원'을 받아, ⅲ) 관할 대한법률구조공단지부(출장소)에 신청하면 된다.

[관련판례] 금품청산

1. 금품청산의무 위반죄의 성부

자금사정 악화로 인한 퇴직금 체불과 근로기준법 제109조 위반죄의 성부(대판 1993.7.13, 92도2089)

근로기준법 제109조, 제30조(현행 제36조)에서 규정하는 퇴직금 등의 기일 내 지급의무는 사용자로 하여금 기일 내에 퇴직금을 근로자에게 어김없이 지급하도록 강제함으로써 근로자의 생활안정을 도모하고자 하는 데에 그 입법취지가 있으므로 사용자가 퇴직금 지급을 위하여 최선의 노력을 다하였으나 경영부진으로 인한 자금사정 등으로 지급기일 내에 **퇴직금을 지급할 수 없었던 불가피한 사정**이 인정되는 경우에는 **퇴직금체불의 죄책을 물을 수 없다.**

2. 금품청산의무와 특별한 사정

사업의 부진이 근로기준법 제30조(현행 제36조) 단서 소정의 퇴직금지급 연기사유에 해당하는지 여부(대판 1987.5.26, 87도604)

사용자가 사업의 부진 등으로 자금압박을 받아 이를 지급할 수 없었다는 것만으로는 이를 근로기준법 제30조(현행 제36조) 단서 소정의 퇴직금 지급기일을 연장할 수 있는 "특별한 사정"이라고는 할 수 없다

제14절 근로관계 종료 후의 근로자 보호

Ⅰ. 서 설

근로관계는 근로계약의 체결로 성립하고 근로계약의 종료사유의 발생으로 소멸한다. 근로관계의 종료사유에는 대체로 ⅰ) 사용자에 의한 해고, ⅱ) 근로자에 의한 사직 , ⅲ) 합의해지, ⅳ) 기간의 만료, ⅴ) 정년 및 ⅵ) 당사자의 소멸 등이 있다.

근로자는 임금을 목적으로 근로를 제공하는 자로서 근로의 제공은 근로자의 유일한 생계수단이 되고 있다. 따라서 근로관계가 종료될 때에는 근로자의 생존권에 큰 위협을 가져온다 할 것이므로 근로자의 임금보호, 생존권 보장, 고용관계의 안정성 및 직업선택의 자유 보장을 위한 법적 · 제도적 장치가 마련되어야 할 것이다.

근로기준법, 임금채권보장법, 고용보험법, 산업안전보건법, 산업재해보상보험법, 국민연금법 등에 근로관계 종료 후의 근로자 보호방안에 대해 규정하고 있다.

Ⅱ. 근로기준법상의 보호

1. 퇴직급여제도(제34조)

2. 임금채권의 우선변제(제38조)

3. 귀향여비 지급(제19조)

4. 금품청산(제36조)

5. 사용증명서 교부(제39조)

6. 취업방해 금지(제40조)

7. 소멸시효제도(제49조)

8. 정리해고 후 우선 재고용 의무(제25조)

Ⅲ. 임금채권보장법상의 보호

1. 의 의

기업의 도산으로 퇴직한 근로자가 '임금 · 휴업수당 및 퇴직금(임금 등)'을 지급받지 못한 경우 국가가 임금채권보장기금에서 사업주를 대신하여 일정범위의 체불임금 · 휴업수당 및 퇴직금을 지급함으로써 근로자와 가족의 기본적인 생활안정을 도모하는 제도이다.

2. 지급사유

노동부장관은 사업주가 파산 등 대통령령이 정하는 사유에 해당하는 경우에 퇴직한 근로자의 미지급 임금 등을 사업주를 대신하여 지급한다(임금채권보장법 제7조 제1항). 이 경우 대통령령이 정하는 사유라 함은 ⅰ) 채무자회생 및 파산에 관한 법률에 의한 「파산의 선고」, ⅱ) 채무자회생 및 파산에 관한 법률에 의한 「회생절차개시의 결정」, ⅲ) 「노동부장관의 도산 등 사실인정」을 말한다(동법 시행령 제4조).

3. 지급범위

노동부장관이 사업주를 대신하여 지급하는 미지급 임금 등을 체당금이라 하는데, 그 범위는 ⅰ) 근로기준법 및 근로자퇴직급여보장법상 최우선변제가 인정되는 「최종 3월분의 임금」과 「최종 3년간의 퇴직금」, ⅱ) 근로기준법 제46조에 의한 「최종 3월분의 휴업수당」이다(임금채권보장법 제7조 제2항).

다만, 체당금은 근로자의 퇴직 당시의 연령 등을 고려하여 그 상한액을 제한할 수 있으며, 체당금이 적은 경우에는 지급하지 아니할 수 있다(동법 제7조 제2항 단서).

Ⅳ. 고용보험법상의 보호

1. 의 의

고용보험제도라 함은 근로자가 실업으로 인하여 그 소득의 원천을 잃게 되면 일정 조건에 따라 취업할 때까지 실업급여를 지원하고, 취업알선 및 능력개발을 비롯한 고용안정 및 고용구조 개선을 국가 전체적인 차원에서 추진해 나갈 수 있도록 하는 사회보장제도이다.

이 제도는 실업급여 외에 근로자의 구직활동지원, 직업능력개발 및 고용구조조정 등 각종 고용촉진활동 등이 포함된다는 점에서 실업보험과 다르다.

2. 내 용

(1) 고용안정 · 직업능력개발사업

국내외 경기의 변동, 산업구조의 변화 등으로 고용상태가 불안하게 되는 것에 대비하고 근로자들이 직업생활기간 동안 자신의 직업능력을 개발, 향상시킬 수 있도록 노동부장관이 피보험자 및 피보험자였던 자, 그 밖에 취업할 의사를 가진 자(이하 "피보험자 등"이라 한다)에 대한 실업의 예방, 취업의 촉진, 고용기회의 확대, 직업능력개발 · 향상의 기회 제공 및 지원, 그 밖에 고용안정과 사업주에 대한 인력확보를 지원하기 위한 사업을 말한다.

(2) 실업급여사업

근로의 능력과 의사가 있음에도 불구하고 비자발적인 이유로 실업상태에 있는 근로자가 생계를 유지하면서 조속한 시일 내에 다시 취업할 수 있도록 지원하는 사업으로 실업급여는 구직급여와 취직촉진수당으로 구분되며, 취직촉진수당은 ⅰ) 조기재취업수당, ⅱ) 직업능력개발수당, ⅲ) 광역구직활동비, ⅳ) 이주비로 나뉜다.

Ⅴ. 산업안전보건법상의 보호

특정작업 이직자의 건강관리를 위하여, 노동부장관은 건강장해가 발생할 우려가 있는 업무로서 노동부령이 정하는 업무에 노동부령이 정하는 기간 이상 종사한 근로자에 대하여 건강관리수첩을 교부하여야 한다(산안법 제44조 제1항).

건강관리수첩을 교부받은 자는 당해 건강관리수첩을 타인에게 양도 또는 대여하여서는 아니 되며(동법 제44조 제2항), 수첩소지자가 산업재해보상보험법시행령 제29조의 규정에 의하여 요양급여를 신청하는 경우에는 수첩을 제출함으로써 동 재해에 관한 의사의 초진소견서의 제출에 갈음할 수 있다.

Ⅵ. 산업재해보상보험법상의 보호

근로자가 보험급여를 받을 권리는 퇴직으로 인하여 소멸되지 아니한다(산재보험법 제59조 제1항). 또한 보험급여의 수급권자가 사망한 경우에 그 수급권자에게 지급하여야 할 보험급여로서 아직 지급되지 아니한 보험급여가 있는 때에는 당해 수급권자의 유족(유족급여의 경우에는 그 유족급여를 받을 수 있는 다른 유족)의 청구에 의하여 그 보험급여를 지급하여야 하며(동법 제53조 제1항), 그 수급권자가 사망 전에 보험급여를 청구하지 아니한 때에는 동항의 규정에 의한 유족의 청구에 의하여 그 보험급여를 지급하여야 한다(동법 제53조 제2항).

Key Word

➪ 근로관계의 종료, 해고, 경영상 해고(정리해고), 해고예고, 구제신청, 행정적 구제, 사법적 구제

기출문제

(1) 해고의 예고 (1회, 86년, 25점)
(2) 정리해고의 요건에 대하여 논하라. (4회, 93년, 50점 / 7회, 98년, 50점 / 17회, 08년, 50점)
(3) 근로관계 종료 후의 근로자 보호에 대하여 논하라. (5회, 95년, 50점)
(4) 부당해고 구제절차 (9회, 00년, 50점 / 14회, 05년, 50점)
(5) 근기법상 부당해고에 대한 노동위원회의 구제명령의 이행 확보수단 (16회, 07년, 25점)
(6) 근기법상 해고절차의 제한 가운데 「해고의 예고」 및 「해고의 서면통지」 (18회, 09년, 50점)

연습문제

(1) 사법적 구제에 대하여 약술하시오.
(2) 해고의 절차에 대하여 약술하시오.

제 9 장 비정규직

제1절 비정규직 보호법 개요

Ⅰ. 비정규직의 개념 Ⅱ. 비정규직법의 입법배경 1. 비정규직 현황 2. 입법배경	Ⅲ. 추진경과 1. 노사정위원회 논의 시작 2. 정부법안 국회 제출 3. 국회 심의 및 의결

Ⅰ. 비정규직의 개념

비정규직근로자라는 용어는 법적으로 정의되어 있는 용어가 아니며, 또한 그 용어의 사용도 비전형근로, 비정형근로, 불완전노동 등 다양하게 사용되고 있다.

그러나 그 명칭은 달라도 일반적으로 사용자와 직접 근로계약을 체결하여(근로기준법 제2조 제1항 제4호) 사업장 내에서(제2조 제1항 제1호) 전일제(full-time, 통상근로자)로 근무하면서(제2조 제1항 제8호) 근로계약기간의 정함이 없이 정년까지 고용이 보장되는((구)근기법 제16조) 정규직 근로자와 구별되는 개념으로 통용되고 있다.

비정규직근로자의 특징을 개략적으로 유형화하면 정규직 근로자와 대비된다는 의미에서 ⅰ) 근로계약기간의 정함 유무, ⅱ) 근로시간의 길이, ⅲ) 고용계약의 다면성 내지 직접성 여부, ⅳ) 형식적으로는 독립사용자로서의 지위를 지니지만 실질적으로는 사용종속관계에 있는 고용형태 등으로 구분할 수 있다.[1)] 비정규직근로자의 특징은 위의 요소들이 복합적으로 나타나는 경우가 대부분이다.

Ⅱ. 비정규직법의 입법배경

1. 비정규직 현황

비정규직에 대한 차별과 남용은 우리 사회의 대표적인 사회 양극화 현상 중 하나이다. 비정규직의 규모가 지속적으로 증가하여 전체 임금근로자(2006년 8월 1,535만명)의 1/3을 넘어섰음에도, 비정규직에 대한 차별대우도 개선되지 않고 있었다.

비정규직 월평균임금은 정규직의 62.8%(2006년 8월)[2)]로 상당한 격차가 존재하고 있으며, 사회보험

1) 특수형태근로종사자(특수고용직종사자)는 엄밀히 보면 근로자성이 없으므로 법적 개념으로 비정규직 근로자라고 할 수는 없으나, 정규직 근로자에 대한 상대적인 개념이라는 측면에서 넓게 본다면 사회적 의미 차원에서의 비정규직에 속한다고도 할 수 있을 것이다.

2) 정규직 대비 비정규직의 월평균 임금수준(통계청): 63.5%('01) ⟶ 67.1%('02) ⟶ 61.3% ('03) ⟶ 65.0%('04)

에서 제도적 차별은 거의 해소되었으나 실제 적용률이 현저히 낮고, 상여금과 기업복지 측면에서도 비정규직의 소외현상이 나타나고 있었다.

2. 입법배경

(1) 차별과 남용의 개선

비정규직 보호의 기본원칙은 '불합리한 차별 금지'와 '무분별한 남용 규제'이다. 그동안 비정규직을 차별과 남용으로부터 보호할 수 있는 법적 · 제도적 장치 미흡하여 비정규직의 고용을 금지하자는 의견도 있지만, 이미 일반적인 고용형태로 자리 잡은 현실을 감안할 때, 비정규직에 대한 적정한 보호를 통하여 고용안정과 노동시장 유연화를 조화시킬 필요가 있게 되었다.

(2) 기업의 합리적인 고용기준 마련 필요

기업은 숙련이 필요한 상시적 일자리에는 정규직을 고용하거나 고용하고 있는 비정규직을 정규직으로 전환하고, 비정규직은 임시적 업무에 고용하도록 법 · 제도적 기반이 필요하게 되었다.

(3) 비정규 입법은 사회적 대화의 결과물

비정규직과 관련하여 '01년 이후 노사정위원회 논의, 국회 노사정 대화 및 법안심의 등 충분한 대화와 타협을 통해 공감대를 형성하게 되었다. 이후 국회 환노위 · 법사위를 거쳐 여야 합의로 의결된 법률은 우리 경제와 노동환경을 고려한 합리적 · 현실적 선택의 결과라고 할 수 있다.

Ⅲ. 추진경과

1. 노사정위원회 논의 시작

외환위기 이후 비정규직 문제가 제기되자 노사정위원회는 2001년 7월 '비정규직근로자 대책 특별위원회'를 구성하고 2년간 100여 차례 회의 · 토론회 · 실태조사를 실시하고 제도개선 방안을 논의하였으나, 노사 간 이견으로 합의에 실패하고 2003년 7월 그간의 논의결과를 정부로 이송하였다.

2. 정부법안 국회 제출

정부는 노사정위원회의 논의결과를 토대로 입법예고 · 공청회 등 의견수렴 과정을 거쳐 비정규직 보호 관련 3개 법안[3]을 2004년 11월 8일 국회에 제출하였다.

3. 국회 심의 및 의결

국회 차원에서의 노사정 대화(26차례) 및 법안 심의를 하였고, 2006년 2월 27일 환경노동위원회 전체회의에서 열린우리당 · 한나라당 의원 합의로 정부안을 수정 의결하고, 2006년 11월 30일 국회 본회의에 직권 상정하여 의결하였고, 2007년 7월 1일 시행되었다.

→ 62.6%('05) → 62.8%('06).

3) 「기간제 및 단시간근로자 보호 등에 관한 법률(제정)」, 「파견근로자 보호 등에 관한 법률(개정)」, 「노동위원회법(개정)」.

제 2 절 비정규직 차별금지 및 시정절차

Ⅰ. 서 설

1. 입법배경

비정규직 근로자의 규모가 지속적으로 증가하고 정규직과의 임금 등 근로조건에서 상당한 격차가 존재함에도 종전의 노동법 하에서는 비정규직에 대한 차별을 금지하는 규정이 없었다. 종전에 근로기준법 제6조 또는 고평양립법에서 금지하는 차별의 사유는 성별 · 국적 · 신앙 · 사회적 신분 등 이른바 '인격적 요소(본성적 사유)'에 불과하였고, 고용형태에 따른 차별을 금지한 것은 아니었다.

이러한 비정규직(기간제 · 단시간 · 파견) 근로자의 차별을 법적 · 제도적으로 보호하기 위해 2001년 노사정위원회의 논의를 시작으로 하여 정부가 국회에 비정규직법안[4]을 제출하였고, 2006년 11월 30일 국회 본회의에서 의결(공포 2006.12.21)되어 2007년 7월 1일 시행되고 있다.

2. 비정규직 차별금지의 의의

헌법 제11조[5]는 국민의 평등권을 규정하고 있는데, 헌법상의 평등원칙은 일체의 차별적 대우를 부정하는 절대적 평등을 의미하는 것이 아니라 입법과 법의 적용에 있어서 합리적인 근거가 없는 차별을 금지하는 상대적 평등을 뜻하는 것으로, 합리적 근거가 있는 차별 또는 불평등은 평등원칙에 반하지 않는다.[6] 따라서 비정규직법에서 금지하는 것도 경력 · 자격 · 책임 · 근속연수 등에 따른 근로조건의 합리적 차이가 아닌, '고용형태'에 따른(즉 비정규직 근로자임을 이유로 하는) '불합리한 차별'을 의미한다.

---

4) 「기간제 및 단시간근로자 보호 등에 관한 법률(제정)」, 「파견근로자 보호 등에 관한 법률(개정)」, 「노동위원회법(개정)」.

5) "모든 국민은 법 앞에 평등하다. 누구든지 성별·종교 또는 사회적 신분에 의하여 정치적·경제적·사회적·문화적 생활의 모든 영역에 있어서 차별을 받지 아니한다(헌법 제11조 제1항)".

6) 헌법재판소 1998.9.30, 98헌가7 결정.

이러한 비정규직법은 비정규직 근로자에 대한 불합리한 차별처우 금지를 명문화하고, 그 실효성 확보를 위하여 '노동위원회'를 통한 차별시정절차를 마련하고 차별 여부에 관한 입증책임을 사용자에게 부여하는 등의 특징을 갖고 있다.

3. 입법체계

'기간제 및 단시간근로자 보호 등에 관한 법률(이하 '기단법')'에서 기간제 및 단시간근로자에 대한 불합리한 차별처우 금지 원칙을 법률로 명문화하고 노동위원회를 통한 차별시정절차를 규정하고 있다. 또한 '파견근로자 보호 등에 관한 법률(이하 '파견법')'에서는 파견근로자에 대한 차별적 처우 금지를 규정하고, 그 시정절차에 대해서는 기단법을 준용하고 있다.

이러한 비정규직 차별금지 및 시정절차 규정에 따라 '노동위원회법'에서는 심판위원회 · 조정위원회 등의 부문별 위원회에 추가하여 차별시정 사건을 처리하는 '차별시정위원회'를 구성하고 차별시정담당 공익위원을 심판 및 조정담당 공익위원과 구분하여 위촉하였다.

Ⅱ. 적용범위

1. 기간제 및 단시간근로자

(1) 5인 이상 사업장

기단법은 상시 5인 이상의 근로자를 사용하는 모든 사업 또는 사업장에 적용된다(기단법 제3조 제1항 전단). 상시 사용하는 근로자에는 일용직, 외국인근로자(불법취업자 포함), 단시간근로자 등 모두 포함되나, 파견법상의 파견근로자는 포함되지 않는다.

(2) 적용 제외

동거의 친족만을 사용하는 사업 또는 사업장과 가사사용인에 대하여는 적용되지 아니한다(기단법 제3조 제1항 후단).

(3) 4인 이하의 사업장

상시 4인 이하의 근로자를 사용하는 사업 또는 사업장에 대하여는 대통령령이 정하는 바에 따라 이 법의 일부 규정을 적용할 수 있다(기단법 제3조 제2항).

(4) 국가 및 지방자치단체

국가 및 지방자치단체의 경우 사업장 규모에 관계없이 근로기준법이 전면 적용되고 있으므로(근로기준법 제11조) 이 법 역시 상시 사용하는 근로자 수에 관계없이 전면 적용된다(기단법 제3조 제3항). 그러므로 국가 및 지자체의 경우는 공무원 신분이 아닌 근로자가 단 1명만 있어도 이 법이 전면 적용된다.

2. 파견근로자

파견근로자의 차별적 처우 금지 및 시정절차에 관한 규정은 사용사업주가 상시 4인 이하의 근로자를 사용하는 경우에는 적용하지 아니한다(파견법 제21조 제4항).

파견법은 원칙적으로 상시 근로자 1인 이상의 모든 사업장에 적용되나, 기단법의 차별 관련 규정이 상시 5인 이상의 근로자를 사용하는 사업 또는 사업장에만 적용된다는 점을 고려한 규정이다.

Ⅲ. 차별적 처우의 금지

1. 의 의

종전까지는 근로기준법 제6조 또는 고평양립법에서는 성별 · 국적 · 신앙 · 사회적 신분 등 이른바 '인격적 요소(본성적 사유)'를 이유로 하는 차별을 금지하고 있을 뿐, 고용형태(기간제 · 단시간 · 파견근로자)를 이유로 한 차별처우를 금지하는 규정은 없었다.

비정규직 사용의 주된 이유는 인건비 절감에 있는데, 차별처우를 규제할 제도적 수단이 미비하여 비정규직의 무분별한 남용과 차별을 막을 수 없었다. 이에 노동시장의 건전한 발전 · 양극화 해소 · 사회통합 등을 위한 차별해소 법안을 마련하게 된 것이다.

2. 차별적 처우의 개념

"차별적 처우"란 임금 그 밖의 근로조건 등에 있어서 합리적인 이유 없이 불리하게 처우하는 것을 말한다(기단법 제2조 제3호, 파견법 제2조 제7호).

3. 차별적 처우의 금지

(1) 기간제 및 단시간근로자

사용자는 '기간제근로자(또는 단시간근로자)'임을 이유로 '당해 사업 또는 사업장'의 동종 또는 유사한 업무에 종사하는 '기간의 정함이 없는 근로계약을 체결한 근로자(또는 통상근로자)'에 비하여 차별적 처우를 하여서는 아니 된다(기단법 제8조 제1항, 제2항).

(2) 파견근로자

파견사업주와 사용사업주는 파견근로자임을 이유로 '사용사업주의 사업 내'의 동종 또는 유사한 업무에 종사하는 근로자에 비하여 파견근로자에게 차별적 처우를 하여서는 아니 된다(파견법 제21조 제1항).

4. 차별적 처우의 판단기준

(1) 비정규직(기간제 · 단시간 · 파견근로자)임을 이유로

근로자의 기술 · 능력 등이 아닌 고용형태상의 차이를 이유로 한 차별처우는 불합리한 차별에 해당된다. 여기서 비정규근로자임을 "이유로" 차별적 처우를 하지 못하도록 규정함으로써 사실상 인과관계를 요건으로 하고 있음을 알 수 있다. 이때의 인과관계는 '객관적 인과관계'로 판단하면 충분할 것이다. 즉 사용자의 주관적인 차별의사가 존재했는지 여부와 관계없이 객관적으로 보아 차별이 있고 그러한 차별이 비정규직이라는 점에 기인한 것으로 볼 수 있다면 충분한 것으로 이해될 수 있을 것이다.

(2) 당해 사업 또는 사업장(사용사업주의 사업 내)에서

기간제 · 단시간근로자의 차별에 있어 비교 대상 정규직 근로자는 당해 사업 또는 사업장 안의 근로자로 한정되며, 같은 산업 · 지역 차원의 동종 · 유사한 업무에 종사하는 정규직 근로자는 비교대상이 아니다.

그러나 파견근로자의 경우에는 근로자파견제도의 특성상 당해 사업이 아닌 '사용사업주의 사업 내의 근로자'가 비교 대상이 된다.

(3) 동종 또는 유사한 업무에 종사하는

비교대상 정규직 근로자의 범위를 동종 업무뿐만 아니라 유사 업무에 종사하는 자로 규정하여 차별금지 원칙의 비교대상을 폭넓게 규정하고 있다.

(4) 정규직 근로자에 비하여(비교대상자)

비교 주체(구제 신청권자)	비교 대상자
기간제근로자[7]	기간의 정함이 없는 근로계약을 체결한 근로자(무기계약 근로자)
단시간근로자[8]	통상근로자(전일제근로자)
파견근로자[9]	사용사업주의 사업 내에 (사용사업주에게 고용되어) 종사하는 근로자

(5) 차별적 처우를 하여서는 아니 된다

금지되는 "차별적 처우"란 임금 그 밖의 근로조건 등에 있어서 '합리적인 이유 없이' 불리하게 처우하는 것을 말한다(기단법 제2조 제3호, 파견법 제2조 제7호).

또한 "불리한 처우"란 비정규직근로자가 비교대상자(정규직)에 비하여 낮은 조건으로 취급받는 것을 의미하는 것이며, 임금 그 밖의 근로조건에 있어서 비정규직근로자임을 이유로 하여 구별(distinction), 배제(exclusion)를 통하여 불리한 결과를 야기케 하는 것을 의미한다. 불리한 처우의 여부는 비정규직근로자를 중심으로, 합리적 이유의 존부는 사용자를 중심으로 판단해야 할 것이다.

Ⅳ. 차별적 처우의 시정신청

1. 의 의

(1) 차별금지의 실효성 확보

비정규직법의 가장 큰 특징 중 하나는 비정규직 근로자에 대한 차별을 단순히 금지하는 데 그치지 않고, 차별을 시정하기 위한 적극적인 행정절차를 따로 마련하고 있다는 점이다. 즉 비정규직근로자로 하여금 노동위원회에 그 시정을 신청하여 적절한 구제를 받을 수 있도록 하고 있다. 이를 위해 노동위원회는 그 산하에 차별시정위원회를 설치하고 있다.

노동관계법에는 차별금지규정이 다수 존재하나,[10] 전통적인 사법절차(법원)와는 별도로 당해 사건을 전담하기 위해 설치된 행정기구(행정적 차별시정제도)를 통해서도 그 시정 또는 구제를 받을 수 있는 제도는 없는 실정이었다.[11]

---

7) 기간의 정함이 있는 근로계약(기간제 근로계약)을 체결한 근로자(기단법 제2조 제1호).

8) 1주간의 소정근로시간이 당해 사업장의 동종 업무에 종사하는 통상근로자의 1주간의 소정근로시간에 비하여 짧은 근로자(기단법 제2조 제2호, 근로기준법 제2조 제1항 제8호).

9) 파견사업주가 고용한 근로자로서 근로자파견의 대상이 되는 자(파견법 제2조 제5호).

10) 근로기준법 제6조(성, 국적, 신앙, 사회적 신분을 이유로 한 차별금지), 고평양립법 제7조 내지 제12조(성을 이유로 한 모집·채용, 임금 기타 금품, 교육·배치 및 승진, 정년·퇴직 및 해고 등에서의 차별금지와 특수한 성차별로서 직장 내 성희롱의 금지).

11) 종전 고평양립법에서는 동법에 의한 분쟁의 조정과 남녀고용평등의 실현에 관한 사항을 협의하기 위하여 지방노동행정기관에 설치되었던 조정기구로 '고용평등위원회'를 두고 있었으나, 2005.12.30. 법개정으로 폐지되고 고용평등위원회의 업무는 국가인권위원회로 일원화되었다.

(2) 비정규직 차별시정제도의 특징

기존의 노동관련 차별시정제도와 신설되는 비정규직 차별시정제도를 비교해 보면, 후자에는 다음과 같은 특징이 있다. i) 첫째, 신청권자 및 신청대상에서의 한정성이다. 신청권자는 비정규직 근로자에 한정되며, 신청대상이 되는 차별도 비정규직임을 이유로 한 차별에 국한된다. 즉 계약의 형식 또는 고용형태에 따른 차별만이 비정규직 차별시정제도에서 다루어지게 된다. ii) 둘째, 구제절차에서 조정방식과 심판절차의 병행이다. 기존의 차별시정제도는 조정방식이 주를 이루거나(노동위원회 이외의 기구에 의한 것) 심판방식만을 채용하였지만(노동위원회에 의한 것),[12] 비정규직 차별시정제도는 조정 · 중재 등의 조정방식과 조사 · 심문 등을 거치는 심판방식을 병행한다. iii) 셋째, 심문과정에서 사용자의 입증책임을 명시하고 있다. iv) 넷째, 시정방식을 차별적 행위의 중지, 근로조건 개선 명령, 적절한 금전보상 등으로 다양화하였다. v) 다섯째, 노동위원회 시정명령의 이행을 확보하기 위해 과태료처분을 두고 있다.

2. 노동위원회 차별시정절차

노동문제에 전문성이 있는 노동위원회에 차별시정위원회를 설치하여 차별시정의 판단 · 명령을 하도록 하고 있다. 차별금지원칙이 명문화됨에 따라 근로자가 직접 법원에 차별시정을 구하는 소송을 제기할 수도 있을 것이나, 소송기간 및 비용부담 등을 고려할 때 신속 · 저렴한 행정절차(준사법절차)를 마련할 필요가 있어 노동위원회에 차별시정위원회를 설치 · 운영하는 것이다.

3. 고용노동부장관의 차별적 처우 시정요구

그동안 비정규직 차별처우에 대하여는 당사자가 노동위원회에 직접 시정신청을 통해서만 구제를 받아왔다. 이로 인해 실효성에 의문이 제기되었고 도입이후 신청건수가 계속적으로 감소하였다. 이를 보완하기 위하여 최근 개정법에서는 고용노동부장관은 사용자가 제8조를 위반하여 차별적 처우를 한 경우에는 그 시정을 요구할 수 있도록 하였다(기단법 제15조의2 및 파견법 제21조의2).

4. 차별시정신청

차별적 처우를 받은 기간제 · 단시간 · 파견근로자는 차별적 처우가 있은 날(계속되는 차별적 처우의 경우는 그 종료일)부터 3월 이내에 노동위원회에 차별시정 신청을 할 수 있도록 하고 있다(기단법 제9조 제1항, 파견법 제21조 제3항).

5. 차별적 처우의 구체적 명시

비정규직 근로자가 차별시정신청을 하는 때에는 차별적 처우의 내용을 구체적으로 명시하여야 한다(기단법 제9조 제2항).

차별시정의 신청권자는 자신이 비정규직이라는 사실, 잠정적 비교대상자, 임금 기타 근로조건에서의 차별적 처우를 일응 인증할 수 있는 정도의 사실 주장 등을 명시하여야 할 것이다. 이에 반해 정확한 비교대상자, 차별적 처우의 자세한 사항 등을 명시하게 하는 것은 제도취지에 맞지 않는다 할 것이다.

---

12) 노조 및 조정법 제81조 제1호와 제5호(정당한 조합활동 등을 이유로 한 차별금지)에 의한 부당노동행위 구제.

6. 신청 절차 · 방법

차별시정신청 절차 · 방법 등에 관하여 필요한 사항은 중앙노동위원회가 따로 정한다(기단법 제9조 제3항).

7. 사용자의 입증책임 부담

비정규직법은 차별시정절차의 실효성을 높이기 위해 차별금지와 관련한 분쟁에 있어서 입증책임을 사용자가 부담하도록 규정하고 있다(기단법 제9조 제4항). 이는 근로자보다 사용자가 차별적 처우 여부 판단에 관련된 정보를 많이 보유하고 있어 근로자가 입증하는 데에 어려움이 많을 것이라는 점을 고려하여 마련된 규정이다.

다만, 입증책임이 사용자에게 있다고 하더라도 근로자는 차별시정 신청시 차별적 처우의 내용을 구체적으로 명시하여야 하며(동법 제9조 제2항), 쟁송과정에서 자신의 주장을 입증할 만한 증거자료를 충실히 제시하여 사용자의 주장 · 증거를 배척시키도록 노력해야 할 것이다.

8. 불리한 처우 금지

사용자는 근로자에 대하여 차별시정 신청을 이유로 해고 그 밖의 불리한 처우를 하지 못하며(기단법 제16조 제2호). 이러한 불리한 처우를 한 사용자는 2년 이하의 징역형 또는 1천만원 이하의 벌금형에 처해진다(동법 제21조).[13]

V. 노동위원회의 차별시정절차

1. 조사 · 심문

(1) 조사 · 심문의 내용

노동위원회는 시정신청을 받은 때에는 지체없이 필요한 조사와 관계 당사자에 대한 심문을 하여야 한다(기단법 제10조 제1항). 노동위원회는 심문시 관계 당사자의 신청 또는 직권으로 증인을 출석하게 하여 필요한 사항을 질문할 수 있으며(동법 제2항), 심문시 관계 당사자에게 증거의 제출과 증인에 대한 반대심문을 할 수 있는 충분한 기회를 주어야 한다(동법 제3항).

조사 · 심문의 방법 및 절차 등에 관하여 필요한 사항은 중앙노동위원회가 따로 정하며(제4항), 차별시정사무에 관한 전문적 조사 · 연구업무를 수행하기 위하여 노동위원회에 전문위원을 둘 수 있다(제5항).

(2) 불리한 처우의 금지

근로자가 노동위원회에 참석 및 진술한 것을 이유로 사용자가 해고 그 밖의 불리한 처우를 하지 못하며(제16조 제2호), 불리한 처우를 한 사용자는 2년 이하의 징역형 또는 1천만원 이하의 벌금형에 처해진다(제21조).

---

13) 비정규직 근로자에 대한 "차별적 처우(임금 그 밖의 근로조건 등에 있어서 합리적인 이유 없이 불리하게 처우하는 것)"를 행한 것 자체에 대해서는 벌칙이 적용되지 않는다.

2. 조정 · 중재

(1) 도입 취지

비정규직 차별의 경우 차별 여부를 판정하기 쉽지 않은 경우가 많을 것이며, 이 경우 법적 판단을 거치는 것이 합리적이지 않을 수 있다. 예를 들면, 특정 업무에 종사하는 비정규직 근로자의 임금이 비교대상 정규직의 어느 수준인 경우 차별적 처우에 해당하는지 판단하기 쉽지 않고, 나아가 차별로 판정하더라도 차별시정을 위해 어느 수준으로 조정되는 것이 적절한지를 법적으로 판단하는 것보다 당사자 간에 조정하는 것이 더 효과적일 수 있기 때문이다. 즉 이러한 조정을 통해 분쟁시간 · 비용부담 감소, 결과이행 촉진 등 분쟁에 따른 갈등이 감소될 수 있기 때문이다.

따라서 차별시정의 실효성을 높이기 위해서는 차별여부의 법적 판단에만 의존할 것이 아니라, 조사 · 심문 과정에서 조정 · 중재절차를 활용하는 등 당사자 간의 자율적 해결이 촉진될 필요가 있어 마련된 규정이다.

(2) 조정 · 중재 절차의 개시요건

노동위원회는 심문과정에서 ⅰ) 관계당사자 쌍방 또는 일방의 신청 또는 ⅱ) 직권에 의하여 조정(調停)절차를 개시할 수 있고, 관계당사자가 미리 노동위원회의 중재(仲裁)결정에 따르기로 합의하여 중재를 신청한 경우에 중재를 할 수 있다(기단법 제11조 제1항).

조정 또는 중재의 신청은 시정신청 일부터 14일 이내에 해야 한다. 다만 노동위원회의 승낙이 있는 경우 14일 이후에도 신청할 수 있다(제2항).

(3) 조정 · 중재 결정의 효력

노동위원회는 당사자 쌍방이 조정안을 수락한 경우에는 조정조서를 작성하고, 중재결정을 한 경우에는 중재결정서를 작성하여야 한다(제5항).

이러한 조정 및 중재결정 이행의 실효성을 담보하기 위하여 조정 및 중재결정에 「재판상 화해」와 동일한 효력을 부여하고 있나(제6항). 재판상 화해는 확정판결과 동일한 효력을 가지므로(민사소송법 제220조) 향후 소송에서 이에 저촉되는 내용으로 다툴 수 없고(기판력), 관할 법원에서 집행문을 부여받아 부동산 압류, 동산 인도 등 강제집행이 가능하다(집행력).

(4) 조정 · 중재의 방법 등

노동위원회는 조정절차를 개시하거나 중재신청을 받은 때부터 60일 이내에 조정안을 제시하거나 중재결정을 하여야 하며(제4항), 조정조서에는 관계당사자와 조정에 관여한 위원 전원이 서명 · 날인하고, 중재결정서에는 관여한 위원전원이 서명 · 날인하여야 하며(제6항), 조정 · 중재의 방법, 조정조서 · 중재결정서의 작성 등에 관하여 중앙노동위원회가 따로 정한다(제8항).

3. 시정명령 등(시정명령 또는 기각결정)

노동위원회는 조사 · 심문을 종료하고 차별적 처우에 해당된다고 판정한 때에는 사용자에게 시정명령을 발하고, 차별적 처우에 해당하지 아니한다고 판정한 때에는 그 시정신청을 기각하는 결정을 하여야 한다(기단법 제12조 제1항).

시정명령 및 기각결정은 그 이유를 구체적으로 명시하여 서면으로 관계 당사자에게 각각 교부해야 하며, 이 경우 시정명령의 내용 및 이행기한 등을 구체적으로 기재하여야 한다(제2항).

4. 조정 · 중재 또는 시정명령의 내용

노동위원회의 조정 · 중재 또는 시정명령의 내용에는 차별적 행위의 중지, 임금 등 근로조건의 개선 및 적절한 금전보상 등이 포함될 수 있다(기단법 제13조).

조정 · 중재 또는 차별시정명령의 경우 차별의 유형 및 그에 따른 시정방법도 다양하므로, 개별 사안별로 적절한 방법으로 시정명령을 내릴 수 있도록 하여 차별시정의 실효성을 높이고자 '시정방식을 다양화'한 것이다.

5. 시정명령 등의 확정

(1) 의 의

차별시정명령 및 기각결정에 대하여 불복하는 관계 당사자가 중앙노동위원회 재심신청 및 행정소송 등을 통해 이의를 제기할 수 있도록 절차를 마련하고 구제명령이 확정되는 시기를 정하고자 마련된 규정이다. 이의제기 절차 등에 관하여는 현행 부당노동행위 및 부당해고 구제신청의 불복절차에 준하여 규정하고 있다.

(2) 내 용

지방노동위원회의 시정명령 또는 기각결정에 대하여 불복하는 관계 당사자는 시정명령서 또는 기각결정서를 송달받은 날부터 10일 이내에 중앙노동위원회에 재심을 신청할 수 있다(기단법 제14조 제1항). 중앙노동위원회의 재심결정에 대하여 불복이 있는 관계 당사자는 재심결정서의 송달을 받은 날부터 15일 이내에 행정소송을 제기할 수 있다(제2항).

재심신청기간(10일) 내에 재심을 신청하지 아니하거나 행정소송 제기기간(15일) 내에 행정소송을 제기하지 아니한 때에는 시정명령 · 기각결정 또는 재심결정은 확정된다(제3항).

(3) 불리한 처우의 금지

근로자가 재심신청 및 행정소송을 제기한 것을 이유로 사용자가 해고 그 밖의 불리한 처우를 하지 못하며(제16조 제2호), 불리한 처우를 한 사용자는 2년 이하의 징역형 또는 1천만원 이하의 벌금형에 처해진다(제21조).

6. 시정명령 이행의 실효성 확보

(1) 의 의

노동위원회의 '확정된 시정명령'에 대해 노동부장관의 이행지도, 과태료 부과, 근로자의 신고 절차 등을 규정하여 시정명령 이행의 실효성을 확보하고 있다.

(2) 시정명령 이행상황의 제출요구

노동부장관은 확정된 시정명령에 대하여 사용자에게 이행상황을 제출할 것을 요구할 수 있다(기단법 제15제 제1항). '확정된 시정명령'에 대한 것이므로 지노위의 시정명령 또는 중노위의 재심결정에 대해 관계 당사자가 불복하여 재심신청 또는 행정소송을 제기한 시정명령에 대해서는 적용되지 않는다.

그리고 정당한 이유없이 이행상황 제출요구에 불응한 자에 대하여 500만원 이하의 과태료가 부과된다(제24조 제2항 제1호).

(3) 과태료 부과

사용자가 확정된 시정명령을 정당한 이유 없이 불이행한 것으로 확인될 경우 1억원 이하의 과태료가 부과된다(제24조 제1항).[14)]

(4) 시정명령 불이행의 신고

차별시정을 신청한 근로자는 사용자가 확정된 시정명령을 이행하지 아니하는 경우 이를 노동부장관에게 신고할 수 있다(제15조 제2항).

사용자는 시정명령 불이행을 신고한 근로자에 대하여 불리한 처우를 하지 못하며(제16조 제3호), 불리한 처우를 한 사용자에 대해서는 2년 이하의 징역형 또는 1천만원 이하의 벌금형에 처해진다(제21조).

[그림] 비정규직 차별시정절차

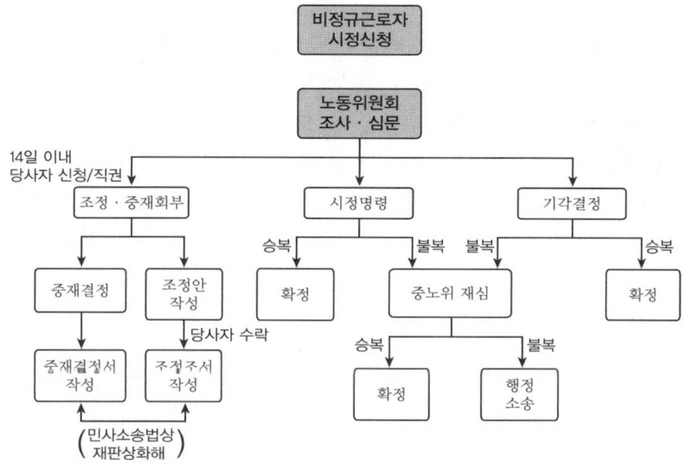

[관련판례] 비정규직 차별시정

1. '동종 또는 유사한 업무에 종사'의 의미(서울행법 2008.10.24. 2008구합6622)

[1] 기간제법 제8조에 의하면 사용자는 기간제 근로자임을 이유로 당해 사업 또는 사업장에서 동종 또는 유사한 업무에 종사하는 정규직 근로자에 비하여 차별적 처우를 하여서는 아니 되는바, 반드시 어떤 정규직 근로자와 기간제 근로자가 수행하는 업무가 서로 완전히 일치하지는 않더라도, 만약 그 **핵심요소(주된 업무의 내용, 작업조건 등)에 있어서 양 근로자 사이에 본질적 차이가 없다면**, 정규직 근로자는 해당 업무와 직접 관련된 자격을 소지하는 반면 비정규직 근로자는 그러한 자격을 소지하지 아니하는 경우와 같이 **양 근로자 사이에 업무의 현저한 질적 차이를 인정할 만한 다른 특별한 사정이 없는 한**, 설령 채용절차나 부수적 업무의 내용 등에 있어서 양 근로자 사이에 차이가 있다 하더라도 이들은 **동종 또는 유사한 업무에 종사한다고 해석**하여야 한다. 이 경우, 양 근로자의 업무 사이에 존재하는 **"현저하지 아니한 질적 차이"**는 이들이 동종 또는 유사한 업무에 종

14) 종전에는 노동위원회의 '확정된 부당노동행위 구제명령' 위반시에만 벌칙(노조법 제89조)이 부과될 뿐, 개별적 근로관계 분야에서는 이러한 제재조치가 없었다(확정된 부당해고 구제명령 위반시 벌칙 등의 제재조치 전혀 없음). 그러나 2007.7.1. 이후부터는 노동위원회의 '확정된 부당해고 구제명령' 불이행시 벌칙이 부과(개정 근로기준법 제113조의2)되고, '확정된 차별시정명령' 불이행시 1억원 이하의 과태료가 부과(기단법 제24조 제1항)되어 개별적 근로관계 분야에서도 노동위원회의 구제·시정명령에 대한 이행의 실효성을 확보하였다.

사한다는 해석을 방해하는 사정이 아니라, 사용자가 이들을 **각기 달리 처우하는 것에 기간제법 제2조 제3호에 따른 "합리적인 이유"가 있음을 뒷받침하는 사정**이 될 수 있을 뿐이다.

[2] … 중략 … 앞에서 본 바와 같이 이들의 업무 사이에 현저한 질적 차이가 있다고 보기 어려운 점, 참가인들의 업무는 원고의 부수적이거나 일시적인 업무가 아니라 본질적이고 상시적인 업무인 점 등에 비추어 보면, "위와 같은 실질적 차이를 고려하여 참가인들과 정규직 근로자들에게 그 액수를 각기 달리 하여 성과상여금을 지급하는 것"에 합리적인 이유가 있는지 여부는 별론으로 하고, "참가인들이 기간제 근로자라는 이유만으로 정규직 근로자들과는 달리 이들에게는 **성과상여금을 전혀 지급하지 아니하는 것"에 합리적인 이유가 있다고 보기는 어려우므로, 이사건 행위에는 합리적인 이유가 있다고 볼 수 없다.**

2. 기간제법상 계속되는 차별적 처우(대법 2011.12.22. 2010두3237)

[1] 사용자가 계속되는 근로 제공에 대하여 기간제근로자 또는 단시간근로자에게 차별적인 규정 등을 적용하여 차별적으로 임금을 지급하여 왔다면 특별한 사정이 없는 이상 그와 같은 임금의 차별적 지급은 기간제법 제9조제1항 단서가 정한 '계속되는 차별적 처우'에 해당한다고 봄이 상당하다.

[2] 원고들이 입사 이후부터 임금 지급에 있어 참가인으로부터 받아 온 일련의 차별적 처우는 참가인의 기간제근로자 운영지침에 기초하여 계속적으로 이루어진 것으로서 '계속되는 차별적 처우'에 해당한다고 보고, 기간제법의 시행일인 2007.7.1. 이후의 임금 지급과 관련된 차별적 처우에 대하여 그 시정을 구할 수 있다고 판단한 원심은 정당하다

제 3 절 기간제근로자

Ⅰ. 서 설

'기간제근로자'라 함은 기간의 정함이 있는 근로계약을 체결한 근로자를 말한다(기단법 제2조). 이와 관련하여 종전 근로기준법은 계약기간의 상한만을 1년으로 제한하고 있을 뿐, 무기근로계약과 구별되는 유기근로계약의 독자적 내용(사유)과 그 반복적 체결 여부(횟수) 등에 관해서는 규제하고 있지 않아 유기근로계약 체결에 원칙적으로 제한이 없었다.[15] 또한 유기계약근로자를 반복 갱신하여 장기간 사용함에 있어 판례에 의한 일정 정도의 제한만 있을 뿐 법적 제한은 없는 실정이었다. 이런 법적 상태에서 유기근로관계는 근로기준법상 해고보호제도를 무력화시킬 수 있는 것이며, 유기계약의 반복 갱신에 대한 판례의 판단기준도 명확치 않고 사안별로 일관성이 없어 시급히 입법적으로 정리할 필요성도 있었다. 다른 한편 유기근로계약이 모든 경우에 해고보호규정을 면하려는 목적으로 체결된 것이라고 볼 수는 없다.[16] 따라서 노동시장의 유연성 제고라는 관점과 함께 유기근로계약에 대한 근로조건 보호라는 관점을 동시에 고려해야 하는 것이다.

이에 기간제 및 단시간근로자 보호 등에 관한 법률(이하 '기단법')이 제정되어 기간제근로자의 사용기간을 2년(기간제 근로계약의 반복갱신의 경우에는 그 계속근로한 총기간 2년)으로 제한하고 2년을 초과하여 사용하는 경우에는 기간의 정함이 없는 근로계약(무기계약)으로 간주하되, 합리적인 사유(유기사업, 특정 프로젝트 완성, 결원 근로자의 대체 등)가 있는 경우에는 예외를 인정하여 2년을 초과하여 기간제근로자를 사용할 수 있게 하는 입법안이 마련되었다.

이러한 기단법은 상시 5인 이상의 근로자를 사용하는 사업 또는 사업장에서 2007년 7월 1일부터 적용되고 있다.

---

15) 종전 근로기준법 제16조는 "근로계약은 기간의 정함이 없는 것과 일정한 사업완료에 필요한 기간을 정한 것을 제외하고는 1년을 초과하지 못한다"라고 규정하고 있었다. 동 규정은 2007.7.1. 기단법 시행으로 폐지되었다.

16) 예컨대 계절업무와 같은 업무 자체의 특성 및 출산휴가중인 근로자를 위하여 대체근로가 요구되거나 예산 및 기간이 제한된 프로젝트업무와 같이 유기근로계약이 불가피한 경우가 있다.

Ⅱ. 기간제근로계약에 대한 기존판례 법리

1. 기간만료의 효과

기간의 정함이 있는 근로계약은 기간의 만료로써 근로관계가 자동적으로 종료된다.[17] 따라서 기간의 만료에 의한 근로관계의 종료는 해고나 사직이 아니기 때문에 당사자의 의사표시를 요하지 않으며 해고예고도 요하지 않는다. 따라서 근로계약기간이 만료할 때 행하는 갱신거절의사의 통지는 해고가 아니다.

2. 기간의 정함이 형식에 불과한 경우

(1) 유기계약이 수차례 반복갱신된 경우

판례는 "기간을 정한 근로계약이라고 하더라도 장기간에 걸쳐서 그 기간의 갱신이 반복되어 그 정한 기간이 단지 형식에 불과하게 된 경우에는 사실상 기간의 정함이 없는 근로계약의 경우와 다를 바 없다"고 판시[18]하였다.

즉 ⅰ) 기간을 정한 근로계약이 장기간 반복 갱신되어, ⅱ) 기간의 정함이 단지 형식에 불과한 경우에는 기간의 정함이 있는 근로관계는 '기간의 정함이 없는 근로계약으로 전환'되어 사용자는 근로기준법 제23조 정당한 이유 없이 근로관계를 종료시킬 수 없다.

(2) 기간의 정함이 형식에 불과한 경우의 의미

기간의 정함이 형식에 불과한지 여부는 계약체결의 횟수나 근로제공 기간에 의해 판단되는 것은 아니다. 판례는 "근로계약이 계약서의 문언에 반하여 기간의 정함이 없는 근로계약이라고 하기 위해서는 계약서의 내용과 근로계약이 이루어지게 된 동기 및 경위, 기간을 정한 목적과 당사자의 진정한 의사, 동종의 근로계약체결방식에 관한 관행, 그리고 근로자보호법규 등을 종합적으로 고려하여 그 기간의 정함이 단지 형식에 불과하다는 사정이 인정되어야 한다"[19]는 태도를 취하고 있다.

3. 계속 고용이 기대되는 경우

기간의 정함이 형식에 불과한 것으로 볼 수 없더라도 제반 사정으로 보아 계속적 고용이 기대되는 경우에는 계약 갱신 거절에는 합리적 이유가 있어야 한다. 즉, 근로계약이 상당기간 반복갱신되어 근로계약기간 만료 후에도 계속 근로관계가 유지될 것으로 기대할 만한 충분한 사정이 있다면, 사용자가 근로계약의 갱신을 거절하기 위해서는 합리적인 이유가 존재해야 한다.[20] 이 경우 계약갱신 거절에 대해 해고제한법리(근기법 제23조 제1항)가 그대로 적용되는 것은 아니고 유추적용되는 것이므로 해고의 '정당한 이유'보다는 완화된 기준인 '합리적인 이유'가 적용된다.

---

17) 대판 1996.8.29, 95다5783, "근로계약기간을 정한 경우에는 근로계약 당사자 사이의 근로관계는 특별한 사정이 없는 한 그 기간이 만료함에 따라 사용자의 해고 등 별도의 조처를 기다릴 것 없이 근로자로서의 신분관계는 당연히 종료된다".

18) 대판 1994.1.11, 93다17843.

19) 대판 1994.1.11, 93다17843; 대판 1995.7.11, 95다9280; 대판 1998.1.23, 97다42489; 대판 2002.2.28, 2001다46365 등.

20) 서울행판 2004.4.8, 2003구합32275.

Ⅲ. 기단법의 입법배경

1. 사용기간 제한규정 없음

종전 근로기준법에서는 근로계약기간의 상한만 1년으로 제한하고 있을 뿐, 유기근로계약의 반복갱신에 대해서는 아무런 제한이 없었다. 유기근로계약 체결에 있어 총 사용기간의 제한이 없기 때문에, 사용자는 1년 이내의 유기계약의 반복갱신을 통하여 해고제한 규정의 회피수단으로 활용할 수 있었다.

2. 명확치 않은 판례의 판단기준

판례는 계약기간 만료시 근로관계가 당연 종료되는 것을 원칙으로 하면서, 수차례 반복갱신된 유기근로계약에 대하여 '기간의 정함이 형식에 불과한 경우'에는 무기근로계약이 된다고 하여 반복갱신의 남용을 일부 제한하고 있었다.

그러나 이렇게 유기계약을 무기계약으로 인정한 경우는 아주 예외적인 상황일 때뿐이어서, 근로자의 승소사례는 별로 없는 상황이었다. 또한 판례의 판단기준도 명확치 않아 사안별로 일관성이 없다. 7~8년간 갱신해도 무기계약 전환을 부정한 예[21]가 있는가 하면, 단 한번 갱신시에도 무기계약으로 인정한 예[22]가 있는 실정이었다.

3. 기간제근로의 남용 문제

사용자가 1년 이내의 기간제 근로계약을 반복 · 갱신함으로써 근로기준법 제23조의 해고제한 규정을 회피하는 수단으로 활용하면서, 기간제근로자의 규모가 증가하고 기간제근로자의 근속기간도 계속 늘어나[23] 상시적인 업무에 기간제근로자를 남용하는 문제가 발생하였다.

이러한 기간제근로자의 남용을 규제하고자, 기단법에서는 기간제근로자의 총 사용기간을 2년으로 제한하고 2년 초과시 무기계약 근로자로 간주하도록 하는 입법안을 마련하게 된 것이다.

Ⅳ. 기간제근로자의 사용

1. 사용기간 제한

기단법은 기간제근로자의 사용기간을 총 2년으로 제한하는 것을 원칙으로 하고 있다. 즉 사용자는 근로자를 사용함에 있어서 2년을 초과하지 아니하는 범위 안에서(기간제 근로계약의 반복갱신 등의 경우에는 그 계속근로한 총기간이 2년을 초과하지 아니하는 범위 안에서) 기간제근로자로 사용할 수 있다(기단법 제4조 제1항 본문).

---

21) 대판 2000.1.28, 98두11137.

22) 대판 2003.11.28, 2003두9336. 기간의 정함이 형식에 불과하다는 것은 당해 근로계약이 갱신되어 '계속 근무할 수 있다는 기대관계'가 형성되어 있다는 것을 의미한다. 그러나 이러한 기대는 반드시 근로계약이 반복갱신된 사실에 의해 사후적으로만 인정되는 것은 아니다"[1)]라고 하여, '최초 재계약거부도 부당해고에 해당'한다고 인정하였다.

23) 기간제근로자의 근속기간: 15개월(2001년) → 22개월(2003년) → 25개월(2006년).

2. 사용기간 제한의 예외

다만 합리적 사유가 있는 경우 2년을 초과하여 기간제 근로자로 사용할 수 있도록 예외를 두고 있다(제4조 제1항 단서).

예외적 사유는 i) 사업의 완료 또는 특정한 업무의 완성에 필요한 기간을 정한 경우, ii) 휴직·파견 등으로 결원이 발생하여 당해 근로자가 복귀할 때까지 그 업무를 대신할 필요가 있는 경우, iii) 근로자가 학업, 직업훈련 등을 이수함에 따라 그 이수에 필요한 기간을 정한 경우, iv) 「고령자고용촉진법」 제2조 제1호의 고령자(만 55세 이상)와 근로계약을 체결하는 경우, v) 전문적 지식·기술의 활용이 필요한 경우와 정부의 복지정책·실업대책 등에 의하여 일자리를 제공하는 경우로서 대통령령이 정하는 경우, vi) 그 밖에 제1호 내지 제5호에 준하는 합리적인 사유가 있는 경우로서 대통령령이 정하는 경우 등이다.

3. 2년 초과시 무기계약 간주

사용자가 제4조 제1항 단서의 '예외 사유'가 없거나 소멸되었음에도 2년을 초과하여 기간제근로자로 사용할 때에는 기간의 정함이 없는 근로계약(무기계약)을 체결한 것으로 간주된다(제4조 제2항). 그러므로 2년을 초과하여 기간제근로자로 사용할 경우, 사용자가 종전에 체결한 근로계약의 기간 만료를 이유로 고용을 종료하면 '해고'에 해당되므로 근로기준법 제23조의 '정당한 이유'가 있어야 한다.[24)]

4. 경과규정

기단법 제4조의 사용기간 제한 등에 관한 규정은 이 법 시행 후 근로계약이 체결·갱신되거나 기존의 근로계약기간을 연장하는 경우부터 적용된다(부칙 제2항).

즉 기간제근로에 대한 반복갱신 제한은 소급 적용되지 않기 때문에, 2007년 7월 1일 이후 기간제 근로계약이 체결·갱신되거나 기존 계약을 연장하는 경우, 그 체결·갱신·연장한 때부터 사용기간을 기산하여 2년을 초과하여 기간제근로자로 사용할 때에 무기계약을 체결한 근로자로 간주된다.[25)]

5. 근로기준법 제16조 폐지

기간제근로자의 사용기간을 2년으로 제한함에 따라 종전 근로기준법 제16조의 근로계약기간 상한(1년) 규정을 폐지하였다(부칙 제3항). 근로계약기간과 기간제근로의 사용기간을 각기 규정할 경우 법 운용에 혼란이 초래될 우려가 있어 이를 일원적으로 규율하기 위한 것이다. 그러므로 근로계약의 양 당사자는 기간제근로의 사용기간 범위(2년) 내에서 계약기간을 자유롭게 설정할 수 있다.

6. 무기계약근로자로의 전환노력

사용자는 무기계약 근로자를 채용하는 경우 당해 사업 또는 사업장의 동종 또는 유사한 업무에 종사하는 기간제근로자를 우선 고용하도록 노력하여야 한다(제5조).

---

24) '사용기간 2년 초과' 자체에 대한 벌칙 등의 제재는 없다.

25) 예시: 2007.1.1.부터 1년 단위 기간제근로계약을 체결한 경우 2008.1.1.부터 2년을 초과한 날인 2010.1.1.에 기간의 정함이 없는 근로계약을 체결한 것으로 간주됨.

V. 기간제근로자의 근로조건

1. 차별적 처우의 금지

사용자는 기간제근로자임을 이유로 당해 사업 또는 사업장에서 동종 또는 유사한 업무에 종사하는 기간의 정함이 없는 근로계약을 체결한 근로자에 비하여 차별적 처우를 하여서는 아니 되며(기단법 제8조 제1항), 차별적 처우를 받은 기간제근로자는 노동위원회에 시정신청을 할 수 있다(제9조 제1항).

2. 근로조건 서면명시

(1) 의 의

종전 근로기준법은 근로계약 체결시에 임금의 구성항목, 계산방법 및 지불방법에 관한 사항에 대해서만 서면으로 명시토록 하고 있었다. 기간제근로자의 권리보호를 강화하기 위해 종전 근로기준법이 서면으로 명시하도록 규정하고 있는 "임금에 관한 사항" 이외에 근로계약기간, 근로시간 · 휴게 등 주요 근로조건에 대해서도 서면 명시해야 할 필요성에 의해 마련된 규정이다.[26]

(2) 서면명시의 내용

사용자는 기간제근로자와 근로계약을 체결하는 때에는 ⅰ) 근로계약기간에 관한 사항, ⅱ) 근로시간 · 휴게에 관한 사항, ⅲ) 임금의 구성항목 · 계산방법 및 지불방법에 관한 사항, ⅳ) 휴일 · 휴가에 관한 사항, ⅴ) 취업의 장소와 종사하여야 할 업무에 관한 사항 등을 서면으로 명시하여야 한다(기단법 제17조).

(3) 서면명시의 방법

서면명시의 방법은 ① 근로계약서에 명시하거나 ② 주요 근로조건이 취업규칙에 명시되어 있을 경우 근로계약서는 개별 근로자에 해당하는 것만 기재하고 그 외 사항은 취업규칙의 내용을 주지시키는 방법 등이 있다.

(4) 위반의 효과

근로조건 서면명시 규정을 위반한 자에 대하여는 500만원 이하의 과태료 부과된다(제24조 제2항 제2호).

---

26) 2007.7.1. 시행되고 있는 개정 근로기준법 제17조는 임금의 구성항목 · 계산방법 · 지급방법 외에 「소정근로시간, 휴일, 휴가」까지도 서면으로 명시하도록 바뀌었다.

제 4 절 단시간근로자

Ⅰ. 서 설

1. 개 념

'단시간근로자'라 함은 당해 사업장의 동종업무에 종사하는 '통상근로자'보다 1주간의 소정근로시간이 '짧은' 근로자를 말한다(근기법 제2조 제1항 제8호). 따라서 통상근로자에 비하여 1시간이 짧더라도 단시간근로자에 해당된다.

2. 입법배경 및 취지

제3차 산업의 발달, 여성노동력인구의 증가 등을 배경으로 단시간근로자가 크게 확산되었다. 사용자측은 업무량의 증감에 따라 임시인력을 활용함으로써 인건비 절감과 근로계약의 탄력성(상대적으로 손쉬운 해고 등)을 확보할 수 있으며, 근로자 측은 주부, 학생, 노령층이 가사, 육아, 학업과 양립이 가능하다는 점에서 단시간근로를 원하고 있다고 볼 수 있다.

그리하여 단시간근로자도 근로기준법상 근로자임을 법에서 확인하고 근로시간에 비례하여 근로조건을 보호하고, 근로기준법상 일부규정의 적용을 배제하여 사용자의 경비부담을 경감시켜 주려는 관련 규정을 입법화한 것이다.

3. 단시간근로의 남용 규제

단시간근로는 가사, 학업 등 근로자의 사정에 의하여 행하여지는 경우가 많음에도 불구하고, 단시간근로자의 초과근로에 대한 규제가 제대로 이루어지지 아니하고 있어 단시간근로의 남용이 문제되고 있다.

이에 최근 제정된 기간제 및 단시간근로자 보호 등에 관한 법률(이하 '기단법')에서는 단시간근로의 본래의 취지가 훼손되지 않도록 단시간근로자의 초과근로시간의 상한(1주 12시간)을 정하고 있다.

Ⅱ. 단시간근로자의 근로조건결정의 원칙

1. 균등처우의 원칙

근로기준법은 근로시간의 길이를 기준으로 단시간근로자와 통상근로자를 구별하고 있다. 따라서 '근로시간이 짧다'는 것을 이유로 하는 합리적 차별을 제외하고는 근로조건 및 기타 대우에 관해서 통상근로자와 차별대우를 받아서는 안 될 것이다.

2. 비율적 결정 원칙

'단시간근로자의 근로조건'은 당해 사업장의 동종 업무에 종사하는 통상근로자의 근로시간을 기준으로 산정한 비율에 따라 결정되어야 한다(동법 제18조 제1항).

한편 현저히 짧은 단시간근로자(1주의 소정근로시간이 15시간 미만)는 근로기준법의 일부 규정이 적용되지 않는데, 이는 사용자 측의 과도한 부담을 경감시키기 위한 것이다. 이 경우에도 적용 제외 규정 외의 다른 근로기준법상 보호규정은 다른 단시간근로자와 마찬가지로 비율 원칙에 따라 결정된 기준이 적용되어야 한다.

Ⅲ. 근로조건 서면명시

1. 서면명시의 내용

사용자는 기간제근로자와 근로계약을 체결하는 때에는 ⅰ) 근로계약기간에 관한 사항, ⅱ) 근로시간·휴게에 관한 사항, ⅲ) 임금의 구성항목·계산방법 및 지불방법에 관한 사항, ⅳ) 휴일·휴가에 관한 사항, ⅴ) 취업의 장소와 종사하여야 할 업무에 관한 사항, ⅵ) 근로일 및 근로일별 근로시간 등을 서면으로 명시하여야 한다(기단법 제17조).

2. 서면명시의 방법

사용자가 단시간근로자를 고용할 경우에는 임금·근로시간 기타의 근로조건을 명확히 기재한 근로계약서를 작성하여 근로자에게 교부하여야 하므로(근로기준법 시행령 제9조 제1항 및 [별표 2] 제1호 가목), 단시간근로자의 근로조건은 '근로계약서'에 명시하여야 할 것이다.

3. 위반의 효과

근로조건 서면명시 규정을 위반한 자에 대하여는 500만원 이하의 과태료가 부과된다(기단법 제24조 제2항 제2호).

Ⅳ. 초과근로 제한

1. 입법취지

종전에는 법정근로시간 이내의 경우에는 단시간근로자의 소정근로시간을 초과하는 초과근로시간을 제한하는 규정이 없었다. 다만, 근로기준법상의 법정근로시간(1일 8시간, 1주 40시간)을 초과한 연장근로에 대해서만 제한(1주 12시간, 50% 가산임금 지급)이 있었다.[27)]

단시간근로자의 경우 근로자의 필요(학업, 가사 등)에 의해 단시간근로를 선택하는 경우가 많은데, 단시간근로자로 고용하여 과다하게 초과근로를 시키는 문제가 발생하여 근로자와 사용자 간에 정한 근로시간을 특별히 보호할 필요성이 생기게 되었다.

2. 단시간근로자의 초과근로 제한

(1) 주요내용

사용자는 단시간근로자에 대하여 소정근로시간을 초과하여 근로하게 하는 경우에는 당해 근로자의 동의를 얻어야 하며, 이 경우 1주간에 12시간을 초과하여 근로하게 할 수 없다(기단법 제6조 제1항). 또한 사용자가 단시간근로자 개인의 동의를 얻지 아니하고 초과근로를 하게 하는 경우에 단시간근로자는 이를 거부할 수 있다(제6조 제2항).

법정근로시간 이내라도 초과근로를 제한(1주 12시간 이내)하고 사용자의 부당한 연장근로 지시에 대한 거부권을 명시한 것이다.

(2) 벌 칙

사용자가 단시간근로자의 동의 없이 초과근로를 하게 하거나 또는 1주간에 12시간을 초과하여 초과근로를 하게 하면 1천만원 이하의 벌금형에 처한다(기단법 제22조).

(3) 불리한 처우 금지

사용자의 부당한 초과근로 요구를 '거부'한 것을 이유로 단시간근로자에 대하여 해고 그 밖의 불리한 처우를 하지 못한다(기단법 제16조 제1호). 이러한 불리한 처우를 한 사용자에 대해서는 2년 이하의 징역형 또는 1천만원 이하의 벌금형에 처한다(기단법 제21조).

3. 가산임금 지급 여부

사용자는 단시간근로자의 초과근로가 법정근로시간 이내라면 가산임금을 지급해야 할 의무는 없다. 그러나 사용자가 초과근로에 대하여 가산임금을 지급하기로 한 경우에는 근로계약서 · 취업규칙 등에 그 지급률을 명시하여야 한다(근로기준법 시행령 제9조 제1항 및 [별표 2] 제3호 가목).

Ⅴ. 그 밖의 근로조건

1. 임금의 계산

(1) 기본원칙

단시간근로자의 임금산정 단위는 시간급을 원칙으로 하며, 시간급임금을 일급통상임금으로 산정할 경우에는 1일 소정근로시간수에 시간급임금을 곱하여 산정한다([별표 2] 제2호 가목).[28)]

(2) '시간급'은 유급휴가시 지급할 임금의 기준이 되고(제4호 마목), '일급통상임금'은 ⅰ) 주휴일,

27) 그러므로 1주간의 소정근로시간이 20시간인 단시간근로자에 대해 1주 32시간까지의 초과근로가 가능했다.
28) 근기법 시행령 제9조 제1항.

ⅱ) 산전후휴가에 대한 지급기준이 된다(제4호 라목).

2. 휴일 · 휴가의 적용

1) 주휴일, 생리휴가, 산전 · 후 휴가 사용자는 단시간근로자에 대하여 유급휴일(근기법 제55조), 생리휴가(동법 제60조), 산전후 · 유사산 휴가(동법 제74조)를 주어야 한다(근기법 시행령 [별표 2] 제4호 가목, 다목). 임금은 '일급통상임금'을 기준으로 한다([별표 2] 제4호 라목).

시간급임금 × 단시간근로자의 4주 동안의 총 소정근로시간 ÷ 통상근로자의 4주간의 총 소정근로일수

2) 연차유급휴가 사용자는 단시간근로자에 대하여 근기법의 규정에 의한 연차유급휴가를 주어야 한다([별표 2] 제4호 나목). 임금은 시간급을 기준으로 한다([별표 2] 제4호 마목). 이 경우 유급휴가는 각각 다음의 방식으로 계산한 시간단위로 하며 1시간 미만은 1시간으로 본다([별표] 제4호 나목).

$$\text{통상근로자의 연차휴가일수} \times \frac{\text{단시간근로자의 소정근로시간}}{\text{통상근로자의 소정근로시간}} \times 8$$

3. 취업규칙의 작성 및 변경

단시간근로자에게 적용되는 취업규칙을 작성 · 변경하는 경우에는 근로기준법 제18조 제1항의 취지에 반하는 내용이 포함되어서는 아니된다([별표] 제5호 라목).

(1) 별도의 취업규칙을 작성하는 경우

사용자는 단시간근로자에 적용되는 취업규칙을 통상근로자의 취업규칙과 '별도로' 작성할 수 있다(제5호 가목). 동 취업규칙의 작성 · 변경의 경우 적용대상이 되는 단시간근로자의 과반수의 의견을 들어야 한다. 다만, 취업규칙을 불이익하게 변경하는 경우에는 그 동의를 얻어야 한다([별표] 제5호 나목).

(2) 별도의 취업규칙을 작성하지 아니하는 경우

단시간근로자에 적용될 별도의 취업규칙을 작성하지 아니한 경우에는 통상근로자에게 적용되는 취업규칙이 적용된다. 다만, 취업규칙에서 단시간근로자에 대하여 적용이 배제되는 규정을 두거나 달리 적용한다는 규정을 둔 경우에는 이에 따른다([별표] 제5호 다목).

4. 단시간근로자와 사회보험

(1) 산재보험

제한 없이 적용된다.

(2) 고용보험

월 소정근로시간이 60시간 미만인 자는 적용이 없다.

Ⅵ. 적용배제

1. 적용배제 대상자

1주간의 소정근로시간이 '현저히 짧은' 단시간근로자에 대하여는 일부규정이 적용되지 아니한다(근기법 제18조 제3항). "1주간의 소정근로시간이 현저히 짧은 단시간근로자"라 함은 4주간(4주간 미만으로 근로하는 경우에는 그 주간)을 평균하여 1주간의 소정근로시간이 15시간 미만인 근로자를 말한다(근기법 시행령 제9조 제2항).

2. 적용배제 규정

1주간의 소정근로시간이 15시간 미만인 근로자에게는 근로자퇴직급여보장법의 '퇴직급여제도', 근로기준법 제55조의 '유급휴일' 및 동법 제60조의 '연차유급휴가'는 적용되지 않는다.

Ⅶ. 차별적 처우의 금지

사용자는 단시간근로자임을 이유로 당해 사업 또는 사업장에서 동종 또는 유사한 업무에 종사하는 통상근로자에 비하여 차별적 처우를 하여서는 아니 되며(기단법 제8조 제1항), 차별적 처우를 받은 단시간근로자는 노동위원회에 시정신청을 할 수 있다(동법 제9조 제1항).

근기법 시행령[별표 2] 단시간근로자의 근로조건 결정기준 등에 관한 사항 (제9조 제1항 관련)

1. 근로계약의 체결
   가. 사용자는 단시간근로자를 고용할 경우에 임금, 근로시간, 그 밖의 근로조건을 명확히 적은 근로계약서를 작성하여 근로자에게 내주어야 한다.
   나. 단시간근로자의 근로계약서에는 계약기간, 근로일, 근로시간의 시작과 종료 시각, 시간급 임금, 그 밖에 노동부장관이 정하는 사항이 명시되어야 한다.
2. 임금의 계산
   가. 단시간근로자의 임금산정 단위는 시간급을 원칙으로 하며, 시간급 임금을 일급 통상임금으로 산정할 경우에는 나목에 따른 1일 소정근로시간 수에 시간급 임금을 곱하여 산정한다.
   나. 단시간근로자의 1일 소정근로시간 수는 4주 동안의 소정근로시간을 그 기간의 통상 근로자의 총 소정근로일 수로 나눈 시간 수로 한다.
3. 초과근로
   가. 사용자는 단시간근로자를 소정 근로일이 아닌 날에 근로시키거나 소정근로시간을 초과하여 근로시키고자 할 경우에는 근로계약서나 취업규칙 등에 그 내용 및 정도를 명시하여야 하며, 초과근로에 대하여 가산임금을 지급하기로 한 경우에는 그 지급률을 명시하여야 한다.
   나. 사용자는 근로자와 합의한 경우에만 초과근로를 시킬 수 있다.
4. 휴일 · 휴가의 적용
   가. 사용자는 단시간근로자에게 법 제55조에 따른 유급휴일을 주어야 한다.
   나. 사용자는 단시간근로자에게 법 제60조에 따른 연차유급휴가를 주어야 한다. 이 경우 유급휴가는 다음의 방식으로 계산한 시간단위로 하며, 1시간 미만은 1시간으로 본다.

$$\text{통상 근로자의 연차휴가일수} \times \frac{\text{단시간근로자의 소정근로시간}}{\text{통상 근로자의 소정근로시간}} \times 8\text{시간}$$

다. 사용자는 여성인 단시간근로자에 대하여 법 제73조에 따른 생리휴가 및 법 제74조에 따른 산전후휴가를 주어야 한다.

라. 가목 및 다목의 경우에 사용자가 지급하여야 하는 임금은 제2호 가목에 따른 일급 통상임금을 기준으로 한다.

마. 나목의 경우에 사용자가 지급하여야 하는 임금은 시간급을 기준으로 한다.

5. 취업규칙의 작성 및 변경

가. 사용자는 단시간근로자에게 적용되는 취업규칙을 통상근로자에게 적용되는 취업규칙과 별도로 작성할 수 있다.

나. 가목에 따라 취업규칙을 작성하거나 변경하고자 할 경우에는 적용대상이 되는 단시간근로자 과반수의 의견을 들어야 한다. 다만, 취업규칙을 단시간근로자에게 불이익하게 변경하는 경우에는 그 동의를 받아야 한다.

다. 단시간근로자에게 적용될 별도의 취업규칙이 작성되지 아니한 경우에는 통상 근로자에게 적용되는 취업규칙이 적용된다. 다만, 취업규칙에서 단시간근로자에 대한 적용을 배제하는 규정을 두거나 다르게 적용한다는 규정을 둔 경우에는 그에 따른다.

라. 가목 및 다목에 따라 단시간근로자에게 적용되는 취업규칙을 작성 또는 변경하는 경우에는 법 제18조 제1항의 취지에 어긋나는 내용이 포함되어서는 아니 된다.

제 5 절 파견근로자

Ⅰ. 서 설

우리나라는 종래 노동조합에 의한 근로자공급사업(직업안정법 제33조)을 제외하고는 어떠한 형태의 근로자파견제도도 금지하는 엄격한 정책을 펴 왔으나, 국내외적으로 산업구조 및 노동시장의 여건의 변화에 따라 파견근로와 같은 간접고용이 증가하였다.

따라서 이미 노동시장 내에서 새로운 고용형태로서 자연발생적으로 확산되고 있는 파견근로에 대한 규제의 필요성이 제기되어, 근로자파견사업을 제도적으로 양성화할 경우의 자격요건 강화 및 난립방지, 그리고 파견사업주와 사용사업주의 노동법상의 책임소재를 명확히 함으로써 파견근로자의 근로조건을 보호해야 할 입법적 과제가 대두되었다.

이러한 배경에서 1998년 2월 20일 파견근로자 보호 등에 관한 법률(이하 '파견법')이 제정되었다. 파견법은 근로자파견사업의 적정한 운영을 기하고 파견근로자의 근로조건 등에 관한 기준을 확립함으로써 파견근로자의 고용안정과 복지증진에 이바지하고 인력수급을 원활하게 함을 목적으로 하고 있다(파견법 제1조).

파견법 시행 이후 파견대상업무의 한정, 불법파견 · 위장도급, 파견근로자에 대한 근로조건 차별

등의 문제가 크게 나타나면서 법 개정의 필요성이 대두되었다. 이에 불법파견에 대한 제재 및 파견근로자에 대한 보호를 강화하기 위하여 2006년 12월 21일 파견법이 개정되어 2007년 7월 1일부터 시행되었다.

Ⅱ. 근로자 파견과 도급 등

1. 근로자 파견의 개념

"근로자 파견"이라 함은 파견사업주가 근로자를 고용한 후 그 고용관계를 유지하면서 근로자파견계약의 내용에 따라 사용사업주의 지휘·명령을 받아 사용사업주를 위한 근로에 종사하게 하는 것을 말한다(파견근로자 보호 등에 관한 법률(이하 '파견법') 제2조 제1호).

그리고 파견사업주가 고용한 근로자 중에 이러한 근로자 파견의 대상이 되는 자를 "파견근로자"라 한다(파견법 제2조 제6호).

[그림 1] 파견근로관계(사용자개념의 분화)[29)]

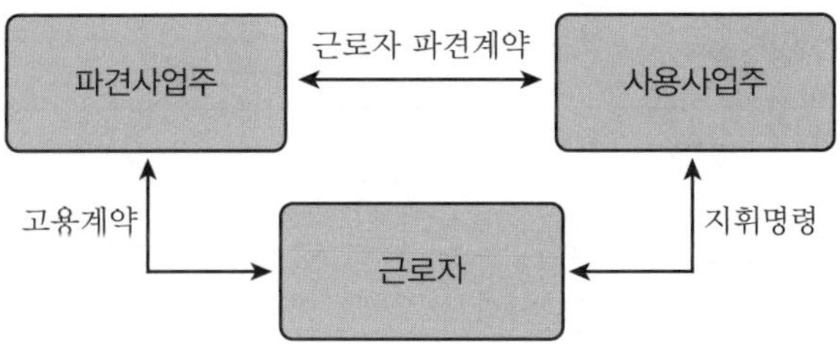

2. 근로자 공급과의 구분

"근로자 공급"이라 함은 근로자 공급계약에 의하여 근로자를 타인에게 사용하게 하는 사업을 말한다(직업안정법 제4조 제7호).

이러한 점에서 보면 근로자 파견도 근로자공급사업의 한 유형이라고 볼 수 있다. 그러나 1998년 파견법이 제정됨으로써 파견사업주와 근로계약관계에 있고 사용사업주와는 사실상의 사용관계에 있는 파견법상의 근로자 파견은 근로자공급사업에서 제외되었다(직업안정법 제4조 제7호 단서).

3. 도급 등과의 구분

(1) 도급 등의 개념

민법상의 도급(민법 제664조)이나 위임(민법 제680조)은 타인의 노무를 이용하는 계약으로, 도급은 '업무의 완성'을 목적으로 하는데 반해 위임은 '업무를 처리'한다는 활동 자체에 목적을 둔다는 점에서 구별된다.

그러나 수급인 또는 수임인이 그 독자성을 가지고 근로자를 채용한 후 지휘 · 감독하면서 업무를

29) 고용관계(근로계약관계) ≠ 사용관계: 간접고용.

완성, 처리한다는 점에서는 공통된다.[30)]

[그림 2] 도 급

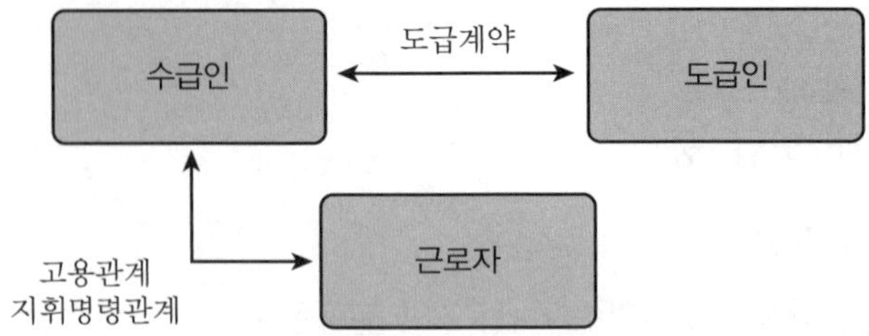

[그림 3] 위 임

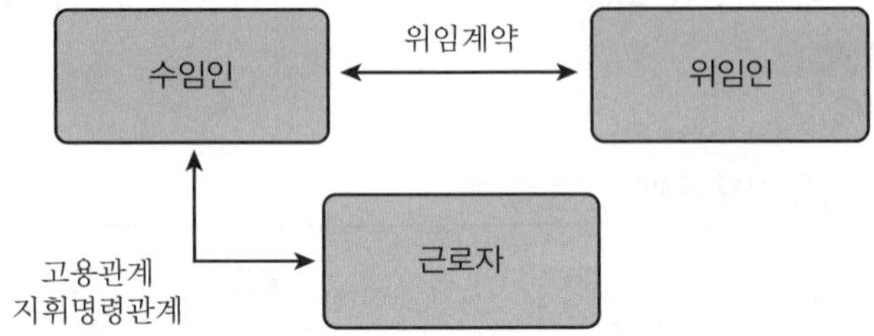

(2) 근로자 파견과 도급 등의 차이점

근로자 파견과 "도급 등"은 모두 근로자의 노무제공의 경제적 이익이 근로계약의 당사자가 아닌 '사용사업주 또는 도급인(위임인)이라는 제3자에게 귀속'된다는 점에서는 동일하다.

그러나 도급 등은 수급인(수임인)이 일의 완성 및 업무 처리를 위해서 행하는 일체의 행위가 수급인(수임인)의 책임 하에서 이루어지기 때문에 수급인이 일의 완성 등을 위해서 자신의 근로자를 사용하는 경우, 그 근로자에 대한 지휘감독을 비롯한 모든 법률상의 책임이 전적으로 수급인(수임인)에게 있다.

이에 반해 근로자 파견의 경우에는 사용(종속)관계와 고용(계약)관계가 분리되어 있기 때문에 사용사업주가 파견근로자에게 직접 지휘명령을 하고, 파견사업주뿐만 아니라 사용사업주에게도 사용자책임이 분리되어 인정된다는 점에서 차이가 있다.

(3) 위장도급, 불법파견의 문제

그런데 실제 사업장에서는 근로자파견 대상업무가 한정되어 있고, 직업안정법에 의한 근로자공급사업의 규제 및 파견법상의 사용자책임을 회피할 목적 등으로 근로자파견을 도급 등의 형식(위장도급, 불법파견)으로 행하는 경우가 많기 때문에 문제가 되고 있으며 양자를 구별하는 것은 매우 중요하면서도 쉽지 않다.[31)]

30) ① 도급인·위임인, ② 수급인·수임인, ③ 수급인·수임인이 업무의 완성 내지 처리를 위하여 채용한 근로자, 이들 3자 간의 관계는 동일하기 때문에 이하에서는 모두 "도급 등"이라고 한다.
「근로자파견사업과 도급 등에 의한 사업의 구별기준에 관한 고시(1998.7.20. 노동부 고시 제98-32호)」에서도 "도급 등"을 '민법상 도급, 위임 기타 이와 유사한 무명계약으로서 수급인 또는 수임인이 사업주로서 독립성을 가지고 사업을 행하는 것'이라고 정의하고 있다(노동부 고시 제2조).

31) 일반적으로 도급 등은 수급인이 일의 완성을 위해서 행하는 일체의 행위가 수급인의 책임 하에서 이루어지기

Ⅲ. 파견대상업무 및 파견기간

1. 상시허용업무(Positive List)

(1) 대상업무

근로자파견사업은 제조업의 직접생산공정업무를 제외하고 전문지식 · 기술 · 경험 또는 업무의 성질 등을 고려하여 적합하다고 판단되는 업무로서 대통령령이 정하는 업무를 대상으로 한다(파견법 제5조 제1항).

파견법은 파견대상업무에 관하여 '대상업무 열거방식(Positive List)'을 채택하고 있다. 즉 원칙적으로 허용업무로 열거된 업무 이외에는 근로자파견이 금지된다. 종전에는 파견대상업무를 대통령령(시행령)에서 26개 업종으로 한정하였으나, 2006년 12월 21일 법 개정시 기존의 Positive List 방식은 유지하면서 파견대상업무 요건에 "업무의 성질"을 추가하여,[32] 시행령에서 개정법 취지에 따라 파견대상업무를 현실에 맞게 조정할 수 있는 근거를 마련하였다.

(2) 파견기간

근로자파견의 기간은 1년을 초과하지 못한다(파견법 제6조 제1항). 그러나 파견사업주 · 사용사업주 · 파견근로자 간의 합의가 있는 경우에는 파견기간을 연장할 수 있으며, 이 경우 1회를 연장할 때에는 그 연장기간은 1년을 초과하지 못하며, 연장된 기간을 포함한 총파견기간은 2년을 초과하지 못한다(제6조 제2항).[33]

(3) 고령자의 파견기간 연장

고령자고용촉진법 제2조 제1호 규정에 의한 고령자(만 55세 이상)인 파견근로자에 대하여는 2년을 초과하여 근로자파견기간을 연장할 수 있다(제6조 제3항).

2. 일시적 허용업무

(1) 대상업무

파견법 제5조 제1항의 파견허용업무가 아니더라도 ① 출산 · 질병 · 부상 등으로 결원이 생긴 경우 또는 ② 일시적 · 간헐적으로 인력을 확보하여야 할 필요가 있는 경우에는 근로자파견을 행할 수가 있다(파견법 제5조 제2항). 이 경우 사용사업주는 당해 사업 또는 사업장의 근로자대표(과반수 노조 또는 근로자 과반수를 대표하는 자)와 사전에 성실하게 협의하여야 한다(제5조 제4항).

(2) 파견기간

① 출산 · 질병 · 부상 등 그 사유가 객관적으로 명백한 경우에는 그 사유의 해소에 필요한 기간까지 근로자파견을 할 수 있다(제6조 제4항 제1호).

② 일시적 · 간헐적으로 인력을 확보할 필요가 있는 경우에는 원칙적으로는 3월 이내의 기간에 근

때문에 근로자파견과 달리 '사업으로서의 독립성'이 있어야 한다. '노동부 고시 제98-32호'에서는 그 판단기준으로서 「인사노무관리상의 독립성」과 「사업경영상의 독립성」을 제시하고 있다.

32) 파견대상 업무의 요건을 "專門知識·技術 또는 經驗 등을 필요로 하는 업무로서"에서 "전문지식·기술·경험 또는 업무의 성질 등을 고려하여 적합하다고 판단되는 업무로서"로 개정하였다.

33) 종전에는 1년의 범위 내에서 1회에 한하여 파견기간을 연장할 수 있도록 하였으나, 개정법에서는 연장횟수에 대한 제한을 삭제하였다. 따라서 1회의 파견기간이 1년을 초과하지 아니하고, 연장된 총 파견기간이 2년을 초과하지 아니하는 범위 내에서는 파견기간 연장횟수의 제한이 없다.

로자파견을 할 수 있으나, 그 사유가 해소되지 아니하고 파견사업주 · 사용사업주 · 파견근로자 간의 합의가 있는 경우에는 1회에 한하여 3월의 범위 안에서 그 기간을 연장할 수 있다(제6조 제4항 제2호).

3. 금지업무

다음 10개의 업무에 대해서는 "출산 · 질병 · 부상 등으로 결원이 생긴 경우" 또는 "일시적 · 간헐적으로 인력을 확보해야 하는 경우"가 있다고 하더라도 절대적으로 근로자파견사업이 금지된다(제5조 제3항).

절대금지업무는 ⅰ) 건설공사현장에서 이루어지는 업무, ⅱ) 하역업무(근로자공급사업 허가 지역의 업무), ⅲ) 선원의 업무, ⅳ) 산업안전보건법상 유해 · 위험 업무, ⅴ) 분진작업을 하는 업무, ⅵ) 산업안전보건법 제44조의 규정에 의한 건강관리수첩의 교부대상 업무, ⅶ) 의료인의 업무 및 간호조무사의 업무, ⅷ) 의료기사의 업무, ⅸ) 여객자동차운송사업의 운전업무, ⅹ) 화물자동차운송사업의 운전업무 등이다.

Ⅳ. 구법 하에서의 불법파견시 고용의제 적용 여부

1. 문제의 소재

구법에서는 사용사업주가 2년을 초과하여 계속적으로 파견근로자를 사용하는 경우에는 2년의 기간이 만료한 날의 다음 날부터 파견근로자를 고용한 것으로 간주하였다(구 파견법 제6조 제3항, 이른바 고용의제조항).

그리하여 구법 하에서는 '근로자 파견사업 허가를 받지 아니하거나(무허가 파견)' 또는 '파견허용 이외의 업무에 근로자파견의 형태로 근로자를 사용하는(파견대상업무 위반)' 등의 불법파견의 경우에도 사용사업주가 파견근로자를 2년을 초과하여 사용하면 파견법상의 고용의제조항이 적용되는지 여부가 문제가 됐었다.

2. SK－인사이트코리아 사건

(1) 사건 개요

SK(도급인)는 인사이트코리아(수급인)와 1998년 7월 1일 업무도급계약을 체결하고 SK의 11개 물류센터(저유소)에 인사이트코리아 소속 근로자를 파견받아 사무 및 저유지원 등의 업무를 수행하게 하였다.

SK의 각 물류센터에는 인사이트코리아 소속 근로자와 SK 소속 근로자들이 혼재되어 근무하였으며, 인사이트코리아 소속 근로자에 대한 근로조건의 결정 및 업무수행에 대한 지휘 · 감독은 전적으로 SK에 의해 이루어졌다. 그러나 인사이트코리아는 파견법상의 파견업 허가를 받지 않았으며, 해당 업무가 파견법에서 허용하는 업무도 아니었다.

2000.11.1. 근로제공을 거부당한 인사이트코리아 소속 근로자들은 자신들의 실질적인 사용자는 SK라며 SK를 상대로 부당해고 구제신청을 하게 되었다. 그리하여 파견법상 파견대상이 아닌 업무에서 2년을 초과하여 불법 근로자파견을 행한 경우에도 고용의제조항이 적용되는지 여부가 다투어지게 되었다.

(2) 1심 법원의 판단

이 사건에서 1심 법원은 "파견 허용업무 규정을 위반한 경우 그 위반의 기간이 2년이 넘었다고 하여 그 순간부터 '고용의제'를 함으로써 위법한 근로관계를 적법한 근로관계로 갑자기 질적인 변화를 가한다는 것 자체 또한 수긍하기 어렵다"[34]라는 견지에서 불법파견의 경우 고용의제조항의 적용을 부정하였다.[35]

(3) 2심 법원의 판단

2심 법원은 "파견법에 의해 허용되는 업무(즉 합법파견)로 파견된 근로자에 한하여 고용의제가 인정된다면 파견근로자의 고용안정이라는 입법목적에 반하는 결과가 된다"는 점과 함께 "오히려 사용사업주로 하여금 법에서 허용되지 않는 업무로 파견받을 것을 부추기는 결과가 되어 명백히 부당하다 아니할 수 없다"[36]라고 하여 불법파견에 대해서도 고용의제조항을 적용해야 한다고 판시하였다.

(4) 대법원의 판단

최종적으로 대법원은 사안의 사실관계를 "위장도급의 형식으로 근로자를 사용하기 위하여 수급업체의 법인격을 이용한 것에 불과한 것"으로 보고, "실질적으로는 도급인이 수급업체 소속의 근로자들을 직접 채용한 것과 마찬가지로서 '도급인'과 '수급업체 소속 근로자'들 사이에 처음부터 근로계약관계가 존재한다"[37]고 판시하였다.[38]

결국 이 사건에서 대법원은 2심 법원과 결론(도급인과 수급업체 소속 근로자와의 근로계약관계 인정)에서는 같았으나, 불법파견의 경우에 파견법상의 고용의제조항이 적용되는지 여부에 대해서는 판단하지 않았다.[39]

3. 최근 대법원의 판단

위 SK-인사이트코리아 사건에서 대법원은 불법파견의 경우 구 파견법상의 고용의제조항이 적용되는지 여부에 대해서는 판단하지 않았으며, 이후 불법파견시의 고용의제 여부에 대하여 큰 논란이 있어 왔다.

그러다가 최근 대법원은 "구 파견법상의 직접고용간주 규정(고용의제조항)은 사용사업주와 파견근로자 사이의 사법(私法)관계에서 직접고용관계 성립을 의제함으로써 근로자파견의 상용화 · 장기화를 방지하고 그에 따른 파견근로자의 고용안정을 도모하는 데 그 입법취지가 있다"며, 불법파견으로 2년을 초과한 경우에도 직접고용간주 규정이 적용된다고 판시하였다.[40]

또한 대법원은 직접고용간주 규정이 적법한 근로자파견에만 적용된다면 i) 파견법이 규정한 제한

34) 서울행법 2002.1.25, 2001구43492.

35) 본 사건에서 서울지방노동위원회는 파견법상의 고용의제를 인정하였으나(서울지노위 2001.3.2, 2001부해902, 부노247), 중앙노동위원회는 고용의제를 인정하지 않는 판정을 하였다(중노위 2001.9.18, 2001부해184, 부노53).

36) 서울고법 2003.3.14, 2002누2521.

37) 대판 2003.9.23, 2003두3420.

38) 대법원은 수급업체의 법인격을 이용한 것에 불과할 정도의 위장도급의 경우에는 파견법이 적용되는 것이 아니라, 도급인(사용사업주)과 수급업체 소속 근로자(파견근로자)들 간에는 처음부터 근로계약관계가 존재하는 것으로 보고 있다.

39) "참가인(SK)과 원고(인사이트코리아 소속 근로자)들 사이에 바로 실질적인 근로계약관계가 존재한다고 보아야 할 이 사건에 파견근로자법상의 근로자파견계약이 성립되었음을 전제로 그 제6조 제3항의 고용의제규정이 적용된 결과로서 비로소 그와 같은 고용관계가 성립된 것이라고 본 원심의 판단은 적절하지 아니하지만, 참가인과 원고들 사이에 고용관계가 성립되었다고 보고 참가인이 원고들의 근로제공 수령을 거부한 것은 부당해고에 해당한다고 판단한 원심의 결론은 정당하다(대판 2003.9.23, 2003두3420)".

40) 대판(전합) 2008.9.18, 2007두22320.

을 위반하여 근로파견의 역무를 제공받은 사용사업주는 오히려 직접고용성립 의제의 부담을 지지 않는 결과가 되어 법적 형평에 어긋나고, ii) 사용사업주로서는 근로자파견사업의 허가를 받지 아니한 파견사업주로부터 근로자파견을 받는 쪽을 선호하게 되어 파견법에 위반하는 행위를 조장하고 근로자파견사업 허가제도의 근간을 무너뜨릴 염려가 있으므로 타당하지 않다고 설시하였다.[41)]

V. 직접고용의무

1. 개정 취지

(1) 불법파견시 고용의제 적용 여부의 혼란

구 파견법 제6조 제3항의 고용의제조항에 대해 행정해석은 불법파견(파견대상업무 위반, 무허가 파견)의 경우에도 적용된다는 입장이나, 법원은 불법파견에 대하여 명문의 규정이 없다는 이유로 고용의제 적용을 부인하는 것이 대체적인 경향이며 노동위원회는 각 사건마다 판정이 서로 달라 혼선을 빚고 있었다.

(2) 고용의제조항의 집행상 문제

구 파견법상의 고용의제 규정은 당사자 의사와는 관계없이 법률에 고용관계를 직접 규정하는 방식이다. 그러므로 사용사업주가 고용의제를 이행하지 않을 경우 이를 제재할 규정이 없고, 또한 근로자는 부당해고구제신청이나 종업원지위확인소송 등의 민사소송을 제기해야 하므로 시간과 비용 부담이 컸었다.[42)]'

(3) 고용의무 및 불법파견 적용 명시

이러한 고용의제 규정의 문제점을 감안하여 2006년 12월 21일 파견법 개정시 고용의제를 고용의무로 변경하고 불법파견시에도 적용됨을 명시하여, 파견근로자를 보호하고 불법파견에 대한 제재를 강화하였다. 또한 고용의무 미이행시 과태료를 부과하여 그 실효성을 높였다.

2. 직접고용의무

(1) 주요 내용

① 사용사업주는 근로자파견대상업무에 해당하지 아니하는 업무에서 파견근로자를 사용하는 경우뿐만 아니라, ② 파견허용 이외의 파견금지업무에 근로자파견의 형태로 근로자를 사용(파견대상업무 위반)하거나 무허가 파견업체로부터 파견근로자를 파견받아 사용(무허가 파견)하는 '불법파견'의 경우에도 사용기간과 관계없이 해당 파견근로자를 직접 고용하여야 한다(파견법 제6조의2 제1항 1호, 2호, 5호). 한

41) 대판(전합) 2008.9.18, 2007두22320, 본 판결 이전 파견법 개정(2006.12.21. 개정 / 2007.7.1. 시행)으로 직접고용간주 규정은 '직접고용의무'로 바뀌었다. 그러나 개정법 시행 이전에 직접고용간주 규정이 적용되는 파견근로자에 대해서는 개정법 시행 후에도 종전의 규정이 적용된다(파견법 부칙 제3항). 즉 개정법 이전에 불법파견으로 2년을 초과한 파견근로자에 대해서는 직접고용간주 규정이 적용된다.

42) 근로계약관계는 당사자 간 의사의 합치로 성립하는 것이 원칙이나, 고용의제 방식은 근로계약 체결에 대한 의사가 없는데도 법률에 의해 바로 근로계약관계를 형성하기 때문에 사적자치원칙에 배치되는 측면이 크다. 반면에 '고용의제'에서 '고용의무'로 개정된 것에 대해, 사용사업주가 파견근로자를 직접 고용하지 않는 경우 과태료만 부과될 뿐 고용의제가 되지 않기 때문에 근로자로서는 실익(사용사업주의 근로자로서의 지위 확보)이 전혀 없다는 비판이 있다.

편 ③ 파견기간을 위반하여 2년을 초과하여 계속적으로 파견근로자를 사용한 경우에도 고용의무가 발생한다(파견법 제6조의2 제1항 제3호)(2012.2.1. 개정).

그동안 불법파견의 경우 파견기간이 2년을 초과하는 경우에만 고용의무가 부과되어 실효성에 문제점이 제기되었다. 이를 보완하여 파견대상업무 위반이나 허가 위반에 대하여는 사용기간과 관계없이 즉시 고용의무를 지게 된다.

(2) 예 외

사용사업주의 직접고용의무는 당해 파견근로자가 명시적인 반대의사를 표시하거나 대통령령이 정하는 정당한 이유가 있는 경우에는 발생하지 않는다(제6조의2 제2항).

고용의무 부과는 파견근로자를 보호하기 위한 것이므로 당해 파견근로자가 거부하는 경우까지 고용의무를 부과하는 것은 불합리하며, 또한 파견근로자를 직접 고용하는 것이 불가능하거나 실효성이 없는 경우 등을 대통령령으로 규정하여 예외를 인정한 것이다.

3. 직접고용의무 불이행시 제재

직접고용의무가 발생하였으나 이를 이행하지 않는 사용사업주는 3천만원 이하의 과태료에 처한다(파견법 제46조 제2항). 이는 직접고용의무의 실효성을 확보하기 위한 제재 규정이다.

4. 직접고용시 근로조건의 기준

사용사업주가 파견근로자를 직접 고용하는 경우에 있어서 파견근로자의 근로조건은 ⅰ) 사용사업주의 근로자 중 당해 파견근로자와 동종 또는 유사업무를 수행하는 근로자가 있는 경우 그 근로자에게 적용되는 취업규칙 등에서 정한 근로조건으로 하거나, ⅱ) 이에 해당하는 근로자가 없는 경우에는 당해 파견근로자의 기존 근로조건 수준보다 저하되어서는 아니 된다(파견법 제6조의2 제3항).

이는 사용사업주의 직접고용의무 이행시 준수해야 할 근로조건을 규정하여, 사용사업주가가 부당하게 낮은 근로조건으로 직접고용하는 것을 방지하고 당사자 간 법적관계를 명확히 하기 위한 것이다.

5. 파견근로자 우선 고용 노력

사용사업주는 파견근로자를 사용하고 있는 업무에 근로자를 직접 고용하고자 하는 경우 당해 파견근로자를 우선적으로 고용하도록 노력하여야 한다(파견법 제6조의2 제4항).

Ⅵ. 사용자책임

1. 파견사업주와 사용사업주 양자의 공동책임

(1) 기본 원칙

파견중인 근로자의 파견근로에 관하여는 파견사업주 및 사용사업주를 근로기준법 제2조 제1항 제2호의 규정에 의한 사용자로 보아 동법을 적용한다(파견법 제34조 제1항 본문).

(2) 임금지급 연대책임

파견사업주가 사용사업주의 귀책사유로 인하여 근로자의 임금을 지급하지 못한 때에는 사용사업주는 당해 파견사업주와 연대하여 책임을 진다(파견법 제34조 제2항).

(3) 근로기준법 위반의 근로자파견계약 체결

파견사업주와 사용사업주가 근로기준법을 위반하는 내용을 포함한 근로자파견계약[43]을 체결하고 그 계약에 따라 파견근로자를 근로하게 함으로써 근로기준법을 위반한 경우에는 그 계약 당사자 모두(파견사업주와 사용사업주)를 근로기준법 제2조 제1항 제2호의 규정에 의한 사용자로 보아 해당 벌칙규정을 적용한다(파견법 제34조 제4항).

2. 파견사업주의 책임

(1) 근로기준법상 사용자책임

파견근로자와 근로계약관계를 맺고 있는 파견사업주는 주로 근로계약의 체결·해고, 임금 등과 관련하여 사용자로서 책임을 진다.

파견사업주는 근로조건명시, 해고 등의 제한, 해고예고, 임금지급, 퇴직금, 휴업수당, 가산임금, 연차유급휴가, 재해보상 등에 대하여 사용자책임을 부담한다(파견법 제34조 제1항 단서).

(2) 유급 휴일 · 휴가의 임금

파견근로자로부터 직접 근로를 제공받는 사용사업주가 휴일·휴가와 관련한 사용자 책임을 부담한다. 그러나 사용사업주가 근로기준법상의 주휴일, 월차휴가, 생리휴가, 산전후휴가 등에 대해 유급 휴일·휴가를 부여하는 경우 그 휴일·휴가에 대하여 유급으로 지급되는 임금은 파견사업주가 지급하여야 한다(파견법 제34조 제3항).

3. 사용사업주의 책임

(1) 근로기준법상 사용자책임

파견근로자로부터 직접 근로를 제공받는 사용사업주는 주로 근로시간, 휴일, 휴가 등과 관련하여 사용자로서 책임을 진다.

사용사업주는 법정근로시간, 연장근로 제한, 휴게, 휴일, 월차휴가, 여성과 연소자의 근로시간, 생리휴가, 산전후휴가 등에 대하여 사용자책임을 부담한다(파견법 제34조 제1항 단서).

(2) 산업안전보건법상의 사용자책임

파견중인 근로자의 파견근로에 관하여는 사용사업주를 산업안전보건법상의 사업주로 보아 동법을 적용한다(파견법 제35조 제1항).

Ⅶ. 차별적 처우의 금지

1. 의 의

구 파견법에서는 파견근로자에 대해 사용사업주의 사업 내의 동일한 업무를 수행하는 동종근로자와 비교하여 부당하게 차별적 처우를 받지 아니하도록 하여야 한다고 규정하고 있었으나, 법위반시 제재·

43) "근로자파견계약"이라 함은 파견사업주와 사용사업주 간에 근로자 파견을 약정하는 계약을 말한다(파견법 제2조 제6호).

시정수단이 없는 훈시규정에 불과하였다.

이렇듯 종전에는 파견근로자에 대한 차별적 처우를 금지 · 시정하는 규정이 미비하여 문제가 됐으나, 법 개정시 차별 금지 및 시정 절차가 마련되어 파견근로자에 대한 불합리한 차별 처우를 시정할 수 있게 되었다.

2. 차별적 처우의 금지

파견사업주와 사용사업주는 파견근로자임을 이유로 사용사업주의 사업 내의 동종 또는 유사한 업무를 수행하는 근로자에 비하여 파견근로자에게 차별적 처우를 하여서는 아니 된다(파견법 제21조 제1항).

차별적 처우의 금지주체는 파견사업주와 사용사업주를 모두 포함하며, 파견근로자의 차별적 처우와 관련하여 비교 대상은 사용사업주의 사업 내의 동종 또는 유사한 업무를 수행하는 근로자이다.

3. 고용노동부장관의 차별적 처우 시정요구

그동안 비정규직 차별처우에 대하여는 당사자가 노동위원회에 직접 시정신청을 통해서만 구제를 받아왔다. 이로 인해 실효성에 의문이 제기되었고 도입 이후 신청건수가 계속적으로 감소하였다. 이를 보완하기 위하여 최근 개정법에서는 고용노동부장관은 사용자가 제8조를 위반하여 차별적 처우를 한 경우에는 그 시정을 요구할 수 있도록 하였다(파견법 제21조의2).

4. 차별적 처우의 시정절차

차별적 처우를 받은 파견근로자는 노동위원회에 차별시정을 신청할 수 있으며(제21조 제2항), 그 절차는 「기간제 및 단시간근로자 보호 등에 관한 법률」의 차별시정절차를 준용한다(제21조 제3항). 따라서 차별적 처우를 받은 파견근로자는 파견사업주 또는 사용사업주를 상대로 차별시정을 신청할 수 있다.

5. 적용범위

파견근로자의 차별적 처우 금지 및 시정절차에 관한 규정은 사용사업주가 상시 4인 이하의 근로자를 사용하는 경우에는 이를 적용하지 아니한다(제21조 제4항). 파견법은 원칙적으로 상시 근로자 1인 이상의 모든 사업장에 적용되나, 「기간제 및 단시간근로자 보호 등에 관한 법률」이 상시 5인 이상의 근로자를 사용하는 사업 또는 사업장에만 적용되는 점 등을 고려한 규정이다.

Ⅷ. 벌　　칙

1. 사용사업주에 대한 벌칙 강화

보통 사용사업주가 파견사업주보다 계약조건 등의 결정에 있어서 영향력이 큼에도, 구법에서는 불법파견에 대한 벌칙이 파견사업주에 비해 약하여 형평성과 법규정의 실효성에 문제가 있었다. 그리하여 개정법에서는 불법파견시 사용사업주에 대한 벌칙을 파견사업주 수준으로 강화(1년 이하의 징역 또는 1천만원 이하의 벌금 ⇒ 3년 이하의 징역 또는 2천만원 이하의 벌금)하였다(파견법 제43조 제1의2호).

2. '차별신청 등을 이유로 불리한 처우 금지' 위반시 벌칙

개정법에서 파견근로자에 대한 차별적 처우 금지 및 시정, 차별시정신청 등을 이유로 해고 기타 불리한 처우 금지 등이 도입(파견법 제21조)됨에 따라, 파견근로자에 대하여 차별신청 등을 이유로 해고 그 밖의 불리한 처우를 한 자는 2년 이하의 징역 또는 1천만원 이하의 벌금형이 부과된다(파견법 제43조의2).

Ⅸ. 근로자파견계약의 해지 등

1. 파견계약 해지와 파견근로자의 해고

파견사업주와 사용사업주 간의 근로자파견계약 해지와 동시에 파견사업주와 파견근로자 간의 근로계약 역시 종료하는 것으로 볼 수 있는지 문제가 된다. 근로자파견계약이 해지되는 경우 당해 근로자를 해고한다는 조항을 포함시키는 것이 유효할 것인지의 문제이다.

근로자파견계약의 해지사유가 파견근로자에게도 정당한 해고사유가 된다면 파견사업주가 근로자를 해고하는 것은 가능하겠지만, 근로자파견계약이 해지됐다는 이유만으로 파견근로자를 해고할 수는 없을 것이다.[44)]

2. 사용사업주의 파견근로자 대체 요구와 파견사업주의 해고

사용사업주가 파견근로자의 대체요구시 파견사업주가 해당 파견근로자를 해고할 수 있을 것인지에 대해서도, 근로기준법 제23조 제1항의 "정당한 이유" 있는 해고사유를 충족하는 경우에 가능하다고 보아야 할 것이다.

3. 파견대기기간과 파견근로자의 휴업수당

근로자에게 책임 없는 사유로 근로자파견계약이 중도에 해지되거나 사용사업주가 파견근로자의 대체를 요구할 경우에, 파견사업주가 다른 사용사업주의 사업장으로 파견근로자를 파견하지 못하게 되면(파견대기기간) 파견근로자가 근로를 제공할 수 없게 될 수 있다. 이 경우 파견사업주가 해당 근로자에게 근로기준법 제46조의 휴업수당을 지급하여야 하는지가 문제가 된다.

파견법에서는 휴업수당의 지급책임을 파견사업주에게 지우고 있으므로(제34조 제1항 단서) 원칙적으로 파견사업주는 휴업수당을 지급할 의무가 있다고 해야 할 것이다.[45)]

Ⅹ. 집단적 노사관계

1. 파견근로자 노동조합의 단체교섭 요구에 대한 응낙의무

(1) 문제의 소재

파견근로자도 노조법상의 근로자이기 때문에 일반 근로자와 마찬가지로 근로3권이 보장되어 있으

44) 그래서 실무적으로 파견사업주는 '근로자파견계약기간'과 '파견사업주와의 파견근로자 간의 근로계약기간'을 일치시키는 방법으로 해결하고 있다.

45) 이러한 파견대기기간에는 파견근로자의 고용안정을 위하여 고용보험법상의 "고용조정이 불가피하게 된 상황"으로 보아 파견사업주에게 '고용유지지원금'을 지급하는 방안을 마련해야 할 것이다(고용보험법 제16조 참조).

며, 노동조합의 결성 및 가입은 원칙적으로 자유롭게 할 수 있다. 그러므로 파견사업주의 사업장에서 노동조합을 결성하는 것뿐만 아니라, 사용사업주의 사업장에 사용사업주의 근로자로 구성된 노동조합에 가입할 수도 있을 것이다(이 경우 해당 노동조합 규약에는 파견근로자에 대한 조합원 가입 자격을 인정한다는 내용이 있어야 한다).[46)]

문제는 이러한 파견근로자로 조직된 노동조합의 단체교섭요구가 있을 때 파견사업주 또는 사용사업주는 단체교섭에 응해야 할 의무를 부담하는지 여부이다.

(2) 파견사업주의 응낙의무

근로계약관계가 있는 당사자 사이에서는 당연히 단체교섭관계가 인정된다. 따라서 파견사업주는 파견근로자 노동조합의 단체교섭 요구를 정당한 이유 없이 거부할 수 없다.

그러나 파견근로자 노조가 파견사업주에게 단체교섭을 요구할 경우 그 교섭대상은 파견사업주가 사용자책임을 지는 임금, 가산임금, 연차휴가, 재해보상 등에 관한 사항에 국한될 것이다. 또한 파견사업주는 근로자파견계약의 체결을 통해서만 파견근로자들의 근로조건을 개선할 수 있기 때문에 파견사업주에 대한 쟁의행위는 제한적일 수밖에 없다.

(3) 사용사업주의 응낙의무

파견근로자 노조의 단체교섭 요구에 사용사업주가 단체교섭에 응할 의무가 있는지 여부에 대해서는, 사용사업주가 파견근로자와 근로계약관계에 있지 않으므로 논란의 여지가 있다.[47)]

그러나 사용사업주도 근로자들의 일부 근로조건에 대해서는 사용자로서의 지위가 인정되기 때문에 파견근로자 노조의 단체교섭 요구시 사용사업주가 사용자책임을 지는 사항, 즉 근로시간과 휴일 · 휴가 등에 관한 사항에 대해서는 단체교섭에 응할 의무가 있다고 보는 것이 타당할 것이다.

2. 파견근로자의 파업과 사용사업주의 파견계약의 해지

사용사업주는 파견근로자의 정당한 노동조합의 활동 등을 이유로 근로자파견계약을 해지해서는 아니 된다(파견법 제22조). 따라서 파견근로자의 파업을 이유로 사용사업주는 근로자파견계약을 해지할 수 없다.

3. 사용사업체 노조의 파업과 파견근로자의 대체근로

파견사업주는 쟁의행위 중인 사업장에 그 쟁의행위로 중단된 업무의 수행을 위하여 근로자를 파견해서는 아니 된다(파견법 제16조 제1항). 그러나 정당성 없는 쟁의행위인 경우에는 파견근로자를 대체근로시키는 것은 가능하다.[48)]

[관련판례] 불법파견의 법적 효과

1. 위장도급: 묵시적 근로계약관계(대판 2003.9.23, 2003두3420 [SK-인사이트코리아 사건])

원심이 적법하게 확정한 사실과 기록에 의하면, 인사이트코리아(도급계약의 수급인)는 참가인(도급계약의 도급

46) 김유성 I 398.

47) 판례는 근로계약관계를 맺고 있지 않은 경우 단체교섭의무가 없다고 판시하고 있다(대판 1993.11.23, 92누13011; 대판 1995.12.22, 95누3565).

48) 1998.8.7, 고관 68460-627.

인, SK(주))의 자회사로서 형식상으로는 독립된 법인으로 운영되어 왔으나 실질적으로는 참가인 회사의 한 부서와 같이 사실상 경영에 관한 결정권을 참가인이 행사하여 왔고, 참가인이 물류센터에서 근로할 인원이 필요한 때에는 채용광고 등의 방법으로 대상자를 모집한 뒤 그 면접과정에서부터 참가인의 물류센터 소장과 관리과장 등이 인사이트코리아의 이사와 함께 참석한 가운데 실시하였으며, 원고들(수급인의 근로자)을 비롯한 인사이트코리아가 보낸 근로자들에 대하여 참가인의 정식 직원과 구별하지 않고 업무지시, 직무교육실시, 표창, 휴가사용 승인 등 제반 인사관리를 참가인이 직접 시행하고, 조직도나 안전환경점검팀 구성표 등의 편성과 경조회의 운영에 있어서 아무런 차이를 두지 아니하였으며, 그 근로자들의 업무수행능력을 참가인이 직접 평가하고 임금인상 수준도 참가인의 정식 직원들에 대한 임금인상과 연동하여 결정하였음을 알 수 있는바, 이러한 사정을 종합하여 보면 참가인은 '위장도급'의 형식으로 근로자를 사용하기 위하여 인사이트코리아라는 법인격을 이용한 것에 불과하고, 실질적으로는 참가인이 원고들을 비롯한 근로자들을 직접 채용한 것과 마찬가지로서 참가인과 원고들 사이에 근로계약관계가 존재한다고 보아야 할 것이다. 그렇다면 참가인이 2000.11.1. 원고들을 계약직 근로자의 형식으로 신규채용하겠다고 제의한 데 대하여 원고들이 동의하지 아니한다는 이유로 참가인이 원고들의 근로제공을 수령하기를 거부한 것은 부당해고에 해당한다 할 것이다.

원심은, 참가인과 인사이트코리아 사이에 파견근로자보호등에관한법률(이하 '파견근로자법'이라고 한다)[49] 제2조 소정의 근로자파견계약이 성립된 것임을 전제로 하여, 참가인은 파견근로자법이 시행된 1998.7.1. 이후 2년을 초과하여 원고들을 파견근로자로서 사용하였으므로 파견근로자법 제6조 제3항에 의하여 원고들을 고용한 것으로 의제되고, 위와 같은 해석은 원고들이 담당한 업무가 파견근로자법 제5조 제1항 소정의 파견허용업무에 해당하는지 여부에 따라 달라지지 않는다고 판단하였는바, 파견근로자법은 제2조 제1호에서 파견근로자법이 적용되는 '근로자파견'이라 함은 파견사업주가 근로자를 고용한 후 그 고용관계를 유지하면서 근로자파견계약의 내용에 따라 사용사업주의 지휘·명령을 받아 사용사업주를 위한 근로에 종사하게 하는 것을 말한다고 규정하고 있어서, 참가인과 원고들 사이에 바로 실질적인 근로계약관계가 존재한다고 보아야 할 이 사건에 파견근로자법상의 근로자파견계약이 성립되었음을 전제로 그 제6조 제3항의 고용의제규정이 적용된 결과로서 비로소 그와 같은 고용관계가 성립된 것이라고 본 원심의 판단은 적절하지 아니하지만, 참가인과 원고들 사이에 고용관계가 성립되었다고 보고 참가인이 원고들의 근로제공 수령을 거부한 것은 부당해고에 해당한다고 판단한 원심의 결론은 정당하여 위와 같은 잘못이 판결결과에 아무런 영향이 없다 할 것이므로, 결국 원심판결에 파견근로자법 소정의 고용의제규정에 관한 법리오해가 있다는 등의 피고와 참가인의 상고이유에서의 주장은 받아들이지 아니한다.

2. 불법파견시 직접고용간주(고용의제) 적용 여부(대판(전합) 2008.9.18, 2007두22320)

파견근로자보호등에관한법률(이하 '파견근로자법'이라고 한다)[50]의 입법 경위와 그 입법 목적 및 근로자파견사업의 적정 운영을 위한 위 법규정들의 내용 등을 살펴보면, **직접고용간주 규정**[51]은 사용사업주가 파견기간에 관한 제한 규정을 위반하여 계속적으로 파견근로자를 사용하는 행위에 대하여, 행정적 감독이나 형사처벌과는 별도로 **사용사업주와 파견근로자 사이의 사법(私法)관계에서도 직접고용관계의 성립을 의제**함으로써 근로자파견의 상용화·장기화를 방지하고 그에 따른 **파견근로자의 고용안정을 도모하는 데에 그 입법취지**가 있다고 할 것이다. 한편 파견근로자보호법 제6조 제3항은 "사용사업주가 2년을 초과하여 계속적으로 파견근로자를 사용한 경우에는 … 파견근로자를 고용한 것으로 본다"고 규정하고 있을 뿐 근로자파견이 파견근로자보호법 제5조에 정한 파견사유가 있는 경우라거나 또는 파견근로자보호법 제7조에 정한 근로자파견사업의 허가를 받은 파견사업주가 행하는 근로자파견에 해당할 것을 그 고용간주의 요건으로 들고 있지 않을 뿐만 아니라, 파견근로자보호법은 위에서 살펴본 바와 같이 제6조 제1항, 제2항에 파견업무에 따라 그 기간을 달리 정하여 근로자파견기간의 제한에 관한 규정을 두고, 제3항에 직접고용간주 규정을 둠으로써 위 직접고용간주 규정에 의한 사용사업주와 파견근로자 간의 고용성립의제는 사용사업주가 파견기간의 제한을 위반한 데 따른 것임을 분명히 하고 있다. 이러한 직접고용간주 규정의 문언과 체계 및 그 입법취지 등을 종합하여 보면 위 규정은 파견근로자보호법 제2조 제1호에서 정의하고 있는 "근로자파견"이 있고 그 근로자파견이 2년을 초과하여 계속되는 사실로부터 곧바로 사용사업주와 파견근로자 사이에 직접근로관계가 성립한다는 의미이고, 이 경우 그 근로관계의 기간은 기간의 정함이 있는 것으로 볼 만한 다른 특별한 사정이 없는 한 원칙적으로 기간의 정함이 없다고 보아야 할 것이다. 따라서 이와 달리 직접고용간주 규정이 파견근로자보호법 제5조에 정한 파견의 사유가 있고 파견근로자보호법 제7조의 허가를 받은 파견사업주가 행하는 이른바 **'적법한 근로자파견'의 경우에만 적용된다고 축소하여 해석**하는 것은 위와 같이 위 규정의 문언이나 **입법취지 등에 비추어 아무런 근거가 없을 뿐만 아니라**, 나아가 다음과 같은 점에서도 타당하다고 볼 수 없다.

– 중략 –

또한 직접고용간주 규정이 적법한 근로자파견에만 적용된다고 보면, 파견근로자보호법이 규정한 제한을 위반하여 근로자파견의 역무를 제공받은 사용사업주는 오히려 직접고용성립 의제의 부담을 지지 않는 결과가 되어 법적 형평에 어긋나고, 특히 위 제5조 제1항에 정한 근로자파견대상업무에 해당하거나 같은 조 제2항에 정한 근로자파견 사유가 있기만 하면, 위 제7조에 의한 근로자파견사업의 허가를 받지 아니한 파견사업주로부터 근로자파견의 역무를 제공받은 사용사업주는 형사처벌을 받지 아니하게 되는데(제44조 제1호), 이 경우 사용사업주가 직접고용간주 규정조차도 적용을 받지 아니한다면 사용사업주로서는 당연히 근로자파견사업의 허가를 받지 아니한 파견사업주로부터 근로자파견을 받는 쪽을 더 선호하게 될 것이므로, 파견근로자보호법에 위반하는 행위를 조장하고 **근로자파견사업 허가제도의 근간을 무너뜨릴 염려**가 있으므로 타당하지 않다.

한편, 직접고용간주 규정은 파견근로자보호법이 2006.12.21. 법률 제8076호로 개정되어 제6조의2로 신설된 '직접고용의무 규정'으로 대체되었는데,[52] 이와 같이 개정된 직접고용의무 규정은 사용사업주가 근로자파견사업이 원칙적으로 허용되지 않는 업무에 파견근로자를 사용하는 경우와 근로자파견사업의 허가를 받지 않은 파견사업주로부터 근로자파견의 역무를 제공받은 경우에 대해서도 사용사업주에게 당해 파견근로자의 직접고용의무를 부과하고 있는바(제6조의2 제1항 각호), 이 규정 역시 파견근로의 상용화·장기화를 방지하기 위한 것으로서 직접고용간주 규정과 그 입법취지가 같다고 할 것이므로, 이러한 입법연혁에 비추어 보아도 직접고용간주 규정의 적용범위를 축소하려는 해석은 부당하다.

49) 2006.12.21. 법률 제8076호(2007.7.1. 시행)로 개정되기 전의 것.
50) 2006.12.21. 법률 제8076호(2007.7.1. 시행)로 개정되기 전의 것.
51) 구 파견근로자법(2006.12.21 법률 제8076호로 개정되기 전의 것) 제6조 제3항.
52) 개정법 시행일(2007.7.1) 이전에 이미 2년을 초과하여 (적법 또는 불법 파견)근로를 제공한 파견근로자에 대하여는 구법상의 '직접고용간주 규정'이 적용된다. 본 판결도 개정법 시행일 이전에 2년을 초과하여 불법 파견근로를 제공한 파견근로자에 대한 사건이다.

Key Word

⇒ 근로관계의 종료, 해고, 경영상 해고(정리해고), 해고예고, 구제신청, 행정적 구제, 사법적 구제

기출문제

(1) 해고의 예고 (1회, 86년, 25점)

(2) 정리해고의 요건에 대하여 논하라. (4회, 93년, 50점 / 7회, 98년, 50점 / 17회, 08년, 50점)

(3) 근로관계 종료후의 근로자 보호에 대하여 논하라. (5회, 95년, 50점)

(4) 부당해고 구제절차 (9회, 00년, 50점 / 14회, 05년, 50점)

(5) 근기법상 부당해고에 대한 노동위원회의 구제명령의 이행 확보수단 (16회, 07년, 25점)

(6) 근기법상 해고절차의 제한 가운데 「해고의 예고」 및 「해고의 서면통지」 (18회, 09년, 50점)

연습문제

(1) 사법적 구제에 대하여 약술하시오.

(2) 해고의 절차에 대하여 약술하시오.

제10장 산재보상제도

제1절 산재보험제도 개요

Ⅰ. 목 적 Ⅱ. 개 요	Ⅲ. 특 성

Ⅰ. 목 적

산업재해보상보험법(이하 '산재보험법')은 산업재해보상보험 사업을 시행하여 근로자의 업무상의 재해를 신속하고 공정하게 보상하며, 재해근로자의 재활 및 사회 복귀를 촉진하기 위하여 이에 필요한 보험시설을 설치 · 운영하고, 재해 예방과 그 밖에 근로자의 복지 증진을 위한 사업을 시행하여 근로자 보호에 이바지하는 것을 목적으로 한다(산재보험법 제1조).

Ⅱ. 개 요

산재보험은 공업화가 진전되면서 급격히 증가하는 산업재해 근로자를 보호하기 위하여 1964년에 도입된 우리나라 최초의 사회보험제도이다. 초기의 산업재해는 건설현장과 위험한 기계 기구를 설치 · 사용하는 사업장에서 주로 발생하였으나 산업사회의 현대화 · 고도화 · 정보화 등으로 재해 발생원인도 신종직업병과 과로, 스트레스 등에 기인한 재해가 급격하게 증가하고 있다.

산업재해로부터 근로자를 보호하기 위해서는 산업재해 자체를 예방하는 것이 가장 바람직한 것이나, 이미 발생한 산업재해로 인하여 부상 또는 사망한 경우는 그 재해근로자나 가족을 보호 내지 보상해 주기 위해서는 산재보험이 중요한 의미를 지닌다 할 것이다.

산재보험은 산재근로자와 그 가족의 생활을 보장하기 위하여 국가가 책임을 지는 의무보험으로, 원래 사용자의 근로기준법상 재해보상책임을 보장하기 위하여 국가가 사업주로부터 소정의 보험료를 징수하여 그 기금(재원)으로 사업주를 대신하여 산재근로자에게 보상을 주는 제도이다.

Ⅲ. 특 성

산재보험의 주요특성으로는 ① 사용자의 고의 · 과실의 유무를 불문하는 무과실책임주의를 원칙으로 한다는 점, ② 국가가 관장하는 사회보험이고 의무보험이면서도 타 사회보험과는 달리 산재보험은 사업장 중심의 관리가 이루어지므로 보험사업에 소요되는 재원인 보험료는 원칙적으로 사업주가 전액 부담한다는 점, ③ 산재보험급여는 재해발생에 따른 손해전체를 보상하는 것이 아니라 평균임금을 기초로 하는 정률보상방식이라는 점, ④ 산재보험의 가입은 자진신고 및 자진납부를 원칙이라는 점, ⑤ 재해보상과 관련되는 이의신청을 신속히 하기 위하여 심사 및 재심사청구제도를 운영한다는 점을 들 수 있다.

제 2 절 손해배상제도와 재해보상제도의 관계

Ⅰ. 서 설

근로자는 업무와 관련하여 부상, 질병, 사망 등 직업상의 위험에 항시 노출되어 있다. 많은 경우 이러한 직업상의 위험은 근로자 개인의 부주의보다는 생산시설의 결함이나 재해예방을 위한 설비 · 투자의 미흡, 열약한 근로조건과 과중한 업무 등에 의해 발생한다. 이러한 업무상 재해는 근로자의 책임과는 무관하게 노동생활의 영역에 내재되어 있는 본질적 직업위험이자 근로자와 가족에게 치명적인 생활위험이기 때문에 그에 따라 적절한 보호가 이루어져야 한다.

그러나 이러한 재해에 대한 민법상의 손해배상제도는 과실책임의 원칙에 기초하여 운영되기 때문에 근로자 보호에 불충분하다. 따라서 근로자의 생존권 보호를 위해 기업활동을 통하여 이익을 얻고 있는 사용자는 기업활동에 수반하는 손해도 보상하여야 한다는 생각이 형성되면서 과실책임의 원칙은 점차 완화 · 수정되고 무과실책임의 원칙을 인정하는 새로운 재해보상제도가 성립되었다. 또한 사용자의 경제적 능력의 결여로 인한 위험성을 보완하고자 사회보험방식에 의한 재해보상제도도 확립되었다.

Ⅱ. 손해배상제도와 재해보상제도의 차이[1]

1. 과실책임원칙에 의한 구제

(1) 민법상 손해배상

시민법의 원칙에 따르면, 근로자가 업무 도중에 재해(부상 · 질병 · 장해 · 사망 등)를 당한 경우 구제 내지 보호를 받으려면 사용자에 대하여 민법상의 손해배상책임을 묻는 방법밖에 없다.

1) [표] 손해배상과 재해보상 비교

	민법상 손해배상	근로기준법상 재해보상	산재보험법상 보험급여
성립요건	과실책임 – 사용자의 고의 · 과실	무과실책임 – 업무상 재해	〃
배상 · 보상의 범위	실손해액 전보 – 적극적 손해, 소극적 손해, 위자료	손해액의 법정화 – 정률 · 정액보상제	〃
구제절차	민사소송절차 – 절차복잡, 시간 · 비용 소요	신속한 행정구제 – 근기법상 심사 · 중재절차	신속한 행정구제 – 산재보험법상 심사 · 재심사 절차
보상방식	사용자 직접보상	사용자 직접보상 – 손해보상액의 불충분	사회보험방식에 의한 간접보상

(2) 손해배상의 한계

민법상 손해배상책임은 사용자에게 과실이 없는 경우에는 그 책임을 물을 수 없고, 설사 과실이 있더라도 재해근로자 또는 유족이 사용자의 고의 · 과실의 존재, 그것과 재해 사이의 인과관계의 존재, 현실적으로 입은 손해 등을 입증해야 하는 어려움이 있다. 게다가 재해근로자에게도 과실이 있으면 과실상계에 의하여 배상액은 그만큼 감액된다.

또한 손해배상소송의 지연은 경제적인 여유가 없는 근로자의 생활을 위협하게 되고 소송의 계속 자체를 어렵게 만들기 때문에 긴급한 구제를 필요로 하는 재해근로자에게는 한계가 많다.

2. 무과실책임원칙에 의한 구제

(1) 근로기준법상 재해보상

손해배상제도의 결함과 한계를 극복하기 위하여 과실책임의 원칙을 완화 · 수정하여 근로기준법은 무과실책임을 인정하는 새로운 재해보상제도를 마련하였다.

근로기준법상의 재해보상제도는 사용자의 고의 · 과실 유무를 불문하고 업무상 재해에 대하여 사용자에게 무과실책임을 부과하고 있고(무과실책임원칙), 보상의 종류와 그 액수를 일정하게 정하고 있으며(정형 · 정액보상원칙), 민사소송 외에 보상에 관한 신속 · 간편한 행정적 구제제도를 두고 있다(행정적 구제).

(2) 사회보험방식에 의한 재해보상

그러나 근로기준법상의 사용자의 재해보상(직접보상방식)은 사용자의 경제적 능력의 결여로 재해보상의무를 이행하지 않는 경우 유명무실하게 될 우려가 있다.

그리하여 확실하고 신속하며 고정한 재해보상제도의 확립을 위하여 사업주를 보험가입자로 하여 노동부장관이 관장(사업은 근로복지공단이 수행)하도록 하는 산업재해보상보험법이 제정되었다. 산재보험제도도 근로기준법상 재해보상과 마찬가지로 무과실책임원칙 정형 · 정액보상원칙, 행정적 구제의 특징을 갖고 있다.

즉 산재보험제도는 산재근로자와 그 가족의 생활을 보장하기 위하여 국가가 책임을 지는 의무보험으로 원래 사용자의 근로기준법상 재해보상책임을 보장하기 위하여 국가가 사업주로부터 소정의 보험료를 징수하여 그 기금(재원)으로 사업주를 대신하여 산재근로자에게 보상을 해주는 제도이다.

Ⅲ. 손해배상제도와 재해보상제도의 관계

1. 산재보험법상 보험급여와 근기법상 재해보상의 관계

사용자가 산재보험에 가입하고 있는 경우, 수급권자(재해근로자)가 산재보험급여를 받았거나 받을 수 있으면 보험가입자(사용자)는 동일한 사유에 대하여 근로기준법에 따른 재해보상 책임이 면제된다(산재보험법 제80조 제1항).

과거 산재보험법에서는 근기법상 재해보상책임면제의 범위가 "보험급여를 받은 때"로 한정되었지만, 1993년 개정으로 "보험급여를 받았거나 받을 수 있는 경우"로 확대되었다. 따라서 산재보험법에 의해 보험급여가 지급되지 않는 경우(즉, 3일 이내의 요양과 3일 이내의 미취업기간)를 제외하면, 보험급여의 미지급이 확정되기 이전까지는 "보험급여를 받을 수 있는 경우"에 해당되기 때문에 동일한 사유에 대하여 사용자에게 근기법상의 재해보상책임을 물을 수 없게 되었다.

2. 노동법상 재해보상과 민법상 손해배상과의 관계

(1) 재해보상책임과 손해배상책임의 경합

노동법상 재해보상(산재보험법상 산재보험급여 및 근기법상 재해보상)은 사용자의 고의 · 과실을 불문한다. 그러나 사용자의 고의 · 과실에 의해 업무상 재해가 발생한 경우에는 사용자는 노동법상의 재해보상책임과 별도로 민법상의 손해배상책임을 지게 된다.

판례는 산업재해예방을 위하여 필요한 주의의무를 다하지 못한 사용자는 근기법이나 산재보험법 등에 의하여 보상을 받을 수 있음은 별론으로 하고, 사업주로서의 불법행위법상의 책임을 면할 수 없는 것으로 보고 있다.[2)]

(2) 이중보상의 금지

"동일한" 업무상의 재해에 대하여 재해근로자에 대한 이중의 보상(재해보상 또는 손해배상)은 허용되지 않는다. 동일한 업무상의 재해에 대하여 재해근로자가 산재보험급여를 받으면 보험가입자인 사용자는 그 가액의 한도에서 손해배상의 책임을 면한다(산재보험법 제80조 제2항). 거꾸로 재해근로자가 동일한 사유로 손해배상을 받으면 그 금액의 한도에서 산재보험급여는 지급하지 않는다(산재보험법 제80조 제3항).

또한 재해근로자가 재해보상에 상당하는 손해배상을 받으면, 그 가액의 한도에서 사용자는 재해보상의 책임을 면한다(근로기준법 제87조).

(3) 이중보상 금지의 범위

정신적 손해에 대한 위자료는 산재보험급여나 재해보상의 범위에 속하는 것이 아니기 때문에 "동일한 사유"에 해당되지 않는다. 따라서 위자료의 지급은 재해보상에 영향을 미칠 수 없고, 보험급여나 재해보상을 지급받았다 하여 사용자의 위자료 지급책임이 면제되는 것은 아니다.[3)]

3. 산재보험법상 특별급여제도와 민법상 손해배상과의 관계

(1) 의　　의

산재보험급여를 지급받고 그 외의 민법상의 손해배상 청구권을 포기한다는 내용의 합의가 있는 경우에 이는 유효하며, 사용자는 지급의무를 면한다.[4)] 산재보험법상의 장해특별급여나 유족특별급여는 이러한 합의를 원활하게 할 수 있도록 지원하려는 것이다.

(2) 장해특별급여

보험가입자의 고의 또는 과실로 발생한 업무상 재해로 인하여 근로자가 제1급 내지 제3급의 장해등급에 해당하는 경우 수급권자가 민법에 의한 손해배상청구에 갈음하여 장해 특별급여를 청구한 때에는

---

2) 대판1971.8.31, 71다1194; 대판 1989.8.8, 88다카33190. 이에 대해 사용자의 고의·과실에 손해배상을 불법행위책임으로 구성하게 되면, 피해자의 입증책임 부담·사용자 책임의 면책 가능성·청구권의 단기 소멸 시효 등으로 재해근로자의 권리구제가 미흡하다며, 안전배려의무(근로계약의 부수적 의무) 위반의 '채무불이행책임'으로 구성해야 한다는 견해가 있다(임종률 481).

3) 대판 1981.10.13, 80다2928.

4) 대판 1992.12.22, 91누6368. 다만, 그 합의가 착오 또는 사기·강박에 따른 경우에는 이를 취소할 수 있고, 합의의 내용이 공서양속에 반하거나 불공정하면 무효가 된다.

장해급여 외에 장해특별급여를 지급할 수 있다. 장해특별급여는 근로자와 보험가입자 사이에 장해특별급여에 관하여 합의가 이루어진 경우에 한하여 지급된다(법 제78조 제1항).

이 경우 공단은 그 급여액 전체를 보험가입자로부터 징수할 수 있으며, 수급권자는 보험가입자에게 민법 기타 법령규정에 의한 손해배상청구를 할 수 없다(법 제78조 제2항 및 제3항).

(3) 유족특별급여

보험가입자의 고의 또는 과실로 발행한 업무상 재해로 인하여 근로자가 사망한 경우 수급권자가 민법에 의한 손해배상청구에 갈음하여 유족특별급여를 청구한 때에는 유족급여 외에 유족특별급여를 지급할 수 있다. 유족특별급여는 근로자와 보험가입자 사이에 유족특별급여에 관하여 합의가 이루어진 경우에 한하여 지급된다(법 제79조 제1항). 이 경우 공단은 그 급여액 전체를 보험가입자로부터 징수할 수 있으며, 수급권자는 보험가입자에게 민법 기타 법령규정에 의한 손해배상청구를 할 수 없다(법 제79조 제2항).

4. 제3자의 고의 · 과실에 따른 재해

(1) 의 의

제3자의 가해행위로 사고가 발생한 경우에는 그 재해근로자가 담당한 업무의 성질이 사회통념상 가해행위를 유발할 수 있다고 인정되면 업무상 재해에 해당된다(산재보험법 시행령 제32조). 이 경우 근기법 · 산재보험법상의 재해보상책임과 민법상의 손해배상책임의 관계가 문제된다.

(2) 사업장 내 다른 근로자에 의한 재해

사업장 내의 다른 근로자의 고의 · 과실에 의해 업무상 재해가 발생한 경우, 사용자는 재해보상 책임 외에 민법상의 사용자책임(민법 제756조)[5]을 지게 되고, 가해근로자는 일반 불법행위책임(민법 제750조)[6]을 지게 된다. 이 경우 가해근로자와 사용자의 손해배상 책임은 부진정연대책임의 관계에 있다.

또한 사업장 내의 다른 근로자는 사용자의 이행보조자의 지위에 있고 그 근로자의 고의 · 과실은 사용자의 고의 · 과실로 볼 수 있으므로(민법 제391조),[7] 재해근로자는 사용자에게 안전배려의무 위반(채무불이행)에 의한 손해배상 청구를 할 수 있을 것이다[8].

(3) 일반 제3자에 의한 재해

재해가 그 사업장의 근로자가 아닌 일반 제3자의 행위로 발생한 경우, 사용자에게는 재해보상책임이 발생하고 제3에게는 불법행위책임이 발생한다.

사용자가 산재보험에 가입되어 있어 근로복지공단(보험자)이 재해근로자에게 보험급여를 지급한 경우에는 그 급여액의 한도에서 '재해근로자의 제3자에 대한 손해배상청구권'을 대위하고(산재보험법 제87조 제1항, '제3자에 대한 구상권'),[9] 수급권자(재해근로자)가 제3자로부터 동일한 사유로 보험급여에 상당하

5) 민법 제756조 (사용자의 배상책임) ① 타인을 사용하여 어느 사무에 종사하게 한 자는 피용자가 그 사무집행에 관하여 제삼자에게 가한 손해를 배상할 책임이 있다. 그러나 사용자가 피용자의 선임 및 그 사무감독에 상당한 주의를 한 때 또는 상당한 주의를 하여도 손해가 있을 경우에는 그러하지 아니하다.

6) 민법 제750조 (불법행위의 내용) 고의 또는 과실로 인한 위법행위로 타인에게 손해를 가한 자는 그 손해를 배상할 책임이 있다.

7) 민법 제391조 (이행보조자의 고의, 과실) 채무자의 법정대리인이 채무자를 위하여 이행하거나 채무자가 타인을 사용하여 이행하는 경우에는 법정 대리인 또는 피용자의 고의나 과실은 채무자의 고의나 과실로 본다.

8) 임종률 483, 김형배 463.

는 손해배상을 받은 때에는 그 금액의 한도에서 보험급여를 지급하지 않는다(산재법 제87조 제2항).

근로기준법에서는 이와 같은 규정은 없으나, 재해보상책임을 이행한 사용자는 마찬가지로 대위권을 행사할 수 있다. 재해보상이 재해근로자의 손해 · 손실을 보장하는 것인 이상, 그러한 손해 · 손실이 보상되면 그것으로 족한 것이므로 재해근로자에게 이중 보상을 인정할 필요가 없기 때문이다.

9) 대위할 수 있는 채권은 재산상의 손해배상채권에 한정되고, 위자료 청구권 같은 정신적 손해의 전보는 제외된다(대판 1990.2.23, 89다카22487).

제 3 절 업무상 재해의 인정기준

Ⅰ. 서 설

1. 업무상 재해의 중요성

근로기준법 및 산재보험법의 재해보상은 사용자의 고의 · 과실을 불문하고 근로자가 업무상 재해를 당한 경우에 인정되는데, 이러한 재해보상 인정 여부의 결정적인 판정기준이 바로 업무상 재해의 인정이므로 이 개념은 매우 중요하다. 즉 '업무상' 재해인가 아니면 '업무외' 재해인가는 근로기준법상 재해보상 또는 산재보험법상 보험급여의 책임유무를 결정짓는 중대한 문제이다.

2. 업무상 재해의 개념 및 개정취지

"업무상의 재해"란 업무상의 사유에 따른 근로자의 부상 · 질병 · 장해 또는 사망을 말한다(산재법 제5조 제1호). 종전에는 업무상 재해에 대하여 지나치게 포괄적으로 정하고 있어 포괄 위임의 논란이 제기되고 있다. 이에 산재보험법 제37조를 신설[10]하여 '업무상 재해의 인정기준'을 '업무상 사고'와 '업무상 질병'으로 구분하여 명시(동법 제37조 제1항)하였다. 이처럼 업무상 재해의 인정기준을 법률에 명확히 규정함으로써 이를 둘러싼 논란이 해소될 것으로 기대된다.

한편 업무상 재해의 '구체적인 인정기준'에 대하여, 종전에는 노동부령(시행규칙)으로 정하였으나 법 개정으로 인해 대통령령(시행령)으로 정하게 되었다(동법 제37조 제3항).

그간 판례는 법규명령 형식의 재량준칙 중 대통령령에 대해서는 일반적으로 법규성을 인정하면서도 부령과 관련하여서는 일관되게 '행정기관 내부의 사무처리준칙을 정한 것에 불과한 것으로서 국민이나 법원을 구속하지 못한다'하여, 업무상 재해 인정기준에 관한 노동부령에 관해서도 법규성을 부인하고 있었다.[11] 그러나 이번 법개정으로 대통령령으로 규정된 '업무상 재해의 인정기준'에 대하여 그 법규성

10) 전부개정 2007.12.14. 법률 제8694호 / 시행일 2008.7.1.

이 인정될 것으로 보여진다.

Ⅱ. 업무상 재해의 성립요건

1. 의 의

일반적으로 업무상 재해는 ① 근로자가 사용자의 지배·관리 아래 업무를 수행하는 도중에 재해가 발생하였다는 의미에서의 '업무수행성', ② 근로자가 수행한 업무로 인하여 재해가 발생하였다는 의미의 '업무기인성'의 두 가지 요소로 구성된다.

2. 업무수행성

업무수행성이란 사용자의 지배 또는 관리 하에서 이루어지는 당해 근로자의 업무수행 및 그에 수반되는 통상적인 활동과정에서 재해의 원인이 발생한 것을 의미한다.[12] 업무수행성은 반드시 근로자가 현실적으로 업무수행에 종사하는 동안만 인정할 수 있는 것이 아니라 사업장에서 업무시간 중 또는 그 전후에 휴식하는 동안에도 인정할 수 있는 것이다.[13]

3. 업무기인성

업무기인성은 재해가 업무에 기인한 것, 즉 업무수행과 재해발생 사이에 상당인과관계가 있는 것을 말한다.[14] 여기서 인과관계는 반드시 의학적·자연과학적으로 명백히 입증하여야만 하는 것은 아니고, 근로자의 취업 당시의 건강상태나 사업장에 발병 원인물질이 있었는지 여부 등 제반 사정을 고려하여 상당인과관계가 있다고 추단되면 그 입증이 있는 것으로 보아야 한다.[15] 또한 상당인관관계 유무의 판단은 보통 평균인이 아니라 당해 근로자의 건강과 신체조건을 기준으로 하여 판단해야 한다.[16]

4. 업무수행성과 업무기인성의 관계

업무수행성과 업무기인성은 별개독립의 개념요소가 아니라 상호 밀접한 관계를 가지고 있다. 업무상 재해의 1차적 판단기준은 업무수행성이다. 업무수행성이 인정되는 경우에는 업무기인성이 부인되는 재해는 거의 없기 때문에, 업무수행성에 의하여 업무기인성이 추정된다고 할 수 있다.[17] 그러나 판례는 업무수행성이 인정되더라도 업무기인성은 이를 주장하는 자가 입증하여야 하고, 업무수행 중에 발생한 근로자의 사망 원인이 분명치 않다고 하여 바로 업무에 기인한 사망으로 추정할 수는 없다고 보고 있다.[18]

다른 한편, 직업병이나 과로사 등 업무상 질병 및 그에 따른 사망의 경우에는 업무기인성의 존재만으로 업무상 재해가 인정될 수 있다. 이러한 종류의 재해는 실제로 사업장 밖에서 또는 업무 후에 발행

---

11) 대판 1990.9.25, 90누2727.
12) 대판 1992.5.12, 91누10466.
13) 대판 1991.9.10, 91누5433.
14) 대판 1991.11.8, 91누3307; 대판 1992.5.12, 91누10466.
15) 대판 1993.10.12, 93누9408.
16) 대판 1991.11.8, 91누5433; 대판 1991.1.26, 98두10103.
17) 임종률 464, 김형배 443.
18) 대판 1999.4.23, 97누16459.

사는 경우가 많으므로 업무수행성을 전제로 업무상 재해인지를 판단하는 것은 곤란하기 때문이다. 결국 업무수행성은 업무상 재해 여부를 결정하는 본질적이고 1차적인 판단기준이기는 하지만, 모든 재해에 대해 항상적으로 요구되는 필수 불가결한 기준은 아니다.

그러므로 업무상 재해란 '업부수행 중에 업무에 기인하여 발생한 재해' 및 '업무에 기인하여 발생한 재해'를 말한다고 정의할 수 있을 것이다.

Ⅲ. 근로자의 고의 · 중과실의 부존재

1. 의 의

재해보상제도에서는 원칙적으로 근로자의 과실 유무를 묻지 않으나 근로자의 면책사유를 광범위하게 인정할 경우 형평성에 어긋나기 때문에 일정한 제한을 가하고 있다. 이에 근로기준법은 사업주에게 '근로자의 중대한 과실'을 면책사유로 규정하여 재해보상에 있어서의 형평성을 도모하고 있다. 또한 산재보험법에서는 근로자의 면책사유를 광범위하게 인정할 경우 사회보험제도의 근간이 위태로워지기 때문에 '위험의 공평한 부담'이라는 보험법 일반원리를 적용하여, '근로자의 고의 등'을 보험관장자의 면책사유로 규정하고 있다.[19)]

2. 산재보험법상의 고의 등의 부존재

근로자의 고의 · 자해행위나 범죄행위 또는 그것이 원인이 되어 발생한 부상 · 질병 · 장해 또는 사망은 업무상의 재해로 보지 아니한다. 다만, 그 부상 · 질병 · 장해 또는 사망이 정상적인 인식능력 등의 뚜렷하게 저하된 상태에서 한 행위로 발생한 경우로서 대통령령으로 정하는 사유가 있으면 업무상의 재해로 본다(산재보험법 제37조 제2항).

대통령령이 정하는 사유란 ⅰ) 업무상의 사유로 발생한 정신질환으로 치료를 받았거나 받고 있는 자가 정신적 이상 상태에서 자해행위를 한 경우, ⅱ) 업무상의 재해로 요양 중인 자가 그 업무상의 재해로 말미암은 정신적 이상 상태에서 자해행위를 한 경우, ⅲ) 그 밖에 업무상의 사유로 말미암은 정신적 이상 상태에서 자해행위를 하였다는 것이 의학적으로 인정되는 경우를 의미한다(산재법 시행령 제36조).

Ⅳ. '업무상 사고'의 구체적 인정기준

1. 업무상 사고의 일반적 요건

(1) 업무수행성 및 업무기인성

업무상 사고에 해당되기 위해서는 먼저 '업무수행성'이 인정되어야 할 것이다. 업무수행성이란 사용자의 지배 또는 관리 하에서 이루어지는 당해 근로자의 업무수행 및 그에 수반되는 통상적인 활동과정

19) 근로기준법에서는 근로자에게 업무상 재해가 발생하는 경우에도 근로자에게 '중대한 과실'이 있고 '노동위원회의 인정'을 받은 경우에는 휴업보상과 장해보상을 하지 아니하여도 된다(근기법 제81조). 이러한 면책사유의 인정은 근로자에게는 안전·보건에 대한 주의의무를 촉구하는 동시에 사용자에게는 그 면책 주장의 남용을 경계하여 노동위원회의 인정을 요구하는 취지가 담겨있다. 여기에서 중대한 과실이란 근로자가 약간의 주의를 하였어도 방지할 수 있는 재해에 대해 현저히 주의를 태만히 한 경우를 의미한다. 통상 중대한 과실은 고의에 버금가는 것으로 평가한다.

에서 재해의 원인이 발생한 것을 의미한다.[20] 업무수행성은 반드시 근로자가 현실적으로 업무수행에 종사하는 동안만 인정할 수 있는 것이 아니라 사업장에서 업무시간 중 또는 그 전후에 휴식하는 동안에도 인정할 수 있는 것이다.[21]

이러한 업무수행성이 인정되는 경우에는 업무상 사고에 해당할 것이다. 그러나 업무와 재해 사이에 상당인과관계가 없는 경우에는 업무상 재해로 인정되지 않는다(산재법 제37조 제1항 단서).[22]

(2) 고의 · 자해행위 등이 아닐 것

근로자의 고의 · 자해행위나 범죄행위 또는 그것이 원인이 되어 발생한 부상 · 질병 · 장해 또는 사망은 업무상의 재해로 보지 아니한다. 다만, 그 부상 · 질병 · 장해 또는 사망이 정상적인 인식능력 등이 뚜렷하게 저하된 상태에서 한 행위로 발생한 경우로서 대통령령으로 정하는 사유가 있으면 업무상의 재해로 본다(산재법 제37조 제2항).

2. 업무수행 중의 사고

근로자가 근로계약에 따른 업무나 그에 따르는 행위를 하던 중 발생한 사고는 업무상 재해로 본다(산재법 제37조 제1항 제1호 가목).

(1) 사업장 내의 사고

근로자가 ⅰ) 근로계약에 따른 업무수행 행위, ⅱ) 업무수행 과정에서 하는 용변 등 생리적 필요행위, ⅲ) 업무의 준비 또는 마무리 행위 그 밖에 업무에 따르는 필요적 부수행위, ⅳ) 천재지변 · 화재 등 사업장 내에 발생한 돌발적인 사고에 따른 긴급피난 · 구조행위 등 사회통념상 예견되는 행위 중 어느 하나에 해당하는 행위를 하던 중에 발생한 사고는 업무상 사고로 본다(산재법 시행령 제27조 제1항).

(2) 출장 중의 사고

1) 의 의　　근로자가 근로계약에 따른 업무나 그에 따르는 행위를 하던 중 발생한 사고는 업무상 사고에 해당한다(산재법 제37조 제1항 제1호 가목). 출장도 사업주의 지시에 따라 업무를 수행하는 것이므로 원칙적으로 업무상 재해에 해당한다.

2) 업무상 사고의 인정기준　　근로자가 사업주의 지시를 받아 사업장 밖에서 업무를 수행하던 중에 발생한 사고는 업무상 사고로 본다. 다만, 사업주의 구체적인 지시를 위반하는 행위, 근로자의 사적(私的) 행위 또는 정상적인 출장 경로를 벗어났을 때 발생한 사고는 업무상 사고로 보지 아니한다(동법 시행령 제27조 제2항). 또한 사업장 밖의 장소로 출퇴근하여 업무를 수행하는 근로자가 최초로 업무수행 장소에 도착하여 업무를 시작한 때부터 최후로 업무를 완수한 후 퇴근하기 전까지의 사이에 발생한 사고는 업무상 사고로 본다(동법 시행령 제27조 제3항).

3) 판 례　　근로자가 사업장을 떠나 출장 중인 경우에는 그 용무의 성 · 불성이나 수행방법 등에 있어서 포괄적으로 사업주에게 책임을 지고 있다 할 것이므로, 특별한 사정이 없는 한 일단 출장과정의 전반에 대하여 사업주의 지배 하에 있다고 말할 수 있고 따라서 그 업무수행성을 인정할 수 있고, 다만 출장 중의 행위가 출장에 당연 또는 통상 수반하는 범위 내의 행위가 아닌 자의적 행위나 사적 행위일 경우에 한하여 업무수행성을 인정할 수 없고, 그와 같은 행위에 즈음하여 발생한 재해는

20) 대판 1992.5.12, 91누10466.
21) 대판 1991.9.10, 91누5433.
22) 업무상 사고에서는 업무수행성이 인정되면 업무기인성이 부정되는 경우는 극히 드물 것이다.

업무기인성을 인정할 여지가 없게 되어 업무상 재해로 볼 수 없다.[23)]

3. 시설물 등의 결함 등에 따른 사고

사업주가 제공한 시설물 · 장비 또는 차량 등의 결함이나 사업주의 관리 소홀로 발생한 사고는 업무상 사고로 본다. 다만, 사고가 ⅰ) 사업주의 구체적인 지시를 위반한 행위로 사고가 발생한 경우, ⅱ) 그 시설물 · 장비 또는 차량 등의 관리 또는 이용권이 그 근로자의 전속적 권한에 속하는 경우 중 어느 하나에 해당하는 경우에는 업무상 사고로 보지 아니한다(동법 제37조 제1항 제1호 나목 및 시행령 제27조).

4. 출퇴근 중의 사고

(1) 의 의

출퇴근 중의 사고가 업무상 재해에 해당되기 위해서는 사업주가 제공한 교통수단이나 그에 준하는 교통수단을 이용하는 등 사업주의 지배관리 하에서 출퇴근 중 발생한 사고여야 한다(산재법 제37조 제1항 제1호 다목).[24)]

(2) 업무상 사고의 인정기준

출퇴근 중의 사고가 업무상 사고에 해당되기 위해서는 다음의 두 가지 요건을 모두 갖추어야 한다. ⅰ) 사업주가 출퇴근용으로 제공한 교통수단이나 사업주가 제공하였다고 볼 수 있는 교통수단을 이용하던 중에 사고가 발생하였을 것과 ⅱ) 출퇴근용으로 이용한 교통수단의 관리 또는 이용권이 근로자 측의 전속적 권한에 속하지 아니하였을 것이다(동법 시행령 제29조).

(3) 구체적 사례

ⅰ) 근로자가 출퇴근 방법과 경로를 임의로 선택하여 본인 소유의 차량을 운전하여 출퇴근하던 중 사고가 난 경우, 비록 회사에서 규정에 따라 유류비를 보조하거나,[25)] 차량 관리규정에 따라 회사에 등록하고 차량구입비와 유지비를 보조하거나,[26)] 회사에서 유류 등을 공급받고 가끔 업무에 본인 차량을 사용했더라도,[27)] 사고 당시 통근과정이 사용자의 지배 · 관리 하에 있었다고 볼 수 없기 때문에 업무상 재해에 해당되지 않는다.

ⅱ) 회사의 영업용 차량으로 출퇴근하던 중 사고가 난 경우, 영업소장이 해당 근로자에게 영업용 차량을 사용한 출퇴근을 지시하거나 이를 명시적 또는 묵시적으로 승인함으로써 차량을 근로자의 통근용 교통수단으로 제공하였다고 볼 수 없기 때문에 업무상 재해에 해당되지 않는다.[28)]

ⅲ) 업무상 필요에 의하여 일찍 출근하게 되었고, 이와 같이 일찍 출근하는 날에는 시내버스를 이용한 후 다시 하차하여 걸어서 출근하는 것이 불가피하였다는 사정만으로는 업무상 재해에 해당되지 않는다.

---

23) 대판1993.11.9, 93다23107.
24) 대판 1997.11.14, 97누13009
25) 대판 1997.11.14, 97누13009.
26) 대판 1995.9.15, 95누6946.
27) 대판 1996.11.15, 96누10843.
28) 대판 1996.2.9, 95누16769.

5. 행사 중의 사고

(1) 의　　의

사업주가 주관하거나 사업주의 지시에 따라 참여한 행사나 행사준비 중에 발생한 사고는 업무상 재해로 본다(산재법 제37조 제1항 제1호 라목).

근로자가 근로계약에 의하여 통상 종사할 의무가 있는 업무로 규정되어 있지 아니한 회사 외의 행사나 모임에 참가하던 중 재해를 당한 경우, 이를 업무상 재해로 인정하려면 우선 그 행사나 모임의 주최자, 목적, 내용, 참가인원과 그 강제성 여부, 운영방법, 비용부담 등의 사정들에 비추어, 사회통념상 그 행사나 모임의 전반적인 과정이 사용자의 지배나 관리를 받는 상태에 있어야 할 것이다.[29]

(2) 행사참가 중 발생한 사고

근로자가 운동경기 · 야유회 · 등산대회 등 각종 행사(이하 "행사"라 한다)에 참가하여 발생한 사고는 사회통념상 그 행사에 근로자가 참가하는 것이 노무관리 또는 사업운영상 필요하다고 인정되는 경우로서 다음 각호의 어느 하나에 해당하는 경우에는 업무상 사고로 본다. ⅰ) 사업주가 행사에 참가한 근로자에 대하여 행사에 참가한 시간을 근무한 시간으로 인정하는 경우, ⅱ) 사업주가 그 근로자에게 참가하도록 지시한 경우, ⅲ) 사업주에게 사전에 승인을 얻어 참가한 경우, ⅳ) 그 밖에 제1호부터 제3호까지에 준하는 경우로서 사업주가 그 근로자의 행사 참여를 통상적 · 관례적으로 인정한 경우 등이다(산재법 시행령 제30조).

(3) 행사참가 준비 · 연습 중 사고

행사참가를 위한 준비 · 연습은 행사참가에 포함한다(산재법 시행령 제30조).

6. 휴게시간 중 사고

휴게시간 중 사업주의 지배관리 하에 있다고 볼 수 있는 행위로 발생한 사고는 업무상 재해로 본다(산재법 제37조 제1항 제1호 바목).

휴게시간 중에는 근로자에게 자유행동이 허용되고 있으므로 통상 근로자는 사업주의 지배 · 관리 하에 있다고 할 수 없고, 따라서 근로자가 휴게시간 중에 사업장 내 시설을 이용하여 어떠한 행위를 하다가 부상을 입은 경우에는 업무상 재해라고 할 수 없으나, 한편 휴게시간 중의 근로자의 행위는 휴게시간 종료 후의 노무제공과 관련되어 있으므로, 근로자의 휴게시간 중의 행위가 당해 근로자의 본래의 업무행위 또는 그 업무의 준비행위 내지 정리행위, 사회통념상 그에 수반되는 것으로 인정되는 생리적 행위 또는 합리적 · 필요적 행위라는 등 그 행위 과정이 사업주의 지배 · 관리 하에 있다고 볼 수 있는 경우에는 업무상 재해로 인정하여야 한다.[30] 예컨대, 근로자가 휴게시간에 구내매점에 간식을 사먹으러 가다가 제품하치장에서 교통사고를 당한 경우, 위 행위는 근로자의 본래의 업무행위에 수반된 생리적 또는 합리적 행위이므로 업무상 재해에 해당된다.[31]

29) 대판 1992.10.9, 92누11107.
30) 대판 2000.4.25. 2000다2023.
31) 대판 2000.4.25. 2000다2023.

7. 그 밖의 업무와 관련하여 발생한 사고

(1) 특수한 장소에서의 사고

태풍 · 홍수 · 지진 · 눈사태 등의 천재지변이나 돌발적인 사태가 발생할 우려가 많은 장소에서 업무를 수행하는 근로자가 ⅰ) 사업장 내에서 휴게시간을 이용하는 행위, ⅱ) 업무시간 이외의 시간에 사업장 내의 시설을 이용하는 행위, ⅲ) 사업장 내에서 출퇴근하고 있거나 출퇴근 중에 잠시 머무르는 행위 중 어느 하나에 해당하는 행위를 하고 있던 중에 천재지변 또는 돌발적인 사태로 발생한 사고는 그러한 행위를 하는 것이 사회통념상 인정되는 경우에는 업무상 사고로 본다(산재법 시행령 제31조).

(2) 요양 중의 사고

업무상 부상 또는 질병으로 요양급여를 받고 있는 근로자에게 ⅰ) 업무상 부상 또는 질병에 대한 의료행위를 받던 중에 그 의료행위로 말미암아 발생한 사고, ⅱ) 또는 산재보험 의료기간 내에서 업무상 부상 또는 질병의 요양에 필요한 행위를 하던 중 그 행위로 말미암아 발생한 사고가 발생하면 업무상 사고로 본다(산재법 시행령 제32조).

(3) 제3자의 가해행위에 따른 사고

제3자의 가해행위로 사고가 발생한 경우에는 그 근로자가 담당한 업무의 성질이 사회통념상 가해행위를 유발할 수 있다고 인정되면 업무상 사고로 본다(산재법 시행령 제33조)

Ⅴ. '업무상 질병'[32]의 구체적 인정기준

1. 의 의

업무상 질병은 질병 간에 돌발적인 재해가 개재하는 '사고성 질병'과 재해가 없는 '직업성 질병'으로 구분할 수 있다.

직업성 질병의 경우에는 주로 업무기인성의 판단이 문제된다. 즉 업무수행과 재해발생 사이에 상당인과관계가 있는 것을 말한다.[33] 여기서 인과관계는 반드시 의학적 · 자연과학적으로 명백히 입증하여야만 하는 것은 아니고, 근로자의 취업 당시의 건강상태나 작업장에 발병 원인 물질이 있었는지 여부 등 제반 사정을 고려하여 상당인과관계가 있다고 추단되면 그 입증이 있는 것으로 보아야 한다.[34]

근로자의 업무상 질병 또는 업무상 질병에 따른 사망의 인정 여부를 판정할 때에는 그 근로자의 성별 · 연령 · 건강정도 및 체질 등을 참작하여야 한다(산재법 시행령 제34조 제4항). 판례도 상당인과관계 유무의 판단은 보통 평균인이 아니라 당해 근로자의 건강과 신체조건을 기준으로 판단하고 있다.[35]

2. 직업성 질병

직업성 질병은 업무수행 과정에서 유해 · 위험 요인을 취급하거나 그에 노출되어 발생한 질병으로

32) 업무상 질병의 인정 여부를 심의하기 위하여 공단 소속 기관에 업무상질병판정위원회(이하 '판정위원회')를 두며, 판정위원회의 심의에서 제외되는 질병과 판정위원회의 심의 절차는 노동부령으로 정한다(산재보험법 제38조 제1항 및 제2항).

33) 대판 1991.11.8, 91누3307; 대판 1992.5.12, 91누10466.

34) 대판 1993.10.12, 93누9408.

35) 대판 1991.11.8, 91누5433; 대판 1991.1.26, 98두10103.

서 업무상 재해에 해당된다(산재법 제37조 제1항 제2호 가목).

근로자가 근로기준법 시행령 제44조 제1항[36]에 따른 업무상 질병의 범위에 속하는 질병에 걸린 경우에는 다음의 3가지 요건 모두에 해당하면 업무상 질병으로 본다. i) 근로자가 업무수행 과정에서 유해요인을 취급하거나 유해요인에 노출된 경력이 있을 것, ii) 유해요인을 취급하거나 유해요인에 노출될 우려가 있는 업무를 수행할 때 작업시간 · 종사기간 · 노출량 및 작업환경 등으로 보아 유해인자에 대한 노출 정도가 근로자의 질병 또는 건강장해를 유발할 수 있다고 인정될 것, iii) 유해요인에 노출되거나 유해요인의 취급방법에 따라 영향을 받을 수 있는 신체부위에 그 유해인자가 원인이 되어 특이한 증상이 나타났다고 의학적으로 인정될 것이다.

3. 사고성 질병

사고성 질병은 업무상 부상이 원인이 되어 발생한 질병으로서 업무상 재해에 해당된다(산재법 제37조 제1항 제2호 나목).

업무상 부상을 입은 근로자의 질병이 다음 2가지 요건 모두에 해당하면 업무상 질병으로 본다. i) 업무상 부상과 질병사이의 인과관계가 의학적으로 인정될 것, ii) 기초질환 또는 기존질병이 자연발생적으로 나타난 증상이 아닐 것이다(산재법 시행령 제34조 제2항).

4. 그 밖에 업무와 관련하여 발생한 질병

(1) 업무상 과로에 의한 질병

업무상의 재해가 되기 위하여는 업무와 사망과 원인이 된 질병 사이에 인과관계가 있어야 하는 것이지만, 이 경우 질병의 주된 발생 원인이 업무와 직접적인 관계가 없다고 하더라도 적어도 '업무상의 과로'가 질병의 주된 발생 원인에 겹쳐서 질병을 유발 또는 악화시켰다면 그 인과관계가 있다고 보아야 하고, 그 인과관계는 반드시 의학적 · 자연과학적으로 명백히 입증하여야 하는 것은 아니고 제반 사정을 고려할 때 업무와 질병 사이에 상당인과관계가 있다고 추단되는 경우에도 그 입증이 있다고 보아야 하며, 또한 평소에 정상적인 근무가 가능한 기초질병이나 기존 질병이 직무의 과중 등이 원인이 되어 자연적인 진행속도 이상으로 급격히 악화된 경우에도 그 인과관계가 있다는 것이 판례의 입장이다.[37]

산재보험법에서도 급격한 작업환경의 변화, 급성 · 한시적 및 만성적 과로 등에 의한 뇌혈관질환 또는 심장질환을 업무상 질병으로 보고 있다. 다만 그 질병이 자연발생적으로 악화되어 발병한 경우에는 업무상 질병으로 보지 않는다(산재법 시행령 제34조 제3항 관련 별표3 제1호).

(2) 노조전임자의 재해

노조전임자가 근로계약상 본래 담당할 업무를 면하고 노동조합의 업무를 전임하게 된 것이 사용자인 회사의 승낙에 의한 것이며 재해 발생 다시 근로자의 지위를 보유하고 있었고 그 질병이 노동조합업무 수행 중 육체적 · 정신적 과로로 인하여 발병된 경우, 특별한 사정이 없는 한 이는 근로기준법상 재

36) 근로기준법 시행령 제44조 제1항 관련 [별표 5]는 무겁고 힘든 업무에 따른 근육·관절의 질병, 유해방사선으로 인한 질병, 화학물로 인한 중독 등 36개 질병을 구체적으로 열거하는 한편, '규정된 외에 중앙노동위원회의 동의를 받아 노동부장관이 지정하는 질병', '그 밖에 업무로 기인한 것이 명확한 질병'도 업무상 질병으로 규정하고 있다.

37) 대판 1994.2.25, 93누19030; 대판 1996.9.10, 96누6806.

해보상이 되는 업무상 재해로 보아야 하고, 다만 그 업무의 성질상 사용자의 사업과는 무관한 상부 또는 연합관계에 있는 노동단체와 관련된 활동이거나 불법적이 노동조합 활동 또는 사용자와 대립관계로 되는 쟁의단계에 들어간 이후의 노동조합 활동 중에 생긴 재해 등은 이를 업무상 재해로 볼 수 없다.[38)]

[관련판례] 업무상 재해 인정기준

1. 업무상 재해의 구체적 인정기준의 법규성(대판 1990.9.25, 90누2727)

업무상재해인정기준에 관한 노동부 예규[39)]는 그 규정의 성질과 내용이 행정기관 내부의 사무처리준칙을 규정한 데 불과한 것이어서 국민이나 법원을 구속하는 것이 아니라고 할 것이다.

2. 업무상 재해의 요건인 업무수행성의 인정 범위(대판 2006.10.13, 2006두7669)

산업재해보상보험법 제4조 제1호(현행 제5조 제1호)가 정하는 **업무상의 사유에 의한 재해**로 인정되기 위하여는 당해 재해가 **업무수행중의 재해**이어야 함은 물론이고 **업무에 기인하여 발생한 것**으로서 업무와 재해 사이에 상당인과관계에 있어야 하는 것이고, 여기에서 **업무수행성은 사용자의 지배 또는 관리하**에 이루어지는 당해 근로자의 업무수행 및 그에 수반되는 통상적인 활동과정에서 재해의 원인이 발생한 것을 의미하는 것으로서, 정규의 근무시간 외의 행동은 그것이 업무를 위한 준비작업 또는 본래의 업무의 마무리 등으로 업무에 통상 부수하거나 업무의 성질상 당연히 부수하는 것이 아닌 한 일반적으로 업무수행으로 보지 아니하고, 또한 업무장소에서 업무시간 내에 발생한 사고라도 비업무적 활동 때문에 생긴 사고라면 업무상 재해에 해당하지 않는다.

3. 업무상 재해의 요건인 업무수행성 및 업무기인성의 판단기준(대판 1991.9.10, 91누5433)

업무상 재해의 요건인 업무수행성은 반드시 근로자가 현실적으로 업무수행에 종사하는 동안만 인정할 수 있는 것이 아니라 사업장에서 업무시간 중 또는 그 전후에 휴식하는 동안에도 인정할 수 있는 것이고 또 **업무기인성을 판단**함에 있어서 업무와 사망 사이의 상당인과관계 유무는 보통평균인이 아니라 **당해 근로자의 건강과 신체조건을 기준으로 하여 판단**하여야 할 것이다.

4. 업무와 질병 · 사망 간의 인과관계(대판 1993.10.12, 93누9408)

산업재해보상보험법 제3조 제1항(현행 제5조 제1호) 소정의 "업무상의 재해"라 함은 근로자가 업무수행 중 업무에 기인하여 발생한 재해를 말하므로 재해가 질병 또는 질병에 따른 사망인 경우 업무와의 사이에 상당인과관계가 있어야 하고 이 경우 근로자의 업무와 위 질병 또는 위 질병에 따른 사망 간의 **인과관계**에 관하여는 이를 주장하는 측에서 입증하여야 하지만, 그 인과관계는 반드시 의학적, 자연과학적으로 명백히 입증하여야만 하는 것은 아니고, 근로자의 취업 당시의 건강상태, 작업장에 발병원인물질이 있었는지 여부, 발병원인물질이 있는 작업장에서의 근무기간, 같은 작업장에서 근무한 다른 근로자의 동종 질병에의 이환 여부 등 **제반 사정을 고려할 때 업무와 질병 또는 그에 따른 사망과의 사이에 상당인과관계가 있다고 추단되는 경우에도 입증이 있다고 보아야 한다.**

5. 근로기준법상의 요양보상에 과실상계의 적용 여부(소극)(대판(전합) 1981.10.13, 81다카351)

근로기준법상의 재해보상제도는 근로를 제공하는 근로자를 그 지배하에 두고 재해위험이 내재된 기업을 경영하는 사용자로 하여금 그 과실 유무를 묻지 아니하고 재해발생으로 근로자가 입은 손해를 보상케 하려는 데

38) 대판 1996.6.28, 96다12733.

에 그 목적이 있으므로, 근로자의 업무상 부상 또는 질병이 사용자의 과실에 기한 것임을 요하지 않음은 물론, 근로자에게 과실이 있는 경우에도 이를 참작하여 그 보상 책임을 면하거나 보상의 범위를 제한하지 못하는 것이 원칙이라고 하겠으며, 이러한 점에서 과실책임의 원칙과 과실상계의 이론은 법률에서 특별히 규정한 경우를 제외하고는 위 재해보상 책임에는 적용되지 않는다고 보아야 할 것이다.

6. 출장 중의 재해와 업무상 재해(대판 1993.11.9, 93다23107)

근로자가 사업장을 떠나 출장 중인 경우에는 그 용무의 성·불성이나 수행방법 등에 있어서 포괄적으로 사업주에게 책임을 지고 있다 할 것이므로, 특별한 사정이 없는 한 일단 출장과정의 전반에 대하여 사업주의 지배하에 있다고 말할 수 있고 따라서 그 업무수행성을 인정할 수 있고, 다만 출장 중의 행위가 출장에 당연 또는 통상 수반하는 범위 내의 행위가 아닌 자의적 행위나 사적 행위일 경우에 한하여 업무수행성을 인정할 수 없고, 그와 같은 행위에 즈음하여 발생한 재해는 업무기인성을 인정할 여지가 없게 되어 업무상 재해로 볼 수 없다.

7. 출퇴근 중 사고 ①(대판(전합) 2007.9.28, 2005두12572)

일반적으로 근로자의 출퇴근이 노무의 제공이라는 업무와 밀접 불가분의 관계에 있다 하더라도 그 출퇴근 방법과 경로의 선택이 근로자에게 유보되어 있는 이상 근로자가 선택한 **출퇴근 방법과 경로의 선택이 통상적**이라는 이유만으로 출퇴근 중에 발생한 재해가 **업무상의 재해로 될 수는 없을 것**이지만, 이와 달리 근로자의 출퇴근 과정이 사업주의 지배 관리 아래 있다고 볼 수 있는 경우에는 출퇴근 중에 발생한 재해도 업무상의 재해로 될 수 있을 것이다.

8. 출퇴근 중 사고 ②(대판 2009.5.28, 2007두2784)

사업주가 제공한 교통수단을 근로자가 이용하거나 또는 사업주가 이에 준하는 교통수단을 이용하도록 하는 경우를 비롯하여, 외형상으로는 출퇴근의 방법과 그 경로의 선택이 근로자에게 맡겨진 것으로 보이나 출퇴근 도중에 업무를 행하였다거나 통상적인 출퇴근시간 이전 혹은 이후에 업무와 관련한 긴급한 사무처리나 그 밖에 업무의 특성이나 근무지의 특수성 등으로 출퇴근의 방법 등에 선택의 여지가 없어 실제로는 그것이 근로자에게 유보된 것이라고 볼 수 없고 사회 통념상 아주 **긴밀한 정도로 업무와 밀접 불가분의 관계**에 있다고 판단되는 경우에는 그러한 **출퇴근 중에 발생한 재해와 업무 사이에는 직접적이고도 밀접한 내적 관련성이 존재하여 그 재해는 사업주의 지배 관리 아래 업무상의 사유로 발생**한 것이라고 볼 수 있다.

9. 업무상 질병에서의 인과관계 ①(대판 1996.9.10, 96누6806)

구 산업재해보상보험법(1994.12.22. 법률 제4826호로 전문 개정되기 전의 것) 제3조 제1항(현행 제5조 제1호)이 정하는 업무상의 재해가 되기 위하여는 업무와 사망의 원인이 된 질병 사이에 인과관계가 있어야 하는 것이지만, 이 경우 질병의 주된 발생 원인이 업무와 직접적인 관계가 없다고 하더라도 적어도 업무상의 과로가 **질병의 주된 발생 원인에 겹쳐서 질병을 유발 또는 악화**시켰다면 그 **인과관계가 있다**고 보아야 하고, 그 인과관계는 반드시 의학적·자연과학적으로 명백히 입증하여야 하는 것은 아니고 제반 사정을 고려할 때 업무와 질병 사이에 상당인과관계가 있다고 추단되는 경우에도 그 입증이 있다고 보아야 한다.

10. 업무상 질병에서의 인과관계 ②(대판 1992.5.12, 91누10466)

산업재해보상보험법 제3조 제1항에서 말하는 "업무상 재해"라 함은 근로자가 업무수행 중 그 업무로 기인하여 발생한 근로자의 부상, 질병, 신체장해 또는 사망을 뜻하는 것이므로 업무와 재해발생과의 사이에 상당인과관계가 있어야 하는 것이지만 그 재해가 업무와 직접 관련이 없는 기존의 질병이더라도 업무상의 정신적, 육체적 과로가 질병의 주된 발생원인에 겹쳐서 질병을 유발 또는 악화시켰다면 그 인과관계가 있다고 보아야 할 것이고, 또한 과로로 인한 질병에는 평소에 정상적인 근무가 가능한 기존질병이 업무의 과중으로 그 질병의 자연진행 정도를 넘어 급속히 악화된 경우까지도 포함된다고 할 것이며 **업무와 질병 사이의 상당인과관계의 유무는** 보통 평균인이 아니라 **당해 근로자의 건강과 신체조건을 기준으로 판단**하여야 할 것이다.

39) 구 산업재해보상보험법(2007.12.14. 법률 제8694호로 전면개정되기 전의 것) 시행규칙 제39조 [별표 1].

제 4 절 산업재해보상보험법의 적용범위

Ⅰ. 서 설

산업재해보상보험법은 근로자를 사용하는 모든 사업 또는 사업장에 적용한다. 다만, 사업의 위험률 · 규모 및 장소 등을 참작하여 대통령령이 정하는 사업은 그러지 아니하다(산재보험법 제6조). 산재보험은 보험급여 대상을 산재근로자와 그 유족으로 하고 있으나 산재보험을 적용하는 단위는 근로자를 사용하는 모든 사업장이다. 적용이 사업 또는 사업장 단위로 이루어지므로 산재보험이 적용되는 한 수시로 입사한 근로자라 하더라도 업무상 재해를 당한 경우 이 법에 의한 보험급여를 받을 수 있다.

Ⅱ. 적용사업의 종류

1. 당연적용사업(강제적용사업)

당연적용사업이라 함은 사업이 개시되거나 사업이 소정의 요건을 충족하게 되었을 때 사업주의 의사와는 관계없이 자동적으로 보험관계가 성립하는 사업을 말한다. 산재보험법 제6조 단서에서 적용제외되는 사업을 제외하고는 상시 1명 이상의 근로자를 사용하는 모든 사업은 당해 사업이 개시되거나 또는 당연적용사업에 해당하게 되었을 때에 사업주의 의사에 불구하고 법률상 당연히 보험관계가 성립되어 법적 이행이 강제된다. 산재보상보험에 있어서 상세적용방식을 채택하는 이유는 사업주의 의사여하에 불구하고 강제적용함으로써 근로자를 특별히 보호하고자 하는 데 있다. 산재보상보험이 가지는 사회정책적 요청과 사회보험적 성격에 기인한 것이다(동법 제2조 제1항).

2. 임의적용사업

임의적용사업이라 함은 강제적용사업에 해당하지 않는 사업으로서 산재보상보험에 대한 가입여부가 사업주의 자유의사에 일임되어 있는 사업을 말한다. 그러므로 사업주의 의사에 의한 보험가입신청과 근로복지공단의 소속기관을 거쳐 승인을 받아야 하는 특별한 절차를 필요로 한다.

3. 비적용사업(적용제외사업)

특별법에 의한 재해보상이 행하여지는 사업과 사업규모, 위험률 등을 참작한 사업은 산재보험법 자체가 적용되지 않는 비적용사업이다.

(1) 특별법으로 재해보상이 행하여지는 사업

1) 공무원연금법, 군인연금법 적용사업 공무원연금 또는 군인연금 등에 의하여 재해보상이 행하여지는 사업에 종사하는 자에 대하여는 산재보험에서 적용을 하지 아니한다(산재보험법 시행령 제2조 제1항 제1호).

2) 선원법, 사립학교교직원연금법 적용사업 근로기준법의 특별법인 선원법의 적용을 받고, 산재보험에 대한 특별법인 선원보험이 우선 적용되는 선원과 사립학교교직원연금법의 적용을 받는 사립학교의 교사 등은 특별법에 의한 독자적인 재해보상이 이루어지므로 산재보험법의 적용이 제외된다[40](제2호).

(2) 사업규모, 위험률 등을 참작한 사업

1) 주택법에 따른 주택건설사업자, 건설산업기본법에 의한 건설업자 등이 아닌 자가 시공하는 ⅰ) 총 공사금액이 2천만원 미만인 공사, ⅱ) 연면적이 100제곱미터 이하인 건축물의 건축 또는 연면적이 200제곱미터 이하인 건축물의 대수선에 관한 공사는 산재보험법이 적용되지 않는다(제3호).[41] 한편, 총 공사금액이 2천만원 미만인 건설공사라 하더라도 고용보험 및 산업재해보상보험법의 보험료징수 등에 관한 법률 제8조 제1항 또는 제2항에 따라 일괄적용을 받게 되거나, 설계변경(사실상의 설계변경이 있는 경우를 포함)으로 그 총 공사금액이 2천만원 이상으로 된 때에는 그 때부터 법의 적용을 받는다(영 제2조 제3항).

2) 가구 내 고용활동

3) 제1호 내지 제4호의 사업 외의(제4호) 사업으로서 상시 근로자의 수가 1명 미만인 사업(제5호).

4) 농업 · 임업(벌목업을 제외) · 어업 · 수렵업 중 법인이 아닌 자의 사업으로서 상시 근로자 수가 5명 미만인 사업[42](제6호).

Ⅲ. 산재보험의 적용특례

1. 국외사업에 대한 특례

국외근무기간 중 발생한 근로자의 재해를 보상하기 위하여 우리나라가 당사국이 된 사회보장에 관한 조약이나 협정(이하 "사회보장관련조약"이라 한다) 기타 대통령령으로 정하는 국가나 지역에서의 사업에 대하여는 노동부장관이 금융감독위원회와 협의하여 지정하는 자(이하 "보험회사"라 한다)로 하여금 산재보험법에 의한 보험사업을 관장하여 자기의 계산으로 영위하게 할 수 있다(산재보험법 제121조 제1항).

2. 해외파견자에 대한 특례

산재보험이 적용되는 사업의 보험가입자가 소속 근로자를 대한민국 이외의 지역에서 행하는 사업에

40) 다만, 사립학교교직원연금법의 적용을 받지 않는 청소, 경비, 식당 등의 업무종사자 등은 상시 근로자 수에 따라 산재보험이 적용된다.

41) 건설공사는 대체적으로 공사를 시작하여 단기간에 종료하면서 일용근로자가 상시적으로 적게 근무하는 등의 특수성으로 인하여 적용에서 제외되고 있다.

42) 농·임·어업 및 수렵업은 그 업종의 특성 및 위험률 등으로 보아 상시 5명 미만인 경우 제외하되, 임업 중 벌목업은 위험률이 높으므로 상시근로자수 1명 이상인 경우 적용토록 하였다. 벌목업의 보험가입자는 산림법에 의한 임목벌채의 허가를 받거나 신고를 한 자로 한다.

근로시키기 위하여 파견하는 자에 대하여 공단에 보험가입신청을 하여 승인을 얻는 경우에는 산재보험이 적용된다(산재보험법 제122조).

3. 현장실습생에 대한 특례

산재보험이 적용되는 사업에서 현장실습을 하고 있는 학생 및 직업훈련생 중 노동부장관이 정하는 현장실습생은 산재보험법을 적용함에 있어 당해 사업에 사용되는 근로자로 보아 산재보험을 적용한다(산재보험법 제123조).

4. 중 · 소기업사업주에 대한 특례

보험가입자로서 50명 미만의 근로자를 사용하는 사업주, 자동차를 사용하여 하는 여객 또는 화물운송사업을 근로자를 사용하지 않는 사업주는 공단의 승인을 얻어 자기 또는 유족을 보험수급자로 하여 산재보험에 가입할 수 있다(산재보험법 제124조).

원칙적으로 사업주는 보험가입자이며 수급권자가 될 수 있다. 그러나 본 특례는 사실상 근로에 종사하여 근로자와 동일한 재해위험에 노출되어 있는 중소기업사업주가 희망하는 경우 근로자와 함께 산재보험에 임의가입할 수 있도록 함으로써 영세사업주에게 재해 보상을 하여 생존권을 보호하기 위한 규정이다.

5. 특수형태근로종사자에 대한 특례

(1) 의 의

특수형태근로종사자는 근로자와 유사하게 노무를 제공함에도 불구하고 근로기준법상 근로자로 인정되지 않아 산재보험의 보호를 받지 못하고 있었다.

그러나 최근 산재보험법 개정[43]으로 ① 주로 하나의 사업 또는 사업장에 그 운영에 필요한 노무를 상시적으로 제공하고 보수를 받아 생활하며, ② 노무를 제공함에 있어 타인을 사용하지 아니할 것 등의 요건을 충족하는 자 중에서 일정 직종에 종사하는 자는 산재보험법의 적용 대상이 되도록 하였다(산재보험법 제125조).

(2) 산재보험료 부담

산재보험료는 사업주와 특수형태근로종사자가 각각 2분의 1씩 부담한다. 다만, 사용종속 관계의 정도 등을 고려하여 대통령령으로 정하는 직종에 종사하는 특수형태근로종사자의 경우에는 사업주가 부담한다(보험료징수법 제49조의3 제2항).[44]

(3) 적용 제외 신청

특수형태근로종사자는 산재보험법의 적용을 원하지 아니하는 경우 보험료징수법으로 정하는 바에 따라 공단에 산재보험법의 적용 제외를 신청할 수 있다. 다만, 사업주가 보험료를 전액 부담하는 특수형태근로종사자의 경우에는 그러하지 아니하다(산재보험법 제125조 제4항).

---

43) 전부개정 2007.12.14. 법률 제8694호 / 시행일 2008.7.1.

44) 개정 2007.12.27. 법률 제8812호 / 시행일 2008.7.1.

[법률규정]

산재보험법 제125조 (특수형태근로종사자에 대한 특례) ① 계약의 형식에 관계없이 근로자와 유사하게 노무를 제공함에도 「근로기준법」 등이 적용되지 아니하여 업무상의 재해로부터 보호할 필요가 있는 자로서 다음 각 호의 모두에 해당하는 자 중 대통령령으로 정하는 직종에 종사하는 자(이하 이 조에서 "특수형태근로종사자"라 한다)의 노무(勞務)를 제공받는 사업은 제6조에도 불구하고 이 법의 적용을 받는 사업으로 본다. 〈개정 2010.1.27〉

1. 주로 하나의 사업에 그 운영에 필요한 노무를 상시적으로 제공하고 보수를 받아 생활할 것
2. 노무를 제공함에 있어서 타인을 사용하지 아니할 것

② 특수형태근로종사자는 제5조 제2호에도 불구하고 이 법을 적용할 때에는 그 사업의 근로자로 본다. 다만, 특수형태근로종사자가 제4항에 따라 이 법의 적용 제외를 신청한 경우에는 근로자로 보지 아니한다. 〈개정 2010.1.27〉

③ 사업주는 특수형태근로종사자로부터 노무를 제공받거나 제공받지 아니하게 된 경우에는 이를 대통령령으로 정하는 바에 따라 공단에 신고하여야 한다.

④ 특수형태근로종사자는 이 법의 적용을 원하지 아니하는 경우 보험료징수법으로 정하는 바에 따라 공단에 이 법의 적용 제외를 신청할 수 있다. 다만, 사업주가 보험료를 전액 부담하는 특수형태근로종사자의 경우에는 그러하지 아니하다.

⑤ ~ ⑪ 생략

산재보험법 시행령 제125조 (특수형태근로종사자의 범위 등) 법 제125조 제1항에서 "대통령령으로 정하는 직종에 종사하는 자"란 다음 각 호의 어느 하나에 해당하는 자를 말한다.

1. 보험 또는 공제를 모집하는 사람으로서 다음 각 목의 어느 하나에 해당하는 자
   가. 「보험업법」 제83조 제1항 제1호에 따른 보험설계사
   나. 「보험업법」 제83조 제1항 제5호 중 보험대리점 또는 보험중개사의 사용인으로서 같은 법에 따라 모집에 종사할 사람으로 신고된 사람
   다. 「농업협동조합법」에 따른 공제를 모집하는 사람
   라. 「우체국 예금 · 보험에 관한 법률」에 따른 우체국보험의 모집을 전업으로 하는 사람
2. 「건설기계관리법」 제3조 제1항에 따라 등록된 콘크리트믹서트럭을 소유하여 그 콘크리트믹서트럭을 직접 운전하는 사람
3. 「통계법」에 따라 통계청장이 고시하는 한국표준직업분류상의 세세분류에 따른 학습지 교사
4. 「체육시설의 설치 · 이용에 관한 법률」 제19조에 따라 체육시설업의 등록을 한 골프장에서 골프경기를 보조하는 골프장 캐디

제 5 절 산업재해보상보험법상의 보험가입자 및 보험관계

Ⅰ. 서 설

산재보험제도는 정부를 보험관장자로 하고 사업주를 보험가입자로 하는 제도를 채택하고 있다. 산재보험은 다른 사회보험과는 달리 개개의 피보험자를 대상으로 보험가입을 시키는 것이 아니고 사업별로 그 전체를 산재보험에 가입시켜서 근로기준법상 사용자가 부담하여야 하는 재해보상 책임을 산재보험법상의 보험급여로 이행하도록 한다는 책임보험적 성격을 지니고 있다.

산재보험법상 보험관계는 보험관장자인 정부(노동부장관이 근로복지공단에 업무 위탁), 보험가입자인 사업주, 수급권자(보험급여의 수급대상)인 근로자 · 유족과의 3자관계이다. 즉 보험사업의 집행기관인 근로복지공단과 보험가입자인 사업주와의 사이에 보험료 징수 · 납부의 관계, 근로자나 그 유족과 근로복지공단과의 사이에 보험급여의 청구 · 지급관계의 기본이 되는 법률관계를 말한다.

Ⅱ. 보험가입자

산재보험의 보험가입자는 산재보험법의 적용을 받는 사업의 사업주로서, 법의 적용을 받는 사업은 근로자를 사용하는 사업이다(보험료징수법 제5조 제3항). 법인의 경우 법인 그 자체, 개인사업체인 경우는 자연인인 사업주가 보험가입자가 된다.

산재보험의 보호대상인 근로자가 아니라 사업주가 보험가입자가 된다. 이는 산재보험이 산재근로자에 대한 사업주의 재해보상책임을 제도화한 것이기 때문이다.

Ⅲ. 보험관계의 성립 및 성립일

1. 보험관계의 의의

보험관계의 성립이라 함은 산재보험법상의 권리 · 의무가 발생하는 것을 말한다. 보험관계가 성립하게 되면 사업주에게는 보험료납부의 의무, 보험집행기관에게는 보험급여지급의무, 업무상 재해를 입은 재해근로자에게는 보험급여청구권 등 여러 가지 권리와 의무가 발생한다.

2. 당연적용사업

(1) 당연가입

산재보험법이 적용을 받는 사업의 사업주는 당연히 산재보험의 보험가입자가 된다. 다만, 법 제6조 단서의 규정에 의한 사업의 사업주는 그러하지 아니하다(보험료징수법 제5조 제3항).

(2) 성 립 일

산재보험의 당연가입자가 되는 사업에 있어서는 당해사업이 시작된 날(임의적용사업이 당연적용사업에 해당하게 된 경우에는 그 해당하게 된 날)에 성립한다(보험료징수법 제7조 제2호).

3. 임의적용사업

(1) 임의가입

산재보험법 제6조 단서의 규정에 의해 당연적용이 제외되는 사업의 사업주는 공단의 승인을 얻어 보험에 가입할 수 있다(보험료징수법 제5조 제4항).

(2) 성 립 일

임의적용사업은 그 사업의 사업주가 공단에 그 보험가입승인신청서를 접수한 날의 다음 날에 성립한다(동법 제7조 제3호). 종전에는 공단의 승인을 얻은 날의 다음 날 성립되었으나 가입신청서를 접수한 날의 다음 날로 개정하였다. 이는 가입을 승인한 다음 날에서 가입신청서를 접수한 다음 날까지 보험관계 성립일을 소급함으로써 승인을 하는 기간 중에 발생하는 재해근로자까지도 보험급여를 지급토록 개선한 것이다.

4. 의제적용사업

(1) 의 의

산재보험 적용범위가 상시 1인 이상 사업장까지 확대됨에 따라 영세사업장의 경우 근로자의 입퇴직이 빈번하여 보험관계가 수시로 생성 · 소멸되므로 보험의 의제가입제도를 통하여 보험가입자 및 공단의 관리효율성을 도모하게 된다.

(2) 의제가입

ⅰ) 산재보험의 당연가입자가 되는 사업이 사업규모의 변동 등으로 인하여 임의적용사업에 해당하게 된 경우에는 당해 사업주는 그 해당하게 된 날부터 공단의 승인을 얻어 보험에 가입한 것으로 본다(보험료징수법 제6조 제2항).

ⅱ) 사업주가 당해 사업의 운영 중에 근로자를 사용하지 아니하게 된 때에는 그 날로부터 1년의 범위 안에서 근로자를 사용하지 아니한 기간 동안에도 보험에 가입한 것으로 본다(동법 제6조 제3항).

(3) 성 립 일

ⅰ) 당연적용사업장이 사업규모 변동 등으로 인하여 임의적용사업으로 된 날, ⅱ) 근로자를 사용하지 아니하게 된 날에 보험관계가 성립한 것으로 본다(동법 제6조 제2항 및 제3항).

5. 보험관계의 성립의 효과

보험관계가 성립하는 경우 사업주는 보험관계가 성립한 날부터 14일 이내에 공단에 보험관계의 성립신고를 하여야 하며, 업무상 재해가 발생하는 경우 재해보상책임이 면제되고 보험료 납부 및 각종 보고 등의 준수사항이 발생한다. 이러한 성립효과는 당연적용사업이냐 임의적용 또는 의제적용이냐에 상관없이 인정된다.

Ⅳ. 적용상의 특례

1. 적용상의 특례의 의의

본래 산재보험은 사업 또는 사업장 단위로 적용됨이 원칙이나, 사업 또는 사업주의 성격에 따라 개별 사업 또는 사업장단위로 적용되는 것이 불합리하거나 부적절한 경우가 있다. 보험료징수법은 이러한 특수성에 주목하여 산재보험의 일괄적용제도를 마련하였다.

일괄적용제도는 사업주와 공단의 산재보험업무의 간소화, 산재보험적용 누락의 방지, 산재근로자에 대한 신속한 보험급여의 지급 등을 위한 것이다. 일괄적용제도는 크게 일반사업에 있어서 사업주가 여러 개의 사업을 경영하는 경우에 있어서의 일괄적으로 적용하는 제도와 도급사업에 있어서 원수급인을 보험가입자로 인정하는 제도의 두 가지가 있다. 전자의 경우에는 종래의 산재보험법에는 '동종'사업만을 그 적용대상으로 한정하였으나, 보험료징수법은 반드시 '동종'사업일 것을 요건으로 하지 않는 등 그 적용을 완화하여 일괄제도의 본래의 취지를 도모하고자 하였다.

2. 사업의 일괄적용

사업의 일괄적용제도란 동일한 사업주가 운영하는 개별사업이 일정한 요건에 해당되는 때에는 당해 개별사업 전부를 하나의 사업으로 보아 보험관계를 일괄적용함으로써 사업주의 업무편의를 도모하고 근로자를 적극적으로 보호하는 제도이다(보험료징수법 제8조).

3. 도급사업의 일괄적용

건설업 등 대통령령이 정하는 사업이 여러 차례의 도급에 의하여 행하여지는 경우에는 그 원수급인을 사업주로 본다(보험료징수법 제9조 본문). 다만 원수급인이 서면계약으로 하수급인에게 보험료의 납부를 인수하게 하는 경우 하수급인의 신청에 의하여 근로복지공단의 승인을 얻은 때에 그 하수급인에 대하여 산재보험과 고용보험을 적용할 수 있도록 한 제도이다(보험료징수법 제9조 단서).[45)]

Ⅴ. 보험관계의 소멸 및 소멸일

1. 보험관계의 소멸 및 소멸일

(1) 자동소멸

보험관계가 성립된 사업이 폐지되거나 종료된 때에는 그 폐지 또는 종료된 날의 다음날에 소멸한다

45) 이와 관련하여 헌법재판소는 현 보험료징수법 제9조에 해당하는 구 산재보험법 제9조 제1항에 대하여 합헌판정을 내렸다(헌판 2004.10.28, 2003헌바70).

(보험료징수법 제10조 제1호). 보험관계는 사업의 사실상 폐지 또는 종료된 날의 다음날 소멸하므로 법인의 해산등기 완료, 폐업신고 또는 보험관계소멸신고 등과는 관계가 없다.

(2) 해지소멸

임의가입사업 및 의제가입사업에서 사업주가 보험계약을 해지하고나 할 때에는 공단의 승인을 얻어야 한다. 이 경우의 해지는 그 보험관계가 성립한 보험연도가 종료된 이후에 해야 한다(동법 제5조 제5항). 이와 같이 보험계약을 해지하는 경우에는 그 해지에 관하여 공단의 승인을 얻은 날의 다음 날에 소멸한다(동법 제10조 제2호).

(3) 직권소멸

사업이 부도를 당하거나 건설공사를 마치고 복귀하면서 신고를 하지 않는 경우 등 계속해서 보험관계를 유지할 수 없는 경우 공단은 사실조사를 하여 직권으로 보험관계를 소멸시킬 수 있다(동법 제5조 제7항). 직권소멸의 경우 보험관계의 소멸을 결정 · 통지한 날의 다음 날 보험관계가 소멸한다(동법 제10조 제3호).

(4) 의제소멸

사업주가 당해 사업의 운영 중에 근로자를 사용하지 아니하게 된 때에는 그 날부터 1년의 범위 안에서 근로자를 사용하지 아니한 기간 동안에도 보험에 가입한 것으로 의제되는데(동법 제6조 제3항), 이 경우의 보험관계는 당해 사업의 사업주가 근로자를 사용하지 아니한 최초의 날부터 1년이 되는 날의 다음 날에 소멸한다(동법 제10조 제4호).

2. 보험관계 소멸의 효과

보험관계가 소멸한다는 것은 사업주, 근로자 및 공단 간에 산재보험관계에 의한 권리 · 의무관계가 소멸한다는 것이다. 사업주는 보험료를 납부하지 않게 되며, 공단은 보험급여를 행할 의무가 없어진다.

보험관계의 소멸일 이후에는 산재보험료가 발생하지 아니하고 보험급여의 청구 사유도 발생하지 아니한다. 그러나 보험관계가 소멸된다 하여도 보험관계의 성립기간 중에 발생한 산재근로자에 대하여는 산재보험법에 의한 보험급여가 계속 지급된다. 또한 소멸시점 이전의 미납보험료에 대한 납무의무는 소멸되지 않는다.

Ⅵ. 보험관계의 신고

1. 보험관계의 성립 및 소멸신고

(1) 당연가입사업의 성립신고

당연적용사업의 사업주가 보험의 가입자가 된 경우에는 그 보험관계가 성립한 날부터 14일 이내에 공단에 보험관계의 성립신고를 하여야 한다. 다만, 보험관계가 성립한 날부터 14일 이내에 종료되는 사업의 경우에는 종료일 전날까지 그 보험관계의 성립 신고를 하여야 한다(보험료징수법 제11조 제1항).

(2) 사업의 폐지 · 종료시 소멸신고

사업주는 사업의 폐지 · 종료 등으로 인하여 보험관계가 소멸한 경우에는 그 보험관계가 소멸한 날부터 14일 이내에 공단에 보험관계의 소멸신고를 하여야 한다(동법 제11조 제1항).

(3) 성립 · 소멸에 대한 통지

공단은 보험관계가 성립되거나 소멸된 경우에는 지체없이 각각 당해 사업주에게 이를 통지하여야 한다(보험료징수법 시행령 제8조).

2. 보험관계의 변경 및 변경신고

보험가입자는 보험관계의 사항에 변경이 생긴 때에는 변경된 날로부터 14일 이내에 공단에 신고하여야 한다(동법 제12조).

3. 신고의무위반의 효과

강제적용사업의 사업주가 보험관계성립신고를 게을리 한 기간 중에 발생한 재해에 대하여 공단이 보험급여를 지급한 때에는 그 보험급여액의 50%를 징수당하는 불이익처분이 따른다(동법 제26조 제1항, 영 제34조 제1항). 또한 상당기일에 걸쳐 보험가입을 해태한 경우에는 해당기간분의 보험료 이외에 연체금 등을 가산하여 납부해야 한다(동법 제25조).

[그림] 산재 · 고용보험사업 수행체계

산재 · 고용보험의 보험관계는 관리 주체인 노동부장관과 산업재해보상보험업무와 고용보험 업무를 실제로 담당하는 일선 집행기관인 근로복지공단 및 고용지원센터, 산재 · 고용보험법에 규정하고 있는 보험료납부 등 제반의무를 이행하는 보험가입자, 그리고 보험급여를 받을 권리가 있는 수급권자의 관계로 기본구조를 형성하고 있다. 이를 도식화하면 다음과 같다.

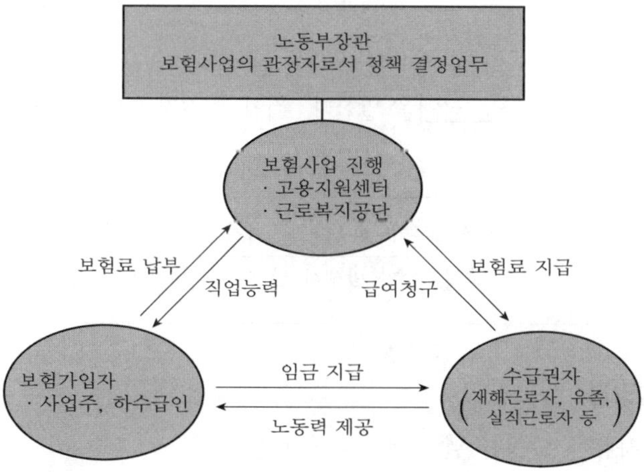

※ 고용보험 업무분담 체계

노동부 고용지원센터: 고용보험 피보험자 관리, 고용안정 · 직업능력개발사업, 실업급여 지급

근로복지공단: 고용보험 적용 · 징수업무(99.10.1 이관)

(산재보험사업은 적용 · 징수와 보상업무 일체를 근로복지공단에서 '95.5.1부터 수행 중)

제 6 절 산재보험법상 평균임금

Ⅰ. 서 설

산재보험법상 평균임금은 휴업급여, 장해급여, 유족급여, 상병보상연금 및 장의비 등의 산재보험급여를 지급할 때에 그 금액을 계산하기 위하여 일급개념으로 산출하는 임금이다.

산재보험법상 평균임금은 근로기준법에 의한 평균임금을 말한다. 다만, 근로기준법에 의하여 평균임금을 결정하기 곤란하다고 인정되는 경우에는 노동부장관이 정하여 고시하는 금액을 당해 평균임금으로 한다(산재보험법 제5조 제2호).

Ⅱ. 평균임금

1. 의 의

평균임금이라 함은 이를 산정하여야 할 사유가 발생한 날 이전 3월간에 그 근로자에 대하여 지급한 임금의 총액을 그 기간의 총일수로 나눈 금액을 말한다. 취업 후 3월 미만도 이에 준한다(근기법 제2조 제1항 6호).

$$\text{평균임금} \times \frac{\text{산정사유가 발생한 날 이전 3월간의 임금총액}}{\text{산정사유가 발생한 날 이전 3월간의 총일수}}$$

2. 평균임금의 산정방법

(1) 산정하여야 할 사유가 발생한 날

재해보상 또는 보험급여 지급액 산출을 위한 평균임금 산정 기산일은 사상의 원인이 되는 '사고가 발생한 날' 또는 '진단에 의하여 질병이 발생되었다고 확정된 날'

(2) 이전 3월간의 총일수

산정사유가 발생한 날의 전일부터 소급하여 역월에 의한 3개월을 의미하며, 그 기간 중에 실제로 근로한 일수를 가리키는 것은 아니다.

(3) 근로자에 대하여 지급한 임금의 총액

지급한 임금에는 사용자가 근로자에 대하여 실제로 지급한 임금은 물론 아직 지급을 하지 못하였으나 근로의 대가로서 지급하기로 확정된 임금을 포함한다. 임금의 총액에는 근로기준법 제2조 제1항 제5호의 규정에 의한 임금을 모두 포함한다.

Ⅲ. 산재보험법상 평균임금의 산정의 특례

1. 최고 · 최저 보상기준보장제도(산재보험법 제36조 제7항)

(1) 의　　의

당해 근로자의 임금이 높거나 낮아 해당 평균임금을 적용하는 것이 부적당할 경우 노동부장관이 고시하는 최고보상기준금액 또는 최저보상기준금액을 재해근로자의 평균임금으로 한다.

(2) 최고 · 최저보상기준금액

종전 최고보상기준금액은 전체 근로자의 임금수준, 임금 계층별 근로자 분포비 등을 고려하여 설정하고 있고, 최저보상기준금액은 최저임금의 조정률을 고려하여 설정하였으나, 그 기준이 가변적이고 불명확하여 보험급여 수급자 간의 형평성을 도모하려는 취지를 살리지 못하고 있었다. 이에 법개정(2007.12.14) 최고보상기준금액은 '전체 근로자의 임금 평균액'의 1.8배, 최저보상기준금액은 '전체 근로자의 임금 평균액'의 2분의 1 수준으로 명확히 하였다. 이로써 저소득근로자와 고소득근로자 간 보험급여 지급의 형평성이 높아질 수 있을 것으로 기대된다.

(3) 적용 범위

1) 최고보상기준금액　　장해급여, 유족급여, 휴업급여, 상병보상연금

2) 최저보상기준금액　　장해급여, 유족급여에 적용한다.

※ 휴업급여 및 상병보상연금은 최저임금기준 적용

2. 특수직종근로자의 평균임금특례(산재보험법 제36조 제5항)

(1) 대　　상

근로자의 근로형태가 1일 단위로 고용되거나 일당 형식의 임금을 지급받는 근로자의 경우 평균임금을 적용하는 것이 적당치 아니하다고 인정되는 경우에 적용한다.

(2) 방　　법

1개월간 임금총액을 동기간 동안 실근로일수로 나눈 금액에 노동부장관이 고시한 통상근로계수(73/100)을 곱하여 산정한다. 평균임금산정사유발생일 이전 1개월간 당해 사업에서 받은 임금은 없으나 일당이 미리 정하여진 경우는 일당을, 임금 또는 일당이 없는 경우는 동종근로자 일당의 73/100을 적용한다.

(3) 적용제외

다른 동료근로자가 아래사항에 해당될 경우 적용이 없다.

① 3월 이상 계속 고용된 경우

② 3월간 평균근로일수가 통상근로계수 적용 근로일수(22.3일)를 초과한 경우

③ 제반 사실(근로조건, 근로계약형식 등)을 고려해서 사용근로자와 유사한 경우

④ 1월 이상 근로한 일용근로자가 이의 신청하는 경우로서 지급된 임금액이 제출된 자료 등에 의하

여 명확한 경우

3. 진폐 등 업무상 질병이환자에 대한 평균임금산정 특례(산재보험법 제36조 제6항)

(1) 취 지

진폐증 및 업무상 질병이환자의 경우 직업병이 누적되어, 발견되는 시점에서는 결근, 작업능률저하 등 평균임금의 감소가 우려되므로 이에 대하여 특례를 인정한 것이다.

(2) 특례대상

① 진폐 등 업무상 질병이환 근로자의 평균임금이 매월 노동통계조사보고서상의 임금으로 산정된 평균임금보다 낮을 경우

② 진폐 등 업무상 질병이환 근로자가 소속한 사업장이 휴 · 폐업되거나 퇴직 등으로 평균임금을 산정할 수 없는 경우

(3) 산정방법

직업병으로 진단된 날이 속하는 분기의 전전분기 말일부터 이전 1년간 매월노동통계조사보고서상의 유사근로자의 월급여총액을 그 기간의 일수로 나누어 산정한다.

"직업병으로 진단된 날"이라 함은 직업병으로 인한 보험급여액 지급대상이 된다고 확인된 당시 초진소견서 또는 진단서가 발급된 날을 말한다.

"유사근로자" 판단기준은 당해 근로자와 소속 사업장의 업종, 성별, 직종, 규모(4요소)가 동일한 근로자로 한다.

4. 평균임금자동증감 제도(산재보험법 제36조 제3항)

(1) 의 의

장기요양자나 연금수급자의 경우 재해 당시의 평균임금을 기초로 하므로 장기간 요양을 하거나 연금을 받는 경우 물가와 임금이 계속적으로 오르는데도 보험급여액은 고정되어 있어 손해를 보게 되는 폐단을 시정하기 위한 것이다.

(2) 증감방법

종전 보험급여의 산정기준이 되는 평균임금의 증감은 재직근로자는 동종근로자의 통상임금 변동률을 적용하고, 퇴직근로자 및 연금수급자는 전체 근로자의 임금상승률을 적용하고 있어 대기업 근로자와 중소기업 근로자, 재직자와 퇴직자 · 연금수급자 간의 보험 급여 증감에 형평성 문제가 있었다.

그리하여 법개정(2007.12.14)으로 평균임금은 일률적으로 매년 '전체 근로자의 임금 평균액'의 변동률에 따라 증감하되, 근로자의 연령이 60세에 도달한 이후에는 소비자물가변동률에 따라 증감하도록 하였다. 이로써 대기업과 중소기업 근로자, 재직자와 퇴직자 간 보험급여 지급의 형평성이 높아질 것으로 기대된다.

제7절 보험급여의 종류와 내용

Ⅰ. 서 설

보험급여는 산재보험법의 적용을 받는 사업 또는 사업장 소속 근로자가 업무상 사유로 인하여 부상·질병·장해 또는 사망한 경우에 이를 회복시키거나 소득을 보장하고 그 가족의 생활 보호를 위하여 지급되는 급여를 말한다.

보험급여의 종류는 '요양 중'에 지급받는 ① 요양급여 ② 휴업급여(부분휴업급여 포함) ③ 상병보상연금, 부상 또는 질병이 '치유된 후'에 지급받는 ④ 장해급여 ⑤ 간병급여 ⑥ 직업재활급여, 근로자가 '사망한 경우'에 지급받는 ⑦ 유족급여 ⑧ 장의비이다.[46)]

Ⅱ. 보험급여의 종류와 내용

1. 요양급여

(1) 의 의

요양급여는 근로자가 업무상의 사유로 부상을 당하거나 질병에 걸린 경우에 당해 근로자에게 제공하는 요양이라는 현물급여를 말한다. 다만, 부득이한 경우(비지정의료기관에서 요양을 받는 경우 등)에는 요양에 갈음하여 요양비를 지급한다(산재보험법 제40조 제1항, 제2항).

이는 산재근로자에게 요양을 행하게 함으로써 노동력을 회복시키고 평상시의 건강한 생활로 돌아가게 하려는 것으로 보상의 실효를 얻으려 한 것이다.

(2) 지급요건

1) 산업재해보상보험법이 적용되는 사업장의 근로자일 것

2) 업무상 부상 또는 질병일 것

3) 부상 또는 질병이 4일 이상의 요양기간을 요할 것(산재보험법 제40조 제3항)

(3) 청구권자 및 청구시기

의료기관, 약국 및 근로자가 업무상 재해가 발생한 때 청구한다.

(4) 급여내용

진찰, 약제 또는 진찰재료와 의지 기타 보철구의 지급, 처치·수술 기타의 치료, 의료기관에의 수

46) 2007.12.14. 법개정시 직업재활급여가 신설되어 8종이 되었다.

용, 간병, 이송, 기타 노동부령이 정하는 사항으로 치료에 필요한 제반 비용을 말한다(산재보험법 제40조 제4항).

(5) **산재보험 의료기관**

i) 산재의료원 소속 의료기관, ii) 「국민건강보험법」에 따른 종합전문요양기관, iii) 그 밖의 소정의 기준에 해당하여 공단이 지정한 경우 요양을 담당한다(산재보험법 제43조 제1항).

종전에는 일부 종합전문요양기관이 산재근로자의 요양을 담당하는 산재보험 의료기관으로 지정되는 것을 기피하고 있어 산재근로자가 인력과 시설이 우수한 의료기관에 접근하기 어려운 문제가 있었다. 이에 법개정(2007.12.14)으로 「국민건강보험법」에 따른 종합전문요양기관은 당연히 산재보험 의료기관이 되도록 하였다. 이로써 산재근로자가 우수한 인력과 시설을 갖춘 종합전문요양기관에서 전문적인 치료와 양질의 요양서비스를 받을 것으로 기대된다.

(6) **재 요 양**

요양급여를 받은 자가 치료 후 요양의 대상이 되었던 업무상의 부상 또는 질병이 재발하거나 치유 당시보다 상태가 악화되어 이를 치유하기 위한 적극적인 치료가 필요하다고 의학적 소견이 있는 경우에 행하는 요양을 말한다(산재보험법 제51조).

2. 휴업급여

(1) **의 의**

휴업급여는 업무상 사유로 부상을 당하거나 질병에 걸린 근로자가 요양으로 취업하지 못한 기간[47)] 에 대하여 재해근로자와 그 가족의 생활보호를 위하여 임금 대신 지급하는 보험급여이다(산재보험법 제52조).

(2) **지급요건**

1) 업무상 부상 또는 질병으로 인한 요양 중일 것
2) 요양으로 취업하지 못한 기간이 4일 이상일 것

(3) **청구권자 및 청구시기**

산재근로자 또는 사업주(수급된 대위시)가 매월 1회 이상 청구하여 받는다.

(4) **급여내용**

미취업기간 1일에 대하여 평균임금의 70/100 상당액(산재보험법 제52조)

(5) **부분휴업급여**

종전에는 요양 중에 부분적으로 취업을 한 경우에는 휴업급여를 지급하지 않아 재해근로자의 취업을 회피하는 요인으로 작용하고 있었다.

이에 법개정(2007.12.14)으로 산재근로자가 요양과 취업을 병행하는 경우에는 '취업한 날 또는 시간에 해당하는 근로자의 평균임금'에서 '취업한 날 또는 시간에 받은 실제 임금'과의 차액의 90/100에 상당하는 금액을 부분휴업급여로 지급하도록 하였다(산재보험법 제53조). 요양 중 부분 취업 시 휴업급여를

47) '요양으로 인하여 취업하지 못한 기간'이라 함은 근로자가 업무상 부상으로 요양을 하느라고 근로를 제공할 수 없었기 때문에 임금을 받지 못한 기간을 의미하므로, 근로자가 의료기관에서 업무상 부상을 치료받은 기간뿐만 아니라 자기집에서 요양을 하느라고 실제로 취업하지 못하였기 때문에 임금을 받지 못한 기간도 포함된다(대판 1996.6.27, 88누2205).

일부 지급함으로써 취업치료를 활성화하고 직업복귀를 촉진할 수 있을 것으로 기대된다.

(6) 저소득근로자의 휴업급여

종전에는 평균임금의 70/100에 상당하는 휴업급여 지급액이 최저임금액에 미달하는 저소득근로자에게는 최저임금액을 휴업급여 지급액으로 하고 있으나, 저소득근로자를 보호하는 데에는 미흡한 측면이 있었다. 이에 법개정(2007.12.14)으로 휴업급여 지급액이 최저보상기준금액(전체 근로자의 임금 평균액의 2분의 1)의 80/100 이하인 경우에는 평균임금의 90/100에 상당하는 금액을 휴업급여 지급액으로 하였다(산재보험법 제54조). 재해발생시 평균임금 수준이 낮은 저소득근로자의 생계안정에 도움이 될 것으로 기대된다.

(7) 고령자의 휴업급여

휴업급여를 받던 근로자가 61세에 도달한 이후에는 노동능력 등을 고려하여 휴업급여를 일정한 기준에 따라 감액하여 지급한다. 다만 61세 이후에 취업 중인 자가 업무상의 재해로 요양하는 경우에는 일정한 기간 동안 감액하지 않는다(산재보험법 제55조).

3. 상병보상연금

(1) 의 의

요양급여를 받는 근로자가 요양개시 후 2년이 경과된 날 이후에 당해 부상 또는 질병이 치유되지 아니한 상태에 있고 그 부상 또는 질병에 의한 폐질의 정도가 폐질등급기준(제1급 내지 제3급)에 해당하는 상태가 계속되는 경우에는 당해 근로자에게 휴업급여 대신 상병보상연금을 지급한다(산재보험법 제66조).

상병보상연금은 상병이 폐질에 해당되는 등 중한 상태로서 장기간 요양하는 경우 이들에게 휴업급여의 수준보다 높은 급여를 지급함으로써 당해 근로자의 의료보장과 그 가족의 생활안정을 도모하기 위하여 도입한 보험급여제도이다.

(2) 지급요건

1) 요양급여를 받는 근로자가 요양개시 후 2년이 경과될 것

2) 당해 부상 또는 질병이 치유되지 아니한 상태에 있을 것

3) 그 부상 또는 질병에 의한 폐질의 정도가 대통령령이 정하는 폐질등급기준(제1급 내지 제3급)에 해당할 것

(3) 청구시기

요양이 개시된 후 2년이 경과하고 폐질등급을 인정받은 이후

(4) 상병보상연금 지급의 효과

상병보상연금이 지급되면 ⅰ) 휴업급여의 지급이 중단되고, ⅱ) 요양개시 후 3년이 경과한 날 이후에도 상병보상연금을 받고 있는 경우에는 근로기준법 제23조 제2항을 적용함에 있어서 일시보상을 한 것으로 본다. 그러므로 이 경우 사업주는 재해근로자가 업무상 부상 또는 질병의 요양을 위하여 휴업한 기간이라도 해고할 수 있다.

(5) 저소득근로자의 상병보상연금

상병보상연금 산정시 근로자의 평균임금이 '최저임금액의 70/100'보다 적을 때에는, '최저임금액의 70/100에 해당하는 금액을 평균임금으로 한다(산재보험법 제67조).

(6) 고령자의 상병보상연금

상병보상연금을 받던 근로자가 61세에 도달한 이후에는 노동능력 등을 고려하여 상병보상연금을 일정한 기준에 따라 감액하여 지급한다(산재보험법 제68조).

4. 장해급여

(1) 의 의

업무상 사유로 부상을 당하거나 질병에 걸린 근로자가 요양 후 치유[48]되었으나 정신적 또는 신체적 결손이 남게 되는 경우 그 장해[49]로 인한 손실전보를 위하여 지급되는 보험급여이다(산재보험법 제57조 제1항).

(2) 지급요건

1) 업무상 사유로 인한 부상 또는 질병의 치유 후 신체에 장해(제1 ~ 14급)가 잔존할 것.

2) 장해가 당해 업무상 부상 또는 질병과 상당인과관계가 있을 것.

(3) 장해급여의 종류

장해급여의 종류는 장해보상일시금과 장해보상연금이 있는데, 원칙적으로 수급권자의 선택에 따라 지급한다. 다만 노동력을 완전히 상실한 장해등급(제1 ~ 3급)의 근로자에게는 장해보상연금을 지급하고, 장해급여 청구사유 발생 당시 대한민국 국민이 아닌 자로서 외국에서 거주하고 있는 근로자에게는 장해보상일시금을 지급한다(산재보험법 제57조 제3항).

[표] 장애급여의 종류

구 분	지급사유	청구시기	급여내용
일 시 금	- 업무상 재해가 치유된 후 장해등급 제4 ~ 14급 장해 잔존시	- 치유 후	- 장해 정도에 따라 평균임금의 1,012일분~55일분 상당
연 금	- 업무상 재해가 치유된 후 장해등급 제1 ~ 7급 장해 잔존시 · 제1~3급: 연금 · 제4~7급: 연금 또는 일시금 중 선택 가능	- 치유 후	- 장해 정도에 따라 평균임금의 329일분 ~ 138일분 상당액

(4) 장해등급의 재판정

종전에는 요양 종결 당시 결정된 장해등급은 장해종류에 따라 호전되거나 악화되는 등 변경될 가능성이 있음에도 재판정(再判廷)제도가 없어 한번 판정되면 같은 장해등급이 계속 유지되는 문제가 있었다.

이에 법개정(2007.12.14)으로 장해보상연금 수급권자 중 관절의 기능장해, 신경계통의 장해 등 장해상태가 호전되거나 악화될 가능성이 있는 경우에는, 근로복지공단의 직권이나 그 수급권자의 신청에 따라 1회에 한하여 재판정할 수 있도록 하고, 재판정 결과 장해등급이 변경되면 그 변경된 장해등급에 따

48) "치유"란 부상 또는 질병이 완치되거나 치료의 효과를 더 이상 기대할 수 없고 그 증상이 고정된 상태에 이르게 된 것을 말한다(산재보험법 제5조 제4호).

49) "장해"란 부상 또는 질병이 치유되었으나 정신적 또는 육체적 훼손으로 인하여 노동능력이 손실되거나 감소된 상태를 말한다(산재보험법 제5조 제5호).

라 장해급여를 지급하도록 하였다(산재보험법 제59조). 장해 상태에 걸맞은 장해보상연급의 지급이 가능하게 될 것으로 기대된다.

5. 간병급여

(1) 의 의

요양을 종결한 산재근로자가 치유 후 의학적으로 상시 또는 수시로 간병이 필요하여 실제로 간병을 받는 자에게 보험급여로서 간병급여를 지급하여 주는 제도이다(법 제61조). 요양급여의 일종인 간병료와는 별도로 치유 후에 간병이 필요한 경우에 지급하는 급여이다. 그동안 간병료는 요양기간 중에만 지급되어 상병상태가 치유 후에도 사실상 간병이 계속적으로 필요한 경우 산재근로자의 부담이 증가되고 이에 따라 일부 불필요한 재요양을 신청하거나 요양의 종결을 기피하는 현상이 나타나기도 하였다. 이에 따라 1999년 12월 31일 간병급여제도를 도입하여 요양이 끝난 후에도 상병의 특질상 상시 또는 수시로 간병이 필요한 경우로서 간병이 실제로 행하여진 경우 보험급여로 간병료를 지급함으로써 중증장해자를 보호하게 되었다.

(2) 적용대상 및 종류

치유 후 장해등급 1, 2급자 중에서 장해 정도에 따라 상시간병급여 또는 수시간병급여를 지급한다.

6. 직업재활급여

(1) 의 의

요양이 끝난 후 장해급여를 지급받는 자(이하 '장해급여자')에게 재취업에 필요한 직업훈련을 실시하거나, 원래 직장에 장해급여자를 고용하는 경우에 직업훈련기관 · 산재근로자 및 사업주에게 지급하는 급여이다(산재보험법 제72조).

요양이 끝난 산재근로자의 직업훈련 등을 통하여 산재근로자의 직업복귀 촉진과 생계 안정을 위하여 신설(2007.12.14)된 보험급여이다.

(2) 직업재활급여의 종류

1) 직업훈련비용 장해급여자 중 취업을 위하여 직업 훈련이 필요한 자(이하 '훈련대상자')에 대하여 직업훈련을 실시한 직업훈련기관에 지급한다(산재보험법 제73조).

2) 직업훈련수당 장해급여자 중 직업훈련을 받는 훈련대상자가 그 직업훈련으로 인하여 취업하지 못하는 기간에 대하여 지급하는 급여로써, 1일당 지급액은 최저임금액에 상당하는 금액이다(산재보험법 제74조).

3) 직장복귀지원금 등 업무상의 재해가 당시의 사업장에 복귀한 장해급여자에 대하여 사업주가 고용을 유지하거나 직장적응훈련 또는 재활운동을 실시하는 경우에 사업주에게 지급하는 급여로써, 직장복귀원금 · 직장적응훈련비 및 재활운동비 등이 있다(산재보험법 제75조).

7. 유족급여

(1) 의 의

근로자가 업무상 사유로 사망시 또는 사망으로 추정되는 경우 그에 의하여 부양되고 있던 유족들의 생활보장을 위하여 지급되는 보험급여이다(산재보험법 제62조 제1항).

(2) 지급요건

업무상 사망 또는 사망으로 추정되는 경우에 지급된다. 이 경우 사망으로 추정되는 자는 사고가 발생한 날 또는 행방불명된 날에 사망한 것으로 추정한다(산재보험법 제39조).

(3) 지급방법

1) 연금지급이 원칙이며, 수급자격자 수에 따라 평균임금의 47%~67% 상당금액을 매월 지급한다.

유족보상연금액 = 기본금액(47%) + 가산금액(수급자격자 1인당 5%(최대 20%))

2) 연금수급권자가 원하는 경우에는 유족일시금(평균임금의 1,300일분 상당)의 50%를 일시금으로 지급하고 유족보상연금은 50%를 감액하여 지급한다.

3) 유족급여는 유족보상연금으로 지급함이 원칙이나, 근로자 사망 당시 연금수급자격자가 없는 경우 또는 연금수급권자가 외국에 거주하는 경우에는 유족보상일시금으로 지급할 수 있다.

(4) 유족보상연금 차액일시금 지급

수급권자가 사망 등 그 수급자격을 잃은 경우 다른 수급자격자가 없고 이미 지급한 연금액을 지급 당시 각각의 평균임금으로 나눈 일수의 합계가 1,300일에 미달되는 경우 그 미달되는 일수에 대하여 수급자격 상실 당시의 평균임금을 곱한 금액을 유족보상연금 수급자격자가 아닌 다른 유족이 일시금으로 수령 가능하다(산재보험법 제62조 제4항).

8. 장 의 비

(1) 의 의

근로자가 업무상 사유로 사망한 경우에는 그 장제에 소요되는 비용으로 지급하는 보험급여로서, 장제 실행에 대한 실비의 성질을 가진다(법 제71조 제1항).

(2) 청구권자 및 청구시기

장제의 실행자(장제를 지낸 유족, 유족 아닌 실제 장제를 지낸 자)가 장제 실행 후 청구한다.

(3) 급여내용

평균임금의 120일분 상당액이다.

(4) 장의비 최고 · 최저금액의 한도

장의비는 장제를 행하는 자에게 지급하는 실비보전적 성격의 비용임에도 불구하고 획일적으로 지급함으로써 수급자 간 현저한 격차가 발생하고 위화감이 조성되는 문제점이 노정되었다. 이에 최고 · 최저금액의 한도를 정함으로써 보험급여의 형평성 제고, 소득재분배 효과를 거둘 수 있도록 하며 유족의 실질적인 보호를 강화하고자 도입되었다.[50)]

50) 장의비가 대통령령이 정하는 바에 따라 노동부장관이 고시하는 최고금액을 초과하거나 최저금액에 미달하는 경우에는 그 최고금액 또는 최저금액을 각각 장의비로 한다(산재보험법 제71조 제2항).

Ⅲ. 손해배상 청구에 갈음하는 특별급여

1. 장해특별급여

보험가입자(사업주)의 고의 또는 과실로 발생한 업무상 재해로 인하여 근로자가 제1급 내지 제3급의 장해등급에 해당하는 경우 수급권자가 민법에 의한 손해배상청구에 갈음하여 장해특별급여를 청구한 때에는 장해급여 외에 장해특별급여를 지급할 수 있다(산재보험법 제78조 제1항). 업무상의 재해 발생에 사업주의 고의·과실이 있는 경우, 민사상 손해배상의 문제까지 한꺼번에 해결하기 위한 것이다.

장해특별급여는 근로자와 보험가입자 사이에 장해특별급여에 관하여 합의가 이루어진 경우에 한하여 지급된다(동법 제78조 제1항 단서).

이 경우 공단은 그 급여액 전체를 보험가입자로부터 징수하며, 수급권자는 보험가입자에게 민법 기타 법령 규정에 의한 손해배상청구를 할 수 없다(동법 제78조 제2항 및 제3항)

2. 유족특별급여

보험가입자의 고의 또는 과실로 발생한 업무상 재해로 인하여 근로자가 사망한 경우 수급권자가 민법에 의한 손해배상청구에 갈음하여 유족특별급여를 청구한 때에는 유족급여 외에 유족특별급여를 지급할 수 있다(산재보험법 제79조 제1항). 업무상의 재해 발생에 사업주의 고의·과실이 있는 경우, 민사상 손해배상의 문제까지 한꺼번에 해결하기 위한 것이다.

유족특별급여는 근로자와 보험가입자 사이에 유족특별급여에 관하여 합의가 이루어진 경우에 한하여 지급된다(동법 제79조 제2항).

이 경우 공단은 그 급여액 전체를 보험가입자로부터 징수하며, 수급권자는 보험가입자에게 민법 기타 법령규정에 의한 손해배상청구를 할 수 없다(동법 제79조 제2항).

[표] 장해·유족특별급여

의 의	요 건	효 과
업무상의 재해 발생에 사업주의 고의·과실이 있는 경우, 민사상 손해배상의 문제까지 한꺼번에 해결하기 위한 것	① 보험가입자(사업주)의 고의·과실로 업무상 재해 발생할 것 ② '장해등급 1~3급에 해당' 또는 '사망' 할 것 ③ 근로자와 보험가입자 사이에 합의할 것	· 공단은 장해(유족)특별급여지급 · 공단은 특별급여액 전체를 보험가입자로부터 징수 · 수급권자는 보험가입자에게 민법 등에 의한 손해배상청구할 수 없음

제 8 절 수급권의 보호

Ⅰ. 서 설

수급권이라 함은 산업재해보상보험법에서 정하는 일체의 보험급여를 받을 권리를 말한다. 보험급여는 제40조(요양급여), 제52~56조(휴업급여), 제57조 · 제60조(장해급여), 제61조(간병급여), 제62조(유족급여), 제66~69조(상병보상연금), 제71조(장의비) 및 제72조(직업재활급여)의 규정에 의한 보험급여를 받을 권리를 말한다.

보험급여는 보험급여를 받을 수 있는 자(이하 "수급권자"라 한다)의 청구에 의하여 지급한다(산재보험법 제36조 제2항). 보험급여는 업무상 재해에 의한 손실전보로서 행해진 보상으로서 재해근로자의 생활보장과 건강회복 또는 그 유족들 생활보호를 위하여 절대 필요한 것으로서 강력한 보호가 요청되기 때문에 일반채권과는 달리 특별하게 보호하고 있다.

Ⅱ. 수급권의 불가변성

수급권은 퇴직을 이유로 소멸되지 않는다(산재보험법 제88조 제1항). 보험급여를 받는 도중에 재해근로자가 퇴직하더라도 계속 보험급여를 지급받게 된다. 퇴직을 이유로 소멸되지 않는다는 것은 퇴직으로 인하여 보험급여를 받을 권리 그 자체가 소멸되거나 권리의 내용이 축소되거나 또는 변경되지 않음을 의미한다.

또한 산재보상보험법의 적용사업에 있어서 재직시의 업무에 기인한 질병이 퇴직 후에 나타나더라도 수급권은 발생하는 것이므로 보험급여를 청구할 수 있는 권리가 인정된다.[51]

Ⅲ. 수급권의 양도 · 압류금지

1. 수급권의 양도금지

수급권은 양도할 수 없다(산재보험법 제88조 제2항). 수급권의 양도란 보험급여를 받을 자가 그 권리를 계약에 의하여 이전하는 것을 말한다. 수급권의 양도금지는 보험급여가 수급권자의 생활안정을 그

51) 대판 1992.5.12, 91누10466.

목적으로 하고 있으므로 수급권을 양도하였을 경우에 수급권자의 생활이 곤란하게 됨을 사전에 방지하려는 데 그 취지가 있다.

양도금지의 취지로 보아 양도뿐만 아니라 질권의 목적물로 설정할 수도 없으며(민법 제331조), 권리의 포기 기타 위임형식에 의한 권리의 담보 등 일체의 법률행위가 금지된다.

동법상 수급권의 양도금지 조항에도 불구하고 실제적으로 이를 양도한 때에는 양수자는 보험급여를 받을 수 없을 뿐 아니라 그 양도계약 자체는 무효가 된다.

2. 압류 · 담보제공의 금지

수급권은 압류하거나 담보로 제공할 수 없다(산재보험법 제88조 제2항). 이것은 보험급여의 전액을 재해근로자 또는 유족으로 하여금 확실하게 수령하게 하는 것이 그 목적이다.

압류금지란 채무자의 일정한 재산을 강제집행의 목적물로서 압류하는 것을 법률상 또는 재판상 금지하는 것을 말한다. 보험급여청구권은 민사상의 강제집행, 세무상의 체납처분에 의하여 압류할 수 없으므로 이 권리에 대한 압류는 무효이며 상계도 할 수 없다(민법 제497조).

Ⅳ. 수급권의 대위

1. 의 의

수급권의 보호를 위하여 양도 또는 압류할 수 없도록 하였으나, 사업주와 수급권자의 편의상 사업주가 보험급여에 상당하는 금품을 수급권자에게 미리 지급한 사실이 명백한 경우 보험급여 수급권을 대위할 수 있도록 하였다(산재보험법 제89조).

2. 사 유

보험가입자(사업주)가 소속근로자의 업무상 재해에 대하여 보험급여에 상당하는 금품을 수급권자에게 미리 지급한 것으로 인정되는 경우 당해 수급권자의 보험급여를 받을 권리를 대위한다.

3. 대위할 수 있는 보험급여

사업주에게 수령위임이 가능한 보험급여는 요양비, 휴업급여, 장해보상일시금, 유족보상일시금, 상병보상연금 등이다. 연금지급이 가능한 장해 · 유족급여에 상당하는 금품을 지급한 경우 각각 장해 · 유족보상 일시금에 상당하는 금품을 지급한 것으로 본다.

Ⅴ. 조세 기타 공과금의 면제

보험급여로서 지급된 금품에 대하여는 조세 기타 국가 또는 지방자체단체의 공과금을 부과하지 아니한다(산재보험법 제91조). 이는 보험급여가 재해근로자와 그 유족의 생활보호를 목적으로 하고 있기 때문에 보험급여로서 지급된 금품에 대하여 조세 및 공과금 등을 부과하지 않도록 규정한 것은 동법의 목적으로 보아 당연한 입법조치이다.

Ⅵ. 미지급의 보험급여

1. 의 의

수급권자가 보험급여를 지급받기 전에 사망한 경우 수급권자에게 지급할 보험급여를 말한다. 수급권자가 보험급여청구 전에 사망하였거나, 수급권자가 청구는 하였으나 당해 보험급여를 수령하기 전에 사망한 경우에, 그 미지급 보험급여를 그 유족에게 지급한다(산재보험법 제81조).

보험급여의 수급권도 일종의 재산권이므로 민법의 규정에 의하여 재산상속인에게 귀속되어야 할 것이나, 업무상 재해의 경우 신속한 보상을 위해 상속에 관한 민법의 적용을 배제하는 것이다.

2. 주요내용

보험급여의 수급권자가 사망한 경우에 그 수급권자에게 지급하여야 할 보험급여로서 아직 지급되지 아니한 보험급여가 있으면 그 수급권자의 유족(유족급여의 경우에는 그 유족급여를 받을 수 있는 다른 유족)의 청구에 따라 그 보험급여를 지급한다(산재보험법 제81조 제1항).

수급권자가 사망 전에 보험급여를 청구하지 아니하면 그 수급권자의 유족의 청구에 따라 그 보험급여를 지급한다(산재보험법 제81조 제2항).

Ⅶ. 소멸시효

1. 의 의

보험급여를 받을 권리는 3년간 행사하지 아니하면 소멸시효가 완성된다(산재보험법 제112조 제1항). 소멸시효에 관하여는 산재보험법에 규정된 것을 제외하고는 민법의 규정에 의한다(산재보험법 제112조 제2항). 소멸시효가 완성되면 공단은 보험급여에 대한 지급의무가 없다.

2. 기 산 점

보험급여를 받을 권리는 그 권리가 발생하여 행사할 수 있는 때부터 보험급여 종류별로 기산한다.[52)]

3. 시효의 중단

소멸시효는 법 제36조 제2항에 따른 수급권자의 보험급여 청구로 중단된다(법 제113조 전문). 이 경우 청구가 업무상 재해 여부의 판단을 필요로 하는 최초의 청구인 경우에는 그 청구로 인한 시효중단의 효력은 다른 보험급여에도 미친다(산재보험법 제113조 후문)

52) [표] 소멸시효의 기산점

보험급여	소멸시효 기산점
요양급여청구권	요양에 필요한 비용이 구체적으로 확정된 날의 다음날 (요양을 받은 날의 다음날부터 매일매일 진행)
휴업급여청구권	업무상 재해로 인해 요양하느라고 휴업한 날의 다음날 (급여대상으로 해당된 날 다음날부터 매일매일 진행)
장해급여청구권	상병이 치유된 날의 다음날
유족급여청구권	사망한 날의 다음날
장의비청구권	장제를 실행한 날의 다음날

제 9 절 제3자에 대한 구상권

Ⅰ. 서 설

1. 의 의

산재보험법상 구상권이라 함은 가해행위를 한 제3자가 산재근로자에 대하여 행하여야 할 배상을 보험관장자가 대신하여 보험급여를 지급하고 제3자에게 산재근로자의 권리를 대위하는 것을 말한다(산재보험법 제87조 제1항).[53]

즉 제3자의 행위에 의하여 업무상 재해를 당한 산재근로자의 경우 제3자의 불법행위에 대한 손해배상청구권과 업무상 재해에 대한 보험급여청구권을 동시에 선택적으로 갖게 된다. 산재근로자는 일반적으로 제3자를 상대로 손해배상청구를 하는 데에는 소송에 따른 경제적, 시간적, 법기술적인 어려움이 많으므로 산재보험급여를 먼저 청구하여 수령하게 되는데, 이러한 경우 공단은 수급권자를 보호하기 위하여 우선 보험급여를 지급하고, 근로자가 제3자에 대하여 가지는 손해배상청구권을 대위하게 되는 것이다.

2. 입법취지

제3자에 대한 구상권제도의 취지는, 첫째 보험급여의 수급자가 동일한 손해에 관하여 보험급여와 손해배상의 쌍방에 의하여 중복하여 전보받는 것은 타당치 않다는 것과, 둘째 재해근로자가 산재보상보험에 가입한 사업주 소속의 근로자라는 우연한 사정 때문에 불법행위를 한 제3자의 책임있는 행위에 대하여 제3자의 책임면탈을 방지하고, 나아가 보험재정의 확보를 꾀하는 데 있다.

Ⅱ. 구상권 행사의 요건

1. 제3자의 행위에 의하여 재해가 발생하였을 것

(1) 제3자의 의미

구상권 행사의 상대방인 제3자란 '재해근로자와의 사이에 산업재해보상보험관계가 없는 자'로서 재해근로자에 대하여 불법행위 등으로 인한 재해배상책임을 지는 자를 의미한다.[54] 즉 제3자란 보험관장자(노동부장관, 공단), 보험가입자(사업주) 및 소속 근로자 이외의 자를 의미한다. 제3자는 가해자 및 손해

53) 산재보험법 제87조(제3자에 대한 구상권) ① 공단은 제3자의 행위에 따른 재해로 보험급여를 지급한 경우에는 그 급여액의 한도 안에서 급여를 받은 자의 제3자에 대한 손해배상청구권을 대위한다.

54) 대판 1992.12.8, 92다23360.

배상의 책임이 있는 변제자를 포함한다.

그러므로 동료근로자가 가해자인 경우 동료근로자와 그 사용자는 논리상 제3자이자 변제자이지만 산재근로자와 같은 사용자의 소속 근로자이므로 실정법상 제3자의 범위에서 제외한다.[55)]

제3자에 대한 구상권은 제3자와 보험가입자(또는 소속 근로자)의 공동불법행위로 인하여 발생한 경우에도 행사할 수 있다.[56)]

(2) 제3자의 행위

제3자의 가해행위로 사고가 발생한 경우에는 재해근로자가 담당한 업무의 성질이 사회통념상 가해행위를 유발할 수 있다고 인정되면 업무상 재해에 해당된다(산재보험법 시행령 제32조). "제3자의 행위"란 제3자의 고의 · 과실에 의하여 보험급여의 원인을 발생하게 한 행위를 의미한다.

(3) 구상권 행사의 예외

보험가입자인 2 이상의 사업주가 같은 장소에서 하나의 사업을 분할하여 각각 행하다가 그 중 사업주를 달리하는 근로자의 행위로 재해가 발생한 경우에는 구상권을 행사하지 아니한다(산재보험법 제87조 제1항 단서). 제3자의 행위에 의한 재해나 '보험가입자 보호'라는 입법정책적 관점에서 마련된 규정이다.[57)]

구상권 행사의 예외조건은 첫째, 양 사업주가 모두 산재보험가입자이어야 하고, 둘째, 동일 위험권내 발생한 재해라야 하며, 셋째, 하나의 사업을 분할하여 행하는 관계에 있어야 하므로 위 세 조건 중 어느 하나라도 충족되지 아니한다면 구상권을 행사하여야 한다.

2. 보험급여를 하였을 것

산재보험법상의 업무상 재해로 인정되어 현실적으로 보험급여가 지급되어야 한다. 제3자에 의하여 재해가 발생하였다 하더라도 업무상 재해가 아니라면 산재보험급여의 지급사유가 발생되지 않으며, 업무상 재해라 하더라도 4일 미만의 요양 · 휴업으로서 보험급여가 지급되지 않은 경우 역시 보험급여 지급액이 없으므로 제3자에 대한 구상권은 의미가 없는 것이다.

3. 손해배상청구권이 존재할 것

재해근로자의 제3자에 대한 손해배상청구권이 ⅰ) 합의 등으로 손해배상청구권이 성취되거나, ⅱ) 손해배상 채무를 면제 또는 포기하거나, ⅲ) 손해배상청구권의 소멸시효가 완성되면, 대위한 청구권이 존재하지 않으므로 구상권을 행사할 수 없다.

Ⅲ. 구상권의 범위 및 구상금액

1. 구상권의 범위

구상권 행사의 범위는 수급권자가 가해자 및 변제자에게 청구할 수 있는 재산상의 손해배상액 중

55) 대판 1997.1.24, 96다39080.

56) 대판 1992.12.8, 92다23360.

57) 다른 사업장의 근로자의 가해행위로 재해를 당한 경우, 일반적으로 가해근로자의 사업주에게 구상권을 행사하게 된다(민법 제756조의 '사용자책임' 참조). 그러므로 이 규정은 동일한 장소에서 사업을 분할하여 행하는 다른 사업주(보험가입자)를 보호하기 위한 것이라 할 수 있다.

지급한 보험급여를 한도로 한다. 산재보험은 근로자 내지 유족이 입은 재산상 손해의 전보를 목적으로 하는 것으로서 정신적 손해의 전보까지 목적으로 하는 것은 아니므로, 보험자(공단)가 구상할 수 있는 대상채권은 재산상의 손해배상채권에 한정되고 위자료 청구권 같은 정신적 손해의 전보는 제외된다.[58]

이는 산재보험법이 보호대상으로 하는 것이 근로자가 입은 피해 전반에 관한 것으로 하지 않고 재해로 인한 현실적 근로의 기회상실 또는 노동능력의 상실에 의한 손해액 또는 기대되는 이익의 손실을 전보함을 목적으로 하고 있는 취지에서 당연하다.

2. 구상금액

구상금액은 지급된 보험급여액, 구상에 소요된 비용, 보험급여지급일부터 변제일까지의 법정이자로 한다.

Ⅳ. 제3자로부터 배상받은 자에 대한 보험급여의 조정

수급권자가 취득하는 손해배상청구권은 사법상의 채권이므로 공단이 보험급여를 하기 전에는 자유로이 손해배상채권의 전부 또는 일부를 면제할 수 있다.

수급권자가 제3자로부터 동일한 사유로 인하여 이 법의 보험급여에 상당하는 손해배상을 받은 경우에는 공단은 그 배상액의 한도 안에서 이 법에 의한 보험급여를 지급하지 아니한다(산재보험법 제87조 제2항).

제3자에 의한 재해에 대하여 보험급여를 먼저 지급하는 경우에는 구상권을 행사하고, 손해배상을 먼저 받은 경우에는 보험급여를 지급하지 않게 함으로써 보험운영의 합리성을 유지하는 것이다.

[관련판례] 제3자에 대한 구상권

1. 구상권 행사의 상대방인 '제3자'의 의미(대판 1992.12.8, 92다23360)

구 산업재해보상보험법(1989.4.1. 법률 제4111호로 개정되기 전의 것) 제15조(현행 제87조) 제1항에 규정된 구상권 행사의 상대방인 제3자라 함은 피해근로자와의 사이에 산업재해보험관계가 없는 자로서 피해근로자에 대하여 불법행위 등으로 인한 재해배상책임을 지는 자를 말한다.

2. 공동불법행위시 구상권 행사의 범위(대판(전합) 2002.3.21, 2000다62322)

산업재해보상보험법(1999.12.31. 법률 제6100호로 개정된 것) 제55조의2(현행 제89조)에서는 "보험가입자가 소속 근로자의 업무상의 재해에 대하여 이 법에 의한 보험급여의 지급사유와 동일한 사유로 민법 기타 법령에 의하여 보험급여에 상당하는 금품을 수급권자에게 미리 지급한 경우로서 당해 금품이 보험급여에 대체하여 지급한 것으로 인정되는 경우 보험가입자는 대통령령이 정하는 바에 따라 당해 수급권자의 보험급여를 받을 권리를 대위한다"라고 규정하고 있으므로(같은 취지의 규정이 1986. 8. 27. 대통령령 제11960호로 개정된 산업재해보상보험법시행령 제35조에 이미 규정되어 있었고, 1995.4.15. 위 시행령이 전면개정되면서 그 제51조에서 역시 같은 취지로 규정되었다가, 위와 같이 법률에 규정이 되면서 위 시행령 제51조는 삭제되었다), 산업재해가 보험가입자와 제3자의 공동불법행위로 인

58) 대판 1990.2.23, 89다카22487.

하여 발생한 경우에, 근로복지공단이 제3자에 대하여 위 산업재해보상보험법 제54조 제1항(현행 제87조 제1항)에 의하여 보험급여액 전액을 구상할 수 있다면, 그 급여액 전액을 구상당한 제3자는 다시 공동불법행위자인 보험가입자를 상대로 그 과실 비율에 따라 그 부담 부분의 재구상을 할 수 있고, 재구상에 응한 보험가입자는 위 산업재해보상보험법 제55조의2의 유추적용에 의하여 근로복지공단에게 재구상당한 금액의 재재구상을 할 수 있다고 하여야 할 것인데, 그렇게 되면 순환소송이 되어 소송경제에도 반할 뿐만 아니라, 근로복지공단이 결국은 보험가입자에게 반환할 것을 청구하는 것이 되어 이를 허용함은 신의칙에 비추어 보더라도 상당하지 아니하므로, **근로복지공단은 제3자에 대하여 보험가입자의 과실 비율 상당액은 구상할 수 없다고 해석하여야 할 것**이고, 구체적으로는 **피해자가 배상받을 손해액 중 보험가입자의 과실 비율 상당액을 보험급여액에서 공제하고 차액이 있는 경우에 한하여 그 차액에 대하여만 근로복지공단이 제3자로부터 구상할 수 있다고 할 것**이다. 이와 달리 근로복지공단이 산업재해보상보험법 제54조 제1항에 따라 제3자에 대하여 그 지급한 보험급여액 전액에 관하여 구상권을 행사할 수 있다는 취지로 판시한 대법원 1997.1.24. 선고 96다39080 판결, 1996.1.26. 선고 95다19751 판결, 1992.12.8. 선고 92다23360 판결, 1992.2.25. 선고 91다28726 판결 등은 이 판결의 견해에 배치되는 범위 내에서 이를 모두 변경한다.

3. 위자료 청구권의 대위 여부(대판 1990.2.23, 89다카22487)

산업재해보상보험은 근로자 내지 유족이 입은 재산상 손해의 전보를 목적으로 하는 것으로서 정신적 손해의 전보까지 목적으로 하는 것은 아니라 할 것이므로, 보험자가 구상할 수 있는 대상채권은 피재근로자가 **제3자에 대하여 갖는 금액 중 위자료청구권을 제외한 것이 된다고 보아야 할 것**이다.

제10절 보험급여의 징수 등

Ⅰ. 부당이득의 징수

1. 의 의

허위 기타 부정한 방법, 보험급여 수급권자의 변경 시 공단에 신고의무를 이행하지 아니함으로써 부당하게 보험급여를 지급받은 경우, 기타 과오급된 보험급여가 있는 경우 등으로 '보험급여를 수령한 자'에 대하여 착오 지급된 '보험급여액을 징수'함으로써 보험급여 지급업무의 공정성을 확보하고자 하는 것이다(산재보험법 제84조).

2. 징수사유

(1) 허위 기타 부정한 방법으로 보험급여를 지급받은 경우

(2) 수급권자 또는 수급권이 있었던 자가 공단에 대한 신고의무를 이행하지 않아 부당하게 보험급여를 지급받은 경우(예컨대, 수급권 소멸신고를 하지 않은 경우)

(3) 기타 과오지급된 보험급여를 지급받은 경우

3. 징수금액

(1) 배액징수

허위 기타 부정한 방법으로 보험급여액을 수령한 경우에는 지급받은 금액의 2배에 해당하는 금액을 징수하되, 사업주의 허위보고 및 증명 시는 연대책임을 진다.

(2) 원액징수

보험금 수급권자 또는 수급권이 있었던 자가 수급권의 변동 등 신고의무를 이행하지 않건, 과오지급된 경우에는 그 지급받은 급여액에 한정하여 징수한다.

4. 징수절차

부당이득을 징수하기로 결정한 때에는 납부책임이 있는 자에게 납부통지하고, 통지를 받은 자는 통지를 받은 날로부터 30일 이내 납부해야 한다.

부당이득을 받은 자에게 지급할 산재보험급여가 있는 경우 매회 지급할 산재보험급여의 10% 이내에서 충당한다. 본인의 동의가 있는 경우 10%를 초과하는 보험급여를 부당이득금에 충당할 수 있다.

Ⅱ. 보험가입자로부터의 보험급여액의 징수

1. 의 의

보험급여액의 징수라 함은 보험가입자가 보험가입의 신고나 보험료의 납부를 태만히 한 기간 중에 발생한 재해에 대하여 보험급여를 지급한 때에 그 급여액의 전부 또는 일부를 '보험가입자'로부터 징수하는 것을 말한다(보험료징수법 제26조).

2. 보험급여액 징수의 요건

(1) 보험가입신고 태만기간 중 재해(미가입 재해)

① 보험관계가 성립되었을 것

※ 일정기준에 달한 사업체는 당연 보험관계가 성립됨

② 보험가입신고를 태만히 한 기간 중에 재해가 발생하였을 것

※ 사업주는 보험관계성립일로부터 14일 이내 공단에 신고를 해야 함.

③ 보험급여를 지급 또는 지급하기로 결정되었을 것

(2) 보험료 납부태만 기간 중의 재해(태납기간 중의 재해)

① 업무상재해 당시 납부하여야 할 개산보험료를 50% 이상 미납하였을 것

※ 납부해야 할 보험료에 대한 미납보험료의 비율이 100분의 50 미만인 경우는 제외

② 보험료의 법정납부기한의 다음 날부터 당해 보험료를 납부한 날의 전날까지의 기간 중에 재해가 발생하여 급여청구사유가 발생하였을 것

3. 급여징수액

(1) 미가입재해

지급결정된 보험급여액의 50/100을 징수

※ 급여징수는 요양을 개시한 날부터 1년이 되는 날이 속하는 달의 말일까지의 기간 중에 급여청구사유가 발생한 보험급여에 한함

(2) 태납기간 중의 재해

재해가 발생한 날부터 보험료를 납부한 날의 전날까지의 기간 중에 급여청구사유가 발생한 보험급여액의 10/100을 징수

4. 보험급여액의 징수

장해보상연금 또는 유족보상연금은 급여청구사유가 발생한 날에 일시금이 지급결정된 것으로 본다. 보험급여액 징수시에는 금액과 납부기한(통지를 받은 날부터 30일 이상)을 서면으로 통지하고, 징수사유 경합시에는 보험급여액의 징수비율이 가장 높은 징수금만을 징수한다.

제11절 산재보험법상 보험급여 결정 등에 대한 불복절차

Ⅰ. 서 설

산재보험법상 보험급여는 근로자의 업무상 재해에 대하여 신속하고 공정하게 보상함으로써 근로자 또는 유족을 보호하기 위한 제도이다(산재보험법 제1조). 그러므로 "보험급여 결정 등"에 대하여 불복이 있는 자의 신속한 권리구제를 위하여 산재보험법에 의한 심사청구 및 재심사청구 절차를 마련하고 있다.[59]

물론 이러한 산재보험법에 의한 구제는 탄력적이고 신속한 구제를 위해 마련된 제도에 지나지 않으므로 근로자는 이러한 구제를 받지 않고 바로 행정소송에 의해 구제를 받을 수 있다.

Ⅱ. 산재보험법상의 심사청구

1. 의 의

"보험급여 결정 등"에 불복하는 자는 공단에 심사청구를 할 수 있다(산재보험법 제103조 제1항). 심사청구 제도는 산재보험법에 의한 신속한 권리구제를 위해 마련된 제도로서, 보험급여 결정 등에 대하여는 「행정심판법」에 따른 행정심판을 제기할 수 없다(동법 제103조 제5항).

2. 심사청구의 대상

산재보험법에 의한 심사청구의 대상은 공단의 "보험급여 결정 등"으로서, ⅰ) 제3장에 따른 보험급여에 관한 결정, ⅱ) 제45조에 따른 진료비에 관한 결정, ⅲ) 제46조에 따른 약제비에 관한 결정, ⅳ) 제47조 제2항에 따른 진료계획 변경 조치 등, ⅴ) 제76조에 따른 보험급여의 일시지급에 관한 결정, ⅵ) 제84조에 따른 부당이득의 징수에 관한 결정, ⅶ) 제89조에 따른 수급권의 대위에 관한 결정이다(법 제103조 제1항).

59) 과거에는 산업재해보상보험업무 및 심사에 관한 법률에 따라 심사관제도를 두었으나, 1994.12.22. 폐지됨에 따라 산재보험법에 따르고 있다.

종전에는 심사청구의 대상에 대하여 "제3장에 따른 보험급여에 관한 결정"이라고만 규정하고 있어 해석상의 논란이 있었으나, 법개정(2007.12.14)시 심사청구의 대상을 구체적으로 명확하게 규정하였다.

3. 심사청구권자

산재보험법에 의한 심사청구를 할 수 있는 "보험급여 결정 등에 불복하는 자"는 원칙적으로 수급권자(재해근로자 및 유족)만을 의미한다. 그러므로 수급권자가 아닌 사업주(보험가입자)에게는 심사청구인 적격이 없어, 사업주가 심사청구를 하게 되면 그 청구는 각하된다.[60]

다만, 사업주가 보험급여에 상당하는 금품을 수급권자에게 미리 지급하여 수급권을 대위하는 경우에는 사업주도 심사청구인 적격이 있다(1998.3.3. 산재 68607-159). 이러한 점을 명확히 하기 위하여 법개정(2007.12.14)시 심사청구의 대상에 "제89조에 따른 수급권의 대위에 관한 결정"을 명시하였다(산재보험법 제103조 제1항 제7호).

4. 심사청구의 절차

공단에 대한 심사청구는 보험급여 결정 등이 있음을 안 날부터 90일 이내에 하여야 한다(산재보험법 제103조 제3항).

심사청구는 그 보험급여 결정 등을 한 공단의 소속기관을 거쳐 공단에 제기하여야 하며(산재보험법 제103조 제2항), 그 심사청구서를 받은 공단의 소속기관은 5일 이내에 의견서를 첨부하여 공단에 보내야 한다(산재보험법 제103조 제4항).

5. 산업재해보상보험심사위원회 신설

종전에는 보험급여에 관한 결정에 불복하는 경우에 제기하는 심사청구사건에 대하여, 근로복지공단이 단독심 체제로 심리 · 결정하고 있어 객관성과 전문성 부족 등에 대한 문제가 제기되고 있다. 이에 법개정(2007.12.14) 공단에 관계 전문가 등으로 구성되는 산업재해보상보험심사위원회(이하 '심사위원회')를 설치하여 공단이 심사청구사건에 대하여 심리 · 결정할 때에는 심사위원회의 심의를 거치도록 하였다. 심사청구사건에 대한 공단의 심리 · 결정의 객관성과 전문성이 높이고 공정성 문제를 해소하기 위한 것이다.

6. 심사청구에 대한 심리 · 결정

(1) 처리기한

공단은 그 소속기관으로부터 심사청구서를 받은 날부터 60일 이내에 심사위원회의 심의를 거쳐 심사청구에 대한 결정을 하여야 한다. 다만, 부득이한 사유로 그 기간 이내에 결정을 할 수 없으며 1차에 한하여 20일을 넘지 아니하는 범위에서 그 기간을 연장할 수 있다(산재보험법 제105조 제1항).

(2) 심리절차

공단은 심사청구의 심리를 위하여 필요한 경우에는 청구인의 신청 또는 직권에 의하여 i) 청구인

60) 마찬가지로 '공단의 보험료부과처분' 등에 대하여 사업주가 불복하려면, 산재보험법이 아닌 행정심판법에 따른 행정심판을 제기해야 한다.

또는 관계인을 지정장소에 출석하게 하여 질문하거나 의견을 진술하게 하는 것, ii) 청구인 또는 관계인에게 증거가 될 수 있는 문서 기타 물건을 제출하게 하는 것, iii) 전문적인 지식이나 경험을 가진 제3자로 하여금 감정하게 하는 것, iv) 소속직원으로 하여금 사건에 관계가 있는 사업장 기타 장소에 출입하여 사업주 · 근로자 기타 관계인에게 질문하게 하거나, 문서 기타 물건을 검사하게 하는 것, v) 심사청구와 관계가 있는 근로자에 대하여 공단이 지정하는 의사 · 치과의사 또는 한의사의 진단을 받게 하는 것 등의 행위를 할 수 있다(산재보험법 제105조 제4항).

Ⅲ. 산재보험법상의 재심사청구

1. 재심사의 청구

"공단의 심사 청구에 대한 결정"에 불복하는 자는 산업재해보상보험재심사위원회(이하 '재심사위원회')에 재심사청구를 할 수 있다(산재보험법 제106조 제1항). 재심사청구는 심사청구에 대한 결정이 있음을 안 날부터 90일 이내에 제기하여야 한다(산재보험법 제106조 제3항).

재심사청구는 그 보험급여결정 등을 한 공단의 소속기관을 거쳐 재심사위원회에 제기하여야 하며(산재보험법 제106조 제2항), 그 재심사청구서를 받은 공단의 소속 기관은 5일 이내에 의견서를 첨부하여 재심사위원회에 보내야 한다(산재보험법 제106조 제4항).

2. 심사청구를 거치지 않아도 되는 재심사청구

업무상 질병의 인정 여부를 심의하기 위하여 공단 소속기관에 설치한 업무상 질병판정위원회의(이하 '판정위원회')'의 심의를 거친 보험급여에 관한 결정에 불복하는 자는 심사청구를 하지 아니하고 재심사청구를 할 수 있다(산재보험법 제106조 제1항 단서 및 제38조). 이처럼 심사청구를 거치지 아니하고 재심사청구를 하는 경우에는 보험급여에 관한 결정이 있음을 안 날부터 90일 이내에 제기하여야 한다(산재보험법 제106조 제3항 단서).

3. 산업재해보상보험재심사위원회

재심사청구를 심리 · 재결하기 위하여 노동부에 산업재해보상보험재심사위원회(재심사위원회)를 두고 있다(산재보험법 제107조 제1항).

재심사위원회는 위원장 1명을 포함한 60명 이내의 위원으로 구성하되, 위원 중 2명은 상임위원으로, 1명은 당연직위원으로 하며(산재보험법 제107조 제2항), 재심사위원회의 위원 중 5분의 2에 해당되는 위원은 근로자 단체 및 사용자 단체가 각각 추천하는 자(각각 동수로 해야 함)로 구성한다(산재보험법 제107조 제3항).

4. 재심사청구에 대한 심리 · 결정

(1) 처리기한

재심사위원회는 공단의 소속기관으로부터 재심사청구서를 받은 날부터 60일 이내에 재심사청구에 대한 재결을 하여야 한다. 다만, 부득이한 사유로 그 기간 이내에 재결을 할 수 없으면 1차에 한하여

20일을 넘지 아니하는 범위에서 그 기간을 연장할 수 있다(산재보험법 제109조 제1항).

(2) 심리절차

심사청구의 심리절차를 준용한다(산재보험법 제109조 제1항).

(3) 재심사청구의 법적 성격

재심사청구에 대한 재결은 행정심판에 대한 재결이며(법 제111조 제2항), 재심사위원회의 재결은 공단을 기속한다(산재보험법 제109조 제2항).

Ⅳ. 다른 법률과의 관계

1. 행정심판법과의 관계

보험급여 결정 등에 대하여는 「행정심판법」에 따른 행정심판을 제기할 수 없으나(산재보험법 제103조 제5항), 심사청구 및 재심사청구에 관하여 산재보험법에서 정하고 있지 아니한 사항에 대하여는 「행정심판법」에 따른다(산재보험법 제111조 제3항).

심사 · 재심사청구 제도는 산재보험법에 의한 신속한 권리구제를 위해 마련된 제도로서, 일반행정심판제도에 대한 특별행정심판제도라고 할 수 있다.

2. 심사 · 재심사 청구와 행정소송

(1) 행정소송의 제기

재심사위원회의 재결에 불복하는 자는 행정소송법에 따라 행정소송을 제기할 수 있다. 이 경우 재결이 있음을 안 날부터 90일 이내에 제기하여야 한다(행정소송법 제20조).

(2) 행정심판 임의전치주의

과거에는 보험급여에 관한 결정에 대하여 행정소송을 제기하는 경우에는 그 전치요건으로서 산재보험법상의 심사 · 재심사 절차를 반드시 거쳐야 한다.[61] 그러나 행정소송법 개정(1998.3.1. 시행)으로 행정심판 임의전치주의를 취함에 따라 심사 · 재심사 청구를 거치지 않고도 행정소송 제기가 가능하게 되었다. 즉, 보험급여 결정 등에 불복이 있는 자는 공단 소속기관의 결정(처분)에 대하여 바로 행정소송을 제기할 수 있다.

(3) 심사청구 후 행정소송 제기 여부

또한 산재보험법에는 재심사청구를 하고자 할 때에는 심사청구 결정을 받은 날부터 90일 이내에 해야 한다고 되어 있을 뿐, 심사청구 이후 반드시 재심사청구까지 거쳐야 한다고 해석할 법률상의 근거 규정이 없으므로, 보험급여 결정 등에 불복이 있는 자는 심사청구만을 하여 그 결정을 받은 후 바로 행정소송을 제기할 수 있다.[62]

3. 시효의 중단

산재보험법에 따른 심사청구 및 재심사청구의 제기는 시효의 중단에 관하여 민법 제168조에 따른

---

61) 대판 1998.5.24, 87누1102.

62) 대판 2002.11.26, 2002두6811.

재판상의 청구로 본다(산재보험법 제111조 제2항).

4. 근로기준법상 구제제도와의 관계

산재보험법의 적용을 받는 근로자가 보험급여에 대해 이의가 있는 경우 산재보험법에 의한 심사를 청구하지 않고, 근로기준법상의 노동부장관의 심사 · 중재(근기법 제88조)및 노동위원회의 심사 · 중재(근기법 제89조)를 청구할 수 있느냐 하는 문제가 제기될 수 있다. 이에 대하여는 산재보험법에 규정된 절차를 따르는 것이 법체계상 타당하다고 판단되므로 근로기준법에 의한 심사 · 중재는 원칙적으로 인정되지 아니하는 것으로 보아야 할 것이다.

근로기준법상의 심사 · 중재는 관계자의 권리의무에 영향을 주는 행정처분이 아니라 단순히 권고적 성질을 갖는 행위에 불과하므로, 심사 · 중재를 결과를 불복이 있는 경우 사용자를 상대로 민사소송을 제기할 수는 있지만[63] 행정소송을 제기할 수는 없다고 해석된다.[64]

V. 불복기간의 경과와 판결의 효력

보험급여 결정 등이 심사 · 재심사청구에 대한 불복기간의 결과로 인하여 확정된 경우에도 그 처분의 기초가 된 사실관계나 법률적 판단에 이의가 있는 경우 당사자들은 다시 법원에 행정소송을 제기하여 구제받을 수 있다. 일반적으로 행정처분이나 행정심판재결이 불복기간의 경과로 인하여 확정될 경우 그 확정력은 그 처분으로 인하여 법률상 이익을 침해받은 자가 당해 처분이나 재결의 효력을 더 이상 다툴 수 없다는 의미일 뿐, 판결에 있어서와 같은 기판력이 인정되는 것은 아니기 때문이다.[65]

따라서 산업재해요양불승인처분이 불복기간의 경과로 인하여 확정되었다 하더라도 그 불승인처분의 대상이 된 부상이 업무상의 사유에 의한 것인지의 여부까지 확정된 것이 아니므로, 당사자는 그 부상으로 인한 신체장해가 업무상의 재해에 해당한다는 이유로 별도의 처분인 장해보상급여처분을 다툴 수 있다.[66]

Key Word

⇨ 산업재해보상, 무과실책임, 업무상재해, 업무수행성, 업무기인성, 보험관계, 상병보상연금, 개산보험료, 확정보험료, 수급권, 구상권, 심사 및 재심사

기출문제

(1) 산재보험법상의 보험급여의 원리를 설명하고, 보험급여와 근로기준법상의 재해보상과의 차이 및 민법상의 손해배상책임과의 차이를 설명하라. (1회, 86년, 25점)

63) 대판 1977.9.13, 77다807.

64) 대판 1995.3.28, 94누10443, 심사·중재 제도는 권고적 성질을 갖는 데 불과하기 때문에 거의 활용되지 않고 있다.

65) 대판 1993.4.13, 92누17181; 대판 1994.11.8, 93누21927.

66) 대판 1994.11.8, 93누21927.

(2) 개산보험료와 확정보험료 (1회, 86년, 25점)
(3) 업무상 재해 인정기준 (5회, 95년, 25점)
(4) 산업재해보상보험법상 근로자의 수급권 (9회, 00년, 25점)
(5) 산업재해보상보험법상 급여체계(종류, 조건, 수준)에 대하여 설명하시오. (11회, 02년, 25점)
(6) 산업재해보상보험법상 재해보상에 대한 이의신청(불복) 및 구제방법 (12회, 03년, 25점)
(7) 산업재해보상보험법상의 적용범위 및 대상자에 관하여 약술하시오. (14회, 05년, 25점)
(8) 근로기준법 및 산업재해보상보험법상의 보상제도와 민사상의 손해배상제도의 관계를 논하라. (15회, 06년, 25점)
(9) 근로기준법상 재해보상에 있어서 민법 및 산업재해보상보험법과의 관계 (17회, 08년, 25점)

연습문제

(1) 업무수행성과 업무기인성의 관계에 대하여 약술하시오.
(2) 통근재해의 인정기준에 대하여 약술하시오.

제11장 안전과 보건

제 1 절 산업안전보건법 개요

Ⅰ. 산업안전보건법의 의의

산업사회가 급속하게 진전됨에 따라 산업재해의 발생이 증가함으로써 근로자의 안전과 보건에 대한 법적 보호의 필요성이 대두되었다. 따라서 ⅰ) 산업안전 · 보건에 관한 기준을 확립하고, ⅱ) 그 책임의 소재를 명확히게 하여 ⅲ) 산업재해를 사전에 예방하고 쾌적한 작업환경을 조성함으로써 ⅳ) 근로자의 안전과 보건을 증진시키고자 산업안전보건법이 제정되었다(산업안전보건법 제1조 목적).

즉 이는 사용자의 안전배려의무와 근로자의 준수의무를 법률상의 의무로 강화함과 동시에, 정부차원에서의 책무를 설정하여 근로자의 생명 · 신체 · 건강 등에 대한 보호와 산업재해예방을 효율적으로 실시하는 데 의의가 있다 할 것이다.

Ⅱ. 구성 및 적용범위

1. 구　　성

산업안전보건법은 총칙(제1장), 안전 · 보건관리체제(제2장), 안전보건관리규정(제3장), 유해 · 위험예방조치(제4장), 근로자의 보건관리(제5장), 감독과 명령(제6장), 산업안전지도사 및 산업위생지도사(제6장의2), 산업재해예방기금(제7장), 보칙(제8장), 벌칙(제9장)으로 구성되어 있다.

2. 적용범위

산업안전보건법(이하 '산안법'이라 한다)은 모든 사업 또는 사업장(이하 '사업'이라 한다)에 적용한다. 다만, 유해 · 위험의 정도, 사업의 종류 · 규모 및 사업의 소재지 등을 고려하여 대통령령이 정하는 사업에 대하여는 이 법의 전부 또는 일부를 적용하지 아니할 수 있다. 또한 이 법과 이 법에 의한 명령은 국가 · 지방자치단체 및 정부투자기관에 이를 적용한다(산안법 제3조).

Ⅲ. 사업주의 의무

1. 산업재해예방 기준 준수 등

사업주는 산안법에서 정하는 산업재해예방을 위한 기준을 준수하고, 근로자의 건강장해를 예방 및 안전 · 보건을 유지 · 증진하도록 하여야 하며, 국가에서 시행하는 산업재해예방시책에 따라야 한다(산안법 제5조 제1항).

2. 기계 · 기구 등을 제조 · 수입하는 자의 의무

기계 · 기구 · 원재료 등을 제조 · 수입하는 자는 산안법에서 정하는 기준을 준수하여야 하고, 그 물건의 사용에 의한 산업재해발생의 방지에 노력하여야 한다(산안법 제5조 제2항).

3. 보고의무

(1) 산업재해 발생보고

사업주는 사망자 또는 4일 이상의 휴업을 요하는 부상 · 질병에 걸린 자가 발생한 때에는 당해 산업재해가 발생한 날부터 1개월 이내에 산업재해조사표를 작성하여 관할 지방노동관서의 장에게 제출하여야 한다. 다만, 산업재보상보험법에 따른 요양신청서를 근로복지공단에 제출한 경우에는 그러하지 아니한다(산안법 제10조 및 시행규칙 제4조 제1항).

(2) 중대재해 발생보고

사업주는 중대재해[1]가 발생한 때에는 지체없이 재해의 발생개요 및 피해상황, 조치 등의 사항을 관할지방노동관서의 장에게 전화 · 모사전송 기타 적절한 방법에 의하여 보고하여야 한다(산안법 제10조 및 시행규칙 제4조 제2항).

4. 산업재해기록 및 보존의무

사업주는 산업재해가 발생한 때에는 재해발생원인 등을 기록하여야 하며, 이를 3년간 보존하여야 한다(산안법 제10조의2).

5. 법령요지의 게시의무

사업주는 산업안전보건법과 이 법에 의한 명령의 요지를 상시 각 사업장에 게시 또는 비치하여 근로자로 하여금 알게 하여야 한다(산안법 제11조 제1항).

---

1) 중대재해라 함은 산업재해 중 사망 등 재해의 정도가 심한 것으로 사망자가 1인 이상 발생한 재해, 3개월 이상의 요양을 요하는 부상자가 동시에 2인 이상 발생한 재해, 부상자 또는 직업성 질병자가 동시에 10인 이상 발생한 재해를 말한다.

6. 안전보건표지 부착의무

사업주는 사업장의 유해 또는 위험한 시설 및 장소에 대한 경고, 비상시 조치의 안내 기타 안전의식의 고취를 위하여 안전 · 보건 표지를 설치하거나 부착하여야 한다(산안법 제12조).

Ⅳ. 근로자의 의무

근로자는 산안법과 이 법에 의한 명령에서 정하는 산업재해예방을 위한 기준을 준수하여야 하며, 사업주 기타 관련단체에서 실시하는 산업재해의 방지에 관한 조치에 따라야 한다(산안법 제6조).

Ⅴ. 정부의 역할

1. 정부의 책무

정부는 산안법의 목적을 달성하기 위하여 정책 수립 · 집행, 재해예방 지원, 안전보건 교육 등에 관한 사항을 성실히 이행할 책무를 진다(산안법 제4조).

2. 산업안전보건정책심의위원회

산업안전보건에 관한 주요 정책을 심의 · 조정하기 위하여 노동부에 산업안전보건정책심의위원회(이하 '정책심의위원회'라 한다)를 둔다(산안법 제7조).

3. 산업재해예방계획의 수립 · 공표

노동부장관은 산업재해예방에 관한 중 · 장기 기본계획을 수립하고, 정책심의위원회의 심의를 거쳐 공표하여야 한다(산안법 제8조).

4. 산업재해 발생건수 공표

노동부장관은 산업재해를 예방하기 위하여 사업장의 산업재해 발생건수, 재해율 또는 그 순위 등을 공표할 수 있다(산안법 제9조의2).

5. 협조의 요청 등

노동부장관은 산업재해예방계획의 효율적인 시행을 위하여 관계행정기관의 장 또는 정부투자기관의 장에게 필요한 협조를 요청할 수 있다(산안법 제9조).

제 2 절 안전보건관리체제

Ⅰ. 의 의

종전의 산업안전보건법에서는 Staff(참모)형 안전보건관리체제로 운영되어 왔으나, 현행법에서는 생산의 관리감독자에게 안전보건상의 업무를 수행토록 함으로써 안전보건관리의 라인화를 시도하였고, 안전 · 보건관리자는 사업주 및 안전보건관리 책임자를 보좌하고 관리감독자의 안전업무를 지도 · 조언하도록 하는 스텝으로서의 기능을 수행하도록 하였다.

이는 사업장 전체의 안전관리계획, 그 실시점검 및 조치 등은 스탭(안전관리자, 보건관리자, 산업보건의)부문에서 행하고 계획에 따른 실시활동은 라인(관리감독자)에게 행하도록 하는 Line-Staff(혼합)형 체제로 바꾸어 안전보건관리의 실효성을 확보하려는 것이다.

Ⅱ. 사업장의 안전보건관리조직

1. 안전보건관리책임자

사업주는 안전보건 업무를 총괄하게 하기 위하여 안전보건관리책임자(이하 '관리책임자'라 한다)를 두어야 한다. 관리책임자는 안전관리자와 보건관리자를 지휘 · 감독한다(산안법 제13조).

2. 관리감독자

안전보건관리는 그것이 생산라인의 업무로서 실시되지 않으면 충분한 목적이 달성되지 않기 때문에 생산부장 – 차장 – 과장 – 계장 – 직 · 조 · 반장 등을 관리감독자로 임명할 필요가 있다. 사업주는 사업장의 관리감독자로 하여금 직무와 관련된 안전 · 보건에 관한 업무를 수행하도록 하여야 한다.

3. 안전관리자

(1) 의 의

사업주는 안전에 관한 기술적인 사항에 대하여 사업주 또는 관리책임자를 보좌하고 관리감독자에 대하여 이에 관한 지도 · 조언을 하도록 하기 위하여 사업장에 안전관리자를 두어야 한다(산안법 제15조 제1항).

(2) 업무위탁

일정한 규모의 사업의 사업주는 안전관리대행기관에 안전관리자의 업무를 위탁할 수 있다(산안법 제15조 제4항).

4. 보건관리자

(1) 의 의

사업주는 보건에 관한 기술적인 사항에 대하여 사업주 또는 관리책임자를 보좌하고 관리감독자에 대하여 이에 관한 지도·조언을 하도록 하기 위하여 사업장에 보건관리자를 두어야 한다(산안법 제16조 제1항).

(2) 업무위탁

일정한 규모의 사업의 사업주는 보건관리대행기관에 보건관리자의 업무를 위탁할 수 있다(산안법 제16조 제3항).

(3) 산업보건의

의사인 보건관리를 두지 않은 경우, 사업주는 보건관리자의 업무를 지도하기 위하여 사업장에 산업보건의를 두어야 한다(산안법 제17조).

5. 안전보건총괄책임자

동일한 장소에서 행하여지는 사업의 일부를 도급에 의하여 행하는 사업의 사업주는 그가 사용하는 근로자 및 그의 수급인이 사용하는 근로자가 동일한 장소에서 작업을 할 때에 생기는 산업재해를 예방하기 위한 업무를 총괄·관리하기 위하여 당해 사업의 관리책임자를 안전보건총괄책임자로 지정하여야 한다(산안법 제18조).

6. 산업안전보건위원회

사업주는 산업안전·보건에 관한 주요사항을 심의·의결하기 위하여 근로자·사용자 동수로 구성되는 산업안전보건위원회를 설치·운영하여야 한다(산안법 제19조).

7. 명예산업안전감독관

노동부장관은 산업재해예방활동에 대한 참여와 지원을 촉진하기 위하여 근로자·근로자단체·사업주단체 및 산업재해예방관련전문단체에 소속된 자 중에서 명예산업안전감독관을 위촉할 수 있다(산안법 제61조의2).

[그림] 산업안전보건관리체제 구조도

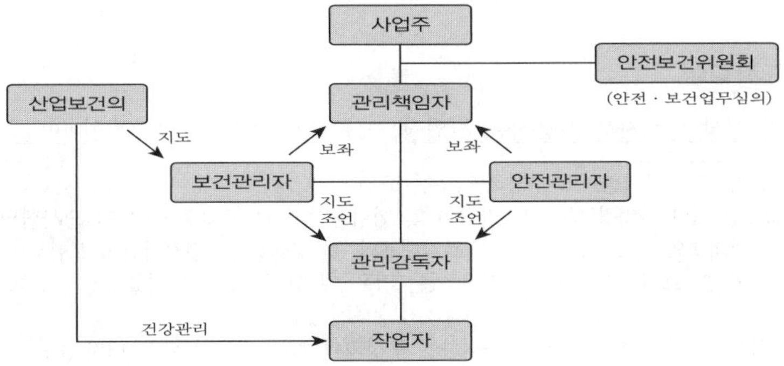

제 3 절 산업안전보건위원회

Ⅰ. 의 의

산업안전보건위원회란 사업주가 산업안전과 보건을 위하여 근로자, 사용자 대표위원 동수로 구성해 안전과 보건에 관한 사항을 심의, 의결하도록 설치하는 기구를 말한다(산안법 제19조). 산업안전보건위원회는 근로자의 위험 또는 건강장해를 예방하기 위한 계획 및 대책 등 중요 사항에 대해 노사가 함께 논의함으로써 산재 예방에 대해 근로자의 이해와 협력을 구하는 한편 근로자의 의견을 반영하는 역할을 수행한다.

Ⅱ. 산업안전보건위원회의 설치

1. 산업안전보건위원회 설치의무 확대

종래에는 산업안전보건위원회 설치 대상 사업장에 해당하더라도 상시 1000인 미만 근로자를 사용하는 사업장에 대해서는 일정 요건을 갖춘 노사협의회를 산업안전보건위원회로 갈음할 수 있도록 허용하였으나,[2] 법 개정으로 노사협의회와 분리된 별도의 산업안전보건위원회 설치를 의무화하였다(제19조 제1항 단서조항 삭제, 2006.3.24).

이는 노사협의회로 산업안전보건위원회를 갈음할 경우 사업장 안전과 보건에 관한 실질적이고 깊이 있는 논의가 이루어지기 어려운 점이 있는 만큼, 사업장의 '자율적인 안전보건체계 확립'이라는 산업보건위원회 제도의 취지를 적극 살리기 위한 법 개정이라 할 것이다.

2. 설치 대상 사업장

ⅰ) 상시 100인 이상 근로자를 사용하는 사업장, ⅱ) 상시 50인 이상 100인 미만의 근로자를 사용

2) 노사협의회를 산업안전보건위원회로 구성하기 위한 요건
상시근로자 1,000인 미만 사업장 중 「근로자참여 및 협력증진에 관한 법률」에 의한 노사협의회가 설치되어 있는 사업장은 "노사협의회의 근로자위원에 ① 근로자대표와 ② 명예산업안전감독관이 포함되어 있고, 사용자위원에 ③ 안전관리자 및 ④ 보건관리자가 포함되어 있는 경우"에 당해 노사협의회를 산업안전보건위원회로 갈음할 수 있다.
노사협의회에 위 ① 내지 ④를 포함하지 아니하고 구성되어 있는 경우에는 ① 내지 ④를 각각 근로자위원 및 사용자위원에 포함시켜서 산업안전보건위원회를 구성할 수 있다. 이때 노·사 위원수가 서로 다른 경우 근로자위원 또는 사용자위원을 추가로 지명하여 동수로 구성한다.

하는 사업 중 재해 발생빈도가 현저히 높은 유해 · 위험업종의 사업주는 의무적으로 산업안전보건위원회를 설치 · 운영해야 한다.

Ⅲ. 산업안전보건위원회의 구성

1. 산업안전보건위원회의 구성

(1) 근로자 · 사용자 동수 구성

위원회는 근로자 · 사용자위원 동수로, 각각 10인 이내로 구성하여야 한다.

(2) 근로자위원

ⅰ) 근로자대표,[3] ⅱ) 명예산업안전감독관(위촉되어 있는 경우), ⅲ) 근로자대표가 지명하는 근로자로 구성한다.

(3) 사용자위원

ⅰ) 당해 사업의 대표자, ⅱ) 안전관리자 1인, ⅲ) 보건관리자 1인, ⅳ) 산업보건의(선임되어 있는 경우), ⅴ) 당해 사업의 대표자가 지명하는 사업장의 부서장으로 구성한다.

2. 산업안전보건위원회의 위원장

위원장은 위원 중에서 호선하며, 이 경우 근로자위원과 사용자위원 중 각 1인을 공동위원장으로 선출할 수 있다.

Ⅳ. 산업안전보건위원회의 운영

1. 산업안전보건위원회이 회의

(1) 구 분

산업안전보건위원회의 회의는 정기회의와 임시회의로 구분하되, 정기회의는 3월마다 위원장이 소집하며, 임시회의는 위원장이 필요하다고 인정할 때 소집한다.

(2) 의결정족수

회의는 근로자위원 및 사용자위원 각 과반수의 출석으로 개의하며 출석위원 과반수의 찬성으로 의결한다.

2. 산업안전보건위원회의 심의 · 의결사항

사업주는 ⅰ) 산업재해예방계획의 수립, ⅱ) 안전보건관리규정의 작성 · 변경, ⅲ) 안전 · 보건교육에 관한 사항 등에 대하여는 산업안전보건위원회의 심의 · 의결을 거쳐야 한다.

---

3) 과반수 노동조합 또는 근로자의 과반수를 대표하는 자(산안법 제2조 제4호).

3. 의결되지 아니한 사항 등의 처리

산업안전보건위원회는 ⅰ) 위원회에서 의결하지 못한 경우, ⅱ) 의결된 사항의 해석 · 이행방법 등에 관하여 의견의 불일치가 있는 경우에는 위원회에 중재기구를 두어 해결하거나 제3자에 의한 중재를 받아야 한다. 중재결정이 있는 때에는 위원회의 의결을 거친 것으로 보며 사업주 및 근로자는 이에 따라야 한다.

4. 노사 성실이행 의무

사업주와 근로자는 산업안전보건위원회에서 당해 사업장의 안전 · 보건에 관해 심의 · 의결 또는 결정한 사항을 성실하게 이행하여야 한다.

Ⅴ. 도급사업에서의 노사협의체 구성 · 운영에 관한 특례

종전에 건설업은 산업안전보건위원회를 의무적으로 설치 · 운영토록 하고 있고(산안법 제19조 제1항), 아울러 원 · 하청 사업주로 구성된 협의체(동법 제29조 제1항 제1호)를 별도로 설치하고 있어 기능과 역할이 중복되며 사업장 업무부담 가중 등의 문제가 제기되었다.

이에 근로자를 포함하여 구성한 협의체(원 · 하청 노 · 사협의체)가 산업안전보건위원회 기능을 수행할 경우 별도의 산업안전보건위원회를 설치 · 운영하지 않도록 특례를 신설하여 산업안전보건위원회와 협의체의 중복운영에 따른 비효율을 제거하고, 노사참여를 통하여 산업현장 특성에 부합하는 자율안전관리를 촉진시킬 수 있게 되었다.

제4절 유해 · 위험 예방조치

Ⅰ. 안전 · 보건상의 조치

1. 안전표지의 부착

사업주는 사업장의 유해 또는 위험한 시설 및 장소에 대한 경고, 비상시 조치의 안내 기타 안전의식의 고취를 위하여 안전 · 보건 표지를 설치하거나 부착하여야 한다. 이 경우 외국인 근로자를 채용한 사업주는 외국어로 된 안전 · 보건 표지와 작업안전수칙을 부착하도록 노력하여야 한다(산안법 제12조). 안전보건표지는 금지, 경고, 지시, 안내 등 4가지로 나뉜다.

2. 안전상의 조치

사업주는 ⅰ) 기계 · 기구 기타 설비에 의한 위험, ⅱ) 폭발성 · 인화성 · 발화성 물질 등에 의한 위험, ⅲ) 전기 · 열 기타 에너지에 의한 위험 등 작업수행상 위험을 방지하기 위해 필요한 조치를 하여야 한다(산안법 제23조).

3. 보건상의 조치

사업주는 가스 · 분진, 방사선, 배출물, 정밀공작, 단순반복작업 등에 의한 건강장해를 예방하기 위해 필요한 조치를 취하여야 한다(산안법 제24조).

4. 근로자의 준수

근로자는 사업주가 행한 안전 · 보건상의 조치를 준수하여야 한다(산안법 제25조).

Ⅱ. 중대재해 위험시 작업중지

1. 사업주의 작업중지

사업주는 산업재해발생의 급박한 위험 또는 중대재해가 발생하였을 때에는 즉시 작업을 중지시키고 근로자를 작업장소로부터 대피시키는 등 필요한 안전·보건상의 조치를 행한 후 작업을 재개하여야 한다(산안법 제26조 제1항).

2. 근로자의 작업중지에 대한 불리한 처우금지

근로자는 산업재해발생의 급박한 위험으로 인하여 작업을 중지하고 대피한 때에는 지체없이 이를 직상급자에게 보고하고, 직상급자는 이에 대한 적절한 조치를 취하여야 한다(산안법 제26조 제2항).

이 경우 사업주는 산업재해발생의 급박한 위험이 있다고 믿을 만한 합리적은 근거가 있는 때에는 작업을 중지하고 대피한 근로자에 대하여 이를 이유로 해고 기타 불리한 처우를 하여서는 아니 된다(산안법 제26조 제3항).

Ⅲ. 도급사업에 있어서의 안전·보건

1. 유해작업 도급금지

안전·보건상의 유해 또는 위험한 작업 중 도금작업, 수은·연·카드뮴작업 등은 노동부장관의 인가를 받지 아니하고는 그 작업만을 분리하여 도급(하도급을 포함한다)을 줄 수 없다(산안법 제28조).

2. 도급사업에 있어서는 안전·보건 조치

동일한 장소에서 행하여지는 사업의 일부를 도급에 의하여 행하는 사업의 사업주는, 그가 사용하는 근로자와 그의 수급인이 사용하는 근로자가 동일한 장소에서 작업을 할 때에 생기는 산업재해를 예방하기 위하여 안전보건에 관한 조치[4]를 하여야 한다(산안법 제29조).

3. 안전·보건에 관한 협의체의 구성·운영에 관한 특례

종전에 건설업은 산업안전보건위원회를 의무적으로 설치·운영토록 하고 있고(산안법 제19조 제1항), 아울러 원·하청 사업주로 구성된 협의체(동법 제29조 제1항 제1호)를 별도로 설치하고 있어 기능과 역할이 중복되며 사업장 업무부담 가중 등의 문제가 제기되었다.

이에 근로자를 포함하여 구성한 협의체(원·하청 노·사협의체)가 산업안전보건위원회 기능을 수행할 경우 별도의 산업안전보건위원회를 설치·운영하지 않도록 특례를 신설하여(신설 2007.7.27: 시행 2008.1.1), 산업안전보건위원회와 협의체의 중복운영에 따른 비효율을 제거하고, 노사참여를 통하여 산업현장 특성에 부합하는 자율안전관리를 촉진시키게 되었다.

4) 다음의 조치를 하여야 한다(제29조 제1항)
1. 안전·보건에 관한 협의체의 구성 및 운영
2. 작업장의 순회점검 등 안전·보건관리
3. 수급인이 근로자에게 하는 안전·보건교육에 대한 지도와 지원
4. 그 밖에 산업재해 예방을 위하여 노동부령으로 정하는 사항.

4. 산업안전보건관리비의 계상[5)]

일정 규모의 유해 · 위험한 사업을 타인에게 도급하는 자는 도급계약을 체결할 경우 산업안전보건관리비를 도급금액에 계상하여야 하며, 이 경우 수급인은 당해 산업안전보건관리비를 다른 목적으로 사용하여서는 아니 된다(산안법 제30조).

Ⅳ. 안전 · 보건 교육

사업주는 당해 사업장의 근로자에 대하여 정기적으로 안전 · 보건에 관한 교육을 실시하여야 한다(산안법 제31조). 그리고 관리책임자, 안전관리자, 보건관리자 등은 노동부장관이 실시하는 안전 · 보건에 관한 직무교육을 받아야 한다(산안법 제32조).

Ⅴ. 유해 · 위험한 기계 · 기구 등의 제한

1. 유해 · 위험한 기계 · 기구 등의 방호조치

유해 · 위험한 작업을 필요로 하거나 동력에 의하여 작동하는 기계 · 기구는 유해 · 위험방지를 위한 방호조치를 하지 아니하고는 이를 양도 · 대여 · 설치 또는 사용하거나, 양도 · 대여의 목적으로 진열하여서는 아니 된다(산안법 제33조).

2. 안전인증

유해 · 위험한 기계 · 기구 및 방호장치 · 보호구 등을 제조하는 자는 안전인증기준에 맞는지의 여부에 대하여 노동부장관이 실시하는 안전인증을 받아야 한다(산안법 제34조).

3. 자율안전확인

의무안전인증대상기계 · 기구 등이 아닌 자율안전확인대상기계 · 기구 등을 제조 또는 수입하는 자는 그 성능이 자율안전기준(노동부장관이 정하여 고시하는 안전기준)에 맞는 것임을 확인하여 노동부장관에게 신고하여야 한다(산안법 제35조).

4. 안전검사

유해 · 위험한 기계 · 기구 등을 사용하는 사업주는 노동부장관이 실시하는 안전검사를 받거나(산안법 제36조), 자율검사프로그램을 실시[6)]하여야 한다(산안법 제36조 및 제36조의2).

---

5) 건설업, 선박건조·수리업 등을 타인에게 도급하는 자와 이를 자체사업으로 하는 자는 도급계약을 체결하거나 자체사업계획을 수립하는 경우 노동부장관이 정하여 고시하는 바에 따라 산업재해 예방을 위한 산업안전보건관리비를 도급금액 또는 사업비에 계상(計上)하여야 한다(제30조).

6) 자율검사프로그램이란 사업주가 근로자대표와 협의하여 노동부 장관이 실시하는 안전검사(제36조 제1항)에 따른 검사기준, 검사주기 및 검사합격 표시방법 등을 충족하는 검사프로그램으로 이를 자율적으로 정하고 노동부장관의 인정을 받아 그에 따라 유해·위험기계 등의 안전에 관한 성능검사를 하면 안전검사를 받은 것으로 본다. 이 경우 자율검사프로그램의 유효기간은 2년으로 한다(제36조의2).

Ⅵ. 유해물질의 제한

1. 제조 등의 금지

누구든지 i) 직업성 암을 유발하는 것으로 확인되어 근로자의 보건에 해롭다고 인정되는 물질, ii) 유해인자 중 근로자에게 중대한 건강장해를 일으킬 우려가 있는 물질 등을 제조·수입 또는 사용하여서는 아니 된다. 다만, 시험·연구를 위하여 노동부장관의 승인을 얻는 경우에는 그러하지 아니하다(산안법 제37조).

2. 제조 등의 허가

제조금지물질을 제조·사용하고자 하는 자는 미리 노동부장관의 허가를 받아야 한다. 허가받은 사항을 변경하고자 할 때에도 또한 같다(산안법 제38조).

3. 유해인자의 관리

노동부장관은 근로자의 건강장해를 유발하는 화학물질 및 물리적 인자 등(이하 "유해인자"라 한다)을 노동부령이 정하는 분류기준에 따라 분류하고, 이를 관리하여야 한다(산안법 제39조).

또한 사업주는 발암성 물질 등의 유해인자에 대하여는 그 노출 농도를 노동부령이 정하는 허용기준 이하로 유지해야 한다(산안법 제39조의2).

4. 신규화학물질의 유해·위험성조사

신규화학물질을 제조·수입하고자 하는 사업주는 화학물질에 의한 근로자의 건강장해를 예방하기 위하여 당해 신규화학물질에 대한 유해·위험성조사보고서를 노동부장관에게 제출하여야 한다(산안법 제40조).

5. 물질안전보건자료의 작성·비치

사업주는 화학물질 등을 제조·수입·사용하고자 할 때에는 화학물질의 명칭·성분, 취급주의사항, 인체·환경에 미치는 영향 등이 기재된 물질안전보건자료(MSDS: Material Safety Data Sheet)를 작성하여 취급근로자가 쉽게 볼 수 있는 장소에 게시·비치하여야 한다(산안법 제41조).

제5절 유해 · 위험한 기계 · 기구 등의 제한

Ⅰ. 의 의

최근 법개정[7)]을 통하여 유해 · 위험한 기계 · 기구 등의 근원적인 안전성을 확보하기 위하여, 종전의 검사 · 검정 제도를 개편하여 제품의 성능과 제조과정의 품질관리시스템을 종합적으로 확인하는 안전인증제도를 도입하였으며, 검사의 비효율과 사업주의 불편을 극복하기 위해 노동부장관이 실시하는 정기검사와 사업주가 스스로 실시하는 자체검사를 안전검사로 일원화하였다. 또한 자율안전확인 및 자율검사 프로그램 등을 통하여 사업장의 자율적인 안전관리를 제고하였다.

Ⅱ. 유해 · 위험한 기계 · 기구 등의 방호조치

유해 · 위험한 작업을 필요로 하거나 동력에 의하여 작동하는 기계 · 기구는 유해 · 위험방지를 위한 방호조치를 하지 아니하고는 이를 양도 · 대용 · 설치 또는 사용하거나, 양도 · 대여의 목적으로 진열하여서는 아니 된다(산안법 제33조).

Ⅲ. 안전인증

1. 의 의

종전의 검사 · 검정제도는 위험기계 · 기구, 방호장치 및 보호구 등에 대하여 제품의 성능만을 확인함에 따라 불량제품의 제조 · 사용을 근본적으로 차단하기 곤란했으며, 합격 당시의 성능을 유지하지 못하여 사후에 합격이 취소되는 사례가 빈발하였다

그리하여 위험기계 · 기구 등을 제조 또는 외국에서 제조하여 국내로 수출하는 자는 제품의 성능과 제조과정의 품질관리시스템을 '종합적으로 확인하는 안전인증'을 받도록 하였다.

7) 개정 2007.7.27 / 시행 2009.1.1.

2. 안전인증

노동부장관은 유해 · 위험한 기계 · 기구 및 방호장치 · 보호구(이하 "안전인증대상기계 · 기구 등"이라 한다)의 안전성을 평가하기 위하여 안전인증기준을 정할 수 있으며, 안전인증대상기계 · 기구 등을 제조하는 자는 안전인증기준에 맞는지의 여부에 대하여 노동부장관이 실시하는 안전인증을 받아야 한다(산안법 제34조).

3. 안전인증의 표시

안전인증을 받은 자는 안전인증을 받은 안전인증대상기계 · 기구 등이나 이를 담은 용기 또는 포장에 안전인증의 표시를 하여야 한다(산안법 제34조의2).

4. 안전인증의 취소

노동부장관은 안전인증을 받은 자가 '거짓이나 그 밖의 부정한 방법으로 안전인증을 받은 경우'에는 안전인증을 취소하여야 한다(산안법 제34조의3).

5. 의무안전인증대상기계 · 기구 등의 제조 · 수입 등의 금지

안전인증을 받지 아니하거나 또는 안전인증이 취소된 경우에는 의무안정인증대상기계 · 기구 등은 제조 · 수입 · 양도 · 대여 · 사용하거나 양도 · 대여의 목적으로 진열할 수 없다(산안법 제34조의4).

Ⅳ. 자율안전확인

1. 의 의

생산기술이 보편화되어 제품의 시험만으로 안전관리가 가능한 것은 의무안전인증대상에서 제외하여, 제조 또는 수입하려는 자가 안전기준에 적합하다는 것을 스스로 확인하여 노동부장관에게 신고하는 제도이다.

2. 자율안전확인의 신고

의무안전인증대상기계 · 기구 등이 아닌 자율안전확인대상기계 · 기구 등을 제조 또는 수입하는 자는 그 성능이 자율안전기준(노동부장관이 정하여 고시하는 안전기준)에 맞는 것임을 확인하여 노동부장관에게 신고하여야 한다(산안법 제35조).

3. 자율안전확인의 표시

자율안전확인 신고를 한 자는 자율안전확인대상 기계 · 기구 등이나 이를 담은 용기 또는 포장에 노동부령으로 정하는 바에 따라 자율안전확인의 표시를 하여야 한다(산안법 제35조의2).

4. 자율안전확인표시의 사용금지 등

노동부장관은 자율안전확인이 신고된 자율안전확인대상 기계 · 기구 등의 안전에 관한 성능이 자율안전기준에 맞지 아니하게 된 경우에는 자율안전확인표시의 사용을 금지하거나 자율안전기준에 맞게 개선하도록 명할 수 있다(산안법 제35조의3).

5. 자율안전확인대상 기계 · 기구 등의 제조 · 수입 등의 금지

ⅰ) 자율안전확인 신고를 하지 아니한 경우, ⅱ) 거짓이나 그 밖의 부정한 방법으로 자율안전확인 신고를 한 경우, ⅲ) 자율안전확인표시의 사용금지명령을 받은 경우 중 어느 하나에 해당하는 자율안전확인대상기계 · 기구 등은 제조 · 수입 · 양도 · 대여 · 사용하거나 양도 · 대여의 목적으로 진열할 수 없다(산안법 제35조의4).

Ⅴ. 안전검사

1. 의　　의

종전에는 사용 중인 위험기계 · 설비 등에 대하여 노동부장관이 실시하는 정기검사와 사업주가 스스로 실시하는 자체검사가 있었는데, 검사대상 및 내용이 중복되고 사업장의 안전관리 수준을 고려하지 않은 획일적인 검사로 인해 검사의 비효율과 사업주의 불편을 초래했었다.

이에 정기검사와 자체검사를 통합하여 노동부장관이 실시하는 안전검사를 받도록 하되, 사업주가 근로자대표와 협의를 거쳐, 검사시기 · 방법을 포함한 검사프로그램을 정하여 자율적으로 검사를 실시하는 경우는 안전검사를 면제하도록 하였다. 이로써 정기검사와 자체검사를 통합하여 규제를 합리화하는 한편, 노사협력을 통한 사업장의 자율안전관리를 제고하였다.

2. 노동부장관이 실시하는 안전검사

유해 · 위험한 기계 · 기구 등을 사용하는 사업주는 그 성능이 노동부장관이 정하는 검사기준에 맞는지의 여부에 대하여 노동부장관이 실시하는 검사를 받아야 한다(산안법 제36조).

3. 자율검사프로그램에 따른 안전검사

노동부장관이 실시하는 안전검사를 받아야 하는 유해 · 위험기계 등이라 하더라도, 사업주가 근로자대표와 협의하여 노동부장관이 정하는 검사기준 등을 충족하는 자율검사프로그램을 실시하면 안전검사를 받은 것으로 본다(산안법 제36조의2).

제 6 절 근로자의 보건관리

Ⅰ. 작업환경의 측정

1. 의 의

사업주는 유해인자로부터 근로자의 건강을 보호하고 쾌적한 작업 환경을 조성하기 위하여 인체에 해로운 작업을 행하는 작업장에 대하여 노동부령이 정하는 자격을 가진 자로 하여금 작업환경을 측정하고, 그 결과를 기록 · 보존하고 노동부장관에게 보고하여야 한다(산안법 제42조 제1항).

2. 측정결과의 조치

사업주는 작업환경 측정의 결과를 근로자에게 알려야 하며, 그 결과에 따라 근로자의 건강을 보호하기 위하여 당해 시설개선 등의 적절한 조치를 하여야 한다(산안법 제42조 3항).

3. 작업환경측정 신뢰성평가

노동부장관은 작업환경측정 결과의 정확성과 정밀성을 평가하기 위하여 신뢰성평가를 실시할 수 있다(산안법 제42조의2).

Ⅱ. 건강진단

1. 의 의

사업주는 근로자의 건강보호 · 유지를 위하여 건강진단기관에서 근로자에 대한 건강진단을 실시하여야 한다(산안법 제43조).

2. 건강진단의 종류(산안법 시행규칙 제98조)

(1) 일반건강진단

일반건강진단이란 정기적으로 실시하는 건강진단을 말한다. 사무직 종사 근로자에 대하여는 2년에 1회 이상, 기타 근로자에 대하여는 1년 1회 이상 일반건강진단을 실시하여야 한다.

(2) **특수건강진단**

특수건강진단이라 함은 소음, 연(鉛)업무 등에서 종사하는 근로자에 대하여 당해 업무와 관련되는 유해인자에 대하여 사업주가 추가로 실시하는 건강진단을 말한다.

(3) **배치 전 건강진단**

신규채용 또는 작업부서의 전환으로 특수건강진단 대상업무에 종사할 근로자에 대하여 그 업무 배치 전에 사업주가 실시해야 하는 건강진단을 말한다. 검사항목은 특수건강진단과 동일하다.

(4) **수시건강진단**

특수건강진단 대상업무로 인하여 해당 유해인자에 의한 작업성 천식 · 피부염 기타 건강장해를 의심케 하는 증상을 보이거나 의학적 소견이 있는 근로자에 대하여 사업주가 실시하는 건강진단을 말한다. 검사항목은 특수건강진단과 동일하다.

(5) **임시건강진단**

임시건강진단이란 유해인자에 중독의 우려가 있는 근로자 또는 당해 물질의 취급과 관련된 질병에 걸린 근로자가 많이 발생한 경우에 실시하는 건강진단을 말한다.

3. 건강진단결과의 사후조치

사업주는 건강진단결과 근로자의 건강을 유지하기 위하여 필요하다고 인정할 때에는 작업장소의 변경, 작업의 전환, 근로시간의 단축 및 작업환경 측정의 실시, 시설 · 설비의 설치 또는 개선 기타 적절한 조치를 하여야 한다(산안법 제43조 제5항).

Ⅲ. 역학조사

노동부장관은 직업성질환의 진단 및 발생원인의 규명 또는 직업성질환의 예방을 위하여 근로자의 질병과 작업장의 유해요인의 상관관계에 관한 직업성 질환 역학조사를 실시할 수 있다(산안법 제43조의2).

Ⅳ. 건강관리수첩

노동부장관은 건강장해가 발생할 우려가 있는 업무에 일정 기간 이상 종사한 근로자에 대하여 건강관리수첩을 교부하여야 한다. 건강관리수첩을 교부받은 자는 당해 건강관리수첩을 타인에게 양도 또는 대여하여서는 아니 된다(산안법 제44조). 수첩소지자가 업무상 재해로 요양급여를 신청함에 있어서 수첩을 제출한 때에는 초진소견서를 제출한 것으로 본다.

Ⅴ. 근로자의 보건관리를 위한 제한

1. 질병자의 근로제한

사업주는 전염병, 정신병 또는 근로로 인하여 병세가 현저히 악화될 우려가 있는 질병 등에 이환된 자에 대하여는 의사의 진단에 따라 근로를 금지하거나 제한하여야 한다(산안법 제45조).

2. 유해 · 위험작업의 근로시간 제한

사업주는 잠함 · 잠수작업 등 고기압 하에서 행하는 작업에 종사하는 근로자에 대하여는 1일 6시간, 1주 34시간을 초과하여 근로하게 하여서는 아니 된다(산안법 제46조).

3. 자격 등에 의한 취업제한

사업주는 유해 또는 위험한 작업에 필요한 자격 · 면허 · 경험 또는 기능을 가진 근로자 외의 자를 당해 작업에 취업하게 하여서는 아니 된다(산안법 제47조).

제7절 산업안전보건법상의 감독과 명령

Ⅰ. 의 의

산업사회의 진전으로 산업재해의 발생이 증대함에 따라 근로자의 안전 · 보건에 관한 법적 보호의 필요성이 대두되었고, 이에 따라 산업안전보건법에 제정되었다. 산업안전보건법은 그 실효성 확보를 위해 감독 및 명령에 관한 규정을 두고 있다.

Ⅱ. 사전적 감독조치

1. 유해위험방지계획서의 제출

(1) 건설물 · 기계 등의 설치 · 이전 · 변경

일정한 업종 및 규모에 해당하는 사업의 사업주는 당해 사업의 건설물 · 기계 · 기구 및 설비 등을 설치 · 이전하거나 그 주요 구조부분을 변경하는 때에는 유해 · 위험방지계획서를 작성하여 노동부장관에게 제출하여야 한다(산안법 제48조 제1항).

(2) 사업의 착공

건설업 중 일정 규모의 사업을 착공하려고 하는 사업주는 유해 · 위험방지계획서를 작성하여 노동부장관에게 제출하여야 한다(산안법 제48조 제3항).

(3) 노동부장관의 중지 · 변경 명령권

노동부장관은 유해 · 위험방지계획서를 심사한 후 근로자의 안전과 보건상 필요하다고 인정할 때에는 공사의 착공을 중지하거나 계획을 변경할 것을 명할 수 있다(산안법 제48조 제4항).

2. 안전 · 보건 진단

(1) 안전 · 보건 진단 명령

노동부장관은 일정한 사업장에 대하여 안전 · 보건진단기관이 실시하는 안전 · 보건진단을 받을 것을 명할 수 있다(산안법 제49조 제1항).

(2) 사업주의 협조 의무

사업주는 안전 · 보건진단업무에 적극 협조하여야 하며, 정당한 사유 없이 이를 거부하거나 방해 또는 기피하여서는 아니 된다(산안법 제49조 제2항).

3. 공정안전보고서의 제출

(1) 중대산업사고의 예방

일정한 사업장의 사업주는 유해 · 위험설비로부터의 위험물질의 누출 · 화재 · 폭발 등으로 큰 피해를 줄 수 있는 '중대산업사고'를 예방하기 위하여 공정안전보고서를 작성하여 노동부장관에게 제출하고, 이를 사업장에 비치하여야 한다(산안법 제49조의2 제1항).

(2) 산업안전보건위원회의 심의

사업주는 공정안전보고서를 작성할 때에는 산업안전보건위원회의 심의를 거쳐야 한다(산안법 제49조의2 제2항).

(3) 공정안전보고서의 변경 명령

노동부장관은 공정안전보고서를 심사한 후 근로자의 안전과 보건의 유지 · 증진을 위하여 필요하다고 인정하는 경우에는 당해 공정안전보고서의 변경을 명할 수 있다(산안법 제49조의2 제3항).

4. 안전보건개선계획

(1) 안전보건개선계획의 수립 · 시행

노동부장관은 산업재해예방을 위하여 종합적인 개선조치를 할 필요가 있다고 인정할 때에는 사업주에게 안전보건개선계획의 수립 · 시행을 명할 수 있다(산안법 제50조 제1항).

(2) 산업안전보건위원회의 심의

사업주는 안전보건개선계획을 수립할 때에는 산업안전보건위원회의 심의를 거쳐야 한다. 다만, 산업안전보건위원회가 설치되어 있지 아니한 사업장의 경우에는 근로자대표의 의견을 들어야 한다(산안법 제50조 제3항).

Ⅲ. 사후적 감독조치

1. 감독상의 조치

(1) 임검 및 안전보건 점검

근로감독관은 산안법과 이 법에 의한 명령을 시행하기 위하여 필요한 경우에는 사업장 등에 출입하여 ⅰ) 관계자에게 질문을 하고, ⅱ) 정부 · 서류 기타 물건의 검사 및 안전 · 보건점검을 행하며, ⅲ) 검사에 필요한 한도 내에서 무상으로 제품 · 원재료 또는 기구를 수거할 수 있다(산안법 제51조 제1항).

(2) 권한위탁

노동부장관은 한국산업안전공단에 위탁된 권한을 행사하기 위하여 필요하다고 인정할 때에는 공단소속직원으로 하여금 사업장에 출입, 검사 및 지도 등을 행하게 하거나, 관계자에게 질문하거나 필요한 서류의 제출을 요구하게 할 수 있다(산안법 제51조 제3항).

(3) 긴급처분권

노동부장관은 산업재해 발생의 급박한 위험이 있을 때 또는 명령이 지켜지지 아니하거나, 위험상태가 해제 또는 개선되지 아니하였다고 판단될 때에는 당해 기계 · 설비와 관련된 작업의 전부 또는 일부의 중지를 명할 수 있다(산안법 제51조 제7항).

2. 영업정지의 요청

(1) 영업정지 요청

노동부장관은 사업주가 영업정지 사유에 해당하는 산업재해를 발생시킨 경우에는 관계 행정기관의 장에게 관계 법령에 따라 해당 사업의 영업정지나 그 밖의 제재를 가할 것을 요청하거나 공공기관의 장에게 그 기관이 시행하는 사업의 발주 시 필요한 제한을 해당 사업자에게 가할 것을 요청할 수 있다(산안법 제51조의2 제1항).

(2) 영업정지 사유

ⅰ) 법규정에 위반하여 다수의 근로자가 사망하거나 사업장 인근지역에 중대한 피해를 주는 사고가 발생한 경우, ⅱ) 법규정에 의한 명령에 위반하여 근로자가 업무로 인하여 사망한 경우 등이다(산안법 제51조의2 제1항).

(3) 효 과

노동부장관의 영업정지 요청을 받은 관계행정기관의 장 또는 공공기관의 장은 정당한 사유가 없는 한 이에 응하여야 하며, 그 조치결과를 노동부장관에게 통보하여야 한다(산안법 제51조의2 제2항).

3. 감독기관에 대한 신고

(1) 근로자의 신고

사업장에서 산안법 또는 이 법에 의한 명령에 위반한 사실이 있는 때에는 근로자는 그 사실을 노동부장관 또는 근로감독관에게 신고할 수 있다(산안법 제52조 제1항).

(2) 불리한 처우 금지

사업주는 근로자의 신고를 이유로 당해 근로자에 대하여 해고 기타 불리한 처우를 하지 못한다(산안법 제52조 제1항).

Key Word

안전 · 보건관리체계, 안전보건관리규정, 중대재해, 안전보건표지, 안전보건관리책임자, 관리감독자, 안전관리자, 보건관리자, 안전보건총괄책임자, 산업안전보건위원회, 명예산업안전감독관, 유해물질, 유해인자, 물질안전보건자료(MSDS), 안전인증, 작업환경측정, 건강진단, 역학조사, 유해위험방지계획서, 공정안전보고서, 안전보건개선계획

기출문제

(1) 유해물질의 표시 (1회, 86년, 25점)

(2) 산업안전보건법상 사업주의 유해, 위험방지조치 의무 (6회, 97년, 25점)

(3) 안전보건관리체계(가급적 도식화 포함) (8회, 99년, 25점)

(4) 도급사업에 있어서 산업안전보건법상 안전 · 보건조치 및 근로기준법상 재해보상책임 (15회, 06년, 25점)

연습문제

(1) 유해 · 위험 예방조치에 대하여 약술하시오.

(2) 근로자의 보건관리에 대하여 약술하시오.

제12장 고용보험제도

제 1 절 고용보험제도 개요

Ⅰ. 고용보험제도의 의의

1. 기　　능

고용보험은 실직근로자에게 실업급여를 지급하는 전통적 의미의 실업보험사업 외에 ⅰ) 실업의 예방, 고용의 촉진 및 ⅱ) 근로자의 직업능력의 개발과 향상을 꾀하고, ⅲ) 국가의 직업지도와 직업소개 기능을 강화하며, ⅳ) 근로자가 실업[1]한 경우에 생활에 필요한 급여를 실시하여 근로자의 생활안정과 구직활동을 촉진함으로써 경제 · 사회발전에 이바지하는 것을 목적으로 하는 공적인 사회보험제도이다(고용보험법 제1조 목적).

2. 특　　징

(1) 사전적 · 적극적 기능

전통적인 실업보험(Unemployment Insurance)은 실직근로자에게 실업급여를 지급하여 실업자의 생계를 지원하는 '사후적 · 소극적'인 사회보장제도라고 할 수 있다.

반면, 고용보험(Employment Insurance)은 실업을 사전에 예방할 수 있는 다양한 고용안정 · 직업능

1) 고용보험법 제2조 제3호는 "실업이란 피보험자가 이직하여 근로의 의사와 능력이 있음에도 불구하고 취업하지 못한 상태에 있는 것을 말한다"라고 규정하고 있다. 2008.12.31. 개정시 종전 규정의 "피보험자가 이직하여"라는 문구를 삭제하였다.

력개발사업 등을 행하고, 불가피한 실직시에는 실업급여를 지급하여 생활의 안정과 재취업을 촉진토록 하는 '사전적 · 적극적' 기능을 한다.

(2) **사회보험제도**

민간보험회사 등이 영리를 목적으로 보험가입자의 희망에 따라 임의로 가입하는 사적인 보험제도와는 달리, 국가가 고용정책을 수행하기 위하여 보험의 원리와 방식을 도입하여 법률에 의해 보험의 가입과 보험료의 납부가 강제되고, 실업 등 보험사고에 대하여 근로자와 사업주를 지원하는 공적인 사회보험제도로서의 특징을 가지고 있다.

Ⅱ. 고용보험사업의 체계

고용보험은 법 제1조의 목적을 이루기 위해 고용보험사업으로서 고용안정 · 직업능력개발사업, 실업급여, 육아휴직급여 · 산전후휴가급여 등을 실시한다(고용보험법 제4조 제1항).[2)]

1. 고용안정 · 직업능력개발사업

고용안정 · 직업능력개발사업이란 피보험자[3)] 및 피보험자이었던 자 그 밖에 취업할 의사를 가진 자(이하 "피보험자 등"이라 한다)에 대한 실업의 예방, 취업의 촉진, 고용기회의 확대, 직업능력개발 · 향상의 기회 제공 및 지원 그 밖에 고용안정과 사업주에 대한 인력확보의 지원을 위하여 실시하는 사업이다(고용보험법 제19조 제1항).

2. 실업급여

실업급여는 실직근로자(이직한 피보험자)의 생활안정을 도모하고 재취업을 촉진하기 위해 지급하는 보험급여이다.

3. 육아휴직급여 및 산전후휴가급여 등

육아휴직 또는 산전후 · 유사산휴가를 부여받은 피보험자에게 일정 요건을 갖추면 지급하는 보험급여이다.

Ⅲ. 고용보험법의 적용대상

1. 적용범위

(1) **원 칙**

고용보험법은 원칙적으로 근로자를 사용하는 모든 사업 또는 사업장(이하 '사업'이라 함)에 적용된다

2) 제 1 장 총 칙
제 2 장 피보험자의 관리
제 3 장 고용안정 · 직업능력개발사업
제 4 장 실업급여(제1절 통칙 / 제2절 구직급여 / 제3절 취업촉진 수당)
제 5 장 육아휴직급여 등(제1절 육아휴직 급여 / 제2절 산전후휴가 급여 등)
제 6 장 고용보험기금

3) 피보험자란 고용보험에 가입되었거나 가입된 것으로 보는 근로자를 의미한다(고보법 제2조 제1호).

(고보법 제8조).

(2) **적용제외(임의가입 사업)**

다만, 산업별 특성 및 규모 등을 고려하여 일부 사업에 대하여는 적용하지 아니한다. 즉, ① 법인 아닌 농업·임업 등에서 상시 근로자 4명 이하인 사업, ② 관련 법률에 등록한 건설업자·공사업자 등이 아닌 자가 하는 총공사 금액 2천만원 미만 공사 또는 연면적 100제곱미터 이하의 건축, ③ 가사서비스업 등에는 고용보험법이 적용되지 않는다(고보법 제8조 단서 및 시행령 제2조). 이러한 사업에서는 사업주가 근로자의 과반수의 동의를 얻어 공단의 승인을 얻은 때에 고용보험에 가입할 수 있다(보험료징수법 제5조 제2항).[4]

2. 적용제외 근로자

고용보험 적용사업장이라 하더라도 i) 65세 이상인 자, ii) 1개월간 소정근로시간이 60시간 미만인 자(1주간의 소정근로시간이 15시간 미만인 자를 포함한다), iii) '국가공무원법'과 '지방공무원법'에 따른 공무원, iv) '사립학교교직원 연금법'의 적용을 받는 자 등에게는 고용보험법이 적용되지 않는다(고보법 제10조). 다만, 65세 이상인 자에 대한 고용안정·직업능력개발사업은 적용되며, 공무원연금 혜택을 거의 못받는 별정직·계약직 공무원은 본인의 의사에 따라 실업급여에 한하여 고용보험에 가입할 수 있다(고보법 제10조).

Ⅳ. 보험의 관장 및 보험료 등

1. 보험의 관장

고용보험은 노동부장관이 관장한다(고보법 제3조). 노동부장관의 권한의 일부는 직업안정기관(고용지원센터)의 장에게 위임하거나 근로복지공단 등에 위탁할 수 있다(고보법 제115조 및 시행령 제145조).

2. 보험료 등

(1) **보험료의 징수 및 사용**

근로복지공단은 보험가업에 드는 비용을 충당하기 위하여 보험가입자[5]로부터 고용안정·직업능력개발사업 및 실업급여의 보험료를 징수한다. 고용안정·직업능력개발사업의 보험료는 사업주가 전액 부담하고, 실업급여의 보험료는 사업주와 근로자가 1/2씩 부담한다(고보법 제6조 제1항). 징수된 보험료는 각각의 사업에 드는 비용에 충당한다. 다만, 실업급여의 보험료는 육아휴직급여 및 산전후휴가급여 등에 드는 비용에 충당할 수 있다(고보법 제6조 제2항).

(2) **국고의 부담**

국가는 매년 보험사업에 드는 비용의 일부 또는 보험사업의 관리·운영에 드는 비용을 부담할 수 있다(고보법 제5조).

---

4) 임의가입사업에서 사업주가 고용보험을 해지하고자 할 때에는 근로자의 2/3 이상의 동의를 얻어야 한다(보험료징수법 제5조 제6항).

5) 산재보험의 보험가입자는 사업주인 반면, 고용보험의 보험가입자는 사업자와 근로자이다(보험료징수법 제5조 제1항 및 제3항).

V. 고용보험위원회

1. 의 의

고용보험법및 보험료징수법[6]의 시행에 관한 주요 사항을 심의하기 위하여 노동부에 고용보험위원회를 둔다(고보법 제7조 제1항).[7] 종전에는 고용정책기본법에 따른 고용정책심의회에서 심의하도록 하였는데, 고용보험 관련 정책심의에 직접적인 이해당사자인 노사의 참여를 확대하기 위하여 개정되었다.

2. 위원회의 구성

위원회의 위원장은 노동부차관이 되고, 위원은 노 · 사 · 공익 · 정부를 대표하는 사람으로 하여 각각 동수로 구성한다(고보법 제7조 제4항).

Ⅵ. 피보험자의 관리

1. 피보험자격의 취득 및 상실

피보험자는 고용보험법이 적용되는 사업에 고용된 날에 피보험자격을 취득한다(고보법 제13조). 그리고 ① 적용제외 근로자에 해당하게 된 경우, ② 사업 폐지, 보험계약 해지 등으로 보험관계가 소멸한 경우, ③ 피보험자가 이직 또는 사망한 경우에 피보험자격을 상실한다(고보법 제14조).

2. 피보험자격에 관한 신고

사업주는 그 사업에 고용된 근로자의 피보험자격의 취득 및 상실 등에 관한 사항을 노동부장관에게 신고하여야 한다(고보법 제15조 제1항). 사업주가 신고하지 아니하면 근로자가 신고할 수 있다(고보법 제15조 제3항).

3. 이직의 확인

사업주는 피보험자격의 상실을 신고할 때 근로자가 이직으로 피보험자격을 상실한 경우에는 피보험 단위기간 · 이직 사유 및 이직 전에 지급한 임금 · 퇴직금 등의 명세를 증명하는 서류(이하 "이직확인서"라 한다)를 작성하여 노동부장관에게 제출하여야 한다(고보법 제16조 제1항)

4. 피보험자격의 확인

피보험자 또는 피보험자였던 자는 언제든지 노동부장관에게 피보험자격의 취득 또는 상실에 관한 확인을 청구할 수 있다(고보법 제17조 제1항).

5. 피보험자격 이중취득의 제한

근로자가 보험관계가 성립되어 있는 둘 이상의 사업에 동시에 고용되어 있는 경우에는, ⅰ) 통상임금이 많은 사업, ⅱ) 월 소정근로시간이 많은 사업, ⅲ) 근로자가 선택한 사업의 순서에 따라 한 사업의 근로자로서의 피보험자격을 취득한다(고보법 제18조 및 시행규칙 제14조).

---

6) 고용보험 및 산업재해보상보험의 보험료징수 등에 관한 법률.
7) 2008.12.31 개정 법률 제9315호 / 2009.7.1 시행.

제 2 절 고용안정 · 직업능력개발 사업

Ⅰ. 의 의

1. 고용안정 · 직업능력개발 사업의 의미

고용안정 · 직업능력개발 사업이란 피보험자 및 피보험자였던 자, 그 밖에 취업할 의사를 가진 자(이하 "피보험자 등"이라 함)에 대한 실업의 예방, 취업의 촉진, 고용기회의 확대, 직업능력개발 · 향상의 기회 제공 및 지원, 그 밖에 고용안정과 사업주에 대한 인력 확보를 지원하기 위하여 실시하는 사업을 말한다(법 제19조 제1항).

전통적인 실업보험은 실직 근로자에게 실업급여를 지급하여 실업자의 생계를 지원하는 '사후적 · 소극적'인 사회보장제도인 반면, 고용보험은 실업을 사전에 예방할 수 있는 다양한 고용안정 · 직업능력개발사업 등을 행하는 '사전적 · 적극적'인 제도로, 고용보험에서 고용안정사업이 갖는 의미는 크다고 할 것이다.

2. 고용안정사업과 직업능력개발사업의 통합

종전법에서는 고용안정사업과 직업능력개발사업를 별도로 규정하고 있었으나 양 제도를 확대 · 강화하기 위해 법 개정(2006.1.1)으로 ⅰ) 고용안정 · 직업능력개발사업으로 통합 · 운영됨으로 시너지효과가 제고되었으며, ⅱ) 취업할 의사를 가진 자 및 65세 이상자에게도 적용이 확대되었으며, ⅲ) 고용안정사업 실시에 있어 불황 등 경기적 요건을 삭제하였으며, ⅳ) 근로자에게도 지원금을 직접 지원(임금피크제보전수당)하게 되었고, ⅴ) 자영업자도 고용안정 · 직업능력개발사업에 한해 임의적용을 받을 수 있게 되었다.

3. 우선지원대상기업

고용안정 · 직업능력개발 사업을 실시할 때에는 근로자의 수, 고용안정 · 직업능력개발을 위하여 취한 조치 및 실적 등 대통령령으로 정하는 기준에 해당하는 기업(우선지원대상기업)[8]을 우선적으로 고려하

8) 〈우선지원대상기업의 범위〉
1. 광업: 300명 이하
2. 제조업: 500명 이하
3. 건설업: 300명 이하

여야 한다.

Ⅱ. 고용안정사업

1. 고용창출지원

(1) 의 의

고용환경개선, 근무형태 변경 등을 통하여 고용의 기회를 확대한 사업주에 대하여 필요한 지원을 하는 제도이다(고보법 제20조).

(2) 지원의 내용

중소기업근로시간단축지원금, 교대제전환지원금, 중소기업고용환경개선지원금, 중소기업전문인력활용장려금 등이 있다(고보법 시행령 제13조 내지 제16조).

2. 고용조정지원

(1) 의 의

경기의 변동, 산업구조의 변화 등에 따른 사업규모의 축소, 사업의 폐업 또는 전환으로 인하여 고용조정이 불가피하게 된 사업주가 근로자에 대한 휴업, 직업전환에 필요한 직업능력개발훈련, 인력재배치 등을 실시하거나 그 밖의 고용안정조치를 할 경우에 사업주를 지원함으로써 근로자의 고용안정을 도모하기 위한 제도이다(고보법 제21조).

(2) 지원의 내용

고용유지지원금, 전직지원장려금 등이 있다(고보법 시행령 제18조 내지 제22조).

3. 고용촉진지원

(1) 의 의

고용촉진지원제도는 고령자, 장기실업자, 출산 여성 등 통상의 조건 하에서는 취업이 특히 곤란한 자의 고용을 촉진하기 위하여 이들을 새로이 고용하거나 또는 고용안정에 필요한 조치를 취하는 사업주 또는 사업주가 취하는 고용안정 조치에 해당된 근로자에게 필요한 지원을 하는 제도이다(고보법 제23조).

(2) 사업주에 대한 지원 내용

고령자고용촉진장려금, 신규고용촉진장려금, 임신・출산후계속고용지원금, 육아휴직장려금 및 대체인력채용장려금 등이 있다(고보법 시행령 제25조, 제26조, 제29조, 제30조).

(3) 근로자에 대한 지원 내용(임금피크제보전수당)

임금피크제를 시행하는 경우 임금피크제를 적용받는 근로자에게 지급하는 수당이다(고보법 시행령 28조).

---

4. 운수업 및 통신업: 300명 이하
5. 제1호부터 제4호까지 외의 산업: 100명 이하

4. 지역고용촉진

(1) 의 의

고용기회가 뚜렷이 부족하거나 산업구조의 변화 등으로 고용사정이 급속히 악화되고 있는 지역으로 사업을 이전하거나 그 지역에서 사업을 신설·증설함으로써, 당해 지역의 실업의 예방, 재취업의 촉진, 고용기회의 확대에 필요한 조치를 취한 사업주에게 필요한 지원을 하는 제도이다(고보법 제22조).

(2) 지원의 내용

지역고용촉진지원금이 있다(고보법 시행령 제24조). 최근 노동부는 평택지역의 고용사정이 매우 어려운 점을 고려해 '고용개발촉진지역'으로 지정되어 사업을 이전하거나 증설하면서 지역 거주자를 고용하는 사업주에게 1년간 임금의 2분의 1(대기업은 3분의 1)을 지원하는 지역고용촉진지원금이 지급된다.

5. 건설근로자 등의 고용안정 지원

(1) 의 의

건설근로자 등 고용상태가 불안정한 근로자를 위하여 고용상태의 개선을 위한 사업, 계속고용기회의 부여 등 고용안정사업을 실시하는 사업주에 대하여 지원하는 제도이다(고보법 제24조).

(2) 지원의 내용

건설근로자 퇴직공제부금[9]의 지원, 건설근로자 고용보험관리지원금의 지원, 건설근로자 계속고용지원금 등이 있다(고보법 시행령 제31조 내지 제32조의2).

6. 기 타

(1) 고용안정 및 취업 촉진

노동부장관은 피보험자 등의 고용안정 및 취업의 촉진을 위하여 i) 고용관리진단 등 고용개선지원사업, ii) 피보험자 등의 창업촉진을 위한 지원사업 등을 직접 실시하거나 이를 실시하는 자에게 필요한 비용을 지원 또는 대부할 수 있다(고보법 제25조).

(2) 고용촉진 시설에 대한 지원

노동부장관은 근로자의 고용을 촉진하기 위하여 이동근로자를 위한 숙소, 여성근로자의 고용촉진을 위한 시설, 근로자의 취직·고용문제 등에 대한 상담을 위한 시설 등 기타 고용촉진시설의 설치·운영에 대한 지원을 할 수 있다(고보법 제26조).

(3) 부정행위에 따른 지원의 제한 등

거짓 그 밖의 부정한 방법으로 고용안정사업의 지원을 받은 자 또는 받고자 하는 자에 대하여 그 지원을 제한할 수 있다. 이미 지원받은 금액에 대하여는 반환을 명할 수 있고 이에 추가하여 지원받은 금액의 5배 이하의 금액을 징수할 수 있다. 보험료를 체납한 자에 대하여는 고용안정사업의 지원을 하지 아니할 수 있다(고보법 제35조).

---

9) 건설업을 영위하는 사업주가 퇴직공제에 가입한 후 고용한 건설일용근로자의 근로일수에 의거 산정한 공제부금을 금융기관에 납부하고 「피공제자별 근로일수 및 공제부금납부신고서」를 다음달 15일까지 건설근로자공제회에 신고하면, 공제회는 건설일용근로자가 건설업에서 퇴직하게 되는 때에 해당 근로자에게 적립된 공제부금에 소정의 이자를 더하여 퇴직공제금 등으로 지급하는 제도.

Ⅲ. 직업능력개발사업

1. 사업주에 대한 지원

(1) 직업능력개발 훈련비용의 지원

1) 의 의 피보험자 등의 직업능력을 개발 · 향상시키기 위하여 직업능력개발훈련을 실시하는 사업주에게 훈련비용을 지원하는 제도이다(고보법 제27조).

2) 지원대상 훈련 근로자직업능력개발법에 따라 인정을 받은 훈련과정으로서 피보험자, 구직등록자 등을 대상으로 실시하는 직업능력개발 훈련 등이다(고보법 시행령 제41조 제1항).

3) 지원금의 수준 직업능력개발 훈련의 지원금은 그 훈련비에 사업규모 등을 고려하여 노동부장관이 고시하는 일정 비율을 곱하여 산정한 금액으로 한다(고보법 시행령 제41조 제2항). 이 경우 기간제 · 단시간 · 파견 · 일용근로자에 대하여는 지원수준을 높게 정할 수 있으며, 훈련기간 중의 임금의 전부 또는 일부를 지원할 수 있다(고보법 시행령 제41조 제3항).

(2) 건설근로자의 직업능력개발 훈련비용 지원

노동부장관은 사업주 · 사업주단체가 일정한 사업장에 고용되지 아니한 건설근로자를 위한 직업능력개발 훈련을 실시하는 경우 그 훈련비용의 일부를 지원할 수 있으며, 건설근로자에게 훈련기간 중 훈련수당을 지급한 경우 그 비용을 지원할 수 있다(고보법 제32조 및 시행령 제54조).

2. 근로자에 대한 지원

(1) 근로자수강지원금의 지원

1) 의 의 노동부장관은 피보험자가 자비로 직업능력개발 훈련을 수강한 경우 필요비용의 전부 또는 일부를 지원할 수 있다(고보법 제29조 제1항 및 시행령 제43조).

2) 지원대상 피보험자 ① 이직예정인 자로서 훈련 중 또는 훈련수료 후 1월 이내에 이직된 자, ② 40세 이상인 자, ③ 우선지원대상기업에 고용된 자, ④ 기간제 · 단시간 · 파견 · 일용근로자 등이다(동법 시행령 제43조).

3) 근로자능력개발카드에 따른 수강지원 기간제 · 단시간 · 파견 · 일용근로자는 근로자능력개발카드를 발급받아 직업능력개발 훈련을 수강할 수 있으며, 노동부장관은 그 비용의 전부나 일부를 지원할 수 있다(동법 시행령 제44조).

(2) 능력개발비용의 대부

1) 학자금의 대부 노동부장관은 피보험자가 기능대학, 원격대학형태의 평생교육시설, 대학, 전문대학, 산업대학 등에 입학 또는 재학하는 경우 그 학자금의 전부나 일부를 대부할 수 있다(동법 시행령 제45조 제1항).

이 경우 우선지원대상기업의 피보험자 중 성적이 우수한 자에게는 학자금을 전부나 일부를 지원할 수 있다(동법 시행령 제46조).

2) 수강료의 대부 노동부장관은 피보험자가 직업능력개발 훈련을 수강하는 경우 수강료의 전부 또는 일부를 대부할 수 있다. 다만 세미나 등의 정보교류 활동, 일반상식, 취미활동 등의 과정은 제외한다(동법 시행령 제45조 제2항).

(3) 실업자의 취업훈련

노동부장관은 실업자로서 취업을 위해 직업능력개발 훈련의 수강이 필요하다고 인정되는 구직자에게 취업훈련을 실시할 수 있다. 이 경우 취업훈련에 드는 비용은 훈련을 받는 자 또는 훈련 실시기관에 지급할 수 있으며, 구직급여의 수급자격이 없는 자에게는 훈련수당을 지급할 수 있다(고보법 제29조 제2항 및 시행령 제47조).

(4) 저소득자에 대한 생계비 대부

노동부장관은 직업능력개발 훈련을 받는 저소득 피보험자 등에게 생계비를 대부할 수 있다(고보법 제29조 제3항[10]및 시행령 제47조의2). 생계 부담이 있는 취약근로자의 직업능력개발훈련 참여를 촉진시키기 위한 것이다.

3. 직업능력개발훈련 시설에 대한 지원 등

(1) 직업능력개발훈련 시설에 대한 비용 대부

노동부장관은 직업능력개발 훈련을 실시하는 사업주 · 사업주단체 · 근로자단체 등에게 훈련시설의 설치와 장비 구입에 필요한 비용을 대부할 수 있다(고보법 제30조 및 시행령 제48조).

(2) 직업능력개발훈련 시설에 대한 지원

노동부장관은 사업주 · 사업주단체가 우선선종직종(국가경제 기간산업 · 국가전략산업 중 인력이 부족한 직종 등)의 훈련을 실시하는 경우에 시설설치와 장비구입에 필요한 비용의 일부를 지원할 수 있다(고보법 제30조 및 시행령 제49조).

4. 직업능력개발의 촉진

(1) 직업능력개발 · 향상 사업비용 지원

노동부장관은 피보험자 등의 직업능력의 개발 · 향상을 촉진하기 위하여 직업능력개발 사업에 관한 기술지원 장려사업, 자격검정 사업, 조사 · 연구사업, 교육 · 홍보사업 등을 실시하는 자에게 필요한 비용을 지원할 수 있다(고보법 제31조 제1항).

(2) 직업능력개발훈련사업의 위탁실시

노동부장관은 직업능력의 개발 · 향상과 인력의 원활한 수급을 위하여 우선선정직종에 대한 직업능력개발훈련사업을 위탁하여 실시할 수 있다(고보법 제31조 제2항).

5. 부정행위 따른 지원의 제한 등

거짓 그 밖의 부정한 방법으로 직업능력개발사업의 지원을 받은 자 또는 받고자 하는 자에 대하여 그 지원을 제한할 수 있으며, 이미 지원받은 금액에 대하여는 반환을 명할 수 있고 이에 추가하여 지원받은 금액의 5배 이하의 금액을 징수할 수 있다. 보험료를 체납한 자에 대하여는 고용안정사업의 지원을 하지 아니할 수 있다(고보법 제35조).

10) 2008.12.31. 개정시 신설 / 2009.4.1. 시행.

제 3 절 실업급여

Ⅰ. 의 의

1. 실업급여의 의미

실업급여란 근로자가 일정기간 근무하다가 정리해고, 권고사직, 계약기간 만료 등으로 불가피하게 퇴직하여 실업상태에 있을 때 일정기간 동안 생계비나 훈련수당 등을 지급하여 재취업을 지원하려는 제도이다.[11)]

2. 실업급여의 종류

실업급여는 '구직급여'와 '취업촉진수당'으로 구분되며, 취업촉진수당은 다시 조기재취업수당, 직업능력개발수당, 광역구직활동비, 이주비로 구성된다(고보법 제37조).

3. 수급권의 보호

실업급여를 받을 권리는 양도 또는 압류하거나 담보로 제공할 수 없다(고보법 제38조).

Ⅱ. 수급자격의 인정

1. 실업급여의 수급요건(고보법 제40조)

(1) 이직일 이전 18월간(기준기간) 피보험단위기간이 통산하여 180일 이상일 것

피보험단위기간이란 일반적으로 고용보험 급여를 받을 수 있는 요건으로서의 단위기간을 말하며, 피보험기간 중 임금지급의 기초가 된 날을 합하여 계산한다(고보법 제41조).

(2) 근로의 의사와 능력이 있음에도 불구하고 취업(영리를 목적으로 사업을 영위하는 경우를 포함)하지 못한 상태에 있을 것

(3) 이직사유가 수급자격의 제한 사유에 해당하지 아니할 것

피보험자가 "자기의 중대한 귀책사유로 해고"되거나 "정당한 사유 없는 자기사정으로 이직"한 경

11) 임종률 637.

우에는 수급자격이 제한된다(고보법 제58조).[12)]

(4) 재취업을 위한 노력을 적극적으로 할 것

(5) 일용근로자의 수급요건

최종 이직 당시 일용근로자였던 자는 위의 4가지 요건 외에 ① 수급자격인정신청일 이전 1월간의 근로일수가 10일 미만일 것, ② 최종 이직일 이전 기준기간 내의 피보험단위기간 180일 중 다른 사업에서 수급자격의 제한 사유에 해당하는 사유로 이직한 사실이 있는 경우에는 당해 피보험단위기간 중 90일 이상을 일용근로자로 근로하였을 것의 요건도 갖추어야 한다.

2. 수급자격 인정의 절차

(1) 실업의 신고

실업급여를 지급받으려는 자는 이직 후 지체없이 직업안정기관에 '구직신청'과 '수급자격 인정신청'을 포함한 '실업의 신고'를 하여야 한다(고보법 제42조).

(2) 수급자경의 인정

실업급여를 지급받으려는 자는 직업안정기관의 장으로부터 실업급여의 수급요건을 갖추었다는 사실(이하 '수급자격'이라 함)의 인정을 받아야 한다. 이러한 수급자격의 인정을 받은 자를 '수급자격자'라 한다(법 제43조).

Ⅲ. 구직급여

1. 의　　의

구직급여는 실업급여 중 가장 기본적이고 중요한 급여로서 피보험자의 실업기간 중 생활안정을 도모하기 위하여 지급되는 급여이다.

2. 구직급여의 수준 급여일수

(1) 급여기초임금일액(기초일액)

급여기초임금일액이란 구직급여의 산정의 기초가 되는 임금일액을 의미하는데, 피보험자의 최종 이직일을 기준으로 산정된 근로기준법상 평균임금으로 한다(고보법 제45조 제1항).

(2) 기초일액 하한액과 상한액

수급자격자의 기초일액이 이직 당시의 일급 최저임금액에 미달하는 경우에는 그 최저임금액을 기초

12) 제58조(이직사유에 따른 수급자격의 제한) 제40조에도 불구하고 피보험자가 다음 각 호의 어느 하나에 해당한다고 직업안정기관의 장이 인정하는 경우에는 수급자격이 없는 것으로 본다.
　1. 중대한 귀책사유(歸責事由)로 해고된 피보험자로서 다음 각 목의 어느 하나에 해당하는 경우
　　가. 「형법」 또는 직무와 관련된 법률을 위반하여 금고 이상의 형을 선고받은 경우
　　나. 사업에 막대한 지장을 초래하거나 재산상 손해를 끼친 경우로서 노동부령이 정하는 기준에 해당하는 경우
　　다. 정당한 사유없이 근로계약 또는 취업규칙 등을 위반하여 장기간 무단결근한 경우
　2. 자기 사정으로 이직한 피보험자로서 다음 각 목의 어느 하나에 해당하는 경우
　　가. 전직 또는 자영업을 하기 위하여 이직한 경우
　　나. 제1호의 중대한 귀책사유가 있는 자가 해고되지 아니하고 사업주의 권고로 이직한 경우
　　다. 그 밖에 노동부령으로 정하는 정당한 사유에 해당하지 아니하는 사유로 이직한 경우.

일액(최저기초일액)으로 하며, 기초일액의 상한액은 2011년 현재 8만원이다(고보법 제45조 제4항 및 제5항, 시행령 제68조).

(3) 구직급여일액

구직급여일액은 원칙적으로 기초일액의 50/100 즉 평균임금의 50%로 하며, 최저기초일액을 기초일액으로 하는 경우에는 최저 기초일액의 90/100(이를 최저구직급여일액이라 한다)으로 한다(고보법 제46조).

(4) 소정급여일수

1) 원 칙 하나의 수급자격에 의하여 구직급여를 받을 수 있는 날을 소정급여일수라 하는데, 피보험기간 및 연령에 따라 90일~240일 사이에서 결정된다(고보법 제50조).

2) 연장급여 구직급여는 일정한 사유가 발생하면 소정급여일수를 초과하여 지급할 수도 있는데, 훈련연장급여(제51조), 개별연장급여(제52조), 특별연장급여(제53조) 등이 있다.

3. 구직급여의 지급절차

(1) 실업의 인정

수급자격자라도 재취업을 위한 적극적인 노력을 하지 않으면 구직급여를 받을 수 없다. 그러므로 구직급여는 수급자격자가 실업한 상태에 있는 날 중에서 소정급여일수 범위 내에서 직업안정기관의 장으로부터 적극적으로 구직노력을 하고 있다는 "실업의 인정"을 받은 날에 대하여 지급한다(고보법 제44조).

(2) 구직급여의 지급

구직급여는 수급자격자의 소정급여일수 중에 실업의 인정을 받은 일수에 따라 그 일수분(日數分)을 지급한다(고보법 제56조).

[표] 구직급여 지급기준

연령 및 가입기간	1년 미만	1년 이상~ 3년 미만	3년 이상~ 5년 미만	5년 이상~ 10년 미만	10년 이상
30세 미만	90일	90일	120일	150일	180일
30세 이상~50세 미만	90일	120일	150일	180일	210일
50세 이상 및 장애인	90일	150일	180일	210일	240일

* 구직급여의 지급기간은 고용보험의 납입기간과 연령에 따라 최소 90일에서 최고 240일까지 수급할 수 있으며, 이 기간은 이직일로부터 12개월 이내에 완료가 되어야 함.

(3) 수급기간(지급시한) 및 대기기간

구직급여는 수급자격과 관련된 이직일의 다음 날부터 12개월 내에 소정급여일수를 한도로 지급하며(고보법 제48조), 실업의 신고일부터 7일간은 대기기간으로 보아 구직급여를 지급하지 아니한다(고보법 제49조).

4. 구직급여의 지급유예 및 제한

퇴직금 등 1억원 이상의 고액금품수령자에게는 3월간 구직급여의 지급을 유예하며(고보법 제59조), 취업거부 · 훈련거부 · 직업지도거부 및 부정행위가 있는 경우에는 지급을 제한한다(고보법 제60조 및 제61조).

Ⅳ. 취업촉진수당

1. 조기재취업수당

(1) 의　의

조기의 실직해소를 위한 제도로서 조기에 실직을 탈출하여 안정된 직업에 재취직을 하거나 영리를 목적으로 하는 사업을 영위하는 수급자격자에게 사기진작 차원에서 지급하는 수당이다(고보법 제64조 제1항).

(2) 지급기준

6월 이상 계속 고용이 확실한 직업에 취업한 경우나 6월 이상 계속 사업의 영위가 확실한 경우에 조기재취업 수당을 지급한다(고보법 시행령 제84조).

(3) 지급금액

조기재취업수당의 금액은 구직급여의 소정급일수 중 지급받지 못한 일수의 비율에 따라 산정한다(고보법 제64조 및 동법 시행령 제85항).

조기재취업수당 금액 = 구직급여일액 × 구직급여 미지급일수 × (3/1 또는 2/1 또는 3/2)

2. 직업능력개발수당

직업능력개발수당은 직업안정기관의 장이 지시한 직업능력개발 훈련 등을 받은 기간 동안 수급자격자에게 지급하되(고보법 제65조 제1항), 취업거부 · 훈련거부 · 직업지도거부 등의 사유로 구직급여의 지급 중지를 받은 경우에는 직업능력개발수당의 지급도 중지한다(고보법 제65조 제2항).

3. 광역구직활동비

광역구직활동비는 수급자격자가 직업안정기관의 소개에 따라 광범위한 지역에 걸쳐 구직 활동을 하는 경우에 지급되는 것으로, 50km 이상 떨어진 회사에 구직활동을 한 경우 수급자격자의 거주지로부터 방문하는 사업장까지의 정상적인 경로에 따라 계산한 운임과 숙박비를 지급할 수 있다(고보법 제66조).

4. 이 주 비

수급자격자의 주거지가 아닌 지역에서 취업을 하거나 직업능력개발훈련을 받는 경우에는 불가피하게 주거의 이전이 수반되므로, 고용보험은 수급자격자와 그에 의하여 생계가 유지되는 동거친족에게까지 이주에 소용되는 비용을 지급할 수 있다(고보법 제67조).

Ⅴ. 지급제한 및 반환명령 등

거짓이나 그 밖의 부정한 방법으로 실업급여를 받았거나 받으려 한 자에게는 그 급여를 받은 날 또는 받으려한 날부터의 실업급여를 지급하지 아니한다(고보법 제61조 제68조).

직업안정기관의 장은 거짓이나 그 밖의 부정한 방법으로 실업급여를 지급받은 자에게 그 금액의 전부 또는 일부의 반환을 명할 수 있고, 추가하여 실업급여액 이하의 금액을 징수할 수 있다. 거짓이나 부정이 사업주의 거짓된 신고 · 보고 또는 증명으로 인한 것이면 그 사업주도 그 실업급여를 지급받은 자와 연대하여 책임을 진다(고보법 제62조 제69조).

제 4 절 육아휴직급여

Ⅰ. 의 의

육아휴직급여는 사업주가 만 6세 이하의 초등학교 취학 전 자녀(입양한 자녀를 포함한다)를 양육하기 위하여[13] 육아휴직을 30일 이상 부여한 경우, 그 육아휴직을 부여받은 피보험자에게 일정요건이 구비된 경우 지급하는 제도이다(고용보험법 제70조).

Ⅱ. 육아휴직급여의 수급요건

육아휴직을 30일(근로기준법에 의한 산전후휴가기간 90일과 중복되는 기간은 제외) 이상 부여받은 근로자 중 다음의 요건을 갖춘 경우에 육아휴직급여가 지급된다(고보법 제70조).

1. 피보험단위기간

육아휴직을 '시작한 날 이전'에 피보험 단위기간이 통산하여 180일 이상일 것.

2. 배우자의 육아휴직 여부

같은 자녀에 대하여 피보험자인 배우자가 육아휴직(30일 미만은 제외)을 부여받지 않고 있을 것.

3. 신청기간

육아휴직은 개시한 날 이후 1개월부터 끝난 날 이후 12개월 이내에 신청할 것. 다만, 같은 기간에 천재지변, 본인 또는 배우자의 질병 · 부상 등의 사유로 육아휴직급여를 신청할 수 없었던 자는 그 사유 끝난 후 30일 이내에 신청하여야 한다.

Ⅲ. 육아휴직급여

그동안 육아휴직급여액은 월 50만원 정액으로 지급되었다. 이제 육아휴직급여는 최대 100만원까지

13) 고평양립법은 2005.12.30. 개정으로 "3년 미만의 영유아를 가진 근로자"로 바뀌어, 2008.1.1. 이후 출생한 영유아부터 적용되다가, 2010.2.4. "만 6세 이하의 초등학교 취학전 자녀"로 개정되어 육아휴직의 사용범위가 확대되었다.

휴직 전 임금의 40%의 정률로 지급된다. 이는 취업여성의 출산여건 개선을 위한 것으로 저출산대책과 모성보호를 위한 것이다.

Ⅳ. 육아휴직의 확인

사업주는 피보험자가 육아휴직급여를 받고자 하는 경우 노동부령이 정하는 바에 따라 사실확인 등 제반절차에 적극 협력하여야 한다.

Ⅴ. 급여의 지급제한 및 반환명령

1. 이직 또는 새로이 취업한 경우

피보험자가 육아휴직급여기간 중에 당해 사업에서 이직[14)]하거나 새로이 취업한 경우에는 그때부터 해당급여를 지급하지 아니한다(고보법 제73조 제1항).

2. 사업주로부터 금품을 받은 경우

피보험자가 사업주로부터 육아휴직을 이유로 금품을 지급받은 경우 급여를 감액하여 지급할 수 있다(고보법 제73조 제2항).

3. 부정수급의 경우

거짓 그 밖의 부정한 방법으로 육아휴직급여를 받았거나 받고자 한 자에 대하여는 당해 급여를 지급하지 아니한다(고보법 제73조 제3항). 이 경우 직업안정기관의 장은 급여를 지급받은 자에게 그 급여의 반환을 명할 수 있고, 추가하여 육아휴직급여액 이하의 금액을 징수할 수 있다. 또한 부정 수급이 사업주의 허위신고 등으로 인한 것인 때에는 그 사업주도 연대책임을 진다(고보법 제62조 및 제74조).

14) "이직"이란 피보험자와 사업주 사이의 고용관계가 끝나게 되는 것을 말한다(고보법 제2조 제2호).

제 5 절 출산전후휴가급여 등

Ⅰ. 의 의

1. 개 념

출산전후휴가급여 등이란 피보험자가 출산전후휴가 또는 유사산휴가를 부여받은 경우 일정요건을 갖추면 지급하는 급여이다.

2. 법개정으로 출산전후휴가급여 등의 확대

모성보호 관련 3법(근로기준법, 고평양립법, 고용보험법)이 개정되어 2006년 1월 1일부터 ⅰ) 임신 16주 이상의 유사산휴가가 법제화되고, ⅱ) 출산전후휴가급여 등의 신청기간이 빨라지고, ⅲ) 우선지원대상기업의 경우 휴가기간 90일에 대하여 급여가 지급되는 등 출산전후휴가급여 등이 확대시행되고 있다.

특히 종전에는 출산전후휴가기간 90일 중 30일만 고용보험에서 급여를 지급하고 60일은 사업주가 직접 부담함으로써 여성고용확대에 장애물이 된다거나 중소기업 여성 근로자들의 임신·출산으로 인한 퇴직 사례가 많다는 지적이 있어 왔는데, 우선지원대상기업의 경우 90일에 대하여 고용보험에서 출산전후휴가급여 등을 지급하게 되어 여성고용을 확대하게 되었다.

Ⅱ. 출산전후휴가급여 등의 수급요건

근로기준법 제74조 규정에 의한 출산전후휴가 또는 유사산휴가를 부여받은 여성근로자 중 다음의 요건을 갖춘 경우에 출산전후휴가급여 등이 지급된다(고보법 제75조).

1. 피보험단위기간

휴가가 '끝난 날 이전'에 피보험단위기간이 통산하여 180일 이상일 것.

2. 신청기간

(1) 우선지원대상기업

종전에는 '출산전후휴가 종료일부터 6월 이내'에 신청할 수 있었으나, 개정법에서는 '휴가개시일 이후 1월부터(휴가 마치고 12월 이내)' 신청할 수 있게 하였다.[15)]

(2) 우선지원대상기업이 아닌 경우

사업주가 최초 60일분을 지급하는 우선지원대상이 아닌 기업은 종전과 같이 출산전후휴가 종료부터 (휴가 마치고 12월 이내)신청하여야 한다.

(3) 신청기간의 연장사유

위 기간에 천재지변, 본인 또는 배우자의 질병 · 부상 등의 사유로 육아휴직급여를 신청할 수 없었던 자는 그 사유 끝난 후 30일 이내에 신청하여야 한다.

Ⅲ. 출산전후휴가급여 등의 지급기간 및 급여수준

1. 지급기간

(1) 우선지원대상기업

근로기준법 제74조에 의한 출산전후휴가기간(90일) 또는 유사산휴가 기간(30일 · 60일 · 90일), 즉 휴가기간 전체일수에 대하여 지급한다.

(2) 우선지원대상기업이 아닌 경우

출산전후휴가 또는 유사산휴가 기간 중 60일을 초과한 일수, 즉 30일을 한도로 지급한다.

2. 급여수준

(1) 통상임금액에 상당하는 금액

출산전후휴가급여 등은 휴가개시일을 기준으로 산정한 근로기준법상 통상임금에 상당하는 금액으로 지급한다.

(2) 상한액과 하한액

1) 상 한 액 출산전후휴가기간 또는 유산 · 사산휴가기간 90일에 대한 통상임금에 상당하는 금액 405만원을 초과하는 경우에는 405만원, 즉 30일에 대하여 135만원이다.

2) 하 한 액 출산전후휴가기간 또는 유산 · 사산휴가기간 90일에 대한 통상임금에 상당하는 금액이 휴가시작일 당시 적용되던 '최저임금법'에 의한 시간단위에 해당하는 최저임금액보다 낮은 경우에는 그 최저임금액이다.

(3) 통상임금과 고용보험 상한액과의 차액지급 여부

우선지원대상기업 근로자의 통상임금이 고용보험에서 지급하는 급여상한액을 초과하는 경우, 사업주는 최초 60일에 대하여는 지급의무가 있고, 다만 피보험자가 출산전후휴가급여 등을 받은 경우 그 금액의 한도에서 지급의 책임을 면하는 것이므로(근기법 제74조 제3항), 차액에 대한 지급의무는 남아있게 된다.

---

15) 종전 산전후휴가급여는 최초 60일은 사업주가 부담하고 이후 30일만 고용보험에서 부담하였으므로, 휴가종료일에 신청하여도 생계에 큰 지장이 없었다. 그러나 고용보험에서 90일분을 지급받는 우선지원대상기업의 경우에는 생계보전 차원에서 휴가개시 후 1월이 지난 이후부터 급여 신청이 가능토록 개선한 것이다.

Ⅳ. 출산전후휴가급여 등의 수급권 대위

사업주가 출산전후휴가급여 등의 지급사유와 같은 사유 그에 상당하는 금품을 근로자에게 미리 지급한 경우로서 그 금품이 출산전후휴가급여 등을 대체하여 지급한 것으로 인정되면 그 사업주는 지급한 금액(상한액을 초과할 수 없다)에 대하여 그 근로자의 출산전후휴가급여 등을 받을 권리를 대위한다(고보법 제75조의2).[16)]

Ⅴ. 출산전후휴가 등의 확인

사업주는 피보험자가 출산전후휴가급여 등을 받고자 하는 경우 노동부령이 정하는 바에 따라 사실의 확인 등 제반절차에 적극 협력하여야 한다.

Ⅵ. 급여의 지급제한 및 반환명령

육아휴직급여와 동일.

16) 2008. 12. 31. 개정시 신설 / 시행 2008. 12. 31.

제 6 절 심사 및 재심사청구

Ⅰ. 의 의

노동부장관의 실업급여에 관한 처분 등은 행정기관이 우월적 지위에서 행한 것으로 행정쟁송법상의 처분에 해당한다. 고용보험법은 이러한 처분에 이의 있는 피보험자를 신속히 구제하기 위하여 특별행정심판제도인 심사 및 재심사청구제도를 마련하고 있다.

다만 심사 및 재심사청구에 관하여 고용보험법에 정하고 있지 아니한 사항은 행정심판법의 규정에 따른다(고보법 제104조 제2항).

Ⅱ. 심사청구

1. 심사청구의 대상

ⅰ) 피보험자격의 취득 · 상실에 대한 확인, ⅱ) 실업급여에 관한 처분, ⅲ) 육아휴직급여 · 산전후휴가급여 등에 관한 처분(이하 '원처분 등' 이라 한다)에 이의가 있는 자는 고용보험심사관에게 심사청구를 제기할 수 있다(고보법 제87조 제1항). 심사청구의 대상은 이와 같이 한정되어 있으므로 그 외의 불복사항[17]은 일반 행정심판법에 따라 행하여야 한다.

2. 심사청구의 절차

(1) 청구기간 및 방식

심사의 청구는 원처분 등이 있음을 안 날부터 90일 이내에 문서로 원처분 등을 한 직업안정기관을 거쳐 제기해야 한다(고보법 제87조 제2항, 제90조, 제91조).

(2) 고용보험심사관

심사청구에 대한 심사를 행하게 하기 위하여 고용보험심사관(이하 '심사관'이라 한다)을 둔다(고보법 제89조 제1항).

(3) 심 리

심사관은 심사청구에 대한 심리를 위하여 심사청구인의 신청 또는 직권으로 심사청구인 또는 관계인에 대한 출석 · 질문 · 의견진술, 증거 제출, 감정(鑑定), 사업장 임검 등의 조사를 할 수 있다(고보법 제94조).

17) 사업주에 대한 고용유지지원금, 직업능력개발훈련비용 지원 등.

3. 심사청구의 결정 및 효력

(1) 심사청구의 결정

심사관은 심리(審理)를 마쳤을 때에는 심사청구를 받은 날부터 30일 이내에 원처분 등의 전부 또는 일부를 취소하거나 심사청구의 전부 또는 일부를 기각하는 결정을 해야 한다. 다만, 부득이한 사정이 있을 때에는 1차에 한해 10일 이내에서 연장할 수 있다(고보법 제2항, 제96조).

(2) 결정의 효력

심사청구에 대한 결정은 심사청구인 및 직업안정기관의 장에게 결정서의 정본을 보낸 날부터 효력이 발생되며, 그 결정은 원처분 등을 행한 직업안정기관의 장을 기속(羈束)한다(고보법 제98조).

Ⅲ. 재심사청구

1. 재심사청구 기간 및 방식

심사관의 결정에 이의가 있는 자는 그 결정이 있음을 안 날부터 90일 이내에 원처분 등을 행한 직업안정기관의 장을 상대방[18]으로 하여 문서로 고용보험심사위원회에 재심사를 청구할 수 있다(고보법 제87조 제1항 및 제2항, 제91조, 제100조, 제102조).

2. 재심사청구의 심리

(1) 고용보험심사위원회

재심사를 하게 하기 위하여 노동부에 고용보험심사위원회(이하 '심사위원회'라 한다)를 둔다. 심사위원회는 노·사를 대표하는 자 각 1명 이상을 포함한 15명 이내의 위원으로 구성한다(고보법 제99조).

(2) 심 리

심사위원회는 재심사청구를 받으면 그 청구에 대한 심리기일 및 장소를 정하여 심리기일 3일 전까지 당사자(재심사청구인과 직업안정기관의 장) 및 그 사건을 심사한 심사관에게 알려야 하며, 당사자는 심사위원회에 문서나 구두로 그 의견을 진술할 수 있다. 심리는 공개가 원칙이며, 심사위원회는 심리조서를 작성해야 한다(고보법 제101조).

(3) 재심사청구의 재결 및 효력

1) 재심사청구의 재결 심사위원회는 심리를 마쳤을 때에는 재심사청구를 받은 날부터 50일 이내에 원처분 등의 전부 또는 일부를 취소하거나 재심사청구의 전부 또는 일부를 기각하는 재결을 해야 한다. 다만, 부득이한 사정이 있을 때에는 1차에 한해 10일 이내에서 연장할 수 있다(고보법 96조, 제99조 7항, 제102조).

2) 재결의 효력 재심사청구에 대한 재결은 재심사청구인 및 직업안정기관의 장에게 결정서의 정본을 보낸 날부터 효력이 발생되며, 그 재결은 원처분 등을 행한 직업안정기관의 장을 기속한다(고보법 제98조, 제102조).

---

18) 심사청구는 이의신청에 불과하고 재심사청구가 행정심판에 해당된다. 행정심판절차는 사법절차가 준용되어야 하므로(헌법 제107조 제3항), 재심사청구에서는 대심주의(분쟁 당사자들이 공격·방어를 통하여 심리를 진행하는 소송원칙)가 보장되고 있다. 재심사청구에서 '원처분 등을 행한 직업안정기관의 장'이 '피청구인'이 된다.

Ⅳ. 시효중단 및 집행부 정지

1. 시효중단

심사 및 재심사의 청구는 시효중단에 관하여 재판상의 청구로 본다(고보법 제87조 제3항).

2. 집행부 정지 원칙

심사 및 재심사의 청구는 원처분 등의 집행을 정지시키지 아니한다. 다만, 심사관 또는 심사위원회는 원처분 등의 집행에 의하여 발생하는 중대한 위해(危害)를 피하기 위하여 긴급한 필요가 있다고 인정하면 직권으로 그 집행을 정지시킬 수 있다(고보법 제93조).

Key Word

➪ 고용안정사업, 직업능력개발사업, 실업급여, 육아휴직급여, 출산전후휴가급여, 심사 및 재심사청구

기출문제

(1) 고용보험제도의 체계, 기능, 취지, 내용 (8회, 99년, 25점)
(2) 도급사업에 있어서 산업안전보건법상 안전 · 보건조치 및 근로기준법상 재해보상책임 (15회, 06년, 25점)
(3) 고용보험법상 구직급여 (10회, 01년, 25점)
(4) 고용보험사업 중 육아휴직급여와 출산전후휴가급여의 각각에 대하여 다음 사항을 중심으로 설명하시오(수급조건, 수준, 지급제한 등). (11회, 02년, 25점)
(5) 구직급여 지급제한사유에 대해 약술하라. (13회, 04년, 25점)
(6) 고용보험법상 고용안정사업에 대해 약술하시오. (15회, 06년, 25점)
(7) 고용보험법상 실업급여의 종류 (16회, 07년, 25점)
(8) 고용보험법상 육아휴직급여 (18회, 09년, 25점)

연습문제

(1) 직업능력개발사업에 대하여 약술하시오.
(2) 심사 및 재심사청구에 대하여 약술하시오.

제 3 편 집단적 노동관계법

제1장 노동조합

제1절 노동조합의 조직형태

Ⅰ. 서　설

노동조합은 '근로자가 주체가 되어 자주적으로 단결하여 근로조건의 유지 · 개선 기타 근로자의 경제적 · 사회적 지위향상을 도모함을 목적으로 조직하는 단체 또는 그 연합단체'(노조법 제2조 제4호)로서, 헌법 제33조 제1항의 단결권 보장의 취지에 따라 사용자와의 개별적인 근로관계에서 오는 형식적인 자유와 평등을 극복하고 집단적 자조를 통해 근로조건 향상이라는 목적활동을 수행하기 위해 생성된 조직이다.

노동조합은 근로자들이 자주적으로 조직하는 것이므로 그 조직형태도 근로자들이 자주적으로 결정할 수 있다. 이러한 자주적 결정에 따라 노동조합은 조직범위에 따른 유형과 결합방식에 의한 유형으로 구분된다.

Ⅱ. 조직범위에 따른 유형

1. 직종별 조합

(1) 의　의

동일한 직종에 종사하는 근로자들이 개별적인 기업과 산업을 초월하여 결합한 횡단적 노동조합으로 역사적으로 숙련근로자를 중심으로 가장 먼저 조직된 조직형태이다.

(2) 장 · 단점

1) 장　점　　단결력이 강하며 어용화의 위험이 적고, 임금 · 근로시간 기타 근로조건의 통일된 요구를 할 수 있다. 또한 실업근로자도 가입할 수 있다.

2) 단　점　　배타적이고 독점적이어서 전체 근로자 단결에 분열을 초래할 수 있고 전체

근로자의 지위향상에 한계, 조합원과 사용자의 관계가 희박하다.

2. 산업별 조합

(1) 의 의

직종과 기업을 초월하여 동종 산업에 종사하는 근로자들로 조직된 횡단적 노동조합 형태이다. 산업혁명이 진행됨에 따라 대량의 미숙련자들이 노동시장에 진출하면서 이들의 권익을 보호하기 위하여 발달한 것으로 서구의 일반적인 조직형태이다.

(2) 장 · 단점

1) 장 점 동종 산업에 종사하는 근로자의 지위를 통일적으로 개선할 수 있고, 조직력이 강하여 근로자의 요구를 관철시키는 데 효과적이다. 또한 사용자에 의한 어용화의 위험이 적다.

2) 단 점 조직이 방대하여 조합원 전체의 의사를 반영하기 어렵고 단결력이 형식화할 수 있다. 기업별 특수성을 반영하기 어렵고, 산업 내부의 직종 간 대립이 발생할 수 있다.

3. 기업별 조합

(1) 의 의

하나의 사업 또는 사업장에 종사하는 근로자들이 직종에 관계없이 조직된 조직형태로서 우리나라와 일본에서 지배적인 노동조합의 유형이다.

(2) 장 · 단점

1) 장 점 기업의 특수성을 반영할 수 있고, 조합결성이 용이하며 참여의식이 강하다. 또한 사용자와의 관계가 긴밀하여 노사 간 협조가 용이하다.

2) 단 점 사용자에 의한 어용화의 가능성이 크고, 사업장 내의 분규가 빈번할 수 있으며, 종업원 의식이 강하여 기업을 초월한 조합원들의 협조가 미약하다.

(3) 상급단체와 기업별 조합의 관계

산업별 조합이 기업별 지부나 분회 등 산하조직을 두고 있거나, 기업별 조합이 산업별 연합단체 또는 총연합단체에 가입하는 경우가 많다. 이러한 경우에 단체교섭, 쟁의행위, 기타 조합운영에 있어서 경합관계가 형성될 수 있음을 유의해야 한다.

4. 일반조합

(1) 의 의

일반조합은 근로자들의 소속기업, 직종, 산업과 상관없이 근로의사와 능력이 있는 근로자는 누구나 가입할 수 있는 노동조합이다.

(2) 장 · 단점

1) 장 점 특정 기업, 직종, 산업에 속하지 않는 자도 가입이 가능하며, 최소한의 권리보장을 위한 조합형태이다.

2) 단 점 조합민주주의가 희박하고, 통일과 단결력이 약하다. 또 공통적 이해관계 도출이 어려워 단체교섭기능이 미약하다.

Ⅲ. 결합방식에 의한 유형

1. 구별기준

가입단위에 따라(근로자 개인, 노조), 조합비 징수대상에 따라(근로자 개인, 노조) 구별된다.

2. 단위노조

근로자 개인을 직접 구성원으로 하고 있는 노조형태로서 기업별 단위노조, 산업별 단위노조가 가능하다.

3. 연합단체인 노조

(1) 의 의

단위노조를 구성원으로 하는 조직형태로 구성원은 독자적인 노동조합이다. 노조법상 연합단체인 노조는 동종산업의 단위노동조합을 구성원으로 하는 산업별 연합단체와 산업별 연합단체 또는 전국규모의 산업별 단위노동조합을 구성원으로 하는 총연합단체가 있다(노조법 제10조 제2항).

연합단체인 노조는 독립된 하나의 노동조합으로서 존속·활동하고 있기 때문에 단위노조 간에 단순한 협의·연락기관에 불과한 협의체조직과는 구별된다.[1)]

(2) 노동조합의 소속연합단체와의 관계

단위노조가 산업별 연합단체인 노조에 가입하거나, 산업별 연합단체 또는 전국규모의 산업별 단위노동조합이 총연합단체인 노조에 가입한 경우에는 당해 노동조합은 소속산업별 연합단체인 노조 또는 총연합단체인 노조의 규약이 정하는 의무를 성실하게 이행하여야 한다(노조법 시행령 제8조 제1항). 산업별 연합단체인 노조 또는 총연합단체인 노조는 당해 노조에 가입한 노동조합의 활동에 대하여 협조, 지원 또는 지도를 할 수 있다(영 제8조 제2항).

2 이상의 산업에 속하는 사업 또는 사업장에 설립된 단위노동조합이 산업별 연합단체인 노동조합에 가입하는 경우에는 그 사업 또는 사업장의 근로자 수가 많은 산업종류에 따른다(영 제8조 제3항).

Ⅳ. 우리나라 노동조합의 조직형태

ⅰ) 우리나라는 1953년([1공화국] 노동조합법 제정)에 노동조합의 조직형태에 관하여 아무 규정도 두지 않았지만(자유설립주의), 실질적으로는 기업별 조합의 형태가 주를 이루고 있었다. ⅱ) 1963년에는([3공화국] 노동조합법 개정) 산업별 조합형태가 강제되었으나, 실제로는 기업별 조합형태가 유지되었다. ⅲ) 이후 1973년([4공화국] 노동조합법 개정)에 산업별 조합형태에 관한 규정이 삭제되고, ⅳ) 1980년([5공화국] 노동조합법 개정)부터 기업별 조합형태 강제되었다. ⅴ) 사회적인 민주화와 함께 노동법이 전면개정되면서 1987년([6공화국] 노동조합법 개정)에는 기업별 조합 강제 규정이 삭제되었다. 이때부터 조직형태를 자유로이 선택할 수 있게 되었으나 연합단체는 협의체로만 존재하여 실제로 기업별 노조가 유지되어 왔다. ⅵ) 1997년 이후 노조법상 조직유형에 대한 강제조항을 두지 않아 헌법 제33조 제1항의 단결권에

1) 김형배 662.

근거하여 산업별, 직종별, 기업별 노조 중 어느 것이라도 자유로이 선택이 가능해졌다.

V. 결 론

현행 노조법은 노동조합의 조직형태를 자유로이 결정할 수 있다고 규정하고 있으나 그동안 기업별 노조가 대부분이었다. 우리나라의 지배적인 기업별 노조는 단체교섭으로 조합원에게 유리한 조건을 획득할 수 있도록 하는 노사대항적 측면과 기업의 생산성향상이나 조합원의 복리증진을 위하여 기업경영에 관여하는 노사협력적 측면을 가지고 있다. 그러나 기업별 노조의 경우 특정기업집단에 소속되어 있는 근로자에 대해서만 의미가 있기 때문에 한계가 지적되어 왔다. 이와 함께 노동계의 시대적 변화 필요성에 따라 산업별 노조로 전환되고 있는 추세이다. 최근 보건의료노조 등의 산별교섭이 정착되어 가고 있고 금속노조 등 대규모 기업단위 노조의 산별체제 전환이 이뤄지고 있는 것은 노동조합의 큰 변화를 반영하고 있다고 할 수 있다.

[표] 노동조합 조직형태에 관한 우리 법제의 변천

연 도	내 용	법 령
1953.3	노동조합법 제정시 조직형태에 관한 규정을 두지 아니하였으나, 단체협약을 공장·사업장 단위로 체결하도록 규정함으로써 대부분의 노동조합이 기업별로 조직됨	구 노동조합법 제35조 (단체협약의 단위) 단체협약 체결은 공장, 사업장 기타 직장단위로 한다
1963.4	구 노동조합법 개정시 산별노조를 전제로 산하 지부도 설립신고토록 법령 정비	제13조 (설립의 신고) ③ 전국적 규모를 가진 노동조합의 산하지부는 보건사회부령이 정하는 바에 의하여 행정관청에 신고하여야 한다
1973.3	구 노동조합법 개정시 산별노조를 전제로 하는 규정을 삭제하고, 「노동조합 산하조직의 설립신고세도」를 두어(구 노동조합법 시행령 제7조) 기업별 지부·분회의 설립신고를 의무화함으로써 기업별 노조체제를 유도함	구 노동조합법 시행령 제7조 (신고) 근로조건의 결정권이 있는 독립된 사업 또는 사업장에 조직된 노동단체는 지부·분회 등 명칭 여하에 불구하고 법 제13조의 규정에 의한 신고를 하여야 한다
1980. 12	구 노동조합법 개정시 기업별 노조를 강제하는 규정을 명시함에 따라 산업별 노조는 산업별 연합단체로, 기업별 지부·분회는 기업별 노조로 명칭이 변경됨	구 노동조합법 제13조 (노동조합의 설립) ① 단위노동조합의 설립은 근로조건의 결정권이 있는 사업 또는 사업장 단위로 근로자 30인 이상 또는 5분의 1 이상의 찬성이 있는 설립총회의 의결이 있어야 한다
1987.11 ~ 현 재	구 노동조합법 개정시 기업별 노조설립 규정을 삭제하여 근로자의 자율적 의사에 따라 노동조합의 조직형태를 결정토록 함 현재까지 노동관계법상 노동조합의 조직형태를 강제하는 규정을 별도로 두지 않고, 자유설립주의 입장을 취함	현행 노동조합 및 노동관계조정법은 근로자가 자유로이 노동조합을 조직하거나 이에 가입할 수 있도록 규정하고 있으므로(제5조), 근로자는 기업별·직종별로는 물론 산업별로도 단위노동조합을 설립할 수 있음

제 2 절 노동조합의 설립요건

Ⅰ. 서 설

노동조합은 '근로자가 주체가 되어 자주적으로 단결하여 근로조건의 유지 · 개선 기타 근로자의 경제적 · 사회적 지위향상을 도모함을 목적으로 조직하는 단체 또는 그 연합단체'(노조법 제2조 제4호)로서 헌법 제33조 제1항의 단결권 보장을 위해 사용자와의 개별적인 근로관계에서 오는 형식적인 자유와 평등을 극복하고 집단적 자조를 통해 근로조건 향상이라는 목적을 수행하기 위해 생성된 조직이다.

노조법은 노조설립에 있어 일정한 요건을 두어 이를 갖춘 경우에만 특별한 법적 보호를 하고 있다. 이는 노동조합의 헌법상 단결권 보장을 위한 최소한도의 필요조건인 대외적 자주성과 대내적 민주성의 확보라는 노동정책적 목적을 달성하기 위한 것이라고 할 것이다. 그러나 일부 요건을 구비하지 못했다고 해서 헌법상의 보호가 당연히 배제되는 것은 아니며, 형식적 요건을 결한 경우에 소위 '법외노조'의 문제가 발생한다.

Ⅱ. 노동조합의 실질적 요건

1. 의 의

노동조합이라 함은 '근로자가 주체가 되어 자주적으로 단결하여 근로조건의 유지 · 개선, 기타 경제적 · 사회적 지위향상을 도모함을 목적으로 조직하는 단체 또는 그 연합단체'이다. 노조법상 노조는 제2조 제4호 본문 및 단서가 정하는 요건(실질적 요건)을 갖추어야 한다. 그 중 본문이 노동조합으로 인정되기 위한 요건인 '적극적 요건'을 규정한 것이고, 노조법 제2조 제4호 각목에 해당하는 경우에는 노동조합으로서 결격사유에 해당한다고 하여 '소극적 요건'을 정한 것이다.

2. 적극적 요건

노동조합의 실질적 요건 중 적극적 요건은 자주성, 목적성, 단체성으로 구분된다.

(1) 자 주 성

노동조합은 '근로자가 주체가 되어 자주적으로' 조직하여야 한다. 여기서 '근로자가 주체'가 된다는 것은 노조법 제2조 제1호가 정의하는 근로자가 양적인 면에서 조합원의 대부분을 구성하고 질적인 면에서 노조의 운영 · 활동에서 주도적 지위에 서는 것을 말한다. '자주적'이라 함은 근로자단체가 사용자뿐 아니라 국가 등 외부세력의 간섭에서 독립하여 조직 · 운영되는 것이다.

(2) 목 적 성

'근로조건의 유지 · 개선 기타 경제적 · 사회적 지위의 향상을 도모'하는 것을 목적으로 한다. '근로조건'이라 함은 임금, 근로시간, 휴식, 안전보건, 고용보장 등 근로자의 노무제공과 관련된 제 조건이다. '경제적 · 사회적 지위'라 함은 근로조건 외에 근로조건에 영향을 미치는 인사, 경영사항, 복리후생 등의 경제적 지위와 함께 조세법, 사회보장법 등 각종 입법이나 정책에 대한 사회구성원으로서 가지는 사회적 지위를 포함하는 의미이다.

(3) 단 체 성

노동조합으로 인정되려면 '단체 또는 그 연합단체'이어야 한다. '단체'라 함은 그 기본규칙(조합규약)과 운영조직(기관과 재정)을 갖추고 계속적으로 활동하는 복수의 인적 결합체를 말한다. 노동조합이 되려면 계속적 결합체이어야 하므로 근로자의 일시적 단결체(예컨대, 쟁의단이 단체교섭 등 근로3권을 향유하는 주체인지에 대해 견해대립이 있다)는 노동조합이 될 수 없다. '연합단체'라 함은 자주성, 목적성, 단체성을 구비한 단위노조로 구성되는 상부단체를 말한다. 한편, 노조법 제10조 제2항에서 연합단체인 노조는 동종산업의 단위노동조합을 구성원'으로 한다는 규정은 예시적 규정으로 연합단체가 반드시 동종 산업별로 구성되어야 한다는 것은 아니다.

3. 소극적 요건

노조법 제2조 제4호 단서에는 노조법상 노동조합의 지위를 부인하게 되는 사유로서 소극적 요건 규정하고 있다.

(1) 사용자 또는 그 이익대표자의 참가(노조법 제2조 제4호 단서 가목)

노조의 자주성을 확보하고 조합이 어용화 되는 것을 방지하기 위해 둔 규정으로서 사용자 및 사용자의 이익을 대표하는 자에 해당하는가 여부는 부상 · 과장 등의 형식적인 지위나 명칭을 기준을 한 것이 아니라 그 자가 당해 사업에 있어서 실제로 담당하는 기능에 따라 판단[2]하여야 한다. 한편, 실제로 사용자의 이익대표자가 노동조합에 참여한 경우 논란이 있는데, 노조의 실질적인 자주성을 유지하고 있더라도 노조법상 노조로 인정되지 않는다.[3]

(2) 경비의 원조(단서 나목)

노동조합이 재정적 측면에서 사용자로부터 자주성을 유지하기 위한 것으로 여기에 해당하는지 여부는 사용자의 경비원조에 의해 노조의 자주성을 잃을 위험이 현저한가를 기준으로 판단한다. 여기서 '경비원조'는 노조의 목적활동에 필요한 비용을 제공받는 것을 말한다.

---

2) 대판 1989.11.14, 88누6924.

3) 형식설: 임종률 45, '사용자 또는 이익대표자의 노동조합 참가를 허용하는 경우에는 현실적으로 이들이 참가하고 있는지 여부 또는 이들의 참가에 의하여 자주성이 상실되었는지 여부를 불문하고 노동조합으로 인정되지 않는다.' 다만, 현실적으로 설립신고가 되어있는 경우, 노조법상 노조로 인정되고 있는 게 현실이다; 실질설: 노동조합이 사용자의 이익대표자의 참가를 허용함으로써 조합원 중에 일부가 조합원으로서의 자격이 없는 경우, 바로 노조법상의 노동조합의 지위를 상실하는 것이 아니라 이로 인하여 노동조합의 자주성이 현실적으로 침해되었거나 침해될 우려가 있는 경우에만 노동조합의 지위를 상실한다고 보아야 할 것이다(서울고법원 1997.10.28, 97라94).

다만, 노조법은 근로시간 중에 근로시간 면제제도(노조법 제24조 제4항)에 따른 활동을 하는 것을 사용자가 허용함은 무방하며, 또한 근로자의 후생자금 또는 경제상의 불행 기타 재액의 방지와 구제 등을 위한 기금의 기부와 최소한의 규모의 노동조합사무소의 제공은 경비원조의 예외로 규정(제81조 제4호 단서)하고 있다. 한편, 노조전임자에 대한 급여지원은 부당노동행위로서 2010년 7월 1일부터 규제된다(제81조 제4호 본문).

(3) 복리단체성(단서 다목)

노동조합은 공제 · 수양 기타 복리사업만을 목적으로 하여서는 아니 된다. 그러나 근로조건의 유지 · 개선이라는 목적을 추구하면서 합리적인 범위 안에서 공제사업 기타 복리사업을 영위하는 것은 무방하다.

(4) 근로자가 아닌 자의 가입(단서 라목)

단서 라목은 본문에서 '근로자가 아닌 자의 가입을 허용하는 경우'를 노동조합의 소극적 요건으로 규정하면서, 단서를 두어 일정한 예외를 인정하고 있다.

1) '근로자가 아닌 자'의 개념 여기서 '근로자'의 개념과 관련하여 동호 단서의 취지를 어떻게 볼 것인지 문제된다. 동호 단서의 취지가 해고권의 남용으로부터 근로자 및 노조의 단결권을 보호하려는 것임을 고려할 때, 단서로서의 의미를 살리면서도 단결권(조직형태결정의 자유)을 보장하는 해석이 타당하다 할 것이다. 따라서 단서 라목에서 말하는 근로자를 '취업자'로 보되, 동 단서는 노조일반에 대해서가 아니라 기업별 노조조직에 대해서만 적용되는 것으로 파악[4]된다.

2) 해고의 효력을 다투는 근로자 노조법 제2조 제4호 라목 단서는 '해고된 자가 노동위원회에 부당노동행위의 구제신청을 한 경우에는 중앙노동위원회의 재심판정이 있을 때까지는 근로자가 아닌 자로 해석하여서는 안 된다'라고 규정하고 있다.

'근로자가 아닌 자로 해석하여서는 안 된다'의 의미는 조합원의 지위를 인정한다는 것이지 종업원의 지위 또는 공법상의 지위까지 인정하는 것이 아니라는 것[5]이 일반적이다.

[관련판례] 노조법 제2조 제4호 라목의 해석

1. 실업자의 노조법상 근로자 여부(대판 2004.2.27, 2001두8568 [여성노조사건])

원심판결 및 원심이 이용한 제1심판결 이유에 의하면, 원심은 근로기준법은 '현실적으로 근로를 제공하는 자에 대하여 국가의 관리 · 감독에 의한 직접적인 보호의 필요성이 있는가'라는 관점에서 개별적 노사관계를 규율할 목적으로 제정된 것인 반면에, **노동조합 및 노동조합관계조정법**(이하 '노조법'이라 한다)**은 '노무공급자들 사이의 단결권 등을 보장해 줄 필요성이 있는가'라는 관점**에서 집단적 노사관계를 규율할 목적으로 제정된 것으로 그 입법목적에 따라 근로자의 개념을 상이하게 정의하고 있는 점, 일정한 사용자에의 종속관계를 조합원의 자격요건으로 하는 기업별 노동조합의 경우와는 달리 산업별 · 직종별 · 지역별 노동조합 등의 경우에는 원래부터 일정한 사용자에의 종속관계를 조합원의 자격요건으로 하는 것이 아닌 점에 비추어, 노조법 제2조 제4호 라목 단서는 '기업별 노동조합'의 조합원이 사용자로부터 해고됨으로서 근로자성이 부인될 경우에 대비하여 마련된 규정으로서, 이와 같은 경우에만 한정적으로 적용되고, 원래부터 일정한 사용자에의 종속관계를 필요로 하지 않는 산업별 · 직종별 · 지역별 노동

---

4) 김유성 63～64.

5) 대판 1993.6.8, 92다49447, 대판 1990.3.13, 89도2399.

조합 등의 경우에까지 적용되는 것은 아닌 점 등을 근거로, **노조법 제2조 제1호 및 제4호 라목 본문에서 말하는 '근로자'**에는 특정한 사용자에게 고용되어 현실적으로 취업하고 있는 자뿐만 아니라, **일시적으로 실업상태에 있는 자나 구직중인 자도 노동3권을 보장할 필요성이 있는 한 그 범위에 포함**되고, 따라서 지역별 노동조합의 성격을 가진 원고가 그 구성원 '구직중인 여성 노동자'를 포함시키고 있다 하더라도, '구직중인 여성노동자' 역시 노조법상의 근로자에 해당하므로, 구직중인 여성 노동자는 근로자가 아니라는 이유로 원고의 이 사건 노동조합설립신고를 반려한 이 사건 처분을 위법하다고 판단하였는바, 이러한 원심의 판단은 정당하고, 거기에 노조법에 정한 근로자의 개념에 관한 법리를 오해한 위법이 있다고 할 수 없다.

2. 해고의 효력을 다투는 자의 지위 ① – 노조법상 지위(조합원 지위)(대판 1992.3.31, 91다14413)

노동조합법 제3조 제4호 단서는 "해고의 효력을 다투고 있는 자를 근로자가 아닌 자로 해석하여서는 아니 된다"고 규정하고 있는바, 이 규정의 취지가 원심이 판시한 바와 같이 단지 사용자가 정당한 이유없이 근로자를 해고함으로써 노동조합의 설립이나 존속을 저지하는 것을 막기 위한 것에 그치는 것이 아니라 해고된 근로자가 해고된 때로부터 상당한 기간 내에 노동위원회에 부당노동행위구제신청을 하거나 법원에 해고무효확인의 소를 제기하여 그 해고의 효력을 다투고 있는 경우에는 그 해고에도 불구하고 근로자의 신분이나 노동조합원으로서의 신분을 계속 보유하는 것으로 보아 그 지위를 보장하여 주려는 데에도 있는 것이므로(1990.11.27, 대법 89도 1579 전원합의체 판결 참조) 원고가 위 소외 회사로부터 해고를 당하였다고 하더라도 원심이 인정한 바와 같이 상당한 기간 내에 서울지방노동위원회에 부당노동행위구제신청을 하여 그 해고의 효력을 다투고 있었다면 위 법 규정의 취지에 비추어 피고**조합원으로서의 지위를 상실하는 것이라고는 볼 수 없으니** 위 소외회사의 해고처분 때문에 원고가 피고**조합의 위원장이 될 수 있는 자격이 없다고 할 수 없다.**

3. 해고의 효력을 다투는 자의 지위 ② – 노조법상 지위(조합원 지위의 범위)(대판 1990.11.27, 89도1579)

노동조합법 제3조 제4호 단서가 "해고의 효력을 다투고 있는 자를 근로자가 아닌 자로 해석하여서는 아니 된다"고 규정하고 있는 취지에서 비추어 보면, 노동쟁의조정법 제13조의2에서 개입을 금지하는 제3자에는 직접 근로관계를 맺고 있는 근로자가 사용자에 의하여 해고되었나 하더라도 상당한 기간 내에 그 해고가 부당노동행위이거나 무효라고 주장하고 노동위원회나 법원에 부당노동행위의 구제신청이나 해고무효확인의 소를 제기하여 그 해고의 효력을 다투고, 그가 근로자의 신분이나 당해 노동조합의 조합원 또는 임원의 신분을 계속 보유함을 주장하면서, 당해 노사관계내부에서 쟁의활동을 하는 근로자는 여기에 포함되지 아니하는 것으로 보아야 할 것이며, 노동조합의 정의에 관한 노동조합법 제3조 제4호 단서가 신설(1987.11.28)되기 전의 쟁의행위에 개입한 경우라고 하여 달리 해석할 것은 아니다.

4. 해고의 효력을 다투는 자의 지위 ③ – 근기법상 지위(종업원 지위)(대판 1993.6.8, 92다42354)

"해고의 효력을 다투고 있는 자를 근로자가 아닌 자로 해석하여서는 아니 된다"라는 노동조합법 제3조 제4호 단서규정은 노동조합의 설립 및 존속을 보호하고 사용자의 부당한 인사권의 행사에 의하여 노동조합의 활동이 방해받는 것을 방지하기 위한 규정으로서 노동조합의 구성원이 될 수 있는 자격에 관하여 규정한 것일 뿐 사용자와 근로자와의 근로관계에 관한 규정은 아니므로 노동조합의 조합원으로서의 지위와 관련하여서만 적용이 되어야 할 것이고, 근로자와 사용자와의 개별적인 근로계약 일반의 효력에 확대적용될 수는 없다.

5. 해고의 효력을 다투는 자의 지위 ④ – 공법상 지위(대판 1990.3.13, 89도2399)

방위산업체인 회사로부터 피고인을 해고하였다는 통지를 받은 ○○병무청장이 피고인에 대하여 특례보충역

> 편입을 해제하고 방위소집입영장을 발부하였다면 그 발부행위를 당연무효라고 할 수 없고, 해고의 효력을 다투고 있는 자를 근로자가 아닌 자로 해석하여서는 안 된다고 한 노동조합법 제3조 제4호 단서는 노동조합의 구성원이 될 수 있는 자격에 관한 것일 뿐 사용자와 근로자의 근로관계에 관한 규정이 아니므로 위 규정을 들어 이 사건 입영영장의 효력을 다툴 수도 없으며, 비록 피고인이 이미 위 회사를 상대로 해고무효확인소송을 제기하였고 그 판결선고 전에 피고인에게 이 사건 입영장이 발부됨으로써 피해를 입는다 하더라도 이는 병역법 제77조 제1항의 입영기피에 관한 정당한 사유에 해당한다고 볼 수 없다.

(5) 정치단체성(단서 마목)

단서 마목은 '주로 정치운동을 하는 경우'를 노동조합의 소극적 요건으로 규정하고 있다. 노조의 정치활동은 근로조건의 유지 · 개선과 경제적 · 사회적 지위의 향상이라는 주목적을 달성하기 위하여 필요한 범위에서 정치활동을 부수적으로 하는 것은 인정된다.

4. 적극적 요건과 소극적 요건의 관계

노조법 제12조 제3항을 근거로 소극적 요건에 해당하면 실질적 요건을 갖추었다고 하더라도 노조법상 노조로 볼 수 없다는 견해가 있다. 소극적 요건을 적극적 요건과는 별개의 독자적 요건으로 보는 견해[6]이다. 이에 대하여 소극적 요건에 해당하는 경우라 할지라도 실질적으로 적극적 요건을 충족하여 노조의 자주성을 구비하는 경우에는 근로3권이 보장되는 노동조합으로 인정된다는 견해가 있다.[7]

Ⅲ. 노동조합의 형식적 요건

1. 의 의

노동조합은 대외적으로는 자주성을, 대내적으로는 민주성을 갖추어야 한다. 노동조합의 실질적 요건 및 형식적 요건이 노동조합의 자주성과 민주성 확보의 기준이 된다고 할 것이다. 따라서 노동조합이 자주성과 민주성을 확보하기 위해 형식적 요건을 갖추어야 하는 것은 당연하다고 할 것이다.

2. 설립신고

(1) 신고의 주체

1) 단위노조와 연합단체의 설립신고 노동조합을 설립하고자 할 때에는 형식적 요건으로서 설립신고서에 규약을 첨부하여 연합단체인 노동조합과 2 이상의 특별시 · 광역시 · 도 · 특별자치도에 걸치는 단위노동조합은 노동부장관에게, 2 이상의 시 · 군 · 자치구에 걸치는 단위노동조합은 특별시장 · 광역시장 · 도지사에게, 그 외의 노동조합은 특별자치도지사 · 시장 · 군수 · 자치구청장에게 제출하여야 한다.

설립신고는 노동조합의 대외적 자주성과 대내적 민주성을 확보하려는 노동행정상의 목적과 행정편

---

6) 김유성 70, 임종률 41~42, 노조법은 노동조합이 법적으로 보호를 받기 위하여는 설립신고증을 교부받을 것을 요구하면서, 소극적 요건을 구비하면 적극적 요건을 구비하지 않더라도 설립신고증을 교부받을 수 있도록 되어 있다.

7) 이병태 111~112.

의를 위해 규정된 것이므로 노동조합의 자유설립을 부정하려는 것은 아니다.

2) 지부 · 분회의 설립신고 근로조건의 결정권이 있는 독립된 사업 또는 사업장에 조직된 노동단체는 지부 · 분회 등 명칭여하에 불구하고 법 제10조 제1항의 규정에 의한 노동조합의 설립신고를 할 수 있다(시행령 제7조).

(2) 설립신고의 법적 성질(노조자유설립주의와 설립신고)

노조설립신고는 노동조합이 설립되었음을 행정관청에 단순히 통지하는 것이며, 설립신고증의 교부는 노조의 설립을 대외적으로 확인하는 것이라는 견해[8]와 노조의 결격요건 또는 절차상 흠이 없는 경우 설립신고증을 교부하도록 하여 '신고를 요소로 하는 준칙주의'라는 견해[9]가 있다. 판례는 노조설립의 자유를 보장하면서 이러한 노동정책적 목적을 달성하기 위해 설립신고주의를 택하여 조합이 자주성과 민주성을 갖추도록 행정관청으로 하여금 지도 · 감독하도록 한 것이라고 입장[10]이다.

(3) 설립신고서 기재사항(제11조)

ⅰ) 명칭, ⅱ) 주된 사무소의 소재지, ⅲ) 조합원 수, ⅳ) 임원의 성명과 주소, ⅴ) 소속된 연합단체가 있는 경우에는 그 명칭, ⅵ) 연합단체인 노동조합에 있어서는 그 구성노동단체의 명칭, 조합원 수, 주된 사무소의 소재지 및 임원의 성명주소.

3. 행정관청의 설립심사제도

(1) 심사절차(제12조)

1) 신고증의 교부 노동조합은 설립신고서를 제출하여 신고증을 교부받아야 비로소 설립된다. 설립신고서를 접수한 행정관청은 보완이 필요한 경우 또는 반려하여야 할 경우를 제외하고는 3일 이내에 신고증을 교부하여야 한다.

2) 설립신고서류의 보완 노동조합을 설립하고자 할 경우에는 설립신고서에 규약을 첨부하여 행정관청에 제출하여야 한다. 이때 설립신고서나 규약에 누락 또는 허위기재사항이 있을 때에는 행정관청은 20일 이내에 기간을 정하여 보완을 요구하여야 한다.

3) 반려처분 행정관청은 설립하고자 하는 노동조합이 법 제2조 제4호 각목의 결격사유에 해당하는 경우와 그 보완을 요구하였음에도 불구하고 그 기간 내에 보완을 하지 않은 경우 그 신고서를 반려해야 한다.

(2) 심사의 범위

행정관청의 심사는 설립신고 시에 제출되는 서류를 중심으로 하는 형식적 심사에 그쳐야 한다고 보는 견해[11]가 있다. 이에 대해 노조가 자주성, 민주성을 갖추고 있는지에 대한 실질적 심사가 가능하다고 보는 견해[12]가 대립된다. 한편, 민주성은 형식적 심사에 그쳐야 하지만, 자주성은 실질적 심사가 가능하다는 견해[13]도 있다.

판례는 노조설립신고와 관련하여 행정관청에 광범한 재량의 여지를 인정하는 등 행정관청이 신고

8) 신고주의: 김형배 686, 이병태 118.
9) 준칙주의 또는 인가주의: 임종률 51.
10) 대판 1997.10.14, 96누9829.
11) 김유성 75.
12) 이상윤 523.
13) 김형배 688~689.

서류의 내용에 대해 실질적 심사권을 가진다고 판시[14]하고 있다.

4. 노동조합의 성립시기

(1) 설립시기

노동조합이 신고증을 교부받은 경우에는 설립신고서가 접수된 때에 설립된 것으로 본다(제12조 제4항). 즉 신고증교부를 조건으로 신고서 접수시에 노동조합은 유효하게 성립된다.

(2) 보완 · 반려의사표시 없이 3일 이내에 신고증을 교부하지 않은 경우

판례는 "행정관청이 노동조합의 설립신고서를 접수한 때에는 3일 이내에 설립신고증을 교부하도록 되어 있다 하여 그 기간 내에 설립신고서의 반려 또는 보완지시가 없는 경우에는 설립신고증의 교부가 없어도 노동조합이 성립된 것으로 본다는 취지는 아니므로 행정관청은 그 기간 경과 후에도 설립신고서에 대하여 보완지시 또는 반려처분을 할 수 있다"고 판시[15]하고 있다.

5. 변경사항의 신고 및 통보

(1) 변경신고

노동조합은 설립신고 된 사항 중 다음에 해당하는 사항에 변경이 있는 때에는 그 날부터 30일 이내에 행정관청에게 변경신고를 해야 한다(제13조 제1항).

i) 명칭, ii) 주된 사무소의 소재지, iii) 대표자의 성명, iv) 소속된 연합단체의 명칭.

(2) 통 보

노동조합은 매년 1월 31일까지 다음의 사항을 행정관청에 통보하여야 한다. 다만, 전년도에 변경신고 된 사항은 예외로 한다(제13조 제2항).

i) 전년도에 규약의 변경이 있는 경우에는 변경된 규약내용, ii) 전년도에 임원의 변경이 있는 경우에는 변경된 임원의 성명, iii) 전년도 12월 31일 현재의 조합원 수(연합단체인 노동조합에 있어서는 구성단체별 조합원수).

Ⅳ. 설립요건 결여의 효과

1. 실질적 요건을 결한 경우

실질적 요건을 결하는 경우 원칙적으로 노조법상의 특별보호는 물론 헌법상의 근로3권이 보장되는 않는다고 보아야 한다. 다만, 제2조 제4호 단서의 각목(소극적 요건)에 해당하는 경우 구체적으로 판단하여 실질적으로 자주성을 갖추고 있는 한 헌법상의 근로3권의 이익을 향유한다고 보아야 할 것이다.

2. 형식적 요건을 결한 경우

노동조합이 형식적 요건을 결한 경우라 하더라도 제2조 4호의 자주성 요건을 구비하고 있다면 노조로서의 실체를 가지므로 동법 제7조 소정의 불이익을 받을 뿐 헌법상의 보호는 받는다는 것이 일반적

---

14) 대판 1969.12.11, 76누189.
15) 대판 1990.10.23, 89누3243.

인 견해이다.

V. 결 론

노조법이 노조의 요건을 규정하고 있는 것은 보호대상 노조는 일정한 노동정책적 고려에 부합해야 한다는 것을 의미한다. 그러나 노조법상의 요건에 따라 단결권 등 근로3권의 허용여부를 결정해서는 안 될 것이다. 노동조합의 자주성, 목적성, 단체성을 갖춘 근로자단체라면 헌법상 단결권보호는 인정되어야 할 것이다. 따라서 실질적 요건 및 형식적 요건의 일부에 결격이 있더라도 헌법 제33조 제1항의 근로3권의 보호취지를 기준으로 노동조합의 권리를 판단하여야 할 것이다.

제 3 절 노동조합의 설립신고

Ⅰ. 서 설

노동조합은 헌법 제33조에 의하여 그 존립에 관한 제도적 보장과 활동에 관한 기능적 보장을 받고 있다. 이에 따라 노조법 제5조는 근로자가 자유로이 노동조합을 조직하거나 이에 가입할 수 있다고 규정함으로써 헌법상 단결권의 구체적 실현을 용이하게 함과 동시에 노동조합의 자유설립주의를 천명하고 있다.

현행 노조법상 노조자유설립주의 원칙 하에서 노동조합을 설립하고자 하는 자는 신고서에 규약을 첨부하여 행정관청에 제출해야 하도록 하고(노조법 제10조), 행정관청에 이를 심사하여 신고서 접수 시로부터 3일 이내에 신고증을 교부하거나 반려하도록 하며 노동조합은 신고증 교부를 조건으로 신고서 접수 시에 성립한 것으로 본다고 규정(노조법 제12조)하고 있다. 이러한 설립신고제도에 대해 노조자유설립주의와의 관계, 행정관청 심사의 성격, 설립신고를 결한 근로자단체(법외노조)의 법적 지위가 문제된다. 이하에서는 설립신고제도의 의미와 그와 관련된 법적 쟁점에 대하여 살펴본다.

Ⅱ. 노동조합의 설립신고

1. 신고의 주체

(1) 단위노조와 연합단체의 설립신고

노동조합을 설립하고자 할 때에는 형식적 요건으로서 설립신고서에 규약을 첨부하여 연합단체인 노동조합과 2 이상의 특별시 · 광역시 · 도 · 특별자치도에 걸치는 단위노동조합은 노동부장관에게, 2 이상의 시 · 군 · 자치구에 걸치는 단위노동조합은 특별시장 · 광역시장 · 도지사에게, 그 외의 노동조합은 특별자치도지사 · 시장 · 군수 · 자치구청장에게 제출하여야 한다.

설립신고는 노동조합의 대외적 자주성과 대내적 민주성을 확보하려는 노동행정상의 목적과 행정편의를 위해 규정된 것이므로 노동조합의 자유설립을 부정하려는 것은 아니다.

(2) 지부 · 분회의 설립신고

근로조건의 결정권이 있는 독립된 사업 또는 사업장에 조직된 노동단체는 지부 · 분회 등 명칭 여하에 불구하고 법 제10조 제1항의 규정에 의한 노동조합의 설립신고를 할 수 있다(노조법 시행령 제7조).

2. 설립신고서 기재사항

ⅰ) 명칭, ⅱ) 주된 사무소의 소재지, ⅲ) 조합원 수, ⅳ) 임원의 성명과 주소, ⅴ) 소속된 연합단체가 있는 경우에는 그 명칭, ⅵ) 연합단체인 노동조합에 있어서는 그 구성노동단체의 명칭, 조합원 수, 주된 사무소의 소재지 및 임원의 성명과 주소

3. 노조자유설립주의와 설립신고[16)]

노조설립신고는 노동조합이 설립되었음을 행정관청에 단순히 통지하는 것이며, 설립신고증의 교부는 노조의 설립을 대외적으로 확인하는 것이라는 견해와 노조의 결격요건 또는 절차상 흠이 없는 경우 설립신고증을 교부하도록 하여 '신고를 요소로 하는 준칙주의'라는 견해가 있다.

판례는 노조설립의 자유를 보장하면서 이러한 노동정책적 목적을 달성하기 위해 설립신고주의를 택하여 조합이 자주성과 민주성을 갖추도록 행정관청으로 하여금 지도 · 감독하도록 한 것이라고 입장[17)]이다.

Ⅲ. 행정관청의 설립심사

1. 설립심사절차

(1) 신고증의 교부

노동조합은 설립신고서를 제출하여 신고증을 교부받아야 비로소 설립된다. 설립신고서를 접수한 행정관청은 노동조합의 결격요건 등 실체상의 흠이나 제출서류나 규약제정의 방법 등 절차상의 흠이 있는 경우를 제외하고는 3일 이내에 신고증을 교부하여야 한다.

(2) 설립신고서류의 보완

노동조합을 설립하고자 할 경우에는 설립신고서에 규약을 첨부하여 행정관청에 제출하여야 한다. 이때 설립신고서나 규약에 누락 또는 허위기재사항이 있을 때에는 행정관청은 20일 이내에 기간을 정하여 보완을 요구할 수 있다.

(3) 반려처분

행정관청은 설립하고자 하는 노동조합이 법 제2조 제4호 각목의 결격사유에 해당하는 경우와 그 보완을 요구하였음에도 불구하고 그 기간 내에 보완을 하지 않은 경우 그 신고서를 반려할 수 있다.

2. 설립심사의 범위

행정관청의 심사는 설립신고시에 제출되는 서류를 중심으로 하는 형식적 심사에 그쳐야 한다고 보는 견해와 노조가 자주성, 민주성을 갖추고 있는지에 대한 실질적 심사가 가능하다고 보는 견해가 대립

16) 신고주의: 행정상의 편의도모를 위하여 노동조합이 결성되었음을 행정관청에 단순통지하는 것에 불과하다는 입장(김형배 751) / 허가주의: 국가로부터 권리보호를 받기 위하여 법적 절차를 거쳐야만 노조로 인정되는 것이라는 입장 / 준칙주의: 법령상 권리보호요건을 갖추었는지 심사하기 위하여 신청하는 것이라는 입장(임종률 51).

17) 대판 1997.10.14, 96누9829.

된다. 한편, 민주성은 형식적 심사에 그쳐야 하지만, 자주성은 실질적 심사가 가능하다는 견해도 있다. 판례는 노조설립신고와 관련하여 행정관청에 광범한 재량의 여지를 인정하는 등 행정관청이 신고서류의 내용에 대해 실질적 심사권을 가진다고 판시[18)]하고 있다.

생각건대, 헌법상의 노조자유설립주의 원칙에 비추어 볼 때, 노조법 제10조 등의 법문 그 자체가 신고내용의 진위와 단서 해당성을 판단하도록 하고 있어 어느 정도의 사실조사가 요청되고 있는 점은 부인할 수 없지만, 그러한 사실조사는 신고자에게 확인서류의 제출을 요구하는 정도의 형식적 수준에 그쳐야 할 것이다.

3. 설립신고 후 변경사항의 신고 및 통보

(1) 변경신고

노동조합은 설립신고 된 사항 중 다음에 해당하는 사항에 변경이 있는 때에는 그날부터 30일 이내에 행정관청에게 변경신고를 하여야 한다(노조법 제13조 제1항).

ⅰ) 명칭, ⅱ) 주된 사무소의 소재지, ⅲ) 대표자의 성명, ⅳ) 소속된 연합단체의 명칭

(2) 통 보

노동조합은 매년 1월 31일까지 다음의 사항을 행정관청에 통보하여야 한다. 다만, 전년도에 변경신고 된 사항은 그러하지 아니하다(노조법 제13조 제2항).

ⅰ) 전년도에 규약의 변경이 있는 경우에는 변경된 규약내용

ⅱ) 전년도에 임원의 변경이 있는 경우에는 변경된 임원의 성명

ⅲ) 전년도 12월 31일 현재의 조합원 수(연합단체인 노동조합에 있어서는 구성단체별 조합원 수)

Ⅳ. 노동조합의 설립시기

1. 설립시기

노동조합이 신고증을 교부받은 경우에는 설립신고서가 접수된 때에 설립된 것으로 본다(노조법 제12조 제4항).[19)] 즉, 신고증교부를 조건으로 신고서 접수 시에 노동조합은 유효하게 성립한다.

2. 보완 · 반려의사표시 없이 3일 이내에 교부하지 않은 경우

판례는 "행정관청이 노동조합의 설립신고서를 접수한 때에는 3일 이내에 설립신고증을 교부하도록 되어 있다 하여 그 기간 내에 설립신고서의 반려 또는 보완지시가 없는 경우에는 설립신고증의 교부가 없어도 노동조합이 성립된 것으로 본다는 취지는 아니므로 행정관청은 그 기간 경과 후에도 설립신고서에 대하여 보완지시 또는 반려처분을 할 수 있다"[20)]하여 노조가 설립되지 않은 것으로 본다.

18) 대판 1969.12.11, 76누189.

19) 동 규정은 1996.12.31.의 노동관계법 개정 시에 신설된 것으로 종래 노동조합의 설립시기에 관하여 설립신고서를 접수시켰을 때로 보는 견해(신고서접수시설: 이병태), 행정관청이 신고서를 수리한 때로 보는 견해(신고서수리시설), 신고증을 교부받은 때로 보는 견해(신고서교부시설: 대판 1990.10.23, 89누3243) 등이 대립되어 왔으나 현재는 해석론상 다툼을 입법적으로 해결한 것이다.

20) 대판 1990.10.23, 89누3243.

Ⅴ. 설립신고를 결여한 근로자단체(법외노조)의 법적 지위

1. 문제의 소재

노조법상 설립신고증을 교부받았는지의 여부에 따라 '법내노조'와 '법외노조'로 구분된다.[21] 노조법은 설립신고를 결한 법외노조에 대해서는 일정한 보호를 배제하고 있다. 이와 같이 설립신고 여부는 노조법상 보호, 헌법상의 근로3권 보장 여부와 관련하여 문제되므로 명확한 이해가 요구된다.

2. 법적 지위

(1) 학설 및 판례

학계에서는 설립신고를 결하더라도 노동조합의 실질적 요건을 갖춘 조직을 결성하면 각종 법적 보호의 대상이 된다는 법내노조설과 설립신고를 결하면 노조법상의 보호는 물론 헌법상의 보호도 받을 수 없다는 비노조설이 있다. 그러나 자주적인 노동조합으로서 실질적인 요건을 갖추고 설립신고만 결한 경우에는 헌법상의 근로3권의 보호를 받는다는 법외노조설이 일반적인 학계의 견해이다.

판례는 명시적으로 법외노조에 대하여 판시한 바는 없지만, 한국일보사건에서는 법외노조를 묵시적으로 부정[22]하고 있고, 전국기관차협의회사건에서는 법외노조설과 유사한 입장[23]에서 판시하고 있다.

(2) 법규정 적용범위

설립신고를 결한 노동조합은 노동쟁의 조정신청을 할 수 없고(노조법 제7조 제1항), 부당노동행위 구제신청을 할 수 없다(제7조 제1항). 또한 노동조합 명칭도 사용할 수 없고(제7조 제3항) 법인격도 취득할 수 없는(제6조 제1, 2항) 등 노조법 등 노동관계법령상 일부규정의 보호가 배제된다. 하지만 설립신고는 행정상 절차에 불과하므로 근로3권 등 헌법상 노동기본권과 이에 따른 구체적 규정은 향유할 수 있다는 것이 일반적인 견해이다.

Ⅵ. 결 론

노동조합의 자유설립주의와 노조법상 노조의 설립신고제도는 헌법 제33조의 단결권 보장의 기본정신 하에서 조화롭게 해석되어야 할 것이다. 설립신고제도가 가지는 취지는 노조의 자유로운 설립을 제한하는 것이 아니라 부가적인 노조법상의 자격 내지 권한을 부여하기 위한 요건으로 해석해야 한다.

따라서 설립신고제도와 관련한 심사제도는 행정관청의 개입을 최소화하는 방향으로 전개하여 노조법상 노조의 성립을 널리 인정함이 타당하다 할 것이다.

---

21) 노조법 제7조에서는 "이 법에 의하여 설립된 노동조합"이 아니면 일정한 보호에서 배제하고 있으므로 설립신고를 결한 노동조합은 동 규정의 해석상 노조법의 일부 규정에서 배제되는 '법외노조'라고 할 수 있다.

22) 대판 1979.12.11, 76누189.

23) 대판 1997.2.11, 96누2125.

[관련판례] 노동조합의 설립요건

1. 노동조합의 적극적요건 ① - 주체성, 자주성, 단체성(대판 1992.5.26, 90누9438])

[1] **노동조합의 구성원인 근로자와 사용주 사이에는** 고용에 따른 **종속관계가 있어야** 하고 이러한 관계가 없는 자는 노동조합법이 정한 적법한 노동조합을 조직할 수 없다.

[2] 농수산물도매시장의 지정도매인으로 지정되어 건해산물의 수탁판매 등을 목적으로 하는 회사에 근무하는 근로자들이 원고 조합인 노동조합을 설립하고 노동조합설립신고서를 제출하였으나, 행정청이 위 회사에는 기존의 노동조합이 이미 적법하게 설립되어 있고 원고 조합은 그 조직대상을 같이 한다는 이유를 들어 노동조합설립신고서를 반려한 데 대하여 기존의 노동조합은 외견상 일응 위 회사에 근무하는 근로자들이 조직한 노동조합으로 보이지만 실질에 있어서는 건해산물의 하역작업에 종사하는 근로자들로 구성된 단체로서 위 회사로부터 아무런 간섭을 받음이 없이 조합의 규약 등이 정한 바에 따라 독자적으로 그 조합원을 가입, 구성하고 있어 그 조합원과 위 회사의 종업원은 각각 별도로 구성, 채용되며 위 회사에서 조합구성원에 대하여 근로시간과 장소 및 방법 등의 작업조건에 관하여 지시하거나 감독을 할 수 없는 등 그 조합원과 위 회사와의 사이에는 종속적인 관계가 있다 할 수 없으므로 그 조합원은 위 회사에 대하여서는 노동조합을 조직할 수 있는 근로자가 될 수 없다고 할 것이어서 기존의 노동조합은 적어도 위 회사 내지 원고 조합에 대한 관계에 있어서는 적법한 노동조합이라 볼 수 없어 이러한 기존의 노동조합의 존재를 이유로 원고 조합의 노동조합설립신고서를 반려한 것을 위법하다.

2. 노동조합의 적극적요건 ② - 단체성[24](대판 1998.3.13, 97누19830)

노동조합은 그 요건으로 단체성이 요구되므로 복수인이 결합하여 규약을 가지고 그 운영을 위한 조직을 갖추어야 하는바, 법인 아닌 **노동조합이 일단 설립**되었다고 할지라도 중도에 그 **조합원이 1인밖에 남지 아니하게 된 경우**에는, 그 **조합원이 증가될 일반적 가능성이 없는 한**, 노동조합으로서의 **단체성을 상실**하여 청산목적과 관련되지 않는 한 **당사자능력이 없다.**

3. 노동조합의 적극적요건 ③ - 단체성(대판 1993.5.25, 92누14007 [전국연합노동조합연맹 사건])

[1] (구)노동조합법 제13조 제2항(현 노조법 제10조 제2항)이 산업별 연합단체를 법상의 노동조합의 한 형태로 인정하고 있는 이유는 동종업종의 단위노동조합은 동일 또는 유사한 근로조건하의 근로자들로 조직되고 또 사용자와의 관계에 있어서도 동일 또는 유사한 사회적 · 경제적 지위에서 활동하고 있기 때문에 서로 연합하여 하나의 조직체를 형성할 수 있도록 함이 근로자 측의 교섭력을 증대시켜 근로자의 근로조건 개선이나 사회적 · 경제적 지위향상에 효율적이라고 보기 때문이라 할 것인바, 동일업종이 아닌 전혀 이질적 업종의 단위노동조합에 의하여 산업별연합단체를 구성한다는 것은 그 필요성도 적고 위 조항이 상정하지 아니한 것이라 할 것이다. 물론 현대 산업사회에 있어서 업종의 다양화와 복합화로 인하여 동일업종의 범위를 한정하는 것이 용이하다고는 할 수 없고, 과거에는 동일업종에 속하였던 것이 산업의 고도화로 인하여 서로 다른 업종으로 분화되기도 하고, 그 산업기술의 혁신에 의하여 그 반대 현상이 나타날 수도 있겠지만 동일업종 여부는 위의 입법목적의 관점에서 판단할 수 있을 것이며, 경우에 따라서는 예컨대 은행업과 보험업과 같이 동일하지는 아니하나 유사하거나 상호 관련성이 있는 2개 이상의 업종이 함께 복합적 산업별연합단체를 구성하는 것도 가능하다고 보아야 할 것이나, 이 사건에서의 소외연맹과 같이 건설업, 요식업, 의료업 등 전혀 이질적인 55개 업종이 포함되고, 더구나 다른 산업별 연합단체에 속하지 아니하는 기타 업종까지 모두 포괄하는 업종을 대상으로 하는 단위노동조합으로 구성되는 산업별 연합단체라는 것은 그 인정의 필요성도 적을 뿐 아니라 산업별 연합단체 본래의 기능을 하기도 어렵다고 보여지고 또 위 법조 소정의

"동일업종"의 단위노동조합으로 구성되었다고 볼 수도 없으므로 위 법조 소정의 산업별 연합단체는 아니라고 보아야 할 것이다.

[2] 이러한 조직형태의 노조(동종업종으로 구성되지 않은 노조)를 인정할 필요성은 앞서 언급한 바와 같이 적다고 생각되지만, 독립한 산업별 연합단체를 구성할 수 있을 정도의 세력을 형성하지 못한 여러 업종의 단위노동조합들이 연합단체를 구성함으로써 어느 정도 세력을 형성하여 사회적 · 경제적 지위향상을 도모할 수 있겠고, 총연합단체의 산하단체가 됨으로써(현행법 제13조 제2항에 의하면 전국규모 아닌 단위노동조합이 총연합단체에 직접 가입할 수는 없다) 총연합단체의 지원을 받을 수 있는 이점이 있으므로 이러한 형태의 연합단체를 인정하는 것이 전혀 무의미한 것은 아니다.

4. 노동조합의 소극적 요건 ① – 제2조 4호 가목(서울고법 1997.10.28, 97라94)

[1] 노동조합이 사용자의 이익대표자의 참가를 허용함으로써 조합원 중에 일부가 조합원으로서의 자격이 없는 경우, 바로 노동조합 및 노동관계조정법상의 노동조합의 지위를 상실하는 것이 아니라 이로 인하여 위 법이 규정하는 노동조합의 자주성이 현실적으로 침해되었거나 침해될 우려가 있는 경우에만 노동조합의 지위를 상실한다고 보아야 할 것이다.

[2] 업무상의 명령이나 지휘감독을 할 하급자도 없고 담당 업무가 근로자의 인사급여후생노무관리 등 근로조건의 결정과 직접 관련은 있으나 위 피신청인들이 위 사항들을 결정하는 권한을 가지고 있는 것이 아니라 상급자들이 결정하는데 필요한 자료를 수집제공하거나 의견을 제출하는 역할에 그칠 뿐이므로 사용자 또는 사용자의 이익대표자라 할 수 없다.

5. 노동조합의 소극적 요건 ② – 제2조 4호 라목(대판 1969.5.13, 68누163)

노동조합 설립당시 근로자 아닌 자가 참여한 사실이 있는 경우 그 노동조합이 그들의 가입을 허용한 것이라면 이는 노동조합법 소정의 노동조합이라고 할 수 없는 것이다.

---

24) 1980년의 노동조합법은 30명 이상(또는 해당 사업장 근로자의 5분의 1 이상)이 설립총회를 해야 한다고 규정했으나, 1987년 개정법에서 삭제됨.

제 4 절 법외노조(헌법상 단결체)

Ⅰ. 서 설

노조법은 제7조에서 "이 법에 의하여 설립된 노동조합"에게만 특별한 보호를 명시하고 있으므로 노동조합이 노조법상 보호를 받기 위해서는 설립신고증을 교부받아야 한다. 이렇게 설립신고증을 교부받았는지의 여부에 따라 '법내조합'과 '법외조합'으로 구분된다. 노조법에 의하여 설립된 법내조합에 대해서는 일정한 보호를 규정하고, 법외조합은 노조법상의 일정한 보호를 배제하고 있다. 이와 같이 양자의 구별은 헌법상의 근로3권 보장 여부, 근로자의 단결권보장까지 배제되는지가 문제되므로 명확한 이해가 요구된다.

이하에서는 노조법상 노동조합의 성립요건을 통해 법외조합의 개념과 그 요건 결여의 효과를 살펴보고 법외조합의 법적지위를 검토하도록 한다.

Ⅱ. 노조법상 노동조합의 성립요건

1. 실질적 요건

(1) 적극적 요건

노동조합은 근로자가 주체가 되어야 하고 근로조건의 유지, 개선 및 경제적 · 사회적 지위향상을 그 목적으로 하여야 하며, 단체로서 영속성을 지녀야 한다(노조법 제2조 4호 본문).

(2) 소극적 요건

노조는 ⅰ) 사용자 또는 사용자의 이익을 대표하는 자의 참가 ⅱ) 사용자로부터 주된 경비원조를 받는 경우, ⅲ) 공제, 수양 기타 복리사업만을 그 목적으로 하는 경우, ⅳ) 근로자가 아닌 자의 가입을 허용하는 경우, ⅴ) 주로 정치활동을 목적으로 하는 경우에 해당되는 경우에는 노동조합으로 인정되지 않는다(제2조 제4호 단서).

2. 형식적 요건

노조는 설립신고서에 규약을 첨부하여 행정관청에 신고하여야 한다(제10조 제1항). 이는 노조의 민주성을 확보하고 노조법상 노조로서의 자격 내지 권한을 부여하기 위한 것으로 법내노조와 법외노조를 구분하는 지표로서 일정한 보호의 기준이라고 할 것이다.

Ⅲ. 법외조합에 대한 해석

1. 학계의 입장

노조가 설립신고와 관계없이 노동조합의 실질적 요건을 갖춘 조직을 결성한 때에 노동조합으로 성립되며 노조법 등에서 인정하는 각종 법적 보호의 대상이 된다는 법내노조설과 실질적 요건을 갖추었다 하더라도 노조성립의 형식적 요건을 갖추지 못하면 노조법상의 보호는 물론 헌법상의 보호도 받을 수 없다는 비노조설[25]이 있다.

그러나 실질적 요건을 갖추었으나 형식적 요건을 갖추지 못한 노동조합은 노조법 등이 인정하는 법적 보호는 받지 못하더라도 헌법상의 단결권 등 헌법상 보호의 대상이라는 법외노조설이 일반적인 학계의 견해[26]이다.

2. 판례의 경향

(1) 헌법재판소

헌법재판소에서는 법외조합의 노조명칭 사용에 대한 판결에서 "단결체의 지위를 '법외의 노동조합'으로 보는 한 그 단결체가 전혀 아무런 활동을 할 수 없는 것은 아니고 어느 정도의 단체교섭이나 협약체결 능력을 보유한다 할 것"이라고 판시하여 법외조합의 헌법상 근로3권 향유를 인정하고 있다.[27]

(2) 대 법 원

판례는 명시적으로 법외노조에 대하여 판시한 바는 없지만, 한국일보사건에서는 노조설립신고서를 제출하지 아니한 근로자단체를 '근로자의 단결권의 결합체', 신고서가 반려된 근로자단체를 '인적 집합체'라고 하여 법외노조설에서 주장하는 '헌법의 보호를 받는 근로자단체'와 '노조법상의 노조'의 구별에 대해 묵시적으로 부정[28]하고 있다.

하지만, 전국기관차협의회사건에서는 "근로조건의 유지, 개선을 통한 근로자의 경제적 · 사회적 지위의 향상만 아니라 정치적 지위의 향상도 그 목적으로 하고 있고, 근로자라고 할 수 없는 해직이 확정된 자도 회원자격을 인정하고 있어서 노동조합법상의 노동조합이라고 볼 수 없다"고 하면서도, "노동조합법상의 노동조합이 아닌 근로자의 단결체는 무조건 단체교섭권 등이 없다는 것은 아니다"라고 하여 법외노조설과 유사한 입장[29]에서 판시하고 있다.

3. 검 토

노조가 형식적 요건을 결한 경우 노조법상의 특별보호를 받을 수 없으나, 노조로서의 자주성과 민주성을 확보하여 실질적 요건을 갖추고 있다면, 헌법 제33조 제1항에 의하여 근로조건 향상을 위하여

---

25) 이상윤 562.
26) 김유성 63; 임종률 60.
27) 헌재 2008.7.31, 2004헌바9.
28) 대판 1979.12.11, 76누189.
29) 대판 1997.2.11, 96누2125.

단결권, 단체교섭권, 단체행동권이 인정되는 것이므로 헌법상 단결권은 당연히 보장된다고 보아야 할 것이다.

Ⅳ. 법외조합의 법적 지위(법외노조설에 따라)

1. 문제의 제기

법외조합의 법적지위(권리 · 의무)는 노동조합에 관한 제반 법률규정이 법외조합에 적용되느냐의 문제이다. 법내조합에 대한 법외조합의 차별을 명시한 법률규정이 있는가 하면, 법률규정의 대부분은 차별을 명시하고 있지 않다. 이 문제는 노동관계법상의 차별명시 규정과 해석상 적용이 배제되는 규정 그리고 법외조합의 종류에 따른 일반규정의 적용문제로 나누어 볼 수 있다.

2. 차별명시 규정

(1) **노동쟁의 조정신청 자격부인(노조법 제7조 제1항)**

법외조합은 노동위원회에 노동쟁의 조정을 신청할 수 없다. 쟁의조정을 신청할 수 없다는 것은 노동위원회가 쟁의조정의 행정서비스를 주지 않는다는 것을 의미한다.

(2) **부당노동행위 구제신청 자격부인(제7조 제1항)**

법외조합은 노동위원회에 부당노동행위의 구제를 신청할 수 없다. 부당노동행위 구제신청을 할 수 없다는 것은 사용자가 단체교섭의 거부, 지배, 개입, 구성원에 대한 불이익취급 등 부당노동행위를 하더라도 노동위원회에 의한 구제절차대상에서 배제한다는 것이다.

(3) **노동조합 명칭사용불가(제7조 제3항)**

법외조합은 노동조합이라는 명칭을 사용할 수 없다. 협의회 · 노동자회 등 다른 명칭을 사용하는 것은 무방하다.

(4) **법인격 취득부인(제6조 제1, 2항)**

노동조합은 등기를 하여 법인이 될 수 있는데, 법인등기를 하려면 설립신고증을 첨부하여야 하므로 법외조합은 법인이 될 수 없다.

(5) **근로자공급사업의 허가대상 불인정(직업안정법 제33조)**

근로자공급사업은 허가를 받은 경우에만 할 수 있고, '노조법에 의한 노동조합'은 국내 근로자공급사업의 허가를 받을 수 있다. 여기서 '노조법에 의한 노동조합'은 법내노조를 의미하므로 법외조합은 국내 근로자공급사업이 허가를 받을 자격이 없다.

3. 행정관청과 관련된 규정의 적용배제

노동위원회, 노조법상의 행정관청 기타 행정기관을 전제로 하는 규정은 법외노조에 적용되지 않는다. 노동조합설립신고증은 노조법상의 행정관청이 그 심사에 의하여 노동조합을 공인하는 의미를 가지고 있는데, 노동위원회나 행정관청 기타 행정기관으로서는 설립신고증을 갖지 않은 법외노조를 이들 규정에 의한 노동조합으로 인정할 수 없기 때문이다. 따라서 조세면제특권(노조법 제8조), 노동위원회의 위원추천 자격(제21조), 단체협약의 일반적 구속력 결정(제36조) 등은 적용되지 않는다고 할 것이다.

4. 법외노조의 종류별 일반규정 적용문제

(1) 무자격조합

법외조합 중에서 노동조합으로서 보호받기 위한 기본적 요건인 적극적 요건도 갖추지 못한 무자격조합(비자주조합)은 노동조합에 관한 모든 법률규정의 적용이 배제된다. 따라서 무자격조합은 단체교섭이나 쟁의행위에 대한 민·형사면책(제3조, 제4조)규정의 적용이 배제되어 단체교섭, 쟁의행위도 할 수 없고, 나아가 사용자의 불이익취급 등으로부터 보호도 받지 못한다.

(2) 헌법상의 조합

법외조합 중에서 노동조합의 적극적 요건을 갖추었으나 설립신고증을 교부받지 못한 헌법상의 조합(자주조합)은 일정한 법적 효과를 창설하는 것이 아니라 헌법상 단결활동권 보장에 의하여 당연히 발생하는 법적 효과를 확인하는 성질의 규정은 적용된다고 보아야 할 것이다.

따라서 사용자 측과 단체교섭을 하거나 단체협약을 체결할 자격(제29조 제1항),[30] 정당한 단체교섭·쟁의행위에 대하여 민·형사면책을 받을 자격(제3조, 제4조)이 있다. 또한 구성원인 근로자에 대하여도 사용자의 불이익취급이나 비열계약 금지(제81조 제1, 2, 5호)의 효과가 미치고, 피해근로자는 노동위원회에 구제신청도 할 수 있다.

(3) 노조법상의 조합

법외조합 중에는 노동조합의 요건(노조법 제2조 제4호 본문 및 단서)은 갖추었으나 설립신고증을 교부받지 못한 노조법상의 조합은 노동조합과 조합원 또는 사용자와의 관계를 규율하는 데 그치는 규정은 적용된다고 보아야 할 것이다. 노조법상 노조의 요건은 조합원이나 사용자에 대하여 권리·의무의 주체로 되기 위한 최소한의 자격을 정한 것이기 때문이다.

따라서 노조법상의 조합도 임원의 선거(제23조), 규약의 제정·변경(제16조) 등에 관하여 노조법 소정의 절차에 따라야 하고, 노사협의회 근로자위원을 위촉할 자격(근참법 제6조)을 가지며, 사용자가 성실교섭의무(노조법 제30조 제2항, 제81조 제3호)와 지배·개입 금지의무(노조법 제81조 제4호)가 있으며, 이 조합이 체결한 단체협약도 규범적 효력 및 사업장단위 일반적 구속력(제33조, 제35조)을 가진다.

V. 결 론

헌법 제33조 제1항은 "근로자는 근로조건의 향상을 위하여 자주적인 단결권, 단체교섭권, 단체행동권을 가진다"고 규정하고 있다. 따라서 실정법인 노조법의 규정에 저촉된다고 하여 곧 헌법의 근로3권 보장에 의한 이익을 받지 못한다는 것은 타당하지 않다. 또한 노동조합의 기능을 감안할 때 형식적 요건을 결한 노조라고 해서 노동위원회의 구제신청 및 조합명칭의 사용을 일률적으로 배제한다는 것은 헌법상 근로3권 보장의 취지에 어긋난다. 노동조합으로서의 실체적 요건을 갖춘 법외조합이라면 헌법의

30) 헌법상의 조합은 단체교섭의 당사자가 될 수 있다는 점에는 이론이 없다. 다만, 단체협약의 당사자가 될 수 있는지가 문제된다. 이에 대해 단체협약의 규범적 효력에 관한 노조법 제33조는 노조법이 헌법외적으로 창설한 규정이므로 헌법상 노조는 규범적 효력을 갖는 단체협약의 당사자가 될 수 없다는 입장이 있다(김유성Ⅱ 161). 반면에 규범적 부분이 없는 단체협약은 진정한 의미의 단체협약이라 할 수 없기 때문에 노조법 제33조의 규범적 효력은 단체협약제도에 대한 확인적 규정에 불과하여 헌법상 노조도 단체협약의 당사자가 될 수 있다는 입장이 제시되었다(김형배 691).

단결권 보장정신에 충실하게 그 법적 지위를 인정하여야 할 것이며, 형식적 요건 결여에 따른 불이익도 조정이 필요하다.

[관련판례] 노조의 설립요건과 법적 지위

1. 실질적 요건을 갖추지 못한 '노동조합'의 법적 지위(대판 2002.4.12, 2000도3485)

노동조합법의 규정 취지로 보아 노동조합법상의 노동조합이라고 하려면 근로자가 주체가 되어 자주적으로 조직한 단체이고 또한 근로조건의 유지 · 개선과 근로자의 복지증진, 기타 경제적 · 사회적 지위향상을 도모함을 목적으로 하는 단체임을 요한다.

행정관청에 설립신고가 되어 있는 노동조합은 회사에서 유일하게 형식적 요건을 갖추기는 하였지만, 이는 법외노조가 당국에 설립신고를 하려고 하자 그 전에 급히 노동조합 설립신고를 하고 신고증을 교부받아 형식적 요건을 갖춘 것으로서 그 조합원의 숫자조차 불분명하여 실체가 확실하지 아니하고, 그 설립 이래 조합비의 징수, 총회의 개최, 단체교섭 등의 노조활동을 한 실적이 없는 반면, 실제로는 위 회사의 노동자협의회가 사용자를 상대로 단체교섭, 쟁의행위를 하여 왔으며, 가입 대상 근로자들이 우편으로 노조 가입 신청을 하면 이를 수취하지 아니하고, 근로자들이 사무실로 직접 방문하여 동 노조에 가입하려고 하는 것까지 사실상 막는 등 근로자들의 자유로운 가입 시도까지 방해하고 있는 사정이 엿보이는바, 사실이 위와 같다면 김무연 노조는 단순히 노동조합 설립 후 노동조합으로서의 활동을 하지 않고 있는 경우라고 보기보다는 노동조합으로서의 실질을 갖추지 못하였다고 볼 여지가 충분히 있다고 할 것이다.

2. 법외노조의 법적지위 ①(헌재 2008.7.31, 2004헌바9)[31] **– 법외노조설**

노동조합 및 노동관계조정법에 따라 설립된 노동조합이 아니면 노동조합이라는 명칭을 사용할 수 없도록 하고, 이에 위반할 경우 형사처벌을 하도록 규정한 노동조합 및 노동관계조정법 제7조 제3항, 제93조 제1호의 위헌여부(합헌)

실질적인 요건은 갖추었으나 형식적인 요건을 갖추지 못한 근로자들의 단결체는 노동조합이라는 명칭을 사용할 수 없음은 물론 그 외 법에서 인정하는 여러 가지 보호를 받을 수 없는 것은 사실이나, 명칭의 사용을 금지하는 것은 이미 형성된 단결체에 대한 보호정도의 문제에 지나지 아니하고 단결체의 형성에 직접적인 제약을 가하는 것도 아니며, 또한 위와 같은 단결체의 지위를 **'법외의 노동조합'으로 보는 한** 그 단결체가 전혀 아무런 활동을 할 수 없는 것은 아니고 **어느 정도의 단체교섭이나 협약체결 능력을 보유**한다 할 것이므로, 노동조합의 명칭을 사용할 수 없다고 하여 헌법상 근로자들의 단결권이나 단체교섭권의 본질적인 부분이 침해된다고 볼 수 없다.

3. 법외조합의 법적 지위 ②(대판 1969.12.11. 76누189[한국일보사건]) **– 비노조설**

노동조합은 설립신고서를 행정관청에 제출하고 신고증을 교부받음으로써만 성립된다

원고 전국출판노동조합 ○○일보지부는 위와 같이 노동조합으로서 성립되지 아니하고 노동조합의 명칭도 이를 사용할 수는 없는 것이라고는 할 것이지만 그 이름으로 노동조합설립신고서를 소관관청인 피고에게 제출하는 그가 반려되자 동 반려가 위법하다고 하고 이건 행정소송을 제기한 당사자는 노동조합으로서가 아니고 바로 노동조합설립신고를 피고에게 제출하였다가 반려를 받는 ○○일보사 기자 31명이 그 대표자를 원고 이○○으로 하고 노동조합법에 따라 제정한 규약에 의하여 전국출판노동조합 ○○일보지부(동 명칭사용이 부적법하다 함은 별 문제로 하고)의 명칭으로 조직된 **인적 집합체**라고 할 것이다.

4. 법외조합의 법적 지위 ③(대판 1997.2.11, 96누2125[전국기관차협의회 사건]) - 법외노조설

노동조합법상의 노동조합이 아닌 근로자의 단결체는 무조건 단체교섭권 등이 없다는 것은 아니다

원심의 설시취지는 전기협이 그 설시와 같은 여러 가지 점에서 노동조합으로서의 실질적 요건을 갖추지 못하였으므로 단체교섭권이나 쟁의행위의 정당한 주체로 될 수 있는 노동조합이라고 볼 수 없다는 것이지, **노동조합법상의 노동조합이 아닌 근로자의 단결체**는 무조건 단체교섭권 등이 없다는 것은 아니므로, 이와 다른 전제에서 원심판결을 비난하는 주장 부분은 받아들일 수 없다.

Key Word

⇨ 노동조합, 조직형태, 설립요건, 형식적 요건, 자주성, 민주성, 복수노조, 법외조합

기출문제

(1) 노동조합의 유형을 설명하고 산업별 노동조합(단위노조)과 기업별 노동조합의 차이점에 대해 설명하라. (9회, 00년, 25점)

(2) 노동조합의 요건을 논하고 설립신고제도와 자유설립에 대하여 헌법상 단결권의 성격과 관련하여 논하라. (10회, 01년, 50점)

(3) 노동조합의 민주성 확보를 위한 노조법상 규정 (3회, 91년, 50점)

(4) "법외노조"의 법적 지위 (6회, 97년, 25점)

연습문제

(1) 노동조합의 조직형태의 장단점을 약술하시오.

(2) 산별 노조와 관련한 쟁점을 약술하시오.

(3) 노동조합의 설립절차에 대하여 약술하시오.

(4) 노동조합의 자주성 확립을 위한 노조법상 규정을 약술하시오.

(5) 복수노조의 교섭창구 단일화에 대하여 약술하시오.

---

31) 노동조합설립신고주의를 기초로 하는 위 노동조합 및 노동관계조정법 조항이 과잉금지의 원칙에 위배되어 청구인의 단결권을 침해하거나 청구인들의 평등권을 침해한다고 할 수 없다는 이유로 재판관 전원일치로 헌법에 위반되지 아니한다는 결정을 선고하였다.

제 5 절 노동조합의 규약

Ⅰ. 서 설

노동조합의 규약이란 '노동조합의 조직 · 운영에 관한 제반규칙'을 말한다. 노조법은 노조운영의 자주성과 민주성을 확보하기 위해 규약의 제정을 의무화하고, 기재사항과 변경절차 그리고 행정감독 등에 대하여 규정하고 있다.

노조규약을 조합원 간에 체결한 일종의 계약이라는 입장(계약설)에서는 조합원의 규약준수의무는 계약상의 효력이라고 보지만, 법적 강제력을 가지는 법규범으로 보는 입장(법규범설)에서는 규약의 개정에 반대한 조합원이나 규약 성립 후에 가입한 조합원, 규약의 내용을 알지 못하는 조합원도 규약준수의무가 있다고 본다. 규약은 모든 종업원에게 일률적인 구속력을 갖는다는 점에서 자주적 법규범으로 파악하는 것이 타당[32]하다.

2006년 개정 노조법에서는 종전법 제11조 제12호의 '쟁의행위에 관한 사항'을 삭제하고 '쟁의행위와 관련된 찬반투표 결과의 공개, 투표자 명부 및 투표용지 등의 보존 · 열람에 관한 사항'을 추가하여 쟁의행위 찬반투표[33]의 공정성과 투명성을 높일 수 있도록 하고 있다.

Ⅱ. 규약의 기재사항

1. 필요적 기재사항

(1) 필요적 기재사항의 주요내용

노조법은 '① 명칭, ② 목적과 사업, ③ 주된 사무소의 소재지, ④ 조합원에 관한 사항(연합단체인 노동조합에 있어서는 그 구성단체에 관한 사항), ⑤ 소속된 연합단체가 있는 경우에는 그 명칭, ⑥ 대의원회를 두는 경우에는 대의원회에 관한 사항, ⑦ 회의에 관한 사항, ⑧ 대표자와 임원에 관한 사항, ⑨ 조합비 기타 회계에 관한 사항, ⑩ 규약변경에 관한 사항, ⑪ 해산에 관한 사항, ⑫ 쟁의행위와 관련된 찬반투표 결과의 공개, 투표자 명부 및 투표용지 등의 보존 · 열람에 관한 사항, ⑬ 대표자와 임원의 규약위

---

32) 김유성Ⅱ 84.

33) 제41조(쟁의행위의 제한과 금지) ① 노동조합의 쟁의행위는 그 조합원의 직접·비밀·무기명투표에 의한 조합원 과반수의 찬성으로 결정하지 아니하면 이를 행할 수 없다.

반에 대한 탄핵에 관한 사항, ⑭ 임원 및 대의원의 선거절차에 관한 사항, ⑮ 규율과 통제에 관한 사항' 등 15가지의 필요적 기재사항을 법정화하고 있다(제11조). 필요적 기재사항을 법정한 취지는 '노동조합의 자주적 · 민주적 운영'의 보장을 위한 것이다.

(2) 쟁의행위 찬반투표 관련 사항 의무화

노조법에서는 쟁의행위시 경영상의 손실과 함께 근로자의 임금손실 등 불이익을 감안하여 민주적 의사결정을 거쳐 쟁의행위를 하도록 파업 찬반투표를 규정하고 있다. 그러나 직접 · 비밀 · 무기명 투표원칙의 준수 여부 등 투표과정의 공정성과 투명성 관련하여 논란 발생의 소지가 있었다. 이에 현행 노조법에서는 쟁의행위 찬반투표 결과의 공개, 투표용지 등의 보존 및 열람에 관한 사항을 노조규약으로 정하도록 의무화(제11조 제12호)하여 논란의 소지를 최소화하도록 하였다. 이것은 쟁의행위 찬반투표가 민주적으로 결정되고 신중하게 행사될 수 있도록 노조 내부의 자율적인 통제기제가 마련된 것에 의의가 있다.[34] 이에 따라 노사정 합의를 토대로 개정안은 노동조합의 자율성을 최대한 보장하면서 쟁의행위 찬반투표의 공정성 · 투명성을 제고할 수 있게 되었다.

종전법에서는 규약의 필요적 기재사항으로 '쟁의행위에 관한 사항'을 규정(제11조 제12호)하고 있었으나, 너무 포괄적이고 추상적이어서 실효성에 의문이 제기되기도 하였다. 이러한 내용이 쟁의행위 찬반투표와 관련한 구체적 내용으로 대체되어 노동조합의 민주성 강화에 기여할 것으로 기대된다.[35]

2. 임의적 기재사항

필요적 기재사항 이외에도 노동조합은 그 조직의 자주적 · 민주적 운영에 필요한 사항을 규정할 수 있다.

노조법에는 노조의 법인격 취득(제6조), 대의원회의 설치(제17조), 조합비를 납부하지 않은 조합원의 권리제한(제22조), 총회 및 대의원회의 소집(제19조 본문), 공고기간 단축(제19조 단서) 등은 규약에 정하는 경우에 따르도록 명시하고 있다.

3. 금지적 기재사항

강행법규에 위반하는 사항, 노동조합의 목적에 위배되는 사항은 규약에 기재할 수 없다. 만약 금지적 기재사항이 기재되어 있다고 하더라도 행정관청은 노동조합의 규약이 노동관계법령에 위반한 경우에는 노동위원회의 의결을 얻어 시정을 명할 수 있다(제21조 제1항)

Ⅲ. 노조규약의 제정과 변경

1. 제정 및 변경의 의결절차

규약의 제정, 변경은 조합원의 직접 · 비밀 · 무기명 투표에 의하여 재적조합원 과반수의 출석과 출석조합원 3분의 2 이상의 찬성으로 의결한다(제16조 제2항). 다만, 총회에 갈음한 대의원회를 둔 경우에는 이를 준용한다(제17조 제1항 및 제4항).

---

34) 선진화입법 설명 9.

35) 동 규정은 2007년 7월 1일부터 시행되고 있다.

2. 규약의 변경사항 신고 및 통보

노동조합은 설립시에 신고한 사항 중에서 명칭, 주된 사무소의 소재지, 대표자의 성명, 소속된 연합단체의 명칭의 변경이 있는 때에는 그날로부터 30일 이내에 행정관청에 변경신고(제13조 제1항) 하여야 하므로 규약의 내용 중 위의 사항에 변경이 있을 때에도 변경신고 하여야 한다.

전년도에 규약의 변경이 있는 경우에는 변경된 규약내용을 매년 1월 31일까지 행정관청에게 통보하여야 한다(제13조 제2항 제2호).

Ⅳ. 규약에 대한 행정관청의 감독권한

1. 노조설립신고시 규약의 제출

제정된 규약은 노조설립신고시 신고서에 첨부하여 행정관청에 제출(제10조)하여야 하며 행정관청은 설립신고서에 규약이 첨부되어 있지 아니하거나 기재사항 중 누락 또는 허위사실이 있는 경우, 규약의 제정절차가 법 위반인 경우에는 보완을 요구하여야 한다(제13조 및 영 제9조). 또한 노조설립일로부터 30일 이내에 그 주된 사무소에 비치해야 한다(제14조).

2. 행정관청의 시정명령권

행정관청은 노조규약이 노동관계법령에 위반한 경우 및 노조의 결의 · 처분이 노동관계법령 또는 규약에 위반된다고 인정할 경우에는 노동위원회의 의결을 얻어 그 시정을 명할 수 있다. 다만, 결의 · 처분이 규약위반인 경우 시정명령은 이해관계인의 신청이 있는 경우에 한한다(제21조 제1, 2항). 시정명령을 받은 노조는 30일 이내에 이를 이행하여야 하며, 다만 정당한 사유가 있는 경우 그 기간을 연장할 수 있다(제21조 제3항).

Ⅴ. 결 론

노조규약은 노동조합의 자주적이고 민주적인 조직 · 운영에 관한 기본사항을 정하고 있는 자주적인 규범이다. 노조규약의 내용은 노동조합이 스스로 자유로이 결정하는 것이 원칙이지만 노조법은 실질적인 자주성 · 민주성을 보장하기 위하여 갖추어야 할 최소한의 요건을 규정하고 있다. 최근 쟁의행위 찬반투표에 대하여도 절차상 공정성과 투명성을 높이기 위해 기재사항에 관련 내용을 추가하였다.

제6절 조합원의 지위

Ⅰ. 서 설

1. 노조자유설립주의와 조합원의 지위

근로자는 '자유로이 노동조합을 조직하거나 이에 가입'하여 조합원의 지위를 취득할 수 있다. 조합원 지위의 취득과 상실은 노조의 자치 또는 단결목적의 실현과 관련된 한도에서 인정될 수 있을 것이다.

노조법은 제22조에 조합원 지위에 따른 권리와 의무를 규정하고 있으며, 제81조에서는 노동조합에의 가입 여부를 근로자의 고용조건과 연결시키는 행위를 부당노동행위로 금지하고 있다(노조법 제81조 제2호).

2. 조합원 자격(범위)

노조법에서는 노조자유설립주의를 채택하여 '자유로이 노동조합을 조직하거나 이에 가입'할 수 있도록 규정하고 있으므로 노조의 결성 및 가입을 통해 단결권 향유에 제한이 없지만 각 노조는 '조합원에 관한 사항'을 규약의 필요적 기재사항(제11조 제4호)으로 규정하도록 하여 '조합원 자격(범위)'의 제한을 규약으로 정할 수 있다. 즉, 조합원 자격(범위)는 노조의 자치영역으로 노조운영을 위한 중요한 기준이 된다.

Ⅱ. 조합원 지위의 취득과 상실

1. 조합원 지위의 취득

(1) 노조의 결성

노조의 결성행위는 근로자들이 공동으로 조직체를 창설하고 스스로 그 조직체의 구성원으로 되는 것이다.

(2) 노조가입

1) 의 의　노조가입은 조합과 가입희망자와의 계약에 의한 것으로 단결권을 바탕으로 하는 집단적 노사관계법상의 특수한 합의라고 할 것이다. 조합가입의 절차와 가입자격 등은 노조규약에

따라야 하며, 사용자의 이익을 대표하는 자의 가입을 허용하는 것은 노조의 자주성 상실의 우려가 있다. 또한 노조가입에 대해 차별대우가 금지된다(제9조).

2) 노조가입의 제한 　노조의 조합원 자격을 갖추고 있는 근로자에 대하여 노조가입을 제한할 수 있는지가 문제된다.

판례는 '조합이 조합원의 자격을 갖추고 있는 근로자의 조합가입을 함부로 거부하는 것은 허용되지 아니하고' 특히 '유니언 숍 협정에 의한 가입강제가 있는 경우에는 단체협약에 명문 규정이 없더라도 노동조합의 요구가 있으면 사용자는 노동조합에서 탈퇴한 근로자를 해고할 수 있기 때문에 노동조합 측에서 근로자의 조합 가입을 거부하게 되면 이는 곧바로 해고로 직결될 수 있으므로 조합은 노조가입 신청인에게 제명에 해당하는 사유가 있다는 등의 특단의 사정이 없는 한 그 가입에 대하여 승인을 거부할 수 없다'고 판시[36]하고 있다.

다만, 단결목적과의 관련성이 인정되는 범위에서 규약으로 조합원의 자격을 제한하거나 가입희망자에 대해 일정한 자격심사를 거치도록 하는 것은 가능하지만, 이 경우에도 합리적인 사유가 존재하여야 할 것이다.

2. 조합원 지위의 상실

(1) 조합원 자격의 상실

1) 법령에서 정한 조합원의 자격상실 　노조법 제2조 제4호 단서에는 '사용자 또는 항상 그 이익을 대표하는 자'와 '근로자가 아닌 자'의 조합가입을 제한하고 있다. 따라서 근로자가 승진, 승급, 전직 또는 해고, 퇴직 등으로 위의 제한에 해당하는 경우 조합원의 지위는 상실된다. 한편, 해고된 자가 부당노동행위구제신청을 한 경우에는 노조법 제2조 제4호에 따라 중앙노동위원회 재심판정이 있을 때까지는 그 조합원 지위를 상실하지 않는다.

2) 노조규약에서 정한 조합의 자격상실 　노조규약으로 조합원의 자격 또는 범위를 정한 경우, 조합원이 그 요건을 결여한 때에는 조합원의 지위를 상실한다. 노동조합은 근로자의 자주적인 단체이므로 누구를 조합원으로 할 것인가는 법령에 위반하거나 반사회질서에 해당하지 않은 한 노동조합 스스로 결정할 사항이다.

(2) 노조에서 탈퇴

1) 탈퇴의 자유 　탈퇴는 조합원이 그 의사에 의하여 자유로이 조합원의 지위를 종료시키는 것이다. 노조규약에 탈퇴에 대한 제한을 두는 경우라도 조합원의 탈퇴의 자유를 제한할 수는 없으며, 탈퇴에 대해 조합규약에 조합규약절차를 규정한 경우라도 정당한 이유 없는 승인의 거부는 허용되지 않는다.

2) 탈퇴의 효과 　탈퇴의 효과는 원칙적으로 조합원의 탈퇴표시가 노동조합에 도달하였을 때 발생한다(민법 제111조 제1항). 다만, 조합규약에서 탈퇴의 절차나 요건을 정한 때에는 그 절차나 요건이 부당하지 않은 한 그 절차나 요건을 이행한 때 비로소 효력이 발생한다.

탈퇴조합원은 탈퇴효과가 발생하면 조합원으로서의 권리와 의무를 상실하고, 노동조합이 법인격을 갖지 않을지라도 탈퇴조합원에게 노동조합의 재산에 대한 재산지분권이나 재산분할청구권은 인정되

36) 대판 1996.10.29, 96다28899.

지 않는다.

(3) 기타 조합원 지위의 상실사유

기타 조합원 지위의 상실사유로는 조합으로부터의 제명과 노동조합의 해산에 의한 조합원 지위의 상실이 있다. 제명은 노동조합의 통제권 행사의 하나로 조합원 지위의 박탈이라는 결과를 발생시켜 단결권을 침해할 수 있으므로 총회의 전권사항으로 다른 의결기관에 의하는 것은 허용될 수 없다.

Ⅲ. 유니언 숍 조항과 조합원 지위

1. 유니언 숍 조항의 의의

현행 노조법 제81조 제2호에서는 노조에의 불가입이나 그로부터의 탈퇴 또는 특정한 노조에의 가입 등 향후의 조합활동 여부를 고용조건으로 하는 행위를 비열계약이라고 하여 부당노동행위의 한 유형으로 제한하고 있다. 그러나 '노동조합이 당해 사업장에 종사하는 근로자 3분의 2 이상을 대표하고 있을 때에는 근로자가 그 노동조합의 조합원이 될 것을 고용조건으로 하는 단체협약의 체결'은 비열계약의 예외로서 허용된다. 이렇게 근로자가 조합원이 될 것을 고용조건으로 하는 단체협약상의 규정을 유니언 숍 협정이라 한다.

유니언 숍 조항은 개별근로자의 근로조건을 규정한 것이 아니라 노조에의 가입과 탈퇴에 대한 사용자의 해고 의무를 정한 것으로서 단체협약상의 채무적 부분에 해당하는 것이다. 따라서 동 협정을 위반 시에 사용자는 협약상의 채무불이행에 대한 책임만을 부담하게 된다.

2. 단결강제의 허용 여부

단결강제의 허용 여부에 대하여 ⅰ) 노동조합에 가입하지 않거나 탈퇴할 자유를 인정하는 소극적 단결권을 단결권의 내용으로 보아 조직강제조항은 소극적 단결권을 침해하기 때문에 언제나 무효라는 견해(전면무효설)[37]와 ⅱ) 소극적 단결권을 부인하면서 조직강제 조항의 유효성은 단결권의 내용인 근로자의 조합선택권을 침해하느냐 여부에 달려 있다고 주장하는 견해가 있다(이분설)[38]이 제시된 바 있다. 그러나 ⅲ) 헌법이 보장한 근로자의 단결권은 노동조합을 결성하거나 이에 가입할 자유를 말하고 소극적 단결권까지 포함하는 것은 아니며, 유니언 숍 협정은 노조법이 정한 허용조건을 충족하고 또 근로자의 단결권 내지 조합선택권을 침해하지 않는 범위에서 유효로 보아야 할 것이다(한정유효설).[39]

3. 유니언 숍과 해고

(1) 사용자의 해고의무

유니언 숍 협정에 따라 사용자가 지게 되는 의무의 내용은 노사당사자 간의 자율적 교섭의 결과 체결되는 유니언 숍 협정의 내용에 따르게 된다. 따라서 단체협약에 유니언 숍 협정이 있다하여 근로자가

37) 현재 독일의 통설이라고 한다(임종률 71).

38) 박상필 103.

39) 김유성Ⅱ 339, 헌법이 보장한 근로자의 단결권은 노동조합을 결성하거나 이에 가입할 자유를 말하고 소극적 단결권까지 포함하는 것은 아니며, 단결선택권이 일부 제한된다고 하더라도 노동조합의 적극적 단결권과 개인근로자의 단결선택권의 권리조정에 따른 것이라면 위법한 침해에 해당되지는 않는다고 한다.

노동조합에 가입하지 아니하거나 가입 후 스스로 탈퇴하는 경우에 사용자가 당연히 해고의무를 지는 것은 아니라 할 것이다.

협약조항에서 명백히 사용자의 해고의무를 규정하고 있거나 협약내용의 해석상 사용자의 해고의무를 설정한 합의가 있는 것으로 인정되면 취업 후 노동조합에 가입하지 않거나 가입 후 스스로 탈퇴한 근로자를 해고할 의무를 지게 된다.[40)]

(2) 사용자의 부당노동행위 인정 여부

유니언 숍 협정에도 불구하고 자의로 노동조합을 탈퇴한 근로자를 사용자가 해고하지 아니하는 경우에 이것이 곧바로 부당노동행위로 되는 것은 아니다.[41)] 왜냐하면 단체협약상의 유니언 숍 협정에 의하여 사용자가 노동조합을 탈퇴한 근로자를 해고할 의무는 단체협약상의 채무일 뿐이고, 이러한 채무의 불이행 자체가 바로 노동조합에 대한 지배 · 개입의 부당노동행위에 해당한다고 단정할 수는 없기 때문이다.

(3) 탈퇴 후 재가입 제한 문제

법원에서는 "노조탈퇴의사를 철회하고 노조에 다시 가입하려는 근로자에 대하여 이를 거부하고 해고되게 한 것은 노조 자체가 단결권의 정신을 저버리고 실질상 제명과 같은 효과를 발생시킨 것으로서, 노동조합법 제39조(현행 제81조) 제2호 단서에 위반될 뿐만 아니라 유니언 숍 협정에 기한 해고의 목적 범위를 일탈한 것이고, 또한 11명의 탈퇴자 중 3명에 대하여서만 탈퇴의사 철회를 거부하고 해고되게 한 것은 다른 탈퇴근로자들과의 형평에도 반하여 무효"라고 판시하고 있다.[42)]

(4) 현행법상 단결권 및 단결선택권 보장

현행법에서는 종전과 같이 '유니언 숍 제도는 허용'하되, 그 '노조를 탈퇴하여 다른 노조를 조직하거나, 다른 노조에 가입하는 경우 해고 등 불이익을 줄 수 없도록' 하였다(제81조 제2호). 이는 종전의 유니언 숍을 통해 다수노조의 단결력 강화로 사업장 노사관계를 안정시키고 복수노조 하에서 단결선택권을 보호하기 위한 것이다.

Ⅳ. 조합원의 권리 및 의무

1. 조합원의 권리

(1) 차별대우의 금지

노동조합의 조합원은 균등하게 그 노동조합의 모든 문제에 참여할 권리와 의무를 가지며(노조법 제22조), 어떠한 경우에도 인종, 종교, 성별, 연령, 신체적 조건, 고용형태, 정당 또는 신분에 의하여 차별대우를 받지 아니한다(제9조).

(2) 노조참여의 권리

조합원은 임원의 선출, 해임권, 피선거권을 가지며(제16조 제1항), 대의원 선출, 피선출권(제17조 제2항), 총회출석의결권(제16조 제1항) 및 임시총회소집요구권(제18조 제2항), 조합운영상황공개요구권(제26조)을 행사할 수 있으며 조합재산에 대하여 일정한 권리를 갖게 된다.

40) 대판 1998.3.24, 96누16070; 대판 1995.2.28, 94다15363.
41) 대판 1998.3.24, 96누16070.
42) 대판 1996.10.29, 96다28899, 대판 1995.2.28, 94다15363.

2. 권리의 제한

노동조합은 규약으로 조합비를 납부하지 아니하는 조합원의 권리를 제한할 수 있다(제22조 단서). 또한 조합임원의 선거에서 합리적인 요건을 들어 그 입후보자격을 제한할 수 있다.[43)]

3. 조합원의 의무

(1) 노조통제에 복종할 의무

조합원은 노동조합의 구성원으로 노조의 통제에 복종하고 노동조합의 조직과 활동에 적극 협조하여야 할 의무를 가진다. 여기에는 규약준수의무, 조합지시에 복종할 의무, 조합활동에 참가할 의무가 포함된다.

(2) 조합비 등의 납입의무

조합원은 조합비를 납입할 의무를 지며 노동조합은 그 규약으로 조합비를 납부하지 아니하는 조합원의 권리를 제한할 수 있다(제22조 단서).

Ⅴ. 결 론

근로자는 노동조합을 결성하거나 기존 노동조합에 가입함으로써 조합원의 지위를 취득하게 되며 그에 따라 조합원으로서의 권리 · 의무를 갖게 된다. 또한 일정한 요건 하에 조합원 자격을 상실한다. 노조법은 조합원의 지위와 관련하여 일정한 권리를 보장하고 의무를 부여하고 있다.

[관련판례] 조합원의 지위와 조직강제조항

1. 노동조합의 가입과 탈퇴의 자유 ①(대판 1996.10.29, 96다28899 [한창여객분회 사건])

노조와 사용자 사이에 회사의 종업원은 3개월이 경과하면 조합원이 되며 노조가입을 거부하거나 탈퇴할 경우 회사는 즉시 해고하여야 한다는 유니언 숍 협정을 체결한 경우 조합은 **조합원의 자격을 갖춘 근로자의 조합가입을 함부로 거절할 수 없고** 탈퇴 조합원의 재가입에 대한 제약이나 거부는 위법 부당한 것으로 권리남용 또는 신의칙 위반에 해당된다

2. 노동조합의 가입과 탈퇴의 자유 ②(대판 1995.2.28, 94다15363 [풍양운수사건])

노동조합이, 노조를 탈퇴한 근로자 11명이 노조탈퇴의사를 철회하고 노조에 다시 가입하기 위한 노력을 하였음에도 불구하고 그중 일부에 대하여는 노조탈퇴의사 철회를 받아들여 노조원의 자격을 유지하게 하고도 나머지 3명에 대하여서만 이를 받아들이지 않고 회사에 대하여 해고를 요구하여 결국 회사가 이들을 해고한 것으로서, 이와 같이 **노조탈퇴의사를 철회하고 노조에 다시 가입**하려는 근로자에 대하여 **이를 거부하고 해고되게 한 것은 노조 자체가 단결권의 정신을 저버리고 실질상 제명과 같은 효과를 발생**시킨 것으로서, 노동조합법 제39조 제2호 단서에 위반될 뿐만 아니라 **유니언 숍 협정에 기한 해고의 목적범위를 일탈한 것이고, 또한 11명의 탈퇴자 중 3명에 대하여서만 탈퇴의사 철회를 거부하고 해고**되게 한 것은 **다른 탈퇴근로자들과의 형평에도 반하여 무효**이다.

43) 대판 1992.3.31, 91다14413.

3. 유니언 숍 협정의 합헌성(대판 2002.10.25, 2000카기183 [부일교통사건])

노동조합 및 노동관계조정법 제81조 제2호 및 그 단서 규정은 당해 사업장에 종사하는 근로자의 3분의 2 이상을 대표하는 노동조합과 유니언 숍 협정을 체결하는 것은 반조합계약, 즉 노조의 불가입이나 그로부터 탈퇴 또는 특정한 노조에의 가입 등을 고용조건으로 하는 부당노동행위에 해당되지 않으나, 그렇지 않은 노조와 유니언 숍 협정을 체결하는 것은 반조합계약이 되어 부당노동행위에 해당됨을 규정한 것으로서, 유니언 숍 협정이 근로자 개인의 조합에 가입하지 않을 자유나 조합 선택의 자유와 충돌하는 측면이 있기는 하지만 조직강제의 일환으로서 노조의 조직 유지와 강화에 기여하는 측면을 고려하여 일정한 요건 하에서 체결된 유니언 숍 협정의 효력을 인정한 것이라 할 것이어서 헌법상의 근로자의 단결권을 침해하는 조항으로 볼 수는 없다.

4. 유니언 숍과 사용자의 해고의무(대판 1998.3.24, 96누16070 [한국전력기술노조사건])

[1] 구 노동조합법(1996.12.31. 법률 제5244호로 폐지되기 이전의 것) 제39조 제2호 단서 소정의 조항, 이른바 유니언 숍(Union Shop) 협정은 노동조합의 단결력을 강화하기 위한 강제의 한 수단으로서 근로자가 대표성을 갖춘 노동조합의 조합원이 될 것을 '고용조건'으로 하고 있는 것이므로 단체협약에 유니언 숍 협정에 따라 근로자는 노동조합의 조합원이어야만 된다는 규정이 있는 경우에는 다른 명문의 규정이 없더라도 사용자는 노동조합에서 탈퇴한 근로자를 해고할 의무가 있다.

[2] 단체협약상의 유니언 숍 협정에 의하여 사용자가 노동조합을 탈퇴한 근로자를 해고할 의무는 단체협약상의 채무일 뿐이고, 이러한 채무의 불이행 자체가 바로 구 노동조합법(1996.12.31. 법률 제5244호로 폐지되기 이전의 것) 제39조 제4호 소정 노동조합에 대한 지배·개입의 부당노동행위에 해당한다고 단정할 수 없다.

[3] 부당노동행위가 성립하려면 사용자에게 근로자가 노동조합을 조직 또는 운영하는 것을 지배하거나 개입할 의사가 있어야 하는 것인바, 위 조합을 탈퇴한 4명의 근로자에 대한 해고조치를 취하지 아니한 사용자에게 그러한 의사가 있었던 것으로 볼 수가 없다고 한 사례.

5. 조합원의 권리와 의무(대판 1992.3.21, 91다14413 [건양기업(주)운수노조 사건])

노동조합이 규약으로 임원이 될 수 있는 자격을 일정한 수 이상의 조합원의 추천을 받은 자 및 노동조합원이 된 때로부터 일정한 기간이 경과한 자로 제한한 경우에도 추천을 받아야 할 조합원의 숫자가 전체조합원의 숫자에 비추어 소수 조합원의 권리를 해할 우려가 있는 정도에 이르지 아니하고, 요구되는 기간이 사용자와 노동조합의 실정을 파악하여 노동조합의 임원으로 직무를 수행하는 데에 필요하다고 인정되는 합리적인 기간을 넘어서는 것이 아니라면, 노동조합이 자주적인 판단에 따라 규약으로 정할 수 있는 것으로서 조합원들의 피선거권의 평등에 대한 현저한 침해라고는 볼 수 없다.

제7절 조합원의 권리와 의무

Ⅰ. 서 설

근로자는 '자유로이 노동조합을 조직하거나 이에 가입'하여 조합원의 지위를 취득할 수 있다(노조법 제5조). 개별 근로자는 노동조합을 집단적으로 설립하거나 기존에 설립된 노동조합에 가입함으로써 조합원의 지위를 취득할 수 있다. 이러한 조합원은 균등하게 그 노동조합의 모든 문제에 참여할 권리를 향유할 수 있고 그에 따르는 의무를 지게 된다(제22조).

아래에서는 노조법상 조합원 지위를 취득한 경우, 향유할 수 있는 권리와 의무 및 이에 대한 제한 규정에 대하여 살펴보고자 한다.

Ⅱ. 조합원의 지위의 취득 및 상실

1. 조합원 지위의 중요성

근로자가 조합원으로서 일정한 권리를 향유하고 그에 따르는 의무를 지기 위해서는 조합원 지위를 취득해야 할 것이다. 조합원 지위에 결격이 있거나 이를 상실하게 되면 근로자에게 조합원으로서 권리를 인정하거나 의무를 지게 할 수는 없기 때문이다. 특히, 노동조합에 소속되어 단결권을 행사하고 단체교섭 및 협약체결의 결과 근로조건 등의 향상은 조합원에게만 인정되는 것이지 미조직 근로자인 비조합원에게는 인정될 수 없는 것이다. 또한 정당성 없는 쟁의행위 등의 민·형사상 책임도 조합원에게 한정되므로 조합원의 지위의 취득 및 상실은 중요하다고 할 것이다.

2. 조합원 지위의 취득

(1) 조합원 지위의 취득사유

조합원의 지위는 근로자들이 헌법상 단결권에 기초하여 공동으로 조직체를 창설하고 스스로 그 조직체의 구성원이 되는 것으로 취득할 수 있다. 또한, 노조에 개별근로자가 가입하여 조합원 지위를 취득할 수 있다. 조합가입의 절차와 가입자격 등은 노조규약에 따라야 하며, 사용자의 이익을 대표하는 자의 가입을 허용하는 것은 노조의 자주성 상실의 우려가 있으므로 가입이 제한되고 있다.

(2) 조합원 지위의 취득의 효과

개별 근로자는 노동조합을 집단적으로 설립하거나 기존에 설립된 노동조합에 가입함으로써 조합원의 지위를 취득할 수 있다. 이렇게 조합원 지위를 취득하면 조합원은 균등하게 그 노동조합의 모든 문제에 참여할 권리를 향유할 수 있고 그에 따르는 의무를 지게 된다(제22조). 이와 같은 조합원으로서의 권리와 의무에 대하여는 아래에서 자세히 설명한다.

3. 조합원 지위의 상실

(1) 조합원 지위의 상실사유

노조법 제2조 제4호 단서에는 '사용자 또는 항상 그 이익을 대표하는 자'와 '근로자가 아닌 자'의 조합가입을 제한하고 있다. 그리고 노조규약으로 조합원의 자격 또는 범위를 정한 경우, 조합원이 그 요건을 결여한 때에는 조합원의 지위를 상실한다. 또한 노조의 탈퇴나 제명의 경우에도 조합원 지위를 상실한다.

(2) 조합원 지위 상실의 효과

조합원 지위를 상실하면 조합원으로서의 권리와 의무를 상실하고, 노동조합이 법인격을 갖지 않을지라도 노동조합의 재산에 대한 재산지분권이나 재산분할청구권이 인정되지 않게 된다.

Ⅲ. 조합원의 권리

1. 차별대우의 금지

노동조합의 조합원은 균등하게 그 노동조합의 모든 문제에 참여할 권리와 의무를 가지며(제22조), 어떠한 경우에도 인종, 종교, 성별, 연령, 신체적 조건, 고용형태, 정당 또는 신분에 의하여 차별대우를 받지 아니한다(제9조).

노동조합의 모든 문제는 노동조합의 조직에서부터 조합활동 등이라고 할 수 있다. 즉 노조설립, 조합활동이나 단체교섭 및 쟁의행위에 이르기까지 차별대우를 받지 않고 균등한 참여권이 보장된다는 것을 확인하는 규정이다.

2. 조합에 참여할 권리

(1) 근로3권 보장

1) 조합활동권 노동조합의 조합활동이란 근로자가 노동조합의 목적달성과 단결력의 유지·강화를 위해 행하는 일상적 제반활동을 말한다. 이러한 조합활동은 노동조합의 유지·운영의 기본적인 내용이므로 근로3권 실현활동으로서 사용자의 권리와 저촉되는 경우에 법익형량 내지 권리조정의 면에서 정당한 것으로 평가(조합활동의 정당성)된다면 조합원이 균등하게 주도하거나 참여할 권리를 갖는다.

2) 단체교섭 및 쟁의행위 참여권 단체교섭은 조합원의 근로조건의 향상을 위한 노동조합의 주요활동이므로 이에 대한 조합원의 참여권을 보장하여야 할 것이다.

또한 단체교섭을 효율적으로 조성하기 위한 수단으로서 쟁의행위에 참여할 개별 조합원의 단체행동권도 존중되어야 할 것이다. 이와 관련하여 노조법에서는 노동조합의 쟁의행위는 그 조합원의 직접·비밀·무기명투표에 의한 조합원 과반수의 찬성으로 결정하지 아니하면 이를 행할 수 없다고 규정(제41조)하고 있다.

(2) **임원선거권 및 피선거권**

조합원은 조합의 임원의 선출·해임 및 임원으로 선출될 수 있는 권리를 가진다(제16조 제1, 2항). 또한 대의원회를 두는 경우에 대의원을 선출이나, 선출될 수 있는 권리를 가진다(제17조 제1, 2항).

(3) **총회출석·의결권 및 총회소집요구권**

조합원은 총회에 출석 및 의결할 권리를 가진다(제16조 제1항). 노동조합의 대표자는 조합원 3분의 1 이상이 회의에 부의할 사항을 제시하고 총회의 회의 소집을 요구한 때에는 지체없이 임시총회를 소집하여야 한다(제18조 제2항). 또한 조합원 3분의 1 이상은 노조대표자가 회의의 소집을 고의로 기피하거나 이를 해태할 경우에는 행정관청에 소집권자의 지명을 요구할 수 있다(제18조 제3항).

(4) **조합운영상황 공개·열람권 등**

조합원은 노동조합의 대표자는 회계연도마다 결산결과와 운영상황에 대한 열람을 요구할 수 있다(제26조). 아울러 노조대표자는 회계감사를 실시하게 하고 그 내용과 감사결과를 전체조합원에게 공개하여야 한다(제25조).

(5) **조합재산에 대한 권리**

조합원은 규약 등에 정하는 바에 따라 조합재산에 대하여 일정한 권리를 갖게 된다. 노조가 해산 등으로 재산을 분할하는 경우에 그 권리가 인정된다고 보아야 하겠지만, 탈퇴나 제명의 경우에는 조합재산에 대하여 권리를 인정받지 못할 것이다.

3. 권리의 제한

노동조합은 규약으로 조합비를 납부하지 아니하는 조합원의 권리를 제한할 수 있다(제22조 단서). 또한 조합임원에 대한 선거에서 규약 등에 합리적인 요건을 들어 그 입후보자격을 제한할 수 있다.[44] 아울러 헌법상 근로3권의 보장을 위하여 노조법 제9조에 위배되지 않는 범위에서 규약 등으로 합리적 요건에 따라 권리의 범위를 정할 수 있다고 보아야 할 것이다.

Ⅳ. 조합원의 의무

1. 조합의 통제권에 복종할 의무

(1) **조합의 통제권**

조합의 단체로서의 성질과 헌법상 단결권을 실현하기 위한 모든 활동에 대해 조합원을 규제할 수 있는 권한을 말한다. 여기에는 규약이나 방침 및 지시 등에 위반한 조합원에 대해 노동조합이 제재처분을 가하는 처분권한으로서의 통제권도 포함된다.

(2) **비공인 파업(살쾡이파업)의 금지**

조합원은 노동조합에 의하여 주도되지 아니한 쟁의행위를 하여서는 안 된다(제37조 제2항).[45] 살쾡이파업은 노동조합의 통제권 행사를 형해화한다는 점에서 개별조합원의 독자적인 단체행동권을 제한하고 있다.

44) 대판 1992.3.31, 91다14413.
45) 위반하면 제89조 벌칙 적용.

(3) 통제권에 복종할 의무

조합원은 노동조합의 구성원으로 노조의 통제에 복종하고 노동조합의 조직과 활동에 적극 협조하여야 할 의무를 가진다. 여기에는 규약준수의무, 조합지시에 복종할 의무, 조합활동에 참가할 의무가 포함된다고 할 것이다.

조합원의 활동이 조합의 단결유지에 중대한 영향을 미치는 경우 통제권을 행사로 제재할 수 있는데, 그 사유로는 단체교섭 저해행위, 조합원의 부당한 비판활동, 결의 또는 지시의 불복종, 정치 · 사회활동, 조합비 미납 등이 있다.

(4) 위법한 통제권으로부터 구제

행정관청은 노동조합의 결의 또는 처분이 노동관계법령 또는 규약에 위반된다고 인정할 경우에는 노동위원회의 의결을 얻어 그 시정을 명할 수 있다(노조법 제21조).

또한 통제권 행사는 본질적으로 노동조합의 내부관계에 속하는 것이므로 조합자치에 맡기는 것이 적합하고 사법심사는 가능한 한 자제되어야 할 것이다. 그러나 노동조합의 조직력과 사회적 영향력이 점차 증가하고 있고 근로조건 규제권한을 통해 조합원의 생존권에 직접 영향을 미치는 점을 고려할 때 정당성을 결한 통제권의 행사에 대한 사법심사의 필요성이 인정될 수 있다.

2. 조합비 등의 납입의무

조합원은 조합비를 납입할 의무를 지며 노동조합은 그 규약으로 조합비를 납부하지 아니하는 조합원의 권리를 제한할 수 있다(제22조 단서). 또한, 조합비일괄공제에 동의하여 조합비를 납입하여 왔다면, 조합원의 기본의무이므로 개별적인 납입중지를 할 수는 없다고 보아야 한다.

V. 결　　론

근로자는 노동조합을 결성하거나 기존 노동조합에 가입함으로써 조합원의 지위를 취득하게 되며 그에 따라 조합원으로서의 권리를 향유하고 의무를 지게 된다. 또한 일정한 사유로 조합원 자격을 상실하게 되면, 조합원으로서의 권리와 의무도 상실된다. 노조법은 조합원의 지위를 취득하면 향유할 수 있는 권리와 이에 따른 의무에 대하여 규정하여 조합원으로서의 지위를 보장해주고 있다.

제 8 절 노동조합의 기관

Ⅰ. 서 설

근로3권을 실현하기 위해서 노동조합에는 의사결정, 업무집행, 감사 등을 행하는 기관이 필요하다. 각 기관에 대한 구성 및 운영은 노동조합의 자주적 의사에 따르게 될 것이다. 이와 관련하여 노조법에서는 의사결정기관으로서 총회와 대의원회, 업무집행기관으로서 임원 및 감사기관으로서 회계감사원에 대하여 규정하고 있다. 아래에서는 노동조합의 기관에 대하여 구체적으로 살펴보도록 한다.

Ⅱ. 의결기관

1. 의 의

노조법은 의사결정기관으로서 총회 및 대의원회를 두고 있다. 총회는 조합원 전원으로 구성되는 최고의사결정기관이다. 대규모의 노조에서는 모든 조합원이 참가하기 어려워서 총회에 갈음하여 대의원회를 둘 수 있다.

2. 총 회

(1) 설 치

총회는 노동조합의 최고의결기관이며, 조합원 전원으로 구성된다. 총회에 갈음하여 대의원회를 설치한 경우에는 총회의 지위는 그대로 유지하면서 대의원회가 그 권한을 대신 행사하는 것이다. 총회는 원칙적으로 취업시간 이외의 시간에 개최하여야 하지만 업무의 특수성으로 사용자가 이를 허용하거나 단체협약, 취업규칙 또는 관행으로 정함이 있는 경우 취업시간 중에도 할 수 있다.

(2) 총회의 개최

1) 정기총회 　노조는 매년 1회 이상 총회를 개최하여야 하며(노조법 제15조 제1항), 노조의 대표자는 총회의 의장이 된다(동조 제2항).

2) 임시총회 　노동조합의 대표자는 필요하다고 인정하거나(제18조 제1항), 조합원의 3분의

1 이상(연합단체인 노동조합에 있어서는 그 구성단체의 3분의 1 이상)이 총회의 소집을 요구할 경우에 개최된다(동조 제2항).

3. 대의원회

(1) 설 치

대의원회는 노동조합의 의결기관으로서 노동조합의 규모 등으로 인해 총회의 소집이 불가능할 경우를 대비하여 총회에 갈음하여 설치하는 기관이다(제17조 제1항). 대의원회를 두는 경우에는 대의원에 관한 사항을 규약에 명시하여야 한다(제11조 제6호).

(2) 대의원의 선출 및 임기

대의원회의 대의원은 조합원의 직접 · 비밀 · 무기명 투표에 의하여 선출한다(제17조 제2항). 대의원의 임기는 규약으로 정하되 3년을 초과할 수 없다(제17조 제3항).

4. 임시총회 및 임시대의원회의 소집

(1) 소집요건

노동조합의 대표자는 필요하다고 인정할 때에는 임시총회 또는 임시대의원회를 소집할 수 있고(제18조 제1항), 조합원 또는 대의원의 3분의 1 이상(연합단체인 노동조합에 있어서는 그 구성단체의 3분의 1 이상)이 회의에 부의할 사항을 제시하고 회의의 소집을 요구한 때에는 임시총회 또는 임시대의원회를 소집하여야 한다(동조 제2항).

(2) 소집권자의 지명

1) 소집권자가 소집을 기피 · 해태하는 경우 행정관청은 노동조합의 대표자가 회의의 소집을 고의로 기피하거나 이를 해태하여 조합원 또는 대의원의 3분의 1 이상이 소집권자의 지명을 요구한 때에는 15일 이내에 노동위원회의 의결을 요청하고 노동위원회의 의결이 있는 때에는 지체없이 회의의 소집권자를 지명해야 한다(제18조 제3항).

2) 소집권자가 없는 경우 행정관청은 노동조합에 총회 또는 대의원회의 소집권자가 없는 경우에 조합원 또는 대의원의 3분의 1 이상이 회의에 부의할 사항을 제시하고 소집권자의 지명을 요구한 때에는 15일 이내에 회의의 소집권자를 지명해야 한다(제18조 제4항).

3) 규약상 지명 노조의 규약으로 노조법과 다른 방식으로 총회 또는 대의원회의 소집권자를 지명할 수 있다.

(3) 소집의 절차

1) 소집공고 총회 또는 대의원회의 소집을 위해서는 7일 전에 그 회의에 부의 사항을 공고하여야 하는데, 동일한 사업장 내의 근로자로 구성된 노조의 경우에는 규약으로 이 공고기간을 단축할 수 있으며 기타 소집절차에 관하여서는 규약이 정한 방법에 따른다(제19조).

2) 소집절차에 하자있는 총회의결의 효과 소집절차에 하자가 있더라도 조합원 대다수가 출석하여 그 압도적 다수의 찬성으로 의결한 경우에는 그 결의는 유효하다. 소집절차에 하자는 형식적으로 판단할 것이 아니라 조합원의 총의가 반영되었는지를 실질적으로 판단하여야 할 것이다.[46]

---

46) 대판 1992.3.27, 91다29071; 대판 1992.3.31, 91다14413.

5. 총회 및 대의원회의 의결

(1) 의결사항

1) 총회의 의결사항 노조운영상의 중요사항은 조합원의 민주적인 총의를 반영하기 위해 총회의 의결을 얻는 것이 타당하므로 노조법은 총회의 '필요적 의결사항'을 규정하도록 하고 있다(제16조 제1항). 필요적 의결사항은 ① 규약의 제정과 변경에 관한 사항, ② 임원의 선거와 해임에 관한 사항, ③ 단체협약에 관한 사항, ④ 예산결산에 관한 사항, ⑤ 기금의 설치관리 또는 처분에 관한 사항, ⑥ 연합단체의 설립가입 또는 탈퇴에 관한 사항, ⑦ 합병분할 또는 해산에 관한 사항, ⑧ 조직형태의 변경에 관한 사항, ⑨ 기타 중요한 사항 등이다. 조합자치 원칙상 노조법상 열거하지 않은 사항도 총회의 의결사항으로 규약에 규정할 수 있다.

2) 대의원회의 의결사항 노동조합은 규약으로 총회에 갈음할 대의원회를 둘 수 있고(제17조 제1항), 대의원회를 둔 때에는 총회에 관한 규정은 대의원회에 준용한다(제17조 제4항). 따라서 대의원회는 총회의 의결사항에 대하여 의결할 수 있다. 다만, 규약의 제정 · 변경과 임원의 선거 · 해임에 관한 사항은 조합원의 직접 · 비밀 · 무기명투표에 의하여야 하므로(제16조 제4항) 동 사항에 대한 대의원회 의결시에는 조합원의 총의가 반영될 수 있도록 하여야 할 것이다.

(2) 의결정족수

1) 일반의결정족수 의결사항은 원칙적으로 다수결 원리에 따라 재적조합원 과반수의 출석과 출석조합원 과반수의 찬성으로 이루어져야 한다(제16조 제2항 본문).

2) 특별의결정족수 규약의 제정 · 변경, 임원의 해임, 합병 · 분할 · 해산 및 조직형태의 변경에 관한 사항은 재적조합원 과반수의 출석과 출석조합원 3분의 2 이상의 찬성이 있어야 한다(제16조 제2항 단서).

3) 임원의 결선투표제 임원의 선거에서 출석조합원 과반수의 찬성을 얻은 자가 없는 경우, 규약이 정하는 바에 따라 결선투표를 실시하여 다수의 찬성을 얻은 자를 임원으로 선출할 수 있다(제16조 제3항).

(3) 의결방식

의결방식은 자유지만, 규약의 제정 · 변경과 임원의 선거 · 해임에 관해서는 직접 · 비밀 · 무기명 투표의 방식(제16조 제3항)에 따라야 한다. 한편, 노동조합이 특정 조합원에 관하여 의결할 경우에는 당해 조합원에 대해서는 표결권이 인정되지 않는다(제20조).

Ⅲ. 집행기관

1. 구　성

집행기관은 대내적으로 의결기관이 의결한 사항을 집행하고, 대외적으로 조합을 대표한다. 조합의 대표자는 '노조위원장'이다.

2. 권　한

조합규약상 특별한 규정이 없는 한 집행기관의 직무권한은 조합의 목적달성에 필요한 일체의 업무라고 할 것이다.

노조대표자는 i) 총회의 의장이 되고(제15조 제2항) ii) 회계감사를 실시하게 되며(제25조 제1항) iii) 임시총회를 소집하고(제18조 제1항) iv) 노조의 운영상황을 공개(제26조)할 의무와 권한이 있다.

3. 선임 및 해임

노조법은 임원에 관하여 선거절차와 탄핵에 관한 사항 등을 규약의 필요적 기재사항으로 정하고 있다. 또한 임원은 노조의 조합원 중에서 선출되어야 하며 선출이나 해임방식은 직접 · 비밀 · 무기명 투표로 의결되어야 한다.

4. 임 기

임원의 임기는 조합규약으로 정하되 3년을 초과할 수 없다(제23조 제2항). 조합규약으로 연임을 허용하는 경우 3년을 초과할 수 있다.

5. 노조전임

노사 당사자가 단체협약으로 정하거나 사용자의 동의가 있는 경우에는 노조 전임자를 둘 수 있다(제24조 제1항). 노조 전임자는 그 전임기간 동안 급여지급이 금지되나(제24조 제2항) 단체협약으로 정하거나 사용자가 동의하는 경우에는 근로시간 면제 한도를 초과하지 아니하는 범위에서 근로자는 임금의 손실 없이 업무와 건전한 노사관계 발전을 위한 노동조합의 유지 · 관리업무를 할 수 있다(제24조 제4항, 2011.7.1. 시행).

Ⅳ. 감사기관

1. 의 의

감사기관은 노동조합의 설립목적에 위배되지 않도록 집행기관의 업무집행상황을 감사하는 기관이다. 현행 노조법은 회계감사에 한하여 감사를 의무화하고 있다.

2. 감사 및 공개

노조 대표자는 그 회계감사원으로 하여금 적어도 6개월에 1회 이상 노조의 모든 재원 및 용도, 주요 기부자의 성명 및 현재의 경리상황에 대한 회계감사를 실시하고, 그 내용과 감사결과를 전체 조합원에게 공개하여야 한다(제25조 제1항). 노조의 회계감사원은 필요하다고 인정하는 때에 언제든지 당해 노조의 회계감사를 실시하고 그 결과를 공개할 수 있다(제25조 제2항).

Ⅴ. 결 론

노동조합의 기관에는 의결기관으로서 총회와 대의원회, 집행기관으로서 임원, 감사기관으로서 회계감사원 등이 있다. 노동조합의 목적을 제대로 실현하기 위해서는 노조법의 규율 아래에서 노동조합의 기관이 자주적이고 민주적인 업무의 집행과 운영에 힘써야 할 것이다. 다만, 노조법상 규율에 한계가 있으므로 회계감사 등 여러 가지 법적 보안이 이뤄져야 할 것이다.

[관련판례] 노동조합의 기관

1. 대위원 선출방법의 취지(대판 2000.1.14. 97다41349)

[1] 노동조합법 제20조(현행 17조) 제2항이 노동조합의 최고의결기관인 총회에 갈음할 대의원회의 **대의원을 조합원의 직접 · 비밀 · 무기명투표에 의하여 선출하도록 규정하고 있는 취지**는, 노동조합의 구성원인 조합원이 그 조합의 조직과 운영에 관한 의사결정에 관여할 수 있도록 함으로써 **조합 내 민주주의 즉 조합의 민주성을 실현**하기 위함에 있고 이는 **강행규정**이라고 할 것이므로, **다른 특별한 사정이 없는 한** 위 법 조항에 위반하여 조합원이 대의원의 선출에 직접 관여하지 못하도록 **간접적인 선출방법을 정한 규약이나 선거관리규정 등은 무효**라 할 것이다.

[2] 지부 또는 지방본부 단위로 조합원수에 비례하여 전국대의원수를 배정하고 그 지부 또는 지방본부에서 조합원들이 총회에 갈음할 대의원회의 대의원들을 직접 · 비밀 · 무기명투표에 의하여 선출한다면 반드시 전체 조합원이 한 곳에 모여 전국대의원을 선출하지 아니하여도 위 노동조합법 제20조 제2항의 취지에 맞게 전국대의원을 선출하는 것이 되므로, 피고의 전국대의원들과 같이 조합원에 의하여 직접 선출되지 아니한 자들이 전국대의원회의 의사결정시에 조합원의 의사를 최대한 반영할 수 있는지 여부와 관계없이, 원심이 내세운 사정만 가지고는 위 노동조합법 제20조 제2항의 규정이 간접으로 대의원을 선출하는 것을 예외적으로 허용하는 것이라고 해석될 수도 없다 할 것이다.

2. 노동조합 의결기관의 소집절차상 하자 ①(대판 1992.3.27, 91다29071)

[1] 노동조합의 대의원대회의 개최에 **노조규약상 소집공고기간의 부준수 등 절차상 하자**가 있다 하더라도 그 대회에 **모든 대의원이 참석**하였고, 거기서 다룬 안건의 상정에 관하여 어떠한 이의도 없었으므로 위 **하자는 경미한 것**이어서 위 **대의원대회에서 한 결의는 유효**하다.

[2] 노동조합 위원장선거를 위한 임시총회에 소집공고 등 절차상 하자가 있다 하더라도 총유권자 791명 중 약 90.77%에 해당하는 728명이 참여하였고, 위 총회의 소집이 위원장 후보자로서의 입후보나 다른 조합원들의 총회 참여에 어떠한 지장도 없었다고 할 것이므로, 위 절차상 하자 역시 경미한 것이어서 위 총회에서의 결의인 위원장 선출은 유효하다.

3. 노동조합 의결기관의 소집절차상 하자 ②(대판 1992.3.31, 91다14413)

[1] 노동조합의 대의원대회에 재적대의원 전원이 출석하여 전원의 찬성으로 위원장을 직선으로 선출하는 것을 전제로 규약을 개정하기로 의결을 한 것이라면, 노동조합이 그 규약 개정안을 회의에 **부의할 사항으로 미리 공고하지 아니한 채 대의원대회를 개최한 절차상의 흠**이 있다고 하더라도, 그 대의원대회의 **결의 자체를 무효라고 볼 수 없다.**

[2] 노동조합이 **규약으로 임원이 될 수 있는 자격**을 일정한 수 이상의 조합원의 추천을 받은 자 및 노동조합원이 된 때로부터 일정한 기간이 경과한 자로 **제한한 경우**에도, 추천을 받아야 할 조합원의 숫자가 전체조합원의 숫자에 비추어 소수 조합원의 권리를 해할 우려가 있는 정도에 이르지 아니하고, 요구되는 기간이 사용자와 노동조합의 실정을 파악하여 노동조합의 임원으로 직무를 수행하는 데에 필요하다고 인정되는 합리적인 기간을 넘어서는 것이 아니라면, 노동조합이 **자주적인 판단에 따라 규약으로 정할 수 있는 것**으로서 조합원들의 **피선거권의 평등에 대한 현저한 침해라고는 볼 수 없으므로**, 그와 같은 규약은 노동조합법 제22조에 위반하는 것이 아니라고 봄이 상당하다.

제 9 절 조합활동의 정당성

Ⅰ. 서 설

노동조합의 조합활동이란 근로자가 노동조합의 목적달성과 단결력의 유지 · 강화를 위해 행하는 일상적 제반활동을 말한다. 조합활동은 헌법상 보장되고 있는 근로3권의 한 내용으로서 정당한 범위와 기준에 따르는 정당한 활동은 민 · 형사 면책대상이다.

근로자의 행위가 조합활동으로서 법적 보호를 받기 위해서는 근로3권 실현활동으로서의 보호가치를 가져야 하고 조합활동이 사용자의 권리와 저촉되는 경우에 법익형량 내지 권리조정의 면에서 정당한 것으로 평가될 수 있어야 하는바, 이를 조합활동의 정당성(조합활동의 주체, 목적, 수단)이라고 한다.

특히, 조합활동에 있어서 사용자의 시설관리권, 노무지위권과 충돌하는 경우, 그리고 노조의 언론활동의 허용범위가 주요 쟁점이 되어 왔다. 전자는 사용자의 전속적 권리이고 후자는 조합원 및 노조의 헌법상 기본권이기 때문에 권리조정의 문제가 발생하기 때문이다.

아래에서는 조합활동의 정당성에 대하여 판례의 기준을 중심으로 살펴보도록 한다.

Ⅱ. 조합활동의 정당성 판단기준

1. 문제의 제기

조합활동의 정당성은 조합활동이 타인의 권리 · 이익과 충돌하는 경우 권리조정의 기준을 정하는 것이다. 이러한 정당성은 법원이 구체적인 사안에 대하여 이해당사자의 권리 · 이익을 조정하면서 체계화된 기준에 따르는 것이다. 이것은 헌법상 노동기본권의 온전한 향유여부를 따져 민 · 형사상 책임을 지울 것인지 결정하게 되는 것이다. 따라서 조합활동의 정당성을 판단하기 위해서는 법원에서 제시하는 판단기준을 확인하고 그 구체적인 내용을 살펴보아야 할 것이다.

2. 법원의 판단기준

판례는 조합활동이 정당하다고 하기 위하여는 주체의 측면에서 "행위의 성질상 노동조합의 활동으로 볼 수 있거나 노동조합의 묵시적인 수권 또는 승인을 받았다고 볼 수 있는 것"으로서 목적의 측면에서 "근로조건의 유지 개선과 근로자의 경제적 지위의 향상을 도모하기 위하여 필요하고 근로자들의 단결강화에 도움이 되는 행위"이어야 하며, 수단의 면에서 "취업규칙이나 단체협약에 별도의 허용규정이 있거나 관행 또는 사용자의 승낙이 있는 경우 외에는 취업시간 외에 행하여져야 하고, 사업장 내의 조합활동에 있어서는 사용자의 시설관리권에 바탕을 둔 합리적인 규율이나 제약에 따라야 하며, 폭력과 파괴행위 등의 방법에 의하지 않는 것"이어야 한다고 하면서 "취업시간 외에 사업장 밖에서 이루어졌을 경우에도 근로자의 근로계약상의 성실의무에 위반하지 않아야 정당성이 인정된다고 보고 있다. 아울러 구체적 사건에 있어서 노사 쌍방의 태도 등을 종합하여 사회통념에 따라 판단하고 있다.[47)]

3. 검 토

판례는 근로자의 조합활동은 그 주체 · 목적 · 수단의 각 측면에서 정당한 것이어야 법적으로 보호받을 수 있다고 판단하고 있다. 따라서 조합활동의 각 측면을 구체적으로 검토하도록 한다.

Ⅲ. 조합활동의 주체 · 목적과 정당성

1. 조합활동의 주체와 정당성

(1) 기관활동

기관활동은 노동조합의 의사 내지 방침을 형성하거나 그에 기해 행하여진 조합원의 제반행위를 말한다. 기관활동은 의사결정기관, 집행기관 및 기타 조합원의 활동으로 주체의 문제는 없다고 할 것이다.

(2) 조합원의 자발적 활동

자발적 활동이란 노동조합의 명시적 의사에 기하지 않고 행하여진 조합원 개인 또는 집단의 활동을 말한다. 조합원의 자발적 활동은 그 행위의 성질상 노동조합의 활동으로 볼 수 있거나, 또는 노조의 묵시적인 수권 혹은 승인을 받았다고 볼 수 있는 때에는 조합활동의 정당성이 인정된다.[48)] 자발적 활동이 노동조합의 명시적인 결의나 지시에 반하는 경우에도 당해 행위가 단결권 보장의 취지에 비추어 용인될 수 경우에는 조합활동의 정당성이 인정된다.

(3) 미조직 근로자의 자발적 활동

미조직 근로자의 행위는 일반적으로 조합활동의 정당성이 인정되지 않지만 소속사업장 노동조합에 가입하려다 거부당한 근로자가 조합방침을 비판하는 경우나 노조결성을 지원하는 경우와 같이 단결권보장 취지에 적합한 근로자의 행위는 예외적으로 조합활동의 정당성이 긍정된다.

2. 조합활동의 목적과 정당성

근로자의 조합활동이 정당성을 가지려면 노동조합의 특성상 조합원의 근로조건 향상, 즉 근로조건의 유지 · 개선이나 단결의 유지 · 강화를 목적으로 해야 한다. 이러한 활동은 주로 경제적 지위향상을 주요 목적으로 하는 것이 대부분이다.

그런데 노조의 활동이 정치활동 · 사회활동 · 문화활동 등의 경우 조합활동에 포함될 수 있는지가 문제된다. 정치활동은 조합원의 근로조건 유지 · 개선이라는 노동조합의 목적을 이루기 위한 것이라면 정당

47) 대판 1994.2.22, 93도613; 대판 1990.5.15, 90도357.
48) 대판 1992.9.25, 92다18542.

성이 있고, 사회 · 문화활동도 조합원의 내적 연대감과 단결력 강화에 필요한 것은 정당성이 인정된다.

Ⅳ. 조합활동의 수단과 정당성

1. 근무시간 중의 조합활동

(1) 의 의

조합활동은 원칙적으로 근로시간 외에 행해져야 한다. 다만, 근로시간 중의 조합활동에 대해 취업규칙이나 단체협약 등에 정함이 있거나, 그에 대한 사용자의 승낙 또는 관행이 있는 경우, 노무지휘권이 일방적인 시간외 근로명령 등과 같이 합리적인 범위를 넘어서 행사된 경우에는 조합활동의 정당성을 인정할 수 있다.[49)]

여기서 노무지휘권이란 사용자가 근로자와 근로계약상 사용자의 지휘명령에 따라 노무를 제공할 의무인 노무제공의무에 대응하여 근로계약에 약정된 노무제공의 구체적 태양을 정하거나 노무제공을 지휘 · 감독할 수 있는 권한을 말한다.

(2) 조합집회 등의 개최

취업시간 중에 조합원 전체가 참여할 수 있도록 총회 등을 개최하면서 사용자의 승낙을 받지 않은 경우에는 노무지위권의 침해로 정당성이 부인된다.[50)]

그러나 사용자의 승낙이 없더라도 총회 등이 근무형태나 업무의 특수성 등에 비추어 취업시간 중에 개최할 필요가 있는 경우, 회사가 대비할 여유가 충분하여 노무지휘권이 침해되지 않는 경우에는 정당성이 인정될 수 있다.[51)]

(3) 복장 등의 착용

복장 등의 착용은 기업의 업종, 근로자의 직무내용, 직장의 양상 및 착용의 태양 등 구체적 사정을 고려하여 근로자로서 정신적 · 육체적 활동에 지장이 없고 업무에 지장을 미칠 우려가 없는 경우에 정당성이 인정된다.[52)]

(4) 노조전임자 제도

조합간부가 근로시간 중 근로를 제공하지 아니하고 상시적으로 노조의 업무만을 담당하도록 하는 제도를 노조전임자제도라고 한다.

노조법 제24조는 단체협약에서 정하거나 사용자의 동의가 있는 경우에는 노조전임을 인정하여 노조전임자제도에 대한 법적 근거를 제시하고 있다. 따라서 노조전임제는 사용자의 편의제공의 일종으로서 단체협약에 정하거나 사용자 동의가 있는 경우에 한해 조합활동의 정당성이 인정된다.

2. 사업장 내의 조합활동

(1) 의 의

사업장 내 조합활동에는 유인물게시나 현수막게양, 기업시설에서의 조합집회 등 다양한 유형이 있

49) 대판 1996.2.23, 94누9177.
50) 대판 2001.11.27, 99도4779.
51) 대판 1995.3.14, 94누5496.
52) 대판 1996.4.23, 95누6151.

다. 이러한 기업시설 내 조합활동이 취업규칙, 단체협약의 정함이나 관행 또는 사용자의 시설관리권에 기초하여 합리적인 규율이나 제약의 범위 하에서 행해져야 그 정당성이 인정된다.[53)]

여기서 시설관리권은 사용자가 사업수행을 위하여 갖추고 있는 물적 시설, 설비를 사업목적에 따라 사용할 수 있도록 적절히 관리하거나 그에 수반되는 필요조치를 취할 수 있는 권리를 말한다. 이러한 사업장 내의 조합활동이 사용자의 시설관리권과 충돌하는 경우에는 그 조합활동의 필요성, 시설관리권의 구체적 침해정도, 기타 노사관계의 제반 사정을 종합적으로 고려하여 그 정당성을 판단하여야 할 것이다.

(2) 벽보 등의 부착

1) 문제의 제기 벽보나 현수막 등을 부착하는 등 사용자가 관리하는 기업시설을 이용하는 조합활동을 사용자의 승낙을 받지 않고 한 경우에 정당성이 문제된다.

2) 정당성 판단기준 '수인의무설'은 기업별 단위노조는 조합활동을 위하여 기업시설을 이용하는 것이 불가피하기 때문에 일정한 범위에서 기업시설을 이용할 권한을 가지며 사용자는 그 이용을 수인할 의무가 있으므로 기업시설을 이용하는 조합활동은 사용자의 승낙이 없더라도 정당성이 있다는 입장이고, '권리남용설'은 근로자의 기업시설 이용은 시설관리권을 가진 사용자의 승낙이 있어야 가능한 것이므로 사용자의 승낙을 받지 않고 기업시설을 이용하는 조합활동은 정당성을 인정할 수 없지만, 사용자가 시설이용을 승낙하지 않는 것이 시설관리권의 남용에 해당하는 경우에는 정당성이 인정된다는 입장이다.

하지만, 사용자의 승낙을 받지 않고 기업시설을 이용하는 조합활동은 정당성을 인정할 수 없지만, 기업시설을 이용하는 조합활동의 필요성이 있고, 그 활동으로 시설관리권의 실질적 지장을 초래하지 않는 경우에는 정당성이 인정된다고 보아야 할 것이다.[54)]

(3) 유인물 배포 행위의 정당성

1) 문제의 제기 유인물 배포 행위가 정당한 조합활동인지 문제된다. 이와 관련하여 조합활동의 정당성 판단의 일반기준이 유인물 배포활동에 대하여 어떻게 구체화될 수 있는지 검토하여야 한다. 아래에서는 유인물 배포의 정당성에 대한 판례의 기준을 중심으로 살펴보도록 한다.

2) 정당성 판단기준 노조의 유인물 배포 등에 의한 조합활동은 노동조합의 단결을 유지·강화하고 근로자의 근로조건 및 경제적·사회적 지위의 유지·향상을 달성하기 위한 기본적이고 필수적인 활동이므로 폭넓게 보호되어야 한다.[55)]

따라서 유인물 배포의 정당성 여부는 사용자의 허가가 있었는지 여부만 가지고 판단할 것이 아니라,[56)] 그 유인물의 내용, 매수, 배포의 시기·대상·방법, 이로 인한 기업이나 업무에의 영향 등 실제 제반사정을 고려하여 객관적·실질적으로 파악하여 사용자권리와 조합활동권을 조화·병존시켜야 한다(이른바 제반사정론).

3) 유인물 배포 허가제에 대하여 사업장 내에서의 기업질서를 유지하기 위하여 사용자의 허가 없이 사업장 내에서 유인물을 배포한 근로자를 징계할 수 있도록 한 취업규칙의 규정이 언론의 자

53) 대판 1994.2.22, 93도613.
54) 임종률 102.
55) 서울민지법원 1991.10.10, 89가합67846.
56) 대판 1991.11.12, 91누4164; 대판 1992.6.23, 92누4253.

유를 보장한 헌법 조항에 위반하여 무효라고 할 수 없다.[57)]

하지만 유인물의 배포가 정당한 노동조합의 활동에 해당되면 사용자는 비록 취업규칙 등에서 허가제를 채택하고 있더라도 이를 이유로 유인물의 배포를 금지할 수 없다고 보아야 한다. 다만, 허가를 받지 않고 배포한 유인물이 허위사실을 적시하여 회사를 비방하는 내용을 담고 있는 등 직장질서를 문란시킬 구체적인 위험성이 있는 경우에는 정당성이 없다고 할 것이다.[58)]

(4) 조합사무소 사용

조합사무소는 조합의사결정을 위한 협의를 비롯한 각종 조합활동의 근거가 되므로 단결활동을 위한 최소한의 물적 기초라고 하겠다. 이러한 중요성으로 기업 내 조합사무소의 설치가 요구되므로 사용자의 시설관리권과의 조화 · 균형문제가 발생한다.

조합사무소의 제공은 일종의 편의제공이기 때문에 사용자의 동의나 협정에 따라야 할 것이다. 그러나 기업별 노조 하에서 조합사무소는 조합운영에 필수적이라는 점을 고려할 때, 사용자는 최소한의 조합사무소는 제공해야 할 것이다. 이와 관련하여 노조법 제81조 제4호에서는 '최소한의 규모의 조합사무소'의 제공이 부당노동행위인 경비원조가 아니라고 규정하고 있다.

3. 근로시간 외 사업장 밖의 활동

(1) 의 의

근로시간 외에 사업장 밖에서 사용자의 태도를 비판하는 유인물을 배포하거나 벽보 등을 부착하는 등의 언론활동이라도 근로자의 근로계약상의 성실의무에 위반하지 않아야 정당성이 인정된다.[59)] 근로자가 근로계약상의 부수적 의무로서 가지는 성실의무에는 사용자의 이익을 부당하게 침해하지 않을 의무가 포함되며, 이러한 의무는 근무시간 외 또는 사업장 밖의 조합활동에도 미칠 수 있기 때문이다. 여기서 성실의무 위반을 구체적으로 어떻게 판단할 것인지가 문제된다.

(2) 정당성의 판단기준

비판의 내용이 사용자의 경영전반에 관한 방침 또는 인사노무방침에 대한 것일 경우에는 전체로서 진실한 것이면 성실의무 위반은 아니고 정당한 조합활동으로 인정된다. 문서 등에 기재되어 있는 사실관계의 일부가 허위이거나 다소 과장 · 왜곡된 점이 있더라도 전체적으로 진실한 경우에는 정당성 인정된다.[60)]

그러나 비판의 내용이 사용자나 관리자에 대한 인신공격 내지 비방을 하는 것일 경우에는 내용의 진실 여부에 관계없이, 평상시인지 쟁의시인지에 관계없이 성실의무에 반하여 정당성이 인정될 수 없다.[61)]

V. 결 론

조합활동의 정당성은 조합활동이 타인의 권리 · 이익과 충돌하는 경우 권리조정의 기준을 정하는

57) 대판 1997.7.11, 95다55900.
58) 대판 1992.6.23, 92누4253.
59) 대판 1990.5.15, 90도357.
60) 대판 1993.12.28, 93다13544.
61) 대판 1994.5.27, 93다57551; 대판 1992.2.28, 91누9572.

것이다. 조합활동의 정당성 판단에 있어 그 활동의 필요성, 사용자의 노무지휘권과 시설관리권의 저해 정도, 그 업무의 특수성을 감안하여야 할 것이다. 또한 조합활동이 사용자의 권리와 충돌할 때에는 근로3권과 사용자권리의 조화적 보장이라는 관점에서 조합활동의 정당성을 인정하는 기준을 설정하여야 할 것이다. 이를 통해 근로자에게는 근로3권에 기초한 노동조합의 자주성과 민주성을 확보할 수 있고 사용자는 노무지휘권과 시설관리권을 온전히 보장받을 수 있을 것이다.

[관련판례] 조합활동

1. 조합활동상 주체의 정당성(대판 1992.9.25, 92다18542 [영창악기사건])

[1] 조합원의 일부가 노동조합 집행부와 조합원 전체의 의사에 따르지 않고 노동조합의 결정이나 방침에 반대하거나 이를 비판하는 행위는 **행위의 성질상 노동조합의 활동**으로 볼 수 있다거나 **노동조합의 묵시적인 수권 혹은 승인**을 받았다고 인정할 만한 사정이 없는 한 조합원으로서의 자의적인 활동에 불과하여 노동조합의 활동이라고 할 수 없다.

[2] 위 행위가 **조합활동**으로서 취업시간 외에 행하여졌다고 하더라도 **장소가 사업장 시설 내인 경우**에는 시설에 대한 **소유권 또는 관리권에 바탕을 둔 합리적인 규율이나 제약에 따라야** 한다.

[3] 연장근로는 노사의 합의에 의하여 행하여지는 것이라고 하더라도 사용자가 근로시간을 연장할 필요가 있어 근로자들에게 연장근로를 제의한 경우에 집단적으로 이를 거부하고 연장근로를 하지 말라고 선동하는 행위는 사용자의 업무를 방해하는 것으로서 정당하다고 할 수 없다.

2. 조합활동상 목적의 정당성(대판 2006.5.26, 2004다62597 [전교조사건])

전국교직원노동조합 소속 교원들이 '족벌재단 퇴진' 등과 같은 내용의 리본, 배지, 조끼를 패용·착용한 행위는 단순히 노동조합의 내부적 단결을 위한 행위가 아니라 학교운영자들에게 유형적 위력을 보이는 외부적인 집단행동에 해당한다고 볼 수 있고, 설령 위와 같은 리본 등의 패용·착용행위가 '단결권'에 관한 것이라 하더라도 **근로조건의 향상과 별다른 관계가 없는 내용**이므로 이를 **금지하는 것**은 근로자나 노동조합의 **적법한 단결권행사에 어떠한 제한을 부과하는 것이 아니다.**

3. 근무시간 중의 조합활동의 법적성질(대판 1996.2.23, 94누9177)

노동조합 **조합원의 근무시간 중의 노조활동**은 원칙적으로 근로자의 근로제공 의무와 배치되는 것이므로 허용되는 것이 아니고, 사용자와 근로자 사이의 근로계약관계에 있어서 **근로자의 대우에 관하여 정한 근로조건에 해당하는 것이라고 할 수 없고,** 종전의 단체협약이나 단체교섭을 진행하던 노동관계 당사자 쌍방의 단체협약안에 그 사항에 관한 규정이 있다 하더라도 그것이 당연히 근로조건으로 되는 것이라고 할 수도 없으므로 이에 관한 노동관계 당사자 사이의 주장의 불일치는 노동쟁의라고 할 수 없고, 따라서 특별한 사정이 없는 한 이를 **중재재정의 대상으로 할 수 없다**

4. 사업장 외 조합활동의 정당성(대판 1990.5.15, 90도357)

조합활동이 정당하려면 취업규칙이나 단체협약에 별도의 허용규정이 있거나 관행, 사용자의 승낙이 있는 경우 외에는 취업시간 외에 행해져야 하며 사업장 내의 조합활동에 있어서는 사용자의 시설관리권에 바탕을 둔 합리적인 규율이나 제약에 따라야 하고, 비록 **조합활동이 근무시간 외에 사업장 밖에서 이루어졌을 경우**에도 근로자의 **근로계약상의 성실의무**(사용자의 이익을 배려해야 할)는 거기까지도 미친다고 보아야 하므로 그 점도 이행되어야 할 것인바, 근무시간 중에 조합간부들과 공동하여 지하철공사의 사무실내의 집기 등을 부수고 적색 페인트, 스프레이로 복도계단과 사무실 벽 등 200여 군데에 낙서를 하여 수리비 42,900,000원이 소요되는 재물손괴를 하였다면 이는 조합활동권의 정당성의 범위 밖에 속한다.

5. 근무시간 중 조합활동의 정당성-리본 등의 착용(대판 1996.4.23, 95누6151 [경기도금촌의료원사건])

병원에 근무하는 직원인 노동조합원들이 병원의 승인 없이 조합원들로 하여금 모든 직원이 착용하도록 되어 있는 위생복 위에 구호가 적힌 주황색 셔츠를 근무 중에도 착용하게 함으로써 병원의 환자들에게 불안감을 주는 등으로 병원 내의 정숙과 안정을 해치는 행위를 계속하였고, 아울러 병원이 노동조합의 정당한 홍보활동을 보장하기 위하여 노동조합의 전용 게시판을 설치하여 이를 이용하도록 통보하였음에도 조합원들이 주동이 되어 임의로 벽보 등을 지정 장소 외의 곳에 부착하였고, 또한 노동조합이나 병원과는 직접적인 관련이 없는 전국병원노련위원장의 구속을 즉각 철회하라는 내용의 현수막을 병원 현관 앞 외벽에 임의로 각 설치한 후 병원의 거듭된 자진철거요구에 불응한 사실이 인정된다면, 조합원들의 이와 같은 행위는 병원의 인사규정 제51조 제1호 소정의 징계사유인 "직원이 법령 및 제 규정에 위배하였을 때"에 해당하거나 제4호 소정의 징계사유인 "직무상의 의무를 위반 및 태만히 하거나 직무상의 정당한 명령에 복종하지 아니한 경우"에 해당할 뿐만 아니라, 조합원들이 점심시간을 이용하여 집단행동을 하였더라도 그러한 집단행동이 병원의 질서와 규율을 문란하게 한 경우에는 복무규정을 위반한 것이 되어 역시 위 인사규정 제51조 제1호 소정의 징계사유에 해당한다.

6. 근무시간 중 조합활동의 정당성-조합집회(대판 1994.2.22, 93도613)

노동조합 임시총회가 근무시간 중에 열렸고 4시간의 전체 총회시간 중 찬반투표를 실시하고 남은 1시간을 여흥에 사용하기는 하였으나, 위 임시총회가 노동쟁의조정법상 **쟁의행위를 하기 위한 필수적요건인 조합원의 투표를 위한 것**으로서 **2회에 걸친 서면통보를 거쳐 개최되어 회사가 이에 대비할 여유**가 충분히 있었고, 일부 조합원들이 야간근무를 하는 회사의 **근무형태 때문에** 전체 조합원이 총회에 참석할 수 있게 하려면 비록 근무시간 중이기는 하지만 야간근무가 끝나고 주간근무가 시작되는 **교대시간에 총회를 소집하는 것이 필요**하였으며, 쟁의행위에 들어갈 것인지 여부를 결정하기 위하여는 의견교환등도 필요하였을 것이라는 사정 등과 위 조합원의 수 등에 비추어 보면, 위 총회가 근무시간 중에 열렸다는 사정만으로 위법하다고 할 수 없고, 4시간의 시간이 필요 이상의 시간이었다고 보기도 어려울 것이며, 위와 같은 여흥은 임시총회 중 찬반투표를 실시하고 남는 시간에 부수적으로 치루어진 행사로서 전체 예정시간중의 일부 시간 안에 치러진 데 불과하고 전체 행사가 예정된 시간 안에 끝마쳐진 점 등에 비추어 보면 위와 같은 여흥활동만을 따로 떼어 위법하다고 볼 것은 아니고, 이를 포함한 임시총회 개최행위는 전체적으로 노동조합의 정당한 행위에 해당한다고 보는 것이 상당할 것이다.

7. 근무시간 중 조합활동의 정당성-유인물 배포 ①(대판 1991.11.12. 91누4164)

유인물의 배포에 허가제를 채택하고 있다고 할지라도 노동조합의 업무를 위한 정당한 행위까지 금지시킬 수는 없는 것이므로 그 **배포행위가 정당한가 아닌가는** 허가가 있었는지 여부만 가지고 판단할 것은 아니고 그 유인물의 내용이나 배포방법 등 **제반 사정을 고려하여 판단**되어져야 할 것이고, 취업시간 아닌 주간의 휴게시간 중의 배포는 다른 근로자의 취업에 나쁜 영향을 미치거나 휴게시간의 자유로운 이용을 방해하거나 구체적으로 직장질서를 문란하게 하는 것이 아닌 한 허가를 얻지 아니 하였다는 이유만으로 정당성을 잃는 다고 할 수 없다

8. 근무시간 중 조합활동의 정당성-유인물 배포 ②(대판 1992.6.23, 92누4253 [한국타이어사건])

유인물의 배포가 정당한 노동조합의 활동에 해당되는 경우라면 사용자는 비록 취업규칙 등에서 허가제를 채택하고 있다 하더라도 이를 이유로 유인물의 배포를 금지할 수 없을 것이지만, 배포한 유인물은 **사용자의 허가를 받지 아니하였을 뿐 아니라 허위사실을 적시하여 회사를 비방**하는 내용을 담고 있는 것이어서 근로자들로 하여금 사용자에 대하여 적개감을 유발시킬 염려가 있는 것이고, 위 유인물을 근로자들에게 직접 건네주지 않고 사용자의 **공장에 은밀히 뿌렸다는 것**이므로 이는 사용자의 **시설관리권을 침해하고 직장질서를 문란**시킬 구체적인 위험성이 있는 것으로서, 비록 위 유인물의 배포시기가 노동조합의 대의원선거운동기간이었다 할지라도 위 **배포행위는 정당화될 수 없다.**

9. 근무시간 중 조합활동의 정당성-유인물 배포 ③(대판 1993.12.28, 93다13544 판결 [교총사건])

노동조합활동으로서 배포된 문서에 기재되어 있는 문언에 의하여 타인의 인격, 신용, 명예 등이 훼손 또는 실추되거나 그렇게 될 염려가 있고, 또 그 문서에 기재되어 있는 사실관계의 일부가 허위이거나 그 표현에 다소 과장되거나 왜곡된 점이 있다고 하더라도, 그 문서를 배포한 목적이 타인의 권리나 이익을 침해하려는 것이 아니라 노동조합원들의 **단결이나 근로조건의 유지 개선과 근로자의 복지증진** 기타 경제적 사회적 · 지위의 향상을 도모하기 위한 것이고, 또 그 **문서의 내용이 전체적으로 보아 진실**한 것이라면, 그와 같은 문서의 배포행위는 노동조합의 **정당한 활동범위에 속하는 것**으로 보아야 한다.

제10절 노동조합의 재정

Ⅰ. 노동조합의 재정운영의 자주성과 민주성 확보

노동조합의 재정은 노동조합의 조직과 운영에 필요한 재산을 조달 · 관리 및 사용하는 일체의 활동을 말한다. 노동조합의 재정은 노조운영에 가장 기본적인 사항으로 이것이 확립되고 정당하게 운용될 경우 비로소 노조가 제 기능을 발휘할 수 있다.

조합재정은 조합자치의 원칙에 따라 노동조합 자주적으로 결정하여 민주적으로 운용할 사항이다. 즉, 조합재정은 국가 및 사용자 등 제3자로부터 간섭을 받지 않고 자주적이고 민주적으로 확보, 관리, 사용하여야 한다. 현행 노동조합 및 노동관계조정법(이하 '노조법'이라 함)에서는 노동조합의 재정운영의 자주성과 민주성을 확보하기 위한 여러 규정을 두고 있으므로 이에 대하여 살펴보도록 한다.

Ⅱ. 재정운영의 자주성 확보

1. 조합비의 자주적 운용

(1) 의 의

조합비라 함은 조합원이 노동조합 구성원의 지위에서 노동조합의 운영을 위하여 부담하는 일체의 비용을 말한다. 조합비는 노조의 수입 중 가장 중요한 비중을 차지하고 있으며, 조합비를 납부하지 아니하는 조합원은 조합의 제재를 받게 된다(노조법 제22조).

조합비에는 조합의 일상활동을 위한 정기조합비 외에 일시적 필요에 의해 부과되는 파업기금, 공제회비 등의 특별조합비도 포함된다. 정기조합비는 조합규약 그 자체의 규정에 의해 당연히 징수할 수 있지만, 특별조합비는 노동조합의 목적에 부합하는 경우에만 조합규약에 따라 총회동의 등의 일정한 절차를 거쳐서 운용되어야 한다.

(2) 조합비 일괄공제제도(check-off system)

조합비 일괄 공제제도란 사용자가 조합원의 임금에서 조합비를 공제하여 이를 일괄하여 노동조합에 인도한다는 단체협약상의 조항을 말한다.

조합비 공제제도가 유효하게 성립되기 위해서는 근기법(제43조 1항)에 따라 단체협약으로 규정된 경우에 예외적으로 인정된다는 것이 일반적인 견해이다. 또한 조합비 공제제도가 유효하게 성립하기 위해서는 단체협약의 체결 이외에 조합원 개인에 의한 별도의 동의 여부에 대해 견해가 대립하나 단체협약상의 조합비 공제제도는 노조와 사용자를 구속하는 채무적 효력만을 갖고, 조합원 개인을 구속하는 규범적 효력은 갖지 않으므로 조합원 개인이 별도로 이에 동의하는 경우에만 조합원 개인을 구속한다고 보아야 할 것이다.

2. 사용자의 운영비 원조와 노조의 자주성 확보

(1) 운영비 원조

노조법은 경비의 주된 부분을 사용자로부터 원조 받는 경우에는 노동조합으로 보지 아니한다고 규정(법 제2조 4호 나목)하여 노동조합이 재정적인 측면에서 사용자로부터 자주적으로 운영되어야 함을 확인하고 있다.

다만, 근로시간 중 근로시간면제제도(제24조 제4항)에 따른 활동을 사용자가 허용하는 하는 것, 후생자금 또는 복지기금의 기부, 최소규모의 조합사무소 제공은 부당노동행위에 해당되지 않는다(제81조 제4호 단서).

(2) 노조전임자의 급여지급

1) 노조전임자의 의의 노조전임자란 사용자와의 관계에서 종업원의 지위를 그대로 유지하면서 근로계약상의 근로제공의무를 이행하지 않고 노조업무에만 전념하는 자로 노조법에서는 '근로자는 단체협약으로 정하거나 사용자의 동의가 있는 경우에는 근로계약 소정의 근로를 제공하지 아니하고 노동조합의 업무에만 종사할 수 있다(제24조 제1항)'고 하여 노조전임자제도를 규정하고 있다.

2) 전임자 급여지급 금지 사용자의 노조전임자 급여지급에 대하여 1997년 제정된 현행 노조법 제24조에서는 '전임자는 그 전임기간 동안 사용자로부터 어떠한 급여도 지급 받아서는 안 된다'고 규정하면서, 제81조 제4호에서는 이를 부당노동행위로 명시하고 있다. 다만, 그동안 유예기간에 의해 2009년 12월 31일까지는 적용되지 않다가 최근 노조법 개정으로 2010년 7월 1일부터는 전임자 급여지급은 금지되지만 일정범주의 활동에 대해서는 유급 처리하는 것을 인정하는 유급근로시간 면제제도를 시행하고 있다.

3) 근로시간면제제도[62)] 전임자 급여지급 금지(제24조 제1항)에도 불구하고 단체협약으로 정하거나 사용자가 동의하는 경우에는 사업 또는 사업장별로 조합원 수 등을 고려하여 근로시간면제심의위원회에서 결정된 근로시간 면제 한도를 초과하지 아니하는 범위에서 근로자는 임금의 손실 없이 사용자와의 협의 · 교섭, 고충처리, 산업안전 활동 등 이 법 또는 다른 법률에서 정하는 업무와 건전한 노사관계 발전을 위한 노동조합의 유지 · 관리업무를 할 수 있다(제24조 제4항).

---

62) 노동부, 「노조법 개정 설명자료」, 2010. 1, 그동안 전임자 급여는 당연히 사용자가 지급해야 한다는 관행이 형성되어 전임자 급여지급 금지에 대한 유예기간 중 노사 자율로 전임자 수를 축소토록 하였으나, 13년간 전임자 수가 계속 증가하였고, 신설노조의 경우에도 전임자 인정 및 노조사무실 제공이 노사분규의 원인으로 작용해 왔다. 이런 상황에서 전임자의 건전한 노조활동을 보장하면서 전임자 관행을 개선하기위해 근로시간 면제 제도를 도입하게 되었다.

Ⅲ. 재정운영의 민주성 확보[63)]

1. 재정의 투명성 확보를 위한 규약기재와 총회의결

노동조합은 그 조직의 자주적 · 민주적 운영을 보장하기 위하여 당해 노동조합의 규약에 조합비 기타 회계에 관한 사항을 기재하여야 한다(제11조 제9호). 한편, 예산 · 결산에 관한 사항, 기금의 설치 · 관리 또는 처분에 관한 사항은 반드시 총회의 의결을 거쳐야 한다(제16조 제1항).

2. 회계감사 실시

노동조합의 대표자는 그 회계감사원으로 하여금 6월에 1회 이상 당해 노동조합의 모든 재원 및 용도, 주요한 기부자의 성명, 현재의 경리상황 등에 대한 회계감사를 실시하게 하고 그 내용과 감사결과를 전체 조합원에게 공개하여야 한다(제25조 제1항). 노동조합의 회계감사원은 필요하다고 인정할 경우에는 당해 노동조합의 회계감사를 실시하고 그 결과를 공개할 수 있다(동조 제2항).

3. 결산결과 및 운영상황의 공개

노동조합의 대표자는 회계연도마다 결산결과와 운영상황을 공표하여야 하며 조합원의 요구가 있을 때에는 이를 열람하게 하여야 한다(제26조).

4. 재정관련 장부 및 서류 작성 · 비치

노동조합은 조합 설립일부터 30일 이내에 재정에 관한 장부와 서류를 작성하여 그 주된 사무소에 비치하여야 하며, 그 서류는 3년간 보존하여야 한다(제14조).

5. 재정지출의 한계

노조의 지출은 조합규약과 총회의 결의에 따라 노조 스스로 결정할 문제이다. 그러나 지출에 있어서 목적상의 한계가 있다. 예컨대, 임시조합비의 경우 임시조합비 각출의 목적범위 내에서 지출하여야 할 것이고, 명백한 불법적 쟁의행위 또는 조합이나 조합원에게 이해관계 없는 정치자금을 위해 조합비를 유용할 수 없다.

Ⅳ. 재정운영에 대한 행정관청의 감독

1. 조세의 면제

노동조합에 대해서는 그 사업체를 제외하고는 세법이 정하는 바에 따라 조세를 부과하지 아니한다(제8조). 노조는 근로조건의 유지, 개선을 목적으로 하는 비영리단체이므로 조세면제의 혜택이 부여되는 것이다. 그러나 조합임원이나 직원이 노조로부터 받는 급여에 대해서는 납세의무자가 노조가 아닌 임

63) 몇 년 전 조합임원의 조합비 횡령 등의 비리로 조합재정에 대한 민주적 운영의 중요성이 강조되고, 행정관청의 감독을 강화해야 한다는 논의가 있었다. 이 경우 조합의 자주성을 해칠 수 있으므로 노조의 자치적 개선을 통해 해결이 바람직하다고 본다. 이와 관련하여 외부회계감사, 회계감사 결과의 공개 및 검증의 강화, 감사대상의 확대 등의 제안이 있었다(하경효, “노동조합의 민주성과재정운영의 투명성”, 2006.8.31).

원, 직원 등 개인이 되므로 소득세 등이 면제되지 않는다.

2. 행정관청에 대한 보고의무

노동조합은 행정관청이 요구하는 경우에는 결산결과와 운영상황을 보고하여야 한다(제27조). 이는 행정관청이 노동조합의 민주적 운영을 도모하기 위하여 노조의 재정이 정당하게 운영되고 있는가를 감독하기 위한 규정이다.

V. 조합재산 소유와 분할청구권

1. 법인인 노동조합

노동조합은 등기를 하여 법인이 될 수 있다. 법인이 된 경우 조합재산(소극적 재산인 채무도 포함)은 노동조합의 단독소유가 된다. 따라서 조합원은 조합재산에 대해 전혀 지분을 갖지 못하며 조합원이 탈퇴하거나 제명된 경우에도 조합재산에 대해 분할청구권을 갖지 못한다.

2. 법인이 아닌 노동조합

법인이 아닌 노조의 경우, 노동조합은 조합원 개인과는 별개의 독립적 단체이므로 민법상 권리능력 없는 사단에 해당하고, 조합재산은 조합원 전원의 總有가 된다고 보아야 할 것이다.

따라서 조합원은 조합재산에 대한 지분이나 분할청구권이 인정되지 않는다. 이 경우 노조의 채무 또한 조합원 전원에게 총유로 되어 조합원 개인은 그에 대한 책임을 지지 않으며, 조합재산만이 책임재산이 될 것이고, 노동조합에게는 권리능력 없는 사단으로서 노동법상의 당사자능력이 인정된다.

3. 소 결

요컨대, 노동조합이 법인인지의 여부를 불문하고 조합재산의 귀속관계는 사실상 차이가 발생하지 아니하며, 조합재산에 대한 조합원의 권리의무는 조합의사, 즉 규약 또는 총회의 의결에 의하여 정하여진다.

VI. 결 론

조합재정은 조합자치의 원칙에 따라 노동조합 자주적으로 결정하여 민주적으로 운용해야 한다. 조합재정은 국가 및 사용자 등 제3자로부터 간섭을 받지 않고 자주적이고 민주적으로 확보, 관리, 사용하여야 한다. 한편으로 노조재정에 대한 행정관청의 제약은 조합운영의 민주화를 기하려는 데 그 목적이 있으나, 조합자치의 원칙에 따라 노조 스스로 결정하고 운용할 사항이므로 행정관청에서는 사용자의 개입은 최소한에 그쳐야 할 것이다.

제11절 조합활동과 사용자의 편의제공

Ⅰ. 서 설

1. 사용자의 편의제공의 의의

편의제공이란 노동조합의 존립과 활동을 위하여 필요한 인적·물적 조건을 사용자가 적극적으로 제공하는 각종의 지원을 말한다.

편의제공은 조합활동의 정당성 판단 및 사용자의 지배·개입에 의한 부당노동행위에 있어서 중요한 요소이다. 편의제공에서 문제되는 것으로는 조합활동에 대한 인적 보장인 노조전임자제도와 물적 보장인 조합사무소 제공 및 조합비 공제제도가 있다. 이러한 제도들과 관련된 논의들은 편의제공의 법적 성질을 어떻게 볼 것인가에서 비롯되며, 또한 노조전임자제도와 조합사무소제공은 사용자의 부당노동행위와도 관련이 있다.

2. 법적 성질

단결권 보장의 한 효과로서 노·사 간의 합의 등이 없더라도 사용자는 편의제공의 적극적 의무를 지게 된다는 단결권설과 편의제공이 단결권 보장의 범위를 넘어서는 것이라 보고 사용자는 편의제공에 대해 동의나 협정을 한 경우에만 제공의무를 진다는 협정설이 있다.

근로3권은 사용자에 대한 근로자에게 실질적 교섭력을 부여함으로써 '공정한 교섭의 기회'를 보장하는 권리이지 교섭결과에 대하여 직접적으로 '구체적 권리'를 보장하는 것은 아니므로 편의제공을 헌법상 단결권 보장에서 당연히 파생되는 것이라 보기는 어렵고 현행 노조법 제24조 제1항의 취지에 따라 노조와 사용자 간의 동의나 협정에 의하여 결정된다고 보아야 할 것이다.[64)]

Ⅱ. 노조전임자제도

1. 의 의

노조전임자란 사용자와의 관계에서 종업원의 지위를 그대로 유지하면서 근로계약상의 근로제공의무를 이행하지 않고 노조업무에만 전념하는 자를 말한다. 노조법 제24조 제1항은 '근로자는 단체협약으로 정하거나 사용자의 동의가 있는 경우에는 근로계약 소정의 근로를 제공하지 아니하고 노동조합의 업

64) 김유성Ⅱ 108.

무에만 종사할 수 있다'고 하여 노조전임자제도를 명시적으로 인정하고 있다.

2. 전임자 급여지급 금지와 근로시간면제제도

(1) 전임자 급여지급 금지

사용자의 노조전임자 급여지급에 대하여 1997년 제정된 현행 노조법 제24조에서는 '전임자는 그 전임기간 동안 사용자로부터 어떠한 급여도 지급받아서는 안 된다'고 규정하면서, 제81조 제4호에서는 이를 부당노동행위로 명시하고 있다. 다만, 그동안 유예기간에 의해 2009년 12월 31일까지는 적용되지 않다가 최근 노조법 개정으로 2010년 7월 1일부터는 전임자 급여지급은 금지되지만 일정범주의 활동에 대해서는 유급 처리하는 것을 인정하는 유급근로시간면제제도를 시행한다.

(2) 근로시간면제제도[65]

전임자 급여지급 금지(제24조 제1항)에도 불구하고 단체협약으로 정하거나 사용자가 동의하는 경우에는 사업 또는 사업장별로 조합원 수 등을 고려하여 근로시간면제심의위원회에서 결정된 근로시간면제 한도를 초과하지 아니하는 범위에서 근로자는 임금의 손실 없이 사용자와의 협의 · 교섭, 고충처리, 산업안전 활동 등 이 법 또는 다른 법률에서 정하는 업무와 건전한 노사관계 발전을 위한 노동조합의 유지 · 관리업무를 할 수 있다(제24조 제4항).

Ⅲ. 조합사무소의 제공

1. 의 의

조합사무소는 노조의 단결활동을 위한 최소한의 물적 기초라고 할 수 있다. 회사시설을 조합사무소로 이용하는 것은 편의제공의 하나로 노 · 사 간의 합의나 관행으로 인정된다. 그러므로 그 구체적 내용은 사용자의 동의나 협정에 의해 결정된다고 할 것이다.

2. 사용자의 반환요구

조합사무소의 반환에 있어서도 노 · 사 간의 관행이나 합의에 의해야 할 것이나, 관행 또는 합의가 없는 경우 문제된다. 이 경우 조합사무소의 제공에 대한 노 · 사 간의 합의에는 '특단의 합의나 사정이 없는 한 조합사무소로 기능할 수 있는 최소한의 장소 또는 시설을 조합사무소용으로 제공하되, 그 이용기간은 기업경영에 지장을 초래하지 않는 한 계속하는 것으로 하고, 다만 구체적 위치선정 및 사후의 위치변경 권한은 사용자에게 유보되도록 한다'는 의사가 포함되어 있는 것으로 보는 것이 타당할 것이다.[66]

그러므로 사용자가 합리적인 이유 없이 또는 적절한 대체시설의 제공 없이 막연히 조합사무소의 반환을 구하는 것은 허용되지 않는다.

---

65) 개정 노조법 설명 5, 그동안 전임자 급여는 당연히 사용자가 지급해야 한다는 관행이 형성되어 전임자 급여지급 금지에 대한 유예기간 중 노사 자율로 전임자 수를 축소토록 하였으나, 13년간 전임자 수가 계속 증가하였고, 신설노조의 경우에도 전임자 인정 및 노조사무실 제공이 노사분규의 원인으로 작용해 왔다. 이런 상황에서 전임자의 건전한 노조활동을 보장하면서 전임자 관행을 개선하기 위해 근로시간 면제 제도를 도입하게 되었다.

66) 김유성Ⅱ 112.

3. 조합사무소 제공과 부당노동행위

사용자의 조합사무소제공이 노동조합에 대한 지배 · 개입에 해당되어 부당노동행위를 구성할 우려가 있으나, 최소한의 규모의 조합사무소의 제공은 부당노동행위에 해당되지 않는다고 하겠다(노조법 제81조 제4호).

Ⅳ. 조합비공제제도

조합비공제제도란 사용자가 조합원인 근로자의 임금에서 조합비를 공제하여 이를 직접 노동조합에 교부하는 제도이다.

공제제도는 기본적으로 조합비 징수방식의 하나이지만, 현실적으로 조합비 징수를 확실히 함으로써 노조재정을 안정시키고 조합비 납부를 정례화하여 간접적으로 조합원의 참가의식을 조성하는 단결강화 기능을 수행한다.

Ⅴ. 결 론

편의제공은 노동조합의 존립과 활동을 위하여 필요한 인적 · 물적 조건을 사용자가 적극적으로 제공하는 각종의 지원을 말한다. 이러한 편의제공은 단결권을 실질화하는 데 중요한 의미를 지니므로 편의제공여부에 관한 실태는 조합활동의 정당성 판단에 있어서 중요한 요소이다. 편의제공으로는 조합활동에 대한 인적 보장인 노조전임자제도와 물적 보장인 조합사무소 제공 및 조합비 공제제도가 있다. 이러한 편의제공은 조합활동의 정당성과 관련되며 사용자의 부당노동행위로 연결될 수 있으므로 명확한 이해가 요구된다.

제12절 노조전임자의 법적 지위

Ⅰ. 서 설

노동조합은 헌법상의 단결권에 근거하여 조직된 근로자들의 단결체로서 사용자와의 실질적 대등성을 확보하고 근로자들의 근로조건의 유지 · 개선을 위한 조합활동을 하는데 이를 효과적으로 수행하기 위해서는 노조전임자가 필수적이다.

노조전임자란 사용자와의 관계에서 종업원의 지위를 그대로 유지하면서 근로계약상의 근로제공의무를 이행하지 않고 노조업무에만 전념하는 자를 말한다. 노조법 제24조 제1항은 '근로자는 단체협약으로 정하거나 사용자의 동의가 있는 경우에는 근로계약 소정의 근로를 제공하지 아니하고 노동조합의 업무에만 종사할 수 있다'고 하여 노조전임자제도를 명시적으로 인정하고 있다.

Ⅱ. 노조전임제의 법적 근거 및 법적 성질

1. 법적 근거

(1) 문제제기

노동조합의 전임자가 사용자와 근로계약관계에서 있으면서도 사용자로부터 근로제공의무를 면제받는 노조전임자제도의 법적 근거에 대하여 논의의 여지가 있다.

(2) 학 설

노조전임자제도의 법적 근거는 헌법상 단결권 보장에 포함되는 것인가에 대한 논의로 크게 두 가지 입장이 있다.

단결권설은 이를 단결권 보장의 한 효과로 보아 노 · 사 간의 합의 등이 없더라도 사용자는 의무를 지게 된다는 견해이다.[67] 이에 대해 협정설은 노조전임자제도가 단결권 보장의 범위를 넘어서는 것이라고 보면서 사용자는 이에 대해 동의나 협정을 한 경우에만 제공의무를 진다는 견해이다.[68]

67) 현행법도 이를 반영하여 제24조에 협정설을 명문화했지만, 동 규정에 대해서 단결권설의 확인규정에 불과하다는 입장도 제시된 바 있다(최홍엽, "개정노동법상의 노조전임자의 지위", 「노동법 연구」, 제7호).

68) 김유성Ⅱ 108.

(3) **현행법의 태도**

노조법 제24조는 '근로자는 단체협약으로 정하거나 사용자의 동의가 있는 경우에는 근로계약 소정의 근로를 제공하지 아니하고 노동조합의 업무에만 종사할 수 있다'고 하여 협정설을 명문화하고 있다.

(4) **검 토**

근로3권은 대사용자관계에서 볼 때 '공정한 교섭의 기회를 보장하는 권리'이지 직접적으로 '구체적 권리'를 보장하는 것은 아니며, 현행 노조법의 해석상 원칙적으로 노동조합과 사용자 간의 동의나 협정에 의하여 결정된다고 보는 협정설이 타당하다.

2. 법적 성질

(1) **문제제기**

노동전임자제도의 법적 성질을 어떻게 이해하느냐에 따라 노조전임자의 법적 지위가 달라질 수 있다. 특히, 집단적 노사관계에서 단체협약상 노조전임자의 지위에 대한 효력이나 부당노동행위제도와 밀접한 관련이 있기 때문에 논의의 여지가 있다.

(2) **판 례**

판례는 "노조전임제는 노동조합에 대한 편의제공의 한 형태이고, 사용자가 단체협약 등을 통하여 승인하는 경우에 인정되는 것으로서 사용자와 근로자 사이의 근로계약관계에 있어서 근로자의 대우에 관하여 정한 근로조건이라고 할 수 없으므로"라고 하여, 전임자조항은 채무적 사항으로 보고 있다.[69] 따라서 단체협약 유효기간이 만료한 경우에 전임자는 사용자의 원직 복귀명령에 응해야 한다.[70]

(3) **학 설**

단체협약에서 전임자조항을 둔 경우, 노조전임제의 법적 성질에 대하여 단체협약의 채무적 부분에 속하는 것으로 보는 것이 일반적이다.[71] 하지만, 최근 노조전임자조항은 전임자의 활동 등과 같이 전임 자체에 관한 부분은 노조와 사용자 간의 편의제공으로서 채무적 부분으로 보아야 하지만, 전임자의 대우에 관한 부분은 '근로조건 기타 근로자의 대우에 관한 기준'으로서 규범적 효력이 부여되는 규범적 부분으로 보아야 한다는 주장이 제기되었다.[72]

Ⅲ. 전임자 급여지급 금지와 근로시간면제제도

1. 전임자 급여지급 금지

사용자의 노조전임자 급여지급에 대하여 1997년 제정된 현행 노조법 제24조에서는 '전임자는 그

69) 대판 1997.4.25, 97다 6926.

70) 대판 1997.6.13, 96누17738.

71) 김유성Ⅱ, 181, 협약당사자의 이해 조정을 목적으로 하는 채권채무관계를 설정한 것이기 때문에 원칙적으로 단체협약의 채무적 부분에 속한다.

72) 강성태 "집단적노사관계법상 노동조합 전임자의 지위", 「노동법 연구」, 전임자조항을 채무적 부분으로 파악하는 입장은 노동조합과 사용자 간의 관계만을 보고 나머지 측면을 간과하고 있다고 비판하면서 전임관계는 본질적으로 노조와 사용자, 노조와 전임자, 사용자와 전임자라는 삼면적 계약관계로 전임자조항 중 전임자의 활동 등과 같이 전임 자체에 관한 부분은 노조와 사용자 간의 편의제공으로서 채무적 부분으로 보아야 하지만, 전임자의 대우에 관한 부분은 '근로조건 기타 근로자의 대우에 관한 기준'으로서 규범적 효력이 부여되는 규범적 부분으로 보아야 한다.

전임기간 동안 사용자로부터 어떠한 급여도 지급받아서는 안 된다'고 규정하면서, 제81조 제4호에서는 이를 부당노동행위로 명시하고 있다. 다만, 그동안 유예기간에 의해 2009년 12월 31일까지는 적용되지 않다가 최근 노조법 개정으로 2010년 7월 1일부터는 전임자 급여지급은 금지되지만 일정범주의 활동에 대해서는 유급 처리하는 것을 인정하는 유급근로시간면제제도를 시행한다.

2. 근로시간면제제도[73)]

(1) 의 의

전임자 급여지급 금지(제24조 제2항)에도 불구하고 단체협약으로 정하거나 사용자가 동의하는 경우에는 사업 또는 사업장별로 조합원 수 등을 고려하여 근로시간면제심의위원회에서 결정된 근로시간 면제 한도를 초과하지 아니하는 범위에서 근로자는 임금의 손실 없이 사용자와의 협의·교섭, 고충처리, 산업안전활동 등 이 법 또는 다른 법률에서 정하는 업무와 건전한 노사관계 발전을 위한 노동조합의 유지·관리업무를 할 수 있다(제24조 제4항).

한편, 사용자는 전임자의 정당한 노동조합활동을 제한하여서는 아니 되고(제24조 제3항), 전임활동을 이유로 불이익을 주는 행위는 부당노동행위에 해당한다(제81조 제1호).

(2) 근로시간면제 한도

근로시간면제 한도는 사업장별 전체 조합원 수 규모를 고려하여 근로시간면제심의위원회가 결정하는 바에 따라 노동부장관이 고시하게 된다.

근로시간면제 한도를 정하기 위하여 근로시간면제심의위원회("위원회"라 한다)를 노동부에 둔다(제24조의2 제1항). 근로시간 면제 한도는 위원회가 심의·의결한 바에 따라 노동부장관이 고시하되, 3년마다 그 적정성 여부를 재심의하여 결정할 수 있다(동조 제2항).

위원회는 노동계와 경영계가 추천하는 위원 각 5명, 정부가 추천하는 공익위원 5명으로 구성된다(동조 제2항). 위원회는 재적위원 과반수의 출석과 출석위원 과반수의 찬성으로 의결한다(동조 제5항). 위원회는 근로시간면제 한도를 정할 때 사업 또는 사업장의 전체 조합원 수와 해당업무의 범위 등을 고려하여 시간과 이를 사용할 수 있는 인원으로 정할 수 있다(시행령 제11조의2).

(3) 전임자 급여 및 근로시간면제 한도초과 요구 쟁의행위 처벌

노동조합은 전임자에 대한 급여지급 및 근로시간면제 한도를 초과한 조합활동을 요구하고 이를 관철할 목적으로 쟁의행위를 하여서는 아니 된다(제24조 제5항).[74)] 이를 위반한 자는 1천만원 이하의 벌금에 처한다(제92조 제1호).

전임자는 전임기간 동안 사용자로부터 어떠한 급여도 지급받아서도 안 되고, 조합활동은 근로시간면제 범위한도 내에서 행하여야 한다. 그래서 노조가 사용자의 의사에 관계없이 파업 등 실력행사를 통해 전임자 급여지급을 요구하거나 근로시간면제 한도를 초과하여 급여를 지급받고자하는 것에 대한 제

73) 노동부, 「노조법 개정 설명자료」, 2010. 1., 그동안 전임자 급여는 당연히 사용자가 지급해야 한다는 관행이 형성되어 전임자 급여지급 금지에 대한 유예기간 중 노사 자율로 전임자수를 축소토록 하였으나, 13년간 전임자 수가 계속 증가하였고, 신설노조의 경우에도 전임자 인정 및 노조사무실 제공이 노사분규의 원인으로 작용해 왔다. 이런 상황에서 전임자의 건전한 노조활동을 보장하면서 전임자 관행을 개선하기 위해 근로시간면제제도를 도입하게 되었다.

74) 노동부는 전임자 급여지급 요구가 파업목적 중 하나이면 되고, 반드시 주된 목적이어야 하는 것은 아니라고 한다.

재가 필요하다.

(4) **비판적 평가**

유급근로시간 면제는 최소한의 보장이어야 하는데, 개정 노조법은 최대한의 설정으로 되어 있어 노조활동의 약화를 초래한다는 비판이 제기되었다. 또한, 노동부가 예고한 시행령은 사업 또는 사업장의 전체 조합원 수와 업무의 범위 등을 고려하여 시간단위로 결정하도록 하고, 나아가 시간을 활용할 수 있는 인원도 결정할 수 있도록 하고 있는데, 전임자 수까지 결정할 수 있도록 한 것은 위임입법의 한계를 일탈하여 그 대외적인 효력이 문제될 수 있다. 한편, 개정 노동법은 근로시간면제한도 위반 급여지급을 요구하는 쟁의행위를 금지하고, 그 위반시 벌칙을 규정하고 있어 과잉제한 및 형벌권의 남용에 해당하고, 나아가 법률이 아닌 시행령으로 근로시간면제 한도를 정하고 그 위반을 처벌의 대상으로 삼는 것은 죄형법정주의원칙에 위배된다는 비판이 제기되었다.[75]

Ⅳ. 노조전임자의 법적 지위

1. 일반적 해석

노조전임자의 법적 지위에 대해 공무원노조법이나 교원노조법은 휴직명령을 받은 것으로 본다고 규정하고 있지만, 노조법은 명문의 규정을 두고 있지 않아 논란이 있다.[76]

노조전임자의 근로관계상 지위에 대하여는 원칙적으로 사용자와의 합의나 동의에 의한다. 그렇지 않은 경우 판례는 '관행'과 '단결활동의 보장이라는 제도적 취지'를 고려하여 판단하고 휴직상태에 있는 근로자와 유사한 지위를 갖는다고 보아 노무제공의무를 면제받고, 사용자도 임금지급의무가 면제된다고 보고 있다.[77]

2. 출 · 퇴근의무 적용 여부

(1) **판례의 입장**

법원은 노조전임자는 휴직상태에 있는 근로자와 유사한 지위라고 하면서도 사용자와 사이에 기본적인 노사관계는 유지되는 것으로서 취업규칙이나 사규의 적용이 전면적으로 배제되는 것은 아니므로 단체협약에 조합전임자에 관하여 특별한 규정이나 관행이 존재하지 아니하는 한 출 · 퇴근에 대한 사규의 적용을 받는다고 판시하고 있다.[78]

이에 따라 노조전임자가 사용자에 대하여 취업규칙 등에 규정된 소정의 절차를 취하지 아니한 채 노조사무실에 출근하지 않은 것은 무단결근에 해당한다[79]고 하면서도, 근로자에 대하여 실시하는 교육 · 연수 · 훈련 등에 참가하지 않은 것에 대해 징계할 수 없다[80]는 입장이다.

75) 김선수, "복수노조 · 전임자 관련 개정법안, 쟁점과 평가", 「노동사회」, 2010.1., 2.

76) 노조전임자의 법적지위에 대하여는 ⅰ) 휴직상태에 있는 자의 지위(김유성, 임종률), ⅱ) 휴직 중인 자와 '유사'한 지위(이병태), ⅲ) 휴게 중인 자와 유사한 지위(박종희), ⅳ) 파견과 유사한 집단적 계약관계로 보는 입장(강성태) 등이 주장되었다.

77) 대판 1995.11.10, 94다54566; 대판 1993.8.24, 92다34926.

78) 대판 1993.8.24, 92다34926.

79) 대판 1997.3.11, 95다46715.

80) 대판 1999.11.23, 99다45246.

(2) 비판적 견해

노조전임자를 설정하는 노동조합과 사용자 간의 합의는 근로제공의무를 면제하려는 것이 본질이며 그 합의 속에는 출·퇴근에 관한 취업규칙이 적용되지 않는다는 것이 노사당사자의 당연한 의사로서 추정되어야 한다. 이런 점에서 판례가 노조전임자의 법적 지위를 휴직상태에 있는 근로자와 유사하게 보고 있으면서, 출·퇴근에 관한 취업규칙의 적용을 긍정하고 있어 일관성을 유지하고 있지 못하다는 비판이 있다.[81)]

3. 업무상 재해 인정 여부

판례는 노조전임자의 조합활동 중의 재해는 조합활동이 사용자의 사업과 무관한 대외활동 또는 사용자와 대립관계인 쟁의행위에 해당되는 등의 특별사정이 없는 한 노조전임자를 산재법상의 구제대상으로 보고 있다.[82)] 그러나 노동조합의 근무시간 종료 후 개최한 체육대회에 참가하던 중 부상은 업무상 재해로 인정하지 않고 있다.[83)]

4. 상여금 및 연차휴가

판례는 노조전임자는 휴직상태 근로자와 유사한 지위를 갖고 있으므로 단체협약 등에 정함이 없는 한 사용자에게 상여금 또는 연차휴가를 청구할 수 있는 권리가 당연히 있는 것은 아니라고 보고 있다.[84)]

5. 퇴직금 산정

퇴직금 산정에서 계속근로연수는 인정되지만, 노조전임자로서 실제로 받아온 급여를 기준으로 하지 않고 노조전임자와 동일직급, 호봉근로자들의 평균임금을 기준으로 산정[85)]한다.

6. 인사조치(원직복귀)

노조전임자의 전임기간 중에는 노동조합의 요구 없이 사용자가 일방적으로 전임자의 원직복귀를 명하는 인사조치를 할 수 없고, 노동조합이 전임자의 해임을 요구한 때에는 사용자는 지체 없이 전임자를 원지에 복귀시켜야 한다. 그리고 단체협약에 따라 노동조합 업무만을 전담하던 전임자는 그 협약이 효력을 상실한 경우에는 사용자의 원직 복귀명령에 응해야 한다.[86)]

Ⅴ. 근로3권과 노조전임자제도

1. 노조전임제의 법적 성질

(1) 판　　례

판례는 "노조전임제는 노동조합에 대한 편의제공의 한 형태이고, 사용자가 단체협약 등을 통하여

81) 김홍영, "노조전임자에게 출퇴근에 관한 취업규칙이 적용되는지 여부", 「노동법률」, 2005.12.; 오문환, "노조전임자의 출퇴근의무", 「노동법률」, 2000.10.
82) 대판 1996.6.28, 96다12733.
83) 대판 1997.3.28, 96누16179.
84) 대판 1995.11.10, 94다54566.
85) 대판 1998.4.24, 97다54727.
86) 대판 1997.6.13, 96누17738.

승인하는 경우에 인정되는 것으로서 사용자와 근로자 사이의 근로계약관계에 있어서 근로자의 대우에 관하여 정한 근로조건이라고 할 수 없으므로"라고 하여, 전임자조항은 채무적 사항으로 보고 있다.[87] 따라서 단체협약 유효기간이 만료한 경우에 전임자는 사용자의 원직 복귀명령에 응해야 한다.[88]

(2) 학계의 입장

단체협약에서 전임자조항을 둔 경우, 노조전임제의 법적 성질에 대하여 단체협약의 채무적 부분에 속하는 것으로 보는 것이 일반적이다. 하지만, 최근 노조전임자조항은 전임자의 활동 등과 같이 전임 자체에 관한 부분은 노조와 사용자 간의 편의제공으로서 채무적 부분으로 보아야 하지만, 전임자의 대우에 관한 부분은 '근로조건 기타 근로자의 대우에 관한 기준'으로서 규범적 효력이 부여되는 규범적 부분으로 보아야 한다는 주장이 제기되었다.[89]

2. 노조전임자제도의 단체교섭 · 쟁의행위 · 쟁의조정 대상성

(1) 판 례

판례는 "노조전임자는 노동조합에 대한 편의제공의 한 형태로서 사용자와 근로자 사이의 근로계약관계에 있어서 근로자의 대우에 관하여 정한 근로조건이라고 할 수 없는 것이고, 단순히 임의적으로 교섭사항에 불과하여 이에 관한 분쟁 역시 노동쟁의라 할 수 없어 특별한 사정이 없는 한 쟁의행위나 쟁의조정의 대상이 될 수 없다"고 판시하였다.[90]

(2) 학 설

학계에서는 전임자제도는 의무적 교섭사항이고, 쟁의행위와 쟁의조정의 대상이 된다고 보는 것이 일반적이다. 또한 판례의 입장에 대해 헌법 제33조 제1항과 노조법이 단체교섭권을 보장한 입법취지상 '조합원의 임금 · 근로시간 기타 대우 및 이와 밀접한 관련을 가지는 사항과 집단적 노사관계의 운영에 관한 사항으로서 사용자가 처분 가능한 사항'은 의무적 교섭사항으로 보아야 한다는 비판이 있다.[91]

87) 대판 1997.4.25, 97다6926.
88) 대판 1997.6.13, 96누17738.
89) 강성태, "집단적노사관계법상 노동조합 전임자의 지위", 「노동법연구」, 제19호., 전임자조항을 채무적 부문으로 파악하는 입장은 노동조합과 사용자 간의 관계만을 보고 나머지 측면을 간과하고 있다고 비판하면서 전임관계는 본질적으로 노조와 사용자, 노조와 전임자, 사용자와 전임자라는 삼면적 계약관계로 전임자조항 중 전임자의 활동 등과 같이 전임 자체에 관한 부분은 노조와 사용자 간의 편의제공으로서 채무적 부분으로 보아야 하지만, 전임자의 대우에 관한 부분은 '근로조건 기타 근로자의 대우에 관한 기준'으로서 규범적 효력이 부여되는 규범적 부분으로 보아야 한다. 노조전임자 제도를 파견과 유사한 집단적 계약관계로 보는 견해입장이 제시되었다. 즉, 노조전임관계는 비사업적 근로자 파견과 유사한 관계지만, 집단적 노사관계법상의 제도라는 특수성에서 함께 가지는 계약관계라는 입장이다. 이 견해는 전임관계가 휴직보다는 파견과 더욱 유사하다는 것에 대한 근거로서 ① 본질적으로 전임관계는 삼면적 관계로 사용자와 근로자라는 이면적 관계에서 인사발령으로 이뤄지는 휴직과는 다른 법률구조를 가지고 있다는 점, ② 전임관계의 내용은 노조전임자가 아닌 노동조합과 사용자 간의 협정에 의해 정해진다는 점. 이는 회사 간의 근로자 파견계약에 의해 파견근로의 주요내용이 결정되는 것과 매우 흡사하고 사용자가 일방적으로 또는 근로자와의 합의에 의해 그 주요 내용이 정해지는 휴직과 다르다는 점을 들고 있다. 또한, ③ 노조전임자의 입장에서 볼 때 노조전임은 노무제공의 면제가 아니라 노무제공의 상대방이 뒤바뀌는 것으로 노무제공 의무가 완전히 면제되는 휴직과는 다르다는 것이다. 이러한 이해의 바탕 하에 전임자제도를 이해할 경우, 전임자조항에는 노조와 사용자 사이의 관계에 관한 것도 있지만, 동시에 사용자와 전임자 사이에 전임자라는 근로자의 근로조건 기타 대우에 관한 사항도 존재하게 된다. 후자의 부분, 즉 전임자의 급여 기타 대우에 관한 사항 등에 대해서는 규범적 효력이 인정된다고 볼 수 있다.
90) 대판 1997.11.7, 95구30316.
91) 손창희, "노조전임자 문제에 대한 대법 판결", 「노동법학」, 제6호.

3. 사용자의 일방적 파기와 부당노동행위

사용자가 일방적으로 노조전임제 관행을 파기한 경우에는 파기의 합리적 이유, 공정한 절차 기타 대상조치의 제공 등 노사 간의 신의칙을 고려하여 부당노동행위 여부를 따져야 할 것이다. 특히, 노조전임자의 전임기간 중에는 노동조합의 요구 없이 사용자가 일방적으로 전임자의 원직복귀를 명하는 인사조치를 하는 경우에는 부당노동행위에 해당될 수 있다.

Ⅵ. 결　　론

노조전임자는 사용자와의 관계에서 종업원의 지위를 그대로 유지하면서 근로계약상의 근로제공의무를 이행하지 않고 노조업무에만 전념하는 자이다. 이와 관련하여 최근 노조법 개정으로 2010년 7월 2일부터는 전임자 급여지급은 금지되지만 일정범주의 활동에 대해서는 유급 처리하는 것을 인정하는 유급근로시간면제제도가 시행된다. 동 제도는 오랜 기간 동안 유예되어 온 전임자 급여지급의 기준을 마련하였다는 점에서 의의가 있지만 노사자치를 침해하지 않도록 운용하여야 할 것이다.

[관련판례] 노조전임자의 법적 지위와 노조전임제도

1. 노조전임자의 근로관계상 지위(휴직상태) 및 상여금, 수당청구(대판 1995.11.10, 94다54566)

노조전임자는 근로자로서의 신분은 그대로 유지하지만 근로계약상의 근로를 하지 않을 수 있는 지위에 있으므로 휴직상태에 있는 근로자와 유사한 지위를 가진다고 보아야 하고, 따라서 사업주가 급여를 부담한다고 하여 상여금 지급을 요구하거나 연차 휴가수당 등을 당연히 사업주에게 청구할 권리가 있는 것이 아니라 단체협약에 그러한 급여를 부담할 의무가 명시된 경우에는 그 단체협약을 근거로 이를 청구할 수 있다.

2. 노조전임자의 출퇴근의무(대판 2000.7.28, 2000다23297[제일택시사건])

노조전임자라 할지라도 사용자와의 사이에 기본적인 근로관계는 유지되는 것으로서 취업규칙이나 사규의 적용이 전면적으로 배제되는 것이 아니므로 단체협약에 조합전임자에 관하여 특별한 규정을 두거나 특별한 관행이 존재하지 아니하는 한 출·퇴근에 대한 사규의 적용을 받게 되고, 노동조합의 업무가 사용자의 노무관리업무와 전혀 무관한 것이 아니고 안정된 노사관계의 형성이라는 면에서 볼 때는 오히려 밀접하게 관련되어 있으므로, 근로계약 소정의 본래 업무를 면하고 노동조합의 업무를 전임하는 노조전임자의 경우에 있어서 출근은 통상적인 조합업무가 수행되는 노조사무실에서 조합업무에 착수할 수 있는 상태에 임하는 것이라 할 것이고,만약 노조전임자가 사용자에 대하여 취업규칙 등 소정의 절차를 취하지 아니한 채 위와 같은 상태에 임하지 아니하는 것은 무단결근에 해당한다

3. 노조전임자에 대한 급여의 성격 및 퇴직금 산정(대판 1998.4.24, 97다54727)

[1] 노동조합 전임자는 사용자와의 사이에 기본적 노사관계는 유지되고 기업의 근로자로서의 신분도 그대로 가지는 것이지만, 노동조합 전임자의 근로제공의무가 면제되고 원칙적으로 사용자의 임금지급의무도 면제된다는 점에서 휴직상태에 있는 근로자와 유사하고, 따라서 사용자가 단체협약 등에 따라 노동조합 전임자에게 일정한 금원을 지급한다고 하더라도 이를 근로의 대가인 임금이라고는 할 수 없다.

[2] 노동조합 전임자의 퇴직금을 산정함에 있어서는 노동조합 전임자로서 실제로 지급받아 온 급여를 기준으로 할 수는 없고, 근로자의 통상의 생활을 종전과 같이 보장하려는 퇴직금 제도의 취지에 비추어 볼 때, 그들과 동일

직급 및 호봉의 근로자들의 평균임금을 기준으로 하여 퇴직금을 산정함이 상당하다.

4. 노조전임자의 교육, 연수 등 참가의무(대판 1999.11.23, 99다45246)

노동조합 전임자는 사용자와 사이에 기본적 노사관계는 유지되고 근로자로서의 신분도 그대로 가지지만 휴직상태에 있는 근로자와 유사하여 근로제공의무가 면제되고, 한편 사용자가 근로시간을 대체하여 근로자에 대하여 실시하는 교육·연수·훈련 등은 거기에 참가하는 것이 근로자의 의무로서 강제되는 한 근로제공과 다를 바 없으므로 단체협약 등에 다른 정함이 없다면 근로제공의무가 면제된 노동조합 전임자가 그러한 교육 등에 참가하지 않았다 하여 바로 잘못이라고 보기는 어렵다.

5. 단체협약상 노조전임제의 근거만료와 인사조치(대판 1997.6.13, 96누17738 [대길통상사건])

단체협약이 유효기간의 만료로 효력이 상실되었고, 단체협약상의 노조대표의 전임규정이 새로운 단체협약 체결시까지 효력을 지속시키기로 약정한 규범적 부분도 아닌 경우, 그 단체협약에 따라 노동조합 업무만을 전담하던 노조전임자는 사용자의 원직복귀명령에 응하여야 할 것이므로 그 원직복귀명령에 불응한 행위는 취업규칙 소정의 해고사유에 해당하고, 따라서 사용자가 원직복귀명령에 불응한 노조전임자를 해고한 것은 정당한 인사권의 행사로서 그 해고사유가 표면적인 구실에 불과하여 징계권 남용에 의한 부당노동행위에 해당하지 않는다.

6. 노조전임자와 업무상재해(대판 1994.2.22, 92누14502)

노동조합업무 전임자가 근로계약상 본래 담당할 업무를 면하고, 노동조합의 업무를 전임하게 된 것이 사용자인 회사의 승낙에 의한 것이며, 재해 발생 당시 근로자의 지위를 보유하고 있었고, 그 질병이 노동조합업무 수행 중 육체적 정신적 과로로 인하여 발병된 것이라면, 특별한 사정이 없는 한 이는 산업재해보상보험법 제3조 제1항 소정의 업무상 질병으로 보아야 한다. 다만, 그 업무의 성질상 사용자의 사업과는 무관한 상부 또는 연합관계에 있는 노동단체와 관련된 활동이나 불법적인 노동조합활동 또는 사용자와 대립관계로 되는 쟁의단계에 들어간 이후의 노동조합활동 중에 생긴 재해 등은 이를 업무상 재해로 볼 수 없다.

7. 노조전임협정의 법적 성질(대판 1996.2.23, 94누9177)

노조전임제는 노동조합에 대한 편의제공의 한 형태로서 사용자가 단체협약 등을 통하여 승인하는 경우에 인정되는 것일 뿐 사용자와 근로자 사이의 근로계약관계에 있어서 근로자의 대우에 관하여 정한 근로조건이라고 할 수 없는 것이고, 단순히 임의적 교섭사항에 불과하여 이에 관한 분쟁 역시 노동쟁의라 할 수 없으므로 특별한 사정이 없는 한 이것 또한 중재재정의 대상으로 할 수 없다.

8. 노조전임협정과 효력발생 시기(대판 1997.4.25, 97다6926)

노조전임제는 노동조합에 대한 편의제공의 한 형태이고 사용자가 단체협약 등을 통하여 승인하는 경우에 인정되는 것으로서 사용자와 근로자 사이의 근로계약관계에 있어서 근로자의 대우에 관하여 정한 근로조건이라고 할 수 없으므로, 단체협약에 노조 전임규정을 두었다고 하더라도 그 내용상 노동조합 대표자 등의 특정 근로자에 대하여 그 시기를 특정하여 사용자의 노조전임발령 없이도 근로제공의무가 면제됨이 명백하거나 그러한 관행이 확립되었다는 등의 특별한 사정이 없는 한 원칙적으로 근로자의 근로계약관계를 직접 규율할 수 없어서 노조전임발령 전에는 근로제공의무가 면제될 수 없다.

제13절 조합비 일괄공제제도

Ⅰ. 서 설

1. 의 의

조합비 공제제도란 사용자가 조합원인 근로자의 임금에서 조합비를 공제하여 이를 직접 노동조합에 교부하는 제도이다.

공제제도는 기본적으로 조합비 징수방식의 하나이지만, 현실적으로 조합비 징수를 확실히 함으로써 노조재정을 안정시키고 조합비 납부를 정례화하여 간접적으로 조합원의 참가의식을 조성하는 단결강화 기능을 수행한다.

2. 법적 성질[92)]

단체협약상의 조합비 공제제도에 대하여 이는 근로자의 임금지급방식만 변화시킬 뿐 임금채권액의 증감에는 영향이 없으므로 그 자체로 '근로조건 기타 근로자대우'에 관한 부분이 아니라는 점에서 채무적 부분에 해당한다는 것이 일반적인 입장이다.

한편으로 근로자의 임금지급 대상액과 현실 수령액이 감소하기 때문에 '근로조건 기타 근로자대우'에 관한 규범적 부분으로 보아야 한다는 견해도 있다.

Ⅱ. 조합비 공제제도와 임금전액불원칙

1. 문제의 제기

근기법 제43조 제1항(임금전액불원칙)에서는 근로자에게 임금전액을 지급해야 한다. 다만 법령 또는 단체협약에 특별한 규정이 있는 경우에는 임금의 일부를 공제할 수 있다고 규정하여 전액불원칙에 대하여 단체협약을 통한 예외를 인정하고 있다. 이러한 예외는 '사용자'의 임금채무에 관한 공제를 대상으로 하는데, 이것이 '노동조합'을 위한 조합비공제에 대해서도 적용되는지, 그리고 반드시 단체협약에 의해

92) 이승길, "체크오프제(조합비일괄공제제도)", 「노동법연구」, 제6호.

야 하는지가 문제된다.

2. 학 설

조합비 공제가 단체협약에 의하여만 유효하다는 적용긍정설과 노사협정이나 묵시적 합의에 근거해서도 임금공제가 가능하다는 적용부정설이 있다.

3. 검 토

학설의 다수는 적용을 긍정하는 입장이다. 근로자의 임금을 보장하려는 임금전액불의 취지는 노동조합에 대해서도 관철될 필요가 있다는 점에서 적용을 긍정하는 것이 타당하다.

Ⅲ. 조합비 공제제도에 대한 개별조합원의 동의 여부

1. 문제의 제기

단체협약에 근거한 조합비 공제제도에 개별조합원의 동의 내지 수권행위까지 있어야 하는지는 단체협약 중의 조합비 공제조항이 규범적 효력을 갖는지의 문제와 관련된다.

2. 학 설

조합비공제제도는 근로조건 기타 근로자의 대우에 관한 규범적 부분이 아니므로 채무적 효력만을 인정하여 개별조합원과의 합의 또는 조합규약 내의 조합비 공제조항에 대한 조합원의 동의가 있어야만 효력을 발생한다는 동의필요설이 있다.

이에 대하여 조합비 공제제도는 근로조건 기타 근로자 대우에 관한 부분으로 규범적 효력이 발생하고, 근기법상 임금전액불원칙의 예외로 단체협약에 의해 공제가 명문화된 것이고, 단체협약상 채무적 부분에 대한 조합원의 개별적 동의를 필요로 한다는 근거도 없으며, 노조의 단결력 강화 차원에서 단체협약의 집단적 계약만으로 충분하다는 동의불요설이 제시되었다.

3. 검 토

개별조합원의 입장에서 볼 때 조합비 공제조항은 임금지급방식을 변하게 할 뿐이므로 '근로조건 기타 근로자의 대우'에 관한 규범적 부분이라 볼 수 없으므로 채무적 효력만 인정되므로 개별조합원의 동의가 있어야 할 것이다.[93)]

Ⅳ. 조합비 공제제도의 운영상 쟁점

1. 개별적 중지신청 인정 여부

임금은 원칙적으로 근로자 개인의 전속적 권한에 속하므로 근로자의 명시적 반대의사가 있으면 조합비 공제를 할 수 없다는 긍정설이 있다.

93) 김유성Ⅱ, 113.

그러나 조합비 납부의무는 조합원의 기본의무에 속하는 점, '조합비 기타 회계에 관한 사항'은 조합규약의 필요적 기재사항으로 조합원 총의에 따른 의결과 민주적 통제의 대상으로 되어 있는 점, 임금전액불원칙의 예외를 단체협약에 위임하고 있는 취지, 조합원은 노조탈퇴로서 공제제도의 적용을 면할 수 있는 점을 고려할 때, 조합원의 개별적 중지신청은 인정되지 않는다고 보는 것이 타당하다.

2. 상계[94]가능 여부

사용자가 노동조합에 대해 갖는 손해배상액을 노동조합이 가지는 조합비와 상계할 수 있는가가 문제될 수 있는데, 민법 제492조 제1항에 따라 양 채권은 '같은 종류를 목적'으로 하는 채권이 아니므로 상계는 인정되지 않는다.

또한 조합비 공제제도는 조합비를 근로사의 임금에서 사용자에게 현실적으로 인도하는 것을 요건으로 하는 것이어서 민법 제492조 제2항의 다른 의사를 표시한 경우에 해당하므로 상계를 배제하는 약정이 포함되어 있다고 보아야 할 것이다.

3. 사용자의 일방적 파기시 효력

조합비 공제제도가 관행 또는 협약으로 시행되어 오던 도중 사용자가 일방적으로 동 제도를 파기한 경우에는 단결권을 침해하여 지배 · 개입으로 부당노동행위가 성립될 수 있다. 또한 협약 유효기간 중이라면 사용자는 협약위반에 대한 채무불이행 책임을 부담하게 된다. 따라서 사용자가 이를 중단하고자 할 경우에는 합리적인 이유의 제시와 사전에 조합과의 충분한 협의를 하는 등 절차가 수반되어야 할 것이다.

다만, 조합비 공제조항의 법적 성격을 채무적 효력만을 갖는 채무적 부분으로 볼 경우, 이를 규정한 단체협약의 유효기간 만료 등의 실효사유가 발생하면 그 효력이 종료된다.

V. 결 론

조합비 공제제도는 사용자가 조합원인 근로자의 임금에서 조합비를 공제하여 이를 직접 노동조합에 교부하는 제도로서 조합비 징수를 확실히 함으로써 노조재정을 안정시키고 조합비 납부를 정례화하여 간접적으로 조합원의 참가의식을 조성하는 단결강화기능을 수행한다. 이러한 조합비 일괄공제제도는 일정한 유효요건이 요구되고 사용자의 편의제공으로서 노동현장에서 중요한 사안이므로 명확한 이해가 요구된다.

---

94) 민법 제492조(상계의 요건) ① 쌍방이 서로 같은 종류를 목적으로 한 채무를 부담한 경우에 그 쌍방의 채무의 이행기가 도래한 때에는 각 채무자는 대등액에 관하여 상계할 수 있다. 그러나 채무의 성질이 상계를 허용하지 아니할 때에는 그러하지 아니하다.
② 전항의 규정은 당사자가 다른 의사를 표시한 경우에는 적용하지 아니한다. 그러나 그 의사표시로써 선의의 제삼자에게 대항하지 못한다.

제14절 노동조합의 내부통제권

Ⅰ. 서 설

조합의 규약이나 방침 및 지시 등에 위반한 조합원에 대해 노동조합이 제재처분을 가하는 것을 말한다. 그 처분권한을 내부통제권이라 한다.

내부통제권에 대하여 조합원 간의 계약에 의해 조합원에 노동조합의 통제권이 발생한다는 계약설과 노동조합은 사단(단체)의 일종으로서 그 본질상 단체의 존립 또는 목적수행을 위해 필요한 범위 내에서 내부통제권을 가진다는 단체고유권설, 노동조합은 일반 단체와는 달리 헌법상 단체로서 강한 통제력을 필요로 하고 이러한 근거를 헌법 제33조 제1항의 단결권 보장에서 구하는 단결권설 등이 제기되어 왔다.

노동조합의 통제권의 법적 성질에 대하여는 사단 고유의 통제권에 속하는 동시에 단결권보장으로서의 특성도 가지고 있다는 것이 일반적인 견해이다.

노동조합은 단체로서의 성질을 가질 뿐만 아니라 일반적 사단과는 구별되는 특성을 지닌다고 보아야 할 것이다. 즉 조직을 가진 단체로서 그 구성원에 대해 합리적 범위 내에서 통제권을 행사할 수 있으며, 다른 한편으로 헌법 제33조 제1항에 의해 헌법상 단결권의 보장을 받고 있다는 의미에서 일반 단체의 특성과 구별되는 통제권을 갖는다고 할 것이다.[95] 이와 같은 입장에서 노동조합의 내부통제권에 대하여 살펴보도록 한다.

Ⅱ. 통제권의 대상

1. 통제권의 대상

노동조합의 통제권은 단결권 보장의 취지에 따라 단결을 유지하고 노동조합의 진정한 목적을 달성하기 위하여 꼭 필요한 범위 내에서 행사할 수 있다.

조합원의 활동이 조합의 단결유지에 중대한 영향을 미치는 경우 통제권을 행사할 수 있는데, 그 사유로는 단체교섭 저해행위, 조합원의 부당한 비판활동, 결의 또는 지시의 불복종, 정치 · 사회활동, 조합비 미납 등이 있다.

95) 임종률 88.

2. 구체적 대상

(1) 단체교섭 저해행위

단체교섭은 노동조합의 목적달성을 위한 핵심적 활동이기 때문에 이를 저해하는 조합원의 행위는 통제의 대상이다. 단체교섭의 진행 중 근로조건에 관하여 조합원이 사용자와 개별적으로 교섭하는 행위, 교섭위원이 된 조합원이 사용자로부터 개인적인 이익을 제공 및 약속 받는 행위, 단체교섭을 위한 쟁의행위 지시에 불응하는 행위 등은 통제의 대상이다.

(2) 조합원의 비판활동(언론의 자유)

조합원의 비판활동은 국민의 일원으로서 언론의 자유를 가지며 노동조합의 민주적 운영을 위해서도 유인물의 배포 등 언론에 의한 조합원의 비판행위는 진실한 사실에 근거하고 공정한 것인 이상 통제처분의 대상이 될 수 없지만, 허위사실에 근거하여 집행부를 악의적으로 비방·중상하는 것은 언론 자유의 한계를 넘는 것으로서 통제처분의 대상이 된다.

(3) 결의 또는 지시의 불복종

노동조합의 결의 또는 지시가 객관적으로 중대·명백한 위법성을 가지지 않는 한 조합원은 이에 구속되므로 결의에 반대하여 일부 조합원들이 독자적 활동을 감행하거나 노조의 지시에 위반할 경우 통제권의 대상이 된다. 다만, 노조의 결의·지시가 법률에 위반하는 경우 조합원은 그에 따를 의무가 없다.

(4) 정치·사회활동

노동조합의 목적은 대사용자관계에서 근로조건을 유지·개선하는 것에 그치지 않고 널리 근로자의 경제적·사회적 지위를 향상하는 것을 포함하므로 조합활동 역시 정치·사회활동도 포함된다. 그러나 조합원은 개인 또는 시민으로서의 권리를 가지며, 이러한 개인의 정치적 소신이 노동조합의 기본방침에 반한다는 이유로 통제권을 행사할 수는 없다.

따라서 노조의 정치·사회활동이 조합원의 개인적·시민적 권리행사와 충돌할 경우 조합활동의 내용과 성질, 조합원에게 요구되는 협력의 내용, 정도, 태양 등을 비교·형량하여 조화롭게 해석해야 할 것이다.

(5) 조합원의 조합비 비납

조합원이 조합비를 납부하지 아니하는 경우, 노동조합은 규약으로 조합원의 권리를 제한할 수 있다 (제22조).

Ⅲ. 통제권의 행사

1. 통제처분의 행사내용

통제와 규율에 관한 사항은 규약의 필요적 기재사항(제11조 제15호)으로 통제의 내용, 절차를 규약에 정해두는 경우, 이에 따르도록 하고 정함이 없는 경우에 조합원의 의사에 따라야 한다.

통제의 대상에게 경고, 견책, 제재금 부과, 권리정지, 제명 등의 처분을 행하되, 어떠한 처분을 과할 것인지는 조합자치에 의한다. 다만 통제처분이 사회통념상 현저히 가혹한 경우에는 통제권의 남용으로 무효가 된다고 해석된다.

2. 통제처분의 절차

(1) 원 칙

통제권의 행사는 민주적이고 공정한 절차에 따라야 하므로 규약 · 관행상의 절차가 있는 경우에는 이를 준수하고, 절차가 불분명하거나 흠결된 경우에는 적정절차의 원칙에 따라 행사되어야 할 것이다.

(2) 구체적인 절차

통제처분은 조합원 개인의 단결권 기타의 권리 · 이익을 제한하는 것이므로 공정한 절차에 따라야 할 것이다.

해당 조합원에게 통제처분의 사유(대상)를 통지하고 변명의 기회를 충분히 부여하고 규약 소정의 변명절차를 위반하거나 변명의 기회를 충분히 부여하지 않은 경우에는 절차상의 중대한 흠으로 무효가 된다.

통제처분은 집행부의 제안에 대하여 징계위원회 등 규약 소정 기관의 의결을 거쳐야 하는데, 규약에 정함이 없는 경우에는 총회 등 최고의결기관의 의결을 거쳐야 하고 조합원에게 치명적인 제명처분은 최고의결기관인 총회에서 무기명 · 비밀투표에 의하여야 한다. 통제처분의 의결에 관한 절차를 위반한 경우에도 절차상 중대한 흠으로 그 통제처분은 무효가 된다.

Ⅳ. 위법한 통제 처분의 구제

1. 행정적 구제

행정관청은 노동조합의 결의 또는 처분이 노동관계법령 또는 규약에 위반된다고 인정할 경우에는 노동위원회의 의결을 얻어 그 시정을 명할 수 있다(노조법 제21조). 다만, 규약 위반시 시정명령은 이해관계인의 신청이 있는 경우에 한한다. 시정명령을 받은 노동조합은 30일 이내에 이를 행하여야 한다. 다만, 정당한 사유가 있는 경우에는 그 기간을 연장할 수 있다.

2. 사법(司法)심사

(1) 사법심사의 필요성

통제권의 행사는 본질적으로 노동조합의 내부관계에 속하는 것이므로 조합자치에 맡기는 것이 적합하고 사법심사는 가능한 한 자제되어야 할 것이다.

그러나 노동조합의 조직력과 사회적 영향력이 점차 증가하고 있고 근로조건 규제권한을 통해 근로자의 생존권에 직접 영향을 미치는 점을 고려할 때 정당성을 결한 통제권의 행사, 특히 제명처분은 조합원의 단결권 내지 생존권에 중대한 침해를 구성하므로 이러한 점에서 통제권 행사에 대한 사법심사의 필요성이 인정될 수 있다.

(2) 사법심사의 한계

조합자치원칙에 따른 사법심사의 자제 요구와 조합원의 권익보호를 위한 사법심사의 허용요구가 충돌할 경우, 사법심사를 허용하되 그 범위를 일정하게 제한하는 형태로 양자를 조화시켜야 할 것이다.

사법심사의 범위는 조합의 규약에 명백히 위반하거나 현저히 공정성을 결한 경우 또는 중대한 절차상의 하자가 있는 경우에만 법원이 예외적으로 통제처분에 대해 사법심사를 할 수 있다고 보아야 한다.

V. 결 론

노동조합의 통제권은 노동조합의 단결을 유지 · 강화시키고 대사용자관계에서 대등한 지위를 유지하도록 하기 위해 필수적이다. 그러나 통제권이 남용될 경우, 조합의 주도권 다툼으로 악용될 수 있으므로 통제권 행사에 있어 조합민주주의, 조합자치주의가 요구된다. 또한 제한적인 범위에서 사법심사를 통해 일정한 규제도 필요하다.

제15절 노동조합의 조직변동

Ⅰ. 서 설

노동조합은 '근로자가 주체가 되어 자주적으로 단결하여 근로조건의 유지 · 개선 기타 근로자의 경제적 · 사회적 지위향상을 도모함을 목적으로 조직하는 단체 또는 그 연합단체'를 말한다.

노동조합은 사단(단체)의 일반 법리에 따라 활동과정에서 합병 · 분할, 조직형태의 변경 그리고 해산의 과정을 거치기도 하는데, 일반 단체와는 달리 근로자의 단결권에 기초하는 조직체로서 노조법의 해산사유 및 절차, 조직변경 절차에 따라야 한다.

Ⅱ. 노동조합의 합병 · 분할

1. 노동조합의 합병

(1) 의 의

복수의 노동조합이 존속 중에 그 합의에 근거하여 하나의 노동조합으로 통합되는 것을 말한다. 기존조합을 통합하여 새로운 조합을 설립하는 '신설합병'과 하나의 노동조합이 다른 노동조합을 흡수하여 존속하는 '흡수합병'으로 구분된다. 노조법은 합병에 관하여 그 의결 정족수를 제한하고(제16조 제2항) 노조의 해산사유로 정하는 것(제28조 제1항 제2호) 외에 별다른 규정을 두고 있지 않아서 그 절차나 법적 효과에 관한 사항은 해석에 따르게 된다.

(2) 합병절차

1) 합병의결 합병을 하려는 노동조합은 합병에 관한 합의내용을 각자의 총회(또는 대의원회)에서 의결해야 한다(제16조 제1항 제7호). 합병의 의결에는 재적조합원(또는 대의원) 과반수의 출석과 출석조합원(또는 대의원) 3분의 2 이상의 찬성이 있어야 한다(동조 제2항). 이와 함께 흡수합병의 경우에는 존속노동조합의 조합규약의 변경, 신설합병의 경우에는 새로운 노동조합의 규약제정이 있어야 한다.

2) 신고 등의 절차

① 흡수합병의 경우 소멸노조의 대표자는 해산한 날로부터 15일 이내에 행정관청에

해산신고해야 하고(노조법 제28조 제2항), 흡수되는 노조는 합병과 관련하여 조직대상이나 기관구성에 관해 규약내용을 변경한 때에는 그 내용을 행정관청에 통보해야 한다(동법 제13조 제2항).

② **신설합병의 경우** 소멸노조의 대표자는 해산한 날로부터 15일 이내에 행정관청에 이를 해산신고해야 하며(동법 제28조 제2항), 신설노조의 대표자는 규약을 첨부하여 설립신고를 해야 한다(동법 제10조).

(3) 법적 효과

신설합병인 경우에는 기존노조 모두가, 흡수합병인 경우에 피흡수노조가 소멸한다. 그러나 합병 전후 조직의 실질적 동일성은 인정되므로, 소멸노조의 조합원은 새로운 노조 또는 기존노조의 조합원이 되고, 소멸조합의 재산(채무도 포함)과 조합원의 노동조합에 대한 권리 · 의무 및 단체협약 등은 포괄적으로 새로운 조합 또는 기존노조에 승계된다.

2. 노동조합의 분할

(1) 의 의

하나의 노동조합이 존속 중에 그 의사결정에 의하여 복수의 노동조합으로 나누어지는 것이다. 분할은 기존노조가 잔존하면서 새로운 노조를 설립하는 경우와 기존노조의 소멸을 전제로 2개 이상의 새로운 노조를 신설하는 경우로 구분된다. 그러나 조합원의 일부가 기존노조에서 집단적으로 탈퇴하여 별개의 노조를 신설하는 것은 사실상의 '분열'로 분할은 아니다.

노조법은 분할에 관하여도 의결정족수를 제한하고(제16조 제2항) 노조의 해산사유로 정하는 것(제28조 제1항 제2호) 외에 별다른 규정을 두고 있지 않아서 그 절차나 법적 효과에 관한 사항은 해석에 따른다.

(2) 분할절차

1) 분할의결 기존노조는 총회(또는 대의원회)에서 분할의 취지를 의결한다(노조법 제16조 제1항 제7호). 분할을 의결함에도 재적조합원(또는 대의원) 과반수의 출석과 출석조합원(또는 대의원) 3분의 2 이상의 찬성이 있어야 하며(동조 제2항), 신설노조의 경우 창립총회를 개최하고 새로 규약을 제정해야 한다(이 경우 노조의 설립에 관한 규정이 적용).

2) 신고 등의 절차

① 분할로 인해 소멸하는 기존노조의 대표자는 해산한 날로부터 15일 이내에 행정관청에 해산신고를 해야 한다(동법 제28조 제2항).

② 분할의결에 따라 새로 설립되는 노조의 대표자는 규약을 첨부하여 설립신고를 해야 한다(동법 제10조).

(3) 법적효과

1) 분할의 법적 효과 노동조합이 분할되면 기존노조의 조합원은 기존노조와 새로운 노조로 나뉘어 그 조합원이 되고, 기존노조의 재산(채무도 포함)과 조합원의 노동조합에 대한 권리 · 의무는 새로운 노조에 분할 · 승계된다.

2) 기존노조 단체협약의 새로운 노조승계 여부 분할 전후 조직 간의 실질적 동일성이 부정되므로 기존노조의 단체협약이 분할에 의하여 소멸 · 종료된다는 견해[96]와 분할은 합병과 반대방향의

96) 김유성Ⅱ 120(분할의 경우 기존노조가 체결한 단체협약의 효력은 기존노조와 분할에 의해 신설된 여러 조합

조직변동으로서 분할 전후의 조직 사이에 실질적 동일성을 인정할 수 있으므로 단체협약도 새로운 노조에 승계되어 효력을 유지한다는 견해[97]가 있다.

3. 노동조합의 사실상의 '분열'

(1) 의의 및 절차

노동조합의 분열은 기존노조는 그대로 존속하면서 일부 조합원들이 집단적으로 탈퇴하여 별도의 노조를 결성하는 것을 말한다. 기존노조의 규약상 변경사항이 있으면 행정관청에 통보해야 하고(동법 제13조 제2항), 분리되어 설립된 노조는 신설노조와 같은 절차가 된다.

(2) 법적 효과

기존노조의 조합재산과 단체협약의 새로운 노조로의 승계 여부에 대하여 조직체로서 존속 · 활동하기 어려워 실질적인 조직분열로 보아 신설노조에게 조합원 수에 따른 재산분할청구권을 인정해야 한다는 견해[98]와 기존노조는 조직적 동일성을 손상 받지 않고 잔존조합으로서 존속하며 새로운 조합은 기존노조와는 조직상 별개의 존재이므로 기존노조의 재산이나 단체협약은 원칙적으로 새로운 노조에 분할 · 승계되지 않는다는 견해[99]가 있다.

Ⅲ. 노동조합의 조직형태 변경

1. 의 의

노동조합의 조직변경이란 노동조합이 그 실질적 동일성은 유지하면서 외형상 새로운 노동조합이 되는 것을 말한다. 조직의 동일성을 전제로 구조합의 법률관계를 신조합이 그대로 승계하도록 안출된 법개념이다. 조직형태 변경의 유형으로는 단위노조가 연합체노조로 변경하는 경우, 그 반대의 경우, 조직범위를 확대 · 축소하는 경우, 기업별노조가 초기업노조의 지부 · 분회로 변경하는 경우와 그 반대의 경우 등이 있다.

2. 실질적 동일성 유지(조직형태의 변경요건)

노동조합의 조직형태변경은 노동조합이 실질적 동일성을 유지하면서 조직의 형태를 변경하는 것이다. 실질적 동일성이 유지되는가 여부에 대해 판례는 소극적으로만 밝히고 있는데,[100] 산업별 연합단체가 산업별 단위노조로 변경되거나 그 역의 경우에는 변경을 전후로 대상근로자의 범위나 목적 등에서 동일성이 유지되는가에 따라 판단해야 한다. 기업별 노조가 그 조직대상범위를 확대하는 경우에는 노조의 목적이나 기관구성 등에서 기본체계의 동일성을 유지하고 있는가의 여부에 따라 판단해야 할 것[101]이다.

간의 실질적 동일성을 인정하기 어렵기 때문에 원칙적으로 종료. 다만, 조합원들의 권리의무에 관한 규범적 부분은 효력을 지속); 김형배 713.

97) 임종률 95.

98) 이병태 211(조합재산은 조합원수에 비례하여 분할).

99) 임종률 96; 김유성 120.

100) 대판 1997.7.25, 95누4377; 대판 2002.5.10, 2000다31649.

101) 김유성Ⅱ 121~122.

3. 조직형태의 변경절차

조직형태 변경의 절차는 총회의 의결, 규약의 변경, 명칭변경의 절차 등을 거치면 되고, 노조해산이나 새로운 조합의 설립절차를 별도로 요구하지 않는다.

조직형태 변경은 총회의 의결을 거쳐야 하고, 어느 경우를 막론하고 규약의 변경이 필수적이므로, 재적조합원 과반수의 출석과 출석조합원 2/3 이상의 찬성이 있어야 하고, 조합원의 직접 · 비밀 · 무기명 투표에 의하여야 한다(제16조 제2항 및 제4항)

4. 법적 효과

조직형태 변경 후의 노동조합은 변경 이전의 노동조합과 동일성이 유지되기 때문에 재산, 구성원의 권리 · 의무 그리고 단체협약의 효력은 그대로 유지된다.[102] 조직변경 후에도 조합원으로서의 지위는 그대로 유지되므로 별도의 가입절차는 필요하지 않다. 다만, 단위조합에서 연합체노조로 조직형태를 변경하는 경우에는 그 구성원이 개별근로자에서 단위노조로, 반대로 연합체노조가 단위노조로 조직형태를 변경하는 경우에는 그 구성원이 단위노조에서 개인근로자로 변경된다.

5. 산별 노조지부에서 기업별 노조로의 전환

산별 노조의 지부가 기업별 노조로 전환하려고 하는 경우, 이러한 전환이 조직형태 변경의 절차를 통하여 가능한지 문제된다.

단일노조의 조직원리에 비추어 지부 · 분회 등은 어디까지나 단위노조의 운영의 편의를 위한 하부조직에 불과하므로 산별 노조의 지부가 기업별 노조로 조직형태를 변경하는 것은 원칙적으로 허용되지 않는다. 따라서 산별 노조의 조합원들이 산별 노조를 탈퇴하고 별개의 기업별 노조를 설립해야 한다.

그러나 판례는 지부 · 분회라 하더라도 독자적인 규약과 집행기관을 가지고 교섭 · 체결능력 등의 실체를 갖고 있는 산별 지부는 기업별 노조에 준하여 취급할 수 있다고 판단하고 있다.[103] 이러한 독립성이 있는 산별 노조의 지부는 조직형태 변경을 통해 기업별 노조로 전환할 수 있다고 볼 수 있다.[104]

Ⅳ. 노동조합의 해산

1. 의 의

노동조합의 해산이라 함은 노동조합이 본래의 활동을 정지하고 소멸의 과정에 들어가는 것을 말한다. 해산된 노동조합은 즉시 소멸하는 것이 아니라 청산과정에 들어가게 된다. 청산과정에서 노동조합은 청산사무의 처리범위 내에서 존속하다가 청산절차가 종료된 시점에 소멸하게 되는 것이다.

2. 해산사유

(1) 의 의

노조법에서는 노조의 해산사유로 ⅰ) 규약상의 해산사유 발생, ⅱ) 합병 · 분할로 인해 소멸, ⅲ) 총

102) 대판 1997.7.25, 95누4377.
103) 대판 2001.2.23, 2000도4299.
104) 김형배 720.

회 등에서 해산결의, ⅳ) 휴면노조가 된 경우가 명시(제28조 제1항)되어 있다.

(2) 규약에서 정한 해산사유가 발생한 경우(제1호)

노조는 규약에 미리 해산사유를 정하여 당해 사유가 발생하면 해산한다. 규약에서 정하는 해산사유로는 기업별 노조인 경우 회사의 소멸, 노조의 합병 · 분할, 존속기간의 만료 등이 있다.

(3) 합병 또는 분할로 인한 소멸한 경우(제2호)

노동조합은 합병 또는 분할로 인해 소멸된다. 합병에는 신설합병과 흡수합병이 있는바, 신설합병의 경우 새로운 노동조합이 설립되면서 기존 노동조합은 소멸하게 되며, 흡수합병의 경우에는 피흡수노조가 소멸된다. 또한 분할의 경우 기존노조는 소멸하고 여러 개의 새로운 노조가 성립된다.

(4) 총회 또는 대의원회의 해산결의가 있는 경우(제3호)

규약상의 해산사유가 아니더라도 노동조합은 총회(대의원회)의 결의에 의해 해산한다. 다만, 총회(대의원회)에서 조합원(대의원)의 과반수 출석과 출석조합원(대의원) 3분의 2 이상의 찬성으로 이루어져야 한다(노조법 제16조 제2항). 해산결의에서 가중된 의결요건이 요구되는 것은 해산이 조합원 지위에 대해 가장 중요한 변경을 초래하기 때문이므로 동조 제3호는 강행규정으로서 규약 등에 의해 그 요건을 완화할 수 없다.

(5) 휴면노조가 된 경우(제4호)

1) 의 의 노동조합의 임원이 없고 노동조합으로서의 활동을 1년 이상 하지 아니한 경우로서 행정관청이 노동위원회의 의결을 얻은 경우도 해산사유에 해당한다.

2) 실질적 요건 노동조합의 임원이 없고 노동조합으로서의 활동을 1년 이상 하지 아니한 경우라 함은 계속하여 1년 이상 조합원으로부터 조합비를 징수한 사실이 없거나 총회 또는 대의원회를 개최한 사실이 없는 경우가 해당된다(시행령 제13조 제1항).

3) 절차적 요건 휴면노조는 행정관청이 노동위원회의 의결을 얻은 때에 해산된 것으로 보며, 노동위원회가 의결을 할 때 해산사유 발생일 이후의 조합활동 여부를 고려하지 아니한다(시행령 제13조 제2, 3항).

(6) 단체성을 상실한 경우

노동조합은 그 요건으로 단체성이 요구되므로 복수인이 결합하여 규약을 가지고 그 운영을 위한 조직을 갖추어야 하는바, 법인 아닌 노동조합이 일단 설립되었다고 할지라도 중도에 그 조합원이 1인밖에 남지 아니하게 된 경우에는, 그 조합원이 증가될 일반적 가능성이 없는 한, 노동조합으로서의 단체성을 상실하여 소멸되었다고 보아야 할 것이다.[105)]

3. 해산절차

노동조합이 해산한 때에는 그 대표자는 해산한 날로부터 15일 이내에 행정관청에 이를 신고해야 한다(제28조 제2항). 그러나 해산신고가 해산이나 소멸의 요건이 되는 것은 아니다.

행정관청은 노동조합으로의 활동을 1년 이상 하지 아니한 경우로서 노동위원회의 의결이 있거나 해산신고한 때에는 지체 없이 그 사실을 관할 노동위원회 및 당해 사업 또는 사업장의 사용자나 사용자단체에 통보하여야 한다(영 제13조).

---

105) 대판 1998.3.13, 97누19830.

4. 청 산

해산된 노조는 본래의 활동을 정지하고 조합사무를 정리하며 조합재산을 청산하는바, 이러한 청산활동은 총회 또는 대의원회의 의결에 따라 이루어져야 한다.

한편, 청산과정에서 단체협약의 효력에 대하여 ⅰ) 해산한 노동조합은 노동조합 본래의 활동(단체교섭 · 쟁의행위 · 단체협약)의 당사자가 될 수 없기 때문에 유효기간 중의 단체협약도 해산에 의하여 실효된다는 견해[106)]와 ⅱ) 청산과정에서도 기존의 단체협약 등은 여전히 유효하고, 청산절차가 완료될 때 노동조합은 소멸하게 되므로 이때 단체협약의 효력도 종료된다는 견해[107)]가 있다.

5. 법적 효과

(1) 법인인 노동조합

노동조합이 법인인 경우에는 그 청산에 관하여 민법상의 청산절차규정이 적용된다(제6조 제3항). 다만, 청산 후의 잔여재산처리에 있어서는 노조의 특수성을 고려할 필요가 있으므로 '정관에서 인수인을 지정하지 않은 때에는 비슷한 목적을 위해 처분하거나 국고에 귀속된다'는 민법 제80조의 규정은 적용되지 않는다고 보아야 할 것이며, 조합재산은 대부분 조합원의 조합비에 의해 형성된 것이므로 총회 또는 대의원회의 의결에 의해 잔여재산을 조합원에게 분배하는 것도 허용된다는 해석이 있다.[108)]

(2) 법인격 없는 노동조합

법인격 없는 노동조합의 경우 잔여재산이 전체 조합원의 '총유'에 속하고, 총회에서 해산결의에 준하는 의결에 따라 그 총유재산을 조합원에게 분배할 수 있다.[109)]

Ⅴ. 결 론

근로자는 자유로이 노동조합을 설립할 수 있는 것과 같이 해산 및 조직변경의 여부도 자유로이 결정할 수 있다. 다만, 노사관계법은 해산 및 조직변경의 사유와 절차 등에 대해 일정한 제한을 두고 있다. 또한 그 결과로 다양한 법적 효과가 발생하므로 일정한 요건과 절차가 요구된다.

---

106) 임종률 98.
107) 김유성Ⅱ 117.
108) 김유성Ⅱ 117.
109) 임종률 98.

제16절 노동조합에 관한 행정관청의 감독

Ⅰ. 서 설

노동조합은 조합운영에 있어서 사용자 기타 외부세력의 간섭 · 방해 행위에 의해 단결력이 약화되지 않도록 내부운영의 방식을 '자주적'으로 운영하고 모든 조합원에게 평등한 참여권을 인정하고 조합원의 토론에 의해 형성된 다수의사에 따라 '민주적'으로 운영하여야 한다. 행정관청은 노동조합이 자주성과 민주성의 확보를 위해 일정부분 지도, 감독의 권한이 있다. 이하에서는 노조설립, 운영과 해산 시 각각의 행정관청의 감독에 대하여 정리하도록 한다.

Ⅱ. 조합설립시 행정관청의 개입

1. 자유설립주의와 행정관청의 개입

근로자는 헌법 제33조 제1항에서 보장된 단결권을 근거로 노동조합을 자유로이 조직할 수 있으며, 이를 구체적으로 보장하기 위하여 노조법 제5조에 노조의 자유설립주의를 명시하고 있다. 그러나 노동조합 설립시에 조합의 자주성과 민주성을 보다 구체적으로 보장하기 위하여 설립신고시에 행정관청에 설립신고, 보완명령과 반려처분을 통한 행정관청의 개입을 인정하고 있다.

2. 설립신고와 행정관청의 설립심사

(1) 설립신고

노동조합을 설립하고자 할 때에는 형식적 요건으로서 설립신고서에 규약을 첨부하여 행정관청에 신고하여야 한다. 신고주의는 노동조합의 대외적 자주성과 대내적 민주성을 확보하려는 노동행정상의 목적과 행정편의를 위해 규정된 것이므로 노동조합의 자유설립을 부정하려는 것은 아니라고 할 것이다.

(2) '노조자유설립주의'와 충돌 여부

현행 노조설립신고제도를 노조의 성립 그 자체에 결부시키는 견해와 노조에게 일정한 자격 내지 권한을 부여하기 위하여 설정된 것이라는 견해가 있다.

판례는 기본적으로 노조설립의 자유를 보장하면서 이러한 노동 정책적 목적을 달성하기 위해 설립신고주의를 택하여 조합이 자주성과 민주성을 갖추도록 행정관청으로 하여금 지도 · 감독하도록 한 것이라고 판단하고 있다.[110] 노조설립신고제도는 근로자 및 노조의 헌법상 단결권을 침해하지 아니하도록 자유설립주의원칙 하에 최소한도로 운영되도록 하여야 할 것이다.

(3) 설립심사의 범위

행정관청의 심사방식에 대해서는 설립신고시에 제출되는 서류를 중심으로 하는 형식적 심사에 그쳐야 한다고 보는 견해와 노조가 자주성, 민주성을 갖추고 있는지에 대한 실질적 심사가 가능하다고 보는 견해가 있다.

판례는 노조 설립신고와 관련하여 행정관청에 광범한 재량의 여지를 인정하는 등 행정관청이 신고서류의 내용에 대해 실질적 심사권이 있다는 입장[111]이다. 헌법상의 노조자유설립주의 원칙에 비추어 볼 때, 노조법 제10조 등의 법문 그 자체가 신고내용의 진위와 단서 해당성을 판단하도록 하고 있어 어느 정도의 사실조사가 요청되고 있는 점은 부인할 수 없지만, 그러한 사실조사는 신고자에게 확인서류의 제출을 요구하는 정도의 형식적 수준에 그쳐야 할 것이다.

3. 신고증의 교부 및 신고서류의 보완 · 반려

(1) 신고증의 교부

노동조합은 설립신고서를 제출하여 신고증을 교부받아야 비로소 설립된다. 설립신고서를 접수한 행정관청은 노동조합의 결격요건 등 실체상의 흠이나 제출서류나 규약제정의 방법 등 절차상의 흠이 있는 경우를 제외하고는 3일 이내에 신고증을 교부하여야 한다.

(2) 설립 신고서류의 보완명령

노동조합을 설립하고자 제출한 설립신고서나 규약에 누락 또는 허위기재사항이 있을 때에는 행정관청은 20일 이내에 기간을 정하여 보완을 요구하여야 한다.

(3) 반려처분

행정관청은 설립하고자 하는 노동조합이 법 제2조 제4호 각목의 결격사유에 해당하는 경우와 그 보완을 요구하였음에도 불구하고 그 기간 내에 보완을 하지 않은 경우 그 신고서를 반려하여야 한다.

Ⅲ. 조합운영시 행정관청의 개입

1. 변경사항의 신고 및 통보

(1) 변경사항의 신고

노동조합은 설립신고된 사항 중 명칭, 주된 사무소의 소재지, 대표자의 성명, 소속된 연합단체의 명칭 등에 변경이 있는 경우에는 그날로부터 30일 이내에 행정관청에 변경신고를 하여야 한다(제13조 제1항).

(2) 통　　보

매년 변경된 규약의 내용, 변경된 임원의 성명, 전년도 12월 31일 현재 조합원 수를 1월 31일까지 행정관청에 통보하여야 한다(제13조 제2항).

---

110) 대판 1997.10.14, 96누9829.
111) 대판 1969.12.11, 76누189.

2. 임시총회의 소집권자의 지명

(1) 소집에 대한 기피 · 해태의 경우

행정관청은 노동조합 대표자가 임시총회의 소집을 고의로 기피하거나 해태하여 조합원 또는 대의원의 3분의 1 이상이 소집권자의 지명을 요구한 때에는 15일 이내에 노동위원회의 의결을 요청하고 노동위원회의 의결이 있는 때에는 지체없이 회의의 소집권자를 지명하여야 한다(제18조 제3항). 이는 소집권자의 권리남용을 방지하고 조합원의 권리를 보호하기 위한 것이다.

(2) 소집권자가 없는 경우

행정관청은 소집권자가 없는 경우에 조합원 또는 대의원의 3분의 1 이상이 회의에 부의할 사항을 제시하고 소집권자의 지명을 요구한 때에는 15일 이내에 회의의 소집권자를 지명하여야 한다(제18조 제4항).

3. 규약 등의 시정명령

(1) 규약의 시정명령

행정관청은 조합규약이 노동관계법령에 위반한 경우에는 노동위원회의 의결을 얻어 그 시정을 명할 수 있다(제21조 제1항). 이 경우 시정명령을 받은 노동조합은 30일 이내에 이를 시정하여야 하며, 정당한 사유가 있는 경우에는 그 기간을 연장할 수 있다(제21조 제3항).

(2) 조합의 결의 · 처분의 시정명령

행정관청은 노조의 결의 · 처분이 노동관계법령 또는 규약에 위반된다고 인정할 경우에는 노동위원회의 의결을 얻어 그 시정명령을 할 수 있다. 다만, 결의 · 처분이 규약에 위반한 경우의 시정명령은 이해관계자의 신청이 있는 경우에 한한다(제21조 제2항). 이 경우에 있어서 시정명령을 받은 노동조합은 30일 이내에 이를 시정해야 하며 정당한 사유가 있는 경우에는 그 기간을 연장할 수 있다(제21조 제3항).

(3) 단체협약의 시정명령

행정관청은 단체협약 중 위법한 내용이 있는 경우에는 노동위원회의 의결을 얻어 그 시정을 명할 수 있다(제31조 제3항).

4. 자료제출 요구

행정관청은 노동조합에게 결산결과와 운영상황에 관한 자료를 요구할 수 있으며, 노동조합은 이를 보고하여야 한다(제27조).

Ⅳ. 노조해산시 행정관청의 개입

1. 휴면노조에의 개입

노동조합의 임원이 없고 노동조합으로서의 활동을 1년 이상 하지 아니한 것으로 인정되는 경우로서 행정관청이 노동위원회의 의결을 얻은 경우에는 노동조합을 해산을 시킬 수 있다(제28조 제4호).

이는 하나의 사업 또는 사업장에 휴면노조가 있음으로써 복수노조 등 근로자들의 단결권을 침해하는 결과를 초래할 수 있기 때문에 인정된 것이다.

2. 해산신고

노조가 해산한 때에는 그 대표자는 해산한 날로부터 15일 이내에 행정관청에 신고하여야 한다. 이는 행정관청의 편의를 도모하기 위한 것이다.

Ⅴ. 결 론

노동조합은 조합원의 단결강화와 근로자의 경제적 · 사회적 지위향상과 근로조건의 유지 · 개선에 그 목적을 두고 있다. 따라서 노동조합이 그 목적을 달성하기 위해서 그 설립부터 해산에 이르기까지 자주적 · 민주적 활동이 보장되어야 한다. 행정관청은 노동조합의 자주적 · 민주적 활동의 보장을 위해 일정부분 지도 · 감독의 권한이 있다. 하지만 노조설립에 있어서 설립심사나 조합운영시 자료제출 요구는 근로자의 단결권이 침해되지 않도록 주의해야 할 것이다. 아울러 노조 또한 민주성과 투명성을 높이기 위한 노력도 필요하다.

Key Word

⇨ 조합원, 조직강제, 유니언 숍, 조직변동, 조직형태변경, 조합활동, 정당성, 노무지휘권, 시설관리권 조합비일괄공제, 노조전임자, 통제권

연습문제

(1) 노동조합의 민주성 확보를 위한 노조법상 규정 (3회, 91년, 50점)
(2) 조합원의 권리와 의무 (17회, 07년, 25점)
(3) 시설물 이용과 취업시간의 관계 (8회, 99년, 25점)
(4) 설립신고가 되어 있지 않은 산업별 노동조합의 기업지부에서 기업별 노동조합으로 조직형태를 변경하려고 하는 경우 그 절차와 효과 (14회, 05년, 25점)
(5) 노동조합 전임자의 법적 지위 (7회, 98년, 25점 / 15회, 06년, 50점)
(6) 조합비 일괄 공제제도[check-off] (14회, 05년, 25점)
(7) 행정관청의 노동조합 재정에 관한 조사권 (5회, 95년, 25점)
(8) 노동조합의 내부통제권 (2회, 89년, 50점)

연습문제

(1) 노동조합의 재정
(2) 노동조합의 자주성 확보를 위한 노조법상 규정
(3) 조합활동의 정당성에 대하여 논하시오.
(4) 노동조합의 유인물 배포의 정당성에 대하여 약술하시오.
(5) 노동조합의 해산에 대하여 약술하시오.

제 2 장 단체교섭

제 1 절 단체교섭의 의의

Ⅰ. 서 설

단체교섭은 노동조합 기타 근로자 단체와 사용자 사이에 근로조건의 유지, 개선과 근로자의 경제적 사회적 지위향상에 관한 집단적 교섭을 말한다.

이는 헌법상 근로자의 단체교섭권을 보장함으로써 근로조건 등의 형성에 있어 노 · 사 간 교섭력의 평등을 이루어 궁극적으로 근로자의 인간다운 생활을 확보하도록 하고 나아가 노사협력을 통한 산업평화증진을 도모하는 것이 제도의 취지이다.

Ⅱ. 단체교섭의 방식

1. 의 의

단체교섭의 방식은 국가와 시기, 노동운동의 성격 그리고 노동조합의 조직형태에 따라 상이한 양상을 보인다. 현행법에서는 단체교섭의 방식에 관하여 아무런 규정이 없으므로 노 · 사 간에 자율적으로 방식을 택할 수 있지만, 우리나라에서는 대부분 기업단위의 노조형태로 되어있어 기업별 교섭이 주류를 이루고 있었는데, 최근에 산업별 노조의 형태로 전환되면서 산업별 교섭도 증가되고 있다.

2. 방 식

(1) 기업별 교섭

특정기업 내의 근로자로 구성된 노동조합과 그 상대방인 사용자 사이에 행하여지는 단체교섭으로서 우리나라나 일본에서 가장 일반적으로 행하여지는 방식이다. 각 사업장의 특수성을 반영한다는 장점이 있지만, 개별기업을 존립기반으로 하기에 노동시장에 대한 지배력이 전혀 없고 기업별 또는 사업장별 교섭에서 오는 제약이 단점이다.

(2) 통일교섭

산업별 또는 직종별 노동조합과 이에 대응하는 사용자 단체 사이에 행하여지는 초기업적인 단체교섭 방식이다. 영국이나 독일에서 지배적인 교섭방식이며 우리나라에서는 보건의료노조 등 산별 노조가 활용하는 방식으로 해당 산업 전반에 걸쳐 근로조건을 통일한다는 장점이 있지만, 기업별 특수성을 반영하기 어렵다는 단점이 있다.

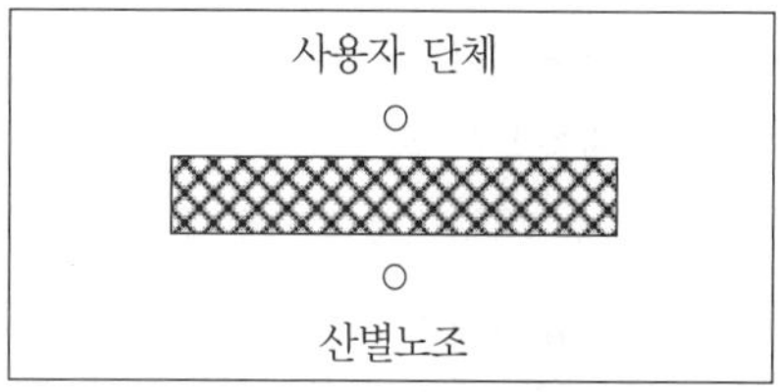

(3) 대각선 교섭

산업별 노동조합이 개별사용자와 교섭하는 방식이다. 산업별 노동조합에 대응하는 사용자단체가 없거나 또는 이러한 사용자단체가 있더라도 각 기업에 특수한 사정이 있을 때, 개별사용자를 상대방으로 하여 직접 단체교섭을 하는 방식이다.

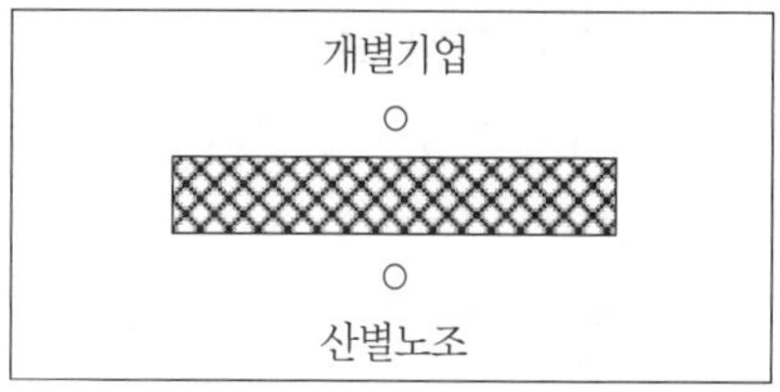

(4) 집단교섭(연합교섭)

상호 밀접한 관련을 가지는 여러 기업별 단위노조가 그에 대응하는 여러 사용자와 하나의 테이블에서 동시에 교섭하는 방식으로 기업별 교섭과 산업별 통일교섭의 절충형태이다.

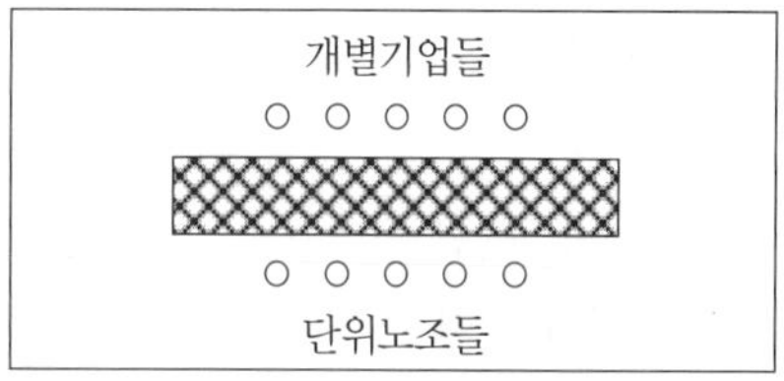

(5) 공동교섭(연명교섭)

기업별 조합이 산업별 연합체에 구성원으로 속해 있는 경우 단체교섭을 당해 기업별 조합과 상부단체인 산업별 연합체가 공동으로 사용자와 교섭하는 방식이다. 현행법상 산업별 연합단체와 단위노조 쌍방의 지부도 교섭당사자가 될 수 있으므로 단위노조가 참여하는 공동교섭이 가능하다. 또는 단위노조가 상부단체에 교섭을 위임하고 위임자인 단위노조가 상부단체와 공동교섭을 하는 것이 가능하다.

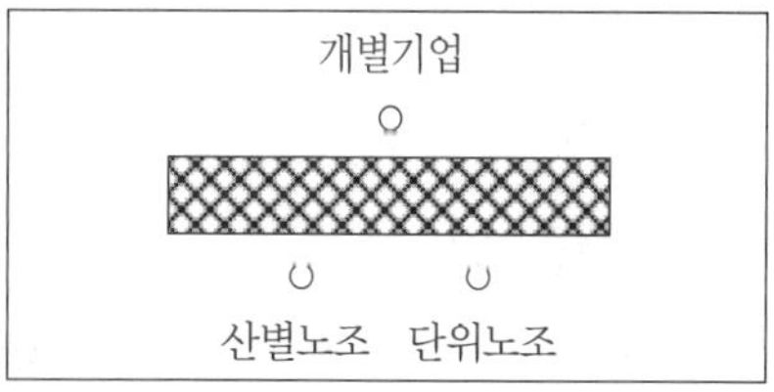

Ⅲ. 단체교섭의 방법

1. 성실교섭의무

노동조합과 사용자 또는 사용자단체가 단체교섭에 있어서 신의에 따라 성실히 교섭하고 단체협약을 체결하고 그 권한을 남용하여서는 아니 될 의무(노조법 제30조 제1항)를 말한다.

사용자가 부담하는 성실교섭의무에는 단순히 단체교섭에 응할 의무뿐만 아니라 교섭의 과정에서 합의 형성을 위하여 성실하게 노력할 의무를 포함한다.

2. 단체교섭 거부 · 해태와 부당노동행위

노조법은 사용자가 '노동조합의 대표자 또는 노동조합으로부터 위임을 받을 자와의 단체협약체결 기타의 단체교섭을 정당한 이유 없이 거부하거나 이를 해태하는 행위(제81조 제3호)'를 부당노동행위로서 금지하고 있다.

이는 헌법상 근로3권 중 중핵적 권리인 단체교섭권을 보장하여 근로자 또는 노동조합이 사용자와 실질적 대등성을 확보하기 위하여 헌법 제33조의 입법화 요청과 수권을 기초로 노조법에 의하여 입법 정책적으로 부당노동행위제도를 창설[1]하여 단체교섭의 거부 · 해태로 단체교섭권이 침해된 경우 부당노동행위로서 배제 · 시정하면서 정상적인 노사관계의 회복 내지 공정한 노사관계질서를 확립[2]할 수 있도록 하고 있는 것이다.[3]

3. 폭력 등의 금지

단체교섭은 노 · 사 간에 합의를 달성하기 위한 과정이므로 원만한 합의를 방해하는 폭력이나 파괴행위는 허용될 수 없다(제4조). 폭력이나 파괴행위에 의한 단체교섭에서 폭력이나 파괴행위는 민 · 형사 면책이 되지 않으며, 사용자는 교섭을 중단할 수 있다. 그러나 사용자의 불공정한 행위 또는 도발적인 태도로 유발된 지나친 항의행동을 이유로 교섭을 중단할 수는 없다.

4. 노동관계의 지원

종전 노조법에서는 단체교섭과 관련하여 노동조합과 사용자가 지원받을 수 있는 자의 범위와 요건을 명시하고 있었다(제40조). 그러나 최근 노사정합의로 노조법이 개정되어 동 규정이 2007년 7월 1일부터 폐지되고 자유로운 지원이 가능해졌다.

Ⅳ. 단체교섭의 절차

1. 교섭기일

교섭기일은 교섭사항 등을 고려하여 노사가 자율적으로 결정할 수 있다. 그런데 교섭기일은 교섭사항에 대한 검토와 준비를 위해 합리적인 기간이 필요하므로 노조측이 예고 없이 일정한 기일을 정하여 단체교섭을 신청한 경우에는 사용자는 그 교섭사항의 검토를 위해 필요한 기간 동안에는 교섭을 거부할 수 있다. 반면 사용자가 교섭기일에 정당한 이유 없이 교섭을 거부하거나 교섭의 연기를 주장하는 것은 성실교섭의무 위반이라고 할 것이다.

2. 교섭의 시간 및 횟수

교섭의 시간 및 횟수는 원칙적으로 당해 교섭사항의 내용과 교섭관행 등을 검토하여 합리적으로 결정하여야 한다. 다만 교섭횟수가 지나치게 적거나 교섭에 응한 시간이 짧은 경우 성실교섭의무위반이

---

1) 김유성Ⅱ 315.
2) 임종률 260.
3) 임종률 256.

성립될 가능성이 높아질 것이다.

3. 교섭장소

교섭장소도 당사자의 합의나 관행으로 결정할 수 있다. 다만 근로자 측에 대하여 비용이나 시간의 면에서 가능한 한 과중한 부담을 주지 않아야 할 것이다. 사용자가 노조 측의 요구를 무시하고 노조의 소재지에서 멀리 떨어진 곳에 교섭장소를 설정하는 것은 정당한 이유가 없는 한 단체교섭 거부로 부당노동행위가 될 수 있다. 한편, 단체교섭은 동일한 장소에서 진행될 필요는 없기 때문에 교섭 담당자는 상대방에 대하여 합리적인 장소를 제시하여 교섭장소를 변경할 수 있다.

4. 참가인원

참가인원수는 미리 단체협약에서 명확하게 정하는 것이 바람직하다. 다만, 단체교섭은 노동조합의 대표와 사용자의 교섭이므로 교섭담당자인 노동조합대표 이외에 다수의 근로자가 참가하거나 총회에 사용자를 참석시켜 요구사항의 수락을 강요하는 교섭은 허용되지 않으므로 이 경우 사용자는 그 교섭을 거부할 수 있다.

Ⅴ. 결 론

헌법은 근로자의 단체교섭권을 보장함으로써 노 · 사 간 동등한 교섭력을 보장하고 있다. 이에 따라 노조법에서는 단체교섭에 대한 보장규정을 마련하고 절차와 방법의 기본적인 원칙을 제시하고 있는 것이다. 그러나 절차와 방법의 구체적인 내용을 두고 있지 않아 노사자치의 원칙에 따라 노조와 사용자가 정해야 할 것이다. 단체교섭은 근로3권의 중핵이라는 점에서 노사는 성실한 자세로 그 절차와 방법에 따라야 하며, 이를 통해 선진노사문화 정착의 밑거름을 마련할 수 있을 것이다.

[관련판례] 단체교섭의 의의

1. 단체교섭의 의의(대판 2002.4.12, 2000도3485)

단체교섭은 노사가 자율적으로 정한 교섭기일과 시간에 그 교섭장소에서 **근로조건 및 집단적 노동관계에 관한 사항을 협상**하는 것이므로, 비록 피고인이 속한 금속연맹이 동남알루미늄 노동조합으로부터 단체교섭에 관한 권한을 위임받았다 하더라도, 당시 그 노동조합이 파업에 돌입하면서 단체협약체결 촉구를 위한 결의대회를 개최하는 데에 피고인 등이 참가하는 것은 정당한 단체교섭행위라고 보기 어렵고[기록(공판기록 26쪽)에 의하면, 피고인 등 금속연맹 지역본부의 간부 4명이 교섭위원으로 교섭에 임하여 왔는데, 같은 날 결의대회에 참가하기 위해 약 15명이 온 사정도 엿보인다], 따라서 그 회사 직원들이 피고인 등의 출입을 제한하기 위해 신분증을 제시하라고 요구한 것을 위법하다고 할 수 없으며, 피해자가 이러한 회사의 요구에 따르라고 권유하는 것이 위법한 공무집행이라고도 볼 수 없다.

2. 헌법상 단체교섭권의 법률적 의의

이른바 근로3권 중 단체교섭권이 가장 중핵적 권리라고 할 수 있고 따라서 단체행동권은 필요 최소한도의 제한이 가해지더라도 노동3권의 본질적 침해가 있다 할 수 없다(대판 1990.5.15, 90도357 [서울지하철공사 사건])

본래 헌법 제33조 제1항에 의하여 선명된 이른바 **노동3권**은 사용자와 근로자 간의 **실질적인 대등성**을 단체적 노사관계의 확립을 통하여 가능하도록 하기 위하여 **시민법상의 자유주의적 법원칙을 수정**하는 신시대적 시책으로서 등장된 **생존권적 기본권**들이므로 이 노동3권은 다 같이 존중 보호되어야 하고 그 사이에 비중의 차등을 둘 수 없는 권리들임에는 틀림없지만 근로조건의 향상을 위한다는 생존권의 존재 목적에 비추어 볼 때 위 노동3권 가운데에서도 **단체교섭권이 가장 중핵적 권리**임은 부정할 수 없다.

그 이유는 헌법 제119조 제1항의 규정에 의하여 분명한 것처럼 개인과 기업의 경제상의 자유와 창의를 존중함을 기본으로 삼고 있는 우리의 경제질서 아래에서는 노사양측의 교섭을 통하지 아니한 일방적인 노동조건의 결정은 상상할 수 없는 것이기에 사용자에 비하여 열세일 수밖에 없는 근로자에게 열세성을 배제하고 사용자와의 대등성 확보를 위한 법적 수단으로 단체교섭권을 인정하는 것이야말로 근로조건의 향상을 위한 본질적 방편이라고 아니할 수 없으며 따라서 그것을 위하여 단체형성의 수단인 단결권이 있고 또한 교섭이 난항에 빠졌을 때 그것을 타결하기 위한 권리로서의 단체행동권이 있는 것으로 보아야 하기 때문이다. 이로써 본다면 근로자에게 **단체교섭권이 정당하게 확보**되어 있기만 하다면 그것을 보장하는 권리로서의 **단체행동권은 그것이 제한된다 해도** 필요한 최소한도내에서, 어쩔 수 없는 것으로서 사회통념상 상당한 대상조치가 마련되어 있다고 보여질 때에는 위에서 본 **권리의 본질적인 내용을 침해하는 것으로 볼 수 없다**고 하겠다.

3. 사용자의 교섭의무(헌법재판소 2002.12.18, 2002헌바12)

〈심판대상 조문〉

노조법 제81조 제3호 사용자가 "노동조합의 대표자 또는 노동조합으로부터 위임을 받은 자와의 단체협약체결 기타의 단체교섭을 정당한 이유 없이 거부하거나 해태"하지 못한다.

〈판시사항〉

노조법 제81조 제3호(이 사건 법률 조항)가 계약의 자유, 기업활동의 자유 등을 침해하는지 여부(소극)

〈합헌의견 – 다수의견〉

이 사건 법률 조항은 **헌법상 보장된 단체교섭권을 실효성 있게 하기 위한 것**으로서 정당한 입법목적을 가지고 있다. 입법자는 이 사건 조항으로써 사용자에게 성실한 태도로 단체교섭 및 단체협약체결에 임하도록 하는 수단을 택한 것인데, 이는 위와 같은 입법목적의 달성에 적합한 것이다. 한편 이 사건 조항은 사용자로 하여금 단체교섭 및 단체협약체결을 일방적으로 강요하는 것은 아니며 **"정당한 이유 없이 거부하거나 해태"하지 말 것을 규정한 것**일 뿐이고, 어차피 노사 간에는 단체협약을 체결할 의무가 헌법에 의하여 주어져 있는 것이므로, 이 사건 조항이 **기본권 제한에 있어서 최소침해성의 원칙에 위배된 것이라고 단정할 수 없다.** 또한 이 사건 조항은 노동관계 당사자가 대립의 관계로 나아가지 않고 대등한 교섭주체의 관계로서 분쟁을 평화적으로 해결하게 함으로써 근로자의 이익과 지위의 향상을 도모하고 헌법상의 근로3권 보장 취지를 구현한다는 공익을 위한 것인데 비해, 이로 인해 제한되는 사용자의 자유는 단지 정당한 이유 없는 불성실한 단체교섭 내지 단체협약체결의 거부 금지라는 합리적으로 제한된 범위 내의 기본권 제한에 그치고 있으므로, 법익 간의 균형성이 위배된 것이 아니다. 따라서 이 사건 조항이 비례의 원칙에 위배하여 청구인의 계약의 자유, 기업활동의 자유, 집회의 자유를 침해한 것이라 볼 수 없다.

제 2 절 성실교섭의무

Ⅰ. 서 설

노동조합 및 노동관계조정법(이하 '노조법'이라 함) 제30조에서는 '노동조합과 사용자 또는 사용자단체가 단체교섭에 있어서 신의에 따라 성실히 교섭하고 단체협약을 체결하고 그 권한을 남용하여서는 아니되며, 노동조합과 사용자 또는 사용자단체는 정당한 이유없이 교섭 또는 단체협약의 체결을 거부하거나 해태하여서는 아니 된다'고 하여 성실교섭의무를 규정하고 있다.

동 규정은 헌법 제33조 제1항에 따른 단체교섭권은 사용자와의 실질적인 대등성을 확보하고 노사자치주의를 실현하기 위한 것으로, 이를 구체적으로 실현하기 위하여 사용자와 노동조합 사이에 단체교섭의 원칙을 정하고 있는 것이다.

Ⅱ. 성실교섭의무의 주체

1. 사용자 또는 사용자단체와 노동조합

사용자 또는 사용자단체와 노동조합은 단체교섭에 있어 성실교섭의무의 주체라고 할 것이다. 사용자가 이를 위반한 경우는 부당노동행위에 의해 규제되지만, 노동조합은 사용자가 단체교섭거부를 할 수 있는 정당한 사유가 될 뿐이므로 실질적으로 사용자에게 부과된 의무라 할 것이다.

2. 단체교섭의 담당자 또는 위임을 받은 자

단체교섭의 담당자 또는 위임을 받은 자는 노동조합과 사용자 또는 사용자 단체의 이익을 위해서 성실교섭의무를 지게 되며 단체교섭의 주체인 노동조합의 단결목적과 사용자의 제반목적을 위하여 교섭하여야 한다.

Ⅲ. 성실교섭의무의 내용

1. 단체교섭응락의무

성실교섭의무에서 사용자는 1차적으로 노동조합의 정당한 단체교섭에 응락할 의무를 지게 된다. 여기서 응락의무는 노사 쌍방의 교섭담당자가 현실적으로 회견하여 대화할 의무를 말한다. 따라서 문서의 접수·회신이나 전화 등에 의한 대화는 불성실한 것으로 된다. 다만, 사용자가 노동조합의 단체교섭요구가 정당하지 않다고 판단할 만한 사유가 있어서, 이를 확인하기 위한 회신 등은 허용될 것이다.

2. 합의가능성을 모색할 의무

성실교섭의무의 핵심은 합의가능성을 모색할 의무에 있다. 즉 쌍방은 요구나 주장을 명확히 하고 상대방의 요구나 주장에 대하여 자신의 주장이나 대안을 제시하고 그 논거를 설명하거나 관련자료를 제공할 의무가 있다. 따라서 내용이 불명확한 주장을 하면서 수락을 요구하거나 주장을 수시로 변경하여 진정한 의도를 알 수 없게 하는 경우, 제안을 듣고 처음부터 합의달성의 의사가 없음을 밝히는 경우, 합리적인 이유 없이 대안을 제시하지 않는 경우, 대안의 수락만 요구하는 경우, 또는 제안에 불합리한 조건을 붙이면서 수락을 요구하는 경우에는 불성실한 것으로 된다.

그러나 성실교섭의무에 상대방의 요구를 수락하거나 양보할 의무까지 포함하는 것은 아니다. 따라서 교섭의 정체나 지체에 따른 교섭의 중단은 불성실한 것은 아니다. 즉 쌍방이 자신의 주장·제안·설명을 충분히 하였음에도 불구하고 교섭이 진전될 전망이 없게 되어 교섭을 중단하거나 교섭의 결렬을 선언하더라도 성실교섭위반으로 볼 수는 없다.

3. 단체협약체결의무

현행법상의 성실교섭의무에는 "단체협약을 체결"할 의무가 포함되어 있다(제30조 제1, 2항). 그러나 이는 일방이 교섭을 요구하면 쌍방은 당연히 단체협약의 체결에까지 이르러야 한다는 의미가 아니라, 당사자 간에 단체교섭이 타결된 경우에는 지체없이 단체협약을 체결해야 한다는 것을 의미할 뿐이다. 그래서 사용자가 노조와 합의가 달성된 내용에 대한 단체협약을 체결하지 않는 것은 성실교섭 위반이지만, 단체협약체결에 관한 인준투표제가 예정되어 있는 노동조합의 대표자가 합의된 단체협약의 인준을 받도록 노력하지 않아 인준이 거절된 경우에는 사용자가 재교섭을 거부하더라도 성실교섭의무에 위반되지 않는다.[4)]

Ⅳ. 성실교섭의무의 예외

1. 의 의

사용자 또는 사용자단체가 성실교섭의무를 지더라도 교섭거부의 정당한 사유가 존재하면 정당하게 이를 거부할 수 있다.

2. 교섭의 주체

사용자는 정당한 단체교섭의 주체가 아닌 경우, 즉 교섭권한이 없는 근로자 단체, 교섭권한이 없는 노동조합대표나 그로부터 위임을 받은 자와의 교섭은 거부할 수 있다.[5)] 그러나 사용자가 단체협약상의

4) 임종률 132.
5) 대판 1998.1.20, 97도588.

유일교섭단체조항을 이유로 단체교섭을 거부하는 경우에는 정당한 이유에 해당하지 않아 부당노동행위가 성립한다.[6] 또한 사용자가 조합원이 소수임을 이유로 하는 단체교섭거부 등은 부당노동행위에 해당될 것이다.

3. 교섭의 목적(내용)

사용자에게 처분권한이 없거나[7] 근로조건과 근로자의 지위개선에 관계되지 않는 사항[8]이나, 쟁의행위기간 중의 임금지급을 요구하는 단체교섭과 같은 법 위반사항에 대해서는 거부할 수 있다(제44조). 그러나 노동조합으로부터 과대한 요구가 있었다고 단체교섭을 거부하는 경우에는 부당노동행위에 해당[9]된다.

4. 교섭의 방법 및 절차

법령, 단체협약, 취업규칙 등에 규정된 교섭방법 및 절차에 대하여 협약 등에 정함이 있거나 관행이 있는 경우에는 노사당사자는 그에 따라야 할 것이므로 이를 위반하거나 또는 교섭이 장기화되어 더 이상 정상적인 교섭이 어려운 경우에는 정당하게 이를 거부할 수 있다고 보아야 할 것이다.

Ⅴ. 성실교섭의무 위반의 효과

1. 사용자의 성실교섭의무 위반

(1) 사용자의 부당노동행위 성립

노조법은 사용자가 '노동조합의 대표자 또는 노동조합으로부터 위임을 받은 자와의 단체협약체결 기타의 단체교섭을 정당한 이유 없이 거부하거나 이를 해태하는 행위(제81조 제3호)'를 부당노동행위로서 금지하고 있다. 사용자가 성실교섭의무를 위반한 경우에도 노조법 제81조 제3호에 의하여 부당노동행위가 성립한다.

(2) 구 제

1) 노동위원회를 통한 구제 노동조합의 구제신청에 대하여 노동위원회는 사용자의 단체교섭거부에 대하여 단체교섭에 응하라는 명령이 가능하다. 단체교섭거부가 교섭사항, 교섭당사자, 교섭시기 등에 관련하여 문제된 경우에는 그 사항을 구체적으로 특정하여 교섭명령을 할 수 있다. 단체교섭명령 이외에도 공고문게시명령도 가능하다.

2) 사법적 구제 부당노동행위에 대한 노동위원회의 구제명령절차는 공법상 권리구제절차로서 사용자와 근로자 사이의 사법상 법률관계에 직접 영향을 미치는 것이 아니므로 근로자는 노동위원회를 통한 구제절차와 별도로 민사소송으로 그 사법상의 효력을 다툼으로서 권리구제를 구할 수 있다.

민사적 구제에는 본소에 의한 구제와 가처분 신청에 의한 구제가 있다. 즉 단체교섭 거부 · 해태가 노동조합의 근로3권을 침해하여 보존 필요성의 긴박성이 있다고 판단되면 단체교섭응낙가처분신청

6) 김유성Ⅱ 345.
7) 대판 2003.12.26, 2003두8906.
8) 대판 1991.1.23, 90도2852.
9) 대판 1992.1.21, 91누5204.

을 할 수 있고, 단체교섭 거부 · 해태가 불법행위의 구성요건에 해당하는 경우 손해배상청구를 할 수 있을 것이다.

2. 노조의 성실교섭의무 위반

우리나라에서는 사용자의 부당노동행위만을 규제하고 있기 때문에 노동조합의 성실교섭의무는 추상적 의무라고 할 수 있다. 그래서 노동조합이 성실교섭의무를 위반하게 되면 성실교섭의무 위반으로 책임을 지울 수는 없겠지만, 사용자가 불성실한 노조의 교섭을 거부하더라도 부당노동행위가 성립하지는 않는다고 할 것이다.

Ⅵ. 결 론

헌법은 근로자의 단체교섭권을 보장함으로써 노 · 사 간 동등한 교섭력을 보장하고 있다. 이에 따라 노조법에서는 단체교섭에 대한 보장규정을 마련하고 절차와 방법의 기본적인 원칙을 제시하고 있다. 여기에는 성실교섭의무가 포함된다. 단체교섭은 근로3권의 중핵이라는 점에서 노사는 성실한 자세로 그 절차와 방법에 따라야 하며, 이를 통해 선진노사문화 정착의 밑거름을 마련할 수 있을 것이다.

제 3 절 단체교섭 창구단일화

Ⅰ. 서 설

(구)노조법 제3조 제5호에서는 '기존 노조와 조직대상을 중복하는 경우'에는 설립신고를 할 수 없도록 소극적 요건으로 규정하여 복수노조의 설립을 사실상 금지하고 있었다. 그러나 (구)노조법상의 복수노조금지가 근로자의 단결의 자유를 제한한다는 비판이 끊임없이 제기되면서 1997년 현행 「노동조합 및 노동관계조정법」 제정시 복수노조의 설립을 원칙적으로 인정하되, 경과조치로서 복수노조 설립을 일정기간 유예하면서 교섭창구 단일화를 위한 단체교섭의 방법 · 절차 등을 강구하도록 하였다. 이와 관련하여 최근 유예기간이 만료되면서 사업 또는 사업장 단위의 복수노조 설립 규제는 철폐하되, 교섭창구 단일화를 통해 복수노조 설립에 따라 발생할 수 있는 노사관계의 불안요인을 최소화하도록 교섭창구 단일화 절차를 정하게 되었다.

Ⅱ. (구)노조법의 복수노조에 대한 태도

1. 종래 복수노조금지제도에 대한 견해

종래 (구)노조법 제3조 제5호는 "조직이 기존의 노동조합과 조직대상을 같이 하거나 그 노동조합의 정상적 운영을 방해하는 것을 목적으로 하는 경우"를 노동조합 설립의 소극적 요건으로 규정하고 있었다.

이에 대하여는 ⅰ) 기존 노조의 조직대상에 포함되는 새로운 경쟁적 복수노조의 설립가능성을 완전히 배재하는 것으로서 헌법이 보장하고 있는 근로자의 단결권의 한 내용인 노동조합 설립의 자유의 본질적 내용을 침해하는 것으로 위헌이라는 견해[10]와 ⅱ) 적어도 기업별 단위노조에서 복수노조의 설립을 허용하게 되면 노조끼리의 선명경쟁, 조직분규, 어용노조의 출현 등 많은 문제점이 야기될 것이므로 이를 제한하는 것은 입법정책의 문제일 뿐 단결권의 본질적 내용을 침해하는 것은 아니라고 보는 견해[11]가 대립되고 있었다.

10) 복수노조 설립을 긍정하는 근거 – ① 근로자의 단결선택 자유보장 ② 노조자유설립주의의 보장, ③ 노사자치주의의 보장 등.

11) 복수노조 설립을 부정하는 근거 – ① 노조의 내부분열에 의한 노조의 단결력 약화 ② 산업평화유지의 애로점 ③ 어용노조의 탄생우려 ④ 단체협약체결의 난점 등.

종래 (구)노조법상 복수노조금지제도는 근로자의 단결선택의 자유를 침해하므로 위헌의 소지가 있어서 현행법에서는 복수노조의 설립을 원칙적으로 인정하고 있다. 하지만 그동안 복수노조 설립을 유예하고 있어서 헌법이 보장하고 있는 근로자의 단결권의 한 내용인 노동조합 설립 자유의 본질적 내용 및 근로자의 단결선택권을 침해하고 있는 것이 사실이다. 이러한 문제점을 반영하여 금번 노조법 개정으로 복수노조는 전면 허용하되, 교섭창구 단일화 절차를 정하게 되었다.

2. (구)노조법 부칙 제7조의 복수노조에 대한 태도

(1) (구)노조법 부칙 제7조

(구)노조법에서는 2011년 6월 30일까지는 기존 노동조합이 있는 경우, 그 노동조합과 조직대상을 같이 하는 새로운 노동조합의 설립은 금지되고, 행정관청은 설립하고자 하는 노동조합이 복수노조 금지에 해당하는 경우에는 설립신고서를 반려하도록 하고 있었다. 한편, 이것은 2011년 7월 1일부터는 사업 또는 사업장 단위에서 근로자는 자유롭게 노동조합을 설립하거나 가입할 수 있도록 복수노조를 전면 허용하되, 교섭대표노동조합을 정하여 사용자와 교섭하는 교섭창구단일화 절차를 정한 것이다.

(2) 현행 부칙 제7조의 복수노조 허용범위

1) '하나의 사업 또는 사업장에 조직되어 있는 노조'의 의미 판례는 '하나의 사업 또는 사업장에 조직되어 있는 노동조합'과 '새로운 노동조합'은 조직형태상 기업별 단위노조로 한정된다고 해석하였다. 기업차원의 복수노조 금지규정은 기존노조와 제2노조가 기업별 단위노조인 것을 전제로 조직대상을 같이 하는 것을 금지한다. 따라서 기존노조와 제2노조 중 어느 하나 또는 모두가 연합노조이거나 초기업적 단위노조인 경우에는 복수노조금지가 적용되지 않는다.[12]

2) '조직대상을 같이한다'의 의미 조직대상의 동일성을 판단하는 기준에 대하여 판례는 "기존의 노동조합의 규약에 정하여진 내용을 기준으로 하여야 할 것이지만, 우선 조직대상의 동일성 여부는 동일한 형태의 노동조합 사이에서만 발생하는 문제이어서 단순히 규약의 조직대상에 관한 형식적인 규정내용만을 기준으로 하여서는 아니 되고, 그 규약이 정하고 있는 조직형태와 실제 노동조합구성원들의 실체와 구성범위 등을 고려하여 기존의 노동조합이 새로 설립하려는 노동조합과 동일한 형태의 노동조합인지 여부를 검토하여야 할 것"이라고 판시[13]하였다. 학설도 조직대상의 동일성 여부는 엄격하게 파악되어야 한다는 입장이다.

3) 설립의 금지 부칙 제7조는 기존노조와 조직대상을 같이하는 제2노조의 '설립'을 금지하는 것이므로 기업의 합병, 영업의 양도에 의해서 복수의 노조가 하나의 기업 내에 병존하는 것은 허용되며, 조직대상을 달리하는 복수의 기존 노조 중 어느 하나 또는 모두가 조직대상을 변경하여 조직대상을 같이하게 된 경우에도 복수노조금지에 위반하지 않는다.

12) 대판 2004.7.22, 2004다24854, 다만, 독립한 근로조건의 결정권이 있는 하나의 사업 또는 사업장 소속 근로자를 조직대상으로 한, 초기업 단위노동조합의 지부 또는 분회가 독자적인 규약 및 집행기관을 가지고 독립한 단체로서 활동을 하면서 그 조합원에 고유한 사항에 대하여는 독자적으로 단체교섭 및 단체협약체결 능력을 가지고 있는 경우에는 기업별 단위노동조합에 준하여 판단하게 된다고 한다.

13) 대판 1993.5.25, 92누14007.

Ⅲ. 현행법의 교섭창구 단일화

1. 교섭창구 단일화의 원칙과 예외적 허용

(1) 교창창구 단일화 원칙

사용자와 교섭하고자 하는 노동조합은 사업(장)에서 교섭대표노조를 정하여 교섭을 요구할 의무가 부과된다(노조법 제29조의2 제1항). 즉, 하나의 사업(장) 내에 조직되어 있는 노조는 원칙적으로 조직대상의 중복·조직형태에 관계없이 교섭단일화(1社1交涉)해야 하는 것이다.

(2) 개별교섭의 예외적 허용

다만, 일정기한(자율적 교섭대표노조 결정기한) 내에 사용자가 동의한 경우에는 노조별 개별교섭이 가능토록 허용(제1항)하되, 해당기간 내에 사용자의 명시적 동의가 없으면 과반수 대표노조가 교섭권을 갖는 다음단계로 자동 전환된다.

2. 교섭대표노동조합의 결정

(1) 교섭창구 단일화절차 참여 노조 확정

특정노조의 교섭요구가 있을 때부터 사업장 내 모든 노조가 참여하는 교섭창구 단일화절차가 개시되어야 한다. 교섭요구개시 시점, 특정노조의 교섭요구 사실을 타 노조에 통지하는 방식 등 구체적인 내용은 시행령에 따른다.

(2) 자율적 교섭대표노조 결정

교섭창구 단일화는 노조 간 자율결정의 기회를 부여하여 위헌 소지를 최소화하고, 사업장 특성을 반영하여 교섭대표노조를 선정할 수 있도록 자율적 교섭대표노조 결정기한까지는 합의로 교섭대표노소를 정할 수 있다(제29조의2 제2항). 교섭대표노조 결정사실 등을 명확히 하기 위해 모든 노조가 서명 또는 날인하고 대표자 등을 선정하여 사용자에게 통지하는 것이 바람직할 것이다.

(3) 과반수노동조합의 교섭대표노조 지위 인정

일정기간 내에 사용자의 자율교섭에 대한 동의가 없고, 노조 간 자율적 단일화에 실패한 경우 '과반수노조'에게 교섭대표권 부여된다(제29조의2 제3항). 과반수노조가 없더라도 2개 이상의 노동조합이 위임 또는 연합 등의 방법으로 과반수가 되는 경우에도 과반수노조로서 교섭대표노조의 지위를 인정받을 수 있다.

과반수 여부에 대한 이의가 있는 경우 노동위원회에 조합원 수 확인 등을 요청하고, 노동위원회에서 관련 자료를 토대로 조합원 수를 조사·확인한 후 과반수 노조가 있는 경우 그 노조를 교섭대표노조로 결정하게 된다.

(4) 과반수가 없는 경우의 공동교섭대표단 구성

1) 노조 간 자율적으로 공동교섭대표단 구성 과반수가 없는 경우에는 공동교섭대표단을 구성하되, 여기에 참여할 수 있는 노조는 교섭창구 단일화에 참여한 모든 노조가 아니라 교섭창구 단일화 절차에 참여한 노조의 전체 조합원 중에서 차지하는 조합원이 100분의 10 이상인 노동조합으로 제한된다.

2) 노동위원회의 공동교섭대표단 결정 노조 간 자율적으로 공동교섭대표단을 결정하지

못할 경우에는 해당 노동조합의 신청에 의해 노동위원회가 조합원 비율을 고려하여 공동교섭대표단을 결정하게 된다.

3. 노동위원회의 교섭단위 분리결정

교섭단위란 교섭대표노동조합을 결정하여야 하는 단위로서, 하나의 사업 또는 사업장을 원칙으로 하고, 산별 노조 · 직종별 노조(지부 · 분회) 등 조직형태에 관계없이 모든 노조를 단일화 대상에 포함한다.

다만, 교섭단위를 분리할 필요가 있는 경우 노동위원회 결정으로 교섭단위 분리를 인정하되, 현격한 근로조건의 차이, 고용형태, 교섭관행 등을 종합적으로 고려하여 교섭단위 분리 여부 결정한다. 노동위원회의 교섭단위 분리결정시 각 교섭단위 내에서 교섭창구 단일화 절차에 따라 교섭대표노조를 결정하게 된다.

4. 교섭대표노동조합 및 사용자의 공정대표의무

공정대표의무란 교섭단위 내 관련된 노동조합과 조합원 이익을 합리적 이유 없이 차별하지 말고 공정하게 대표할 교섭의무를 말한다. 교섭대표노조는 근로조건 등 규범적 부분뿐만 아니라 채무적 부분을 모두 교섭하고 이에 대한 공정대표의무를 부담하게 된다.

한편, 공정대표의무를 위반할 경우 시정요구의 주체는 노동조합으로 한정되며, 개별조합원은 해당 노조를 통해 그 위반을 시정할 수 있다. 이러한 공정대표의무는 교섭대표노조가 부담하지만, 교섭은 상대방이 있는 것이므로 사용자에게도 공정대표의무(공정성유지의무)를 부과하는 것이다.

5. 교섭대표노동조합의 지위보장

(1) 교섭대표노동조합에게 당사자의 지위부여

교섭대표노조의 대표자가 전체 노조 및 조합원을 위해 사용자와 교섭하고 단체협약을 체결할 권한을 가진다. 즉, 교섭대표노조의 대표자가 서명 또는 날인함으로써 단체협약이 체결된다. 또한, 교섭대표노조에게 당사자의 지위를 부여한 이상 교섭 · 쟁의 등은 교섭대표노조를 중심으로 이루어진다.

(2) 쟁의행위 찬반투표시 참여하는 조합원 및 정족수

쟁의행위 찬반투표는 교섭창구 단일화에 참여한 전체 조합원의 과반수 찬성으로 의결하여야 한다. 교섭대표노조가 협약당사자이며, 교섭대표 선정 등에 참여한 각 노조는 독자적인 교섭권과 협약체결권을 갖는 것이 아니므로 쟁의행위 찬반투표는 전체 조합원 과반수의 찬성으로 결의하여야 하는 것이다.

(3) 필수유지업무 협정 · 결정 및 필수유지업무 근무 근로자 지정

교섭대표노조가 필수유지업무 협정을 체결하거나 노동위원회 결정을 받도록 하고, 필수유지업무에 종사하는 근로자가 소속된 노동조합이 2개 이상 있는 경우에는 각 노동조합의 해당 필수유지업무에 종사하는 조합원 비율을 고려하여 필수유지업무 근무 근로자를 통지하거나 지명하도록 한다.

Ⅳ. 결 론

(구)노조법에서는 복수노조가 금지되어 근로자의 단결의 자유를 제한한다는 비판이 끊임없이 제기되어 왔다. 종전 노조법 부칙 제7조에서는 이러한 의견을 수렴하여 복수노조를 원칙적으로 허용하되, 문제점을 보완하기 위하여 유예기간을 두고 있었다. 하지만 여전히 복수노조의 교섭권을 보장하는 데 미흡하다는 지적이 계속되면서 최근 복수노조의 전면허용을 인정하고 교섭창구 단일화의 절차를 규정하게 되었다. 다만, 교섭창구단일화의 과정에서 소수노조 및 그 소속 조합원의 교섭권이 침해되지 않도록 교섭대표노조와 사용자는 공정대표의무를 준수하여야 할 것이다.

[표] 복수노조 교섭창구 단일화 절차

〈 교섭참여 노조확정 절차 〉

교섭요구(단체협약 만료 3개월 전부터) → 교섭요구 사실에 대한 사용자 공고(7일) → 공고기간 내 다른 노조 교섭 참여

↓

참여노조 확정 공고(5일) · 수정시 수정공고(5일)
* 공고에 이의가 있는 경우 노동위원회에 시정요청(5일 내 신청, 10일 내 처리)

〈 참여노조 확정 후 교섭대표노조 결정절차 〉

사용자 동의에 따른 개별 교섭 또는 자율적 단일화
(참여노조 확정 후 14일 이내)

→ 되면: 사용자에게 통지, 교섭대표노조 결정

↓ 안 되면

과반수 노조(절대 과반수 또는 연합 등으로 과반수)임을 사용자에게 통지
* 자율적 단일화기간 경과 후 5일 이내
* 사용자는 5일 동안 공고

→ 이의 없으면: 교섭대표 노조로 확정

→ 이의제기: 노동위원회 조합원 수 확인 후 교섭대표노조로 확정
※ 조합원 수 확인결과 과반수가 아니면 공동교섭대표단 결정단계로 전환

↓ 과반수 노조 없으면

공동교섭대표단 자율 구성
* 과반수 노조의 공고가 없을 경우 자율적 단일화 기간 경과 후 10일 이내
* 노동위원회 확인결과 과반수노조 없는 경우 노동위원회 결정 통지 후 5일 이내

↓ 자율 구성 안 되면

창구단일화에 참여한 노동조합의 전부 또는 일부의 신청에 의해 노동위원회가 공동교섭대표단 결정
(신청 후 10일 이내)

[관련판례] 교섭창구단일화제도의 위헌 여부(헌재 2012.4.24. 2011헌마338)

[1] 청구인들은 '노동조합 및 노동관계조정법'에 근거하여 설립된 단위노동조합, 산업별 단위노동조합, 산업별 연합단체, 총연합단체 및 그 소속조합원들로, 2010.1. 교섭창구단일화제도가 도입되자 '노동조합 및 노동관계조정법' 제29조 제2항 내지 제4항, 제29조의2 내지 제29조의5, '노동조합 및 노동관계조정법 시행령' 제14조의2 내지 제14조의12 등이 청구인들의 기본권을 침해한다고 주장하며, 2011.6.24. 이 사건 헌법소원심판을 청구하였다.

[2] **교섭창구단일화제도는 근로조건의 결정권이 있는 사업 또는 사업장 단위에서 복수 노동조합과 사용자 사이의 교섭절차를 일원화하여 효율적이고 안정적인 교섭체계를 구축**하고, 소속 노동조합이 어디든 관계없이 **조합원들의 근로조건을 통일하고자 하는 데 그 목적**이 있는바, 그 **목적의 정당성은 인정**되고, **교섭창구를 단일화하여 교섭에 임하는 경우 효율적으로 교섭을 할 수 있으며, 통일된 근로조건을 형성할 수 있다는 점에서 수단의 적절성도 인정**된다.

[3] 교섭창구단일화제도는 근로조건의 결정권이 있는 사업 또는 사업장 단위에서 복수노동조합과 사용자 사이의 교섭절차를 일원화하여 효율적이고 안정적인 교섭체계를 구축하고 소속 노동조합과 관계없이 조합원들의 근로조건을 통일하기 위한 것으로, 교섭대표노동조합이 되지 못한 소수 노동조합의 단체교섭권을 제한하고 있지만, 소수 노동조합도 교섭대표노동조합을 정하는 절차에 참여하게 하여 교섭대표노동조합이 사용자와 대등한 입장에 설 수 있는 기반이 되도록 하고 있으며, 그러한 실질적 대등성의 토대 위에서 이뤄낸 결과를 함께 향유하는 주체가 될 수 있도록 하고 있으므로 노사대등의 원리 하에 적정한 근로조건의 구현이라는 단체교섭권의 실질적인 보장을 위한 불가피한 제도라고 볼 수 있다.

[4] 교섭창구단일화를 이루어 교섭에 임하게 되면 효율적이고 안정적인 교섭체계를 구축할 수 있게 됨은 물론, **교섭대표 노동조합이 획득한 협상의 결과를 동일하게 누릴 수 있어** 소속 노동조합에 관계없이 조합원들의 근로조건을 통일할 수 있게 됨으로써 얻게 되는 **공익은 큰 반면,** 이로 인해 발생하는 **소수 노동조합의 단체교섭권 제한은 교섭대표 노동조합이 그 지위를 유지하는 기간 동안에 한정되는 잠정적인 것**으로, 조합원을 다수 확보하는 경우 차기 교섭대표노동조합이 되어 직접 교섭 당사자가 될 수도 있다는 점에서 그 **침해되는 이익은 그렇게 크다고 할 수 없다.**

이상에서 본 바와 같이, 이 사건 법률조항은 과잉금지원칙을 위반하여 청구인들의 **단체교섭권을 침해한다고 볼 수 없다.**

제 4 절 단체교섭의 당사자, 담당자

Ⅰ. 서 설

단체교섭은 헌법 제33조 제1항의 단체교섭권에 근거하여 노동조합 기타 노동단체가 교섭대표를 통하여 사용자 또는 사용자단체와 근로조건 등에 관하여 합의에 도달할 것을 주된 목적으로 행하는 일련의 과정을 말한다.

단체교섭의 당사자 및 담당자는 근로자 측에서 누가 단체교섭을 할 수 있는가와 사용자 측에서 누가 근로자 측과 교섭할 의무를 지는가의 문제라고 할 수 있다. 이것은 성실교섭의무와 관련되며, 단체교섭거부에 대한 부당노동행위의 기준이 되기도 한다. 최근 단체교섭의 당사자에 관해 그 범위가 확장되어야 한다는 견해가 대두되고 있고 이러한 견해가 법원의 기존입장에도 영향을 미치고 있다. 특히, 원청사용자와 하청노조, 사용사업주와 파견근로자 등 실질적인 사용자와 노조 사이의 단체교섭 당사자 여부가 문제되고 있다.

이하에서는 단체교섭의 당사자 및 담당자에 대하여 근로자 측과 사용자 측을 나누어 구체적으로 살펴보도록 하겠다.

Ⅱ. 단체교섭의 당사자

1. 의 의

단체교섭의 당사자란 단체교섭의 주체, 즉 단체교섭을 자신의 이름으로 행하는 자를 말한다. 이러한 당사자 자격의 인정문제는 노조가 단체교섭을 요구할 권리가 있는지, 그리고 사용자가 단체교섭요구에 응하여야 할 의무가 있는지 여부와 밀접하게 관련되어 있다.

2. 근로자 측 당사자

(1) 당사자의 요건

근로자의 단결체가 단체교섭의 당사자로 되기 위해서는 최소한 대외적 자주성을 가진 단체이어야 하고, 통일적인 의사형성이 가능한 단체성이 있어야 할 것이다.[14]

(2) 단위노조

단위노조는 '그 노동조합 또는 조합원을 위하여 사용자나 사용자 단체와 교섭'(제29조 제1항)할 수 있

14) 김유성Ⅱ 129.

는 당사자가 된다. 따라서 기업별 단위노조는 그 조합원을 고용하고 있는 사용자와 기업별 교섭을 할 수 있고, 초기업적 단위노조는 그 조합원의 사용자와 대각선 교섭을 하거나 그 사용자가 소속된 사용자단체와 통일교섭을 할 수 있다. 여러 개의 기업별 단위노조가 다수의 사용자와 집단교섭을 할 수도 있다.

한편, 2011년 7월 1일부터 하나의 사업 또는 사업장에서 조직형태에 관계없이 근로자가 설립하거나 가입한 노동조합이 2개 이상인 경우 노동조합은 교섭대표노동조합(2개 이상의 노동조합 조합원을 구성원으로 하는 교섭대표기구를 포함)을 정하여 교섭의 당사자가 된다. 따라서 교섭창구단일화 절차(제29조의2)에 따라 결정된 교섭대표노동조합의 대표자는 교섭을 요구한 모든 노동조합 또는 조합원을 위하여 사용자와 교섭하고 단체협약을 체결할 권한을 가진다(제29조 제3항). 다만, 교섭대표노동조합을 자율적으로 결정하는 기한 내에 사용자가 교섭창구 단일화 절차를 거치지 아니하기로 동의한 경우에는 그러하지 아니하다(제29조의2 제1항).

(3) 연합단체인 노동조합

연합단체가 단체협약체결당사자로서의 지위를 가지기 위해서는 단위노동조합의 연합단체에의 가입과 관련하여 개별근로자들이 총회에서 그 가입을 의결할 때에 조합원들의 총의에 의하여 단체협약체결 권한의 이양을 명시적으로 밝히거나, 적어도 이와 같은 권한이양을 추단할 수 있는 특별한 사정이 존재해야 한다는 견해[15]와 기업별 노동조합이 가입하고 있는 연합단체는 소속 노동조합에 대하여 단체교섭에 관한 통제력을 확보하고 있는 경우에 한하여 소속 단위노조 일반에 공통적인 사항에 대하여는 연합단체가 단위노조에 특유한 사항에 관하여는 당해 단위노조가 예외적으로 단체교섭의 당사자가 될 수 있다는 견해[16]가 있다.

(4) 지부, 분회

노동조합의 하부단체인 분회나 지부가 독자적인 규약 및 집행기관을 가지고 독립된 조직체로서 활동을 하는 경우 노조법시행령 제7조의 규정에 따라 그 설립신고를 하였는지 여부에 영향받지 않고 당해 조직이나 그 조합원에 고유한 사항에 대하여는 독자적으로 단체교섭하고 단체협약을 체결할 수 있다.[17]

하지만, 학계의 일부에서는 원칙적으로 단위노조의 지부·분회 등 산하조직은 그 자체로 독립된 노동조합이 아니므로 단체교섭의 당사자가 될 수 없다는 입장이 있다.[18]

(5) 법외노조

노동조합의 실질적 요건을 충족하였으나 행정관청으로부터 설립필증을 교부받지 못한 이른바 법외노조라 하더라도 노조로서 자주성과 민주성을 갖춘 헌법상 노조이므로 단체교섭의 당사자가 될 수 있다.[19]

다만, 일부 학설에서는 근로자 단체의 단체교섭권을 인정한다 할지라도 이러한 단체교섭권은 사용자가 이를 거부하여도 부당노동행위 구제신청을 할 수 없는 등(제7조 제1항) 헌법에서 보장되고 있는 일반적인 단체교섭과는 전혀 차원을 달리 하는 개념의 교섭 또는 계약에 불과하다는 견해[20]가 있다.

---

15) 김형배 734.
16) 김유성Ⅱ 130.
17) 대판 2001.2.23, 2000도4299.
18) 임종률 112~113.
19) 김유성Ⅱ 129; 임종률 63.
20) 이상윤 629.

(6) 일시적 단결체(쟁의단)

근로자들의 통일적인 의사형성은 가능하나, 엄밀한 의미의 단체성을 갖추지 못하고 있는 일시적 단결체도 단체교섭의 당사자가 될 수 있다. 일시적 단결체는 협약체결능력은 인정되지 않지만, 사실상의 대표자가 존재하는 이상 그 요구나 불만의 해결을 위하여 단체교섭만은 할 수 있다는 제한된 의미에서 단체교섭의 당사자가 된다.[21)]

다만, 단체로서의 실체를 갖추지 못했다는 이유로 단체교섭의 당사자가 될 수 없다는 견해가 있다.[22)]

(7) 유일교섭단체조항의 문제

유일교섭단체조합이란 사용자가 어느 특정 노동조합과 단체교섭을 하고 다른 어떤 노동조합이나 단체와도 단체교섭을 하지 아니할 것을 약정한 단체협약상의 조항을 말한다. 이러한 조항은 다른 노동조합이 가진 헌법상의 단체교섭권을 제한 · 박탈하는 것이므로 무효라고 보아야 할 것이다.[23)]

3. 사용자 측 당사자

(1) 의 의

사용자는 헌법이 보장하는 단체교섭권의 주체가 아니므로 여기서 사용자 측 당사자라 함은 근로자 측의 단체교섭요구에 대하여 그 '상대방'으로서 응할 의무가 있는 자라고 할 것이다.

(2) 사 용 자

사용자는 사업주, 사업의 경영담당자 및 그 사업의 근로자에 관한 사항에 대하여 사업주를 위하여 행동하는 자를 말한다(제2조 제2호).

그러나 단체교섭의 상대방이 되는 사용자는 원칙적으로 '사업주', 즉 근로계약의 당사자 또는 그에 준하는 자를 말한다. 따라서 개인사업에 있어서는 사업주 개인이, 법인인 경우에는 당해 법인이 사용자가 된다.

(3) 사용자 개념의 확장의 의의

단체교섭이 노 · 사 간 주장이 대립되는 사항에 관하여 합의를 형성하려는 사실행위라는 점을 감안한다면, 단체교섭의 상대방이 되는 사용자를 엄밀한 의미에서 근로계약의 당사자에 한정할 필요는 없다. 단체교섭의 대상사항이 되는 근로조건 기타 노동관계상의 제 이익에 대하여 '실질적 영향력 내지 지배력'을 행사하고 있는 자는 널리 단체교섭의 상대방이 된다고 보는 것이 타당할 것이다.

따라서 근로계약상 사용자 이외의 사업주도 근로계약상의 사용자와 직접 근로계약관계를 맺고 있는 근로자를 자기의 업무에 종사시키고 그 근로자의 기본적인 노동조건 등에 관하여 부분적이기는 하더라도 근로계약상의 사용자와 같이 볼 수 있을 정도로 현실적이고 구체적으로 지배 · 결정할 수 있는 지위에 있는 경우에는 그 한도 내에서 노조법 제1조에서 정하는 '사용자'에 해당하여 단체교섭 의무를 부담한다.[24)]

그러나 대법원은 단체교섭의 상대방인 사용자를 좁게 해석하여 근로자와 명시적이거나 묵시적인 근

---

21) 임종률 112; 김유성Ⅱ 129.
22) 김형배 692.
23) 김유성Ⅱ 136; 임종률 112.
24) 서울남부지법 2007.12.20, 2007카합731 결정.

로계약관계가 있는 자만을 사용자로 보고 있다.[25)]

(4) 사용자단체

사용자단체도 단체교섭의 당사자가 될 수 있다. 여기서 사용자단체라 함은 노동관계에 관하여 그 구성원인 사용자에 대하여 조정 또는 통제할 수 있는 권한을 가진 사용자의 단체를 말한다(제2조 제3호).[26)]

Ⅲ. 단체교섭의 담당자

1. 의 의

단체교섭의 담당자란 단체교섭의 당사자를 위하여 사실행위로서의 단체교섭을 하는 자를 말한다. 노조법은 담당자와 관련하여 근로자 측 담당자로서 '노조대표자'와 '노동조합의 위임을 받은 자'를, 사용자 측 담당자로서 '사용자 또는 사용자단체의 대표자와 그들로부터 위임을 받은 자'를 규정(제29조 제1, 2항)하고 있다.

2. 근로자 측 교섭담당자

(1) 노동조합의 대표자

1) 의 의 노동조합 대표자란 규약에 따라 선출되어 노동조합을 대표하는 자로서 노동조합의 임원중에서 대외적으로 노동조합을 대표하고 대내적으로 노동조합의 업무집행을 총괄하는 권한을 가진 자를 말한다.

2) 노조대표자의 단체협약체결권한

① (구)노동조합법상 해석 (구)노조법 제33조 제1항 본문은 "노동조합의 대표자 또는 노동조합으로부터 위임을 받은 자는 그 노동자 또는 조합원을 위하여 사용자나 사용자단체와 단체협약의 체결 기타의 사항에 관하여 교섭할 권한이 있다"고 규정하고 있었다. 여기서 노동조합의 대표자 또는 위임받은 자의 '교섭할 권한'에는 사실행위로서의 단체교섭 권한 외에 단체협약을 체결할 권한이 포함되어 있는지 해석상 다툼이 있었다.

② 판례의 태도 (구)노조법 제33조 제1항 본문은 "노동조합의 대표자 또는 노동조합으로부터 위임을 받은 자는 그 노동조합 또는 조합원을 위하여 사용자나 사용자 단체와 단체협약의 체결 기타의 사항에 관하여 교섭할 권한이 있다"고 규정하고 있는바, 여기에서 '교섭할 권한'이라 함은 사실행위로서의 단체교섭의 권한 외에 교섭한 결과에 따라 단체협약을 체결할 권한도 포함하는 것으로 해석하여야 한다.[27)]

③ 현행법의 태도 현행법은 제29조 제1항에서 "노동조합의 대표자는 그 노동조합 또는 조합원을 위하여 사용자나 사용자단체와 교섭하고 단체협약을 체결할 권한을 가진다"고 규정하여 노조대표자의 단체협약체결권 명문화하고 있다.

---

25) 대판 1995.12.22, 95누3565.
26) 대판 1986.12.23, 85누856.
27) 대판(전합) 1993.4.27, 91누12257.

3) 인준투표제

① 문제의 소재 노조대표자는 교섭 및 협약체결권한이 인정(노조법 제29조 제1항)되고 있는데, 조합규약상의 총회 인준투표로 제한이 가능한지 문제된다.

② 학 설 (구)노조법 하에서는 노동조합의 대표자는 교섭권한을 가질 뿐 당연히 독자적인 협약체결권까지 가지는 것은 아니므로 인준투표제는 적법하다고 보는 견해[28]가 있었고, 대표자의 교섭권한에는 당연히 협약체결권도 포함되어 있고 인준투표제는 노동조합 내부의 제한에 그칠 뿐 대외적으로 사용자를 구속하지 않는다는 견해[29]가 있었다. 최근에는 인준투표제가 대표자의 협약체결권을 전면적 · 포괄적으로 제한함으로써 형해화하는 것이라면 위법하다고 볼 수 있지만, 대표자가 체결한 단체협약의 효력발생에 영향을 주지 않고 단순히 조합내부의 제한에 그치는 것이라면 대외적으로 사용자를 구속하지는 않기 때문에 언제나 무효라고 할 수는 없다는 견해[30]가 제시되고 있다.

③ 판 례 대법원(전합)에서는 대표자와 위임을 받은 자의 교섭권한에는 당연히 협약체결권도 포함되어 있고 인준투표제는 대표자 등의 협약체결권을 전면적 · 포괄적으로 제한하여 그 권한을 실질적으로 형해화하고 원만한 단체교섭의 진행 등을 해친다는 이유로 위법하다는 입장이다. 그리고 이에 근거하여 인준투표제를 규정한 단체협약이나 조합규약에 대한 행정관청의 시정명령을 적법하다고 판시하고 있다.[31]

④ 검 토 인준투표제라도 단체협약의 효력발생을 좌우하지 않고 단순히 대내적 제한에 그치는 것이라면 협약 체결권의 전면적 · 포괄적 제한이라 볼 수 없다고 할 것이다. 개정법이 노동조합 대표자의 협약체결권을 명시한 취지는 인준투표제 자체를 금지하려는 것이 아니라 단체협약의 효력발생에 영향을 주는 인준투표제를 금지하려는 것으로 보아야 한다.

(2) 노동조합으로부터 위임을 받은 자

1) 위임의 상대방 노동조합은 대표자 이외의 자에게도 단체교섭의 담당자 자격을 위임할 수 있는데, 위임을 받을 수 있는 자의 범위는 노조법상 특별한 제한이 없기 때문에 자유로이 정할 수 있다. 또한 위임의 상대방은 자연인에 한하지 않고 법인이나 단체에 위임하는 것도 가능하다. 다만, 교섭권한을 위임하였더라도 위임자의 교섭권한은 소멸되는 것이 아니고 수임자의 교섭권한과 중복하여 경합적으로 남아있다고 할 것이다.

2) 위임 받은 자(수임자)의 교섭권한의 범위 종래에는 위임사항에 한정된다는 다수 견해와 협약체결권까지 포함된다고 하는 판례의 견해가 제시되었다.

그러나 현행 노조법에서는 노동조합이 교섭 또는 단체협약의 체결에 관한 권한을 위임하는 때에는 교섭사항과 권한 범위를 정하여 위임하여야 하며(제29조 제1항 및 시행령 제14조 제1항), 위임을 받은 자는 그 위임받은 범위 안에서 권한을 행사할 수 있도록 규정하고 있다(제29조 제2항).

3) 위임의 통보와 방식

① 통 보 노동조합과 사용자 또는 사용자단체는 교섭 또는 협약의 체결권한을 위임할 때에는 상대방에게 ⅰ) 위임받을 자의 성명(위임을 받은 자가 단체인 경우에는 그 명칭 및 대표자의 성

28) 박상필 425.
29) 김형배 742.
30) 임종률 116~117.
31) 대판(전합) 1993.4.27, 91누12257.

명), ⅱ) 교섭사항과 권한범위 등을 포함하여 통보하여야 한다(제29조 제3항 및 시행령 제14조 제2항).

② 방 식 구법에서는 단위노조가 연합단체에 교섭권을 위임하는 경우 총회의 의결이 있어야 한다고 규정하고 있으나, 현행법에서는 이를 삭제하고 있고 위임의 방식에 대하여 아무런 규정이 없어서 교섭권한의 위임은 자유롭게 행함이 원칙이다.

(3) 제3자 위임금지조항

1) 문제의 소재 단체협약에서 조합원 이외의 자에게 단체교섭권을 위임하지 않겠다는 취지의 규정(제3자 위임금지조항)을 두고 있는 경우에 노조가 그에 위반하여 단체교섭을 위임할 수 있는지가 문제된다.

2) 학 설 노동조합이 교섭과정에서 교섭전술상 다른 목적을 달성하기 위해 양보하는 형식으로 체결될 수 있고, 또 단체협약 당사자 간에 채무적 효력을 가지는 데 불과하기 때문에 굳이 그 자체의 효력을 무효로 볼 것은 아니라는 견해가 있다.[32] 한편, 연합단체는 소속 단위노조에 대하여 제3자라고 볼 수 없으므로 단위노조의 교섭권을 연합단체에 위임하는 것을 금지하는 조항은 무효라는 견해가 있다.[33]

3) 검 토 제3자 위임금지조항은 그 자체의 효력을 무효로 볼 것은 아니라고 할 것이다. 또한 당해 단위노조의 입장에서 교섭위임의 필요성이 연합단체 이외의 제삼자에 대하여 더 절실할 수도 있기 때문에 연합단체의 경우로 한정해서는 안 될 것이다.[34]

다만, 노동조합이 이 조항에 위반하여 제3자에게 교섭을 위임한 경우에는 노동조합에 대해 단체협약 위반의 손해배상 책임이 인정되는 것은 별론으로 하고 제3자에 대한 위임 자체는 유효하다고 보아야 할 것이다. 따라서 사용자가 이 조항을 이유로 단체교섭을 거부하면 부당노동행위가 된다.[35]

3. 사용자 측 교섭담당자

(1) 사용자 또는 사용자단체의 대표자

개인사업의 경우에는 사용자 본인, 법인사업인 경우에는 그 대표자가 교섭담당자이다. 또 사용자단체의 경우에는 그 대표자가 교섭담당자이다.

(2) 사용자 또는 사용자단체의 대표자로부터 위임을 받은 자

위임받을 수 있는 자에 관해 아무런 제한이 없으므로 교섭권한을 가진 사용자 또는 사용자단체로부터 위임을 받은 자는 누구나 단체교섭에 관한 권한을 가진다.

위임의 방법 및 절차는 근로자 측의 위임의 경우와 동일하다. 단체교섭을 위임받은 자는 위임받은 범위 내에서 단체교섭을 할 수 있다.

Ⅳ. 결 론

헌법은 근로자의 단체교섭권을 보장함으로써 노 · 사 간 교섭력 평등을 보장하고 있다. 이러한 단체

32) 김유성Ⅱ 135.
33) 김형배 726.
34) 임종률 120.
35) 김유성Ⅱ 135.

교섭을 자신의 이름으로 행하고 그 법적 효과가 귀속하는 주체가 단체교섭의 당사자이고 단체교섭의 당사자를 위하여 현실적으로 담당하는 자가 단체교섭의 담당자이다. 단체교섭의 담당자와 당사자는 노사가 실질적으로 대등한 관계를 이루면서 단결할 수 있는 기초를 만들기 때문에 중요한 역할을 담당한다.

[관련판례] 단체교섭의 주체(당사자, 담당자)

1. 노조 지부, 분회의 단체교섭 및 단체협약체결권(대판 2001.2.23, 2000도4299)

노동조합의 하부단체인 분회나 지부가 **독자적인 규약 및 집행기관**을 가지고 **독립된 조직체로서 활동**을 하는 경우 당해 조직이나 그 **조합원에 고유한 사항에 대하여는 독자적으로 단체교섭하고 단체협약을 체결**할 수 있고, 이는 그 분회나 지부가 노동조합 및 노동관계조정법 시행령 제7조의 규정에 따라 그 설립신고를 하였는지 여부에 영향받지 아니한다.

2. 단체교섭상의 상대방인 사용자 판단기준(대판 1995.12.22, 95누3565 [전국항운노조사건])

노동조합법 제33조 제1항 본문은 노동조합의 대표자 또는 노동조합으로부터 위임을 받은 자는 그 노동조합 또는 조합원을 위하여 사용자나 사용자단체와 단체협약의 체결 기타의 사항에 관하여 교섭할 권한이 있다고 규정하고 있고, 같은 법 제39조 제3호는 사용자나 노동조합의 대표자 또는 노동조합으로부터 위임을 받은 자와의 단체협약체결 기타의 단체교섭을 정당한 이유 없이 거부하거나 해태하는 행위를 부당노동행위의 하나로 규정함으로써 **사용자를 노동조합에 대응하는 교섭당사자로 규정**하고 있는바, 위 법 규정 소정의 **사용자라 함은 근로자와의 사이에 사용종속관계가 있는 자**, 즉 근로자와의 사이에 그를 지휘 · 감독하면서 그로부터 근로를 제공받고 그 대가로서 임금을 지급하는 것을 목적으로 하는 명시적이거나 묵시적인 근로계약관계를 맺고 있는 자를 말한다 할 것이다

3. 단체교섭의 사용자 측 당사자(정리회사의 관리인)(대판 2001.1.19, 99다72422 [기아자동차사건])

회사정리개시결정이 있는 경우 회사정리법 제53조 제1항에 따라 회사사업의 경영과 재산의 관리 및 처분을 하는 권한이 관리인에게 전속되므로 정리회사의 대표이사가 아니라 관리인이 근로관계상 사용자의 지위에 있게 되고 따라서 단체협약의 사용자 측 체결권자는 대표이사가 아니라 관리인이므로, 정리회사에 대한 회사정리절차가 진행 중 노조와 정리회사의 대표이사 사이에 이루어진 약정은 단체협약에 해당하지 아니하여 그 효력이 근로자 개인에게 미칠 수 없다.

제 5 절 노조대표자의 단체협약체결권과 그 제한

Ⅰ. 서 설

노동조합의 대표자는 대외적으로 노조를 대표하고 대내적으로 업무를 총괄하는 자로서 집단적 노사관계에서 사용자와 단체교섭을 실제 행하는 주체의 역할을 하게 된다.

노조대표자는 단체교섭을 담당하면서 타결된 내용을 단체협약으로 체결하게 되는데, 헌법 제33조 제1항에서는 단체교섭권을 명시하고 있을 뿐이어서 (구)노조법상 규정된 '교섭할 권한'에 대한 해석상 다툼이 있어 왔다. 이러한 다툼에 대하여 당시 판례에서 노조 대표자의 협약체결권을 인정함으로써 현행 노조법 제29조에서는 "노동조합의 대표자는 그 노동조합 또는 조합원을 위하여 사용자나 사용자단체와 교섭하고 단체협약을 체결할 권한을 가진다"고 하여 노동조합대표자에게 단체교섭권 및 단체협약체결권이 있음을 명시하고 있다.

하지만, (구)노조법 당시부터 논란이 되었던 "인준투표제"가 현행 노조법상의 노조대표자의 협약체결권을 제한한다는 논란이 계속되고 있다. 아래에서는 노조대표자의 협약체결권과 이에 대한 제한인 인준투표제를 어떻게 해석할 것인지에 대하여 검토하도록 한다.

Ⅱ. 노동조합대표자의 권한 및 지위

1. 노동조합대표자의 대내외적 권한

노동조합의 대표자는 대외적으로 노조를 대표하고 대내적으로 업무를 총괄하게 된다. 이와 관련하여 노조법에서는 총회의 의장이 되고(제15조), 임시총회의 소집권을 가지며(제18조) 회계감사의 실시권한이 있고(법 제25조), 노조의 운영사항 공개권이 부여되어(제26조)있다.

아울러 사용자에 대해 단체교섭의 상대방으로서 실제 교섭을 담당하는 주체가 되어 교섭의 전과정을 총괄하고 단체협약의 체결의 실무자가 된다.

2. 노동조합대표자의 단체협약체결권

(1) (구)노조법상 해석

(구)노조법 제33조 제1항 본문에서는 "노동조합의 대표자 또는 노동조합으로부터 위임을 받은 자는 그 노동자 또는 조합원을 위하여 사용자나 사용자단체와 단체협약의 체결 기타의 사항에 관하여 교섭할

권한이 있다"고 규정하고 있었다. 여기서 노동조합의 대표자 또는 위임받은 자의 '교섭할 권한'에는 사실행위로서의 단체교섭 권한 외에 단체협약을 체결할 권한이 포함되어 있는지 해석상 다툼이 있었다.

(2) **판례의 태도**

(구)노조법 제33조 제1항 본문은 "노동조합의 대표자 또는 노동조합으로부터 위임을 받은 자는 그 노동조합 또는 조합원을 위하여 사용자나 사용자단체와 단체협약의 체결 기타의 사항에 관하여 교섭할 권한이 있다"고 규정하고 있는바, 여기에서 '교섭할 권한'이라 함은 사실행위로서의 단체교섭의 권한 외에 교섭한 결과에 따라 단체협약을 체결할 권한도 포함하는 것으로 해석하여야 한다.[36)]

(3) **현행법의 태도**

현행법은 노조대표자의 단체교섭 권한에는 협약체결권이 당연히 포함된다는 판례의 입장을 받아들여 제29조 제1항에서 "노동조합의 대표자는 그 노동조합 또는 조합원을 위하여 사용자나 사용자단체와 교섭하고 단체협약을 체결할 권한을 가진다"고 규정하여 노조대표자의 단체협약체결권 명문화하고 있다.

이렇게 협약체결권을 인정하게 되어 노조대표자는 교섭권한을 온전히 발휘하게 되었고 사용자를 상대로 단체교섭을 효과적으로 행할 수 있게 되었다.

Ⅲ. 노조대표자의 협약체결권의 제한 여부

1. 단체협약에 대한 인준투표

인준투표는 노조대표자가 단체협약을 체결하는 과정에서 또는 체결 후 노조규약 또는 총회, 기타 노조기관의 의결에 의하여 단체협약의 내용 및 효력에 대하여 추인이나 승인을 받도록 하는 제한을 말한다. 현재 민주노총의 다수 사업장에서는 인준투표제를 두고 있다.

2. 단체협약체결권의 제한으로서 인준투표제의 인정 여부

(1) **문제의 제기**

현행 노조법은 노조대표자의 협약체결권을 입법적으로 해결했음에도 노조 내부의 규정으로 이를 제한하는 것이 가능한지가 문제된다. 이는 단체협약체결권을 제한하는 인준투표제의 의미와 법적 효과를 어떻게 볼 것인지에 따라 달리 설명될 수 있다. 인준투표제가 노조대표자의 단체협약체결권을 제한한다면 이에 대하여 행정관청이 시정명령을 할 수 있는지도 문제된다.

(2) **학 설**

(구)노조법 하에서는 노동조합의 대표자는 교섭권한을 가질 뿐 당연히 독자적인 협약체결권까지 가지는 것은 아니므로 인준투표제는 적법하다고 보는 견해가 있었고, 대표자의 교섭권한에는 당연히 협약체결권도 포함되어 있고 인준투표제는 노동조합 내부의 제한에 그칠 뿐 대외적으로 사용자를 구속하지 않는다는 견해가 있었다. 최근에는 인준투표제가 대표자의 협약체결권을 전면적·포괄적으로 제한함으로써 형해화하는 것이라면 위법하다고 볼 수 있지만, 대표자가 체결한 단체협약의 효력발생에 영향을 주지 않고 단순히 조합내부의 제한에 그치는 것이라면 대외적으로 사용자를 구속하지는 않기 때문에 언제나 무효라고 할 수는 없다는 견해가 제시되고 있다.

---

36) 대판(전합) 1993.4.27, 91누12257.

(3) 판 례

대법원(전합)에서는 대표자와 위임을 받은 자의 교섭권한에는 당연히 협약체결권도 포함되어 있고 인준투표제는 대표자 등의 협약체결권을 전면적 · 포괄적으로 제한하여 그 권한을 실질적으로 형해화하고 원만한 단체교섭의 진행 등을 해친다는 이유로 위법하다는 입장이다. 그리고 이에 근거하여 인준투표제를 규정한 단체협약이나 조합규약에 대한 행정관청의 시정명령을 적법하다고 판시하고 있다.[37)]

(4) 검 토

인준투표제라도 단체협약의 효력발생을 좌우하지 않고 단순히 대내적 제한에 그치는 것이라면 협약체결권의 전면적 · 포괄적 제한이라 볼 수 없다고 할 것이다. 현행 노조법이 노동조합대표자의 협약체결권을 명시한 취지는 인준투표제 자체를 금지하려는 것이 아니라 단체협약의 효력발생에 영향을 주는 인준투표제를 금지하려는 것으로 보아야 한다. 따라서 협약체결권을 제한하는 인준투표제는 대외적으로 효력이 없고, 이러한 규정에 대하여는 행정관청이 시정명령을 할 수 있다고 보아야 한다.

Ⅳ. 인준투표제와 사용자의 단체교섭거부

1. 문제의 제기

노조법 제81조 제3호에서는 사용자가 정당한 이유 없이 노동조합과의 교섭을 거부하거나 해태하는 경우를 부당노동행위로 규정하고 있다. 사용자가 인준투표제를 이유로 교섭을 해태하거나 거부하는 경우 부당노동행위에 해당되는지가 문제된다.

2. 판례의 입장

판례는 "총회인준투표가 있는 경우 노사 쌍방 간의 타협과 양보의 결과로 임금이나 그 밖의 근로조건 등에 대하여 합의를 도출하더라도 노동조합의 조합원 총회에서 그 단체협약안을 받아들이기를 거부하여 단체교섭의 성과를 무로 돌릴 위험성이 있으므로 사용자 측에서는 최종적인 결정권한이 없는 교섭대표와의 교섭 내지 협상을 회피하거나 설령 교섭에 임한다 하더라도 성실한 자세로 최후의 양보안을 제출하는 것을 꺼리게 될 것이고, 그와 같은 사용자 측의 단체교섭 회피 또는 해태는 정당한 이유가 있는 것이므로 부당노동행위에 해당하지 않는다"고 판시[38)]하여 사용자의 교섭거부의 정당한 이유를 인정하고 있다.

Ⅴ. 결 론

위에서는 노조대표자의 협약체결권을 살펴보고 이에 대한 제한으로서 인준투표제를 검토하였다. 헌법상 단체교섭권은 단체협약체결권을 포함하는 것이므로 이를 포괄적으로 제한하는 인준투표제는 인정되기 어렵다고 할 것이다. 그러나 노조의 내부적 제한에 머무르는 인준투표제까지 부정하거나 행정관청의 시정명령의 대상으로 삼는 것은 노사자치주의, 협약자치주의에 어긋난다고 생각된다. 집단적 노사관계의 규율로 작용하는 단체교섭 및 단체협약에 대한 논의는 사용자와 노조의 자치적인 해결을 원칙으로 하되 국가의 정책적 지원을 통해 보완해야 할 것이다.

---

37) 대판(전합) 1993.4.27, 91누12257.

38) 대판 1998.1.20, 97도588.

[관련판례] 노조대표자의 협약체결권과 인준투표제

교섭할 권한의 의의, 노조 대표자의 협약체결권(대판 1993.4.27, 91누12257 [쌍용중공업노조사건])

[1] 법(구 노조법) 제33조 제1항 본문은 "노동조합의 대표자 또는 노동조합으로부터 위임을 받은 자는 그 노동조합 또는 조합원을 위하여 사용자나 사용자 단체와 단체협약의 체결 기타의 사항에 관하여 교섭할 권한이 있다"고 규정하고 있는바, 여기에서 "교섭할 권한"이라고 함은 **사실행위로서의 단체교섭의 권한 외에 교섭한 결과에 따라 단체협약을 체결할 권한도 포함하는 것으로 해석**하여야 한다

[2] 단체교섭의 권한이 있는 자에게 단체협약을 체결할 권한이 없다고 한다면, 사용자를 상대방으로 하는 단체교섭이 원활하게 진행될 수 없으며, 결과적으로 단체교섭의 권한이라는 것 자체가 무의미한 것으로 되고 말 가능성이 있다. 쌍방 간의 타협과 양보의 결과로 임금이나 그 밖의 근로조건 등에 대하여 합의를 도출하더라도 다른 결정절차(노동조합의 총회의 결의)를 거쳐야만 그 합의가 효력을 발생할 수 있다는 상황에서라면, 사용자 측으로서는 결정의 권한 없는 교섭대표와의 교섭 내지 협상을 회피하든가 설령 교섭에 임한다 하더라도 성실한 자세로 최후의 양보안을 제출하는 것은 꺼리게 될 것이고, 그와 같은 사용자 측의 교섭회피 또는 해태를 정당한 이유 없는 것이라고 비난하기도 어렵다 할 것이다.

[3] 대표자 또는 수임자가 단체교섭의 결과에 따라 사용자와 단체협약의 내용을 합의한 후에 다시 그 **협약안의 가부에 관하여 조합원 총회의 결의를** 거쳐야만 한다는 것은 대표자 또는 수임자의 **단체협약체결권한을 전면적, 포괄적으로 제한**함으로써 사실상 **단체협약체결권한을 형해화**하여 명목에 불과한 것으로 만드는 것이어서 조합 대표자 또는 수임자의 단체협약체결권한을 규정한 법 제33조 제1항의 취지에 위반되는 것이라고 아니할 수 없다.

[반대의견 1] ⇒ 인준투표 유효

근로자의 권익을 보장하려는 헌법규정과 노동조합법이 지향하는 노동조합의 자주성, 민주성 및 특수성을 고려하고 노동조합법 제33조 제1항이 대표자 등에게 사실행위로서의 단체교섭권만 주고 있는 점과 같은 법 제19조 제1항 제3호가 총회의 의결사항으로 단체협약에 관한 사항을 두고 있는 점, 같은 법 제22조가 노동조합의 조합원은 균등하게 노동조합의 모든 문제에 참여할 권리와 의무가 있다고 규정하고 있는 점, 그 밖에 노사 간의 원만한 관계유지를 통한 국민경제의 발전이라는 측면을 함께 보면 노동조합은 총회의 결의로 단체협약을 체결할 권한을 가진 자를 정하고 그들로 하여금 단체협약을 체결하기 전후에 노동조합총회의 결의에 따르도록 하는 것이 옳다.

[반대의견 2] ⇒ 인준투표 제한적 유효

[1] (구)노동조합법 제33조 제1항이 단체협약의 교섭권한을 규정한 것은 노동조합의 대표자 등에게 일반적 추상적으로 단체협약의 교섭·체결권한이 있음을 규정한 것뿐이고, 어떠한 절차와 방법으로 단체교섭을 하고 단체협약을 체결하며, 노동조합의 규약이나 총회의 결정에 의하여 노동조합대표자 등의 권한을 제한할 수 있는 것인지, 어느 범위까지 제한이 가능한지, 이 제한으로써 사용자나 사용자단체에 대항할 수 있는 것인지, 제한에 위반하여 체결된 단체협약의 효력은 어떻게 되는 것인지, 단체협약으로 노동조합의 대표자 등의 권한을 제한하는 협약을 체결할 수 있는 것인지 여부는 별도로 따져 보아야 할 문제이지, 위 규정이 노조의 대표자 등에게 어떠한 형태의 단체협약체결권한을 제한하는 것도 금지하는 강행규정이라고 생각하지 아니한다.

[2] 노동조합 측이 노동조합의 대표자나 노동조합으로부터 위임을 받은 자의 단체협약교섭 체결권한을 일방적으로 제한하거나 전면적이고 포괄적으로 제한하는 것은 원칙적으로 허용될 수 없다고 볼 것이나 그렇지 아니한 경우에는 노동조합대표자 등의 단체협약체결 절차나 권한을 위 [1]항의 규정취지에 어긋나지 않는 범위 안에서 제한할 수 있다.

제 6 절 단체교섭의 위임

Ⅰ. 서 설

단체교섭은 노동조합 기타 노동단체가 교섭대표를 통하여 사용자 또는 사용자단체와 근로조건 등에 관하여 합의에 도달할 것을 주된 목적으로 행하는 사실행위인 교섭행위와 이를 통한 단체협약을 체결하는 법률행위까지 포함하는 개념이다.

단체교섭의 위임은 단체교섭의 담당자가 단체교섭의 일부분에서 단체협약의 체결까지 위임을 통하여 행하는 일련의 절차 또는 과정을 말한다. 이와 관련하여 노조법에서는 위임의 통보에 대하여만 정하고 있을 뿐 구체적 위임의 상대방, 위임의 범위 등에 대하여 정하고 있지 않다. 이는 노사자치를 통하여 단체교섭의 위임방식 및 절차를 정하도록 한 것이다. 이하에서는 단체교섭의 위임의 구체적인 내용에 대하여 알아보도록 한다.

Ⅱ. 단체교섭의 담당자로서 위임을 받은 자

1. 단체교섭의 위임의 의의

단체교섭의 위임이라고 함은 노동조합이 그 조직상의 대표자 이외의 자에게 그 조합 또는 조합원을 위하여, 그 조합의 입장에서 사용자 측과 단체교섭을 하는 사무처리를 맡기는 것을 말한다.

노조법은 단체교섭의 당사자를 위하여 사실행위로서의 단체교섭을 행하는 단체교섭의 담당자로서 '노동조합의 대표자'와 '노동조합과 사용자 또는 사용자단체로부터 교섭 또는 단체협약의 체결에 관한 권한을 위임받은 자'라고 규정(노조법 제29조 제1, 2항)하고 있다. 따라서 단체교섭의 위임을 받은 자는 단체교섭의 담당자로서 노사 간의 교섭을 원활하게 행하는 주체가 된다.

2. 노동조합으로부터 위임을 받은 자

(1) 위임의 상대방

노동조합은 대표자 이외의 자에게도 단체교섭의 담당자 자격을 위임할 수 있는데, 위임을 받을 수 있는 자의 범위는 노조법상 특별한 제한이 없기 때문에 자유로이 정할 수 있다. 또한 위임의 상대방은 자연인에 한하지 않고 법인이나 단체에 위임하는 것도 가능하다.

다만, 교섭권한을 위임하였더라도 위임자의 교섭권한은 소멸되는 것이 아니고 수임자의 교섭권한과 중복하여 경합적으로 남아 있다고 할 것이다. 판례도 "위임 후 이를 해지하는 등의 별개의 의사표시가 없더라도 그 노동조합의 단체교섭권한은 여전히 그 수임자의 단체교섭권한과 중복하여 경합적으로 남아 있다"고 판시[39]하고 있다.

(2) 위임 받은 자(수임자)의 교섭권한의 범위

종전 노조법에서는 교섭권한 범위에 대하여 정한 바가 없어서 위임사항에 한정된다는 다수 견해와 협약체결권까지 포함된다고 하는 판례의 견해가 제시되었다. 그러나 현행 노조법에서는 노동조합이 교섭 또는 단체협약의 체결에 관한 권한을 위임하는 때에는 교섭사항과 권한 범위를 정하여 위임하여야 하며(제29조 제1항 및 시행령 제14조 제1항), 위임을 받은 자는 그 위임받은 범위 안에서 권한을 행사할 수 있도록 규정하고 있다(제29조 제2항).

(3) 위임의 통보와 방식

1) 통 보 노동조합과 사용자 또는 사용자단체는 교섭 또는 협약의 체결권한을 위임할 때에는 상대방에게 ⅰ) 위임받을 자의 성명(위임을 받은 자가 단체인 경우에는 그 명칭 및 대표자의 성명), ⅱ) 교섭사항과 권한범위 등을 포함하여 통보하여야 한다(제29조 제3항 및 시행령 제14조 제2항).

2) 방 식 구법에서는 단위노조가 연합단체에 교섭권을 위임하는 경우 총회의 의결이 있어야 한다고 규정하고 있으나, 현행법에서는 이를 삭제하고 있고 위임의 방식에 대하여 아무런 규정이 없어서 교섭권한의 위임은 자유롭게 행함이 원칙이다.

3. 사용자 또는 사용자단체의 대표자로부터 위임을 받은 자

위임받을 수 있는 자에 관해 아무런 제한이 없으므로 교섭권한을 가진 사용자 또는 사용자단체로부터 위임을 받은 자는 누구나 단체교섭에 관한 권한을 가진다.

위임의 방법 및 절차는 근로자 측의 위임의 경우와 동일하다. 단체교섭을 위임받은 자는 위임받은 범위 내에서 단체교섭을 할 수 있다.

Ⅲ. 단체교섭위임의 제한

1. 제3자 위임금지조항

(1) 문제의 소재

단체협약에서 조합원 이외의 자에게 단체교섭권을 위임하지 않겠다는 취지의 규정(제3자 위임금지조항)을 두고 있는 경우에 노조가 그에 위반하여 단체교섭을 위임할 수 있는지가 문제된다.

(2) 학 설

노동조합이 교섭과정에서 교섭전술상 다른 목적을 달성하기 위해 양보하는 형식으로 체결될 수 있고, 또 단체협약 당사자 간에 채무적 효력을 가지는 데 불과하기 때문에 굳이 그 자체의 효력을 무효로 볼 것은 아니라는 견해가 있다.[40] 그렇다고 이 조항이 언제나 유효하고 사용자는 이 조항을 이유로 언제나 제3자와의 단체교섭을 거부할 수 있다고 하면 노조법이 제3자에 대한 교섭위임을 허용하고 있는

39) 대판 1998.11.13, 98다20790.

40) 김유성Ⅱ 135.

취지가 몰각될 것이다.

한편, 연합단체는 소속 단위노조에 대하여 제3자라고 볼 수 없으므로 단위노조의 교섭권을 연합단체에 위임하는 것을 금지하는 조항은 무효라는 견해도 있다.[41]

(3) 검 토

제3자 위임금지조항은 그 자체의 효력을 무효로 볼 것은 아니라고 할 것이다. 또한 당해 단위노조의 입장에서 교섭위임의 필요성이 연합단체 이외의 제3자에 대하여 더 절실할 수도 있기 때문에 연합단체의 경우로 한정해서는 안 될 것이다.[42]

다만, 노동조합이 이 조항에 위반하여 제3자에게 교섭을 위임한 경우에는 노동조합에 대해 단체협약 위반의 손해배상 책임이 인정되는 것은 별론으로 하고 제3자에 대한 위임 자체는 유효하다고 보아야 할 것이다. 따라서 사용자가 이 조항을 이유로 단체교섭을 거부하면 부당노동행위가 된다.[43]

2. 교원 및 공무원노조의 위임제한

(1) 위임제한규정

교원노조법과 공무원노조법은 각각 교원노조 및 공무원노조의 교섭담당자는 노조의 대표자와 그 조합원으로 구성(교원노조법 제6조 제2항, 공무원노조법 제9조 제1항)하도록 하면서, 교원이나 공무원이 아닌 자는 교원노조와 공무원노조에 가입할 수 없으며, 교원노조와 공무원에는 단체교섭의 위임을 규정하고 있는 노조법 제29조 제2, 3항을 준용하지 않고 있다(교원노조법 제14조 제2항, 공무원노조법 제17조 제3항).

(2) 위임제한규정의 예외

공무원노조법은 교섭위임을 원칙적으로 제한하면서도 원활한 교섭을 위해 복수노조의 교섭대표 등에 교섭위임을 허용(공무원노조법 제8조 제3조)하고 있다. 교원노조법에서는 통일교섭을 통해 교섭위임에 제한을 받고 있어서 실제로 제3자 위임이 제한된다. 이는 교원의 업무상 특수성을 고려한 것이겠지만, 교섭위임의 제한은 상급단체나 전문가의 조력을 제한하여 실질적 교섭을 저해할 우려가 있으므로 장기적인 개선을 검토해 볼 필요가 있다.

Ⅳ. 결 론

헌법은 근로자의 단체교섭권을 보장함으로써 노 · 사 간 교섭력 평등을 보장하고 있다. 이러한 교섭력 평등을 보완하기 위하여 노조법에서는 단체교섭의 위임에 대하여 정하고 있다. 그러나 단체교섭의 위임의 구체적인 내용이나 절차를 정하고 있지 않아 해석에 맡기고 있는 한계가 있다. 노사가 실질적으로 대등한 관계를 이루면서 교섭할 수 있도록 제도적 · 정책적 보완이 요구된다.

---

41) 김형배 745.
42) 임종률 119.
43) 김유성Ⅱ 135.

[관련판례] 단체교섭권한의 위임의 의의와 법률관계(대판 1998.11.13, 98다20790)

(구)노동조합법(1996.12.31. 법률 제5244호로 폐지) **제33조 제1항에서 규정하고 있는** **단체교섭권한의** '**위임**'이라고 함은 노동조합이 조직상의 대표자 이외의 자에게 조합 또는 조합원을 위하여, 조합의 입장에서 사용자 측과 사이에 **단체교섭을 하는 사무처리를 맡기는 것**을 뜻하고, 그 위임 후 이를 해지하는 등의 별개의 의사표시가 없더라도 **노동조합의 단체교섭권한은 여전히 수임자의 단체교섭권한과 중복하여 경합적으로 남아 있다고 할 것이며, 같은 조 제2항의 규정에 따라 단위노동조합이 당해 노동조합이 가입한 상부단체인 연합단체에 그러한 권한을 위임한 경우에 있어서도 달리 볼 것은 아니다.**

제 7 절 단체교섭의 대상

Ⅰ. 서 설

단체교섭의 대상사항이라 함은 근로자 측이 단체교섭권에 근거하여 사용자 측에 교섭을 요구하고 교섭할 수 있는 사항을 말한다.

노조법 제29조 제1항은 교섭사항의 범위와 관련 '노조의 대표자는 그 노동조합 또는 조합원을 위하여 사용자나 사용자단체와 교섭 … 할 권한을 가진다'고 하여 교섭사항이 '조합원을 위한 사항'과 '노동조합을 위한 사항'에 미치는 것임을 규정하고 있을 뿐 구체적인 기준을 제시하고 있지 않다. 노조법이 교섭사항에 관해 세밀한 규정을 두고 있지 않은 까닭은 위법한 사항이 아닌 한 제한을 두지 않음으로써 노사관계의 제반 사항에 관해 교섭의 여지를 보장해 주려는 취지이겠지만, 사용자가 교섭에 임해야 하는 사항을 무한정 인정할 수는 없다.

그래서 판례 및 해석은 일정한 기준을 제시하여 근로자 측의 교섭권을 보장하면서 사용자의 교섭응락의무를 조정하고 있다. 이러한 교섭사항의 문제는 쟁의행위 목적의 정당성 판단, 교섭거부의 부당노동행위 등과 밀접하게 연관되어 있어 명확한 이해가 요구된다.

이하에서는 단체교섭의 대상사항에 대한 판단기준과 구체적인 쟁점사항에 대하여 살펴보도록 한다.

Ⅱ. 교섭사항의 일반적 기준과 내재적 한계

1. 교섭사항의 일반적 기준

(1) 의 의

미국 연방노동관계법(NLRA)은 부당노동행위와 관련하여 단체교섭의무를 정의하면서 '임금 · 근로시간 및 근로계약상의 기타 조건 내지 약속사항'을 교섭사항의 일반적 기준으로 설정하고 있다. 미국 판례는 이를 근거로 교섭사항을 의무적 교섭사항, 임의적 교섭사항, 위법적 교섭사항으로 구분한다. 우리 학설의 일부에서도 미국에서의 논의를 참고하여 교섭사항의 기준을 3분 체계로 설명하는 경향이 있으며, 판례에서도 미국에서의 논의구도와 유사한 입장을 제시한 바 있다.

(2) 교섭대상의 3분 체계

1) 의무교섭대상 노조가 그 대상에 대한 교섭제의를 하는 경우 사용자가 그 교섭을 정당한 이유 없이 거부하면 부당노동행위가 되고, 그 대상에 관한 단체협약의 내용을 단체교섭에 의하지 않고는 이를 일방적으로 결정, 변경할 수 없으며, 그 대상에 관한 단체교섭이 결렬된 경우 쟁의조정의 신청 및 쟁의행위를 실시할 수 있는 교섭대상이다(임금, 근로시간 기타 근로조건).

2) 임의교섭대상 노조가 그 대상에 관한 단체교섭의 제의를 하는 경우 사용자가 그 교섭을 거부하더라도 부당노동행위가 성립하지 아니하며, 노조는 단체교섭이 결렬되는 경우에도 쟁의조정의 신청 및 단체행동을 할 수 없는 사항이다(노조전임자 인정, 쟁의행위기간 중 임금요구).

3) 금지교섭대상 그 자체가 위법한 것으로서 설령 당사자 간에 합의가 이루어진 경우에도 법적으로 효과가 없는 사항으로 각종 법령에 위반되는 사항이다.

(3) 학설 및 판례의 태도

1) 학 설 학계에서는 3분 체계에 대해 "현실적으로 특정 사항이 단체교섭의 대상이 되는지의 여부에 관하여 노사 간에 대립이 있는 경우 특정 사항은 단체교섭의 대상이 되든지 또는 되지 아니하든지 두 가지의 경우로 나눌 수밖에 없는바, 전자의 경우를 의무교섭대상, 후자를 금지교섭대상으로 분류하는 것은 특별한 논리나 이론이 필요 없는 사실적 분류에 지나지 않는다"고 하면서 "임의교섭대상은 종전의 노사 간의 개별적인 협의대상에 불과하였거나, 단체교섭의 대상이 되지 아니하였던 사항을 단체교섭대상에 포함시켜 그 범위를 확대함으로써 노사자치의 원칙 및 노사평화정착에 기여할 수 있다"고 하여 3분 체계를 긍정하는 입장이 있다.[44]

반면에 "의무적 교섭사항과 임의적 교섭사항 간의 구별이 어려운 현실에서 임의적 교섭사항에 대해서 쟁의권을 제한하는 것은 실질적으로는 근로자의 단체교섭권과 단체행동권을 제한하는 것이 되고, 이 점에 관한 한 임의적 교섭사항을 위법적 교섭사항과 동일하게 취급하는 결과가 될 우려가 있다"고 하여 3분 체계를 부정하는 견해가 제시된 바 있다.[45]

2) 판 례 판례는 "노조전임제는 단순히 임의적 교섭사항에 불과하여 이에 관한 분쟁도 노동쟁의라 할 수 없다"고 하여 간접적으로 3분 체계와 유사한 입장을 제시한 바 있다. 하지만 다수 판례에서 제시된 것이 아니고 동 판례에서도 명확히 3분 체계를 제시하지 않아 논란의 여지가 있다.

2. 내재적 한계

(1) 사용자의 처분권한

교섭사항은 당해 노사관계에서 해결될 수 있는 사항이어야 한다. 사용자가 법적으로 처분권한을 가지는 사항에 대해서는 단체교섭의 대상사항이 되지만, 처분권한이 없는 경우 원칙적으로 대상사항이 되지 않는다.

(2) 근로조건 및 조합원 관련성

근로조건은 교섭대상이 되지만, 근로조건과 무관한 사항은 교섭대상이 될 수 없다. 다만 근로조건 그 자체는 아니지만 근로조건과 밀접한 관련을 가지는 사항도 교섭대상이 된다고 보아야 할 것이다.

44) 임종률 121~122.
45) 김유성Ⅱ 143.

또한 교섭대상은 교섭 당사자인 노동조합의 조합원과 관련되는 사항이어야 한다. 따라서 비조합원에 관한 사항은 원칙적으로 교섭사항이 될 수 없지만 비조합원에 관한 문제라고 하더라도 그것이 조합원의 근로조건 등과 밀접한 관련성이 있는 경우에는 교섭사항이 될 수 있다고 보아야 한다.

(3) 집단성 여부

교섭사항이 되려면 집단성이 있어야 한다는 견해에서는 단체협약제도의 집단적 성질에 비추어 볼 때 교섭의 대상사항은 모든 조합원에게 적용될 수 있는 공통적 근로조건에 관한 것으로서 특정 개인 근로자에게 국한되는 사항은 고충처리나 노사협의의 대상이라고 한다.[46)]

그러나 단체교섭 그 자체가 집단성을 가지면 족하며 대상사항이 집단성을 가질 필요는 없다는 점과 단체교섭이 일반적 기준의 정립만을 목적으로 하는 것은 아니라는 점에서 반드시 엄격한 의미의 집단성이 요구된다고 볼 필요는 없다는 견해가 있다.[47)]

Ⅲ. 교섭사항의 구체적 범위

1. 임금, 근로시간 등에 관한 사항

임금체계의 수립과 변경에 관한 사항, 임금지급의 시기, 장소, 방법에 관한 사항, 퇴직금, 상여금, 각종 수당에 관한 사항 등 임금에 관한 사항은 당연히 교섭사항에 포함된다.

휴게를 포함한 근로시간의 개시와 종료, 근로시간의 배분, 교대제 근로의 순서, 시간 외 근로의 길이 및 실시방법, 탄력적 근로시간제의 도입 및 실시방법 등 근로시간에 관한 사항 및 기타 안전위생, 재해보상, 복리후생, 교육훈련, 정년제 등도 교섭사항에 포함된다.

2. 인사에 관한 사항

(1) 문제제기

근로자의 배치, 전직, 전적, 휴직, 포상, 징계, 해고 등 근로자의 인사에 관한 사항이 단체교섭의 대상인지, 특히 해고나 징계의 절차에 관하여 노동조합과 합의하여야 한다든가 노사동수로 구성되는 위원회의 의결을 거쳐서 행한다는 조항을 단체협약의 내용으로 채택하는 것이 단체교섭의 대상에 해당하는지 여부가 문제된다.

(2) 학 설

인사사항은 사용자의 경영전권에 속하고 근로조건이 아니므로 단체교섭의 대상이 아니라고 보는 견해가 있었고(부정설),[48)] 인사사항에 대해 그것이 근로조건에 영향을 주는 경우에 한하여 단체교섭의 대상이 된다고 보는 견해(제한적 긍정설)[49)]와 인사사항은 근로조건에 영향을 주는 경우에는 경영권을 근본적으로 제한하지 않는 범위 안에서 단체교섭의 대상이 된다고 보는 견해(경영권 제한설)[50)]가 대립되어 왔다.

---

46) 김형배 749.
47) 김유성 141; 임종률 124.
48) 김형배(1990) 414(1992년 개정판부터 제한적 긍정설 입장).
49) 김치선 340.
50) 노조 01254-427, 대판 2001.4.24, 99도4893.

이에 대해 배치전환, 해고, 징계 등 인사사항은 경영사항과 달리, 그 자체가 근로조건에 속하고 따라서 당연히 단체교섭의 대상으로 된다는 견해가 유력하게 제기되고 있다(긍정설).[51)]

3. 경영에 관한 사항

(1) 의 의

경영사항이라도 그것이 근로조건에 영향을 주는 경우에는 단체교섭의 대상이 되지만, 근로조건과 무관한 경우에는 임의적 교섭사항이다.

그런데 경영사항이 근로조건에 영향을 주는 경우에 언제나 단체교섭의 대상이 될 수는 없고, 일정한 범위에서는 단체교섭의 대상에서 제외된다고 보아야 할 것이다.

(2) 학 설

사용자는 헌법상 경영상의 의사결정 및 구체적인 경영조치를 할 자유, 즉 경영권을 가지며, 경영사항은 근로조건이 아니고 경영권 내지 경영전권에 속하기 때문에 단체교섭의 대상이 아니라고 보는 견해가 있다.[52)]

경영사항은 경영의사의 결정과 그것이 근로조건에 미치는 영향을 구분하여 후자만 단체교섭의 대상으로 인정하고 전자는 임의적 교섭사항으로 보는 견해도 있다.[53)]

한편, 경영사항도 근로조건에 영향을 주는 경우에는 단체교섭의 대상이 되지만, 근로조건과 무관한 경우에는 임의적 교섭사항이 될 뿐이라는 견해가 제시되고 있다.[54)]

(3) 판 례

판례는 긴박한 경영상의 필요에 따라 하는 정리해고의 실시는 사용자의 경영상의 조치라고 하거나,[55)] 기구의 통 · 폐합에 따른 조직변경 및 업무분장 등에 관한 결정은 사용자의 재량적 판단이 존중되어야 하는 경영권에 속하는 사항이라고 보았다.[56)] 즉, 정리해고나 사업조직의 통폐합 등 기업 구조조정의 실시 여부는 경영 주체의 고도의 경영상 결단에 속하는 사항이어서 단체교섭의 대상이 아니라고 보고 있다.[57)]

다만, 일부 판례에서 경영진의 퇴진을 요구하는 경우라도 노동조합의 정당한 관심사에 대한 보복조치의 철회를 요구하는 것으로서 그 진의가 조합원의 근로조건의 개선 요구에 있다고 인정되는 경우에는 단체교섭의 대상된다고 보았다.[58)] 또 운수업체에서 차량의 배차 등에 관하여 노조와 사전합의하도록 규정한 단체협약의 조항은 근로자들의 근로조건과 밀접한 관련이 있는 부분이어서 단체교섭의 대상이 될 수 있다고 판시하기도 있다.[59)]

(4) 검 토

구조조정 등 근로관계와 관련한 경영사항에 대한 노사 간 분쟁이 늘어나고 있다. 이러한 경영사항

51) 임종률 130.
52) 김형배 750.
53) 이상윤 654.
54) 임종률 128.
55) 대판 2001.4.24, 99도4893.
56) 대판 2002.1.11, 2001도1687.
57) 대판 2002.2.26, 99도5380; 대판2003.7.22, 2002도7225.
58) 대판 1994.3.25, 93다30242.
59) 대판 1994.8.23, 93누21514.

은 임금, 근로시간 등의 근로조건은 아니지만 근로관계의 존속과 밀접한 관련이 있으므로 단체교섭의 대상으로 보아야 할 것이다.

4. 경영사항에 대한 단체협약상 동의조항

(1) 문제의 제기

경영사항에 대한 단체협약상 동의조항을 노사 간에 정하고 있는 경우가 있다. 이러한 단협상 동의조항의 법률적 의미와 이를 위반한 경우의 효과가 무엇인지 논란이 있다.

(2) 학 설

i) 단체교섭 대상이 아니라도 당사자 사이에 단체교섭을 통하여 결정하기로 합의한 경우에는 그 합의에 근거하여 교섭대상으로 전환된다는 입장이 있다.[60] ii) 이에 대해 경영권 사항에 대한 단협상의 동의조항은 노사의 합의 '약정'에 의하여 사용자가 약정상의 채무를 부담하는 것에 불과하고 노조의 헌법상 단체교섭권 행사에 따라 사업주가 당연히 교섭의무를 지어야 하는 것은 아니고 사용자가 이를 이행하지 않은 경우 쟁의행위 대상이 된다거나 부당노동행위에 해당한다고 할 수는 없다는 입장이 있다.[61]

(3) 판 례

1) 경영권사항에 대한 단체협약상 '동의' 또는 '합의'조항의 의미 판례는 "사용자가 경영권의 본질에 속하여 단체교섭의 대상이 될 수 없는 사항에 관하여 단체협약의 '동의'조항이 있는 경우, 그 조항 하나만으로 사용자의 경영권의 일부 포기나 중대한 제한을 인정하여서는 아니 되고, 단체협약 체결경위 등을 종합적으로 검토하여 그 조항에 기재된 '동의'의 의미를 해석하여야 한다"[62]고 판시하였고 나아가 경영권 사항은 경영주체의 고도의 경영상 결단에 속하는 것이므로 단협상의 사전'합의'는 사전'협의'의 취지로 해석할 수 있다고 판시하고 있다.[63]

2) 판례에 대한 비판적 견해 상기 판례의 경향에 대하여 단체협약 문언의 명시적 의미까지 축소하려는 법원의 입장은 정리해고 등 구조조정과 같은 경영권행사를 단체교섭 대상이나 쟁의행위의 목적의 범위를 축소하기 위한 것이라는 견해가 있다.[64]

5. 집단적 노사관계의 운영에 관한 사항

(1) 학 설

근로조건과 무관한 사항은 단체교섭의 대상이 아니다. 그러나 집단적 노동관계에 관한 사항은 근로조건과 밀접한 관계에 있기 때문에 단체교섭의 대상이 된다고 보아야 한다. 또한 노동조합은 조합원만이 아니라 '그 노동조합을 위하여'도 사용자 측과 교섭할 수 있다는 점(제29조 제1항)에서 집단적 노사관계에 관한 사항은 강행법규나 공서양속에 반하지 않는 한, 단체교섭의 대상에 포함된다는 것이 일반적인 견해이다.[65]

---

60) 임종률 125
61) 김형배, "단체교섭권과 경영권", 「노동법학」, 제18호, 2004.6, 79.
62) 대판 2003.2.11, 2000도4169.
63) 대판 2003.7.22, 2002도7225.
64) 김진, "정리해고 철회를 목적으로 하는 쟁의행위의 정당성", 「2002 노동판례비평」, 민주사회를 위한 변호사모임.
65) 임종률 125.

(2) 판 례

일부 판례는 "노조전임제는 노동조합에 대한 편의 제공의 한 형태로서 사용자가 단체협약 등을 통하여 승인하는 경우에 인정되는 것일 뿐 사용자와 근로자 사이의 근로계약관계에 있어서 근로자의 대우에 관하여 정한 근로조건이라고 할 수 없는 것이고, 단순히 임의적으로 교섭사항에 불과"[66]하다고 보았다.

하지만 "단체교섭의 대상이 되는 단체교섭사항에 해당하는지 여부는 헌법 제33조 제1항과 노동조합 및 노동관계조정법 제29조에서 근로자에게 단체교섭권을 보장한 취지에 비추어 판단하여야 하므로 일반적으로 구성원인 근로자의 노동조건 기타 근로자의 대우 또는 당해 단체적 노사관계의 운영에 관한 사항으로 사용자가 처분할 수 있는 사항은 단체교섭의 대상인 단체교섭사항에 해당한다"고 판시하고 있다.[67]

[표] 집단적 노사관계 운영에 관한 사항의 단체교섭 대상 등 여부[68]

구 분	단체교섭 대상	쟁의행위 대상	노동쟁의 대상
집단적 노사관계 운영에 관한 사항 (일반론)	2003두8906 ⇒ 긍정	2003두8906 ⇒ 긍정	2001두4818 ⇒ 부정(단 예외 인정)
노조전임자	94누9177 ⇒ 부정(임의적 교섭사항)	판시×	94누9177 ⇒ 부정 2001두4818 ⇒ 예외 인정

6. 권리분쟁사항

권리분쟁이란 기존의 법령 · 단체협약 · 취업규칙 등 규범의 해석 · 적용 · 이행에 관한 당사자 간의 분쟁을 말하고, 단체협약의 체결 · 갱신을 둘러싸고 발생하는 이익분쟁과 구별된다.

권리분쟁사항은 민사소송이나 노동위원회를 통하여 해결할 성질이라는 이유에서 단체교섭의 대상이 될 수 없다는 견해[69]와 민사소송 등 다른 구제절차가 있다 하여 당사자 간에 자율적인 해결이 금지되는 것은 아니라는 이유에서 권리분쟁사항도 단체교섭의 대상이 된다고 보는 견해[70]가 대립되어 왔다.

권리분쟁사항은 원칙적으로 협상에 의하여 양보할 성질이 아니므로, 단체교섭의 대상에 포함되지 않으며 임의적 교섭사항이 될 뿐이라고 보아야 할 것이다.[71]

Ⅳ. 단체교섭대상과 다른 사항과의 관계

1. 단체교섭대상과 쟁의행위의 목적과의 관계

단체교섭의 대상과 쟁의행위의 목적은 밀접한 관련이 있다. 왜냐하면 단체교섭의 대상인 근로조건 향상을 위한 사항은 쟁의행위 목적으로 인정되기 때문이다. 이러한 차원에서 쟁의행위는 임금 · 근로시간 · 후생 · 해고, 기타 대우 등 근로조건의 결정에 관한 노사관계 당사자의 주장을 관철할 목적으로 행

66) 대판 1996.2.23, 94누9177.
67) 대판 2003.12.26, 2003두8906.
68) 로스쿨 노동법 해설, 441면.
69) 김형배(1996) 544.
70) 임종률, "단체교섭의 대상", 「김형배교수회갑논문집」, 419.
71) 임종률 126.

하는 행위로서 단체교섭의 대상과 일치한다는 견해[72]가 있다. 이에 대해 쟁의행위의 목적을 넓은 의미에서 근로조건의 향상에 있다고 보아야 한다는 견해[73]가 있다.

2. 단체교섭대상과 노동쟁의조정대상과의 관계

단체교섭의 대상 중 기본적으로 의무교섭대상만이 노동쟁의대상이 되며, 임의교섭대상 및 금지교섭대상은 노동쟁의조정의 대상이 될 수 없다는 견해[74]가 있다. 판례도 노조전임자는 임의적 교섭대상이므로 중재의 대상이 아니라고 판시[75]한 바 있다.

이에 대해 단체교섭의 대상인지 여부와 노조법상 노동쟁의의 대상은 별개의 것이라는 견해가 제시된 바 있다. 단체교섭의 대상은 헌법상 보장된 단체교섭권의 내재적 한계로서 단체교섭권의 해석에 의하여 획정될 문제이지만,[76] 노조법상 노동쟁의의 대상은 어떤 범위의 분쟁을 노동위원회에 의한 조정·중재의 대상으로 할 것인지에 대한 입법정책에 의하여 결정되는 것으로서 헌법상의 근로3권과는 차원을 달리하는 문제라는 것이다.[77]

3. 단체교섭대상과 부당노동행위대상과의 관계

단체교섭권은 헌법상 근로3권의 중핵적 권리로서 노동조합의 정당한 단체교섭요구에 대하여 사용자가 응할 의무가 있다. 노조의 단체교섭대상에 대한 요구를 거부하거나 해태하면 단체교섭권의 본질적 의미가 침해되기 때문에 이를 방지하기 위하여 노조법에서는 부당노동행위의 유형으로 단체교섭의 거부·해태(제81조 제3호)를 규정하고 있다. 하지만, 노조가 단체교섭대상이 아닌 내용의 교섭을 요구한다면 이에 대해 거부하여도 부당노동행위가 되지는 않는다.

4. 단체교섭대상과 노사협의 대상

단체교섭은 조합원의 근로조건에 관한 사항과 노동조합의 집단적 노사관계에 관한 것만이 대상이 된다. 이와 비교해, 노사협의는 노·사 간의 협력적 노사관계를 위하여 경영참여와 산업평화를 위한 전반적인 내용도 대상이 될 수 있다.

V. 결 론

단체교섭의 대상은 헌법 제33조 제1항에서 단체교섭을 보장한 취지와 노조법 제1조의 목적과 관련하여 인정기준을 정해야 할 것이다. 노동조합은 사용자에 대하여 근로조건 기타 노사관계 제반 사항에 대하여 단체교섭을 요구할 수 있다. 그러나 교섭사항의 범위에도 일정한 내재적 한계가 존재하므로 사용자는 노조의 교섭요구에 대한 모든 사항에 관해 교섭의무를 지는 것은 아니다. 노조법 제29조 제1항은 교섭사항이 '조합원을 위한 사항'과 '노동조합을 위한 사항'에 미치는 것임을 규정하고 있고 판례 및

72) 대판 1994.9.30, 94다4042; 대판 1991.1.23, 90도2852.
73) 김유성Ⅱ 232.
74) 이상윤 609.
75) 대판 2003.12.26, 2003두8906.
76) 대판 2003.12.26, 2003두8906.
77) 임종률 176.

학설상 기준을 통하여 근로자 측의 교섭권보호와 사용자 측의 교섭응락의무를 정하여야 한다. 이러한 교섭사항의 문제는 쟁의행위 목적의 정당성판단, 교섭거부의 부당노동행위, 노동위원회의 조정 · 중재 등과 밀접하게 연관되어 있어 명확한 이해가 요구된다.

[관련판례] 단체교섭의 대상

1. 집단적 노사관계에 관한 사항과 단체교섭의 대상 ①(대판 1996.2.23, 94누9177 [한밭택시사건])

노동조합 조합원의 근무시간 중의 노조활동은 원칙적으로 근로자의 근로제공의무와 배치되는 것이므로 허용되는 것이 아니고, 사용자와 근로자 사이의 근로계약관계에 있어서 근로자의 대우에 관하여 정한 근로조건에 해당하는 것이라고 할 수 없고, 종전의 단체협약이나 단체교섭을 진행하던 노동관계 당사자 쌍방의 단체협약안에 그 사항에 관한 규정이 있다 하더라도 그것이 당연히 근로조건으로 되는 것이라고 할 수도 없으므로 이에 관한 노동관계 당사자 사이의 주장의 불일치는 노동쟁의라고 할 수 없고, 따라서 특별한 사정이 없는 한 이를 중재재정의 대상으로 할 수 없다. 그리고 **노조전임제**는 노동조합에 대한 **편의제공의 한 형태**로서 사용자가 단체협약 등을 통하여 승인하는 경우에 인정되는 것일 뿐 사용자와 근로자 사이의 근로계약관계에 있어서 근로자의 대우에 관하여 정한 **근로조건이라고 할 수 없는 것**이고, 단순히 **임의적 교섭사항에 불과**하여 이에 관한 분쟁 역시 **노동쟁의라 할 수 없으므로** 특별한 사정이 없는 한 이것 또한 중재재정의 대상으로 할 수 없다.

2. 집단적 노사관계에 관한 사항과 단체교섭의 대상 ②(대판 2003.12.26, 2003두8906)

단체교섭의 대상이 되는 단체**교섭사항에 해당하는지 여부**는 **헌법 제33조 제1항**과 **노동조합및노동관계조정법 제29조**에서 근로자에게 **단체교섭권을 보장한 취지에 비추어 판단**하여야 하므로 일반적으로 구성원인 근로자의 **노동조건 기타 근로자의 대우** 또는 당해 **단체적 노사관계의 운영에 관한 사항**으로 **사용자가 처분할 수 있는 사항은 단체교섭의 대상**인 단체교섭사항에 해당한다.

3. 경영권과 단체교섭의 대상사항 ①(대판 2001.4.24, 99도4893)

긴박한 경영상의 필요에 의하여 하는 이른바 **정리해고의 실시**는 사용자의 **경영상의 조치**라고 할 것이므로, 정리해고에 관한 노동조합의 요구내용이 **사용자는 정리해고를 하여서는 아니 된다는 취지라면** 이는 사용자의 **경영권을 근본적으로 제약**하는 것이 되어 원칙적으로 **단체교섭의 대상이 될 수 없고**, 단체교섭사항이 될 수 없는 사항을 달성하려는 **쟁의행위는 그 목적의 정당성을 인정할 수 없다.**

4. 경영권과 단체교섭의 대상사항 ②(대판 2002.2.26, 99도5380 [조폐공사사건])

[1] 정리해고나 사업조직의 통폐합 등 기업의 **구조조정의 실시 여부는 경영주체에 의한 고도의 경영상 결단**에 속하는 사항으로서 이는 원칙적으로 **단체교섭의 대상이 될 수 없고**, 그것이 긴박한 경영상의 필요나 합리적인 이유 없이 불순한 의도로 추진되는 등의 특별한 사정이 없는 한, 노동조합이 실질적으로 그 실시 자체를 반대하기 위하여 쟁의행위에 나아간다면, 비록 그 실시로 인하여 근로자들의 지위나 근로조건의 변경이 필연적으로 수반된다 하더라도 그 **쟁의행위는 목적의 정당성을 인정할 수 없다.**

[2] 사용자가 경**영권의 본질에 속하여 단체교섭의 대상이 될 수 없는 사항**에 관하여 노동조합과 **'합의'하여 결정 혹은 시행하기로 하는 단체협약의 일부 조항**이 있는 경우, 그 조항 하나만을 주목하여 쉽게 **사용자의 경영권의 일부 포기나 중대한 제한을 인정하여서는 아니 되고**, 그와 같은 단체협약을 체결하게 된 경위와 당시의 상황, 단체협약의

다른 조항과의 관계, 권한에는 책임이 따른다는 원칙에 입각하여 노동조합이 경영에 대한 책임까지도 분담하고 있는지 여부 등을 **종합적으로 검토**하여 그 조항에 기재된 **'합의'의 의미를 해석**하여야 한다.

5. 경영권과 단체교섭의 대상사항 ③(대판 2003.7.22, 2002도7225[가스공사사건])

[1] 기업의 구조조정의 실시 여부는 경영주체에 의한 고도의 경영상 결단에 속하는 사항으로서 이는 원칙적으로 단체교섭의 대상이 될 수 없고, 그것이 긴박한 경영상의 필요나 합리적인 이유 없이 불순한 의도로 추진되는 등의 특별한 사정이 없는 한 노동조합이 그 실시를 반대하기 위하여 벌이는 쟁의행위에는 목적의 정당성을 인정할 수 없다.

[2] **의사표시의 해석**은 표시된 **문언에 따라 해석함이 원칙이나**, 여기서의 문언해석은 당해 조항만이 아니라 이를 포함하는 **의사표시 전체의 취지 속에서** 당해 조항의 **문언이 가지는 의미를 찾아야 하고**, 또 그 의사표시를 하게 된 경위와 당시의 상황 및 분위기, 당위성 등을 참작하여 **규범적인 해석이 필요**한 경우도 있다. 원심이 같은 취지에서 그 판시와 같은 이유로, 이 사건 **단체협약**시행협정서 제1조의 **'사전합의'를 '사전협의'의 취지로 해석**하고, 그 문언이 이 사건 쟁의행위의 정당성을 가림에 있어 영향을 줄 수 없다고 판단한 조치는 수긍할 수 있고 거기에 그 주장과 같은 위법이 없다. 이 부분 상고이유의 주장도 받아들이지 아니한다.

6. 경영권과 단체교섭의 대상사항 ④(대판 1994.3.25, 93다30242 [한일개발사건])

[1] 회사가 그 산하 **시설관리사업부를 폐지**시키기로 결정한 것은 적자가 누적되고 시설관리계약이 감소할 뿐 아니라 계열사와의 재계약조차 인건비 상승으로 인한 경쟁력 약화로 불가능해짐에 따라 불가피하게 취해진 조치로서 이는 **경영주체의 경영의사결정에 의한 경영조직의 변경에 해당**하여 그 **폐지결정 자체는 단체교섭사항이 될 수 없다.**

[2] 노동조합이 시설관리사업부 폐지 자체의 백지화만을 고집하면서 그 폐지에 따른 근로자의 배치전환 등 근로조건의 변경에 관하여 교섭하자는 회사의 요청을 전적으로 거부하고 폐지 백지화 주장을 관철시킬 목적으로 쟁의행위에 나아갔다면 그 쟁의행위는 그 목적에 있어 정당하지 아니하다.

7. 경영권과 단체교섭의 대상사항 ⑤(대판 1992.5.12, 91다34523 [현대사회연구소사건])

근로자들이 쟁의행위를 함에 있어 **연구소장의 퇴진을 요구**하였다 하더라도 이는 **부차적인 것**이고 **주된 목적**은 일부 근로자들에 대한 파면처분이 노동조합의 핵심적 관심사항인 연구자율수호운동을 주동한 것에 대한 보복조치라고 하여 이의 철회를 구하는 것이고 그 뜻은 **조합원의 근로조건의 개선요구에 있다**고도 볼 수 있다면 이는 **단체교섭사항이 될 수 있는 것**이므로 위 쟁의행위는 그 목적에 있어 정당하다.

8. 경영권과 단체교섭의 대상사항 ⑥(대판 1994.8.26, 93누8993 [대일실업노조사건])

단체협약 중 조합원의 차량별 고정승무발령, 배차시간, 대기기사 배차순서및 일당기사 **배차에 관하여 노조와 사전합의를 하도록 한 조항**은 그 내용이 한편으로는 사용자의 경영권에 속하는 사항이지만 다른 한편으로는 근로자들의 **근로조건과도 밀접한 관련이 있는 부분**으로서 사용자의 경영권을 근본적으로 제약하는 것은 아니라고 보여지므로 **단체협약의 대상이 될 수 있고** 그 내용 역시 헌법이나 노동조합법 기타 노동관계법규에 어긋나지 아니하므로 정당하다.

9. 단체교섭의 요구수준(대판 1992.1.21, 91누5204 [세왕진흥기업사건])

노동조합이 회사에 대하여 임금인상 등 근로조건의 개선을 위한 요구를 계속하였고, 또 그에 관하여 노사 간에 진지한 교섭을 장기간에 걸쳐 벌여 온 점에 비추어 보면, 노동조합이 다른 한편으로 조합원인 미화원들의 신분을 고용직 공무원으로 환원되도록 하여 달라고 외부기관에 진정하고 조합원들이 쟁의기간 중 같은 내용이 적힌 리본을 착용한 바 있어도 이는 대외적 활동이거나 쟁의행위의 부차적 목적에 지나지 아니하고 쟁의행위의 직접적이고 주된 목적은 아니라고 보아야 할 것이므로 이 때문에 쟁의행위가 부당한 것으로 된다고 할 수 없고, 또 노동조합이 **회사로서는 수용할 수 없는 요구**를 하고 있었다고 하더라도 이는 **단체교섭의 단계에서 조정할 문제**이지 노동조합 측으로부터 과다한 요구가 있었다고 하여 **막바로 그 쟁의행위의 목적이 부당한 것이라고 해석할 수는 없다**.

Key Word

⇨ –단체교섭, 당사자, 담당자, 교섭대상, 인준투표제, 성실교섭의무

기출문제

(1) 노사협의와 단체교섭의 이동(異同) (25점)(4회, 93년, 25점)

(2) 우리나라 노동법 질서에서 단체교섭과 노사협의를 비교, 설명하라. (6회, 97년, 50점)

(3) 단체교섭의 "당사자"와 "담당자"에 대하여 비교 약술 (11회, 02년, 25점)

(4) A회사는 종전까지는 직접 수행하던 업무의 일부를, B회사와는 도급계약을 통해, C회사와는 근로자파견계약을 통해 각각 외주화하였다. B회사 근로자로 조직된 갑 노동조합과 C회사 근로자로 조직된 을 노동조합이 각각 A회사를 상대로 단체교섭을 요구하였으나, A회사는 직접 근로관계가 없다는 이유로 단체교섭을 거부하였다. 이에 갑 · 을 노동조합은 단체교섭거부를 이유로 한 부당노동행위 구제신청을 하였다. A회사의 부당노동행위 책임에 대하여 논하시오. (18회, 09년, 50점)

연습문제

(1) 성실교섭의무에 대하여 약술하시오.

(2) 노조대표자의 단체협약체결권 제한에 대하여 약술하시오.

제 3 장 단체협약

제 1 절 단체협약의 성립과 방식

Ⅰ. 서　　설

1. 단체협약의 의의

단체협약은 노동조합과 사용자 또는 사용자단체 간의 단체교섭의 결과로서 근로조건 기타 노사관계의 제반 사항에 대해 합의한 문서를 말한다. 단체협약은 단체교섭이라는 집단적 거래를 통하여 합의한 사항이기 때문에 실체적인 면에서 볼 때 개별근로계약보다 근로자에게 유리한 경우가 많아 근로자보호에 적절하다. 또한 절차적인 면에서 볼 때에도 근로조건 등에 대하여 사용자의 일방적 결정이 아닌 노사공동결정의 형태를 띠기 때문에 노사 간의 실질적 대등성과 노사관계의 민주성 확보라는 면에서도 타당한 방식이다. 이러한 점을 고려하여 노조법은 개별근로계약이나 취업규칙 등에 대한 단체협약의 우위를 명문으로 규정하고 있다.[1)]

2. 단체협약의 기능

단체협약은 ⅰ) 근로조건의 기준을 설정하여 일정기간 이를 보장하는 기능(근로조건규제 기능, 근로조건향상 기능, 근로조건평준화 기능), ⅱ) 단체협약이 체결된 뒤에 일정기간 노사관계를 안정시키고 직장 내지 산업평화를 보장하는 기능(평화유지 기능, 노사관계안정화 기능), ⅲ) 노동조합과 사용자 사이의 제반 관계를 규율하는 기능(노사관계질서형성 기능), ⅳ) 노사협의제나 인사협의제 등을 통하여 사용자의 경영권 행사에 대한 노동조합의 관여를 제도화하는 기능(경영규제의 기능, 경영민주화 기능)을 가지고 있다.[2)]

---

1) 김유성Ⅱ 155.
2) 임종률 135.

3. 단체협약의 입법유형[3)]

첫째, 단체협약을 당사자인 노동조합과 사용자 측 사이의 '신사협정'으로 취급하여 계약으로서의 효력도 인정하지 않는 유형이다. 여기서는 단체협약의 이행을 당사자의 신의에 맡길 뿐 단체협약은 당사자 사이에 법률상 채무 내지 이행의무를 발생시키지 않게 된다. 영국은 전통적으로 이러한 법률정책을 최근까지 취해 왔고, 미국도 1947년 태프트-하틀리(Taft-Hartley)법 이전까지는 그러하였다.

둘째, 단체협약을 당사자인 노동조합과 사용자 측 사이의 계약으로 취급하여 당사자의 법률상 이행의무를 인정하되, 노동조합의 조합원과 사용자 사이의 근로계약을 규율하는 효력(규범적 효력)은 인정하지 않는 유형이다. 영국은 1992년 노동조합 및 노사관계(통합)법을 통하여 오랜 전통을 깨뜨리고 계약적 효력을 인정하였다.

셋째, 단체협약에 대하여 노동조합과 사용자 측 사이의 계약으로서의 효력뿐만 아니라, 규범적 효력까지 부여하는 유형이다. 이에 따르면 협약상의 근로조건은 근로자 개인이 직접 사용자에게 이행할 것을 청구할 수 있게 된다. 독일에서는 1918년 단체협약법이 단체협약에 규범적 효력을 부여하였고, 이밖에 일정한 조건 아래서 비조합원에게도 단체협약을 적용하는 효력(일반적 구속력)과 단체협약의 내용을 유효기간 도중에 변경하려는 쟁의행위를 하지 않을 의무(평화의무)를 부여하여 운용되고 있다. 프랑스·일본 등과 우리나라도 단체협약에 규범적 효력을 부여하고 있다.

Ⅱ. 단체협약의 법적 성질

1. 문제의 소재

단체협약은 제정법이 아니라 노동조합과 사용자 측 사이의 계약인데도 현행법상 사용자와 개별근로자 사이의 근로계약을 규율하는 규범적 효력(노조법 제33조)을 가지는 근거가 무엇인지 문제된다. 이 문제에 관한 학설은 크게 법규범설과 계약설로 나누어진다.

2. 학 설

(1) 법규범설

단체협약을 법규범의 일종으로 파악하는 견해로서 단체협약을 사회에서의 자주적인 관습법으로 취급해야 한다거나(사회자주법설), 현행법 아래에서는 노사가 단체협약에 의하여 스스로의 관계를 자주적으로 규제하는 법규범을 설정할 수 있다는 백지관습법이 있다(백지관습법설)는 등의 견해이다. 이에 따르면 노조법 제33조는 단체협약의 규범적 효력을 특별히 창설한 것이 아니라 단체협약이 법규범으로서 갖는 효력을 확인하는 규정에 불과한 것이 된다.[4)]

(2) 계 약 설

단체협약을 법규범이 아니라 당사자인 노동조합과 사용자 측 사이의 계약으로 파악하면서 개별 근로자와 사용자 사이에도 구속력을 미치게 되는 것은 특별한 이유가 있다는 입장으로 집단적 규범계약설과 수권설이 대표적인 견해이다.

---

3) 임종률 135.
4) 임종률 137.

1) 집단적 규범계약설　　단체협약은 노동조합 조합원의 의사를 기초로 한다는 점에서 집단적 계약이되 개별 근로계약에 우선하는 효력이 있다는 점에서 규범계약이라는 견해이다. 이에 따르면 노조법 제33조는 단체협약의 규범적 효력을 특별히 창설한 것이 아니라 사적 자치에 따른 규범설정행위에서 당연히 도출되는 단체협약의 규범성을 확인하고 뒷받침하는 규정에 불과한 것이 된다.[5]

2) 수 권 설　　단체협약은 본래 당사자인 노동조합과 사용자 측 사이의 계약에 불과하지만 근로자 보호 및 노사관계 안정을 위하여 국가법이 특별히 정책적으로 규범적 효력을 부여한 것, 즉 노조법이 협약 당사자에게 특별히 규범설정의 권한을 수권한 것이라는 입장이다.[6] 그렇다면 노조법 제33조는 단체협약의 규범적 효력을 창설하는 규정으로 보게 된다.

3. 검　토

법규범설은 노동조합과 사용자 사이의 합의에 의하여 개별 근로자의 근로조건을 자주적으로 규제하는 사회적 기능을 가진다고 하여 노사당사자 사이의 합의를 법규범으로 볼 수는 없고, 단체협약은 당사자에 따라 내용을 달리하여 객관적 · 보편적 규범이라 할 수 없으며, 근로조건에 관한 단체협약 또는 그 체결을 관습 또는 관습법으로 인정하기는 어렵다.

단체협약은 형식적으로는 계약적 성질을 갖고 있지만 단체협약은 노사당사자 간의 단순한 합의에 그치지 않고 노조법 제33조에 의하여 노사의 자주적인 법규범으로서 법률과 동일한 효력을 가지게 된다는 수권설이 타당하다.[7]

Ⅲ. 단체협약의 당사자

1. 의　의

단체협약을 체결할 수 있는 법률상의 능력을 협약능력이라 하고, 이러한 능력을 가진 자가 단체협약의 당사자라고 한다.

우리나라의 법제에서 단체협약은 일반적인 계약에서 인정되는 채무적 효력뿐만 아니라 규범적 효력까지 인정되므로 단체협약체결에 있어서 헌법 및 노조법상 협약능력이 있어야 한다.[8] 협약능력을 가진 당사자로서 근로자 측에는 노동조합이, 사용자 측에는 사용자와 사용자단체가 있다(제29조 제1항).

2. 근로자 측의 당사자

(1) 단위노조

단위노조는 가장 전형적인 단체협약의 당사자이다. 노조법상 노동조합에 해당하면 그 조직형태나

5) 김형배 752.

6) 임종률 138; 김유성Ⅱ 159은 수권설을 계약설의 일종으로 헌법 제33조에 의한 수권이 아니라 노조법 제33조에 의해서 이루어진 것이므로 노조법 제33조는 단체협약의 규범적 효력에 관한 확인적 규정이 아니라 창설적 규정이라고 한다(법률수권설). 이에 비해 이병태 교수님은 수권설을 법규범설의 입장에서 "단체협약을 정면에서 규범으로 보고 그 근거는 헌법에서 정한 근로자의 생존권과 산업평화를 유지하기 위한 제도적 산물"이라 하여 헌법 제33조에 의해 단체협약의 법규범성이 창설적으로 인정된 것으로 노조법 제33조는 확인적 규정으로 본다(헌법수권설).

7) 임종률 138; 김유성Ⅱ 159.

8) 김유성Ⅱ 160.

조합 가입원 수에 관계없이 단체교섭의 당사자라고 할 수 있다. 그러나 단체협약은 집단적 성격을 가지기 때문에 조합원 개인은 단체협약의 당사자가 될 수 없다.

(2) 연합단체인 노동조합

단위 노동조합의 상부단체가 단체협약의 당사자가 될 수 있는지에 대하여 노조법상 노조만 당사자가 될 수 있다는 견해[9]가 있는데, 상부단체인 연합단체가 노조법 제2조 제4호 본문의 요건을 갖추고 단위노조에 대하여 통제권을 행사할 수 있으면 협약체결 당사자가 될 수 있다고 보아야 한다.[10] 다만, 연합단체가 소속 단위노조의 공통된 근로조건 등 규범적 부분에 대한 협약체결 당사자가 되기 위하여는 단위노조의 단체협약체결권한을 연합단체에 이양하여야 한다는 견해가 있다.[11]

(3) 지부, 분회

단위노동조합의 지부, 분회도 독자적인 규약과 기관을 가지고 통일적 의사 형성 기능이 있는 경우, 그 조직의 범위 내의 사항에 관해서 단체협약의 당사자가 될 수 있다.[12] 이에 대해 지부 · 분회 등 산하조직이 단체로서의 실체를 가진다고 하여 독자적인 교섭권을 가진다고 할 수 없고, 그것은 단위노조의 수권이나 위임에 근거한 결과일 뿐 산하조직의 고유한 권능은 아니라는 점에서 부정하는 입장이 제시되었다.[13]

(4) 법외노조(헌법상 단결체)

법외노조도 단체교섭의 당사자가 되지만 단체협약의 체결능력이 있는 협약체결 당사자의 지위가 있는지에 대해서는 의론이 있다.

단체협약의 규범적 효력은 노조법에 의해 헌법외적으로 창설된 것이기 때문에 법외노조는 협약 당사자가 될 수 없다는 견해[14]가 있다. 그러나 규범적 부분이 없는 단체협약은 진정한 의미의 단체협약이라고 할 수 없다는 점[15]이나 헌법상의 단체교섭권은 단체협약체결권도 포함하므로 노동조합은 단체협약을 체결할 수 있다고 규정한 노조법 제29조 제1항은 헌법상 단체교섭권의 내용 내지 효과를 확인한 것에 불과하므로 헌법상의 조합도 단체협약을 체결할 자격을 가진다.[16]고 보아야 할 것이다.

(5) 임시적 단결체(쟁의단)

단체성을 갖추지 못한 일시적 쟁의단도 통일적 의사형성의 주체가 될 수 있다면 근로3권을 보장하여야 할 것이다.[17] 그러나 단체협약의 규범적 효력은 조합원들이 노동조합 내부의 의사형성과정에 직접 참여할 수 있는 기회보장을 전제하므로 규약이나 기관을 갖추지 못한 단결체는 협약체결능력을 인정하기 어렵다고 할 수 있다.[18] 다만, 단체협약은 유효기간 동안 준수되고 당사자가 일정한 의무를 계속 가지는 것을 전제로 하기 때문에 단체협약 당사자가 될 수는 없지만 단체교섭의 당사자는 될 수 있다고 보아야 한다.[19]

---

9) 이상윤 641.
10) 이병태 232.
11) 김형배 731.
12) 대판 2001.2.23, 2000도4299.
13) 임종률 112.
14) 김유성Ⅱ 161.
15) 김형배 731.
16) 임종률 63.
17) 김유성Ⅱ 69.
18) 김형배 676.

3. 사용자 측의 당사자

(1) 사 용 자

노조법 제2조 제2호의 사용자는 사업주, 사업의 경영담당자 또는 그 사업의 근로자에 관한 사항에 대하여 사업주를 위하여 행동하는 자를 말한다. 그러나 단체협약의 상대방이 되는 사용자는 원칙적으로 '사업주', 즉 근로계약의 당사자 또는 그에 준하는 자이므로 개인사업에 있어서는 사업주 개인이, 법인인 경우에는 당해 법인이 사용자가 된다.

(2) 사용자단체

노동조합과 단체협약을 체결할 것을 그 목적으로 하고, 그 구성원인 각 사용자에 대하여 조정 또는 규제할 수 있는 권한을 가진 사용자단체를 말한다.

Ⅳ. 단체협약의 성립

1. 성립요건

(1) 실질적 요건

단체협약이 유효하게 성립하기 위하여 당사자의 합의가 필요하며, 이와 관련한 의사표시에 대하여는 민법상 의사표시에 관한 규정이 원칙적으로 적용된다.

한편, 단체협약은 단체교섭의 산물이므로 단체교섭이 없는 단체협약은 성립할 수 없다. 따라서 노사협의회에서 의결된 사항은 단체협약이라고 할 수 없고 이는 단체협약으로서 규범적 효력을 가지지 않는다.[20]

(2) 형식적 요건

1) 서면작성 　단체협약은 서면으로 작성해야 한다.[21] 합의내용을 서면화할 것을 요구하는 것은 단체협약의 내용을 명확히 함으로써 장래에 그 내용을 둘러싼 분쟁을 방지하기 위함이다. 명칭, 표제 여하를 불문하고 협약당사자 간의 합의를 문서화한 것이라면 단체협약이며, 취업규칙 등 다른 문서의 규정을 준용한 것이라도 무관하다.

2) 서명 또는 날인 　종전 노조법은 단체협약 체결시 "당사자 쌍방이 서명날인하여야 한다"고 규정하고 있었다. 이로 인해 당사자 쌍방이 서명날인을 하지 않고, 서명만 하거나 날인만 한 경우에 그 단체협약의 효력이 문제되었다.

이에 판례는 서명날인은 협약체결 당사자를 명확히 함과 아울러 그의 최종적 의사를 확인함으로써 단체협약의 진정성을 확보하고자 하는데 그 취지가 있는바, 이러한 취지와 우리나라의 단체협약체결 관행을 고려하면 기명날인이나 서명무인 등도 무방하다고 판시하였다.[22] 이러한 입장은 개정 노조법(2007.7.1 시행)에 반영되어 당사자 쌍방이 '서명 또는 날인'하도록 규정하였다.

3) 형식적 요건을 결한 단체협약의 효력 　요식 행위를 갖추지 않은 단체협약의 효력에 대해 단체협약의 일반적 구속력(노조법 제35조)은 부정될 지라도 단체협약 자체의 규범적 효력은 인정해야

19) 임종률 139.
20) 임종률 139.
21) 대판 2001.5.29, 2001다15422 · 15439.
22) 대판 2002.8.27, 2001다79457; 대판 1995.3.10, 94마605.

한다는 입장이 있다.[23] 그러나 요식 행위를 갖추지 못한 단체협약에는 규범적 효력이 발생하지 않는다고 보아야 할 것이다. 그러나 협약당사자 간에 협약내용에 대한 합의가 있고 그 합의가 당사자 간에 권리 · 의무에 관한 것이라면 채무적 효력은 인정해야 할 것이다.[24]

2. 단체협약의 신고 및 시정명령

(1) 단체협약의 신고

노사당사자는 단체협약을 체결한 날로부터 15일 이내에 당사자 쌍방이 연명으로 행정관청에 신고하여야 한다(제31조 제2항, 시행령 제15조). 이를 신고하지 않은 경우 과태료가 부과(제96조 제2항)되지만, 단체협약의 효력에는 영향이 없다.

(2) 행정관청의 시정명령

행정관청은 단체협약 중 위법한 내용이 있는 경우에는 노동위원회의 의결을 얻어 그 시정을 명할 수 있다(노조법 제31조 제3항).

V. 결 론

단체협약은 노동조합과 사용자 또는 사용자단체 간의 단체교섭의 결과로서 근로조건 기타 노사관계의 제반 사항에 대해 합의한 문서이다. 이러한 단체협약은 협약체결능력을 가진 단체협약의 당사자 사이에서 일정한 요건을 갖추어야만 성립한다. 또한 체결된 단체협약을 신고하는 절차를 두고 있다. 이는 단체협약이 노사자치의 산물이라는 면에서 내용을 명확히 하고, 이후 분쟁을 방지하려는 데 목적이 있다고 할 것이다.

[관련판례] 단체협약의 성립과 방식

1. 단체협약의 성립요건(대판 2001.5.29, 2001다15422,15439)

노동조합 및 노동관계조정법 제31조 제1항이 **단체협약은 서면으로 작성하여 당사자 쌍방이 서명날인**하여야 한다고 규정하고 있는 취지는 단체협약의 내용을 명확히 함으로써 장래 그 내용을 둘러싼 분쟁을 방지하고 아울러 체결당사자 및 그의 최종적 의사를 확인함으로써 **단체협약의 진정성을 확보**하기 위한 것이므로, 그 **방식을 갖추지 아니하는 경우 단체협약은 효력을 가질 수 없다**고 할 것인바, 강행규정인 위 규정에 위반된 단체협약의 무효를 주장하는 것이 신의칙에 위배되는 권리의 행사라는 이유로 이를 배척한다면 위와 같은 입법취지를 완전히 몰각시키는 결과가 될 것이므로 특별한 사정이 없는 한 그러한 주장이 신의칙에 위반된다고 볼 수 없다고 보아야 할 것이다.

2. 서명날인 대신 기명날인 한 단체협약의 효력(적극)(대판 2002.8.27, 2001다79457)

단체협약을 문서화하고 당사자 쌍방의 서명날인을 하도록 규정한 노동조합및노동관계조정법 제31조 제1항의 취지는 단체협약이 규율대상으로 하고 있는 노사관계가 집단적 · 계속적이라는 점을 고려하여 체결당사자를 명백히 함과 동시에 당사자의 최종적인 의사를 확인함으로써 단체협약의 진정성과 명확성을 담보하려는 데 있다고 할 것이므

23) 이병태 235.
24) 김유성Ⅱ 164.

로 **단체협약의 진정성과 명확성이 담보된다면** 단체협약의 당사자 쌍방이 서명날인을 하지 아니하고 **기명날인을 하였다고 하더라도** 그 단체협약이 위 **강행법규에 위반하여 무효라고 할 수는 없다.**

3. 서명날인 대신 서명무인 한 단체협약의 효력(적극)(대판1995.3.10, 94마605)

단체협약을 문서화하고 당사자 쌍방의 서명날인을 하도록 규정한 노동조합법 제34조(현행 제31조) 제1항의 취지가 단체협약이 규율대상으로 하고 있는 노사관계가 집단적 · 계속적이라는 점을 고려하여 체결당사자를 명백히 함과 동시에 당사자의 최종적인 의사를 확인함으로써 **단체협약의 진정성과 명확성을 담보**하려는 것으로서, 그 단체협약에 대한 서명날인 대신 **서명무인을 하였다 하더라도 이를 무효로 볼 수는 없다.**

제 2 절 단체협약의 내용과 효력

Ⅰ. 서 설

단체협약은 노동조합과 사용자 또는 사용자단체 간의 단체교섭의 결과로서 근로조건 기타 근로자 대우에 관한 개별적 근로관계사항과 집단적 노사관계에 적용할 제반 사항에 대해 합의하여 서면화한 문서를 말한다.

단체협약은 본래 당사자인 노동조합과 사용자 측 사이의 계약이지만, 노조법은 근로자보호 및 노사관계안정을 위하여 단체협약 중 일정한 부분에 대하여는 당사자가 아닌 근로자 개인과 사용자를 구속하는 '규범적 효력'을 특별히 부여하는 한편, 단체협약은 규범적 효력의 입법화 후에도 당사자 간 계약으로서의 성격을 유지하고 있으므로 단체협약의 전체 내용은 당사자 간에 계약으로서의 '채무적 효력'을 가진다. 규범적 효력이 생기는 부분을 '규범적 부분', 채무적 효력만 생기는 부분을 '채무적 부분'이라 한다. 이 밖에 단체협약의 내용으로 조직적 부분(제도적 부분)을 인정하는 입장[25]과 이를 별도로 구별할 실익이 없다는 입장이 있다.[26]

Ⅱ. 규범적 부분과 그 효력

1. 규범적 부분

노조법 제33조에 의해 규범적 효력이 인정되는 부분으로 단체협약에서 '근로조건 기타의 근로자의 대우에 관한 기준'을 정한 조항을 말한다. 따라서 ⅰ) 임금에 관한 사항(임금액 · 임금지급방법 · 지급시기 등), ⅱ) 근로시간에 관한 사항(근로시간의 길이, 시업 · 종업시간, 시간외근로 등), ⅲ) 휴일 · 휴가, ⅳ) 재해보상, 안전위생, ⅴ) 인사이동, 승진, 복무규율 등 인사와 관련한 사항, ⅵ) 후생복리, 작업환경 그리고 노동관계의 종료에 관한 규정이 포함된다. 그러나 채용에 관한 규정은 규범적 부분이 아니다.

한편, 규범적 부분에 해당하려면 기준의 성격을 가져야 하며, 규범적 부분은 근로조건의 개선을 목적으로 하는 단체협약의 본질적 기능을 실현하는 필요불가결한 부분이기 때문에 이를 결한 단체협약은

25) 김형배 772.
26) 김유성Ⅱ 174.

노조법상의 단체협약이라 할 수 없다.[27]

2. 규범적 효력의 의의 및 내용

(1) 의 의

노조법 제33조는 '단체협약에 정한 근로조건 기타 근로자의 대우에 관한 기준에 위반하는 취업규칙 또는 근로계약의 부분은 무효'로 하며 '무효로 된 부분은 단체협약에 정한 기준'에 의하도록 하고, '근로계약에 규정되지 아니한 사항'에 대하여도 단체협약에 정한 기준에 따르도록 규정하고 있다.

단체협약의 규범적 효력은 단체협약상의 기준에 위반하는 근로계약 부분을 무효로 하는 강행적 효력과 이에 의해 무효로 된 부분 또는 근로계약에서 규정되지 않은 부분이 단체협약상의 기준에 의해 보충되는 보충적 효력으로 구성되어 있다.

(2) 규범적 효력의 적용범위

규범적 효력은 협약 당사자인 노조의 개별 조합원과 사용자에게만 미치므로 비조합원에 대해서는 단체협약의 효력이 미치지 않는다. 다만 노조법 제35조, 제36조에 의한 단체협약 효력확장제도의 적용을 받는 경우에는 비조합원에게도 단체협약의 효력이 미칠 수 있다.

(3) 규범적 효력의 내용

1) 강행적 효력　　단체협약에 정한 근로조건 기타 근로자의 대우에 관한 기준에 위반하는 취업규칙 또는 근로계약 부분을 무효로 하는 효력이다.

2) 보충적 효력　　근로계약에 규정되지 아니한 사항 또는 강행적 효력에 의해 무효로 된 취업규칙이나 근로계약의 부분은 단체협약상에 정한 기준이 적용된다. 보충적 효력은 당사자의 개별적 의사 또는 인식과 무관하게 단체협약상의 기준이 직접 적용되기 때문에 직접적 효력 또는 대체적 효력이라고도 한다.

(4) 유리원칙의 적용 여부

1) 문제의 소재　　근로계약이나 취업규칙이 단체협약보다 근로자에게 유리한 경우에도 단체협약이 강행적 · 보충적 효력을 미치는지 문제된다. 즉 단체협약을 최저기준으로 해석할 것인가, 절대기준으로 해석할 것인가에 대해 견해가 대립한다.

2) 학설 및 판례　　단체협약의 기준은 근로자를 보호하기 위하여 근로조건의 '최저기준'을 정한 것이기 때문에 사용자가 자발적으로 단체협약의 기준보다 유리한 급부를 하거나 근로계약에 의해 단체협약기준 이상의 급부를 약속하는 것은 유효하다는 견해(유리원칙적용 긍정설)[28]와 단체협약에서 정한 기준을 '절대기준'으로 보며 단체협약의 기준이 개별 근로자에게 최종적으로 적용되는 기준이고 그 기준이 유리한 경우는 물론 불리한 경우에도 단체협약의 기준만이 유효하게 적용된다는 견해(유리원칙적용 부정설)[29]가 대립되고 있다.

3) 검 토　　우리나라와 같이 기업별 협약이 지배적인 경우에는 단체협약기준이 정형적 · 표준적인 기준으로 보는 것이 타당하다. 근로자는 노조의 가입에 의해 스스로 계약의 자유를 일정범위에서 제한하였다고 볼 수 있으며, 유리의 원칙을 인정하여 개별교섭의 허용한다면 노조의 단결권과 단

27) 임종률 143.
28) 김형배 762.
29) 김유성Ⅱ 170.

체교섭권은 상당부분 침해될 위험이 있기 때문이다. 그리고 독일과 달리 부당노동행위제도를 채택하고 있는 우리의 노조법 하에서 유리원칙적용의 긍정은 불이익 취급이나 지배개입의 부당노동행위로 연결될 가능성이 높아 유리의 원칙을 부정하는 것이 타당하다고 할 것이다.

3. 규범적 효력의 한계

(1) 강행법규에 의한 한계

단체협약의 내용이 강행법규나 선량한 풍속 기타 사회질서에 반하는 경우에는 규범적 효력이 미치지 않는다.[30)]

(2) 근로자의 권리보호에 의한 한계

단체협약의 내용이 개별조합원의 기득권을 침해하거나 근로의무를 새롭게 창설하거나 종업원의 지위를 강제적으로 변동시키는 경우에는 규범적 효력이 미치지 않는다. 이 경우 조합원의 동의·수권이 있어야 규범적 효력이 발생한다.

단체협약이나 근로계약 등에 의거하여 이미 발생하고 있는 개개 근로자의 권리를 별도의 단체협약에 의하여 소멸시키는 것은 허용되지 않는다. 이미 발생한 퇴직금청구권을 사후의 협약으로 소급적용하여 변경하는 것도 인정되지 않는다.[31)] 그러나 판례는 퇴직금의 소급적 감액을 인정한 단체협약을 유효하다고 판시[32)]하였다.

(3) 단체협약상 근로조건의 불이익변경

노동조합은 근로조건의 유지 · 개선을 목적으로 해야 한다는 점에서 근로조건의 불이익변경은 협약자치의 한계를 넘는 것으로 허용되지 않는다는 견해가 있지만, 근로조건을 불리하게 변경하는 단체협약도 노동조합의 협약체결권자가 사용자와 야합하여 체결하는 등 특별한 사정이 없는 한 규범적 효력을 가진다[33)]고 보아야 할 것이다.[34)]

4. 규범적 부분위반의 효과[35)]

(1) 사용자의 이행의무(조합원 및 노조의 이행청구)

규범적 효력은 개별조합원과 사용자 간에 인정되는 효력이기 때문에 사용자가 단체협약의 규범적 부분을 위반하는 경우에 개별 조합원은 사용자를 상대방으로 하여 직접 협약상 기준의 이행을 청구할 수 있지만, 노동조합은 단체협약상 의무이행을 직접 청구할 수는 없다. 그러나 조합원 개개인에 의한 청구권의 행사로서는 그 실현을 기대할 수 없는 경우에는 노동조합이 사용자에 대하여 이행소송을 제기할 수 있다고 보아야 할 것이다.

(2) 손해배상

협약당사자는 단체협약 전체에 관해 실행의무를 지기 때문에 사용자의 규범적 부분위반행위에 대하여 노동조합은 협약준수의무 위반을 이유로 손해배상을 청구할 수 있다.

---

30) 대판 1993.4.9, 92누15765.
31) 대판 2000.9.29, 99다67536.
32) 대판 1992.7.24, 91다34073.
33) 대판 2000.9.29, 99다67536.
34) 김유성Ⅱ 173, 임종률 145.
35) 김유성Ⅱ 179.

(3) **노동조합의 확인의 소제기 가능 여부**

노동조합에 의한 단체협약 규정의 확인소송이 개개 조합원에 의한 근로계약상의 지위확인소송보다 효과적인 분쟁해결방법이라고 인정되는 경우에는 확인의 이익을 인정하여야 할 것이다.

Ⅲ. 채무적 부분과 그 효력

1. 채무적 부분

단체협약에서 협약 당사자 상호간의 권리 · 의무를 규정하는 부분이다. 채무적 부분에 대하여 의무를 부담하는 자는 협약을 체결한 협약당사자라고 할 것이다. 따라서 협약당사자가 아닌 개개의 조합원은 특별한 책임이 없다. 일반적으로 채무적 부분에 속하는 것으로는 평화의무, 평화조항, 조합활동에 관한 편의제공조항, 단체교섭의 절차 및 기타 규칙, 숍 조항, 쟁의행위에 관한 사항 등이 있다.

2. 채무적 효력

(1) **의 의**

채무적 효력이라 함은 협약 당사자 간에 단체협약상의 권리 · 의무관계가 발생하여 이를 준수해야 하는 계약적 효력이다. 이는 단체협약의 채무적 부분 및 협약 전체에 인정된다. 채무적 효력은 협약당사자 간에 인정되는 권리 · 의무관계로서 개별조합원에 대해서는 영향을 미치지 않는다.

(2) **실행의무**(자기의무, 이행의무)

협약당사자가 협약내용을 준수할 의무와 함께 자신의 구성원이 이를 위반하지 못하도록 노력할 의무를 말한다. 즉 실행의무는 협약준수의무와 영향의무로 구성된다.

1) 협약준수의무 협약당사자가 단체협약의 규정을 성실하게 이행할 의무이다. 협약 당사자인 노동조합과 사용자(또는 그 단체) 모두가 부담하는 의무이다. 사용자는 채무적 부분 외에 규범적 부분에 대해서도 협약준수의무를 부담하기 때문에 사용자가 규범적 부분에 관하여 협약기준에 따라 개별 조합원을 대우하여야 할 의무를 부담하며, 이에 위반하는 경우 노동조합은 협약준수의무 위반을 이유로 손해배상을 청구할 수 있다고 할 것이다.[36)]

2) 영향의무 영향의무는 협약당사자의 구성원이 협약위반행위를 하지 않도록 통제할 의무이다. 영향의무에 대하여 협약의 일방 당사자가 타방에 대하여 협약위반행위를 한 구성원을 제재하도록 요구할 권리가 인정되지 않을 뿐 아니라 제재를 강제할 수 있는 방법도 존재하지 않기 때문에 법적 의무라기보다는 도덕적 노력의무라는 견해[37)]가 있지만, 협약당사자는 통제력을 가진다는 점에서 계약상 신의칙에 의해 당연히 요구되는 법적 의무[38)]로 보아야 할 것이다.

(3) **평화의무**

1) 의 의 평화의무는 협약당사자가 단체협약의 유효기간 중 협약소정사항의 개폐를 목적으로 하는 쟁의행위를 하지 않을 의무를 말한다.[39)] 이는 협약준수의무의 한 내용[40)]으로서 협약유

36) 김유성Ⅱ 175.
37) 김유성Ⅱ 176.
38) 임종률Ⅱ 147.
39) 대판 1992.9.1, 92누7733; 대판 2003.2.11, 2002두9919.

효기간 내의 노사관계안정과 산업평화가 목적이다. 평화의무는 기존 협약내용에 대하여 유효기간 중에만 발생하는 상대적 평화의무를 말하는 것이 일반적인데, 협약당사자 사이에 단체협약의 유효기간 중에는 쟁의행위를 일체하지 않는다는 절대적 평화의무의 인정 여부에 대해서는 견해가 대립하고 있다.[41)]

2) **법적 근거** 단체협약의 평화유지기능에 내재하는 본래적 의무로 보는 견해(내재설)[42)]와 협약 당사자 사이의 묵시적 합의에 의하여 발생하는 의무로 보는 견해(합의설),[43)] 평화의무는 이행의무로부터 당연히 파생되는 신의칙상 의무로 보는 견해(신의칙설)[44)]가 제시되어 왔다.

판례는 단체협약의 전면무효화를 주장하면서 평화의무에 위반되는 쟁의행위를 행하는 것은 노조활동으로서의 정당성이 없다고 판시[45)]하였다.

어느 견해에 의하든 평화의무에 관한 조항이 없더라도 당연히 발생하는 의무로 보고, 평화의무 위반의 쟁의행위에 대해 채무불이행으로 인한 손해배상책임이 발생한다는 점에 이의가 없기 때문에 견해대립의 의미는 크지 않다. 다만, 평화의무배제조항의 효력, 위반한 쟁의행위의 정당성에서 견해의 차이가 있다.[46)]

3) **내 용**

① **주 체** 평화의무는 협약체결 당사자 간의 권리 · 의무에 관한 것으로서 그 주체는 협약당사자이고 구성원에 대하여는 미치지 않는다. 협약당사자가 협약의 유효기간 중 협약소정사항에 대해 쟁의행위를 행하지 않아야 하며, 일부 조합원에 의해 결의되거나 개시된 행위를 지지 · 교사 · 선동하는 것은 허용되지 않는다.

② **영향의무에 관한 논의** ⅰ) 단체협약의 당사자인 노동조합은 그 유효기간 중에 조합원들에 대해 통제력을 행사하여 쟁의행위를 하지 못하게 방지해야 할 의무를 지고 있다고 하여 평화의무에 영향의무가 포함된다는 견해[47)]와 ⅱ) 영향의무내용 자체가 불명확할 뿐만 아니라 일부 조합원의 쟁의행위에 대해서는 그 자체의 정당성 평가로 족하다는 점에서 영향의무를 인정하지 않는 견해[48)]가 있다.

③ **협약소정사항의 한정** 평화의무는 협약소정사항에 한정된다. 단체협약에 규정되지 않은 사항이나 단체협약해석을 둘러싸고 야기된 쟁의행위, 차기 협약체결을 위한 단체교섭을 둘러싼 쟁의행위는 평화의무의 효력이 미치지 않는다.

④ **침해행위의 한정** 평화의무는 침해행위에만 적용되고 방어행위에는 적용되지 않는다. 따라서 사용자의 선제적 직장폐쇄에 대한 방어적 쟁의행위는 평화의무위반이 아니라고 할 것이다.

⑤ **사정변경에 의한 소멸 여부** ⅰ) 협약유효기간 중이라 하더라도 당사자에게 귀

---

40) 김유성Ⅱ 176; 김형배 768, 자기의무, 즉 실행의무는 협약당사자가 당연히 부담해야 할 의무이기 때문에 평화의무와 본질적으로 같은 것이라고 할 수 있다.
41) 김형배 774, 새로운 단체협약의 체결을 위한 쟁의행위도 현재의 협약유효기간 중에는 쟁의행위를 할 수 없다는 점; 김유성Ⅱ 176, 노사 간의 합의라도 헌법이 보장하는 쟁의권을 침해한다는 점에서 무효라는 견해; 임종률 151, 당사자가 유효기간 중에 쟁의권 행사를 스스로 포기한 것이므로 유효하다는 견해.
42) 김형배 770.
43) 김유성Ⅱ 177.
44) 임종률 151.
45) 대판 1992.9.1, 92누7733.
46) 임종률 153.
47) 임종률 149; 김형배 771; 대판 1992.9.1, 92누7733.
48) 김유성Ⅱ 178.

책사유가 없이 당사자가 협약체결 당시에는 도저히 예견할 수 없는 사정의 변경이 있는 경우에는 평화의무는 소멸한다는 견해[49]와 ii) 사정변경은 단체협약을 해약할 수 있는 사유로 되기는 하지만 그 해약도 없이 당연히 평화의무가 소멸하는 것은 아니라는 견해[50]가 대립되어 있다.

4) 평화의무 위반의 쟁의행위 정당성 여부 i) 평화의무를 단체협약에 내재하는 의무라고 보는 입장에서는 평화의무 위반의 쟁의행위에 대해 정당성을 부정하고, ii) 단체협약은 당사자 간 계약의 일종이고 평화의무는 단체협약의 이행의무에서 파생되는 신의칙상 의무로 보는 입장에서는 정당성이 부정되는 것은 아니라는 입장이며, iii) 평화의무는 당사자 사이의 묵시적 합의에 의해서 발생한다는 합의설에서는 평화의무 위반의 쟁의행위는 계약위반에 불과해서 채무불이행으로 되긴 하지만 그 정당성을 상실하는 것은 아니라는 입장이다.

판례는 평화의무가 단체협약에 본질적으로 내재하고 있으므로 평화의무 위반의 쟁의행위는 협약질서의 침해로 정당성이 부정된다는 견해이다.[51] 그러나 어느 견해에 의하든 평화의무 위반의 쟁의행위에 대하여 채무불이행으로 인한 손해배상책임이 발생한다는 점에는 이의가 없기 때문에 견해의 대립은 실익이 적다고 할 수 있다.

5) 손해배상의 범위 i) 평화의무위반에 따르는 손해배상의 범위에 관하여 당해 쟁의행위와 상당인과관계에 있는 전 손해라는 입장[52]과 ii) 노사관계상의 신뢰관계를 침해한 것에 대한 정신적 손해에 국한된다고 보는 입장[53]이 있다

평화의무 위반이 채부불이행인 이상 손해배상책임은 평화의무위반의 쟁의행위와 상당인과관계에 있는 모든 손해에 미친다.[54]

3. 채무적 부분위반의 효과

단체협약의 채무적 부분을 위반한 경우, 채무불이행에 대한 민사상 구제수단을 이용할 수 있다. 당사자는 상대방에 대하여 이행을 청구할 수 있으며, 동시이행의 항변을 주장할 수도 있고, 단체협약을 해제할 수도 있다. 또한 채무불이행으로 손해배상을 청구할 수 있다.

그러나 단체협약위반에 대해서 민법상의 제도에 의한 구제는 여러 가지 측면에서 한계가 있다. 이는 기본적으로 단체협약법리가 집단적 노사관계의 자치적 질서형성을 목적으로 한다는 점에서, 재산적 이익을 구체적 · 개별적으로 해결하는 것을 주된 목적으로 하는 민법의 법리와는 질적으로 다른 데에서 비롯된다. 결국 협약위반행위는 노사자치에 의해 해결하는 것이 바람직하다.

Ⅳ. 단체협약 위반의 효과

1. 벌칙 적용(단체협약의 실효성 확보방안)의 의의

(구)노동조합법 제46조의3(현행 노조법 제92조 제1호 전단)은 단체협약의 위반에 대하여 벌칙을 규정

49) 김유성Ⅱ 178.
50) 임종률 151.
51) 대판 1992.9.1, 92누7733.
52) 임종률 153; 이병태 256; 김형배 770.
53) 김유성Ⅱ 179.
54) 임종률 153.

하였었으나, 헌법재판소는 이에 대해 죄형법정주의 위배를 이유로 위헌결정[55]을 하였기 때문에 효력이 상실되었다. 이에 따라 2001년 개정법은 벌칙의 적용대상을 단체협약 전체로 하지 않고 단체협약 중 특정사항 위반으로 한정하고 있다.

2. 벌칙 적용의 내용

단체협약 내용 중 ① 임금 · 복리후생비 · 퇴직금에 관한 사항, ② 근로 및 휴게시간 · 휴일 · 휴가에 관한 사항, ③ 징계 및 해고의 사유와 중요한 절차에 관한 사항, ④ 안전보건 및 재해부조에 관한 사항, ⑤ 시설 · 편의제공 및 근무시간 중 회의참석에 관한 사항, ⑥ 쟁의행위에 관한 사항을 위반한 경우에 벌칙이 적용된다.

단체협약은 비록 사인 간의 계약이지만, 열거된 사항의 이행여부는 사회적으로 중대한 영향을 미치기 때문에 단체협약의 실효성을 확보한다는 의미에서 이들 사항에 대한 단체협약 위반은 민사제재를 넘어 특별히 형사제재를 가할 수 있도록 규정한 것이다.

3. 벌칙조항의 문제점

개정법에서 특정한 범위 중 ⑤, ⑥의 사항은 채무적 부분과 관련된 사항이라 할 수 있으나, 채무적 부분의 범위에 비하여 너무 좁게 규정되어 있어서 실효성을 확보하기 어렵다고 하겠다. 또한 쟁의행위에 관한 사항은 사용자보다는 노동조합에게 적용되는 사항으로 조합의 단체행동권을 제한할 가능성이 있다.

Ⅴ. 단체협약의 제 조항

1. 의 의

필요적 기재사항이 법정되어 있는 취업규칙이나 조합규약과 달리 단체협약에서 어떠한 사항을 정할 것인가는 노사의 자치에 맡겨져 있다. 이러한 협약자치의 원칙에 따라 협약 당사자는 위법하거나 공서양속에 반하는 것이 아닌 한 원칙적으로 협약 내용을 정할 수 있다.

2. 구체적 내용

(1) 조합원 범위조항

1) 의 의 조합 가입이 금지되는 사용자의 범위나 조직강제조항의 적용범위 등 법령 또는 적용범위를 명확히 할 목적으로 단체협약에 조합원 내지 비조합원의 범위에 관한 조항을 말한다.

2) 법적 성질 조합원 범위는 노동조합이 자주적으로 결정하는 것이 원칙이라는 점에서 단체교섭에서 사용자가 이 문제를 거론하더라도 노동조합은 영향을 받지 않으며, 사용자가 특정 근로자를 조합원 범위에서 제외시킬 것을 요구하면서 단체교섭을 거부하는 경우 당해 근로자가 사용자 또는 사용자의 이익 대표자가 아닌 한 정당한 이유 없는 단체교섭 거부로서 부당노동행위가 성립된다.

그러나 노동조합이 사용자의 요구에 응하여 단체협약에서 조합원 내지는 비조합원의 범위를 정한

55) 헌재 1998.3.26, 96헌가20.

경우 이를 위법, 무효로 볼 것은 아니다.[56)]

(2) **유니언 숍 조항**

노동조합이 단결력의 유지 · 강화를 위해서 조합원 자격을 근로자의 채용 내지 고용계속의 조건으로 하는 조항을 말한다. 유니언 숍 조항은 단체협약의 채무적 부분에 속하며 이 조항에 의해 사용자는 협약에서 정한 기간 내 노조에 가입하지 않거나 탈퇴 등으로 인해 조합원 자격을 상실한 근로자는 해고할 의무를 지게 된다.

(3) **인사조항**

1) 의 의 　　채용, 인사이동, 휴직, 상벌, 해고 등의 인사에 관한 단체협약상의 조항을 말한다. 인사조항 중에서 특히 문제가 되는 것은 조합원 또는 조합간부의 해고에 대해 노조의 동의나 협의를 거치도록 규정한 해고 협의 · 동의 조항이다.

2) 해고 협의 · 동의 조항의 법적 성질 　　해고 협의 · 동의 조항에 위반하는 해고 등의 효력에 대하여 이 조항을 채무적 부분으로 보아 이에 위반한 해고라도 그 자체는 유효하며, 다만 사용자는 노동조합에 대해 협약위반의 책임만을 진다고 보는 견해[57)]가 있으나, 해고라는 중요한 근로조건과 관련되는 조항을 채무적 부분에 불과한 것이라고는 볼 수 없으므로 규범적 부분으로 보아 이에 위반한 해고는 무효라고 보아야 할 것[58)]이다.

3) 협의 · 동의의 의미 　　노동조합의 동의를 조건으로 사용자의 해고권 행사가 허용되는 것이므로 노조 측의 관여 정도가 가장 높다. 판례는 동의 조항에 위반하는 해고는 무효라는 입장이다.[59)] 다만, 노동조합이 동의권을 포기하거나 중대하게 남용하는 경우에는 동의조항 위반의 해고도 유효하다고 판시하고 있다.[60)]

한편, 판례는 협의절차를 규정한 단체협약조항은 노동조합 측의 의견을 제시할 기회를 주고 노동조합으로부터 제시된 의견을 참고자료로 고려하게 하는 정도에 지나지 않는 것이라고 보아 사전협의를 거치지 않은 해고의 정당성을 인정하고 있다.[61)] 이에 대해 협의의 의미를 과소평가하고 있다는 비판이 있다.[62)]

(4) **조합활동조항**

노조전임제, 취업시간 중 조합활동, 언론활동, 조합게시판의 설치, 조합비 공제 등 조합활동에 관한 단체협약상의 제 조항을 말한다.

기업별 노조가 지배적인 우리나라에서 조합활동과 기업의 노무지휘권이나 시설관리권을 합리적으로 조정할 필요성이 있는바, 조합활동조항은 협약 당사자의 이해 조정을 목적으로 하는 채권 · 채무관계를 설정한 것이므로 원칙적으로 단체협약의 채무적 부분이라고 보아야 한다.

(5) **쟁의조항**

단체협약에서 쟁의행위의 제한이나 절차에 관한 규정은 그 목적에 따라 평화의무조항, 평화조항,

56) 노조 1454-9597, 1983.4.14; 노조 01254-11445, 1985.6.21.
57) 김형배 775.
58) 김유성Ⅱ 187; 임종률 155.
59) 대판 1991.8.13, 91다1233.
60) 대판 1992.6.9, 91다30620.
61) 대판 1993.4.23, 92다34940.
62) 임종률 155.

쟁의절차조항으로 나눌 수 있다. 평화의무조항은 평화의무를 명시적으로 합의한 조항을 말하여 평화조항은 쟁의행위 개시 전에 조정절차를 거칠 것을 목적으로 한 조항이고, 쟁의절차조항은 쟁의행위의 주체, 절차, 태양, 대체근로금지 등에 관한 규율을 목적으로 한다.

(6) **면책조항**

쟁의행위 기간 중의 행위에 관해 일체 책임 또는 민·형사 책임을 묻지 않기로 하는 조항을 말한다. 그 적용범위는 쟁의행위는 물론 그 준비행위나 유발행위 등 당해 쟁의행위와 불가분적 관계에 있는 모든 행위에 미치게 된다. 면책에는 손해배상책임 외에 징계책임도 포함될 것이지만, 형사면책의 의미는 당사자가 형사상 고소, 고발을 자제하겠다는 취지로 해석하여야 할 것이다.

Ⅵ. 결 론

일반적으로 규범적 부분과 채무적 부분은 각각 규범적 효력과 채무적 효력을 가지게 된다. 이러한 효력에 따라 사용자와 근로자에게 미치는 효과가 다르기 때문에 그 인정범위나 구체적 내용에 견해가 대립한다. 특히 채무적 부분에 관해서는 노조법상 규정이 없어서 그 구체적인 내용에 관해 논란이 있다. 따라서 단체협약의 내용과 효력을 일률적으로 해석할 것이 아니라 협약 당사자의 태도, 개별조합원의 근로조건과의 관련정도 등을 구체적으로 살펴서 탄력적인 해석이 필요하다.

[관련판례] 단체협약의 내용과 효력

1. 강행규정에 위반한 단체협약의 효력(대법 1993.4.9, 92누15765)

원심은, 원고가 경영하는 ○○산업사의 단체협약서 제21조는 "조합원의 정년은 남자 55세, 여자 53세로 하되 일반직 부서에 해당되는 조합원은 제외된다. 일반직 부서는 3검, 최종검사, 기계부서를 제외한 부서를 말한다"라고 정하고 있고, 취업규칙 제12조 제1항은 "종업원의 정년퇴직 연령은 남자 만 55세, 여자 만 53세가 되는 다음날로 한다"고 정하고 있는 사실을 인정하고, 위 각 규정의 해석상 위 ○○산업사는 그 소속 근로자의 정년에 대하여 원칙적으로 남녀를 달리 취급하여 남자는 55세, 여자는 53세로 하되, 3차 검사부, 최종검사부, 기계부를 제외한 7개 일반부서의 근로자의 경우에는 그 적용을 배제하여 남녀 모두 55세로 정하고 있는 것으로 보고, 위 3개 부서에 관하여 성별 작업구분이나 근로조건의 구분을 명확히 하지 아니한 채 **남녀를 차별하여 정년을 규정한 것**은 합리적인 이유 없이 남녀의 차별적 대우를 하지 못하도록 한 근로기준법 제5조와 근로자의 정년에 관하여 여성인 것을 이유로 남성과 차별해서는 아니된다고 한 남녀고용평등법 제8조 등 **강행법규에 위배되어 무효**라고 판단하였다. 기록과 관계증거에 의하면, 위 업체의 단체협약과 취업규칙이 위 3개 부서에 관한 위 인정과 같이 남녀를 차별하여 정년을 규정하고 있는 것으로 본 원심의 조치는 정당하다.

2. 기존 근로조건보다 불이익한 근로조건을 설정한 단체협약(대판 2000.9.29, 99다67536)

[1] **이미** 구체적으로 그 지급청구권이 **발생한 임금**(**상여금 포함**)**이나 퇴직금**은 근로자의 사적 재산영역으로 옮겨져 근로자의 처분에 맡겨진 것이기 때문에 노동조합이 근로자들로부터 개별적인 동의나 수권을 받지 않는 이상, 사용자와 사이의 **단체협약만으로** 이에 대한 포기나 지급유예와 같은 **처분행위를 할 수는 없다.**

[2] 협약자치의 원칙상 노동조합은 사용자와 사이에 근로조건을 유리하게 변경하는 내용의 단체협약뿐만

아니라 근로조건을 불리하게 변경하는 내용의 단체협약을 체결할 수 있으므로, **근로조건을 불리하게 변경하는 내용의 단체협약이 현저히 합리성을 결하여 노동조합의 목적을 벗어난 것으로 볼 수 있는 경우와 같은 특별한 사정이 없는 한** 그러한 노사 간의 합의를 무효라고 볼 수는 없고, 노동조합으로서는 그러한 합의를 위하여 사전에 근로자들로부터 **개별적인 동의나 수권을 받을 필요가 없으며, 단체협약이 현저히 합리성을 결하였는지 여부는 단체협약의 내용과 그 체결경위, 당시 사용자측의 경영상태 등 여러 사정에 비추어 판단**해야 한다.

3. 단체협약 위반 벌칙의 위헌 여부(헌법재판소 1998.3.26, 96헌가20)

〈심판대상조문〉

구 노동조합법(1986.12.31. 법률 제3925호로 최종 개정되었다가 1996.12.31. 법률 제5244호로 공포된 노동조합 및 노동관계조정법의 시행으로 폐지된 것) 제46조의3(벌칙) 제34조 제1항의 규정에 의한 체결된 단체협약 또는 제38조의 규정에 의한 결정에 위반한 자는 1,000만원 이하의 벌금에 처한다.

〈위헌의견-다수의견〉

구 노동조합법 제46조의3은 그 구성요건을 "단체협약에 … 위반한 자"라고만 규정함으로써 범죄구성요건의 외피(외피)만 설정하였을 뿐 구성요건의 실질적 내용을 직접 규정하지 아니하고 모두 단체협약에 위임하고 있어 죄형법정주의의 기본적 요청인 '법률'주의에 위배되고, 그 구성요건도 지나치게 애매하고 광범위하여 죄형법정주의의 명확성의 원칙에 위배된다.

4. 단체협약상 인사절차조항(대판 1991.8.13, 91다1233)

단체협약 등에서 **조합원을 해고하는 경우 사전통보와 진술의 기회부여 등에 관하여 규정**하고 있다면, 이는 징계처분의 객관성과 공정성을 확보하기 위한 것으로서, **징계처분의 유효요건**이라고 하여야 한다.

5. 단체협약의 해고동의조항을 위반한 해고의 효력(소극)과 노조의 동의권 거부 또는 남용(대판 1993.9.28, 91다30620)

[1] 단체협약 등에 규정된 인사조항의 구체적 내용이 사용자가 인사처분을 함에 있어서 신중을 기할 수 있도록 **노동조합이 의견을 제시할 수 있는 기회만을 주어야 하도록 규정**된 경우에는 그 절차를 거치지 아니하였다고 하더라도 **인사처분의 효력에는 영향이 없다**고 보아야 하지만, 사용자가 인사처분을 함에 있어 노동조합의 사전동의를 얻어야 한다거나 또는 노동조합의 승낙을 얻거나 노동조합과 인사처분에 관한 논의를 하여 **의견의 합치를 보아 인사처분을 하도록 규정된 경우**에는 그 **절차를 거치지 아니한 인사처분은 원칙적으로 무효**라고 보아야 한다.

[2] 노사협상의 산물로서 단체협약에 노동조합 간부에 대한 징계해고를 함에 있어 노동조합의 사전동의를 받도록 정하여져 있다고 하더라도 이는 사용자의 노동조합 간부에 대한 부당한 징계권행사를 제한하자는 것이지 사용자의 본질적 권한에 속하는 피용자에 대한 징계권행사 그 자체를 부정할 수는 없는 것이므로 노동조합의 사전동의권은 어디까지나 신의성실의 원칙에 입각하여 합리적으로 행사되어야 할 것이고, 따라서 피징계자에게 객관적으로 명백한 징계사유가 있고 이에 대한 징계를 함에 있어 **사용자가** 노동조합측의 동의를 얻기 위하여 **성실하고 진지한 노력을 다하였음에도** 불구하고 **노동조합측**이 합리적 근거나 이유제시도 없이 **무작정 반대함으로써 동의거부권을 남용한 것**이라고 인정되거나 노동조합측이 스스로 이러한 사전동의권의 행사를 포기하였다고 인정된다면 사용자가 노동조합측의 사전동의를 받지 못하였다고 하여 그 징계처분을 무효로 볼 수는 없다.

6. 단체협약상 해고동의조항을 위반한 해고의 효력(적극)(대판 1994.3.22, 93다28553)

[1] 단체협약에 정하여진 해고에 관한 절차위반이 그 해고를 무효로 하느냐 여부는 일률적으로 말할 수는 없

고 그 규정의 취지에 따라 결정되어야 할 것이고, 단체협약규정상의 해고절차 위반으로 처벌받았다 하여 그것만으로 반드시 당해 해고의 사법상 효력이 부정되는 것은 아니라 할 것이며, 해고예고의무를 위반한 해고라 하여도 해고의 정당한 이유를 갖추고 있는 한 해고의 사법상 효력에는 영향이 없고, 해고수당의 지급 여부도 해고의 효력을 좌우하는 것은 아니다.

[2] **단체협약의 전체적인 체계 및 내용 등에 비추어** 보면, 조합원의 해고 문제는 노동조합과 합의하여야 한다는 **단체협약 소정의 "합의"라는 용어**는 회사와 노동조합의 합치된 의사에 따르게 함으로써 회사의 인사권이나 징계권을 전반적으로 제한하려는 취지에서 규정된 것이 아니고, 조합원에 대한 회사의 자의적인 인사권이나 징계권의 행사로 노동조합의 정상적인 활동이 저해되는 것을 방지하려는 취지에서 인사나 징계의 공정을 기하기 위하여 **노동조합에게 필요한 의견을 제시할 기회**를 주고, 제시된 **노동조합의 의견을 참고로 하게하는 취지**라고 해석함이 상당하다.

7. 단체협약의 해고협의조항을 위반한 해고의 효력(적극)(대판 1993.4.23, 92다34940)

단체협약에 징계해임처분시 노동조합과 사전협의를 거치도록 한 취지는 단체협약 전체의 체계와 내용 및 노사의 관행에 비추어 노동조합의 임원, 지부장 등 노동조합간부에 대한 사용자의 자의적인 인사권 행사로 인하여 노동조합의 정상적인 활동이 저해되는 것을 방지하려는 뜻에서 사용자로 하여금 노동조합의 임원 등에 대한 인사의 내용을 미리 노동조합에 통지하는 등 노동조합을 납득시키려는 노력을 하게하고, **노동조합에 의견을 제시할 기회**를 주게 하며, 아울러 노동조합으로부터 **제시된 의견을 참고자료로 고려**하게 하려는 것에 지나지 않는 것이다. 그러므로 근로자에 대한 징계해임처분의 위와 같은 **사전협의를 거치지 아니한 채 행하여졌다고 반드시 무효라고 할 수는 없다.**

8. 단체협약상 면책조항 ①(대판 1991.1.11, 90다카21176)

농성기간 중 사건에 대하여 노동조합원들에 대한 **일체의 책임을 묻지 않기로 노사 간에 단체협약을 한 경우** 그 취지는 위 **농성기간 중의 행위**뿐만 아니라 농성과 일체성을 가지는 그 **준비행위, 유발행위까지도 포함하여 이를 면책시키기로 한 것**이라고 봄이 타당하므로 농성 전에 유인물을 무단배포하여 파업을 선동한 행위도 농성과 일체성을 가지는 것으로서 이것이 취업규칙의 징계해고사유에 해당하더라도 이를 이유로 징계해고할 수 없다.

9. 단체협약상 면책조항 ②(대판 1994.9.30, 94다4042)

근로자의 비위행위에 관하여 징계를 하지 않기로 하는 **면책합의**를 하였다 하더라도 이는 그 비위행위를 징계사유로 삼는 것을 허용하지 않는 것일뿐 그 밖의 다른 비위행위를 징계사유로 하여 근로자를 징계함에 있어 **면책합의 된 비위행위가 있었던 점을 징계양정의 판단자료로 삼는 것까지 금하는 것은 아니다.**

10. 단체협약상 면책조항 ③(대판 1993.5.11, 93다1503)

회사와 노동조합 사이에 쟁의행위 중에 발생한 구속 및 고소, 고발자에 대하여 "징계를 하지 않는다"라는 문구 대신 **"최대한 선처하겠다"라고 합의**한 경우, 이는 회사가 구속자에 대한 **형사처벌이 감경되도록 노력**하겠다는 취지로 해석되고 **구속자들을 징계하지 않겠다는 내용의 합의로는 볼 수 없다.**

제 3 절 평화의무

Ⅰ. 서 설

평화의무는 협약당사자가 단체협약의 유효기간 중 협약소정사항의 개폐를 목적으로 하는 쟁의행위를 하지 않을 의무를 말한다.[63] 이는 협약준수의무의 한 내용으로서 협약유효기간 내의 노사관계안정과 산업평화를 목적으로 하는 채무적 효력의 하나이다.

평화의무는 단체협약 체결당사자 사이에 명시적 약정이 없더라도 당연히 발생하는 의무로서 협약내용 중 유효기간 중에만 발생하는 상대적 평화의무를 말하는 것이 일반적이다. 한편, 협약당사자 사이에 단체협약의 유효기간 중에는 쟁의행위를 일체하지 않는다는 절대적 평화의무를 인정 여부에 대해서는 견해가 대립하고 있다.

Ⅱ. 평화의무의 법적 성질

1. 문제의 소재

현행 노동관계법에서는 단체협약에 대한 평화의무에 대하여 구체적으로 규율하고 있지 않다. 하지만 평화의무는 단체협약의 내용에 대하여 체결당사자 간 약정이 없더라도 당연히 발생하는 의무라는 점에서 법적 성질이 문제된다. 평화의무를 어떻게 이해하느냐에 따라 위반의 효과 등의 차이가 발생하므로 명확한 이해가 요구된다.

2. 학계의 견해

(1) 내 재 설

평화의무는 단체협의 평화유지기능 또는 질서형서기능에 내재하는 본래적 의무로 보는 견해이다. 이 견해에서는 단체교섭 당사자 간에 합의에 의해 평화의무를 배제하는 특약을 맺는 것은 무효라고 본다.[64]

63) 대판 1992.9.1, 92누7733; 대판 2003.2.11, 2002두9919.
64) 김형배 770; 이상윤 651.

(2) 합 의 설

단체협약 체결당사자 사이에 단체협약 유효기간 중 단체협약 소정사항의 개폐를 목적으로 하는 쟁의행위를 하지 않을 것에 대해 명시적 또는 묵시적 합의에 의하여 발생하는 의무로 보는 견해이다.[65)]

(3) 신의칙설

단체협약 당사자는 단체협약 유효기간 동안 단체협약을 성실히 이행할 의무가 있으므로 이미 체결한 협약내용에 대하여 유효기간 중 개폐를 목적으로 쟁의행위를 하는 것은 신의칙상 허용되지 않는다는 점에서 단체협약상 이행의무로부터 당연히 파생되는 신의칙상 의무로 보는 견해이다.[66)]

3. 판례의 견해

판례는 평화의무가 노사관계의 안정과 단체협약의 질서형성적 기능을 담보하는 것인 점에 비추어, 단체협약의 전면무효화를 주장하면서 평화의무에 위반되는 쟁의행위를 행하는 것은 노조활동으로서의 정당성이 없다고 판시[67)]하여 내재설과 유사한 입장이다.

4. 검 토

단체협약의 노사관계의 안정적 기능에서 법적 의무를 도출하는 것은 무리이며, 단체협약 당사자 사이에 특별한 사정이 없는 한 항상 그러한 묵시적 합의가 있다고 볼 수 없다.

하지만, 어떠한 견해에 의하더라도 평화의무는 명시적 약정이 없더라도 당연히 발생하는 의무이고 채무불이행으로 인한 손해배상책임이 발생한다는 점에 이의가 없다. 다만, 평화의무배제조항의 효력, 평화의무를 위반한 쟁의행위의 정당성에 대해서 견해의 차이가 있다.

Ⅲ. 평화의무의 내용

1. 주 체

(1) 의 의

평화의무는 협약체결 당사자 간의 권리 · 의무에 관한 것으로서 그 주체는 협약당사자이고 구성원에 대하여는 미치지 않는다. 협약당사자가 협약의 유효기간 중 협약소정사항에 대해 쟁의행위를 행하지 않아야 하며, 일부 조합원에 의해 결의되거나 개시된 행위를 지지 · 교사 · 선동하는 것은 허용되지 않는다.

(2) 영향의무에 관한 논의

ⅰ) 단체협약의 당사자인 노동조합은 그 유효기간 중에 조합원들에 대해 통제력을 행사하여 쟁의행위를 하지 못하게 방지해야 할 의무를 지고 있다고 하여 평화의무에 영향의무가 포함된다는 견해와 ⅱ) 영향의무내용 자체가 불명확할 뿐만 아니라 일부 조합원의 쟁의행위에 대해서는 그 자체의 정당성 평가로 족하다는 점에서 영향의무를 인정하지 않는 견해가 있다.

그러나 협약의 당사자는 그 구성원이 그러한 쟁의행위를 하지 않도록 통제하여야 할 의무를 부담하

65) 김유성Ⅱ 177; 이병태 255.

66) 임종률 152.

67) 대판 1992.9.1, 92누7733.

기 때문에 영향의무가 포함된다고 보아야 할 것이다.

2. 평화의무의 범위

(1) 협약소정사항에 한정

평화의무는 협약소정사항에 한정된다. 단체협약에 규정되지 않은 사항이나 단체협약해석을 둘러싸고 야기된 쟁의행위, 차기 협약체결을 위한 단체교섭을 둘러 싼 쟁의행위는 평화의무의 효력이 미치지 않는다.

(2) 침해행위에 한정

평화의무는 침해행위에만 적용되고 방어행위에는 적용되지 않는다. 따라서 사용자의 선제적 직장폐쇄에 대한 방어적 쟁의행위는 평화의무 위반이 아니라고 할 것이다.

3. 사정변경에 의한 소멸 여부

ⅰ) 협약유효기간 중이라 하더라도 당사자에게 귀책사유가 없이 당사자가 협약체결 당시에는 도저히 예견할 수 없는 사정의 변경이 있는 경우에는 평화의무는 소멸한다는 견해[68]가 있다. 그러나 ⅱ) 사정변경은 단체협약을 해약할 수 있는 사유로 되기는 하지만 그 해약도 없이 당연히 평화의무가 소멸하는 것은 아니라고 보아야 할 것[69]이다.

Ⅳ. 평화의무 위반의 효과

1. 평화의무를 위반한 쟁의행위의 정당성

(1) 문제의 소재

단체협약의 당사자 간에 당연히 발생하는 평화의무를 위반한 쟁의행위에 대한 정당성 판단이 문제된다.

(2) 학설 및 판례

ⅰ) 평화의무를 단체협약에 내재하는 의무라고 보는 입장에서는 평화의무 위반의 쟁의행위에 대해 정당성을 부정하고, ⅱ) 단체협약은 당사자 간 계약의 일종이고 평화의무는 단체협약의 이행의무에서 파생되는 신의칙상 의무로 보는 입장에서는 정당성이 부정되는 것은 아니라는 입장이며, ⅲ) 평화의무는 당사자 사이의 묵시적 합의에 의해서 발생한다는 합의설에서는 평화의무 위반의 쟁의행위는 계약위반에 불과해서 채무불이행으로 되긴 하지만 그 정당성을 상실하는 것은 아니라는 입장이다.

판례는 평화의무가 단체협약에 본질적으로 내재하고 있으므로 평화의무 위반의 쟁의행위는 협약질서의 침해로 정당성이 부정된다는 견해이다.[70]

2. 손해배상의 범위

ⅰ) 평화의무위반에 따르는 손해배상의 범위에 관하여 당해 쟁의행위와 상당인과관계에 있는 전 손

68) 김유성Ⅱ 178.
69) 임종률 151.
70) 대판 1992.9.1, 92누7733.

해라는 입장[71]과 ii) 노사관계상의 신뢰관계를 침해한 것에 대한 정신적 손해에 국한된다고 보는 입장[72]이 있다.

평화의무 위반은 채무불이행 책임을 면할 수 없다는 점에서 평화의무 위반의 쟁의행위와 상당인과관계가 있는 전 손해에 미친다고 보아야 할 것이다. 이 경우에도 손해배상 책임의 주체는 협약당사자인 노동조합일 뿐, 그 쟁의행위를 실행한 조합원 개인에는 미칠 수 없는 것이다.

V. 결 론

평화의무는 단체협약의 채무적 효력의 하나로 협약유효기간 중, 협약소정사항에 대한 개폐를 목적으로 쟁의행위를 하지 않을 의무를 말한다. 이러한 평화의무는 당사자 간 명시적 약정이 없다고 하더라도 당연히 발생하는 의무로서, 노사관계의 안정과 산업평화를 목적으로 한다. 평화의무는 단체협약 체결에 따른 신의칙상 의무로서 평화의무를 위반한 쟁의행위의 경우 채무불이행에 따른 손해배상책임을 부담할 뿐 그 쟁의행위의 정당성에는 영향을 미치지 않는다고 할 것이다.

[관련판례] 단체협약의 평화의무

1. 단체협약의 평화의무 ①(대판 1992.9.1, 92누7733 [한보탄광주식회사사건])

노동조합의 위원장이 조합원들의 의사를 제대로 반영하지 아니하여 단체협약이 만족스럽지 못하게 체결됨에 따라 조합원들의 단체협약의 무효화를 위한 투쟁의 일환으로 비상대책위원회를 구성하여 그 비상대책위원회가 위와 같은 파업농성을 주도하게 된 것이라고 하더라도, 단체협약의 당사자인 노동조합은 **단체협약의 유효기간 중에 단체협약에서 정한 근로조건 등에 관한 내용의 변경이나 폐지를 요구하는 쟁의행위를 행하지 아니하여야 함은 물론**, 조합원들에 대하여도 통제력을 행사하여 그와 같은 **쟁의행위를 행하지 못하게 방지하여야 할 이른바 평화의무**를 지고 있다고 할 것인 바, 이와 같은 평화의무가 노사관계의 안정과 단체협약의 질서형성적 기능을 담보하는 것인 점에 비추어 보면, 단체협약이 새로 체결된 직후부터 뚜렷한 무효사유를 내세우지도 아니한 채 단체협약의 전면무효화를 주장하면서 **평화의무에 위반되는 쟁의행위를 행하는** 것은 이미 노동조합활동으로서의 **정당성을 결여한 것**이라고 하지 아니할 수 없다.

2. 단체협약의 평화의무 ②(대판 1994.9.30, 94다4042)

단체협약에서 이미 정한 근로조건이나 기타 사항의 변경·개폐를 요구하는 쟁의행위를 단체협약의 유효기간 중에 하여서는 아니 된다는 이른바 **평화의무를 위반하여 이루어진 쟁의행위**는 노사관계를 평화적·자주적으로 규율하기 위한 **단체협약의 본질적 기능을 해치는** 것일 뿐 아니라 노사관계에서 요구되는 **신의성실의 원칙에도 반하는 것**이므로 **정당성이 없다.**

3. 단체협약의 평화의무 ③(대판 2003.2.11, 2002두9919)

단체협약이 체결된 경우에 협약당사자인 노사 양측은 그 **협약내용을 준수**하여야 하고, 특별한 사정이 없는 한 단체협약의 **유효기간 중에 단체협약에서 이미 정한 근로조건이나 기타 사항의 변경·개폐를 요구하는 쟁의행위를 하**

71) 임종률 153; 이병태 256; 김형배 770.
72) 김유성Ⅱ 179.

지 아니할 이른바 **평화의무를 부담**한다고 할 것이나, 이러한 **평화의무**는 단체**협약에 규정되지 아니한 사항**이나 단체**협약의 해석을 둘러싼 쟁의행위** 또는 차기 협약체결을 위한 **단체교섭을 둘러싼 쟁의행위**에 대해서까지 그 **효력이 미치는 것은 아니므로** 단체협약 유효기간 중에도 노동조합은 차기의 협약체결을 위하거나 기존의 단체협약에 규정되지 아니한 사항에 관하여 사용자에게 단체교섭을 요구할 수 있다고 할 것이고 또한 단체협약이 형식적으로는 유효한 것으로 보이지만 단체협약을 무효라고 주장할 만한 특별한 사정이 인정되는 경우에도 노동조합으로서는 단체협약의 유효기간 중에 사용자에게 단체협약을 무효라고 주장하는 근거를 제시하면서 기존의 단체협약의 개폐를 위한 단체교섭을 요구할 수 있다고 보아야 할 것이며, 이러한 경우 사용자로서는 기존의 단체협약의 유효기간이 남아 있고, 따라서 노동조합의 위와 같은 행위가 평화의무에 반하는 것이라는 이유만을 내세워 단체교섭 자체를 거부할 수는 없다.

제 4 절 단체협약과 유리한 조건 우선의 원칙

Ⅰ. 단체협약의 의의와 효력

단체협약은 노동조합과 사용자 또는 사용자단체 간의 단체교섭의 결과로서 근로조건 기타 근로자 대우에 관한 개별적 근로관계 사항과 집단적 노사관계에 적용할 제반 사항에 대해 합의하여 서면화한 문서를 말한다.

단체협약은 본래 당사자인 노동조합과 사용자 측 사이의 계약이지만, 노조법은 근로자보호 및 노사관계안정을 위하여 단체협약 중 일정한 부분에 대하여는 당사자가 아닌 근로자 개인과 사용자를 구속하는 '규범적 효력'을 특별히 부여하는 한편, 단체협약은 규범적 효력의 입법화 후에도 당사자 간 계약으로서의 성격을 유지하고 있으므로 단체협약의 전체 내용은 당사자 간에 계약으로서의 '채무적 효력'을 가진다. 단체협약의 규범적 효력은 노동법 법원의 적용과 관련하여 논란이 되고 있다. 아래에서는 단체협약과 노동법 법원의 적용원칙인 유리한 조건 우선의 원칙 적용에 대하여 살펴본다.

Ⅱ. 단체협약과 유리한 조건 우선의 원칙의 관계

1. 노동법과 유리한 조건 우선의 원칙

노동법의 여러 법원 가운데 근로자에게 가장 유리한 조건을 정한 법원을 먼저 적용하여야 한다는 원칙을 유리한 조건 우선의 원칙이라고 말한다. 하지만 현행 노동법은 단체협약에 정한 근로조건의 적용이 배제되는 것을 막기 위해, 단체협약의 내용은 강행력을 가지며 근로계약 등에 우선하여 적용된다고 규정하고 있다(제33조, 근기법 제96조, 제97조). 그래서 단체협약에 유리한 조건 우선의 원칙 적용에 의론이 있다. 이것은 현행 노동법상 단체협약의 효력을 근로자 보호 측면과 근로자단체의 단결력 강화라는 측면에서 어떻게 이해하느냐와 관련된다.

2. 단체협약과 유리한 조건 우선의 원칙 적용 여부

(1) 문제의 소재

근로계약이나 취업규칙이 단체협약보다 근로자에게 유리한 경우에도 단체협약이 강행적·보충적 효력을 미치는지 문제된다. 즉 단체협약을 최저기준으로 해석할 것인가, 절대기준으로 해석할 것인가에 대해 견해가 대립한다.

(2) 학　설

1) 적용긍정설(편면적용설)　단체협약의 기준은 근로자를 보호하기 위하여 근로조건의 '최저기준'을 정한 것이기 때문에 사용자가 자발적으로 단체협약의 기준보다 유리한 급부를 하거나 근로계약에 의해 단체협약기준 이상의 급부를 약속하는 것은 유효하다는 견해[73]이다.

2) 적용부정설(양면적용설)　단체협약에서 정한 기준을 '절대기준'으로 보며 단체협약의 기준이 개별 근로자에게 최종적으로 적용되는 기준이고 그 기준이 유리한 경우는 물론 불리한 경우에도 단체협약의 기준만이 유효하게 적용된다는 견해[74]이다.

3) 상대적 적용긍정설(절충설)　단체협약의 체결조건에 따라 산업별 교섭에서는 유리한 조건 우선의 원칙이 적용되나 기업별 교섭에서는 그 적용을 배제된다거나 노사관계에서 단체협약이 갖는 의미를 고려하여 유리한 조건 우선의 원칙이 노동운동을 저해하거나 그 기준이 불합리하지 않은 범위에서 적용된다는 입장이다.[75]

(3) 검　토

우리나라와 같이 유리한 조건 우선의 원칙이 명문의 규정이 없는 상태에서 기업별 협약이 지배적인 경우에는 단체협약기준이 정형적 · 표준적인 기준으로 보는 것이 타당하다. 근로자는 노조의 가입에 의해 스스로 계약의 자유를 일정범위에서 제한하였다고 볼 수 있으며, 유리한 조건 우선의 원칙을 인정하여 개별교섭의 허용한다면 노조의 단결권과 단체교섭권은 상당부분 침해될 위험이 있기 때문이다. 그리고 독일과 달리 부당노동행위제도를 채택하고 있는 우리의 노조법 하에서 유리한 조건 우선의 원칙 적용 긍정은 불이익 취급이나 지배개입의 부당노동행위로 연결될 가능성이 높아 부정하는 것이 타당하다고 할 것이다.

Ⅲ. 유리한 조건 우선의 원칙 적용 관련 쟁점

1. 단체협약의 불이익 변경[76]

(1) 문제의 소재

노동조합은 근로조건 향상을 위해 단체협약을 체결해야 하는데, 기존의 근로조건을 근로자에게 불이익하게 변경하는 단체협약을 체결하는 경우가 있다. 이러한 불이익변경이 유리한 근로조건을 정한 근로계약 등에 대해 단체협약으로서 규범적 효력이 인정되는지 문제된다.

(2) 학설 및 판례

1) 학　설　노동조합은 근로조건의 유지 · 개선을 주된 목적으로 단체협약을 체결하는 것이므로 기존의 근로조건을 불이익하게 변경하는 것은 협약자치의 범위를 일탈한 것으로서 허용되지 않는다는 견해가 있다.[77] 하지만 노동조합의 목적인 근로조건의 유지 · 개선은 장기적인 차원에서 파악

---

73) 김형배 766.

74) 김유성Ⅱ 170.

75) 이병태 246.

76) 김형배 879, 김형배 교수님은 단협의 불이익 변경을 유리의 원칙 적용과 관련한 문제로 논의하면서 단체협약의 불이익변경이 신단체협약이 구단체협약을 대신하여 적용되는 해소의 원칙상 문제될게 없지만 별도로 층위가 상이한 법원 간의 충돌과 관련한 질서의 원칙에 대해서는 산별체제의 노동조합 조직 등에 논의의 실익이 있다고 한다.

하여야 할 필요가 있고, 단체교섭 역시 일종의 거래로서의 국가경제나 기업의 상황, 노사관계의 여건 등을 감안하여 일시적으로 불리한 내용에 대하여도 합의할 수 있다는 견해가 일반적이다.[78]

2) 판 례 협약자치의 원칙상 노동조합은 사용자와 사이에 근로조건을 유리하게 변경하는 내용의 단체협약뿐 아니라 근로조건을 불리하게 변경하는 내용의 단체협약을 체결할 수 있으므로, 근로조건을 불리하게 변경하는 내용의 단체협약이 현저히 합리성을 결하여 노조의 목적을 벗어난 것으로 볼 수 있는 경우와 같은 특별한 사정이 없는 한 그러한 노사 간의 합의를 무효로 볼 수 없다.[79]

(3) 검 토

노조도 노사공동체라 할 수 있는 기업의 경영 위기에 대해 사회적 반려자로서 협력해야 할 의무가 있으며, 경영상 위기를 막지 못할 경우 결국 근로자들의 실업을 초래할 수밖에 없다는 점을 고려할 때, 기업의 경영상 위기 타개나 기업도산을 막기 위한 단체협약의 불이익변경은 일응 유효하다고 보아야 할 것이다. 다만, 불이익변경이 단체협약의 본래적 목적을 상실하지 않는 범위 내에서만 허용되어야 할 것이다.

2. 단체협약의 효력확장과 유리한 조건 적용 문제

(1) 일반적 구속력의 경우

단체협약의 효력확장에서 규범적 부분이 미조직 · 비조합원에게 적용되는 경우 유리한 조건 우선의 원칙이 적용되는지 문제된다.

i) 단체협약의 규범적 효력에 대하여 유리한 조건 우선의 원칙을 인정하는 입장에서는 효력확장적용의 경우에도 이를 인정하는 입장이고, ii) 유리한 조건 우선의 원칙이 단체협약에 적용되지 않는다는 입장에서는 조합원뿐 아니라 비조합원에 대하여도 유리의 원칙이 적용되지 않아 이것이 효력확장에도 적용되지 않는다는 입장이 있다. 한편 iii) 사업장 단위의 효력확장제도를 소수근로자보호 차원으로 이해하여 유리한 조건 우선의 원칙이 적용된다는 입장이 있다. 이 견해는 확장되는 단체협약상의 근로조건은 최저기준으로 작용한다고 보고, 노조법 제33조에서 규정하고 있는 규범적 효력은 일정한 제한을 받는다고 한다.

(2) 지역적 구속력의 경우

지역적 구속력 확장제도는 초기업 단위 노동조합의 단체협약을 전제하기 때문에 조합원뿐만 아니라 비조합원과 다른 사업장의 조합원에 대하여 유리한 조건 우선의 원칙이 적용된다고 할 수 있다. 이때의 단체협약은 당해 지역에서의 최저기준을 설정하는 의미를 가지게 된다.

---

77) 홍준호, "근로조건 저하에 관한 고찰", 「인권과 정의」, 대한변호사협회.

78) 김유성Ⅱ 173; 임종률145; 김형배 885, 김형배 교수는 단체협약이 존속하는 한 규범적 부분에 대한 불리한 개별적 변경은 허용되지 않지만, 경제위기나 경영상의 불운은 사용자의 귀책사유 없이 기존 단체협약의 체결시에 예견할 수 없었던 사유로 협약 체결시에 전제되었던 사정에 중대한 변경이 생긴 것으로 이해하고 있다. 그래서 단체협약의 불이익 변경의 근거를 민법의 원리인 사정변경의 원리가 예외적으로 적용되는 것으로 설명하고 있다.

79) 대판 2000.9.29, 99다67536; 일부 판례는 "단체협약에는 근로조건의 유지 · 개선이라는 목적에서 오는 본질적인 한계가 있으므로 기존의 근로조건을 저하시킴으로써 근로자에게 불리하게 되는 협약의 내용은 무효"라고 보면서도 그 한계를 벗어났는지는 개개조항을 따로 살필 것이 아니라 협약전체 내용을 전반적으로 살필 뿐 아니라 장기적으로 근로자들이 얻는 이익까지 종합적으로 살펴보아야 한다고 한다(서울고등법원 1999.10.29, 98나65719).

Ⅳ. 결 론

노동법의 여러 법원 가운데 근로자에게 가장 유리한 조건을 정한 법원을 먼저 적용하여야 한다는 원칙을 유리한 조건 우선의 원칙이라고 말한다. 하지만 현행 노동법은 단체협약에 정한 근로조건의 적용이 배제되는 것을 막기 위해, 단체협약의 내용은 강행력을 가지며 근로계약 등에 우선하여 적용된다고 규정하고 있다(제33조, 근기법 제96조, 제97조). 그래서 단체협약에 유리의 조건 우선의 원칙 적용에 대한 입장차이가 있다. 현행 노동법 규정이나 기업별노조를 주축으로 하고 있는 노사관계를 고려할 때에서는 단체협약에 대해서는 유리한 조건 우선의 원칙을 적용하기 어렵다고 할 것이다.

제 5 절 단체협약과 근로조건의 불이익 변경

Ⅰ. 단체협약과 근로조건의 불이익 변경

헌법은 근로자의 근로조건 향상을 위하여 근로3권을 보장하고, 노조에 의한 근로조건의 개선은 궁극적으로 단체협약의 체결에 의하여 실현된다. 노사 간에 단체교섭 및 단체협약을 중심으로 근로조건의 유지 · 개선을 실현하기 위해 협약자치가 인정되고 있다. 이러한 협약자치는 근로조건 향상이라는 헌법과 노조법의 목적달성을 위한 것이지만 일정한 한계를 가지고 있다.

노동조합이 단체협약을 통해 근로조건을 불이익하게 변경하는 경우, 본래의 헌법상 근로3권의 실현을 위해서는 이를 인정될 수 없다. 협약자치를 근로조건의 개선이라는 좁은 의미로 해석할 경우 노조가 근로조건의 불이익한 변경에 합의하는 것은 정당화될 수 없는 것이다. 그러나 노조도 기업의 경영위기 등에 대하여는 일정 부분은 협력할 필요가 있다는 점에서 협약자치에 한계가 있다. 이하에서는 단체협약의 불이익변경의 허용여부와 그 한계 및 사법심사에 대하여 논의하고자 한다.

Ⅱ. 단체협약 불이익변경의 허용 여부

1. 문제의 소재

노동조합은 근로조건 향상을 위해 단체협약을 체결해야 하는데, 기존의 근로조건을 근로자에게 불이익하게 변경하는 단체협약을 체결하는 경우가 있다. 이러한 불이익변경이 노사 간의 협약자치 범위에서 인정될 수 있는지 문제된다.

2. 학설 및 판례

(1) 학 설

노동조합은 근로조건의 유지 · 개선을 주된 목적으로 단체협약을 체결하는 것이므로 기존의 근로조건을 불이익하게 변경하는 것은 협약자치의 범위를 일탈한 것으로서 허용되지 않는다는 견해가 있다.[80]

하지만 노동조합의 목적인 근로조건의 유지 · 개선은 장기적인 차원에서 파악하여야 할 필요가 있

80) 홍준호, "근로조건 저하에 관한 고찰", 「인권과 정의」, 대한변호사협회.

고, 단체교섭 역시 일종의 거래로서의 국가경제나 기업의 상황, 노사관계의 여건 등을 감안하여 일시적으로 불리한 내용에 대하여도 합의할 수 있다는 견해가 일반적이다.[81]

(2) 판 례

협약자치의 원칙상 노동조합은 사용자와 사이에 근로조건을 유리하게 변경하는 내용의 단체협약뿐만 아니라 근로조건을 불리하게 변경하는 내용의 단체협약을 체결할 수 있으므로, 근로조건을 불리하게 변경하는 내용의 단체협약이 현저히 합리성을 결하여 노동조합의 목적을 벗어난 것으로 볼 수 있는 경우와 같은 특별한 사정이 없는 한 그러한 노사 간의 합의를 무효로 볼 수 없다.[82]

3. 검 토

노조도 노사공동체라 할 수 있는 기업의 경영위기에 대해 사회적 반려자로서 협력해야 할 의무가 있으며, 경영상 위기를 막지 못할 경우 결국 근로자들의 실업을 초래할 수밖에 없다는 점을 고려할 때, 기업의 경영상 위기 타개나 기업도산을 막기 위한 단체협약의 불이익변경은 일응 유효하다고 보아야 할 것이다. 다만, 불이익변경이 단체협약의 본래적 목적을 상실하지 않는 범위 내에서만 허용되어야 할 것이다.

Ⅲ. 단체협약 불이익변경의 한계(허용범위)

1. 단체협약 불이익변경의 허용기준

협약자치의 원칙상 근로조건을 불리하게 변경하는 내용의 단체협약이 현저히 합리성을 결하여 노동조합의 목적을 벗어난 것으로 볼 수 있는 경우와 같은 특별한 사정이 없는 한 노사 간의 합의를 무효라고 볼 수는 없고, 단체협약이 현저히 합리성을 결여하였는지 여부는 단체협약의 내용과 그 체결경위, 당시사용자 측의 경영상태 등 여러 사정에 비추어 판단해야 한다.

2. 단체협약 불이익변경의 한계

(1) 상위규범 및 강행규범에 의한 한계

단체협약은 헌법을 비롯한 노동관계법령에 위반할 수 없으며 선량한 풍속 기타 사회질서에 반할 수도 없다.[83] 특히 근로기준법에 이를 특별히 규정하고 있는데, 근로기준법에 정한 기준에 미달되는 단체협약은 그 부분에 한하여 효력이 없다고 본다.

(2) 단체협약의 본질적 한계

협약자치의 원칙에 따라 노동조합이 개별근로자(조합원)의 수권이 없더라도 기존 근로조건을 저하시

81) 김유성Ⅱ 173; 임종률 145; 김형배 885, 김형배 교수는 단체협약이 존속하는 한 규범적 부분에 대한 불리한 개별적 변경은 허용되지 않지만, 경제위기나 경영상의 불운은 사용자의 귀책사유 없이 기존 단체협약의 체결시에 예견할 수 없었던 사유로 협약 체결시에 전제되었던 사정에 중대한 변경이 생긴 것으로 이해하고 있다. 그래서 단체협약의 불이익 변경의 근거를 민법의 원리인 사정변경의 원리가 예외적으로 적용되는 것으로 설명하고 있다.

82) 대판 2000.9.29, 99다67536; 일부 판례는 "단체협약에는 근로조건의 유지·개선이라는 목적에서 오는 본질적인 한계가 있으므로 기존의 근로조건을 저하시킴으로써 근로자에게 불리하게 되는 협약의 내용은 무효"라고 보면서도 그 한계를 벗어났는지는 개개조항을 따로 살필 것이 아니라 협약전체 내용을 전반적으로 살필 뿐 아니라 장기적으로 근로자들이 얻는 이익까지 종합적으로 살펴보아야 한다고 한다(서울고등법원 1999.10.29, 98나65719).

83) 대판 1993.4.9, 92누15765.

키는 단체협약을 체결하더라도 그것은 유효하며, 다만 그것이 현저하게 합리성을 갖추지 못하여 노동조합의 목적을 벗어난 것으로 볼 정도의 것인 경우에만 무효라고 할 것이다.

(3) **근로자의 권리보호에 의한 한계**

단체협약의 불이익변경을 협약자치 차원에서 인정하더라도 단체협약의 내용이 개별조합원의 기득권을 침해하거나 근로의무를 새롭게 창설하거나 종업원의 지위를 강제적으로 변동시키는 경우에는 조합원의 동의 · 수권이 있어야만 인정된다.

단체협약이나 근로계약 등에 의거하여 이미 발생하고 있는 개개 근로자의 권리를 별도의 단체협약에 의하여 소멸시키는 것은 허용되지 않는다. 이미 발생한 퇴직금청구권을 사후의 협약으로 소급적용하여 변경하는 것도 인정되지 않는다.[84] 그러나 일부 판례는 퇴직금의 소급적 감액을 인정한 단체협약을 유효하다고 판시[85]하였다.

(4) **불이익변경의 효력상 한계**[86]

단체협약 불이익변경은 소급효를 가질 수 없는 것이 원칙이다. 따라서 불이익 변경에 대한 내용은 장래에 대해서 효력을 가지며, 그 부분에 관한 기존 단체협약의 부분은 효력을 상실하거나 변경된 것으로 해석되어야한다.

Ⅳ. 단체협약 불이익변경과 사법심사

1. 문제의 소재

단체협약은 자주적인 노동조합이 사용자와 대등성을 확보하고 단체교섭하여 체결된 노사자치의 산물이다. 이러한 단체협약의 내용에 대하여 국가의 사법부가 개입하는 것은 협약자치의 원칙에 반할 수 있다. 그렇다고 단체협약의 본래적 목적을 침해하는 불이익변경까지도 허용되는 것도 문제가 된다.

2. 사법심사의 적용

(1) **원 칙**

노조는 사용자에 대해서 대등한 교섭력을 가지고 있는 단체교섭을 하고 이를 통해 단체협약을 체결하는 것이므로 노조와 사용자 사이의 노사자치의 산물인 협약내용이 일방에게 불리하다는 이유만으로 사법심사의 대상이 될 수 없다.

(2) **예 외**

현실적으로 노조가 대등한 교섭능력을 상실한 상태에서 단체협약의 불이익변경이 체결되어 심히 균형을 상실한 것이라고 볼 수 있다거나, 심지어는 불필요한 불이익변경을 한 경우에는 그 협약은 사법심사의 대상이 된다고 볼 수 있을 것이다.

판례도 노사의 협약이 "현저히 합리성을 결여하여 노동조합의 목적을 벗어난 것으로 볼 수 있는 경우와 같은 특별한 사정이 없는 한 그러한 노사 간의 합의를 무효라고 볼 수는 없다"고 판시하여 사용자에 의한 근로3권의 침해나 노조의 어용화에 의하여 노조의 교섭력의 불균형상태가 초래되어 불합리한

84) 대판 2000.9.29, 99다67536.

85) 대판 1992.7.24, 91다34073.

86) 김형배 885; 김형배, 「단체협약의 불이익 변경」, 경영계.

협정이 체결되었는지를 고려하여 불이익변경의 효력을 인정하고 있다.

V. 결 론

노동조합은 근로조건의 유지 · 개선을 위하여 단체교섭하고 이를 통해 단체협약을 체결하게 된다. 노동조합은 단체협약 체결에 있어서 근로조건을 불이익하게 변경하는 경우가 있는데, 본래의 헌법상 근로3권의 실현을 위해서는 이것을 인정할 수 없을 것이다. 하지만, 노조도 기업의 경영상 위기 타개나 기업 도산을 막기 위한 단체협약의 불이익변경은 일응 유효하다고 보아야 할 것이다. 다만, 불이익변경이 단체협약의 본래적 목적을 상실하지 않는 범위 내에서만 허용되어야 할 것이다.

제 6 절 단체협약 위반에 대한 실효성 확보수단

Ⅰ. 단체협약 준수의 필요성과 실효성 확보

단체협약은 근로3권의 구체적 산물로서 노사관계당사자가 근로조건 기타 근로자의 대우에 관한 사항과 협약당사자의 권리 · 의무에 관한 사항을 서면화 한 것이다. 이러한 단체협약의 준수는 근로조건향상, 산업평화유지, 노사관계질서형성, 경영규제 등의 효과를 갖게 되어 집단적 노사자치주의 실현의 기초가 된다.

이와 같이 단체협약은 노동법의 법원이면서 노사관계 전반에 미치는 영향도 상당하다. 하지만 노사 간에 단체협약을 위반하여 문제되는 경우가 있다. 특히, 헌재에서 단체협약 위반에 대한 벌칙규정을 위헌이라고 하여 특정사항에 한정하면서 단체협약의 실효성 확보에 대한 논란이 계속되고 있다. 아래에서는 단체협약 위반에 대한 실효성 확보에 대하여 살펴보고자 한다.

Ⅱ. 단체협약 위반과 집단적 노사자치를 통한 실효성 확보

1. 평화의무의 준수

(1) 평화의무를 위반한 쟁의행위의 정당성

평화의무는 협약당사자가 단체협약의 유효기간 중 협약소정사항의 개폐를 목적으로 하는 쟁의행위를 하지 않을 의무를 말한다.[87] 이는 협약유효기간 내의 노사관계안정과 산업평화를 목적으로 하는 채무적 효력의 하나로 단체협약 당사자인 노조나 사용자가 이를 위반한 쟁의행위를 하는 경우에는 그 정당성이 문제된다.

평화의무 위반에 대한 쟁의행위의 정당성에 대하여는 학계의 입장[88]이 나뉘어 있는데, 판례는 평화

87) 대판 1992.9.1, 92누7733; 대판 2003.2.11, 2002두9919.

88) 평화의무를 위반한 쟁의행위에 대한 정당성 판단에 대하여 ⅰ) 평화의무를 단체협약에 내재하는 의무라고 보는 입장에서는 평화의무 위반의 쟁의행위 정당성을 부정하고, ⅱ) 단체협약은 당사자 간 계약의 일종이고 평화의무는 단체협약의 이행의무에서 파생되는 신의칙상 의무로 보는 입장에서는 정당성이 부정되는 것은 아니라는 입장이며, ⅲ) 평화의무는 당사자 사이의 묵시적 합의에 의해서 발생한다는 합의설에서는 평화의무 위반의 쟁의행위는 계약위반에 불과해서 그 정당성을 상실하는 것은 아니라는 입장이다.

의무가 단체협약에 본질적으로 내재하고 있으므로 평화의무위반의 쟁의행위는 협약질서의 침해로 정당성이 부정되는 입장이다.[89)]

(2) 손해배상의 범위

평화의무 위반에 따르는 손해배상의 범위에 관하여 당해 쟁의행위와 상당인과관계에 있는 전 손해라는 입장[90)]과 노사관계상의 신뢰관계를 침해한 것에 대한 정신적 손해에 국한된다고 보는 입장[91)]이 있다. 평화의무 위반은 채무불이행 책임을 면할 수 없다는 점에서 평화의무 위반의 쟁의행위와 상당인과관계가 있는 전 손해에 미친다고 보아야 할 것이다.

2. 부당노동행위제도를 통한 구제

노조법은 근로자 또는 노동조합이 근로3권 실현활동에 대한 사용자의 침해 내지 간섭행위인 부당노동행위를 금지하고 이로 인하여 피해를 입은 근로자 또는 노동조합이 노동위원회를 통하여 구제를 받을 수 있는 구제절차와 벌칙을 함께 규정하고 있다. 노조법상 규정된 부당노동행위의 유형은 예시규정으로 근로3권의 보장차원에서 단체협약의 위반은 부당노동행위의 한 유형으로 그 구제의 대상이 된다 할 것이다.

3. 쟁의행위를 통한 구제

노동조합은 근로조건의 향상을 위한 노사 간의 자치적 교섭을 조성하기 위한 목적[92)]으로 쟁의행위를 할 수 있으므로 사용자의 단체협약 위반에 대한 시정을 위해서도 쟁의행위를 할 수 있다고 보아야 한다. 하지만, 사용자는 근로자 측의 쟁의행위가 없는 이상 선제적 직장폐쇄를 할 수 없다고 보아야 한다.

Ⅲ. 단체협약 위반에 대한 민사구제수단

1. 민사상 구제수단 적용문제

단체협약은 개별조합원의 근로조건 기타 대우에 관한 사항과 협약당사자의 권리 · 의무에 관한 사항으로 분류할 수 있으며 전자의 경우를 규범적 부분이라고 하고 후자의 경우를 채무적 부분이라고 한다.

단체협약 전체는 협약당사자인 노조와 사용자 사이의 채무적 효력이 부여되므로 민법의 계약법리가 적용된다. 하지만 단체협약이 갖는 집단적 노사관계의 특수성을 고려한다면 민사상 계약위반의 구제수단이 그대로 적용될 수 있는지 문제된다. 또한 개별 조합원의 근로조건에 대한 규범적 부분에 대한 사용자의 위반을 노조가 직접 청구할 수 있는지에 대한 소송법적 문제가 있다.

2. 채무적 부분 위반의 구제

단체협약의 채무적 부분을 위반한 경우, 채무불이행에 대한 민사상 구제수단을 이용할 수 있다. 당사자는 상대방에 대하여 이행을 청구(민법 제389조)할 수 있으며, 동시이행의 항변(민법 제536조)을 주장

89) 대판 1992.9.1, 92누7733.
90) 임종률 153; 이병태 256; 김형배 770.
91) 김유성Ⅱ 179.
92) 대법(전합) 2001.10.25, 2001구24388.

할 수도 있고, 단체협약을 해제(민법 제389조)할 수도 있다. 또한 채무불이행으로 손해배상을 청구(민법 제390조)할 수 있다.

그러나 민법상의 제도에 의한 구제는 여러 가지 측면에서 한계가 있다. 단체협약은 집단적 노사관계의 자치적 질서형성을 목적으로 한다는 점에서 재산적 이익을 해결하는 것을 주된 목적으로 하는 민법의 법리와는 질적으로 다르다는 점을 고려해야 한다. 결국 협약 위반행위는 노사자치에 의해 해결하는 것이 바람직하다.[93)]

3. 규범적 부분 위반의 구제

(1) 노조의 이행소송 가능 여부

규범적 부분은 조합원인 근로자가 규범적 효력에 따라 직접 사용자에 대하여 청구권을 취득하고 조합원 개개인이 그 청구권을 행사할 수 있기 때문에 노동조합이 이행소송을 제기한 경우에는 소의 이익이 있는지 여부가 문제될 수 있다. 이 경우 규범적 부분이지만 조합원 개개인이 청구권을 행사하는 것으로는 그 실현을 기할 수 없는 경우[94)]에는 노동조합이 사용자에 대하여 이행소송을 제기할 수 있다고 보아야 한다.

(2) 노동조합의 확인의 소제기 가능 여부

노동조합에 의한 단체협약 규정의 확인소송이 개개 조합원에 의한 근로계약상의 지위확인소송보다 효과적인 분쟁해결방법이라고 인정되는 경우에는 확인의 이익을 인정하여야 할 것이다.

(3) 손해배상청구

협약당사자는 단체협약 전체에 관해 실행의무를 지기 때문에 사용자의 규범적 부분 위반행위에 대하여 노동조합은 협약준수의무 위반을 이유로 손해배상을 청구할 수 있다.

Ⅳ. 단체협약 위반에 대한 형사처벌

1. 의 의

(구)노동조합법 제46조의3는 단체협약의 위반에 대하여 벌칙을 규정하였었으나, 헌법재판소는 이에 대해 죄형법정주의 위배를 이유로 위헌결정[95)]을 하였기 때문에 효력이 상실되었다. 이에 따라 2001년 노조법을 개정하여 벌칙의 적용대상을 단체협약 위반 전체로 하지 않고 단체협약 중 특정사항 위반으로 한정하고 있다.

2. 벌칙적용의 대상

단체협약 내용 중 ① 임금 · 복리후생비 · 퇴직금에 관한 사항, ② 근로 및 휴게시간 · 휴일 · 휴가에

93) 단체협약은 쌍무계약과 달라 일방당사자의 의무가 상대방의 다른 의무와 대가· 견련관계를 가지지 않고 각각 독자적인 의미를 가지는 경우가 대부분이어서 동시이행 항변은 적절한 구제수단이 될 수 없다. 또 단체협약 자체의 해지· 해제는 이해득실상 채택하기도 어려울 뿐더러 단체협약이 갖는 중요한 기능에 비추어 널리 허용되지도 않는다(임종률 148).

94) 사용자가 실온, 환기, 세면장 등 작업환경이나 작업강도 또는 투입인원 등 종업원의 집단적 취급에 관한 규정을 이행하지 않는 경우가 여기에 해당될 것이다(임종률 148).

95) 헌재 1998.3.26, 96헌가20.

관한 사항, ③ 징계 및 해고의 사유와 중요한 절차에 관한 사항, ④ 안전보건 및 재해부조에 관한 사항, ⑤ 시설 · 편의제공 및 근무시간 중 회의참석에 관한 사항, ⑥ 쟁의행위에 관한 사항을 위반한 경우에 벌칙이 적용된다.

단체협약은 비록 사인 간의 계약이지만, 열거된 사항의 이행 여부는 사회적으로 중대한 영향을 미치기 때문에 단체협약의 실효성을 확보한다는 의미에서 이들 사항에 대한 단체협약 위반은 민사제재를 넘어 특별히 형사제재를 가할 수 있도록 규정한 것이다.

3. 벌칙조항의 문제점

현행 노조법이 특정한 범위 중 ⑤, ⑥의 사항은 채무적 부분과 관련된 사항이라 할 수 있으나, 채무적 부분의 범위에 비하여 너무 좁게 규정되어 있다. 따라서 이 정도만으로는 실효성을 확보하기 어렵다. 특히 쟁의행위에 관한 사항은 사용자보다는 노동조합에게 적용되는 사항으로 조합의 단체행동권을 제한할 가능성이 있다.

Ⅴ. 결

단체협약은 헌법에서 보장된 근로자들의 근로3권의 구체적인 실현활동을 통하여 체결되는 것으로서 근로자의 생존권 및 노사대등성의 확보라는 측면에서 볼 때 그 의의가 크다 할 것이다. 이에 따라 노조법은 단체협약에 관한 많은 보호규정을 두고 있고, 사용자와 근로자에게 협약준수의무를 부과하고 있다.

단체협약은 집단적 노사관계의 자치적 질서형성을 목적으로 하기 때문에 단체협약 위반에 대하여 민법상의 제도에 의한 구제는 여러 가지 측면에서 한계가 있어서 협약 위반행위는 기본적으로 노사자치에 의해 해결되는 것이 바람직하다고 본다. 한편, 단체협약을 위반한 자에 대하여 형사처벌을 하는 것은 단체협약의 준수를 확보하여 근로자의 생존권을 보장하고 나아가 근로3권을 구체적으로 보호하기 위한 것으로 노사질서를 유지하기 위한 최소한의 담보장치로서 국가의 형벌권 발동의 의의를 갖는다.

제 7 절 단체협약의 해석

Ⅰ. 서 설

1. 단체협약 해석의 의미

단체협약의 해석이란 노사 간의 단체협약의 내용을 명확히 확정하는 것으로 노조법 제34조에서 단체협약의 해석이나 이행방법에 대하여 관계 당사자 사이에 다툼이 있는 경우 노동위원회의 해석에 따라 그 내용을 명확히 확정할 수 있다고 규정하고 있다.

2. 취 지

(구)노조법에서는 노동쟁의의 개념을 근로조건에 관한 주장의 불일치라고 하여 권리형성을 위한 분쟁인 이익분쟁뿐만 아니라 권리의 해석 및 이행방법에 대한 분쟁인 권리분쟁도 쟁의행위의 대상이 될 수 있다고 하였다. 하지만 현행 노조법 제2조 제5호에서는 노동쟁의의 개념을 근로조건 결정에 관한 주장의 불일치라고 하여 이익분쟁으로 한정하면서 이익분쟁은 노사가 쟁의행위로 해결하되 권리분쟁에 대해서는 사법적 구제로 해결하도록 하면서 법원에 의한 사법적 구제의 어려움으로 노동위원회의 유권해석을 통하여 신속한 해결을 도모하기 위한 것이다.

Ⅱ. 노동위원회에 대한 단체협약 해석 요청

1. 의 의

노조법 제34조에서는 "단체협약의 해석 또는 이행방법에 관하여 관계당사자 간에 의견의 불일치가 있는 때에는 당사자 쌍방 또는 단체협약에 정하는 바에 의하여 어느 일방이 노동위원회에 그 해석 또는 이행방법에 관한 견해의 제시를 요청할 수 있으며, 노동위원회는 요청을 받은 때로부터 30일 이내에 명확한 견해를 제시하여야 한다"고 규정하고 있다.

2. 단체협약의 해석 요청권

당사자 쌍방의 합의 또는 단체협약이 정하는 바에 따라 어느 일방이 노동위원회에 그 해석 또는 이행방법에 관한 견해의 제시를 요청할 수 있다. 이 경우 견해제시를 요청할 수 있는 자는 당해 단체협약 체결 당사자이다.

즉 단체교섭권이 없는 경우에는 단체협약의 해석 또는 이행방법에 관한 견해를 제시할 당사자적격이 없다고 할 것이다.

3. 단체협약의 해석 요청방법

당사자 쌍방 또는 단체협약의 정하는 바에 의하여 어느 일방이 노동위원회에 그 해석 또는 이행 방법에 관한 의견이 제시를 요구할 수 있다. 여기서 "단체협약에서 정하는 바에 의하여"란 단체협약에서 "해석 또는 이행 방법에 이견이 있는 경우 노동위원회의 의견에 따른다"는 정함이 있는 경우로 당사자 일방은 단독으로 노동위원회에 의견제시를 요구할 수 있다. 견해제시의 요청은 당해 단체협약의 내용과 당사자의 의견 등을 기재한 서면으로 하여야 한다.

Ⅲ. 노동위원회의 단체협약 해석

1. 노동위원회의 견해제시

노동위원회는 관계당사자로부터 단체협약의 해석 또는 이행방법에 관하여 의견제시를 요청 받은 때에는 그날로부터 30일 이내에 명확한 견해를 제시하여야 한다. 여기서 명확한 견해란 사회통념상 당사자 사이에 서로 납득하여 해결될 수 있는 견해를 말한다.

노동위원회는 당사자로부터 이러한 견해의 제시에 관한 업무는 심판담당공익위원 3인으로 구성된 심판위원회에서 처리한다.

2. 단체협약의 해석방법

(1) 단체협약 내용에 따른 해석

단체협약서와 같은 처분문서는 그 성립의 진정함이 인정되는 이상 그 기재내용을 부정할 만한 분명하고 수긍할 수 있는 반증이 없는 한, 기재내용에 의하여 그 문서에 표시된 의사표시의 존재 및 내용을 파악하는 것이 원칙이다.[96]

(2) 당사자 의사에 따른 해석

단체협약의 해석에는 그와 같은 약정이 이루어진 동기, 약정에 의해서 달성하려고 하는 목적, 당사자의 진정한 의사 등을 고려하여 논리와 경험칙에 따라 합리적으로 해석하여야 할 것이고,[97] 그 의사가 분명하지 않은 경우 그 규정이 단체협약에 포함되게 그 경위나 그 변천 과정과 교섭 당시의 노사실무위에서 오고간 대화 내용이나 합의과정 등을 참작하여 이를 합리적으로 해석[98]하여야 할 것이다.

3. 불리한 해석금지

단체협약은 구체적 상황에 따라 공평하고 객관적으로 해석되는 것이 마땅한 일이나 그것은 근로조

96) 대판 1996.9.20, 95다20454.

97) 서울행법원 2002.7.16, 2002구합4891.

98) 대판 1996.9.20, 95더20454.

건의 개선 등을 위하여 체결되는 것이므로 원칙적으로 단체협약의 명문의 규정을 근로자에게 불리하게 해석할 수는 없다.[99)]

Ⅳ. 노동위원회가 제시한 견해의 효력

1. 노동위원회 견해의 효력

노동위원회가 제시한 해석 또는 이행방법에 관한 견해는 중재재정과 동일한 효력을 가지며 위법 · 월권이 아닌 한 효력이 확정된다. 따라서 확정된 중재재정은 단체협약과 동일한 효력을 가지므로 당사자 쌍방이 이를 준수할 의무를 가지며, 제시된 견해에 대하여 파업 등의 실력행사로 이를 다툴 수 없다(제34조 3항).

2. 노동위원회의 견해가 위법 · 월권인 경우 불복절차

노동위원회의 견해가 위법이거나 월권에 의한 경우 의견서의 송달을 받은 날로부터 10일 이내에 중앙노동위원회에 그 재심을 신청할 수 있으며, 중앙노동위원회의 재심의견이 위법이거나 월권이라고 인정되는 경우 그 의견서와 송달을 받은 날로부터 15일 이내에 행정소송을 제기할 수 있다.

3. 제시된 견해에 대한 해석과 이행방법

노동위원회가 제시한 견해에 대한 해석과 이행방법에 대해 의견의 불일치가 있는 경우, 견해를 제시한 해당 노동위원회에 다시 견해제시를 요청할 수 있고 그 견해는 중재재정으로서 효력을 갖는다.

Ⅴ. 결 론

현행 노조법에서는 노동쟁의의 개념이 "근로조건의 결정에 관한 주장의 불일치"라고 하여 이익분쟁은 노사가 쟁의행위로 해결하되 권리분쟁에 대해서는 조정의 대상에서 제외되었다. 따라서 권리분쟁, 특히 단체협약의 해석에 대하여는 사법적 구제를 통해서 해결하여야 하는데, 이는 비용, 시간 등에서 애로점이 많기 때문에 노조법상 단체협약의 해석에 관한 제도를 두고 있는 것이다. 다만, 이러한 제도를 보다 효율적으로 운용하기 위하여 노사 간의 협력적 관계설정이 우선되어야 하고 노동위원회의 중립성이 확보되어야만 할 것이다.

---

99) 대판 1987.4.14, 86다카306.

제 8 절 단체협약의 효력확장제도

Ⅰ. 서 설

단체협약은 협약당사자 및 그 구성원만을 구속하므로 비조합원과 제3자의 지위에 있는 사용자에게는 효력이 미치지 않는 것이 원칙이다. 따라서 비조합원에게만 적용되지 않는 결과가 발생하는데 이는 조직근로자와의 전반적인 노사관계에 있어 바람직하지 않은 결과를 초래하게 된다. 이에 노조법은 단체협약이 일정한 요건을 갖추는 경우 당해 협약과 직접 관련 없는 근로자나 사용자에 대하여도 그 효력이 확장될 수 있는 제도를 마련하고 있다. 이는 일정한 사업장 또는 지역에 있어서 근로조건에 관한 최저기준으로서 기능을 갖는다.

노조법은 제35조에서 '사업장단위의 효력확장제도'와 제36조에서 '지역단위 효력확장제도'를 규정하고 있다.

Ⅱ. 사업장단위의 효력확장제도

1. 의 의

노조법 제35조에서는 '하나의 사업장에 상시 사용되는 동종근로자 반수 이상이 하나의 단체협약의 적용을 받게 된 때에는 당해 사업 또는 사업장에 사용되는 다른 동종의 근로자에게도 당해 단체협약이 적용된다'고 하여 사업장단위의 효력확장제도를 규정하고 있다. 사업장단위의 효력확장제도는 강행규정이며, 단체협약에서 이의 적용을 배제하거나 제한하는 규정을 두어도 당연 무효라고 해야 할 것이다.

사업장단위의 효력확장제도의 취지가 협약 당사자인 노동조합을 보호하려는 규정인가 아니면 구속력 범위에 의하여 단체협약의 적용을 받지 못하는 비조합원 개인을 보호하려는 규정인가가 문제되나 사업장단위의 일반적 구속력은 주로 단체협약상의 기준으로 해당 기업의 근로조건을 통일함으로써 비조합원을 보호하려는 규정이라고 보아야 할 것이다.[100] 다만, 부수적으로는 비조합원의 우대를 저지하여 노동조합도 보호할 수 있다는 점도 배려한 규정이라는 견해가 있다.[101]

100) 김유성Ⅱ 194, 미조직 근로자 보호에 그 중점이 있다; 김형배 782, 조직 또는 비조직근로자들의 보호를 위해서 뿐만 아니라(근로자보호 측면) 사용자 사이의 공평하지 않은 경쟁을 막음으로써(공정한 경쟁확보 측면) 조직근로자에게 미치는 불이익을 제거하기 위한 것이다.

101) 임종률 159.

2. 요 건

(1) 의 의

노조법 제35조가 규정하고 있는 사업장단위의 효력확장제도의 요건은 성립요건일 뿐 아니라 존속요건이기도 하므로 도중에 요건이 상실되는 경우, 그때부터 협약의 효력은 확장되지 않는다고 할 것이다.

(2) 하나의 사업 또는 사업장

사업장이라 함은 동일한 장소에서 유기적인 조직으로 결합되어 작업이 계속적으로 행하여지는 곳을 의미한다.

하나의 기업이 수 개의 사업장으로 구성되어 있는 경우 각각의 사업장을 의미하는 것이다. 다만, 각 사업장이 근로환경의 특수성을 가지지 않는 경우에는 사업장 전체가 하나의 사업이 될 것이다.

(3) 상시 사용되는 근로자

상시 사용 여부는 객관적으로 판단하여야 하는데 근로자의 지위, 계약기간의 한정 여부 또는 근로계약상의 명칭 등에 구애됨이 없이 당해 사업장에서 사실상 계속적으로 사용되고 있으면 상시 사용되는 것이다.[102]

임시직 근로자인 경우에도 근로계약이 반복하여 갱신되어 사실상 상시 사용되고 있으면 상시 사용근로자에 해당된다.

(4) 동종의 근로자

'동종의 근로자'는 원칙적으로 단체협약의 적용대상을 기준으로 하여 결정된다. 사업장단위로 체결되는 단체협약의 적용범위가 특정되지 않은 경우 또는 협약조항이 모든 직종에 걸쳐서 공통적으로 적용되는 경우에는 직종의 구분 없이 사업장 내의 모든 근로자가 동종의 근로자라고 보아야 할 것[103]이다. 이에 대해 동종의 근로자는 노동조합 규약상 조합원 자격을 가지는 근로자라는 견해가 있다.[104]

그러나 90년대 중반 이후 판례는 '동종의 근로자'라 함은 당해 단체협약의 규정에 의하여 그 협약의 적용이 예상되는 자를 가리키며, 단체협약의 규정에 의하여 조합원의 자격이 없는 자는 단체협약의 적용이 예상된다고 할 수 없어 단체협약의 적용을 받지 아니한다고 판시하고 있다.[105] 이에 대해 단체협약의 효력확장제도가 강행규정임에도 불구하고 판례에 따르면 노동조합의 의사 여하에 따라 효력확장제도의 범위가 달라질 가능성이 있다는 비판이 있다.[106]

(5) 반수 이상의 근로자

반수 이상의 근로자를 확정하기 위해서는 그 전제가 되는 상시 사용되는 동종의 근로자 수를 확정함으로써 산출할 수 있으며 비조합원의 신규채용, 조합원의 탈퇴 등으로 반수 이상의 요건을 충족하지 못할 때에는 단체협약의 일반적 구속력은 당연히 종료된다.

(6) 하나의 단체협약의 적용을 받게 된 때

여기서 단체협약은 노조법 제31조의 요건을 갖춘 단체협약을 말하며 하나의 단체협약의 적용을 받는 자에는 사실상 당해 단체협약과 동일한 근로조건으로 근로하는 자가 기준이 아니라 당해 단체협약의

102) 대판 1992.12. 2, 92누13189.
103) 김유성Ⅱ 195; 대판 1992.12.22, 92누13189.
104) 임종률 161.
105) 대판 2004.5.14, 2000다23192.
106) 정인섭, "단체협약의 효력 확장과 '동종의 근로자'", 「노동법률」, 2004년 6월호.

적용대상이 되는 자만을 기준으로 해야 할 것이다.

4. 효 과

(1) 확장적용되는 부분

요건을 갖춘 단체협약은 다른 동종의 근로자에 대해서도 당연히 자동적으로 적용된다. 여기서 확장적용되는 범위는 단체협약 중 규범적 부분에 한정된다.

(2) '유리조건 우선의 원칙'의 적용 여부

단체협약의 효력확장에서 규범적 부분이 미조직 · 비조합원에게 적용되는 경우 유리의 원칙이 적용되는지 문제된다.

i) 단체협약의 규범적 효력에 대하여 유리의 원칙을 인정하는 입장에서는 효력확장적용의 경우에도 이를 인정하는 입장이고, ii) 유리의 원칙이 적용되지 않는다는 입장에서는 단체협약은 조합원뿐 아니라 비조합원에 대하여도 유리의 원칙이 적용되지 않아 이것이 효력확장에도 적용되지 않는다는 입장이다. iii) 사업장 단위의 효력확장제도는 소수근로자보호를 위한 제도라는 점을 고려할 때, 유리의 조건 우선원칙이 적용된다고 할 것이다. 확장되는 단체협약상의 근로조건은 최저기준으로 작용한다고 보아야 하며, 이 점에서 노조법 제33조에서 규정하고 있는 규범적 효력은 일정한 제한을 받는다고 할 것이다.

(3) 확장적용의 종료

효력확장의 요건은 성립요건이면서 동시에 존속요건이므로 효력확장의 요건을 상실시키는 사유가 발생하면 확장은 종료된다. 또한 확장적용된 단체협약이 유효기간 만료 등의 사유로 인하여 종료되는 경우에도 확장의 효력은 소멸된다.

[관련판례] 단체협약의 효력확장제도[일반적 구속력]

1. 단체협약의 일반적 구속력의 '동종근로자' ①

경비원은 감시적, 단속적 근로에 종사하는 자이어서 단체협약의 적용을 받는 생산직 근로자와 그 작업내용이나 형태가 같다거나 비슷하다고 볼 수 없어, 회사의 단체협약이 적용되는 근로자와 동종의 근로자라고는 할 수 없다(대판 1995.12.22. 95다39618)

노동조합법 제37조(현행 노조법 제35조)의 규정에 따라 단체협약의 적용을 받게 되는 동종의 근로자라 함은 당해 단체협약의 규정에 의하여 그 협약의 적용이 예상되는 자를 가리킨다고 할 것이다(1987.4.28, 대법 86다카 2507 참조). 원심이, 원고는 감시적, 단속적 근로에 종사하는 자이어서 이 사건 단체협약의 적용을 받는 생산직 근로자와 그 **작업 내용이나 형태가 같다거나 비슷하다고 볼 수 없어** 원고를 피고 회사의 **단체협약이 적용되는 근로자와 동종의 근로자라고는 할 수 없다**고 판단하였음은 당원의 견해를 따른 것으로 정당하며, 원심이 거시 증거에 의하여, 피고 회사의 단체협약에는 총무부, 관리부, 기획실(MIS), 업무부 등의 부서 직원은 조합원 자격이 없고, 이를 회사와 조합(즉 조합원)에 적용하는 것으로 명백히 규정(위 단체협약 제3조, 제4조)하고 있는 사실을 인정한 다음, 위 단체협약의 적용범위가 특정되지 않았고, 위 단체협약의 내용이 경비원을 포함한 모든 직종에 걸쳐서 적용되는 것으로 볼 수 없다고 판단한 것도 정당한 것으로 인정되고, 노동조합법 제37조 소정의 동종의 근로자에 관한 법리를 오해하였거나, 채증법칙을 위배하여 사실을 잘못 인정한 위법이 있다고 할 수 없다.

2. 단체협약의 일반적 구속력의 '동종근로자' ②

단체협약의 적용을 받게 되는 '동종근로자'에는 직종의 구분 없이 사업장 내의 모든 근로자가 해당(대판 1999.12.10, 99두6927 [엘지전자사건])

[1] 노동조합 및 노동관계조정법 제35조의 규정에 따라 단체협약의 적용을 받게 되는 '동종의 근로자'라 함은 당해 단체협약의 규정에 의하여 그 협약의 적용이 예상되는 자를 가리키는바, 사업장 단위로 체결되는 단체협약의 적용 범위가 특정되지 않았거나 협약 조항이 모든 직종에 걸쳐서 공통적으로 적용되는 경우에는 직종의 구분 없이 사업장 내의 모든 근로자가 동종의 근로자에 해당된다.

[2] 단체협약 규정상 사용자에 해당하지 않는 한 기능직 · 일반직 등 직종의 구분 없이 사업장 내의 모든 근로자가 노동조합의 조합원으로 가입하여 단체협약의 적용을 받을 수 있도록 되어 있다면 일반직 근로자도 기능직 근로자와 함께 노동조합 및 동관계조정법 제35조에서 말하는 '동종의 근로자'에 해당한다고 할 것이고, 조합원수가 상시 사용되는 근로자 과반수에 해당하였던 이상, 실제로 노동조합에 가입한 여부에 관계없이 일반직 근로자에 대하여도 단체협약이 적용된다.

3. 단체협약의 일반적 구속력의 '동종근로자' ③

단체협약의 규정에 의하여 조합원의 자격이 없는 자는 단체협약의 적용이 예상된다고 할 수 없어 단체협약의 적용을 받지 아니한다(대판 2003.12.26, 2001두10264 [대우자판사건])

노동조합 및 노동관계조정법 제35조의 규정에 따라 단체협약의 일반적 구속력으로서 그 적용을 받게 되는 '동종의 근로자'라 함은 당해 단체협약의 규정에 의하여 그 협약의 적용이 예상되는 자를 가리키며, 단체협약의 규정에 의하여 조합원의 자격이 없는 자는 단체협약의 적용이 예상된다고 할 수 없어 단체협약의 적용을 받지 아니한다.

Ⅲ. 지역단위의 효력확장제도

1. 의 의

지역단위의 효력확장제도는 일정한 지역에서 지배적인 단체협약을 협약당사자의 구성원이 아닌 자에 대하여 확장하는 제도로 노조법 제36조에서 이를 규정(하나의 지역에 있어서 종업하는 동종의 근로자 3분의 2 이상이 하나의 단체협약의 적용을 받게 된 때에는 행정관청은 당해 단체협약의 당사자의 쌍방 또는 일방의 신청에 의하거나 그 직권으로 노동위원회의 의결을 얻어 당해 지역에서 종업하는 다른 동종의 근로자와 그 사용자에 대하여도 당해 단체협약을 적용한다는 결정을 할 수 있고 이 결정을 한 때에는 지체없이 이를 공고하여야 한다)하고 있다.

지역단위의 효력확장제도는 ⅰ) 소수근로자의 보호, ⅱ) 일정지역에서의 최저근로조건실정으로 낮은 근로조건의 근로자 사용을 저지하여 단체교섭의 실효성 및 노동조합의 조직력을 확보, ⅲ) 사용자간의 부당 경쟁을 방지, ⅳ) 공공의 입장에서 근로조건을 둘러싼 불필요한 사회적 경쟁을 방지하는 기능을 수행한다.[107)]

2. 요 건

(1) 실질적 요건

1) 하나의 지역　　'하나의 지역' 여부를 결정하는 데에는 당해 협약의 대상이 되는 산업의

107) 김유성Ⅱ 198.

동질성, 경제적 · 지리적 · 사회적 입지조건의 근접성, 기업의 배치상황 등 노사의 경제적 기초의 동일성 내지 유사성이 고려되어야 할 것이고, 행정구역과 일치될 필요는 없다.

2) 동종의 근로자의 3분의 2 이상의 근로자 사업장단위의 효력확장제도와는 달리 상시성을 요건으로 하지 않으며, 확장적용 여부의 기준이 되는 비율도 가중되어 있다. 동종의 근로자란 근로의 내용 및 형태뿐 아니라 단체협약을 체결한 노동조합의 유형을 고려한 것이다.

직종별 조합일 경우에는 동일직종에 따라 산업별 조합이나 기업별 조합인 경우에는 동일산업이나 기업에 따라 직종에 관계없이 동종의 근로자에 포함된다. 또한 2/3의 요건은 동종의 근로자의 수를 전제로 파악해야 한다.

3) 하나의 단체협약의 적용을 받게 된 때 이 제도가 상정하고 있는 협약형태는 초기업적 협약이며, 따라서 기업별 협약이 지배적인 우리현실에서 이 제도가 적용될 수 있는 경우는 매우 한정적이라 할 것이다.

(2) 절차적 요건

사업장단위의 효력확장제도와는 달리 ⅰ) 단체협약 당사자의 쌍방 또는 일방의 신청에 의하거나 행정관청의 직권으로 노동위원회의 의결을 얻어 ⅱ) 행정관청이 확장적용을 결정하고 이를 공고하여야 한다. 이와 관련하여 노동위원회의 확장적용 의결시 당해 단체협약내용을 수정할 수 있는지에 대해 견해대립[108]이 있으나, 명문규정이 없기 때문에 수정할 수 없다고 할 것이다.

3. 효 과

(1) 확장적용되는 부분

지역단위의 효력확장효과는 사업장단위의 효력확장제도에서와 동일하게 단체협약의 규범적 부분만 확장적용된다. 효력확장의 구속력범위에 있어 당해 지역에서 종업하는 다른 동종근로자뿐 아니라 그 사용자에 대하여도 그 효력이 미친다는 점에서 차이가 있다.

(2) 유리한 조건 우선의 원칙

유리한 조건 우선의 원칙이 적용된다. 왜냐하면 이때의 단체협약은 당해 지역에서의 최저기준을 설정하는 의미를 가지기 때문이다.

(3) 소수조합에 대한 확장적용문제

헌법 제33조 제1항은 근로자의 자주적인 단결권뿐 아니라 단체교섭권과 단체행동권을 보장하고 있으므로, 교섭권한을 위임하거나 협약체결에 관여하지 아니한 협약외의 노동조합이 독자적으로 단체교섭권을 행사하여 이미 별도의 단체협약을 체결한 경우에는 그 협약이 유효하게 존속하고 있는 한 지역적 구속력 결정의 효력은 그 노동조합이나 그 구성원인 근로자에게는 미치지 않는다. 또 협약 외의 노동조합이 위와 같이 별도로 체결하여 적용받고 있는 단체협약의 갱신체결이나 보다 나은 근로조건을 얻기 위한 단체교섭이나 단체행동을 하는 것 자체를 금지하거나 제한할 수는 없다고 보아야 할 것이다.[109]

(4) 확장적용의 대상이 된 단체협약의 변경, 종료

확장적용결정이 이루어진 단체협약이 변경, 유효기간 만료 등으로 소멸한 경우는 그때부터 효력확

108) 노동위원회가 협약내용을 수정하여 의결할 수 있다는 견해(이병태 266); 수정하여 의결할 수 없다는 견해(김유성Ⅱ 201).

109) 대판 1993.12.21, 92도2247; 임종률 166; 김유성Ⅱ 202.

장결정의 효력도 종료된다.

(5) 협약당사자 이외의 자의 이의 청구

협약당사자 이외의 자는 행정관청의 확장적용결정에 의해 근로조건에 직접적인 영향을 받기 때문에 확장적용의 미비를 이유로 한 이의 신청은 인정하여야 할 것[110]이다.

(6) 확장적용결정 위반의 효과

지역적 구속력 결정을 위반한 자, 즉 행정관청의 결정에 의해 확장적용되는 단체협약에 위반한 자에 대해서 노조법 제92조 제1호 위반의 벌칙이 적용된다는 견해[111]가 있었으나, 현행 노조법은 '제31조 제1항의 규정에 의하여 체결된 단체협약의 내용'에 위반한 경우만 처벌대상으로 하고 있는 점에서 인정되기 어려울 것이다.

Ⅳ. 결 론

단체협약의 효력확장제도는 소수근로자 보호를 통한 생존권확보와 사용자의 불공정한 경쟁을 방지하고자 인정되는 것이다. 그러나 효력확장제도의 해석과 적용에 있어 소수근로자 또는 소수노조의 근로3권을 침해하는 결과를 초래하여서는 안 될 것이므로 효력확장제도의 유연한 해석과 적용이 요구된다. 그리고 초기업 단위 노사관계를 고려하여 지역단위 효력확장제도가 더욱 활성화될 수 있도록 많은 논의가 필요하다.

[관련판례] 단체협약의 효력확징제도[지역적 구속력](대핀 1993.12.21, 92도2247)

헌법 제33조 제1항은 근로자는 근로조건의 향상을 위하여 자주적인 단결권, 단체교섭권 및 단체행동권을 가진다고 규정하여 근로자의 자주적인 단결권뿐 아니라 단체교섭권과 단체행동권을 보장하고 있으므로, 노동조합법 제38조가 규정하는 지역적 구속력제도의 목적을 어떠한 것으로 파악하건 적어도 교섭권한을 위임하거나 협약체결에 관여하지 아니한 **협약 외의 노동조합**이 독자적으로 단체교섭권을 행사하여 **이미 별도의 단체협약을 체결한 경우**에는 그 협약이 유효하게 존속하고 있는 한 **지역적 구속력 결정의 효력**은 그 노동조합이나 그 구성원인 근로자에게는 **미치지 않는다고 해석**하여야 할 것이고, 또 협약 외의 노동조합이 위와 같이 별도로 체결하여 적용받고 있는 **단체협약의 갱신체결**이나 보다 나은 근로조건을 얻기 위한 **단체교섭이나 단체행동을 하는 것 자체를 금지하거나 제한할 수는 없다**고 보아야 할 것이다.

110) 김유성Ⅱ 202.
111) 김유성Ⅱ 203.

제 9 절 단체협약의 종료 및 종료 후의 근로관계

Ⅰ. 서 설

단체협약이 일정한 사실의 발생 등에 의해 효력을 상실하는 것을 단협의 종료라고 말한다. 유효기간의 만료, 협약의 취소 · 해제, 당사자의 변동, 목적의 달성 등의 경우에 발생한다. 일반적으로 단체협약이 종료하면 다른 협약이 체결되기까지 기존 협약의 권리 · 의무는 소멸되고, 협약당사자는 이러한 무협약 상태를 피하기 위해 유효기간 만료 전에 단체교섭을 진행하여 신협약을 체결한다.

그러나 신협약을 체결하기 위한 노력을 다했음에도 불구하고 무협약 상태가 발생한 경우 그 기간 동안의 개별조합원의 근로조건 및 협약당사자 간의 관계를 어떻게 규율할 것인가의 문제가 발생한다.

Ⅱ. 단체협약의 종료사유

1. 기간의 만료

(1) 단체협약의 유효기간

단체협약에는 2년을 초과하는 유효기간을 정할 수 없고, 2년을 초과하는 유효기간을 정한 경우 또는 유효기간을 정하지 않은 경우에는 그 유효기간은 2년이다. 이는 장기간에 걸친 단체협약이 경제 · 사회적 환경이나 노사관계의 세력변화에 유연하게 대처하지 못해 오히려 노사안전과 평화를 해칠 수 있음을 고려한 것이다.

그러나 협약개정을 위한 잦은 교섭 및 노사관계의 불안정을 초래할 우려가 있으며 산별 노조 및 초기업단위 교섭의 진전 등을 고려할 때 상대적으로 장기간 규범적 역할을 하여야 하는 산별 협약을 2년 범위 안에서 한정하는 것은 바람직하지 않을 수 있다.[112)]

(2) 자동연장조항

단체협약의 유효기간이 경과한 후에도 새로운 단체협약이 체결되지 아니한 때에는 새로운 단체협약이 체결될 때까지 종전 단체협약의 효력을 존속시키는 취지의 별도 약정이 있는 경우에는 이에 따른다고 규정하고 있다(제32조 제3항 단서).

그러나 이러한 별도의 약정이 없는 경우 종전의 단체협약은 법률의 규정(제32조 제3항 전단)에 의해 그 효력의 만료일로부터 3개월 동안 계속 효력을 갖게 된다. 한편, 자동연장조항에 의해 단체협약이 존속하는 경우, 당사자 일방은 해지하고자 하는 날의 6월 전까지 상대방에게 통고함으로써 종전의 단체협

112) 노동부, 「노사관계법 · 제도 선진화방안」, 2003.11.

약을 해지할 수 있다.

(3) **자동갱신조항**

협약 만료일 이전의 일정기간 내에 당사자가 협약개폐에 대한 의사표시를 하지 않을 경우 기존 협약과 동일한 내용의 신 협약이 체결된 것으로 한다는 취지의 조항을 말한다. 자동갱신된 협약은 엄격한 의미에서 기존 협약의 연장이 아니라 새롭게 체결된 것이므로 노조법 제32조 제3항 소정의 기간제한을 받지 않는다.[113] 또한 자동갱신조항에서 신협약의 유효기간을 정하고 있지 않은 경우 갱신된 협약의 유효기간은 기존 협약의 그것과 동일하다고 할 것이다. 다만, 갱신된 협약의 유효기간이 제32조 제3항 소정의 최장유효기간 제한 규정에 적용되고 갱신기간을 정하지 않은 때에는 2년으로 된다는 견해가 있다.[114]

2. 단체협약의 취소, 해지

(1) **단체협약의 취소**

단체협약의 유효한 성립은 당사자의 합의를 전제로 하는 까닭에 원칙적으로 민법상의 의사표시에 관한 규정이 적용될 것이다. 따라서 비진의의사표시나 통정허위의사표시에 의해 성립한 협약은 무효이고, 협약의 중요부분에 착오가 있거나 사기, 강박에 의한 협약은 취소할 수 있다.

그러나 단체협약의 취소는 단체교섭과 단체협약의 특수성을 고려하여 단체교섭이나 쟁의행위가 그 성질상 어느 정도의 집단적 위력을 배경으로 이루어지는 점을 감안해야 하며, 취소한 경우에도 그 효력은 장래에 대해서만 미친다고 볼 것이다.

(2) **단체협약의 해지**

노조법은 자동연장조항이 있는 경우에는 당사자 일방은 해지하고자 하는 날의 6월 전까지 상대방에게 통고함으로써 종전의 단체협약을 해지할 수 있다고 규정하고 있다. 노조법에서 인정하는 이외의 민법상 해지(민법 제544조)는 단체협약의 특수성을 고려하여 경미한 위반의 경우에는 적용할 수 없으나 단체협약의 존재의의를 상실시킬 만한 중대한 행위인 경우, 사회적 · 경제적 환경에 중대한 변화를 가져올 경우 사정변경의 원칙 혹은 단체협약의 유효기간 중에 합의에 의하여 적용할 수 있다.

3. 협약당사자의 변동

(1) **사용자 측의 변동**

단체협약은 당사자인 회사가 해산하면 청산기간 중 그대로 존속하지만 그 청산의 종료시에 실효되고, 조직변경의 경우 회사의 동일성이 인정되는 한, 단체협약은 그대로 존속한다. 기타 합병, 영업양도는 사업의 동일성이 있는 한 단체협약이 양수인에게 승계된다.

(2) **노동조합 측의 변동**

노조가 청산절차가 종료한 경우 단체협약 당사자의 실체가 없어지므로 단체협약은 당연히 실효된다. 조직변경을 하는 경우, 실질적 동일성이 인정되는 한 단체협약은 그대로 존속된다.

---

113) 김유성Ⅱ 205.
114) 임종률 168.

Ⅲ. 단체협약 종료 후의 근로관계

1. 단체협약의 종료와 개별조합원의 근로조건

(1) 의 의

단체협약 종료 후의 근로관계는 협약의 기간만료 후 무협약 상태가 된다. 조합원이 협약의 유효기간 중 노조를 탈퇴하거나 제명된 경우 또는 단체협약의 효력확장에 의해 협약상의 규율을 받던 비조합원이 효력확장요건의 흠결로 그 적용을 받지 못하는 경우에도 개별조합원의 근로조건 기타 근로자의 대우가 어떤 기준에 의해 규율되는지의 문제가 발생한다.

(2) 규범적 부분(근로조건의 존속 여부)

협약의 소멸은 반대의 의사가 없는 한, 단체적 의사의 소멸을 의미하기 때문에 협약의 여후효를 인정할 수 없다는 여후효부정설은 협약의 실효 후에는 근기법, 취업규칙, 근로계약 등이 새롭게 근로관계를 규제한다고 본다. 이에 대해 단체협약이 소멸하여도 신단체협약이 체결되기 전까지는 노사 간의 법적 확신에 의하여 구 단체협약의 규범적 부분이 개별적 근로관계에 지속적으로 적용된다는 여후효긍정설이 있다.[115]

일반적으로 "협약 자체의 효력의 존속"에 대해서는 부정하지만 협약종료 후에도 종래의 협약의 기준이 이미 개개의 근로계약의 내용으로 화체되어 존속하고 있기 때문에 협약의 효력을 인정하는 화체설에 따른다. 판례도 기존 협약의 규범적 부분은 개별적인 근로자의 근로계약의 내용으로서 여전히 남아 있어 사용자와 근로자를 규율한다고 판시[116]하고 있다.

단체협약 내의 근로조건 기타 근로자의 대우에 관한 부분은 협약의 발효와 더불어 개별적 근로관계의 내용이 되므로 그 협약이 실효하더라도 개별적 근로관계의 내용으로 화체된 부분은 여전히 존속하게 된다고 봄이 타당하다.[117]

(3) 근로조건의 개별적 변경 여부

협약의 실효사유가 노조의 탈퇴, 협약의 효력확장요건의 흠결 등일 때는 단체교섭권의 침해가 문제될 여지가 없으므로 개별적 합의에 의해 기준을 변경할 수 있지만 협약유효기간의 만료로 인한 경우에는 헌법상 단체교섭권의 보장취지에서 개별교섭금지의 원칙, 근로조건의 일방적 변경금지의 원칙 등을 고려할 때 개별적 변경합의는 불가능하다는 견해가 있다.[118] 이에 대해 새로운 근로계약이나 단체협약을 체결하여 단체협약 실효 전의 근로조건을 변경할 수 있다는 견해가 있다.[119]

2. 단체협약의 종료와 협약당사자의 권리 · 의무

사용자와 노조 간의 권리 · 의무는 협약의 실효와 함께 원칙적으로 종료한다. 따라서 평화의무나 조합활동조항 등은 협약의 종료와 함께 효력을 상실한다. 그러나 채무적 부분 전체가 일률적으로 실효된다고 볼 것은 아니고 당해 조항의 성질 및 내용에 따라 개별적 · 구체적으로 판단해야 할 것이다. 특히, 사용자의 편의제공 등의 경우는 여러 사정을 고려하여 판단하여야 할 것이다.[120]

---

115) 김형배 800, 각주 3) 참고.
116) 대판 2000.6.9, 98다13747.
117) 임종률 171; 김형배 800.
118) 김유성Ⅱ 208.
119) 임종률 171.

판례는 노조전임제의 근거규정인 단체협약이 유효기간의 만료로 인하여 효력을 상실한 경우, 원직 복귀명령에 불응한 노조전임자를 해고한 것이 부당노동행위에 해당하지 않는다고 하여, 채무적 부분은 단체협약의 유효기간 만료로 인하여 실효한다는 입장[121]이다.

Ⅳ. 결 론

단체협약이 종료한다 하더라도 개별조합원의 근로조건 기타 근로자의 대우에 관한 사항은 원칙적으로 영향을 받지 않는다. 그리고 협약당사자 간의 권리 · 의무에 관한 사항 역시 그 효력의 지속을 일률적으로 부정하기보다는 단체협약의 기능과 노사관계질서의 유지 및 노사자치주의라는 집단적 노사관계법의 기본이념에 입각한 유연한 해석이 필요하다.

[관련판례] 단체협약 종료 및 종료 후의 근로관계

1. 단체협약의 유효기간과 자동연장(갱신)협정(대판 1993.2.9, 92다27102)

[1] 노동조합법이 **단체협약의 유효기간을 제한하는 규정**을 둔 것은 이를 너무 길게 하면 변동하는 산업사회의 사회적, 경제적 여건의 변화에 적응하지 못하여 당사자를 부당하게 구속하는 결과가 되고 그렇게 되면 단체협약에 의하여 적절한 근로조건을 유지하고 노사관계의 안정을 도모하고자 하는 목적에도 어긋나게 되므로 그 **유효기간을 일정한 범위로 제한**하여 **단체협약의 내용을 시의에 맞고 구체적 타당성 있게 조정**해 나가도록 하자는 데 뜻이 있다.

[2] 당사자가 **단체협약 만료시**에 협약의 **연장이나 갱신협정을 체결하는 것**은 종전 단체협약과 같은 내용의 단체협약을 다시 체결하는 것과 같은 것으로서 **당연히 유효**하고, 단체협약의 만료시 일정한 기간 내에 협약의 개정이나 폐기의 통고가 없으면 **자동갱신되는 것으로 미리 규정하는 것**도 당사자의 유효기간 만료 후의 단체협약체결권을 미리 제한하거나 박탈하는 것이 아니므로 유효하고, 다만 그 새로운 유효기간은 같은 법 제35조 제1, 2항의 제한을 받는다.

2. 단체협약 종료와 협약당사자의 권리와 의무(대판 1997.6.13, 96누17738)

단체협약이 유효기간의 만료로 효력이 상실되었고, 단체협약상의 **노조대표의 전임규정**이 새로운 단체협약 체결시까지 효력을 지속시키기로 약정한 **규범적 부분도 아닌 경우**, 그 단체협약에 따라 노동조합 업무만을 전담하던 **노조전임자는 사용자의 원직 복귀명령에 응하여야 할 것**이므로 그 원직 복귀명령에 불응한 행위는 취업규칙 소정의 해고사유에 해당하고, 따라서 사용자가 원직 복귀명령에 불응한 노조전임자를 해고한 것은 정당한 인사권의 행사로서 그 해고사유가 표면적인 구실에 불과하여 징계권 남용에 의한 부당노동행위에 해당하지 않는다.

3. 단체협약의 종료와 개별조합원의 근로조건 ②(대판 2007.12.27, 2007다51758)

단체협약이 실효되었다고 하더라도 임금, 퇴직금이나 노동시간, 그 밖에 **개별적인 노동조건에 관한 부분**은 그 단체협약의 적용을 받고 있던 근로자의 **근로계약의 내용이 되어** 그것을 변경하는 새로운 단체협약, 취업규칙이 체결 · 작성되거나 또는 개별적인 근로자의 동의를 얻지 아니하는 한 개별적인 근로자의 근로계약의 내용으로서 여전히 남아 있어 사용자와 **근로자를 규율**하게 되는데, **단체협약 중 해고사유 및 해고의 절차에 관한 부분**에 대하여도 이와

---

120) 김유성Ⅱ 211.
121) 대판 1997.6.13, 96누17738.

같은 법리가 그대로 적용된다.

4. 단체협약 중 재계약 내지 계약 갱신 관련 규정의 효력(대판 2011.7.28. 2009두2665)

단체협약이 실효되었다고 하더라도 임금, 퇴직금이나 노동시간, 그 밖에 개별적인 노동조건에 관한 부분은 단체협약의 적용을 받고 있던 근로자의 근로계약 내용이 되어 그것을 변경하는 새로운 단체협약, 취업규칙이 체결·작성되거나 또는 개별적인 근로자 동의가 없는 한 여전히 사용자와 근로자를 규율하게 되고, **단체협약 중 재계약 내지 계약 갱신의 요건 및 절차**에 관한 부분도 그러하다.

Key Word

⇨ 단체협약, 규범적 효력, 채무적 효력, 일반적 구속력, 단체협약 유효기간, 여후효

기출문제

(1) 평화의무 (3회, 91년, 25점)

(2) 단체협약의 규범적 부분과 그 효력에 대하여 논하라. (4회, 93년, 50점)

(3) 단체협약의 내용과 효력을 설명하시오. (8회, 99년, 50점)

(4) 단체협약의 유효기간과 종료 후의 근로계약 (10회, 01년, 25점)

(5) 단체협약의 효력확장 (15회, 06년, 25점)

연습문제

(1) 단체협약 위반의 효과에 대하여 약술하시오.

(2) 단체협약의 불이익변경에 대하여 약술하시오.

제4장 조 정

제1절 노동쟁의조정제도

Ⅰ. 서 설

노조법은 노동조합과 사용자 간에 단체교섭을 하였음에도 임금 · 근로시간 등의 근로조건의 결정에 관한 주장의 불일치로 인해 더 이상 자주적 교섭에 의한 합의의 여지가 없을 때를 '노동쟁의'라 정의하고(제2조 제5호), 노동쟁의가 발생한 때에는 노동관계 당사자는 노동위원회에 조정(調整)절차를 신청하여 조정을 받을 수 있는데, 이러한 조정절차를 거치지 아니하면 쟁의행위를 할 수 없다(제45조)고 규정하고 있다. 위 규정에 근거하여 쟁의행위 이전에 노동위원회 등에 의해 조정절차를 거치도록 하는 것을 조정전치주의라고 한다.

현행 노조법 이전에는 (구)노동쟁의 조정법상의 노동쟁의 발생 신고와 냉각기간을 규정하고 있었다. 냉각기간의 취지는 그 기간 동안 쟁의행위를 자제하고 다른 해결방법을 모색하도록 하는데 있었지만, 실제로는 쟁의행위를 억제하기 위한 수단으로 활용되어 왔던 것이 사실이다. 현행 노조법은 냉각기간제도가 쟁의행위를 제한하는 데 남용된다는 비판을 감안하여 노동쟁의 신고의무와 냉각기간 규정을 폐지하는 대신 조정전치주의와 조정기간 동안의 쟁의행위금지를 명시한 것이다.

일반적으로 조정전치주의의 취지는 일정한 기간 동안 당사자로 하여금 쟁의행위를 자제하게 함으로써 원만한 분쟁해결노력을 촉구하고, 조정절차의 실효성을 확보하기 위한 것으로 해석되고 있다.[1)]

1) 김유성Ⅱ 244.

Ⅱ. 조정의 대상

1. 노동쟁의의 개념

노조법은 조정(調整)의 대상을 '노동쟁의'라 하면서, 노동쟁의란 "노동조합과 사용자 또는 사용자 단체 간에 임금 · 근로시간 · 복지 · 해고 기타 대우 등 근로조건의 결정에 관한 주장의 불일치로 인하여 발생한 분쟁상태를 말한다"고 규정하고 있다(제2조 제5호 전문).

'주장의 불일치'란 "당사자 간에 합의를 위한 노력을 계속하여도 더 이상 자주적 교섭에 의한 합의의 여지가 없는 경우"이고, '분쟁상태'란 쟁의행위가 발생할 우려가 있는 상태 또는 쟁의행위가 발생한 상태(긴급조정은 쟁의행위가 발생한 상태를 대상으로 함)를 말한다(제2조 제5호 후문).

2. (구)노동쟁의조정법상 노동쟁의

(구)노동쟁의조정법은 노동쟁의를 '근로조건에 관한 노동관계당사자 간의 주장의 불일치로 인한 분쟁 상태'라고 규정하여, 판례는 근로조건의 결정에 관한 이익분쟁뿐만 아니라 권리분쟁도 포함된다는 입장이었다.[2] 이러한 판례는 권리분쟁 등이 노동쟁의의 대상이 되어 공익사업의 직권중재 대상이 된다고 판단하기 위한 것이었다. 즉, 직권중재제도를 위반하는 공익사업의 쟁의행위에 대해 형사책임을 지우기 위한 의도를 가진 것이었다.

또한 판례는 노동쟁의를 근로조건만 해당되므로, 노조전임제는 중재의 대상(노동쟁의)가 아니라는 입장을 제시한다. 이는 노동위원회의 중재재정에 노조전임제를 포함하고 있는 경우 위법 · 무효라고 판단하기 위한 목적을 가지고 있다. 이로써 사용자는 직권중재를 통해 노조전임제를 설정하는 부담을 피할 수 있게 되었다.[3][4]

3. 현행 노조법 제2조 제5호의 해석

노조법이 1997년 전면개정되면서 제2조 제5호는 노동쟁의의 개념에 '근로조건의 결정'에 관한 분쟁이라고 규정함으로써 종전법보다 그 의미를 축소하였다. 현행법에 '결정'이라는 문구를 삽입하여 노동쟁의를 이익분쟁으로 한정하고, 권리분쟁은 조정 · 중재의 대상에서 제외하였다고 볼 수 있다.[5] 한편으로 노조법 규정의 개정 의도는 중재대상의 축소뿐만 아니라 쟁의행위의 대상, 단체교섭의 대상을 축소하고자하는 의도가 있다고 할 수 있다. 이로 인해 법원의 판례와 노동부 행정해석에서는 근로조건의 결정, 의무적 교섭대상, 쟁의행위 대상, 노동쟁의의 대상을 동일한 것으로 해석하고 있다.

그러나 학계에서는 일반적으로 노동쟁의의 개념은 조정 · 중재의 대상범위를 결정하는 것이므로 단체교섭의 대상이나 정당한 쟁의행위의 목적과는 그 판단기준이 다르다고 보고 있다.[6]

---

2) 대판 1990.5.15, 90도357; 대판 1990.9.28, 90도602.

3) 김홍영, "노동위원회의 노동쟁의조정대상의 확대", 「노동법연구」, 서울대노동법연구회, 2005.

4) 현행 노조법 제2조 제5호에서 노동쟁의는 '근로조건'의 결정으로 규정되어 있다. 여기서 '근로조건'은 노동쟁의의 대상을 한정한 것이고 노동조합 전임자나 근무시간 중의 노조활동 등 근로조건 이외의 사항에 관한 분쟁은 노동쟁의가 아니라는 견해가 있다(김유성Ⅱ 220, 403). 그러나 법문상의 '근로조건'은 예시적인 것이며 집단적 노동관계는 근로조건과 불가분의 관계에 있기 때문에 단체교섭의 대상이므로 집단적 노동관계에 관한 분쟁도 노동쟁의가 된다고 보아야 할 것이다(임종률 175).

5) 임종률 174.

6) 임종률 176; 단체교섭의 대상은 헌법상 보장된 단체교섭권의 내재적 한계로서 단체교섭권의 해석에 의하여 획

Ⅲ. 조정전치주의

1. 공적 조정에서 조정전치

(1) 절　　차

노조법에서는 조정 · 중재 · 공익사업에서의 조정 · 중재를 공적기관인 노동위원회를 통해 받을 수 있도록 하고 있다(제5장 제2절 내지 제5절). 노동관계 당사자가 사적 조정절차에 대해 단체협약상의 규정이나 별도의 합의가 없는 경우와 노조법에 의해 조정을 받기로 한 때에 공적 조정서비스를 받을 수 있다. 따라서 이 경우에도 노조법에 따른 공적 조정인 조정 · 중재를 거쳐 쟁의행위를 할 수 있다.

(2) 조정기간

조정의 경우 관계당사자의 일방이 조정의 신청이 있는 날로부터 일반사업에 있어서는 10일, 공익사업에 있어서는 15일, 중재의 경우 노동쟁의가 중재에 회부된 때에는 그날로부터 15일이 경과한 후에 쟁의행위를 할 수 있다. 이 경우에도 조정 · 중재가 성사되지 아니하더라도 기간이 경과하면 쟁의행위를 할 수 있다(제54조).

2. 사적 조정에서 조정전치

(1) 절　　차

노조법에서는 노사자치주의에 부합하는 사적 조정제도를 원칙적으로 공적 조정에 우선하여 적용하도록 하고 있다(제52조). 이 경우에도 조정전치주의가 적용되어 관계당사자 쌍방의 합의 또는 단체협약에 의해 설정된 조정 · 중재절차를 거친 후 쟁의행위를 할 수 있다.

(2) 조정기간

사적조정은 조정을 개시한 날부터 일반사업에 있어서는 10일, 공익사업에 있어서는 15일, 중재를 개시한 날부터 15일이 경과되어야 쟁의행위를 할 수 있다. 조정절차가 성사되지 아니하더라도 위의 기간이 경과하면 쟁의행위를 할 수 있다(제52조).

3. 조정기간의 경과

판례는 노동조합이 노동위원회에 노동쟁의 조정신청을 하여 조정절차를 마쳤거나 조정이 종료되지 아니한 채 조정기간이 경과하면 노동조합은 쟁의행위를 할 수 있다는 입장이다.[7] 즉 노동위원회가 반드시 조정결정을 한 뒤에 쟁의행위를 하여야 그 절차가 정당한 것은 아니라는 것이다.

4. 조정전치에 위반한 쟁의행위

(1) 벌　　칙

조정절차를 거치지 아니한 쟁의행위에는 1년 이하의 징역 또는 1천만원 이하의 벌금에 처한다(제91조).

(2) 정당성 여부

쟁의행위가 조정전치를 거치지 아니한 경우 정당성 여부가 문제된다. 판례는 조정절차를 거치지 않

정될 문제이지만, 노조법상 노동쟁의의 대상은 어떤 범위의 분쟁을 노동위원회에 의한 조정·중재의 대상으로 할 것인지에 대한 입법정책에 의하여 결정되는 것으로서 헌법상의 근로3권과는 차원을 달리하는 것이다.

7) 대판 2001.6.26, 2000도2871.

은 쟁의행위가 항상 정당성을 상실하는 것은 아니므로 "사회 · 경제적 안정이나 사용자의 사업운영에 예기치 않은 혼란이나 손해를 끼치는 등 부당한 결과를 초래할 우려가 있는지 여부"를 구체적으로 고려해야 한다고 판시하고 있다.[8)]

이에 대해 학설에서는 조정전치주의 위반이 있더라도 쟁의행위의 정당성이 당연히 상실되는 것은 아니라고 보는 것이 일반적이다. 이것은 조정전치를 위반한 쟁의행위에 대해 정당성을 부인할 수 있는 여지를 인정하는 판례의 태도와는 다른 것이다.

최근에는 조정전치주의는 쟁의행위에 대한 제한을 목적으로 하는 것이 아니므로 조정전치를 거쳤는지 여부는 쟁의행위의 정당성 판단과 직접 관련이 없는 것으로 보아야 한다는 견해가 유력하게 제기되고 있다.

(3) 행정지도가 있는 경우

조정신청을 하였으나 행정지도의 대상이 된 경우에는 원칙적으로 조정을 거치지 않은 것으로 취급된다. 다만, 판례는 교섭미진을 이유로 행정지도를 하면서 실질적인 조정을 하지 않은 상태에서 행한 쟁의행위는 조정을 거친 것으로 인정된다고 판시하고 있다.[9)]

5. 조정전치주의의 한계[10)]

1) 쟁의행위권의 제약 조정전치주의는 쟁의행위 이전에 조정절차를 거치게 한다는 점에서 조정의 개시를 강제한다고 할 수 있다. 특히, 조정전치 위반의 쟁의행위에 대해 형사처벌을 함으로써 법규정에 의해 타율적으로 쟁의행위의 시기를 제약한다는 점에서 쟁의행위권을 제약하는 규제적인 측면이 있다. 이로 인해 조정의 필요성에 따라 조정의 신청시기가 결정되지 못하고 쟁의행위의 필요성에 따라 조정의 신청시기가 결정되어 조정절차와 쟁의행위가 배척관계가 될 수 있다.

2) 조정제도로서 실효성 약화 조정전치주의에 의한 조정절차의 강제는 조정제도로서의 실효성을 약화시킬 수 있다. 노사 당사자들의 자발성 부족으로 노사 자율교섭의 진전 또는 쟁의행위의 회피와 같은 조정절차의 소기의 목적을 달성하기 어렵게 된다. 이 경우 노사의 자주적 해결의지는 약화되어 노동위원회에 조정신청이 증가하는 원인이 된다. 이러한 한계점은 조정절차가 조정전치주의로 인해 실효성이 약해진다는 것을 의미한다.

Ⅳ. 현행 조정제도의 문제점과 개선방향[11)]

1. 문 제 점

(1) 노동쟁의의 개념상 문제점

현행 노조법은 교섭 · 쟁의행위 대상에 대한 규정 없이, 조정대상과 직결되는 노동쟁의의 정의규정만을 규정하여 교섭 · 조정 · 쟁의행위 대상이 동일하게 "근로조건의 결정에 관한 사항"(이익분쟁)에 한

8) 대판 2001.6.26, 2000도2871, 99노534.
9) 대판 2001.6.26, 2000도2871.
10) 김홍영, "노동쟁의 조정에서의 조정 전치주의의 검토", 「법학연구」, 13권 제1호, 충남대학교법학연구소, 2002. 12, 조정전치주의의 한계에 대하여 김홍영 교수님의 논문을 인용하여 요약하였음.
11) 선진화방안 83.

정되는 것으로 이해하고 있다. 한편, 노동쟁의의 개념이 협소하고 조정 대상과 쟁의행위 대상을 동일하게 운영함에 따라 노동위원회는 다양한 현안 중 근로조건 외에는 조정능력을 발휘하지 못함으로써 조정제도가 분쟁해결 기능 약화시키고 있다. 또한 노동쟁의조정절차가 쟁의행위를 사전에 억제하기 위한 절차로 운용되어 쟁의행위 예방 및 합리적 해결을 위한 서비스절차로서의 기능이 약화되고 있다.

(2) **다양한 노사 간 분쟁**

그러나 임 · 단협 과정에서는 이익분쟁 외에도 다양한 사안에 대하여 교섭이 이루어지고 있으며, 노조전임자 등 조합활동사항, 구조조정 등 인사 · 경영사항, 단협이행 및 해고자 복직 등 "권리분쟁" 및 법 · 제도 개선 등 "정책적 · 정치적 사항"에 관한 분쟁이 빈발하고 있다.

2. 개선방안

(1) **서비스로서의 조정**

쟁의조정절차는 노사분쟁의 해결에 "서비스를 제공"하는 데 초점을 맞추고 "직접적으로 쟁의행위를 제한"하는 절차로서의 성격을 탈피하여 쟁의행위 예방 및 합리적 해결을 중시하는 조정서비스를 제공해야 할 것이다. 이를 위해 조정대상을 확대하고, 조정시기도 유연화해야 한다.

(2) **노동쟁의 개념(조정대상)에 대한 개선**

노동쟁의 개념은 조정대상을 나타내고, 단체교섭 · 쟁의행위 대상은 별도로 판단하여야 한다. 이로서 조정절차의 진행은 쟁의행위의 정당성 판단과 무관하도록 해야 한다. 또한 조정대상을 단체교섭 · 쟁의행위 대상과 분리하여 권리분쟁 등 모든 분쟁사항으로 확대하고 조정을 활성화해야 한다. 이로서 쟁의행위의 원인을 제거하기 위한 조정의 본래 취지를 극대화하기 위해서 노동쟁의의 외연을 확대해야 한다.

3. 조정 전 지원 및 사후조정 도입[12)]

최근 개정 노조법은 조정제도의 한계를 보완하고자 사전, 사후조정에 대한 근거를 마련하였다. 즉, 노동위원회는 조정신청 전이라도 원활한 조정을 위해서 교섭을 주선하는 등 관계당사자의 자주적인 분쟁해결을 지원(조정 전 지원; 제53조 제2항)할 수 있고 조정의 종료가 결정된 후에도 노동쟁의의 해결을 위하여 조정을 할 수 있게 되었다(사후조정; 제61조의2).

V. 결 론

현행 노조법은 쟁의행위를 개시하기 이전에 노동위원회의 조정절차를 거치도록 하는 조정전치주의를 채택하고 있다. 조정전치주의는 구법에 비해 쟁의행위의 과도한 제약의 완화와 분쟁의 평화적 해결을 위해 도입되었다. 그러나 조정전치 위반에 대한 형사처벌과 쟁의행위의 정당성 판단에 대해 논란이 계속되고 있다.

한편, 조정제도는 노사분쟁의 평화적인 해결에 크게 기여하여 왔으나 그 절차나 대상에 대한 한계로 인해 노사 당사자는 조정절차를 형식적인 절차로 여겨 조정의 실효성이 약화되고 있다. 이제는 기계적인

12) 임종률 183.

조정에 치중하기보다는 적극적인 조정서비스를 제공하기 위한 조정전반의 시스템을 검토할 시점이다.

[관련판례] 노동쟁의의 의의

1. 노동쟁의의 의의 ①(대판 1990.5.15, 90도357 / 대판 1990.9.28, 90도602)

노동쟁의조정법 제2조(현행 노동조합 및 노동관계조정법 제2조 제5호 관련)의 **노동쟁의**의 정의에서 말하는 **근로조건에 관한 노동관계 당사자 간의 주장**이란 **개별적 노동관계와 단체적 노동관계의 어느 것에 관한 주장이라도 포함**하는 것이고, 그것은 단체협약이나 근로계약상의 **권리의 주장**(권리쟁의)**과 그것들에 관한 새로운 합의의 형성을 꾀하기 위한 주장**(이익쟁의)**을 모두 포함**하는 것이므로 중재위원회의 중재대상에는 이익분쟁과 권리분쟁이 모두 포함된다.(※ 이 판례는 개정된 노조법 제2조 제5호에 따라 변경되어야 함)

2. 노동쟁의의 의의 ②(대판 1996.2.23, 94누9177)

[1] 중재절차는 원칙적으로 노동쟁의가 발생한 경우에 노동쟁의의 대상이 된 사항에 대하여 행하여지는 것이고, 노동쟁의조정법 제2조에서는 노동쟁의를 "임금 · 근로시간 · 후생 · 해고 기타 대우 등 근로조건에 관한 노동관계 당사자 간의 주장의 불일치로 인한 분쟁상태"라고 규정하고 있으며, **근로조건**은 **사용자와 근로자 사이의 근로계약관계에 있어서 근로자의 대우에 관하여 정한 조건**을 말하고, 구체적으로는 근로기준법에 정하여진 임금 · 근로시간 · 후생 · 해고뿐만 아니고 같은 법 제94조 제1호 내지 제11호(현행 근기법 제93조 제1호 내지 제12호), 같은 법 시행령 제7조 제1호, 제3호(현행 근기법 시행령 제8조 제1호, 제3호) 소정의 사항이 포함될 것인바, 따라서 이러한 **근로조건 이외의 사항에 관한 노동관계 당사자 사이의 주장의 불일치로 인한 분쟁상태**는 근로조건에 관한 분쟁이 아니어서 현행법상의 **노동쟁의라고 할 수 없고**, 특별한 사정이 없는 한 이러한 사항은 중재재정의 대상으로 할 수 없다.

[2] 노동조합 조합원의 **근무시간 중의 노조활동**은 원칙적으로 근로자의 근로제공의무와 배치되는 것이므로 허용되는 것이 아니고, 사용자와 근로자 사이의 근로계약관계에 있어서 근로자의 대우에 관하여 정한 **근로조건에 해당하는 것이라고 할 수 없고**, 종전의 단체협약이나 단체교섭을 진행하던 노동관계 당사자 쌍방의 단체협약안에 그 사항에 관한 규정이 있다 하더라도 그것이 당연히 근로조건으로 되는 것이라고 할 수도 없으므로 이에 관한 노동관계 당사자 사이의 주장의 불일치는 노동쟁의라고 할 수 없고, 따라서 특별한 사정이 없는 한 이를 **중재재정의 대상으로 할 수 없다.** 그리고 **노조전임제는** 노동조합에 대한 편의제공의 한 형태로서 사용자가 단체협약 등을 통하여 승인하는 경우에 인정되는 것일 뿐 사용자와 근로자 사이의 근로계약관계에 있어서 근로자의 대우에 관하여 정한 **근로조건이라고 할 수 없는 것**이고, 단순히 **임의적 교섭사항에 불과**하여 이에 관한 분쟁 역시 **노동쟁의라 할 수 없으므로** 특별한 사정이 없는 한 중재재정의 대상으로 할 수 없다.

3. 노동쟁의의 의의 ③(대판 1997.11.7, 95구30316 [대우캐리어사건])

근로조건이 아닌 **노조전임자 수 등에 관한 노동관계 당사자 사이의 주장의 불일치로 인한 분쟁상태**는 근로조건에 관한 분쟁이 아니어서 **현행법상의 노동쟁의라고 할 수 없고**, 특별한 사정이 없는 한 이러한 사항은 직권 중재재정의 대상으로 할 수 없다 할 것이나, 노동관계 당사자 사이에 근로조건 등에 관한 문제와 함께 노조전임자 수 등 근로조건에 관한 쟁점은 아니나 노사 간의 이해관계가 대립되는 임의적 교섭사항에 관하여 분쟁상태가 야기되어, 노동관계 **당사자 쌍방이 합의**하여 그 **임의적 교섭사항에 관하여도 특별히 중재해 줄 것을 노동위원회에 요청한 경우**에는 노동쟁의조정법의 목적이 산업평화의 유지에 있는 점에 비추어 보면, 노동위원회에서 쌍방이 중재를 요청한 특별한 사정을 감안하여 그 **임의적 교섭사항에 대하여도 중재재정을 할 수 있다**고 봄이 상당하다.

4. 노동쟁의의 의의 ④(대판 2003.7.25, 2001두4818 [부산교통공단사건])

[1] 중재절차는 원칙적으로 노동쟁의가 발생한 경우에 노동쟁의의 대상이 된 사항에 대하여 행하여지는 것이고, 노동조합 및 노동관계조정법 제2조 제5호에서는 노동쟁의를 '노동조합과 사용자 또는 사용자 단체 간에 임금·근로시간·복지·해고 기타 대우 등 근로조건의 결정에 관한 주장의 불일치로 인하여 발생한 분쟁상태'라고 규정하고 있으므로 근로조건 이외의 사항에 관한 노동관계 당사자 사이의 주장의 불일치로 인한 분쟁상태는 근로조건의 결정에 관한 분쟁이 아니어서 현행법상의 노동쟁의라고 할 수 없고, 특별한 사정이 없는 한 이러한 사항은 중재재정의 대상으로 할 수 없다.

[2] 근로조건 이외의 사항인 근무시간 중 **조합활동, 조합전임자, 시설 편의제공, 출장취급 등을 중재재정의 대상으로 할 수 없다.**

[3] 중재절차는 노동쟁의의 자주적 해결과 신속한 처리를 위한 광의의 노동쟁의조정절차의 일부분이므로 **노사관계 당사자 쌍방이 합의하여 단체협약의 대상이 될 수 있는 사항에 대하여 중재를 해 줄 것을 신청한 경우이거나 이와 동일시할 수 있는 사정이 있는 경우에는 근로조건 이외의 사항에 대하여도 중재재정을 할 수 있다**고 봄이 상당하다.

5. 단체교섭 거부·해태의 해결방법(대판 1991.5.14, 90누4006)

사용자 측이 정당한 이유 없이 근로자의 **단체협약 체결요구를 거부하거나 해태한 경우**에 노동조합법 제40조(현행 노동조합 및 노동관계조정법 제82조 관련)의 규정에 의한 구제신청을 하지 아니하고 **노동쟁의의 방법을 택하였다고 하여 노동조합법을 위반한 것이라고 할 수 없다.**

6. 권리분쟁과 노동위원회의 중재(대판 1994.1.11, 93누11883 [서울대학병원사건])

[1] 휴직 및 해고자의 복직요구와 같은 **권리분쟁은 노동위원회의 중재에 의한 해결방법으로는 적절하지 아니하므로** 위 분쟁사항에 대하여 노동위원회가 **사법적 절차에 의하여 해결하라는 취지의 재정을 할 수 있다.**

[2] 중재재정에 대한 불복은 중재재정이 위법이거나 월권에 의한 것이라고 인정되는 경우에 한하므로 중재재정이 단순히 노사 어느 일방에게 불리하여 부당하거나 불합리한 내용이라는 사유만으로는 불복이 허용되지 아니한다.

제 2 절 노동쟁의 공적 조정(調整)제도

Ⅰ. 서 설

1. 노동쟁의조정제도의 의의

단체교섭의 결렬로 인한 분쟁을 방치하면 쟁의행위가 일어나거나 장기화될 수 있다. 이러한 의미의 쟁의행위를 예방하거나 조속히 종결시키기 위해서는 제3자가 당사자의 주장을 조절하여 분쟁의 해결을 모색할 수 있는 절차가 필요하게 되는데, 이 절차를 '노동쟁의의 조정(調整)[13]제도'라 한다. 이와 같이 조정제도는 당사자 간의 단체교섭에 대한 조력의 절차이고 또 쟁의행위의 예방 또는 조속한 종결을 꾀하는 절차라고 할 수 있다.[14]

2. 조정제도의 유형

(1) 해결안의 성격에 따라

i) 조정(調停)은 해결안(조정안)을 당사자 쌍방이 수락하여야 구속력을 갖게 되는 것이고, ii) 중재는 해결안(재정 · 판정)이 당사자의 의사와 상관없이 구속력을 갖게 되는 것을 말한다.

(2) 개시의 요건에 따라

i) 임의조정은 당사자 쌍방의 발의(신청)가 있어야 개시되는 것이고, ii) 강제조정은 당사자 일방이 발의(신청)하면 상대방의 의사에 반하여 강제로 개시되는 일방적 조정과 제3자의 발의 또는 결정에 의하여 강제로 개시되는 직권조정이 포함된다.

13) 調(고를 조)整(가지런할 정): 고르지 못한 것이나 과부족이 있는 것 따위를 알맞게 조절하여 정상 상태가 되게 함을 말한다; 調(고를 조)停(머무를 정): 분쟁의 중간에 서서 화해시키는 것을 말한다.

14) 임종률 172.

(3) 법적 근거나 담당자에 따라

ⅰ) 사적 조정(調整)은 당사자가 미리 또는 그때그때 분쟁해결절차에 관하여 단체협약 기타 합의를 하고 이에 따라 선정한 민간의 제3자에게 그 분쟁의 조정 · 중재를 의뢰하는 것이고, ⅱ) 공적 조정(調整)은 국가가 법률에 의하여 분쟁해결절차를 규정하고 소정의 공적 기관이 당사자나 공적 기관 등의 발의로 조정 · 중재를 하게 하는 것을 말한다.

Ⅱ. 조정(調整)의 대상(노동쟁의의 의의)

1. 의 의

노조법은 조정(調整)의 대상을 '노동쟁의'라 하면서, 노동쟁의란 "노동조합과 사용자 또는 사용자 단체 간에 임금 · 근로시간 · 복지 · 해고 기타 대우 등 근로조건의 결정에 관한 주장의 불일치로 인하여 발생한 분쟁상태를 말한다(제2조 제5호)".

'주장의 불일치'란 "당사자 간에 합의를 위한 노력을 계속하여도 더 이상 자주적 교섭에 의한 합의의 여지가 없는 경우"이고, '분쟁상태'란 쟁의행위가 발생할 우려가 있는 상태 또는 쟁의행위가 발생한 상태(긴급조정은 쟁의행위가 발생한 상태를 대상으로 함)를 말한다.

2. 노동관계 당사자 간의 분쟁

노동쟁의는 '노동관계 당사자 간'의 분쟁만을 말한다. 따라서 노사협의회에서 노사의 합의노력이 실패한 상태, 노동조합과 정부 간, 노동조합과 근로자 간, 노동조합 상호간의 분쟁은 노동쟁의가 아니다.

3. 집단적 노동관계에 관한 사항

노동쟁의의 대상은 '근로조건'의 결정으로 규정되어 있다. 여기서 '근로조건'은 노동쟁의의 대상을 한정한 것이고 노동조합 전임자나 근무시간 중의 노조활동 등 근로조건 이외의 사항에 관한 분쟁은 노동쟁의가 아니라는 견해가 있다. 그러나 법문상의 '근로조건'은 예시적인 것이며 집단적 노동관계는 근로조건과 불가분의 관계에 있기 때문에 단체교섭의 대상이므로 집단적 노동관계에 관한 분쟁도 노동쟁의가 된다고 보아야 할 것이다.[15] 판례는 한때 집단적 노동관계에 관한 분쟁도 노동쟁의[16]라고 보다가 그 후에는 노동쟁의가 아니라는 입장을 유지하고 있다.[17]

4. 권리분쟁의 포함 여부

노동쟁의의 대상은 근로조건의 '결정'으로 규정되어 있다. 1997년 개정법이 '결정'을 법문에 삽입한 취지는 노동쟁의를 이익분쟁으로 한정하고 민사소송이나 부당노동행위 구제절차를 통하여 해결될 수 있는 권리분쟁은 조정 · 중재의 대상에서 제외하려는 것이라고 할 것이다.[18]

---

15) 임종률 174.
16) 대판 1990.5.15, 90도357; 대판 1990.9.28, 90도602.
17) 대판 1996.2.23, 94누9177; 대판 1997.10.10, 97누4951.
18) 임종률 174.

5. 임의적 교섭사항

임의적 교섭사항은 노동쟁의의 대상에서 제외된다고 보아야 할 것이다. 임의적 교섭사항은 본래 사용자가 일방적으로 결정할 수 있고 사용자가 임의로 응하여 교섭을 진행하여 왔더라도 언제든지 교섭을 거부할 수 있는 사항이어서 이에 대하여 노동위원회 등 제삼자가 조정 · 중재를 하는 것은 월권이기 때문이다.[19]

Ⅲ. 조정(調停)절차

1. 조정의 의의

조정은 노동위원회에 설치된 조정위원회가 당사자의 의견을 청취하고 조정안을 작성하여 그 수락을 권고하는 절차를 말한다. 조정은 일반사업과 공익사업에 모두 적용되고, 강제성이 없는 조정안의 수락을 권고하는 것이기 때문에 당사자 간에 자주적인 해결을 도모하기 위한 것으로 볼 수 있다.

2. 조정의 개시

노동위원회는 관계당사자의 일방이 노동쟁의의 조정을 신청한 때에는 조정을 개시(제53조 제1항)하여야 하며, 노동위원회가 직권으로 조정을 개시할 수는 없다(긴급조정은 예외). 쟁의행위는 조정절차를 거치지 않으면 할 수 없으므로(제45조 제2항), 노동조합으로서는 조정을 신청하지 않을 수 없다. 노동위원회는 조정을 하게 된 경우에는 지체 없이 이를 서면으로 관계당사자에게 각각 통보하고(시행령 제25조), 당해 사건의 조정을 위한 조정위원회 또는 특별조정위원회를 구성하여야 한다(시행령 제26조). 다만, 조정신청내용이 조정의 대상이 아니라고 인정할 경우에 노동위원회는 조정신청인에게 그 사유와 다른 해결방법을 알려주어야 한다(시행령 제24조 제2항).

3. 조정의 담당자

(1) 조정위원회의 구성

조정신청을 받은 노동위원회는 당해 노동쟁의의 조정을 담당할 조정위원회를 지체없이 구성하여야 한다.

조정위원회는 3인의 위원으로 구성하며(제55조 제1, 2항), 위원은 그 노동위원회의 위원 중에서 사용자위원 · 근로자위원 · 공익위원 각 1인을 그 노동위원회의 위원 중에서 사용자를 대표하는 자, 근로자를 대표하는 자 및 공익을 대표하는 자 각 1인을 그 노동위원회의 위원장이 지명하되, 근로자를 대표하는 조정위원은 사용자가, 사용자를 대표하는 조정위원은 노동조합이 각각 추천하는 노동위원회의 위원 중에서 지명하여야 한다. 다만, 조정위원회의 회의 3일 전까지 관계 당사자가 추천하는 위원의 명단제출이 없을 때에는 당해 위원을 위원장이 따로 지명할 수 있다(제55조 제3항).

노동위원회의 위원장은 근로자를 대표하는 위원 또는 사용자를 대표하는 위원의 불참 등으로 조정위원회 구성이 어려운 경우에는 노동위원회의 공익을 대표하는 위원 중에서 3인을 조정위원으로 지명할 수 있다. 다만, 관계 당사자 쌍방의 합의로 선정한 노동위원회의 위원이 있는 경우에는 그 위원을 조정

19) 임종률 174.

위원으로 지명한다(제55조 제4항).

(2) 조정위원회의 위원장

조정위원회에 위원장을 두어야 하며, 위원장은 공익을 대표하는 조정위원이 된다(제56조).

(3) 단독조정

노동위원회는 관계 당사자 쌍방의 신청이 있거나 관계 당사자 쌍방의 동의를 얻은 경우에는 조정위원회에 갈음하여 단독조정인에게 조정을 행하게 할 수 있으며, 단독조정인은 당해 노동위원회의 위원 중에서 관계 당사자의 쌍방의 합의로 선정된 자를 그 노동위원회의 위원장이 지명한다(제57조).

4. 조정의 방법

(1) 주장의 확인 및 출석금지

조정위원회 또는 단독조정인은 기일을 정하여 관계 당사자 쌍방을 출석하게 하여 주장의 요점을 확인하여야 하며(제58조), 조정위원회의 위원장 또는 단독조정인은 관계 당사자와 참고인 외의 자의 출석을 금할 수 있다(제59조).

(2) 조정안의 작성과 수락권고

조정위원회 또는 단독조정인은 조정안을 작성하여 이를 관계 당사자에게 제시하고 그 수락을 권고하여야 한다(제60조 제1항 전단). 당사자 쌍방은 조정에 성실히 임하여야 하지만(제53조 후단), 수락이 강제되는 것은 아니다.

조정담당자는 조정안 수락의 권고와 동시에 그 조정안에 이유를 붙여 공표할 수 있으며, 필요한 때에는 신문 또는 방송에 보도 등 협조를 요청할 수 있다(제60조 제1항 후단).

(3) 조정기간

조정은 조정의 신청이 있은 날부터 일반사업에 있어서는 10일, 공익사업에 있어서는 15일 이내에 종료하여야 한다(제54조 제1항). 신속한 해결의 원칙에 따라야 하며, 조정기간 중에는 쟁의권 행사가 제한된다(제45조 제2항 참조)는 점을 고려한 것이다. 그러나 조정기간은 관계 당사자 간의 합의로 일반사업에 있어서는 10일, 공익사업에 있어서는 15일 이내에서 연장할 수 있다(제54조 제2항).

5. 조정의 종료

(1) 조정안이 거부된 경우

조정위원회 또는 단독조정인은 관계 당사자가 수락을 거부하여 더 이상 조정이 이루어질 여지가 없다고 판단되는 경우에는 조정의 종료를 결정하고 이를 관계 당사자 쌍방에 통보하여야 한다(제60조 제2항).

종전 법에서는 필수공익사업의 경우에 특별조정위원회는 조정이 성립될 가망이 없다고 인정한 경우에는 결정에 의하여 그 사건의 중재회부를 당해 노동위원회에 권고할 수 있었고, 노동위원회 위원장이 특별조정위원회의 권고에 따라 중재에 회부한 경우에 중재기간 동안에는 쟁의행위를 할 수 없었다.

현행법에서는 위와 같은 직권중재가 폐지(제74조, 제75조 폐지)되었다. 대신, 혈액공급사업과 항공운수사업이 필수공익사업의 범위에 포함되고, 필수유지업무제도가 도입되었다.

(2) 조정안이 수락된 경우

1) 조정안의 작성 조정안이 관계당사자에 의하여 수락된 때에는 조정위원 전원 또는 단독조정인은 조정서를 작성하고 관계당사자와 함께 서명 · 날인하여야 한다(제61조 제1항). 조정서의 내용은 단체협약과 동일한 효력을 가진다(제61조 제2항).

2) 조정안의 해석 조정안이 관계당사자의 쌍방에 의하여 수락된 후 그 해석 또는 이행방법에 관하여 관계 당사자 간에 의견의 불일치가 있는 때에는 관계 당사자는 당해 조정위원회 또는 단독조정인에게 그 해석 또는 이행방법에 관한 명확한 견해의 제시를 요청하여야 한다(제60조 제3항).

이 경우 조정위원회 또는 단독조정인은 그 요청을 받은 날부터 7일 이내에 명확한 견해를 제시하여야 한다(제60조 제4항).

해석 또는 이행방법에 관한 견해가 제시될 때까지는 관계 당사자는 당해 조정안의 해석 또는 이행에 관하여 쟁의행위를 할 수 없으며(제60조 제4, 5항), 제시한 해석 또는 이행방법에 관한 견해는 중재재정과 동일한 효력을 가진다(제61조 제3항).

6. 조정 전 지원 및 사후조정[20]

노동위원회는 조정신청 전이라도 원활한 조정을 위해서 교섭을 주선하는 등 관계 당사자의 자주적인 분쟁해결을 지원할 수 있다(조정 전 지원, 제53조 제2항). 아울러 노동위원회는 조정의 종료가 결정된 후에도 노동쟁의의 해결을 위하여 조정을 할 수 있으며, 이러한 조정종료 후의 조정에 관하여는 조정기간 내의 조정에 관한 규정을 준용한다(사후조정, 제61조의2).

Ⅳ. 공익사업의 특별조정

1. 공익사업의 범위

(1) 공익사업

공중의 일상생활과 밀접한 관련이 있거나 국민경제에 미치는 영향이 큰 사업으로서 ⅰ) 정기노선 여객운수사업 및 항공운수사업, ⅱ) 수도 · 전기 · 가스 · 석유정제 및 석유공급사업, ⅲ) 공중위생, 의료사업 및 혈액공급사업, ⅳ) 은행 및 조폐사업, ⅴ) 방송 및 통신사업을 말한다.

(2) 필수공익사업

공익사업 중에서 그 업무의 정지 또는 폐지가 공중의 일상생활을 현저히 위태롭게 하거나 국민경제를 현저히 저해하고 그 업무의 대체가 용이하지 아니한 사업으로서 ⅰ) 철도, 도시철도 및 항공운수사업, ⅱ) 수도 · 전기 · 가스 · 석유정제 및 석유공급사업, ⅲ) 병원사업 및 혈액공급사업, ⅳ) 한국은행사업, ⅴ) 통신사업을 말한다.

2. 공익사업의 조정담당자

(1) 특별조정위원회의 구성

공익사업의 노동쟁의 조정을 위하여 노동위원회에 특별조정위원회를 두며(제72조 제1항), 특별조정

20) 임종률 183.

위원회는 특별조정위원 3인으로 구성한다(제72조 제2항).

특별조정위원은 그 노동위원회의 공익을 대표하는 위원 중에서 노동조합과 사용자가 순차적으로 배제하고 남은 4인 내지 6인 중에서 노동위원회의 위원장이 지명한다. 다만, 관계 당사자가 합의로 당해 노동위원회의 위원이 아닌 자를 추천하는 경우에는 그 추천된 자를 지명(제72조 제3항)한다.

(2) 특별조정위원회의 위원장

특별조정위원회의 위원장은 공익을 대표하는 노동위원회의 위원인 특별조정위원 중에서 호선하고, 당해 노동위원회의 위원이 아닌 자만으로 구성된 경우에는 그 중에서 호선한다. 다만, 공익을 대표하는 위원인 특별조정위원이 1인인 경우에는 당해 위원이 위원장이 된다(제73조).

(3) 특별조정위원회의 권한과 회의

특별조정위원회는 공익사업에 대하여 조정을 담당한다는 점에서 조정위원회와 다르지만, 회의는 조정위원회와 같이 구성원 전원 출석으로 개의하고 과반수의 찬성으로 의결한다(노동위원회법 제17조).

3. 공익사업의 조정방법

공익사업은 국가 · 지방자치단체 · 국공영기업체 · 방위산업 및 공익사업에 있어서의 노동쟁의조정을 우선적으로 취급하고 신속히 처리함(제51조)을 원칙으로 하며, 조정기간은 일반사업에 있어서 10일이지만, 공익사업에 있어서는 15일(제54조)로 쟁의행위가 제한된다.

4. 긴급조정제도

노동부장관은 쟁의행위가 공익사업에 관한 것이거나 그 규모가 크거나 그 성질이 특별한 것으로서 현저히 국민경제를 해하거나 국민의 일상생활을 위태롭게 할 위험이 현존하는 때에는 긴급조정의 결정을 할 수 있다(제76조).

Ⅴ. 중재절차

1. 중재의 의의

중재는 노동위원회에 설치된 중재위원회가 당사자 쌍방에 대하여 구속력 있는 중재안을 당사자의 수락여부와 관계없이 받아들이도록 하여 분쟁을 해결하는 절차를 말한다.

중재에는 관계 당사자의 신청이 있을 때에 중재절차가 개시되는 임의중재와 관계 당사자의 신청 없이 행정관청의 직권으로 중재절차가 개시되는 강제중재가 있고, 당사자의 의사와 관계없이 행정관청의 직권에 의해 중재에 회부하는 직권중재가 있다. 종전 법에서는 필수공익사업에 대하여 강제중재를 허용하였지만, 현행법에서 이를 폐지하여 쟁의권을 확대하였다.

2. 중재의 개시

(1) 임의중재

노동위원회는 ⅰ) 관계 당사자의 쌍방이 함께 중재를 신청한 때, ⅱ) 관계 당사자의 일방이 단체협약에 의하여 중재를 신청한 때(제62조 제1, 2호), ⅲ) 긴급조정시 관계 당사자의 쌍방으로부터 중재신청이 있는 경우(제80조)에 중재가 개시된다.

(2) 강제중재

긴급조정시에 조정이 성립될 가망이 없다고 인정한 경우에 중앙노동위원회 위원장이 공익위원의 의견을 들어 중재에 회부한다는 결정을 한 때(제79조 제1항), 긴급조정시 관계 당사자의 일방으로부터 중재신청이 있는 때(제80조)에 중재가 개시된다.

3. 중재의 담당자

(1) 중재위원회의 구성 및 회의

노동쟁의의 중재 또는 재심을 위하여 노동위원회에 중재위원회를 두며, 중재위원 3인으로 구성한다(제64조 제1, 2항). 중재위원은 당해 노동위원회의 공익을 대표하는 위원 중에서 관계 당사자의 합의로 선정한 자에 대하여 그 노동위원회의 위원장이 지명한다. 다만, 관계 당사자 간에 합의가 성립되지 아니한 경우에는 노동위원회의 공익을 대표하는 위원 중에서 지명한다(제64조 제3항). 회의는 구성원 전원의 출석으로 개의하고 출석위원 과반수의 찬성으로 의결한다(노동위원회법 제17조).

(2) 중재위원회의 위원장

중재위원회의 위원장은 중재위원 중에서 호선한다(제65조).

4. 중재의 방법

(1) 주장의 확인 및 의견진술 등

중재위원회는 기일을 정하여 관계 당사자 쌍방 또는 일방을 중재위원회에 출석하게 하여 주장의 요점을 확인하여야 하고, 관계 당사자가 지명한 노동위원회의 사용자를 대표하는 위원 또는 근로자를 대표하는 위원은 중재위원회의 동의를 얻어 그 회의에 출석하여 의견을 진술할 수 있다(제66조). 한편, 중재위원회의 위원장은 관계 당사자와 참고인 외의 자의 회의출석을 금할 수 있다(제67조).

(2) 중재기간

중재기간에 대하여는 명시적인 규정이 없지만, 노동쟁의가 중재에 회부된 때에는 그 날부터 15일간은 쟁의행위를 할 수 없으므로(제63조), 중재위원회는 15일 이내에 중재를 하여야 한다.

5. 중재의 종료

(1) 중재재정의 작성

중재재정은 서면으로 작성하고, 그 서면에는 효력발생 기일을 명시하여야 한다(제68조 제1항). 이러한 중재재정서는 지체없이 관계당사자에게 송달하여야 한다(시행령 제29조 제1항).

(2) 중재재정에 대한 이의신청

관계 당사자는 지방노동위원회 또는 특별노동위원회의 중재재정이 위법이거나 월권에 의한 것이라고 인정하는 경우에는 그 중재재정서의 송달을 받은 날부터 10일 이내에 중앙노동위원회에 그 재심을 신청할 수 있다. 또한 중앙노동위원회의 중재재정이나 재심결정이 위법이거나 월권에 의한 것이라고 인정하는 경우에도 그 중재재정서 또는 재심결정서의 송달을 받은 날부터 15일 이내에 행정소송을 제기할 수 있다(제69조 제1, 2항).

(3) 중재재정의 확정

재심신청기간 및 행정소송 제소기간 내에 재심을 신청하지 아니하거나 행정소송을 제기하지 아니한 때에는 그 중재재정 또는 재심결정은 확정된다(제69조 제3항).

(4) 중재재정 등의 효력

중재재정의 내용은 단체협약과 동일한 효력을 가진다(제70조 제1항). 종전 법에서는 확정된 중재재정에 대해서만 단체협약과 동일한 효력을 인정하여 법에 의해 확정되기 전 중재재정의 효력에 대해 논란이 있어서 이를 명확히 규정한 것이다.

노동위원회의 중재재정 또는 재심결정은 중앙노동위원회에의 재심신청 또는 행정소송의 제기에 의하여 그 효력이 정지되지 아니한다(제70조 제2항).

(5) 중재재정의 해석

중재재정의 해석 또는 이행방법에 관하여 관계 당사자 간에 의견의 불일치가 있는 때에는 당해 중재위원회의 해석에 따르며 그 해석은 중재재정과 동일한 효력을 가진다(제68조 제2항).

제 3 절 공적 조정의 특칙

Ⅰ. 노조법의 공익사업에 대한 특칙

노조법에서는 단체교섭의 결렬로 인한 분쟁을 방치하면 쟁의행위가 일어나거나 장기화될 수 있기 때문에 당사자의 주장을 조절하여 분쟁의 해결을 모색할 수 있는 노동쟁의의 조정(調整)제도를 두고 있다. 노조법은 공중의 일상생활과 밀접한 관련이 있거나 국민경제에 미치는 영향이 큰 공익사업에 대하여는 일반사업과 구분하여 조정 및 쟁의행위에 대한 여러 가지 특칙을 두어 별도로 규율하여 공익과 근로3권의 적절한 조화를 꾀하고 있다.

특히, 공익사업 중에서도 필수공익사업에 대하여는 쟁의행위에 있어서 직권중재제도를 두고 있어서 쟁의행위를 제약한다는 비판이 있어왔다. 이러한 의견을 반영하여 직권중재제도를 폐지하고 필수유지업무를 신설하면서 일정한 범위 안에서 대체근로를 허용하여 공익보호와 근로3권 보장이 최대한 이루어질 수 있도록 하고 있다. 이하에서는 공익사업 및 필수공익사업의 조정제도에 대하여 일반사업과 구별하여 전반적인 절차와 특징에 대하여 살펴보도록 하겠다.

Ⅱ. 공익사업의 범위와 특칙

1. 공익보호와 근로3권의 조화

노조법에서는 공익사업의 조정에 대하여 일반사업과 구분하여 몇 가지 특칙을 두어 공익보호와 근로3권의 조화를 이루고자 하고 있다. 공익사업은 공중의 일상생활과 관련되고 국민경제에 미치는 영향이 크기 때문에 우선적으로 조정을 진행하도록 하고 절차상 일반사업보다 제약이나 의무가 많다.

2. 공익사업의 범위

(1) 공익사업

공중의 일상생활과 밀접한 관련이 있거나 국민경제에 미치는 영향이 큰 사업으로서 ⅰ) 정기노선 여객운수사업 및 항공운수사업, ⅱ) 수도 · 전기 · 가스 · 석유정제 및 석유공급사업, ⅲ) 공중위생, 의료사업 및 혈액공급사업, ⅳ) 은행 및 조폐사업, ⅴ) 방송 및 통신사업을 말한다(제71조 제2항).

(2) 필수공익사업

공익사업 중에서 그 업무의 정지 또는 폐지가 공중의 일상생활을 현저히 위태롭게 하거나 국민경제를 현저히 저해하고 그 업무의 대체가 용이하지 아니한 사업으로서 i) 철도, 도시철도 및 항공운수사업, ii) 수도 · 전기 · 가스 · 석유정제 및 석유공급사업, iii) 병원사업 및 혈액공급사업, iv) 한국은행사업, v) 통신사업을 말한다(제71조 제2항).

현행 노조법에서는 그간 필수공익사업 포함 필요성이 제기된 사업 중 생명, 신체의 안전 등과 관련된 혈액공급사업과 항공운수사업을 추가하여 규정하고 있다.

3. 공익사업의 특칙 개관

공익사업은 ① 노동쟁의 조정을 우선적으로 취급하고 신속히 처리함(제51조)을 원칙으로 하고, ② 노동쟁의 조정을 위하여 특별조정위원회를 두어 공익사업의 특수성을 반영하여 조정의 내용 및 절차를 진행하며, ③ 조정기간은 15일(제54조) 이내에 조정을 종료하여야 한다. 또한, ④ 노조법에서는 공익사업에 관한 것은 쟁의행위가 발생한 상태에서도 고용노동부장관의 결정에 따라 긴급조정을 받을 수 있도록 규정하고 있다.

Ⅲ. 공익사업에 대한 특칙

1. 공익사업의 조정담당자

(1) 특별조정위원회의 구성

공익사업의 노동쟁의 조정을 위하여 노동위원회에 특별조정위원회를 두며(제72조 제1항), 특별조정위원회는 특별조정위원 3인으로 구성한다(제72조 제2항). 특별조정위원은 그 노동위원회의 공익을 대표하는 위원 중에서 노동조합과 사용자가 순차적으로 배제하고 남은 4인 내지 6인 중에서 노동위원회의 위원장이 지명한다. 다만, 관계 당사자가 합의로 당해 노동위원회의 위원이 아닌 자를 추천하는 경우에는 그 추천된 자를 지명(제72조 제3항)한다.

(2) 특별조정위원회의 위원장

특별조정위원회의 위원장은 공익을 대표하는 노동위원회의 위원인 특별조정위원 중에서 호선하고, 당해 노동위원회의 위원이 아닌 자만으로 구성된 경우에는 그 중에서 호선한다. 다만, 공익을 대표하는 위원인 특별조정위원이 1인인 경우에는 당해 위원이 위원장이 된다(제73조).

(3) 특별조정위원회의 권한과 회의

특별조정위원회는 공익사업에 대하여 조정을 담당한다는 점에서 조정위원회와 다르지만, 회의는 조정위원회와 같이 구성원 전원 출석으로 개의하고 과반수의 찬성으로 의결한다(노동위원회법 제17조).

2. 공익사업의 조정방법

(1) 조정방법의 원칙

공익사업은 국가 · 지방자치단체 · 국공영기업체 · 방위산업 및 공익사업에 있어서의 노동쟁의 조정을 우선적으로 취급하고 신속히 처리함(제51조)을 원칙으로 한다.

(2) 조정기간

공익사업의 조정은 일반사업의 경우 조정의 신청이 있은 날부터 10일의 기간이 주어지는 것과 비교하여 공익사업에 있어서는 15일 이내에 종료하여야 한다(제54조 제1항). 일반사업에 비하여 공익에 미치는 영향이 크고, 조정기간 중에는 쟁의권 행사가 제한된다(제45조 제2항 참조)는 점을 고려한 것이다. 이는 과거에는 냉각기간을 두어 쟁의행위 자체를 금지하였고, 현재는 조정의 실시기간으로 규정하면서 쟁의행위를 할 수 없도록 하고 있어서 실제로 일반사업보다 공익사업의 쟁의행위를 제약하는 결과가 된다.

3. 공익사업과 긴급조정제도

고용노동부장관은 쟁의행위가 공익사업에 관한 것이거나 그 규모가 크거나 그 성질이 특별한 것으로서 현저히 국민경제를 해하거나 국민의 일상생활을 위태롭게 할 위험이 현존하는 때에는 긴급조정의 결정을 할 수 있다(제76조). 즉, 공익사업의 경우 쟁의행위 전에 조정전치주의에 따라 조정을 거쳐야 하지만, 쟁의행위가 발생한 경우에도 공익보호차원에서 예외적으로 긴급조정의 대상이 될 수 있다.

Ⅳ. 필수공익사업에 대한 특칙

1. 직권중재제도의 폐지

(1) 종전법상 직권중재제도

종전 노조법에는 필수공익사업에 있어서 노동위원회 위원장이 특별조정위원회의 권고에 의하여 중재에 회부한다는 결정을 한 때에는 노동위원회는 중재를 행하도록 하고 있었다. 직권중재는 당사자의 의사와는 무관하게 노동위원회의 위원장이 특별조정위원회의 권고에 의하여 중재에 회부한다는 결정을 한 때에 개시된다. 또한 노동쟁의가 중재에 회부되면 그날로부터 15일간 쟁의행위를 할 수 없었다.

(2) 현행법상 직권중재제도의 폐지

현행 노조법에서는 종전법의 직권중재제도가 쟁의권의 과도한 제약이라는 비판과 함께 위헌 논란이 계속 제기되어 왔다. 또한 ILO는 생명 · 신체의 안전이나 건강과 직접 관련 없는 "철도 · 지하철, 석유사업" 등을 필수공익사업 직권중재대상에서 제외할 것을 지속 권고하여, 현행법에서는 국제기준과 그간의 위헌 논란 등을 감안하여 직권중재를 폐지(제62조 제3호, 제74조 및 제75조)하게 된 것이다.

2. 필수유지업무의 도입

현행 노조법은 필수공익사업에 대하여 업무가 정지 또는 폐지되는 경우 공중의 생명 · 건강, 신체의 안전 또는 공중의 일상생활을 현저히 위태롭게 하는 업무를 필수유지업무로 규정(제42조의2 제1항)하고 쟁의행위 기간 중 필수유지업무의 정당한 유지 · 운영을 정지 · 폐지 또는 방해하는 행위에 대해 3년 이하, 3천만원 이하 벌금 부과하도록 하고 있다(제89조).

이를 통해 필수공익사업에 있어 쟁의권과 공익보호의 조화를 이루어 노사 간의 이익분쟁을 자율과 책임을 통해 결정할 수 있게 되었다.

3. 필수공익사업의 대체근로허용

현행 노조법에서는 필수공익사업의 직권중재제도가 폐지됨에 따라 필수공익사업 중 필수유지업무 대상이 아닌 업무의 경우 대체근로를 파업참가 근로자의 50/100까지 허용하도록 하여, 노사대등성 확보와 파업시 공익보호를 강화하였다.

4. 필수공익사업과 긴급조정제도

공익사업은 쟁의행위가 발생한 상태에서 긴급조정의 대상이 될 수 있는데, 종전 긴급조정제도에서는 필수공익사업의 직권중재제도와의 중복성 등을 둘러싸고 논란이 계속되어 왔다. 최근 개정 노조법에서는 직권중재제도를 폐지하는 동시에 필수공익사업의 범위를 확장하고 직권중재를 폐지하면서, 긴급조정제도를 활용할 필요성이 제기되었다. 그러나 긴급조정제도는 당사자의 의사와 상관없이 강제로 진행되므로 노사자치를 통한 분쟁해결을 우선하여야 할 것이다.

Ⅴ. 결　　론

그동안 필수공익사업의 쟁의행위에 있어서 직권중재제도를 두고 있어서 쟁의행위를 제약한다는 비판에 따라 직권중재제도를 폐지하고 필수유지업무를 신설하고 대체근로 일부 허용하여 공익보호와 근로3권 보장이 최대한 이루어질 수 있도록 하고 있다. 이와 같은 현행 법률이 조기에 정착되어 공익사업의 단체행동권이 보장이 이루어지는 계기가 되기를 바란다.

제 4 절 사적 조정제도

Ⅰ. 서 설

1. 사적 조정제도의 의의

사적조정제도는 노동위원회 등 공적기관과는 별도로 노동관계 당사자의 의사에 따라 민간인 또는 민간단체에서 노동쟁의의 조정을 행하는 제도이다.

노조법은 공적 조정 이외에 노동관계당사자 쌍방의 합의 또는 단체협약이 정하는 바에 따라 각각 다른 조정 또는 중재방법에 의하여 노동쟁의를 해결할 수 있도록 근거규정을 두고 있다(제52조 제1항). 이는 노동쟁의를 노동관계 당사자가 자주적으로 해결할 수 있도록 조력하기 위하여 설정된 제도이다.

2. 사적 조정제도 활성화

종전 노조법은 노동위원회의 공적조정이 아닌 당사자의 합의에 의한 사적 조정으로 분쟁을 해결하는 것을 허용하고 있었지만, 사적 조정지원을 위한 법제도(사적 조정인의 수수료 불법) 및 인프라 구축이 미흡하여 제도가 활성화되지 못했다.[21]

이에 현행법에서는 사적 조정인 또는 사적 중재인이 노동관계 당사자로부터 수수료, 수당과 여비를 받을 수 있는 법적 근거를 마련(제52조 제1항 및 제5항)하여 전문성 있고 유능한 인력이 참여할 수 있는 여건을 조성할 수 있게 되었다. 그 밖에 선진화 방안에서 제시[22]된 사적 조정 활성화 방안은 입법조치가 없이 국가의 정책적 지원을 통하여 해결하여야 할 것이다.

Ⅱ. 사적 조정의 절차

1. 개시요건

(1) 당사자의 합의

노동관계 당사자 쌍방의 합의 또는 단체협약의 규정에 의하여 개시된다(제52조 제1항). 이는 공적 조정이 일방의 신청이나 직권에 의하여 개시되는 것과 달리 노사 간 자율성을 존중하여 자주적 해결을 도

21) '97년 법 개정 이후 신고된 사적 조정건수는 16건에 불과하였음.
22) 선진화 방안 111, 선진화 방안에서는 ① 사적조정과 공적조정 간 관계설정 명확화, ② 사적 조정의 인프라 구축을 위한 법제도적 지원(사적 조정인 수수료 합법화, 사적 조정인 양성제도 구축, 조정관련 민·관 기관 간 연계체제 구축)을 제시하고 있음.

모하고자 하는 것이다.

(2) 노동위원회에의 신고

노동관계 당사자가 사적 조정에 의하여 노동쟁의를 해결하기로 한 때에는 노동위원회에 신고하여야 한다(제52조 제2항). 이러한 사적 조정 신고는 공적 조정이나 중재가 진행 중인 경우에도 가능하다(영 제23조 제2항).

2. 사적 조정의 방법

(1) 당사자의 합의

사적 조정의 방법은 노동관계 당사자 쌍방의 합의 또는 단체협약으로 정할 수 있다. 따라서 그 방법 또는 방식은 노사 간의 합의에 의하여 자유로이 정할 수 있다.

(2) 사적 조정인

현행 노조법은 사적 조정을 수행하는 자는 노동위원회법상(제8조 제2항 제2호) 자격을 가진 자로 규정하여 지방노동위원회의 조정담당 공익위원의 지위에 준하는 자를 선정하도록 하고 있다.[23] 이 경우 사적 조정인이 노동관계 당사자로부터 수수료, 수당과 여비를 받을 수 있는 법적 근거를 마련(제52조 제1항 및 제5항)하여 전문성 있고 유능한 인력이 참여할 수 있는 여건을 조성하고, 사적 조정을 활성화하도록 하고 있다.

3. 사적 조정의 대상

사적조정의 대상은 '근로조건의 결정'이어야만 인정되는 것이 원칙일 것이다. 다만, 사적 조정이 노사자치의 일환으로 도입되었다는 점에서 '근로조건의 결정'에 관한 이익분쟁이 아니더라도 단체교섭 및 협약의 대상이 될 수 있으면 사적 조정의 대상이라고 할 수 있다.

이와 관련하여 판례는 "노사관계 당사자 쌍방이 합의하여 단체협약의 대상이 될 수 있는 사항에 대하여 중재를 해줄 것을 신청한 경우이거나 이와 동일시할 수 있는 사정이 있는 경우에는 근로조건 이외의 사항에 대하여도 중재재정을 할 수 있다"고 판시한 바 있다.[24]

Ⅲ. 사적 조정의 효력

1. 조정전치주의

사적 조정의 경우에도 노조법 제44조 제2항의 조정전치주의 규정이 적용된다. 따라서 공적 조정을 거치지 않은 상태라도 사적 조정을 거치게 되면 쟁의행위를 할 수 있고, 사적 조정기간 중에는 쟁의행위를 할 수 없다.

2. 조정기간 또는 중재기간

(1) 사적 조정기간

사적 조정은 조정을 개시한 날부터 일반사업에 있어서는 10일, 공익사업에 있어서는 15일, 중재를

23) 사적조정인은 공인노무사, 변호사 등 전문적인 지식이나 경험을 가져야만 조정의 신뢰성이 담보될 것이다. 특히, 2003.12.31. 국회에서 공인노무사법에 사적조정·중재 업무를 직무범위에 명시하고 있다(공인노무사법 제2조 제1항 제5호).

24) 대판 2003.7.25, 2001두4818.

개시한 날부터 15일이 경과되어야 쟁의행위를 할 수 있다(제52조 및 제54조). 조정이 성사되지 아니하더라도 위의 기간이 경과하면 쟁의행위를 할 수 있다.

(2) 사적 중재기간

사적 중재는 중재를 개시한 날부터 일반사업이나 공익사업 구분 없이 15일간 쟁의행위가 금지된다(제63조).

3. 사적 조정의 효력

(1) 사적 조정이 이루어진 경우

1) 조정안 및 중재재정의 효력 조정 또는 중재가 이루어진 경우에 그 내용은 단체협약과 동일한 효력을 가진다(제52조 제4항).

2) 조정안 및 중재재정의 해석 조정안 또는 중재재정의 해석 또는 이행방법에 관하여 관계당사자 간에 의견의 불일치가 있는 때에는 당해 사적조정인에게 그 해석 또는 이행방법에 관한 명확한 견해의 제시를 요청할 수 있다(제60조 제3항 및 영 제30조 제1항).

(2) 사적 조정이 이루어지지 않은 경우

1) 공적 조정의 신청 노동관계당사자는 사적 조정 · 중재가 해결되지 아니한 경우에는 노조법에 의하여 공적기관인 노동위원회에 노동쟁의를 조정 · 중재하여 줄 것을 신청할 수 있다. 이 경우 관할 노동위원회는 지체없이 공적조정 또는 중재를 개시하여야 한다(영 제23조 제3항).

2) 쟁의행위 사적 조정 등이 이루어지지 않은 경우에는 노조법에 의한 조정을 거친 것과 같아서 사적 조정에 이어서 사적 중재를 하기로 하였거나 임의중재의 개시요건이 갖추어지지 않은 이상, 쟁의행위를 할 수 있다고 보아야 할 것이다. 사적 조정 · 중재도 노조법 제45조 제2항의 조정전치주의가 적용되기 때문이다.

Ⅳ. 사적 조정제도의 한계와 개선방향

1. 종전제도의 한계

종전 노조법은 사적 조정에 관한 규정을 두어 공적 조정 이외에 자주적인 해결을 도모하고 있었다. 그러나 제도에 대한 인식부족과 홍보미비로 그 활용측면에 한계가 있어왔다. 그리고 공정성을 지닌 전문가의 부족으로 사적 조정의 장점을 살리지 못하고 있다.

2. 개선방향

현행법에서는 사적 조정인 또는 사적 중재인이 노동관계 당사자로부터 수수료, 수당과 여비를 받을 수 있는 법적 근거를 마련(제52조 제1항 및 제5항)하여 전문성 있고 유능한 인력이 참여할 수 있는 여건을 조성할 수 있게 되었다. 그 밖에 사적 조정을 활성화하기 위해 인프라 구축을 위한 사적 조정인 양성을 위한 제도를 마련하고, 조정관련 민 · 관 기관 간 연계체제를 만들어 나갈 수 있도록 정책적 지원이 요구된다.

제 5 절　긴급조정

Ⅰ. 서　설

노동관계 당사자 간의 이해관계는 노사의 자주적 해결이 원칙이다. 그러나 노사의 자주적 해결이 어려울 경우 제3자가 개입하여 신속하게 조정함으로써 노사분쟁의 장기화를 방지하고 그에 따른 국민경제의 피해를 최소화할 필요성 때문에 조정제도를 인정하고 있는 것이다. 여기에서 일반적인 조정제도인 조정 · 중재가 통상의 노동쟁의의 조정방법이라고 한다면, 긴급조정은 비상시의 쟁의조정방법이라고 할 수 있고, 전자가 앞으로 발생할 쟁의행위의 예방조치라고 한다면 후자는 이미 발생한 쟁의행위의 중지조치라고 할 수 있다.

즉 긴급조정제도는 노동쟁의가 국민경제나 국민생활을 위태롭게 할 위험이 있는 경우 노동부장관이 쟁의행위를 중지시키고 긴급하게 조정할 것을 결정하여 행하는 조정이다.

긴급조정은 당사자의 의견과는 상관없이 개시되고 쟁의행위가 이미 행하여진 후에도 이를 중지할 수 있으므로 쟁의권에 대한 중대한 제한을 가져온다는 측면에서 노사자치주의의 실현과는 배치되는 측면이 있다.[25] 이러한 긴급조정제도는 도입 이후 69년 조선공사, 93년 현대자동차 파업시에 긴급조정결정이 있었지만 조정 · 중재에 이르지 않고 자율 타결을 이루었던 사례가 있고, 최근 05년 아시아나항공 조종사 노조의 파업에 대해 긴급조정이 결정된 바 있다. 긴급조정은 노사자치주의의 예외적인 제도로서 그 역할의 제정비가 요구된다.

Ⅱ. 긴급조정의 결정

1. 긴급조정결정의 요건

긴급조정은 '당해 쟁의행위가 공익사업에 관한 것이거나 그 규모가 크거나 그 성질이 특별한 것으로서 현저히 국민경제를 해하거나 국민의 일상생활을 위태롭게 할 위험이 현존하는 때'에만 인정(제76조 제1항)된다. 따라서 위험의 현저성이 구체적이어야 하며, 그 위험이 현실적으로 존재해야 한다. 공익사

25) 임종률 185, 정부의 결정으로 쟁의행위를 일정기간 중지시키는 제도는 미국이 1947년 Taft-Hartley법에서 도입한 이래 일본 등에서도 도입하였으나 서유럽에서는 정부의 결정으로 쟁의행위를 중지시키는 제도를 찾아보기 어렵다.

업에서의 쟁의행위, 대규모 쟁의행위 또는 성질이 특별한 쟁의행위라 하여 당연히 긴급조정을 결정할 수 있는 것은 아니고, 현저히 국민경제나 국민의 일상생활을 위태롭게 할 위험이 현존할 것이 요구된다. 성질이 특별하다는 것은 일반사업에 관한 것으로서 규모가 크지 않으면서도 국민경제나 국민의 일상생활에 악영향을 주는 경우를 말한다.

2. 결정권자의 결정

(1) 결정권자

긴급조정의 결정권자는 노동부장관(제76조 제3항)이다. 노동계에서는 대통령이 결정권을 가져야 한다는 주장이 있으나, 긴급조정의 필요성에 관한 관련 부처와의 관계, 신속한 결정 등을 고려한다면 현행과 같이 노동부장관을 결정권자로 하는 것이 바람직하다.[26)]

(2) 중앙노동위원회 위원장의 의견수렴

고용노동부장관은 긴급조정의 결정을 하고자 할 때에는 미리 중앙노동위원회(이하 '중노위') 위원장의 의견을 들어야 한다(제76조 제2항). 여기에서 고용노동부장관이 중노위 위원장의 의견을 들어야 한다는 것은 중노위 위원장의 의견을 존중하여야 한다는 의미이며, 그 의견에 구속된다는 것은 아니므로 사실상 고용노동부장관이 긴급조정에 대한 결정권을 갖는다고 보아야 할 것이다.

(3) 공표 및 결정통보

노동부장관은 긴급조정을 결정한 때에는 지체없이 그 이유를 붙여 이를 공표함과 동시에 중앙노동위원회와 관계 당사자에게 각각 통고하여야 한다(제76조 제3항).

3. 긴급조정결정의 효과

(1) 쟁의행위의 중지

긴급조정의 결정이 공표된 때에는 즉시 쟁의행위를 중지하여야 하며, 공표일부터 30일이 경과하지 아니하면 쟁의행위를 재개할 수 없다(제77조). 만약 이를 위반할 경우에는 2년 이하의 징역 또는 2천만원의 벌금형에 처하게 된다(제90조).

(2) 중앙노동위원회의 조정절차 개시

중앙노동위원회는 노동부장관의 통고를 받은 때에는 지체 없이 조정을 개시하여야 한다(제78조).

Ⅲ. 긴급조정으로서의 조정 · 중재

1. 조 정

긴급조정에 의해서 조정위원회는 조정안을 작성하여 이를 관계 당사자에게 제시하고 그 수락을 권고한다(제60조). 조정안이 관계 당사자에 의하여 수락된 때에는 조정서를 작성한다. 이러한 조정서의 내용은 단체협약과 동일한 효력을 가진다(제61조).

---

26) 선진화 방안 106.

2. 중 재

(1) 중재회부 결정

중노위 위원장은 긴급조정이 성립될 가망이 없다고 인정한 경우에는 긴급조정결정의 통고를 받은 날부터 15일 이내에 공익위원의 의견을 들어 중재에 회부할 것인가를 결정하여야 한다(제79조).

(2) 중재개시

중앙노동위원회는 당해 관계당사자의 일방 또는 쌍방으로부터 중재신청이 있거나 중노위 위원장이 중재회부의 결정을 한 때에는 지체없이 중재를 행해야 한다(제80조).

(3) 중재재정의 효력

긴급조정에 의하여 중재재정이 내려지면 중재재정은 단체협약과 동일한 효력을 가진다(제70조).

(4) 행정소송의 제기

긴급조정의 절차를 개시할 만한 요건이 구비되어 있지 아니함에도 불구하고 노동부장관이 긴급조정의 결정을 내린 때에는 행정소송으로 이를 다툴 수 있다.

Ⅳ. 긴급조정제도의 향후 역할

1. 직권중재 폐지 후 긴급조정의 활용

현행 긴급조정제도에서는 필수공익사업의 직권중재제도와의 중복성 등을 둘러싼 논란이 계속되고 있다. 최근 개정 노조법에서는 직권중재제도를 폐지하는 동시에 필수공익사업의 범위를 확장하여 긴급조정제도를 활용할 필요성이 더욱 커지게 되었다. 그러나 긴급조정제도는 당사자의 의사와 상관없이 강제로 진행되므로 노사자치를 통한 분쟁해결을 우선하여야 할 것이다.

직권중재가 폐지되고 긴급조정을 제한적으로 이용하기 위해서는 공익사업 등의 긴급조정에 대한 여론수렴 절차(사실조사 및 공표)와 필수유지업무제도의 적절한 활용이 필요하다.[27)]

2. 필수유지업무제도 도입과 긴급조정제도와의 관계

필수유지업무제도가 도입될 경우 '국민경제'라는 공익침해를 최소화하면서 파업이 계속 진행될 수 있기 때문에 파업권이 보장될 수 있다. 개정 노조법에서는 직권중재제도를 폐지하되, 종전 필수공익사업에 혈액공급, 항공운수사업을 추가하며, 필수공익사업에 대하여 필수유지업무제도를 도입하고 파업참가자 50%에 대해 대체근로를 허용하고 있다. 다만, 동 제도는 2008년 1월 1일부터 시행된다.

필수유지업무가 아닌 일반 업무는 파업의 태양에 따라 긴급조정이 결정될 수 있고, 공익적 업무 모두가 필수유지업무로 되는 것은 아니라고 할 것이다. 한편 ⅰ) 필수유지업무로 되더라도 장기간 계속되는 파업, ⅱ) 필수유지업무가 유지되지 않는 파업인 경우 긴급조정의 필요성이 높아질 것이다.

Ⅴ. 결 론

현행 조정제도는 서비스로서의 제도로 전환되어야 그 실효성을 확보할 수 있다. 서비스로서의 조정

27) 노동부, 「노사관계법 · 제도 선진화 방안」, 2003.11.

제도 하에서도 긴급조정의 필요성은 유효하므로 현행 긴급조정제도를 정비하여 효용성을 높여야만 한다. 그러나 이 제도는 노사자치와 배치되는 측면이 있고 당사자의 의사와 관계없이 강제적으로 진행될 수 있으므로 예외적으로만 사용되어야 할 것이다. 긴급조정은 가급적 자제되어야 할 것이지만 국민경제와 파업권의 보장이 조화를 이룰 수 있는 수준에서 분쟁해결의 도구로 이용될 수 있을 것이다.

[표] 조정과 중재 비교

	조 정	중 재
개 시	1. 관계 당사자의 일방이 노동쟁의의 조정을 신청한 때(제53조) 2. 중앙노동위원회는 긴급조정결정에 따라 노동부장관의 통고를 받은 때(긴급조정, 제78조)	1. 관계 당사자의 쌍방이 함께 중재를 신청한 때(제62조 제1호) 2. 관계 당사자의 일방이 단체협약에 의하여 중재를 신청한 때(제62조 제2호) 3. 긴급조정절차에서 당해 관계당사자의 일방 또는 쌍방으로부터 중재신청이 있거나 중노위 위원장이 긴급조정절차에 의한 조정이 성립될 가망이 없다고 인정한 경우에 공익위원의 의견을 들어 중재회부결정을 한 때(제79조, 제80조)
기 간	조정의 신청이 있은 날부터 일반사업에 있어서는 10일, 공익사업에 있어서는 15일 이내에 종료하여야 함. 조정기간은 관계 당사자 간의 합의로 일반사업은 10일, 공익사업은 15일 이내에서 연장할 수 있음(제54조)	노동쟁의가 중재에 회부된 때에는 그 날부터 15일간은 쟁의행위를 할 수 없음(제63조)
기 관	▷**조정위원회:** – 기능: 일반사업 조정 – 구성: 조정위원 3인으로 구성. – 위원: 조정위원은 노동위원회의 위원 중에서 사용자를 대표하는 자, 근로자를 대표하는 자 및 공익을 대표하는 자 각 1인을 그 노동위원회의 위원장이 지명, 근로자를 대표하는 조정위원은 사용자가, 사용자를 대표하는 조정위원은 노동조합이 각각 추천하는 노동위원회의 위원 중에서 지명. 다만, 조정위원회의 회의 3일 전까지 관계 당사자가 추천하는 위원의 명단제출이 없을 때에는 당해 위원을 위원장이 따로 지명(제55조) 노동위원회의 위원장은 근로자를 대표하는 위원 또는 사용자를 대표하는 위원의 불참 등으로 인하여 제3항의 규정에 따른 조정위원회의 구성이 어려운 경우 노동위원회의 공익을 대표하는 위원 중에서 3인을 조정위원으로 지명할 수 있다. 다만, 관계 당사자 쌍방의 합의로 선정한 노동위원회의 위원이 있는 경우에는 그 위원을 조정위원으로 지명한다 – 위원장: 위원장은 공익을 대표하는 조정위원이 됨(제56조)	▷**중재위원회:** – 기능: 노동쟁의의 중재 또는 재심 – 구성: 중재위원 3인으로 구성 – 위원: 당해 노동위원회의 공익을 대표하는 위원 중에서 관계 당사자의 합의로 선정한 자에 대하여 그 노동위원회의 위원장이 지명. 다만, 관계 당사자 간에 합의가 성립되지 아니한 경우에는 노동위원회의 공익을 대표하는 위원 중에서 지명(제64조 제2, 3항) – 위원장: 중재위원 중에서 호선(제65조)

	▷**단독조정인:** 관계 당사자 쌍방의 신청이 있거나 관계 당사자 쌍방의 동의를 얻은 경우에는 단독조정인에게 조정을 행하게 할 수 있으며, 단독조정인은 당해 노동위원회의 위원 중에서 관계 당사자의 쌍방의 합의로 선정된 자를 그 노동위원회의 위원장이 지명(제57조) ▷**특별조정위원회:** – 기능: 공익사업의 조정. – 위원: 노동위원회의 공익을 대표하는 위원 중에서 노동조합과 사용자가 순차적으로 배제하고 남은 4인 내지 6인 중에서 노동위원회의 위원장이 지명하는 3인의 특별조정위원으로 구성하되 관계당사자가 합의로 당해 노동위원회의 위원이 아닌 자를 추천하는 경우에는 그 추천된 자가 특별조정위원으로 지명됨(제72조 제2, 3항) – 위원장: 특별조정위원회에는 공익을 대표하는 노동위원회의 위원인 특별조정위원 중에서 호선한 위원장을 두되, 특별조정위원이 당해 노동위원회의 위원이 아닌 자만으로 구성된 경우에는 그 중에서 위원장을 호선하고, 다만 공익을 대표하는 위원인 특별조정위원이 1인인 경우에는 당해 위원이 위원장이 됨(제73조)	
기관의 활동	– 주장의 확인 및 출석금지: 조정위원회 또는 단독조정인은 기일을 정하여 관계 당사자 쌍방을 출석하게 하여 주장의 요점을 확인(제58조), 조정위원회의 위원장 또는 단독조정인은 관계 당사자와 참고인외의 자의 출석을 금할 수 있음(제59조) 조정안의 작성: 조정위원회 또는 단독조정인은 조정안을 작성하여 이를 관계 당사자에게 제시하고 그 수락을 권고하는 동시에 그 조정안에 이유를 붙여 공표할 수 있으며, 필요한 때에는 신문 또는 방송에 보도 등 협조를 요청할 수 있음(제60조 제1항) – 조정의 종료 및 통보: 조정위원회 또는 단독조정인은 관계 당사자가 수락을 거부하여 더 이상 조정이 이루어질 여지가 없다고 판단되는 경우에는 조정의 종료를 결정하고 이를 관계 당사자 쌍방에 통보(제60조 제2항)	– 주장의 확인 및 출석금지: 중재위원회는 기일을 정하여 관계 당사자 쌍방 또는 일방을 중재위원회에 출석하게 하여 주장의 요점을 확인. 관계 당사자가 지명한 노동위원회의 사용자를 대표하는 위원 또는 근로자를 대표하는 위원은 중재위원회의 동의를 얻어 그 회의에 출석하여 의견을 진술할 수 있음(제66조) 중재위원회의 위원장은 관계 당사자와 참고인외의 자의 회의출석을 금할 수 있음(제67조) – 중재재정의 작성: 중재재정은 서면으로 작성하여 이를 행하며 그 서면에는 효력발생 기일을 명시하여야 함(제68조 제1항) – 중재재정 등의 확정: 관계 당사자는 지방노동위원회 또는 특별노동위원회의 중재재정이 위법이거나 월권에 의한 것이라고 인정하는 경우에는 그 중재재정서의 송달을 받은 날부터 10일 이내에 중앙노동위원회에 그 재심을 신청할 수 있음. 관계 당사자는 중앙노동위원회의 중재재정이나 재심결정이 위법이거나 월권에 의한 것이라고 인정하는 경우에는 그 중재재정서 또는 재심결정서의 송달을 받은 날부터 15일 이내에 행정소송을 제기할 수 있음. 위의 기간 내에 재심을 신청하지 아니하거나 행정소송을 제기하지 아니한 때에는 그 중재재정

	– 조정안의 해석: 조정안이 관계 당사자의 쌍방에 의하여 수락된 후 그 해석 또는 이행방법에 관하여 관계 당사자 간에 의견의 불일치가 있는 때에는 관계 당사자는 당해 조정위원회 또는 단독조정인에게 그 해석 또는 이행방법에 관한 명확한 견해의 제시를 요청하여야 하며, 이러한 요청을 받은 때에는 그 요청을 받은 날부터 7일 이내에 명확한 견해를 제시하여야 함. 이 경우 해석 또는 이행방법에 관한 견해가 제시될 때까지는 관계 당사자는 당해 조정안의 해석 또는 이행에 관하여 쟁의행위를 할 수 없음(제60조 제3, 4, 5항)	또는 재심결정은 확정됨(제69조) – 중재재정의 해석: 중재재정의 해석 또는 이행방법에 관하여 관계 당사자 간에 의견의 불일치가 있는 때에는 당해 중재위원회의 해석에 따르며 그 해석은 중재재정과 동일한 효력(제68조 제2항)
효력	조정안이 관계 당사자에 의하여 수락된 때에는 조정위원 전원 또는 단독조정인은 조정서를 작성하고 관계 당사자와 함께 서명날인하여야 하며, 조정서의 내용은 단체협약과 동일한 효력(제61조 제1항) 조정위원회 또는 단독조정인이 제시한 해석 또는 이행방법에 관한 견해는 중재재정과 동일한 효력(제61조 제2항)	노동위원회의 중재재정 또는 재심결정은 중앙노동위원회에의 재심신청 또는 행정소송의 제기에 의하여 그 효력이 정지되지 않고 중재재정의 내용은 단체협약과 동일한 효력(제70조)

[그림] 노동위원회의 조정 · 중재 절차

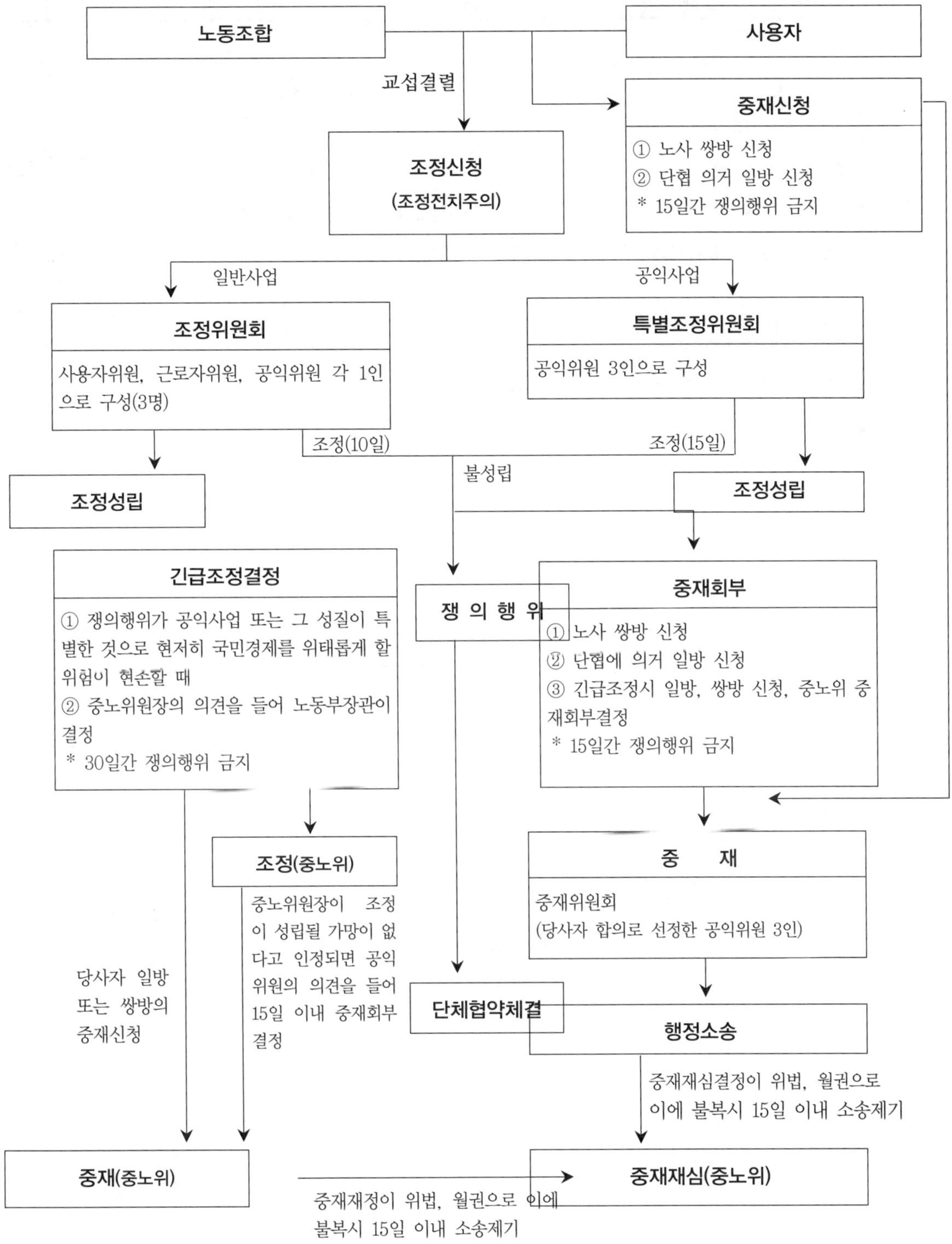

Key Word

➪ 조정, 중재, 사적조정, 조정전치주의, 직권중재, 긴급조정

기출문제

(1) 조정전치주의 (6회, 97년, 25점)

(2) 필수공익사업의 중재제도 (8회, 99년, 25점)

(3) 직권중재제도의 요건, 절차, 효과 및 근로3권과의 관계 (13회, 04년, 25점)

(4) 노동쟁의조정법상의 긴급조정제도 (4회, 93년, 25점)

연습문제

(1) 공익사업의 조정제도에 대하여 약술하시오.

(2) 긴급조정에 대하여 약술하시오.

제 5 장 쟁의행위

제 1 절 쟁의행위의 의의

Ⅰ. 서　　설

1. 단체행동권의 역사

단체행동은 사용자에 대한 경제적 압력행사를 통하여 교섭력의 균형을 확보하는 한편 집단적 의사를 관철하는 수단으로 이용되어 왔다. 단체행동에 대한 국가법의 태도는 각국에 따라 약간의 차이가 있기는 하지만, 대체로 노동조합(단결권)에 대해서와 마찬가지로 억압 · 소극적 용인 · 적극적 보장의 단계를 거쳐왔다.

초기에 근로자의 단체행동은 계약자유, 사적 소유권에 대한 침해로서 위법한 행위로 평가되었고, 행위의 태양에 따라 형사상 범죄로 취급되었다. 그 후 근로자의 정치적 · 사회적 지위의 성장과 더불어 단체행동은 국가법에서 용인하는 방임의 단계를 맞는다.

그 후 근로자의 단체행동은 소극적 용인의 단계를 벗어나 국가법에 의한 적극적 보호의 대상으로 여겨지게 되었다. 오늘날 단체행동은 근로자의 기본적 권리로 승인되어 민 · 형사면책, 부당노동행위제도 등 여러 가지 법적 보호의 대상이 되었다.

2. 단체행동권과 쟁의행위

헌법 제33조 제1항에서는 근로자는 근로조건 향상을 위하여 자주적인 단결권 · 단체교섭권 · 단체행동권을 가진다고 규정하고 있다. 또한 쟁의행위는 헌법상 보장되는 근로3권의 하나인 단체행동권을 구체화한 것으로 노조법은 제2조 제6호에서 쟁의행위를 '파업, 태업, 직장폐쇄 기타 노동관계 당사자가 그 주장을 관철할 목적으로 행하는 행위와 이에 대항하는 행위로서 업무의 정상적인 운영을 저해하는 행위를 말한다'고 정의하고 있다.

쟁의행위에 해당하면 노조법상 쟁의행위의 보호법규(민형사 면책, 불이익 취급금지, 대체근로제한, 구속

제한 등)가 적용되어 근로3권이 보호받을 수 있지만, 쟁의행위 제한금지법규에 의해 쟁의행위를 행하는 것이 제한된다. 더욱이 우리의 쟁의행위에 대한 책임여부가 정당한지 여부, 즉 정당성 판단론에 의해 따르게 되어 노조 측의 행위가 쟁의행위 개념에 해당되는지에 따라 그 행위의 허용 여부가 달라질 수 있다는 점에서 중요하다.

Ⅱ. 쟁의행위의 개념

1. 의 의

"쟁의행위"라 함은 파업 · 태업 · 직장폐쇄 기타 노동관계 당사자가 그 주장을 관철할 목적으로 행하는 행위와 이에 대항하는 행위로서 업무의 정상적인 운영을 저해하는 행위를 말한다(제2조 제6호).

2. 쟁의행위의 개념표지

(1) 주 체

쟁의행위의 주체를 근로자 측 '노동관계 당사자' 즉, 노동조합이라 규정하고 있지만(제2조 제5호 참조) '노동조합이나 그 밖의 단결체'의 행위이다. 즉 '집단적 행위'라야 쟁의행위가 된다.

(2) 목 적

쟁의행위는 상대방에 대하여 '그 주장을 관철할 목적'으로 하는 행위라야 쟁의행위가 된다. 쟁의행위를 통하여 관철하려는 '그 주장'은 쟁의행위 주체의 상대방에 대한 주장을 말하고 노동쟁의의 대상인 '근로조건의 결정에 관한 주장'(제2조 제5호)으로 한정되는 것인지 견해대립이 있다.[1)]

(3) 수 단

사용자의 '업무에 정상적인 운영을 저해하는 행위'이어야 쟁의행위가 된다. 업무를 '저해하는 행위'란 반드시 업무저해의 결과를 야기한 행위일 필요는 없고 업무저해의 위험성이 있으면 족하다고 해석된다.

3. 구별개념

(1) 단체행동권 및 조합활동

1) 단체행동권의 개념 "단체행동권"이란 근로자가 근로조건의 향상을 위해 집단적으로 행동할 수 있는 헌법상 권리로서 단결체의 존립과 목적달성을 실력으로 관철하려는 투쟁수단으로써 단체적 투쟁에 있어 가장 본질적인 권리이면서, 최후의 강제수단이다.

2) 조합활동의 개념 "조합활동"이란 근로자가 노동조합의 목적달성과 단결력의 유지 · 강화를 위해 행하는 일상적 제반활동으로 업무저해성이 없다는 점에서 단체행동권에 포함되는지 또는 단결권에 포함되는지에 대한 견해대립이 있다.

3) 학 설 쟁의행위를 '단체행동'의 일종으로 보면서 양자를 구별하는 견해[2)] 즉, 단체

---

1) 임종률 188, 쟁의행위와 노동쟁의를 명확히 구분하지만 김형배 802, 김유성Ⅱ 220, 이병태 316, 이상윤 725는 근로조건의 결정을 위한 주장을 관철하려는 경우만 노조법상의 쟁의행위로 본다. 또 대판 1991. 1. 29, 90도2852도 원심과 달리 쟁의행위 정의규정의 '그 주장'은 노동쟁의의 경우와 마찬가지로 근로조건에 관한 주장으로 한정된다고 전제하면서 구속근로자의 석방을 촉구하고 구형량에 항의하기 위한 조합원들의 집단적 업무저해행위는 쟁의행위가 아니라고 판시하였다.

행동에는 쟁의행위 이외에 단순한 집단적 행위 또는 조합활동이 포함되어 있다는 입장과 쟁의행위와 단체행동이 동일한 개념이라는 입장[3]이 있다

(2) 노동쟁의

1) 개 념 "노동쟁의"라 함은 노동조합과 사용자 또는 사용자단체(이하 "노동관계 당사자"라 한다) 간에 임금 · 근로시간 · 복지 · 해고 기타 대우 등 근로조건의 결정에 관한 주장의 불일치로 인하여 발생한 분쟁상태를 말한다. 이 경우 주장의 불일치라 함은 당사자 간에 합의를 위한 노력을 계속하여도 더 이상 자주적 교섭에 의한 합의의 여지가 없는 경우를 말한다(제2조 제5호).

2) 학 설 쟁의행위는 집단적으로 업무를 저해하는 '행위'인 데 대하여 노동쟁의는 단체교섭의 결렬로 쟁의행위가 발생할 우려가 있거나 발생한 '상태'를 말하는 것으로 양자는 입법취지가 다르므로 쟁의행위의 정당성 판단에서 노동쟁의에 해당되는지는 별개의 문제로 보는 입장과 단체교섭의 대상여부와 노동쟁의의 개념표지를 연계하여 쟁의행위의 정당성 판단의 기준으로 삼는 입장이 있다.

(3) 준법투쟁

"준법투쟁"이란 노동조합 기타 노동단체가 그 주장을 관철할 목적으로 근로자들로 하여금 법령이나 취업규칙 등의 규정을 필요 이상으로 엄격히 지키거나 자신들에게 보장된 권리를 일제히 행사하는 행위로서 업무의 정상적인 운영을 저해하는지 여부에 따라 견해대립이 있다.

4. 면책적 쟁의행위와의 관계

노조법상 쟁의행위와 면책적 쟁의행위는 양자 모두 사실상의 실력행사를 개념요소로 한다는 점에서 다르지 않다. 노조법상 쟁의행위는 본래 쟁의조정절차의 원활한 운영을 확보하기 위해 입법정책적으로 규정되는 개념인 반면, 면책적 쟁의행위는 단체행동권 보장의 취지에 따른 헌법해석에 의해 결정되는 개념이다.

노조법상 쟁의행위는 다음의 점에서 면책적 쟁의행위와 구별된다. 첫째, 쟁의행위의 주체와 관련하여 노조법상 쟁의행위는 노조법상 노동조합의 쟁의행위를 의미하지만, 면책적 쟁의행위에는 헌법상 단결체의 쟁의행위도 포함된다. 둘째, 쟁의행위의 범위와 관련하여 노조법상의 벌칙규정이 조정절차의 실효성을 확보하기 위한 것인 경우에는 이를 이유로 면책적 쟁의행위에 인정되는 면책효과를 부인할 수 없다. 셋째, 쟁의행위 대상, 즉 주장관철의 목적과 관련하여 노조법상 쟁의행위는 임금, 근로시간 등 근로조건의 결정에 관한 주장의 관철을 목적으로 함에 비해, 면책적 쟁의행위는 이에 한정하지 않고 널리 '근로자의 경제적 · 사회적 지위향상'이나 '노동관계'에 관한 주장의 관철까지도 그 목적으로 할 수 있다.[4]

Ⅲ. 정당한 쟁의행위의 보호

1. 민 · 형사면책

(1) 민사면책

시민법에 의하면 쟁의행위는 근로계약상의 의무위반으로 채무불이행 또는 사용자의 영업활동에 대

2) 김형배 800; 김유성Ⅱ 217.
3) 임종률 192.
4) 김유성Ⅱ 222.

한 침해로서 불법행위에 해당되어 그로 인한 손해배상책임이 발생한다. 그러나 헌법상 단체행동권이 기본권으로 보장된 이상 단체행동권 행사로서의 쟁의행위는 채무불이행 또는 불법행위가 아닌 권리의 행사로 인정되어야 하며, 그 한도에서 시민법상의 손해배상책임도 제한된다.

노조법에서는 "사용자는 이 법에 의한 단체교섭 또는 쟁의행위로 인하여 손해를 입은 경우에 노동조합 또는 근로자에 대하여 그 배상을 청구할 수 없다"고 규정(노조법 제3조)하여 이를 확인하고 있다.

(2) 형사면책

쟁의행위가 단체행동권의 행사로 승인되기 전까지 대부분의 국가에서는 쟁의행위가 외관상 시민법상의 범죄구성요건에 해당하는 경우 그 형사책임을 인정했다. 그러나 정당한 쟁의행위에 대해 형사책임을 추궁한다는 것은 쟁의행위 자체가 업무저해의 개념을 내포하고 있으므로 실질적으로는 쟁의행위를 부정하는 결과로 되고, 이것은 집단적 노사관계에서의 국가중립주의에 반하는 결과를 야기한다.

따라서 쟁의행위가 정당성을 상실하지 않는 한 형사책임으로부터 자유로워야 한다는 것은 단체행동권의 당연한 효과로 인정되어야 하며, 노조법 제4조는 이러한 취지를 확인적으로 규정이다.

(3) 민 · 형사면책 법리

1) 문제의 소재 정당한 쟁의행위에 대해 민 · 형사면책을 규정한 노조법 제3조 및 제4조의 법리에 대한 대립이 있다.

2) 학 설 위법성조각설은 정당한 쟁의행위는 민법이나 형법에 의하면 채무불이행이나 불법행위에 해당하는 범죄이지만, 근로자의 단체가 이를 정당하게 행사하는 경우에는 그 위법성이 조각된다는 입장이다. 노조법도 정당한 쟁의행위는 형법 제20조의 정당행위에 해당하다고 하여 위법성 조각사유로 규정하고 있다. 이러한 입장은 구성요건해당조각설이 이념적으로 타당한 면이 있지만, 구성요건해당성을 긍정하고 위법성을 조각시킨다고 하여 쟁의행위의 보호범위가 축소되는 것은 아니므로 면책의 결과에는 차이가 없다고 한다.[5)]

구성요건해당조각설은 정당한 쟁의행위는 원칙적으로 합법적 행위로서 처음부터 구성요건해당성이 없다는 입장이다. 정당한 쟁의행위는 처음부터 위법성이 없는 것으로 구성요건에 해당되지 않는다는 입장이다.[6)]

3) 검 토 쟁의행위는 역사적으로 위법한 행위유형이었다는 점, 현행 노조법 제4조에서는 위법성조각사유인 형법 제20조의 정당행위를 명시적으로 규정하고 있는 점을 고려하면 위법성조각설이 타당하다고 본다.

2. 그 밖의 보호

(1) 불이익취급 금지의 보호

사용자는 근로자가 '정당한 단체행동에 참가한 것을 이유로' 해고하거나 불이익을 주는 행위를 할 수 없다(노조법 제81조 제5호). 근로자가 노동조합이 결정 · 지시한 정당한 쟁의행위에 참가하였다고 하여 해고 기타 불이익을 주는 행위가 위법 · 무효로 되는 것은 헌법상 쟁의권보장의 효과로서 인정되는 것이다.

---

5) 김유성Ⅱ 268; 임종률 197; 대판 1999.3.26, 97도3139.
6) 김형배 907, 헌재 2010.4.29, 2009헌바168.

(2) **구속제한**

근로자는 '정당한' 쟁의행위 기간 중에는 현행범 외에는 노조법 위반을 이유로 구속되지 아니한다(노조법 第39조). 노조법 위반행위를 이유로 쟁의행위 참가자를 구속하면 쟁의조직이 약화 · 와해되어 노 · 사간 교섭력의 불균형이 초래될 우려가 있어 이러한 위험으로부터 일시적으로 쟁의행위를 보호하기 위한 것이다.

(3) **대체근로의 제한**

사용자는 '정당한' 쟁의행위기간 중 그 쟁의행위로 중단된 업무의 수행을 위하여 당해 사업과 관계없는 자를 채용 또는 대체하거나 그 쟁의행위로 중단된 업무를 도급 또는 하도급 줄 수 없다(제43조). 파업을 당한 사용자는 대체근로자를 투입하여 조업할 자유를 가지지만, 대체근로는 파업의 압력효과를 저하시키고 이를 저지하려는 노동조합 측과 지나친 대결사태를 야기할 우려가 있기 때문에 이러한 위험으로부터 파업을 보호하기 위한 것이다.

[관련판례] 쟁의행위 개념

1. 업무의 정상적인 운영저해(대판 1991.6.11, 91도204)

피고인이 근무하는 회사가 정상적으로 가동되던 중 일방적으로 폐업신고를 하였다면 위 회사로서는 그 업무의 정상적인 운영을 포기하였다고 볼 수밖에 없으므로 비록 피고인이 **다른 근로자들과 함께 농성행위**를 하였다 하더라도 그로 말미암아 위 회사**업무의 정상적인 운영이 저해될 여지는 없어** 피고인의 행위는 노동쟁의조정법의 규제대상인 **쟁의행위에 해당하지 않는다.**

2. 주장을 관철할 목적(대판 1991.1.29, 90도2852)

쟁의조정법 제3조에 규정된 **쟁의행위**는 쟁의관계 당사자가 그 주장을 관철할 목적으로 행하는 행위로서 여기에서 그 주장이라 함은 같은 법 제2조에 규정된 **임금 · 근로시간 · 후생 · 해고 기타 대우 등 근로조건에 관한 노동관계 당사자 간의 주장을 의미**한다고 볼 것이므로, 위와 같은 **근로조건의 유지 또는 향상을 주된 목적으로 하지 않는 쟁의행위는 노동쟁의조정법의 규제대상인 쟁의행위에 해당하지 않는다**고 보아야 할 것인바, 피고인이 노동조합의 위원장으로서 조합원들과 함께 한 집단조퇴, 월차휴가신청에 의한 결근 및 집회 등 쟁의행위가 주로 구속근로자에 대한 항소심 구형량이 1심보다 무거워진 것에 대한 항의와 석방촉구를 목적으로 이루어진 것이라면 피고인의 행위는 근로조건의 유지 또는 향상을 주된 목적으로 한 쟁의행위라고 볼 수 없어 노동쟁의조정법의 적용대상인 쟁의행위에 해당하지 않는다고 할 것이다.

제 2 절 쟁의행위와 준법투쟁

Ⅰ. 서 설

노동조합 기타 노동단체가 그 주장을 관철할 목적으로 근로자들로 하여금 법령이나 취업규칙 등의 규정을 필요 이상으로 엄격히 지키거나 자신들에게 보장된 권리를 일제히 행사하여 업무의 정상적인 운영을 저해하는 행위를 준법투쟁이라고 한다. 구체적으로 안전·보건에 관한 법규를 철저히 준수하는 '안전투쟁'이 그 전형에 속하지만 그 밖에 근로시간이나 휴가 등에 관한 근로자 개개인의 권리를 동시에 행사하게 하는 '권리행사투쟁'도 포함한다. 예로서 안전운행, 정시출퇴근, 시간 외 근로거부, 휴일근로의 거부, 일제휴가투쟁 등이 있다.

이러한 준법투쟁은 근로자의 권리의무의 실현이라는 측면과 쟁의행위의 실질적인 요건인 정상적인 업무의 저해라는 측면이 충돌함으로써 쟁의행위 해당 여부가 문제된다. 특히 준법투쟁은 쟁의행위가 법률적·실질적으로 제한되어 있거나 공익사업과 같은 일반 여론이 쟁의행위에 많은 영향을 미치는 경우에 자주 발생하기 때문에 그 쟁의행위성의 판단은 중요한 의의를 갖는다고 할 것이다. 이하에서는 준법투쟁이 쟁의행위에 해당하는지에 대한 판단기준을 제시하고 구체적인 유형별로 검토한 후, 쟁의행위 정당성 판단기준의 적용여부에 대하여 살펴보도록 한다.

Ⅱ. 준법투쟁의 쟁의행위 해당 여부

1. 문제의 소재(판단기준)

쟁의행위는 근로자에 의해서는 자기의 주장을 관철할 목적으로 하는 행위로서 업무의 정상적 운영을 저해하는 것인데, 쟁의행위의 여부를 판단함에 있어서는 ⅰ) 근로관계 당사자가 그 주장을 관철할 목적으로 행하는 행위인가의 여부와 ⅱ) 업무의 정상적인 운영을 저해하는 행위에 해당하는가의 여부로 판단한다.

2. 학 설

(1) 사실정상설(현실평가설)

준법투쟁이 사용자에 대한 주장을 관철할 목적으로 한다는 점과 업무의 정상적인 운영은 반드시 법령, 단체협약 등에 의한 적법한 운영만을 의미하는 것이 아니며, 사실상의 평상시의 운영을 의미하는 것이므로 준법투쟁은 쟁의행위로 보아야 한다는 견해이다.[7)]

(2) **법률정상설(법적 평가설)**

업무의 정상성은 법령, 단체협약 등에 합치되어 있는 상태, 즉 적법한 상태를 말하는 것이고 비정상적인 상태가 아무리 관행화되어 있다고 하더라도 법률상 정상적인 상태가 되는 것은 아니므로 준법투쟁은 정상적인 업무를 저해하는 행위라고 볼 수 없어 쟁의행위에 해당되지 않는다고 보는 견해이다.[8)]

(3) **이분설(절충설)**

준법투쟁을 안전투쟁과 권리행사형 투쟁으로 이분하여 권리행사형 투쟁은 쟁의행위성을 인정하나 안전투쟁은 근로자의 생명 · 신체의 안전을 확보하려는 목적이 있으므로 쟁의행위로 볼 수 없다는 견해이다.[9)]

3. 판 례

(1) **판례의 태도**

판례는 준법투쟁이 사용자에 대한 주장관철을 목적으로 한다는 점과 업무의 정상적인 운영을 저해한다는 점에서 쟁의행위에 해당한다고 파악하는 것이 일반적이다. 판례는 사실정상설에 입각하여 택시회사 근로자들이 평소 해온 과속 · 신호위반 · 합승 · 부당요금 징수 등 교통법규 위반행위를 중단하도록 한 경우,[10)] 평소 해온 연장근로를 거부하도록 한 경우,[11)] 평소 해온 휴일근로를 거부하도록 한 경우,[12)] 연 · 월차휴가를 일제히 사용하도록 한 경우[13)]를 모두 쟁의행위에 해당한다고 보았다.

(2) **판례의 태도 비판**

헌법재판소는 판례의 일관된 견해에 대해 "대법원 판례의 입장은 연장근로의 거부, 집단적 휴가 등 일면 근로자들의 권리행사로서의 성격을 갖는 행위에 대하여 정당성을 부정하여 바로 형사처벌을 할 수 있다"고 하여 "형사처벌의 범위를 확대하여 단체행동권의 행사를 위축시키는 결과가 될 수 있다"[14)]고 지직한 바 있다.

4. 검 토

준법투쟁은 압력행사의 측면만을 강조하거나 권리 · 의무 실행의 측면만을 강조하여서는 안 되며, 그 구체적인 행위의 태양이 현행법상 '업무의 정상적인 운영을 저해하는 행위'에 해당하는지 여부에 따라 개별적으로 결정할 수밖에 없을 것이다. 이하에서는 그 유형별로 쟁의행위의 해당성 여부를 살펴보기로 한다.

7) 김형배 902; 대판 1991.12.10, 91누636; 대판 2000.5.26, 98다34331; 대판 1991.10.22, 91도600; 대판 1994.2.22, 92누11176 등 다수.
8) 임종률 192.
9) 김유성Ⅱ 253.
10) 대판 1991.12.10, 91누636; 대판 2000.5.26, 98다34331.
11) 대판 1990.12.7, 90다6095; 대판 1991.7.9, 91도1051, 대판 1991.10.22, 91도600.
12) 대판 1991.7.9, 91도1051; 대판 1992.10.9, 91다14406.
13) 대판 1991.12.24, 91도2323; 대판 1992.3.13, 91누10473.
14) 헌재 1998.7.16, 97헌바23.

Ⅲ. 준법투쟁의 유형별 쟁의행위 해당 여부

1. 안전투쟁

(1) 학 설

안전투쟁에 대하여 평소의 안전 · 보건규정 위반의 관행이 보호할 가치가 없기 때문에 쟁의행위에 해당되지 않는다고 보는 견해가 있다.[15] 이에 대해 안전투쟁은 안전 · 보건규정을 객관적으로 요구하는 정도로 준수하는 경우에는 쟁의행위로 볼 수 없으나, 이를 초과하여 규정의 형식이나 문언에만 얽매여 준수하는 경우에는 쟁의행위로 보는 견해가 있다.[16]

(2) 판 례

택시회사가 "당시까지 관행화되어 있던 과속, 부당요금징수, 합승행위 등 불법적 운행의 중지를 시행하면서 그 준법운행사항 외에 수입금의 상한선까지 손해를 입히고, 일부 조합원들은 이에 맞추기 위하여 파행적인 운행까지 하게 된 경우, 이는 쟁의행위(태업 또는 부분파업)에 해당한다"고 판시하였다.[17]

2. 권리행사형 투쟁

(1) 연장근로 거부

1) 문제의 제기　　연장근로는 사용자와 근로자의 합의에 의하여 실시하는 것이 원칙이다. 그러나 사용자와 근로자가 합의하여 통상적으로 해오던 연장근로를 거부하거나 사용자의 부당한 지시에 대한 항의로 거부하는 경우에 이것이 쟁의행위에 해당하는지 문제된다.

2) 학 설　　연장근로의 적법 여부를 불문하고 그동안 관행화되어 왔으므로 연장근로 거부투쟁을 쟁의행위로 보는 견해가 있다.[18] 이에 대해 연장근로를 집단적으로 거부하는 것은 사용자가 지시 · 요구하는 당해 연장근로가 정상적인 경우에는 파업의 일종으로 되지만, 연장근로 등이 명백히 위법한 경우에는 쟁의행위가 되지 않는다고 보아야 한다는 입장이 있다.[19]

3) 판 례　　판례는 "연장근로가 당사자 합의에 의하여 이루어지는 것이라고 하더라도 근로자들을 선동하여 근로자들이 통상적으로 해오던 연장근로를 집단적으로 거부하도록 함으로써 회사 업무의 정상운영을 저해하였다면 이는 쟁의행위로 보아야 한다[20]"고 판시하고 있다.

(2) 집단적 휴가사용

1) 문제의 제기　　조합원들이 동시에 연 · 월차휴가를 사용하도록 하는 집단적 휴가사용이 쟁의행위에 해당하는지가 문제된다. 집단적 휴가사용의 절차 및 목적에 따라 쟁의행위 해당성에 대한 견해가 달라지게 된다.

2) 학 설　　조합원들의 집단적 휴가사용은 주장을 관철할 목적이 있고, 업무를 방해하는 것이라면 쟁의행위에 해당된다는 입장이 일반적이다.[21] 이에 대해 사용자가 시기변경권을 행사하여

---

15) 김유성Ⅱ 253.
16) 임종률 193.
17) 대판 1991.12.10, 91누636.
18) 대판 1979.3.13, 76도3657.
19) 임종률 193.
20) 대판 1991.10.22, 91도600.
21) 김유성Ⅱ 254.

그 시기의 휴가사용을 거절하고 출근을 지시하였음에도 노동조합이 조합원들에게 휴가를 사용하도록 하는 경우에는 적법한 업무운영을 저해하기 때문에 쟁의행위로 보아야 하지만, 사용자가 적법하게 시기변경권을 행사하지 않고 휴가를 사용하도록 한 경우는 적법한 업무운영의 저해가 아니므로 쟁의행위로 볼 수 없다는 입장이 있다.[22]

3) 판례의 입장　　판례에서는 "집단적인 월차휴가는 형식적으로는 월차휴가권을 행사하려는 것이었다고 하여도 위 업무의 정상한 운영을 저해하는 행위를 하여 그들의 주장을 관철할 목적으로 하는 것으로서 실질적으로는 쟁의행위에 해당한다고 보아야 할"이라고 판시[23]하고 있다.

4) 검　토　　쟁의행위는 주장을 관철할 목적으로 업무를 저해하는 것이므로 그 주장이 근로조건의 유지 · 개선을 위한 것이고 사용자의 업무를 저해하는 것이라면 쟁의행위로 보아야 할 것이다. 다만, 사용자의 시기변경권 행사는 적법한 업무운영의 저해라고 보기 어렵기 때문에 쟁의행위라고 할 수 없다. 이 경우 회사업무의 정상적인 운영까지 저해하게 되면 쟁의행위가 아닌 업무방해행위를 구성[24]한다고 볼 수 있다.

(3) 집단적 휴일근무 거부

근로자들이 주장을 관철시킬 목적으로 종래 통상적으로 실시해오던 휴일근무를 집단적으로 거부하였다면, 이는 회사업무의 정상적인 운영을 저해하는 것으로서 쟁의행위에 해당[25]한다.

(4) 복장위반 근무

사용자와의 단체협약 갱신협상에서 유리한 지위를 차지하기 위하여 위생문제에 특히 주의해야 하고 신분을 표시할 필요가 있는 간호사들이 집단으로 규정된 복장을 하지 않는 것은 병원업무의 정상적인 운영을 저해하는 것으로서 쟁의행위에 해당[26]한다.

(5) 배식구 이용행위

점심시간에 하나의 배식구만 이용함으로써 취업시간을 잠식하는 것은 그 잠식하는 범위에서 쟁의행위로 되고 취업시간 중에 신용협동조합이나 의무실에 드나들거나 간부사원을 면담하는 것은 권리남용으로 인정되는 범위에서 쟁의행위가 된다고 할 것이다.[27]

Ⅳ. 준법투쟁에 대한 쟁의행위의 정당성 판단

1. 준법투쟁에 대한 쟁의행위의 정당성 판단[28]

(1) 문제의 소재

준법투쟁이 쟁의행위에 해당되는지 여부에 따라 노조법상 쟁의행위에 대한 제한 · 금지법규가 적용되고 정당성 판단에 따라 책임귀속 여부가 결정된다. 준법투쟁이 쟁의행위에 해당될 경우, 정당성 판단기준으로 그대로 적용할 수 있는 것인지 문제된다.

---

22) 임종률 194.
23) 대판 1991.1.23, 90도2852.
24) 대판 1991.12.24, 91도2323.
25) 대판 1994.2.22, 92누11176.
26) 대판 1994.6.14, 93다29167.
27) 임종률 194.
28) 박훈, 「준법투쟁과 업무방해죄」, 금속법률원.

(2) **정당성 판단기준**[29]

쟁의행위가 정당성을 갖기 위하여는 i) 그 '주체'가 단체교섭의 주체로 될 수 있는 자이어야 하고, ii) 그 '목적'이 근로조건의 향상을 위한 노사 간의 자치적 교섭을 조성하는 데에 있어야 하며, iii) 그 '시기'는 사용자가 근로자의 근로조건 개선에 관한 구체적인 요구에 대하여 단체교섭을 거부하였을 때 개시하되 특별한 사정이 없는 한 조합원의 찬성결정 등 법령이 규정한 '절차'를 거쳐야 하고, iv) 그 '수단과 방법'이 사용자의 재산권과 조화를 이루어야 함은 물론 폭력의 행사에 해당되지 아니하여야 한다는 여러 조건을 모두 구비하여야 한다.

(3) **적용상 문제점**

준법투쟁이 쟁의행위로 인정되면 노조법상 쟁의행위 찬반투표(제41조), 조정전치주의(제45조)의 시기 · 절차의 제한을 받으며 그 밖의 쟁의행위 정당성에 대한 판단을 받게 된다. 아울러 노조법상 쟁의행위로 인한 각종 벌칙 규정이 적용된다.

준법투쟁은 근로조건 등에 대하여 주장을 관철할 목적이 있으나 업무의 저해를 가져오지 않는 권리행사와 업무저해성을 갖고 있는 쟁의행위 사이에 구별이 용이하지 않고, 준법투쟁의 목적상 노조법상 각종 절차를 준수하기 어렵다는 점에서 정당성 판단기준을 그대로 적용하는 것은 근로자의 쟁의권을 제약할 수 있다. 따라서 준법투쟁의 정당성은 당해 사업장의 관행의 보호가치와 헌법상 근로자에게 보장하고 있는 근로3권의 보장활동의 취지 등을 구체적으로 고려하여 판단하여야 할 것이다.

2. 준법투쟁과 업무방해죄 적용문제

(1) **문제의 소재**

준법투쟁은 그 속성상 방법과 수단에 있어서는 법규준수 내지는 권리행사로 인한 노무제공 거부행위로서 노조법에서 정한 절차규정 위배 문제 이외는 별다른 문제를 야기하고 있지 않는 상황에서 과연 준법투쟁을 업무방해죄로 처벌하는 것이 타당한가 하는 문제이다.

(2) **판례의 경향**

1) 대법원의 입장[30] 연장근로 거부행위에 대해서 이를 쟁의행위로 보면서 "단순한 노무제공거부라 하더라도 그것이 정당한 쟁의행위가 아니면서 위력으로 업무의 정상적인 운영을 방해할 정도에 이르고 쟁의행위가 그 시기와 절차가 법령에 위배될 뿐 아니라, 그로 인하여 사용자의 정상적인 업무 운영이 방해되어 손해가 발생하였다면 업무방해죄의 죄책을 면할 수가 없고, 집단적인 작업거부 그 자체가 업무방해죄의 구성요건인 위력에 해당될 수 있어 업무방해죄가 성립하는 것"이라고 판시하고 있다.

2) 헌법재판소 입장[31] 이에 대해 헌재는 "연장근로의 거부 등과 같이 일면 근로자들의 권리행사로서의 성격을 갖는 쟁의행위에 관하여도 정당성이 인정되지 않는다고 하여 바로 형사처벌할 수 있다는 대법원 판례의 태도는 지나치게 형사처벌의 범위를 확대하여 근로자들의 단체행동권의 행사를 사실상 위축시키는 결과를 초래하여 헌법이 단체행동권을 보장하는 취지에 부합하지 않고 근로자들로 하여금 형사처벌의 위협 하에 노동에 임하게 하는 측면이 있음"을 지적한 바 있다.

---

29) 대판 2001.10.25, 99도4837.
30) 대판 1991.11.8, 91도326; 대판 1996.2.27, 95도2970.
31) 헌재 1998.7.16, 97헌바23 결정.

(3) 검 토

쟁의행위의 정당성의 판단기준이 반드시 명백한 것이 아닌데다가 근로자의 입장에서 정당성을 판단하기가 더욱 어려울 것인데, 연장근로의 거부 등과 같은 경우에도 위법성이 조각되지 않는다 하여 업무방해죄의 성립을 긍정한다면 이는 근로자의 쟁의권을 위축하는 결과를 초래한다는 점에서 무분별한 업무방해죄 적용은 자제되어야 할 것이다.

V. 결 론

공익사업장 등에서 준법투쟁의 방식으로 권리를 행사하는 사례를 많이 볼 수 있다. 준법투쟁은 압력행사의 측면만을 강조하거나 권리 · 의무 실행의 측면만을 강조하여서는 안 되며, 그 구체적인 행위의 태양이 현행법상 '업무의 정상적인 운영을 저해하는 행위'에 해당하는지 여부에 따라 개별적으로 결정할 수밖에 없을 것이다. 앞으로 준법투쟁에 대하여 근로자의 쟁의행사를 충분히 인정하되 그것이 합리적인 범위에서 규제될 수 있는 기준이 요구된다.

[관련판례] 쟁의행위 개념과 준법투쟁

1. 준법투쟁과 안전투쟁(사실정상설)(대판 1991.12.10, 91누636 [한영운수사건])

택시회사의 **노동조합의 간부들이** 운영위원회의 결의를 거쳐 **준법운행**(당시까지 관행화되어 있던 과속, 부당요금징수, 합승행위 등 불법적 운행의 중지)**을 주도하여 시행**하면서 그 준법운행사항 외에 **수입금의 상한선까지 정하여 1일 입금액을 통제**함으로써 회사에 큰 **손해를 입히고**, 일부 조합원들은 이에 맞추기 위하여 **파행적인 운행**까지 하게 된 경우, 이는 노동쟁의조정법 제3조 소정의 **쟁의행위(태업 또는 부분파업)에 해**당한다.

2. 준법투쟁과 집단적 연장근무 거부(사실정상설)(대판 1991.10.22, 91도600)

연장근로가 당사자 합의에 의하여 이루어지는 것이라고 하더라도 근로자들을 선동하여 근로자들이 **통상적으로 해 오던 연장근로를 집단적으로 거부**하도록 함으로써 회사업무의 **정상운영을 저해**하였다면 이는 **쟁의행위**로 보아야 한다.

3. 집단적 연장근무 거부와 쟁의행위 정당성(대판 1992.10.9, 91다14406)

[1] 근로기준법 개정 후 노동조합과의 주 46시간 근무제 실시방법 등에 관한 단체교섭이 결렬되자 노사 간 합의시까지 잠정적으로 주 46시간 근무제를 실시하되 일요일 아닌 유급휴일이 있는 주는 토요일도 8시간 근무를 한다는 내용의 회사의 근무명령이 같은 법 소정의 주 46시간 근무제 규정을 위배한 것으로 보기 어렵다.

[2] 위 "1"항의 경우 노동조합이 거수의 방법으로 유급휴일이 있는 주 토요일에 6시간만 근무하기로 결의한 후 회사와 노동조합장의 만류에도 불구하고 토요일에 조합원 과반수가 6시간 근무 후 작업장을 이탈하여 **회사업무의 정상적 운영이 저해**되었다면 무단이탈행위가 노동쟁의조정법상 제한을 받는 쟁의행위라고 봄이 상당하다.

[3] 근로자들의 집단퇴사를 결정한 **노동조합결의가 거수에 의한 표결방법**을 취하였고, **냉각기간을 거치지 않고 노무시간 중 집단으로 작업장을 이탈**한 것은 **위법한 쟁의행위**로서 노동조합의 업무를 위한 정당한 행위라고 보기 어려우므로 이를 주도한 근로자들에 대한 정직처분이 부당노동행위에 해당한다고 보기 어렵다.

4. 집단적 휴일근무거부와 쟁의행위 정당성(대판 1991.7.9, 91도1051)

[1] 노사 간에 체결된 단체협약에 작업상 부득이한 사정이 있거나 생산계획상 차질이 있는 등 업무상 필요가 있을 때에는 사용자인 회사가 휴일근로를 시킬 수 있도록 정하여져 있어서, 회사가 이에 따라 **관행적으로 휴일근로를 시켜 왔음에도** 불구하고, 근로자들이 자신들의 **주장을 관철할 목적으로** 정당한 이유도 없이 **집단적으로 회사가 지시한 휴일근로를 거부**한 것은, 회사업무의 정상적인 운영을 저해하는 것으로서 노동쟁의조정법 제3조 소정의 **쟁의행위에 해당**한다고 할 것이다.

[2] 피고인이 노동조합원 70여 명과 공모하여 회사 공장의 정문을 실력으로 점거하고 미리 준비한 자물쇠를 채워 봉쇄한 채 회사 측 또는 회사의 대리점경영자들이 동원한 수송용 차량의 출입을 부분적으로 또는 전면적으로 통제하거나 막음으로써, 회사나 대리점경영자들의 제품수송업무를 방해하였다면, 그와 같은 행동이 노동조합측이 결정한 파업을 무력화시키려는 회사 측의 기도를 통제하기 위한 조치였다고 하더라도, 그 수단이나 방법이 소극적으로 업무의 정상적인 운영을 저해하는 데에 그친 것이 아니라, **다중의 위력이나 물리적 강제력으로써 적극적으로 업무를 방해한 것**이어서, **쟁의행위로서의 정당한 한계를 벗어난 것**이다.

5. 준법투쟁과 집단적 연장근로 및 휴일근로 거부(법률정상설)(대판 1979.3.13, 76도3657)

사용자가 근로자들과의 사이에 사전합의 없이 시간외 근무나 휴일근무를 시켜왔다면 이는 근로기준법 제110조의 처벌규정에 저촉되는 업무지시라 할 것이므로 근로자들이 근로관계법규와 단체협약상 근로의무가 있는 1일 8시간은 정상적으로 노무에 종사하면서 다만 이와 같은 **시간외 근무나 휴일근무에 관한 사용자측의 위법한 지시를 거부한 경우**에는 그것이 집단적으로 행하여지고 또한 이로 인하여 업무수행에 지장이 있었다고 하더라도 이를 **태업이나 업무의 정상적인 운영을 저해하는 행위라고 볼 수 없다.**

6. 집단적 월차휴가사용과 쟁의행위의 정당성(대판 1992.3.13, 91누10473)

원고 등이 주도한 집단월차휴가가 **형식적으로는 월차휴가를 행사하려는 것**이었다고 하더라도, **실질적으로**는 원고 등이 직원으로 고용된 의료보험조합들의 **업무의 정상한 운영을 저해**함으로써 그들의 주장을 관철할 목적으로 하는 것으로서 **쟁의행위에 해당**하고 원고가 지부장으로 종사하던 노동조합이 위와 같은 **쟁의행위를 함에 있어서**, 노조원들의 **직접, 비밀, 무기명투표에 의한 과반수의 찬성으로 결정하지 않음**은 물론, **노동쟁의의 신고 및 냉각기간의 경과 등의 절차를 거치지 않음**으로써, 시기와 절차 면에서 위법할 뿐만 아니라, 그로 인하여 사용자인 의료보험조합들의 업무를 마비상태에 빠지게 함으로써, 사용자 측뿐만 아니라 제3자인 피보험자들에게 막대한 지장을 초래한 점 등을 감안하면, 원고 등의 위 행위를 **정당한 행위로 보기는 어렵다**.

7. 준법투쟁과 집단적 연차휴가사용(사실정상설)(헌재 2004.7.15, 2003헌마878 [전교조NEIS사건])

전교조 조합원들이 다수 조합원들과 함께 **집단 연가서를 제출한 후 수업을 하지 않고 무단결근 내지 무단조퇴를** 한 채 교육인적자원부가 추진하고 있는 교육행정정보시스템(NEIS) 반대집회에 참석하는 등의 쟁의행위는 **NEIS의 시행을 저지하기 위한 목적**으로 이루어진 것인바, 청구인들의 행위는 직접적으로는 물론 간접적으로도 **근로조건의 결정에 관한 주장을 관철할 목적으로 한 쟁의행위라고 볼 수 없어** 노동조합 및 노동관계조정법의 적용대상인 **쟁의행위에 해당하지 않는다고 할 것**이다.

8. 준법투쟁과 쟁의행위의 정당성판단의 문제점(헌재 1998.7.16, 97헌바23 [형법 제314조 업무방해죄 관련 위헌심판])

연장근로의 거부, 정시출근, 집단적 휴가의 경우와 같이 일면 근로자들의 권리행사로서의 성격을 갖는 쟁의행위에 관하여도 정당성이 인정되지 않는다고 하여 바로 형사처벌할 수 있다는 대법원 판례(대판 1991.11.8. 91도326; 1996.2.27. 95도2970; 1996.5.10. 96도419 등)의 태도는 지나치게 **형사처벌의 범위를 확대**하여 근로자들의 **단체행동권의 행사를 사실상 위축**시키는 결과를 초래하여 헌법이 단체행동권을 보장하는 취지에 부합하지 않고 근로자들로 하여금 형사처벌의 위협하에 노동에 임하게 하는 측면이 있음을 지적하여 두고자 한다.

왜냐하면 쟁의행위의 정당성의 판단기준이 반드시 명백한 것이 아닌데다가 특히 쟁의행위의 당사자로서 법률의 문외한이라 할 수 있는 근로자의 입장에서 보면 그 정당성을 판단하기가 더욱 어려울 것인데, 연장근로의 거부 등과 같은 경우에도 위법성이 조각되지 않는다 하여 업무방해죄의 성립을 긍정한다면 이는 결국 근로자로 하여금 혹시 있을지 모를 형사처벌을 감수하고라도 쟁의행위에 나아가도록 하는 것을 주저하게 만들 것이고 따라서 **단체행동권의 행사는 사실상 제약을 받게 될 것**이기 때문이다. 그러므로 이러한 경우까지 **위력업무방해죄로 처벌하는 것**은 헌법상의 노동3권을 침해하여 적용상 위헌의 문제가 있을 수도 있으나 이 사건의 당해사건의 경우는 여기에 해당하지 아니하므로 굳이 한정위헌 내지 한정합헌을 선고할 필요가 없다 할 것이며, 위와 같은 사정만으로 규범인 이 사건 심판대상 규정 자체가 바로 **위헌이라고 할 수도 없다** 하겠다.

제 3 절 쟁의행위에 제한 · 금지법규

Ⅰ. 서 설

1. 단체행동권과 쟁의행위

헌법 제33조 제1항에서는 근로자는 근로조건향상을 위하여 자주적인 단결권 · 단체교섭권 · 단체행동권을 가진다고 규정하고 있다. 쟁의행위는 헌법상 보장되는 근로3권의 하나인 단체행동권을 구체화한 것으로 노동조합 및 노동관계조정법(이하 '노조법'이라 함)은 쟁의행위를 '파업, 태업, 직장폐쇄 기타 노동관계 당사자가 그 주장을 관철할 목적으로 행하는 행위와 이에 대항하는 행위로서 업무의 정상적인 운영을 저해하는 행위를 말한다(노조법 제2조 제6호)'고 정의하고 있다.

2. 쟁의행위의 제한과 금지법규

쟁의행위는 헌법상 보장되는 근로3권 중 단체행동권 행사의 대표적인 행위태양으로 정당한 쟁의행위에 대해서는 민 · 형사 면책이 인정된다. 그러나 쟁의행위로 인한 피해는 사용자뿐 아니라 지역사회, 나아가 국민경제 전반에도 상당한 영향을 미치게 되므로 일정한 제한이 요구된다.

현행 헌법에서는 공무원인 근로자에 대한 근로3권의 개별적 법률유보를 두고, 주요 방위산업체에 종사하는 근로자에 대한 단체행동권의 개별적 헌법유보를 규정하고 있으며, 노조법은 주체, 방법, 절차 등에 있어 쟁의행위의 제한 · 금지규정을 두고 있고, 기타 선원법 등에서도 쟁의행위에 대한 제한 · 금지 규정을 마련하고 있다.

Ⅱ. 쟁의행위의 기본원칙

1. 쟁의행위의 정당 · 적법성

쟁의행위는 그 목적 · 방법 및 절차에 있어서 법령 기타 사회질서에 위반되어서는 아니 된다(제37조

제1항). 쟁의행위는 이를 제한하는 법령의 규정을 준수하여야 함은 물론, 적법하게 수행되어야 한다는 것이다. 여기서 '사회질서에 위반되어서는 아니 된다'는 것은 쟁의행위가 '정당' 또는 '적법'하여야 한다는 것을 의미한다.

2. 노동조합의 지도 · 관리 · 통제

노동조합은 쟁의행위가 적법하게 수행될 수 있도록 지도 · 관리 · 통제할 책임이 있다(제38조 3항). 쟁의행위의 주체인 노동조합은 당연히 이에 참가하는 다수조합원을 지도 · 관리 · 통제할 책임이 있고, 이 경우 적법수행의 원칙(제37조 제1항)에 따라야 한다는 것이다.

Ⅲ. 주체상의 제한

1. 공무원 등의 쟁의금지

공무원은 '사실상 노무에 종사하는 공무원'의 경우를 제외하고는 '노동운동 기타 공무 이외의 일을 위한 집단적 행위'를 할 수 없다. 이것은 헌법 제33조 2항에서 공무원인 근로자는 법률에 의하여 허용되는 자에 한하여 단결권 · 단체교섭권 · 단체행동권을 허용한다는 것에 근거한 것이다.

2006년도부터 6급 이하 일반직 및 이에 상당하는 공무원에게 단결권 및 단체교섭권을 인정하는 공무원의 노동조합설립 및 운영 등에 관한 법률이 제정되어 공무원의 노동3권이 일정한 범위 안에서 보장받을 수 있게 되었다.

2. 비공인파업 금지

조합원은 노동조합에 의하여 주도되지 아니한 쟁의행위를 하여서는 아니 된다(제37조 2항). 조합원이 노동조합의 의사에 반하여 독자적으로 하는 쟁의행위를 비공인파업(살쾡이파업)이라고 부른다. 비공인 파업은 노동조합의 통제책임을 수행할 수 없기 때문에 인정되지 아니한다.

3. 방위산업체의 쟁의제한

방위산업에 관한 특별조치법에 의하여 지정된 주요방위산업체에 종사하는 근로자 중 전력, 용수 및 주로 방산물자를 생산하는 업무에 종사하는 자는 쟁의행위를 할 수 없으며 주로 방산물자를 생산하는 업무에 종사하는 자의 범위는 대통령령으로 정한다(제41조 2항). '주로방산물자를 생산하는 업무에 종사하는 자'란 방산물자의 완성에 필요한 제조 · 가공 · 조합 · 정비 · 개량 · 성능검사 · 열처리 · 도장 · 가스 취급 등의 업무에 종사하는 자를 말한다.

Ⅳ. 목적상의 제한

현행 노조법에서는 쟁의행위의 목적상 제한으로 노동조합이 쟁의행위 기간에 대한 임금지급 요구를 관철하기 위한 쟁의행위를 금하고 있다(노조법 제44조). 이러한 파업임금 목적의 쟁의행위를 허용하는 경우에는 당초 쟁의행위를 통하여 관철하려는 주장과 관계없이 쟁의행위가 장기화하고, 이는 쟁의권 보장의 취지에 반하는 결과가 된다는 점을 고려한 것이다.

또한 노조전임자의 급여지원 및 근로시간 면제한도에 위반하는 요구를 관철하기 위한 쟁의행위도 금지된다(노조법 제24조 제5항).

V. 방법상의 제한

1. 파업감시(피켓팅)의 제한

쟁의행위는 그 쟁의행위와 관계없는 자 또는 근로를 제공하고자 하는 자의 출입 · 조업 기타 정상적인 업무를 방해하는 방법으로 행하여져서는 아니 되며 쟁의행위의 참가를 호소하거나 설득하는 행위로서 폭행 · 협박을 사용하여서는 아니 된다(제38조 제1항).

파업감시(피케팅)는 파업을 하면서 그 효과를 유지 · 제고하기 위하여 근로희망자, 사용자나 비조합원, 고객 등을 상대로 감시 · 호소 · 설득 등의 방법으로 그 파업에의 직 · 간접적인 협력을 구하는 행위를 말한다.

2. 보안작업의 수행

작업시설의 손상이나 원료 · 제품의 변질 또는 부패를 방지하기 위한 작업은 쟁의행위 기간 중에도 정상적으로 수행되어야 한다(제38조 2항).

작업시설의 손상이나 원료 · 제품의 변질 또는 부패를 방지하기 위한 작업을 '보안작업'이라고 부른다. 파업이나 태업을 하는 경우에도 보안작업까지 중단하거나 게을리 하면 사용자의 재산에 직접적인 손해를 주고, 나아가 쟁의종료 후의 즉각적인 조업재개가 불가능하게 되어 근로자에게도 손해를 주게 된다. 이것은 쟁의권보장의 취지에 반하는 결과가 되기 때문에 제한규정을 설정한 것이다.

3. 폭력파괴의 금지

노조법 제42조 1항 전단에서는 "쟁의행위는 폭력이나 파괴행위로 이를 행할 수 없다"고 명시하고 있다. 폭력과 파괴행위는 어떤 경우에도 정당화될 수 없는 것이다. 이 규정은 노조의 쟁의행위뿐만 아니라 직장폐쇄에 대하여도 적용된다.

4. 직장점거의 제한

직장점거란 '파업참가자가 단결을 유지'하거나 '파업 중의 조업을 저지'하기 위하여 사용자의 의사에 반하여 직장 또는 그 시설을 점유하는 파업에 대한 보조적 · 부수적 쟁의행위를 말한다.

노조법 제42조 1항에서는 "쟁의행위는 생산 기타 주요업무에 관련되는 시설과 이에 준하는 시설로서 대통령령이 정하는 시설[32]을 점거하는 형태로 이를 행할 수 없다"고 한다. '생산 기타 주요업무시설

32) '이에 준하는 시설'이란 ① 전기·전산 또는 통신시설, ② 철도(도시철도를 포함한다)의 차량 또는 선로, ③ 건조·수리 또는 정박 중인 선박. 다만, 선원법에 의한 선원이 당해 선박에 승선하는 경우를 제외한다. ④ 항공기·항행안전시설 또는 항공기의 이·착륙이나 여객·화물의 운송을 위한 시설, ⑤ 화약·폭약 등 폭발위험이 있는 물질 또는 유해화학물질관리법에 의한 유독물을 보관·저장하는 장소, ⑥ 기타 점거될 경우 생산 기타 주요업무의 정지 또는 폐지를 가져오거나 공익상 중대한 위해를 초래할 우려가 있는 시설로서 노동부장관이 관계중앙행정기관의장과 협의하여 정하는 시설을 말한다.

과 이에 준하는 시설'을 점거하는 것은 대체근로만 방해하는 것이든 사용자 측의 정상조업까지 방해하는 것이든 불문하고 금지된다. 반면에 사업장 내 구내운동 · 종업원식당 · 조합사무소 등 생산 기타 주요 업무와 무관한 시설의 점거는 허용된다.

5. 안전보호시설 정지 등의 금지

(1) 의 의

"사업장의 안전보호시설에 대하여 정상적인 유지 · 운영을 정지 · 폐지 또는 방해하는 행위는 쟁의행위로서 이를 행할 수 없다(제42조 제2항)". 파업이나 태업을 하는 중이라도 안전보호시설을 정상적으로 가동함으로써 사람의 생명 · 신체는 안전하게 보호되어야 한다는 취지의 규정이다.

'안전보호시설'이란 가동을 중단하면 사람의 생명 · 안전을 위태롭게 하는 시설을 말한다. 그런데 생산수단의 안전을 보호하는 시설도 이에 포함된다는 견해가 있으나, '안전'이란 원래 사람을 대상으로 하는 개념이라는 점, 현행법상 이 규정의 위반만 중지명령의 대상으로 한 것은 그 보호법익이 폭력 · 파괴 금지규정 등의 보호법익에 우선하는 것이고 사람의 생명 · 신체는 최우선의 보호법익이라는 점 등을 고려할 때에 사람의 안전을 보호하는 시설로 한정된다고 보아야 한다.[33)]

(2) 행정관청의 중지통보

관할 행정관청은 쟁의행위가 사업장의 안전보호시설에 대하여 정상적인 유지 · 운영을 정지 · 폐지 · 방해하는 행위에 해당한다고 인정하는 경우에는 노동위원회의 의결을 얻어 그 행위의 중지를 통보여야 한다. 다만, 사태가 급박하여 노동위원회의 의결을 얻을 시간적 여유가 없을 때에는 그 의결을 얻지 아니하고 즉시 그 행위의 중지를 통보할 수 있다(제42조 3항). 이 경우 관할 행정관청은 노동위원회의 사후승인을 얻어야 하며 그 승인을 얻지 못한 때에는 그 통보는 그때부터 효력을 상실한다(제42조 4항).

6. 필수유지업무 정지 등의 금지

(1) 쟁의행위기간 중 필수유지업무 수행 의무

노조법은 업무가 정지 또는 폐지되는 경우 공중의 생명 · 건강, 신체의 안전 또는 공중의 일상생활을 현저히 위태롭게 하는 업무를 "필수유지업무"로 규정하고, 쟁의행위기간 중 필수유지업무의 정당한 유지 · 운영을 정지 · 폐지 또는 방해하는 행위에 대해 3년 이하, 3천만원 이하 벌금 부과하도록 규정하고 있다(제42조의2 제1항, 제89조). 법률에 규정된 필수유지업무의 기준(개념)을 토대로 필수유지업무의 내용에 대한 법률안이 마련되었다.

(2) 필수유지협정의 체결

노사는 법령에 제시된 기준을 토대로 필수유지업무의 필요 · 최소한의 유지 · 운영수준, 대상 직무, 필요인원 등을 노사협정(필수유지업무협정)으로 체결할 수 있다(제42조의3).

(3) 노동위원회의 결정

노사 간에 협정이 체결되지 않을 경우, 관계 당사자 일방 또는 쌍방이 노동위원회에 신청하여 노동위원회가 결정하여 필수유지업무의 구체적인 범위를 정할 수 있으며, 노동위원회가 결정한 내용에 반하는 노사협정은 효력을 상실한다고 보아야 한다(제42조의4).

33) 대판 2005.9.30, 2002두7425.

(4) 노동위원회의 결정에 따른 쟁의행위

노사 당사자가 노동위원회의 결정에 따라 쟁의행위를 한 경우 필수유지업무의 정당한 유지 · 운영을 하면서 쟁의행위를 한 것으로 볼 수 있다(제42조의5).

(5) 사업장에서의 필수유지업무 수행

노동조합이 사용자에게 근무자를 통보하고, 사용자는 이에 따라 근로자를 지명하여 필수유지 업무를 수행할 수 있다(제42조의6).

7. 선원법상의 제한

선원법은 선박사업 및 선원노동관계의 특수성을 고려하여 선원의 쟁의행위를 광범하게 금지하고 있다(선원법 제27조 등).

Ⅵ. 절차상의 제한

1. 조정의 전치

쟁의행위는 노조법에 의한 조정절차를 거치지 않으면 이를 행할 수 없다. 다만 조정기간 내에 조정이 종료되지 않거나 중재시의 쟁의금지기간 내에 중재재정이 이루어지지 않는 경우에는 그렇지 않다(제45조 2항). 쟁의행위에 들어가기 전에 노동위원회 등 제3자의 조정에 의한 분쟁해결을 모색하도록 노조법이 특별히 설정한 규정이다.

2. 중재시의 쟁의금지

노동쟁의가 중재에 회부된 때에는 그날부터 15일간은 쟁의행위를 할 수 없다(제63조). 이는 적법하게 중재가 개시된 이상 일정한 기간 동안 중재재정을 기다리고 쟁의행위를 보류하도록 하려는 정책적 고려에서 설정된 것이다.

3. 긴급조정시의 쟁의중지

이미 쟁의행위를 개시하였더라도 소정의 요건이 갖추어져 노동부장관의 긴급조정 결정이 공표되면 이를 즉시 중지하여야 하며 공표일부터 30일이 경과하지 않으면 쟁의행위를 재개할 수 없다(제77조).

4. 조정서 해석기간 중의 쟁의금지

당사자가 노동쟁의 조정서의 해석 · 이행방법에 관하여 당해 조정위원회에 명확한 견해의 제시를 요청한 경우에는 당사자는 그 견해가 제시될 때까지는 당해 조정안의 해석 또는 이행에 관하여 쟁의행위를 할 수 없다(제60조 5항). 당해 조정위원회는 7일 이내에 견해를 제시하여야 하므로 7일의 견해제시 기간이 경과하였음에도 불구하고 견해가 제시되지 않은 경우에는 쟁의행위를 할 수 있게 된다.

5. 쟁의행위 찬반투표

쟁의행위는 그 조합원의 직접 · 비밀 · 무기명투표에 의한 조합원 과반수의 찬성으로 결정하지 아니하면 이를 행할 수 없다(제41조 1항). 쟁의행위가 쟁의참가자의 임금삭감을 초래하고 직장폐쇄를 야기하는 등 조합원 전체에게 중요한 영향을 미치므로 그 결정을 민주적인 절차로 하도록 하자는 정책적 고려에서 노조법에 설정된 규정이다.

'조합원의 직접 · 비밀 · 무기명 투표'를 요하므로 대의원회의 의결이나 비밀이 보장되지 않는 투표는 본조 위반으로 된다. 한편, 투표의 시기에는 제한이 없으나, 쟁의행위 개시 전에 하여야 한다.

6. 쟁의행위의 신고

노동조합은 쟁의행위를 하고자 할 경우에는 노동부령이 정하는 바에 따라 행정관청과 관할노동위원회에 쟁의행위의 일시 · 장소 · 참가인원 및 그 방법을 미리 서면으로 신고하여야 한다(영 제17조).

Ⅶ. 결 론

쟁의행위의 제한 · 금지의 목적은 쟁의행위의 정당성에 대한 판단의 근거라기보다는 합리적이고 평화적인 쟁의행위를 유도하여 노동조합의 근로3권과 사용자의 재산권 그리고 공공복리를 조화시키는 데 있다고 할 것이다. 따라서 제한 · 금지에 위반하더라도 쟁의행위의 정당성이 반드시 상실하는 것은 아니다. 그렇기 때문에 법령에 쟁의행위의 제한 · 금지 규정은 다소 완화될 필요가 있다.

Key Word

⇨ 쟁의행위, 준법투쟁, 쟁의행위 보호, 제한법규

기출문제

(1) 쟁의행위기간 중 사용자의 채용제한 (9회, 00년, 25점 / 17회, 08년, 25점)

연습문제

(1) 준법투쟁에 대하여 약술하시오.

(2) 쟁의행위 보호, 제한법규에 대하여 논하시오.

제 4 절 쟁의행위 정당성

Ⅰ. 서 설

1. 단체행동권과 쟁의행위

헌법 제33조 제1항에서는 근로자는 근로조건 향상을 위하여 자주적인 단결권 · 단체교섭권 · 단체행동권을 가진다고 규정하고 있다. 또한 쟁의행위는 헌법상 보장되는 근로3권의 하나인 단체행동권을 구체화한 것으로 노조법은 제2조 제6호에서 쟁의행위를 '파업, 태업, 직장폐쇄 기타 노동관계 당사자가 그 주장을 관철할 목적으로 행하는 행위와 이에 대항하는 행위로서 업무의 정상적인 운영을 저해하는 행위를 말한다'고 정의하고 있다.

2. 정당성 판단의 그 중요성

쟁의행위가 정당한 경우에는 형사면책, 민사면책, 불이익취급금지의 보호를 받는다. 즉 쟁의행위에 대하여 형사면책, 민사면책, 불이익취급 금지의 효과가 발생하려면 그것이 정당해야 한다. 이러한 보호는 헌법상 쟁의권보장의 당연한 효과[34]이기 때문에 쟁의행위의 '정당성'은 헌법상 쟁의권 보장의 한계를 획정하는 통일적 개념이다.

이러한 쟁의행위가 정당한 범위를 넘어서 행해진 경우에는 이러한 법적 보호를 받을 수 없다는 점에서 쟁의행위의 정당성 판단은 중요한 의의를 지닌다 할 것이다.

3. 정당성 판단기준

노조법은 '쟁의행위의 기본원칙'이라는 표제 하에 제37조에서는 쟁의행위의 정당성 기준으로 주체,

34) 노조법은 제3조에서 민사면책을, 제4조에서 형사면책을 그리고 제81조 제1호, 제5호에서 불이익 취급의 금지를 규정함으로써 이를 확인하고 있다.

목적, 방법 및 절차를 제시하고 있으며 판례도 같은 기준을 제시하고 있다.

쟁의행위가 정당성을 갖기 위하여는 ① 그 '주체'가 단체교섭의 주체로 될 수 있는 자이어야 하고, ② 그 '목적'이 근로조건의 향상을 위한 노사 간의 자치적 교섭을 조성하는 데에 있어야 하며, ③ 그 '시기'는 사용자가 근로자의 근로조건 개선에 관한 구체적인 요구에 대하여 단체교섭을 거부하였을 때 개시하되 특별한 사정이 없는 한 조합원의 찬성결정 등 법령이 규정한 '절차'를 거쳐야 하고, ④ 그 '수단과 방법'이 사용자의 재산권과 조화를 이루어야 함은 물론 폭력의 행사에 해당되지 아니하여야 한다는 여러 조건을 모두 구비하여야 한다.[35)]

이렇게 정당성 유무를 판단할 때에는 쟁의행위가 시민법상 위법인가 여부만이 아니라, 시민법상 위법하더라도 노동법상으로는 특별히 적법으로 볼 만한가를 문제 삼아야 한다.[36)] 또한, 정당성 판단의 대상은 집단적 행위로서의 쟁의행위 그 자체로 한정되며 단체의사에 어긋나는 근로자 개인의 위법한 탈선행위 내지 통제 위반행위는 그 판단의 대상에서 제외해야 한다.

한편 쟁의행위의 정당성을 판단함에 있어 노동법상의 일정한 제한규정을 위반하였다고 해서 반드시 쟁의행위 전체가 정당성을 상실하는 것은 아니고 그 규정의 취지를 고려하여 개별적으로 결정해야 한다.

Ⅱ. 쟁의행위의 주체와 정당성

1. 문제의 소재

노조법 제2조 제6호에서는 쟁의행위의 주체를 '노동관계 당사자'라고만 규정하고 있을 뿐이다. 쟁의행위의 주체인 노동조합은 당연히 쟁의행위의 주체가 되겠지만, 노조법상 노동조합 이외의 근로자의 단결체에 의한 쟁의행위의 경우 문제가 된다. 이 경우 헌법상 근로3권의 해석, 개개의 근로자의 쟁의권 보장을 고려하여 판단하여야 할 것이다.

2. 비노조파업(헌법상 단결체, 쟁의단)

(1) 헌법상 단결체

판례는 쟁의행위의 주체를 노동법상 단체교섭이나 단체협약 체결 능력 있는 노동조합이라 판시하고 있다.[37)] 판례는 "단결체의 지위를 '법외의 노동조합'으로 보는 한 그 단결체가 전혀 아무런 활동을 할 수 없는 것은 아니고 어느 정도의 단체교섭이나 협약체결 능력을 보유한다 할 것"이라고 판시[38)]하여 하여 헌법상 단결체의 단체행동권을 명시적으로 인정하지는 않았지만, 해석상 법외조합의 헌법상 근로3권 향유를 인정하고 있다.

(2) 쟁 의 단

쟁의단은 노조법 제2조 제4호에 정한 자주성과 사단으로서의 조직성을 완전히 갖추지 못한 단체는

35) 대판 2001.10.25, 99도4837.

36) 쟁의행위의 '정당성'이란 쟁의행위가 시민법상으로는 위법이어서 형사책임이나 민사책임 등의 대상이지만, 노동법상으로는 적법한 행위로서 특별히 보호한다는 것을 말하기 때문이다(임종률 215).

37) 대판 1990.5.15, 90도357; 대판 1992.7.14, 91다43800.

38) 헌재 2008.7.31, 2004헌바9.

쟁의행위에 대한 민 · 형사상 면책이 인정되지 않는다는 점, 쟁의행위는 단체교섭 내지 단체협약의 주체가 될 수 있는 노동조합만 주도할 수 있다는 점에서 단체교섭의 주체와 쟁의행위의 주체가 동일하여 단체교섭권한이 없는 쟁의단은 쟁의행위의 주체성이 부인된다는 견해[39]가 있다.

그러나 헌법상의 쟁의권은 원래 근로자 개인에게 보장된 기본권인데, 노동조합만이 쟁의행위의 정당한 주체가 될 수 있다고 하면, 미조직근로자들이 그 쟁의권을 행사하기 위하여 노동조합부터 먼저 조직하도록 강제하는 결과가 된다. 그리고 쟁의단은 단체협약의 주체는 될 수 없지만 단체교섭의 주체는 될 수 있다고 보아야 하므로 쟁의단이 주도하는 파업도 정당성을 가질 수 있다고 보아야 할 것이다.[40]

3. 비공인파업

(1) 살쾡이파업(wide-cat strike)

노동조합이 조직되어 있는 경우에 조합의사와 무관하게 또는 그에 반하여 조합지부 또는 소수조합원이 행하는 조합행위로서 노조법에서는 비공인파업을 금지하고 이의 위반에 대하여는 벌칙이 적용된다(제37조 제2항 및 제89조).

살쾡이파업은 단순히 노동조합 내부의 통제에 위반하는 것으로서 쟁의행위의 정당성에는 영향을 미치지 않는다고 보는 견해[41]도 있으나, 살쾡이파업은 노동조합의 조합원들이 노동조합의 의사에 반하여 한다는 점에서 미조직 근로자의 쟁의단이 하는 파업과 성격을 달리하고 노동조합의 의사 내지 통제에 반하는 파업이라는 점에서 정당성을 가지지 않는다고 보아야 할 것이다.[42]

판례도 노동조합과 별도로 조직한 단체는 쟁의행위의 정당한 주체가 될 수 없다고 판시하고 있다.[43]

(2) 지부, 분회의 경우

지부, 분회 등 산하조직은 그 자체로서 독립된 노동조합이 아니고 독자적으로 단체교섭권을 가지는 것도 아니라고 보아야 하므로, 단위노조의 지시 · 승인 없이 독자적으로 행한 쟁의행위는 정당성이 없다는 입장이 있다.[44] 하지만, 비공인파업 중에서도 독립된 규약과 활동체계를 갖고 있는 지부, 분회의 쟁의행위의 경우에는 엄밀한 의미에서 비공인파업의 정당성 문제는 발생하지 않는다고 할 것이다.[45]

판례는 노동조합의 하부단체인 분회나 지부가 독자적인 규약 및 집행기관을 가지고 독립된 조직체로서 활동을 하는 경우 당해 조직이나 그 조합원에 고유한 사항에 대하여는 독자적으로 단체교섭하고 단체협약을 체결할 수 있다고 하여[46] 쟁의행위의 주체가 될 수 있음을 간접적으로 인정하고 있다.

---

39) 김형배 912; 헌재 1990.1.25, 89헌가103.
40) 임종률 217.
41) 심태식 275; 이병태 317.
42) 임종률 218, 살쾡이파업의 주체인 조합원 일부는 노동조합과 별도로 단체교섭의 주체가 될 수 없는 점, 살쾡이파업을 정당하다고 보는 것은 사용자에게 조합원 일부와 교섭의무를 부과하게 되고 이는 노동조합과 성실하게 교섭할 의무와 모순된다는 점, 노동조합의 사명을 무시하고 다른 조합원의 단결권 내지 생존권을 침해한다는 점에서 정당성을 가지지 않는다; 김유성Ⅱ 227, 소수조합원의 비공인파업은 노사 간의 실질적인 대항관계가 존재하지 않으므로 정당하지 않다; 김형배 819.
43) 대판 1991.5.24, 91도324; 대판 1999.9.17, 99두5474.
44) 임종률 219.
45) 김유성Ⅱ 226.
46) 대판 2001.2.23, 2000도4299.

4. 쟁의행위 주체의 제한 법령

(1) 공무원, 교원

헌법에서는 공무원인 근로자는 법령이 정하는 자에 한하여 단결권 · 단체교섭권 및 단체행동권을 가진다고 하고, 공무원노조법에서는 공무원의 쟁의행위를 금지하고 있다(헌법 제33조 제2항 및 공무원노조법 제11조). 한편 교원노조법에서는 교원의 쟁의행위를 금지하고 있다(교원노조법 제8조). 이에 따라 공무원, 교원의 쟁의행위는 정당성이 인정되지 않는다.

(2) 주요방위산업체 근로자

헌법에서는 주요방위산업체에 종사하는 근로자의 단체행동권은 법률이 정하는 바에 의하여 제한 또는 인정하지 아니할 수 있다고 하고(제33조 제3항), 노조법은 '방위사업법'에 의해 지정된 주요방위산업체에 종사하는 근로자 중 전력, 용수 및 주로 방산 물자를 생산하는 업무에 종사하는 자는 쟁의행위를 금지하고 있다(제41조 제2항). 위 법령에 위반한 쟁의행위는 정당성이 인정되지 않는다.

Ⅲ. 쟁의행위의 목적과 정당성

1. 문제의 소재

헌법 제33조 제1항은 단체행동권의 목적이 '근로조건의 향상'에 있음을 명시하고 있다. 여기서 '근로조건'의 구체적 의미는 사용자의 처분권한이 있는 사항에 대한 단체협약의 체결 또는 단체교섭에서의 유리한 지위의 획득을 목적으로 한다는 입장이 있다.[47)]

그러나 헌법상 근로3권의 보장취지는 사용자의 처분권한이 있는 협의의 근로조건 향상에 국한되지 않고 인간의 존엄성(헌법 제10조)과 인간다운 생활을 할 권리(헌법 제34조 제1항)를 근로자에게 구체화하는 데 있으므로 '근로조건'의 향상은 '사회적 · 경제적 지위의 향상(노조법 제1조, 제2조 제4호)'이라는 견지에서 광의로 파악하는 것이 타당하다.[48)]

결국 쟁의행위가 목적으로 하는 사항은 반드시 사용자의 처분권한이 있어야 하는지 문제된다. 이와 관련하여 사용자의 처분권한이 없는 사항을 목적으로 하는 정치파업과 동정파업의 정당성 여부를 살펴보고, 외형상 근로조건의 개선을 목적으로 하더라도 단체교섭의 대상이 될 수 없거나 추구하는 목적에 비추어 쟁의행위라는 수단이 남용된 경우의 정당성 여부를 검토한다.[49)]

2. 정치파업

(1) 문제의 소재

정치파업은 국가나 기타 공공단체의 기관을 상대방으로 하거나, 특정한 정치적 주장의 시위나 관철을 목적으로 하는 쟁의행위로 그 상대방이 사용자 아닌 국가기관이고, 그 요구사항의 내용이 사실상, 법률상 사용자의 처분권한 밖에 존재한다는 점이 문제된다.

---

47) 김형배 820, 쟁의행위는 쟁의권을 보장한 범위 내에 들어 올 수 있는 단체교섭상의 목적사항을 관철하기 위하여 수행되지 않으면 안 된다.

48) 김유성Ⅱ 229.

49) 김유성Ⅱ 229.

(2) 학 설

ⅰ) 사용자의 처분권한을 벗어나고 추구하는 목적이 정당성을 가지지 않는다는 정치파업 위법설[50]과 ⅱ) 단체행동권 보장 취지에 근로자들의 집단적 참여를 통한 사회 전반에 대한 민주주의의 확대도 포함되므로 정치파업도 헌법상 보장된다는 정치파업 적법설,[51] ⅲ) 경제적 정치파업은 쟁의행위의 목적이 될 수 있는 반면, 순수정치파업은 쟁의행위에 목적이 될 수 없다는 정치파업 이분설[52]이 제시되고 있다.

(3) 판 례

하급심에서는 노동관계법 무효화를 주장하면서 벌인 파업은 근로조건에 관한 주장을 관철하기 위한 것도 아니고 그 요구의 상대방도 사용자가 아닌 국가이므로 위법하다고 판시[53]한 바 있다.

그러나 대법원에서는 1996~97년 국회를 통과한 노동관계법 무효화 및 재개정을 요구한 파업으로 해고당한 노동자들에게 승소 판결에서 "파업이 사용자를 상대로 근로조건의 유지 또는 향상을 도모하기 위하여 행해진 것은 아니나 노동관계법은 근로자 내지 노동조합의 경제적 이익과 밀접하게 관련된 것이어서 순수한 정치적 목적의 쟁의행위와는 구별되는 측면이 있는 점"에서 "이 사건 해고는 정당한 이유 없이 징계 재량권을 남용해 이뤄진 것"이라고 '정치파업 이분설'에 가까운 판결[54]을 내렸다.

(4) 검 토

쟁의행위의 목적을 넓은 의미의 근로조건의 향상에 있다고 보아야 하기 때문에 정치파업 이분설이 이론적으로 타당하다고 할 것이다. 그러나 경제적 정치파업의 경우에도 사용자가 그 파업의 목적에 관하여 아무런 권한이 없는 제3자라는 점은 고려되어야 하므로 사용자에게 주는 손해를 최소화하는 방법이어야 전체적으로 정당성을 가지게 된다고 보아야 할 것[55]이다.

3. 동정파업

(1) 문제의 소재

동정파업은 파업 노동조합이 자신의 노사관계에서의 요구 또는 시위를 목적으로 하는 것이 아니라 다른 기업 또는 산업에서의 쟁의에 영향을 미칠 것을 목적으로 하는 쟁의행위로 그 정당성 여부에 관해 견해대립이 있다.

(2) 학설 및 판례

ⅰ) 사용자에게 처분권한이 없는 사항을 목적으로 하고 사용자와의 단체교섭을 유리하게 타결하기 위한 것이 아니므로 목적상의 정당성이 부정된다는 동정파업 위법설[56]과 ⅱ) 동정파업은 그 주체가 지원하려는 근로자와 근로조건에 관하여 실질적으로 이해관계를 같이하거나 조직적 결합관계에 있는 경우에는 향후 단체교섭을 유리하게 하려는 목적이 포함되어 있지만, 그러한 관련 없이 단순히 근로자로서의 연대의식에 근거한 순수동정파업은 목적의 정당성을 부정한다는 동정파업 이분설[57]이 대립되고 있다.

---

50) 김형배 914.
51) 박홍규(2) 385.
52) 임종률 220; 김유성Ⅱ 231.
53) 부산지방법원 1997.2.26, 97카기95.
54) 대판 2002.4.26, 2000두4637.
55) 임종률 221.
56) 김형배 914; 임종률 222.

동정파업의 정당성은 정치파업의 경우와 마찬가지로 유형별로 판단을 달리하는 것이 타당하다. 동정파업과 그 원쟁의(타 기업의 쟁의행위) 간의 노사관계의 관련성이 전혀 없는 순수동정파업은 정당성이 부인되며, 노사관계의 관련성을 인정할 수 있다면 동정파업의 정당성은 인정되어야 할 것이다.[58)]

4. 교섭대상과 정당한 쟁의목적의 관계

(1) 의 의

근로자 측의 요구가 쟁의행위의 목적으로 인정되는지 여부는 단체교섭의 대상에 해당하는지 여부와 불가분의 관계를 가진다. 쟁의권은 단체교섭을 유리하게 타결하기 위하여 보장된 것이므로, 단체교섭의 대상이 아닌 요구사항을 관철할 목적의 쟁의행위는 단체교섭을 유리하게 타결하기 위한 것이 아니다. 판례도 단체교섭의 대상이 아닌 요구를 달성하려는 쟁의행위는 그 목적의 정당성을 인정할 수 없다고 한다.[59)]

(2) 경영사항

경영사항도 그것이 단체교섭의 대상이 되느냐 여부에 따라 목적의 정당성이 인정되느냐 여부가 결정[60)]된다. 판례는 경영진의 퇴진을 요구하는 쟁의행위라도 그 진의가 조합원의 근로조건 개선요구에 있다고 인정되는 경우에는 목적의 정당성을 인정한 바 있다.[61)] 그러나 대표이사의 연임을 방해하기 위한 파업,[62)] 또는 기구의 통폐합과 이에 따른 업무부담 증가를 저지하려는 쟁의행위[63)] 등에 대해서는 목적의 정당성을 부정하였다.

(3) 인사사항

근로자의 해고나 징계 등 인사의 기준은 그 자체로서 근로조건이고 단체교섭의 대상이므로 이에 관한 주장을 관철하려는 쟁의행위는 목적에 있어서 정당성을 가진다고 보아야 할 것이다. 그러나 판례는 정리해고가 불가피한 사정 아래에서 노동조합이 정리해고의 기준안을 제시하지 않은 채 정리해고 반대만 주장하는 것은 경영권을 본질적으로 제한하는 것이어서 쟁의행위의 정당한 목적으로 인정하지 않는다.[61)]

(4) 집단적 노동관계에 관한 사항

집단적 노동관계에 관한 사항은, 강행법규나 공서양속에 반하지 않는 이상, 단체교섭의 대상이 되므로 이에 관한 주장을 관철하려는 쟁의행위는 목적에 있어서 정당성이 인정된다고 보아야 할 것이다.

판례는 노조법이 '근로조건'의 결정에 관한 분쟁을 노동쟁의로 규정하고 있는 것에 착안하여 노조

---

57) 박상필 533; 김유성Ⅱ 234.

58) 김유성Ⅱ 233～234.

59) 대판 2001.4.24, 99도4893.

60) 사용자는 헌법상 경영상의 의사결정 및 구체적인 경영조치를 할 자유, 즉 경영권을 가지며, 경영사항은 근로조건이 아니고 경영권 내지 경영전권에 속하기 때문에 단체교섭의 대상이 아니라고 보는 견해(김형배) / 경영사항은 경영의사의 결정과 그것이 근로조건에 미치는 영향을 구분하여 후자만 단체교섭의 대상으로 인정하고 전자는 임의적 교섭사항으로 보는 견해(이상윤) / 경영사항이라도 근로조건에 영향을 주는 경우에는 단체교섭의 대상이 되지만, 근로조건과 무관한 경우에는 임의적 교섭사항이 될 뿐이라는 견해(김유성, 임종률).

61) 대판 1992.5.12, 91다34523.

62) 대판 1999.3.25, 93도3139.

63) 대판 2002.1.11, 2001도1697.

64) 대판 2001.4.24, 99도4893.

전임제는 근로조건이 아니므로 임의적 교섭사항이라고 하여 의무적 교섭사항이 아님을 전제로 하는 취지로 판시[65]한 바 있다. 다만, 최근 판례는 "단체교섭을 요구한 노동조합의 활동, 노동조합에 대한 편의제공, 단체교섭의 절차와 쟁의행위에 관한 절차 등에 관한 사항은 단체교섭의 대상인 단체교섭사항에 해당한다"[66]고 판시하여 집단적 노동관계에 관한 사항을 원칙적으로 단체교섭 대상으로 파악하고 있다.

(5) 권리분쟁사항

권리분쟁사항은 쟁의행위가 아니라 민사소송이나 부당노동행위 구제절차에 의하여 해결할 성질이라는 이유를 들어 쟁의행위의 정당한 목적이 될 수 없다는 견해[67]와 민사소송 등 다른 구제절차가 있다 하여 반드시 그것에 호소하도록 강제되는 것은 아니고 당사자 간의 자주적인 해결이 배제되는 것은 아니기 때문에 권리분쟁사항에 관한 쟁의행위도 정당성을 가진다는 견해가 있다.[68]

권리분쟁사항은 근로조건에 관한 것이든 집단적 노동관계에 관한 것이든 원칙적으로 쟁의행위의 정당한 목적으로 인정될 수 없다고 할 것이다. 또 권리분쟁사항은 원래 협상에 의하여 양보할 성질이 아니므로 쟁의행위에 의하여 상대방의 양보를 구하는 것은 쟁의권의 남용이라고 볼 여지도 있다. 그러나 사용자가 명백히 노동관계법령 · 단체협약 · 취업규칙 등을 위반하여 노사관계 전반에 중대한 영향을 미치고 그 시정이 시급한 경우에 그 위반에 항의하고 그 준수를 촉구하기 위한 쟁의행위는 예외적으로 정당성이 인정되어야 할 것이다.[69]

5. 기타 문제

(1) 파업기간에 대한 임금관철 및 면책조항 관철

사용자는 쟁의행위에 참가하여 근로를 제공하지 아니한 근로자에 대하여는 그 기간 중의 임금을 지급할 의무가 없으므로(노조법 제44조 제1항) 노동조합은 쟁의행위 기간에 대한 임금의 지급을 요구하여 이를 관철할 목적으로 쟁의행위를 하여서는 아니 된다(제44조 제2항).

파업기간에 대한 임금지급을 관철하려 하거나 면책조항의 체결을 관철하려는 쟁의행위는 근로조건의 향상을 목적으로 하는 것이 아니기 때문에 정당성을 가지지 않는다고 보아야 한다.[70]

(2) 과다한 요구

사용자가 수용할 수 없는 과다한 요구를 하더라도 이는 단체교섭의 단계에서 조정할 문제로서 그것만으로 그 쟁의행위의 목적이 정당성을 상실한다고 볼 수는 없다.[71]

(3) 복수목적을 위한 쟁의행위

하나의 쟁의행위를 통해 복수의 목적을 관철하려는 경우에는 그 쟁의행위의 주된 목적, 즉 객관적으로 그 목적이 없었더라면 그 쟁의행위를 하지 않았을 것이라고 인정되는 목적을 대상으로 정당한 쟁

---

65) 대판 1996.2.23, 94누9177.
66) 대판 2003.12.26, 2003두8906.
67) 김형배 915.
68) 김유성Ⅱ 238.
69) 임종률 223.
70) 임종률 224, 이는 쟁의행위로 인하여 파생되는 문제를 자신에게 유리하게 해결하려는 것으로서 쟁의권 남용이라 할 수도 있기 때문에 목적상의 정당성을 가지지 않는다. 특히 파업기간에 대한 임금지급을 관철하려는 쟁의행위는 금지(노조법 제44조 제2항)되므로, 이 규정에 위반한 쟁의행위에 대하여는 벌칙(동법 제90조)이 적용되는 외에 정당성도 인정되지 않는다.
71) 대판 1992.1.21, 91누5204.

의목적이 되는지 여부를 판단하여야 한다.[72)]

Ⅳ. 쟁의행위 시기 · 절차와 정당성

1. 의 의

쟁의행위의 정당성을 판단하는 요소 중에서 절차는 쟁의행위의 실질과 관련된 것이라기보다는 일정한 제도적이고 정책적인 목적을 달성하기 위하여 법률 등에 규정된 것이라는 측면이 강하다. 따라서 법률 등에 설정된 절차를 준수하지 않았다고 하여 쟁의행위의 실질적 정당성에 대한 평가가 달라진다 할 수는 없다.[73)] 이 문제는 각 법률 및 절차의 취지를 고려하여 개별적으로 결정해야 할 것이다.[74)]

2. 시기 · 절차적 정당성의 해석상 기준(실질적 단체교섭의 선행)

(1) 최후수단성 원칙의 문제

쟁의행위는 단체교섭을 더 이상 진행시킬 수 없는 경우, 최후의 수단으로 사용되어야 한다. 판례도 사용자가 노동조합의 구체적 요구에 대하여 단체교섭 자체를 거부하거나 단체교섭의 자리에서 그러한 요구를 거부한다는 회답을 한 뒤에 개시하여야 정당성을 가진다[75)]고 판시하고 있다. 이러한 판례에 대해 독일의 최후수단성 원칙을 받아들여 단체교섭을 충분히 거치지 않은 단계에서 쟁의행위에 들어가는 것은 최후수단성이 결여되어 정당성을 인정할 수 없다는 입장이 있다.[76)] 그러나 위와 같이 해석하게 되면 형식적으로 일정 기간 또는 일정 회수의 단체교섭을 거쳐야 한다거나 단체교섭에서의 일련의 대화가 종료된 뒤에만 쟁의행위를 할 수 있다는 것으로 이해될 우려가 있다. 따라서 단체교섭에 있어서 절충이 일단 개시된 이상, 그 어느 단계에서 쟁의행위를 개시할 것인가는 노동조합이 전술적으로 결정할 수 있다고 보아야 한다.[77)]

(2) 다른 구제절차의 존재(권리분쟁)

법률적 구제절차를 취할 수 있는 권리분쟁사항이나 다른 구제절차가 마련된 경우에 그와 같은 구제절차를 거쳐야만 쟁의행위가 정당한 것인지 문제된다.

쟁의행위가 단체교섭 및 단체협약 체결을 유리하게 전개하기 위한 수단이라는 측면에서 사법적 보호의 길이 열려 있는 사항을 관철하기 위하여 행하는 쟁의행위는 정당성이 없다는 결론에 이르게 된다.[78)] 다른 한편으로 집단적 노사관계에서 당사자의 사적 자치에 의한 분쟁의 해결은 다른 구제절차의 존재여부와 관계없이 적극적으로 보장되어야 한다는 측면에서는 다른 법률적 구제절차가 존재한다는 사정을 이유로 쟁의행위의 최후수단성 원칙이 쟁의행위 정당성을 부인하는 근거로 해석되어서는 안 된다고 볼 수 있다.[79)]

---

72) 대판 2001.6.26, 2000도2871.
73) 김선수, "쟁의행위의 절차적 정당성", 「노동법 연구」, 제12호, 서울대학교 노동법연구회.
74) 임종률 216.
75) 대판 1990.5.15, 90도357.
76) 김형배 824.
77) 임종률 226.
78) 김형배 823.
79) 김유성Ⅱ 239; 대판 1991.5.14, 90누4006, "사용자측이 정당한 이유 없이 근로자의 단체협약체결요구를 거부하거나 해태한 경우에 노동조합법 제40조(현행 노조법 제82조)의 규정에 의한 구제신청을 거치지 아니하고 노동쟁

권리분쟁사항은 원래 협상에 의하여 양보할 성질이 아니므로 쟁의행위에 의하여 상대방의 양보를 구하는 것은 쟁의권의 남용이라고 볼 여지가 있다. 다만, 사용자가 명백히 노동관계법령 · 단체협약 · 취업규칙 등을 위반하여 노사관계 전반에 중대한 영향을 미치고 그 시정이 시급한 경우에 그 위반에 항의하고 그 준수를 촉구하기 위한 쟁의행위는 예외적으로 정당성이 인정되어야 할 것이다.[80]

3. 법령상의 절차

(1) 노동쟁의 발생통보

노조법 제45조 제1항은 "노동관계 당사자는 노동쟁의가 발생한 때에는 어느 일방이 이를 상대방에게 통보하여야 한다"고 규정하고 있다. 위 조항은 노동쟁의가 발생을 상대방에게 알려 적절한 조치를 통한 평화적 해결을 촉구하고, 조정절차신청의 개시점을 명확히 하려는 행정목적을 위한 규정이므로 위 규정의 위반 여부는 쟁의행위의 정당성 판단에 아무런 영향이 없다고 할 것이다.

(2) 사전신고

노조법 시행령 제17조는 노동조합이 쟁의행위를 하고자 할 때에는 행정관청과 관할 노동위원회에 쟁의행위의 일시 · 장소 · 참가인원 및 그 방법을 미리 서면으로 신고하도록 규정하고 있다. 이 규정은 행정관청이 쟁의행위로 인하여 일반 공중이나 경제에 미치는 영향에 대처하고, 노동위원회가 다시 조정의 역할을 수행할 수 있는 경우에 대비하도록 하자는 정책적 고려에서 특별히 설정된 것으로 쟁의행위의 정당성에도 아무런 영향을 미치지 아니한다.

(3) 조정전치주의

1) 의 의 노조법은 노동관계당사자 간에 단체교섭을 하였음에도 근로조건의 결정에 관한 주장의 불일치로 인해 더 이상 자주적 교섭에 의한 합의의 여지가 없을 때를 '노동쟁의'라 정의하고(제2조 제5호), 노동쟁의가 발생한 때에는 노동위원회에 조정(調整)절차를 신청하여 조정을 받을 수 있는데, 이러한 조정절차를 거치지 아니하면 쟁의행위를 할 수 없다(제45조)는 조정전치주의를 채택하고 있다. 이는 조정제도의 실효성을 확보하기 위한 정책적 규정이라고 할 수 있다.

2) 조정전치주의를 위반한 쟁의행위의 정당성 쟁의행위가 조정절차를 거치지 아니한 경우 판례는 조정절차를 거치지 않은 쟁의행위가 항상 정당성을 상실하는 것은 아니므로 "사회 · 경제적 안정이나 사용자의 사업운영에 예기치 않은 혼란이나 손해를 끼치는 등 부당한 결과를 초래할 우려가 있는지 여부"를 구체적으로 고려해야 한다고 판시하고 있다.[81] 이에 대해 최근 학설에서는 조정전치주의는 쟁의행위에 대한 제한을 목적으로 하는 것이 아니므로 조정전치를 거쳤는지 여부는 쟁의행위의 정당성 판단과 직접 관련이 없는 것으로 보아야 한다는 견해가 유력하게 제기되고 있다.[82]

3) 조정전치와 행정지도 노동위원회는 노조법 시행령 제24조 제2항을 근거로 노동쟁의의 대상이 아니라거나 교섭을 더 진행하라는 행정지도를 하여왔다. 노동위원회나 검찰은 조정신청을 하였으나 행정지도의 대상이 된 경우에는 원칙적으로 조정을 거치지 않은 것으로 취급하고 있다. 하지만

의의 방법을 선택하였다고 하여 노동조합법을 위반한 것이라고는 할 수 없다"고 판시하였으나, 동 판결은 노동쟁의의 개념이 "근로조건의 결정"으로 개정된 97년 이전 판례라는 점에서 권리분쟁의 단체교섭대상 및 쟁의행위 목적의 정당성 판단의 근거가 될 수 있는지 논란이 될 수 있다.

80) 임종률 127.

81) 대판 1990.5.15, 90도357.

82) 김선수, "쟁의행위의 절차적 정당성", 「노동법 연구」, 제12호, 서울대학교 노동법연구회.

판례는 교섭미진을 이유로 행정지도를 하면서 실질적인 조정을 하지 않은 상태에서 행한 쟁의행위는 조정을 거친 것으로 인정된다고 판시하고 있다.[83)]

(4) 조합원 찬반투표

1) 의 의 노조법 제41조 제1항은 노동조합의 쟁의행위는 그 조합원의 직접 · 비밀 · 무기명투표에 의한 조합원 과반수의 찬성으로 결정하지 아니하면 이를 행할 수 없다고 규정하고 있다. 동 규정은 노동조합의 민주적 운영과 자주적 결정을 특별히 강하게 요청하기 위한 정책배려규정으로 해석되고 있다.

2) 판 례 법원은 종전까지 쟁의행위 찬반투표를 거치지 않은 쟁의행위에 대해 그 절차를 따를 수 없는 객관적인 사정, 조합원의 민주적 의사결정이 실질적으로 확보 여부에 따라 정당성을 부정한 경우[84)]와 정당성을 부정하지 않은 경우[85)]가 제시되었다.

대법원은 위의 두 판결의 모순된 입장을 "쟁의행위를 함에 있어 조합원의 직접 · 비밀 · 무기명투표에 의한 찬성결정이라는 절차를 거쳐야 한다는 규정은 노동조합의 자주적이고 민주적인 운영을 도모함과 아울러 쟁의행위에 참가한 근로자들이 사후에 그 쟁의행위 정당성 유무와 관련하여 어떠한 불이익을 당하지 않도록 그 개시에 관한 조합의사의 결정에 보다 신중을 기하기 위하여 마련된 규정이므로 위의 절차를 위반한 쟁의행위는 그 절차를 따를 수 없는 객관적인 사정이 인정되지 아니하는 한 정당성이 상실된다"고 판시[86)]하여 쟁의행위에 대한 절차로서 찬반투표를 정당성 판단의 중요한 요소라는 것을 확인하였다.

3) 학 설 학계에서는 찬반투표 규정은 쟁의행위를 할 것인지 여부를 민주적으로 또 신중하게 결정하게 하려는 정책적 고려에서 노조법이 특별히 설정한 것이므로 이 절차를 거치지 않았다는 것만으로 정당성이 부인해서는 안 된다는 입장이 있다.[87)]

4. 단체협약상의 절차

(1) 평화의무

평화의무란 단체협약의 유효기간 중에 쟁의행위를 수단으로 단체협약에 정한 근로조건 기타 사항의 개폐를 요구하지 않을 의무를 말한다. 단체협약 소정의 사항에 대해서만 쟁의행위가 금지된다는 의미에서 상대적 평화의무라고 부르기도 한다.

평화의무위반의 쟁의행위 정당성에 대하여 ⅰ) 평화의무를 단체협약의 평화유지 기능에 본질적으로 내재하는 의무로 보는 내재설의 입장에서는 평화의무위반의 쟁의행위는 법규범에 위반하여 정당성을 완전히 상실하게 되는 것으로 본다.[88)] ⅱ) 평화의무를 협약당사자의 명시적 · 묵시적 의사 내지 합의로 보는 합의설의 입장에서는 평화의무위반의 쟁의행위는 단체협약 불이행 책임을 발생시키는 데 불과하고 쟁의행위의 정당성을 상실시키는 것은 아니라고 본다.[89)] ⅲ) 평화의무를 단체협약 당사자의 이행의무로

83) 대판 2001.6.26, 2000도2871.
84) 대판 2000.3.10, 99도4838.
85) 대판 2000.5.26, 99도4836.
86) 대판(전합) 2001.10.25, 99도4837.
87) 임종률 227.
88) 이상윤 653.
89) 김유성Ⅱ 241.

부터 당연히 파생되는 신의칙상 의무라고 보는 신의칙설의 입장에서도 단체협약은 당사자 간 계약의 일종이므로 채무불이행으로 되기는 하지만 그 정당성을 상실하는 것은 아니라고 한다.[90)]

판례는 평화의무가 단체협약에 본질적으로 내재하고 있으므로 평화의무 위반의 쟁의행위는 협약질서의 침해로 정당성이 부정된다는 견해이다.[91)]

(2) **평화 · 쟁의절차조항**

평화 · 쟁의절차 조항은 분쟁의 평화적 해결을 위하여 쟁의행위의 개시시기, 절차, 장소 등에 관하여 규정한 단체협약상의 조항을 의미한다. 평화조항은 쟁의권행사의 절차에 관한 자율적 규제를 정한 조항이라 할 수 있다.

단체협약상의 평화조항이나 쟁의절차조항은 채무적 부분에 해당하므로 이에 위반한 쟁의행위를 한 노동조합은 채무불이행책임을 부담하게 된다. 그러나 이에 위반하였다고 하여 쟁의행위가 정당성을 상실한다고 할 수 없다.

5. 규약상의 절차

노동조합이 민주성을 확보하기 위하여 규약에 쟁의행위 개시에 관한 일정한 절차를 규정하는 경우가 있을 수 있다. 일반적으로 규약상의 절차는 어디까지나 노동조합 내부의 절차로서 그 위반에 대해서는 노동조합 내부에서 책임을 물을 문제이고 국가기관 내지 사용자와의 관계에서 형사 및 민사책임의 면책여부와는 무관한 것이라고 하여야 할 것이다. 따라서 규약상의 절차준수 여부는 쟁의행위의 정당성 판단에 아무런 영향을 미치지 않는다고 보는 것이 타당하다.

Ⅴ. 쟁의행위의 수단 · 태양과 정당성

1. 의 의

쟁의행위가 그 방법에 있어서 정당성을 가지기 위해서는 ⅰ) '소극적인 방법'으로 근로제공을 전면적 또는 부분적으로 정지함으로써 사용자의 업무를 저해하는 것이고, ⅱ) 노사관계의 신의성실의 원칙에 비추어 '공정성의 원칙'에 따라야 하며, ⅲ) 사용자의 기업시설에 대한 소유권 기타의 '재산권과 조화'를 기하고, ⅳ) '인신의 자유 · 안전'을 해치는 폭력을 사용하지 않아야 한다.[92)]

2. 소극적 수단

쟁의행위는 근로제공의 전면적 또는 부분적 정지라는 소극적 투쟁수단, 즉 노동력에 대한 소극적 통제에 그치는 한, 원칙적으로 정당성을 가진다.

(1) **파 업**

파업은 근로계약상의 근로제공을 전면적으로 정지하는 소극적 투쟁수단이므로 원칙적으로 정당성이 인정된다. 다만, 적극적으로 사용자에게 재산의 지배 · 관리를 배제하는 행위 또는 안전, 보안작업 등과 같은 업무의 성질상 정폐가 근로자 또는 해당관계자들에게 위험을 발생케 하는 작업 등을 거부하

90) 임종률 153.
91) 대판 1992.9.1, 92누7733.
92) 대판 1990.5.15, 90도357; 대판 1992.7.14, 91다43800.

는 때에는 정당성을 상실한다(제42조 제2항).

(2) 태 업

태업은 사용자의 지휘명령에 따르되 이를 부분적으로 배제하고 불완전한 노무를 제공함으로써 업무의 능률을 저하시키는 쟁의수단으로 그 구체적인 태양이 노무의 불완전제공이라는 부작위에 그치는 한 파업과 마찬가지로 정당성을 가진다고 할 것이다. 그러나 통상적인 태업과는 달리 의식적으로 생산 또는 사무를 방해하고 생산설비 등을 파괴하는 이른바, 사보타지(적극적 태업, sabotage)는 적극적인 경영간섭과 생산수단의 손괴를 수반한다는 점에서 쟁의행위 태양으로서의 정당성이 부정된다.

3. 공정한 투쟁

(1) 쟁의행위는 노사관계의 신의칙에서 생기는 공정한 투쟁의 원칙에 따라야 정당성이 인정된다. 따라서 쟁의행위를 개시할 때에는 그 관철하려는 주장의 내용, 개시의 시기 및 참가범위를 상대방에게 통고하여야 하고, 이를 종료할 때에도 그 종료의 시기를 명확히 통고하여야 한다.

(2) 파업기간 중의 임금지급을 목적으로 하는 쟁의행위(노조법 제44조)는 이 원칙에 비추어 정당성이 부정된다. 또 파업이나 태업기간 중의 보안작업을 정상적으로 수행할 의무를 하지 않는 것은 사용자의 재산권을 침해하는 측면과 함께 파업 종료 후의 작업복귀를 불가능 또는 곤란하게 만들기 때문에 정당성이 부정된다.

4. 재산권과의 균형

쟁의행위는 사용자의 기업시설에 대한 소유권 기타 재산권과의 균형·조화가 이루어져야 정당성이 인정된다. 헌법은 쟁의권과 함께 재산권도 보장하고 있기 때문이다.

(1) 파괴행위 등의 경우

파괴행위는 재산권과의 불균형으로 인하여 정당하지 않은 쟁의수단이고, 보안작업 수행의무(노조법 제38조) 위반도 재산권과의 불균형으로 인하여 정당성이 부정되며, 생산시설 등의 점거도 정당성이 인정되지 않는다(노조법 제42조).

(2) 보이콧(불매동맹)

보이콧이란 특정 기업의 제품을 팔거나 사지 말자고 거래선이나 공중에게 호소하여 그 기업을 상품시장에서 고립시키는 쟁의수단이다. 단체교섭의 상대방인 사용자의 제품을 대상으로 하는 1차 보이콧과 거래선의 제품을 대상으로 하는 2차 보이콧으로 구분된다. 1차 보이콧은 쟁의행위를 유지·강화하기 위한 보조수단으로 사용되는 이상 정당성을 가진다고 해석되나 2차 보이콧은 사용자가 아닌 제2차 사용자에 대하여 상품거래의 자유를 제약한다는 점에서 원칙적으로 정당성이 인정되지 않는다고 보아야 할 것이다.

(3) 직장점거

직장점거란 파업·태업을 하면서 단결을 유지·강화하거나 파업 중의 조업을 저지하기 위하여 쟁의참가자들이 사용자의 의사에 반하여 사업장 시설을 점거하는 보조적 쟁의행위이다. 직장점거는 사용자의 시설관리권을 침해하는 요소가 있지만 기업별 노조가 지배적인 상태에서 노동조합의 평상시 제반 활동이 사업장 안에서 이루어진다는 점으로 고려하여 부분적·병존적 점거는 정당하지만, 전면적·배타적 점거는 정당성이 인정되지 않는다.[93] 또한 쟁의행위는 생산 기타 주요업무에 관련되는 시설과 이에 준하는 시설을 점거하는 형태로 할 수 없다(제42조 제1항).

(4) **준법투쟁**

1) 의 의 노동조합 기타 노동단체가 그 주장을 관철할 목적으로 근로자들로 하여금 법령이나 취업규칙 등의 규정을 필요 이상으로 엄격히 지키거나 자신들에게 보장된 권리를 일제히 행사하여 업무의 정상적인 운영을 저해하는 행위를 준법투쟁이라고 한다.

이러한 준법투쟁은 근로자의 권리의무의 실현이라는 측면과 쟁의행위의 실질적인 요건인 정상적인 업무의 저해라는 측면이 충돌함으로써 쟁의행위 해당 여부가 문제된다.

2) 쟁의행위 해당 여부 준법투쟁은 사용자에 대한 주장을 관철할 목적으로 한다는 점과 업무의 정상적인 운영은 반드시 법령, 단체협약 등에 의한 적법한 운영만을 의미하는 것이 아니라 평상시의 운영을 의미한다고 보아 쟁의행위로 인정하는 견해[94](사실정상설, 현실평가설)와 업무의 정당성은 법령·단체협약 등에 합치되어 있는 상태를 말하는 것이고 아무리 관행화 되어 있다 하더라도 법률상 정상적인 상태가 되는 것은 아니라고 보아, 쟁의행위에 해당되지 않는다는 입장[95](법률정상설)이 있다.

3) 쟁의행위 정당성 판단 준법투쟁이 쟁의행위로 인정되면 노조법상 쟁의행위 찬반투표(제41조), 조정전치주의(제45조)의 시기·절차의 제한을 받으며 그 밖의 쟁의행위 정당성에 대한 판단을 받게 된다. 아울러 노조법상 쟁의행위로 인한 각종 벌칙규정이 적용된다.

준법투쟁은 근로조건 등에 대하여 주장을 관철할 목적이 있으나 업무의 저해를 가져오지 않는 권리행사와 업무저해성을 갖고 있는 쟁의행위 사이에 구별이 용이하지 않고, 준법투쟁의 목적상 노조법상 각종 절차를 준수하기 어렵다는 점에서 정당성 판단기준을 그대로 적용하는 것은 근로자의 쟁의권을 제약할 수 있다. 따라서 준법투쟁의 정당성은 당해 사업장의 관행의 보호가치와 헌법상 근로자에게 보장하고 있는 근로3권의 보장활동의 취지 등을 구체적으로 고려하여 판단하여야 할 것이다.

5. 인신의 자유·안전의 보호

인신의 자유·안전은 법질서로 보호해야 할 가장 기본적인 가치이므로 쟁의행위는 폭력·협박 등의 행위를 수반하지 않아야 정당성을 가진다.

(1) **폭력·파괴의 금지**

노조법은 '쟁의행위는 폭력이나 파괴행위'로 행할 수 없다고 규정(제42조 제1항)하고 있다. 이는 노조법상 쟁의수단으로서 폭력을 금지하고, 형사책임과 관련하여 폭력을 정당한 행위로 인정하지 않는다는 것이다.

(2) **피 케 팅**

노조법 제38조 제1항에서 피케팅에 제한을 규정하고 있는바, 이는 사용자의 조업의 자유를 확보하고 인신의 자유·안전을 보호하기 위한 것이다. 따라서 피케팅의 제한에 위반하여 폭행·협박의 수단을 사용한 경우에도 정당성이 없다고 할 것이다. 판례는 구체적 사안에 대하여 평화적 설득에 대해서는 정당성을 인정하지만 실력저지, 물리적 강제수반의 경우 정당성이 부정된다는 입장이다.[96]

93) 대판 1990.5.15, 90도357; 대판 1991.6.11, 91도383 등.

94) 대판 1990.12.10, 91누636; 대판 1990.12.7, 90다6095; 대판 1991.12.24, 91도2323.

95) 임종률 193.

Ⅵ. 결 론

쟁의행위의 '정당성'은 헌법상 쟁의권 보장의 한계를 획정하는 통일적 개념이다. 쟁의행위가 정당성을 갖기 위하여는 ① 그 '주체'가 단체교섭의 주체로 될 수 있는 자이어야 하고, ② 그 '목적'이 근로조건의 향상을 위한 노사 간의 자치적 교섭을 조성하는 데에 있어야 하며, ③ 그 '시기'는 사용자가 근로자의 근로조건 개선에 관한 구체적인 요구에 대하여 단체교섭을 거부하였을 때 개시하되 특별한 사정이 없는 한 조합원의 찬성결정 등 법령이 규정한 '절차'를 거쳐야 하고, ④ 그 '수단과 방법'이 사용자의 재산권과 조화를 이루어야 함은 물론 폭력의 행사에 해당되지 아니하여야 한다는 여러 조건을 모두 구비하여야 한다.[97] 이러한 정당한 쟁의행위는 민 · 형사상 책임이 면제되지만, 쟁의행위가 정당하지 못한 것으로 판단되면 민 · 형사상 책임을 면할 수 없으므로 쟁의행위의 정당성 판단은 매우 중요하다.

[그림] 쟁의행위 형사책임 판단절차[98]

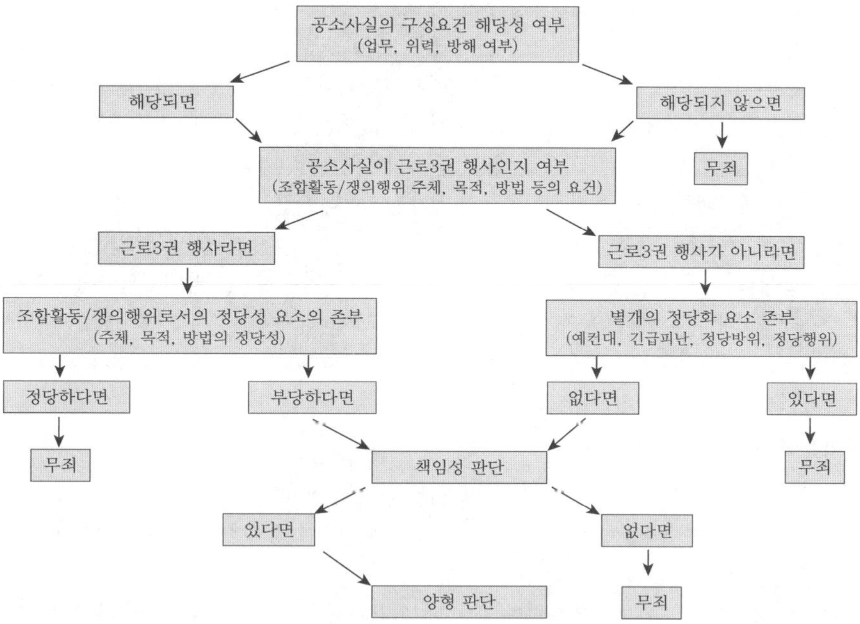

[관련판례] 쟁의행위 정당성 판단기준과 주체의 정당성

(1) 쟁의행위의 정당성 판단기준

〈1-1〉 쟁의행위의 정당성 판단기준 ①(대판(전합) 2001.10.25, 99도4837)

근로자의 **쟁의행위**가 형법상 **정당행위가 되기 위하여**는 첫째 그 주체가 단체교섭의 주체로 될 수 있는 자이어야 하고, 둘째 그 **목적이 근로조건의 향상을 위한 노사 간의 자치적 교섭을 조성**하는 데에 있어야 하며, 셋째 사용자가

96) 대판 1991.7.12, 91도897; 대판 1991.5.24, 89도1324; 대판 1992.7.14, 91다43800.
97) 대판 2001.10.25, 99도4837.
98) 정인섭, "파업과 업무방해", 「노동법 연구」, 제8호, 서울대학교 노동법연구회.

근로자의 근로조건 개선에 관한 구체적인 요구에 대하여 **단체교섭을 거부하였을 때 개시**하되 특별한 사정이 없는 한 조합원의 찬성결정 등 **법령이 규정한 절차를 거쳐야** 하고, 넷째 그 **수단과 방법이 사용자의 재산권과 조화**를 이루어야 함은 물론 **폭력의 행사에 해당되지 아니하여야** 한다.

〈1-2〉 쟁의행위의 정당성 판단기준 ②(대판 1992.7.14, 91다43800)

근로자의 쟁의행위가 정당성을 갖추기 위하여는, 그 주체가 단체교섭이나 단체협약 체결능력이 있는 자, 즉 노동조합이어야 하고, 그 **목적이 근로조건의 향상을 위한 노사 간의 자치적 교섭을 조성하기 위한 것**이어야 하며, 그 시기는 사용자가 근로자의 근로조건 개선에 관한 구체적인 요구에 대하여 **단체교섭을 거부**하거나 단체교섭의 자리에서 그러한 요구를 거부하는 회답을 했을 때 개시하되, 특별한 사정이 없는 한 **법령이 정하는 바에 따라 조합원의 찬성결정 및 노동쟁의 발생신고**를 거쳐야 하고, 그 **방법은 소극적으로 노무의 제공을 전면적 또는 부분적으로 정지**하여 사용자에게 타격을 주는 것이어야 하며, 노사관계의 신의성실의 원칙에 비추어 **공정성의 원칙**에 따라야 하고, 사용자의 기업시설에 대한 **소유권 기타의 재산권과 조화**를 이루어야 함은 물론 **폭력이나 파괴행위를 수반하여서는 아니 되는 것**이다.

〈1-3〉 쟁의행위의 정당성 판단기준 ③(대판 2003.12.26, 2003두8906 [범박동새마을금고사건])

노동조합의 쟁의행위가 정당하기 위해서는 그 주체가 단체교섭의 주체로 될 수 있는 자이어야 하고, 노동조합과 사용자의 교섭과정에서 노사대등의 입장에서 근로조건의 향상 등 근로자의 경제적 지위를 향상시키려는 목적에서 나온 것이어야 하며, 사용자가 근로자의 근로조건 개선에 관한 구체적인 요구에 대하여 단체교섭을 거부하거나 단체교섭에서 그와 같은 요구에 반대의 의사표시를 하거나 묵살하고 반대하고 있는 것을 분명하게 하고 있을 경우에 개시할 수 있으며 특별한 사정이 없는 한 법령이 규정한 절차를 밟아야 하고, 그 수단과 방법이 사용자의 재산권과 조화를 이루어야 할 뿐 아니라, 다른 기본적 인권을 침해하지 아니하는 등 그 밖의 헌법상의 요청과 조화되어야 하고, 다만 이 경우에도 **당해 쟁의행위 자체의 정당성과 이를 구성하거나 부수되는 개개의 행위의 정당성은 구별**되어야 하므로 **일부 소수의 근로자가 폭력행위 등의 위법행위를 하였다고 하더라도 전체로서의 쟁의행위가 위법하게 되는 것은 아니다.**

(2) 쟁의행위의 주체와 정당성

〈2-1〉 쟁의행위의 주체와 정당성 – 살쾡이파업(대판 1997.4.22, 95도748)

[1] **일부 조합원의 집단이 노동조합의 승인 없이 또는 지시에 반하여 쟁의행위를** 하는 경우에는 이를 비조직근로자들의 **쟁의단과 같이 볼 수 없다.**

[2] **노동조합의 승인 없이 또는 지시에 반하여 일부 조합원의 집단에 의하여 이루어진 쟁의행위**가 그 경위와 목적, 태양 등에 비추어 **정당행위에 해당하지 아니하고**, 그 쟁의행위에 참가한 일부 조합원이 병가 중이어서 직무유기죄의 주체로 될 수는 없다 하더라도 직무유기죄의 주체가 되는 다른 조합원들과의 공범관계가 인정된다는 이유로, 그 쟁의행위에 참가한 조합원들 모두 직무유기죄로 처단되어야 한다(이 사건은 병가중인 철도공무원들이 그렇지 아니한 철도공무원들과 함께 전국철도노동조합의 일부 조합원들로 구성된 임의단체인 전국기관차협의회가 주도한 파업에 참가한 사례임).

〈2-4〉 쟁의행위의 주체와 정당성 – 지부 · 분회(대판 2001.2.23, 2000도4299)

노동조합의 하부단체인 분회나 지부가 독자적인 규약 및 집행기관을 가지고 독립된 조직체로서 활동을 하는 경우 당해 조직이나 그 조합원에 고유한 사항에 대하여는 독자적으로 단체교섭하고 단체협약을 체결할 수 있고, 이는 그 분회나 지부가 노동조합및노동관계조정법시행령 제7조의 규정에 따라 그 설립신고를 하였는지 여부에 영향받지 아니한다.

제5절 쟁의행위 목적의 정당성

Ⅰ. 서 설

우리 사법체계에서는 정당한 쟁의행위는 민 · 형사상 책임이 면제되고, 부당노동행위구제제도에 의한 보호가 인정되지만, 쟁의행위가 정당하지 못한 것으로 판단되면 그 수단이나 방법에 위법적인 요소가 전혀 없고 집단적으로 노무제공을 거부하는 단순파업의 경우에도 노동조합 간부들이 형법상의 업무방해죄 혐의로 구속되고 형사처벌을 받기 때문에 쟁의행위의 정당성 판단은 매우 중요하다. 헌법 제33조 제1항은 단체행동권의 목적이 '근로조건의 향상'에 있음을 명시하고 있고 판례는 그 '목적'이 근로조건의 향상을 위한 노사 간의 자치적 교섭을 조성하기 위한 것이어야 한다고 판시[99]하고 있다. 따라서 근로조건의 향상의 구체적 의미를 어떻게 해석하는가에 따라 쟁의행위 목적의 정당성 여부가 달라질 수 있다.

아래에서는 쟁의행위 목적의 정당성에 대하여 근로조건 향상의 의미를 중심으로 정치파업과 동정파업에 대해 살펴보고, 단체교섭의 대상과의 관계를 통해 정리하도록 한다. 아울러 법령상 제한과 해석상 관련문제를 점검하도록 하겠다.[100]

Ⅱ. 쟁의행위의 목적과 근로조건 향상의 의미

1. 문제의 소재

헌법 제33조 제1항은 단체행동권의 목적이 '근로조건의 향상'에 있음을 명시하고 있다. 여기서 '근로조건'의 구체적 의미는 사용자의 처분권한이 있는 사항에 대한 단체협약의 체결 또는 단체교섭에서의 유리한 지위의 획득을 목적으로 한다는 입장이 있다.[101]

그러나 헌법상 근로3권의 보장 취지는 사용자의 처분권한이 있는 협의의 근로조건 향상에 국한되지 않고 인간의 존엄성(헌법 제10조)과 인간다운 생활을 할 권리(헌법 제34조 제1항)를 근로자에게 구체화하

99) 대판(전합) 2001.10.25, 99도4837.
100) 임종률 219~225.
101) 김형배 820, 쟁의행위는 쟁의권을 보장한 범위 내에 들어올 수 있는 단체교섭상의 목적사항을 관철하기 위하여 수행되지 않으면 안 된다.

는 데 있으므로 '근로조건'의 향상은 '사회적 · 경제적 지위의 향상(노조법 제1조, 제2조 제4호)'이라는 견지에서 광의로 파악하는 것이 타당하다.[102)]

결국 쟁의행위가 목적으로 하는 사항은 반드시 사용자의 처분권한이 있어야 하는지 문제된다. 이와 관련하여 사용자의 처분권한이 없는 사항을 목적으로 하는 정치파업과 동정파업의 정당성 여부를 살펴본다.[103)]

2. 정치파업

(1) 문제의 소재

정치파업은 국가나 기타 공공단체의 기관을 상대방으로 하거나, 특정한 정치적 주장의 시위나 관철을 목적으로 하는 쟁의행위로 그 상대방이 사용자 아닌 국가기관이고, 그 요구사항의 내용이 사실상 · 법률상 사용자의 처분권한 밖에 존재한다는 점이 문제된다.

(2) 학 설

ⅰ) 사용자의 처분권한을 벗어나고 추구하는 목적이 정당성을 가지지 않는다는 정치파업 위법설[104)]과 ⅱ) 단체행동권 보장취지에 근로자들의 집단적 참여를 통한 사회 전반에 대한 민주주의의 확대도 포함되므로 정치파업도 헌법상 보장된다는 정치파업 적법설,[105)] ⅲ) 경제적 정치파업은 쟁의행위의 목적이 될 수 있는 반면, 순수정치파업은 쟁의행위에 목적이 될 수 없다는 정치파업 이분설[106)]이 제시되고 있다.

(3) 판 례

하급심에서는 노동관계법 무효화를 주장하면서 벌인 파업은 근로조건에 관한 주장을 관철하기 위한 것도 아니고 그 요구의 상대방도 사용자가 아닌 국가이므로 위법하다고 판시[107)]한 바 있다.

그러나 대법원에서는 1996~97년 국회를 통과한 노동관계법 무효화 및 재개정을 요구한 파업으로 해고당한 노동자들에게 승소판결을 내린 사례에서 "파업이 사용자를 상대로 근로조건의 유지 또는 향상을 도모하기 위하여 행해진 것은 아니나 노동관계법은 근로자 내지 노동조합의 경제적 이익과 밀접하게 관련된 것이어서 순수한 정치적 목적의 쟁의행위와는 구별되는 측면이 있는 점"에서 "이 사건 해고는 정당한 이유 없이 징계재량권을 남용해 이뤄진 것"이라고 '정치파업 이분론'에 가까운 판결[108)]을 내렸다.

(4) 검 토

쟁의행위의 목적은 근로조건의 향상에 있다고 보아야 하므로 경제적 정치파업은 일정한 범위에서 허용되어야 할 것이다. 따라서 정치파업 이분론이 이론적으로 타당하다. 그러나 경제적 정치파업의 경우에도 사용자가 그 파업의 목적에 관하여 아무런 권한이 없는 제3자라는 점은 고려되어야 하므로 사용자에게 주는 손해를 최소화하는 방법이어야 전체적으로 정당성을 가지게 된다고 보아야 할 것이다.

---

102) 김유성Ⅱ 229.
103) 김유성Ⅱ 229.
104) 김형배 821.
105) 박홍규(2) 385.
106) 임종률 219; 김유성Ⅱ 231.
107) 부산지방법원 1997.2.26, 97카기95.
108) 대판 2002.4.26, 2000두4637.

3. 동정파업

(1) 문제의 소재

동정파업은 노동조합이 사업장의 노사관계에 대한 요구 또는 시위를 목적으로 하는 것이 아니라 다른 기업 또는 산업에서의 쟁의에 영향을 미칠 것을 목적으로 하는 쟁의행위로 그 정당성 여부에 관해 견해대립이 있다.

(2) 학설 및 판례

ⅰ) 사용자에게 처분권한이 없는 사항을 목적으로 하고 사용자와의 단체교섭을 유리하게 타결하기 위한 것이 아니므로 목적상의 정당성이 부정된다는 동정파업 위법설[109]과 ⅱ) 동정파업은 그 주체가 지원하려는 근로자와 근로조건에 관하여 실질적으로 이해관계를 같이하거나 조직적 결합관계에 있는 경우에는 향후 단체교섭을 유리하게 하려는 목적이 포함되어 있지만, 그러한 관련 없이 단순히 근로자로서의 연대의식에 근거한 순수동정파업은 목적의 정당성을 부정한다는 동정파업 이분설[110]이 대립되고 있다.

(3) 검 토

동정파업의 정당성은 유형별로 판단을 달리하는 것이 타당하다. 동정파업과 그 원쟁의(타 기업의 쟁의행위) 간의 노사관계의 관련성이 전혀 없는 순수동정파업은 정당성이 부인되며, 노사관계의 관련성을 인정할 수 있다면 동정파업의 정당성은 인정되어야 할 것이다.[111]

Ⅲ. 단체교섭대상과 정당한 쟁의목적의 관계

1. 문제의 소재

근로자측의 요구가 단체교섭의 대상에 해당하는지 여부는 그것이 쟁의행위의 목적으로 인정되는지 여부와 불가분의 관계를 가진다. 쟁의권은 단체교섭을 유리하게 타결하기 위하여 보장된 것인데, 단체교섭의 대상이 아닌 요구사항을 관철할 목적의 쟁의행위는 단체교섭을 유리하게 타결하기 위한 것이 아니기 때문이다.

판례도 '단체교섭의 대상이 아닌 요구를 달성하려는 쟁의행위는 그 목적의 정당성을 인정할 수 없다'고 판시[112]하고 있다.

2. 경영사항

경영사항도 그것이 단체교섭의 대상이 되느냐 여부에 따라 목적의 정당성이 인정되느냐 여부가 결정[113]된다.

---

109) 김형배 821; 임종률 222.

110) 박상필 533; 김유성Ⅱ 234.

111) 김유성Ⅱ 233~234.

112) 대판 2001.4.24, 99도4893.

113) 사용자는 헌법상 경영상의 의사결정 및 구체적인 경영조치를 할 자유, 즉 경영권을 가지며, 경영사항은 근로조건이 아니고 경영권 내지 경영전권에 속하기 때문에 단체교섭의 대상이 아니라고 보는 견해(김형배) / 경영사항은 경영의사의 결정과 그것이 근로조건에 미치는 영향을 구분하여 후자만 단체교섭의 대상으로 인정하고 전자는 임의적 교섭사항으로 보는 견해(이상윤) / 경영사항이라도 근로조건에 영향을 주는 경우에는 단체교섭의 대상이

판례는 경영진의 퇴진을 요구하는 쟁의행위라도 그 진의가 조합원의 근로조건 개선요구에 있다고 인정되는 경우에는 목적의 정당성이 인정된다고 판시하였다.[114] 그러나 대표이사의 연임을 방해하기 위한 파업,[115] 또는 기구의 통폐합과 이에 따른 업무부담 증가를 저지하려는 쟁의행위[116] 등은 목적의 정당성이 부정된다.

3. 인사사항

근로자의 해고나 징계 등 인사의 기준은 그 자체로서 근로조건이고 단체교섭의 대상이므로 이에 관한 주장을 관철하려는 쟁의행위는 목적에 있어서 정당성을 가진다고 보아야 할 것이다.

그러나 판례는 정리해고가 불가피한 사정 아래에서 노동조합이 정리해고의 기준안을 제시하지 않은 채 정리해고 반대만 주장하는 것은 경영권을 본질적으로 제한하는 것이어서 쟁의행위의 정당한 목적으로 인정하지 않는다고 판시하고 있다.[117]

4. 집단적 노동관계에 관한 사항

집단적 노동관계에 관한 사항은 근로조건과 밀접한 관계에 있기 때문에 단체교섭의 대상사항이 된다고 한다. 그래서 집단적 노동관계에 관한 사항은 강행법규나 공서양속에 반하지 않는 이상, 단체교섭의 대상이 된다고 보는 것이 일반적이다.

판례는 노조법이 '근로조건'의 결정에 관한 분쟁을 노동쟁의로 규정하고 있는 것에 착안하여 노조전임제는 근로조건이 아니므로 임의적 교섭사항이라고 하여 의무적 교섭사항이 아님을 전제로 하는 취지로 판시[118]한 바 있다. 다만, 최근 판례는 "단체교섭을 요구한 노동조합의 활동, 노동조합에 대한 편의제공, 단체교섭의 절차와 쟁의행위에 관한 절차 등에 관한 사항은 단체교섭의 대상인 단체교섭사항에 해당한다"[119]고 판시하여 집단적 노동관계에 관한 사항을 원칙적으로 단체교섭 대상으로 파악하고 있다.

5. 권리분쟁사항

권리분쟁사항은 쟁의행위가 아니라 민사소송이나 부당노동행위 구제절차에 의하여 해결할 성질이라는 이유를 들어 쟁의행위의 정당한 목적이 될 수 없다는 견해[120]와 민사소송 등 다른 구제절차가 있다하여 반드시 그것에 호소하도록 강제되는 것은 아니고 당사자 간의 자주적인 해결이 배제되는 것은 아니기 때문에 권리분쟁사항에 관한 쟁의행위도 정당성을 가진다는 견해가 있다.[121]

권리분쟁사항은 근로조건에 관한 것이든 집단적 노동관계에 관한 것이든 원칙적으로 쟁의행위의 정당한 목적으로 인정될 수 없다고 할 것이다. 또 권리분쟁사항은 원래 협상에 의하여 양보할 성질이 아

되지만, 근로조건과 무관한 경우에는 임의적 교섭사항이 될 뿐이라는 견해(김유성, 임종률).

114) 대판 1992.5.12, 91다34523.
115) 대판 1999.3.25, 93도3139.
116) 대판 2002.1.11, 2001도1697.
117) 대판 2001.4.24, 99도4893.
118) 대판 1996.2.23, 94누9177.
119) 대판 2003.12.26, 2003두8906.
120) 김형배 823.
121) 김유성Ⅱ 238.

니므로 쟁의행위에 의하여 상대방의 양보를 구하는 것은 쟁의권의 남용이라고 볼 여지도 있다. 그러나 사용자가 명백히 노동관계법령 · 단체협약 · 취업규칙 등을 위반하여 노사관계 전반에 중대한 영향을 미치고 그 시정이 시급한 경우에 그 위반에 항의하고 그 준수를 촉구하기 위한 쟁의행위는 예외적으로 정당성이 인정되어야 할 것이다.[122)]

Ⅳ. 쟁의행위의 목적의 기타문제

1. 법령상 쟁의행위 목적의 제한

(1) 쟁의행위기간 중 임금지급 요구

노조법 제44조에서는 '사용자는 쟁의행위에 참가하여 근로를 제공하지 아니한 근로자에 대하여는 그 기간 중의 임금을 지급할 의무가 없다(제1항)'고 하고 '노동조합은 쟁의행위 기간에 대한 임금의 지급을 요구하여 이를 관철할 목적으로 쟁의행위를 하여서는 아니 된다(제2항)'고 하여 이를 위반한 경우에는 벌칙(동법 제90조)이 적용되는 것으로 규정하고 있다.

(2) 법령상 제한의 의미

파업기간 중 임금지급 요구를 허용하는 경우에는 당초 쟁의행위를 통하여 관철하려는 주장과 관계없이 쟁의행위가 장기화하고 그 피해가 지나치게 커질 우려가 있고, 이는 쟁의권보장의 취지에 반하는 결과가 된다는 점을 고려한 규정이다. 이러한 요구를 관철하기 위한 쟁의행위는 쟁의권 남용이라 할 수도 있기 때문에 목적상의 정당성을 가지지 않는다.

2. 해석상 쟁의행위 목적의 정당성이 문제되는 경우

(1) 과다한 요구의 경우

사용자가 수용할 수 없는 과다한 요구를 하더라도 이는 단체교섭의 단계에서 조정할 문제로서 그것만으로 그 쟁의행위의 목적이 정당성을 상실한다고 볼 수는 없다.[123)]

(2) 복수목적의 경우

하나의 쟁의행위를 통해 복수의 목적을 관철하려는 경우에는 그 쟁의행위의 주된 목적, 즉 객관적으로 그 목적이 없었더라면 그 쟁의행위를 하지 않았을 것이라고 인정되는 목적을 대상으로 정당한 쟁의목적이 되는지 여부를 판단하여야 한다.[124)]

Ⅴ. 결 론

정당한 쟁의행위는 민 · 형사상 책임이 면제되지만, 쟁의행위가 정당하지 못한 것으로 판단되면 민 · 형사상 책임을 면할 수 없으므로 쟁의행위의 정당성 판단은 매우 중요하다.

헌법 제33조 제1항은 단체행동권의 목적이 '근로조건의 향상'에 있음을 명시하고 있고 판례는 그 '목적'이 근로조건의 향상을 위한 노사 간의 자치적 교섭을 조성하기 위한 것이어야 한다고 판시[125)]하

122) 임종률 223.
123) 대판 1992.1.21, 91누5204.
124) 대판 2001.6.26, 2000도2871.

고 있다. 여기서 근로조건의 향상은 근로자의 근로3권 보장과 사용자의 경영권 보호를 비교형량하여 조화의 원리에 의하여 결정하여야 할 것이다.

[관련판례] 쟁의행위 목적의 정당성 판단

1. 쟁의행위의 목적과 정당성 – 정치파업(부산지법 울산지원 1997.2.26. 자97카기95 결정)

개정된 노동관계법이 위헌이라 하더라도 근로자들로서는 헌법재판소에 헌법소원을 제출하는 방법 등에 의하여 이를 시정하거나 사용자와의 근로계약을 위반하지 아니하는 범위에서 집회나 시위를 통해 자신들의 의사를 표시할 수 있도록 헌법상 보장되어 있음에도, 근로자가 그와 같은 헌법상 보장된 적법한 구제절차에 의하지 아니하고 사용자와의 근로계약도 무시한 채 **노동관계법의 무효화를 주장하면서 파업**을 벌일 수밖에 없었던 예외적인 사정이 있음이 소명되지 않으면 그 **파업의 정당성은 인정되지 아니하므로**, 노동관계법의 위헌 여부가 그 파업의 적법성을 판단하는 재판의 전제가 되지 않는다는 이유로 노동관계법의 위헌심판제청신청을 기각한 사례.

2. 쟁의행위의 목적과 정당성 – 정치파업(대판 2002.4.26, 2000두4637)

비록 원고가 주도한 위 파업이 사용자를 상대로 근로조건의 유지 또는 향상을 도모하기 위하여 행해진 것은 아니나 노동관계법은 **근로자 내지 노동조합의 경제적 이익과 밀접하게 관련**된 것이어서 **순수한 정치적 목적의 쟁의행위와는 구별**되는 측면이 있는 점, 소속상급단체인 한국노총에서 노동관계법 개정에 반대하는 무기한 연대파업에 돌입하도록 결의함에 따라 위 파업에 이르게 된 점 … 중략 … 원고의 위 비위사실은 원고와 참가인 회사 사이의 근로계약관계를 지속하게 하는 것이 현저히 부당하다고 인정될 정도의 중대한 귀책사유에 해당한다고 보기는 어려우므로, 참가인 회사가 원고를 징계면직까지 한 것은 징계재량권의 범위를 일탈 또는 남용한 것으로서 부당하다고 판단하였다.

3. 쟁의행위의 목적과 정당성 – 교섭목적과 관계(대판 2001.4.24, 99도4893)

긴박한 경영상의 필요에 의하여 하는 이른바 정리해고의 실시는 사용자의 경영상의 조치라고 할 것이므로, 정리해고에 관한 노동조합의 요구내용이 사용자는 정리해고를 하여서는 아니 된다는 취지라면 이는 사용자의 경영권을 근본적으로 제약하는 것이 되어 원칙적으로 단체교섭의 대상이 될 수 없고, **단체교섭사항이 될 수 없는 사항**을 달성하려는 **쟁의행위는 그 목적의 정당성을 인정할 수 없다.**

4. 쟁의행위의 목적과 정당성 – 교섭목적과 관계(대판 1991.5.14, 90누4006)

[1] 사용자측이 정당한 이유 없이 근로자의 단체협약 체결요구를 거부하거나 해태한 경우에 노동조합법 제40조의 규정에 의한 구제신청을 하지 아니하고 노동쟁의의 방법을 택하였다고 하여 노동조합법을 위반한 것이라고 할 수 없다.

[2] **쟁의행위가 정당성**을 갖추기 위하여는 우선 **단체교섭과 관련하여 근로조건의 유지 · 개선 등을 목적으로 하는 것으로서 그 목적이 정당하여야** 하고, 그 시기와 절차가 법령의 규정에 따른 것으로서 정당하여야 하며, 또 그 방법과 태양이 폭력이나 파괴행위를 수반하거나 기타 고도의 반사회성을 띤 행위가 아닌 정당한 범위 내의 것이어야 하지만, 쟁의행위의 시기와 절차에 관한 노동쟁의조정법 제14조, 제16조에 위반함으로써 같은 법 제47조, 제48조의 벌칙적용 대상이 된다고 하여 이것만으로 바로 쟁의행위로서의 정당성이 상실되는 것은 아니고,

125) 대판(전합) 2001.10.25, 99도4837.

그 위반행위로 말미암아 국민생활의 안정이나 사용자의 사업운영에 예기치 않는 혼란이나 손해를 끼치는 것과 같은 부당한 결과를 초래하는지의 여부 등 구체적 사정을 살펴서 그 정당성 유무를 가려야 한다.

5. 쟁의행위의 목적과 정당성 – 경영사항(대판 1992.5.12, 91다34523 [현대사회연구소사건])

[1] 하나의 쟁의행위에서 추구하는 **목적이 여러 가지**이고 그 중 일부가 정당하지 못한 경우에는 **주된 목적 내지 진정한 목적의 당부에 의하여 그 쟁의행위의 당부를 판단**하여야 할 것이다.

[2] 근로자들이 쟁의행위를 함에 있어 연구소장의 퇴진을 요구하였다 하더라도 이는 부차적인 것이고 주된 목적은 일부 근로자들에 대한 파면처분이 노동조합의 핵심적 관심사항인 연구자율수호운동을 주동한 것에 대한 보복조치라고 하여 이의 철회를 구하는 것이고 그 뜻은 조합원의 근로조건의 개선요구에 있다고도 볼 수 있다면 이는 **단체교섭사항이 될 수 있는 것**이므로 위 **쟁의행위**는 그 **목적**에 있어 **정당**하다.

6. 쟁의행위의 목적과 정당성 – 경영사항(대판 2002.1.11, 2001도1687 [국민연금보험공단사건])

사용자의 재량적 판단이 존중되어야 할 **기구 통·폐합에 따른 조직변경 및 업무분장 등에 관한 결정**권은 **사용자의 경영권에 속하는 사항**으로서 단체교섭사항이 될 수 없고, 단체교섭사항이 될 수 없는 사항을 달성하려는 **쟁의행위는 그 목적의 정당성을 인정할 수 없다.**

7. 쟁의행위의 목적과 정당성 – 경영사항(대판 1994.3.25, 93다30242 [한일개발사건])

[1] 회사가 그 산하 시설관리**사업부를 폐지시키기로 결정**한 것은 적자가 누적되고 시설관리계약이 감소할 뿐 아니라 계열사와의 재계약조차 인건비 상승으로 인한 경쟁력 약화로 불가능해짐에 따라 불가피하게 취해진 조치로서 이는 **경영주체의 경영의사 결정에 의한 경영조직의 변경에 해당**하여 그 **폐지결정 자체는 단체교섭사항이 될 수 없다.**

[2] 노동조합이 시설관리**사업부 폐지 자체의 백지화만을 고집**하면서 그 폐지에 따를 근로자의 배치전환 등 근로조건의 변경에 관하여 교섭하자는 회사의 요청을 전적으로 거부하고 폐지 백지화 **주장을 관철시킬 목적으로 쟁의행위**에 나아갔다면 그 쟁의행위는 **그 목적에 있어 정당하지 아니하다.**

8. 쟁의행위의 목적과 정당성 – 경영사항(대판 2003.7.22, 2002도7225[한국가스공사사건])

[1] 기업의 **구조조정의 실시 여부는 경영주체에 의한 고도의 경영상 결단에 속하는 사항**으로서 이는 원칙적으로 단체교섭의 대상이 될 수 없고, 그것이 긴박한 경영상의 필요나 합리적인 이유 없이 불순한 의도로 추진되는 등의 특별한 사정이 없는 한 노동조합이 그 실시를 반대하기 위하여 벌이는 **쟁의행위에는 목적의 정당성을 인정할 수 없다.**

[2] 의사표시의 해석은 표시된 문언에 따라 해석함이 원칙이나, 여기서의 문언해석은 당해 조항만이 아니라 이를 포함하는 의사표시 전체의 취지 속에서 당해 조항의 문언이 가지는 의미를 찾아야 하고, 또 그 의사표시를 하게 된 경위와 당시의 상황 및 분위기, 당위성 등을 참작하여 규범적인 해석이 필요한 경우도 있다.

[3] 의사표시를 하게 된 경위와 당시의 상황 및 분위기, 당위성 등을 참작하여 단체협약시행협정서 규정상 '사전합의'의 문언을 '사전협의'의 취지로 해석한 사례.

9. 복수목적 및 과다한 목적에 대한 쟁의행위와 정당성(대판 1992.1.21, 91누5204)

[1] 쟁의행위에서 추구되는 **목적이 여러 가지**이고 그 중 일부가 정당하지 못한 경우에는 **주된 목적 내지 진정한 목적의 당부**에 의하여 그 쟁의목적의 당부를 판단하여야 할 것이고, **부당한 요구사항을 뺐더라면 쟁의행**

위를 하지 않았을 것이라고 인정되는 경우에는 그 **쟁의행위 전체가 정당성을 갖지 못한**다고 보아야 할 것이다.

[2] 노동조합이 회사에 대하여 임금인상 등 근로조건의 개선을 위한 요구를 계속하였고, 또 그에 관하여 노사 간에 진지한 교섭을 장기간에 걸쳐 벌여 온 점에 비추어 보면, 노동조합이 다른 한편으로 조합원인 미화원들의 신분을 고용직 공무원으로 환원되도록 하여 달라고 외부기관에 진정하고 조합원들이 쟁의기간 중 같은 내용이 적힌 리본을 착용한 바 있어도 이는 대외적 활동이거나 쟁의행위의 부차적 목적에 지나지 아니하고 쟁의행위의 직접적이고 주된 목적은 아니라고 보아야 할 것이므로 이 때문에 쟁의행위가 부당한 것으로 된다고 할 수 없고, 또 노동조합이 회사로서는 **수용할 수 없는 요구**를 하고 있었다고 하더라도 이는 단체교섭의 단계에서 조정할 문제이지 노동조합측으로부터 **과다한 요구**가 있었다고 하여 막바로 그 쟁의행위의 목적이 **부당한 것이라고 해석할 수는 없다**.

제 6 절 쟁의행위 절차의 정당성

Ⅰ. 서 설

우리 사법체계에서는 정당한 쟁의행위는 민 · 형사상 책임이 면제되고, 부당노동행위구제제도에 의한 보호가 인정되지만, 쟁의행위가 정당하지 못한 것으로 판단되면 그 수단이나 방법에 위법적인 요소가 전혀 없고 집단적으로 노무제공을 거부하는 단순파업의 경우에도 노동조합 간부들이 형법상의 업무방해죄 혐의로 구속되고 형사처벌을 받기 때문에 쟁의행위의 정당성 판단은 매우 중요하다.

쟁의행위의 정당성을 판단하는 요소 중에서 절차는 쟁의행위의 실질과 관련된 것이라기보다는 일정한 제도적이고 정책적인 목적을 달성하기 위하여 법률 등에 규정된 것이라는 측면이 강하다. 따라서 법률 등에 설정된 절차를 준수하지 않았다고 하여 쟁의행위의 실질적 정당성에 대한 평가가 달라진다 할 수는 없다. 다만, 현행법 하에서 쟁의행위가 절차규정을 위반한 경우, 사람의 생명 · 신체나 재산권을 보호하기 위한 법규에 위반하는 경우에는 정당성이 부정되지만, 공중의 편익을 보호하거나 쟁의조정의 실효성 등 특별한 정책적 목적을 달성하기 위한 규정에 위반하는 경우에는 정당성에 영향을 미치지 않는다고 할 수 있다. 이하에서는 쟁의행위 절차와 관련한 쟁점을 구체적으로 살펴보도록 한다.[126)]

Ⅱ. 쟁의행위 절차적 정당성의 해석상 기준(실질적 단체교섭의 선행)

1. 단체교섭 미진(최후수단성 원칙 인정문제)

(1) 문제의 제기

노조법에서는 노동쟁의를 규정하면서 조정전치절차를 거치도록 하고 있어서 쟁의행위를 실질적인 단체교섭이 선행된 후에 행하도록 하고 있고, 판례도 쟁의행위는 "사용자가 근로자의 근로조건 개선에 관한 구체적인 요구에 대하여 단체교섭을 거부하였을 때 개시하여야 한다"고 판시하고 있어서 해석상 견해의 대립이 있다.

(2) 노조법 및 대법원 판례의 해석

판례에 대해 독일의 최후수단성 원칙을 받아들여 단체교섭을 충분히 거치지 않은 단계에서 쟁의행위에 들어가는 것은 최후수단성이 결여되어 정당성을 인정할 수 없다는 입장이 있다.[127)] 그러나 위와

126) 김선수, "쟁의행위의 절차적 정당성", 「노동법 연구」, 제12호, 서울대학교 노동법연구회.

같이 해석하게 되면 형식적으로 일정 기간 또는 일정 회수의 단체교섭을 거쳐야 한다거나 단체교섭에서의 일련의 대화가 종료된 뒤에만 쟁의행위를 할 수 있다는 것으로 이해될 우려가 있다. 따라서 단체교섭에 있어서 절충이 일단 개시된 이상, 그 어느 단계에서 쟁의행위를 개시할 것인가는 노동조합이 전술적으로 결정할 수 있다고 보아야 한다.[128]

2. 다른 구제절차의 존재(권리분쟁)

(1) 문제의 제기

법률적 구제절차를 취할 수 있는 권리분쟁사항이나 다른 구제절차가 마련된 경우에 그와 같은 구제절차를 거쳐야만 쟁의행위가 정당한 것인지 문제된다.

(2) 학설의 입장

쟁의행위가 단체교섭 및 단체협약 체결을 유리하게 전개하기 위한 수단이라는 측면에서 사법적 보호의 길이 열려 있는 사항을 관철하기 위하여 행하는 쟁의행위는 정당성이 없다는 결론에 이르게 된다.[129] 다른 한편으로 집단적 노사관계에서 당사자의 사적 자치에 의한 분쟁의 해결은 다른 구제절차의 존재 여부와 관계없이 적극적으로 보장되어야 한다는 측면에서는 다른 법률적 구제절차가 존재한다는 사정을 이유로 쟁의행위의 최후수단성 원칙이 쟁의행위 정당성을 부인하는 근거로 해석되어서는 안 된다고 볼 수 있다.[130]

권리분쟁사항은 원래 협상에 의하여 양보할 성질이 아니므로 쟁의행위에 의하여 상대방의 양보를 구하는 것은 쟁의권의 남용이라고 볼 여지가 있다. 다만, 사용자가 명백히 노동관계법령 · 단체협약 · 취업규칙 등을 위반하여 노사관계 전반에 중대한 영향을 미치고 그 시정이 시급한 경우에 그 위반에 항의하고 그 준수를 촉구하기 위한 쟁의행위는 예외적으로 정당성이 인정되어야 할 것이다.[131]

Ⅲ. 노조법상 절차

1. 노동쟁의 발생통보 및 사전신고

(1) 노동쟁의 발생통보

노조법 제45조 제1항은 “노동관계 당사자는 노동쟁의가 발생한 때에는 어느 일방이 이를 상대방에게 통보하여야 한다”고 규정하고 있다. 위 조항은 노동쟁의가 발생을 상대방에게 알려 적절한 조치를 통한 평화적 해결을 촉구하고, 조정절차 신청의 개시점을 명확히 하려는 행정목적을 위한 규정이므로 위 규정의 위반 여부는 쟁의행위의 정당성 판단에 아무런 영향이 없다고 할 것이다.

---

127) 김형배 824.
128) 임종률 226.
129) 김형배 823.
130) 김유성Ⅱ 239; 대판 1991.5.14, 90누4006, “사용자측이 정당한 이유 없이 근로자의 단체협약체결요구를 거부하거나 해태한 경우에 노동조합법 제40조(현행 노조법 제82조)의 규정에 의한 구제신청을 거치지 아니하고 노동쟁의의 방법을 선택하였다고 하여 노동조합법을 위반한 것이라고는 할 수 없다”고 판시하였으나, 동 판결은 노동쟁의의 개념이 “근로조건의 결정”으로 개정된 97년 이전 판례라는 점에서 권리분쟁의 단체교섭대상 및 쟁의행위 목적의 정당성 판단의 근거가 될 수 있는지 논란이 될 수 있다.
131) 임종률 127.

(2) 사전신고

노조법 시행령 제17조는 노동조합이 쟁의행위를 하고자 할 때에는 행정관청과 관할 노동위원회에 쟁의행위의 일시 · 장소 · 참가인원 및 그 방법을 미리 서면으로 신고하도록 규정하고 있다. 이 규정은 행정관청이 쟁의행위로 인하여 일반 공중이나 경제에 미치는 영향에 대처하고, 노동위원회가 다시 조정의 역할을 수행할 수 있는 경우에 대비하도록 하자는 정책적 고려에서 특별히 설정된 것으로 쟁의행위의 정당성에도 아무런 영향을 미치지 아니한다.

2. 조정전치주의

(1) 의 의

노조법은 노동관계당사자 간에 단체교섭을 하였음에도 근로조건의 결정에 관한 주장의 불일치로 인해 더 이상 자주적 교섭에 의한 합의의 여지가 없을 때를 '노동쟁의'라 정의하고(제2조 제5호), 노동쟁의가 발생한 때에는 노동위원회에 조정(調整)절차를 신청하여 조정을 받을 수 있는데, 이러한 조정절차를 거치지 아니하면 쟁의행위를 할 수 없다(제45조)는 조정전치주의를 채택하고 있다. 이는 조정제도의 실효성을 확보하기 위한 정책적 규정이라고 할 수 있다.

(2) 조정전치주의를 위반한 쟁의행위의 정당성

쟁의행위가 조정절차를 거치지 아니한 경우 판례는 조정절차를 거치지 않은 쟁의행위가 항상 정당성을 상실하는 것은 아니므로 "사회 · 경제적 안정이나 사용자의 사업운영에 예기치 않은 혼란이나 손해를 끼치는 등 부당한 결과를 초래할 우려가 있는지 여부"를 구체적으로 고려해야 한다고 판시하고 있다.[132] 이에 대해 최근 학설에서는 조정전치주의는 쟁의행위에 대한 제한을 목적으로 하는 것이 아니므로 조정전치를 거쳤는지 여부는 쟁의행위의 정당성 판단과 직접 관련이 없는 것으로 보아야 한다는 견해가 유력하게 제기되고 있다.[133]

(3) 조정전치와 행정지도

노동위원회는 노조법 시행령 제24조 제2항을 근거로 노동쟁의의 대상이 아니라거나 교섭을 더 신행하라는 행정지도를 하여왔다. 노동위원회나 검찰은 조정신청을 하였으나 행정지도의 대상이 된 경우에는 원칙적으로 조정을 거치지 않은 것으로 취급하고 있다. 하지만 판례는 교섭미진을 이유로 행정지도를 하면서 실질적인 조정을 하지 않은 상태에서 행한 쟁의행위는 조정을 거친 것으로 인정된다고 판시하고 있다.[134]

3. 쟁의행위 찬반투표

1) 의 의 노조법 제41조 제1항은 노동조합의 쟁의행위는 그 조합원의 직접 · 비밀 · 무기명투표에 의한 조합원 과반수의 찬성으로 결정하지 아니하면 이를 행할 수 없다고 규정하고 있다. 동 규정은 노동조합의 민주적 운영과 자주적 결정을 특별히 강하게 요청하기 위한 정책배려규정으로 해석되고 있다.

2) 판 례 법원은 종전까지 쟁의행위 찬반투표를 거치지 않은 쟁의행위에 대해 그 절

132) 대판 1990.5.15, 90도357.

133) 김선수, "쟁의행위의 절차적 정당성", 「노동법 연구」, 제12호, 서울대학교 노동법연구회.

134) 대판 2001.6.26, 2000도2871.

차를 따를 수 없는 객관적인 사정, 조합원의 민주적 의사결정이 실질적으로 확보 여부에 따라 정당성을 부정한 경우[135]와 정당성을 부정하지 않은 경우[136]가 제시되었다.

대법원은 위의 두 판결의 모순된 입장을 "쟁의행위를 함에 있어 조합원의 직접 · 비밀 · 무기명투표에 의한 찬성결정이라는 절차를 거쳐야 한다는 규정은 노동조합의 자주적이고 민주적인 운영을 도모함과 아울러 쟁의행위에 참가한 근로자들이 사후에 그 쟁의행위 정당성 유무와 관련하여 어떠한 불이익을 당하지 않도록 그 개시에 관한 조합의사의 결정에 보다 신중을 기하기 위하여 마련된 규정이므로 위의 절차를 위반한 쟁의행위는 그 절차를 따를 수 없는 객관적인 사정이 인정되지 아니하는 한 정당성이 상실된다"고 판시[137]하여 쟁의행위에 대한 절차로서 찬반투표를 정당성 판단의 중요한 요소라는 것을 확인하였다.

Ⅳ. 단체협약상의 절차

1. 평화의무

(1) 의 미

평화의무란 단체협약의 유효기간 중에 쟁의행위를 수단으로 단체협약에 정한 근로조건 기타 사항의 개폐를 요구하지 않을 의무를 말한다. 단체협약 소정의 사항에 대해서만 쟁의행위가 금지된다는 의미에서 상대적 평화의무라고 부르기도 한다.

(2) 평화의무위반 쟁의행위의 정당성

평화의무위반의 쟁의행위 정당성에 대하여 ⅰ) 평화의무를 단체협약의 평화유지 기능에 본질적으로 내재하는 의무로 보는 내재설의 입장에서는 평화의무위반의 쟁의행위는 법규범에 위반하여 정당성을 완전히 상실하게 되는 것으로 본다.[138] ⅱ) 평화의무를 협약당사자의 명시적 · 묵시적 의사 내지 합의로 보는 합의설의 입장에서는 평화의무위반의 쟁의행위는 단체협약 불이행 책임을 발생시키는 데 불과하고 쟁의행위의 정당성을 상실시키는 것은 아니라고 본다.[139] ⅲ) 평화의무를 단체협약 당사자의 이행의무로부터 당연히 파생되는 신의칙상 의무라고 보는 신의칙설의 입장에서도 단체협약은 당사자 간 계약의 일종이므로 채무불이행으로 되기는 하지만 그 정당성을 상실하는 것은 아니라고 한다.[140]

판례는 평화의무가 단체협약에 본질적으로 내재하고 있으므로 평화의무위반의 쟁의행위는 협약질서의 침해로 정당성이 부정된다고 판시하고 있다.[141]

2. 평화 · 쟁의절차조항

평화 · 쟁의절차 조항은 분쟁의 평화적 해결을 위하여 쟁의행위의 개시시기, 절차, 장소 등에 관하여 규정한 단체협약상의 조항을 의미한다. 평화조항은 쟁의권행사의 절차에 관한 자율적 규제를 정한

135) 대판 2000.3.10, 99도4838.
136) 대판 2000.5.26, 99도4836.
137) 대판(전합) 2001.10.25, 99도4837.
138) 이상윤 653.
139) 김유성Ⅱ 241.
140) 임종률 153.
141) 대판 1992.9.1, 92누7733.

조항이라 할 수 있다.

단체협약상의 평화조항이나 쟁의절차조항은 채무적 부분에 해당하므로 이에 위반한 쟁의행위를 한 노동조합은 채무불이행책임을 부담하게 된다. 그러나 이에 위반하였다고 하여 쟁의행위가 정당성을 상실한다고 할 수 없다.

Ⅴ. 규약상의 절차

노동조합이 민주성을 확보하기 위하여 규약에 쟁의행위 개시에 관한 일정한 절차를 규정하는 경우가 있을 수 있다.

일반적으로 규약상의 절차는 어디까지나 노동조합 내부의 절차로서 그 위반에 대해서는 노동조합 내부에서 책임을 물을 문제이고 국가기관 내지 사용자와의 관계에서 형사 및 민사책임의 면책여부와는 무관한 것이라고 하여야 할 것이다. 따라서 규약상의 절차준수 여부는 쟁의행위의 정당성 판단에 아무런 영향을 미치지 않는다고 보는 것이 타당하다.

Ⅵ. 결 론

정당한 쟁의행위는 민·형사상 책임이 면제되지만, 쟁의행위가 정당하지 못한 것으로 판단되면 민·형사상 책임을 면할 수 없으므로 쟁의행위의 정당성 판단은 매우 중요하다. 쟁의행위의 정당성을 판단하는 요소 중에서 절차는 원칙적으로 일정한 제도적이고 정책적인 목적을 달성하기 위하여 법률 등에 규정된 것이므로 법률 등에 설정된 절차를 준수하지 않았다고 하여 쟁의행위의 실질적 정당성에 대한 평가가 달라진다 할 수는 없다.

다만, 그 입법취지가 사람의 생명·신체나 재산권을 보호하기 위한 법규에 위반하는 경우에는 정당성이 부정된다고 보아야 할 것이다. 이와 같이 쟁의행위의 절차와 관련해서는 그 절차가 가지는 의미를 충분히 고려하여 판단하여야 할 것이다.

[관련판례] 쟁의행위 절차적 정당성 판단

1. 조정절차를 위반한 쟁의행위의 정당성 – 한정긍정(대판 1991.5.14, 90누4006)

쟁의행위가 정당성을 갖추기 위하여는 우선 단체교섭과 관련하여 근로조건의 유지·개선 등을 목적으로 하는 것으로서 그 목적이 정당하여야 하고, 그 시기와 절차가 법령의 규정에 따른 것으로서 정당하여야 하며, 또 그 방법과 태양이 폭력이나 파괴행위를 수반하거나 기타 고도의 반사회성을 띤 행위가 아닌 정당한 범위 내의 것이어야 하지만, 쟁의행위의 시기와 절차에 관한 노동쟁의조정법 제14조, 제16조에 위반함으로써 같은 법 제47조, 제48조의 벌칙적용 대상이 된다고 하여 이것만으로 바로 쟁의행위로서의 정당성이 상실되는 것은 아니고, 그 **위반행위로** 말미암아 **국민생활의 안정이나 사용자의 사업운영에 예기치 않는 혼란이나 손해를 끼치는 것과 같은 부당한 결과를 초래하는지의 여부** 등 **구체적 사정**을 살펴서 그 **정당성 유무를 가려야 한다.**

2. 교섭미진으로 행정지도 후 쟁의행위의 정당성(대판 2001.6.26, 2000도2871)

[1] 쟁의행위가 형법상 정당행위로 되기 위하여는 그 목적이 근로조건의 유지·개선을 위한 노사 간의 자치

적 교섭을 조성하는 데에 있어야 하고 그 절차에 있어 특별한 사정이 없는 한 노동위원회의 조정절차를 거쳐야 하는바, 쟁의행위에서 추구되는 목적이 여러 가지이고 그 중 일부가 정당하지 못한 경우에는 주된 목적 내지 진정한 목적의 당부에 의하여 그 쟁의행위 목적의 당부를 판단하여야 하므로 부당한 요구사항을 뺐더라면 쟁의행위를 하지 않았을 것이라고 인정되는 경우에만 그 쟁의행위 전체가 정당성을 가지지 못한다.

[2] 노동조합이 노동위원회에 노동쟁의 조정신청을 하여 **조정절차가 마쳐지거나** 조정이 종료되지 아니한 채 **조정기간이 끝나면** 노동조합은 **쟁의행위를 할 수 있는 것**으로 노동위원회가 **반드시 조정결정을 한 뒤에 쟁의행위를 하여야지 그 절차가 정당한 것은 아니다.**

3. 쟁의행위 찬반투표와 정당성(대판(전합) 2001.10.25, 99도4837)

쟁의행위를 함에 있어 조합원의 직접 · 비밀 · 무기명투표에 의한 찬성결정이라는 절차를 거쳐야 한다는 노동조합및노동관계조정법 제41조 제1항의 규정은 **노동조합의 자주적이고 민주적인 운영을 도모**함과 아울러 쟁의행위에 참가한 근로자들이 사후에 그 **쟁의행위의 정당성 유무와 관련하여 어떠한 불이익을 당하지 않도록 그 개시에 관한 조합의사의 결정에 보다 신중을 기하기 위하여 마련된 규정**이므로 위의 절차를 위반한 쟁의행위는 그 **절차를 따를 수 없는 객관적인 사정이 인정되지 아니하는 한 정당성을 인정받을 수 없다**할 것이다.

4. 평화의무를 위반한 쟁의행위의 정당성(대판 1992.9.1, 92누7733)

노동조합의 위원장이 조합원들의 의사를 제대로 반영하지 아니하여 단체협약이 만족스럽지 못하게 체결됨에 따라 조합원들의 단체협약의 무효화를 위한 투쟁의 일환으로 비상대책위원회를 구성하여 그 비상대책위원회가 위와 같은 파업농성을 주도하게 된 것이라고 하더라도, 단체협약의 당사자인 노동조합은 **단체협약의 유효기간 중**에 단체협약에서 **정한 근로조건 등에 관한 내용의 변경이나 폐지를 요구하는 쟁의행위를 행하지 아니하여야** 함은 물론, **조합원들에 대하여도 통제력을 행사**하여 그와 같은 **쟁의행위를 행하지 못하게 방지하여야 할** 이른바 **평화의무**를 지고 있다고 할 것인 바, 이와 같은 평화의무가 노사관계의 안정과 단체협약의 질서형성적 기능을 담보하는 것인 점에 비추어 보면, 단체협약이 새로 체결된 직후부터 뚜렷한 무효사유를 내세우지도 아니한 채 단체협약의 전면무효화를 주장하면서 **평화의무에 위반되는 쟁의행위를 행하는 것**은 이미 노동조합활동으로서의 **정당성을 결여한 것**이라고 하지 아니할 수 없다.

제 7 절 쟁의행위와 찬반투표

Ⅰ. 서 설

노조법 제41조 제1항은 노동조합의 쟁의행위는 그 조합원의 직접 · 비밀 · 무기명투표에 의한 조합원 과반수의 찬성으로 결정하지 아니하면 이를 행할 수 없다고 규정하고, 제91조 제1항은 그 위반시 형사처벌(1년 이하의 징역 또는 1천만원 이하의 벌금)하도록 규정하고 있다. 동 규정은 노동조합의 자주성을 최대한 존중하여야 한다는 면에서 쟁의행위의 결정은 노동조합의 내부적인 자치에 따라야 할 것이다. 그럼에도 불구하고 위와 같은 제한규정을 두고 있는 것은 노동조합의 민주성 확보를 위한 정책적인 배려라고 할 수 있다.

쟁의행위 찬반투표와 같은 쟁의행위의 절차적 제한은 조합원의 민주적인 의사 결정에 의해 쟁의행위를 행하도록 하여 소수 조합인에 의한 쟁의행위를 방지하고, 노동조합의 민주적 운영과 자주적 결정을 위한 정책배려규정으로 해석되고 있다. 그런데 위 규정의 취지를 노동조합의 민주성 확보에 중점을 둘 것인지, 개개 조합원의 불이익을 당하지 않도록 조합의사 결정에 신중을 기하도록 한다는 점에 중점을 두어 이해할 것인가에 따라 그 위반의 효과에 대해 평가가 달라질 수 있다.

Ⅱ. 찬반투표와 쟁의행위의 정당성

1. 대법원 전원합의체 판결 이전의 입장

(1) 쟁의행위 정당성 부정 판례

대법원은 "조합원들의 직접 · 비밀 · 무기명 투표에 의한 과반수 찬성으로 결정하지 아니한 채 노조위원장인 원고가 그와 같은 절차를 따를 수 없는 객관적인 사정이 없음에도 불구하고 노조대의원들의 위임만을 받아(1차 농성), 또는 원고 단독으로(2차 농성과 시간외 근무 거부) 결정하여 개시"되었으므로 이 사건 쟁의행위는 정당성을 상실한다고 판시[142]하였다.

한편, 대법원[143]은 "조합원 찬성결정이라는 절차를 거쳐야 한다는 법 제41조 제1항은 노동조합의 자주적이고 민주적인 운영을 도모함과 아울러 쟁의행위에 참가한 근로자들이 사후에 그 쟁의행위의 정당성 유무와 관련하여 어떠한 불이익을 당하지 않도록 그 개시에 관한 조합의사의 결정에 보다 신중을

142) 대판 1992.9.22, 91다4317.
143) 만도기계노조 조직국장 업무방해사건, 주심 조무제 대법관.

기하도록 한다는 취지에서 마련된 규정이므로, 그 절차위반의 쟁의행위라 하여 일률적으로 정당성을 결여한 것으로 볼 것은 아니나, 그 조항이 정하는 절차에 따를 수 없는 납득할 만한 객관적인 사정이 인정되지 않는다면 그 정당성을 인정받을 수 없다"고 판시[144]하였다.

(2) 쟁의행위 정당성 긍정 판례

대법원[145]은 "법 제41조 제1항은 노동조합의 쟁의행위는 그 조합원의 직접 · 비밀 · 무기명투표에 의한 과반수의 찬성으로 결정하지 아니하면 이를 행할 수 없다고 규정하고 있으니, 위 규정은 노동조합 내부의 민주적 운영을 확보하기 위한 것으로, 위 규정에서 정하고 있는 절차를 따를 수 없는 정당한 객관적 사정이 있거나 조합원의 민주적 의사결정이 실질적으로 확보된 경우에는 위와 같은 투표절차를 거치지 않았다는 사정만으로 쟁의행위의 절차가 위법하여 정당성을 상실한다고 할 수는 없다"고 판시[146]하였다.

2. 대법원 전원합의체 판결의 입장

대법원은 위의 두 판결의 모순된 입장[147]에 대해 "쟁의행위를 함에 있어 조합원의 직접 · 비밀 · 무기명투표에 의한 찬성결정이라는 절차를 거쳐야 한다는 규정은 노동조합의 자주적이고 민주적인 운영을 도모함과 아울러 쟁의행위에 참가한 근로자들이 사후에 그 쟁의행위 정당성 유무와 관련하여 어떠한 불이익을 당하지 않도록 그 개시에 관한 조합의사의 결정에 보다 신중을 기하기 위하여 마련된 규정이므로 위의 절차를 위반한 쟁의행위는 그 절차를 따를 수 없는 객관적인 사정이 인정되지 아니하는 한 정당성이 상실된다"고 하면서 "만약 이러한 절차를 거치지 아니한 경우에도 조합원의 민주적 의사결정이 실질적으로 확보된 때에는 단지 노동조합 내부의 의사형성 과정에 결함이 있는 정도에 불과하다고 하여 쟁의행위의 정당성이 상실되지 않는 것으로 해석한다면 위임에 의한 대리투표, 공개결의나 사후결의, 사실상의 찬성간주 등의 방법이 용인되는 결과가 되어 위의 관계규정과 종전 대법원의 판례취지에 반하는 것이 된다"고 판시[148]하여 쟁의행위에 대한 절차로서 찬반투표를 정당성 판단의 중요한 요소라는 것을 확인하였다.

이에 대해 전원합의체 판결의 반대의견은 대법원의 다수의견의 견해는 일반론으로서는 타당하나 쟁의행위를 처벌함에 있어서는 구체적인 사안에 따라 찬반투표의 불실시에도 불구하고 그에 단순 가담한 근로자의 단순파업행위를 위법하다고 볼 수 없는 경우가 있다고 하여 위법성의 상대성론을 제시하였다.

Ⅲ. 찬반투표의 시기 및 실시범위(주체)

1. 찬반투표의 시기

(1) 문제의 제기

조합원 찬반투표의 실시시기가 문제될 수 있다. 노동조합이 단체교섭을 요청하기 전이나 노동쟁의

144) 대판 2000.3.10, 99도4838.

145) 만도기계노조 아산지부장 업무방해사건, 주심 이용훈 대법관.

146) 대판 2000.5.26, 99도4836.

147) 상기 만도기계와 관련한 두 판결은 원심에서 같은 재판부가 동일한 날짜에 동일한 논리로 무죄를, 한 사건에 대해 대법원의 같은 재판부에서 주심 대법관만이 다른 상황에서 완전히 다른 결론으로 선고하였던 것이다.

148) 대판(전합) 2001.10.25, 99도4837.

가 발생하기 전에 미리 쟁의행위찬반투표를 실시하였다면, 그 후에 단체교섭이 진행되다가 노동쟁의상태에 도달하였을 때 별도의 쟁의행위 찬반투표를 실시하지 않고 종전의 찬반투표결과를 원용하여 바로 쟁의행위에 돌입하더라도 위 절차규정에 위반된 것으로 볼 수 없는가 하는 점이다.

(2) 대법원 판례의 입장

대법원은 "쟁의행위에 대한 조합원의 찬반투표는 노동관계 당사자 간에 근로조건의 결정에 관한 주장의 불일치로 인하여 발생한 분쟁상태인 이른바 노동쟁의의 상태에 이르러야 할 뿐만 아니라 조정절차에서 노동위원회로부터 조정안이 제시되었을 경우 그 조정안을 수용할지 여부에 관한 조합원의 의사 역시 반영되어야 함에 비추어 조정절차까지 거친 후 쟁의행위에 돌입하기 직전에 실시하여야 하는 것이 원칙"이라고 판시[149]한 바 있다.

(3) 대법원 판례에 대한 비판

대법원의 입장에 따르면 쟁의행위에 대한 조합원 찬반투표는 노동쟁의 상태에 도달하고 조정신청을 하여 노동위원회의 조정안이 제시된 이후에 행해져야만 하고, 그렇지 않은 상태에서 행해진 찬반투표는 적법하지 못하여 그 결과 그 후에 행해진 쟁의행위도 정당성을 상실하는 것으로 해석할 수 있다.

그러나 찬반투표의 실시시기는 노동조합이 제반 상황을 종합적으로 고려하여 그 효과를 극대화시킬 수 있도록 전략적 내지 전술적으로 결정할 수 있다고 보아야 하고, 단체교섭이나 쟁의행위는 역동적이고 유동적인 것으로서 틀에 박힌 듯한 순서를 밟아 기계적으로 진행되는 것이 아니다. 따라서 조합원 찬반투표가 노동조합의 교섭안도 제시되기 전에 실시된다면 문제의 소지가 있겠지만, 적어도 노동조합의 요구사항이 확정된 이후에는 이의 관철을 다짐하기 위하여 찬반투표를 조기에 실시하는 것 정도는 적법한 찬반투표로서 인정되어야 할 것이다.[150]

2. 찬반투표의 실시범위(주체)

(1) 문제의 소재

쟁의행위 찬반투표가 노조의 민주적 운영을 담보하기 위한 제도적 장치인 점에 비추어 보면 찬반투표의 주체도 노조가 자주적으로 결정할 문제이다. 특히, 초기업별 노조의 지부나 분회의 쟁의행위를 위한 찬반투표의 실시범위, 즉 찬반투표의 주체를 어떻게 할 것인가 문제된다.

(2) 판 례

판례는 "지역별 · 산업별 · 업종별 노동조합의 경우에는 총파업이 아닌 이상 쟁의행위를 예정하고 있는 당해 지부나 분회 소속 조합원의 과반수 찬성이 있으면 쟁의행위는 절차적으로 적법하다고 보아야 할 것"이고, 쟁의행위와 무관한 지부나 분회의 조합원을 포함한 전체 조합원의 과반수 찬성을 요하는 것은 아니라고 판단[151]하였다.

다만, 산별 노조가 실시한 쟁의행위 찬반투표의 효력이 지부의 쟁의행위에까지 미쳐 별도로 쟁의행위 찬반투표를 실시할 필요가 없는지 여부에 대해 "산별 노조 차원의 파업 찬반투표가 있었다고 하여 그 투표가 각 지부별 단체교섭 거부에 대응한 파업 찬반투표로서의 성격까지 겸한다고 할 수는 없고, 산별 노조 차원의 단체협약이 체결되어 쟁의행위가 종료된 이상 지부 차원의 구체적인 요구사항들에 대

149) 대판 2001.9.14, 2001도53.
150) 김선수, "쟁의행위의 절차적 정당성", 「노동법 연구」, 제12호, 서울대학교 노동법연구회.
151) 대판 2004.9.24, 2004도4641.

하여 사용자와 협상을 거친 후 그 협상이 거부당하거나 결렬되었을 때 지부 차원의 파업 찬반투표를 별도로 거쳐야 한다"고 판단[152]하였다.

(3) 검 토

지부나 분회가 쟁의행위를 하는데 그와 직접적인 관련이 없는 타 지부나 분회까지 참여하는 찬반투표를 실시하도록 할 이유가 없을 것이므로 위 대법원 판례의 태도는 옳다고 할 것이다.

그러나 산별 노조의 산별 교섭, 산별 쟁의행위 및 산별 기본협약 체결, 그 후 계속된 지부의 쟁의행위로 이어지는 일련의 과정은 지부의 사업장에 적용될 단체협약의 체결 혹은 완성을 위한 절차이므로 지부가 산별 쟁의행위 종료 이후 실시한 쟁의행위는 산별 교섭 결과를 근거로 지부 사업장에 구체적으로 적용될 단체협약의 완성을 위해 지부차원의 쟁의행위로 축소하여 계속 진행한 것이고, 따라서 산별 노조의 쟁의행위와 지부의 이후의 쟁의행위는 일체성을 가진 것으로 볼 여지가 있다.[153]

Ⅳ. 찬반투표의 공정성 · 투명성 제고

노사관계선진화의 일환으로 노조법에서 쟁의행위 찬반투표의 공정성 · 투명성을 제고하기 위한 내용이 규정되었다. 종전 노조법에서는 쟁의행위시 경영상의 손실과 함께 근로자의 임금손실 등 불이익을 감안하여 민주적 의사결정을 거쳐 쟁의행위를 하도록 파업 찬반투표를 의무화하고 있었다. 그러나 직접 · 비밀 · 무기명 투표 원칙의 준수 여부 등 투표과정의 공정성과 투명성과 관련하여 논란 발생의 소지가 있었다.

이에 현행 노조법에서는 쟁의행위 찬반투표 결과의 공개, 투표용지 등의 보존 및 열람에 관한 사항을 노조 규약으로 정하도록 의무화(제11조 제12호)하여 논란의 소지를 최소화하도록 하였다. 이것은 쟁의행위 찬반투표가 민주적으로 결정되고 신중하게 행사될 수 있는 노조 내부의 자율적인 통제 기제가 마련된 것에 의의가 있다.

Ⅴ. 결 론

노조법에서는 쟁의행위의 실시를 위해서는 조합원 과반수의 찬성으로 결정하지 아니하면 이를 행할 수 없다고 규정하여 절차적 기준을 마련하고 있다. 이와 같은 규정을 두고 있는 것은 노동조합의 민주성 확보를 위한 정책적인 배려라고 할 수 있다. 이러한 쟁의행위에 대한 찬반투표의 민주적 운영과 자주적 결정을 위해 현행 노조법에서는 쟁의행위 찬반투표에 관한 사항을 노조 규약으로 정하도록 개정하였다.

[관련판례] 쟁의행위 찬반투표

1. 쟁의행위 찬반투표와 정당성 – 변경 전(한정긍정)(대판 2000.5.26, 99도4836)

[1] 법 제41조 제1항은 노동조합의 쟁의행위는 그 조합원의 직접 · 비밀 · 무기명 투표에 의한 조합원 과반수의 찬성

152) 대판 2007.5.11, 2005도8005.
153) 김선수, "쟁의행위 찬반투표에 관한 판결법리 검토", 「쟁의행위찬반투표에 관한 법률토론회」, 전국금속노조.

으로 결정하지 아니하면 이를 행할 수 없다고 규정하고 있으나, 위 규정은 **노동조합 내부의 민주적 운영을 확보하기 위한 것**이므로, 위 규정에서 정하고 있는 **절차를 따를 수 없는 정당한 객관적 사정이 있거나 조합원의 민주적 의사결정이 실질적으로 확보된 경우**에는 위와 같은 **투표절차를 거치지 않았다는 사정만으로** 쟁의행위의 절차가 위법하여 **정당성을 상실한다고 할 수는 없다.**

[2] 파업의 시기 및 절차에 있어서 중앙노동위원회의 조정종료 후에 노동조합의 조합원총회를 거쳐서 실시한 것으로서 비록 위 조합원총회에서 쟁의행위에 관한 **찬반투표를 실시하지 아니하였더라도** 이는 단지 노동**조합 내부의 의사형성 과정상의 결함에 지나지 아니하고,** 위 조합원총회 이후 파업에 참여한 인원 등에 비추어 보면, 그 파업은 조합원 대다수가 찬성한 것으로 보여지므로 그 절차에 있어서도 위법하다고 할 수 없으며, 파업의 내용도 소극적으로 노무의 제공을 거부하면서 집회를 가지고 노동조합원들에 대하여 파업을 독려하였으나 폭력행위를 수반하지 아니한 것으로서 그 수단, 방법에 있어 상당한 범위를 넘어섰다고도 할 수 없으므로, 결국 이 사건 파업은 근로조건의 유지, 개선 기타 근로자의 정당한 이익을 주장하기 위한 상당한 수단으로서 헌법이 보장한 근로자의 단체행동권에 속하는 것으로 사회상규에 반하지 아니하는 **정당행위로서 위법성이 조각**된다고 판단하고 있다.

2. 쟁의행위 찬반투표와 정당성 – 변경(한정부정)(대판(전합) 2001.10.25, 99도4837)

<다수의견>

근로자의 쟁의행위가 형법상 정당행위가 되기 위하여는 ① 그 주체가 단체교섭의 주체로 될 수 있는 자이어야 하고, ② 그 목적이 근로조건의 향상을 위한 노사 간의 자치적 교섭을 조성하는 데에 있어야 하며, ③ 사용자가 근로자의 근로조건 개선에 관한 구체적인 요구에 대하여 단체교섭을 거부하였을 때 개시하되 특별한 사정이 없는 한 조합원의 찬성결정 등 법령이 규정한 절차를 거쳐야 하고, ④ 그 수단과 방법이 사용자의 재산권과 조화를 이루어야 함은 물론 폭력의 행사에 해당되지 아니하여야 한다는 여러 조건을 모두 구비하여야 한다고 되풀이 판시하고, 특히 그 절차에 관하여 쟁의행위를 함에 있어 조합원의 직접 · 비밀 · 무기명투표에 의한 찬성결정이라는 절차를 거쳐야 한다는 노동조합 및 노동관계조정법 제41조 제1항의 규정은 노동조합의 자주적이고 민주적인 운영을 도모함과 아울러 쟁의행위에 참가한 근로자들이 사후에 그 쟁의행위의 정당성 유무와 관련하여 어떠한 불이익을 당하지 않도록 그 개시에 관한 **조합의사의 결성에 보다 신중을 기하기 위하여 마련된 규정**이므로 위의 절차를 위반한 쟁의행위는 그 **절차를 따를 수 없는 객관적인 사정이 인정되지 아니하는 한 정당성을 인정받을 수 없다할 것**이다.

만약 이러한 절차를 거치지 아니한 경우에도 조합원의 민주적 의사결정이 실질적으로 확보된 때에는 **단지 노동조합 내부의 의사형성 과정에 결함이 있는 정도에 불과하다고 하여 쟁의행위의 정당성이 상실되지 않는 것으로 해석한다면 위임에 의한 대리투표, 공개결의나 사후결의, 사실상의 찬성간주 등의 방법이 용인되는 결**과가 되어 위의 관계규정과 종전 대법원의 판례취지에 반하는 것이 된다. 이와 견해를 달리한 대법원 2000.5.26 선고 99도4836 판결은 이와 저촉되는 한도 내에서 변경하기로 한다.

<소수의견>

조합원의 찬 · 반투표 절차 없이 쟁의행위를 개시하였음을 이유로 노동조정법 제91조 제1호에 따라 처벌하는 대상도 그와 같은 찬 · 반투표 없이 쟁의행위를 하기로 하는 결정을 주도하거나 그 결정에 적극 관여한 자에 한정되는 것이고, 그러한 결정을 주도하거나 적극 관여함이 없이 단순히 노동조합 집행부의 지시에 따라 쟁의행위에 가담한 조합원은 그 처벌대상이 되지 않는 것으로 봄이 상당하다 할 것인바, 이와 같은 일반 조합원들에 대하여 업무방해죄의 성립을 인정하는 것은 보다 가벼운 구성요건에도 해당하지 아니하는 자들에 대하여 보다 무거운 구성요건에의 해당을 인정하는 것이 되어 불합리하며, 나아가 이처럼 가벼운 절차규정위반의 경우에 쟁의행위 가담자 모두를 처벌하는 경우 처벌범위가 무한정 확대될 우려가 있다. 따라서 노동조합 본부의 쟁의행위 개시결정과 그 지시에 따라 쟁의행위에 단순가담한 근로자들은 조합원의 찬 · 반투표를 거치지 않은 절차위반이 있다 하더라도 업무방해죄의 처벌대상이 된다고 할 수는 없다.

3. 지부, 분회의 쟁의행위 찬반투표(대판 2004.9.24, 2004도4641)

지역별 · 산업별 · 업종별 노동조합의 경우에는 **총파업이 아닌 이상 쟁의행위를 예정하고 있는 당해 지부나 분회소속 조합원의 과반수의 찬성이 있으면** 쟁의행위는 **절차적으로 적법**하다고 보아야 할 것이고, 쟁의행위와 무관한 지부나 분회의 조합원을 포함한 전체 조합원의 과반수 이상의 찬성을 요하는 것은 아니다.

4. 총파업 이후 지부차원의 쟁의행위와 찬반투표(대판 2007.5.11, 2005도8005)

원심은 채택 증거에 의하여 그 판시와 같은 사실을 인정한 다음, **보건의료노조 차원의 파업 찬반투표가 있었다고 하여** 위 투표가 각 **지부별 단체교섭거부에 대응한 파업찬반투표로서의 성격까지 겸한다고 할 수는 없고**, 보건의료노조 차원의 단체협약이 체결되어 쟁의행위가 종료된 이상 **지부차원의 구체적인 요구사항들에 대하여** 사용자와 협상을 거친 후 그 협상이 거부당하거나 결렬되었을 때 **지부차원의 파업 찬반투표를 별도로 거쳐야 한다**고 판단하였는바, 기록에 비추어 살펴보면 원심의 위와 같은 사실인정과 판단은 정당한 것으로 수긍이 가고, 거기에 노동조합 및 노동관계조정법 제41조 제1항에 대한 법리를 오해하거나 채증법칙 위배 또는 심리미진으로 인한 사실오인의 위법이 있다고 할 수 없으므로 피고인들의 이 부분 상고이유 역시 받아들일 수 없다.

제 8 절 쟁의행위 수단의 정당성

Ⅰ. 서 설

우리 사법체계에서는 정당한 쟁의행위는 민 · 형사상 책임이 면제되고, 부당노동행위구제제도에 의한 보호가 인정되지만, 쟁의행위가 정당하지 못한 것으로 판단되면 그 수단이나 방법에 위법적인 요소가 전혀 없고 집단적으로 노무제공을 거부하는 단순파업의 경우에도 노동조합 간부들이 형법상의 업무방해죄 혐의로 구속되고 형사처벌을 받기 때문에 쟁의행위의 정당성 판단은 매우 중요하다.

쟁의행위란 파업, 태업, 직장폐쇄 기타 노동관계당사자가 그 주장을 관철할 목적으로 행하는 행위와 이에 대항하는 행위로서 업무의 정상적인 운영을 저해하는 행위(제2조 제6호)이다. 이러한 쟁의행위의 수단(태양)에 있어서 정당성을 가지기 위해서는 i) 소극적인 방법으로 근로제공을 전면적 또는 부분적으로 정지함으로써 사용자의 업무를 저해하는 것이고, ii) 노사관계의 신의성실의 원칙에 비추어 공정성의 원칙에 따라야 하며, iii) 사용자의 기업시설에 대한 소유권 기타의 재산권과 조화를 기하고, 인신의 자유 · 안전을 해치는 폭력을 사용하지 않아야 한다.[154)]

아래에서는 쟁의행위 수단(태양)과 관련하여 근로자 측의 쟁의행위에 대해 유형별로 그 개념과 정당성 요건을 살펴보고 사용자 측의 쟁의행위인 직장폐쇄의 정당성 요건에 대해 고찰하도록 한다.

Ⅱ. 근로자 측의 쟁의행위

1. 파 업

(1) 의 의

파업은 다수의 근로자가 근로조건의 유지 또는 개선이라는 목적을 쟁취하기 위하여 조직적인 방법으로 노무제공을 거부하는 행위이다.

파업은 근로자가 집단적으로 노무제공을 거부함으로써 업무운영을 저해하는 가장 전형적인 투쟁수단으로서 여러 가지로 구분된다. 기간을 기준으로 무기한파업, 시한파업, 파상파업, 참가절차를 기준으로 전면파업, 일부파업, 부분파업, 지명파업, 의도를 기준으로 관철파업, 항의파업, 경고파업 등으로 나뉜다.

154) 대판 1990.5.15, 90도357; 대판 1992.7.14, 91다43800.

(2) **파업의 정당성**

파업은 근로계약상의 근로제공을 전면적으로 저지하는 소극적 투쟁수단이므로 정당성이 인정된다. 종료시기를 예정하였는지, 실제의 수행기간이 길었는지, 시한파업, 부분파업을 주기적으로 계속하였는지 등은 정당성에 영향을 주지 않는다. 또한 피케팅이나 직장점거를 수반하는 경우에도 피케팅이나 직장점거가 정당성을 가지는지는 별론으로 하고 파업 자체는 근로자가 자신의 지배영역에 있는 노동력의 제공을 거부하는 부작위이므로 정당성이 인정된다.

2. 태　　업

(1) 의　　의

태업은 사용자의 지휘 · 명령에 따르되 이를 부분적으로 배제하고 불완전한 노무를 제공함으로써 업무의 능률을 저하시키는 쟁의행위 수단이다. 그러나 적극적 방법을 통하여 사용자에게 경제적 압력을 가하는 사보타지는 생산 또는 사무를 방해하는 행위로서, 단순한 태업에 그치지 않고 적극적으로 원자재나 생산시설 등을 파괴하는 것까지 포함하는 개념이다.

(2) **태업의 정당성**

태업은 그 구체적인 태양이 노무의 불완전 제공이라는 부작위에 그치는 한 파업과 마찬가지로 정당한 쟁의행위로 인정된다. 그러나 적극적인 경영간섭과 생산수단의 손실을 수반하는 사보타지는 쟁의행위의 정당성이 부정된다. 다만 소극적 태업의 결과 평소보다 불량품이 많아진 경우에는 정당성에 영향을 주지 않는다.

3. 보 이 콧

(1) 의　　의

보이콧은 사용자 또는 그와 거래관계에 있는 특정 기업의 제품을 팔거나 사지 말자고 거래선이나 공중에게 호소하여 그 기업을 상품시장에서 고립시키는 쟁의수단이다.

(2) 종　　류

당사자인 사용자로 하여 그 사용자의 상품의 구입 기타 시설의 이용을 거부하거나 타인에게 거부하도록 호소하는 행위인 1차적 보이콧과 쟁의당사자인 사용자를 상품시장으로부터 고립시키기 위하여 사용자와 거래관계에 있는 특정기업에게 사용자와의 거래를 중단하도록 압력을 가하는 행위인 2차적 보이콧이 있다.

(3) **보이콧의 정당성**

1차적 보이콧은 폭력 등의 행위가 없다면 정당성이 인정되며, 부수적으로 제3자와의 거래가 방해된다 하더라도 반드시 정당성을 상실하는 것은 아니지만, 2차적 보이콧은 원칙적으로 정당성이 없다. 다만, 제3자가 자발적으로 사용자와의 거래를 중단한 경우에는 2차적 보이콧이라 하더라도 정당성이 인정될 수 있다.

4. 피 켓 팅

(1) 의　　의

피켓팅은 파업이나 태업의 효과를 유지 · 제고하기 위하여 사용자, 조합원 등의 출입을 저지하고 감시 · 호소 · 설득 등의 방법으로 협력을 구하는 보조적 쟁의행위이다.

(2) **피켓팅의 정당성**

쟁의행위에 출입 · 조업 또는 업무수행을 하려는 사용자 · 조합원 · 근로희망자 등에 대한 파업감시가 언어적 · 평화적 설득의 방법으로 행하여지는 경우에는 정당성을 부정할 수 없겠지만, 폭행이나 협박에 의한 피켓팅은 정당성이 부정될 것이다.[155)]

5. 준법투쟁

(1) **의 의**

노동조합 기타 노동단체가 그 주장을 관철할 목적으로 근로자들로 하여금 법령이나 취업규칙 등의 규정을 필요 이상으로 엄격히 지키거나 자신들에게 보장된 권리를 일제히 행사하여 업무의 정상적인 운영을 저해하는 행위를 준법투쟁이라고 한다.

이러한 준법투쟁은 근로자의 권리의무의 실현이라는 측면과 쟁의행위의 실질적인 요건인 정상적인 업무의 저해라는 측면이 충돌함으로써 쟁의행위해당여부가 문제된다.

(2) **쟁의행위 해당 여부**

준법투쟁은 사용자에 대한 주장을 관철할 목적으로 한다는 점과 업무의 정상적인 운영은 반드시 법령, 단체협약 등에 의한 적법한 운영만을 의미하는 것이 아니라 평상시의 운영을 의미한다고 보아 쟁의행위로 인정하는 견해[156)](사실정상설, 현실평가설)와 업무의 정당성은 법령 · 단체협약 등에 합치되어 있는 상태를 말하는 것이고 아무리 관행화되어 있다 하더라도 법률상 정상적인 상태가 되는 것은 아니라고 보아, 쟁의행위에 해당되지 않는다는 입장[157)](법률정상설)이 있다.

(3) **쟁의행위 정당성 판단**

준법투쟁이 쟁의행위로 인정되면 노조법상 쟁의행위 찬반투표(제41조), 조정전치주의(제45조)의 시기 · 절차의 제한을 받으며 그 밖의 쟁의행위 정당성에 대한 판단을 받게 된다. 아울러 노조법상 쟁의행위로 인한 각종 벌칙규정이 적용된다.

준법투쟁은 근로조건 등에 대하여 주장을 관철할 목적이 있으나 업무의 저해를 가져오지 않는 권리행사와 업무저해성을 갖고 있는 쟁의행위 사이에 구별이 용이하지 않고, 준법투쟁의 목적상 노조법상 각종 절차를 준수하기 어렵다는 점에서 정당성 판단기준을 그대로 적용하는 것은 근로자의 쟁의권을 제약할 수 있다. 따라서 준법투쟁의 정당성은 당해 사업장의 관행의 보호가치와 헌법상 근로자에게 보장하고 있는 근로3권의 보장활동의 취지 등을 구체적으로 고려하여 판단하여야 할 것이다.

6. 직장점거

(1) **의 의**

직장점거는 파업 · 태업을 하면서 단결을 유지 · 강화하거나 파업 중의 조업을 저지하기 위하여 쟁의참가자들이 사용자의 의사에 반하여 사업장 시설을 점거하는 보조적 쟁의행위를 말한다.

155) 임종률 231.
156) 대판 1990.12.10, 91누636; 대판 1990.12.7, 90다6095; 대판 1991.12.24, 91도2323.
157) 임종률 194.

(2) 점거가 금지되는 시설

쟁의행위는 생산 기타 주요업무에 관련되는 시설과 이에 준하는 시설을 점거하는 형태로서 이를 행할 수 없다(제42조 제1항).

(3) 직장점거와 정당성

직장점거는 사용자의 시설관리권을 침해하는 요소가 있지만 기업별 노조가 지배적인 상태에서 노동조합의 평상시 제반활동이 사업장 안에서 이루어진다는 점을 고려하면 부분적 · 병존적 점거는 정당하지만, 전면적 · 배타적 점거는 정당성이 인정되지 않는다.[158] 또한 생산시설 기타 주요업무에 관련되는 시설과 이에 준하는 시설로서 대통령령이 정하는 시설인 안전보호시설에 대한 직장점거는 정당성이 상실한다고 할 것이다(제42조 제2항).

(4) 위반의 효과

노조법은 사업장의 안전보호시설에 대하여 정상적인 유지 · 운영을 정지 · 폐지 또는 방해하는 행위는 쟁의행위로서 행할 수 없도록 규정(제42조 제2항)하고 이를 위반하면 벌칙을 적용(제91조)한다. 안전보호시설에 대한 직정점거로 정상적인 유지 · 운영이 정지되거나 방해하는 행위로 인정되면 벌칙이 적용될 것이다. 한편, 형법상 퇴거불응죄, 건조물침입, 업무방해죄 등의 형사책임이 문제될 수도 있다.

Ⅲ. 사용자 측 대항행위

1. 직장폐쇄의 의의

직장폐쇄란 사용자가 근로자 측의 쟁의행위에 '대항하는 행위로서 업무의 정상적인 운영을 저해하는 행위(제2조 제6호)', 즉 사용자가 근로자 측의 쟁의행위에 대항하여 근로자에 대하여 노무의 수령을 거부하는 행위를 말한다.[159] ⅰ) 직장폐쇄는 노무수령을 거부하거나 작업장의 입장을 금지한다는 의사표시만으로 성립한다는 견해[160]와 ⅱ) 공장문의 폐쇄나 체류자의 퇴거요구 등의 사실행위가 있어야 성립한다는 견해[161]가 있다.

2. 직장폐쇄의 요건(정당성의 한계)

(1) 대 항 성

직장폐쇄는 파업이나 태업 등 근로자 측의 쟁의행위에 대응하는 수단으로 인정되는 것이므로 노동조합이 쟁의행위를 개시한 이후에 개시하여야만 정당성이 인정될 수 있다. 노조법이 "사용자는 노동조합이 쟁의행위를 개시한 이후에만 직장폐쇄를 할 수 있다"고 규정(제46조 제1항)한 것은 직장폐쇄의 정당성 요건으로서 대항성을 명시한 것이다. 다만, 근로자의 쟁의행위가 개시되어 직장폐쇄를 한 이후 근로자의 쟁의행위가 종료되었음에도 계속하여 직장폐쇄를 할 수 있는지 문제된다.

이에 대해 직장폐쇄는 개시요건일 뿐만 아니라 존속요건이기도 하다는 입장과[162] 노동조합의 파업

158) 대판 1990.5.15, 90도357; 대판 1991.6.11, 91도383 등.

159) 직장폐쇄를 인정하는 근거로 ⅰ) 노사의 형식적인 대등관계 또는 형평의 원칙에 근거한다는 입장(이상윤 810), ⅱ) 실질적인 노사의 대등 또는 형평에 근거하는 입장(김유성Ⅱ 292; 임종률 252; 대판 2000.5.26, 98다34331)이 있다.

160) 김유성Ⅱ 247.

161) 임종률 252.

종료선언 후에 직장폐쇄를 계속하더라도 그것이 당연히 정당성을 상실하는 것은 아니라는 입장[163]이 있다.

(2) 방 어 성

직장폐쇄는 근로자 측의 쟁의행위로 인하여 사용자가 현저하게 불리한 압력을 받는 경우에 이를 임금부담의 경감 등에 의하여 최소화시키는 방어적 수단으로 인정되는 것이다. 따라서 사용자가 노동조합을 굴복시킬 목적이나 자신의 주장을 관철하기 위한 경우는 인정될 수 없다.

(3) 폭력행위 등의 금지

직장폐쇄라는 폭력이나 파괴행위로서 이를 행하여서는 아니 되며(제42조 제1항 전문), 안전보호시설의 정상적 유지 · 운영을 정지 · 폐지 또는 방해하여서는 아니 된다(제42조 제2항).

3. 정당한 직장폐쇄의 효과

(1) 임금지급의무 면제

직장폐쇄의 실질적 성립요건을 충족시키는 경우 사용자는 임금지급의무가 면제된다. 다만, 쟁의행위 중에도 안전보호시설의 정상적인 유지 · 운영은 이를 정지 · 폐지 또는 방해할 수 없기 때문에 정당한 직장폐쇄라고 하더라도 이에 종사하는 근로자에게는 당연히 임금을 지급할 의무가 있다.

(2) 점거의 배제

정당한 직장폐쇄인 경우에는 노동조합이 정당하게 직장점거를 하는 것에 대하여 퇴거를 요구할 수 있다.[164] 직장폐쇄의 본질은 임급지급의무를 면하는 것으로 사용자가 퇴거를 요구할 수 있는 것은 시설관리권에 기한 방해배제권 행사의 결과이지 정당한 직장폐쇄의 효과가 아니라는 견해[165]가 있지만, 직장점서가 성낭한 경우에도 직장폐쇄에 의하지 않고 방해배제권을 행사할 수 있는 불합리한 결과가 되므로 직장폐쇄에 의해 점거를 배제할 수 있다[166]고 보아야 한다.

Ⅳ. 결　　론

현행 노조법은 헌법상 근로3권을 구체화하여 정당한 쟁의행위에 대한 민 · 형사 면책 등의 보호규정을 두고 있으며, 다른 한편으로 법적 보호를 받을 수 있는 정당성 요건으로서 주체 · 절차 · 수단 등의 제한 규정을 두고 있다. 그런데 쟁의행위의 다양한 유형에 대한 구체적 규정이 없어 정당성 판단기준은 해석에 맡겨져 있다. 이러한 쟁의행위의 정당성은 헌법상 단체행동권의 범위에서 인정되겠지만, 노 · 사 간의 신뢰와 배려를 통해 분쟁 자체를 줄여나가는 노력이 필요하다고 할 것이다.

162) 김유성Ⅱ 294.
163) 김형배 866.
164) 대판 1991.8.13, 91도1324.
165) 김유성Ⅱ 298.
166) 임종률 258.

[관련판례] 쟁의행위 수단 · 태양과 정당성 판단

1. 쟁의행위의 수단 · 태양과 정당성 판단기준(대판 1992.7.14, 91다43800 [국민연금관리공단사건])

근로자의 쟁의행위가 정당성을 갖추기 위하여는 그 주체가 단체교섭이나 단체협약 체결능력이 있는 자, 즉 노동조합이어야 하고, 그 목적이 근로조건의 향상을 위한 노사 간의 자치적 교섭을 조성하기 위한 것이어야 하며, 그 시기는 사용자가 근로자의 근로조건 개선에 관한 구체적인 요구에 대하여 단체교섭을 거부하거나 단체교섭의 자리에서 그러한 요구를 거부하는 회답을 했을 때 개시하되, 특별한 사정이 없는 한 법령이 정하는 바에 따라 조합원의 찬성결정 및 노동쟁의발생신고를 거쳐야 하고, **그 방법은 소극적으로 노무의 제공을 전면적 또는 부분적으로 정지하여 사용자에게 타격을 주는 것**이어야 하며, 노사관계의 신의성실의 원칙에 비추어 **공정성의 원칙에 따라야** 하고, 사용자의 기업시설에 대한 소유권 기타의 **재산권과 조화**를 이루어야 함은 물론 **폭력이나 파괴행위을 수반하여서는 아니되는 것**이다.

2. 직장점거와 정당성(대판 1991.6.11, 91도383)

직장 또는 사업장시설의 점거는 적극적인 쟁의행위의 한 형태로서 그 **점거의 범위**가 직장 또는 사업장시설의 **일부분**이고 사용자측의 출입이나 관리지배를 배제하지 않는 **병존적**인 점거에 지나지 않을 때에는 **정당한 쟁의행위**로 볼 수 있으나, 이와 달리 직장 또는 사업장시설을 **전면적, 배타적으로 점거**하여 조합원 이외의 자의 출입을 저지하거나 사용자측의 관리지배를 배제하여 업무의 중단 또는 혼란을 야기케 하는 것과 같은 행위는 이미 **정당성의 한계를 벗어난 것**이라고 볼 수밖에 없다.

3. 파업감시제한(피케팅)과 정당성(대판 1992.7.14, 91다43800 [국민연금관리공단사건])

쟁의행위 중 파업은 그 노무정지의 효율성을 확보, 강화하기 위하여 그 보조수단으로 소위 '피케팅'을 동반하거나, 직장에 체류하여 연좌, 농성하는 직장점거를 동반하기도 하는 것으로서 그 자체는 위법하다고 할 수 없으나, 이 경우 **'피케팅'**은 파업에 가담하지 않고 조업을 계속하려는 자에 대하여 **평화적 설득, 구두와 문서에 의한 언어적 설득의 범위 내에서 정당성이 인정**되는 것이 원칙이고, **폭행, 협박 또는 위력에 의한 실력적 저지나 물리적 강제는 정당화될 수 없는 것**이며, 직장점거는 사용자측의 점유를 완전히 배제하지 아니하고 그 조업도 방해하지 않는 부분적, 병존적 점거일 경우에 한하여 정당성이 인정되는 것이고, 이를 넘어 사용자의 기업시설을 장기간에 걸쳐 전면적, 배타적으로 점유하는 것은 사용자의 시설관리권능에 대한 침해로서 정당화될 수 없는 것이다.

제 9 절 쟁의행위와 안전보호시설

Ⅰ. 서 설

헌법 제33조 제1항에서는 '근로자는 근로조건향상을 위하여 자주적인 단결권 · 단체교섭권 · 단체행동권을 가진다'고 규정하고 있다. 쟁의행위는 헌법상 보장되는 근로3권의 하나인 단체행동권을 구체화한 것으로 노동조합 및 노동관계조정법은 제2조 제6호에서 쟁의행위를 '파업, 태업, 직장폐쇄 기타 노동관계 당사자가 그 주장을 관철할 목적으로 행하는 행위와 이에 대항하는 행위로서 업무의 정상적인 운영을 저해하는 행위를 말한다'고 정의하고 있다.

쟁의행위는 헌법상 보장되는 근로3권 중 단체행동권 행사의 대표적인 태양으로 정당한 쟁의행위에 대해서는 민 · 형사 면책이 인정된다. 그러나 쟁의행위로 인한 피해는 사용자뿐 아니라 지역사회 나아가 국민경제 전반에도 상당한 영향을 미치게 되므로 일정한 제한이 요구된다. 현행 노조법은 주체, 방법, 절차 등에 있어서 쟁의행위의 제한 · 금지 규정을 두고 있다. 이 중에서 노조법에서는 안전보호시설의 유지 · 운용을 정지 · 폐지 또는 방해하는 행위는 쟁의행위로서 행할 수 없도록 규정하고 있다(노조법 제42조 제2항). 아래에서는 안전보호시설의 범위와 이에 정지 · 폐지 등의 제한에 대하여 살펴보도록 한다.

Ⅱ. 안전보호시설의 유지 · 운영 규정의 의의

1. 의 의

노조법 제42조 제2항은 "사업장의 안전보호시설에 대하여 정상적인 유지 · 운영을 정지 · 폐지 또는 방해하는 행위는 쟁의행위로서 이를 행할 수 없다"고 규정하고 있다. 파업이나 태업을 하는 중이라도 안전보호시설을 정상적으로 가동함으로써 사람의 생명 · 신체는 안전하게 보호되어야 한다는 원칙을 확인하는 규정이다.

2. 안전보호시설의 범위

(1) 문제의 소재

노조법 제42조 제2항의 안전보호시설이 사람의 생명 · 안전을 위태롭게 하는 시설에 한정되는지 아니면 생산수단의 안전을 보호하는 시설까지 포함되는지 문제된다.

(2) 학 설

안전보호시설은 그 가동을 중단하면 사람의 생명 · 안전을 위태롭게 하는 시설이라는 입장이 있다. 이러한 입장에서는 '안전'이란 원래 사람을 대상으로 한 것은 그 보호법익이 폭력 · 파괴 금지규정 등의 보호법익에 우선하는 것이고 사람의 생명 · 신체는 최우선의 보호법익이라는 점 등을 고려할 때에 사람의 안전을 보호하는 시설로 한정된다고 본다.[167] 이에 대해 생산수단의 안전을 보호하는 시설도 이에 포함된다는 입장이 있다. 이러한 입장에서는 안전보호시설의 유지 · 운영의 정지 · 폐지를 제한하는 규정은 사람의 생명 및 신체의 보호는 물론 사용자의 재산권과 근로자의 쟁의권 간의 조화 · 균형을 도모하고자 하는 데 의의가 있다고 본다.[168]

(3) 판 례

대법원은 "노조법 제42조 제2항은 '사업장의 안전보호시설에 대하여 정상적인 유지 · 운영을 정지 · 폐지 또는 방해하는 행위는 쟁의행위로서 이를 행할 수 없다'고 규정하고 있는바 여기서 '안전보호시설'이라 함은 사람의 생명이나 신체의 위험을 예방하기 위해서나 위생상 필요한 시설을 말하고, 이에 해당하는지 여부는 당해 사업장의 성질, 당해 시설의 기능, 당해 시설의 정상적인 유지 · 운영이 되지 아니할 경우에 일어날 수 있는 위험 등 제반 사정을 구체적 · 종합적으로 고려하여 판단하여야 한다"고 판시[169]하고 있다.

Ⅲ. 안전보호시설과 쟁의행위

1. 안전보호시설과 쟁의행위의 정당성

안전보호시설에 대하여 행해진 쟁의행위는 정당성을 상실한다는 것이 일반적인 견해이다. 다만, 쟁의행위가 전체적으로 안전보호시설을 대상으로 조직적으로 계획 · 수행된 경우가 아닌 한, 쟁의행위의 정당성은 안전보호시설을 대상으로 한 부분에 한하여 상실되고, 전체로서의 쟁의행위는 정당성을 상실하지 않는다고 본다.[170]

2. 안전보호시설의 유지 · 운영 위반기준

쟁의행위가 안전보호시설의 유지 · 운영을 정지 · 폐지한다면 언제나 노조법상 규정을 위반하는 것인지 문제된다.

판례는 "노조법 제42조 제2항의 입법목적이 '사람의 생명 · 신체의 안전보호'라는 점과 노조법 제42조 제2항이 범죄의 구성요건이라는 점 등을 고려하면, 성질상 안전보호시설에 해당하고 그 안전보호시설의 유지 · 운영을 정지 · 폐지 또는 방해하는 행위가 있었다 하더라도 "사전에 필요한 안전조치를 취하는 등으로 인하여 사람의 생명이나 신체에 대한 위험이 전혀 발생하지 않는 경우"에는 노조법 제91조 제1호, 제42조 제2항 위반죄가 성립하지 않는다고 판시[171]하고 있다.

167) 임종률 202; 김유성Ⅱ 258.
168) 이상윤 749; 김형배 839; 노사32281-3168; 협력 68107-219.
169) 대판 2005.9.30, 2002두7425.
170) 김유성Ⅱ 259.
171) 대판 2006.5.12, 2002도3450.

학계에서도 안전보호시설에 종사하는 근로자라고 하더라도, 당해 시설의 유지가 확보된다면 그 운영에 직접 참여하지 않는 나머지 근로자들은 쟁의행위에 참가할 수 있다고 한다. 왜냐하면 위 규정의 입법 취지는 안전보호시설 등의 유지를 확보함으로써 생명 · 신체의 안전을 보호하는 데 있기 때문에 안전보호시설의 정지 · 폐지로 구체적 위험이 발생하지 않는 한 안전보호시설 운영방해죄가 성립하지 않기 때문이라는 것이다.[172]

Ⅳ. 안전보호시설의 유지 · 운영에 대한 중지통보

1. 행정관청의 중지통보

관할 행정관청은 쟁의행위가 사업장의 안전보호시설에 대하여 정상적인 유지 · 운영을 정지 · 폐지 · 방해하는 행위에 해당한다고 인정하는 경우에는 노동위원회의 의결을 얻어 그 행위의 중지를 통보할 수 있다. 다만, 사태가 급박하여 노동위원회의 의결을 얻을 시간적 여유가 없을 때에는 그 의결을 얻지 아니하고 즉시 그 행위의 중지를 통보할 수 있다(제42조 제3항). 이 경우 관할 행정관청은 노동위원회의 사후 승인을 얻어야 하며 그 승인을 얻지 못한 때에는 그 명령은 그때부터 효력을 상실한다(제42조 제4항).

2. 노조법상 안전보호시설의 중지통보

종전 노조법은 폭발방지시설 등 사업장 안전보호시설의 경우, 쟁의행위시에도 정상적으로 유지토록 규정(위반시 1년 이하 또는 1천만원 이하 벌금)하면서 안전보호시설 파업시 행정관청은 노동위원회의 의결을 얻어 중지명령(위반시 1년 이하 징역 또는 1천만원 이하 벌금)을 내릴 수 있도록 규정하고 있었다. 그러나 안전보호시설 위반의 쟁의행위에 대한 형사처벌과 중지명령 위반시 형사처벌은 이중 처벌이라는 지적이 계속적으로 제기되어 왔다. 이를 고려하여 현행 노조법에서는 중지명령 위반에 대한 벌칙규정을 삭제하게 된 것이다. 또한 중지명령 위반에 대한 형사처벌 폐지에 따라 기존의 중지명령도 중지의 '통보'로 완화되었다.

Ⅴ. 결 론

쟁의행위의 제한 · 금지의 목적은 쟁의행위의 정당성에 대한 판단 근거를 보다 합리적이고 평화적인 쟁의행위를 유도하여 노동조합의 근로3권과 사용자의 재산권 그리고 공공복리를 조화시키는 데 있다고 할 것이다. 그 중에서 안전보호시설에 대하여는 사람의 생명 · 안전을 보호하기 위하여 쟁의행위시에도 유지 · 운영하도록 하고 있다. 최근 안전보호시설에 대한 쟁의행위시 중지명령은 중지통보로 완화되고 명령 위반에 대한 형사처벌(제91조)을 삭제하여 종전 노조법상 안전보호시설의 정상적인 운영을 방해하는 쟁의행위에 대한 형사처벌과 중지명령 위반에 대한 형사처벌에 대한 이중처벌 논란을 해소할 수 있게 되었다.

---

172) 김유성Ⅱ 260; 도재형 "안전보호시설 운영방해죄의 구체적 위험범으로서의 성질", 「월간 노동법률」, 중앙경제사, 2006년 9월호.

[관련판례] 안전보호시설

1. 안전보호시설의 유지 · 운영을 정 · 폐, 방해금지 규정의 위헌 여부(합헌)(헌재 2005.6.30. 2002헌바83)

[1] 이 사건 법률조항들은 그 문언, 사람의 생명 · 신체의 안전 보호라는 입법목적, 입법연혁 및 법규범의 체계적 구조 등으로부터, 입법목적의 최대실현 추구에서 오는 완화된 해석의 요청과 기본권 제한성에서 오는 엄격한 해석의 요청을 서로 조화시키는 조화로운 해석기준으로서 합리적 해석기준을 찾을 수 있고, 이러한 해석기준은 이 사건 법률조항들의 수범자에게 예측가능성을 제공하는 한편 이 사건 법률조항들을 해석 · 집행하는 기관들에게 충분한 의미내용을 규율하여 자의적인 법해석이나 법집행을 배제하고 있으므로 **명확성원칙에 위반되지 아니한다.**

[2] 이 사건 법률조항들이 근로자의 헌법상 기본권인 단체행동권을 제한하는 규정이기는 하지만, **사람의 생명 · 신체의 안전보호라는 입법목적의 정당성을 인정**할 수 있고, 안전보호시설의 유지 · 운영을 정지 · 폐지 또는 방해하는 내용의 쟁의행위를 제한하는 것은 위 목적을 달성하기 위한 효과적이고 적절한 수단이어서 **방법의 적정성도 인정**되며, 그 제한은 안전보호시설의 중요성에 비추어 볼 때 최소한의 제한으로 평가되므로 **피해의 최소성도 갖추었고,** 추구하는 공익인 '사람의 생명 · 신체의 안전'과 제한되는 사익인 청구인들의 '단체행동권'을 비교하여 볼 때 **법익균형성도 갖추었으므로** 청구인들의 **단체행동권을 과도하게 침해한다고 할 수 없다.**

2. 안전보호시설의 범위(대판 2005.9.30, 2002두7425[여천NCC사건])

[1] 노동조합 및 노동관계조정법 제42조 제2항은 "사업장의 안전보호시설에 대하여 정상적인 유지 · 운영을 정지 · 폐지 또는 방해하는 행위는 쟁의행위로서 이를 행할 수 없다"고 규정하고 있는바, 여기서 **'안전보호시설'**이라 함은 **사람의 생명이나 신체의 안전을 보호하는 시설**을 말하는 것으로, 이에 해당하는지 여부는 당해 **사업장의 성질, 당해 시설의 기능 등의 제반 사정을 구체적 · 종합적으로 고려하여 판단**하여야 한다.

[2] 가연성 · 폭발성 · 유독성이 강한 석유화학제품을 생산 및 유지하기 위하여 전기, 증기 등의 동력을 생산하여 공급하는 동력부문이 정상적으로 가동되지 못하였을 경우에는 위 화학물질에서 발생하는 가연성 가스 등이 누출되거나 전량 소각되지 못하여 대규모 폭발사고를 야기할 수 있고, 소방수의 공급 및 재해 진압설비의 작동이 곤란하여 대형화재를 초래할 수도 있어, 사람의 생명과 신체의 안전이 구체적으로 위협받는다고 할 것이므로, 위 동력부문은 노동조합 및 노동관계조정법 제42조 제2항에서 정한 '안전보호시설'에 해당한다.

제10절 필수유지업무제도

Ⅰ. 의 의

필수공익사업은 그동안 직권중재제도와 관련하여 단체행동권 제한에 논란이 있어왔다. 2007년 개정 노조법은 국제기준과 그간의 필수공익사업에 대한 위헌논란 등을 감안하여 필수공익사업에 대한 직권중재제도를 폐지하고 필수공익사업에서도 쟁의행위를 할 수 있게 하였다. 하지만, 쟁의행위를 하는 경우에도 필수공익사업을 이용하는 공중의 이익을 고려하여 필수유지업무제도를 도입하여 이를 정지 · 폐지 · 방해하지 않도록 하고 일정한 범위에서 대체근로도 허용되었다.

Ⅱ. 필수공익사업과 필수유지업무의 개념 및 금지행위

1. 필수공익사업과 필수유지업무의 개념 · 범위

(1) 필수공익사업

필수공익사업이라 함은 공익사업으로서 그 업무의 정지 또는 폐지가 공중의 일상생활을 현저히 위태롭게 하거나 국민경제를 현저히 저해하고 그 업무의 대체가 용이하지 아니한 사업으로 철도사업, 수도사업, 병원사업, 한국은행사업, 통신사업 등을 말한다(노조법 제71조 제2항). 현행법에서는 직권중재를 폐지하여 쟁의행위가 가능하지만, 필수유지업무제도를 도입하여 일정한 업무는 정 · 폐 · 방해할 수 없다.

(2) 필수유지업무의 개념 · 범위

필수유지업무란 필수공익사업의 업무 중 그 업무가 정지되거나 폐지되는 경우 공중의 생명 · 보건 또는 신체의 안전이나 공중의 일상생활을 현저히 위태롭게 하는 업무로서 대통령령으로 정하는 업무(제42조의2 제1항)로 시행령은 필수공익사업의 종류별로 업무의 특성 등을 고려하여 필수유지업무의 범위를 규정(시행령 22조의2) 하고 있는데, 예를 들면 철도, 도시철도의 경우 차량의 운전업무, 차량운행의 관제업무 등을 규정하였고, 병원사업의 경우 "응급의료업무, 중환자치료, 분만, 수술, 투석업무 등"으로 규정하고 있다.

2. 금지행위(쟁의행위의 제한)

필수공익사업장의 노동조합은 필수유지업무의 정당한 유지 · 운영을 정지 · 폐지 또는 방해하는 쟁의행위가 금지되므로 사용자가 필수유지업무를 대체근로 제한에 위반하여 유지하거나 평상시보다 더 많이 운영하는 경우에는 금지규정이 적용되지 않는다.

Ⅲ. 필수유지업무협정 체결

1. 의 의

쟁의행위에도 불구하고 필수유지업무가 온전히 유지 · 운영되고, 쟁의권과 공익을 조화시킬 수 있는 합리적인 범위에서 이해관계자 사이에 합의하여 정하고 이를 이행할 수 있도록 필수공익사업에서는 노사 간에 필수유지업무에 대한 협정을 체결하도록 하고 있다.

2. 교섭방법

(1) 교섭당사자

쟁의행위기간 동안 필수유지업무의 정당한 유지 · 운영을 위하여 협정을 체결하고, 그에 따른 의무를 부담하는 노동관계 당사자가 교섭당사자에 해당한다. 교섭 권한은 당해 필수공익사업의 노사에게 있으나, 교섭 및 협정 체결에 관한 권한을 제3자에게 위임할 수 있다.

(2) 교섭방식

필수유지업무협정 체결을 위한 교섭요구는 노동관계 당사자 어느 일방이 다른 일방에게 할 수 있다. 다만, 필수유지업무 협정의 유효기간 중에는 특별한 사정변경이 없는 한 협정변경을 위한 교섭요구는 제한되는 것으로 보아야 한다. 한편, 협정의 유효기간이 만료되는 때에 새로운 협정의 체결을 위한 교섭이 요구는 허용되는 것으로 보아야 한다.

3. 필수유지업무협정의 내용

(1) 필요최소한의 유지 · 운영수준 결정

필수공익사업 서비스 및 재화의 성격, 대체가능성 등을 감안하여 노사 간 교섭을 통하여 결정한다. 이때 공중의 생명 · 건강 · 신체의 안전 및 공중의 일상생활에 미치는 영향을 감안하여 쟁의권과 공익을 조화시킬 수 있는 합리적 범위에서 노사 간 협정으로 정할 필요가 있다.

(2) 대상직무

필수유지업무에 해당하는 직무 중 서비스 제공에 필수불가결한 직무를 중심으로 대상직무를 정한다.

(3) 필요인원

필수유지업무의 필요 최소한의 유지 · 운영수준을 위하여 쟁의행위기간 중 근무하여야 할 필요인원 수를 정하여야 한다.

(4) 필수유지업무 수행근로자 지명 등의 절차

노조에서 사용자에게 필수유지업무에 근무하는 조합원 중 쟁의행위기간 동안 근무하여야 할 조합원을 통보하는 절차 및 사용자가 지명 · 통보하는 절차를 정할 필요가 있다.[173]

(5) 필수유지업무협정의 유효기간

필수유지업무협정에 대해 노조법에서는 유효기간을 정하지 않고 있고, 단체협약으로 볼 수 없다는 점에서 노조법상 단체협약 유효기간 규정이 적용되지 않으므로 노동관계 당사자가 그 유효기간을 정해야 한다. 생산기술 · 조직 등의 큰 변동이나 중대한 사정변경이 없는 경우 필수유지업무협정의 효력은 계속 유지되는 것이 바람직하다.

4. 필수유지업무협정서 체결과 교섭결렬시 쟁의행위 가능성

(1) 필수유지업무협정서 체결(서면작성 및 서명 또는 날인)[174)]

당해 필수공익사업 노동관계 당사자는 필수유지업무협정을 서면으로 체결해야 하며, 노동관계 당사자 쌍방이 서명 또는 날인하여야 한다.[175)]

(2) 필수유지업무협정 교섭 결렬시 쟁의행위 가능성

필수유지업무협정은 근로조건을 정하는 단체협약과는 다른 성격이며, 협정체결을 위한 교섭결렬은 노동쟁의 상태에 해당되지 않으므로 쟁의행위는 허용되지 않는다. 다만, 교섭 결렬시 분쟁은 노동위원회에 필수유지업무결정을 신청하고, 결정을 받아 분쟁 해소가 가능하다.

Ⅳ. 노동위원회의 필수유지업무협정 결정

1. 의 의

당사자 쌍방 또는 일방은 필수유지업무 협정이 체결되지 않는 때에는 노동위원회에 필수유지업무의 필요 최소한의 유지 · 운영수준, 대상직무 및 필요인원 등의 결정을 신청하여야 한다.

2. 신청자격 및 관할

(1) 신청자격

노동관계 당사자 쌍방 또는 일방이 신청할 수 있다. 최근 철도사업에서 사용자측이 노사 간의 협정 체결을 우선적으로 실시하지 않고 일방 신청으로 협정이 체결된 바 있다.

(2) 관할 노동위원회

원칙적으로 사업장 관할 지방노동위원회에서 관장하되, 둘 이상의 관할구역에 걸친 결정사건은 주된 사업장의 소재지를 관할하는 지방노동위원회에서 관장한다. 단 주된 사업장을 정하기 어려운 사정 등이 있는 경우 중앙노동위원회위원장이 필요하다고 인정하여 지정한 지방노동위원회에서 관장한다.

---

173) 또는 기 통보 또는 기 지명된 조합원을 변경할 사유와 변경절차에 대하여서도 정할 필요가 있다.

174) 단체협약과 달리 노동관계당사자가 필수유지업무협정을 행정관청에 신고할 의무는 없으며, 법령위반을 이유로 행정관청에서 시정명령을 할 수 있는 근거도 없다.

175) 서면작성 및 서명 또는 날일이 없는 경우 필수유지업무협정으로서 효력이 인정되지 않는다. 한편, 약정서 등 그 명칭 여하에 관계없이 노동관계 당사자가 필수유지업무제도 운영에 관하여 합의한 내용을 문서화한 것이면 필수유지업무협정으로 인정할 수 있지만, 법령의 명칭에 부합하게 「필수유지업무협정서」라는 명칭을 사용하는 것이 바람직하다.

3. 결정내용 및 절차

(1) 결정내용

노동위원회에서 사업 또는 사업장별 필수유지업무의 특성 및 내용 등을 고려하여 필수유지업무의 필요 최소한의 유지 · 운영 수준, 대상직무 및 필요인원 등을 결정할 수 있다.

(2) 결정절차

필수유지업무결정신청을 받은 노동위원회에서는 결정을 담당할 특별조정위원회를 구성하여야 한다. 특별조정위원회는 관계당사자에 대한 조사, 현장조사 등을 거쳐 필수유지업무 관련 결정을 하고 노동위원회는 특별조정위원회에서 필수유지업무 유지운영수준 등의 결정을 하면 지체없이 이를 서면으로 노동관계 당사자에게 통보하여야 한다.

4. 필수유지업무결정의 해석 요청

필수유지업무결정에 대한 해석이나 이행방법에 관하여 노동관계 당사자 간의 의견이 일치하지 아니할 경우 노동관계 당사자의 쌍방 또는 일방이 관할 노동위원회에 해석을 요청할 수 있다. 특별조정위원회가 해석을 한 경우 노동위원회는 지체없이 이를 서면으로 노동관계 당사자에게 통보하여야 한다(영 제22조의3 제3항 및 제4항)

5. 필수유지업무결정의 불복절차 및 효력

(1) 결정의 불복절차

관계당사자는 지방노동위원회의 결정이 위법이거나 월권에 의한 것이라고 인정되는 경우에 결정서의 송달을 받을 날부터 10일 이내에 중앙노동위원회에 재심을 요청할 수 있고, 중앙노동위원회의 재심결정이 위법하거나 월권에 의한 것인 경우에는 재심결정서의 송달을 받은 날로부터 15일 이내에 행정소송을 제기할 수 있다(법 제42조의4 제5항, 제59조 제1항 및 제2항).

(2) 결정의 효력

노동위원회의 필수유지업무결정이나 재심결정은 중앙노동위원회의 재심신청이나 행정소송의 제기에 의하여 그 효력이 정지되지 아니한다(법 제42조의4 제5항, 제70조 제2항). 위 기간 내에 재심신청이나 행정소송 제기를 하지 않은 때에는 필수유지업무결정 또는 그 재심결정은 확정되며, 관계당사자는 이에 따라야 한다(법 제42조의4 제5항, 제59조 제1항 및 제2항).

Ⅴ. 쟁의행위시 필수유지업무의 유지 · 운영

1. 의 의

노동조합은 필수유지업무협정이 체결되거나 노사 결렬에 따라 어느 일방의 신청에 의해 노동위원회의 결정이 있는 경우 필수유지업무에 근무하는 조합원을 지정하여 쟁의기간 중 업무에 종사할 담당자를 결정해야 한다.

2. 필수유지업무 조합원 통보 및 지명

노동조합은 사용자에게 필수유지업무에 근무하는 조합원 중 쟁의행위기간 동안 근무하여야 할 조합원을 통보해야 하며, 사용자는 이에 따라 근로자를 지명하고 이를 노동조합과 그 근로자에게 통보해야 한다. 노동조합이 쟁의행위 시작 전까지 이를 통보하지 아니한 경우에는 사용자가 필수유지업무에 근무하여야 할 근로자를 지명하고 이를 노동조합과 그 근로자에게 통보해야 한다.

3. 필수유지 업무이행

노동위원회의 결정이 있고 그 결정에 따라 쟁의행위를 한 때에는 필수유지업무를 정당하게 유지·운영하면서 쟁의행위를 한 것으로 본다(법 제42조의5). 쟁의행위기간 동안 사용자가 필수유지업무에 근무하기로 지명한 근로자가 쟁의행위에 참가하지 않고 해당 업무를 정상적으로 수행하면, 이로써 협정 또는 결정을 이행한 것이고 면책의 효과가 발생한다.

4. 쟁의행위시 대체근로 사용

필수공익사업의 경우 일반사업과 달리 쟁의행위기간 중 쟁의행위로 중단된 업무의 수행을 위하여 당해 사업과 관계없는 자를 채용 또는 대체하거나 중단된 업무를 도급 또는 하도급 줄 수 있다. 다만, 이 경우 파업 참가자 수의 100분의 50 범위 이내에서만 허용된다(법 제43조 제4항).

5. 위반의 효과

필수유지업무의 정당한 유지·운영을 정지·폐지 또는 방해하는 행위는 3년 이하의 징역 또는 3천만원 이하의 벌금에 처한다(법 제42조의2 제3항, 제89조 제1호).

[그림] 필수유지업무 프로세스

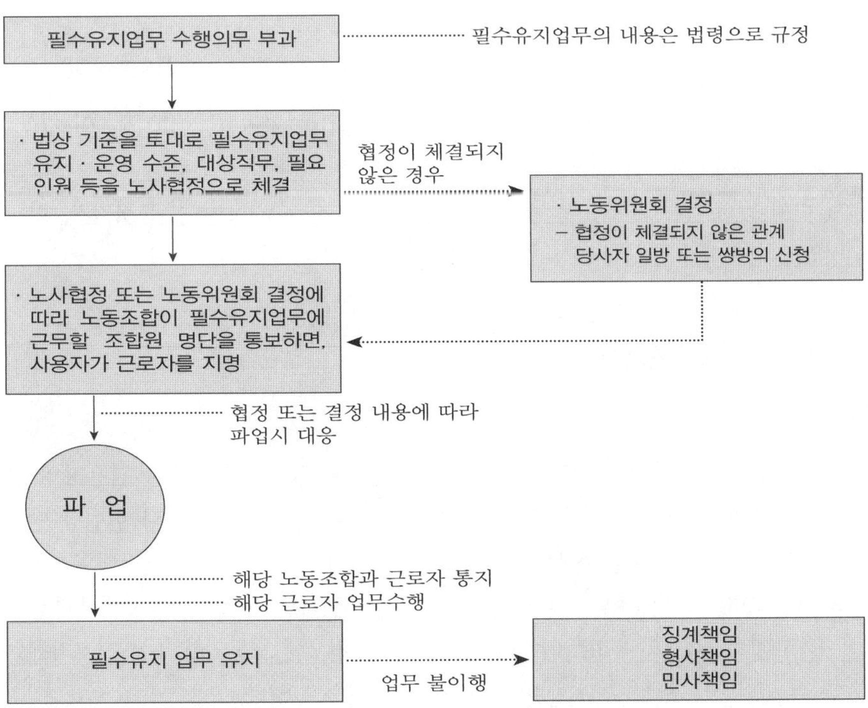

제11절 위법한 쟁의행위와 책임귀속

Ⅰ. 서 설

단체행동권이 헌법상 기본권의 하나로서 보장되고 있으므로 정당한 쟁의행위는 민사책임이나 형사책임이 면제되고 징계처분의 대상이 되지 않는다. 정당한 쟁의행위의 민 · 형사 면책을 규정한 노조법 제3조, 제4조 및 정당한 단체행동에 참가한 근로자에 대한 불이익취급을 금지하는 동법 제81조 제5호는 각각 단체행동권 보장과 효과를 확인적으로 밝힌 것이다.

그러나 쟁의행위가 정당성이 없는 경우 이상의 면책효과는 없어지는 것이고, 이 경우 책임의 귀속주체와 그 정도가 문제된다. 한편, 쟁의행위는 그 정당성의 여부와 상관없이 직 · 간접으로 제3자에게 손해를 미치게 된다. 따라서 손해의 발생시 제3자는 그 손해를 수인하여야 할 것인가, 아니면 누구에게 귀속시킬 것인가의 문제가 발생한다.

Ⅱ. 정당성 있는 쟁의행위와 면책 · 보호

1. 민사면책

시민법에 의하면 쟁의행위는 근로계약상의 의무위반으로 채무불이행 또는 사용자의 영업활동에 대한 침해로서 불법행위에 해당되어 그로 인한 손해배상책임이 발생한다. 그러나 헌법상 단체행동권이 기본권으로 보장된 이상 단체행동권 행사로서의 쟁의행위는 채무불이행 또는 불법행위가 아닌 권리의 행사로 인정되어야 하며, 그 한도에서 시민법상의 손해배상책임도 제한된다. 노조법에서는 "사용자는 이 법에 의한 단체교섭 또는 쟁의행위로 인하여 손해를 입은 경우에 노동조합 또는 근로자에 대하여 그 배상을 청구할 수 없다"고 규정(노조법 제3조)하여 이를 확인하고 있다.

2. 형사면책

쟁의행위가 단체행동권의 행사로 승인되기 전까지 대부분의 국가에서는 쟁의행위가 외관상 시민법상의 범죄구성요건에 해당하는 경우 그 형사책임을 인정했다. 그러나 정당한 쟁의행위에 대해 형사책임을 추궁한다는 것은 쟁의행위 자체가 업무저해의 개념을 내포하고 있으므로 실질적으로는 쟁의행위를 부정하는 결과로 되고, 이것은 집단적 노사관계에서의 국가 중립주의에 반하는 결과를 야기한다.

따라서 쟁의행위가 정당성을 상실하지 않는 한 형사책임으로부터 자유로워야 한다는 것은 단체행동권의 당연한 효과로 인정되어야 하며, 노조법 제4조는 이러한 취지를 확인적으로 규정이다.

3. 불이익취급 금지의 보호

사용자는 근로자가 '정당한 단체행동에 참가한 것을 이유로' 해고하거나 불이익을 주는 행위를 할 수 없다(제81조 제5호). 근로자가 노동조합이 결정 · 지시한 정당한 쟁의행위에 참가하였다고 하여 해고 기타 불이익을 주는 행위가 위법 · 무효로 되는 것은 헌법상 쟁의권보장의 효과로서 인정되는 것이다.

4. 구속제한

근로자는 '정당한' 쟁의행위기간 중에는 현행범 외에는 노조법 위반을 이유로 구속되지 아니한다(제39조). 노조법 위반행위를 이유로 쟁의행위 참가자를 구속하면 쟁의조직이 약화 · 와해되어 노 · 사 간 교섭력의 불균형이 초래될 우려가 있어 이러한 위험으로부터 일시적으로 쟁의행위를 보호하기 위한 것이다.

5. 대체근로의 제한

사용자는 '정당한' 쟁의행위 기간 중 그 쟁의행위로 중단된 업무의 수행을 위하여 당해 사업과 관계없는 자를 채용 또는 대체하거나 그 쟁의행위로 중단된 업무를 도급 또는 하도급 줄 수 없다(제43조). 파업을 당한 사용자는 대체근로자를 투입하여 조업할 자유를 가지지만, 대체근로는 파업의 압력효과를 저하시키고 이를 저지하려는 노동조합 측과 지나친 대결사태를 야기할 우려가 있기 때문에 이러한 위험으로부터 파업을 보호하기 위한 것이다.

Ⅲ. 정당성 없는 쟁의행위와 민사책임

1. 노동조합의 손해배상책임

(1) 의 의

정당성 없는 쟁의행위는 노동조합 의결기관의 결의와 집행기관의 기획 · 지시 · 지도를 받아 행해진 노동조합의 행위로 파악되는 경우에는 노동조합이 손해배상책임을 지게 된다. 또한 정당성 없는 쟁의행위를 노동조합의 집행기관이 지원 · 승인한 경우에는 그 쟁의행위로 인한 손해에 대해 노동조합에 책임이 있다.

(2) 불법행위로 인한 손해배상책임

노동조합이 폭력, 파괴행위를 조직적으로 지시하는 경우, 인명의 안전을 위협하는 행위를 지시한 경우에는 불법행위책임을 지게 된다.

노동조합의 간부들이 불법쟁의행위를 기획, 지시, 지도하는 등으로 주도한 경우에 이와 같은 간부들의 행위는 조합의 집행기관으로서의 행위라 할 것이므로 이러한 경우 민법 제35조 제1항의 유추적용에 의하여 노동조합은 그 불법쟁의행위로 인하여 사용자가 입은 손해를 배상할 책임이 있고, 한편 조합간부들의 행위는 일면에 있어서는 노동조합 단체로서의 행위라고 할 수 있는 외에 개인의 행위라는 측면도 아울러 지니고 있고, 일반적으로 쟁의행위가 개개 근로자의 노무정지를 조직하고 집단화하여 이루어지는 집단적 투쟁행위라는 그 본질적 특징을 고려하여 볼 때 노동조합의 책임 외에 불법쟁의행위를 기획, 지시, 지도하는 등으로 주도한 조합의 간부들 개인에 대하여도 책임을 지우는 것이 상당하다.[176)]

(2) 단체협약 위반(채무불이행)으로 인한 손해배상책임

단체협약상 평화의무, 평화조항, 쟁의조항에 위반하여 노동조합이 쟁의행위를 감행한 경우에는 이로 인하여 발생된 손해배상책임을 부담한다. 이 경우 손해배상의 범위는 각 조항 등에 위반함으로써 사용자에게 입힌 손해에 한정된다.

2. 조합원 개인의 손해배상책임

(1) 학 설

1) 개인책임 부정설[177)] 쟁의행위가 정당하지 못한 경우에도 노동조합의 조직적 · 통일적 행동임과 동시에 다수 근로자의 공동행위로서 실현되는 양면집단성을 가지고 있고 조합원 개개인은 다수결의 원리에 의하여 형성된 단체의 의사에 완전히 구속되므로 조합원 개인의 책임은 부인된다는 견해이다.

2) 개인책임 긍정설[178)] 쟁의행위가 정당성을 상실하면 쟁의행위에 참가한 조합원의 개별적인 행위도 민사책임이 발생하며, 조합간부는 부당한 쟁의행위를 적극적으로 기획 · 지도한 책임이 있다는 견해이다. 위법한 파업이나 태업에 참가한 행위는 근로계약의 근로제공의무에 위반하게 되고 위법한 불매동맹에 참가한 행위는 근로계약의 성실의무에 위반하여 채무불이행이 성립된다. 한편, 위법한 파업 · 태업 · 불매동맹의 쟁의행위는 채권침해나 소유권 침해 등의 불법행위가 성립한다.

3) 판 례 최근에 판례는 "일반조합원이 불법쟁의행위시 노동조합 등의 지시에 따라 단순히 노무를 정지한 것만으로는 노동조합 또는 조합간부들과 함께 공동불법행위책임을 진다고 할 수 없다"고 하면서 "다만, 근로자의 근로내용 및 공정의 특수성과 관련하여 그 노무를 정지할 때에 발생할 수 있는 위험 또는 손해 등을 예방하기 위하여 그가 노무를 정지할 때에 준수해야 할 사항 등이 정해져 있고, 근로자가 이를 준수함이 없이 노무를 정지함으로써 그로 인하여 손해가 발생하였거나 확대되었다면, 그 근로자가 일반조합원이라고 할지라도 그와 상당인과관계에 있는 손해를 배상할 책임이 있다"고 판시하여 조합간부가 아닌 개별조합원의 책임 기준을 제시하였다.

한편 노조간부에 대하여는 "불법쟁의행위에 대한 귀책사유가 있는 노동조합 간부 개인의 손해배

176) 대판 1994.3.25, 93다32828 · 32835.

177) 박홍규 403.

178) 김형배 948; 이병태 371; 김유성Ⅱ 279, 다만 처음부터 위법한 쟁의행위가 결의되어 조합간부가 단순히 이를 집행한 경우에는 그로 인한 책임은 노동조합에만 귀속된다고 하여 구체적인 상황에 따라 개인책임을 부분적으로 부정.

상책임과 노동조합 자체의 손해배상책임은 부진정 연대채무관계에 있는 것이므로 노동조합의 간부도 불법쟁의행위로 인하여 발생한 손해 전부를 배상할 책임이 있다"고 하였다.

다만, 사용자가 노동조합과의 성실교섭의무를 다하지 않거나 노동조합과의 기존합의를 파기하는 등 불법쟁의행위에 원인을 제공하였다고 볼 사정이 있는 경우 등에는 사용자의 과실을 손해배상액을 산정함에 있어 참작하여야 할 것이다.[179]

4) 검 토 쟁의행위는 노동조합의 단체행위이면서 동시에 자유로운 의사결정으로 쟁의에 참여한 조합원 개인행위이므로 정당성을 상실한 위법한 쟁의행위에 대해서는 조합원 개인도 손해배상책임을 부담하여야 할 것이다. 또한 위법한 파업 · 태업 등을 기획 · 지시 · 지도한 조합간부는 불법행위 책임을 지게 된다. 이 경우에 불법행위책임의 내용은 위법한 파업 · 태업 등에 의하여 발생한 손해 전체(전손해)에 대한 부진정연대책임을 부담한다고 보아야 할 것이다.

(2) 조합원 개인책임의 내용

1) 개별 근로자 책임 정당성 없는 쟁의행위에 참가하여 노무제공을 거부한 근로자는 민사면책이 인정되지 않으므로 근로계약불이행에 대한 손해배상책임을 지게 된다. 근로계약불이행에 대한 손해배상책임은 그 성격상 근로자에게만 인정되며, 노동조합과는 관련이 없다. 한편, 조합의 통제를 벗어난 개별 근로자는 불법행위로 인한 손해배상 책임을 지게 된다.

2) 조합간부의 책임 조합간부가 정당성 없는 쟁의행위를 조직 · 주도 · 지시하는 지위에 있으면서 근로자들의 근로제공 거부를 적극적으로 권유 · 지시 · 명령하는 경우 일반조합원과는 달리 불법행위로 인하여 발생된 손해에 대해서 책임을 부담한다.

3. 단체책임과 개인책임의 관계

위법한 쟁의행위에 대하여 노동조합이라는 단체의 불법행위책임과 조합간부 등 개인의 불법행위책임이 경합하는 경우에 양자의 관계를 어떻게 파악할 것인지가 문제된다.

ⅰ) 개인은 각자가 단체와 함께 위법한 쟁의행위에 의한 전체 손해에 대하여 연대책임을 진다고 보는 견해[180]가 있다. ⅱ) 이에 대해 위법한 쟁의행위가 조합원 다수의 결의에 의하여 노동조합의 공식적인 행위로서 행해진 경우에는 개인책임은 단체책임의 배후로 돌아가고 단체책임에 대하여 부종성과 보충성을 가진다는 견해가 제시[181]되었다.

4. 민사책임의 문제점과 개선방향

불법 쟁의행위에 대한 사측의 손배 및 가압류가 증가하고 있는 상황에서 노동조합 또는 조합원의 손해배상책임을 제한하는 규정이 없어서 논란이 계속되고 있다. 이렇게 노동조합 또는 조합원에서 손해배상책임을 지우는 것은 일실이익에 대한 손해전보보다는 노동조합 활동을 위축시킬 수 있는 문제점이 있다.

이에 대해 조합원의 최저생계비 보장을 위하여 임금의 압류대상제외 범위를 확대 · 조정하는 방안이 제시되었다. 또한 노동조합의 존속보호를 위하여 조합비 수입의 일정부분을 압류 대상에서 제외하자

179) 대판 2006.9.22, 2005다30610.
180) 김형배 951.
181) 임종률 235.

는 견해도 제시되었다. 한편, 노동계에서는 조합활동으로 인한 손해배상책임과 관련한 가압류는 금지해야 한다는 의견도 있다.[182] 이와 관련하여 민사집행법에서는 일정금액 이하의 급여에 대해서는 압류를 금지하도록 규정(민사집행법 제246조)하여 조합원의 최저생계비를 보장하도록 하고 있다.

Ⅳ. 형사책임

1. 쟁의행위와 형사책임

단체범죄의 경우에는 범죄행위의 기획 · 지도 자체는 별도로 처벌되지 않음이 원칙이지만 쟁의행위의 경우 노동조합의 쟁의행위에 대한 통제와 관련, 개별조합원의 일탈행위에 대한 책임 외에 별도로 조합 간부의 기획 · 지도행위에 대한 형사책임이 인정될 수 있는가의 문제가 발생한다.

2. 노동조합의 책임

형사책임의 영역에서는 단체책임은 특별한 규정이 없는 한 인정되지 않는 것이 원칙이다. 따라서 노조법 등 개별법규에서 노동조합자체의 형사책임이 명시되어 있지 않는 한 정당성을 상실한 쟁의행위의 형사책임을 노동조합에게 귀속시킬 수 없다. 다만, 노조법 제94조(양벌규정)는 노조의 대표자, 대리인, 사용인 기타의 종업원이 노동조합의 업무에 관하여 위법행위(제88조 내지 제93조 위반)를 한 경우, 노조에도 벌금형을 부과함으로써 형사책임을 인정된다.

3. 조합간부의 책임

(1) 조합간부의 책임 인정 여부

판례는 쟁의행위가 정당성을 상실한 경우 조합간부의 쟁의결의, 지시 자체가 업무방해죄의 공동정범[183] 또는 위계에 의한 업무방해죄[184]에 해당된다는 입장이다.

그러나 조합간부의 형사책임은 조합간부의 구체적인 행위가 쟁의행위와 실질적 관련성을 갖는 경우에 한해 인정되어야 할 것이다. 따라서 위법결의를 단순히 집행하는 경우에는 실질적 관련성을 부정되지만, 조합간부가 정당하지 않은 쟁의행위를 주도한 경우에는 그 실질적 관련성의 정도에 따라 책임이 인정되어야 할 것이다.[185]

(2) 위법한 쟁의행위의 방지의무에 대한 형사책임

조합간부는 쟁의행위가 집단적으로 실현되는 과정에서 나타나는 위법행위를 사전에 방지할 작위의무를 인정하고 그 부작위에 대해 형사책임을 인정할 것인지가 문제된다. ⅰ) 위법행위를 방지할 작위의무의 인정하고 이에 위반하는 경우에는 부작위범이 성립된다는 견해[186]와 ⅱ) 조합간부는 개별조합원의 위법한 행위에 대한 형사책임을 지지 않는다는 견해가 대립하고 있다.[187]

---

182) 노동부, 「노사관계법 · 제도 선진화방안」, 2003.11.
183) 대판 1992.11.10, 92도1315; 대판 1991.4.23, 90도2771.
184) 대판 1992.3.31, 92도58.
185) 임종률 238.
186) 임종률 238.
187) 김유성Ⅱ 277.

4. 조합원의 개인책임

쟁의행위 자체가 정당성이 없는 경우 전체로서의 쟁의행위는 조합원 개인의 행위가 집단적으로 행사된 결과이므로 전체로서의 쟁의행위의 형사책임은 조합원 개인의 행위로 귀속된다.

또한 쟁의행위 자체는 정당하지만 구체적인 실행과정에서 개별조합원이 노조의 승인을 받지 않거나 지시에 반하여 위법행위로 나아간 경우 그 실행행위를 한 조합원은 자신의 행위에 대한 형사책임을 지게 된다.[188]

5. 업무방해죄 적용문제

(1) 문제의 소재

쟁의행위는 헌법상 단체행동권에서 보장되는 근로자의 기본권행사이면서 그 자체가 업무저해성을 띠고 있다. 하지만 검찰이나 법원에서는 쟁의행위를 본질적으로 범죄로 보고 일반범죄론체계에 따라 형법상 업무방해죄를 적용하고 있다. 특히, 업무방해죄의 '위력'이나 '업무'의 의미를 포괄적으로 해석하여 근로자의 쟁의권을 제약하는 도구로 활용되어 왔던 것이 사실이다. 이와 관련한 판례의 태도를 살펴보고 헌법재판소의 위헌논란을 검토하도록 한다.

(2) 위력 업무방해죄의 적용[189]

단순한 노무부제공인 파업도 집단적으로 행사된 경우 업무방해죄의 구성요건에 해당되는지에 논란이 계속되고 있으나, 판례는 "쟁의행위가 위법한 경우에 기본적으로 위력을 내포하기 때문에 위력업무방해죄의 범죄구성요건에 해당"된다고 판시한 바 있다.[190] 하지만 업무방해죄의 '위력'은 그 개념이 포괄적이고 추상적이어서 노조의 쟁의권을 제약한다는 비판이 있다.

(3) 추상적 위험범의 적용

판례는 "업무시간 중의 시위행위는 적어도 업무방해의 결과를 초래할 위험성이 있으며, 업무방해죄는 업무방해의 결과가 실제로 발생함을 요하지 아니하고 업무방해의 결과를 초래할 위험이 발생하는 것이면 족하다"[191]고 하여 추상적 위험범을 인정한 사례가 있다.

(4) 업무방해죄의 위헌심판

노동계에서는 끊임없이 업무방해죄의 적용에 대하여 죄형법정주의에 반한다고 비판하면서 동 규정의 위헌성을 주장해왔다. 하지만, 헌법재판소는 형법상 업무방해죄의 "'위력'이라 함은 사람의 의사의 자유를 제압·혼란케 할 만한 일체의 세력을 뜻하고, 어떠한 행위가 이에 해당하는지 불명확한 개념이라고는 볼 수 없다고 하면서 죄형법정주의의 명확성의 원칙에 반한다고 할 수 없다"고 판시하였다.[192]

6. 노조법상 형사처벌

현행 노조법에는 규정위반에 대한 다수의 형사처벌 규정을 두고 있다. 특히, 쟁의행위의 절차와 관

188) 대판 1995.10.12, 95도1016.

189) 형법 제314조(업무방해) ① 제313조의 방법 또는 위력으로써 사람의 업무를 방해한 자는 5년 이하의 징역 또는 1천500만원 이하의 벌금에 처한다.

190) 대판(전합) 2001.10.25, 99도4837.

191) 대판 1997.3.11, 96도2801; 대판 1992.12.8, 92도1645.

192) 헌재 1998.7.16, 97헌바23.

련한 제한 · 금지법규 위반의 효과로서 형사처벌을 받을 경우, 쟁의행위의 정당성 판단에도 영향을 미치게 되어 근로자의 쟁의권을 제약한다는 비판이 제기되고 있다.

쟁의행위가 노조법상 제한 · 금지법규에 저촉된다 하여 반드시 그 정당성을 상실하는 것은 아니다. 제한 · 금지의 목적이 쟁의행위에 필요한 일정한 절차를 설정함으로써 노동쟁의의 신속한 해결을 도모하기 위한 정책적 고려에 있는 경우 당해 법규위반으로 형사처벌되더라도 쟁의행위가 정당성을 반드시 상실하는 것은 아니라고 할 것이다.

7. 형사책임의 문제점과 개선방향

현재 법원은 정당성을 상실한 쟁의행위가 폭력이나 파괴행위가 전혀 수반되지 않고 단순히 노무제공을 집단적으로 거부하는 방법으로 이루어지는 경우에도 노동조합간부와 조합원들은 업무방해죄 등의 혐의로 처벌된다. 그리고 쟁의행위가 수단과 방법의 측면에서 위법성을 띠지 않음에도 불구하고 개별노동법에서 많은 제한을 가하고 그에 위반한 경우 형벌규정을 두고 있다.

쟁의행위의 정당성 판단을 위한 일부 요소의 측면에서 정당성을 인정하기 곤란한 면이 있는 경우라고 하더라도 쟁의과정에서 폭력이나 파괴행위를 수반하지 않는 경우에는 형사처벌을 자제해야 한다는 견해가 제시되고 있다. 노동계에서는 이를 위해 업무방해죄의 폐지를 주장하고 있다. 다음으로 쟁의행위에 대한 노동법상의 제한은 일정한 행정적 목적을 달성하기 위한 범위 내로 제한하고 노조법상의 형사처벌 규정을 삭제 또는 축소해야 한다는 견해가 유력하게 대두되고 있다.

Ⅴ. 징계책임

1. 쟁의행위와 징계처분

쟁의행위가 정당하다면 이를 이유로 한 징계는 부당노동행위의 하나인 불이익취급에 해당되나, 반면 쟁의행위가 정당성을 상실한 경우에는 사용자의 징계처분의 대상이 된다.

그러나 징계는 근로자의 경영질서의 위반에 대한 제재이므로 징계처분에 대한 노조 자체의 책임이 문제될 여지가 없고, 개별조합원의 실행행위와 조합간부의 쟁의행위의 기획 · 지도행위에 대해 인정된다. 다만, 징계책임은 문제가 된 행위가 기업질서를 침해하는 정도, 태양 등을 고려하여 각 행위자마다 개별적으로 결정하는 것이 원칙이다.

2. 조합원 개인 및 조합간부의 징계책임

쟁의행위에 의한 노무부제공은 쟁의행의로서의 정당성이 인정되지 않는 한, 근로계약상의 의무위반 또는 경영질서의 침해에 해당되고 징계처분의 대상이 될 수 있다. 따라서 쟁의행위가 적극적인 작위에 의해 수행되는 경우 그 구체적인 태양이 정당성을 상실한 경우에는 실행행위를 한 개인은 징계처분의 대상이 된다. 한편, 조합간부가 쟁의행위에서 중요한 역할을 수행하거나 처음부터 폭력이나 파괴행위를 도모하는 등 기획 · 지도 자체에 위법성이 있는 경우 징계처분의 대상이 되겠지만, 이 경우에도 조합간부라는 이유만으로 징계책임을 부담하는 것은 아니다.

3. 위법한 쟁의행위의 방지의무에 대한 징계책임

판례는 조합간부에게 개별조합원의 행위에 대해 그 위법행위까지 방지할 의무를 인정하고 그 방지의무위반 자체를 징계처분의 대상으로서 긍정하고 있다.[193] 이에 대해 방지의무위반에 대한 징계책임을 인정하는 것은 실질적으로 타인의 행위에 대한 책임을 인정하는 결과가 되므로 개인책임의 원리에도 반한다는 비판이 있다.[194]

Ⅵ. 결 론

헌법상 보장된 쟁의행위라 할지라도 정당성을 상실한 쟁의행위는 법의 보호를 받을 수 없으므로 이에 따른 민 · 형사상 책임을 지게 된다. 그러나 정당성 여부의 판단은 법규정의 한정된 기준으로 판단되는 것은 아니며, 노동법의 이념과 쟁의행위의 특수성 등 제반 사정을 고려하여 구체적으로 판단하여야 할 것이다.

노조법상 쟁의행위의 제한 내지 금지규정을 위반할 경우 그 규정 자체만을 위반한 것에 지나지 않으므로 그에 따른 벌칙의 적용은 별론으로 하고 그 정당성이 반드시 상실한 쟁의행위로 볼 수 없다. 즉 법규위반 쟁의행위가 반드시 전체 법질서에 반한다는 위법성 평가를 내릴 수 없다.

[관련판례] 쟁의행위와 책임

1. 쟁의행위와 민사책임 ①(대판 1994.3.25, 93다32828,32835 [계명기독대학사건])

[1] 노동쟁의조정법 제8조에 의하여 민사상 배상책임이 면제되는 손해는 정당한 쟁의행위로 인한 손해에 국한된다고 풀이하여야 할 것이고, **정당성이 없는 쟁의행위는 불법행위를 구성**하고 이로 말미암아 **손해를 입은 사용자는 노동조합이나 근로자에** 대하여 그 **손해배상을 청구**할 수 있다.

[2] 노동조합의 **간부들이 불법쟁의행위를 기획, 지시, 지도하는 등으로 주도한 경우**에 이와 같은 간부들의 행위는 조합의 집행기관으로서의 행위라 할 것이므로 이러한 경우 민법 제35조 제1항의 유추적용에 의하여 **노동조합은 그 불법쟁의행위로 인하여 사용자가 입은 손해를 배상할 책임**이 있고, 한편 조합간부들의 행위는 일면에 있어서는 노동조합 단체로서의 행위라고 할 수 있는 외에 개인의 행위라는 측면도 아울러 지니고 있고, 일반적으로 쟁의행위가 개개 근로자의 노무정지를 조직하고 집단화하여 이루어지는 집단적 투쟁행위라는 그 본질적 특징을 고려하여 볼 때 노동조합의 책임 외에 **불법쟁의행위를 기획, 지시, 지도하는 등으로 주도한 조합의 간부들 개인에 대하여도 책임을 지우는 것이 상당**하다.

[3] 불법쟁의행위로 인하여 **노동조합이나 근로자가 그 배상책임을 지는 배상액의 범위는 불법쟁의행위와 상당인과관계에 있는 모든 손해**이다.

2. 쟁의행위와 민사책임 ②(대판 2006.9.22, 2005다30610)

불법쟁의행위를 기획 · 지시 · 지도하는 등으로 주도한 조합간부들이 아닌 **일반조합원의 경우,** 쟁의행위는 언제나 단체원의 구체적인 집단적 행동을 통하여서만 현실화되는 집단적 성격과 근로자의 단결권은 헌법상 권리로서 최대한 보장되어야 하는데 일반조합원에게 쟁의행위의 정당성 여부를 일일이 판단할 것을 요구하는 것은 근로자의 단

193) 대판 1992.9.1, 99누7733.
194) 김유성Ⅱ 163.

결권을 해칠 수도 있는 점, 쟁의행위의 정당성에 관하여 의심이 있다 하여도 일반조합원이 노동조합 및 노동조합 간부들의 지시에 불응하여 근로제공을 계속하기를 기대하기는 어려운 점 등에 비추어 보면, 일반조합원이 불법쟁의행위시 노동조합 등의 지시에 따라 **단순히 노무를 정지한 것만으로는 노동조합 또는 조합 간부들과 함께 공동불법행위책임을 진다고 할 수 없다.** 다만, 근로자의 근로내용 및 공정의 특수성과 관련하여 그 노무를 정지할 때에 발생할 수 있는 위험 또는 손해 등을 예방하기 위하여 그가 노무를 정지할 때에 준수하여야 할 사항 등이 정하여져 있고, 당해 근로자가 이를 **준수함이 없이 노무를 정지함으로써 그로 인하여 손해가 발생하였거나 확대되었다면, 그 근로자가 일반조합원이라고 할지라도 그와 상당인과관계에 있는 손해에 대하여는 이를 배상할 책임**이 있다.

3. 쟁의행위와 형사책임 ①－형사면책의 법적 성질(위법성 조각)(대판 1999.3.26, 97도3139)

쟁의행위는 본질적으로 위력에 의한 업무방해의 요소를 포함하고 있는데, 다만 근로자의 단체행동권은 단결권, 단체교섭권과 함께 헌법에 보장된 권리이므로 단체행동권에 속하는 쟁의가 형식적으로는 업무방해죄의 구성요건에 해당하는 경우에도 그것이 근로자의 근로조건의 유지, 개선, 기타 근로자의 정당한 이익을 주장하기 위한 상당한 수단인 경우에는 **정당행위로서 위법성이 조각된다고 할 것**이고, 따라서 근로자들이 작업시간에 집단적으로 작업에 임하지 아니한 것은 다른 위법의 요소가 없는 한 근로제공의무의 불이행에 불과한 것이다. 그러나 단순한 '노무제공의 거부'라고 하더라도 그것이 정당한 쟁의가 아니면서 위력으로 업무의 정상적인 운영을 방해할 정도에 이르면 형법상 업무방해죄가 성립될 수 있다. 이에 파업행위가 위력으로 회사의 방송업무를 방해한 것이고, 대표이사의 연임을 방해하기 위한 파업은 그 목적이 정당한 쟁의행위에 해당한다고 볼 수 없어 형법상 업무방해죄를 인정할 수 있다.

4. 쟁의행위와 형사책임 ②－형사면책의 법적 성질(구성요건해당조각)(헌재 2010.4.29, 2009헌바168)

형법 제314조제1항 중 "위력으로써 사람의 업무를 방해한 자" 규정은 죄형법정주의의 명확성 원칙에 위반된다고 할 수 없고, 이 조항이 헌법이 보장하는 단체행동권의 내재적 한계를 넘어 정당성이 없다고 판단되는 쟁의행위의 경우에만 적용되므로 헌법상 단체행동권을 침해한다고 볼 수 없으며, 다른 노동관련 법규와 그 보호법익이나 죄질이 다르므로, 법정형이 지나치게 높다거나 평등원칙에 위배된다고 볼 수도 없다. 다만, 단체행동권이라는 기본권 행사에 본질적으로 수반되는 정당화할 수 있는 업무의 지장 초래는 업무방해에 해당한다고 볼 수 없고, 업무방해죄에 해당하고 **단지 위법성이 조각된다는 해석은 헌법상 기본권의 보호영역을 하위 법률을 통해 지나치게 축소**시키는 것이다.

5. 쟁의행위와 형사책임 ③－일반조합원의 형사책임(대판 1995.10.12, 95도1016)

현행법상 적어도 노동조합이 결성된 사업장에 있어서의 쟁의행위가 노동조합법 제2조 소정의 형사상 책임이 면제되는 정당행위가 되기 위하여는 반드시 그 쟁의행위의 주체가 단체교섭이나 단체협약을 체결할 능력이 있는 노동조합일 것이 요구된다 할 것이고(당원 1990.5.15. 선고 90도357 판결; 1991.5.24. 선고 91도324 판결; 1994.9.30. 선고 94다4042 판결 등 참조), **일부 조합원의 집단이 노동조합의 승인 없이 또는 그 지시에 반하여 쟁의행위를 하는 경우에는 형사상 책임이 면제될 수 없다**고 할 것이므로, 같은 취지로 판단한 원심판결은 정당하고, 거기에는 논하는 바와 같이 쟁의행위의 정당성의 요건에 관한 법리를 오해한 위법이 있다고 볼 수 없다. 논지는 이유가 없다.

6. 쟁의행위와 형사책임 ④－추상적 위험범(대판 1992.12.8, 92도1645)

업무시간 중의 시위행위는 적어도 업무방해의 결과를 초래할 위험성이 있으며, 업무방해죄는 업무방해의 결과가 실제로 발생함을 요하지 아니하고 업무방해의 결과를 초래할 위험이 발생하는 것이면 족하다.

7. 쟁의행위와 형사책임 ⑤ – 업무방해죄 적용의 위헌 여부(헌재(전합) 1998.7.16, 97헌바23)

〈심판대상조문〉

구 형법(1995.12.29. 법률 제5057호로 개정되어 1996.7.1.부터 시행되기 전의 것) 제314조(업무방해) 전조의 방법 또는 위력으로써 사람의 업무를 방해한 자는 5년 이하의 징역 또는 2만5천원 이하의 벌금에 처한다.

〈합헌의견–전원의견(9인)〉

[1] 법률의 위헌성을 판단함에 있어서는 그 법률의 해석 내지 그 법률이 어느 경우에 적용되는가를 확정하는 것이 선행되어야 하므로 이 한도 내에서는 헌법재판소로서도 법률의 해석 내지 그 적용에 관여하지 않으면 안되는 것인바, 정당행위로 인정되지 않는 근로자들의 집단적 노무제공 거부행위를 구 형법 제314조의 위력업무방해죄로 형사처벌하는 것이 헌법에 위반된다면 결국 법원의 해석에 의하여 구체화된 동 조항이 위헌성을 지니고 있는 셈이며, 따라서 집단적 노무제공 거부행위를 위력업무방해죄로 형사처벌하는 것이 헌법에 위반되는지 여부는 동 조항의 위헌여부에 관한 문제로서 헌법재판소의 판단대상이 된다.

[2] 파업 등의 쟁의행위는 본질적 · 필연적으로 위력에 의한 업무방해의 요소를 포함하고 있어 폭행 · 협박 또는 다른 근로자들에 대한 실력행사 등을 수반하지 아니하여도 그 자체만으로 위력에 해당하므로, 정당성이 인정되어 위법성이 조각되지 않는 한 업무방해죄로 형사처벌할 수 있다는 대법원 판례는 비록 단체행동권의 행사가 본질적으로 위력성을 가져 외형상 업무방해죄의 구성요건에 해당한다고 하더라도 그것이 헌법과 법률이 보장하고 있는 범위 내의 행사로서 정당성이 인정되는 경우에는 위법성이 조각되어 처벌할 수 없다는 것으로 헌법이 보장하는 근로3권의 내재적 한계를 넘어선 행위(헌법의 보호영역 밖에 있는 행위)를 규제하는 것일 뿐 정당한 권리행사까지 처벌함으로써 본인의 의사에 반하여 강제노역을 강요하거나 근로자라는 신분만으로 불합리한 차별을 하는 것은 아니라고 판단되므로, 위 대법원의 해석방법이 헌법상의 강제노역금지원칙, 근로3권 및 평등권 등을 침해하지 않는다.

[3] 위 법조항 중 '위력', '업무', '방해' 등의 용어들이 다소 광범위한 해석의 여지를 두고 있는 것은 사실이나 위 법조항의 보호법익, 같이 규정된 다른 행위태양인 '허위사실의 유포'나 '위계' 그리고 위 법조항 규정과 함께 같은 장에 규정되어 있는 신용훼손죄나 경매방해죄의 해석, 그 외 형사법상의 폭력 · 폭행 · 협박 등의 개념과 관련지어 볼 때 일반적으로 '위력'이라 함은 사람의 의사의 자유를 제압 · 혼란케 할 만한 일체의 세력을 뜻하고, '업무'란 사람이 그 사회적 지위에 있어서 계속적으로 종사하는 사무 또는 사업을 뜻하며, '방해'란 업무에 어떤 지장을 주거나 지장을 줄 위험을 발생하게 하는 것을 뜻하는 것으로 해석할 수 있고, 이러한 해석은 건전한 상식과 통상적인 법감정을 가진 일반인으로서도 능히 인식할 수 있는 것으로서 어떠한 행위가 이에 해당하는지 의심을 가질 정도로 불명확한 개념이라고는 볼 수 없다. 따라서 위 법조항 부분은 죄형법정주의의 한 내용인 형벌법규의 명확성의 원칙에 반한다고 할 수 없다.

[4] 이 사건 심판대상 규정이 5년의 징역형까지에 처할 수 있도록 규정하고 있는 점만으로는 그것이 곧 전체 형벌체계상 현저히 균형을 잃게 되어 다른 범죄자와의 관계에 있어서 평등의 원리에 반한다거나, 그러한 유형의 범죄에 대한 형벌 본래의 기능과 목적을 달성함에 있어 필요한 정도를 일탈함으로써 헌법상의 비례의 원칙이나 과잉금지의 원칙에 위배되는 것으로 평가되는 등 입법재량권이 자의적으로 행사된 경우에 해당한다고 할 수도 없거니와 그 법정형이 지나치게 가혹하여 인간으로서의 존엄과 가치를 보장한 헌법 제10조에 위반된 것이라고 볼 수도 없다.

8. 쟁의행위와 형사책임 ⑥ – 업무방해죄 적용의 위헌 여부(대판(전합) 2011.3.17, 2007도482)

쟁의행위로서의 파업이 언제나 업무방해죄에 해당하는 것으로 볼 것은 아니고, 전후 사정과 경위 등에 비추어 사용자가 예측할 수 없는 시기에 전격적으로 이루어져 사용자의 사업운영에 심대한 혼란 내지 막대한 손해를 초래하는 등으로 **사용자의 사업계속에 관한 자유의사가 제압·혼란될 수 있다고 평가할 수 있는 경우**에 비로소 그 집단적 노무제공의 거부가 위력에 해당하여 **업무방해죄가 성립**한다고 봄이 상당하다.

9. 쟁의행위와 징계책임(대판 1993.5.11, 93다1503)

불법쟁의에 이르게 된 경위와 그 방법 및 위 취업규칙과 피고회사 단체협약규정들의 취지 등에 비추어 보면 원고의 위와 같은 행위는 기업의 정상적인 질서를 깨뜨리고 그 경영활동을 방해함으로써 피고 회사에게 손해를 끼친 것으로서 그 정도가 지나쳐 그 근로계약을 더 이상 지속시킬 수 없는 정도에 이르렀다고 할 것이므로 피고가 원고의 위와 같은 사유를 원인으로 하여 원고를 **징계해고 한 것은 정당**하다고 할 것이고 이를 가지고 징계권의 남용 내지 일탈이라고는 할 수 없는 것이며 또한 위 노동조합법 소정의 부당노동행위라고도 볼 수도 없다.

제12절 위법한 쟁의행위에 따른 손해배상책임

Ⅰ. 서 설

단체행동권이 헌법상 기본권의 하나로서 보장되고 있으므로 정당한 쟁의행위는 민사책임이나 형사책임이 면제되고 징계처분의 대상이 되지 않는다. 정당한 쟁의행위의 민·형사 면책을 규정한 노조법 제3조, 제4조 및 정당한 단체행동에 참가한 근로자에 대한 불이익취급을 금지하는 동법 제81조 제5호는 각각 단체행동권 보장과 효과를 확인적으로 밝힌 것이다.

그러나 쟁의행위가 정당성이 없는 위법한 쟁의행위의 경우 이상의 면책효과는 없어지는 것이고, 이 경우 책임의 귀속주체와 그 정도가 문제된다. 한편, 쟁의행위는 그 정당성의 여부와 상관없이 직·간접으로 제3자에게 손해를 미치게 된다. 따라서 손해의 발생시 제3자는 그 손해를 수인하여야 할 것인가, 아니면 누구에게 귀속시킬 것인가의 문제가 발생한다.

아래에서는 위법한 쟁의행위에 따른 민사상 손해배상책임을 노동조합과 조합원을 나누어 제시하고 양자의 책임관계를 고찰하고자 한다.

Ⅱ. 위법한 쟁의행위와 노동조합의 책임

1. 사용자에 대한 책임

(1) 의 의

정당성 없는 쟁의행위는 노동조합 의결기관의 결의와 집행기관의 기획·지시·지도를 받아 행해진 노동조합의 행위로 파악되는 경우에는 노동조합이 손해배상책임을 지게 된다. 또한 정당성 없는 쟁의행위를 노동조합의 집행기관이 지원·승인한 경우에는 그 쟁의행위로 인한 손해에 대해 노동조합에 책임이 있다.

(2) 불법행위로 인한 손해배상책임(민법 제750조)

노동조합이 폭력, 파괴행위를 조직적으로 지시하는 경우, 인명의 안전을 위협하는 행위를 지시한 경우에는 불법행위책임을 지게 된다.

노동조합의 간부들이 불법쟁의행위를 기획, 지시, 지도하는 등으로 주도한 경우에 이와 같은 간부들의 행위는 조합의 집행기관으로서의 행위라 할 것이므로 이러한 경우 민법 제35조 제1항의 유추적용에 의하여 노동조합은 그 불법쟁의행위로 인하여 사용자가 입은 손해를 배상할 책임이 있고, 한편 조합

간부들의 행위는 일면에 있어서는 노동조합 단체로서의 행위라고 할 수 있는 외에 개인의 행위라는 측면도 아울러 지니고 있고, 일반적으로 쟁의행위가 개개 근로자의 노무정지를 조직하고 집단화하여 이루어지는 집단적 투쟁행위라는 그 본질적 특징을 고려하여 볼 때 노동조합의 책임 외에 불법쟁의행위를 기획, 지시, 지도하는 등으로 주도한 조합의 간부들 개인에 대하여도 책임을 지우는 것이 상당하다.[195]

(3) 채무불이행에 기한 손해배상책임(민법 제390조)

노동조합이 단체협약상 평화의무, 평화조항, 쟁의조항에 위반하여 노동조합이 쟁의행위를 감행한 경우에는 이로 인하여 발생된 손해배상책임을 부담한다. 이 경우 손해배상의 범위는 각 조항 등에 위반함으로써 사용자에게 입힌 손해에 한정된다.

2. 제3자에 대한 책임

(1) 거래선에 대한 채무불이행 책임

사용자와 현실적으로 거래관계에 있는 다른 기업이나 잠재적 거래관계에 있는 소비자가 조업중단으로 인한 손해의 배상을 사용자에 대해서 청구할 수 있는지의 문제된다.

이에 대하여는 쟁의행위는 기본적으로 기업내부의 현상이며 이를 이유로 대외적으로 책임을 면할 수 없다는 점 등을 이유로 사용자는 손해배상책임을 진다는 긍정하는 입장과 쟁의행위로 인한 조업중단은 헌법상 단체행동권의 행사이므로 단순한 계약위반 또는 불법행위로 볼 수는 없다는 점 등을 근거로 부정하는 견해가 있다. 단체행동권이 권리로 보장되어 있는 이상 쟁의행위로 인한 조업중단은 불가피하게 수인해야 할 손해로 봄이 타당할 것이다.

(2) 일반공중에 대한 불법행위 책임

노동조합이 법률적 계약관계가 없는 제3자를 향해 직접적인 쟁의행위를 행하여 제3자가 손해를 입은 경우에 노동조합이 제3자에 대하여 불법행위책임을 지는지 여부가 문제된다.

이는 그 쟁의행위가 정당성을 가지는지 여부에 달려있다. 예를 들어 2차 보이콧의 경우 원칙적으로 정당성이 없으므로 이로 인해 사용자의 거래선이 손해를 입은 경우에는 노동조합이 불법행위책임을 지게 될 것이다. 또한 사용자에 대한 파업을 하면서 거래선에 대하여는 출입 · 반출입을 저지하는 파업감시(피케팅)에 있어서는 그 파업감시가 정당성을 가지지 않는 방법으로 행해진 경우에는 노동조합이 불법행위에 기한 손해배상책임을 지게 된다.

Ⅲ. 위법한 쟁의행위와 개인근로자의 책임

1. 책임발생의 근거

(1) 문제의 제기

위법한 쟁의행위에 참가한 조합원 개인이 손해배상책임을 지느냐에 대하여 학계에서 견해의 대립이 있어왔다. 더욱이 법원에서 조합간부의 책임을 명확히 인정하면서도 개별 조합원의 책임에 대하여는 확실한 입장을 보이지 않아 책임의 귀속에 대하여 논란이 계속되어 왔다.

---

195) 대판 1994.3.25, 93다32828 · 32835.

(2) **개인책임 부정설**[196)]

쟁의행위가 정당하지 못한 경우에도 노동조합의 조직적·통일적 행동임과 동시에 다수 근로자의 공동행위로서 실현되는 양면집단성을 가지고 있고 조합원 개개인은 다수결의 원리에 의하여 형성된 단체의 의사에 완전히 구속되므로 조합원 개인의 책임은 부인된다는 견해이다.

(3) **개인책임 긍정설**[197)]

쟁의행위가 정당성을 상실하면 쟁의행위에 참가한 조합원의 개별적인 행위도 민사책임이 발생하며, 조합간부는 부당한 쟁의행위를 적극적으로 기획·지도한 책임이 있다는 견해이다. 위법한 파업이나 태업에 참가한 행위는 근로계약의 근로제공의무에 위반하게 되고 위법한 불매동맹에 참가한 행위는 근로계약의 성실의무에 위반하여 채무불이행이 성립된다. 한편, 위법한 파업·태업·불매동맹의 쟁의행위는 채권침해나 소유권 침해 등의 불법행위가 성립한다.

(4) **판례의 입장**

1) 조합간부의 책임　　법원은 "노동조합의 간부들이 불법쟁의행위를 기획, 지시, 기도하는 등으로 주도한 경우에 이와 같은 간부들의 행위는 조합의 집행기관으로서의 행위라 할 것이므로, 이러한 경우 민법 제35조 제1항의 유추적용에 의하여 노동조합은 그 불법쟁의행위로 인하여 사용자가 입은 손해를 배상할 책임이 있다 할 것이고, 한편 조합간부들의 행위는 일면에 있어서는 노동조합 단체로서의 행위라고 할 수 있는 외에 개인의 행위라는 측면도 아울러 지니고 있고, 일반적으로 쟁의행위가 개개근로자의 노무정지를 조직하고 집단화하여 이루어지는 집단적 투쟁행위라는 그 본질적 특징을 고려하여 볼 때 노동조합의 책임 외에 불법쟁의행위를 기획, 지시, 지도하는 등으로 주도한 조합의 간부들 개인에 대하여도 책임을 지우는 것이 상당하다"[198)]고 판시한 바 있다.

2) 일반조합원의 책임　　법원은 일반조합원의 책임에 대하여 "불법쟁의행위를 기획·지시·지도하는 등으로 주도한 조합간부들이 아닌 일반조합원의 경우, 쟁의행위는 언제나 단체원의 구체적인 집단적 행동을 통하여서만 현실화되는 집단적 성격과 근로자의 단결권은 헌법상 권리로서 최대한 보장되어야 하는데 일반조합원에게 쟁의행위의 정당성 여부를 일일이 판단할 것을 요구하는 것은 근로자의 단결권을 해칠 수도 있는 점, 쟁의행위의 정당성에 관하여 의심이 있다 하여도 일반조합원이 노동조합 및 노동조합 간부들의 지시에 불응하여 근로제공을 계속하기를 기대하기는 어려운 점 등에 비추어 보면, 일반조합원이 불법쟁의행위시 노동조합 등의 지시에 따라 단순히 노무를 정지한 것만으로는 노동조합 또는 조합 간부들과 함께 공동불법행위책임을 진다고 할 수 없다"고 판시[199)]하고 있다.

2. 개인책임에서의 고려요소 등

최근에 판례는 "일반조합원이 불법쟁의행위시 노동조합 등의 지시에 따라 단순히 노무를 정지한 것만으로는 노동조합 또는 조합 간부들과 함께 공동불법행위책임을 진다고 할 수 없다"고 하면서 "다만, 근로자의 근로내용 및 공정의 특수성과 관련하여 그 노무를 정지할 때에 발생할 수 있는 위험 또는 손

196) 박홍규(2) 403.

197) 김형배 855; 이병태 371; 김유성Ⅱ 279(다만 처음부터 위법한 쟁의행위가 결의되어 조합 간부가 단순히 이를 집행한 경우에는 그로 인한 책임은 노동조합에만 귀속된다고 하여 구체적인 상황에 따라 개인책임을 부분적으로 부정).

198) 대판 1994.3.25, 93다32828.

199) 대판 2006.9.22, 2005다30610.

해 등을 예방하기 위하여 그가 노무를 정지할 때에 준수해야 할 사항 등이 정해져있고, 근로자가 이를 준수함이 없이 노무를 정지함으로써 그로 인하여 손해가 발생하였거나 확대되었다면, 그 근로자가 일반조합원이라고 할지라도 그와 상당인과관계에 있는 손해를 배상할 책임이 있다"고 판시하고 "사용자가 노동조합과의 성실교섭의무를 다하지 않거나 노동조합과의 기존합의를 파기하는 등 불법쟁의행위에 원인을 제공하였다고 볼 사정이 있는 경우 등에는 사용자의 과실을 손해배상액을 산정함에 있어 참작"하도록 하여 조합간부가 아닌 개별조합원의 책임 기준을 제시하였다.[200)]

Ⅳ. 단체책임(노조의 책임)과 개인책임(개인 근로자의 책임)과의 관계

1. 문제의 제기

위법한 쟁의행위에 대하여 노동조합이라는 단체의 불법행위책임과 조합간부 등 개인의 불법행위책임이 경합하는 경우에 양자의 관계를 어떻게 파악할 것인지가 문제된다.

2. 학 설

ⅰ) 개인은 각자가 단체와 함께 위법한 쟁의행위에 의한 전체 손해에 대하여 연대책임을 진다고 보는 견해[201)]가 있다. 단체라는 개념은 추상적인 것에 지나지 않고, 실질적인 행위자는 구체적 불법행위능력을 가진 개인이기 때문이라고 보는 것이다. ⅱ) 이에 대해 위법한 쟁의행위가 조합원 다수의 결의에 의하여 노동조합의 공식적인 행위로서 행해진 경우에는 개인책임은 단체책임의 배후로 돌아가고 단체책임에 대하여 부종성과 보충성을 가진다는 견해가 제시[202)]되었다.

Ⅴ. 결 론

헌법상 보장된 쟁의행위라 할지라도 정당성을 상실한 쟁의행위는 법의 보호를 받을 수 없으므로 이에 따른 민·형사상 책임을 지게 된다. 그러나 정당성 여부의 판단은 법규정의 한정된 기준으로 판단되는 것은 아니며, 노동법의 이념과 쟁의행위의 특수성 등 제반사정을 고려하여 구체적으로 판단하여야 할 것이다.

200) 대판 2006.9.22, 2005다30610.
201) 김형배 855.
202) 임종률 235.

제13절 쟁의행위와 제3자 책임

Ⅰ. 서 설

쟁의행위란 노사관계 당사자가 그 주장을 관철할 목적으로 행하는 행위와 이에 대항하는 행위로서 업무의 정상한 운영을 저해하는 행위를 말한다. 근로자의 쟁의행위는 헌법상 보장된 단체행동권을 구체적으로 보장하기 위한 것으로, 이러한 쟁의행위가 정당한 경우에는 민·형사면책뿐만 아니라 노조법상의 특별보호도 받을 수 있다.

쟁의행위는 당사자 이외에 제3자에게도 어떤 영향을 미치는 것이 보통이다. 이 경우 쟁의행위로 손해를 입은 제3자가 사용자 및 노동조합이나 파업참가 근로자에게 그에 따른 손해배상을 청구할 수 있는지가 문제된다.

Ⅱ. 근로자 측의 손해배상책임

1. 사용자에 대한 쟁의행위

(1) 쟁의행위가 정당한 경우

근로자의 쟁의행위는 헌법상 보장된 권리로서 쟁의행위가 정당한 경우에는 민사상의 책임이 면제된다. 이는 사용자에 대한 책임뿐만 아니라 제3자에 대한 불법행위책임도 면책되는 것이기 때문에 제3자에게 손해가 발생한 경우라도 그 책임을 물을 수 없다.

(2) 쟁의행위가 위법한 경우

쟁의행위는 원래 기업내부의 행위로서 쟁의행위가 정당성을 갖지 못한다 하더라도 근로자와 노동조합이 당연히 제3자에게 불법행위책임을 지는 것은 아니다. 다만 당해 쟁의행위가 사용자와 제3자의 계약관계에서 당해 채권을 직접적으로 침해한 경우에는 제3자의 채권침해에 대한 불법행위가 성립될 수 있을 것이다. 또한, 쟁의행위가 직접 일반 제3자에게 위법하게(재산파괴, 폭행) 행하여진 경우에도 불법행위책임을 진다고 보아야 할 것이다.

(3) 제한·금지법규를 위반한 경우

노조법상 제3자, 특히 공중의 이용·소비의 편익을 보호하기 위한 취지의 쟁의행위 제한법규에 위반한 경우에는 근로자 측이 제3자에 대하여 손해배상 책임을 진다는 것이 일반적이다.[203] 제3자보호법

203) 김유성Ⅱ 288.

규에 해당하는 경우에는 그 위반의 쟁의행위는 제3자보호법규 위반의 불법행위가 성립되기 때문이다. 그러나 제3자보호법규의 범위를 부당하게 확대해서는 안 될 것이다.[204)]

2. 제3자에 대한 쟁의행위

직접 제3자를 향한 쟁의행위로 제삼자가 손해를 입은 경우에 근로자 측이 제3자에 대하여 불법행위 책임을 지는지 여부는 그 쟁의행위가 정당성을 가지는지 여부에 달려 있다. 예컨대, 사용자에 대하여 보이콧을 하면서 사용자의 거래처에 대하여 2차 보이콧을 하는 경우, 2차 보이콧은 원칙적으로 정당성이 인정되지 않으므로 근로자 측이 그 거래처에 대하여 불법행위 책임을 지게 될 것이다.[205)]

Ⅲ. 사용자의 손해배상책임

1. 거래처에 대한 채무불이행책임

(1) 책임긍정설

쟁의행위는 기업 내부에서 발생하는 현상이고 그에 따른 손해를 외부의 제3자에게 감수하라고 할 수 없다거나 거래처의 입장에서는 쟁의행위 참가자는 근로계약관계를 유지하고 있어 여전히 이행보조자이므로 사용자는 이행보조자의 과책에 대한 책임을 면할 수 없다거나 쟁의행위는 사용자가 노동조합이 요구를 수용하지 않았기 때문에 생긴 것으로서 경영상 선택에 기인한 것으로 본다. 따라서 쟁의행위의 정당성 여부에 관계없이 사용자의 거래처에 대한 채무불이행 책임을 긍정한다.[206)]

(2) 책임부정설

쟁의행위가 정당성을 가지는 경우에는 사용자는 물론 제3자도 손해를 감수해야 하므로 사용자는 그 거래처에 대하여 계약상의 책임을 면제받는다는 점,[207)] 쟁의행위는 노동조합의 자주적 결정에 따라 하는 것으로서 그 정당성 여부에 관계없이 사용자가 지배 · 간섭할 수 없는 외부적 현상이므로 그 참가자는 사용자의 이행보조자의 지위를 가지지 않는다는 점에서 거래처에 대한 사용자의 채무불이행 책임을 원칙적으로 부정하고 있다.

다만, 쟁의행위 이전에 상당한 조치를 강구했더라면 채무내용을 충분히 이행할 수 있었던 경우, 위법한 쟁의행위에 대한 적절한 사후조치를 취하지 않거나 위법한 쟁의행위의 원인을 제공한 경우에는 채무불이행 책임을 예외적으로 인정해야 한다.[208)]

2. 공중에 대한 불법행위책임

기업은 영업의 자유의 일환으로 영업을 일시적으로 감축하거나 정지할 수 있으며, 노동조합과의 단체교섭에서 어느 선까지 양보할 것인가의 자유를 가진다. 따라서 사용자가 단체교섭에서 더 이상 양보

---

204) 임종률 239.

205) 임종률 239.

206) 심태식 291; 박상필 561, 쟁의행위의 정당성에 관한 집단법상의 평가를 개인법상 채무불이행과 분리하여 본다는 점에서 책임긍정설을 '분리설'(계약법설)이라 부르기도 한다(김형배 884).

207) 집단법상의 정당성 평가와 개인법상의 채무불이행을 통합적·일원적으로 파악한다는 점에서 부정설을 '통합설'(단체법설)이라고 부르기도 한다(김형배 884).

208) 임종률 251; 김형배 884.

를 하지 않아 쟁의행위가 발생하고, 이 때문에 공중이 손해를 입더라도 불법행위는 성립되지 않는다.[209)]

3. 사용자의 직장폐쇄가 위법한 경우

(1) 거래상대방에 대한 계약책임

이 경우 사용자는 계약상대방에 대하여 이행지체 또는 계약상대방의 이행을 불가능하게 한 때에는 사용자는 귀책사유에 의한 채무불이행책임을 져야 한다.

(2) 일반 제3자에 대한 불법행위책임

직장폐쇄의 위법성 여부는 경영내의 문제로서 원칙적으로 일반 제3자에 대하여 불법행위책임을 부담하지 않는다. 다만, 쟁의행위가 직접 제3자에게 위법하게 행하여진 경우에는 불법행위책임이 인정될 것이다.

Ⅳ. 결 론

헌법상 보장된 쟁의행위도 국민생활의 안정이나 공익에 반할 수는 없다고 할 것이다. 사용자뿐만 아니라 제3자를 상대로 쟁의행위를 했을 때는 그 피해와 권리침해로 인해 책임소재가 문제된다. 이 경우 쟁의행위를 행한 노조 측에 대한 책임과 이를 수인하면서 제3자와 거래관계에 있는 사용자의 책임도 고려해야 할 것이다. 다만, 쟁의행위는 헌법상 노동기본권 행사에 따른 것이므로 제3자의 손해가 발생했다고 하더라도 정당한 쟁의행위에 대해서는 책임을 물을 수 없을 것이다. 이러한 면에서 노사관계는 공익을 충분히 고려하여 협력적 발전을 꾀해야 할 것이다.

---

209) 임종률 251.

제14절 쟁의행위기간 중 사용자의 채용 제한

Ⅰ. 서 설

노조법에서는 '사용자는 쟁의행위 기간 중 그 쟁의행위로 중단된 업무의 수행을 위하여 당해 사업과 관계없는 자를 채용 또는 대체할 수 없다'고 규정(제43조 제1, 2항)하고 있다. 파업을 행하는 근로자가 대체근로자를 투입할 경우 쟁의행위의 효과가 저하되고 그 쟁의행위가 사실상 무의미하게 되기 때문이다. 그래서 헌법상 보장된 근로자의 단체행동권을 보호하려는 배려에서 특별히 설정된 규정이다. 다만, 사용자의 파업손실이 크다는 점에서 규정을 완화하자는 의견이 제시되고 있으며, 필수공익사업의 특수성을 고려하여 최근 노조법이 개정되어 2008년부터 필수공익사업에 대해서는 파업참가자의 50%까지 대체근로가 허용된다.

이하에서는 사용자의 채용제한의 범위와 최근 개정법의 내용을 검토한다.

Ⅱ. 사용자의 채용 제한

1. 의 의

노조법에서는 "사용자는 쟁의행위 기간 중 그 쟁의행위로 중단된 업무의 수행을 위하여 당해 사업과 관계없는 자를 채용 또는 대체할 수 없다(제43조 제1항). 사용자는 쟁의행위 기간 중 그 쟁의행위로 중단된 업무를 도급 또는 하도급 줄 수 없다(동법 제2항)"고 규정하고 있다.

이는 쟁의행위 기간 중 근로자와 사용자 사이에 투쟁평등의 원칙을 실현하기 위해서 우리 법에서는 쟁의행위 기간 중 사용자의 채용을 제한하고 있다.

2. 사용자의 채용 제한의 내용

(1) 원 칙

사용자는 쟁의기간 중 채용제한의 내용은 쟁의행위 중 쟁의행위로 중단된 업무를 수행하기 위하여 사업과 관계없는 자를 채용 또는 대체할 수 없다. 그리고 또한 쟁의행위로 중단된 업무를 도급 또는 하도급 줄 수 없다. 즉 쟁의행위 기간 중 사업과 관계없는 대체근로의 금지와 도급금지이다.

(2) 예 외

필수공익사업의 경우에는 예외적으로 쟁의행위기간 중 중단된 업무를 수행하기 위하여 사업과 관계없는 자를 채용 또는 대체할 수 있고, 또한 중단된 업무를 수행하기 위하여 도급 또는 하도급 줄 수 있다.

3. 쟁의행위기간 채용 또는 대체근로 금지

(1) '사업'의 범위

구법에서는 '쟁의'와 관계없는 자의 대체근로를 금지하여 사실상 비조합원대체를 금지하던 태도에서 '사업'과 관계없는 자로 개정하여 비조합원에 의한 대체를 가능하게 하였다. 즉 사업 내에서 쟁의행위에 참가한 근로자를 제외한 다른 자들은 채용 또는 대체근로의 금지대상이 아니다. 여기서 '사업'이란 물적 시설과 노동력을 결합하여 일정한 목적을 추구하는 활동체를 말하며, 원칙적으로 장소가 분리된 경우라면 별개의 사업, 독립성이 없는 경우 단일 사업으로 인정된다. 또한 동일장소이나 업무의 종류가 다른 경우에는 사업의 목적이 다르면 별개의 사업으로 한다.

(2) 채용금지의 범위

'채용'에는 임시직이나 시간제는 물론 일용직 근로자의 채용도 이에 포함되고, 쟁의행위의 방해를 목적으로 하지 않는 결원보충 등은 위법한 채용에 해당하지 아니한다. 그러나 판례는 "사용자가 노동조합이 쟁의행위에 들어가기 전에 근로자를 새로 채용하였다 하더라도 쟁의행위기간 중 쟁의행위에 참가한 근로자들의 업무를 수행케 하기 위하여 그 채용이 이루어졌고 그 채용한 근로자들로 하여금 쟁의행위기간 중 쟁의행위에 참가한 근로자들의 업무를 수행케 하였다면 사용자 채용제한 규정(제43조 제1항) 위반죄를 구성하게 된다"고 판시[210]하였다.

(3) 대체금지의 범위

'대체'는 다른 사업의 근로자를 사용하는 것을 말하므로 한 사업장 내에 수 개의 부서 또는 작업장이 있는 경우 비조합원을 배치 · 이동하는 것은 무방하다. 또한 안전보호시설에 종사하는 자의 쟁의행위 등 정당성을 상실한 불법쟁의행위에 대한 대체고용은 인정된다.

다만, 판례는 "근로자들의 파업기간 중 업무가 파업에 참가하지 아니한 노조원이나 비노조원에 의하여 수행되고, 그 작업에 아르바이트 학생까지 동원하여 돕게 하였다면 정당한 쟁의대항행위라고 할 수 없다"고 판시[211]하였다.

4. 신규도급 금지

(1) 도급의 금지

사용자는 쟁의행위 기간 중 그 쟁의행위로 중단된 업무를 도급 또는 하도급 줄 수 없으나 쟁의행위 이전에 용역이나 하도급을 준 것은 계속 허용된다. 또한 하청업체의 파업으로 중단된 업무를 원청회사가 직접 수행하거나 다른 하청업체를 선정하여 업무를 계속하는 것은 법 위반에 해당하지 아니한다.

(2) 파견근로의 금지

도급의 금지는 파업기업과 관계없는 기업이 파업기업에 쟁의행위 기간 중 투쟁평등에 영향을 주는

---

210) 대판 2000.11.28. 99도317.

211) 대판 1992. 7. 14, 91다43800.

행위를 말한다. 이러한 취지로 해석한다면 근로자파견사업의 경우 파견사업주는 쟁의행위 중인 사업장에 그 쟁의행위로 중단된 업무의 수행을 위해 근로자를 파견할 수 없으며 이를 우리 법(파견근로자보호 등에 관한 법 제16조 제1항)에서도 규정하고 있다.

5. 정당성 없는 쟁의행위에 대한 적용 여부

노동부에서는 대체근로 제한은 정당한 파업을 전제하는 것이므로 정당성이 없는 불법파업에 대해서는 업무유지를 위해 대체근로를 할 수 있다고 한다. 이에 대해 노동계에서는 파업은 그 시점에서 불법인지, 합법인지 일률적으로 판단하기 어렵고 사용자의 대체근로에 대해 노동조합이 이를 저지하기 위한 행동을 형사처벌하는 경우도 발생하여 노사관계에 어려움이 있다고 주장하고 있다.

Ⅲ. 필수공익사업에서의 사용자의 채용 허용

1. 필수공익사업의 범위

필수공익사업은 공익사업으로 그 업무의 정지 또는 폐지가 공중의 일상생활을 현저히 위태롭게 하거나 국민경제를 현저히 저해하고 그 업무의 대체가 용이하지 않은 사업으로, ⅰ) 철도 · 도시철도 및 항공운수사업, ⅱ) 수도 · 전기 · 가스 · 석유정제 및 석유공급사업, ⅲ) 병원사업 및 혈액공급사업, ⅳ) 한국은행사업, ⅴ) 통신사업 등이 개정 전의 필수공익사업에 해당하였다(노조법 제71조 제2항).

2. 필수공익사업의 대체근로 허용

2008년 1월 1일부터 필수공익사업에 대한 직권중재 제도가 폐지되면서 필수공익사업장에 대해서는 파업참가자의 50/100을 초과하지 않는 범위 내에서 대체근로 및 도급 · 하도급이 가능하도록 하였으며(노조법 제43조 제4항), 파업참가자의 수는 근로의무가 있는 근로시간 중 파업 참가를 이유로 일부 또는 전부의 근로를 제공하지 아니한 자의 수를 1일 단위로 산정하도록 하였다.

이는 대체근로가 원칙적으로 금지되어 있어 파업손실에 대한 보전방안 및 공익사업에 대한 공중의 생활과 국민경제에 미치는 파급효과를 고려하여 파업으로 인한 업무의 공백상태를 메우기 위한 취지이다.

3. 사용자의 채용자 수의 제한

현행법은 예외적으로 쟁의행위기간 중 사용자의 채용을 허용하고 있지만 파업참가근로자의 100분의 50 내에서 제한하고 있다. 그리고 파업참가자 수의 계산은 근로의무가 있는 근로시간 중 파업 참가를 이유로 근로의 일부 또는 전부를 제공하지 아니한 자의 수를 1일 단위로 산정한다(시행령 제22조의4).

4. 필수유지업무와 사용자의 채용 제한

필수유지업무는 필수공익사업 중 그 업무가 정지되거나 폐지되는 경우 공중의 생명 · 건강 또는 신체의 안전이나 공중의 일상생활을 현저히 위태롭게 하는 업무 중 대통령이 정하는 업무를 말한다(제42조의2 제1항). 그러므로 필수공익사업에는 필수유지업무가 포함된다.

그런데 노조법 제42조의2에서는 필수유지업무 중 노사관계 당사자의 협정이나 노동위원회의 결정이 된 직무에 대해서는 쟁의행위를 하지 못하므로 이 부분에 대해서는 사용자의 쟁의행위 중 채용제한이 적용될 수 없다. 단 노동조합이 이를 위반하여 쟁의행위를 한 경우에는 사용자의 채용제한이 적용되지 않는다.

Ⅳ. 채용 또는 대체근로 금지의 효과

사용자가 쟁의기간 중 그 쟁의행위로 중단된 업무의 수행을 위해 당해 사업과 관계없는 자를 채용하거나 도급 또는 하도급을 줄 경우에는 1년 이하의 징역 또는 1,000만원 이하의 벌칙이 적용되며 이러한 사용자의 행위는 부당노동행위로 구제받을 수 있다.

Ⅴ. 결　　론

대체근로는 노동조합이 행하는 쟁의행위의 효과를 저하시키므로 일정부분 제한될 필요가 있다. 다만, 사용자의 재산권과 근로자 및 노동조합의 단체행동권 사이에 이익형량에 따라 허용범위를 정해야 할 것이다. 그러나 무엇보다 건강한 노사관계를 만들어 노 · 사 간의 신뢰를 바탕으로 올바른 노사관행을 정착시키는 것이 중요하다.

[관련판례] 대체근로제한

1. 쟁의행위 이전 신규채용과 대체근로제한 위반 여부(대판 2000.11.28. 99도317)

구 노동쟁의조정법 제15조(현행 노조법 제43조 제1항)는 노동조합의 쟁의행위권을 보장하기 위한 규정으로서 사용자가 노동조합의 쟁의행위기간 중 당해 사업 내의 비노동조합원이나 쟁의행위에 참가하지 아니한 노동조합원 등 기존의 근로자를 제외한 자를 새로 채용 또는 대체할 수 없다는 것으로 풀이되는바, 사용자가 노동조합이 **쟁의행위에 들어가기 전**에 근로자를 **새로 채용**하였다 하더라도 쟁의행위기간 중 쟁의행위에 참가한 근로자들의 업무를 수행케 하기 위하여 그 채용이 이루어졌고 그 채용한 근로자들로 하여금 **쟁의행위기간 중 쟁의행위에 참가한 근로자들의 업무를 수행케 하였다면 위 조항 위반죄를 구성**하게 된다.

2. 쟁의행위 중 대체근로제한의 위반(대판 1992.7.14. 91다43800 [국민연금관리공단사건])

국민연금관리공단 근로자들의 파업기간 중 국민연금갹출료 고지서 발송업무가 **파업에 참가하지 아니한 노조원이나 비노조원에 의하여 수행되고, 일부 출장소에서는 그 작업에 아르바이트 학생까지 동원하여 돕게 한 경우** 노동쟁의조정법 제15조(현행 노조법 제43조 제1항)에 의하면 사용자는 쟁의기간 중 쟁의에 관계없는 자를 채용 또는 대체할 수 없다고 되어 있어 위 공단이 쟁의에 관계없는 자를 채용 또는 대체하여 고지서 발송작업을 하게 하거나 도와주도록 한 부분은 **정당한 쟁의대항행위라고 할 수는 없다.**

第15절 쟁의행위와 근로관계

Ⅰ. 서 설

헌법 제33조 제1항에서는 '근로자는 근로조건 향상을 위하여 자주적인 단결권 · 단체교섭권 · 단체행동권을 가진다'고 규정하고 있다. 쟁의행위는 헌법상 보장되는 근로3권의 하나인 단체행동권을 구체화한 것으로 노사관계당사자가 그 주장을 관철할 목적으로 하는 행위와 이에 대항하는 행위로서 업무에 정상적인 운영을 저해하는 행위이다.

쟁의행위로 인해 근로자는 집단적으로 노무제공의무를 면하고 사용자는 직장폐쇄를 통하여 노무수령을 거절할 수도 있다. 또한 노조법에서는 쟁의행위기간 중에는 사용자의 임금지급의무가 없다는 것을 명시하고 있다(제44조). 이와 같이 쟁의행위기간 중에는 다른 기간과 달리 근로관계에 대한 제반문제를 논의할 필요가 있다.

Ⅱ. 쟁의행위와 근로관계에 대한 해석

1. 학 설

(1) 근로계약파기설

쟁의행위기간 중에 근로자와 사용자가 근로제공의무와 임금지급의무를 면하는 것은 근로관계가 파기된 결과라는 견해이다. 이에 따르면 쟁의행위로 근로계약은 파기되어 쟁의행위 종료 후에도 다시 근로계약을 체결해야 한다는 것이다.

(2) 근로계약정지설

쟁의행위는 원칙적으로 근로계약을 파기시키는 것이 아니라 일시적으로 정지시키는 것이라는 입장이다. 파업이 시작되면 파업참가자의 근로제공의무와 사용자의 임금지급의무는 정지하지만 파업이 종료하면 근로계약관계는 다시 원상으로 회복된다는 것이다.

2. 검 토

근로계약파기설은 쟁의행위가 갖는 본질적 의미를 훼손할 수 있으므로 정당한 쟁의행위에 의해 근로관계의 주된 의무만이 정지된다는 근로계약정지설이 타당하다고 할 것이다.

여기서 근로계약상 정지되는 주된 의무는 근로자의 근로제공의무와 사용자의 임금지급의무이고 안전배려의무, 성실의무 등의 부수적인 권리와 의무는 계속해서 남아 있게 된다.

Ⅲ. 쟁의행위와 임금청구권

1. 문제의 소재

쟁의행위기간 동안의 근로관계에서 가장 논란이 많은 문제가 바로 쟁의행위 기간 중의 임금지급 문제이다. 이러한 논란은 쟁의행위 참가 근로자의 임금청구권 뿐만 아니라 쟁의행위 불참가자의 임금문제 등도 포함되는 문제이다.

2. 쟁의행위 참가자의 임금

(1) 파업삭감의 원칙(무노동 무임금 원칙)

1) 의 의 노조법은 '사용자는 쟁의행위에 참가하여 근로를 제공하지 않은 근로자에 대하여는 그 기간 중의 임금을 지급할 의무가 없다'고 규정하여 파업삭감의 원칙을 확인하고 있다(제44조).

2) 인적 범위 쟁의행위에 참가하여 근로를 제공하지 않은 근로자는 근로제공의무를 가지는 자로서 파업에 참가함으로써 근로를 제공하지 않은 자이다.

여기서 노동조합의 전임자도 파업참가자도 임금삭감의 대상이 되는지 문제된다. 종전의 판례는 전임자는 근로제공의무를 일시 면제받은 자라는 이유로 임금삭감의 대상에서 제외된다고 보았다. 그러나 최근 판례는 전임자에 대하여 급여를 지급한다는 단체협약의 취지는 일반조합원에 비하여 불이익처우를 하지 않는다는 데 있으므로 파업기간 중 일반조합원의 임금을 삭감하는 경우에는 전임자의 급여도 삭감할 수 있다고 판시[212]하고 있다.

3) 사용자의 임의지급 사용자가 임의로 임금의 일부 또는 전부를 지급하는 것은 금지되지는 않지만 파업기간에 대한 임금지급 요구를 관철하기 위한 쟁의행위는 금지된다(제44조).

(2) 임금삭감의 범위

파업기간에 대하여 삭감할 수 있는 임금의 범위가 어디까지인가가 문제된다.

1) 일부삭감설(임금이분설) 임금은 현실적 근로제공에 대한 대가로 지급되는 교환적 부분과 근로제공과는 무관하게 종업원으로서의 지위에 대한 대가로 지급되는 보장적 부분으로 나누어진다고 전제하면서 파업참가자에 대하여는 교환적 부분의 임금만 삭감할 수 있다는 견해이다.

2) 전면삭감설(임금일체설, 노동대가설, 노동력대가설) 현행법상 임금은 모두 근로의 대가라는 점을 강조하면서 파업참가기간에 대하여, 반대의 특약 또는 관행이 없는 이상, 어떤 명목의 임금이든 모두 삭감할 수 있다는 견해[213]이다.

3) 계약해석설 파업참가자에 대한 특정의 임금을 삭감할 수 있는지 여부는 당사자의 근로계약 내용에 맡겨지는데, 파업과 성질이 비슷한 평상시의 결근 등에 대하여 취업규칙 등의 규정이나 관행상 그 임금을 삭감의 대상으로 하고 있는지 여부에 따라 개별적으로 결정할 수밖에 없다는 견해이다.[214]

212) 대판 2003.9.2, 2003다4815 · 4822 · 4839(병합).
213) 대판(전합) 1995.12.21, 94다26721.
214) 임종률 242; 이병태 388.

4) 검 토 임금을 근로의 대가로 보아야 하고, 단체협약이나 취업규칙 등에서 결근자 등에 관하여 임금의 지급여부를 정하고 있더라도 이를 쟁의행위의 경우에 유추하는 것은 타당하지 않은 것으로 보인다. 따라서 명확하게 쟁의행위 기간 중에 임금지급에 대한 특약 또는 관행이 없는 이상 어떤 명목의 임금이나 삭감의 대상이 된다고 보아야 할 것이다.

(3) 태업과 임금삭감

태업의 경우 만일 노무의 불완전제공 부분이 객관적으로 확정될 수 있는 경우에는 그 비율에 따라 임금청구권은 소멸된다. 그러나 태업으로 인한 제품의 불량률을 확정하기는 지극히 곤란한 경우가 많기 때문에 일반적으로는 임금삭감은 실현되기 어렵다고 보아야 할 것이다.

3. 쟁의행위 불참가자의 임금과 휴업수당

(1) 임 금

1) 조업이 가능한 경우 쟁의행위 불참가자는 수행할 일거리가 존속하여 근로의 수령이 가능함에도 사용자가 그 수령을 거부한 경우에는 채권자의 책임 있는 사유로 채무를 이행할 수 없게 된 때에 해당하므로 근로희망자는 임금청구권을 가지게 된다.

2) 조업이 불가능한 경우 쟁의행위 불참가자가 수행할 일거리가 없어 근로의 수령을 거부한 경우 또는 사용자는 근로를 수령하려 하였으나 노동조합이 파업감시(피케팅)에 의하여 출입 · 조업이 저지되어 근로제공을 할 수 없는 경우에는 쌍방 당사자의 책임 없는 사유로 근로제공을 할 수 없게 된 때에 해당하므로 채무자 위험부담주의에 의하여 임금청구권이 부정된다고 보아야 할 것이다. 다만, 이렇게 조업이 불가능한 경우 등에 근로희망자에게 휴업수당이 지급되는지가 문제된다.

(2) 휴업수당

1) 문제의 소재 노동조합이 전면적으로 파업에 참가한 경우에는 근로자의 근로제공의무와 사용자의 임금지급의무가 사실관계에 따라 정지하게 되고, 당해 근로자에 대한 휴업수당의 지급도 문제되지 않는다.[215] 그러나 노동조합의 부분파업으로 조업이 불가능하게 된 경우(이 경우 사용자에게 수령지체에 해당하는 근로계약상의 고의 · 과실은 인정될 수 없을 것이다)에도 이를 사용자의 귀책사유로 보아 휴업수당을 지급하여야 하는가 여부가 문제가 된다.

(3) 학 설

1) 휴업수당을 인정하는 견해 쟁의행위로 인한 조업중단을 노동조합과의 근로조건을 둘러싼 단체교섭에서 사용자가 내린 결정에서 기인한 것으로 보아 사용자의 귀책사유에 해당하므로 휴업수당 지급의무가 있다고 보는 견해이다.[216]

2) 휴업수당을 부정하는 견해 '투쟁평등의 원칙' 및 '근로자 전체의 연대적 관점'에 비추어 쟁의행위로 인한 조업중단을 휴업수당의 지급의무가 발생하는 사용자의 귀책사유에 해당되지 않는다는 견해이다.[217]

(4) 판 례

쟁의행위로 정상조업이 불가능했던 사안에서, 사용자는 근기법 제46조 제2항에 따라 노동위원회에

215) 대판 1995.12.21, 94다26721.
216) 이병태 717.
217) 김형배, 338.

휴업수당 감액(전액 면제)을 신청하여 승인받아 휴업수당을 지급하지 않았다. 이에 대해 휴업수당을 받지 못한 근로자들이 노동위원회의 승인판정에 대해 다투었으나, 최종적으로 대법원은 노동위원회의 승인이 정당하다고 판시하였다.[218)]

(5) 검 토[219)]

1) 조합원의 경우 조합원의 일부만 참여하는 부분파업의 경우, '파업불참 조합원'도 파업의 결과 개선된 근로조건의 이익을 향유할 수 있으므로 '근로자 전체의 연대적 관점'에서 파업불참 조합원에 대해서는 휴업수당 지급의무가 없다고 할 것이다.

2) 비조합원의 경우 종업원 일부만 가입한 노동조합이 주도한 파업의 경우, 이 파업 때문에 근로제공을 거절당한 비조합원에게는 파업의 결과 개선된 근로조건의 이익을 향유할 수 없기 때문에 그 파업으로 인한 손해도 감수할 이유가 없다. 그러므로 임금생활을 보호하려는 휴업수당제도의 취지에 비추어 비조합원에게는 휴업수당을 지급할 의무가 있다고 보아야 한다.

Ⅳ. 쟁의행위와 기타 근로관계

1. 보안작업 및 안전보호시설 등의 유지의무

안전보호시설에 대한 쟁의행위는 금지된다(제42조 제2항). 만일 안전보호시설의 유지 · 운영을 저해하는 쟁의행위가 있을 경우에는 사용자가 그 정상운영을 확보하기 위하여 다른 근로자를 배치하더라도 이를 대체근로 금지위반으로 볼 수 없다. 또한 안전보호시설에 대한 쟁의행위에 대해서는 행정관청은 노동위원회의 사전의결 또는 사후승인을 얻어 중지통보를 내릴 수 있다(제42조 제3, 4항). 한편, 쟁의행위기간 중이라도 작업시설의 손상이나 원료 · 제품의 변질 또는 부패를 방지하기 위한 작업은 정상적으로 수행되어야 한다(제38조 제2항).

2. 쟁의행위기간과 출근율 산성

(1) 문제의 소재

현행법상 유급주휴나 연차휴가는 소정근로일수에 개근 또는 일정비율 이상의 출근을 요건으로 한다. 근로자가 파업에 참가한 기간을 결근으로 볼 것인가 문제된다.

(2) 학 설

파업참가기간에는 근로제공을 하지 않았다는 점에서 결근으로 보아야 한다는 견해가 있다.[220)] 이에 대해 결근으로 취급하는 것은 파업참가자를 불이익 취급하는 결과가 된다고 하면서 출근대상일수에서 제외하여야 한다는 견해가 제시되고 있다.[221)]

한편, 이 문제를 근로자가 참가한 파업이 정당성을 가지느냐에 따라 정당한 파업에 참가한 것은 근로제공의무를 일시 정지하는 효과가 발생하므로 그 기간이 소정근로일수에서 제외되지만, 정당성이 없는 파업에 참가하는 것은 근로제공의무가 정지되는 효과가 발생하지 않으므로 그 기간이 소정근로일수

218) 대판 2000.11.24, 99두4280(현대자동차 사건).
219) 임종률 247.
220) 김형배 884.
221) 김유성Ⅱ 309.

에 포함되고 파업참가자는 결근한 것으로 된다는 견해가 있다.[222)]

(3) 검 토

파업기간을 결근으로 보는 견해는 근로자가 참가한 파업이 정당성을 가지는 경우에는 결근으로 처리하는 것은 '정당한 단체행동을 이유로', '불이익을 주는 행위'로서 금지되어 있는 점에서, 출근대상일수에서 제외하는 것은 파업참가를 출근으로 보는 것과 동일한 결과가 된다. 출근율의 산정은 쟁의행위의 정당성 여부에 따라 판단해야 할 것이다.

3. 쟁의행위와 산업재해보상보험의 적용

판례는 노조전임자의 업무상 재해와 관련하여 "불법적인 노동조합활동 또는 사용자와 대립관계로 되는 쟁의단계에 들어간 이후의 노동조합활동 중에 생긴 재해 등은 이를 업무상 재해로 볼 수 없다"고 판시한 바 있다.[223)]

Ⅴ. 쟁의행위 종료 후의 근로관계

1. 직장복귀

정당한 쟁의행위에 참가한 근로자는 쟁의행위가 종료된 후 직장에 복귀할 권리가 있고 사용자는 이를 거부하는 등 불이익을 줄 수 없지만, 사용자는 위법한 쟁의행위에 참가한 근로자에 대하여는 그 직장복귀를 거부하는 등 불이익을 줄 수 있다고 할 것이다(제81조 제5호).

사용자가 파업 기간 중에 대체근로자를 채용한 경우 이를 이유로 정당한 파업에 참가한 자의 직장복귀를 거부할 수는 없다고 보아야 할 것이다. 이 경우 사용자는 정당한 파업이 종료된 후 파업참가자의 복귀를 위하여 채용된 대체근로자를 해고하거나 배치전환 등의 조치를 취할 수밖에 없을 것이다.

2. 근로제공의무와 임금지급의무

쟁의행위가 종료되면 근로계약관계는 다시 정상화되므로 파업에 참가했던 근로자들의 근로제공의무와 사용자의 임금지급의무는 원래대로 회복된다. 따라서 근로자가 근로제공을 거부하면 채무불이행의 책임을 져야 하고, 사용자가 근로의 수령을 거부하면 수령지체의 책임을 져야 할 것이다.

Ⅵ. 결 론

쟁의행위기간 중의 근로관계는 주된 권리 · 의무만이 정지될 뿐, 부수적인 권리 · 의무까지 정지되는 것은 아니라고 할 것이다. 이러한 취지에서 근로자는 보안작업이나 작업시설을 유지하여야 하고 사용자는 근로자에 대한 배려의무로서 복지시설 등을 유지해야 한다. 쟁의행위가 종료되면 그동안 정지되었던 주된 의무도 회복되므로 근로자는 근로를 제공하고 사용자는 그에 따른 임금을 지급하여야 할 것이다.

222) 임종률 244.
223) 대판 1994.2.22, 92누14502; 대판 1996.6.28, 96다12733.

[관련판례] 쟁의행위와 근로관계

1. 쟁의행위와 임금의 법적 성격(대판(전합) 1995.12.21, 94다26721)

〈다수의견〉

[1] 근로기준법 제17조, 제18조, 민법 제656조 제2항, 의료보험법 제3조 등 현행 실정법 하에서는, **모든 임금은 근로의 대가**로서 **'근로자가 사용자의 지휘를 받으며 근로를 제공하는 것에 대한 보수'를 의미**하므로 현실의 근로제공을 전제로 하지 않고 단순히 근로자로서의 지위에 기하여 발생한다는 이른바 생활보장적 임금이란 있을 수 없고, 또한 우리 현행법상 임금을 사실상 근로를 제공한 데 대하여 지급받는 교환적 부분과 근로자로서의 지위에 기하여 받는 **생활보장적 부분으로 2분할 아무런 법적 근거도 없다.**

[2] 근로자의 쟁의행위는 근로조건에 관한 노동관계 당사자 간의 주장의 불일치로 인하여 생긴 분쟁상태를 유리하게 전개하기 위하여 사용자에 대하여 집단적 · 조직적으로 노무를 정지하는 투쟁행위로서, 쟁의행위기간 동안 근로자는 사용자에 대한 주된 의무인 근로 제공 의무로부터 벗어나는 등 근로계약에 따른 근로자와 사용자의 주된 권리 · 의무가 정지됨으로 인하여 사용자는 근로자의 노무 제공에 대하여 노무지휘권을 행사할 수 없게 되는 데 반하여 평상시의 개별 근로자의 결근 · 지각 · 조퇴 등에 있어서는 이와는 달리 위와 같이 근로관계가 일시 정지되는 것이 아니고 경우에 따라 단순히 개별 근로자의 근로 제공 의무의 불이행만이 남게 되는 것으로서 사용자는 여전히 근로자의 노무 제공과 관련하여 노무지휘권을 행사할 수 있는 것이므로 쟁의행위의 경우와는 근본적으로 그 성질이 다르다.

[3] 쟁의행위시의 임금 지급에 관하여 단체협약이나 취업규칙 등에서 이를 규정하거나 그 지급에 관한 당사자 사이의 약정이나 관행이 있다고 인정되지 아니하는 한, 근로자의 근로제공의무 등의 주된 권리 · 의무가 정지되어 근로자가 근로제공을 하지 아니한 쟁의행위기간 동안에는 근로제공의무와 대가관계에 있는 근로자의 주된 권리로서의 임금청구권은 발생하지 않는다고 하여야 하고, 그 지급청구권이 발생하지 아니하는 임금의 범위가 임금 중 이른바 교환적 부분에 국한된다고 할 수 없으며, 사용자가 근로자의 노무제공에 대한 노무지휘권을 행사할 수 있는 평상적인 근로관계를 전제로 하여 **단체협약이나 취업규칙 등에서 결근자 등에 관하여 어떤 임금을 지급하도록 규정하고 있거나 임금삭감 등을 규정하고 있지 않고 있거나 혹은 어떤 임금을 지급하여 온 관행이 있다고 하여,** 근로자의 근로제공의무가 정지됨으로써 사용자가 근로자의 노무제공과 관련하여 아무런 노무지휘권을 행사할 수 없는 **쟁의행위의 경우에 이를 유추하여** 당사자 사이에 쟁의행위기간 중 **쟁의행위에 참가하여 근로를 제공하지 아니한 근로자에게 그 임금을 지급할 의사가 있다거나 임금을 지급하기로 하는 내용의 근로계약을 체결한 것이라고는 할 수 없다.**

〈소수의견〉

[1] 근로자가 헌법과 법률이 정한 바에 따른 정당한 쟁의권 행사의 효과로 인하여 적법한 절차에 따른 파업에 참가하게 되면 구체적 근로제공의무로부터는 해방되므로 이와 직접적으로 대가관계가 있는 임금을 청구할 수 없게 되는 것은 당연한 것이지만, 파업 중에도 사용자와의 종속적 근로관계, 즉 종업원으로서의 신분은 해소되지 아니하고 유지되는 것이기 때문에, 이러한 지위에서 발생하는 임금의 청구권은 여전히 남아 있게 된다.

[2] 쟁의행위로 인한 기간 동안의 임금 공제의 문제는 그 성질상 당해 근로계약의 내용에 쟁의행위로 인하여 근로를 제공하지 아니하더라도 공제할 수 없는 임금 부분이 설정되어 있는가 어떤가라는 계약해석의 문제이므로, 쟁의행위로 인한 임금공제의 범위는 그에 관한 단체협약, 취업규칙의 정함, 종래의 관행 및 통상의 결근, 지각, 조퇴에 관한 임금 공제의 취급 등을 참고로 하여 문제의 임금 항목이 근로계약상 공제대상에서 제외되고 있는지를 고찰하여 이를 정하여야 한다. 실제 사업장에서 지급하고 있는 대부분의 수당들은 그 명목만으로는 그 성질이 어떠한 것인지 분명하지 아니하기 때문에, 일응 결근일에 감액지급하는 규정이 없는 경우에는 특별

한 사정이 없는 한 쟁의행위로 결근한 근로자에게도 지급할 의사라고 해석하는 것이 타당하다.

2. 쟁의행위와 노조전임자의 급여(대판 1996.12.6, 96다26671)

쟁의행위기간 중의 임금청구권에 관한 대법원 1995.12.21. 선고 94다26721 전원합의체 판결 등은 근로계약상의 근로제공의무를 부담하는 근로자의 경우에 관한 무노동 무임금의 원칙을 선언한 것이므로, 이는 **근로제공의무가 없는 노동조합전임자**에 관한 사건에 **직접 적용할 선례라고 할 수 없다.**

3. 쟁의행위와 노조전임자의 급여(대판 2003.9.2, 2003다4815, 4822, 4839)

[1] 노동조합 전임자는 사용자와의 사이에 기본적 노사관계는 유지되고 근로자로서의 신분도 그대로 가지는 것이지만 근로제공의무가 면제되고 사용자의 임금지급의무도 면제된다는 점에서 휴직상태에 있는 근로자와 유사하고, 사용자가 단체협약 등에 따라 노동조합 전임자에게 일정한 금원을 지급한다고 하더라도 이를 근로의 대가인 임금이라고 할 수는 없다.

[2] 회사와 노동조합 사이에 체결된 단체협약이 노동조합 전임자의 대우에 관하여 '회사는 전임을 이유로 일체의 불이익처우를 하지 않는다', '노조 전임간부의 전임기간은 계속 근무로 간주하며 전임기간 중의 급여, 기타 후생복지에 관한 제 대우는 일반조합원에 준한다'고 각 규정하고 있는 것은, 노동조합 전임자를 근로계약상 본래의 근로제공업무에 종사하는 일반조합원보다 불리한 처우를 받지 않도록 하는 범위 안에서 노동조합 전임자에게 일정한 급여를 지급하기로 한 것이라고 할 것이므로, 노동조합 전임자를 일반조합원보다 더욱 유리하게 처우하는 것은 위와 같은 단체협약의 규정을 둔 목적이나 취지에 비추어 볼 때 노사 쌍방이 당초 의도한 바와 합치하지 아니한다고 할 것이고, 또 파업으로 인하여 일반조합원들이 무노동 무임금 원칙에 따라 임금을 지급받지 못하게 된 마당에 그 조합원들로 구성된 노동조합의 간부라고 할 수 있는 노동조합 전임자들이 자신들의 급여만은 지급받겠다고 하는 것은 일반조합원들에 대한 관계에 있어서도 결코 정당성이 인정될 수 없는바, 위 단체협약 각 규정은 일반조합원들이 무노동 무임금의 원칙에 따라 사용자로부터 파업기간 중의 임금을 지급받지 못하는 경우에는 노동조합 전임자도 일반조합원과 마찬가지로 사용자에게 급여를 청구할 수 없다는 내용으로 해석함이 상당하다.

제16절 직장폐쇄

Ⅰ. 직장폐쇄의 의의

직장폐쇄란 사용자가 근로자 측의 쟁의행위에 '대항하는 행위로서 업무의 정상적인 운영을 저해하는 행위(제2조 제6호)', 즉 사용자가 근로자 측의 쟁의행위에 대항하여 근로자에 대하여 노무의 수령을 거부하는 행위를 말한다.[224]

ⅰ) 직장폐쇄는 노무수령을 거부하거나 작업장의 입장을 금지한다는 의사표시만으로 성립한다는 견해[225]와 ⅱ) 공장문의 폐쇄나 체류자의 퇴거요구 등의 사실행위가 있어야 성립한다는 견해[226]가 있다.

Ⅱ. 직장폐쇄의 정당성의 한계

1. 정당성 판단기준

판례는 "직장폐쇄가 정당한 쟁의행위로 평가받기 위하여는 노사 간의 교섭태도, 경과, 근로자 측 쟁의행위의 태양, 그로 인하여 사용자 측이 받는 타격의 정도 등에 관한 구체적 사정에 비추어 형평의 견지에서 근로자 측의 쟁의행위에 대한 대항·방위 수단으로서 상당성이 인정되는 경우에 한한다"고 판시하고 있다.

2. 대 항 성

직장폐쇄는 파업이나 태업 등 근로자 측의 쟁의행위에 대응하는 수단으로 인정되는 것이므로 노동조합이 쟁의행위를 개시한 이후에 개시하여야만 정당성이 인정될 수 있다. 노조법이 "사용자는 노동조합이 쟁의행위를 개시한 이후에만 직장폐쇄를 할 수 있다"고 규정(제46조 제1항)한 것은 직장폐쇄의 정당성 요건으로서 대항성을 명시한 것이다. 다만, 근로자의 쟁의행위가 개시되어 직장폐쇄를 한 이후 근로자의 쟁의행위가 종료되었음에도 계속하여 직장폐쇄를 할 수 있는지 문제된다. 이에 대해 직장폐쇄는 개시요건일 뿐만 아니라 존속요건이기도 하다는 입장과[227] 노동조합의 파업종료선언 후에 직장폐쇄를

224) 직장폐쇄를 인정하는 근거로 ⅰ) 노사의 형식적인 대등관계 또는 형평의 원칙에 근거한다는 입장(이상윤), ⅱ) 실질적인 노사의 대등 또는 형평에 근거하는 입장(김유성 292, 임종률 251, 대판 2000.5.26, 98다34331)이 있다.
225) 김유성Ⅱ 247.
226) 임종률 251.
227) 김유성Ⅱ 294.

계속하더라도 그것이 당연히 정당성을 상실하는 것은 아니라는 입장[228]이 있다.

3. 방 어 성

직장폐쇄는 근로자 측의 쟁의행위로 인하여 사용자가 현저하게 불리한 압력을 받는 경우에 이를 임금부담의 경감 등에 의하여 최소화시키는 방어적 수단으로 인정되는 것이다. 따라서 사용자가 노동조합을 굴복시킬 목적이나 자신의 주장을 관철하기 위한 경우는 인정될 수 없다.

4. 폭력행위 등의 금지

직장폐쇄라는 폭력이나 파괴행위로서 이를 행하여서는 아니 되며(제42조 제1항 전문), 안전보호시설의 정상적 유지 · 운영을 정지 · 폐지 또는 방해하여서는 아니 된다(제42조 제2항).

5. 직장폐쇄의 범위

(1) 인적 범위

조합원이 아닌 근로자에 대해서 직장폐쇄를 할 수 없다는 견해가 있지만, 조합원뿐만 아니라 비조합원에 대해서도 직장폐쇄가 가능하다고 보아야 한다.[229]

(2) 물적 범위

사업장 전체가 쟁의행위의 대상이 되어 정상적인 조업이 불가능할 경우에는 사용자는 이에 대응하여 사업장 전체를 대상으로 전면적 직장폐쇄를 할 수 있을 것이지만,[230] 이 경우에도 생산시설 내지는 업무 시설에 한정되기 때문에 조합원의 사생활이나 조합 활동에 필요한 조합사무소, 기숙사, 식당, 매점 등의 복리 후생시설에 대한 직장폐쇄는 불가하다.[231]

판례도 사용자의 직장폐쇄가 정당한 쟁의행위로 평가받는 경우에도 사업장 내의 노조사무실 등 정상적인 노조활동에 필요한 시설, 기숙사 등 기본적인 생활근거지에 대한 출입은 허용되어야 한다는 입장이다.[232]

(3) 정당성 없는 쟁의행위에 대한 직장폐쇄

i) 위법한 쟁의행위는 단체교섭으로 해결될 수 없고, 이익분쟁으로서 조정의 대상도 아니므로 사법적 구제수단(가처분, 징계, 해고)으로 대응할 수 있을 뿐 이에 대항하는 직장폐쇄는 정당성이 없다는 견해가 있다.[233] ii) 이에 대해 위법한 쟁의행위에 대항하는 직장폐쇄가 허용되지 않는다면, 정당한 쟁의행위는 직장폐쇄로부터 위협당하고 위법한 쟁의행위는 직장폐쇄로부터 보호받는다는 모순이 초래되므로 명백히 위법한 파업에 대한 직장폐쇄가 인정된다는 견해[234]가 있다.

---

228) 김형배 870.
229) 임종률 258.
230) 김형배 865.
231) 김유성Ⅱ 296, 사업장 일부에 대한 쟁의행위로 말미암아 사업장 전체의 조업이 무의미하게 되는 등의 특수한 사정이 있는 경우에는 예외적으로 전면적 직장폐쇄가 인정된다고 볼 것이다.
232) 대판 2010.6.10. 2009도12180.
233) 김형배 867.
234) 임종률 256.

Ⅲ. 직장폐쇄의 효과

1. 정당한 직장폐쇄의 효과

(1) 임금지급의무 면제

직장폐쇄의 실질적 성립요건을 충족시키는 경우 사용자는 임금지급의무가 면제된다. 다만, 쟁의행위 중에도 안전보호시설의 정상적인 유지 · 운영은 이를 정지 · 폐지 또는 방해할 수 없기 때문에 정당한 직장폐쇄라고 하더라도 이에 종사하는 근로자에게는 당연히 임금을 지급할 의무가 있다.

(2) 점거의 배제

정당한 직장폐쇄인 경우에는 노동조합이 정당하게 직장점거를 하는 것에 대하여 퇴거를 요구할 수 있다.[235)]직장폐쇄의 본질은 임금지급의무를 면하는 것으로 사용자가 퇴거를 요구할 수 있는 것은 시설관리권에 기한 방해배제권 행사의 결과이지 정당한 직장폐쇄의 효과가 아니라는 견해[236)]가 있지만, 직장점거가 정당한 경우에도 직장폐쇄에 의하지 않고 방해배제권을 행사할 수 있는 불합리한 결과가 되므로 직장폐쇄에 의해 점거를 배제할 수 있다[237)]고 보아야 한다.

2. 위법한 직장폐쇄의 사용자 책임

(1) 사용자의 책임

직장폐쇄가 정당성을 상실하면 임금지급의무를 면하지 못하며, 단체협약 등을 위반한 직장폐쇄는 손해배상 책임을 질 수도 있다.

직장폐쇄의 형식적 성립요건을 위반하는 경우에도 사용자는 임금지급의무는 면제되지만, 법령의 위반에 따른 일정한 제재가 있다. 직장폐쇄의 요건을 위반하는 경우 종래에는 직장폐쇄의 신고를 하지 않거나 허위의 신고를 한 경우에만 처벌할 수 있었지만, 현행법에서는 조항을 분리하여 쟁의행위 이전의 직장폐쇄는 제91조의 벌칙이 적용되고 신고위반은 제96조의 과태료가 부과된다.

(2) 임금지급의무

사용자의 직장폐쇄가 정당성이 없다면 민사상 채권자의 이행불능으로 보아 임금전액을 지급하여야 할 것이다.

(3) 부당노동행위의 성립

사용자의 직장폐쇄가 근로자들의 단결력을 저해할 목적으로 행하여진 경우에는 사용자의 노조에 대한 지배, 개입, 불이익취급, 단체교섭의 거부 등 부당노동행위가 성립될 수 있다.

(4) 거래상대방에 대한 채무불이행책임

위법한 직장폐쇄로 인해 거래상대방에 대하여 이행지체 또는 수령지체가 발생한 경우에 사용자는 거래 상대방에 대하여 채무불이행에 따른 책임을 부담한다.

---

235) 대판 1991.8.13, 91도1324.
236) 김유성Ⅱ 298.
237) 임종률 258.

Ⅳ. 직장점거와 직장폐쇄의 관계

1. 문제제기

노조 측의 직장점거가 정당한 경우에는 민 · 형사면책효과가 발생한다. 그런데 정당한 직장점거 후 사용자 측의 정당한 직장폐쇄가 이루어진다면 이전의 점거는 당연히 배제되는 것인지 문제된다. 그동안 직장폐쇄의 법률효과만을 중심의 해석론에 대해 최근 판례와 관련한 해석이 제기되어 직장점거의 정당성과 직장폐쇄의 법률효과의 상호관계에 대하여 검토하고자 한다.

2. 직장점거 후 직장폐쇄의 법률효과

(1) 학 설

그동안 직장폐쇄의 법률효과에 대해 직장점거의 정당성과 관계없이 점거가 배제되는 것으로 이해하는 입장이 있어왔다. 이에 대해 직장점거 후 직장폐쇄가 이루어 진 경우, 법적 효과의 판단은 사용자의 퇴거요구라는 위법화의 계기가 아니라 직장점거의 부분성 병존성이라는 정당화 요건이 기준이 되어야 한다는 입장이 있다.[238)]

(2) 판례의 경향

종전까지 판례는 "근로자들의 직장점거가 쟁의의 목적달성을 위하여 필요한 범위 내에서 제한적으로 개시됨으로써 적법한 것이었다 하더라도 사용자가 이에 대응하여 적법하게 직장폐쇄를 하게 되면, 사용자의 사업장에 대한 물권적 지배권이 전면적으로 회복되는 결과 사용자는 점거 중인 근로자들에 대하여 정당하게 사업장으로부터의 퇴거를 요구할 수 있고 퇴거를 요구받은 이후의 직장점거는 위법함을 면치 못한다"고 판시[239)]하고 있다.

다만 최근 건축사협회 사건[240)]에 대해 일부 학계에서 "적법한 쟁의행위로서 사업장을 점거 중인 근로자들이 직장폐쇄를 단행한 사용자로부터 퇴거요구를 받고 이에 불응한 채 직장점거를 계속하더라도 퇴거불응죄가 성립하지 아니한다"는 해석론이 제기되었다.[241)]

[관련판례] 직장폐쇄의 요건과 정당성

1. 직장폐쇄의 의의와 정당성 ①(대판 2000.5.26, 98다34331)

[1] 노동조합의 쟁의행위는 노동조합이 근로조건에 관한 주장의 불일치로 인하여 발생된 분쟁상태를 자기측에게 유리하게 전개하여 자기의 주장을 관철할 목적으로 행하는 투쟁행위로서 업무의 정상운영을 저해하는 것을 의미하므로, 단순히 노동조합이 사용자에게 다소 무리한 임금인상을 요구함으로써 분쟁이 발생하였으며 또한 노동조합의 쟁의행위 결과 사용자의 정상적인 업무수행이 저해되었다 하더라도, 그것만으로 노동조합의 쟁의행위가 정당성을 결하는 것은 아니다.

[2] 우리 헌법과 노동관계법은 근로자의 쟁의권에 관하여는 이를 적극적으로 보장하는 명문의 규정을 두고

---

238) 정인섭, "직장점거 후 직장폐쇄, 직장폐쇄 후 직장점거", 「노동리뷰」, 40호, '08년 04호; 강성태, "직장점거, 직장폐쇄 그리고 형사책임", 「노동판례비평」, 제12호, 민변.

239) 대판 1991.8.13, 91도1324.

240) 대판 2007.12.28, 2007도5204.

241) 정인섭, "직장점거 후 직장폐쇄, 직장폐쇄 후 직장점거", 「노동리뷰」, 40호, '08년 04호; 강성태, "직장점거, 직장폐쇄 그리고 형사책임", 「노동판례비평」, 제12호, 민변.

있는 반면 사용자의 쟁의권에 관하여는 이에 관한 명문의 규정을 두고 있지 않은바, 이것은 일반 시민법에 의하여 압력행사 수단을 크게 제약받고 있어 사용자에 대한 관계에서 현저히 불리할 수밖에 없는 입장에 있는 근로자를 그러한 제약으로부터 해방시켜 노사대등을 촉진하고 확보하기 위함이므로, 일반적으로는 힘에서 우위에 있는 사용자에게 쟁의권을 인정할 필요는 없다 할 것이나, 개개의 구체적인 노동쟁의의 장에서 근로자 측의 쟁의행위로 노사 간에 힘의 균형이 깨지고 오히려 사용자 측이 현저히 불리한 압력을 받는 경우에는 **사용자 측에게 그 압력을 저지하고 힘의 균형을 회복하기 위한 대항·방위 수단으로 쟁의권을 인정하는 것이 형평의 원칙에 맞는다 할 것**이고, 우리 법도 바로 이 같은 경우를 상정하여 구 노동쟁의조정법(1996.12.31 법률 제5244호 노동조합 및 노동관계조정법 부칙 제3조로 폐지) 제3조에서 사용자의 직장폐쇄를 노동조합의 동맹파업이나 태업 등과 나란히 쟁의행위의 한 유형으로서 규정하고 있는 것으로 보이는바, 다만 구체적인 노동쟁의의 장에서 단행된 사용자의 **직장폐쇄가 정당한 쟁의행위로 평가받기 위하여는 노사 간의 교섭태도, 경과, 근로자 측 쟁의행위의 태양, 그로 인하여 사용자 측이 받는 타격의 정도 등에 관한 구체적 사정에 비추어 형평의 견지에서 근로자 측의 쟁의행위에 대한 대항·방위수단으로서 상당성이 인정되는 경우에 한한다 할 것**이고, 그 직장폐쇄가 정당한 쟁의행위로 평가받을 때 비로소 사용자는 직장폐쇄기간 동안의 대상 근로자에 대한 임금지불의무를 면한다.

[3] 평균임금이 도내 택시회사 중 가장 높은 수준임에도 노동조합이 최고 수준의 임금인상을 요구하여 임금협상이 결렬되었으나 노동조합이 준법투쟁에 돌입한 지 3일만에 전격적으로 단행한 사용자의 직장폐쇄는 정당성을 결여하였다.

2. 직장폐쇄의 의의와 정당성 ②(대전지법 1995.2.9, 93가합566)

[1] 직장폐쇄는 근로자의 쟁의행위에 대하여 필요하고 부득이한 경우에 수동적·방어적으로 행해져야 하고, 실제적으로·공격적으로 행해지는 것은 그 정당성을 피할 수 없으며, 원칙적으로 **근로자 측에서 쟁의상태에 이르기 이전에 선행적으로 직장폐쇄를 실행하는 것**은 물론, 근로자 측이 **이미 쟁의상태에 들어간 이후에도 그 규모, 방법에 대응하는 상당한 정도를 초과하여 직장폐쇄를 실행하는 것은 허용되지 않으**며, 비록 적법한 직장폐쇄 개시 후에 있어서도 주위의 사정으로 보아 직장폐쇄가 대항적·방어적 성격을 상실하고 근로자에게 심한 타격을 주어 이들을 굴복시키고 나아가 근로자의 단결권 자체를 위협하는 성격으로 전환한 경우 그 직장폐쇄는 위법하게 되었다.

[2] 한편 노조가 시한부 파업을 종료하고 회사에 대하여 직장복귀의사를 명백히 하면서 협상을 요청하였음에도 불구하고 파업기간에 비하여 지나치게 오랫동안(28일간) 직장폐쇄를 유지하면서 조합원과 비조합원을 분리, 비조합원들의 근무만을 허용하고 직장폐쇄기간 동안 조합원들을 개별적으로 '노조'에서 탈퇴하도록 유도하며, 조합원들에게 인사상 불이익을 주는 등 직장폐쇄 개시 당시의 대항적·방어적 성격을 상실하고 '노조' 파괴를 위한 공격적 행위로 나아가 결국 직장폐쇄의 긴급성과 필요성 및 정도의 상당성을 잃어버림으로써 위법, 부당한 직장폐쇄에 이르게 되었다.

3. 직장폐쇄와 점거의 배제 ① (대판 1991.8.13, 91도1324)

근로자들의 직장점거가 개시 당시 적법한 것이었다 하더라도 사용자가 이에 대응하여 적법하게 직장폐쇄를 하게 되면, 사용자의 **사업장에 대한 물권적 지배권이 전면적으로 회복**되는 결과 사용자는 **점거중인 근로자들에 대하여 정당하게 사업장으로부터의 퇴거를 요구**할 수 있고 퇴거를 요구받은 이후의 **직장점거는 위법**하게 되므로, 적법히 직장폐쇄를 단행한 사용자로부터 퇴거요구를 받고도 불응한 채 직장점거를 **계속한 행위는 퇴거불응죄를 구성**한다.

4. 직장폐쇄와 점거의 배제 ②(대판 2007.12.28, 2007도5204)

[1] 직장 또는 사업장시설의 점거는 적극적인 쟁의행위의 한 형태로서 그 점거의 범위가 직장 또는 사업장시

설의 일부분이고 사용자 측의 출입이나 관리지배를 배제하지 않는 병존적인 점거에 지나지 않을 때에는 정당한 쟁의행위로 볼 수 있으나, 이와 달리 직장 또는 사업장시설을 전면적, 배타적으로 점거하여 조합원 이외의 자의 출입을 저지하거나 사용자측의 관리지배를 배제하여 업무의 중단 또는 혼란을 야기케 하는 것과 같은 행위는 이미 정당성의 한계를 벗어난 것이라고 볼 수밖에 없다.

[2] 사용자의 직장폐쇄는 노사 간의 교섭태도, 경과, 근로자 측 쟁의행위의 태양, 그로 인하여 사용자측이 받는 타격의 정도 등에 관한 구체적 사정에 비추어 형평상 근로자 측의 쟁의행위에 대한 대항·방위 수단으로서 상당성이 인정되는 경우에 한하여 정당한 쟁의행위로 평가받을 수 있는 것이고, 사용자의 직장폐쇄가 정당한 쟁의행위로 인정되지 아니하는 때에는 적법한 쟁의행위로서 사업장을 점거 중인 근로자들이 직장폐쇄를 단행한 사용자로부터 퇴거 요구를 받고 이에 불응한 채 직장점거를 계속하더라도 퇴거불응죄가 성립하지 아니한다.

[3] 사용자측의 노사 간 교섭에 소극적인 태도, 노동조합의 파업이 노사 간 교섭력의 균형과 사용자 측 업무수행에 미치는 영향 등에 비추어 노동조합이 파업을 시작한 지 불과 4시간 만에 사용자가 바로 직장폐쇄 조치를 취한 것은 정당한 쟁의행위로 인정되지 아니하므로, 사용자 측 시설을 정당하게 점거한 조합원들이 사용자로부터 퇴거요구를 받고 이에 불응하였더라도 퇴거불응죄가 성립하지 아니한다.[242]

5. 직장폐쇄의 범위 (대판 2010.6.10. 2009도12180)

[1] 사용자의 직장폐쇄가 정당한 쟁의행위로 평가받는 경우에도 사업장 내의 노조사무실 등 **정상적인 노조활동에 필요한 시설, 기숙사 등 기본적인 생활근거지에 대한 출입은 허용**되어야 하고, 다만 쟁의 및 직장폐쇄와 그 후의 상황전개에 비추어 노조가 노조사무실 자체를 쟁의장소로 활용하는 등 노조사무실을 쟁의행위와 무관한 정상적인 노조활동의 장소로 활용할 의사나 필요성이 없음이 객관적으로 인정되거나, 노조사무실과 생산시설이 장소적·구조적으로 분리될 수 없는 관계에 있어 일방의 출입 혹은 이용이 타방의 출입 혹은 이용을 직접적으로 수반하게 되는 경우로서 생산시설에 대한 노조의 접근 및 점거가능성이 합리적으로 예상되고, 사용자가 노조의 생산시설에 대한 접근, 점거 등의 우려에서 노조사무실 대체장소를 제공하고 그것이 원래 장소에서의 정상적인 **노조활동과 견주어 합리적 대안으로 인정**된다면, **합리적인 범위 내에서 노조사무실의 출입을 제한**할 수 있다.

Key Word

⇒ 정당성, 민사책임, 형사책임, 직장폐쇄, 필수유지업무

기출문제

(1) 쟁의행위의 정당성(목적, 절차, 수단과 태양)을 논하시오. (11회, 02년, 50점)

(2) 쟁의행위의 정당성 및 책임 (14회, 05년, 50점, CASE)

(3) 파업기간 중 임금청구권 (10회, 01년, 25점)

242) 대법원은 판시내용에서 "정당한 쟁의행위로서 이 사건 회의실을 부분적, 병존적으로 점거하고 있던 피고인들로서는 협회 측의 퇴거요구가 직장폐쇄를 이유로 하는 것인지 여부와 상관없이 응하여야 할 의무가 인정되지 아니한다고 할 것이므로 이와 달리 판단한 원심판결에는 쟁의행위의 정당성과 퇴거불응죄에 관한 법리오해로 인하여 판결 결과에 영향을 미친 위법이 있다"고 판시하고 있다.

(4) 위법한 쟁의행위의 민사상 책임귀속에 대하여 논하라. (5회, 95년, 50점)
(5) 노동조합이 정당하게 직장점거를 하던 도중, 사용자가 직장폐쇄를 한 경우의 법률효과 (18회, 09년 25점)

연습문제

(1) 필수유지업무의 절차에 대하여 약술하시오.
(2) 쟁의행위의 목적의 정당성에 대하여 약술하시오.

제 6 장　부당노동행위

제 1 절　부당노동행위의 의의

Ⅰ. 서　설

1. 의　의

헌법에서 노동3권을 보장하고 있더라도 사용자가 그 정당한 행사를 방해하거나 사용자가 단체교섭을 거부하는 상태가 방치된다면 노동3권 보장의 실효성은 떨어지고, 단체교섭관계를 중심으로 하는 노사자치는 왜곡될 것이다. 이 때문에 노조법은 근로자 또는 노동조합이 노동3권 실현활동에 대한 사용자의 침해 내지 간섭행위를 금지하고 있는데, 이렇게 금지되는 사용자의 제반행위를 부당노동행위라고 한다. 노조법은 나아가 부당노동행위로 인하여 피해를 입은 근로자 또는 노동조합이 노동위원회를 통하여 구제를 받을 수 있는 절차, 즉 부당노동행위의 구제절차와 그러한 행위를 한 사용자에 대한 벌칙을 함께 규정하고 있다.

부당노동행위제로는 노조법이 설정한 이 금지규범과 그 위반의 구제절차 및 처벌을 총칭하는 것이다.[1)]

2. 특　징[2)]

(1) 주　체

사용자 측뿐만 아니라 근로자 측도 부당노동행위도 주체로 하고 있는 미국의 경우[3)]와 달리 노동3

1) 임종률 259.

2) 임종률 260.

3) 1935년 와그너법은 사용자의 노동운동 방해행위(부당노동행위)를 금지하였으나, 1947년 태프트-하틀리법에 따른 개정으로 이에 추가하여 근로자 내지 노동조합의 일정한 행위(근로자 측의 부당노동행위)도 금지하고 있다(임종률 260) 심지어 캐나다에서는 제3자도 부당노동행위의 주체로 되고 있다(김유성Ⅱ 316).

권 침해행위의 부작위의무는 사용자에 대해서만 인정되므로 사용자만을 부당노동행위의 주체로 한다.

(2) **구제주의와 처벌주의의 병용**

일본의 경우와 달리 부당노동행위에 대하여 구제주의 이외에 처벌주의를 병용하는 입법정책을 취하고 있다. 구제주의가 부당노동행위에 따른 피해의 구제에는 효과적이지만, 금지된 부당노동행위 자체를 예방하는 데는 소홀한 단점을 가진다. 효과적인 구제와 함께 부당노동행위에 대해서 강력하게 대처하기 위하여 양자를 병용하고 있다.

(3) **노동위원회를 통한 구제**

부당노동행위의 배제와 그 구조의 효율성, 전문성을 확보하기 위하여 행정적 전문기관으로서 노동위원회를 설치하여 운영하고 있다. 구제기관으로서의 노동위원회는 미국과 달리 부당노동행위에 대하여 피해자의 신청에 의해서만 시작되고 피해자의 신청사항에 대해서만 할 수 있는 구조를 채택하고 있다. 노동위원회는 부당노동행위 사건뿐 아니라 부당해고 · 징계 등 사건 및 노동쟁의 조정도 담당하고 있다.

Ⅱ. 목 적

1. 문제의 소재

부당노동행위제도를 두고 있는 각국에서 그 금지되는 행위의 유형, 주체, 구제절차 뿐 아니라 그 제도의 목적이나 법원리 면에서도 상당한 차이가 있다. 우리나라에서 부당노동행위제도의 목적을 어떻게 이해할 것인가, 즉 노조법상의 부당노동행위제도의 헌법상 노동3권보장과의 관계에 대해서 견해가 대립하고 있다.

2. 학 설

(1) **기본권구체화설(근로3권침해설)**[4]

부당노동행위는 사용자가 근로3권을 침해하는 행위의 유형을 확인적으로 규정한 것이고, 부당노동행위제도는 헌법상 단결활동권의 보장을 구체화하려는 데 목적이 있다는 견해이다. 즉 부당노동행위제도를 헌법상 단결활동권 보장의 직접적인 효과에 포함되어 있는 제도라고 이해하는 것이다.

(2) **공정질서확보설(근로3권보장질서위반설)**[5]

부당노동행위제도는 헌법상의 단결활동권의 보장을 실효성 있게 하기 위한 제도이긴 하지만, 단결활동권의 보장 그 자체를 목적으로 하는 것이 아니라 공정한 노사관계질서의 확보 내지 원활한 단체교섭관계의 실현을 목적으로 하는 것이며, 부당노동행위는 그러한 공정한 노사관계질서에 위반하는 행위의 유형이라는 견해이다.

3. 판 례

판례는 “노조법의 부당노동행위금지규정은 헌법이 규정하는 근로3권을 구체적으로 확보하기 위한 것으로 이에 위반하는 행위에 대하여 처벌규정을 두고 있는 한편 부당노동행위에 대하여 신속한 권리구

---

4) 김유성Ⅱ 315.
5) 김형배 921.

제를 받을 수 있도록 행정상의 구제절차까지 규정하고 있는 점에 비추어 이는 효력규정인 강행법규라고 풀이되므로 위 규정에 위반된 법률행위는 사법상으로도 그 효력이 없다고 할 것"[6]이라고 판시하여 기본권구체화설 입장을 취하는 것으로 보인다.

4. 검 토

부당노동행위제도는 헌법 제33조의 입법화 요청과 수권을 기초로 노조법에 의하여 입법정책적으로 창설된 것으로서 단결활동권의 침해와 관련하여 일정한 행위를 부당노동행위로서 배제 · 시정하면서 정상적인 노사관계를 회복하는 것 내지 공정한 노사관계질서를 확립하는 것을 목적으로 한다고 보아야 할 것[7]이다.

Ⅲ. 부당노동행위의 주체와 객체

1. 부당노동행위의 주체

(1) 부당노동행위금지의 수규자로서의 사용자

1) 의 의 노조법에는 부당노동행위의 주체를 사용자로 규정하고 있다(노조법 제81조). 여기서 사용자란 '사업주', '사업의 경영담당자'와 '근로자에 관한 사항에 대하여 사업주를 위하여 행동하는 자'를 포함하는 광의의 사용자(제2조 제2호)를 말한다.[8]

부당노동행위제도는 노동3권의 침해와 관련하여 일정한 행위를 부당노동행위로서 배제 · 시정하면서 정상적인 노사관계를 회복할 것을 목적에 비추어 사용자는 근로자의 자주적 단결활동에 영향을 미침으로써 근로3권 보장질서를 침해할 수 있는 지위에 있는 자라고 널리 이해하는 것이 적절할 것이다.

2) 부당노동행위 주체로서 사용자의 내부적 획정 부당노동행위에 해당하는 행위를 사업주나 사업의 경영담당자가 아니라 하위의 관리직이나 일반 근로자가 행한 경우에 그를 사업주의 이익대표자로 볼 수 있는가 하는 문제된다. 이와 같이 한 사업 내에서 부당노동행위가 발생한 경우 누구를 사용자로 볼 것인지가 사용자개념의 내부적 획정 문제라고 할 수 있다.

부당노동행위에서 불이익취급에 의한 '해고'의 주체는 사업주를 의미하나, 지배 · 개입의 주체는 관리자까지 해당될 것이다. 부당노동행위라 할지라도 해고의 문제는 결국 근로계약체결 당사자의 문제이므로 사업주에 한정되는 것이고, 지배 · 개입은 사업주 외에 실제로 관리자들에 의해 행해질 여지가 많기 때문이다.[9] 이러한 점은 부당노동행위 구제명령 이행의무자로서의 사용자와 바로 연관된다. 불이익취급 해고의 이행의무자는 사업주에 한정되겠지만, 지배 · 개입 금지명령의 의무자는 관리자도 포함될 것이다.[10]

3) 사용자개념의 외부적 획정 최근 노사관계의 다양한 변화로 인하여 근로계약관계가 전

6) 대판 1993.12.21, 93다11463.
7) 임종률 261.
8) 김유성Ⅱ 317; 임종률 262.
9) 이러한 이유로 현대중공업 사건에서 법원이 부당노동행위 중 불이익취급은 기각하고, 지배·개입만 인용한 것이라 볼 수 있다. 즉 법원은 근로계약당사자의 문제라 할 수 있는 불이익취급에 대해서는 사용자개념을 확장하지 않은 것이다.
10) 따라서 노조법에서 사용자의 의미는 각각의 법규정 취지에 따라 달라진다.

혀 존재하지 않는 기업 외부의 근로자로 조직된 노동조합에 대한 집단적 노사관계의 문제가 사회적 이슈로 등장하고 있다. 부당노동행위가 형식적인 근로계약관계가 없거나 한 사업의 외부에서 발생한 경우 누가 부당노동행위의 주체로 인정되는지가 사용자개념의 외부적 획정 문제이다.

그동안 법원에서는 "사용자라 함은 근로자와의 사이에 사용종속관계가 있는 자, 즉 근로자와의 사이에 그를 지휘 · 감독하면서 그로부터 근로를 제공받고 그 대가로서 임금을 지급하는 것을 목적으로 하는 명시적이거나 묵시적인 근로계약관계를 맺고 있는 자를 말한다"고 판시하여 원칙적으로 근로계약관계가 있어야 한다는 점을 밝히고 있다.

그러나 "노조법 제81조 제4호에서 지배 · 개입의 주체로서 사용자는 일반적으로 근로계약상의 사용자를 말하는 것이지만 위 조항이 단결권의 침해에 해당하는 일정한 행위를 부당노동행위로서 배제 · 시정하여 정상적인 노사관계를 회복할 것을 목적으로 하고 있는 점을 감안하면, 근로계약상의 사용자 이외의 사업주도 근로계약상의 사용자와 직접 근로계약관계를 맺고 있는 근로자를 자기의 업무에 종사시키고, 그 근로자의 기본적인 노동 조건 등에 관하여 부분적이기는 하더라도 근로계약상의 사용자와 같이 볼 수 있을 정도로 현실적이고 구체적으로 지배 · 결정할 수 있는 지위에 있는 경우에는 그 한도 내에서 위 조항에서 정하는 '사용자'에 해당한다"고 판시[11)]한 바 있다.

(2) 구제명령의 수규자로서의 사용자

구제명령의 수규자는 원칙적으로 사업주이다(노조법 제84조). 부당노동행위에 대한 구제는 현실적으로 사업주에게 명령하는 것으로써 충분하다. 그러나 법인 또는 단체의 대표자 또는 법인 · 단체나 개인의 대리인 · 사용인 기타의 종업원이 그 법인 · 단체 또는 개인의 업무에 관하여 구제명령에 대한 위반행위를 한 때에는 행위자는 처벌(노조법 제94조)되므로, 이러한 한도 내에서 구제명령의 수규자의 범위는 사업주 이외의 자에까지 확대[12)]된다.

2. 부당노동행위의 객체

부당노동행위의 객체는 근로자와 노동조합이다. 법외조합이 부당노동행위의 객체가 될 수 있는지가 문제된다. 법외조합은 노동위원회에 부당노동행위 구제신청을 할 수 없다는 규정(노조법 제7조 제1항)은 법외조합에 대한 사용자의 행위도 부당노동행위에는 해당될 수 있지만, 법외조합에 구제신청의 자격은 인정하지 않는다는 의미라고 보아야 할 것이다. 따라서 부당노동행위 규정(노조법 제81조)에 정하여진 '노동조합'은 반드시 법내조합으로 한정되는 것은 아니고 법외조합도 포함될 수 있는 것[13)]이다.

11) 대판 2010.3.25, 2007두8881[현대중공업 사건]. 현대중공업의 하청근로자들이 현대중공업(원청)을 상대로 부당노동행위구제신청을 하였다. 이에 대해 중앙노동위원회는 '불이익취급(노조법 제81조 제1호)'에 대해서는 근로계약 당사자가 아니라는 이유로 부당노동행위를 인정하지 않은 반면, '지배 · 개입(제81조 제4호)'에 대해서는 부당노동행위를 인정하고 구제명령을 내렸다. 이러한 중앙노동위원회의 재심판정에 대해 불복한 현대중공업의 청구에 대해 서울행정법원, 고등법원에서 기각하였다. 최근 대법원도 같은 판단을 하였다.

12) 김형배 924.

13) 부당노동행위 규정은 노조법에 의하여 창설된 것이고 사인 간의 행위를 규율하는 것이므로 부당노동행위 규정상의 '노동조합'은 법내조합과 노조법상의 조합만을 의미하지만, 불이익 취급 규정(제1호)과 비열계약 규정(제2호 본문)은 헌법상 단결활동권 보장의 당연한 효과를 확인하는 규정의 성격도 아울러 가지고 있기 때문에, 이들 규정에 정하여진 노동조합은 헌법상의 조합까지 포함하는 것이고, 단체교섭거부 규정(제3호), 지배 · 개입 규정(제4호) 및 조직강제허용 규정(제2호 단서)에 정하여진 '노동조합'은 법내조합과 노조법상의 조합만 포함하고 헌법상의 조합은 포함하지 않는 견해(임종률 263~264) / 불이익 취급 규정과 비열계약 규정도 법내조합과 노조법상의 조합만을 의미한다는 견해(김형배 926).

Ⅳ. 부당노동행위의 유형

1. 의 의

노조법은 사용자의 부당노동행위를 ① 근로자의 노동조합 조직 · 가입 기타 정당한 조합활동을 이유로 하는 불이익 취급(제1호), ② 비열계약(제2호), ③ 단체교섭거부(제3호), ④ 지배 · 개입 및 운영비원조(제4호), ⑤ 근로자의 정당한 쟁의행위 참가 또는 노동위원회에 대한 부당노동행위의 신고 · 증언 등을 이유로 하는 불이익취급(제5호)의 다섯 가지로 나누어 규정되어 있다. 일반적으로 ①, ⑤는 사용자의 불이익 취급으로 파악하여 네 가지 유형으로 구분한다.

2. 대상자에 따른 구분

단체교섭거부 및 지배 · 개입은 노동조합이라는 단체에 대한 부당노동행위이고, 불이익 취급 및 비열계약은 근로자 개인에 대한 부당노동행위이다. 다만, 불이익 취급 및 비열계약은 이로 인하여 노동조합도 직접 피해를 입을 수 있다는 점에서 단체에 대한 부당노동행위의 성격도 가진다.[14)]

3. 유형 간의 상호관계

(1) 포괄규정이라는 입장

현행 노조법상 부당노동행위의 각 유형(제81조 제1호 내지 제4호: 불이익 취급, 비열계약, 단체교섭거부, 지배 · 개입) 간 상호관계에 대하여 지배 · 개입 규정(제81조 제4호)이 원칙규정 내지 포괄규정이고 다른 것은 그 특칙이라는 견해가 있다. 이 견해에 의하면 우리나라의 노조법은 미국의 부당노동행위 법제와 달리 통칙규정을 두고 있지 않기 때문에 지배 · 개입 규정에 통칙적 지위를 부여할 필요가 있다는 것이다.[15)]

(2) 병렬규정이라는 입장

현행 노조법상 부당노동행위 각 유형은 대등한 의의를 가지고 병렬되어 있는 것으로 보아야 한다는 견해이다. 이 견해에 의하면 구제신청된 행위가 어느 유형에 해당하는지 여부는 각 유형마다 판단되어야 하고 구제의 내용도 노동위원회가 각 유형을 준별하지 않고 상호보완적으로 활용하여 사안의 내용이나 성격에 부응하여 적절한 구성과 구제를 행할 수 있다는 것이다.[16)]

[관련판례] 부당노동행위의 의의

1. 부당노동행위제도의 취지(법적 성질)와 위반행위의 효력(대판 1993.12.21, 93다11463)

노동조합법 제39조(현행 노조법 제81조)의 **부당노동행위금지규정은 헌법이 규정하는 근로3권을 구체적으로 확보하기 위한 것**으로 이에 위반하는 행위에 대하여 처벌규정을 두고 있는 한편 부당노동행위에 대하여 신속한 권리구제를 받을 수 있도록 동법 제42조, 제43조(현행 노조법 제82조 내지 제86조)에서 행정상의 구제절차까지 규정하고 있는 점에 비추어 이는 효력규정인 **강행법규**라고 풀이되므로 위 규정에 **위반된 법률행위는 사법상으로도 그 효력이**

14) 법외조합이 구제신청을 할 수 없는 부당노동행위는 단체에 대한 부당노동행위일 것이지만, 법외조합의 구성원이 구제신청을 할 수 있는 부당노동행위는 개인에 대한 부당노동행위이다(임종률 264).

15) 심태식 219.

16) 임종률 265.

없다 할 것이고, 근로자에 대한 불이익취급행위로서의 법률행위가 부당노동행위로서 무효인 이상 그것이 근로기준법 제27조(현행 근기법 제23조) 소정의 정당한 이유가 있는지 여부는 더 나아가 판단할 필요가 없다.

2. 부당노동행위제도의 주체(사용자 개념 확대)(대법(전합) 2010.3.25.2007두88811)

노동조합 및 노동관계조정법 제81조제4호는 '근로자가 노동조합을 조직 또는 운영하는 것을 지배하거나 이에 개입하는 행위' 등을 부당노동행위로 규정하고 있고, 이는 단결권을 침해하는 행위를 부당노동행위로서 배제·시정하여 정상적인 노사관계를 회복하는 것을 목적으로 하고 있으므로, 그 지배·개입 주체로서의 사용자인지 여부도 당해 구제신청의 내용, 그 사용자가 근로관계에 관여하고 있는 구체적 형태, 근로관계에 미치는 실질적인 영향력 내지 지배력의 유무 및 행사의 정도 등을 종합하여 결정하여야 할 것이다. 따라서 근로자의 기본적인 노동조건 등에 관하여 그 근로자를 고용한 사업주로서의 권한과 책임을 일정 부분 담당하고 있다고 볼 정도로 **실질적이고 구체적으로 지배·결정할 수 있는 지위에 있는 자**가, 노동조합을 조직 또는 운영하는 것을 **지배하거나 이에 개입**하는 등으로 법 제81조 제4호 소정의 행위를 하였다면, 그 **시정을 명하는 구제명령을 이행하여야 할 사용자에 해당**한다.

제 2 절 불이익취급

Ⅰ. 서 설

노조법은 근로자 또는 노동조합이 근로3권 실현활동에 대한 사용자의 침해 내지 간섭행위를 금지하고 있는데, 이렇게 금지되는 사용자의 제반행위를 부당노동행위라고 한다. 노조법은 나아가 부당노동행위로 인하여 피해를 입은 근로자 또는 노동조합이 노동위원회를 통하여 구제를 받을 수 있는 절차, 즉 부당노동행위의 구제절차와 그러한 행위를 한 사용자에 대한 벌칙을 함께 규정하고 있다.

노조법은 '근로자가 노동조합에 가입 또는 가입하려고 하였거나 노동조합을 조직하려고 하였거나 기타 노동조합의 업무를 위한 정당한 행위를 한 것(제81조 제1호)' 또는 '근로자가 정당한 단체행위에 참가한 것을 이유로 하거나 또는 노동위원회에 대하여 사용자가 이 조의 규정에 위반한 것을 신고하거나 그에 관한 증언을 하거나 기타 행정관청에 증거를 제출한 것(제81조 제5호)'을 이유로 그 근로자를 해고하거나 그 근로자에게 불이익을 주는 사용자의 행위를 금지하고 있다.

이러한 불이익 취급은 근로자 개인에게 현저한 경제적 · 심리적 압박을 가할 뿐만 아니라 노동조합의 활동까지 위축시켜 근로3권 자체에 중대한 위협이 되기 때문에 부당노동행위로서 규정하고 있는 것이다. 실제로 불이익 취급은 부당노동행위 구제신청사건 중 가장 많은 부분을 차지한다.

Ⅱ. 불이익취급의 성립요건

불이익취급의 부당노동행위는 근로자의 노동조합 가입이나 조직, 정당한 단체행동 참가, 기타 정당한 조합활동을 이유로 또는 노동위원회 등에 대한 부당노동행위의 신고 · 증언 · 증거제출을 이유로 사용자가 그 근로자에게 불이익을 주는 행위를 함으로써 성립한다(제81조 제1, 5호). 즉 이러한 불이익취급이 성립하기 위해서는 ① 근로자가 정당한 조합활동을 하여야 하고 ② 사용자의 불이익처분이 있어야 하며 ③ 근로자의 조합활동과 사용자의 불이익처분 간에 인과관계가 있어야 한다.

Ⅲ. 근로자의 정당한 조합활동 등

1. 의 의

불이익취급의 이유가 되는 근로자의 행위는 '근로자가 노동조합에 가입 또는 가입하려고 하였거나 노동조합을 조직하려고 하였거나 기타 노동조합의 업무를 위한 정당한 행위를 한 것' 또는 '정당한 단체행위에의 참가하거나 노동위원회 등에 신고, 증언 기타 증거를 제출한 것 등이다. 이러한 행위는 정당한 조합활동에 속하는 것으로 제81조 제1호의 기타 노동조합의 업무를 위한 정당한 행위는 포괄적 규정이고 나머지의 행위는 정당한 조합활동의 예시에 해당한다.

2. 노동조합에의 가입 또는 조직

정당한 조합활동에는 이미 성립하고 있는 노동조합을 위한 행위뿐만 아니라 그에 가입하는 행위나 가입하려고 한 행위도 포함되며, 새로운 노조를 결성하기 위한 행위로서 그 준비행위나 원조행위까지도 포함한다.

3. 기타 노동조합의 업무를 위한 정당한 행위

'기타 노동조합의 업무를 위한 정당한 행위'는 정당한 조합활동의 범위에 관한 포괄적 문언으로 이에 해당하는가의 여부는 근로자의 행위가 조합활동으로서 정당한가(정당성)의 문제로 검토된다.

(1) 조합활동 주체 및 목적의 정당성

조합활동은 주체의 측면에서 "행위의 성질상 노동조합의 활동으로 볼 수 있거나 노동조합의 묵시적인 수권 또는 승인을 받았다고 볼 수 있는 것"으로서 목적의 측면에서 "근로조건의 유지 개선과 근로자의 경제적 지위의 향상을 도모하기 위하여 필요하고 근로자들의 단결강화에 도움이 되는 행위"이어야 정당한 것으로 인정된다.

(2) 조합활동 수단의 정당성

조합활동은 수단의 면에서 "취업규칙이나 단체협약에 별도의 허용규정이 있거나 관행 또는 사용자의 승낙이 있는 경우 외에는 취업시간 외에 행하여져야 하고, 사업장 내의 조합활동에 있어서는 사용자의 시설관리권에 바탕을 둔 합리적인 규율이나 제약에 따라야 하며, 폭력과 파괴행위 등의 방법에 의하지 않는 것"이어야 한다.

또한 "취업시간 외에 사업장 밖에서 이루어졌을 경우에도 근로자의 근로계약상의 성실의무에 위반하지 않아야 정당성이 인정된다"고 보고 있다.[17)]

4. 정당한 단체행위의 참가 또는 신고 · 증언 · 증거의 제출

근로자가 정당한 단체행위에 참가하는 것도 불이익취급으로부터 보호받고 있다. 그리고 노동위원회에 사용자의 부당노동행위를 신고하거나 증언 · 증거를 제출하는 것도 사용자에 의하여 침해된 근로3권을 노동위원회나 행정관청을 통해 다시 회복하려는 행위이기 때문에 넓은 의미의 조합활동으로서 사용자가 이를 이유로 불이익을 주는 행위는 일종의 보복적 차별대우로서 불이익취급에 해당된다.

---

17) 대판 1994.2.22, 93도613; 대판 1990.5.15, 90도357.

Ⅳ. 사용자의 불이익처분

1. 의 의

불이익취급이 성립하려면 사용자가 근로자에게 해고 또는 기타 불이익을 주는 행위를 현실적으로 하여야 한다. 불이익취급의 의사를 표시하는 것만으로 불이익취급이 성립하는 것은 아니고 노조에 대한 지배·개입이 될 수 있을 뿐이다. 불이익을 주는 행위에는 당해 근로자에게 직접 불이익을 주는 적극적인 경우뿐만 아니라, 다른 근로자에게는 부여하는 이익을 주지 않는 소극적인 경우도 포함된다.

2. 근로관계의 지위에 관한 불이익

근로자로서의 지위 여부에 관한 불이익 처분으로 해고가 대표적이다. 여기서 해고는 일반해고이든 징계해고이든 불문한다. 또한 채용내정자나 시용 중의 근로자에 대한 본채용의 거부, 정년의 차별적 적용, 휴직 후 복직의 거부, 기간제근로자에 대한 계약갱신의 거절도 불이익처분에 해당된다.

3. 인사상 불이익

근로자에게 불이익한 교육훈련, 전직, 전출, 전적, 휴직, 인사평정 강등 또는 승진의 탈락, 징계처분 등이 이에 해당한다. 불이익인지 여부는 지위, 직종, 임금 기타의 대우, 통근사정, 가정의 사정 등에 비추어 판단되어야 할 것이다.

4. 경제적 불이익

각종의 임금, 퇴직금, 복리후생적 급부 등에 있어서 불이익한 처리가 여기에 속하는데, 임금산정 또는 임금삭감 기준의 차별적 적용이 임금에 관한 불이익처분의 전형이다. 연장·야간·휴일근로를 본인의 의사에 반하여 시키지 않거나 연차휴가 신청에 대하여 정당한 사유 없이 시기변경권을 행사하는 것도 같은 종류의 불이익처분에 포함된다.

5. 정신·생활상 불이익

사용자의 처분이 당해 근로자에게 경제적인 불이익은 없더라도 정신적인 피해를 주거나 특별히 생활상의 곤란을 초래하는 경우에는 정신·생활상의 불이익처분이 성립된다. 예컨대, 시말서 제출의 징계처분을 한 경우, 기존업무에 비하여 부적당한 업무로 배치 전환한 경우, 근로자의 생활근거지에서 멀리 떨어진 곳으로 전직시키는 경우 등이다.

6. 조합활동상 불이익

사용자의 처분으로 인해 당해 근로자가 조합활동을 할 수 없거나 곤란하게 된 경우에는 조합활동상 불이익이 인정되며, 이러한 불이익은 부당노동행위 여부의 판단에 중요한 기준이 된다. 예컨대, 조합활동에 적극적으로 관여한 근로자를 조합원자격이 없는 과장대리로 승진시켜 더 이상 조합활동을 할 수 없게 하는 경우,[18] 활동적인 조합원을 조합활동이 곤란한 지역으로 전근시키는 경우, 노조전임자를 사

---

18) 대판 1992.10.27, 92누9418.

용자가 일방적으로 해제하는 경우 등에는 조합활동상의 불이익이 인정된다.

Ⅴ. 인과관계(이유로 하는 것)

1. 부당노동행위의 의사유무(인과관계의 의미)

(1) 문제의 소재

부당노동행위로서의 불이익 취급이 성립하기 위해서는 근로자의 정당한 근로3권 행사와 사용자의 불이익 취급 사이에 인과관계가 있어야 한다. 노조법 제81조 제1호 및 제5호에서도 사용자의 불이익 처분이 근로자의 정당한 조합활동 등을 '이유로' 한다고 규정하고 있다. 그런데 인과관계('이유로' 한다는 것)의 의미, 즉 부당노동행위 의사의 존재가 부당노동행위의 성립요건인지에 관하여 견해의 대립이 있다.

(2) 학 설

1) 주관적 인과관계설(의사필요설) 　'이유로' 한다는 것은 '부당노동행위 의사를 가지고' 한다는 것을 의미하고 부당노동행위 의사는 반조합적 의욕 내지 동기라고 설명하는 주관적 인과관계설이 있다.[19] 그러나 부당노동행위 의사는 사용자의 내심의 상태이기 때문에 근로자가 이를 입증하기도 어렵고 노동위원회가 그 존부를 확인하기도 쉽지 않다. 이 견해는 불이익취급이 성립하기 위해서는 반조합적인 의도 내지 동기가 필요하지만 주관적 요소는 제반사정에서 인정되는 추정적 의사로 충분하다고 한다.

2) 객관적 인과관계설(의사불요설) 　불이익 취급의 이유로 사용자가 인식한 사실이 객관적으로 정당한 조합활동이면 부당노동행위의 성립을 인정하는 객관적 인과관계설이 있다. 이 견해는 사용자가 불이익 취급의 사유가 정당한 조합활동이 아니라고 오인한 경우(위법성의 착오)에도 불이익취급의 성립을 인정한다.[20]

(3) 검 토

사용자의 부당노동행위 의사를 필요로 하는 주관적 인과관계설은 사법구제나 형사제도에는 적합한 내용이 될 수 있으나, 공정한 노사관계질서를 신속·간이하게 확립하려는 행정구제제도에는 적합하지 않다. 부당노동행위제도의 취지는 노동3권에 대한 침해를 제거하려는 데 있기 때문에 사용자에게 정당한 조합활동에 대한 위법성의 착오가 있는 경우에도 부당노동행위의 성립을 인정하여야 할 것이다. 따라서 인과관계의 구체적 내용은 객관적으로 파악하여, 불이익취급의 이유로 사용자가 인식한 사실이 객관적으로 정당한 조합활동이면 부당노동행위의 성립을 인정하여야 한다.[21]

2. 인과관계 판단의 방법

실제 부당노동행위사건에서 인과관계 판단은 사용자 측이 주장하는 표면상의 이유와 근로자 측이 주장하는 조합활동의 이유 중에서 어떤 것이 불이익취급의 실질적인 이유인지를 판단하여야 한다. 사용자가 표면상의 이유와는 달리 근로자의 조합활동을 실질적인 이유로 하여 불이익취급한 경우에 부당노

19) 임종률 269.
20) 김유성Ⅱ 333; 김형배 937.
21) 김유성Ⅱ 333.

동행위가 성립한다고 보고 있다.

판례는 조합활동을 불이익처분의 이유로 삼는 사용자의 부당노동행위의사는 내심의 것이므로, 그것의 존재를 확인하는 것이 어렵기 때문에 "사용자가 내세우는 처분사유와 근로자가 한 정당한 조합활동의 내용, 처분의 대상자, 사용자와 노동조합과의 관계, 처분의 시기 및 경위, 처분의 불균형 여부, 처분의 절차, 처분 이후 조합활동 상황의 쇠퇴 내지 약화 여부, 기타 부당노동행위의사의 존재를 추정할 수 있는 제반 사실을 비교 · 검토하여 종합적으로 판단"한다.[22)]

3. 인과관계의 경합(처분이유의 경합)

(1) 문제의 소재

인과관계의 경합이란 사용자가 불이익처분을 할 만한 정당한 사유가 존재하면서도 다른 한편으로는 그 처분에 부당노동행위의사를 추정할 만한 사유가 동시에 존재하는 경우를 말한다. 이와 같이 인과관계의 경합으로 불이익 처분의 정당한 사유와 부당노동행위 의사를 추정할 만한 사유가 동시 존재할 경우 부당노동행위 성립 여부가 문제된다.

(2) 학　　설

인과관계의 경합시 불이익 취급의 성립여부에 관해서는 ⅰ) '부당노동행위성립부정설'로 근로자에게 징계를 당할만한 사유가 있다면 사용자의 징계처분, 즉 불이익처분은 정당하고 부당노동행위는 성립되지 않는다고 보는 입장, ⅱ) '부당노동행위성립긍정설'로 설사 사용자가 근로자를 징계할만한 사유가 있다고 하더라도 사용자에게 부당노동행위의 의사가 있었다면 부당노동행위가 성립된다고 보는 입장, ⅲ) '상당인관계설'로 정당한 조합활동이 없었더라면 불이익취급은 없었을 것이라는 관계가 인정되면 부당노동행위가 성립된다는 입장, ⅳ) '결정적 원인설'로 사용자가 주장하는 처분사유와 정당한 조합활동 중에서 어느 것이 당해 처분의 결정적 또는 실질적인 이유가 되었는지에 따라 부당노동행위의 성립 여부를 판단하는 입장이 제시되어 왔다.

(3) 판　　례

판례는 "사용자가 정당한 해고사유가 있어 근로자를 해고한 경우에는 근로자의 노동조합활동을 못마땅하게 여긴 흔적이 있다거나 사용자에게 반노동조합 의사가 추정된다고 하더라도 그 해고사유가 단순히 표면상 구실에 불과하다고 할 수는 없으므로 불이익취급의 부당노동행위가 되지 않는다"는 부정설 입장이 있다.[23)]

한편, "사용자가 근로자를 해고함에 있어서 근로자의 노동조합업무를 위한 정당한 행위를 그 결정적인 이유로 삼았으면서도 표면적으로는 다른 해고사유를 들어 해고한 것으로 인정되는 경우에는 노동조합법 제39조 제1호(현행 제81조 제1호)에 정한 부당노동행위라고 보아야 할 것"이라고 하여 결정적 원인설을 취하는 판례도 있다.[24)]

(4) 검　　토

조합활동이 불이익 처분의 우월적인 원인이 되지 않은 경우라고 하더라도 근로자의 조합활동 등이 없었더라면 사용자의 불이익 처분도 없었을 것이라고 판단되는 경우에는 불이익 취급의 성립을 인정하

22) 대판 1995.3.14, 94누5496; 대판1993.12.10, 93누4595.
23) 대판 1996.4.23, 95누6151.
24) 대판 1991.2.22, 90누6132; 대판 1997.7.8, 96누6431.

는 부당노동행위제도의 취지에 맞기 때문에 상당인과관계설이 타당하다.[25)]

Ⅵ. 불이익취급의 효과와 구제

1. 벌 칙

사용자의 불이익취급이 부당노동행위로서 성립하는 경우에는 벌칙이 부과된다(노조법 제90조).

2. 구 제

(1) 노동위원회에 의한 구제

사용자의 불이익취급을 받은 근로자 또는 노동조합은 노동위원회에 구제를 신청할 수 있다. 노동위원회는 사용자의 불이익취급이 성립한다고 판단되면 원직복귀명령, 공고문게시명령 등 재량에 따라 구제명령을 내릴 수 있다.

(2) 법원에 의한 구제

사용자의 불이익취급을 받은 근로자 또는 노동조합은 노동위원회에 의한 구제와 별개로 법원에 해고무효확인소송, 손해배상청구 등으로 구제받을 수 있다.

Ⅶ. 결 론

노조법은 '근로자가 노동조합에 가입 또는 가입하려고 하였거나 노동조합을 조직하려고 하였거나 기타 노동조합의 업무를 위한 정당한 행위를 한 것' 또는 '근로자가 정당한 단체행위에 참가한 것을 이유로 하거나 또는 노동위원회에 대하여 사용자가 이 조의 규정에 위반한 것을 신고하거나 그에 관한 증언을 하거나 기타 행정관청에 증거를 제출한 것'을 이유로 그 근로자를 해고하거나 그 근로자에게 불이익을 주는 사용자의 행위를 금지하고 있다.

이러한 불이익 취급은 근로자 개인에게 현저한 경제적 · 심리적 압박을 가할 뿐만 아니라 노동조합의 활동까지 위축시켜 근로3권 자체에 중대한 위협이 되기 때문에 부당노동행위로서 규정하고 있는 것이다. 이를 방지하기 위하여 노사 간의 신뢰회복과 국가의 사전예방이 요구된다.

[관련판례] 불이익취급

1. 노조법 제81조 제1호의 "노동조합의 업무를 위한 정당한 행위"의 정의(대판 1991.11.12, 91누4164)

노동조합법 제39조 제1호(현행 노조법 제81조 1호) 소정의 **"노동조합의 업무를 위한 정당한 행위"**란 일반적으로는 정당한 노동조합의 활동을 가리킨다고 할 것이나, 조합원이 조합의 결의나 조합의 구체적인 지시에 따라서 한 노동조합의 조직적인 활동 그 자체가 아닐지라도 그 **행위의 성질상 노동조합의 활동**으로 볼 수 있거나, **노동조합의 묵시적인 수권 혹은 승인을 받았다고 볼 수 있을 때에는 노동조합의 업무를 위한 행위**로 보아야 할 것이다.

2. 불이익취급의 유형 ① – 해고(적극)(대판 2000.4.11, 99두2963)

참가인들에 대한 이 사건 **전직발령 자체가 권리남용에 해당**하여 무효이다. 따라서 **이에 대한 항의 내지 시정요**

25) 김유성Ⅱ 335.

구의 일환으로 참가인 조민성이 결근하고 참가인 조대기, 조정진이 대자보를 게시하고 성명서를 발표한 것으로 보여지며, 그 게시 내지 발표한 대자보나 성명서의 전체적인 내용을 고려하면 이러한 행위를 가리켜 근로계약을 지속케 하는 것이 현저히 부당하다고 인정할 정도의 비위라고 볼 수 없다. 그리고 참가인들이 주도적인 역할을 하여 노동조합을 설립하여 조합장 또는 간부로서 활동하였고, 또한 그 해고처분이 있기 전날 원고회사에 대하여 단체교섭까지 요구하였으나 원고회사가 이를 거부한 상태였으며, 이 사건 전직발령 대상자 21명 중 참가인들에 대하여만 해고처분이 내려진 점 등 전직발령이 이루어진 시기와 그 이후의 경과 등을 보태어 보면, 원고의 참가인들에 대한 **해고처분**은 실질적으로 참가인들이 **노동조합을 조직하여 활동한 것에 대하여 불이익을 주기 위한 것**으로써 **부당노동행위에 해당**한다고 할 것이다.

3. 불이익취급의 유형 ② – 승진조치(소극)(대판 1992.10.27, 92누9418)

사용자가 근로자의 노동조합활동을 혐오하거나 노동조합활동을 방해하려는 의사로 노동조합의 간부이거나 노동조합활동에 적극적으로 관여하는 **근로자를 승진시켜 조합원 자격을 잃게 한 경우**에는 **노동조합활동을 하는 근로자에게 불이익을 주는 행위로서 부당노동행위가 성립**될 수 있을 것인바, 이 경우에 **근로자의 승진이 사용자의 부당노동행위 의사에 의하여 이루어진 것인지의 여부는 승진의 시기와 조합활동과의 관련성, 업무상 필요성, 능력의 적격성과 인선의 합리성 등의 유무와 당해 근로자의 승진이 조합활동에 미치는 영향 등 제반 사정을 고려하여 판단**하여야 할 것이다.

4. 불이익취급의 유형 ③ – 위장폐업을 통한 해고(적극)(대판 1988.4.25, 87누263)

참가인 회사가 폐업공고를 하게 된 경위와 원고들이 사직서를 제출하게 된 경위를 살펴볼 때 참가인 회사의 **폐업공고**가 진정한 기업폐지의 의사에 기인한 것이 아니라 **오로지 원고들의 노동조합 활동을 배제할 목적**에서 단행된 것이고 그로 말미암아 원고들은 그 **의사에 반하여 사직서를 제출하고 이를 회사가 수리한 행위**는 원고들이 **노동조합의 업무를 위한 정당한 행동을 한 것을 이유로** 원고들을 **일방적으로 해고**한 것과 다름없어 **부당노동행위에 해당**된다.

5. 부당노동행위의사의 추정(대판 1992.12.8, 91누11025)

[1] 근로자에 대한 **전근이나 징계해고가 노동조합업무를 위한 정당한 행위를 이유로 한 불이익처분인지 여부**를 판단함에 있어서는 처분시기, 사용자와 노동조합과의 관계, 동종의 사례에 있어서 조합원과 비조합원에 대한 제재의 불균형 여부, 사유의 정당성 유무, 종래의 관행에 부합 여부, 기타 **부당노동행위의사의 존재를 추정할 수 있는 제반 사정** 등 외에 처분 후에 있어서의 노동조합활동의 쇠퇴 여부도 비교 검토하여 판단하여야 할 것이다.

[2] 근로자에 대한 전근명령이 노사협의기간 중에 이루어졌고, 근로자가 노동조합 측 단체교섭위원으로 활동하였을지라도 근로자에 대한 전근명령이 부당노동행위에 해당되지 않으며 회사의 전근명령에 불응한 채 무단결근한 근로자에 대한 징계해고가 정당하다.

6. 부당노동행위의 인과관계 경합 ①(대판 1996.4.23, 95누6151)

사용자가 근로자에 대하여 해고를 함에 있어서 표면적으로 내세우는 해고사유와는 달리 **실질적으로는 근로자의 정당한 조합활동을 이유로 해고한 것**으로 인정되는 경우에 있어서 그 해고는 **부당노동행위**라고 보아야 하고, **정당한 해고사유가 있어 해고한 경우**에 있어서는 비록 사용자가 근로자의 **조합활동을 못마땅하게 여긴 흔적이 있다거나 사용자에게 반노동조합의 의사가 추정된다고 하여 당해 해고사유가 단순히 표면상의 구실에 불과하다고 할 수는 없는 것**이므로, 그것이 **부당노동행위에 해당한다고 할 수 없다.**

7. 부당노동행위의 인과관계 경합 ②(대판 1996.7.30, 96누587)

사용자가 근로자를 해고함에 있어서 표면적으로 내세우는 해고사유와는 달리 실질적으로는 근로자의 정당한 노동조합 활동을 이유로 해고한 것으로 인정되는 경우에 있어서는 그 해고는 부당노동행위라고 보아야 할 것이고, **근로자의 노동조합 업무를 위한 정당한 행위를 실질적인 해고사유로 한 것인지의 여부**는 사용자 측이 내세우는 해고사유와 근로자가 한 노동조합 업무를 위한 정당한 행위의 내용, 해고를 한 시기, 사용자와 노동조합과의 관계, 동종의 사례에 있어서 조합원과 비조합원에 대한 제재의 불균형 여부, 종래의 관행에 부합 여부, 사용자의 조합원에 대한 언동이나 태도, **기타 부당노동행위 의사의 존재를 추정할 수 있는 제반사정 등을 비교 검토하여 판단**하여야 할 것이나(대법원 1994.12.23. 선고 94누 3001판결 참조), **정당한 해고사유가 있어 해고한 경우에 있어서는** 비록 사용자가 **근로자의 노동조합 활동을 못마땅하게 여긴 흔적이 있다거나 사용자에게 반노동조합의사가 추정된다고 하**더라도 당해 해고사유가 **단순히 표면상의 구실에 불과하다고 할 수는 없을 것이므로 부당노동행위에 해당한다고 할 수 없다.**

8. 부당노동행위의 인과관계 경합 ③(대판 1991.2.22, 90누6132)

[1] 사용자가 근로자를 해고함에 있어서 **근로자의 노동조합업무를 위한 정당한 행위를 그 결정적인 이유로 삼았으면서도 표면적으로는 다른 해고사유를 들어 해고한 것으로 인정되는 경우**에는 노동조합법 제39조 제1호에 정한 **부당노동행위라고 보아야 할 것이고, 근로자의 노동조합업무를 위한 정당한 행위를 실질적인 해고이유로 한 것인지의 여부**는 사용자 측이 내세우는 해고사유와 근로자가 한 노동조합업무를 위한 정당한 행위의 내용, 징계해고를 한 시기, 회사와 노동조합과의 관계, 동종의 사례에 있어서 조합원과 비조합원에 대한 제재의 불균형 여부, 처분 후에 있어서 다른 노동조합원의 탈퇴 등 노동조합활동의 쇠퇴 내지 약화 여부, **기타 부당노동행위의사의 존재를 추정할 수 있는 제반 사정을 비교 검토하여 종합적으로 판단**하여야 할 것이다.

[2] 시내버스운수회사가 교통사고를 일으킨 운전사들에 대한 징계를 함에 있어서 노동조합을 탈퇴하였거나 노동조합에 가입하지 아니한 운전사들에 대해서는 감봉처분을 하면서도 그들과 동일 내지 유사한 교통사고를 일으킨 운전사로서 노동조합업무를 실질적으로 이끌고 가던 조합의 총무에 대하여는 징계사유로서는 미흡한 징계불복 등의 사유를 추가하여 징계해고처분을 한 경우 위 징계해고처분은 그의 노동조합활동을 혐오한 데서 나온 부당노동행위라고 보아야 한다.

제 3 절 비열계약

Ⅰ. 서 설

노조법은 근로자 또는 노동조합이 근로3권 실현활동에 대한 사용자의 침해 내지 간섭행위를 금지하고 있는데, 이렇게 금지되는 사용자의 제반 행위를 부당노동행위라고 한다. 노조법은 나아가 부당노동행위로 인하여 피해를 입은 근로자 또는 노동조합이 노동위원회를 통하여 구제를 받을 수 있는 절차, 즉 부당노동행위의 구제절차와 그러한 행위를 한 사용자에 대한 벌칙을 함께 규정하고 있다.

노조에의 불가입이나 그로부터의 탈퇴 또는 특정한 노조에의 가입 등 향후의 조합활동 여부를 고용조건으로 하는 행위를 비열계약이라고 한다. 노조법은 근로자가 '어느 노동조합에 가입하지 아니할 것 또는 탈퇴할 것을 고용조건을 하거나 특정한 노동조합의 조합원이 될 것을 고용조건으로 하는' 사용자의 행위를 부당노동행위로서 금지하고 있다(제81조 제2호 본문). 다만, '노동조합이 당해 사업에 종사하는 근로자의 3분의 2 이상을 대표하고 있을 때에는 근로자가 그 노동조합의 조합원이 될 것을 고용조건으로 하는 단체협약의 체결'은 예외로 한다(제81조 제2호 단서).

이것은 부당노동행위의 유형을 규정한 것이기도 하며 조직강제와 단결선택권의 관계, 조직강제로서 유니언 숍 조항과 부당노동행위의 관계에 대해서 규정한 것이다.

Ⅱ. 비열계약의 요건과 효과

1. 요 건

(1) 노동조합에의 불가입 · 탈퇴 또는 특정노조에의 가입

사용자가 노동조합에의 불가입 또는 탈퇴를 조건으로 하는 내용은 비열계약에 해당된다. 또한 특정한 노동조합에의 불가입이나 탈퇴를 조건으로 하는 것도 해당된다. 이러한 계약은 근로자로서 동의하지 않을 수 없기 때문에 쉽사리 약정이 성립되지만, 그 근로자가 약정에 따라 노동조합에 가입하지 않거나 탈퇴해야 한다면 이는 단결권 행사를 침해하는 결과가 되기 때문에 이를 금지하는 것이다.

(2) 조합활동의 금지 또는 제한

비열계약은 '가입하지 않을 것' 또는 '탈퇴할 것'을 고용조건으로 하고 있으나, 이는 향후 조합활동에 대한 사전예방 내지 제한을 제거하기 위한 것이기 때문에 법문에 열거된 사용자의 행위는 예시적인 것으로 보아 그와 유사한 기능을 수행하는 약정도 비열계약으로 보아야 할 것이다. 따라서 '노동조합을 결성하지 않는 것'이나 '적극적으로 조합활동을 하지 않는 것' 등을 고용조건으로 하는 행위도 비열계약에 포함된다.[26)] 이에 대해 법규정을 유추 · 확대해석 하는 것은 죄형법정주의에 반한다는 견해가 있다.[27)]

(3) **고용조건으로 하는 행위**

'고용조건으로' 한다는 것은 채용이나 계속고용의 조건을 하는 것뿐만 아니라 임금 · 승진 등의 근로조건 기타 근로자의 대우에 관한 사항을 조건으로 하는 것, 즉 고용상의 제반 이익을 조건으로 하는 것도 포함된다. 그러므로 승진의 조건으로 조합탈퇴 · 조합불가입 등을 약정하는 것도 비열계약이 될 것이다.[28)]

2. 효 과

사용자가 근로자와 비열계약을 체결하여 부당노동행위로 인정되면 사용자에게는 벌칙(노조법 제90조)이 부과된다.

한편, 비열계약은 헌법 제33조 제1항과 노조법 제81조에 위배되는 것으로서 사법상 당연히 무효이다. 그러나 이는 비열계약의 약정만 무효로 하는 것이지 근로계약 자체를 무효로 하는 것은 아니다.

3. 구 제

(1) **노동위원회에 의한 구제**

노조의 구제신청에 대해 노동위원회는 노동조합에의 불가입, 탈퇴 또는 가입 등을 고용조건으로 한 부분을 파기하라는 명령이나 계약서의 당해 부분을 파기하라는 명령 등이 가능하고 필요한 경우에는 공고문게시명령도 가능하다.

(2) **법원에 의한 구제**

노조는 비열계약 부분의 무효확인소송이 가능하고, 비열계약에 의해 해고된 경우에는 해고무효확인소송 등이 가능하다.

Ⅲ. 비열계약과 유니언 숍 조항

1. 유니언 숍 조항의 의의와 허용 여부

(1) **의 의**

현행 노조법 제81조 제2호에서는 노조에의 불가입이나 그로부터의 탈퇴 또는 특정한 노조에의 가입 등 향후의 조합활동 여부를 고용조건으로 하는 행위를 비열계약이라고 하여 부당노동행위의 한 유형으로 제한하고 있다. 그러나 '노동조합이 당해 사업장에 종사하는 근로자 3분의 2 이상을 대표하고 있을 때에는 근로자가 그 노동조합의 조합원이 될 것을 고용조건으로 하는 단체협약의 체결'은 비열계약의 예외로서 허용된다. 이렇게 근로자가 조합원이 될 것을 고용조건으로 하는 단체협약상의 규정을 유

26) 김유성Ⅱ 337; 김형배 940.

27) 임종률 272.

28) 김유성Ⅱ 337, 이에 대해서도 일본과 달리 부당노동행위가 벌칙(90조)의 제재를 받는 범죄구성요건으로 규정되어 있는 현행법상으로는 취지를 같이한다 하여 유추·확대해석하는 것은 죄형법정주의 원리에 반한다는 입장이 있다(임종률 272~273).

니언 숍 협정이라 한다.

유니언 숍 조항은 개별근로자의 근로조건을 규정한 것이 아니라 노조에의 가입과 탈퇴에 대한 사용자의 해고 의무를 정한 것으로서 단체협약상의 채무적 부분에 해당하는 것이다. 따라서 동 협정을 위반 시에 사용자는 협약상의 채무불이행에 대한 책임만을 부담하게 된다.

(2) 허용 여부

단결강제의 허용 여부에 대하여 ⅰ) 노동조합에 가입하지 않거나 탈퇴할 자유를 인정하는 소극적 단결권을 단결권의 내용으로 보아 조직강제조항은 소극적 단결권을 침해하기 때문에 언제나 무효라는 견해(전면무효설)[29]와 ⅱ) 소극적 단결권을 부인하면서 조직강제조항의 유효성은 단결권의 내용인 근로자의 조합선택권을 침해하느냐 여부에 달려 있다고 주장하는 견해가 있다(이분설)[30]이 제시된 바 있다. 그러나 ⅲ) 헌법이 보장한 근로자의 단결권은 노동조합을 결성하거나 이에 가입할 자유를 말하고 소극적 단결권까지 포함하는 것은 아니며, 유니언 숍 협정은 노조법이 정한 허용조건을 충족하고 또 근로자의 단결권 내지 조합선택권을 침해하지 않는 범위에서 유효로 보아야 할 것이다(한정유효설).[31]

2. 유니언 숍 조항의 허용조건

(1) 노동조합의 요건

1) 의 의 유니언 숍 조항은 이를 체결하는 '노동조합이 당해 사업장에 종사하는 근로자의 3분의 2 이상을 대표'하고 있어야 허용된다. 소수가 다수를 강제해서는 안 되고 압도적인 다수가 압도적 소수를 강제하는 것만 허용하겠다는 취지이다.

2) 당해 사업장에 종사하는 근로자 '당해 사업장'이란 노동조합의 조직범위에 드는 사업 또는 사업장을 말한다. 따라서 여러 사업장을 가진 하나의 사업에 조직된 노동조합의 경우에는 사업 전체를 단위로 요건의 구비 여부를 결정한다. 그리고 '종사하는 근로자'는 당해 사업 또는 사업장에 종사하는 전체 근로자를 말하는 것이 아니라 그 중에서 당해 노동조합의 조합원이 될 수 있는 자격을 가지는 근로자만을 말한다고 보아야 할 것이다.

(2) 단체협약의 체결

특정 노동조합의 조합원이 될 것을 고용조건을 하는 유니언 숍 조항은 일정한 조건 아래에서 '단체협약'을 통하여 하는 경우에만 허용된다. 단체협약에서 유니언 숍 조항을 둔 경우에 한정되기 때문에 취업규칙 등에서 이와 동일한 결과를 발생시키는 규정을 두는 것은 비열계약으로서 허용되지 않는다.

(3) 제명을 이유로 불이익 금지

유니언 숍 조항을 체결하더라도 사용자는 근로자가 당해 노동조합에서 제명된 것을 이유로 신분상 불이익한 행위를 할 수 없어야 허용된다. 이것은 소수파가 제명되어 그 고용안정까지 위협하는 것을 방지하고 일정한 범위의 조합선택권을 인정하는 것으로 보아야 할 것이다.

---

29) 현재 독일의 통설이라고 한다(임종률 71).

30) 박상필 103

31) 임종률 72; 김유성Ⅱ 339, 헌법이 보장한 근로자의 단결권은 노동조합을 결성하거나 이에 가입할 자유를 말하고 소극적 단결권까지 포함하는 것은 아니며, 단결선택권이 일부 제한된다고 하더라도 노동조합의 적극적 단결권과 개인근로자의 단결선택권의 권리조정에 따른 것이라면 위법한 침해에 해당되지는 않는다고 한다.

(4) **단결권 및 단결선택권 보장**

개정된 현행법에서는 노조를 탈퇴하여 다른 노조를 조직하거나, 다른 노조에 가입하는 경우 해고 등 불이익을 줄 수 없도록 하였다(제81조 제2호, 2011년 7월 1일 시행). 이는 조합원의 단결권 및 단결선택권을 보장하기 위해 규정된 것이다.

3. 유니언 숍과 해고

(1) **사용자의 해고의무**

유니언 숍 조항에 따라 사용자가 지게 되는 의무의 내용은 노사당사자 간의 자율적 교섭의 결과 체결되는 유니언 숍 조항의 내용에 따른다. 따라서 단체협약에 유니언 숍 조항이 있다하여 근로자가 노동조합에 가입하지 아니하거나 가입 후 스스로 탈퇴하는 경우에 사용자가 당연히 해고의무를 지는 것은 아니라 할 것이다.

협약조항에서 명백히 사용자의 해고의무를 규정하고 있거나 협약내용의 해석상 사용자의 해고의무를 설정한 합의가 있는 것으로 인정되면 취업 후 노동조합에 가입하지 않거나 가입 후 스스로 탈퇴한 근로자를 해고할 의무를 지게 된다.[32)]

(2) **사용자의 부당노동행위 인정 여부**

유니언 숍 협정에도 불구하고 자의로 노동조합을 탈퇴한 근로자를 사용자가 해고하지 아니하는 경우에 이것이 곧바로 부당노동행위로 되는 것은 아니다.[33)] 왜냐하면 단체협약상의 유니언 숍 협정에 의하여 사용자가 노동조합을 탈퇴한 근로자를 해고할 의무는 단체협약상의 채무일 뿐이고, 이러한 채무의 불이행 자체가 바로 노동조합에 대한 지배 · 개입의 부당노동행위에 해당하다고 단정할 수는 없기 때문이다. 부당노동행위가 성립하려면 사용자에게 근로자가 노동조합을 조직 또는 운영하는 것을 지배하거나 개입할 의사가 있어야 하는 것이므로 이 같은 경우에 부당노동행위가 성립할 것인지는 부당노동행위제도의 성립요건에 따라 판단해야 할 것이다.

(3) **탈퇴 후 재가입 제한 문제**

법원에서는 "노조탈퇴의사를 철회하고 노조에 다시 가입하려는 근로자에 대하여 이를 거부하고 해고되게 한 것은 노조 자체가 단결권의 정신을 저버리고 실질상 제명과 같은 효과를 발생시킨 것으로서, 노동조합법 제39조(현행 제81조) 제2호 단서에 위반될 뿐만 아니라 유니언 숍 협정에 기한 해고의 목적범위를 일탈한 것이고, 또한 11명의 탈퇴자 중 3명에 대하여서만 탈퇴의사 철회를 거부하고 해고되게 한 것은 다른 탈퇴근로자들과의 형평에도 반하여 무효"라고 판시하고 있다.[34)]

(4) **현행법상 복수노조 허용시 단결선택권 보장**

현행법에서는 종전과 같이 '유니언 숍 제도는 허용'하되, 그 '노조를 탈퇴하여 다른 노조를 조직하거나, 다른 노조에 가입하는 경우 해고 등 불이익을 줄 수 없도록' 하였다(제81조 제2호). 이는 종전의 유니언 숍을 통해 다수노조의 단결력 강화로 사업장 노사관계를 안정시키고 복수노조 하에서 단결선택권을 보호하기 위한 것이다.

32) 대판 1998.3.24, 96누16070; 대판 1995.2.28, 94다15363.
33) 대판 1998.3.24, 96누16070.
34) 대판 1996.10.29, 96다28899; 대판 1995.2.28, 94다15363.

Ⅳ. 결　　론

비열계약은 부당노동행위 유형의 하나로서 노조에의 불가입이나 그로부터의 탈퇴 또는 특정한 노조에의 가입 등 향후의 조합활동 여부를 고용조건으로 하는 행위이다. 노조법은 이를 금지하면서 예외적으로 일정한 조건 하에서 단결강제로서 유니언 숍 조항을 체결할 수 있도록 규정하고 있다. 이는 단결강제권과 단결선택권을 조정함으로써 단결강제의 범위를 설정하고 있는 것이다. 또한 사용자가 유니언 숍 조항에 따라 지게 되는 해고의무의 성격, 제명된 자에 대한 해고는 조직강제와 부당노동행위 사이의 관계를 어떻게 볼 것인가에 따라 결정된다.

[관련판례] 비열계약과 유니언 숍

1. 유니언 숍의 위헌 여부(헌재 2005.11.24, 2002헌바95 · 96, 2003헌바9)

이 사건 법률조항은 **단체협약을 매개로** 하여 특정 노동조합에의 가입을 강제함으로써 근로자의 단결선택권과 노동조합의 집단적 단결권(조직강제권)이 충돌하는 측면이 있으나, 이러한 조직강제를 적법 · 유효하게 할 수 있는 **노동조합의 범위를 엄격하게 제한**하고 **지배적 노동조합의 권한남용으로부터 개별근로자를 보호**하기 위한 규정을 두고 있는 등 전체적으로 상충되는 두 기본권 사이에 합리적인 조화를 이루고 있고 그 제한에 있어서도 적정한 비례관계를 유지하고 있으며, 또 근로자의 **단결선택권의 본질적인 내용을 침해하는 것으로도 볼 수 없으므로,** 근로자의 단결권을 보장한 **헌법 제33조 제1항 등에 위반되지 않는다.**

2. 유니언 숍과 사용자의 해고의무(대판 1998.3.24, 96누16070)

[1] 구 노동조합법(1996.12.31 법률 제5244호로 폐지되기 이전의 것) 제39조 제2호 단서(현행 노조법 제81조 제2호 단서) 소정의 조항, 이른바 유니언 숍 협정은 노동조합의 단결력을 강화하기 위한 강제의 한 수단으로서 근로자가 대표성을 갖춘 노동조합의 조합원이 될 것을 '고용조건'으로 하고 있는 것이므로 단체협약에 유니언 숍 협정에 따라 근로자는 노동조합의 조합원이어야만 된다는 규정이 있는 경우에는 다른 명문의 규정이 없더라도 사용자는 노동조합에서 탈퇴한 근로자를 해고할 의무가 있다.

[2] **단체협약상의 유니언 숍 협정에 의하여 사용자가 노동조합을 탈퇴한 근로자를 해고할 의무는 단체협약상의 채무**일 뿐이고, 이러한 채무의 불이행 자체가 바로 구 노동조합법 제39조(현행 노조법 제81조) 제4호 소정 **노동조합에 대한 지배 · 개입의 부당노동행위에 해당한다고 단정할 수 없다.**

[3] **부당 노동행위가 성립하려면 사용자에게** 근로자가 노동조합을 조직 또는 운영하는 것을 **지배하거나 개입할 의사가 있어야** 하는 것인바, 위 조합을 탈퇴한 4명의 근로자에 대한 해고조치를 취하지 아니한 사용자에게 그러한 의사가 있었던 것으로 볼 수가 없다.

3. 유니언 숍과 탈퇴 후 재가입 제한(대판 1995.2.28, 94다15363)

[1] 유니언 숍 협약에 따라 사용자가 노동조합을 탈퇴한 근로자를 해고한 경우에 해고근로자가 노동조합을 상대로 하여 조합원지위확인을 구하는 소를 제기하여 승소한다고 하더라도 바로 해고의 효력이 부정되는 것은 아닐 뿐 아니라, 사용자 또한 그 해고가 적법한 것이라고 주장하고 있고 해고무효확인소송에서도 그 선결문제로 조합원지위의 존부에 관하여 판단을 할 수 있으므로, 근로자가 노동조합을 상대로 조합원지위의 확인을 구하지 아니하고 곧바로 해고무효확인소송을 제기하였다고 하더라도 그 소가 소익이 없다고 할 수는 없다.

[2] 노동조합이, 노조를 탈퇴한 근로자 11명이 노조탈퇴의사를 철회하고 노조에 다시 가입하기 위한 노력을 하였

음에도 불구하고 그 중 일부에 대하여는 노조탈퇴의사 철회를 받아들여 노조원의 자격을 유지하게 하고도 나머지 3명에 대해서만 이를 받아들이지 않고 회사에 대하여 해고를 요구하여 결국 회사가 이들을 해고한 것으로서, 이와 같이 **노조탈퇴의사를 철회하고 노조에 다시 가입**하려는 근로자에 대하여 **이를 거부하고 해고되게 한 것은 노조 자체가 단결권의 정신을 저버리고 실질상 제명과 같은 효과를 발생시킨 것**으로서, 노동조합법 제39조 제2호 단서에 위반될 뿐만 아니라 **유니언 숍 협정에 기한 해고의 목적범위를 일탈한 것**이고, 또한 **11명의 탈퇴자 중 3명에 대하여서만 탈퇴의사 철회를 거부하고 해고되게 한 것은 다른 탈퇴근로자들과의 형평에도 반하여 무효**이다.

4. (구)노조법상 유니언 숍 제도와 복수노조(대판 2002.10.25, 2000다23815)

[1] **유니언 숍(Union Shop) 협정이 체결된 노동조합을 탈퇴하여 조직대상을 같이 하면서 독립된 단체교섭권을 가지는 다른 노동조합에 가입**하는 경우, 이를 허용한다면 **사실상 회사 내에는 단체교섭권을 가지는 노동조합이 복수로 존재**하게 되어 유니언 숍 협정의 근본이 와해되어 **유니언 숍 협정은 유명무실한 것이 되어 버리는 결과**가 되므로, 이와 같은 경우에도 **유니언 숍 협정이 적용**된다.

[2] 구 노동조합 및 노동관계조정법 제5조 및 부칙(1997.3.13) 제5조 제3항의 취지는 과거에 금지되어 왔던 복수노조의 설립을 허용하는 한편, 교섭창구의 단일화를 위한 단체교섭의 방법 등 필요한 사항이 마련되는 2001.12.31.까지는 하나의 사업 또는 사업장에 별도의 단체교섭권을 가지는 복수노조를 허용하지 아니함으로써 하나의 사업체에 교섭창구의 이중화로 인한 노사관계의 혼란을 방지하자는 데에 있다.

제 4 절 단체교섭거부 · 해태

Ⅰ. 서 설

단체교섭권은 헌법상 근로3권의 중핵적 권리로서 근로자 및 노동조합이 사용자와 실질적인 대등관계로서 권리를 실현할 수 있는 생존권적 기본권이라고 할 수 있다. 이러한 단체교섭권을 실효성 있게 보장하기 위하여 노조법에서는 단체교섭 및 협약체결권한(노조법 제29조), 교섭의 원칙(동법 제30조)을 명시하고 있다. 이와 함께 헌법상 근로3권의 실현활동에 대한 사용자의 침해 내지 간섭행위의 유형으로서 단체교섭의 거부 · 해태를 금지(동법 제81조)하고, 나아가 부당노동행위로 인하여 침해된 근로3권을 구제받을 수 있는 절차규정(동법 제6장: 제82조 내지 제86조)을 두고 있다.

이로써 근로자들이 노동조합을 통해 사용자와 실질적으로 대등한 지위를 확보한 상태에서 단체교섭으로 근로조건을 결정할 수 있도록 하는 것이다. 즉 근로자와 노동조합의 단체교섭을 조성하고 이에 대한 사용자의 침해행위를 방지하여 헌법상 근로3권의 핵심적인 권리인 단체교섭권의 보장취지를 실현하기 위한 것이라고 할 수 있다.

Ⅱ. 단체교섭권과 부당노동행위제도

1. 단체교섭권의 중요성

판례는 "헌법 제33조 제1항에 의하여 천명된 이른바 노동3권은 사용자와 근로자 간의 실질적인 대등성을 단체적 노사관계의 확립을 통하여 가능하도록 하기 위하여 시민법상의 자유주의적 법원칙을 수정하는 신시대적 시책으로서 등장된 생존권적 기본권들이므로 이 노동3권은 다 같이 존중 · 보호되어야 하지만 '근로조건의 향상'을 위한다는 생존권의 존재 목적에 비추어 볼 때 노동3권 가운데에서도 단체교섭권이 가장 중핵적 권리임은 부정할 수 없다"고 판시[35]한 바 있다.

이와 같이 "근로3권의 실현에 있어서 사용자에 비하여 열세일 수밖에 없는 근로자에게 열세성을 배제하고 사용자와의 대등성 확보를 위한 법적 수단으로 단체교섭권을 인정하는 것이야말로 근로조건의 향상을 위한 본질적 방편이라고 할 것"이다.

35) 대판 1990.5.15, 90도 357.

2. 단체교섭 거부 · 해태와 부당노동행위제도

노조법은 사용자가 '노동조합의 대표자 또는 노동조합으로부터 위임을 받을 자와의 단체협약체결 기타의 단체교섭을 정당한 이유 없이 거부하거나 이를 해태하는 행위(제81조 제3호)'를 부당노동행위로서 금지하고 있다.

이는 헌법상 근로3권 중 중핵적 권리인 단체교섭권을 보장하여 근로자 또는 노동조합이 사용자와 실질적 대등성을 확보하기 위하여 헌법 제33조의 입법화 요청과 수권을 기초로 노조법에 의하여 입법 정책적으로 부당노동행위제도를 창설(기본권구체화설, 단결권침해설)[36]하여 단체교섭의 거부 · 해태로 단체교섭권이 침해된 경우 부당노동행위로서 배제 · 시정하면서 정상적인 노사관계의 회복 내지 공정한 노사관계질서를 확립(공정질서확보설, 단결권보장질서위반설)[37]할 수 있도록 하고 있는 것이다.[38]

Ⅲ. 부당노동행위 성립요건

1. 단체교섭 거부 · 해태의 부당노동행위 판단기준

판례는 "객관적으로 정당한 이유가 없고 불성실한 단체교섭으로 판정되는 경우에는 (부당노동행위가) 성립한다고 할 것이고, 한편 정당한 이유인지의 여부는 노동조합 측의 교섭권자, 노동조합 측이 요구하는 교섭시간, 교섭장소, 교섭사항 및 그의 교섭태도 등을 종합하여 사회통념상 사용자에게 단체교섭의무의 이행을 기대하는 것이 어렵다고 인정되는지 여부에 따라 판단"하여야 한다고 판시[39]하고 있다.

위의 판례의 판단기준을 바탕으로 노조법 제81조 제3호를 구체적으로 검토하여 단체교섭 거부해태가 부당노동행위로 성립되는 요건을 검토한다.

2. 성립요건

(1) 사용자의 행위일 것

1) 부당노동행위의 주체로서 사용자　　교섭당사자로서의 사용자는 원칙적으로 사업주, 즉 근로계약의 당사자를 의미한다. 그러므로 단체교섭을 요구하는 노동조합의 조합원에 대한 근로계약상의 사용자는 단체교섭상의 사용자로서 교섭의무를 가진다.

그러나 근로계약상의 사용자가 아니더라도 이와 근접 또는 유사한 지위에 있는 자에 대하여는 일정한 범위 안에서 단체교섭상의 당사자로 보아야 할 필요가 있다. 사회 · 경제의 변화에 따른 복잡다양한 취업형태에 대응하여 노사문제를 합리적으로 해결하기 위하여는 단체교섭상의 사용자 개념을 확대하여 인정할 필요가 있기 때문이다.

2) 대법원 판례의 태도　　판례는 노조법상 사용자 개념에 대하여, "사용자라 함은 근로자와의 사이에 사용종속관계가 있는 자, 즉 근로자와의 사이에 그를 지휘 · 감독하면서 그로부터 근로를 제공받고 그 대가로서 임금을 지급하는 것을 목적으로 하는 '명시적이거나 묵시적인 근로계약관계를 맺고 있는 자'"[40]라고 하여, 단체교섭상의 사용자를 근로계약상의 사용자로 한정하고 있다.

---

36) 김유성Ⅱ 315.
37) 임종률 261; 김형배 917.
38) 임종률 261.
39) 대판 1998.5.22, 97누8076.

3) 사용자개념의 확대 단체교섭이 노사 간 주장이 대립하는 사항에 관하여 합의를 형성하려는 사실행위라는 점을 감안한다면 단체교섭의 상대방이 되는 사용자를 엄밀한 의미에서의 근로계약 당사자에 한정할 필요는 없을 것이다.

노사관계의 실태에서 볼 때, 하도급기업에 대한 대기업의 영향력 증가 등으로 인해 상호 밀접한 제휴 · 결합관계가 이루어지고 있다. 그 결과 근로계약상의 사용자가 노사 간의 교섭에서 독자적인 결정 능력을 상실하는 경우도 등장하고 있다. 그러므로 단체교섭의 대상사항이 되는 근로조건 기타 노동관계상의 제 이익에 대하여 '실질적 영향력 내지 지배력'을 행사하고 있는 자는 널리 단체교섭의 상대방이 된다고 보는 것이 타당할 것이다.[41]

(2) 노동조합의 대표자 또는 그 수임자의 정당한 요구

사용자가 노동조합의 대표자나 그 위임을 받은 정당한 주체의 정당한 요구에 대하여 단체교섭을 거부할 때 부당노동행위가 성립한다.

(3) 단체협약체결 기타 단체교섭을 거부하거나 해태하는 행위

단체교섭요구에 불응하는 행위, 고의적으로 중단하거나 지연시키는 행위, 부당한 조건을 부과하는 행위, 처분권한 없는 자를 담당자로 내세우는 행위 그리고 노동조합이 요구하는 자료의 제출이나 설명을 거부하는 행위 등은 부당노동행위에 해당될 수 있다.

또한 교섭을 통해 합의한 사항에 대해서는 단체협약을 체결해야 하므로 정당한 사유 없이 합의 사실을 번복하는 행위, 서면작성을 거부하는 행위, 서면날인을 거부하는 행위 등은 부당노동행위에 해당될 여지가 있다.

(4) 정당한 이유가 없을 것

1) 단체교섭 거부 · 해태의 정당한 이유 여부 노조법 제81조 제3호 규정이 어떠한 단체교섭 거부 · 해태를 금지하는 것인지 문제된다. 사용자가 노조의 정당하지 않은 교섭요구에 대하여 당연히 교섭응락의무를 지는 것은 아닐 것이기 때문이다. 즉 사용자의 단체교섭 거부 · 해태는 정당한 이유가 없는 경우에만 성립되는 것이지 주체, 목적, 절차의 면에서 정당하지 않은 경우까지 단체교섭권을 보호하기 위한 규정은 아니라고 할 것이다.

2) 정당한 주체일 것 정당한 단체교섭의 주체가 아닌 경우, 즉 교섭권한이 없는 근로자단체, 교섭권한이 없는 노동조합대표나 그로부터 위임을 받은 자와의 교섭은 거부할 수 있다.[42] 그러나 사용자가 단체협약상의 유일교섭단체조항을 이유로 단체교섭을 거부하는 경우에는 정당한 이유에 해당하지 않아 부당노동행위가 성립한다.[43] 또한 사용자가 조합원이 소수임을 이유로 하는 단체교섭거부 등은 부당노동행위에 해당될 것이다.

3) 정당한 대상일 것 사용자에게 처분권한이 없거나[44] 근로조건과 근로자의 지위개선에 관계되지 않는 사항[45]이나, 쟁의행위기간 중의 임금지급을 요구하는 단체교섭과 같은 법 위반사항에 대해서는 거부할 수 있다(제44조). 그러나 노동조합으로부터 과대한 요구가 있었다고 단체교섭을 거부하는

40) 대판 1995.12.22, 95누3565; 대판 1986.12.23, 85누856.
41) 임종률 115; 김유성Ⅱ 320.
42) 대판 1998.1.20, 97도588.
43) 김유성Ⅱ 345.
44) 대판 2003.12.26, 2003두8906.
45) 대판 1991.1.23, 90도2852.

경우에는 부당노동행위에 해당[46]된다.

4) 정당한 절차일 것 　법령, 단체협약, 취업규칙 등에 규정된 교섭방법 및 절차에 대하여 협약 등에 정함이 있거나 관행이 있는 경우에는 노사당사자는 그에 따라야 할 것이므로 이를 무시하거나 또는 장기간에 걸친 협의의 결과 더 이상 정상적인 교섭이 기대될 수 없는 경우에는 정당하게 이를 거부할 수 있다고 보아야 할 것이다.

5) 정당한 이유에 대한 입증책임 　사용자의 단체교섭 거부·해태는 부당노동행위로 추정되므로, 정당한 이유의 존재는 사용자가 입증해야 할 것이다. 이 경우 그 정당성 여부는 단체교섭제도와 부당노동행위제도의 목적을 고려하여 구체적 상황에 따라 합리적으로 판단해야 할 것이다.

(5) 성실교섭의무 위반행위

노조법에서는 단체교섭의 원칙으로 성실교섭의무를 명시하고 있다(제30조). 성실교섭의무란 "노동조합과 사용자 또는 사용자단체가 단체교섭에 있어서 신의에 따라 성실히 교섭하고 단체협약을 체결하고 그 권한을 남용하여서는 아니 될 의무"를 말한다. 사용자가 부담하는 단체교섭의무에는 단순히 단체교섭에 응할 의무뿐만 아니라 교섭의 과정에서 합의 형성을 위하여 성실하게 노력할 의무도 포함되는 것이다. 이와 같은 성실교섭의무는 단체교섭 거부·해태가 부당노동행위에 해당되는지를 판단하는 중요한 기준이 된다.

Ⅳ. 단체교섭 거부·해태의 효과와 구제

1. 효　과

사용자의 단체교섭 거부가 부당노동행위로서 이루어진 때에는 사용자에게는 벌칙(노조법 제90조)이 부과된다. 그러나 노동조합에서 성실교섭의무를 위반한 경우에는 사용자의 단체교섭거부는 부당노동행위가 성립하지 않는다.

2. 구　제

(1) 노동위원회에 의한 행정적 구제

부당노동행위 구제절차가 침해된 근로3권을 구제하기 위한 것이므로 그 구제명령도 근로3권에 대한 사용자의 침해를 배제하고 부당노동행위가 없었던 상태로 회복한다는 원상회복조치가 원칙적인 내용이 된다. 그러나 단체교섭의 거부·해태에 대한 원상회복이 불가능한 경우가 많으므로 노조법에서는 노동위원회가 전문적·합목적적인 판단에 따라 개개 사건에 적절한 조치를 고안하도록 광범한 재량권을 인정하고 있다.

단체교섭 거부의 경우, 구제명령으로 단체교섭에 응하라는 명령이 가능하다. 단체교섭 거부가 교섭사항, 교섭당사자, 교섭시기 등에 관련하여 문제된 경우에는 그 사항을 구체적으로 특정하여 교섭명령을 하는 것이 적절하다. 아울러 필요한 경우에는 공고문게시명령을 할 수 있다.

(2) 법원에 의한 사법적 구제

법원에 의한 구제에는 본소에 의한 구제와 가처분 신청에 의한 구제가 있다. 즉 단체교섭 거부·해

46) 대판 1992.1.21, 91누5204.

태가 노동조합의 근로3권을 침해하여 보존필요성의 긴박성이 있다고 판단되면 단체교섭응낙가처분신청을 할 수 있고, 단체교섭 거부 · 해태가 불법행위의 구성요건에 해당하는 경우 손해배상청구를 할 수 있을 것이다.

이와 관련하여 대법원은 "사용자의 단체교섭 거부행위가 건전한 사회통념이나 사회상규상 용인될 수 없다고 인정되는 경우에는 부당노동행위로서 단체교섭권을 침해하는 위법한 행위로 평가되어 불법행위의 요건을 충족"한다고 하면서, "법원으로부터 노동조합과의 단체교섭을 거부하여서는 아니 된다는 취지의 집행력 있는 판결이나 가처분결정을 받고도 이를 위반하여 노동조합과의 단체교섭을 거부하였다면, 노동조합에 대하여 불법행위가 된다"고 판시하였다.[47)]

Ⅴ. 결 론

단체교섭권은 헌법상 근로3권의 중핵적 권리로서 근로자 및 노동조합이 사용자와 실질적인 대등관계로서 권리를 실현할 수 있는 생존권적 기본권이라고 할 수 있다. 이러한 단체교섭권을 실효성 있게 보장하기 위하여 노조법은 단체교섭에 대해 사용자가 '노동조합의 대표자 또는 노동조합으로부터 위임을 받을 자와의 단체협약체결 기타의 단체교섭을 정당한 이유 없이 거부하거나 이를 해태하는 행위(제81조 제3호)'를 부당노동행위의 한 유형으로서 금지하고 있다. 이를 통해 근로자들이 노동조합을 통해 사용자와 실질적으로 대등한 지위를 확보한 상태에서 단체교섭으로 근로조건을 결정할 수 있도록 보장하여 근로자와 노동조합의 노동3권을 실현할 수 있도록 하고 있다.

[관련판례] 단체교섭 거부 · 해태

1. 단체교섭거부의 판단기준(대판 1998.5.22, 97누8076)

구 노동조합법(1996.12.31 법률 제3244호로 폐지되기 전의 것, 이하 '법') 제39조 제3호가 정하는 부당노동행위는, 사용자가 아무런 이유 없이 단체교섭을 거부 또는 해태하는 경우는 물론이고, 사용자가 단체교섭을 거부할 정당한 이유가 있다거나 단체교섭에 성실히 응하였다고 믿었더라도 **객관적으로 정당한 이유가 없고 불성실한 단체교섭으로 판정되는 경우에는 성립**한다고 할 것이고, 한편 **정당한 이유인지의 여부**는 노동조합 측의 교섭권자, 노동조합측이 요구하는 교섭시간, 교섭장소, 교섭사항 및 그의 교섭태도 등을 종합하여 **사회통념상 사용자에게 단체교섭 의무의 이행을 기대하는 것이 어렵다고 인정되는지 여부에 따라 판단**할 것이다.

2. 사용자의 단체교섭거부의 정당성[적극](대판 1998.1.20, 97도588)

구 노동조합법 제33조(현행 노조법 제29조) 제1항 본문은 노동조합의 대표자 또는 노동조합으로부터 위임을 받은 자는 그 노동자 또는 조합원을 위하여 사용자나 사용자단체와 단체협약의 체결 기타의 사항에 관하여 교섭할 권한이 있다고 규정하고 있었는바, 여기서 교섭할 권한이라 함은 사실행위로서의 단체교섭의 권한 외에 교섭한 결과에 따라 단체협약을 체결할 권한을 포함하는 것이지만, 그럼에도 불구하고 노동조합의 대표자 또는 수임자가 **단체교섭의 결과에 따라 사용자와 단체협약의 내용을 합의한 후 다시 협약안의 가부에 관하여 조합원 총회의 의결을 거친 후에만 단체협약을 체결할 것임을 명백히 하였다면** 노사 쌍방 간의 타협과 양보의 결과로 임금이나 그

47) 대판 2006.10.26, 2004다11070 판결.

밖의 근로조건 등에 대하여 합의를 도출하더라도 노동조합의 조합원 총회에서 그 **단체협약안을 받아들이기를 거부하여 단체교섭의 성과를 무로 돌릴 위험성**이 있으므로 **사용자 측에서는 최종적인 결정 권한이 없는 교섭대표와의 교섭 내지 협상을 회피**하거나 설령 교섭에 임한다 하더라도 성실한 자세로 최후의 양보안을 제출하는 것을 꺼리게 될 것이고, 그와 같은 **사용자 측의 단체교섭 회피 또는 해태를 정당한 이유가 없는 것이라고 비난하기도 어렵다 할 것**이므로, **사용자 측의 단체교섭 회피가 같은 법 제39조 제3호가 정하는 부당노동행위에 해당한다고 보기도 어렵고, 그에 대항하여 단행된 쟁의행위는 그 목적에 있어서 정당한 쟁의행위라고 볼 수 없다.**

3. 사용자의 단체교섭거부의 정당성[소극](대판 2006.2.24. 2005도8606)

[1] 쟁의행위는 단체교섭을 촉진하기 위한 수단으로서의 성질을 가지므로 **쟁의기간 중이라는 사정**이 사용자가 단체**교섭을 거부할 만한 정당한 이유가 될 수 없고**, 한편 당사자가 성의 있는 교섭을 계속하였음에도 단체교섭이 교착상태에 빠져 교섭의 진전이 더 이상 기대될 수 없는 상황이라면 사용자가 단체교섭을 거부하더라도 그 거부에 정당한 이유가 있다고 할 것이지만, 위와 같은 경우에도 노동조합 측으로부터 새로운 타협안이 제시되는 등 **교섭재개가 의미 있을 것으로 기대할 만한 사정변경이 생긴 경우에는** 사용자로서는 다시 단체**교섭에 응하여야 하므로**, 위와 같은 사정변경에도 불구하고 **사용자가 단체교섭을 거부하는 경우에는 그 거부에 정당한 이유가 있다고 할 수 없다.**

[2] 사용자인 피고인이 노동조합 측이 정한 단체교섭 일시의 변경을 구할 만한 합리적 이유가 있었다고 보이지 아니하고, 위 교섭일시 전에 노동조합 측에 교섭일시의 변경을 구하는 등 **교섭일시에 관한 어떠한 의사도 표명한 적이 없었던 경우**, 피고인이 **노동조합 측이 정한 일시에 단체교섭에 응하지 아니한 것에 정당한 이유가 없다.**

4. 사용자의 단체협약체결거부에 대한 노조의 대응방법(대판 1991.5.14. 90누4006)

사용자 측이 정당한 이유 없이 근로자의 단체협약 체결요구를 거부하거나 해태한 경우에 노동조합법 제40조(현행 노조법 제82조)의 규정에 의한 **구제신청을 하지 아니하고 노동쟁의의 방법을 택하였다고 하여 노동조합법을 위반한 것이라고 할 수 없다.**

제 5 절 지배 · 개입

Ⅰ. 서 설

노조법은 근로자 또는 노동조합이 근로3권 실현활동에 대한 사용자의 침해 내지 간섭행위를 금지하고 있는데, 이렇게 금지되는 사용자의 제반행위를 부당노동행위라고 한다. 노조법은 나아가 부당노동행위로 인하여 피해를 입은 근로자 또는 노동조합이 노동위원회를 통하여 구제를 받을 수 있는 절차, 즉 부당노동행위의 구제절차와 그러한 행위를 한 사용자에 대한 벌칙을 함께 규정하고 있다.

특히, 노조법 제81조에서는 근로자가 노동조합을 조직 또는 운영하는 것을 지배하거나 이에 개입하는 행위와 노동조합의 전임자에게 급여를 지원하거나 노동조합의 운영비를 원조하는 행위를 사용자의 부당노동행위로 규정하고 있다.

Ⅱ. 지배 · 개입의 성립요건

1. 사용자의 행위

(1) 부당노동행위의 주체

부당노동행위 금지규정상의 사용자는 근로계약상의 사용자와 구별되며, 근로계약관계 내지 그것에 근접 · 유사한 관계를 기반으로 하여 성립되는 집단적 노사관계상의 일방당사자를 의미한다. 즉 부당노동행위에 있어서는 사용자개념이 확장되어 문제된 근로자의 고용주가 아니라도 그와 근접 · 유사한 지위에 있는 자도 사용자로 인정된다.

(2) 하위관리자의 행위

부당노동행위에 해당하는 행위를 사업주나 사업의 경영담당자가 아니라 하위의 관리직이나 일반 근로자가 행한 경우에 그를 부당노동행위의 주체가 될 수 있는지 문제된다.

부당노동행위에서 불이익취급에 의한 '해고'의 주체는 사업주를 의미하나, 지배 · 개입의 주체는 관리자까지 해당될 것이다. 부당노동행위라 할지라도 해고의 문제는 결국 근로계약체결 당사자의 문제이므로 사업주에 한정되는 것이고, 지배 · 개입은 사업주 외에 실제로 관리자들에 의해 행해질 여지가 많기 때문이다.[48)]

노동조합의 조직 · 운영에 지배 · 개입하는 행위는 관리자의 발의에 의하여 행하여질 수 있고 이 경우 사업주 또는 경영담당자와 명확한 의사연락이 없더라도 사업주의 행위로 인정된다. 계장 · 주임 · 반장 등 하위의 감독직 근로자의 지배 · 개입행위는 사용자의 지시를 받거나 그 의향에 따라 또는 그 묵시적 승인 아래 행하여진 경우에 사용자의 행위로 인정하여야 할 것이다.

(3) 사용자개념의 확대

최근 노사관계의 다양한 변화로 인하여 근로계약관계가 전혀 존재하지 않는 기업 외부의 근로자로 조직된 노동조합에 대한 집단적 노사관계의 문제가 사회적 이슈로 등장하고 있다. 부당노동행위가 형식적인 근로계약관계가 없거나 한 사업의 외부에서 발생한 경우 누가 부당노동행위의 주체로 인정되는지 문제된다.

그동안 법원에서는 "사용자라 함은 근로자와의 사이에 사용종속관계가 있는 자, 즉 근로자와의 사이에 그를 지휘 · 감독하면서 그로부터 근로를 제공받고 그 대가로서 임금을 지급하는 것을 목적으로 하는 명시적이거나 묵시적인 근로계약관계를 맺고 있는 자를 말한다"고 판시하여 원칙적으로 근로계약관계가 있어야 한다는 점을 밝히고 있다.

그러나 "노조법 제81조 제4호에서 지배 · 개입의 주체로서 사용자는 일반적으로 근로계약상의 사용자를 말하는 것이지만 위 조항이 단결권의 침해에 해당하는 일정한 행위를 부당노동행위로서 배제 · 시정하여 정상적인 노사관계를 회복할 것을 목적으로 하고 있는 점을 감안하면, 근로계약상의 사용자 이외의 사업주도 근로계약상의 사용자와 직접 근로계약관계를 맺고 있는 근로자를 자기의 업무에 종사시키고, 그 근로자의 기본적인 노동조건 등에 관하여 부분적이기는 하더라도 근로계약상의 사용자와 같이 볼 수 있을 정도로 현실적이고 구체적으로 지배 · 결정할 수 있는 지위에 있는 경우에는 그 한도 내에서 위 조항에서 정하는 '사용자'에 해당한다"고 판시[49]한 바 있다.

2. 지배 · 개입의 대상

지배 · 개입의 대상, 즉 지배 · 개입으로부터 보호받는 행위로서 법문에서 정하고 있는 것은 근로자가 노동조합을 조직 또는 운영하는 것이다. 여기서 조직 · 운영이란 근로자 개인 또는 노조가 행하는 광의의 조합활동이다.

3. 지배 · 개입의 행위

(1) 지배 · 개입의 의사

지배 · 개입으로서 부당노동행위가 성립하려면 사용자의 구체적인 반조합의사가 있어야 한다는 의사필요설[50]과 지배 · 개입 행위가 존재하면 부당노동행위가 성립하기 때문에 지배 · 개입 의사가 있어야 하는 것은 아니라는 의사불요설[51]이 대립하고 있다.

지배 · 개입의 성립은 자주성 침해라는 결과의 발생을 요하는 것이 아니므로 사용자에게 반드시 반

---

48) 이러한 이유로 현대중공업 사건에서 법원이 부당노동행위 중 불이익취급은 기각하고, 지배·개입만 인용한 것이라 볼 수 있다. 즉 법원은 근로계약당사자의 문제라 할 수 있는 불이익취급에 대해서는 사용자개념을 확장하지 않은 것이다.

49) 서울행법 2006.5.18, 2005구합11951.

50) 임종률 277.

51) 김유성Ⅱ 361; 김형배 956.

조합적 의사 또는 자주성 침해의 의도가 있어야 하는 것은 아니다. 부당노동행위제도는 노동3권을 침해하거나 그 우려가 있는 사용자의 행위를 제거하기 위한 것이지 사용자의 주관적인 목적이나 의도나 동기까지 요구되는 것은 아니기 때문이다. 따라서 지배 · 개입은 사용자의 노동조합의 조직 · 운영을 저지 · 방해하거나 간섭하는 등의 행위만으로 성립한다고 보아야 할 것이다.

(2) **결과발생 여부**

지배 · 개입의 성립은 조합활동에 대한 사용자의 개입 내지 간섭행위가 존재하면 인정되는 것이고, 그러한 사용자의 행위로 인하여 일정한 조합활동의 좌절이나 실패 또는 노조의 약화 등의 현실적인 결과 내지 손해가 발생해야 하는 것은 아니라고 할 것이다.[52)]

Ⅲ. 지배 · 개입의 태양

1. 노동조합의 조직 · 운영에 대한 지배 · 개입

(1) **의 의**

지배 · 개입의 부당노동행위는 사용자가 '근로자가 노동조합을 조직하거나 운영하는 것을 지배하거나 이에 개입하는 행위'를 함으로써 성립된다.

(2) **노동조합의 조직 · 운영**

노동조합의 조직에는 그 준비행위도 포함되며, 운영이란 노동조합의 회의나 선거 등 내부적 관리만이 아니라 단체교섭이나 쟁의행위 등 대외적 활동도 포함된다.

(3) **지배 · 개입의 의미**

지배는 사용자가 지배력을 미쳐 노동조합의 의사결정을 좌우할 정도의 간섭 · 방해행위이다. 개입이란 이 정도에 이르지 않는 것을 말하지만 양자를 굳이 구별할 필요는 없다.

2. 전임자 급여 및 운영비 원조

(1) **의 의**

사용자가 '노동조합의 전임자에게 급여를 지원하거나 노동조합의 운영비를 원조하는' 경우에도 지배 · 개입의 부당노동행위가 성립된다. 그러나 근로자가 근로시간 중에 근로시간면제제도(제24조 제4항)에 따른 활동을 하는 것을 사용자가 허용함은 무방하며, 또한 근로자의 후생자금 또는 경제상의 불행 기타 재액의 방지와 구제 등을 위한 기금의 기부와 최소한의 규모의 노동조합사무소의 제공은 예외로 한다. 그동안 유예되었던 전임자의 급여지급 금지가 2010년 7월 1일부터 시행되고 있다.

(2) **노동조합의 자주성과 운영비 원조**

노동조합의 자주성이 저해되지 않을 정도의 운영비 원조를 부당노동행위로 볼 것인지 문제된다. 전임자 급여지원이나 노동조합의 운영비 원조에 해당하는 행위가 존재하는 이상 그로 인해 노동조합의 자주성이 저해되었거나 저해될 구체적 위험이 없더라도 부당노동행위가 성립한다는 형식설과 실질적으로 노동조합의 자주성이 저해되었거나 그런 구체적인 위험이 없는 이상 부당노동행위가 성립되지 않는다는 실질설이 있다. 실질설에서도 노동조합 전임자의 급여지원은 그로 인한 자주성 저해의 위험발생 여부를

52) 대판 1997.5.7, 96누2057.

불문하고 허용되지 않는다고 보는 반면, 형식설에서도 명문상 예외로 되어있는 것과 같은 성질을 가진 것은 허용된다고 보기 때문에 양설의 차이는 거의 없다.

(3) 노조전임자의 급여지급 금지와 근로시간면제제도

1) 전임자 급여지급 금지　　사용자의 노조전임자 급여지급에 대하여 1997년 제정된 현행 노조법 제24조에서는 '전임자는 그 전임기간 동안 사용자로부터 어떠한 급여도 지급 받아서는 안 된다'고 규정하면서, 제81조 제4호에서는 이를 부당노동행위로 명시하고 있다. 다만, 그동안 유예기간에 의해 2009년 12월 31일까지는 적용되지 않다가 최근 노조법 개정으로 2010년 7월 1일부터는 전임자 급여지급은 금지되지만 일정범주의 활동에 대해서는 유급 처리하는 것을 인정하는 유급근로시간 면제제도를 시행한다.

2) 근로시간면제제도[53]　　전임자 급여지급 금지(제24조 제1항)에도 불구하고 단체협약으로 정하거나 사용자가 동의하는 경우에는 사업 또는 사업장별로 조합원 수 등을 고려하여 근로시간면제심의위원회에서 결정된 근로시간 면제 한도를 초과하지 아니하는 범위에서 근로자는 임금의 손실 없이 사용자와의 협의 · 교섭, 고충처리, 산업안전 활동 등 이 법 또는 다른 법률에서 정하는 업무와 건전한 노사관계 발전을 위한 노동조합의 유지 · 관리업무를 할 수 있다(제24조 제4항).

3. 반조합적 발언과 지배 · 개입

(1) 의　　의

노동조합의 존립이나 활동에 관한 사용자의 의견표명은 어떤 경우에 지배 · 개입의 부당노동행위가 되는가, 즉 사용자의 인론의 자유는 지배 · 개입의 부당노동행위에 의하여 어느 정도 제한되는가가 문제된다.

(2) 지배 · 개입의 성립 여부

미국의 태프트-하틀리법은 "가시적 방법을 통한 사용자의 의견표명은 '보복이나 폭력의 위협 또는 이익의 약속'을 포함하지 않는 한 부당노동행위를 구성하거나 그 증거가 되지 않는다"라고 규정하고 있다. 일본에서는 이를 원용하여 사용사의 발언이 보복이나 폭력의 위협 또는 이익의 제공이 포함되어 있지 않는 이상 지배 · 개입의 부당노동행위로 되지 않는다고 보는 견해가 있다.

그러나 헌법상 노동3권을 인정하고 있는 우리나라에서는 사용자의 발언이 종업원에 대한 우월한 지위에서 행한 위압적 발언인 이상, 보복이나 폭력의 위협 등이 포함되어 있지 않더라도 지배 · 개입이 성립된다고 보아야 할 것이다.[54]

다만, 사용자의 반조합적 발언이 지배 · 개입으로 되기 위해서는 보복이나 폭력의 위협 등을 포함할 필요는 없지만, 노동조합의 자주성이나 조직력을 저해할 우려는 있어야 한다고 보아야 하고, 그러한 우려의 존부는 발언의 내용, 상황, 노동조합에 대한 영향 등을 종합하여 판정하여야 할 것[55]이다.

---

53) 개정 노조법 설명 5, 그동안 전임자 급여는 당연히 사용자가 지급해야 한다는 관행이 형성되어 전임자 급여지급 금지에 대한 유예기간 중 노사 자율로 전임자 수를 축소토록 하였으나, 13년간 전임자 수가 계속 증가하였고, 신설노조의 경우에도 전임자 인정 및 노조사무실 제공이 노사분규의 원인으로 작용해 왔다. 이런 상황에서 전임자의 건전한 노조활동을 보장하면서 전임자 관행을 개선하기위해 근로시간 면제 제도를 도입하게 되었다.

54) 임종률 279; 김유성Ⅱ 357.

55) 대판 1998.5.22, 97누8076.

4. 시설관리권의 행사와 지배 · 개입

노조가 단체협약이나 노사합의 등에 따라 정당하게 기업의 시설을 이용하는 경우에 이를 방해하거나 저지하는 사용자의 행위가 지배 · 개입이 됨은 물론이지만, 정당한 시설관리권의 행사라고 보이는 사용자의 행위라고 하더라도 경우에 따라서는 지배 · 개입이 성립할 수 있다.

노조가 사용자와 합의 없이 유인물을 기업시설에 부착하거나 노조의 회의 등을 위해 기업시설의 이용을 청구한 경우에 사용자가 상당한 절차와 방법을 통하지 않는 한 지배 · 개입이 성립할 수 있다고 보아야 한다.

5. 특수형태의 지배 · 개입

(1) 직장폐쇄

대항적 · 방어적 성격의 직장폐쇄는 부당노동행위로 인정되지 않지만, 선제적 · 공격적 직장폐쇄는 부당노동행위로 인정될 가능성이 높다.

(2) 폐 업

사용자가 진정으로 폐업한 경우에는 부당노동행위의 성립을 인정할 수 없지만, 위장폐업의 경우에는 그 폐업 · 회사해산 및 조합원 전원의 해고는 지배 · 개입행위이다.

(3) 노동관행의 파기

사용자가 합리적인 이유의 제시나 노동조합과의 합의노력도 없이 관행을 파기하거나 당해 사항에 관하여 관행에 반하는 처리를 하는 것은 정당한 조합활동에 대한 방해행위로서 지배 · 개입의 부당노동행위가 성립된다고 보아야 할 것이다.

6. 지배 · 개입의 예외

노조법에서는 "근로자가 근로시간 중에 제24조 제4항에 따른 활동을 하는 것을 사용자가 허용함은 무방하며, 또한 근로자의 후생자금 또는 경제상의 불행 기타 재액의 방지와 구제 등을 위한 기금의 기부와 최소한의 규모의 노동조합사무소의 제공"은 지배 · 개입의 부당노동행위에서 예외로 규정하고 있다(노조법 제81조 제4호 단서).

Ⅳ. 지배 · 개입의 효과와 구제

1. 벌 칙

사용자의 지배 · 개입행위가 부당노동행위로서 성립하는 경우에는 벌칙(제90조)이 부과된다.

2. 구 제

(1) 노동위원회에 의한 구제

노동조합은 노동위원회에 그 구제를 신청할 수 있다. 지배개입은 반조합적인 발언 등의 방법으로 이뤄져서 사용자의 행위를 취소하여 원상으로 회복한다는 것은 매우 어려운 것이 현실이다. 이러한 경우에는 공고문게시명령 등의 방법으로 구제를 받을 수 있다.

(2) 법원에 의한 구제

사용자의 행위가 노동조합에 대한 지배 · 개입으로 판단되면 이러한 행위가 불법행위를 구성하는지를 판단하여 손해배상청구를 할 수 있다.

Ⅴ. 결 론

노동조합은 근로자의 이해관계를 대변하는 단결체이므로, 그 자주성과 독립성이 보장되지 아니할 때에는 본래의 취지에 부합하지 않게 된다. 따라서 노동조합을 지배 · 개입하려는 사용자의 행위는 수익적이든, 침익적이든 엄격히 금지되어야 한다. 다만, 노동조합에 일체의 급여지원을 금지하는 것은 오히려 노동조합 활동을 위축시킬 수 있기 때문에 이에 대한 입법적 검토가 필요할 것이다.

[관련판례] 지배 · 개입

1. 지배 · 개입과 단결권 침해의 결과발생(대판 1997.5.7, 96누2057)

해고의 효력을 다투는 조합장이 회사에 조합장 복귀 통지문을 보내고 단체협약에 따라 조합장 명의로 조합비 등의 일괄공제를 요청하였으나, 회사는 통지문을 반려하고 다른 조합원 명의로 조합비 등의 일괄공제를 요청한 것은 조합장의 노동조합활동을 방해하려는 의도에서 이루어진 것으로서 비록 근로자의 **단결권 침해라는 결과가 발생하지 아니하였다고** 하더라도 지배 개입으로서의 **부당노동행위에 해당**한다.

2. 반조합발언과 지배개입(적극)(대판 1998.5.22, 97누8076)

[1] 회사대표가 종무식장에서 전직원을 상대로 원고 **조직의 성질상 태어나지 말아야 할 노동조합이 생겼으며,** 자신을 포함한 우리 모두가(감독관청인 국방부에 대하여) 노동자인 것이고, 원고 조직의 성격상 노조활동에는 한계가 있다고 보며, 계속하여 분쟁이 야기되어 전직원으로부터 사표를 받고 공개 채용으로 다시 충원해야 하는 일이 없길 바란다는 취지로 발언한 것은, 이 사건**조합을 부인하는 태도**를 명백히 함과 동시에 조합활동이 계속되는 경우 직원의 신분이 박탈될 수도 있다는 신분상의 불안감을 느끼게 하여 **조합활동을 위축**시킴으로써 **조합의 조직과 활동에 영향을 미치고자 하는 의도**임이 충분히 인정되므로, 원심이 위 **연설행위를 법 제39조 제4호(현행 노조법 제81조 제4호)에 정한 부당노동행위로 판단**한 것은 정당하다.

[2] **사용자**가 연설, 사내방송, 게시문, 서한 등을 통하여 의견을 표명할 수 있는 **언론의 자유**를 가지고 있음은 당연하나, 그것이 행하여진 상황, 장소, 그 내용, 방법, 노동조합의 운영이나 활동에 미친 영향 등을 종합하여 **노동조합의 조직이나 운영을 지배하거나 이에 개입하는 의사가 인정되는 경우**에는 구 노동조합법 제39조 제4호(현행 노조법 제81조 제4호)에 정한 부당노동행위가 성립한다.

제 6 절 부당노동행위 구제절차

Ⅰ. 서 설

노조법은 근로자 또는 노동조합이 근로3권 실현활동에 대한 사용자의 침해 내지 간섭행위를 금지하고 있는데, 이렇게 금지되는 사용자의 제반행위를 부당노동행위라고 한다. 노조법은 나아가 부당노동행위로 인하여 피해를 입은 근로자 또는 노동조합이 노동위원회를 통하여 구제를 받을 수 있는 절차, 즉 부당노동행위의 구제절차와 그러한 행위를 한 사용자에 대한 벌칙을 함께 규정하고 있다. 부당노동행위제도는 사용자의 근로3권 침해행위의 금지와 그 구제절차 및 벌칙을 정하고 있는 제도라고 할 것이다.

부당노동행위의 구제제도로는 노동위원회에 의한 행정적 구제와 법원에 의한 사법적 구제가 있다. 그러나 일반적으로 법원에 의한 사법적 구제방법으로는 신속하고 실질적인 효과를 기대하기 어렵기 때문에 노조법은 노동위원회에 의한 행정적 구제의 방식을 채용함으로서 사법적 구제의 결함을 보완하여 신속하고 탄력적인 구제를 도모하고 있다. 또한 현행법은 부당노동행위의 구제를 위한 원상회복주의와 부당노동행위를 예방하기 위한 처벌주의를 병행하고 있다.

Ⅱ. 초심절차

1. 구제신청

(1) 신 청 인

부당노동행위의 구제절차는 관할 노동위원회에 그 구제를 신청함으로써 개시되는데, 사용자의 부당노동행위로 인하여 그 권리를 침해당한 근로자 또는 노동조합은 노동위원회에 그 구제를 신청할 수 있다(제82조 제1항).

이때 노동조합이라 함은 원칙적으로 노조법상 노동조합을 의미한다. 다만 노조법노조가 아닌 근로자 단결체의 조합원은 불이익취급이나 반조합계약사건과 관련해서 근로자 개인의 명의로 구제신청을 할 수 있다(제7조 제1항).

(2) **피신청인**

피신청인은 원칙적으로는 부당노동행위의 주체로서 사용자이다. 다만, 부당노동행위의 주체가 아니라도 구제명령의 내용을 실현하는 사실상의 권한과 능력을 가지는 한 피신청인이 될 수 있다. 근로계약상의 사용자 이외의 사업주도 근로계약상의 사용자와 직접 근로계약관계를 맺고 있는 근로자를 자기의 업무에 종사시키고, 그 근로자의 기본적인 노동 조건 등에 관하여 부분적이기는 하더라도 근로계약상의 사용자와 같이 볼 수 있을 정도로 현실적이고 구체적으로 지배·결정할 수 있는 지위에 있는 경우에는 그 한도 내에서 위 조항에서 정하는 '사용자'에 해당한다고 할 것이다.[56]

(3) **관 할**

부당노동행위의 초심은 부당노동행위가 발생한 사업장의 소재지를 관할하는 지방노동위원회가 관할이다.

(4) **신청절차**

신청인은 구제신청서에 신청인·피신청인의 성명 및 주소, 신청취지 등을 기재하여 서면으로 관할 노동위원회에 구제를 신청해야 한다. 구제의 신청은 부당노동행위가 있은 날(계속하는 행위는 그 종료일)부터 3월 이내에 이를 행하여야 한다(제82조 제2항).

(5) **신청의 취하, 각하**

신청인은 부당노동행위 구제에 관한 명령서 또는 결정서 등이 교부될 때까지 언제든지 신청의 전부 또는 일부를 취하할 수 있다.

노동위원회는 구제신청이 그 당부를 판단하기 위한 전제요건을 결하고 있다고 판단되는 경우에는 심판위원회의 결정에 의해 구제신청을 각하할 수 있다.

2. 심 사

심사는 조사와 심문의 두 절차를 말한다. 노동위원회가 구제신청을 받은 때에는 지체없이 필요한 조사와 관계 당사자의 심문을 하여야 한다(제83조 제1항). 노동위원회는 심문을 할 때에는 관계 당사자의 신청에 의하거나 그 직권으로 증인을 출석하게 하여 필요한 사항을 질문할 수 있다(제2항). 노동위원회는 심문을 함에 있어서는 관계 당사자에 대하여 증거의 제출과 증인에 대한 반대심문을 할 수 있는 충분한 기회를 주어야 한다(제3항).

부당노동행위의 성립은 반드시 심문을 거쳐서 판정해야 하며 조사를 끝낸 것만으로는 구제명령을 내릴 수 없기 때문에 조사만을 행하고 심문 없이 명령을 발하는 것은 당사자 간에 이의가 없더라도 위법하다. 노동위원회의 조사와 심문에 관한 절차는 중앙노동위원회가 따로 정하는 바에 의한다(제4항).

3. 화해의 권고

노동위원회는 조사 및 심문 과정에서 언제든지 당사자에게 화해안을 제시하고 화해를 권고할 수 있다(노동위원회법 제16조의3 제1항). 화해가 성립한 경우 당해 사건은 종결되며 노동위원회는 화해조서를

---

56) 서울행정법원 2006.5.18, 2005구합11951.

작성한다. 그 화해조서는 재판상 화해의 효력을 갖는다(노동위원회법 제16조의3 제5항).

2007년 개정 이전에는 화해의 절차 및 효력에 대하여 노동위원회 규칙에 규정되어 있을 뿐, 본 법에 근거가 없어 실효성이나 효력에 대해 논란이 많았다. 최근 본 법의 내용으로 규정되어 향후 효과적으로 활용될 수 있을 것이다.

4. 명령 · 결정

(1) 명령 · 결정 절차

노동위원회는 심문을 종료하고 부당노동행위가 성립한다고 판정한 때에는 사용자에게 구제명령을 발하여야 하며, 부당노동행위가 성립되지 아니한다고 판정한 때에는 그 구제신청을 기각하는 결정을 하여야 한다(제84조 제1항). 구제명령, 기각결정은 서면으로 하되, 이를 당해 사용자와 신청인에게 각각 교부하여야 한다(제2항).

(2) 명령 · 결정의 효력

명령 · 결정은 행정위원회인 노동위원회가 발하는 행정처분의 일종이며, 관계당사자는 명령이 있을 때에는 이에 따라야 한다. 법정기간 내에 재심을 신청하지 아니한 때에는 그 구제명령기각결정은 확정(제85조 제3항)되며 관계당사자는 이에 따라야 한다(제4항).

(3) 확정된 구제명령 위반에 대한 벌칙

관계당사자가 확정된 명령 · 결정을 따르지 않는 경우에는 벌칙의 적용을 받는다(제89조 제2호).

5. 구제명령의 내용

(1) 원상회복조치와 노동위원회의 재량권

부당노동행위 구제절차가 침해된 근로3권을 구제하기 위한 것이므로 그 구제명령도 근로3권에 대한 사용자의 침해를 배제하고 부당노동행위가 없었던 상태로 회복한다는 원상회복조치가 원칙적인 내용이다. 노조법에서는 노동위원회가 전문적 · 합목적적인 판단에 따라 개개 사건에 적절한 조치를 고안하도록 광범한 재량권을 인정하고 있다.

(2) 불이익취급의 경우

불이익 취급으로서 해고의 경우 노동위원회는 해고된 근로자를 원직 또는 원직에 상당하는 지위에 복직시킴은 물론, 해고에 의하여 상실된 임금의 소급지불을 명하는 것이 원칙이다.

당해 근로자가 원직복귀를 바라지 않는 경우에는 강제로 원직에 복귀시키는 명령은 불가능하다. 그러나 이러한 경우에도 노동조합에게는 공고문게시명령 · 부작위명령 · 손해배상명령 등이 적절한 구제수단이 될 수 있다.

(3) 반조합계약의 경우

노동조합에의 불가입, 탈퇴 또는 가입 등을 고용조건으로 한 계약서의 당해 부분을 파기하라는 명령 등이 가능하다. 아울러 필요한 경우에는 공고문게시명령도 가능하다.

(4) 단체교섭의 거부의 경우

단체교섭의 거부의 경우에는 단체교섭에 응하라는 명령이 가능하다. 단체교섭거부가 교섭사항, 교섭당사자, 교섭시기 등에 관련하여 문제된 경우에는 그 사항을 구체적으로 특정하여 교섭명령을 하는 것이 적절하다. 아울러 필요한 경우에는 공고문게시명령을 할 수 있다.

(5) 지배 · 개입의 경우

지배 · 개입은 행위 자체를 제거 내지 취소하여 원상회복 한다는 것은 사실상 곤란하므로 공고문게시명령이나 부작위명령 등이 적절하다고 할 것이다.

6. 부당노동행위 구제제도의 실효성 강화 방안

그동안 부당노동행위에 대한 구제절차의 개선과 보완이 계속 요구되어 왔다. 학계에서는 사건의 신속한 해결과 노사관계의 안정화에 기여할 수 있도록 구제절차에서 부당노동행위 중지, 공고문게시 등의 ① 다양한 구제명령의 근거를 입법적으로 마련할 필요성이 제기되었다. 조사 · 심문을 더욱 충실하게 실시하도록 ② 현지조사와 집중심리 등이 도입될 수 있을 것이다. 또한 ③ 구제명령의 신속한 이행확보를 위해 구제명령확정 불문하고 과태료제재를 가한다거나 긴급이행명령제도의 개선도 고려할 수 있을 것이다.

Ⅲ. 재심절차

1. 재심신청 및 그 범위

(1) 재심신청

지방노동위원회 또는 특별노동위원회의 구제명령 또는 기각결정에 불복이 있는 관계 당사자는 그 명령서 또는 결정서의 송달을 받은 날부터 10일 이내에 중앙노동위원회에 그 재심을 신청할 수 있다(제85조 제1항). 법정기간 내에 재심을 신청하지 않으면 초심의 구제명령 또는 기각결정은 확정된다.

(2) 재심신청의 범위

중앙노동위원회는 당사자의 신청이 있는 경우 지방노동위원회 또는 특별노동위원회의 처분을 재심하여 이를 인정 · 취소 또는 변경할 수 있다. 따라서 재심을 신청할 수 있는 범위는 초심명령 · 결정의 대상이었던 구체적 사실이 해당한다.

2. 재심판정

중앙노동위원회의 재심사는 초심명령 · 결정에 불복하여 재심을 신청한 범위 내의 사실에 대하여만 이루어진다. 이러한 재심사의 결과 재심신청이 이유 없다고 인정하는 경우에는 이를 기각하며, 이유 있다고 인정하는 경우에는 초심명령 · 결정을 취소 또는 변경한다.

Ⅳ. 행정소송

1. 행정소송의 제기

(1) 당 사 자

재심판정의 행정소송은 당해 재심판정의 관계당사자가 제기할 수 있다. 원고는 재심판정의 취소를 구할 법률상의 이익이 있고, 이에 불복하는 사용자나 피해 근로자 또는 노동조합이 될 것이며, 피고는 재심판정을 한 중앙노동위원회의 위원장이 된다. 그리고 그 상대방은 피고보조참가인이 된다.

(2) **관할 · 제소기간**

행정소송의 관할법원은 중앙노동위원회의 소재지를 관할하는 대법원 소재지의 행정법원이다. 그리고 중앙노동위원회의 구제명령서, 기각결정서 또는 재심판정서를 송달받은 날로부터 15일 이내에 행정소송을 제기하여야 한다.

이 기간 내에 행정소송을 제기하지 아니한 때에는 그 구제명령 · 기각결정 또는 재심판정은 확정되고 관계당사자는 이에 따라야 한다.

(3) **제소와 명령의 효력**

중앙노동위원회의 재심판정은 행정소송의 제기에 의하여 그 효력이 정지되지 아니한다. 재심판정의 효력은 당사자의 신청 또는 직권에 의한 법원의 집행정지결정에 의해 그 효력이 정지될 수 있고, 행정소송의 판결결과에 의하여 취소될 수 있다.

(4) **긴급이행명령**

1) 의 의 긴급이행명령이란 중앙노동위원회가 내린 구제명령의 이행을 지연하기 위한 수단으로 사용자가 행정소송을 제기한 경우에 관할법원은 중앙노동위원회의 신청에 의하여 결정으로써, 판결이 확정될 때까지 중앙노동위원회의 구제명령의 전부 또는 일부를 이행하도록 명하는 제도이다. 이러한 긴급이행명령은 당사자의 신청에 의하여 또는 직권으로 그 결정을 취소할 수 있다.

2) 문제점과 개선방안 선진화위원회는 긴급이행명령제도에 대해 한계를 지적하였다. 그 적용범위를 행정소송을 제기한 경우로 한정하고 중노위 재심단계에서는 적용하지 않고 있다. 또한 신청권자를 중앙노동위원회로 한정하고 부당노동행위 구제신청 당사자를 제외함으로써 신속한 구제의 취지를 반감시킨다는 것이다.

따라서 긴급이행명령제도의 신청권자 범위를 확대하고 중앙노동위원회가 이행상황에 대한 사용자의 보고를 통해 감독할 수 있도록 하는 방안이 제시되고 있다.

2. 심리의 범위

(1) **심리대상**

행정소송은 중앙노동위원회의 위법한 행정처분 등을 취소하는 것이므로 법원은 재심판정이 위법한지 여부를 판단한다. 즉 부당노동행위 인정에 대한 사실의 타당성 여부, 구제조치 내용의 적법 여부, 재심절차의 적법 여부 등이 심리대상이 될 수 있다.

(2) **중앙노동위원회 판단의 인정 여부**

법원은 직권으로 증거조사를 하여 새로이 증거를 수집할 수 있으므로 새로운 증거를 근거로 중노위와 다른 사실을 독자적으로 인정할 수 있다. 그러나 사실인정에 대한 준사법적 기관인 중노위의 독자적인 판단을 존중해 줄 필요가 있다.

3. 확정판결

(1) **판결의 효력**

중노위의 재심판정에 대한 법원의 판결로 구제명령, 기각결정 또는 각하결정이 확정된다. 그 확정된 판결은 중노위를 기속된다. 따라서 중노위의 구제명령이 취소된 경우에는 취소판결의 확정에 의해 구제명령의 효력은 상실된다.

(2) **화 해**

확정판결 전에 소송당사자는 노사의 일방(원고)과 중앙노동위원회(피고)로서 노동위원회에서 대립하던 노사쌍방은 참가인에 불과한 것으로 원고와 참가인과의 화해에 의한 소의 취하가 이루어질 수 있다.

V. 법원에 의한 구제절차

1. 의 의

부당노동행위에 대한 구제는 신속하고 간편한 노동위원회에 의한 구제절차를 활용하는 것이 일반적이지만 법원을 통해 보다 실효성 있는 구제를 받을 수 있다.

헌법상의 근로3권 보장은 대사인적 효력이 인정되기 때문에 근로3권을 침해하는 부당노동행위에 대해서도 사법적 구제가 보장된다.

2. 민사구제

부당노동행위에 대한 노동위원회의 구제명령절차는 공법상 권리구제절차로서 사용자와 근로자 사이의 사법상 법률관계에 직접 영향을 미치는 것이 아니므로 근로자는 노동위원회를 통한 구제절차와 별도로 민사소송으로 그 사법상의 효력을 다툼으로서 권리구제를 구할 수 있다.

민사적 구제에는 본소에 의한 구제와 가처분신청에 의한 구제가 있다. 예컨대 단체교섭응낙가처분신청, 손해배상청구소송 등이 가능하다.

3. 형사구제

(1) **의 의**

현행법은 부당노동행위를 한 사용자에 대하여 피해자의 의사와 관계없이 직접 형벌을 과할 수 있도록 하고 있다. 이는 부당노동행위를 사전에 예방 · 억제하기 위하여 마련된 제도이다.

(2) **문제점과 개선방안**

선진화위원회에서는 이러한 부당노동행위에 대한 형사처벌 규정에 대해 정비가 필요하다는 의견이 제시되고 있다. 현재로서는 현행 형사처벌규정을 존치하면서 구성요건을 보다 명확히 하는 문제, 형사처벌의 범위(부당노동행위의 유형 중 처벌대상으로 삼을 것과 그렇지 않은 것)를 적정히 하는 문제, 형사처벌의 내용(형벌의 종류 및 형량)을 조정하는 문제 등에 대해서는 더 심도 있는 검토가 필요하다는 것이다.

VI. 부당노동행위 구제기관의 한계와 개선방안

1. 한 계

부당노동행위에 대한 구제기관으로서의 노동위원회와 민사법원 모두 일정한 한계가 있다.

(1) **노동위원회의 경우**

구제명령을 사용자가 이행하지 않더라도 이를 강제할 방법이 마땅하지 않고, 행정소송이라는 소송

절차를 다시 거쳐야 할 뿐만 아니라 행정소송을 통해 구제명령이 확정된 경우에도 불이행에 대해 강제 집행력이 없어 다시 민사소송을 제기하여야만 하는 한계가 있다.

(2) 법원의 경우

노동분쟁사건의 특수성을 제대로 이해하지 못하고 노동분쟁사건에 시민법원리를 적용함으로써 부당한 결론에 이르는 예가 많았다. 또한 일반민사소송절차를 그대로 적용함으로 절차의 번잡함과 장기간의 소요 및 많은 비용의 부담 등은 근로자의 권리구제에 문제가 있다.

2. 개선방안

근로자의 권리구제 내지 노동분쟁사건에 대한 현재의 구제기관의 문제점을 해결할 대안의 하나로서 노동법원제도의 도입을 제안할 수 있다. 노동법원제도는 실체적 및 절차적인 측면에서 시민법원리에 따르는 일반법원으로부터 분리된 독립적인 노동법원이 노동분쟁사건을 전속적으로 관할하도록 하는 제도이다. 노동법원이 도입되면 노사분쟁 등을 신속하게 해결할 수 있으며, 사회의 부담을 줄일 수 있을 뿐 아니라 노동문제에 관한 법원의 전문성, 공정성, 경제성도 높일 수 있을 것으로 전망된다.[57]

Ⅶ. 결 론

부당노동행위제도는 헌법상 근로3권을 보호하기 위한 제도로서 노동조합의 자주성을 도모하여 실질적인 노사대등관계를 실현하는 데 일조하고 있다. 특히 현행법의 노동위원회에 의한 구제절차는 신속하고 간편한 구제가 이뤄지고 있다. 그러나 현행제도의 실효성을 강화하기 위해서 다양한 구제명령의 근거마련, 긴급이행명령제도의 개선 및 형사처벌규정의 정비가 이뤄져야 한다는 지적이 제기되고 있다. 아울러 노동분쟁에 관한 법원의 전문성, 공정성, 경제성을 높일 수 있는 노동법원제도의 도입 필요성이 논의되고 있다. 부당노동행위를 비롯한 노동분쟁의 실질적인 해결을 위해 노 · 사 · 정의 보다 심도 깊은 논의가 필요하다.

[표] 노동법상 노동위원회 구제제도 비교

	비교점	부당해고	부당노동행위	비정규직 차별시정
1	법적 근거	「근로기준법」	「노조법」	「기단법」 및 「파견법」
2	제도취지	부당해고 구제	근로3권 침해행위 구제	비정규직에 대한 차별처우개선
3	입법특징	원상회복주의, 벌칙 미규정	원상회복주의, 벌칙규정	원상회복주의, 과태료
4	구제내용	재량에 따른 구제, 금전보상제도	재량에 따른 구제	재량에 따른 구제, 차별행위 중지, 임금 등 근로조건개선, 적절한 금전보상
5	구제절차	심판위원회(심판)	심판위원회(심판)	차별시정위원회(심판+조정)
6	입증책임	사용자: 정당성 근로자: 해고 여부	근로자	사용자
7	구제명령의 실효성 확보	이행강제금, 확정된 구제명령에 대한 벌칙	긴급이행명령, 확정된 구제명령에 대한 벌칙	시정명령이행상황 제출요구 확정된 시정명령에 대한 과태료 근로자의 시정명령 불이행 신고

57) 김선수, 「부당노동행위 관련 판정·해석기관의 문제점과 개선방안」.

[관련판례] 부당노동행위 구제절차

1. 부당노동행위 구제절차와 신청취지(대판 1999.5.11, 98두9233)

노동위원회규칙에 의하면 사용자로부터 부당노동행위로 인하여 권리를 침해당한 근로자 또는 노동조합, 그리고 사용자로부터 정당한 이유 없이 해고 · 휴직 · 정직 · 전직 · 감봉 기타 징벌을 당한 근로자가 지방노동위원회에 그 구제를 신청하기 위하여 제출하는 **구제신청서**에는 '부당노동행위 또는 정당한 이유가 없는 해고 등을 구성하는 구체적인 사실'과 '청구할 구제의 내용' 등을 기재하도록 되어 있으나, '청구할 구제의 내용'은 **민사소송의 청구취지처럼 엄격하게 해석할 것은 아니고 신청의 전취지로 보아 어떠한 구제를 구하고 있는지를 알 수 있을 정도면 되는 것**으로서, **노동위원회는 재량에 의하여 신청하고 있는 구체적 사실에 대응하여 적절 · 타당하다고 인정하는 구제를 명할 수 있는 것이므로, 구제신청서에 구제의 내용이 구체적으로 특정되어 있지 않다고 하더라도** 해당 법규에 정하여진 부당노동행위 또는 정당한 이유가 없는 해고 · 휴직 · 정직 · 전직 · 감봉 기타 징벌 등을 구성하는 **구체적인 사실을 주장하고 있다면 그에 대한 구제도 신청하고 있는 것으로 보아야 한다.**

2. 부당노동행위 구제절차와 신청기간(대판 1993.3.23, 92누15406)

무기정직처분은 처분과 동시에 처분행위가 종료되고 무기정직기간 동안 처분행위가 계속하여 노동조합법 제40조 제2항(현행 노조법 제82조 제2항)에서 말하는 "계속하는 행위"에 해당하는 것은 아니다.

3. 부당노동행위 구제와 입증책임(대판 1991.7.26, 91누2557)

노동조합법 제39조 제1호(현행 노조법 제81조 제1호) 소정의 부당노동행위가 성립하기 위해서는 근로자가 "노동조합의 업무를 위한 정당한 행위"를 하고, 회사가 이를 이유로 근로자를 해고한 경우라야 하고, 같은 **사실의 주장 및 입증책임은 부당노동행위임을 주장하는 근로자**에게 있다.

4. 부당노동행위 구제와 판정의 범위(대판 1995.4.7, 94누1579)

[1] 부당노동행위에 대한 구제절차는 관할노동위원회에 구제신청을 함으로써 개시되고, 그 심사의 대상도 구제신청의 내상이 된 부당노동행위를 구성하는 구체적 사실에 한정되므로, 비록 구제신청대상인 당초의 징계처분이 그 후 변경되었다고 하더라도 그 신청을 변경하지 않는 한 지방노동위원회나 중앙노동위원회는 당초의 징계처분을 심판대상으로 삼을 수밖에 없다.

[2] 부당노동행위의 구제제도는 근로자가 부당노동행위라고 주장하는 구체적 사실에 대하여 그것이 부당노동행위에 해당하는지 여부를 심리하고 그것이 부당노동행위인 경우에 적절한 구제방법을 결정 · 명령하는 제도이므로, **부당노동행위라고 주장되는 구체적 사실이 심사의 대상이 되는 것**이고, 따라서 **부당노동행위라고 주장된 구체적 사실이 1개인 이상 그에 대하여 노동위원회가 발한 구제방법이 수개이고 또 각 구제방법이 독립하여 이행될 수 있는 것이라고 하더라도** 행정처분으로서의 **구제명령은 1개라고 할 것이나, 부당노동행위라고 주장된 구체적 사실이 복수인 경우에는 그에 대한 행정처분으로서의 노동위원회의 구제명령 또는 기각결정은 복수**라고 보는 것이 타당하다.

5. 행정소송의 심리대상(대판 1990.8.10, 89누8217)

부당노동행위구제신청에 관한 중앙노동위원회의 명령 또는 결정의 취소를 구하는 소송에 있어서 그 명령 또는 결정의 적부는 그것이 이루어진 시점을 기준으로 판단하여야 할 것이지만 노동위원회에서 이미 주장된 사유만에 한정된다고 볼 근거는 없으므로, **중앙노동위원회의 명령 또는 결정 후에 생긴 사유가 아닌 이상 노동위원회에서 주장하**

지 아니한 사유도 행정소송에서 주장할 수 있다고 보아야 할 것이다.

6. 단체교섭과 불법행위 책임(대판 2006.10.26, 2004다11070)

사용자가 노동조합과의 단체교섭을 정당한 이유 없이 거부하였다고 하여 그 단체교섭 거부행위가 바로 위법한 행위로 평가되어 불법행위의 요건을 충족하게 되는 것은 아니지만, 그 단체교섭 거부행위가 그 원인과 목적, 그 과정과 행위태양, 그로 인한 결과 등에 비추어 **건전한 사회통념이나 사회상규상 용인될 수 없는 정도에 이른 것으로 인정되는 경우**에는 그 단체교섭 거부행위는 부당노동행위로서 **단체교섭권을 침해하는 위법한 행위로 평가되어 불법행위의 요건을 충족**하게 되는바, **사용자가 노동조합과의 단체교섭을 정당한 이유 없이 거부하다가 법원으로부터 노동조합과의 단체교섭을 거부하여서는 아니 된다는 취지의 집행력 있는 판결이나 가처분결정을 받고서도** 이를 위반하여 **노동조합과의 단체교섭을 거부**하였다면, **그 단체교섭 거부행위는 건전한 사회통념이나 사회상규상 용인될 수 없는 정도에 이른 행위**로서 헌법이 보장하고 있는 노동조합의 단체교섭권을 침해하는 위법한 행위라고 할 것이므로, **그 단체교섭 거부행위는 노동조합에 대하여 불법행위를 구성**한다.

Key Word

➾ 부당노동행위, 불이익취급, 비열계약, 단체교섭 거부 · 해태, 지배개입, 행정적 구제, 사법적 구제

기출문제

(1) 불이익취급에 있어서 불이익 취급의 유형 (12회, 03년, 25점)

(2) 조직강제와 부당노동행위 제도 (11회, 02년, 25점)

(3) 단체교섭거부와 부당노동행위의 관계 (16회, 07년, 50점)

(4) 노동조합의 정당한 단체교섭 요구를 사용자가 거부하거나 불성실하게 대응하는 경우 노동조합이 취할 수 있는 행정구제, 가처분, 손해배상청구에 관하여 설명하시오. (행시 07년, 15점)

(5) 부당노동행위 구제제도에 관하여 논하시오. (7회, 98년, 50점)

(6) 부당노동행위구제에 있어서 행정적 구제 및 사법적 구제의 의미를 설명하고 그 차이점을 논하시오. (9회, 00년, 50점)

연습문제

(1) 부당노동행위의 주체

(2) 부당노동행위의 사법적 구제

제 7 장 노동위원회

제 1 절 노동위원회의 구분 · 소속 및 구성

Ⅰ. 서 설

1. 노동위원회제도

집단적 노사관계법에서는 노사 간의 집단적 이해의 대립을 공정하게 조정, 판정하기 위하여 노동위원회제도를 두고 있다. 노동위원회는 준입법적(규칙제정권) · 준사법적(판정권) 기관이며, 노사의 자주적 질서형성을 목적으로 공정성과 독립성이 보장된 합의체의 행정기관이다. 또한 노사관계의 중요한 사항을 판정하거나 조정하기 위하여 설립된 하나의 독립적인 행정규제위원회이다. 노동위원회는 근로자를 대표하는 자, 사용자를 대표하는 자, 그리고 공익을 대표하는 자의 노 · 사 · 공 삼자구성을 조직원리로 하고 있다.

2. 노동위원회의 활성화

노동위원회는 매년 노사분쟁으로 막대한 사회적 비용을 지불함에도 불구하고 노사관계 및 분쟁성격 변화에 대응한 근본적 개편이 미흡했다. 또한 비정규직 차별시정, 부당해고 금전보상 · 이행강제금 제도, 필수유지업무제도 시행에 대비하여 제도운영의 개편이 요구되어 왔다.

이를 반영하여 개정된 노동위원회법에서는 공익위원의 정원을 확대하고 중립성을 강화하며, 자격기준을 현실화하였다. 또한 상임위원의 임기를 개선하고 상임위원 중심의 사건처리체계를 구축하도록 하고 있다. 한편, 공익위원 겸직제, 단독심판, 조사관에 대한 근거를 마련하고 당사자 쌍방의 합의를 통한 분쟁해결의 촉진을 도모하고 있다. 아울러 사회취약계층을 위하여 공인노무사의 권리구제대리(국선노무사제도)에 관한 근거규정(제6조의2)이 신설되었다.

Ⅱ. 노동위원회의 구분 · 소속 및 관장

1. 구분 · 소속 등

노동위원회는 중앙노동위원회 · 지방노동위원회 및 특별노동위원회로 구분된다(노위법 제2조 제1항). 중앙노동위원회 및 지방노동위원회는 노동부장관 소속하에 두며, 지방노동위원회의 명칭 · 위치 및 관할구역은 대통령령으로 정한다(제2조 제2항). 한편, 특별노동위원회는 특정한 사항을 관장하기 위하여 필요한 경우에 당해 특정사항을 관장하는 중앙행정기관의 장 소속하에 둔다(제2조 제3항). 이러한 노동위원회법의 규정에 의한 특별노동위원회로서 해양수산부장관 소속하에 선원위원회를 두고 있다(선원법 제4조).

2. 관 장

(1) 중앙노동위원회

1) 관장사항 중앙노동위원회는 ⅰ) 지방노동위원회 및 특별노동위원회의 처분에 대한 재심사건, ⅱ) 2 이상의 지방노동위원회의 관할구역에 걸친 노동쟁의의 조정사건, ⅲ) 다른 법률에 의하여 그 권한에 속하는 것으로 규정된 사건을 주요업무로 관장한다(제3조 제1항).

2) 예 외 중앙노동위원회위원장은 효율적인 노동쟁의의 조정을 위하여 필요하다고 인정하는 경우에는 위의 사건(2 이상의 지방노동위원회의 관할구역에 걸친 노동쟁의의 조정사건)에 대하여 지방노동위원회를 지정하여 당해 사건을 처리하게 할 수 있다(제3조 제4항).

(2) 지방노동위원회

1) 관장사항 지방노동위원회는 당해 관할구역에서 발생하는 사건을 관장하되, 2 이상의 관할구역에 걸친 사건(2 이상의 지방노동위원회의 관할구역에 걸친 노동쟁의의 조정사건은 제외)은 주된 사업장의 소재지를 관할하는 지방노동위원회에서 관장한다(제3조 제2항).

2) 예 외 중앙노동위원회위원장은 2 이상의 관할 구역에 걸친 사건의 경우에 주된 사업장을 정하기 어렵거나 주된 사업장의 소재지를 관할하는 지방노동위원회에서 처리하기 곤란한 사정이 있는 경우에는 직권으로 또는 관계 당사자나 지방노동위원회위원장의 신청에 따라 지방노동위원회를 지정하여 당해 사건을 처리하게 할 수 있다(제3조 제5항).

(3) 특별노동위원회

특별노동위원회는 관계 법률이 정하는 바에 따라 그 설치목적으로 규정된 특정사항에 관한 사건을 관장한다(제3조 제3항).

Ⅲ. 노동위원회의 구성

1. 노동위원회의 구성

(1) 노동위원회의 구성

노동위원회는 근로자를 대표하는 위원(근로자위원)과 사용자를 대표하는 위원(사용자위원) 및 공익을 대표하는 위원(공익위원)으로 구성한다(제6조 제1항).

현행 노동위원회법은 심판사건의 증가와 차별시정사건 등으로 지속적인 업무량 증가가 예상되어 종전법을 개정하여 노동위원회의 위원의 수는 근로자위원 · 사용자위원은 각 10인 이상 50인 이하, 공익위원은 10인 이상 70인 이하의 범위 안에서 각 노동위원회의 업무량을 감안하여 대통령령으로 정하도록 하였다. 이 경우 근로자위원과 사용자위원은 동수로 구성하도록 한다(제6조 제2항).

(2) 특별노동위원회의 조직

특별노동위원회는 특정한 사항을 관장하기 위하여 필요한 경우에 당해 특정사항을 관장하는 중앙행정기관의 장 소속하에 둔다(제2조 제3항). 이러한 특별노동위원회는 근로자위원 · 사용자위원 및 공익위원의 수 그리고 상임위원 등에 대하여는 당해 특별노동위원회의 설치근거가 되는 법률에 달리 정할 수 있다(제5조).

2. 위원의 위촉 등

(1) 근로자위원과 사용자위원의 위촉

근로자위원은 노동조합이 추천한 자 중에서 위촉하고 사용자위원은 사용자단체가 추천한 자 중에서 위촉하되, 중앙노동위원회의 경우에는 대통령이, 지방노동위원회의 경우에는 중앙노동위원회위원장이 각각 위촉한다(제6조 제3항).

(2) 공익위원의 위촉

현행 노동위원회법은 공익위원의 위촉에 대해 당해 노동위원회 위원장 · 노동조합 및 사용자단체가 각각 추천한 자 중에서 노동조합과 사용자단체가 순차적으로 배제하고 남은 자를 위촉대상 공익위원으로 하고, 그 위촉대상 공익위원 중에서 중앙노동위원회의 공익위원은 노동부장관의 제청으로 대통령이, 지방노동위원회의 공익위원은 지방노동위원회위원장의 제청으로 중앙노동위원회위원장이 각각 위촉(제6조 4항)하도록 개정하였다.

이는 판정 및 조정을 담당하는 공익위원의 경우 업무수행에 있어 고도의 중립성 확보가 중요하나 종전 공익위원 선출방식은 위원장 및 노사단체 추천과 근로자 및 사용자위원 투표로 위촉함에 따라 투표시 사전담합과 이에 따른 추천단체의 이익을 대변하는 등 중립성에 논란이 제기되면서, 이를 개선하기 위하여 공익위원 선출절차에 투표 대신 '노사가 순차 배제'하는 방식을 도입하여 사전 담합을 최소화하고 공익위원의 중립성을 강화한 것이다.

공익위원은 노동위원회의 전문성을 제고하기 위하여 심판사건을 담당하는 심판담당공익위원과 조정사건을 담당하는 조정담당공익위원 그리고 차별시정담당 공익위원으로 구분하여 위촉한다(제6조 제5항). 또한 공익위원의 자격조건이 현실성이 없다는 지적이 제기되어 일부 내용이 조정되었다(제8조).

(3) 상임위원의 임명

노동위원회에 상임위원을 두며 상임위원은 당해 노동위원회의 공익위원 자격을 가진 자 중에서 중앙노동위원회위원장의 추천과 노동부장관의 제청으로 대통령이 임명한다(제11조 제1항). 상임위원은 공익위원이 되며, 심판사건과 조정사건, 차별시정사건을 담당할 수 있다(제11조 제2항).

(4) 단독심판을 통한 처리

현행법은 위원장이 신청기간을 넘기는 등 신청의 요건을 명백하게 갖추지 못한 경우, 관계 당사자 쌍방의 신청이 있거나 동의를 얻은 경우에 해당하는 경우에는 심판담당공익위원 또는 차별시정담당공익위원 1인을 지명하여 사건을 처리할 수 있다(제15조의2). 이는 당사자의 합의, 기간 도과 등 각하가 명확한 사건의 경우 공익위원 1인으로 사건을 처리할 수 있는 근거를 마련하여 사건처리의 효율성을 제고한 것이다.

3. 위원의 행위규범과 임기 및 처우

(1) 위원의 행위규범

현행법은 위원의 공정성 · 중립성을 더욱 강화하기 위하여 행위규범에 관한 규정을 신설하였다. 이에 따라 노동위원회의 위원은 법과 양심에 따라 공정하고 성실하게 업무를 수행하여야 한다(제11조의2 제1항). 중앙노동위원회는 노동위원회 위원이 법과 양심에 따라 공정하고 성실하게 업무를 수행하기 위하여 ⅰ) 노동위원회 위원의 업무수행과 관련하여 향응 · 금품 등을 받는 행위의 금지에 관한 사항, ⅱ) 노동위원회 위원이 관계 당사자 일방에 편파적이거나 사건처리를 방해하는 등 공정성 및 중립성을 훼손하는 행위의 금지 · 제한에 관한 사항, ⅲ) 제15조의 규정에 따른 부문별위원회 출석 등 성실한 업무수행과 관련된 사항, ⅳ) 그 밖에 노동위원회 위원의 품위유지 등을 위하여 필요한 사항 등(제11조의2 제3항)의 준수하여야 할 행위규범 및 그 운영에 관련된 사항을 노동위원회 전원회의의 의결을 거쳐 정할 수 있다(제11조의2 제2항).

(2) 위원의 임기 및 처우

1) 위원의 임기 노동위원회 위원의 임기는 3년으로 하되, 연임할 수 있다(제7조 제1항). 위원이 궐위된 경우 보궐위원의 임기는 전임자의 잔임기간으로 한다. 다만, 위원장 또는 상임위원이 궐위되어 후임자를 임명한 경우 후임자의 임기는 새로이 개시된다(제7조 제2항). 위원은 그 임기가 만료된 경우 후임자가 위촉될 때까지 계속 그 직무를 집행한다(제7조 제3항).

2) 위원의 처우 노동위원회의 위원에 대하여는 그 직무수행을 위하여 필요한 수당과 여비를 지급할 수 있다. 다만, 공무원인 위원이 그 소관업무와 직접 관련하여 위원회에 출석하는 경우에는 그러하지 아니하다(영 제8조 제1항). 노동위원회의 상임위원이 아닌 위원에 대한 수당은 출석한 일수에 의하여 지급하며, 여비는 공무원여비규정을 준용하여 지급한다(영 제8조 제2항). 국가공무원법 결격사유(국가공무원법 제33조)에 해당하는 자는 노동위원회에 위촉될 수 없다. 노동위원회의 위원 중 공무원이 아닌 위원은 형법 기타 법률에 의한 벌칙의 적용에 있어서 공무원으로 본다.

3) 위원의 신분보장 노동위원회 위원은 ⅰ) 국가공무원법상 결격사유(국가공무원법 제33조)에 해당하게 된 경우, ⅱ) 장기간의 심신쇠약으로 직무를 수행할 수 없게 된 경우, ⅲ) 직무와 관련된 비위사실이 있거나 노동위원회 위원직을 유지하기에 적합하지 아니하다고 인정되는 비위사실이 있는 경우, ⅳ) 노동위원회법상위원의 행위규범을 위반하여 위원으로서 직무를 수행하기 곤란한 경우를 제외하고는 그 의사에 반하여 면직 또는 해촉되지 아니한다(제13조 제1항). 그러나 노동위원회 위원이 국가공무원법상 결격사유(국가공무원법 제33조)에 해당하게 된 경우에는 당연히 면직 또는 해촉된다(제13조 제2항).

4. 공익위원의 자격기준

노동위원회의 공익위원은 노동위원회법상 자격기준에 해당하는 자로서 노동문제에 관한 지식과 경험이 있는 자 중에서 위촉한다. 공익위원은 중앙노동위원회와 지방노동위원회를 구분하고 각각 심판담당공익위원 및 차별시정담당공익위원, 조정담당공익위원의 자격기준에 해당하여야 한다(제8조 제1, 2항).

종전법에서는 공익위원의 자격기준을 심판담당, 조정담당을 구분하여 경력요건을 엄격하게 규정하고 있었다. 이로 인해 전문성 있는 인력 확보에 문제점이 지적되어 왔다.

현행법에서는 심판담당과 차별시정담당 공익위원의 자격기준을 통일적으로 규정하면서 예시규정을 정비하여 자격기준을 현실화해 전문성 있는 인력풀을 확보할 수 있도록 하였다.

5. 위 원 장

(1) 임 명

노동위원회에 위원장 1인을 둔다(제9조 제1항). 중앙노동위원회 위원장은 중앙노동위원회의 공익위원 자격을 가진 자 중에서 노동부장관의 제청으로, 지방노동위원회 위원장은 지방노동위원회의 공익위원 자격을 가진 자 중에서 중앙노동위원회 위원장의 추천과 노동부장관의 제청으로 대통령이 각각 임명한다(제9조 제2항). 중앙노동위원회 위원장은 정무직으로 한다(제9조 제3항). 위원장은 공익위원이 되며, 심판사건 · 차별시정사건과 조정사건을 담당할 수 있다(제9조 제4항).

(2) 직 무

위원장은 당해 노동위원회를 대표하며 회무를 통리한다(제9조 제1항). 위원장이 부득이한 사유로 직무를 수행할 수 없는 때에는 공익위원 중에서 대통령령이 정하는 바에 의하여 선임된 자가 그 직무를 대행한다(제10조 제2항). 위원장은 공익위원이 되며, 심판사건 · 차별시정사건과 조정사건을 담당할 수 있다(제9조 제4항).

(3) 지휘 · 감독권

중앙노동위원회 위원장은 중앙노동위원회 및 지방노동위원회의 예산 · 인사 · 교육훈련 기타 행정사무를 총괄하며, 소속공무원을 지휘 · 감독한다(제4조 제2항). 중앙노동위원회 위원장은 행정사무의 지휘 · 감독권의 일부를 대통령령이 정하는 바에 의하여 지방노동위원회 위원장에게 위임할 수 있다(제4조 제3항).

6. 사무처 · 사무국의 설치 및 조사관

(1) 사무처 · 사무국의 설치

중앙노동위원회에는 사무처를, 지방노동위원회에는 사무국을 둔다(제14조 제1항). 사무처와 사무국의 조직 · 운영에 관하여 필요한 사항은 대통령령으로 정한다(제14조 제2항). 노동부장관은 노동위원회 사무처 또는 사무국 소속 직원을 노동부와 노동위원회 간에 전보할 경우 중앙노동위원회 위원장의 의견을 들어야 한다(제14조 제3항).

(2) 조 사 관

사무국 소속 공무원은 사건조사 등 부문별위원회 사건처리를 지원하고 있으나 지위, 업무범위 등에 대한 근거 규정이 없어 업무수행 과정에서 논란이 있어 왔다. 이를 개선하기 위해 사무처 · 사무국에 조사관을 두되, 중노위 위원장이 임명하도록 하여 사무국 소속 공무원의 법적 지위, 권한과 책임을 명확히 하고 원활한 업무수행 여건을 마련하고 있다(제14조의3).

Ⅳ. 결 론

집단적 노사관계법에서는 노사 간의 집단적 이해의 대립을 공정하게 조정, 판정하기 위하여 노동위원회제도를 두고 있다. 노동위원회는 준입법적(규칙제정권) · 준사법적(판정권) 기관이며, 노사의 자주적 질서형성을 목적으로 공정성과 독립성이 보장된 합의체의 행정기관이다. 또한 노사관계의 중요한 사항을 판정하거나 조정하기 위하여 설립된 하나의 독립적인 행정규제위원회이다. 노동위원회는 근로자를 대표하는 자, 사용자를 대표하는 자, 그리고 공익을 대표하는 자의 노 · 사 · 공 삼자구성을 조직원리로 하고 있다. 최근 노동위원회가 실효성 있게 운영될 수 있도록 관련법령의 많은 부분이 개정된 바 있다. 이러한 변화에 걸맞게 노동위원회의 공정하고 효율적인 운영을 기대한다.

제 2 절 노동위원회의 회의와 운영

Ⅰ. 서 설

집단적 노사관계법에서는 노사 간의 집단적 이해의 대립을 공정하게 조정, 판정하기 위하여 노동위원회제도를 두고 있다. 노동위원회는 노동쟁의를 조정하고 부당노동행위 · 부당해고 구제신청사건을 심판하는 등의 권한을 수행하는 노 · 사 · 공익 3자로 구성된 독립적 합의제 행정기관이다. 노동위원회의 전체 구도는 중앙노동위원회, 지방노동위원회, 특별노동위원회[1]의 2층구조(상하관계)로 되어 있다. 특히, 우리 노동위원회는 조정적 권한과 심판적(준사법적) 권한이 병존하는 특징을 갖고 있으며[2][3](미국의 경우 조정은 FMCS, 심판은 NLRB가 분리 담당), 중노위의 경우는 입법적 권한(규칙 제정권)까지 갖는다.

노동위원회에는 '전원회의' 외에 그 권한에 속하는 업무를 부문별로 처리하기 위하여 심판위원회 · 차별시정위원회 · 조정위원회 · 특별조정위원회 · 중재위원회 · 교원노동관계조정위원회 및 공무원노동관계조정위원회 등의 '부문별위원회'를 두고 있다(제15조 제1항). 이하에서는 노동위원회 회의의 종류와 운영에 대하여 알아보도록 한다.

---

1) 현재 특별노동위원회는 선원법에 의해 해양수산부장관 소속 하에 '선원노동위원회'가 설치되어 있다(선원법 제4조).

2) 1953년 노동조합법 제정시 노동위원회는 조정 기능만을 담당하다가, 1963년 개정시 부당노동행위에 대한 구제절차(심판 기능)를 담당하게 되었다(노동위원회의 부당해고 구제신청은 1989년 근로기준법에 신설).

3) 노동위원회법 제2조의2 (노동위원회의 소관 사무) 노동위원회의 소관 사무는 다음 각 호와 같다. (2007.1.26. 신설)

1. 「노동조합 및 노동관계조정법」 · 「근로기준법」 · 「근로자참여 및 협력증진에 관한 법률」 · 「교원의 노동조합설립 및 운영 등에 관한 법률」 · 「공무원의 노동조합설립 및 운영 등에 관한 법률」 · 「기간제 및 단시간근로자 보호 등에 관한 법률」 및 「파견근로자보호 등에 관한 법률」에 따른 판정 · 결정 · 의결 · 승인 · 인정 또는 차별시정 등에 관한 업무
2. 「노동조합 및 노동관계조정법」 · 「교원의 노동조합 설립 및 운영 등에 관한 법률」 및 「공무원의 노동조합설립 및 운영 등에 관한 법률」에 따른 노동쟁의 조정 · 중재 또는 관계 당사자의 자주적인 노동쟁의 해결지원에 관한 업무
3. 제1호 및 제2호의 업무수행과 관련된 조사 · 연구 · 교육 또는 홍보 등에 관한 업무
4. 그 밖에 다른 법률에 따라 노동위원회의 소관으로 규정된 업무

Ⅱ. 전원회의

1. 구 성

전원회의는 당해 노동위원회(중노위, 지노위, 특노위) 소속위원 전원으로 구성한다(제15조 제2항).

2. 처리사항

(1) 노동위원회 운영 등에 관한 사항

노동위원회의 운영 등 일반적인 사항의 결정을 한다(제15조 제2항 제1호).

(2) 근로조건의 개선 권고

노동위원회는 관계 행정기관으로 하여금 근로조건의 개선에 관하여 필요한 조치를 하도록 권고할 수 있다(제15조 제2항 제2호).

(3) 지시 및 규칙의 제정(중노위에 한함)

i) 중앙노동위원회는 지방노동위원회 또는 특별노동위원회에 대하여 노동위원회의 사무처리에 관한 기본방침 및 법령의 해석에 관하여 필요한 지시를 할 수 있다(제24조 및 제15조 제2항 제3호). 또한 ii) 중앙노동위원회는 중앙노동위원회 · 지방노동위원회 또는 특별노동위원회의 운영 기타 필요한 사항에 관한 규칙을 제정할 수 있다(제35조 및 제15조 제2항 제3호).

Ⅲ. 심판적 권한의 부문별 위원회[4)]

1. 심판위원회

(1) 구 성

심판위원회는 심판담당 공익위원(위원장 또는 상임위원을 포함한다) 중 위원장이 지명하는 3인으로 구성한다(제15조 제3항 전단).

(2) 권 한

노동조합 및 노동관계조정법 · 근로기준법 · 근로자참여 및 협력증진에 관한 법률 기타 법령의 규정에 의하여 노동위원회의 판정 · 의결 · 승인 · 인정 등을 받도록 규정된 사항을 처리한다(제15조 제3항 후단).

1) 판 정　　부당노동행위, 부당해고 여부에 대한 판정을 내리고 구제명령 · 기각결정을 한다.

2) 의 결　　행정관청이 노동조합 총회 소집권자의 지명, 조합규약 · 단체협약의 시정명령 등을 하는 경우 노동위원회의 의결을 얻어야 한다.

3) 승 인　　사용자는 노동위원회의 승인을 얻어 휴업수당(평균임금의 70%)을 감액하여 지급할 수 있다.

4) 인 정　　근로자의 중대한 과실로 업무상 재해를 당한 경우 사용자는 노동위원회의

---

4) 지노위 및 특노위는 관할구역 사건에 대해 초심(처분)을 진행하며(2 이상의 관할구역 사건의 경우는 주된 사업장 소재지 지노위가 관장), 지노위 및 특노위의 처분에 대하여 중노위가 재심을 한다. 다만, 심판적 권한 중 '의결'은 행정관청이 처분청이므로 중노위가 재심(처분)을 하지 않는다.

인정을 받아 휴업보상 및 장해보상을 행하지 않아도 된다.

2. 차별시정위원회

(1) 구 성

차별시정위원회는 차별시정 담당공익위원(위원장 또는 상임위원을 포함한다) 중 위원장이 지명하는 3인으로 구성한다(제15조 제4항 전단).

(2) 권 한

'기간제 및 단시간근로자 보호 등에 관한 법률' 및 '파견근로자 보호 등에 관한 법률'에 의한 비정규직 차별시정과 관련된 사항을 처리한다(제15조 제4항 후단).

(3) 조정(調整)과의 병행

차별시정위원회는 비정규직에 대한 차별 여부를 판정하여 시정명령 · 기각결정 등을 하는데, 비정규직 차별의 경우 차별 여부를 판정하기 쉽지 않은 경우가 많을 것이며, 이 경우 법적 판단을 거치는 것이 합리적이지 않을 수 있기 때문에 조정을 통해 분쟁을 해결한다. 조정 또는 중재가 성립한 경우에는 재판상 화해와 동일한 효력이 있다.

(4) 차별시정 등의 내용

노동위원회의 조정 · 중재 또는 시정명령의 내용에는 차별적 행위의 중지, 임금 등 근로조건의 개선 및 적절한 금전보상 등이 포함될 수 있다.

조정 · 중재 또는 차별시정명령의 경우 차별의 유형 및 그에 따른 시정방법도 다양하므로, 개별 사안별로 적절한 방법으로 시정명령을 내릴 수 있도록 하여 차별시정의 실효성을 높이고자 '시정방식을 다양화'한 것이다.

3. 단독심판을 통한 처리

현행법은 위원장이 신청기간을 넘기는 등 신청의 요건을 명백하게 갖추지 못한 경우, 관계 당사자 쌍방의 신청이 있거나 동의를 얻은 경우에 해당하는 경우에는 심판담당 공익위원 또는 차별시정담당 공익위원 1인을 지명하여 사건을 처리할 수 있다(제15조의2). 이는 당사자의 합의, 기간 도과 등 각하가 명확한 사건의 경우 공익위원 1인으로 사건을 처리할 수 있는 근거를 마련하여 사건처리의 효율성을 제고한 것이다.

Ⅳ. 조정(調整)적 권한의 부문별 위원회[5)]

1. 의 의

조정(調整)적 권한을 갖는 부문별 위원회는 노동쟁의 조정 · 중재 또는 관계 당사자의 자주적인 노동쟁의 해결지원에 관한 업무를 한다.

---

5) 2 이상의 관할구역에 걸친 노동쟁의 조정은 중노위가 관장하며, 그 외에는 관할 지노위가 관장한다(예컨대 서울지하철의 노동쟁의는 서울 지노위의 특별조정위원회 또는 중재위원회가 담당). 다만, 공무원과 교원은 무조건 중노위가 관장한다.

2. 조정(調停)위원회

(1) 구 성

노동위원회는 노동관계 당사자의 일방이 노동쟁의의 조정을 신청한 때에는 조정위원회를 구성하여 조정을 개시한다(노조법 제53조). 조정위원회는 조정위원 3인(근로자위원, 사용자위원, 공익위원 각 1인)으로 구성한다(노조법 제55조 제2항). 그러나 근로자위원, 사용자위원의 회의 불참 등으로 인해 조정위원회의 구성이 어려운 경우, 노동위원회 위원장은 공익위원 중에서 3인을 지명할 수 있다(노조법 제55조 제3항).

(2) 단독조정

노동관계 당사자 쌍방의 신청 또는 동의가 있는 경우 조정위원회에 갈음하여 단독조정인이 조정을 할 수 있다(노조법 제57조).

(3) 사후 조정

노동위원회는 조정의 종료가 결정된 후에도 노동쟁의의 해결을 위하여 조정을 할 수 있으며, 그 절차에 관하여는 조정절차에 관한규정(노조법 제55조 내지 제61조)을 준용한다(노조법 제61조의2).

3. 특별조정(調停)위원회

공익사업의 노동쟁의 조정을 위하여 노동위원회에 특별조정위원회를 두며(노조법 제72조 제1항), 특별조정위원회는 특별조정위원 3인으로 구성한다(노조법 제72조 제2항). 특별조정위원은 그 노동위원회의 공익을 대표하는 위원 중에서 노동조합과 사용자가 순차적으로 배제하고 남은 4인 내지 6인 중에서 노동위원회의 위원장이 지명한다. 다만, 관계 당사자가 합의로 당해 노동위원회의 위원이 아닌 자를 추천하는 경우에는 그 추천된 자를 지명한다(노조법 제72조 제3항).

4. 중재위원회

노동쟁의의 중재를 위하여 노동위원회에 중재위원회를 두며, 중재위원 3인으로 구성한다(노조법 제64조 제1, 2항). 중재위원은 당해 노동위원회의 공익을 대표하는 위원 중에서 관계 당사자의 합의로 선정한 자에 대하여 그 노동위원회의 위원장이 지명한다. 다만, 관계 당사자 간에 합의가 성립되지 아니한 경우에는 노동위원회의 공익을 대표하는 위원 중에서 지명한다(제64조 제3항). 회의는 구성원 전원의 출석으로 개의하고 출석위원 과반수의 찬성으로 의결한다(노동위원회법 제17조). 중재재정의 해석 · 이행방법에 관한 해석(노조법 제68조 제2항), 긴급조정의 중재(노조법 제79조) 등을 담당한다.

5. 공무원노동관계조정위원회 및 교원노동관계조정위원회

공무원 또는 교원의 노사 간 단체교섭이 결렬된 경우 이를 조정 · 중재하기 위하여 각각 공무원노동관계조정위원회는 공무원노조법, 교원노동관계조정위원회는 교원노조법이 정하는 바에 따라 중앙노동위원회에 설치 · 구성하며, 동법의 규정에 의한 조정 · 중재 기타 이와 관련된 사항을 처리한다.

Ⅴ. 회의의 운영

1. 회의의 의장

(1) 전원회의

노동위원회 위원장은 전원회의의 의장이 된다(제16조 제1항 전단)

(2) 부문별 위원회

부문별 위원회 위원장은 다른 법률에 특별한 규정이 있는 경우를 제외하고는 부문별 위원회 위원 중에서 호선하고 당해 부문별 위원회의 의장이 된다(제16조 제1항 후단).

2. 회의의 소집

전원회의는 노동위원회 위원장이, 부문별 위원회는 부문별 위원회 위원장이 각각 소집한다. 다만, 노동위원회 위원장은 필요하다고 인정하는 경우에는 부문별 위원회를 소집할 수 있다(제16조 제2항). 위원장 또는 부문별 위원회 위원장은 전원회의 또는 부문별 위원회를 구성하는 위원 과반수가 회의의 소집을 요구한 때에는 이에 응하여야 한다(제16조 제3항).

3. 회의의 의결

(1) 전원회의

전원회의는 재적위원 과반수의 출석으로 개의하고 출석위원 과반수의 찬성으로 의결한다(제17조 제1항).

(2) 부문별 위원회

부문별 위원회의 회의는 구성위원 전원의 출석으로 개의하고 출석위원 과반수의 찬성으로 의결한다(제17조 제2항).

4. 보고 및 의견청취

(1) 보 고

위원장 또는 부문별 위원회 위원장은 소관회의에 부의된 사항에 관하여 구성위원 또는 담당공무원 등으로 하여금 회의에 보고하도록 할 수 있다(제18조 제1항).

(2) 의견청취

심판위원회 · 차별시정위원회는 의결하기 전에 당해 노동위원회의 근로자위원 및 사용자위원 각 1인 이상의 의견을 들어야 한다. 다만, 근로자위원 또는 사용자위원이 출석요구를 받고 정당한 이유 없이 출석하지 아니하는 경우에는 그러하지 아니하다(제18조 제2항).

5. 회의의 공개와 질서유지

(1) 회의의 공개

노동위원회의 회의는 공개한다. 다만, 당해 회의의 결의에 의하여 공개하지 아니할 수 있다(제19조).

(2) 회의의 질서유지

위원장 또는 부문별 위원회 위원장은 소관회의의 공정한 진행을 방해하거나 질서를 문란하게 하는 자에 대하여는 퇴장명령 그 밖에 질서유지에 필요한 조치를 취할 수 있다(제20조). 종전 법에서는 위원장이 소관회의의 공정한 진행을 방해하거나 질서를 문란하게 하는 자에 대하여는 퇴장을 명할 수 있으나 제재 규정이 없어 실효성이 미흡하였다. 현행 개정법에서는 퇴장명령 불응시 과태료(100만원)를 부과하도록 규정(제33조 제1항)하여 회의장 질서 유지를 통하여 신속한 사건처리와 공신력을 제고하였다.

6. 위원의 제척 · 기피

(1) 위원의 제척

위원은 노동위원회법에 의해 직 · 간접적으로 이해관계가 있는 경우, 당해 사건에 관한 직무집행에서 제척된다(제21조 제1항). 위원장은 제척사유가 있는 때에는 직권 또는 당사자의 신청에 따라 제척의 결정을 하여야 한다(제21조 제2항).

(2) 위원의 기피

당사자는 심의 · 의결 또는 조정의 공정을 기대하기 어려운 위원이 있을 경우에는 위원장에게 그 사유를 적어 기피신청을 할 수 있다(제21조 제3항). 위원장은 위의 기피신청이 이유 있다고 인정되는 경우에는 그 위원을 교체하여야 한다(제21조 제4항).

Ⅵ. 결 론

집단적 노사관계법에서는 노사 간의 집단적 이해의 대립을 공정하게 조정, 판정하기 위하여 노동위원회제도를 두고 있다. 노동위원회는 준입법적(규칙제정권) · 준사법적(판정권) 기관이며, 노사의 자주적 질서형성을 목적으로 공정성과 독립성이 보장된 합의체의 행정기관이다. 또한 노사관계의 중요한 사항을 판정하거나 조정하기 위하여 설립된 하나의 독립적인 행정규제위원회이다. 노동위원회는 근로자를 대표하는 자, 사용자를 대표하는 자, 그리고 공익을 대표하는 자의 노 · 사 · 공 삼자구성을 조직원리로 하고 있다. 이러한 노동위원회는 전원회의와 부문별 위원회로 구성되는데, 회의의 성질 및 원리에 적절한 운영이 필요하다고 본다.

제 3 절 노동위원회의 관장(관할)

Ⅰ. 노동위원회의 의의 및 구분

집단적 노사관계법에서는 노사 간의 집단적 이해의 대립을 공정하게 조정, 판정하기 위하여 노동위원회제도를 두고 있다. 노동위원회는 준입법적(규칙제정권)·준사법적(판정권) 기관이며, 노사의 자주적 질서형성을 목적으로 공정성과 독립성이 보장된 합의체의 행정기관이다. 노동위원회는 근로자를 대표하는 자, 사용자를 대표하는 자, 그리고 공익을 대표하는자의 노·사·공 3자 구성을 조직원리로 하고 있다.

노동위원회는 중앙노동위원회·지방노동위원회 및 특별노동위원회로 구분된다(제2조 제1항). 중노위 및 지노위는 노동부장관 소속 하에 두며(제2조 제2항), 특별노동위원회는 특정사항을 관장하는 중앙행정기관의 장 소속(제2조 제3항)하에 두게 되는데, 해양수산부장관 소속 하에 선원위원회를 두고 있다(선원법 제4조).

Ⅱ. 중앙노동위원회 관장(관할)

1. 관장사항

(1) 원 칙

중앙노동위원회는 i) 지방노동위원회 및 특별노동위원회의 처분에 대한 재심사건, ii) 2 이상의 지방노동위원회의 관할구역에 걸친 노동쟁의의 조정사건, iii) 다른 법률에 의하여 그 권한에 속하는 것으로 규정된 사건을 주요업무로 관장한다(제3조 제1항).

(2) 예 외

중앙노동위원회위원장은 효율적인 노동쟁의의 조정을 위하여 필요하다고 인정하는 경우에는 2 이상의 지방노동위원회의 관할구역에 걸친 노동쟁의의 조정사건에 대하여 지방노동위원회를 지정하여 당해 사건을 처리하게 할 수 있다(제3조 제4항).

2. 심판적 권한(재심권)

(1) 의 의

중앙노동위원회는 당사자의 신청이 있는 경우, 지방노동위원회 또는 특별노동위원회의 처분[6]을 재심하여 이를 인정 · 취소 또는 변경할 수 있다(제26조 제1항).

(2) 재심판정의 내용

1) 심판위원회의 부노 · 부해 구제명령 · 기각결정에 대한 재심
2) 차별시정위원회의 시정명령 · 기각결정에 대한 재심
3) 중재위원회의 중재재정에 대한 재심

3. 조정적 권한

(1) 2 이상의 관할구역에 걸친 노동쟁의 조정(調整)

중노위는 2 이상의 지방노동위원회의 관할 구역에 걸친 노동쟁의 조정사건을 관장한다(제3조 제1항 제2호). 그러나 중노위 위원장은 필요하다고 인정되는 경우에는 지방노동위원회를 지정하여 당해 사건을 처리할 수 있다(제3조 제4항).

(2) 긴급조정(調整)시 의견제시 및 조정절차

노동부장관은 긴급조정의 결정을 하고자 할 때에는 미리 중앙노동위원회 위원장의 의견을 들어야 한다(노조법 제76조). 중노위는 긴급조정의 결정에 관한 통고를 받을 때에는 지체없이 조정을 개시(노조법 제78조)하고 중재회부결정을 하는 경우에는 지체없이 중재를 행하여야 한다(노조법 제79조 내지 제80조).

(3) 공무원 및 교원의 노동쟁의 조정(調整)

공무원 및 교원의 노사 간에 단체교섭이 결렬된 경우, 이를 조정 · 중재하기 위하여 중노위회에 공무원노동관계조정위원회와 교원노동관계조정위원회를 둔다. 공무원 또는 교원의 노사관계의 특수성을 고려하여 중노위에서 관장한다.

4. 규칙제정 등 기타 권한

중노위는 지노위 또는 특노위에 대하여 사무처리에 관한 기본방침 및 법령의 해석에 관하여 필요한 지시를 할 수 있으며(제24조), 노동위원 회의의 운영 기타 필요한 사항에 관한 규칙을 제정(제25조)하고 소속공무원을 지휘 · 감독한다(제4조 제2항).

Ⅲ. 지방노동위원회의 관장(관할)

1. 관장사항

(1) 원 칙

지방노동위원회는 당해 관할구역에서 발생하는 사건을 관장하되, 2 이상의 관할구역에 걸친 사건(2 이상의 지방노동위원회의 관할구역에 걸친 노동쟁의의 조정사건은 제외)은 주된 사업장의 소재지를 관할하는 지방노동위원회에서 관장한다(제3조 제2항).

6) 부해 · 부노 사건의 구제명령 또는 기각결정, 차별사건의 시정명령 또는 기각결정, 휴업수당 감액 등.

(2) 예 외

중앙노동위원회 위원장은 2 이상의 관할 구역에 걸친 사건의 경우에 주된 사업장을 정하기 어렵거나 주된 사업장의 소재지를 관할하는 지방노동위원회에서 처리하기 곤란한 사정이 있는 경우에는 직권으로 또는 관계 당사자나 지방노동위원회위원장의 신청에 따라 지방노동위원회를 지정하여 당해 사건을 처리하게 할 수 있다(제3조 제5항).

2. 심판적 권한

지노위에서는 심판적 권한을 갖는 심판위원회에서 노조법 · 근기법 · 근참법 기타 법령의 규정에 의하여 노동위원회의 판정 · 의결 · 승인 · 인정 등을 받도록 규정된 사항을 처리하고 차별시정위원회에서 '기간제 및 단시간근로자 보호 등에 관한 법률' 및 '파견근로자 보호 등에 관한 법률'에 의한 비정규직 차별시정과 관련된 초심사건을 처리한다.

3. 조정적 권한

지노위에서는 조정(調整)적 권한을 갖는 사업장 관할 조정(調停)위원회, 중재위원회, 특별조정위원회에서 노동쟁의 조정 · 중재 또는 관계 당사자의 자주적인 노동쟁의 해결지원에 관한 업무를 한다.

Ⅳ. 특별노동위원회의 관장(관할)

1. 관장사항

특별노동위원회는 관계법률이 정하는 바에 따라 그 설치목적으로 규정된 특정사항에 관한 사건을 관장한다(제3조 제3항).

2. 특별노동위원회의 조직

특별노동위원회는 특정한 사항을 관장하기 위하여 필요한 경우에 당해 특정사항을 관장하는 중앙행정기관의 장 소속하에 둔다(제2조 제3항). 이러한 특별노동위원회는 근로자위원 · 사용자위원 및 공익위원의 수 그리고 상임위원 등에 대하여는 당해 특별노동위원회의 설치근거가 되는 법률에 달리 정할 수 있는데(제5조), 현재는 선원법에 의한 선원위원회가 있다.

Ⅴ. 결 론

집단적 노사관계법에서는 노사 간의 집단적 이해의 대립을 공정하게 조정, 판정하기 위하여 노동위원회제도를 두고 있다. 이러한 노동위원회는 초심사건을 담당하는 지노위와 재심사건을 담당하는 중노위로 나눌 수 있고 여기에 특노위로서 선원법에 의한 선원위원회가 있다. 각 위원회는 법령상 권장사항과 권한을 명확히 이해하고 맡은 바 임무를 충실히 수행하여 노사관계의 조력자로서 효율성을 높이고 공정성을 갖추도록 노력해야 할 것이다.

제 4 절 중앙노동위원회의 권한

Ⅰ. 서 설

집단적 노사관계법에서는 노사 간의 집단적 이해의 대립을 공정하게 조정, 판정하기 위하여 노동위원회제도를 두고 있다. 노동위원회는 노동쟁의를 조정하고 부당노동행위 · 부당해고 구제신청사건을 심판하는 등의 권한을 수행하는 노 · 사 · 공익 3자로 구성된 독립적 합의제 행정기관이다. 노동위원회의 전체 구도는 중앙노동위원회, 지방노동위원회, 특별노동위원회의 2층 구조(상하관계)로 되어 있다. 특히, 우리 노동위원회는 조정적 권한과 심판적(준사법적) 권한이 병존하는 특징을 갖고 있으며(미국의 경우 조정은 FMCS, 심판은 NLRB가 분리 담당), 중노위의 경우는 입법적 권한(규칙 제정권)까지 갖는다.

이러한 노동위원회 중에서도 중앙노동위원회는 노동위원회 규칙을 제정하고 업무처리의 기본방침에 관하여 지시하며 재심의 권한을 가진다. 이것은 한편으로는 사건처리에 있어서 재심을 통한 공정성 · 신중성을 기하기 위한 것이고 다른 한편으로는 중앙노동위원회에 의한 효율적인 업무통합을 기하기 위한 것이라 볼 수 있다. 이하에서는 중앙노동위원회의 권한을 심판적 권한, 조정적 권한, 입법적 권한 등으로 구분하여 살펴보도록 한다.

Ⅱ. 심판적 권한(재심권)

1. 의 의

중앙노동위원회는 당사자의 신청이 있는 경우, 지방노동위원회 또는 특별노동위원회의 처분[7]을 재심하여 이를 인정 · 취소 또는 변경할 수 있다(제26조 제1항). 이러한 재심신청은 관계법령에 특별한 규정이 있는 경우를 제외하고는 지방노동위원회 또는 특별노동위원회가 행한 처분을 통지받은 날부터 10일 이내에 하여야 한다(제26조 제2항).

2. 재심판정의 내용

(1) 심판위원회의 부노 · 부해 구제명령 · 기각결정에 대한 재심

지노위 또는 특노위는 부당노동행위 · 부당해고가 성립한다고 판정한 때에는 사용자에게 구제명령

7) 부해 · 부노 사건의 구제명령 또는 기각결정, 차별사건의 시정명령 또는 기각결정, 휴업수당 감액 등.

을 하고, 그렇지 않은 경우에는 기각결정을 한다. 이에 대해 관계 당사자가 불복하는 경우에는 중앙노동위원회에 재심을 신청할 수 있다.

(2) 차별시정위원회의 시정명령 · 기각결정에 대한 재심

지노위는 차별적 처우에 해당된다고 판정한 때에는 사용자에게 구제명령을 하고, 그렇지 않은 경우에는 기각결정을 한다. 이에 대해 관계 당사자가 불복하는 경우에는 중앙노동위원회에 재심을 신청할 수 있다.

(3) 중재위원회의 중재재정에 대한 재심

지노위 또는 특노위의 중재재정이 위법이거나 월권에 의한 것이라고 인정되는 경우에 관계 당사자는 중노위에 재심을 신청할 수 있다.

3. 재심판정의 효력

중앙노동위원회의 재심판정에 대한 소는 중노위 위원장을 피고로 하여 재심판정의 통지를 받은 날로부터 15일 이내 제기한다(제27조 제1항). 이때 행정소송의 제기로 재심판정의 효력은 정지하지 아니한다(제27조 제2항).

Ⅲ. 조정적 권한

1. 2 이상의 관할구역에 걸친 노동쟁의 조정(調整)

중앙노동위원회는 2 이상의 지방노동위원회의 관할 구역에 걸친 노동쟁의 조정사건을 관장한다(제3조 제1항 제2호). 그러나 이 경우 중앙노동위원회 위원장은 효율적인 노동쟁의 조정을 위하여 필요하다고 인정되는 경우에는 지방노동위원회를 지정하여 당해 사건을 처리할 수 있다(제3조 제4항).

2. 긴급조정(調整)

(1) 중노위 위원장의 의견제시

노동부장관은 쟁의행위가 공익사업에 관한 것이거나 그 규모가 크거나 그 성질이 특별한 것으로서 현저히 국민경제를 해하거나 국민의 일상생활을 위태롭게 할 위험이 현존하는 때에는 긴급조정의 결정을 할 수 있다(노조법 제76조 제1항). 노동부장관은 긴급조정의 결정을 하고자 할 때에는 미리 중앙노동위원회 위원장의 의견을 들어야 한다(노조법 제76조 제2항).

(2) 긴급조정(調整)의 실시

1) 조정(調停) 중앙노동위원회는 긴급조정의 결정에 관한 통고를 받을 때에는 지체없이 조정을 개시하여야 한다(노조법 제78조).

2) 중 재 중앙노동위원회는 노동관계당사자 일방 또는 쌍방의 중재신청이 있거나 조정성립가망이 없는 경우 공익위원의 의견을 들어 중재회부결정을 할 수 있으며 이때에는 지체없이 중재를 행하여야 한다(노조법 제79조 내지 제80조).

3. 공무원 및 교원의 노동쟁의 조정(調整)

공무원 및 교원의 노사 간에 단체교섭이 결렬된 경우, 이를 조정 · 중재하기 위하여 중앙노동위원회에 공무원노동관계조정위원회와 교원노동관계조정위원회를 둔다. 공무원 또는 교원의 노사관계의 특수성을 고려하여 중노위에서 관장한다.

Ⅳ. 지시권 등 기타 권한

1. 지 시 권

중앙노동위원회는 지방노동위원회 또는 특별노동위원회에 대하여 노동위원회의 사무처리에 관한 기본방침 및 법령의 해석에 관하여 필요한 지시를 할 수 있다(제24조).

2. 규칙제정권

중앙노동위원회는 중앙노동위원회 · 지방노동위원회 또는 특별노동위원회의 운영 기타 필요한 사항에 관한 규칙을 제정할 수 있다(제25조).

3. 지휘 · 감독권

중앙노동위원회 위원장은 중앙노동위원회 및 지방노동위원회의 예산 · 인사 · 교육훈련 기타 행정사무를 총괄하며, 소속공무원을 지휘 · 감독한다(제4조 제2항). 중앙노동위원회위원장은 행정사무의 지휘 · 감독권의 일부를 대통령령이 정하는 바에 의하여 지방노동위원회 위원장에게 위임할 수 있다(제4조 제3항).

4. 긴급이행명령 신청권

사용자가 '부당노동행위 구제명령을 인정하는 중앙노동위원회의 재심판정'에 불복하여 행정소송을 제기한 경우, 중앙노동위원회는 관할법원에 판결이 확정될 때까지 중앙노동위원회의 구제명령의 전부 또는 일부를 이행하도록 명할 수 있도록 신청할 수 있다(노조법 제85조 제2항).

Ⅴ. 결 론

집단적 노사관계법에서는 노사 간의 집단적 이해의 대립을 공정하게 조정, 판정하기 위하여 노동위원회제도를 두고 있다. 노동위원회는 준입법적(규칙제정권) · 준사법적(판정권) 기관이며, 노사의 자주적 질서형성을 목적으로 공정성과 독립성이 보장된 합의체의 행정기관이다.

또한 노사관계의 중요한 사항을 판정하거나 조정하기 위하여 설립된 하나의 독립적인 행정규제위원회이다. 노동위원회는 근로자를 대표하는 자, 사용자를 대표하는 자, 그리고 공익을 대표하는 자의 노 · 사 · 공 삼자구성을 조직원리로 하고 있다. 이러한 노동위원회 중에서도 중앙노동위원회는 노동위원회 규칙을 제정하고 업무처리의 기본방침에 관하여 지시하며 재심의 권한을 가진다. 이것은 한편으로는 사건처리에 있어서 재심을 통한 공정성 · 신중성을 기하기 위한 것이고 다른 한편으로는 중앙노동위원회에 의한 효율적인 업무통합을 기하기 위한 것이라 볼 수 있다.

제 8 장 노사협의제도

제 1 절 노사협의회의 설치 · 운영 · 임무

Ⅰ. 서 설

1. 노사협의회제도의 의의

노사협의회는 근로자와 사용자가 참여와 협력을 통하여 근로자의 복지증진과 기업의 건전한 발전을 도모하기 위하여 구성하는 협의기구를 말한다. 단체교섭이 대립적 노사관계를 전제로 하여 사용자와 대등한 관계를 유지함으로써 노사자치주의의 실현을 위한 것이라면 노사협의회는 협력적 노사관계를 전제로 하여 경영에 근로자를 참여시킴으로써 노사협조를 도모하기 위한 것이다.

2. 노사협의회제도의 특징

ⅰ) 노사협의회는 근로조건의 결정권이 있는 사업 또는 사업장으로서 상시 30인 이상 근로자를 고용하는 경우에는 의무적으로 설치하여야 하고(제4조 제1항), ⅱ) 노사협의의 기능은 노사공동 이익의 증진을 위하여 경영참가적 성격을 가지고 있다(제20조, 제21조, 제22조). ⅲ) 노동조합의 단체교섭 기타 모든 활동은 노사협의제도에 의하여 영향을 받지 아니한다(제5조). 다만, 근로자를 대표하는 위원은 근로자가 선출하되, 근로자의 과반수로 조직된 노동조합이 있는 경우에는 노동조합의 대표자와 그 노동조합이 위촉하는 자로 하여금 근로자대표위원이 되도록 함으로써 노동조합의 이원적 기능을 전제로 하고 있다(제6조 제2항). ⅳ) 노사협의회의 조직과 운영에 관해서는 행정지도와 감독을 할 수 있도록 하고 있다(제11조, 제17조, 제31조, 제32조).

3. 노사협의회 개선사항

최근 선진화 입법을 통해 ⅰ) 노사협의회 의제 중 협의 · 의결사항 관련 자료를 근로자위원이 사용자에게 사전에 요청할 수 있도록 하되, 사용자는 기업의 경영 · 영업상 비밀 또는 개인정보는 제공하지 않을 수 있도록 하였고(제14조).[1] 이는 노사협의회가 보다 내실 있고 실질적으로 운영될 수 있도록 하기 위한 것이다. ⅱ) 노사협의회 위원의 "협의회 출석시간 및 이와 직접 관련된 시간으로서 노사협의회규정에서 정한 시간"에 대해 근로한 것으로 보도록 하여(제9조), 노사협의회 위원에 대한 편의제공을 확대하여 실질적이고 내실 있는 노사협의회 운영을 보장하고 있다.[2] ⅲ) 또한 노사협의회의 협의사항 중 최근의 변화된 상황 등을 고려하여 "노동쟁의의 예방"을 협의사항에서 삭제(제19조 제1항 제3호)하고, "사업장내 근로자 감시설비의 설치"를 협의사항에 추가되어 노사갈등을 예방하고, 근로자의 권리보호 등에 기여(제20조 제1항)할 수 있게 되었다.

Ⅱ. 설치 및 구성

1. 노사협의회의 설치

노사협의회는 근로조건의 결정권이 있는 사업 또는 사업장 단위로 설치하여야 한다. 다만, 상시 30인 미만의 근로자를 사용하는 사업 또는 사업장은 그러하지 아니하다(제4조 제1항). 즉 상시 30인 이상의 근로자를 사용하는 사업 또는 사업장은 의무적으로 설치하여야 한다. 한편, 하나의 사업에 종사하는 전체 근로자 수가 30인 이상일 경우에는 당해 근로자가 지역별로 분산되어 있더라도 그 주된 사무소에 노사협의회를 설치하여야 한다(영 제2조 제2항).

2. 구 성

(1) 노사동수의 원칙

노사협의회는 근로자와 사용자를 대표하는 동수의 위원으로 구성하되, 각 3인 이상 10인 이내로 한다(제6조 제1항). 노사협의회를 노사 동수로 구성한 것은 노사 대등의 원칙에 따른 것이다.

(2) 위원의 선출

1) 근로자위원 근로자위원은 근로자가 선출하되, 근로자의 과반수로 조직된 노동조합이 있는 경우에는 노동조합의 대표자와 그 노동조합이 위촉하는 자로 한다(제6조 제2항). 근로자의 과반수로 구성된 노동조합이 조직되어 있지 아니한 사업 또는 사업장의 근로자위원은 근로자의 직접 · 비밀 · 무기명투표에 의하여 선출한다.

다만, 사업 또는 사업의 특수성으로 인하여 부득이하다고 인정되는 경우에는 작업 부서별로 근로자수에 비례하여 근로자위원을 선출할 근로자를 선출하고 위원선거인 과반수의 직접 · 비밀 · 무기명

1) 종전 근참법은 노사협의회 회의개최시 '일시 · 장소 · 의제 등'을 노사협의회 위원에게 통보토록 규정하고 있다. 그러나 근로자위원이 회의의제와 관련된 자료를 사전에 받지 못해, 내실 있는 협의회 운영에 어려움이 있었다.

2) 종전법은 노사협의회 위원의 "협의회 출석에 소요되는 시간"에 대하여 근로한 것으로 보고, 사용자에게 근로자위원의 업무를 위한 "장소사용 등 기본적 편의제공"의무를 부과하고 있었다. 그러나 이 같은 편의제공은 노사협의회가 내실있게 운영되도록 하기에는 미흡한 측면이 있다는 지적이 있어왔다. 이에 현행법에서는 선진화방안에서는 동 규정에 대해 "활동에 소요되는 시간"으로 개정하는 안을 제시했으나, 지나치게 포괄적이고 노사협의회 위원의 전임화 우려가 있다는 의견을 참작하였음.

투표에 의하여 근로자위원을 선출할 수 있다(영 제3조 제1항).

2) **사용자위원** 사용자위원은 당해 사업 또는 사업장의 대표자와 그 대표자가 위촉하는 자로 한다(제6조 제3항).

(3) 노사협의회의 의장

노사협의회에 의장을 두며, 의장은 위원 중에서 호선한다(제7조 제1항 전문). 이 경우 근로자위원과 사용자위원 중 각 1인을 공동의장으로 할 수도 있다(제7조 제1항). 의장은 협의회의 회무를 통리한다(제7조 제2항).

(4) 위원의 임기

위원의 임기는 3년으로 하되 연임할 수 있다(제8조 제1항). 보궐위원의 임기는 전임자의 잔여기간으로 한다(제8조 제2항). 위원은 임기가 만료된 경우라도 그 후임자가 선출될 때까지 계속 그 직무를 담당한다(제8조 제3항).

(5) 위원의 신분

위원은 비상임 · 무보수이다(제9조 제1항). 사용자는 협의회위원으로서의 직무수행과 관련하여 근로자위원에게 불이익한 처분을 하여서는 아니 된다(제9조 제2항).

종전법의 노사협의회 위원에 대한 편의제공은 노사협의회가 내실 있게 운영되도록 하기에는 미흡한 측면이 있다는 지적이 있어 왔다.

이에 현행법에서는 노사협의회 위원의 "협의회 출석시간 및 이와 직접 관련된 시간으로서 노사협의회규정에서 정한 시간"에 대해 근로한 것으로 보도록 하여(제9조 제3항), 노사협의회 위원에 대한 편의제공을 확대하여 실질적이고 내실 있는 노사협의회 운영을 보장하고 있다.

(6) 사용자의 의무

사용자는 근로자위원의 선출에 개입하거나 방해하여서는 아니 된다(제10조 제1항). 사용자는 근로자위원의 업무를 위하여 장소사용 등 기본적 편의를 제공하여야 한다(제10조 제2항).

Ⅲ. 운 영

1. 회의의 운영

(1) 회의의 종류

노사협의회의 정기회의는 3개월마다 정기적으로 개최한다(제12조 제1항). 아울러 임시회의를 필요에 따라 개최할 수 있다(제12조 제2항).

(2) 회의의 소집

의장은 협의회의 회의를 소집하며 그 의장이 된다(제13조 제1항). 의장은 노사일방의 대표자가 회의의 목적사항을 문서로 명시하여 회의의 소집을 요구한 때에는 이에 응해야 한다(제13조 제2항). 의장은 회의개최 7일 전에 회의일시, 장소, 의제 등을 각 위원에게 통보하여야 한다(제13조 제3항).

현행 근참법에서는 노사협의회 의제 중 협의 · 의결사항 관련 자료를 근로자위원이 사용자에게 사전에 요청할 수 있도록 하되, 사용자는 기업의 경영 · 영업상 비밀 또는 개인정보는 제공하지 않을 수 있도록 하고 있다(제13조의2).

(3) 정 족 수

회의는 근로자위원과 사용자위원의 각 과반수의 출석으로 개최하고 출석위원 3분의 2 이상의 찬성으로 의결한다(제15조).

(4) 회의의 공개 및 비밀유지

노사협의회의 회의는 공개한다. 다만, 협의회의 의결에 의하여 공개하지 아니할 수 있다(제16조). 협의회의 위원은 협의회에서 지득한 비밀을 누설하여서는 아니 된다(제17조).

(5) 회의록 비치

노사협의회는 개최일시 및 장소, 출석위원, 협의내용 및 합의사항, 그 밖에 토의사항을 기록한 회의록을 작성 · 비치하여야 한다(제19조). 회의록은 출석위원 전원이 서명 · 날인 하여야 한다(영 제6조).

2. 노사협의회 규정

노사협의회는 그 조직과 운영에 관한 규정을 제정하고 이를 협의회의 설치일로부터 15일 이내에 노동부장관에게 제출하여야 한다. 이를 변경한 경우에도 같다(제18조).

Ⅳ. 임 무

1. 협의사항

(1) 개 념

노사협의회는 생산성 향상과 성과배분 등의 사항에 대하여 협의하여야 한다. 이와 같은 사항에 대하여 협의하여야 할 법률상 책임은 사용자에게 있다. 여기서 협의란 자기 의견을 상대방에게 설명한 다음 상대방의 의견을 듣거나 질문에 답변하면서 수용할 것은 최대한 수용하고, 그렇지 못한 것은 그 이유를 설명하는 일련의 의견교환 또는 논의과정이라고 할 수 있다. 이 과정은 합의가 강제되지는 않지만, 의결할 수는 있는 것이다(제20조 제1항).

(2) 협의사항(제20조)

1) 생산성 향상과 성과배분
2) 근로자의 채용 · 배치 및 교육훈련
3) 근로자의 고충처리
4) 안전, 보건, 그 밖의 작업환경 개선과 근로자의 건강증진
5) 인사 · 노무관리의 제도개선
6) 경영상 또는 기술상의 사정으로 인한 인력의 배치전환 · 재훈련 · 해고 등 고용조정의 일반원칙
7) 작업과 휴게시간의 운용
8) 임금의 지불방법 · 체계 · 구조 등의 제도개선
9) 신기계 · 기술의 도입 또는 작업공정의 개선
10) 작업수칙의 제정 또는 개정
11) 종업원지주제(종업원지주제)와 그 밖에 근로자의 재산형성에 관한 지원
12) 직무발명 등과 관련하여 해당 근로자에 대한 보상에 관한 사항

13) 근로자의 복지증진
14) 사업장 내 근로자 감시설비의 설치
15) 여성근로자의 모성보호 및 일과 가정생활의 양립을 지원하기 위한 사항
16) 그 밖의 노사협조에 관한 사항

2. 의결사항

(1) 개 념

노사협의회에서 종업원의 복지향상 등을 위하여 근로자의 교육훈련 및 능력개발기본계획의 수립 등에 대한 의결사항을 규정하고 있다(제21조). 규정된 사항은 노사협의회의 의결을 거쳐야 하므로 사용자는 해당사항에 대한 결정을 일방적으로 시행할 수 없고 의결을 거쳐서 이에 따라야 한다. 한편, 근참법에서 규정하고 있는 협의사항에 대해서도 노사의 자율로 의결할 수 있다(제20조 제2항).

(2) 필요적 의결사항(제21조)

1) 근로자의 교육훈련 및 능력개발기본계획의 수립
2) 복지시설의 설치와 관리
3) 사내근로복지기금의 설치
4) 고충처리위원회에서 해결되지 아니한 사항
5) 각종 노사공동위원회의 설치

(3) 임의적 의결사항

근참법에서 규정하고 있는 협의사항에 대해서도 노사의 자율로 의결할 수 있다(제20조 제2항).

3. 보고사항

(1) 개 념

노사협의회의 위원이 성실하게 보고·설명하여야 하는 사항이다(제22조 제1항). 노사 간의 협력을 달성하기 위하여 근로자가 경영상황에 대해 정보를 공유하는데 목적이 있다.

(2) 보고사항

1) 경영계획전반 및 실적에 관한 사항
2) 분기별 생산계획과 실적에 관한 사항
3) 인력계획에 관한 사항
4) 기업의 경제적·재정적 사항

(3) 근로자의 요구사항에 관한 보고·설명

근로자위원은 근로자의 요구사항에 대해 보고하고, 설명할 수 있다(제22조 제2항).

(4) 보고사항에 관한 자료제출 요구

사용자가 보고 및 설명의무를 이행하지 아니하는 경우에는 근로자위원은 보고사항에 관한 자료의 제출을 요구할 수 있으며 사용자는 이에 성실히 응하여야 한다(제22조 제3항).

4. 의결사항의 공지 및 이행

협의회는 의결된 사항을 신속히 근로자에게 공지하여야 한다(제23조). 한편, 근로자와 사용자는 협의회에서 의결된 사항을 성실하게 이행하여야 한다(제24조).

5. 임의중재

(1) 의 의

협의회는 의결을 거쳐야 할 사항에 과하여 의결에 실패한 경우에는 근로자위원과 사용자위원의 합의에 의하여 협의회에 중재기구를 두어 해결하거나 노동위원회 기타 제3자에 의한 중재를 받을 수 있다(제25조 제1항).

(2) 대 상

ⅰ) 필요적 의결사항에 규정된 사항에 관하여 협의회가 의결하지 못한 경우, ⅱ) 협의회에서 의결된 사항의 해석 또는 이행방법 등에 관하여 의견의 불일치가 있는 경우에 임의중재를 할 수 있다.

(3) 효 력

중재결정이 있는 때에는 협의회의 의결을 거친 것으로 보며 근로자와 사용자는 이에 따라야 한다(제25조 제2항). 중재결정이 있음에도 이를 위반하여 중재결정의 내용을 정당한 사유 없이 이행하지 아니한 자 벌칙이 적용된다(제30조 제3호).

Ⅴ. 노사협의제도의 개선점

ⅰ) 노사협의회는 당해 사업장의 참여와 협력을 증진시키기 위한 제도라는 점을 고려할 때 30인 미만의 사업장에도 그 설치를 강제함이 타당하다고 본다. ⅱ) 협의회의 대표성을 강화하기 위해서는 근로자위원을 근로자가 직접 선출하도록 할 필요가 있다. 선진화방안에서는 노조 또는 일정비율의 근로자의 추천을 받은 후보에 대해 근로자가 직접 선출하도록 하는 방안이 제시되었다. 또한 파견 · 사내하청 근로자 등의 대표에게도 노사협의회 참여(의견개진) 기회를 부여할 필요가 있다는 견해도 제시되었다. ⅲ) 현행법에서는 의결사항을 규정하고 있으나 그 범위가 협소하여 자문 및 협의단계에 그치는 경우가 많기 때문에 점차적으로 이를 확대할 필요성이 있고 그 효력에 있어서도 아무런 규정을 두지 않고 있으므로 의결사항을 서면화할 필요가 있다고 보여지며 이를 취업규칙과 동등한 효력을 부여할 필요가 있다는 견해가 있다. 아울러, ⅳ) 협의회가 미조직된 사업장의 경우 근로자의 임금 기타 근로조건과 관련하여 노사 간의 교섭창구가 없는 것이 현실이므로 미조직 사업장에 한하여 이에 관한 사항을 협의할 수 있도록 하고, 협의회의 실효성 확보를 위한에 제도보완도 필요하다는 지적이 있다.

제 2 절 노사협의와 단체교섭의 비교

Ⅰ. 서 설

1. 노사협의제도의 의의

노사협의회는 노사 간 의사소통 방식으로 사업 또는 사업장 차원에서 사용자가 종업원대표와 일정한 사항에 대하여 정보를 교환하고 협의하거나 따라서는 공동결정하는 제도를 말한다. 대립적 노사관계를 전제로 하는 단체교섭은 노동조합 및 조합원의 근로조건 향상과 노사 간의 실질적 평등을 도모하기 위한 것이라면 노사협의회는 협력적 노사관계를 전제로 근로자와 사용자 쌍방이 참여와 협력을 통하여 노사공동의 이익을 증진하기 위한 것이다.

2. 문제의 소재

노사협의제도는 1963년 노동조합법 내에 노사협의회제도에 관한 규정이 신설되어 처음에는 단체교섭과 함께 집단적 노사관계의 영역으로 도입되었지만, 1980년 노사협의회법이 독립된 법률로 제정되었고, 1996년 근로자참여 및 협력증진에 관한 법률로 명칭을 변경하면서 단체교섭과는 명확히 그 목적 및 효과를 달리하는 제도로 정착되었다. 아래에서는 노사협의제도와 단체교섭을 비교 · 검토하도록 한다.

Ⅱ. 노사협의제도의 특징

1. 설치 및 운영 강제

법령에 의하여 일정규모 이상의 사업 또는 사업장 단위로 설치가 강제될 뿐만 아니라 정기적인 회의 운영이 강제되며, 미이행시 형사처벌이 따른다(동법 제4조, 제30조, 제32조).[3]

2. 경영참여적 성격

노사협의의 기능은 노사공동 이익의 증진을 위한 경영참여적 성격을 가지고 있다. 경영참여에 크게

3) 노사협의회 설치를 정당한 사유 없이 거부하거나 방해한 자는 1천만원 이하의 벌금에 처해지며(동법 제30조 제1항), 협의회를 정기적으로 개최하지 아니하는 경우에는 200만원 이하의 벌금에 처해진다(동법 제32조).

① 자본참가, ② 이윤참가, ③ 경영기구참가, ④ 경영의사결정참가 등이 있으나,[4] 우리나라 노사협의제도의 경영의사결정참가의 유형에 속한다고 볼 수 있다(동법 제20조, 제21조, 제22조).

3. 단체교섭과 구분

근로자를 대표하는 위원은 근로자가 선출하되, 근로자의 과반수로 조직된 노동조합이 있는 경우에는 노동조합의 대표자와 그 노동조합이 위촉하는 자로 하여금 근로자위원이 되도록 함으로써 노동조합과의 기능적 분리를 전제로 하고 있다(동법 제6조 제2항). 또한 노동조합의 단체교섭 그 밖의 모든 활동은 근참법에 의하여 영향을 받지 아니한다(동법 제5조).

Ⅲ. 단체교섭과의 구별

1. 목 적

단체교섭은 근로자의 근로조건을 유지 · 개선함으로써 근로자의 경제적 · 사회적 지위의 향상을 목적으로 하나, 노사협의는 노사공동의 이익을 증진함으로써 산업평화를 도모함을 목적으로 한다(동법 제1조).

2. 당 사 자

단체교섭의 대표자는 노동조합의 조합원으로서의 지위를 가지나, 노사협의에 있어서 근로자 대표는 기업의 구성원으로서의 지위를 갖는다. 또한 단체교섭에 있어서는 교섭위원의 수가 노사 간에 같을 필요가 없으나, 노사협의에 있어서는 쌍방의 인원수가 같아야 한다.

3. 대 상

단체교섭은 임금 및 근로시간 등 주로 노사 간 이해가 대립되는 사항을 대상으로 하는 반면, 노사협의는 생산성 향상 등 주로 노사 간의 이해가 공통되는 사항을 대상으로 한다.

4. 권한위임

단체교섭은 그 권한을 위임할 수 있으나, 노사협의에 있어서는 협의권한에 대한 위임규정이 마련되어 있지 않다.

5. 쟁의행위 가부

단체교섭이 결렬되면 노동쟁의가 발생하며 노동관계당사자는 노동쟁의 조정 등 노조법 소정의 절차를 거쳐 쟁의행위를 할 수 있으나, 노사협의에서 합의에 도달하지 못하더라도 노동쟁의가 발생하는 것은 아니며 따라서 조정절차를 밟을 수 없고 쟁의행위를 할 수 없다.

---

4) 임종률 613, ① 자본참가제: 회사 발행의 주식의 일정 부분을 종업원에게 할당하는 종업원지주제도 등을 말한다. ② 이윤참가제: 기업경영의 성과인 이윤의 일정 부분을 종업원에게 배당하는 것을 말한다. ③ 경영기구참가제: 주주총회 · 감사회 · 이사회 등 경영기구의 구성원 중 일정 부분을 근로자에게 할당하는 것을 말한다. ④ 경영의사결정참가제: 종업원단체 내지 종업원평의회를 구성하게 하여 사용자의 보고 · 협의 또는 공동결정을 강제하는 것을 말한다.

6. 결과의 효력

단체교섭은 합의에 이르게 되면 당사자 간에 단체협약이 체결되며 단체협약은 당사자 간에 법규범 및 계약으로서의 이중적 성질을 가지게 되나, 노사협의는 합의에 도달할지라도 그 합의결과가 단체협약으로 귀결되지 아니하며 노사 간의 합의에 대한 법적 효력 또한 명확하지 아니하다.

Ⅳ. 결 론

근참법에서는 노사협의제도는 노동조합의 단체교섭 기타 모든 활동에 의하여 영향을 받지 않도록 규정(제5조)하고 있다. 하지만, 근로자를 대표하는 위원은 근로자가 선출하되, 근로자의 과반수로 조직된 노동조합이 있는 경우에는 노동조합의 대표자와 그 노동조합이 위촉하는 자로 하여금 근로자대표위원이 되도록 함으로써 일정 부분 영향을 미칠 여지도 있다. 노사협의제도는 근로자의 경영참여를 목적으로 하는 협력적 노사관계에 대한 제도이므로 대립적 노사관계를 전제하는 단체교섭과 구별하여 제도의 특성을 살릴 수 있도록 제도개선이 필요하다.

[표] 노사협의제도와 단체교섭 비교

구 분	노사협의제도	단체교섭
근거법	근로자참여 및 협력증진에 관한 법률	노동조합 및 노동관계조정법
목 적	노사공동의 이익증진	근로자의 지위향상 및 근로조건의 개선유지
사업장	30인 이상의 사업 또는 사업장	노동조합이 있는 사업장
당사자	노사협의회 근로자위원 및 사용자위원	노동조합 및 사용자(사용자단체)
활 동	사용자의 기업경영상황 보고 안건에 대한 노사 간 협의·의결	노사 간 교섭 및 협약체결
쟁의행위 여 부	쟁의행위를 수반하지 않음	교섭결렬시 쟁의행위 가능

제 3 절 고충처리제도

Ⅰ. 고충처리제도의 의의

고충이라 함은 근로자의 근로환경이나 근로조건에 관한 개별적인 불만 또는 애로를 말한다. 개별 근로자가 가지는 불만이라는 점에서 집단성을 지니는 노동쟁의와 구별된다. 이러한 기업 내 근로자 개인의 고충에 대하여는 노사 간 자주적 협의를 통해 해결하도록 하는데, 근참법은 이러한 고충처리를 활성화하기 위해 사업장마다 고충처리위원을 두도록 하고 그 처리절차에 대한 규정을 마련하고 있다.

근참법은 고충처리제도를 두어 근로자들의 애로사항이나 불만사항을 즉시에 처리하여 그 불만이 쌓여 노동쟁의의 요인이 되는 것을 사전에 제거하고, 합의에 의해 고충을 해결함으로써 노사 간의 협력관계를 증진시키는 데 그 의미가 있다.

Ⅱ. 고충처리위원

1. 설치대상

상시 30인 이상의 근로자를 사용하는 모든 사업 또는 사업장에서는 근로자의 고충을 청취하고 이를 처리하기 위하여 고충처리위원을 두어야 한다(제26조).

2. 구 성

고충처리위원은 노사를 대표하는 3인 이내의 위원으로 구성하되 노사협의회가 설치되어 있는 사업 또는 사업장의 경우에는 노사협의회가 그 위원 중에서 선임하고, 노사협의회가 설치되어있지 않은 사업 또는 사업장의 경우에는 사용자가 위촉한다(제26조 제1항).

3. 임 기

고충처리위원의 임기에 관하여는 노사협의회위원과 동일한 규정이 준용되어 3년으로 하되, 연임할 수 있다(동조 제2항).

4. 신분 및 처우

고충처리위원은 비상임 · 무보수로 한다(영 제8조 제1항). 사용자는 고충처리위원으로서의 직무수행과 관련하여 고충처리위원에게 불이익한 처분을 하여서는 아니 된다(동조 제2항). 고충처리위원의 협의 및 고충처리에 소요되는 시간에 대해서는 이를 근로한 것으로 본다(동조 제3항).

Ⅲ. 고충처리절차

1. 고충사항의 신고 및 처리

근로자가 고충사항이 있을 때에는 고충처리위원에게 구두 또는 서면으로 신고하고, 신고를 접수한 고충처리위원은 이를 지체없이 처리하여야 한다(영 제7조 제1항). 고충처리위원이 처리하기 곤란한 사항에 대하여는 노사협의회에 부의하여 협의 처리한다(제28조 제2항).

2. 처리결과의 통보

고충처리위원은 근로자로부터 고충사항을 청취한 때에는 10일 이내에 조치사항 기타 처리결과를 당해 근로자에게 통보하여야 한다(제28조 제1항).

3. 대장비치

고충처리위원은 고충사항의 접수 및 그 처리에 관한 대장을 작성 · 비치하고 이를 1년간 보존하여야 한다(영 제9조). 그러나 당해 근로자가 원하지 아니할 경우에는 상세한 사항은 기록하지 아니할 수 있다.

Ⅳ. 결 론

위에서는 고충처리에 대하여 살펴보았다. 고충처리제도를 효율적으로 활용하기 위해서는 고충처리제도의 설치대상을 30인 미만 소기업으로 확대하여야 하며, 고충처리위원수를 사업장의 현실에 맞게 정하여야 한다. 또한 사업장의 다양한 경영사항에 대하여 근로자의 참여의 폭을 확대시켜야만 고충처리제도가 제대로 정착될 것이다.

제 4 절 노사협의회 의결사항의 내용과 임의중재

Ⅰ. 노사협의제도의 의의

노사협의회는 근로자와 사용자가 참여와 협력을 통하여 근로자의 복지증진과 기업의 건전한 발전을 도모하기 위하여 구성하는 협의기구를 말한다. 단체교섭이 대립적 노사관계를 전제로 하여 사용자와 대등한 관계를 유지함으로써 노사자치주의의 실현을 위한 것이라면 노사협의회는 협력적 노사관계를 전제로 하여 경영에 근로자를 참여시킴으로서 노사협조를 도모하기 위한 것이다.

기업의 건전한 발전과 근로자의 복지증진을 도모하기 위해서 노사 당사자들이 대화의 장을 마련하여 토론과 협의를 거쳐 공동의사결정을 하게 됨으로써 근로자는 헌법에 명시된 노동3권과 재산권과의 조화를 이루어 노동과 경영이 21세기 새로운 노사문화를 창출하게 되는 데 기여하기 위해 만든 제도라고 본다.

Ⅱ. 의결사항

1. 의 의

노사협의회에서 종업원의 복지향상 등을 위하여 근로자의 교육훈련 및 능력개발기본계획의 수립 등에 대한 의결사항을 규정하고 있다(제21조). 규정된 사항은 노사협의회의 의결을 거쳐야 하므로 사용자는 해당사항에 대한 결정을 일방적으로 시행할 수 없고 의결을 거쳐서 이에 따라야 한다. 한편, 근참법에서 규정하고 있는 협의사항에 대해서도 노사의 자율로 의결할 수 있다(제20조 제2항).

2. 의결사항(제21조)

(1) 필요적 의결사항

근참법에는 ⅰ) 근로자의 교육훈련 및 능력개발기본계획의 수립, ⅱ) 복지시설의 설치와 관리, ⅲ) 사내근로복지기금의 설치, ⅳ) 고충처리위원회에서 해결되지 아니한 사항, ⅴ) 각종 노사공동위원회의 설치를 필요적 의결사항으로 제시하고 있다.

(2) 임의적 의결사항

필요적 의결사항 외에 법에서 규정하고 있는 협의사항에 대해서도 노사의 자율로 의결할 수 있다(제20조 제2항).

3. 의결사항에 관한 절차

(1) 근로자위원에 대한 사전자료 제공

근로자위원은 협의사항뿐만 아니라 의결사항과 관련된 자료를 협의회 회의개최 전에 사용자에게 요구할 수 있으며 사용자는 이에 성실히 응하여야 한다. 다만, 그 요구자료가 기업의 경영 · 영업상의 비밀 또는 개인정보에 해당하는 경우에는 그러하지 아니하다. 2007년 개정(노사관계 선진화 입법으로 개정)에서 노사협의회가 보다 내실 있고 실질적으로 운영할 수 있도록 사전자료 제공을 신설하였다.

(2) 의결방법

법상 명문의 규정이 없지만, 노사협의회의 의결사항은 근로자위원과 사용자위원의 각 과반수의 출석과 출석위원 3분의 2 이상의 찬성으로 의결한다.

(3) 의결사항의 공지

협의회는 의결된 사항을 신속히 근로자에게 공지시켜야 한다(제23조). 협의사항 · 의결사항 · 보고사항을 전체 종업원들에게 주지시키고 건설적인 의견을 들을 수 있는 기회가 마련되는 것이 필요하다. 그런 의미에서 공지제도를 확대 · 구체화하는 것이 필요하다.

(4) 의결사항의 이행 및 효과

근로자와 사용자는 협의회에서 의결된 사항을 성실하게 이행하여야 한다(제24조). 의결된 사항을 이행하지 아니한 경우에는 1천만원 이하의 벌금에 처한다(제30조 제2호).

4. 의결사항의 문제점

(1) 의결사항의 의결강제수단 미흡

의결사항의 의결이 이루어지지 않은 경우에 협력법에서는 임의중재를 받을 수 있도록 하고 있는데, 당사자가 임의중재를 원치 않는 경우에는 의결사항의 의결을 강제할 수단이 없다.

(2) 의결사항의 효력규정의 부존재

법에서는 사용자가 의결된 사항에 관하여 이행을 하지 않을 경우 이를 강제할 수 있는 효력규정을 두고 있지 않다. 즉, 당사자의 이행의무와 위반시 벌금만 부과하고 있을 뿐이다. 따라서 의결사항의 서면화와 그 효력 및 이행방법에 관한 규정을 두고 구제절차를 명시하는 것이 바람직 할 것이다.

(3) 의결사항의 미흡

현행법은 근로조건과 직접적인 관련이 적은 일부 사항만을 의결사항에 포함시키고 있을 뿐이다. 따라서 비록 근로조건과 관련된 협의사항을 대폭 확대하기는 하였으나 이는 단순한 협의사항에 불과하여 선언적 효과만 있을 뿐이고 근로조건의 실질적 개선과는 유기적으로 연결되지 못하고 있으며 근로자들의 참여와 협력의 구체적 실현을 보장하지 못하고 있다.

Ⅲ. 임의중재

1. 의 의

노사 간의 의결사항이나 협의사항에 합의가 되어 의결절차를 거치게 되면 정상적으로 이행하는 것이 원칙이다. 노사 간에 의견이 있는 경우 근로자위원 및 사용자위원의 합의로 협의회에 중재기구를 두어 해결하거나 노동위원회 기타 제3자에 의한 중재를 받을 수 있다(제25조).

2. 대 상

의결사항에 관하여 협의회가 의결하지 못한 경우, 협의회에서 의결된 사항의 해석 또는 이행방법 등에 관하여 의견의 불일치가 있는 경우

3. 효 력

상기 규정에 의한 중재결정이 있는 때에는 협의회의 의결을 거친 것으로 보며 근로자와 사용자는 이에 따라야 한다(동조2항). 이를 정당한 이유 없이 이행하지 아니한 자는 1000만원 이하의 벌금에 처한다(제30조 제3호).

4. 문제점과 개선방안

동 규정이 임의규정에 그치고 있을 뿐만 아니라 노사의 합의에 의하여만 중재를 신청할 수 있도록 함으로써 그 실효성이 의문시 되고 있으므로 제3자에 의한 중재를 의무적으로 거치거나 당사자 일방이 노동위원회에 중재를 신청할 수 있도록 하는 방안이 검토되어야 한다.

Ⅳ. 결 론

현행법에서는 의결사항을 신설하여 규정하고 있으나 그 범위가 협소하여 협의단계에 그치는 경우가 많기 때문에 점차적으로 이를 확대할 필요성이 있다고 본다. 그 효력에 있어서도 아무런 규정을 두지 않고 있으므로 의결사항을 서면화할 필요가 있다고 보여지며 이를 취업규칙과 동등한 효력을 부여함이 타당하다고 본다.

제 9 장 공무원 · 교원의 단결활동

제 1 절 공무원의 단결활동

Ⅰ. 서 설

1. 근로3권이 인정되는 공무원의 범위

공무원은 법률이 정하는 자에 한하여 근로3권을 행사(헌법 제33조 2항)할 수 있다. 국가공무원법 제66조 및 지방공무원법 제58조는 사실상 노무에 종사하는 현업공무원에 대해서만 예외적으로 근로3권을 허용해왔다(현업공무원의 범위는 정보통신부 및 철도청 소속의 현업기관과 국립의료원의 작업 현장에서 노무에 종사하는 기능직공무원, 고용직공무원 등에 한정).

그러나 공무원노조법의 입법으로 일반공무원 중 6급 이하 공무원은 근로2권이 보장되지만, 경찰공무원 등 특정직공무원에 대해서는 관련 규정이 없어서 원칙적으로 근로3권 행사가 금지된다.

2. 공무원 근로3권 제한규정의 헌법적합성

(1) 헌법재판소의 태도

헌법재판소는 일반공무원의 근로3권을 부인하는 국가공무원법 제66조 제1항에 대해 합헌결정[1]을 내린 바 있다. 그 근거는 직업공무원제도를 보장하는 헌법 제7조와 공무원 근로3권에 대한 개별적 유보조항인 헌법 제33조 제2항. 구체적으로 '국민의 봉사자론', '직무의 공공성론', '법률상 · 예산상의 제한론' 등 제시. 개별적 유보조항은 국회가 가지는 광범한 입법재량으로 파악하였다.

(2) 비판적 견해

헌법의 직접적 유보조항이 공무원의 경우 근로3권이 금지될 수 있다고 규정하고 있을 뿐, 금지되는 공무원의 범위에 대해 규정하지 않고 있다. 일반적 법률 유보조항의 정신, 즉 기본권의 최소제한원칙과 본질적 내용침해 금지의 원칙은 적용되야 한다.

---

1) 헌재 1992.4.28, 90헌바27, 34 · 36, 42 · 44, 46 · 92 헌바15(병합) / 헌재1993.3.11, 88헌마5.

3. 공무원직장협의회법의 제정

(1) 제 정

헌법상 '사실상 노무에 종사하는 공무원'을 제외한 공무원의 근로3권은 원칙적으로 전면 제한되어 왔으나 ILO와 국내 노동단체는 6급 이하 공무원에 대하여 근로3권을 인정할 것을 요구해왔다. 이에 '공무원직장협의회의 설립 및 운영에 관한 법률'을 제정하여 6급 이하의 공무원에 대하여 '공무원직장협의회'를 설립할 수 있도록 하였다.

(2) 내용(특징)

1998년 2월 '공무원직장협의회의 설립 및 운영에 관한 법률'이 제정되어 6급 이하의 공무원에 대해 '공무원직장협의회'의 설립근거를 마련하였다.

ⅰ) 국가기관, 지방자치단체 및 그 하부기관에 근무하는 공무원은 직장협의회를 설립할 수 있다. ⅱ) 협의회는 당해 기관 고유의 근무환경개선에 관한 사항, 업무능률향상에 관한 사항 기타 기관의 발전에 관한 사항 등을 협의하고, ⅲ) 기관장은 협의회의 요구에 성실히 임해야 하고, 협의사항은 최대한 이행하도록 조치하며 그 조직 및 운영과 관련 소속공무원에 대해 불리한 조치를 취해서는 아니 된다. ⅳ) 가입범위는 6급 이하의 일반직, 기능직, 고용직 공무원으로 하되, 노동운동이 허용되는 공무원은 배제된다.

(3) 검토(평가)

ⅰ) 목적이 근로조건의 유지, 개선을 통한 공무원의 지위향상을 도모함을 주된 목적으로 하고 있지 않다, ⅱ) 기관장과의 협의를 기관장이 정당한 이유 없이 거부한 경우 이에 대한 구제제도를 두고 있지 않다. ⅲ) 합의된 사항에 대해서도 단체협약과 같이 규범적 효력이 없기 때문에 헌법 제33조 1항의 근로 3권에 근거한 것이라 할 수 없고 일종의 노사협의, 공무원직장협의회도 노동조합과는 성격이 다르다는 한계를 가지고 있다.

Ⅱ. 공무원노조의 허용배경과 효과

1. 공무원노조법 제정

<u>공무원노조의 조직과 단체교섭을 인정하되 파업 등 쟁의행위를 금지하는 내용의 '공무원의 노동조합 설립 및 운영 등에 관한 법률'이 2004년 12월 31일 국회 본회의를 통과하여 2006년 1월 1일부터 시</u>행되었다.

2. 배 경

(1) 노사관계의 안정화

공무원의 노동기본권 보장 요구가 확산, 사실상 공무원단체가 조직되어 활동, 공직사회 안정과 공무원 노사관계를 합리적으로 정착 위한 제도적 틀 마련이 요구되었다.

(2) 국제기준의 준수

OECD국가 중 공무원노조를 허용하지 않는 나라가 없음, ILO 등 국제기구에서 지속적으로 제도개선을 권고(93년 이후 8차례)하여 국가적 부담이 커졌다.

3. 효 과

i) 공무원이 근무조건이나 근무환경에 대하여 스스로의 단체와 대표자를 통해 공식적으로 참여하여 의견 개진할 수 있는 통로가 형성되었고, ii) 각종 문제를 토의하고 의견을 수렴, 갈등해소하고 공공서비스의 질적 향상을 제고할 수 있게 되었다. 이에 따라 공직사회 비리제거, 행정의 투명화 등 공직개혁에 공무원노조의 주도적 역할 기대된다. iii) ILO, OECD 등 국제기구의 권고를 수용함에 따라 노동분야에서의 국가적 위상을 제고할 수 있게 되었다.

Ⅲ. 공무원의 근로3권

1. 단 결 권

(1) 노동조합

1) 노조의 설립　　노조형태는 최소한의 제한을 두고 자유로운 설립을 허용한다. 최소 설립단위 이상을 포괄하는 노동조합 또는 연합단체의 설립도 가능하고 각 단위로만 노조를 설립토록 강제하는 것은 아니다. 최소단위를 제한한 것은 주요 근무조건이 결정되는 단위에 맞게 노동조합이 조직되는 것이 바람직하기 때문이다. 각 부처별로 별도 노조설립은 허용되지 않으나 지부 · 분회 등 노조 내부조직을 설치할 수 있다.

2) 가입범위　　가입범위는 6급 이하 일반직, 기능직, 고용직, 별정직 및 계약직 공무원(5급 이상과 특정직, 정무직은 제외)이다. 그러나 지휘 · 감독직, 인사 등 공무원노조와의 관계에서 행정기관의 입장에서는 공무원, 교정 · 수사 및 유사업무 종사자 등은 가입이 제한된다. 노조법상 '사용자 또는 이익대표자는 노조의 자주성 보호 및 노사 교섭력의 균형을 위해 노조 가입을 제한되고, 공무원의 경우 직급과 직무의 성격을 기준으로 '사용자 이익대표자'에 해당하는 자는 노조가입이 제한된다.

(2) 노조 전임사

노동조합 활동의 편의를 위해 공무원의 노동조합 전임을 인정하되, 무급으로 하고 이로 인한 신분상 불이익 금지. 근무시간 중에 노조 전임을 인정하되, 전임자는 그 기간 중에 공무원법상 휴직 처리된다.

전임자 급여는 노조에서 부담해야 하므로 무급휴직, 단 근속기간 인정 등 전임으로 인한 신분상의 불이익이 금지된다.

2. 단체교섭권

(1) 교섭담당자

행정자치부장관, 국회사무총장, 법원행정처장, 중앙선거관리위원회사무총장, 헌법재판소사무처장 등 각 헌법기관의 행정을 담당하는 대표가 각각 소관사항에 대해 교섭한다. 그리고 특별시장, 광역시장, 도지사, 시장, 군수, 구청장, 특별시 · 광역시 · 도 교육감 등 각급 자치단체장이 각각 소관사항에 대해 교섭한다.

(2) 교섭사항

교섭사항은 보수, 복지 그 밖의 근무조건에 관한 사항, 근무조건과 관련 없는 정책결정사항, 임용권의 행사 등 기관의 관리운영에 관한 사항은 교섭대상에서 제외된다. 보수 · 복지 기타 근무조건에 관한 사항은 법령 · 예산과 관련되는 경우에도 정부교섭대표가 성실하게 교섭에 응하여야 한다. 그러나 근무조건과 관계없는 정책결정사항, 임용권의 행사 등 기관의 관리운영에 관한 사항은 정부기관이 법령 내에서 자기 권한으로 결정할 사항이지 노사 교섭으로 결정할 사항이 아니라고 할 것이다.

(3) **복수노조의 경우**

공무원의 경우에도 복수노조의 설립이 인정되나 복수노조가 정부대표와 교섭하고자 하는 경우 각 교섭단위(국회, 행정부 또는 자치단체 등) 별로 교섭창구를 단일화하여야 한다.

3. 조정과 부당노동행위제도

(1) **조 정**

공무원노동조합의 쟁의행위를 금지하는 대신, 중앙노동위원회에 별도의 '공무원노동관계조정위원회'를 구성하여 공무원노사관계 분쟁조정을 전담. 단체교섭이 결렬될 경우에는 '공무원노동관계조정위원회'에서 조정 · 중재 등 분쟁해결을 지원한다.

심도 있는 조정이 이루어질 수 있도록 조정기간을 30일로 하되, 당사자 합의로 30일이 연장 가능하다. 그리고 분쟁의 최종적 해결절차로서 중재제도를 두고 있다.

(2) **쟁의행위**

파업 · 태업 기타 업무의 정상적 운영을 저해하는 일체의 행위는 금지된다. 공무원도 근무조건 개선과 관련 내부적으로 의견수렴, 외부적으로 의견발표하고 정부대표와 교섭하거나 여론에 호소하는 등 각종 단체 활동을 할 수 있다. 그러나 공무원이 주장을 관철하기 위하여 파업 등으로 업무수행을 중단하거나 태만히 하는 것은 인정되지 않는다.

(3) **부당노동행위**

공무원의 노동기본권 침해를 방지하기 위해 노동관계법의 부당노동행위제도를 도입하여 적용하고 있다. 즉, 노동조합 및 노동관계조정법의 부당노동행위 제도를 도입 · 운영. 노조법에는 정당한 노조활동을 이유로 징계 등 불이익을 주는 행위, 정당한 이유 없이 교섭을 거부하는 행위 등은 부당노동행위로 규정하여, 부당노동행위가 있을 경우 노동위원회에 구제를 신청할 수 있다.

(4) **정치활동 금지**

공무원노조법은 공무원 노동조합과 소속 조합원의 정치활동 금지된다. 공무원의 정치적 중립을 보장하기 위하여 공무원법 및 정치관련법에서 공무원의 일정한 정치활동을 금지된다. 공무원 노조 허용에도 불구하고 공무원 신분상 다른 법률에서 금지하는 정치활동은 할 수 없음을 명시하여 법 적용상 혼선을 방지하기 위함이다.

[관련판례] 공무원의 근로3권(헌재1992.4.28. 90헌바27 내지 34, 36 내지 42, 44 내지 46, 92헌바15)

〈심판대상조문〉

국가공무원법 제66조(집단행위의 금지) ① 공무원은 노동운동 기타 공무 이외의 일을 위한 집단적 행위를 하여서는 아니 된다. 다만, 사실상 노무에 종사하는 공무원은 예외로 한다.

②~④ 생략

〈합헌의견-다수의견(8인 / 1인 별개의견)〉

[1] 국가공무원법 제66조 제1항이 근로3권이 보장되는 공무원의 범위를 사실상 노무에 종사하는 공무원에 한정하고 있는 것은 근로3권의 향유주체가 될 수 있는 공무원의 범위를 정하도록 하기 위하여 헌법 제33조 제2항이 입법권자에게 부여하고 있는 형식적 재량권의 범위를 벗어난 것이라고는 볼 수 없다.

[2] 위 법률조항이 규정하고 있는 "노동운동"의 개념은 그 근거가 되는 헌법 제33조 제2항의 취지에 비추어 근로자의 근로조건의 향상을 위한 단결권 · 단체교섭권 · 단체행동권 등 이른바 노동3권을 기초로 하여 이에 직접 관련된 행위를 의미하는 것으로 좁게 해석하는 것이 상당하고, 한편 위 법률조항이 그 제정 이래 오랫동안 집행되어 오면서 법원도 위 법률조항을 해석 · 적용함에 있어서 위와 동일한 뜻으로 명백히 한정해석하고 있으므로, 법률에 대한 일반적인 명확성의 원칙은 물론 적법절차나 죄형법정주의의 원칙에서 요구되는 보다 엄격한 의미의 명확성의 원칙에 의한 판단기준에도 위배된다고 할 수 없다.

〈공무원에 대한 근로기본권 제한의 합헌성〉

[1] 공무원은 그 임용주체가 궁극에는 주권자인 국민 또는 주민이기 때문에 **국민전체에 대하여 봉사하고 책임을 져야 하는 특별한 지위**에 있고(국민의 봉사자), 그가 담당한 업무가 국가 또는 공공단체의 공공적인 일이어서 특히 그 **직무를 수행함에 있어서 공공성 · 공정성 · 성실성 및 중립성** 등이 요구되기 때문에 일반근로자와는 달리 특별한 근무관계에 있는 사람이다(직무의 공공성).

[2] 한편 공무원의 보수의 수준 등 근로조건의 향상을 위한 재정적 부담은 형식적으로는 국가 또는 지방자치단체가 부담하지만 궁극적으로는 조세 등을 통하여 실질적으로 국민전체의 부담이 되는 것이다. 그러므로 **공무원의 근로조건의 향상**은 그것이 전체국민의 복리의 증진을 부당히 침해하지 아니하고, 그 시대의 국가 또는 사회공동체의 경제수준 내지 담세능력과 조화될 수 있는 범위 내에서 합리적으로 정해져야 하기 때문에 그 결정은 주권자인 전체국민을 대표하는 국회에서 민주적인 절차에 따라 **입법과 예산의 심의 · 의결을 통하여 합목적적으로 이루어지는 것**이다(법률상 · 예산상 제한).

(3) 헌법상 근로자에 대한 근로3권의 실질적 보장이 전제되고 있으면서도 헌법 제33조 제2항이 근로3권이 보장되는 공무원의 범위를 법률에 의하여 정하도록 유보함으로써 공무원의 국민 전체에 대한 봉사자로서의 지위 및 그 직무상의 공공성 등의 성질을 고려한 합리적인 공무원제도의 보장, 공무원제도와 관련한 주권자 등 이해관계인의 권익을 공공복리의 목적아래 통합 조정하려는 의도와 어긋나는 것이라고는 볼 수 없다. 그러므로 위 법률조항은 입법권자가 근로3권의 향유주체가 될 수 있는 공무원의 범위를 정하도록 하기 위하여 헌법 제33조 제2항이 입법권자에게 부여하고 있는 형성적 재량권의 범위를 벗어난 것이 아니며, 따라서 헌법에 위반하는 것이라고 할 수는 없다.

제 2 절 교원의 단결활동

Ⅰ. 서 설

1. 교원의 지위와 노사관계

교원의 지위는 헌법상 보장되는 것이지만 그동안 노동기본권은 인정되지 않았다. 그러나 국제적으로 교원의 노동기본권이 보장되는 것이 보편적인 현실에서 노사자치 보장에 대한 요구가 계속되었다.

2. 교원의 근로3권 제한규정의 헌법적합성

(1) 헌법재판소의 태도

헌법재판소는 국공립학교 교원 및 사립학교 교원의 근로3권 제한의 근거가 되는 사립학교법 제55조에 대해 합헌결정을 한 바 있다.[2] 근거로서 헌법 제31조 제6항의 교원지위법정주의는 근로3권 보장에 우선하는 기본권 제한적 법률유보라는 점과 생존권적 기본권의 경우 일정한 대상조치가 부여되면 당해 기본권을 부인하더라도 권리의 본질적 내용을 침해하는 것은 아니라는 대상조치론이 제시되었다.

(2) 비판적 견해

이에 대하여 ⅰ) 교원지위법정주의는 행정권력에 의한 침해방지로 근로3권 보장과 양립할 수 있다는 점과 ⅱ) 대상조치론의 주장과 달리 기본권의 존립자체가 부정되면 그 본질적 내용도 부정되며 근로3권 중 어느 하나라도 배제되면 근로3권의 본질적 내용은 침해된다는 비판이 제기되었다.

3. 교원노조법 제정

이러한 논란이 지속되던 가운데 1999년 1월 교원노조법이 제정되어 시행되어 근로3권 중 단체행동권을 제외한 단결권, 단체교섭권이 인정되었다.

Ⅱ. 교원의 근로3권

1. 단 결 권

(1) 노동조합

1) 노조의 설립 교원은 특별시, 광역시, 도 단위 또는 전국 단위에 한하여 노동조합을 설

2) 헌재 1991.7.22, 98헌가106; 헌재 1991.3.11, 88헌마5.

립할 수 있고 복수노조의 설립이 가능하다.

2) 가입범위 교원노조에 가입할 수 있는 자의 범위는 중 · 고등교원뿐만 아니라 유치원 교사도 포함시키되, 대학교수에 대해서는 유보되었다. 노조법상 사용자의 지위에 해당하는 교장, 교감 등은 노조가입이 허용되는 교원의 범위에 포함되지 않는다.

(2) 노조 전임자

임용권자의 허가가 있는 경우에는 노조의 업무에만 종사할 수 있다. 이 경우 노조 전임자는 당해 기간 중 휴직명령을 받은 것으로 보며 전임기간 중 봉급을 받지 못하고 전임자임을 이유로 승급 기타 불이익을 받지 않는다.

(3) 정치활동 금지

노동조합은 일체의 정치활동을 하여서는 안 되며, 공직선거 및 선거부정방지법에 따른 노조의 선거운동 허용은 교원노조에 대하여는 적용되지 않는다.

2. 단체교섭권

(1) 교섭담당자 및 위임 여부

노동조합 측의 단체교섭 담당자는 노조의 대표자, 사용자 측의 단체교섭 담당자는 교육부장관, 시 · 도 교육감 또는 사립학교를 설립, 경영하는 자이며, 단체교섭의 위임은 허용되지 않는다.

(2) 교섭방식 및 대상

단체교섭의 방식은 학교단위의 교섭은 허용하지 않고 통일교섭만이 허용되고 단체교섭의 대상은 조합원의 임금, 근로시간, 후생복지 등 경제적 · 사회적 지위향상을 목적으로 하는 경우에 한정되는바, 교원정책, 교육과정, 교육기관의 관리운영사항 등은 포함되지 않는다. 이는 관련 법령에 의거하여 행정기관이 권한과 책임을 가지고 집행하는 사항이며, 국민의 학습권과 직결되어 노사 간의 교섭에 의하여 좌우될 수 없기 때문이다.

(3) 단체협약

체결된 단체협약의 내용 중 법령, 조례 및 예산에 의해 규정되는 내용과 법령 또는 조례에 의한 위임을 받아 규정되는 내용은 단체협약으로서의 효력을 가지지 않는다. 임금 및 근로조건에 관한 사항이 법령, 조례 및 예산에 의하여 집행 · 운영되는 성격이 강하기 때문에 사용자의 단체교섭 거부나 단협의 효력발생 여부 문제와도 연결될 수 있다.

3. 조정과 부당노동행위제도

(1) 조 정

교원의 쟁의행위를 금지하는 대신, 중앙노동위원회에 별도의 '교원노동관계조정위원회'를 구성하여 교원의 노사관계 분쟁조정을 전담. 단체교섭이 결렬될 경우에는 '교원노동관계조정위원회'에서 조정 · 중재 등 분쟁해결을 지원한다.

심도 있는 조정이 이루어질 수 있도록 조정기간을 30일로 하고, 분쟁의 최종적 해결절차로서 중재제도가 마련되어 있다.

(2) **쟁의행위**

교원노조법 제8조에서는 '노동조합과 그 조합원은 파업, 태업 기타 업무의 정상적인 운영을 저해하는 일체의 쟁의행위를 하여서는 아니 된다'고 규정하고 있다.

(3) **부당노동행위**

교원의 노동기본권 침해를 방지하기 위해 노동관계법의 부당노동행위제도를 도입하여 적용하고 있다. 즉, 노동조합 및 노동관계조정법의 부당노동행위 제도를 도입 · 운영. 노조법에는 정당한 노조활동을 이유로 징계 등 불이익을 주는 행위, 정당한 이유 없이 교섭을 거부하는 행위 등은 부당노동행위로 규정하여, 부당노동행위가 있을 경우 노동위원회에 구제를 신청할 수 있다.

(4) **정치활동 금지**

교원노조법은 교원노동조합과 소속 조합원의 정치활동을 금지한다. 교원노조 허용에도 불구하고 교원 신분상 다른 법률에서 금지하는 정치활동은 할 수 없음을 명시하여 법 적용상 혼선을 방지하기 위함이다.

Ⅲ. 교원의 근로3권 보장의 문제점

i) 광역시, 도 단위 이상으로 노조의 설립을 강제하는 것은 노조의 조직유형 선택은 단결권의 향유주체인 교원 스스로 결정할 문제라는 점에서 단결권의 핵심내용 중 단결선택의 자유가 침해될 여지가 있다. ii) 헌법 제33조 2항의 근로3권을 보장하는 취지에서 쟁의행위금지는 위헌의 소지가 있고, 근로3권의 유기적 일체성이라는 취지에서도 단체행동권 제한은 부당하다는 비판도 있다. iii) 교원의 근로조건은 비단 임금 기타 경제적 대우에만이 아니라, 교육내용과 교육방법에 대한 결정권도 포함되어야 한다는 점에서 교섭사항의 범위는 확대되어야 할 필요성도 제기되었다.

[관련판례] 교원의 근로3권(헌재 1991.7.22, 89헌가106)

〈심판대상조문〉

사립학교법 제55조(복무) 사립학교의 교원의 복무에 관하여는 국 · 공립학교의 교원에 관한 규정을 준용한다.

사립학교법 제58조(면직의 사유) ① 사립학교의 교원이 다음 각호의 1에 해당할 때에는 당해 교원의 임면권자는 이를 면직시킬 수 있다.

4. 정치운동 또는 노동운동을 하거나 집단적으로 수업을 거부하거나 또는 어느 정당을 지지, 또는 반대하기 위하여 학생을 지도 · 선동한 때

〈합헌의견 – 다수의견(8인 / 1인 별개의견)〉

[1] 헌법 제31조 제6항은 국민의 교육을 받을 기본적 권리를 보다 효과적으로 보장하기 위하여 교원의 보수 및 근무조건 등을 포함하는 개념인 "교원의 지위"에 관한 기본적인 사항을 법률로써 정하도록 한 것이므로 교원의 지위에 관련된 사항에 관한한 위 헌법조항이 근로기본권에 관한 헌법 제33조 제1항에 우선하여 적용된다.

[2] 사립학교 교원에게 헌법 제33조 제1항에 정한 근로3권의 행사를 제한 또는 금지하고 있다고 하더라도 이로써 사립학교교원이 가지는 근로기본권의 본질적 내용을 침해한 것으로 볼 수 없고, 그 제한은 입법자가 교원지위의 특수성과 우리의 역사적 현실을 종합하여 공공의 이익인 교육제도의 본질을 지키기 위하여 결정한 것으로 필요하고 적

정한 범위 내의 것이다.

[3] 사립학교법 제55조 및 제58조 제1항 제4호는 헌법이 교원의 지위에 관한 사항을 국민적 합의를 배경으로 한 입법기관의 권한에 위임하고 있는 헌법조항에 따라 규정한 것으로서 사립학교 교원을 근로3권의 행사에 있어서 일반 근로자의 경우와 달리 취급하여야 할 합리적인 이유가 있다 할 것이고, 또한 공립학교 교원에게 적용되는 교육공무원법 및 국가공무원법의 관계규정보다 반드시 불리한 것으로도 볼 수 없으므로 헌법 제11조 제1항에 정한 평등원칙에 위반되는 것이 아니다.

[4] 교육에 관한 국제법상의 선언, 규약 및 권고문 등은 우리의 현실에 적합한 교육제도의 실시를 제약하면서까지 교원에게 근로권이 제한 없이 보장되어야 한다든가 교원단체를 전문직으로서의 특수성을 살리는 교직단체로서 구성하는 것을 배제하고 반드시 일반근로조합으로서만 구성하여야 한다는 주장의 근거로 삼을 수 없다.

〈위헌의견-소수의견(3인)〉

[1] 사립학교법 각 조문에서 금지하는 노동운동은 오로지 단체교섭권 및 단체행동권의 행사를 뜻하는 것으로 볼 것이고 이를 넘어서 단결권의 행사까지 포함하여 금지하는 것이 된다면 기본권제한의 한계를 넘어선 본질적 내용의 침해가 되는 입법이 되어 헌법 제33조 제1항, 제37조 제2항에 위반된다. 여기서 합헌이 될 단결권행사의 노동운동은 헌법 제33조 제1항에서 규정한 바 근무조건의 향상을 목적으로 하는 노동조합의 결성이나 그러한 노동조합에의 가입에 그친다고 할 것이다(재판관 이시윤).

[2] 사립학교 교원은 근로자의 지위에서 영위하는 생활영역에서 일반근로자와 원칙적으로 똑같은 근로3권이 보장되어야 하며 일반근로자와 정당한 이유 없이 차별하여 그의 근로3권을 전부 부정하고 있는 사립학교법 각 조문은 헌법상의 법치주의원리와 위 헌법 제11조 제1항, 제33조 제1항, 제37조 제2항에 정면으로 위배되고 아울러 제10조, 제6조 제1항과도 조화될 수 없으므로 위헌이다(재판관 김양균).

[3] 헌법 제31조 제6항을 내세워 헌법 제33조 제1항에 의하여 사립학교 교원에게도 당연히 그 향유자격이 부여된 단결권, 단체교섭권, 단체행동권을 제한하거나 박탈해도 된다는 논리는 근로3권을 향유할 수 없는 근로자를 공무원에 한정한 헌법 제33조 제2항의 규정에 명백히 저촉되며, 헌법 제37조 제2항에 의한 제한이라 하더라도 사립학교 교원에 대하여 노동운동을 전면적으로 금지하고 있는 위 사립학교법 각조문은 헌법 제33조, 제37조 제2항에 위반되어 위헌이다(재판관 변정수).

▣ 주요 참고문헌

〈저　　서〉

권영성, 「헌법학원론」, 법문사, 2004.

김유성, 「노동법Ⅰ」, 법문사, 2005.

김유성, 「노동법Ⅱ」, 법문사, 2001.

김철수, 「헌법학개론」, 박영사, 2004.

김형배, 「노동법」, 제19판, 박영사, 2010.

심태식, 「노동법개론」, 법문사, 1989.

유성재, 「판례노동법」, 법문사, 2008.

이병태, 「최신노동법」, 중앙경제사, 2009.

이상윤, 「노동법」, 법문사, 2004.

임종률, 「노동법」, 제8판, 박영사, 2009.

지원림, 「민법강의」, 홍문사, 2007.

하경효, 「노동법사례연습」, 박영사, 2006.

허　영, 「한국헌법론」, 박영사, 2005.

〈논문 및 평석〉

강성태, "실업자의 조합원 자격", 「노동법률」, (주)중앙경제, 2004. 4.

강성태, "직장점거, 직장폐쇄 그리고 형사책임", 「노동판례비평」, 민변, 2009.

강성태, "집단적 노사관계법에서 노동조합 노조전임자의 지위", 「노동법연구」, 제19호.

김　신, "징계해고 철회를 목적으로 하는 쟁의행위의 정당성", 「노동판례비평」, 민변, 2002.

김선수, "쟁의행위 찬반투표에 관한 판결 법리 검토", 「쟁의행위찬반투표에 관한 법률토론회」, 선국금속노조.

김선수, "쟁의행위의 절차적 정당성", 「노동법 연구」, 제12호, 서울대학교 노동법연구회.

김재훈, "근로시간 및 휴게제도의 특례규정 개선방안에 관한 연구", 한국노사관계학회, 2007. 6.

김재훈, "근로시간관련규정 적용특례 · 배제조항에 대한 법적 고찰", 「노동법의 쟁점과 과제」, 김유성 교수 화갑기념논문집 간행위원회.

김형배, "단체교섭권과 경영권", 「노동법학」, 제18호 79, 2004. 6.

김홍영, "노동위원회의 노동쟁의조정대상의 확대", 「노동법연구」, 서울대노동법연구회, 2005.

김홍영, "노동쟁의 조정에서의 조정 전치주의의 검토", 「법학연구」, 13권 제1호, 충남대법학연구소, 2002. 12.

김홍영, "노조전임자에게 출퇴근에 관한 취업규칙이 적용되는지 여부", 「노동법률」, (주)중앙경제, 2005. 12.

김홍영, "유니온 숍 협정이 있는 경우 단결선택의 자유와 복수노조금지의 문제", 「노동법률」, (주)중앙경제, 2003. 2.

도재형, "안전보호시설 운영방해죄의 구체적 위험범으로서의 성질", 「노동법률」, (주)중앙경제, 2006. 9.
박 훈, "준법투쟁과 업무방해죄", 금속법률원.
박수근, "노동관행의 규범성 및 단체협약의 소급적 효력", 「노동판례비평」, 민변, 2002.
박종희, "근로기준법상 근로자대표와 사용자가 체결한 서면합의의 효력", 「안암법학(제8호)」, 1998.
손창희, "노조전임자 문제에 대한 대법 판결", 「노동법학」, 제6호.
오문환, "노조전임자의 출퇴근의무", 「노동법률」, (주)중앙경제, 2000. 10.
이광택, "레미콘 운송기사의 근로자성", 「노동법률」, (주)중앙경제, 2006. 7.
이승길, "체크오프제(조합비일괄공제제도)", 「노동법연구」, 제6호.
이승욱, "근로기준법상 서면합의의 효력", 「노동법연구」, 제7호, 1998, 서울대노동법연구회 편, 104~106.
임종률, "단체교섭의 대상", 「김형배교수회갑논문집」.
정인섭, "단체협약의 효력 확장과 '동종의 근로자'", 「노동법률」, (주)중앙경제, 2004. 6.
정인섭, "직장점거 후 직장폐쇄, 직장폐쇄 후 직장점거", 「노동리뷰」, 40호 08.
정인섭, "파업과 업무방해", 「노동법 연구」, 제8호, 서울대학교 노동법연구회.
하경효, "노동조합의 민주성과 재정운영의 투명성", 2006. 8. 31.
홍준호, "근로조건 저하에 관한 고찰", 「인권과 정의」, 대한변호사협회.

〈보고서 등〉

노동부, 「공무원노조법령 주요내용 및 쟁점해설」, 2006. 6.
노동부, 「노사관계선진화입법설명자료」, 2007. 1.
노동부, 「노조법 개정 설명자료」, 2010. 1.
노동부, 「비정규직 보호법률해설」, 2006. 12.
노사관계제도선지화위원회, 「노사관계법 · 제도 선진화방안」, 2003. 11.
박종희 외, 「비정규직 차별금지 판단기준 및 운영에 관한 연구」, 2006.
사법연수원, 「노동조합및노동관계조정법」, 2009.
사법연수원, 「임금과 해고」, 2008.
중앙노동위원회, 「기간제 근로자 판례분석」, 2008.
중앙노동위원회, 「노동판례요약집」, 2004.
중앙노동위원회, 「신 노동판례요약집」, 2006.
한국노동법학회, 「근로기준법제의 중장기적 개선방안」, 2007. 11.
한국노동법학회, 「노동판례리뷰」, (주)중앙경제, 2010.

[편저자약력]

충남대학교 사회학과 졸업
성균관대학교 법학과 석사과정
제14회 공인노무사 수석 합격
(전) 서울법학원 노동법 전임강사
합격의 법학원 노동법 전임강사
노무법인 다음
노무법인 길 대표
(현) 노무법인 남산 부대표
베리타스 법학원 노동법 전임강사
삼성그룹 공인노무사 양성과정 노동법 강사(2007~2012)
LG인화원 공인노무사 양성과정 노동법 강사(2011~2012)
한국외국인근로자지원센터 자문위원
근로복지공단 선진복지기업 컨설턴트
중소기업청 비즈니스링크 컨설턴트
다수 기업 자문, 강의, 컨설팅 업무수행

제 2 판
노동법강의

2011년 1월 10일 제 1 판 발행
2013년 1월 25일 제 2 판 발행

編著者 송 치 경
發行人 임 권 규
發行處 弘 文 社

120-090 서울시 마포구 염리동 36-249
登錄 1993. 6. 24 第 1-1543 號
TEL : (02) 712-5311(代) FAX : (02) 716-5311
Homepage : http://www.hongmoonsa.co.kr
E-mail : hongmoonsa@hanmail.net

값 42,000원

ISBN 978-89-7770-312-4 93360